行きたい学校、自分で発見。

「私立」とは、どんな学校のことをいうのだろうか。国立、公立の学校とどんなところが違うのだろうか。

こんなにたくさんある学校の中から何を参考にして選んだらいいのだろうか。

どんな学校があるのか知りたい。自分にあった学校を探したい。自分で納得して学校を決めたい。

そんなふうに考えている人が、よりよい学校選びができるよう、この本はつくられました。

私立校の一番大きな特徴は、学校ごとに独自のカラーがあるということです。

質実剛健を校風とする学校、自由な雰囲気・カラーの学校、国際人を育てる学校、技術や能力を伸ばす学校、進学一路の学校、スポーツ万能の学校……。

もうひとつ、併設校がある学校が多いのも私立の魅力です。

中・高で6年間、大学まで含めると10年間の一貫した教育。性格や個性にあっていれば、受験勉強にわずらわされることなく、能力を思う存分伸ばすことができるでしょう。

中・高の6年間は、頭も身体も心も、基礎をしっかりつくっておかなければならない時期。そして頭も心も一番やわらかくて、可能性にあふれる時期です。

「好きかどうかわからないけど人にすすめられたから」とか「とにかくいい大学にいけるから」という理由だけで、学校を決めないで、まず自分の性格や個性にあった校風の学校を探しましょう。

この本では入学試験や偏差値のことについてはあまりふれていません。そのかわり、学校の特徴や個性を詳しく説明し、ポイントが一目でわかるインデックスをつけるなどの工夫がしてあります。

貴重な3年間を、あるいは6年間を絶対後悔しないよう、自分だけのお気に入りの学校を、最高のスクールライフを、この本で見つけてください。

首都圏中学・高校受験ガイド
THE

私立

この本の
使い方と
目次は
次のページから
始まります。

この本の
使い方

この「THE 私立」は、次のように構成されています。

● **学校マップ**

行きたい学校へは
自宅の最寄り駅からどう行くのか、
どんな学校が近くにあるのか。
地区別のスクール・マップからは
さまざまな情報が読みとれます。

● **最新制服特集**

学校を選ぶ決め手となる。
伝統あるデザインから
ファッショナブルなものまで
あなたはどんな制服を着てみたい？

● **受験に役立つデータ集**

2024年度の募集要項や
学費の一覧など、
受験に役立つ情報がいっぱい！

CONTENTS

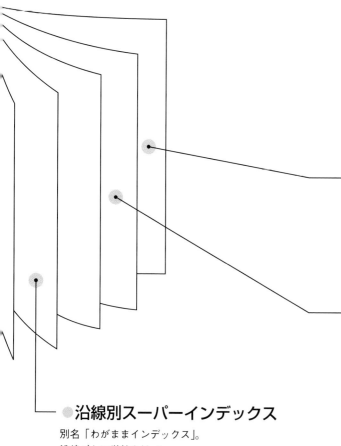

●50音別総索引
この本に載っている全ての学校が
50音順に並べられています。
学校名で調べて
興味のある学校のページを
どんどん開いてみよう。

●私立中学・高校ガイド
カリキュラムからクラブまで、
学校の特徴をはば広くレポート。
読み進むほどに、
あなたに合ったスクールライフが
見つかるはず……。

●沿線別スーパーインデックス
別名「わがままインデックス」。
沿線ごとに学校を並べ、
36のチェックポイントで
学校の特徴を浮き彫りにしました。
通学可能な学校、
希望する学校の特徴が一目でわかる！

CONTENTS

ガイドページの見方

男子 ＝男子校
女子 ＝女子校
共学 ＝男女共学校
別学 ＝男女別学校（男女、クラスが別）
併学 ＝男女別学校（男女、クラスが別。
　　　　ただし合同授業あり）

幼 ＝幼稚園
小 ＝小学校
中 ＝中学校
中等教育 ＝中等教育学校
高 ＝高等学校
専 ＝専門学校（各種学校も含む）
短 ＝短期大学
大 ＝４年制大学

スーパーインデックスの掲載ページを示しています。各学校の細かい特徴をチェックしよう。

学科名
高校の設置学科が明記されています。

生徒数
中・高両方ある場合は、それぞれの数字が記入されています。

住所と最寄り駅
２つ以上のせている学校もあるので、要チェック。

東京
女子 幼中高専短大

愛国 中学校 高等学校

国際交流、海外体験、各種資格取得に加え愛国学園大学も開学

SUPER INDEX P.151

■ 普通科　商業科　家政科
衛生看護科（高校）
生徒数　65名（中学）　650名（高校）
〒133-8585
東京都江戸川区西小岩5-7-1
☎ 03-3658-4111
京成本線京成小岩駅　徒歩3分
総武線小岩駅　徒歩10分
北総線新柴又駅　徒歩13分

インターネット　中学 http://www.aikokugakuen.ac.jp/junior-high/
　　　　　　　　　高校 http://www.aikokugakuen.ac.jp/senior-high/

プロフィール

社会と家庭の幸福をつくる女性に

昭和13年に、織田教育財団が設立した愛国女子商業学校を母体として、22年に中学校、23年に高等学校を設立。「親切・正直」をモットーに、社会人としては、豊かな知識と技術をもって経済的に独立し、家庭人としては、美しい情操と強い奉仕の心で家族に喜びを与える女性の育成に努めている。

環境

視聴覚設備が充実　新校舎も完成

視聴覚設備が整っており、ビデオ、テレビやDVD、CDなどを使った授業も多い。創立50周年の記念講堂は、ホールやプール、トレーニング施設などを併設し、幅広く活用されている。平成19年2月、新体育館も完成。

カリキュラム

進路目的に対応して実践的能力を磨く

中・高および短大・大学への一貫教育を基盤に教育課程を組んでいる。
中学では、基礎学力の充実とともに、英会話や、コンピュータの授業も行っている。
高校では、生徒本人の適性・個性を重んじ、4つの科に分けて指導を行う。普通科と商業科は、1年次は共通カリキュラムで、一般教養科目の他、簿

コンピュータの授業も充実

学校生活

記・情報の基礎も学べるようになっており、2年次より希望の学科を選択し、それぞれの目的に応じた学習を行う。
普通科では、一般教養コースと進学コースに分かれ、進学希望者は入試科目、就職希望者はコンピュータなどを選択できる選択科目も設置されている。商業科では、2年次より会計コースと情報処理コースに分かれ、より高度な職業教育により、各種検定資格をはじめ実社会で役立つ能力を身につける。衛生看護科は、文部科学省の准看護師学校の指定を受けており、卒業と同時に准看護師試験を受ける資格（合格率100%）が取得可能。家政科では、整った設備と多彩なカリキュラムのもと、調理師の資格取得を目指し、日本・中華・西洋料理等の講習会も実施される。

アメリカ海外研修旅行

学園保育専門学校（保育・介護）へ進む者が多い。

トピックス

100円から始まる貯蓄学

同校ならではのユニークな伝統が、愛国学園生銀行で、入学時に学校から渡される100円預金済みの通帳を種預金として、貯蓄心を育てている。

国際感覚あふれる女性を育成

平成12年度から新しくなった高校の制服は、紺のジャケットとグレー・チェックの2種類のスカート、セーター、リボン、ネクタイなどで自由にコーディネイトができる。中学の制服（冬服）も平成20年4月リニューアル。
アメリカ・カリフォルニア州のラモナ高校をはじめ、海外の高校と毎年交換留学を実施し、さらに、アメリカ海外研修旅行、カナダスキー教室も実施。国際感覚あふれる女性の育成に努めている。部活動も活発で、バドミントン、ダンス、卓球、箏曲、吹奏楽、なぎなた、茶道、ESSなどがある。

進路

愛国学園大学が平成10年に開学

生徒の8割が進学。愛国学園大学（人間文化学部）、愛国学園短大（家政科）、愛国学園衛生看護専攻科、愛国

入試データ

登校時間　中学　夏 8：30　冬 8：30
　　　　　高校　季 8：30　季 8：30

中学

試験日 2/1(1回) 2/2(2回) 2/7(3回)
試験科目 国・算・面接
難易度★

	募集定員	受験者数	合格者数	競争率
1/2/3回	40/10/10	25	18	1.4

高校

試験日 1/22(A推薦) 1/23(B・C推薦)
　　　 2/10（一般）
試験科目 作文＋面接（A推薦）
　　　　 基礎学力（国・数・英）＋作文＋面接（B・C推薦）
　　　　 国・数・英＋作文・面接（一般）
　　　　 ※家政・衛生看護は身体機能検査寄り
難易度★★（普通科）

	募集定員	受験者数	合格者数	競争率
普通	120/120	143/74	141/62	1.0/1.2
商業	60/60			
家政	40/40	68/32	66/30	1.0/1.1
衛生看護	20/20	59/29	50/22	1.2/1.3

※B・C推薦は千葉県・埼玉県内中学生のみ
※人数はすべて推薦／一般

トピックス
特に注目したい情報や、最新のニュースを掲載。

国際化
海外研修や留学情報など、外国との交流についてチェック。

進路
大学や就職先など卒業後の進路が書かれています。

ひとこと
名物先生や生徒たちから受験生へのメッセージ。

プロフィール
創立年度や教育理念など、その学校の基本的な特色と成り立ちを紹介。

環境
学校周辺の環境や校内外の施設などを紹介。

カリキュラム
設置学科やコース、勉強の進め方、教育の特色をくわしく紹介。

学校生活
クラブ活動や楽しい年間スケジュールなど、学校生活をくわしく紹介。

（左側インデックス）
中学から
併設校あり
芸術＆特殊学科
資格＆技能系
施設が充実
ゲストが強い
活発
クラブが
情報教育重視
国際人を養成
自由な校風

タイプ別インデックス
学校の特徴を大きく10のタイプにわけ、各学校が力を入れている項目をそれぞれ3つから4つ選んで印をつけています。ページをめくりながら自分の好きなタイプが見つかったら要チェック。地域別の扉ページにある10タイプのくわしい説明をよく読んで利用するようにしましょう。

最新の入試データ
2024年度の入試結果を掲載しています。受験者数・合格者数は、2024年2〜3月時点での学校発表によるものです。その後、一部くり上げ合格を出す学校がありますので、最終的な数値と若干の差違が生じる場合があります。

④

□ 中央大学とつながる

92%

（2024年春卒業生　中央大学内部推薦実績）
条件を満たせば他大学受験も可能なので、
ほぼ100%の生徒が現役で大学へと進学します。

□ 社会とつながる

卒業論文・理数探究

3年次に文コースは卒業論文、理コースは
理数探究で、社会とつながる大人としての
視野を獲得します。

□ 世界とつながる

海外研修

イギリス・オーストラリア・ニュージーランド
・韓国・マレーシア。学年も期間も目的も
さまざまな研修を準備しています。

あなたらしく始める、
あたらしいステップ。

学校説明会＜要予約＞

2024年 7 月 20 日 （土）
2024年 8 月 24 日 （土）
2024年 8 月 25 日 （日）
2024年 12 月 14 日 （土）

中央大学から世界へ。15歳から始める7年間の高大一貫教育。

本校から中央大学への内部推薦は昨年度実績92%。
ほとんどの生徒が中央大学へ進学する、フルスペックの「高大一貫教育校」です。受験に特化しないカリキュラムを通じて、文系・理系を問わず、「自ら考える力」を育んでいきます。附属中学を設置しない、全員が高校から入学する本校は、「15歳から始める高大一貫教育」の学校です。

中央大学杉並高等学校

CHUSUGI
CHUO UNIV. SUGINAMI HIGH SCHOOL

〒167-0035　東京都杉並区今川2-7-1
TEL 03-3390-3175　FAX 03-3396-1682
URL https://chusugi.jp/　MAIL go@chusugi.jp

■ JR・東京メトロ荻窪駅から西武バスで8分

■ 西武新宿線上井草駅から徒歩12分

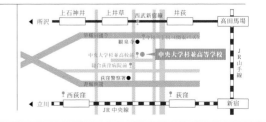

行ってみよう立川女子。

2024年度 学校説明会

7月27日（土）・8月17日（土）・24日（土）10:00～
10月19日（土）10:00～/14:00～
11月9日（土）10:00～
11月23日（土・祝）10:00～/14:00～
12月7日（土）10:00～
12月25日（水）14:00～

学校体験会

8月31日（土）10:00～
立川女子の1日を体験しよう！

文化祭

✦ 9月21日（土）・22日（日）✦
個別の相談が可能です。

個別相談会

11月30日（土）10:00～
《平日夕方》
12月2日（月）・3日（火）
5日（木）・6日（金）

百花を育てる、
立川女子。

〒190-0011　東京都立川市高松町3－12－1
アクセス：JR「立川駅」多摩都市モノレール「立川北駅」徒歩7分
お問い合わせ：入試広報部（042-524-5188）

学校説明会・体験会・文化祭・個別相談会は要予約となっております。
詳細は本校HP（https://www.tachikawa-joshi.ac.jp/）へ。

学校法人
狭山ヶ丘学園

狭山ヶ丘
高等学校

令和6年度 大学合格実績　国公立…45名　早慶上理 ICU…43名　GMARCH…121名

学校見学説明会 予約制 当日参加も可能です 説明会後、個別相談会あり	入試個別相談会 予約不要	狭丘祭 予約不要
7月28日㊐ 10:00~11:30　　10月27日㊐ 10:00~11:30	12月14日㊏ 9:00~12:00	9月7日㊏ 11:00~15:00 (最終受付14:30)
8月25日㊐ 10:00~11:30　　11月23日㊏ 10:00~11:30	12月21日㊏ 9:00~12:00	9月8日㊐ 9:30~15:00 (最終受付14:00)
9月22日㊐ 10:00~11:30	12月26日㊍ 9:00~12:00	

各駅より
無料スクールバスを
運行しています

JR川越線・東武東上線	西武新宿線	西武新宿線	JR八高線
川越駅 西口より約40分	**狭山市**駅 東口より約25分	**入曽**駅 東口より約15分	**箱根ヶ崎**駅 西口より約20分

〒358-0011 埼玉県入間市下藤沢981

☎04-2962-3844　📠04-2962-0656

西武池袋線
武蔵藤沢駅より徒歩約13分

HP 狭山ヶ丘学園　検索

~公立高校志望の皆様に愛されるロングセラーシリーズ~

公立高校入試シリーズ

- 全国の都道府県公立高校入試問題から良問を厳選
  ※実力錬成編には独自問題も！
- 見やすい紙面、わかりやすい解説

数学

合格のために必要な点数をゲット

目標得点別・公立入試の数学　基礎編

- 効率的に対策できる！　30・50・70点の目標得点別の章立て
- web解説には豊富な例題167問！
- 実力確認用の総まとめテストつき

定価：1,210円（本体 1,100円 + 税 10%）／ ISBN：978-4-8141-2558-6

応用問題の頻出パターンをつかんで80点の壁を破る！

実戦問題演習・公立入試の数学　実力錬成編

- 応用問題の頻出パターンを網羅
- 難問にはweb解説で追加解説を掲載
- 実力確認用の総まとめテストつき

定価：1,540円（本体 1,400円 + 税 10%）／ ISBN：978-4-8141-2560-9

英語

「なんとなく」ではなく確実に長文読解・英作文が解ける

実戦問題演習・公立入試の英語　基礎編

- 解き方がわかる！　問題内にヒント入り
- ステップアップ式で確かな実力がつく

定価：1,100円（本体 1,000円 + 税 10%）／ ISBN：978-4-8141-2123-6

公立難関・上位校合格のためのゆるがぬ実戦力を身につける

実戦問題演習・公立入試の英語　実力錬成編

- 総合読解・英作文問題へのアプローチ手法がつかめる
- 文法、構文、表現を一つひとつ詳しく解説

定価：1,320円（本体 1,200円 + 税 10%）／ ISBN：978-4-8141-2169-4

理科

短期間で弱点補強・総仕上げ

実戦問題演習・公立入試の理科

- 解き方のコツがつかめる！　豊富なヒント入り
- 基礎～思考・表現を問う問題まで
  重要項目を網羅

定価：1,045円（本体 950円 + 税 10%）
ISBN：978-4-8141-0454-3

社会

弱点補強・総合力で社会が武器になる

実戦問題演習・公立入試の社会

- 基礎から学び弱点を克服！　豊富なヒント入り
- 分野別総合・分野複合の融合など
  あらゆる問題形式を網羅
  ※時事用語集を弊社HPで無料配信

定価：1,045円（本体 950円 + 税 10%）
ISBN：978-4-8141-0455-0

国語

最後まで解ききれる力をつける

形式別演習・公立入試の国語

- 解き方がわかる！　問題内にヒント入り
- 基礎～標準レベルの問題で
  確かな基礎力を築く
- 実力確認用の総合テストつき

定価：1,045円（本体 950円 + 税 10%）
ISBN：978-4-8141-0453-6

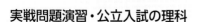

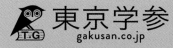

2024年 新しい季節、新しい制服。
君の理想を叶える春が来る。

制服特集

the newest school uniform collection
renewal & tradition

東洋女子高等学校

　本校の制服は新たな挑戦の一つと位置づけています。桜をモチーフとしたスクールカラー〈ピンク〉を踏襲しつつ、流行や華美にとらわれないフォーマルな品格と知性を表現本質を見失わず、伝統と調和を大切にしながらも、積極的に自分を発信し、未来への輝きを増し続ける本校生徒の姿を象徴したデザインです。

ご協力いただきました各学校ならびに先生がた、どうもありがとうございました。

13

山手線エリア

女子聖学院中学・高校

豊島岡女子学園中学・高校

十文字中学・高校

実践女子学園中学・高校

学習院女子中等科

聖心女子学院中等科・高等科

立教池袋中学・高校

本郷中学・高校

中学　高校

巣鴨中学・高校

クラーク記念国際高校

こちらの制服は東京、秋葉原、横浜、厚木、横浜青葉、さいたま、所沢、千葉、柏全て共通のものです。

学習院中等科・高等科

保善高校

昭和鉄道高校

高校　中学

上野学園中学・高校

冬服　夏服

聖学院中学・高校

豊島学院高校

中学　高校

目黒日本大学中学・高校

中学　高校

文京学院大学女子中学・高校

丸ノ内線 エリア ①

小石川淑徳学園中学・高校

銀座線 エリア

国学院高校

東京立正中学・高校

実践学園中学・高校

女子美術大学付属高校

佼成学園中学・高校

貞静学園高校

山脇学園中学・高校

中央大学高校

丸ノ内線エリア②

新渡戸文化中学・高校

中学　高校

都営浅草線エリア

立正大学付属立正中学・高校

中学　高校

高輪中学・高校

都営大江戸線エリア

成城中学・高校

日本大学第一中学・高校

東洋英和女学院中学部・高等部

りんかい線エリア

かえつ有明中学・高校

日比谷線エリア

広尾学園中学・高校

芝中学・高校

東京女学館中学・高校

東西線エリア

和洋九段女子中学・高校

正則学園高校

二松学舎大学附属高校

滋慶学園高校

都営三田線エリア①

京華商業高校

京華中学・高校

東洋大学京北中学・高校

正則高校

淑徳巣鴨中学・高校

中学　高校

武蔵野中学・高校

大東文化大学第一高校

都営三田線エリア③

芝国際中学・高校

中学　高校

京華女子中学・高校

中学　高校

半蔵門線エリア

中村中学・高校

都営新宿線エリア

中央学院大中央高校

成女学園中学・高校

獨協中学・高校

武蔵野大学附属千代田高等学院

千代田国際中学校

豊南高校

芝浦工業大学附属中学・高校

高校　中学

三輪田学園中学・高校

日本大学豊山中学・高校

高校　中学

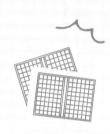

南北線エリア

駒込中学・高校

高校 中学

東京成徳大学中学・高校

中学 高校

京浜東北線エリア①

成立学園高校

品川エトワール女子高校

３色のブラウスと２色のセーターでコーディネートは自由自在。ネクタイはコースごとにカラーが分かれています。

駿台学園中学・高校

中学 高校

女子用ズボンを導入。

安部学院高校

順天中学・高校

京浜東北線エリア②

桜丘中学・高校

青稜中学・高校

瀧野川女子学園中学・高校

サレジアン国際学園中学・高校

東京実業高校

Winter 冬服　*Summer* 夏服

study

横須賀線エリア

品川翔英中学・高校

東急大井町線エリア

玉川聖学院中等部・高等部

東急目黒線エリア

香蘭女学校中学・高校

東急池上線エリア

文教大学付属中学・高校

高校

中学

東急多摩川線エリア

日本体育大学荏原高校

東急東横線エリア

中等部　高等部

田園調布学園中等部・高等部

八雲学園中学・高校

トキワ松学園中学・高校

東急世田谷線エリア

鷗友学園女子中学・高校

国士舘中学・高校

東急田園都市線エリア

聖ドミニコ学園中学・高校

世田谷学園中学・高校

三田国際学園中学・高校

Tokyo　㉕

小田急小田原線エリア①

東京農業大学第一中等部・高校

中等部

高校

New!

New!

玉川学園中学部・高等部

サレジアン国際学園世田谷中学・高校

下北沢成徳高校

東京都市大学付属中学・高校

国本女子中学

小田急多摩線エリア

大妻多摩中学・高校

㉖ *Tokyo*

高校　桜美林中学・高校　中学

京王井の頭線エリア

日本大学鶴ヶ丘高校

日本女子体育大学附属二階堂高校

国学院大学久我山中学・高校

日本学園中学・高校　高校　中学

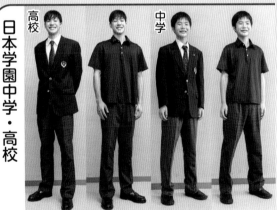

法政大学中学・高校

京浜急行線エリア

大森学園高校

晃華学園中学・高校

中学夏服　　中学冬服　　高校夏服　　高校冬服

大東学園高校

専修大学附属高校

富士見丘中学・高校

佼成学園女子中学・高校

桐朋女子中学・高校

高校　　　　　　　中学

明治大学付属明治中学・高校

高校　　　　　　　　　　　　中学

京王線エリア②

日本大学櫻丘高校

京王相模原線エリア

サレジオ工業高専

駒沢学園女子中学・高校

常磐線エリア

潤徳女子高校

足立学園中学・高校

聖パウロ学園高校

東京純心女子中学・高校

立川女子高校

錦城学園高校

杉並学院高校

共立女子第二中学・高校

中学　高校

昭和第一高校

東洋高校

藤村女子中学・高校

高校　　　　　　　　　　　中学

桜蔭中学・高校

堀越高校

明治大学付属八王子中学・高校

工学院大学附属中学・高校

中学　　　　　　　　高校

共立女子中学・高校

高校　　　　中学

成蹊中学・高校

東京電機大学中学・高校

中学　高校

大妻中野中学・高校

東京家政学院中学・高校

大妻中学・高校

中学　高校

昭和第一学園高校

聖徳学園中学・高校

白百合学園中学・高校

武蔵野東中学

文化学園大学杉並中学・高校

吉祥女子中学・高校

中学　　　　　高校

大成高校

八王子学園八王子中学・高校

中央線エリア③

帝京大学中学・高校

中学　　　　　　高校

八王子実践中学・高校

高校　　　　　中学

明治大学付属中野中学・高校

西武国分寺線エリア①

白梅学園高校

白梅学園清修中高一貫部

創価中学・高校

中学　　　　　　　高校

日本体育大学桜華中学・高校

明治学院中学

明治学院東村山高校

五日市線エリア

東海大学菅生中等部・高校

帝京八王子中学・高校

高校　中学

啓明学園中学・高校

東武東上線エリア

淑徳中学・高校
中学　高校

日本大学豊山女子中学・高校
中学　高校

埼京線エリア

帝京中学・高校

西武新宿線エリア①

中央大学杉並高校

武蔵野大学中学・高校

文華女子高校

錦城高校

明法中学・高校

English

ABC

目白研心中学・高校

東亜学園高校

東星学園高校

城西大学附属城西中学・高校

富士見中学・高校

中学

高校

京成本線エリア

愛国中学・高校

中学　高校

共栄学園中学・高校

総武線エリア

関東第一高校

立志舎高校

開智日本橋学園中学

江戸川女子中学・高校

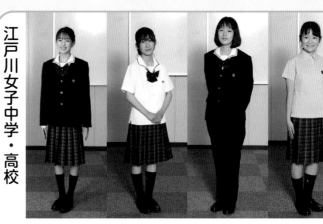

京浜東北線エリア

聖ヨゼフ学園中学・高校

橘学苑中学・高校

京浜急行線エリア

湘南学院高校

関東学院中学校

関東学院六浦中学・高校

横須賀学院中学・高校

横浜創学館高校

鶴見大学附属中学・高校

高校　　　　　中学

緑ヶ丘女子中学・高校

根岸線エリア

山手学院中学・高校

横浜学園高校

横須賀線エリア

横浜清風高校

聖和学院中学・高校

鎌倉女学院中学・高校

東急田園都市線エリア

森村学園中等部・高等部

洗足学園中学・高校

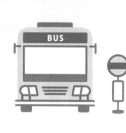

東海道本線エリア

清泉女学院中学・高校

相洋中学・高校

平塚学園高校

中等部　高等部

鎌倉女子大学中等部・高等部

アレセイア湘南中学・高校

湘南工科大学附属高校

藤嶺学園藤沢中学・高校

Kanagawa

相模鉄道線エリア

横浜商科大学高校

横浜富士見丘学園中学・高校

秀英高校

南武線エリア

カリタス女子中学・高校

箱根登山鉄道エリア

函嶺白百合学園中学・高校

横浜市営地下鉄エリア

中央大学附属横浜中学・高校

青山学院横浜英和中学・高校

大西学園中学・高校

武相中学・高校

日本大学中学・高校

捜真女学校中学・高校

清心女子高校

桐光学園中学・高校

相模女子大学中学部・高等部

中学部

高等部

東海大学付属相模高校中等部・高校

中等部

高校

立花学園高校

桐蔭学園中等教育学校・高校

中等教育学校

高校

自修館中等教育学校

小田急江ノ島線エリア

聖園女学院中学・高校

藤沢翔陵高校

湘南学園中学・高校

柏木学園高校

聖セシリア女子中学・高校

日本大学藤沢中学・高校

横浜線エリア

横浜創英中学・高校

↑
女子スラックス＆ネクタイ

横浜翠陵中学・高校

中学

高校

麻布大学附属高校

神奈川大学附属中学・高校

相模線エリア

光明学園相模原高校

京成本線エリア

千葉英和高校

東邦大学付属東邦中学・高校

和洋国府台女子中学・高校

日出学園中学・高校

八千代松陰高校

東葉高速鉄道エリア

東葉高校

千葉日本大学第一中学・高校

中学

高校

日本大学習志野高校

秀明八千代中学・高校

総武線エリア①

東京学館船橋高校

植草学園大学附属高校

昭和学院秀英中学・高校

昭和学院中学・高校

中学 　高校

千葉商科大学付属高校

千葉経済大学附属高校

常磐線エリア

二松学舎大学附属柏中学・高校

光英ヴェリタス中学・高校

日本体育大学柏高校

桜林高校

愛国学園大学附属四街道高校

横芝敬愛高校

千葉敬愛高校

千葉聖心高校

成田線エリア

成田高校付属中学・高校

中央学院高校

千葉萌陽高校

鴨川令徳高校

木更津総合高校

千葉県安房西高校

東海大学付属市原望洋高校

翔凛中学・高校

市原中央高校

流通経済大学付属柏高校

京葉線エリア

渋谷教育学園幕張中学・高校

東京学館浦安高校

東海大学付属浦安中等部

京成千原線エリア

千葉明徳中学・高校

中学

高校

武蔵野線エリア

叡明高校

浦和学院高校

西武池袋線エリア

東野高校

狭山ヶ丘高校付属中学・高校

武蔵野音楽大学附属高校

川越線エリア

秀明中学・高校

中学　高校

東武東上線エリア

細田学園中学・高校

高校　中学

東京農大第三中学・高校

高校　中学

花咲徳栄高校

大妻嵐山中学・高校

東武伊勢崎線エリア

山村国際高校

宇都宮線エリア①

開智未来中学・高校

宇都宮線エリア②

栄東中学校

西武新宿線エリア

秋草学園高校

西武学園文理中学・高校

※中学女子もスラックスあり

埼京線エリア

埼玉栄中学・高校

城西川越中学校

城北埼玉中学・高校

中学　高校

東武越生線エリア

武蔵越生高校

埼玉平成中学・高校

高校　　　　　　　中学

京浜東北線エリア

浦和麗明高校

浦和実業学園中学・高校

高崎線エリア①

国際学院高校

本庄東中学・高校

正智深谷高校

栄北高校

獨協埼玉中学・高校

高校　　　　　中学

開智中学・高校

Saitama

その他

宇都宮線エリア

宇都宮文星女子高校

星の杜中学・高校

作新学院中等部・高校

東北本線エリア

幸福の科学学園中学・高校

東武伊勢崎線エリア

足利短期大学附属高校

高崎線エリア

東京農業大学第二中等部

足利大学附属高校

白鷗大学足利高校

佐野日本大学中等教育学校・高校

中等教育学校

高校

桐生第一高校

前橋育英高校

東武佐野線エリア

佐野清澄高校

東武宇都宮線エリア

文星芸術大学附属中学・高校

And, etc

⑤⑨

信越線エリア

高崎商科大学附属高校

新島学園中学・高校

常磐線エリア①

茨城中学・高校

常磐大学高校

土浦日本大学高校

土浦日本大学中等教育学校

霞ヶ浦高校

水戸啓明高校

茗溪学園中学・高校

愛国学園大学附属龍ケ崎高校

青丘学院つくば中学・高校

高校　　　　　　中学

水戸葵陵高校

つくば国際大学高校

聖徳大学附属取手聖徳女子中学・高校

清真学園中学・高校

鹿島学園高校

And, etc

東京学参　THE 私立
私立中学&高校マップ

東京都

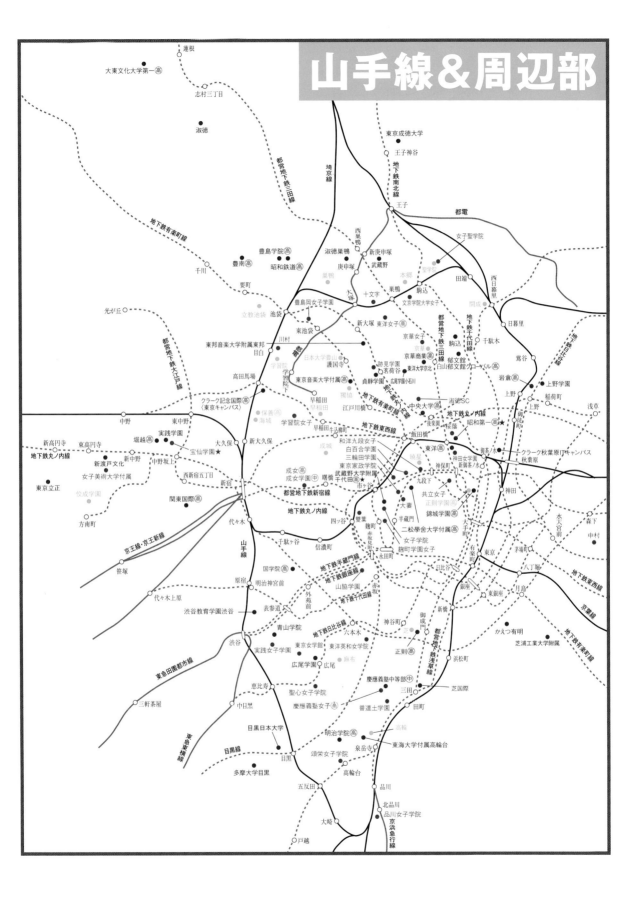

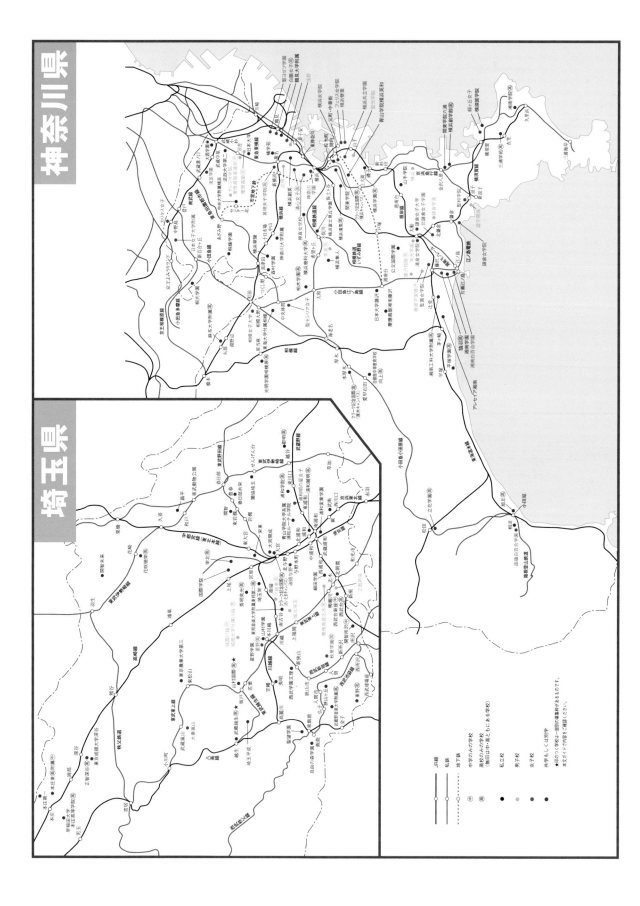

神奈川県

埼玉県

JR線
私鉄
地下鉄

中学校のみの学校
高校のみの学校
(集印は「中・高」ともにある学校)

私立校
男子校
女子校

共学もしくは別学

★印のついた学校は一部別の募集枠があるものです。
本ガイドの内容をご確認ください。

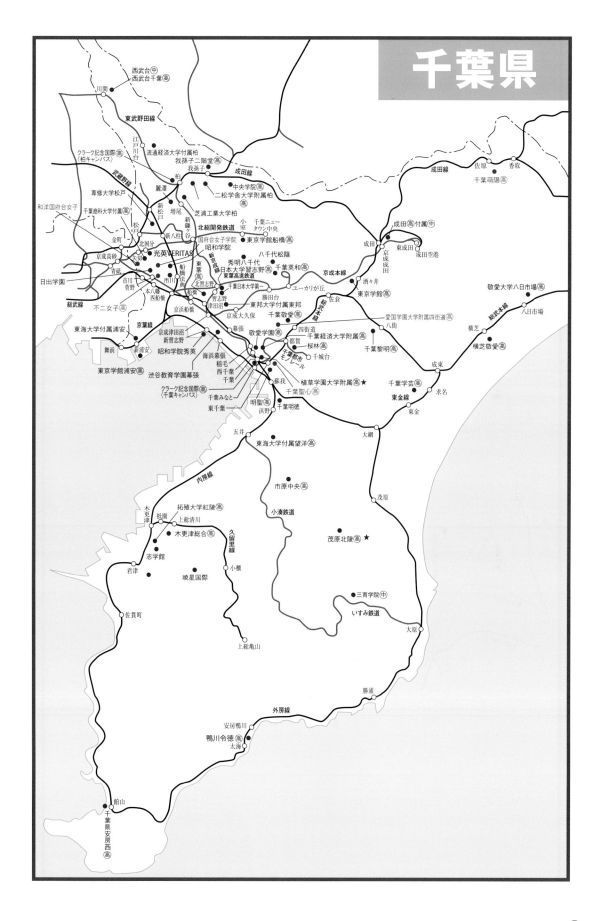

西武台(中)
西武台千葉(高)
川間
東武野田線
江戸川台
流通経済大学付属柏
クラーク記念国際(高)
(柏キャンパス)
我孫子二階堂(高)
我孫子
柏
成田線
成田線
佐原　香取
千葉萌陽(高)
中央学院(高)
武蔵野線
専修大学松戸
麗澤
二松学舎大学附属柏
成田(高)付属(中)
和洋国府台女子
新松戸
増尾
芝浦工業大学柏
千葉商科大学付属(高)
新鎌ケ谷
北総開発鉄道
小室
成田
東成田
松戸
新八柱
国府台女子学院
千葉ニュー
タウン中央
成田空港
金町
北国分
光英VERITAS
昭和学院
東京学館船橋(高)
京成成田
京成高砂
矢切
新京成線
八千代松陰
京成本線
日出学園
青砥
市川
市川
船橋
秀明八千代
日本大学習志野
千葉英和(高)
東京学館(高)
総武線
市川
本八幡
西船橋
東葉
(高)
東葉高速鉄道
酒々井
敬愛大学八日市場(高)
不二女子(高)
北習志野
千葉日本大学第一
京成船橋
習志野
ユーカリが丘
佐倉
総武本線
京葉線
京成津田沼
津田沼
東邦大学付属東邦
愛国学園大学附属四街道
八街
横芝
八日市場
東海大学付属浦安
新習志野
京成大久保
千葉敬愛(高)
四街道
千葉経済大学附属
東京学館浦安
舞浜
新浦安
昭和学院秀英
海浜幕張
幕張
都賀
桜林(高)
千葉黎明(高)
横芝敬愛(高)
渋谷教育学園幕張
稲毛
西千葉
千葉
千葉都市
モノレール
千城台
成東
京成千葉
クラーク記念国際(高)
(千葉キャンパス)
千葉みなと
蘇我
植草学園大学附属(高)★
千葉学芸(高)
東金線
東千葉
明聖(高)
浜野
千葉聖心(高)
千葉明徳
求名
東金
五井
東海大学付属望洋(高)
大網
内房線
市原中央(高)
茂原
小湊鉄道
拓殖大学紅陵(高)
木更津
祇園
上総清川
茂原北陵(高)★
志学館
木更津総合(高)
久留里線
君津
暁星国際
小櫃
三育学院(中)
いすみ鉄道
佐貫町
大原
上総亀山
勝浦
外房線
安房鴨川
鴨川令徳(高)
太海
館山
千葉県安房西(高)

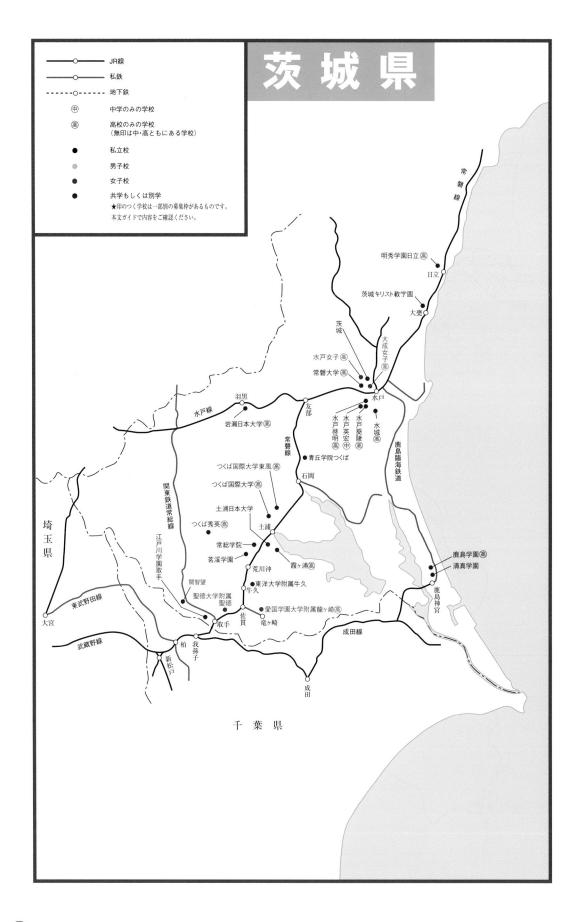

茨城県

JR線
私鉄
地下鉄
⊕ 中学のみの学校
高 高校のみの学校
（無印は中・高ともにある学校）
● 私立校
● 男子校
● 女子校
● 共学もしくは別学
★印のつく学校は一部別の募集枠があるものです。
本文ガイドで内容をご確認ください。

常磐線

明秀学園日立 高
日立

茨城キリスト教学園
大甕

茨城
水戸女子 高
常磐大学
水戸
大成女子 高
大洗臨海鉄道

水城 高
水戸葵陵 高
水戸英宏 中
水戸啓明 高

羽黒
友部
岩瀬日本大学 高
水戸線
常磐線

青丘学院つくば
石岡

つくば国際大学東風 高
つくば国際大学 高
土浦日本大学
つくば秀英 高
常総学院
土浦
茗溪学園
荒川沖
霞ヶ浦 高
開智望
聖徳大学附属聖徳
東洋大学附属牛久
牛久
佐貫
愛国学園大学附属龍ヶ崎 高
竜ヶ崎

鹿島学園 高
清真学園
鹿島神宮

関東鉄道常総線
江戸川学園取手

埼玉県

東武野田線
大宮

武蔵野線
取手
柏
我孫子
新松戸

成田線
成田

千葉県

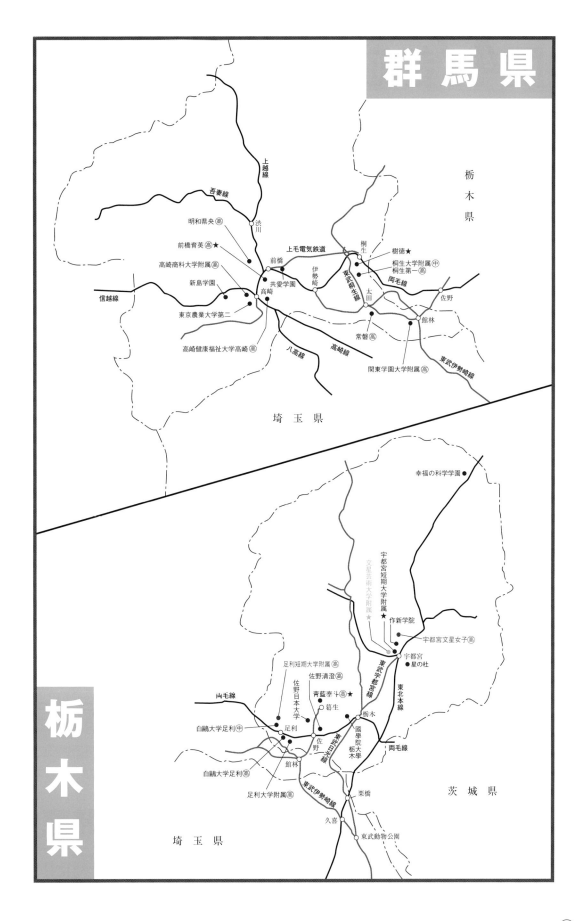

群馬県

栃木県

栃木県

全国47都道府県を完全網羅

全国公立高校入試過去問題集シリーズ

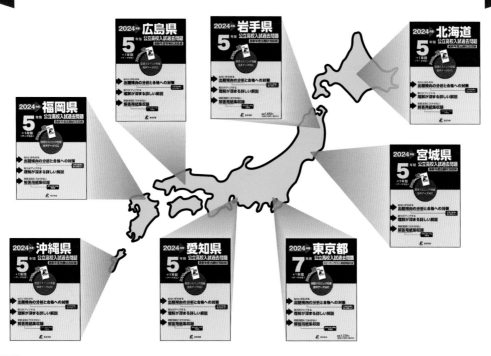

POINT

① **入試攻略サポート**
- 出題傾向の分析×**10年分**
- 合格への対策アドバイス
- 受験状況

② **便利なダウンロードコンテンツ**（HPにて配信）
- 英語リスニング問題音声データ
- 解答用紙

③ **学習に役立つ**
- 解説は全問題に対応
- 配点
- 原寸大の解答用紙を
  ファミマプリントで販売
  ※一部の店舗で取り扱いがない場合がございます。

最新年度の発刊情報は
HP（https://www.gakusan.co.jp/）をチェック!

受験に役立つ
データ集

◆2025年度 首都圏国立私立中学・高校入試資料

＊学費は、2025年度入試要項に記載されている項目の範囲内で算出したものです。前年度
の学費となっている場合が多いので、詳しくは学校にお問い合わせ下さい。

＊学用品代、各会費、積立金等を発表している学校については、初年度納入金にそれぞれ加
算しています。また、全寮制の学校については、寮費等も加算しています。

＊データは、2025年度入試要項(2024年秋公表)に基いていますが、一部の学校について
は、その後に変更されたものを載せている場合があります。

＊試験科目

面(保)：保護者(同伴)面接　　運：運動機能検査　　作：作文　　適性：適性試験

身：身体検査　　健：健康診断　　実：実技　　抽：抽選　　基礎：基礎試験

＊海外校について

一部の例外を除き、国内入試の試験科目、試験日を掲載しています。納入金には基本的
に寮費を含んでいます。

学　校　名		定員	試　験　科　目	試験日	授業料年額	初年度納入金
愛国 （注1）女	1回	40	国算＋面(保)	2/1	300,000	715,000
	2回	10	国算＋面(保)	2/2		
	3回	10	国算＋面(保)	2/3		
青山学院 共		約140	国算理社	2/2	570,000	1,532,000
麻布 男		300	国算理社	2/1	494,400	1,180,200
足立学園 男	一般1回志	50	国算＋面(保)	2/1(午前)	408,000	933,800
	一般1回	20	国算理社か国算	2/1(午前)		
	一般2回	20	国算理社か国算	2/2(午前)		
	一般3回	5	国算理社か国算	2/3(午前)		
	一般4回	5	国算理社か国算	2/4(午前)		
	特別奨学1回	15	国算理社か適性	2/1(午後)		
	特別奨学2回	5	国算理社	2/2(午後)		
	特別奨学3回	5	国算理社	2/3(午後)		
	特別奨学4回	10	国算理社か適性	2/4(午後)		
	特別奨学5回	5	国算理社	2/5(午後)		
跡見学園 女	一般1回	70	国算理社か国算	2/1(午前)	550,000	1,059,400
	一般2回	60	国算理社か国算	2/2(午前)		
	特待1回	50	国算	2/1(午後)		
	特待2回	40	国算	2/2(午後)		
	特待3回	20	漢字力＋計算力＋思考力	2/4(午前)		
			漢字力＋計算力＋英＋面(英)	2/4(午前)		
	特待4回	20	国算理社か国算	2/5(午後)		
	帰国生	10	国算＋面(保)作	12/19(午前)		
郁文館 （注2）共	1回総合	40	国算	2/1(午前)	387,600	881,600
	1回GL特進	15	英	2/1(午前)	483,600	(進学・特進)
	1回iP選抜	10	国算	2/1(午後)	(グローバルリーダー特進)	977,600
	2回総合	30	国算	2/2(午前)		(グローバルリーダー特進)
	2回GL特進	10	英	2/2(午前)		494,000
	3回総合	20	国算理社か国算	2/3(午前)		(iP)
	未来力	若干	プレゼン＋Q&A	2/3(午後)		
	2回iP選抜	5	国算	2/3(午後)		
	4回総合	15	国算理社か国算	2/4(午前)		
	1回適性	10	適性	2/1(午前)		
	2回適性	10	適性	2/2(午前)		
	iP適性	5	適性(国算)	2/4(午前)		
上野学園 （注3）共	1日午前	35	国算理社か国算か適性	2/1(午前)	432,600	1,086,000
	1日午後		国算	2/1(午後)	350,000	1,230,000
	3日	10	得意2科〈国算英から2科〉	2/3(午後)		(音楽コース)
	4日	10	国算理社か国算か得意1科	2/4(午前)		2,419,400
	6日	5	国算	2/6(午前)		
	国際1回	14	国算英＋面	2/1(午前)		
	国際2回	4	国算英＋面	2/3(午後)		
	国際3回	2	国算英＋面	2/6(午前)		
穎明館 （注4）共	1回・グロ	50	国算理社・国算英	2/1(午前)	480,000	880,000
	2回	60	国算理社	2/2(午前)		
	3回	30	国算	2/2(午後)		
	4回	30	総合Ⅰ(国社)Ⅱ(算理)	2/4(午前)		

(注1) 他に、若干名の帰国生入試(11/20)あり。試験科目は国算＋面(保)。
(注2) 他に、5〜10名程度の国際生入試(12/5)あり。試験科目は英＋面。
(注3) 1日午前は4科理社得意型〈理社の高得点1科を採用〉も可。音楽コース希望者はソルフェージュ・専門実技＋面(保)のレベル判定あり。
(注4) 1回はグローバル入試(国算英)あり。他に、10名の帰国生入試(1/5)あり。試験科目は国算＋面〈日本語か英語〉。

学 校 名			定 員	試 験 科 目	試験日	授業料年額	初年度納入金
江戸川女子	(注1) 女	一般基礎学力		基礎(国算)か+英	2/1・2/2	468,000 (一般)	1,198,000 (一般)
		1回		国算理社	2/1(午前)		
		2回	200	国算理社	2/2(午前)	492,000 (国際St)	1,222,000 (国際St)
		3回		国算理社	2/3(午前)	528,000 (国際Ad)	1,258,000 (国際Ad)
		適性検査型		適性	2/1(午後)		
		英語特化型		英+面(英)	2/2(午前)		
		帰国生		基礎(国算)か+英	11/23(午後)		
桜蔭	女		235	国算理社+面	2/1	447,600	1,046,100
桜美林	共	総合学力評価	25・20	文系総合+理系総合	2/1(午前・午後)	471,000	879,500
		1日	30・45	国算理社か国算・国算	2/1(午前・午後)		
		2日	25	国算	2/2(午後)		
		3日	15	国算	2/3(午後)		
鷗友学園女子	女	1回	約180	国算理社	2/1	576,000	1,251,000
		2回	約40	国算理社	2/3		
大妻	女	1回	約100	国算理社	2/1	491,000	1,337,780
		2回	約100	国算理社	2/2		
		3回	約40	国算理社	2/3		
		4回	約40	国算理社	2/5		
		帰国生	若 干	国算英から2科+面(保)	12/10		
大妻多摩	(注2) 女	1回	40・10	国算理社・国算英リスニング	2/1(午前)	491,000	1,456,380
		適性型思考力	10	読解表現(作)+合科適性	2/1(午前)		
		2回	25・5	国算	2/1(午後)		
		3回	25・5	国算	2/2(午後)		
		4回	20	国算理社	2/4(午前)		
大妻中野	女	1回アド	約50	国算理社	2/1(午前)	471,000	1,234,280
		2回アド	約50	国算	2/1(午後)		
		3回アド	約45	国算	2/2(午後)		
		4回アド	約25	国算理社	2/3(午後)		
		新思考力	約15	総合(合科型・記述・数理的)	2/4(午前)		
		グローバル	約36	国算+英語スピーキング+面	2/1・2/3		
		帰国生		国算か英+面	11/10・12/21		
海城	男	一般①	145	国算理社	2/1	492,000	1,294,160
		一般②	145	国算理社	2/3		
		帰国生	30	国算か国算英+面	1/7		
開成	男		300	国算理社	2/1	492,000	1,246,200
開智日本橋学園	(注3) 共	1回	35	国算理社か国算	2/1(午前)	480,000	798,000
		特待生	30	国算理社か算	2/1(午後)		
		2回	25	国算理社か国算	2/2(午後)		
		3回	20	国算理社か国算	2/3(午前)		
		4回	20	国算理社か国算	2/4(午前)		
かえつ有明	(注4) 共	1日午前	45	国算理社か国算	2/1(午前)	492,000	1,175,000
		1日午後	35	国算理社か国算	2/1(午後)		
		2日午後	30	国算理社か国算	2/2(午後)		
		3日午後	18	国算理社か国算	2/3(午後)		
		思考力特待	7	個人探究	2/1(午前)		
		アクティブ	10	グループワーク	2/3(午後)		
		HA	15	英+面(英)作(英)	2/2(午前)		

(注1) 一般英語特化型入試の面接は日本語・英語。帰国生英語特化型入試(11/23午前)あり。
(注2) 定員は、総合進学・国際進学の順。他に、帰国生入試(対面は11/19、オンラインは11/18か19)あり。総合進学は(計算力確認+面〈日本語か英語〉作)、国際進学は(計算力確認+英+面)あり。
(注3) 定員は、GLC20名、DLC20名、LC90名。1回・4回のGLC希望者の試験科目は、国算英(エッセイライティング)+口頭試問+面〈英語・日本語〉。他に、GLCの帰国生入試(11/23・12/16)あり。試験科目は、国算+エッセイライティング(英)+口頭試問+面〈英語・日本語〉。
(注4) Honors/Advanced選考(2/2午前)の作文は英語と日本語。英語ペアワークあり。他に、35名の帰国生入試(11/19・12/4)あり。11/19の試験科目は、英+作文〈英語・日本語〉+英語ペアワークか国算、12/4は英+作文〈英語・日本語〉+英語グループワーク。

●東京 中学

学　校　名		定　員	試　験　科　目	試験日	授業料年額	初年度納入金
学習院 男	1回	約75	国算理社	2/2	658,000	1,364,300
	2回	約50	国算理社	2/3		
	帰国生	約15	国算＋面(保)作	12/4		
学習院女子 (注1) 女	一般A	約90	国算理社	2/1	698,000	1,293,000
	一般B	約40	国算理社	2/3		
	帰国生	約15	国算＋面作	1/20		
川村 女	プレミアム	25	国算英自己表現から2科	2/1(午前)	474,000	1,209,400
	セレクト①		国算英から2科か1科	2/1(午後)		
	セレクト②		国算英から2科か1科	2/3(午前)		
	セレクト③	25	国算英から2科か1科	2/4(午前)		
	セレクト④		国算英から2科か1科	2/4(午後)		
	セレクト⑤		国算英から2科か1科	2/5(午後)		
神田女学園 女	1回	30	国算英から2科か適性	2/1(午前)	456,000	1,137,000
	2回	20	国算英から2科か適性	2/1(午後)		
	3回	10	国算英から2科か国算理社	2/2(午前)		
	4回	20	国算英から2科か1科	2/2(午後)		
	5回	10	国算英から2科か新思考力	2/4(午後)		
	6回	10	国算英から1科	2/5(午後)		
	帰国生	定めず	国英＋面(英)	11/11・12/9		
北豊島 (注2) 女	一般	50	国算＋面	2/1(午前)	360,000	950,000
	英語	10	英＋英会話＋面	2/1(午後)		
	適性検査型	10	検査Ⅰ・Ⅱ＋面	2/1(午後)		
	自己表現1回	5	プレゼンテーション＋面	2/1(午後)		
	特待1回	15	国算＋面	2/1(午後)		
	特待2回	15	国算理社か国算＋面	2/2(午後)		
	特待3回	10	国算＋面	2/5(午後)		
	自己表現2回	5	プレゼンテーション＋面	2/5(午後)		
吉祥女子 女	1回	134	国算理社	2/1	508,200	1,130,800
	2回	100	国算理社	2/2		
共栄学園 (注3) 共	1回	20・50	国算理社か国算か適性＋面	2/1(午前)	408,000	1,039,470 (特進)
	2回特進	20	国算＋面	2/1(午後)		
	3回特進	10	国か算＋面	2/2(午後)		1,034,470 (進学)
	4回	5・5	国算＋面	2/4(午後)		
	5回	5・5	国算か適性＋面	2/7(午前)		
暁星 (注4) 男	1回	約65	国算理社	2/2(午後)	480,000	1,202,400
	2回	約10	国算	2/3(午後)		
共立女子 女	2/1	130	国算理社	2/1(午前)	500,000	1,196,000
	2/2	110	国算理社	2/2(午前)		
	2/3英語	15	英語4技能テスト＋算	2/3(午後)		
	2/3合科型	40	合科型論述テスト＋算	2/3(午後)		
	帰国生	25	国算か算英	11/26(午前)		
共立女子第二 (注5) 男	1回AM	50	国算理社か国算	2/1(午前)	500,000	960,000
	適性検査型	20	適性(国算理社)	2/1(午前)		
	1回PM	40	国算	2/1(午後)		
	英語	10	英＋面(英)作	2/1(午後)		
	2回AM	20	国算	2/2(午前)		
	2回PM	10	国算	2/2(午後)		
	3回	5	国算	2/4(午前)		

(注1) 帰国生入試の作文の使用言語は、日本語または英語。
(注2) 他に、若干名の帰国生入試(12/25・1/22)あり。
(注3) 1・4・5回の募集人員は、特進クラス・進学クラスの順。
(注4) 他に、若干名の帰国生入試(12/4)あり。試験科目は国算＋外国語〈英か仏〉＋面。
(注5) 1回AMは海外帰国生枠を含む。面接あり。

4

学　校　名		定　員	試　験　科　目	試験日	授業料年額	初年度納入金
国立音楽大附 共	1回演奏創作		国算＋視唱＋面実	2/1,2	498,000	1,165,100
	1回総合表現		国算＋プレゼンテーション	2/1(午前)		(演奏・創作)
	2回総合表現	約45	国算＋面	2/3(午前)		1,111,100
	3回演奏創作		国算＋視唱＋面実	2/10(午後)		(総合表現)
	3回総合表現		国算＋面	2/10(午後)		
国本女子 女	1回		国算か国英か算英＋面	2/1(午前)	432,000	1,089,200
	2回		国算か国英＋面	2/1(午後)		
	3回	30	国算か国英か算英＋面	2/3(午前)		
	4回		国算か国英＋面	2/5(午前)		
	帰国生	定めず	国算か国英か英＋面	11/18・1/13		
慶應義塾中等部 共		男120・女50	国算理社＋面(保)体	2/3,5	880,000	1,435,000
京華 (注1) 男	1日午前	30・50	国算理社か国算	2/1(午前)	450,000	969,000
	1日午後		国算理社か国英か算英	2/1(午後)		
	適性特選	10	適性	2/1(午前)		
	2日午後	25・25	国算理社か国算	2/2(午後)		
	3日午前	15・15	国算理社か国算	2/3(午前)		
京華女子 (注2) 女	適性検査型	15	適性	2/1(午前)	450,000	969,000
	1回	35	国算理社か国算＋面	2/1(午前・午後)		
	英検利用	15	英検資格点＋国算＋面	2/2(午前)		
	2回		国算理社か国算＋面	2/2(午後)		
	3回	5	国算＋面	2/3(午後)		
	特待特別	5	国算理社か国算＋面	2/4(午前)		
	帰国生特別	5	国算か算英か国英＋面	12/1(午前)		
恵泉女学園 女	1回	80	国算	2/1(午後)	492,000	1,002,000
	2回	70	国算理社	2/2(午前)		
	3回	30	国算	2/3(午後)		
啓明学園 (注3) 共	1回		国算か国算英	2/1(午前)	516,000	1,431,200
	適性検査型	50	適性	2/1(午前)		
	得意科目		算か英か国	2/1(午前)		
	2回	10	国算か国算英	2/2(午前)		
	プレゼン		プレゼンテーション	2/2(午後)		
	3回	10	国算か国算英	2/5(午前)		
	適性検査型	10	適性	2/5(午前)		
小石川淑徳学園 (注4) 女	1回一般	25	国算理社か国算	2/1(午前)	444,000	1,070,800
	1回スカラ	10	国算理社か国算	2/1(午後)		
	適性	15	適性＋作か算	2/2(午前)		
	2回スカラ	10	国算理社か国算	2/2(午後)		
	3回スカラ	10	国算理社か国算か国算英	2/3(午後)		
	2回一般	10	国算	2/4(午前)		
	3回一般	若干	国算	2/6(午前)		
光塩女子学院 女	1回	約30	総合＋基礎(国算)	2/1	480,000	1,069,020
	2回	約50	国算理＋面(保)	2/2		
	3回	約15	国算理＋面(保)	2/4		

(注1) 定員は中高一貫クラス・特別選抜クラスの順。特別選抜クラスの試験科目は国算理社。他に、5名の帰国生特別入試(12/6)あり。
　　　試験科目は国算か算英＋面(保)。2/1午後の募集は帰国生を含む。帰国生の試験科目は、国英か算英＋面(保)。
(注2) 1・2回の募集は帰国生を含む。2回は英検利用ベスト2入試、3回は得意科目重視型。海外帰国生オンライン入試あり。
(注3) 得意科目入試(2/1午後)の試験科目は、算数特待か英語特化か国語四技能。他に、帰国生入試・国際入試あり。試験科目は英語型
　　　か日本語型か外国語型かオンライン型。
(注4) 適性プレミア(2/2午前)の試験科目は、適性〈基礎力国算〉＋探究型作文または算〈基礎・応用〉。

学　校　名		定員	試　験　科　目	試験日	授業料年額	初年度納入金
晃華学園	女	約50	国算理社	2/1(午前)	504,000	1,130,000
	1回					
	2回	約35	国算	2/1(午後)		
	3回	約25	国算理社	2/3(午前)		
工学院大附 (注1) 共	1回A	30	国算理社か国算か算英か国英か適性	2/1(午前)	576,000 (インター)	1,134,980 (インター)
	1回B	30	国算か算英か国英	2/1(午後)		
	2回A	10	国算理社か国算か算英か国英	2/2(午前)	480,000 (先進)	978,980 (先進)
	2回B	15	国算か算英か国英	2/2(午後)		
	3回	10	国か算英か国英	2/3(午前)		
	4回	10	国か算英か国英か適性	2/6(午後)		
攻玉社	男	100	国算理社	2/1	420,000	996,000
	1回					
	2回	80	国算理社	2/2		
	特別選抜	20	算	2/5		
	国際学級	40	国算か英+面(保)	1/11		1,116,000
麴町学園女子 (注2) 女	1日	50・15	国算理社か国算・英語型	2/1(午前)	468,000	1,156,112
	1日特待	10	国算理社か国算か英語資格型	2/1(午後)		
	2日	10	国算理社か国算	2/2(午前)		
	2日特待	5	国算理社か国算	2/2(午後)		
	3日	15	国算理社か国算	2/3(午前)		
	5日	15	国算理社か国算か英語資格型	2/6(午後)		
佼成学園 (注3) 男	1回一般	40・10	国算理社か国算	2/1(午前)	444,000	1,046,400
	1回特別奨学	10	国算	2/1(午後)		
	2回一般	30	国算理社か国算	2/2(午前)		
	グローバル奨学	15	国算	2/2(午後)		
	3回一般	15	国算理社か国算	2/3(午前)		
	2回特別奨学	10	国算	2/5(午後)		
	適性特別奨学	10	適性	2/1(午前)		
	SE	10	面(英語・日本語)	2/3(午後)		
佼成学園女子 (注4) 女	1日午前	25・15	国算理社か国算・適性か英	2/1(午前)	468,000	1,120,800
	1日午後	5・5	国算・適性	2/1(午後)		
	2日午前	10・5	国算理社か国算・適性	2/2(午前)		
	2日午後	5	国算	2/2(午後)		
	3日午前	5	国算理社か国算か英	2/3(午前)		
	3日午後	5	プレゼンか国か算	2/3(午後)		
	4日午前	5	国算理社か国算	2/4(午前)		
	4日午後	5・5	国算・適性	2/4(午後)		
	5日午後	5	国算	2/5(午後)		
香蘭女学校	女	100	国算理社	2/1(午前)	476,000	1,233,200
	1回					
	2回	60	国算	2/2(午後)		
国学院大学久我山 別 (注5)	1回	男45・女30	国算理社	2/1(午前)	420,000	1,028,000
	2回	男75・女40	国算理社	2/2(午前)		
	ST1回	男40・女20	国算	2/1(午後)		
	ST2回	男25・女20	国算	2/3(午後)		
	ST3回	男15・女10	国算理社	2/5(午後)		
国士舘	共	40	国算+面	2/1(午前)	438,000	1,053,000
	1回					
	2回	15	国算+面	2/2(午後)		
	3回	15	国算+面	2/3(午後)		
	4回	10	国算+面	2/4(午後)		
	5回	若干	国算+面	2/5(午後)		

(注1) 定員は、先進クラス70名・インターナショナルクラス35名。1回Bは国語重視型〈国算〉もあり。他に、帰国生入試(11/10・12/26・1/17)あり。試験科目は英+面(保)か国算か算英か国英+面(保)。
(注2) 英語型は英語リスニング・リーディング・簡単な英作文+基礎〈国算〉+面〈英語と日本語〉。英語資格型は英語資格+国算。他に、若干名の帰国生入試(11/19)あり。試験科目は英+面(保)〈英語と日本語〉。
(注3) 1回の定員は一般・グローバルの順。他に、約30名の帰国生入試(11/11・12/9・1/13)あり。試験科目は面作。
(注4) 1日午前・2日午前・4日午前の一般は英語資格利用型〈国か算〉も可。1日午後・2日午後・3日午前・4日午後・5日午後はS特待。英語入試はライティング+スピーキング。プレゼン入試はプレゼン+口頭試問。他に、帰国生入試(11/22・12/7・1/11)あり。試験科目は英語インタビュー+面または国算+面。
(注5) 1・2回の女子はCCクラスのみ。他に、若干名の帰国生募集(1/8)あり。試験科目は国算か算英+面(保)。

学　　校　　名			定員	試　験　科　目	試験日	授業料年額	初年度納入金
駒込	（注1）共	1回	30・20	国算理社か国算・適性	2/1（午前）	456,000	1,349,200
		2回	25	国算	2/1（午後）		
		3回	15・10	国算理社か国算・プロ表現英	2/2（午前）		
		4回	10	国か算	2/2（午後）		
		5回	10	国算	2/4（午前）		
駒沢学園女子	女	1回一般	30・5	国算理社英から4科か国算・国か算	2/1（午前・午後）	420,000	930,200
		1回英語	10	英＋面	2/1（午前）		
		プレゼン型	5	プレゼンテーション・自己アピール	2/1（午前）		
		1科目選択	5	国か算	2/1（午後）		
		2回一般	10・5	国算・国か算か英	2/2（午前・午後）		
		1科目選択	5	国か算	2/2（午後）		
		3回一般	5	国算	2/5（午前）		
駒場東邦	男		240	国算理社	2/1	492,000	1,128,000
桜丘	（注2）共	1回・2回	40	国算理社か国算	2/1（午前・午後）	468,000	1,278,000
		3回・4回	15・15	国算理社か国算	2/2（午前・午後）		
		5回	10	国算理社か国算	2/4（午前）		
サレジアン国際学園	共 （注3）	1回	20・20	国算理社か国算	2/1（午前）	480,000	1,353,000
		2回	20・10	国算理社から2科	2/1（午後）		
		3回	10・20	国算理社か国算	2/2（午前）		
		4回	10・10	国算理社から2科	2/2（午後）		
		5回	10・15	国算理社か国算	2/3（午前）		
		21世紀型	5	思考力か国算理社から2科	2/5（午前）		
		帰国生	若干	国算	11/11・12/3・1/8		
サレジアン国際学園世田谷	共 （注4）	1回・2回		国算理社か国算	2/1（午前・午後）	480,000	1,353,000
		3回特待生		国算理社	2/2（午後）		
		4回21世紀	60・30	思考力	2/3（午後）		
		4回自由		国算理社から2科	2/3（午後）		
		5回		国算理社	2/5（午前）		
		帰国生		国算	11/12・12/10・1/7		
サレジオ	男		30	国算＋面（保）作	2/2・10	408,000	712,420
実践学園	（注5）共	1回	30	国算理社か国算	2/1（午前）	494,400	1,344,400
		2回	10	国算理社か国算	2/2（午後）		
		特待1回	10	国算	2/1（午後）		
		特待2回	5	国算	2/3（午後）		
		適性検査型	5	適性	2/2（午前）		
		自己PR型	5	基礎（国算）＋プレゼン	2/3（午後）		
		LA&S 1・2	5・5	面作（日本語・英語）	2/1・2/2		
		特別	5	算	2/5（午前）		
		Ⅱ期	若干	国算＋面	2/10（午前）		
実践女子学園	女	1回・2回	45・40	国算理社か国算・国算	2/1（午前・午後）	502,000	1,115,400
		3回・4回	40・30	国算理社か国算・国算	2/2（午前・午後）		
		5回	20	国算	2/3（午後）		
		6回	20	国算	2/4（午後）		
		思考表現	10	表現（記述・質疑応答）	2/1（午前）		
		英語資格	15・10	英語資格＋国か算	2/1OR2		
		帰国生	10	算＋面（音読含む）	11/10・12/16		

（注1）3回はプログラミング入試（算＋プログラミング）か自己表現入試（クリエイティブ型）か英語入試（国算英）。4回は特待入試。他に、帰国生入試（12/9・2/4、算＋面作〈英文可〉）あり。
（注2）1・3回は適性検査も可。3回は英検による保証点＋算も可。
（注3）定員は本科・インターナショナルの順。他に、若干名の国際生入試（2/1・2・3）あり。国際生とインターナショナルAdvancedの試験科目は英＋英語エッセイ＋面〈日本語・英語〉。
（注4）定員は本科・インターナショナルの順。帰国生・1・3・5回のインターナショナルアドバンストの試験科目は英＋英語エッセイ＋面〈日本語・英語〉。他に、サレジアン国際生入試（2/1・2/2）あり。
（注5）自己PR型入試は保護者面談あり。他に、若干名の帰国生LA&Sクラス入試（11/23）あり。試験科目は面（保）作〈日本語・英語〉。

学　校　名		定　員	試　験　科　目	試験日	授業料年額	初年度納入金
品川翔英　　　　　共	1回	40	国算社か国算か適性	2/1(午前)	456,000	1,242,000
	2回特待生	15	算理	2/1(午後)		
	3回	15	国算理社か国算	2/2(午前)		
	4回	10	算+インタビュー(読書か体験か英)	2/2(午後)		
	5回	10	国+算理社統合	2/3(午前)		
	6回	10	国算理社か国算	2/5(午前)		
品川女子学院　　　女	1回	90	国算社	2/1	480,000	1,133,600
	算数1科	20	算	2/1(午後)		
	2回	60	国算社	2/2		
	表現力総合	30	4科目総合+読解・論述	2/4(午後)		
	帰国生	定めず	国算+面	11/12		
芝　　　　　　　　男	1回	150	国算理社	2/1	486,000	1,136,600
	2回	130	国算理社	2/4		
芝浦工業大附　(注1)　共	1回	90	国算理	2/1(午前)	496,000	1,203,480
	2回	50	国算理	2/2(午前)		
	言語・探究	15	言語技術と探究+算	2/2(午後)		
	英語		算英	2/2(午後)		
芝国際　　　　(注2)　共	1日午前	30・10	国算理社・国算英	2/1(午前)	480,000	1,137,500
	1日午後	25	国算	2/1(午後)		
	2日午後	20	国算	2/2(午後)		
	3日午後	10・5	国算・国算英	2/3(午後)		
	帰国生1回	15	国算英	11/10		
	帰国生2回	5	国算英	12/10		
渋谷教育学園渋谷　　共	1回	70	国算理社	2/1	510,000	1,149,000
	2回	70	国算理社	2/2		
	3回	23	国算理社	2/5		
	帰国生	12	国算英+面(英)か国算+面作	1/27		
自由学園　　　(注3)　共	1回	90	国算+集団考査+面(保)	2/1	528,000	1,174,300(通学生)
	2回	若干	国算+集団考査+面(保)	2/10		1,863,900(男子寮生)
						1,808,900(女子寮生)
修徳　　　　　(注4)　共	1回	60	国算英から2科+面	2/1(午前)	360,000	1,082,000
	2回・3回	若干	国算英から1科か総合学力+面	2/1・2/2		
	4回・5回	若干	国算英から1科+面	2/2・2/3		
	6回・7回	若干	国算英から1科+面	2/4・2/5		
十文字　　　　　　　女	1回	50	国算理社か国算	2/1(午前)	456,000	1,003,600
	英検利用	10	国算	2/1(午前)		
	思考作文	10	作	2/1(午前)		
	2回	50	国算	2/1(午後)		
	3回	20	国算理社か国算	2/2(午前)		
	4回	20	国算	2/2(午後)		
	得意型	10	国算英から2科	2/3(午後)		
	5回	10	国算	2/6(午前)		
淑徳　　　　　(注5)　共	スーパー1回	25	国算理社か国算	2/1(午前)	420,000	1,083,500
	特進東大1回	35・10	国算	2/1(午後)		
	特進東大2回	25・15	国算	2/2(午後)		
	スーパー2回	5・15	国算	2/3(午後)		
	特進東大3回	10	国算	2/5(午前)		
	帰国生	若干	国算+面	12/2		

(注1) 他に、5名の帰国生募集(12/11)あり。試験科目は国算+面(保)。シンガポール入試(11/11)は算+面(保)。
(注2) 定員は本科・国際ADVANCEDの順。2/1午後・2/2午後は本科のみ。
(注3) 他に、若干名の帰国生募集(11/18・2/1)あり。試験科目は国算英から2科+集団考査+面(保)。
(注4) 特進クラス・進学クラスの順に、1回は30名・30名、2回～7回はそれぞれ若干名。2・3回は公立中高一貫対応型総合学力テスト〈作文〉+面も可。
(注5) 定員は東大選抜・スーパー特進の順。

学 校 名			定 員	試 験 科 目	試験日	授業料年額	初年度納入金
淑徳巣鴨	(注1) 共	スーパー1回	15	国算理社か国算	2/1(午後)	420,000	943,800
		スーパー2回	10	国算理社か国算	2/2(午後)		
		スーパー3回	10	国算理社か国算か国算英	2/3(午後)		
		特進1回	30	国算	2/1(午前)		
		特進2回	25	未来力(思考の基礎力+展開力)か算	2/2(午前)		
		特進3回	15	国算	2/4(午前)		
順天	(注2) 共	1回	25・25	国算理社・国算	2/1(午前・午後)	468,000	1,143,200
		2回	20・15	国算理社・国算	2/2(午前・午後)		
		3回	5	国か算英+マイ・プレゼン	2/4(午後)		
頌栄女子学院	女	1回	100	国算理社+面(保)	2/1	396,000	1,009,800
		2回	100	国算理社+面(保)	2/5		
		帰国生	定めず	英か国算英+面(保)	12/9・2/1		
城西大附城西	(注3) 共	1回	35・20	国算理社か国算か英語資格	2/1(午前・午後)	432,000	1,047,000
		2回	20	国算理社か国算か英語資格か適性	2/2(午前)		
		3回	15	国算理社か国算か英語資格	2/5(午前)		
		4回	15	国算か英語資格	2/7(午前)		
聖徳学園	(注4) 共	プライマリー	30	国算+面	2/1(午前)	495,600	1,007,800
		適性検査型	20	適性ⅠⅡ・ⅠⅡⅢ	2/1(午前)		
		PM①	15	国算	2/1(午後)		
		特別奨学生	5	国算理社	2/2(午前)		
				国算	2/3(午前)		
		プログラミング	5	プログラミング+面	2/2(午前)		
		AM①	15	国算英から2科	2/2(午前)		
		PM②	10	国算	2/2(午後)		
		AM②	5	国算	2/11(午前)		
城北	男	1回	約115	国算理社	2/1	456,000	1,070,700
		2回	約125	国算理社	2/2		
		3回	約30	国算理社	2/4		
昭和女子大附昭和	(注5) 女	AA	40	国算理社か国算か国算英	2/1(午前)	517,200	1,263,200
		AP	30	国算	2/1(午後)		
		B	30	国算理社か国算か国算英	2/2(午前)		
		C	20	国算理社か国算か国算英	2/3(午前)		
		GA	10	国算理社か国算か国算英	2/1(午前)		
		GB	10	国算理社か国算か国算英	2/2(午前)		
		SA	10	国算理	2/1(午前)		
		SB	10	国算理	2/2(午前)		
		帰国生	定めず	基本(国算)か基本(国算)英+面	11/18		
女子学院	女		240	国算理社+面	2/1	492,000	1,126,280
女子聖学院	(注6) 女	1回	50	国算理社か国算	2/1(午前)	468,000	1,266,800
		スカラシップ	30	国算	2/1(午後)		
		3回	20	国算	2/2(午前)		
		4回	10	国算理社か国算	2/3(午前)		
		5回	10	国算	2/3(午後)		
		6回	10	国算	2/4(午後)		
		英語表現力	10	英リスニング+暗誦+自己紹介(英)+面	2/1(午後)		
		BaM表現力	10	基礎(国算)+自己紹介+面(保)	2/2(午前)		

(注1) 他に、若干名の帰国子女入試(12/2)あり。試験科目は国算理社か国算英+面(保)。
(注2) 他に、若干名の帰国生募集(12/2・2/4)あり。試験科目は算英+面作(12/2)、算英+面(2/4)で、いずれも面接は英語と日本語。
(注3) 1回午後の試験科目は国算理社か国算。他に、5名の帰国生入試(12/8・1/10)あり。試験科目は国算+面か国算英+面。
(注4) 他に、若干名の帰国生入試(11/16・12/14・1/18)あり。試験科目は国算英から2科。
(注5) AA・AP・B・Cは本科コース、GA・GBはグローバル留学コース、SA・SBはスーパーサイエンスコース。他に、帰国生オンライン入試(12/23)あり。試験科目は面作。
(注6) 他に、若干名の帰国生募集(11/29午後)あり。試験科目は基礎(算)+面(保)作。

●東京 中学

学　校　名		定員	試験科目	試験日	授業料年額	初年度納入金
女子美術大付	女	1回 約110	国算理社か国算＋面	2/1(午前)	579,000	1,149,800
		2回 約10	自己表現(記述)＋面	2/2(午後)		
		3回 約15	国算＋面	2/3(午前)		
白梅学園清修	(注1) 女	1回午前 25	国算理社か国算か英＋面か適性	2/1(午前)	440,000	1,143,000
		1回午後 10	国算理社英から2科か自己表現力	2/1(午後)		
		2回 5・5	国算理社英から2科・国算	2/2(午前・午後)		
		3回 5・5	国算・国算理社から2科	2/3(午前・午後)		
		4回 5	国算か適性	2/4(午前)		
		5回 若干	国算	2/6(午前)		
白百合学園	女	一般 60	国算理社＋面(保)	2/2	468,000	1,304,000
		帰国生 約15	国算＋英か仏＋面(保)	1/8		
巣鴨	(注2) 男	1期 80	国算理社	2/1(午前)	480,000	1,043,000
		算数選抜 20	算	2/1(午後)		
		2期 100	国算理社	2/2(午前)		
		3期 40	国算理社	2/4(午前)		
駿台学園	(注3) 共	1日午前 70	国算理社か国算	2/1(午前)	396,000	843,600
		1日午後 10	国算理社英から1科	2/1(午後)		
		2日午前 10	国算理社英から1科	2/2(午前)		
		2日午後 10	国算理社英から1科	2/2(午後)		
		4日午前 10	国算理社英から1科	2/4(午前)		
		8日午前 10	国算理社英から1科	2/8(午前)		
聖学院	(注4) 男	1回 60・30	国算理社か国算	2/1(午前・午後)	456,000	1,137,900
		2回 20・20	国算理社か国算	2/2(午前・午後)		
		3回アド 10	国算理社か国算	2/3(午後)		
		特待生 5	国算＋面	2/2(午後)		
		もの思考力 15	思考力＋協働振り返り	2/1(午後)		
		デザイン 10	思考力＋協働振り返り	2/2(午後)		
		グローバル 5	思考力＋協働振り返り＋面	2/4(午前)		
		オンリーワン 5	グループプレゼン＋協働振り返り	2/4(午後)		
		英語特別 5	面(英)か英＋面(英)	2/1(午前)		
成蹊	(注5) 共	1回 男45・女45	国算理社	2/1	668,000	1,178,900
		2回 男20・女20	国算理社	2/4		
		国際学級 約15	国算英＋面	1/8		1,506,900
成女学園	女	1回 15	国算か国英＋面(保)作	2/1	408,000	957,000
		2回	国算か国英＋面(保)作	2/2		
成城	男	1回 100	国算理社	2/1	450,000	966,800
		2回 140	国算理社	2/3		
		3回 40	国算理社	2/5		
成城学園	共	1回 約70	国算理社	2/1	750,000	1,616,000
		2回 約50	国算理社	2/3		
		帰国生 約10	基礎(国算)＋面(保)	12/20		
聖心女子学院	女	帰国生 約10	国算＋面(保)	12/20	528,000	1,290,000
聖ドミニコ学園	(注6) 女	1回 20	国算・国算か英	2/1(午前)	468,000(アカデミック)	1,086,400(アカデミック)
		2回 10	国算	2/1(午後)		
		3回 10	思考力・英	2/2(午後)	504,000(インター)	1,172,400(インター)
		4回 5	国か算	2/3(午後)		
		後期 5	国算か思考力・英	2/11(午前)		

(注1) 2/1午後の自己表現力は基礎学力〈国算〉＋プレゼンテーション＋面。他に、若干名の帰国生入試(12/23)あり。
(注2) 海外帰国子弟特別入試制度あり。
(注3) 2/1・2、2/4・8は1科選択＋内申重視型または1科選択＋英語型。
(注4) 1・2回は一般・アドバンストの順。他に、10名の国際生入試(12/2)あり。試験科目はA方式は英＋面〈英語・日本語〉、B方式は国算＋面。オンライン型国際生入試(11/11)あり。試験科目はA方式は英作文＋面〈英語・日本語〉、B方式は思考力＋面〈英語・日本語〉。
(注5) 他に、一般入試(若干名の帰国生枠・2/1)あり。試験科目は国算＋面。
(注6) 1〜3回と後期の定員はアカデミック・インターナショナル合わせて、4回はアカデミックのみ。1回のインターナショナルの試験科目は国算か英(リスニング含む)＋スピーキング、3回アカデミックと後期の思考力は作文。3回と後期のインターナショナルの試験科目は英＋スピーキング(後期は＋面)。他に、帰国生入試(11/25)あり。試験科目は英＋スピーキング＋面(保)作。

学　校　名			定員	試　験　科　目	試験日	授業料年額	初年度納入金
清明学園	共		若干	国算＋面(保)	2/6	420,000	914,000
成立学園	共	1回	約15	国算理社か国算か適性	2/1(午前)	420,000	1,053,400
		2回	約10	国算	2/1(午後)		
		3回	約10	国算理社か国算	2/2(午前)		
		4回	約5	ナショジオ(作＋算)か算	2/4(午前)		
青稜	(注1)共	1回A・B	50・50	国算理社か国算	2/1(午前・午後)	498,000	1,018,400
		2回A・B	40・40	国算理社か国算	2/2(午前・午後)		
		帰国生	若干	国算(＋英)＋面	11/23・1/4		
世田谷学園	(注2)男	1次	55・5	国算理社	2/1(午前)	432,000	1,227,800 (本科)
		算数特選	15・15	算	2/1(午後)		
		2次	65・15	国算理社	2/2(午前)		1,281,800 (理数)
		3次	25・5	国算理社	2/4(午前)		
創価	共	1日	約100	国算理社か国算英＋面	2/1	465,600	1,017,200(通学生)
		プレゼン型	約70	作文＋プレゼン	2/3		1,592,300(寮生)
高輪	男	A日程	70	国算理社	2/1(午前)	468,000	924,000
		B日程	70	国算理社	2/2(午前)		
		C日程	30	国算理社	2/4(午前)		
		算数午後	20	算	2/2(午後)		
		帰国生	10	国算か国算英	1/12(午前)		
瀧野川女子学園	(注3)女	1回・2回	40・10	国算理社か国算＋面	2/1・2/2	456,000	852,400
		3回・4回	10・10	国算＋面	2/5・2/8		
玉川学園	(注4)共	1回	65	国算理社か国算か算理か英語型＋面	2/1(午前)	851,000	1,413,700
		2回		国算か英語資格利用型＋面	2/1(午後)		
		3回	45	国算理社か国算か算理＋面	2/2(午前)		
		4回		国算＋面	2/2(午後)		
		IB1回	15	英算＋日本語＋面(保)	2/1(午前)	1,331,000	1,903,700
		IB2回		英算＋日本語＋面(保)	2/2(午前)		
		帰国生	若干	英算＋日本語＋面(保)	12/2(午後)		
玉川聖学院	(注5)女	1回	35	国算理社か国算＋面	2/1(午前)	468,000	1,126,100
		2回	35	国算＋面	2/1(午後)		
		3回	20	国算理社か国算＋面	2/2(午前)		
		4回	10	国算＋面	2/3(午前)		
		適性検査型	定めず	適性	2/1(午前)		
		多文化共生	定めず	国算か英算＋面	2/1(午後)		
多摩大附聖ヶ丘	共	1回	30	国算理社か国算	2/1(午前)	468,000	1,025,740
		2回	30	国算	2/1(午後)		
		3回	10	国算	2/3(午後)		
		4回	10	国算	2/4(午前)		
		5回	10	国算理社か国算	2/5(午前)		
		適性型	20	適性	2/2(午前)		
		リスニング	10	基礎(国算)＋リスニング	2/4(午前)		
多摩大学目黒	共	進学1回	34	国算理社か国算	2/1(午前)	444,000	814,000
		進学2回		国算理社か国算	2/2(午前)		
		特待特進1回	特待20 特進60	国算理社	2/1(午後)		
		特待特進2回		国算理社	2/2(午後)		
		特待特進3回		国算	2/3(午後)		
		特待特進4回		国算	2/4(午後)		
		特待特進5回		国算	2/6(午前)		

(注1) 他に、オンライン帰国生入試(11/4・5)あり。
(注2) 定員は本科コース・理数コースの順。特待生選抜20名は算数特選、3名は1次、10名は2次に含む。
(注3) 1回は英検利用〈基礎学力＋面〉、総合型〈基礎学力＋自己PR＋面〉も可。
(注4) 英語型(1回)の試験科目は、英国か英算＋面。英語資格利用型(2回)の試験科目は、英語資格点＋国か算＋面。
(注5) 他に、若干名の帰国子女入試(12/16)あり。試験科目は国算＋面。

11

学　校　名			定　員	試　験　科　目	試験日	授業料年額	初年度納入金
中央大附	共	1回	約100	国算理社	2/1	552,000	1,251,800
		2回	約50	国算理社	2/4		
		帰国生	若　干	国算	1/8		
千代田国際	共	1回・2回	20・25	国算理社か国算	2/1（午前・午後）	590,400	1,317,000
		3回・4回	20・20	算＋国か英・算＋理か英	2/2（午前・午後）		
		5回	5	算か国算	2/4（午後）		
		思考力型	5	基礎（国算）＋思考力	2/5（午後）		
		適性検査型	5	適性	2/1（午前）		
		帰国生	若　干	国算＋面かエッセイ＋面（英）	11/19		
帝京	（注1）共	1回	20・40	国算理社か国算英から2科	2/1（午前・午後）	372,000	889,000
		2回	10・20	国か算・国算英から2科	2/2（午前・午後）		
		3回	5・10	国算理社か国算英から2科	2/4（午後）		
		4回	若干・若干	国算理社か国算英から2科	2/7（午前）		
帝京大学	共	1回	40	国算理社か国算	2/1（午前）	372,000	1,014,000
		2回	40	国算理社	2/2（午後）		
		3回	30	国算	2/3（午後）		
帝京八王子	共	1回A	20	国算＋面	2/1（午前）	420,000	1,246,000
		1回B		国か算か適性＋面	2/1（午後）		
		2回A	10	国算＋面	2/2（午前）		
		2回B		国か算か適性＋面	2/2（午後）		
		3回A	5	国算＋面	2/4（午前）		
		3回B		国か算＋面	2/6（午後）		
		4回	5	国か算＋面	2/6（午前）		
		2次	若　干	国か算＋面	2/12（午前）		
貞静学園	（注2）共	1回	15	国算か国英＋面・1科＋面	2/1（午前・午後）	432,000	1,089,000
		2回	10	国算か国英＋面・1科＋面	2/2（午前・午後）		
		3回	5	国算か国英＋面・1科＋面	2/3（午後）		
		4回	若　干	国算か国英＋面・1科＋面	2/5（午前）		
		5回	若　干	国算か国英＋面・1科＋面	2/10（午前）		
		適性検査型	10・若干	適性	2/1・2/5		
		個性発見型	5	プレゼン発表＋質疑応答	2/2		
田園調布学園	女	1回・午後	80・20	国算理社・算	2/1（午前・午後）	468,000	1,529,080
		2回	70	国算理社	2/2（午前）		
		3回	30	国算理社	2/3（午前）		
		帰国生	若　干	国算か算英か算＋面（保）	12/3		
東海大学菅生高校中	共	1回A	40	国算	2/1（午前）	408,000	1,289,000
	（注3）	1回B	15	算か国算	2/1（午後）		1,512,108（医学・難関大）
		2回A	10	国算	2/2（午前）		
		2回B	5	国算	2/2（午後）		
		3回	若　干	国算	2/4（午前）		
		4回	若　干	国算	2/6（午前）		
東海大付高輪台高校中	共	1回	45	国算理社	2/1	420,000	1,394,255
		2回	25	国算理社	2/3		
		3回	10	国算理社	2/5		

（注1）定員は一貫特進コース・一貫進学コースの順。1回午後の試験科目は、国算英から2科、2回午前は国語1教科入試か算数1教科入試、2回午後は得意教科重視入試。他に、若干名の帰国生入試（12/15）あり。試験科目は、英＋面〈日本語と英語〉作。
（注2）1科入試の試験科目は、国算英から1科＋面。
（注3）1回B、2回A、3回、4回は特待生を含む。

●東京 中学

学校名			定員	試験科目	試験日	授業料年額	初年度納入金
東京家政学院	(注1)	女 1日午前	40	得意選択か適性かプレゼン	2/1(午前)	450,000	854,100
		1日午後	20	国算か英語資格Aかフード	2/1(午後)		
		2日午前	15	得意2科か英語資格A	2/2(午前)		
		2日午後	15	得意1科か英語資格B	2/2(午後)		
		5日午前 若干		得意1科か英語資格B	2/5(午前)		
		10日午前 若干		得意1科かSDGs	2/10(午前)		
東京家政大附女子	(注2)	女 1回特奨	15·25	国算理社か国算	2/1(午前)	468,000	1,279,060
		1回適性	10·5	適性ⅠⅡかⅠⅡⅢ	2/1(午前)		
		2回特奨	10·15	国算	2/1(午後)		
		3回	10·15	国算理社か国算	2/2(午前)		
		3回英検利用	5·5	国算英の上位2科	2/2(午前)		
		4回	5·10	算	2/2(午後)		
		5回	5·10	国	2/3(午前)		
		6回	若干·5	国算	2/4(午前)		
東京純心女子		女 1回	20	国算理社か国算	2/1(午前)	480,000	1,135,600
		適性1回	20	適性	2/1(午前)		
		2回	10	国算	2/1(午後)		
		3回	20	国算理社か国算	2/2(午前)		
		数的処理型	10	算	2/2(午後)		
		4回	10	国算理社か国算	2/5(午前)		
		適性2回	10	適性	2/5(午前)		
東京女学館		女 1回	35	国算理社	2/1(午前)	582,000	1,424,000
		2回	35	国算	2/1(午後)		
		3回	35	国算	2/2(午前)		
		4回	25	国算理社	2/3(午前)		
		国際帰国	18	国算か算英+面	12/10(午前)	816,000	1,658,000
		国際一般	20	国算	2/2(午後)		
東京女子学院	(注3)	女 1回	50	国か算か国算理社か国算	2/1(午前·午後)	468,000	1,146,000
		2回	30	国か算か国算理社か国算	2/2(午前·午後)		
		3回	20	国か算か国算理社か国算	2/4(午前·午後)		
		4回	10	国算理社か国算+面	2/13(午前·午後)		
		5回	10	国算理社か国算+面	2/24(午前·午後)		
東京成徳大学		共 1回一般	60	国算理社か国算	2/1(午前)	468,000	1,396,850
		1回特待	20	国算	2/1(午後)		
		2回一般	20	国算理社か国算	2/2(午前)		
		2回特待	20	国算	2/2(午後)		
		3回一般	20	国算理社か国算	2/3(午前)		
		3回特待	20	国算	2/4(午前)		
		DL 若干		個人課題+グループワーク+プレゼン	2/5(午前)		
		帰国生 若干		国算か算英か面(保)	11/26		
東京電機大学	(注4)	共 1回	50	国算理社か国算	2/1(午前)	480,000	1,178,050
		2回	50	国か算	2/1(午後)		
		3回	20	国算理社か国算	2/2(午前)		
		4回	30	国算理社から2科	2/4(午前)		

(注1) 1日午前の得意選択は国＋算理社英のうち1科目選択か国算理社、1日午前のプレゼンは国か算＋プレゼンテーション、1日午後の フードデザインは家庭科、10日のSDGsはアクティブラーニング形式の授業を受け、振り返りと発表を行う。2日午前の得意2科 は国＋算理社のうち1科目選択、2日午後と5日と10日の得意1科は国か算。1日午後と2日午前の英語資格Aは国、2日午後と5日 前の英語資格Bは英語面接。

(注2) 定員は、特進Eクラス・進学iクラスの順。他に、若干名の帰国生入試(12/24)あり。試験科目は国算英から2科＋面作。

(注3) 1～3回は英語特別入試(英＋アクティビティ)、芸術・スポーツ・特技・特別入試、課題解決型入試あり。2/1午前は適性検査型入試 あり。1～3回の午後は特待生入試(国算理社＋面)あり。他に、若干名の帰国生入試(11/18・12/9・1/6・2/1・2/2・2/4)あり。試験 科目は国算英から2科＋面。

(注4) 2・3回は特待生を含む。

学　校　名		定員	試　験　科　目	試験日	授業料年額	初年度納入金
東京都市大学等々力 (注1) 共	1回特選		国算理社	2/1(午前)	468,000	1,384,600
	2回特選		国算理社	2/3(午後)		
	アクティブ	180	個人ワーク+グループワーク	2/4(午前)		
	英語1教科		英	2/4(午前)		
	1回S特		国算理社	2/1(午後)		
	2回S特		国算理社	2/2(午後)		
	帰国生	20	国算か英算+面作	12/10		
東京都市大付 (注2) 男	1回	10・40	国算理社	2/1(午前)	516,000	1,213,220
	2回	40・60	国算	2/1(午後)		
	3回	20・40	国算理社	2/3(午後)		
	4回	10・20	国算理社	2/5(午前)		
	グローバル	若干	国算英	2/3(午後)		
	帰国生	若干	国算英・国算理社か国算	1/6(午前)		
東京農業大学第一 共 高校中	1回	90	算理か国算	2/1(午後)	432,000	989,000
	2回	60	算理か国算	2/2(午後)		
	3回	25	国算理社	2/4(午前)		
東京立正 (注3) 共	1回午前	30	基礎(国算)か適性	2/1(午前)	384,000	1,107,000
	1回午後		自己プレゼンテーション	2/1(午後)		
	2回午前	10	得意2科	2/2(午前)		
	2回午後		国算	2/2(午後)		
	3回午前	10	国算かSDGs	2/4(午前)		
	3回午後		自己プレゼンテーション	2/4(午後)		
	4回午前		適性か基礎(国算)か得意2科	2/14(午前)		
東星学園 共	1回	20	国算+面	2/1(午前)	420,000	952,300
	国語1教科	10	国+面	2/1(午後)		
	2回	5	国算+面	2/2(午前)		
	3回	5	国算+面	2/2(午後)		
	4回	5	国算+面	2/3(午後)		
桐朋 男	1回	約120	国算理社	2/1	494,400	1,012,700
	2回	約60	国算理社	2/2		
東邦音楽大附東邦 共		40	面(保)作実	2/1	454,800	1,015,600
桐朋女子 (注4) 女	A入試	約130	国算+口頭試問	2/1(午前)	518,400	1,169,900
	B入試	約40	国算理社か国算	2/2(午後)		
	CE	約10	課題+インタビュー	2/1(午後)		
	論理発想	約40	記述型(言語・理数)	2/2(午前)		
東洋英和女学院 女	A日程	約80	国算理社+面	2/1	510,000	1,490,000
	B日程	約30	国算理社+面	2/3		
	帰国生	若干	国算+面(保)	2/1		
東洋大学京北 共	1回	60	国算理社	2/1(午前)	504,000	1,258,400
	2回	25	国算	2/1(午後)		
	3回	20	国算理社	2/2(午後)		
	4回	15	国算理社	2/4(午前)		
トキワ松学園 (注5) 女	1回	40	国算理社か国算	2/1(午前)	483,000	1,146,200
	適性検査型	5・15	適性	2/1(午前)		
	2回	10・30	国算理社か国算	2/1(午後)		
	英語コミ	5・10	国英か算英	2/1(午後)		
	3回	5・10	国算	2/2(午後)		
	4回	10	国算	2/3(午後)		

(注1) 定員はS選抜コース80名、特選コース100名。2回特選はS特選チャレンジ。アクティブラーニング型の定員は20名(一般入試合格定員の内)。
(注2) 定員はⅡ類・Ⅰ類の順。
(注3) 1回の定員は、2科入試と自己プレゼンテーション入試25名、適性検査型奨学生入試5名。自己プレゼンテーション入試の試験科目は、作文+自己PRプレゼンテーション+面。得意科目選択2科入試の試験科目は、基礎(国算)英から2科。SDGs入試の試験科目は、授業後にレポート+プレゼンテーション+面。2回午後と3回午前と4回午前は奨学生入試(国算)。4回は奨学生入試、自己プレゼンテーション入試、SDGs入試も可。
(注4) 他に、約10名・約10名の帰国生対象特別入試(12/3・1/22)あり。試験科目は面作(英語、フランス語、ドイツ語から選択)。
(注5) 定員は特待生・一般の順。英語コミュニケーション入試で、英検3級以上取得者は英(リスニング・英会話)を免除。

● 東京 中学

学 校 名			定員	試 験 科 目	試験日	授業料年額	初年度納入金
豊島岡女子学園	女	1回	160	国算理社	2/2	480,000	1,078,000
		2回	40	国算理社	2/3		
		3回	40	国算理社	2/4		
獨協	男	1回	約80	国算理社	2/1(午前)	471,000	1,016,000
		2回	約20	国算	2/1(午後)		
		3回	約70	国算理社	2/2(午前)		
		4回	約30	国算理社	2/4(午前)		
ドルトン東京学園	(注1) 共	1日午前	30	国算理社か国算	2/1(午前)	930,000	1,633,000
		1日午後	若 干	国算	2/1(午後)		
		2日午前	35	国算理社か国算・思考・表現型	2/2(午前)		
		2日午後	若 干	算理	2/2(午後)		
		4日午後	10	国算	2/4(午後)		
		帰国生	若 干	面(保)作か国算+面(保)	12/2・12/9・1/7		
中村	女	一般	70	国算理社か国算	2/1・2/5	456,000	1,229,400
				基礎〈国算〉	2/2		
		特待生	25	国算理社か国算	2/1・2/2		
		適性検査型	15	国+作・算理社・算理	2/1		
		エクスプレス	10	国算英から1科	2/3		
		ポテンシャル	4	活動アピール+面作	2/3		
		帰国生	若 干	国算英から2科+面	12/4		
新渡戸文化	(注2) 共	1日午前	40	国算+グループワークか適性	2/1(午前)	540,000	1,397,200
		1日午後		国算+ワークかスピーチ	2/1(午後)		
		2日午前	20	国算理社から2科+ワーク	2/2(午前)		
		2日午後		スピーチ+口頭試問	2/2(午後)		
		3日午後	若 干	国算+面	2/3(午後)		
		11日午後	若 干	国算+面	2/11(午後)		
日本学園	男	1回	70	国算理社	2/1(午前)	465,600	1,285,200
		2回	30	国算理社	2/4(午後)		
		3回	20	国算理社	2/5(午後)		
日本工業大学駒場	(注3) 共	1回	50	国算理社か得意2科適性	2/1(午前)	444,000	947,600
		2回	30	得意2科かプレゼン型	2/1(午後)		
		3回	40	国算理社か得意2科か適性	2/2(午前)		
		4回	20	得意2科かプレゼン型	2/2(午後)		
		5回	20	国算理社か得意2科	2/3(午後)		
		特別選抜	10	国算理社か得意2科	2/5(午後)		
日本体育大学桜華	(注4) 女	1回	25	国算+面(保)か面(保)	2/1(午前)	360,000	857,000
		2回	10	国算+面(保)か面(保)	2/2(午前)		
		3回	5	国算+面(保)か面(保)	2/3(午前)		
日本大学第一	共	4科1回	110	国算理社	2/1	456,000	1,181,800
		4科2回	50	国算理社	2/2		
		2科1回	20	国算	2/3		
		2科2回	20	国算	2/5		
日本大学第二	共	1回	男80・女80	国算理社	2/1	480,000	1,271,280
		2回	男40・女40	国算理社	2/3		
日本大学第三	共	1回	160	国算理社か国算	2/1	420,000	1,134,600
		2回	60	国算理社か国算	2/2		
		3回	20	国算	2/3		
日本大学豊山	男	1回	100	国算理社	2/1(午前)	480,000	1,149,900
		2回	50	国算	2/2(午後)		
		3回	42	国算理社	2/3(午前)		
		4回	30	国算	2/3(午後)		

（注1）1日午後は特待型、2日午後は理数特待型。2日午前の思考・表現型の試験科目は、面作か英作文+面(英)。帰国生A方式は英語作文と英語面接あり。12/2は、海外オンライン。
（注2）2/1午後・2/2午後の好きなこと入試は対面型かライブ型。他に、若干名の帰国生入試(12/6)あり。試験科目は小論文+面。
（注3）得意2科選択は国か算+理社英から1科(英語選択は1・2回のみ)。プレゼン型は朗読への感想+プレゼンテーション。
（注4）AOは親子面接のみ。

学　校　名			定員	試　験　科　目	試験日	授業料年額	初年度納入金
日本大学豊山女子	女	1日午前	40	国算理社か国算	2/1(午前)	474,000	1,094,180
	(注1)	適性検査型	10	適性	2/1(午前)		
		1日午後	20	国算	2/1(午後)		
		算数1科	5	算	2/1(午後)		
		英語1科	5	英	2/1(午後)		
		2日午前	20	国算理社から2科	2/2(午前)		
		英語インタ	5	面(英)	2/2(午前)		
		2日午後	15	国算	2/2(午後)		
		プレゼン型	5	プレゼンテーション+質疑応答	2/2(午後)		
		5日午後	5	国算	2/5(午後)		
八王子学園八王子	(注2) 共	1日午前	50	国算理社か国算か適性	2/1(午前)	456,000	1,233,400
		1日午後	15	国算	2/1(午後)		
		2日午前	10	適性	2/2(午前)		
		2日午後	10	国算	2/2(午後)		
		3日午後	20	国算	2/3(午後)		
八王子実践	共	適性1回2回	20	適性	2/1(午前・午後)	372,000	882,200
		プレゼン1回	10	自己表現か英+面かプログラミング+面	2/2(午前)		
		適性3回	5	適性	2/4(午前)		
		プレゼン2回	5	自己表現か英+面かプログラミング+面	2/4(午前)		
広尾学園	(注3) 共	1回	50	国算理社	2/1(午前)	480,000	1,148,200 (本科)
		2回	70	国算理社	2/1(午後)		1,292,200 (医進・サイエンス・SG)
		医進サイ	35	国算理社	2/2(午後)		
		インターAG	15	国算英+面	2/3(午後)		1,412,200 (インター AG)
		3回	35	国算理社	2/5(午前)		
広尾学園小石川	(注4) 共	帰国1回AG	35	国算英+インタビュー(英)	11/12	480,000	1,059,600 (本科)
		帰国2回AG		国算英+インタビュー(英)	12/18		
		帰国本科SG	若　干	国算+面	12/19		1,323,600 (AG)
		1回	30	国算理社	2/1(午前)		
		2回	20	国算	2/1(午後)		1,203,600 (SG)
		3回	20	国算	2/3(午後)		
		4回	10	国算	2/6(午後)		
		国際生AG回	15	国算英+インタビュー(英)	2/2(午前)		
富士見	(注5) 女	1回	100	国算理社	2/1(午前)	492,000	1,270,200
		2回	80	国算理社	2/2(午前)		
		3回	40	国算理社	2/3(午前)		
		算数1教科	20	算	2/2(午後)		
富士見丘	(注6) 女	WILL	30	国算+面(保)・国か算+英語資格+面(保)	2/1(午前)	504,000	982,000
		一般	30	国算か国算+理か社	2/1・2・3・4		
		英語資格	30	国か算+英語資格	2/1・2・3・4		
		グロアス	10	国か算+面(保)作・英語資格+面(保)作	2/1(午前)		
		適性検査型	10	読解+融合	2/1(午後)		

(注1) 英語インタビュー型は、英検3級以上取得者で、英語を用いてのコミュニケーション力をみる面接試験。他に、若干名の帰国子女募集(12/18、英語面接)あり。
(注2) 1日午前・午後と2日午前・午後は東大・医進クラス、3日午後は特進クラス。
(注3) 2回の定員に20名、3回の定員に15名のインターナショナルSGを含む。他に、25名のインターナショナルAGと他10名の帰国生入試(12/21・12/22)あり。インター AGの試験科目は、国算英(算英は英語による出題)+面〈英語と日本語〉。他は国算+面。
(注4) 帰国生入試と国際生AG回の算英は英語による出題。1回〜4回の定員のうち、それぞれインターナショナルSGは1回15名、2回10名、3回10名、4回5名含む。
(注5) 帰国生入試あり。試験科目は国算+面(保)。
(注6) 20名の帰国生入試(11/11・1/16)あり。試験科目は英語エッセイ+基礎日本語作文+面(保)または国算英から2科+面(保)。英語特別コースBおよびインターは英語面接あり。

学 校 名			定員	試 験 科 目	試験日	授業料年額	初年度納入金
藤村女子	女	1日一般	15	国算	2/1(午前)	420,000	1,011,000
		得意科目	15	国算理社英から1科	2/1(午前)		
		適性検査型	15	適性	2/1(午前)		
		国語1科目	10	日本語リスニング+作	2/1(午後)		
		自己アピール	若干	プレゼンテーション	2/1(午後)		
		2日一般	10	国算	2/2(午前・午後)		
		4日一般		国算	2/4(午前)		
		3日特待生	10	国算	2/3(午後)		
		1科目	若干	国算英から1科	2/11(午後)		
雙葉	女		100	国算理社+面	2/1	529,200	1,012,800
普連土学園	(注1)女	1日	50・20	国算理社・算	2/1(午前・午後)	459,600	1,261,600
		2日	30	国算	2/2(午前)		
		4日	20	国算理社	2/4(午前)		
文化学園大学杉並	(注2)共	1回・適性	50	国算・適性	2/1(午前)	696,000 (DD7)	1,683,180 (DD7)
		2回		国算理社か国算	2/1(午前)		
		英語特別①		国か算+英+面	2/1(午後)	456,000 (Ad7・St7)	1,479,180 (AD7)
		3回		国算理社か国算	2/2(午前)		
		4回	40	国算	2/2(午前)		1,451,180
		英語特別②		国か算+英+面	2/2(午後)		
		5回	10	国算理社か国算	2/3(午前)		
		6回	若干	国算	2/4(午前)		
文京学院大学女子	(注3)女	ポテンシャル①	60	国算か国算+選択(理社英)	2/1(午前)	421,200	1,339,073
		特待①	15	国算	2/1(午後)		
		ポテンシャル②	10	国算か国算+選択(理社英)	2/2(午後)		
		ポテンシャル③	5	国算か国算+選択(理社英)	2/3(午後)		
		特待②	若干	国算	2/4(午前)		
		適性検査型		適性	2/1(午前)		
		探究プレゼン	15	プレゼンテーション+質疑応答	2/1(午前)		
		英語インタ		英語を用いた活動	2/1(午前)		
文教大付	(注4)共	1回	64	国算理社か国算	2/1(午前)	432,000	1,095,600
		2回	30	国算理社か国算	2/1(午後)		
		3回	20	国算理社か国算	2/2(午前)		
		4回	10	国算理社か国算	2/2(午後)		
		5回	20	国算理社か国算	2/4(午前)		
法政大学	共	1回	約50	国算理社	2/1	570,000	1,269,790
		2回	約50	国算理社	2/3		
		3回	約40	国算理社	2/5		
宝仙学園 理数インター	(注5)共	1回・新4科	15・15	国算理社か国算・国算理社	2/1(午前・午後)	483,600	1,121,600
		2回	15	国算理社か国算	2/2(午後)		
		公立一貫型	15・15・15	適性	2/1・2/2・2/4		
		リベ・AAA	10・10	日本語リスニング+プレゼン	2/1・2/4		
		グローバル	10・10	日本語リスニング+プレゼン(英)	2/1・2/4		
		読書・オピニ	10・10	日本語リスニング+プレゼン	2/1・2/4		
		理数インター	5・5	日本語リスニング+理数インター	2/1・2/2		
		英語AL	5	日本語リスニング+英	2/2(午後)		
本郷	男	1回	100	国算理社	2/1	456,000	1,240,600
		2回	140	国算理社	2/2		
		3回	40	国算理社	2/5		

(注1) 他に、若干名の帰国生入試(2/1午前・2/4午前)あり。試験科目は国算+面(保)作。
(注2) 他に、帰国生入試(11/23・12/24・1/14)あり。試験科目は国算英(希望者のみ)+面で高得点の2科目で合否判定。
(注3) 特待は高得点科目を2倍して300点満点で判定。他に、海外帰国生入試あり。
(注4) 他に、帰国生入試(12/24)あり。試験科目は算+面(英)か国算+面。
(注5) 英語ALと国際生のグローバルコース希望者は英語面接あり。他に、10名の帰国生入試(12/6)あり。午前の試験科目は国算または英算。グローバルコース希望者は英語面接あり。午後の試験科目は日本語リスニング+英語面接。

学 校 名			定 員	試 験 科 目	試験日	授業料年額	初年度納入金
三田国際学園	(注1) 共	1回	25・20	国算理社か国算英＋面	2/1(午前)	552,000	1,326,900
		2回	10・10	国算理社	2/1(午後)		
		3回	15・10	国算理社か国算英＋面	2/2(午前)		
		4回	10	国算理社か国算英＋面	2/4(午後)		
		MST	30	算理	2/3(午後)		
明星学園	共	A入試	約50	国算＋面	2/1(午前)	492,000	1,114,530
		B入試	約15	国算理社か国算＋面	2/1(午後)		
		C入試	約15	国算＋面	2/2(午後)		
		D入試	約10	国算＋面	2/4(午後)		
		帰国生	若干	算＋面作	12/2		
三輪田学園	(注2) 女	1回	60・10	国算理社か国算・国算	2/1(午前)	444,000	1,116,160
		1回午後	25	国算	2/1(午後)		
		2回	40・10	国算理社か国算・国算	2/2(午前)		
		3回	25	国算理社か国算	2/3(午後)		
		帰国生	若干	国算＋面(保)	11/18		
武蔵	男		160	国算理社	2/1	520,000	1,212,600
武蔵野	(注3) 共	1回	20	国算＋面かアクティブか適性	2/1(午前)	456,000	972,000
		2回	20	国算＋面かアクティブか適性	2/2(午前)		
		3回	10	国算＋面	2/3(午前)		
		4回	10	国算＋面	2/5(午前)		
武蔵野大学	(注4) 共	1回	70	国算理社か国算	2/1(午前)	498,000	1,061,000
		2回	40	国算理社英から2科	2/1(午後)		
		3回	30	国算理社か国算	2/2(午前)		
		4回	15	算か英	2/2(午後)		
		アドベンチャー	10	基礎学力＋スカベンジャーハント	2/4(午後)		
		適性検査型	15	適性ⅠⅡかⅠⅡⅢ	2/1(午前)		
武蔵野東	(注5) 共	1日午前	約41	国算理社か国算か算英か算か適性＋面	2/1(午前)	414,000	1,145,300
		1日午後		国算か算英か算か適性＋面	2/1(午後)		
		2日午前	約20	国算理社か国算か算英か算か適性＋面	2/2(午前)		
		3日午後	定めず	国か算か基礎(算)英＋面	2/3(午後)		
明治学院	共	1回	男30・女30	国算	2/1(午前)	504,000	1,188,000
		2回	男30・女30	国算理社	2/2(午前)		
		3回	男10・女10	国算理社	2/4(午前)		
明治大付中野	男	1回	約160	国算理社	2/2	570,000	1,127,000
		2回	約80	国算理社	2/4		
明治大付八王子	共	A方式1回	100	国算理社	2/1(午前)	570,000	1,125,000
		A方式2回	40	国算理社	2/3(午前)		
		B方式	20	4科総合型	2/5(午後)		
明治大付明治	(注6) 共	1回	男45・女45	国算理社	2/2	632,400	1,251,400
		2回	男30・女30	国算理社	2/3		

(注1) 1〜3回の定員は、インターナショナルサイエンス(ISC)・インターナショナル(IC) の順。1・3回のICは国算理社か英＋面。ISC・ICの面接は英語と日本語。MSTはメディカルサイエンステクノロジー (MSTC)のみ。他に、30名の帰国生入試(11/21・12/12)あり。試験科目はICは英＋面(英語・日本語)、ISCは国算英＋面(英語・日本語)。

(注2) 1回と2回の英検利用は、国・算の得点の高い方と、英検級によるみなし点を合計して判定。帰国生のB方式は算＋面(保)〈日本語・英語〉(英検級等による英語のみなし点との合計で判定)。

(注3) 1・2回のアクティブは国か算＋アクティブシート＋面。

(注4) 2回は国算のうち1つ以上を選択。他に、若干名の帰国生入試(11/25)あり。試験科目は国算＋面。

(注5) イングリッシュエキスパート(2/3午後)の試験科目は基礎(算)＋英＋面。適性型の試験科目は、表現力＋思考力＋面。他に若干名のAO入試(2/1午前)あり。試験科目は基礎(国算)＋自己アピール＋面(保)。若干名の帰国生入試(1/12)あり。試験科目は国算か算英＋面(保)。

(注6) 募集人員は帰国生を含む。

学 校 名			定 員	試 験 科 目	試験日	授業料年額	初年度納入金
明星	共	1日総合	45	国算＋面	2/1(午前)	480,000	1,230,000
		2日総合	20・5	国算＋面・国英か算英＋面	2/2(午前)		
		3日総合	10	国算＋面	2/3(午前)		
		4日総合	5	国算＋面	2/4(午後)		
		1日特選	15・5	国算理社＋面・適性＋面	2/1(午前)		
			10	国算＋面	2/1(午後)		
		3日特選	5	国算＋面	2/3(午後)		
		4日特選	5	国算＋面	2/4(午後)		
明法	(注1) 男	1回	72	国算理社か国算か適性・国算か算	2/1(午前・午後)	552,000	1,235,200
		2回	30	国算理社か国算・国算か算	2/2(午前・午後)		
		3回	6	国算か算	2/5(午前)		
目黒学院	共	1回	13	総合能力(漢字と計算＋実技かプレゼン)	2/1(午前)	492,000	1,172,000
				適性か英か数	2/1(午後)		
		2回	13	国算理社か国算かサイエンス	2/1(午後)		
		3回	5	国算理社か国算	2/3(午前)		
		4回	5	国算	2/5(午前)		
目黒日本大学	共	1回	15	国算理社	2/1(午前)	444,000	1,345,000
		2回	5	算理	2/1(午後)		
		3回	10・5	国算理社か国算・適性	2/2(午前)		
		4回	5	国算	2/4(午後)		
目白研心	(注2) 共	1回	70	国算理社か国算か適性	2/1(午前)	472,000	1,075,220
		2回		国算理社か国算	2/1(午後)		
		3回・英語	20	国算か英語スピーチ	2/2(午前)		
		4回・資格		国算か英語資格＋国	2/2(午後)		
		5回・資格	10	国算か英語資格＋国	2/3(午前)		
		自己表現・算		自己表現グループワークか算数アドバンスト	2/3(午後)		
八雲学園	共	1回	80	国算理社か国算	2/1(午前)	552,000	1,254,000
		2回		国算理社か国算	2/1(午後)		
		3回	20	国算理社か国算	2/2(午前)		
		4回	20	国算か国理社か算理社	2/3(午前)		
		未来発見	24	国算英から1科＋自己表現文	2/5(午前)		
		帰国生	定めず	国算か国英＋面(保)	12/6		
安田学園	共	先進1回	50・30	適性・国算理社か国算英	2/1(午前)	420,000	1,186,385
		先進2回	25	国算理社	2/1(午後)		
		先進3回	40・20	適性・国算理社	2/2(午前)		
		先進4回	10	国算理社	2/2(午後)		
		先進5回	5	国算理社	2/3(午前)		
山脇学園	(注3) 女	A	65	国算理社	2/1(午前)	513,000	1,071,660
		B	50	国算	2/2(午後)		
		C	40	国算理社	2/4(午前)		
		国算1科	60	国か算	2/1(午後)		
		探究サイ	10	理＋課題研究	2/3(午後)		
		英語ABC		国算＋英語資格	2/1・2・4		
		英語AL	55	算＋英語資格	2/1・3		
		帰国生Ⅰ期		国算か国＋面か算＋面	11/25		
		帰国生Ⅱ期		国算＋英語資格	2/1・2・4		
立教池袋	(注4) 男	1回	約50	国算理社	2/2	624,000	1,362,000
		2回	約20	国算＋自己アピール面	2/5		
		帰国生	約20	国算＋面	12/3		

(注1) 1回午前適性、1回午後、2回午後、3回は特待生入試。他に、帰国生入試(1/22)あり。試験科目は国算＋面。
(注2) 英語スピーチは英語スピーチ＋インタビュー、英語資格は国＋英検換算得点、算数アドバンストは計算力＋思考力、自己表現グループワークは個人ワーク＋グループワーク＋発表。他に、若干名の帰国生入試(11/18・12/5)あり。試験科目は英か国算か国算＋英検換算得点＋面(保)。
(注3) 英語入試は英検3級相当以上の合格証のコピー提出が必須。帰国生Ⅱ期の提出は任意。
(注4) 帰国生は希望者のみ面接時に口頭で英語力を実施。

学　校　名		定員	試　験　科　目	試験日	授業料年額	初年度納入金
立教女学院 (注1) 女	一般	約120	国算理社＋面(保)	2/1	600,000	1,157,600
	帰国生	若干	国算＋面(保)作	12/21		
立正大付立正 共	1回午前	110	国算理社か国算か英か適性	2/1(午前)	447,000	904,500
	1回午後		国算理社か国算か英	2/1(午後)		
	2回	20	国算理社か国算か英	2/2(午前)		
	3回	10	国算理社か国算	2/3(午前)		
	4回	10	国算理社か国算	2/7(午前)		
和光 共	1回	約40	国算＋面	2/1(午前)	465,840	1,070,680
	2回	約10	国算＋面	2/3(午前)		
	3回	約10	国算＋面	2/11(午後)		
早稲田 男	1回	200	国算理社	2/1	444,000	1,076,200
	2回	100	国算理社	2/3		
早稲田実業学校 (注2) 共		男70・女40	国算理社	2/1	612,000	1,349,600
早稲田大学高等学院中 男		120	国算理社＋面	2/1	855,000	1,421,500
和洋九段女子 (注3) 女	1回	40	国算理社か国算か英かPBL	2/1(午前)	400,000	1,194,075
	2回	40	国算か算理か国社か英かプレゼン	2/1(午後)		
	3回	15	国算理社か国算か英	2/2(午前)		
	4回	15	国算か英語インタビュー	2/2(午後)		
	5回	10	国算理社か国算	2/3(午後)		
	6回	5	国算か英	2/5(午前)		
	7回	5	国算かプレゼン	2/5(午前)		
	帰国生1回	定めず	国英から2科か英＋面	11/5(午前)		
	帰国生2回		課題提出(事前)＋面	12/22(午前)		

(注1) 一般の面接日は1/27。
(注2) 募集人員は帰国生若干名を含む。
(注3) 定員は、本科100名・グローバル30名。1・3・6回の英語は、英＋ネイティブスピーカーによるスピーキング基礎力テスト。2・4回の英語は、ネイティブスピーカーによる英語インタビュー。6・7回は到達度確認テスト(国算)。

学　校　名		定員	試　験　科　目	試験日	授業料年額	初年度納入金
青山学院横浜英和 (注1) 共	A日程	60	国算理社	2/1(午前)	528,000	1,307,800
	B日程	30	国算	2/2(午後)		
	C日程	30	国算	2/3(午後)		
浅野 男		270	国算理社	2/3	492,000	1,253,500
アレセイア湘南 共	1回		国算理社か国算	2/1(午前・午後)	360,000	914,600
	適性検査型	40	適性	2/1(午前・午後)		
	ポテンシャル		国算＋面	2/1(午前)		
	グローバル		国英か算英＋面	2/1(午前)		
	2回	30	国算	2/2(午前・午後)		
	ポテンシャル		国算＋面	2/2(午前)		
	3回	10	国算	2/5(午前・午後)		
	特待生		国算	2/5(午前)		
栄光学園 男		180	国算理社	2/2	528,000	1,105,600
大西学園 共	A日程	30	国算＋面	2/1(午前)	420,000	908,000
	B日程	10	国算＋面	2/2(午前)		
	C日程	若干	国算＋面	2/5(午前)		
神奈川学園 (注2) 女	A日程	80・30	国算理社か国算・国算	2/1(午前・午後)	444,000	1,168,600
	B日程	60	国算理社か国算か国算英	2/2(午前)		
	C日程	20	国算理社か国算	2/4(午前)		
神奈川大附 共	1回	60	国算	2/1(午後)	610,000	1,220,000
	2回	120	国算理社	2/2(午前)		
	3回	20	国算理社	2/4(午前)		
	帰国生	若干	算英	12/22(午前)		

(注1) A日程の定員に帰国生10名程度を含む。試験科目は国算＋面。
(注2) 他に、若干名の帰国子女入試(12/13)あり。試験科目は国算＋面(保)＋英か作。

20

●神奈川 中学

学　校　名		定　員	試　験　科　目	試験日	授業料年額	初年度納入金
鎌倉学園 (注1) 男	算数選抜	15	算	2/1(午後)	456,000	1,296,800
	1次	100	国算理社	2/1(午前)		
	2次	40	国算理社	2/2(午前)		
	3次	15	国算理社	2/4(午前)		
鎌倉女学院 (注2) 女	帰国生	若　干	英語資格+作	12/16	450,000	1,182,000
	1次	120	国算理社	2/2		
	2次	40	国算理社	2/4		
鎌倉女子大学 (注3) 女	国際教養		国算理社か適性	2/1(午前)	408,000	1,039,000
			国算理社か適性	2/1(午後)		
			国算理社か適性	2/2(午前)		
		80	国算理社か国算	2/2(午後)		
			国算理社か国算	2/3(午前)		
			国算理社か国算	2/4(午前)		
			国算理社か国算	2/5(午前)		
	プログレス		国算	2/1(午前・午後)		
		40	国算	2/2(午前・午後)		
			国算	2/3(午前)		
カリタス女子 女	1回	約30	国算理社	2/1(午前)	480,000	1,100,000
	2回	約35	国算	2/1(午後)		
	3回	約30	国+算か理	2/2(午後)		
	4回	約15	国算理社	2/3(午前)		
	英語資格	若　干	国	2/2(午後)		
	帰国生12月	若　干	算英か算仏+面作	12/16		
	帰国生2月	若　干	国算か国+算か理+面・英語資格	2/1・2・3		
関東学院 共	一期A	50	国算理社	2/1(午前)	408,000	1,253,600
	一期B	65	国算	2/1(午後)		
	一期C	65	国算理社	2/3(午後)		
	二期	20	国算	2/5(午後)		
	帰国生	若　干	算国か算英	11/23(午前)		
関東学院六浦 (注4) 共	A-1日程	50	国算理社か国算	2/1(午前)	450,000	1,146,600
	A-2日程	25	国算	2/1(午後)		
	B-1日程	20	国算理社か国算	2/2(午前)		
	B-2日程	10	国算	2/2(午後)		
	C日程	5	国算	2/4(午前)		
	英語型	10	英+面(英)	2/2(午後)		
	自己アピール	10	総合+プレゼン	2/3(午後)		
函嶺白百合学園 (注5) 女	1回	15	国算+面(保)	2/1(午前)	324,000	984,000
	2回	15	国算英思考力から1科	2/1(午後)		
	3回	10	国算+自己表現から1科	2/2(午前)		

(注1) 他に、各日程に若干名の海外帰国生募集あり。1次は国算2教科での判定も可。
(注2) 他に、5名の帰国生11月入試(11/25)あり。試験科目は作文+英語作文+面(保)。若干名の帰国生入試(2/2・2/4)あり。試験科目は国算英+面(保)。
(注3) 他に、国際教養コース若干名の帰国生入試(12/15・2/5)あり。試験科目は自己PR作文+面。
(注4) 他に、若干名の帰国生入試(12/9午前・1/13午前)あり。試験科目は国算+面。
(注5) 他に、若干名の帰国子女入試(1/6)あり。試験科目は国算英から1科+面(保)。

●神奈川 中学

学 校 名			定 員	試 験 科 目	試験日	授業料年額	初年度納入金
北鎌倉女子学園	(注1) 女	2科①		国算	2/1(午前)	354,000	1,079,400
		算数①		算	2/1(午後)		
		2科②		国算	2/2(午前)		
		4科総合		国算理社	2/2(午後)		
		国語①		国	2/4(午前)		
		算数②	95	算	2/4(午前)		
		国語②		国	2/5(午前)		
		エッセイ①		エッセイ・質疑応答	2/3(午後)		
		英プレゼン①		英プレゼン・質疑応答	2/3(午後)		
		プログラミング		プログラミング・質疑応答	2/3(午後)		
		エッセイ②		エッセイ・質疑応答	2/5(午後)		
		英プレゼン②		英プレゼン・質疑応答	2/5(午後)		
		音楽	25	国算＋実	2/1,2	378,000	1,353,400
公文国際学園	共	A入試	40・70	国・国数か国英か数英	2/1	690,000	1,225,200 (通学生)
		B入試	40	国算理社	2/3		2,062,200 (寮生)
		帰国生	10	適性＋英＋面	12/16		
慶應義塾普通部	男		約180	国算理社＋面実	2/1	880,000	1,670,000
慶應義塾湘南藤沢	共	一般	約70	国算理社か国算英＋面(保)実	2/2,4	880,000	1,515,000
		帰国生	約30	国算理社か国算英＋面(保)実	2/2,4		
相模女子大学	(注2) 女	1回		国算か適性	2/1(午前)	420,000	1,119,960
		2回		国算理社か国算	2/1(午後)		
		3回	120	国算理社か国算	2/2(午後)		
		4回		国算	2/5(午前)		
		プログラミング		プログラミング	2/1・2/14		
		帰国生	若　干	国算か算英＋面作	12/16		
サレジオ学院	男	A試験	110	国算理社	2/1	468,000	1,306,000
		B試験	50	国算理社	2/4		
		帰国生	若　干	国算＋作	1/14		
自修館中等教育	(注3) 共	A1日程	45	国算理社か国算か探究	2/1(午前)	396,000	1,076,000
		A2日程	35	国算	2/1(午後)		
		B1日程	10	国算理社か国算	2/2(午前)		
		B2日程	15	国算	2/2(午後)		
		C日程	10	国算	2/3(午後)		
		D日程	5	国算理社か国算	2/5(午前)		
湘南学園	共	A日程	30	国算理社か国算	2/1(午前)	528,000	1,379,200
		湘南ESD	15	記述・論述(事前に動画提出)	2/1(午後)		
		B日程	35	国算理社か国算	2/2(午後)		
		C日程	35	国算	2/3(午後)		
		D日程	15	国算	2/5(午前)		
湘南白百合学園	(注4) 女	1教科	20	国か算か併願	2/1(午後)	498,000	1,313,600
		4教科	45	国算理社	2/2(午前)		
		英語資格	若　干	国算＋英語資格	2/2(午前)		
逗子開成	男	1次	150	国算理社	2/1	480,000	1,250,000
		2次	50	国算理社	2/3		
		3次	50	国算理社	2/5		
		帰国生	若　干	国算か算英	12/26		
聖光学院	(注5) 男	1回	175	国算理社	2/2	492,000	1,314,000
		2回	50	国算理社	2/4		

(注1) 2科①と②の定員は帰国生を含む。
(注2) プログラミングの試験科目は、授業・プログラミング＋発表・ディスカッション＋基礎計算力テスト。
(注3) A1日程の探究入試は適性検査型。C日程の定員に若干名の帰国生入試(12/9)を含む。試験科目は国算英から2科＋面。
(注4) 他に、10名の帰国生入試(12/16)あり。試験科目は国算英＋スピーキングまたは国算。
(注5) 他に、若干名の帰国生入試(1/13)あり。試験科目は国算か算英。

●神奈川 中学

学　校　名		定　員	試　験　科　目	試験日	授業料年額	初年度納入金
聖セシリア女子 　　　　　　女	A方式1次	30	国算理社か国算	2/1(午前)	420,000	1,006,000
	A方式2次	25	国算理社か国算	2/2(午後)		
	A方式3次	25	国算	2/3(午後)		
	B方式スカラ	10	国か算	2/1(午後)		
	B方式英語	10	英	2/2(午前)		
	B方式表現	5	面(英)＋身体表現	2/3(午前)		
	帰国生 若　干		国算英から2科＋面(保)	12/10		
清泉女学院 　　　(注1) 女	1期	40	国算理社	2/1(午前)	432,000	1,104,000
	2期	20	国算	2/1(午後)		
	3期	25	国算理社か国算英	2/2(午後)		
	グローバル 若　干		英＋面(英)	2/2(午後)		
	AP	10	思考力・表現力・総合力	2/4(午後)		
	SP	10	算	2/4(午後)		
聖ヨゼフ学園 　　　(注2) 共	1回	15	国算理社か国算＋面(保)	2/1(午前)	324,000	964,000
	2回	10	国算＋面(保)	2/2(午後)		
	3回	10	国算＋面(保)	2/3(午後)		
	総合型	10	総合問題＋グループワーク	2/1(午後)		
聖和学院 　　　(注3) 女	1回	15	国算理社か国算か英	2/1(午前)	372,000	904,000
	特待①	10	国算理社か国算か英	2/1(午後)		
	2回	10	国算か英プログかビブリかプレゼン	2/2(午後)		
	特待②	10	国算理社か国算か英	2/2(午前)		
	3回	5	国算か英プログ	2/3(午前)		
	特待③	10	国算理社か国算か英	2/4(午前)		
	特別① 若　干		国算か英プログかビブリかプレゼン	2/5(午前)		
	特別② 若　干		国算か英プログかビブリかプレゼン	2/6(午前)		
洗足学園 　　　(注4) 女	1回	80	国算理社	2/1	532,400	976,400
	2回	100	国算理社	2/2		
	3回	40	国算理社	2/5		
捜真女学校 　　　　　　女	スカラA1	50	国算理社か国算＋面	2/1(午前)	450,000	1,170,600
	スカラA2	40	国算＋面	2/1(午後)		
	スカラA3	20	国算理社か国算＋面	2/2(午前)		
	B	20	国算＋面	2/2(午後)		
	C	10	国算＋面	2/3(午前)		
	対話学力	5	口頭試問(国社＋算理)	2/3(午後)		
	帰国生 若　干		国算＋面	12/9・2/1		
相洋 　　　(注5) 共	1回A・B	30・20	国算理社か国算＋面	2/1(午前・午後)	396,000	805,600
	2回A・B	20・10	国算理社か国算＋面	2/2(午前・午後)		
	3回	10	国算理社か国算＋面	2/4(午前)		
中央大附横浜 　　　　　　共	1回	80	国算理社	2/1(午前)	588,000	1,508,200
	2回	80	国算理社	2/2(午前)		
鶴見大附 　　　　　　共	適性検査	30	算＋適性	2/1(午前)	420,000	1,015,600
	進学1次	40	国算理社か国算	2/1(午前)		
	進学2次	15	国算理社か国算	2/2(午前)		
	難関1次	30	国算理社か国算	2/1(午後)		
	難関2次	15	国算理社か国算	2/2(午後)		
	難関3次	10	算か国算理社か国算か国算英	2/4(午後)		

(注1) 他に、15名程度の帰国生入試(12/9・1/6、算＋面作か英＋面(英)作)あり。
(注2) 他に、5名の帰国生入試(12/1・1/6)あり。試験科目は算＋面(保)。
(注3) 英語は作文＋イングリッシュスピーチか筆記、プレゼンテーションは作文＋自己PR、英語プログラミングは英語プログラミングテスト、ビブリオバトルは本の紹介・質疑応答＋ふりかえり感想文。他に、帰国生入試(12/7・1/11)あり。試験科目は英＋面〈日本語・英語〉。
(注4) 他に、20名の帰国生入試(1/13)あり。試験科目は英か国算英＋面(英)。
(注5) 1回B・2回Bの試験科目は国算＋面。他に、若干名の帰国子女入試(1/6)あり。試験科目は国算＋面。

学　校　名		定員	試　験　科　目	試験日	授業料年額	初年度納入金
桐蔭学園中等教育 （注1）共	1回午前	男30・女30	国算社か探究型	2/1（午前）	612,000	1,254,700
	1回午後	男35・女35	国算	2/1（午後）		
	2回	男30・女30	国算かグローバル	2/2（午後）		
	3回	男10・女10	国算理社か国算	2/5（午前）		
	帰国生	男10・女10	国算か算英	1/10（午前）		
東海大付相模高校中 共	A試験	90	国算理社か国算＋面	2/1	396,000	1,215,360
	B試験	20	国算か国理社か算理社＋面	2/3		
	C試験	10	国算＋面	2/4		
桐光学園 （注2）別	1回	男80・女50	国算理社	2/1	528,000	981,320
	2回	男80・女50	国算理社	2/2		
	3回A	男60・女30	国算理社	2/3		
	3回B		国算＋面	2/3		
	帰国生	若　干	国算英から2科＋面	1/5		
藤嶺学園藤沢 （注3）男	2科4科①	60	国算理社か国算	2/1（午前）	456,000	892,000
	2科		国算	2/1（午後）		
	得意2科A	25	2科目選択型	2/2（午前）		
	得意2科B	10	2科目選択	2/3（午前）		
	得意2科C	10	2科目選択型	2/5（午前）		
	帰国生	若　干	国算＋面	12/17		
日本女子大附 女	1回	約110	国算理社＋面	2/1	511,000	1,182,000
	2回	約40	国算理社＋面	2/3		
	帰国生	若　干	国算＋面	2/1		
日本大学 共	A-1日程	90	国算理社	2/1（午前）	516,000	1,058,500
	適性検査型		適性	2/1（午前）		
	A-2日程	50	国算か算英	2/1（午後）		
	B日程	40	国算	2/2（午後）		
	C日程	20	国算理社	2/5（午前）		
	帰国生	若　干	国算か算英	12/9（午前）		
日本大学藤沢 共	1回	男20・女20	国算理社	2/1（午前）	492,000	973,500
	2回	若　干	国算	2/2（午後）		
	3回	男10・女10	国算理社	2/4（午前）		
フェリス女学院 女		180	国算理社＋人物考査（筆記）	2/1	516,000	1,304,400
武相 （注4）男	1回	20	国算・国か算＋面	2/1（午前）	420,000	1,066,000
	2回	20	国算・国か算	2/2（午前）		
	3回	20	国算・算	2/8（午前）		
法政大学第二 共	1回	男70・女70	国算理社	2/2	558,000	1,394,580
	2回	男35・女35	国算理社	2/4		
	帰国生	若　干	国算＋面（保）	1/7		
聖園女学院 （注5）女	1次	30	国算理社か国算	2/1（午前）	480,000	956,000
	2次	25	国算	2/1（午後）		
	3次	25	国算理社か国算	2/2（午前）		
	得意1科	15	国か算	2/2（午後）		
	得意2科	10	国算理社から2科	2/3（午前）		
	国算ハーフ	5	国算	2/4（午後）		
	特待適性	10	適性	2/1（午後）		
	英チャレンジ	定めず	英語によるグループ活動	2/2（午後）		
緑ヶ丘女子 （注6）女	1回	5・5	国算	2/1（午前・午後）	360,000	988,000
	2回	5	国算	2/2（午前）		
	3回	5	国算	2/4（午前）		

（注1）探究型（みらとび）は総合思考力＋算数基礎。グローバルは国＋算数基礎。
（注2）3回Bは英語資格入試（英語検定3級以上、またはそれに準ずるもの）、T＆M入試。
（注3）得意2科目選択型は国算か国社か国理か算社か算理。
（注4）2・3回は特待生募集あり。
（注5）1次・2次・3次・得意1科・得意2科・国算ハーフは英語検定加点制度あり。他に、帰国生入試（12/2）あり。試験科目は計算力確認試験＋作文＋面（保）か計算力確認試験＋英作文＋スピーキング＋面（保）。
（注6）他に、帰国子女入試（12/8）あり。

学　校　名			定　員	試　験　科　目	試験日	授業料年額	初年度納入金
森村学園	(注1) 共	1回	40	国算理社か国算	2/1	600,000	1,229,500
		2回	30	国算理社か国算	2/2		
		3回	20	国算理社か国算	2/4		
山手学院	共	A日程	80	国算理社か国算	2/1(午前)	480,000	1,374,200
		特待選抜	60	国算	2/1(午後)		
		B日程	40	国算理社か国算	2/3(午前)		
		後期	20	国算理社か国算	2/6(午前)		
横須賀学院	共	1次A・B	25・25	国算理社か国算・国算	2/1(午前・午後)	456,000	1,230,000
		2次	20	国算	2/2(午後)		
		3次	20	国算	2/3(午後)		
		適性検査型	20	適性	2/1(午前)		
		英語資格利用	若　干	国算＋面(保)	2/2(午後)		
		帰国生	若　干	国算か国＋面(保)	12/16(午前)		
横浜共立学園	女	A方式	150	国算理社	2/1	504,000	1,269,200
		B方式	30	国算	2/3		
横浜女学院	(注2) 女	A入試	5・40	国算理社か国英か算英	2/1(午前)	552,000 (国際教養) 432,000 (アカデミー)	1,029,600 (国際教養) 909,600 (アカデミー)
		B入試	10・27	国算理社か国英か算英	2/1(午後)		
		C入試	5・30	国算理社か国英か算英	2/2(午前)		
		D入試	5・25	国算理社か国英か算英	2/2(午後)		
		E入試	5・22	国算理社か国英か算英	2/3(午前)		
横浜翠陵	(注3) 共	1回・2回	30・30	国算理社か国算	2/1(午前・午後)	432,000	1,005,000
		3回	10	国算理社か国算	2/2(午前)		
		4回	10	国か算	2/3(午前)		
		5回	10	国算理社か国算	2/5(午前)		
横浜創英	(注4) 共	1回	50	国算理社か国算	2/1(午前)	432,000	1,014,100 (本科) 1,024,100 (サイエンス)
		2回	30	国算	2/1(午後)		
		3回	30	国算理社か国算	2/2(午前)		
		コンピテンシー	20	プレゼンかグループワーク	2/3(午後)		
		4回	10	国算	2/6(午後)		
横浜隼人	共	1回	40	国算	2/1(午前)	438,000	874,000
		2回	20	国算	2/2(午後)		
		3回	10	国算	2/6(午前)		
		公立中高一貫	30	適性	2/1(午前)		
		自己アピール	20	基礎計算＋面作	2/2(午後)		
横浜富士見丘学園	(注5) 共	1回	30	国算理社か国算か国英か算英	2/1(午前)	456,000	1,211,600
		2回	30	国算か国英か算英	2/1(午後)		
		3回	男10・女20	国算理社か国算	2/2(午前)		
		4回	10	国算	2/2(午後)		
		5回	10	国算理社か国算か国英か算英	2/3(午前)		
		6回	10	国算理社か国算	2/5(午前)		
		表現力	5	国語力＋面	2/3(午後)		
横浜雙葉	(注6) 女	1期	60	国算理社	2/1	552,000	1,304,000
		2期	30	国算理社	2/2		

(注1) 他に、若干名の帰国生入試(12/17)あり。試験科目は国算か国算＋英語資格検定試験のスコア。
(注2) 定員は国際教養クラス・アカデミークラスの順。アカデミークラスは国算も可。他に、各3名の特別奨学入試(2/1午後・2/3午後)あり。試験科目はアカデミーと同じ。若干名の帰国生入試(11/27・12/4・2/21)あり。試験科目は国算か国英か算英＋面作。
(注3) 2/1午前は適性検査型入試と英語資格型入試(国か算)、2/2午前は英語資格型入試あり。他に、帰国生入試(2/1午前・2/2午前)あり。試験科目は国算か国算英＋面。
(注4) 他に、若干名の帰国生入試(1/28)あり。試験科目はプレゼン〈日本語か英語〉＋口頭試問。
(注5) 1回と5回の試験科目は、国英か算英＋理社も可。
(注6) 他に、若干名の帰国生入試(12/9)あり。試験科目は算＋CEFR検定＋面(保)または算＋面(保)作。

学 校 名			定員	試 験 科 目	試験日	授業料年額	初年度納入金
市川	(注1) 共	1回	男180・女100	国算理社	1/20	420,000	984,000
		2回	40	国算理社	2/4		
暁星国際	(注2) 共	Ⅰ期A	30	国か英＋算＋面	1/20	300,000	1,184,000 (通学生) 2,248,200 (寮生)
		Ⅰ期A2	20	算	1/20		
		Ⅰ期B	20	国算理社英から1科か2科か4科＋面	1/23		
		推薦	35	国か英＋算＋面	12/1		
光英VERITAS	共	第一志望	35	国算理社か国算＋面	12/1(午前)	384,000	1,214,005
		1回	35	国算理社か国算	1/20(午前)		
		VE探究	若干	SDGsの調査・まとめ・発表・質疑	1/20(午後)		
		VE理数	10	算理	1/20(午後)		
		特待選抜	20	国算理社か国算	1/22(午前)		
		2回	25	国算理社か国算	1/24(午前)		
		VE英語	5	国算英	1/24(午前)		
		3回	若干	国算	2/4(午前)		
		帰国生	若干	国算理社か国算＋面	12/1(午前)		
国府台女子学院	女	1回	約95	国算理社	1/21	360,000	1,152,300
		2回	約15	国算理社	2/5		
		推薦	約50	国算理社	12/1		
三育学院中等教育	共	一般1回		国算	1/28	366,000	1,503,000 (寮費含む)
		一般2回		面作	2/11		
		推薦Ⅰ期	35	面(保)作	12/3		
		推薦Ⅱ期		面(保)作	12/17		
		推薦Ⅲ期		面(保)作	1/14		
志学館	共	一般A		国算＋面(保)	1/20	426,600	816,420
		一般B	60	国算理社＋面(保)	1/27		
		一般C		国算＋面(保)	2/10		
		推薦	60	国算＋面(保)	12/1		
芝浦工業大学柏	(注3) 共	1回	約110	国算理社	1/23	402,000	958,780
		2回	約55	国算理社	1/27		
		課題作文	約15	面作	2/4		
渋谷教育学園幕張	共	1次	約215	国算理社	1/22	444,000	1,197,000
		2次	約45	国算理社	2/2		
		帰国生	約20	英＋面(英語・日本語)	1/20		
秀明大教師学部附秀明八千代	共	一般A		国算＋面	1/20	360,000	1,158,840
		一般B	60	国算＋面	1/28		
		一般C		国算＋面	2/6		
		専願		適性(国算英から2科)＋面	12/1		
翔凜	共	一般	20	国算＋面	1/21	396,000	772,000
		特別		国算＋面か算＋面(英)	2/3		
		推薦	40	国算＋面	12/1		
昭和学院	(注4) 共	第一志望2科	52	国算英から2科	12/1(午前)	396,000	1,153,760
		第一プレゼン①		自己表現文＋プレゼン＋質疑応答	12/1(午前)		
		国語1科		国	1/20(午前)		
		一般プレゼン②		自己表現文＋プレゼン＋質疑応答	1/20(午前)		
		算数1科	72	算	1/20(午後)		
		適性検査型		適性Ⅰ・Ⅱ	1/22(午前)		
		アドバンスト		国算英から2科か＋理社	1/24(午前)		
		帰国生①		国算英から2科＋面	12/1(午前)		
		帰国生②	20	プレゼン＋質疑応答	1/20(午前)		
		帰国生③		国算英から2科か＋理社＋面	1/24(午前)		

(注1) 他に、若干名の12月帰国生入試(12/3)あり。試験科目は国算英ⅠⅡ。1回の定員は帰国生入試を含む。
(注2) 他に、若干名のⅡ期(2/17) あり。試験科目は国か英＋算＋面。いずれも算数は日本語表記か英語表記を選択。ヨハネ研究の森コースのAO入試あり。
(注3) 1・2回は帰国生若干名を含む。試験科目は国算理社＋面。英語入試出願者は英語リスニングテストあり。
(注4) 帰国生のプレゼン及び質疑応答は日本語または英語。

●千葉 中学

学 校 名			定 員	試 験 科 目	試験日	授業料年額	初年度納入金
昭和学院秀英	共	午後特別	30	国算	1/20(午後)	360,000	870,000
		1回	110	国算理社	1/22(午前)		
		2回	20	国算理社	2/3(午前)		
西武台千葉 (注1)	共	1回	30	国算か＋理か社か英	1/20	396,000	864,600
		2回	10	国算か＋理か社か英	2/4		
		1科目特待	10	算か英	1/27		
		第1志望	50	国算か＋理か社か英+面(保)	12/3		
専修大学松戸 (注2)	共	1回	100	国算理社	1/20	384,000	1,342,200
		2回	30	国算理社	1/26		
		3回	20	国算理社	2/3		
千葉日本大学第一	共	自己推薦	70	国算理社	12/1	366,000	1,107,200
		1期	150	国算理社	1/21		
		2期	20	国算	1/26		
千葉明徳	共	第一志望	30	国算＋面	12/1(午前)	408,000	1,190,790
		ルーブリック	5	プレゼン質疑応答＋グループディスカッション	12/1(午後)		
		適性検査型	20	適性＋面か適性	1/20(午前)		
		一般1	20	国算理社か国算＋面	1/20(午前)		
		一般2	15	国算理社か国算＋面	1/21(午前)		
		一般3	10	国算理社か国算＋面	1/25(午前)		
		一般4	5	国算理社か国算＋面	1/28(午前)		
		一般5	若 干	国算＋面	2/4(午前)		
東海大付浦安高校中	共	A試験	30	国算理社	1/20	336,000	1,057,400
		B試験	20	国算理社か国算	1/24		
		推薦	70	国算理社＋面	12/1		
東邦大付東邦	共	帰国生	240	国算英	12/1	408,000	1,153,680
		前期		国算理社	1/21		
		後期	20	国算理社	2/3		
		推薦	40	国算理社	12/1		
成田高校付	共	第一志望	35	国算理社	12/1	336,000	823,200
		一般	60	国算理社	1/25		
二松学舎大附柏 (注3)	共	第一志望	30	作算英から2科＋自己アピール＋面	12/1(午前)	348,000	1,110,400
		総合探究1回	25	国算理社か国算	1/20(午前)		
		グロ特待1回	20	国算理社か国算か国算英	1/20(午後)		
		グロ特待2回	15	国算理社か国算か国算英か思考力	1/22(午前)		
		総合探究2回	10	国算理社か国算	1/24(午前)		
		全コース	若 干	国算	2/5(午前)		
日出学園	共	Ⅰ期	30	国算理社か国算＋面	1/20	324,000	1,010,880
		Ⅱ期	20	国算理社か国算＋面	1/23		
		推薦	50	国算＋面作	12/1		
八千代松陰 (注4)	共	一般	20・85	国算理社	1/20	312,000	806,800
				国算理社か国算	1/21		
			若 干	国算	2/5		
		特待推薦	10	国算理社	12/1		
		自己推薦	95	基礎(国算)＋面	12/1		
		学科推薦		国算＋面	12/2		
流通経済大付柏	共	第一志望	50	国算＋作	12/1(午前)	360,000	912,000
		1回	60	国算理社	1/22(午前)		
		2回	15	国算理社	1/26(午前)		
		3回	15	国算	1/26(午後)		
		4回	若 干	国算	2/4(午前)		

(注1) 帰国子女・外国人の募集は5名以内。
(注2) 2回に帰国生若干名を含む。帰国生は面接あり。
(注3) 第一志望の定員はグローバル探究コース5名・総合探究コース25名。
(注4) 特待推薦はIGSコース、自己推薦・学科推薦はレッスンルームコース。一般の定員はIGSコース(1/20)・レッスンルームコース (1/20、21)の順。2/5はレッスンルームコース。

●千葉 中学

学　校　名			定員	試　験　科　目	試験日	授業料年額	初年度納入金
麗澤	(注1) 共	1回	30・30	国算理社か国算英	1/21(午前)	354,000	1,443,000
		2回	25・30	国算理社か国算英	1/25(午前)		
		3回	15・15	国算	1/28(午後)		
		4回	5・若干	国算	2/1(午後)		
和洋国府台女子	女	1回	45	国算理社か国算か国算英	1/20	288,000	1,073,800
		2回	20	国算理社か国算	1/24		
		推薦	45	基礎(国算か国算英)＋面か探究型	12/1		

(注1) 定員はAE(アドバンスト叡智)コース・EE(エッセンシャル叡智)コースの順。AEコースの試験科目は国算理社。

●埼玉 中学

学　校　名			定員	試　験　科　目	試験日	授業料年額	初年度納入金
青山学院大学系属 浦和ルーテル学院	(注1) 共	1回	20・10	国算理社＋面・英検利用型	1/10(午前)	384,000	1,079,600
		2回	7・3	国算理社＋面・英検利用型	1/13(午前)		
浦和明の星女子	女	1回	120	国算理社	1/14	336,000	1,077,200
		2回	40	国算理社	2/4		
浦和実業学園	共	1回	15・15	国算理社・国算	1/10(午前・午後)	390,000	1,055,700
		2回	10・10	国算理社・国算英	1/12(午前・午後)		
		3回	5	国算理社	1/25		
		適性検査型	10・10	適性	1/11・1/19		
		英語	5	英＋面(英)	1/17		
大妻嵐山	(注2) 女	まなびエキス	30	国算英から2科	1/10(午前)	380,000	1,155,580
		1回		国算理社か国算	1/10(午後)		
		適性検査型	30	適性	1/11(午後)		
		2回		国算理社か国算	1/23(午前)		
		大妻特待	20	国算理社	1/11(午前)		
大宮開成	共	1回	80	国算理社	1/10(前半・後半)	360,000	997,772
		2回	20	国算理社	1/14(前半・後半)		
		特待生	50	国算理社	1/12(前半・後半)		
開智	(注3) 共	1回	110	国算理社	1/10(午前)	480,000	772,000
		特待A	30	国算理社	1/11(午前)		
		特待B	85	国算理社	1/12(午前)		
		算数特待	10	算	1/12(午後)		
		2回	40	国算理社	1/15(午前)		
		日本橋併願	5	国算理社か国算	2/14(午後)		
開智所沢中等教育	共 (注4)	1回	100	国算理社	1/10(午前)	540,000	950,000
		特待A	30	国算理社	1/11(午前)		
		特待B	45	国算理社	1/12(午前)		
		算数特待	15	算	1/12(午後)		
		2回	45	国算理社	1/15(午前)		
		日本橋併願	5	国算理社か国算	2/14(午後)		
開智未来	(注5) 共	開智併願型	5・5	国算理社	1/15(午前)	480,000	732,000
		探究1	10・5・10	基礎(計算・読解)＋探究科学	1/10(午前)		
		1回	10・5・5	国算	1/10(午後)		
		探究2	5・5・10	基礎(計算・読解)＋探究社会か英	1/11(午前)		
		T未来	20	国算理	1/11(午後)		
		算数1科	5・5	算	1/12(午後)		
		2回	5・5・5	国算理社か国算か国算英	1/14(午前)		

(注1) 定員は4科型・英検利用型の順。英検利用型は英検3級以上取得者対象。試験科目は国算理社＋英検取得級換算点＋面。
(注2) 他に、若干名の帰国生入試(12/2)あり。試験科目は総合(国算)＋面(英語・日本語)。
(注3) 他に、若干名の帰国生入試(11/23)あり。試験科目は国算英(エッセイライティング)＋口頭試問・面(英語・日本語)。
(注4) 他に、帰国生入試(11/23)あり。試験科目はエッセイライティング(英)と基礎学力(国算)＋口頭試問＋面(英語・日本語)。
(注5) 定員はT未来クラス・未来クラス・開智クラスの順(開智併願型・算数1科はT未来クラス・未来クラス)。

●埼玉 中学

学　校　名			定　員	試　験　科　目	試験日	授業料年額	初年度納入金
春日部共栄	(注1) 共	1回		国算理社・国算理社か国算	1/10(午前・午後)	384,000	1,069,200
		2回	160	国算理社・国算理社か国算	1/11(午前・午後)		
		3回		国算か算	1/13(午後)		
		4回		国算	1/15(午前)		
埼玉栄	(注2) 共	1回進学	50	国算理社	1/10(午前)	360,000	830,000
		1回医難		国算理社	1/10(午前)		
		2回医難	10	国算	1/10(午後)		
		3回進学	30	国算理社	1/11(午前)		
		3回医難		国算理社	1/11(午前)		
		4回医難	10	国算	1/11(午後)		
		5回進学	20	国算理社	1/13(午前)		
		5回医難		国算理社	1/13(午前)		
埼玉平成	(注3) 共	1回	40	国算理社か国算	1/10(午前)	360,000	1,094,000
		2回	15	国算理社か国算	1/13(午前)		
		1科1回	5	国算英から1科	1/12(午前)		
		1科2回	5	国算英から1科	1/20(午前)		
		1科3回	若　干	国算英から1科	2/6(午前)		
		STEM	10	基礎的なプログラミング	1/12(午後)		
栄東	(注4) 共	A日程	100・40	国算理社	1/10OR11	360,000	1,239,000
		東大特待Ⅰ	30	国算理社か算	1/12		
		B日程	40	国算理社	1/16		
		東大Ⅱ	30	国算理社	1/18		
狭山ヶ丘高校付	共	1回	40	国算理社か国算か算	1/10	360,000	892,000
		2回	25	国算理社か国算か算	1/12		
		3回	15	国算理社か国算か算	1/14		
		4回	若　干	国算理社か国算か算	2/6		
自由の森学園	(注5) 共	A入試		基礎(国算)+授業+面	1/14	441,600	981,200
		B入試	78	基礎(国算)+授業+面	1/14		寮費別途
		C入試		基礎(国算)+面	1/22・2/3、23		(1,240,400)
秀明	(注6) 共	一般Ⅰ期		国算英+面	1/16	300,000	710,000
		一般Ⅱ期	20・60	国算英+面	2/10		
		専願		国算英+面	12/3		
淑徳与野	(注7) 女	医進特別	25	算理	1/11	384,000	875,800
		1回	15・95	国算理社	1/13		
		2回	若干・25	国算理社	2/4		
城西川越	男	特選1回	約25	国算	1/10(午後)	372,000	1,148,958
		特選2回		国算理社か国算	1/11(午前)		
		一貫1回		国算理社か国算	1/10(午前)		
		一貫2回	約60	国算	1/11(午後)		
		一貫3回		国算理社か国算	1/20(午前)		
		一貫4回		国算	2/5(午前)		
		帰国生	若　干	国算+面	1/10(午前)		

(注1) 定員は、プログレッシブ政経コース80名、IT医学サイエンスコース80名。
(注2) 他に、若干名の帰国生入試(1/13)あり。試験科目は算+面作。
(注3) 専願の試験科目は国算+面か国算英から1科+面。STEMの専願は面接あり。
(注4) 定員は、難関大クラス・東大クラス。B日程は難関大クラス。他に、若干名の帰国生入試(1/11・1/16)あり。試験科目は国算+面か算英+面(英)。
(注5) A・B入試の授業入試は理・社・体育・音楽・美術より1科選択。
(注6) スーパーイングリッシュコース、医進・特進コースと総合進学コースの順。医進・特進コースと総合進学コースの試験科目は、国算英から2科+面。他に、10名の奨学生募集(12/3)あり。試験科目はスーパーイングリッシュコースは、国算英+理か社+面、医進・特進コースは国算+英理社から2科+面。
(注7) 定員は医進コース・特進コース。

●埼玉 中学

学　校　名			定員	試　験　科　目	試験日	授業料年額	初年度納入金
昌平 (注1)	共	一般1回		国算理社か国算	1/10(午前)	393,600	870,000
		一般2回		国算理社か国算	1/11(午前)		
		一般3回		国算理社か国算	1/12(午前)		
		一般4回		国算理社か国算	2/5(午前)		
		グローバル1	130	国算英	1/10(午前)		
		グローバル2		国算英	1/11(午前)		
		Tクラス1		国算理社	1/10(午後)		
		Tクラス2		算	1/11(午後)		
		Tクラス3		国算理社	1/13(午前)		
		帰国子女		英+面作か国算+面	12/22(午後)		
城北埼玉	男	特待	20	算理か算英	1/10(午後)	408,000	900,000
		1回	60	国算理社	1/10(午前)		
		2回	40	国算理社か国算	1/11(午前)		
		3回	40	国算理社か国算	1/12(午前)		
		4回	若干	国算	1/18(午前)		
		5回	若干	国算	2/4(午前)		
西武学園文理	共	1回	35	国算理社か国算	1/10(午前)	360,000	1,520,000
		特待1回	20	国算理社	1/10(午前)		
		2回	20	国算理社か国算	1/12(午前)		
		特待2回	13	国算理社	1/13(午前)		
		3回	10	国算	1/23(午前)		
		適性検査型	20	適性ⅠⅡ	1/13(午前)		
		英語4技能	7	英ⅠⅡⅢ	1/13(午前)		
西武台新座 (注2)	共	1回	20	国算理社か国算	1/10(午前)	360,000	1,051,800
		1回特待	10	国算理社か国算	1/10(午後)		
		2回	10	国算理社か国算	1/11(午前)		
		2回特待	10	国算理社か国算	1/11(午後)		
		適性検査型	10	適性	1/14(午前)		
		チャレンジ1	10	国算理社か国算	1/14(午後)		
		チャレンジ2	10	国算理社か国算	1/25(午前)		
聖望学園 (注3)	共	1回	35	国算理社か国算	1/10(午前)	372,000	1,030,200
		2回	5	適性	1/11(午前)		
		3回	20	国算理社か国算	1/12(午前)		
		4回	15	英+面(英)	1/18(午前)		
				プレゼンテーション	1/18(午前)		
			5	国算理社か国算	1/18(午前)		
		5回	若干	国算理社か国算	2/3(午前)		
東京成徳大学深谷 (注4)	共	1回		国算理社か国算か英Ⅰか英Ⅱ	1/10	324,000	755,800
		2回	70	国算理社か国算か英Ⅰか英Ⅱ	1/11		
		3回		国算か英Ⅱ	1/13		
		4回		国算か英Ⅱ	1/20		
東京農業大学第三高校附 (注5)	共	1回特待	35	国算理社か国算	1/10(午前)	372,000	923,000
		2回特待	15	総合理科かことば力か世界と日本	1/10(午後)		
		3回	15	国算理社か国算	1/11(午前)		
		4回	5	国算	1/27(午前)		
獨協埼玉 (注6)	共	1回	男50・女50	国算理社	1/11	444,000	921,500
		2回	男20・女20	国算理社	1/12		
		3回	男10・女10	国算理社	1/17		

(注1) 定員は帰国子女枠5名を含む。
(注2) 他に、若干名の帰国生入試(12/10午前・午後)あり。試験科目は面〈日本語か英語〉作(事前提出)。
(注3) 4回の英語入試とプレゼンテーション入試以外は特待奨学生を含む。
(注4) 英語Ⅰ型は英+リスニング+国算、英語Ⅱ型は英+リスニング。
(注5) 他に、帰国子女入試(12/17)あり。試験科目は総合問題〈国算〉+面。
(注6) 帰国子女の試験科目は国算+面〈英語・日本語〉。

●埼玉 中学

学　校　名			定員	試　験　科　目	試験日	授業料年額	初年度納入金
武南	共	1回午前		国算理社か国算か適性	1/10(午前)	360,000	1,274,986
		1回午後		国算理社か国算	1/10(午後)		
		2回	80	国算理社か国算か適性	1/12(午前)		
		3回		国算理社か国算	1/20(午前)		
		4回		国算＋面	1/27(午前)		
		5回		国算＋面	2/4(午前)		
星野学園 (注1)	共	理数1回		国算理	1/10(午後)	360,000	1,078,200
		理数2回		国算理社	1/11(午前)		
		総合	160	国算理社か国算か国算英	1/14(午前)		
		進学1回		国算	1/10(午前)		
		進学2回		国算	1/11(午後)		
細田学園	共	一般1回	40	国算理社	1/10(午前)	360,000	1,110,000
		dots1回	20	適性か適性＋グループワーク＋面	1/10(午前)		
		特待生1回	15	国算理社か国算	1/10(午後)		
		一般2回	20	国算理社か国算英	1/12(午前)		
		特待生2回	15	国算理社	1/12(午前)		
		一般3回	5	国算理社	2/4(午前)		
		帰国生1回	若干	英＋面(英)か英＋国算＋面	12/1(午前)		
		帰国生2回	若干	英＋面(英)か英＋国算＋面	1/5(午前)		
本庄第一	共	単願		総合(国算)＋面(保)	1/10	312,000	718,000
		1回一般	70	国算理社か国算	1/11		
		2回一般		国算	1/28		
本庄東高校附 (注2)	共	1回	80	国算理社か国算	1/10	312,000	791,600
		2回	40	国算理社か国算	1/17		
立教新座	男	1回	約100	国算理社	1/25	624,000	1,333,000
		2回	約40	国算理社	2/3		
		帰国	若干	国算＋面	1/25		

(注1) 定員は内部進学60名含む。
(注2) 帰国生は面接(保護者同伴)あり。

●その他の地区 中学

学　校　名			定員	試　験　科　目	試験日	授業料年額	初年度納入金
茨城 (注1)	共	1回A方式	約110	国算理社	12/2	408,000	1,024,640
		1回B方式	約20	適性＋面	12/3		
		2回A方式	約30	国算理社	1/28		
		2回B方式		適性	1/28		
茨城キリスト教学園 (注2)	共	単願	約50	国算＋面	11/25	336,000	1,118,400
		一般A	約10	国算理社	11/25		
		一般B	約20	国算	12/9		
		適性検査型		適性＋面	12/9		
		一般C	若干	国算	1/20		
江戸川学園取手 (注3)	共	適性型	40	適性＋英＋質問シート	12/16	396,000	974,000
		1回	180	国算理社英か国算英	1/17		
		2回	70	国算理社英か国算英か適性型	1/25		
		3回	30	国算理社英か国算英	2/5		
開智望中等教育	共	専願型	15	国算＋面	12/9	540,000	970,000
		適性検査型	15	適性＋面	12/16		
		開智併願	10	国算理社	1/15		
		一般	10	国算理社か国算	1/17		
		日本橋併願	若干	国算理社か国算	2/4		
		帰国生	若干	英エッセイライティング＋国算＋口頭＋面(英)	11/23		

(注1) 帰国生(12/2・1/28)の試験科目は国算＋面。
(注2) 他に、若干名の帰国子女入試(11/26)あり。試験科目は国算＋面(保)。
(注3) 募集人員は、東大ジュニアコース80名・医科ジュニアコース80名、難関大ジュニアコース160名(内部進学者を含む)。

●その他の地区 中学

学　校　名			定員	試　験　科　目	試験日	授業料年額	初年度納入金
常総学院	(注1)	共 一般1回	10・30	国算理社	1/8	360,000	1,288,000
		一般2回	若干・10	国算理社か国算	1/25		
		推薦・専願	15・55	国算＋面	12/9		
		適性検査型	10・30	適性＋面	12/2		
青丘学院つくば		共 一般1回		国算＋面(保)	1/20	360,000	1,360,040 (寮費含む)
		一般2回	100	国算＋面(保)	2/3		
		推薦		国算＋面(保)	1/9		
清真学園		共 前期	150	国算理社	12/10	378,000	1,086,960
		後期	10	国(作)算＋発想力テスト	1/20		
土浦日本大学中等教育	(注2)	共 ICAP	10	課題パフォーマンス＋面	10/7	444,000	1,092,000
		CSAT	5	CSATⅠⅡ	11/25		
		ICL	60・10	総合問題＋面・英＋面	12/2		
		ISAT	20	ISATⅠⅡ	12/9		
		KBT	30	国算理社	1/6		
		KBT特待	5	国算理社	1/23		
		帰国・国際生		英＋面(保)か国算＋面	1/23		
東洋大附牛久	(注3)	共 適性検査型		適性＋面	11/19(午前)	348,000	1,222,100
		英語特別		英＋作	11/19(午後)		
		一般1回	30	国算理社＋面	1/5(午前)		
		一般2回		国算理社＋面	1/21(午前)		
		総合型		総合(国算理社)＋面	2/7(午前)		
		専願	30	国算理社＋面	12/2(午前)		
水戸英宏		共 専願・一般A		適性＋面	11/18	324,000	842,000
		専願・一般B	80	国算理社	11/26		
		推薦B		国算＋面	11/26		
		専願・一般C		算＋作	1/27		
茗溪学園	(注4)	共 AC推薦	30	国算＋面	12/16	420,000	1,240,900 (通学生)
		AC一般	35	国算理社	1/7		
		AC一般	5	総合学力	1/20		2,315,700 (寮生)
		MG推薦	65	国算＋面	12/16		
		MG一般	55	国算理社	1/7		
		MG一般	10	総合学力	1/20		
		国際生特別	25	国算＋英語エッセイ＋面(保)	11/18		
		AC・MG		英語エッセイ＋エッセイ＋面(保)	11/18		
宇都宮短大附		共 1回	80	国算＋適性＋作か国算理社	11/23	288,000	894,000
		2回		国算＋適性	12/23		
幸福の科学学園		共	70	国算理社か国算＋面(保)	1/14	420,000	1,656,140(寮費含む)
國學院大學栃木	(注5)	共 1回		国算理社か国算＋面	11/26	324,000	1,140,500
		2回	80	国算理社か国算＋面	12/9		
		3回		国算理社か国算＋面	1/20		
作新学院		共 1回	160	国算理社＋面	11/18	336,000	818,400
		2回	20	国算＋面	12/10		
佐野日本大学中等教育		共 推薦		面作	11/25(午後)	420,000	894,000
		英アドバンス		国英か算英＋面	12/10(午前)		
		自己アピール		国か算＋面作	12/10(午前)		
		一般1回	140	国算理社か国算＋面	11/25(午前)		
		一般2回		国算理社か国算＋面	12/10(午前)		
		一般3回		国算＋面	1/21(午前)		
		首都圏		国算理社か国算	12/17(午前)		

(注1) 募集人員は、AD(アドバンスト)クラス・ST(スタンダード)クラスの順。
(注2) 他に、8月よりエントリー開始のICAP入試あり。
(注3) 英語特別入試の試験科目は、英リスニングテスト＋英スピーキングテスト(面接含む)＋作文。
(注4) 1/8の国際生A方式の試験科目は、ACは国算＋英語エッセイ＋面(保)、MGは英語エッセイ＋エッセイ＋面(保)、B方式はAC・MGともに国算＋面(保)。11/19の国際生特別選抜B方式の試験科目は、AC・MGともに国算＋面(保)。寮生・国際生は保護者同伴面接あり。
(注5) 自己推薦の試験科目は、基礎(国算)＋面。2回は基礎(国算)英＋面または適性＋面作も可。

32

● その他の地区 [中学]

学　校　名			定員	試験科目	試験日	授業料年額	初年度納入金
白鷗大学足利	共	1回	60	国算＋面	11/18	420,000	717,600
		2回		国算＋面	1/27		
星の杜	共	総合型	60	グループワークか面(英)かプレゼン	11/19	396,000	705,000
		一般		国算＋面	11/19		
		一般＋総合		国算＋面＋総合型	11/19		
		帰国生		面作	11/19		
文星芸術大附	共	1回	50	国算理社か適性(作)＋面	11/25	288,000	858,542
		2回		国算理社か適性(作)＋面	12/16		
共愛学園	共	1回	100	国算＋面(保)	12/9	384,000	604,000
		2回		国算＋面(保)	2/3		
		推薦		算＋面(保)作	12/9		
桐生大附 (注1)	共	スポーツ	30	面(保)実	10/7	192,000	766,400
		一般		国算か算英＋面(保)	11/4OR12/16		
		推薦		面(保)作	11/4OR12/16		
樹徳 (注2)	共	1期	35	国算＋面(保)	11/11	336,000	738,000
		2期	10	国算＋面(保)	12/16		
		3期	10	国算＋面(保)	2/3		
東京農業大学第二高校中	共	1回	70	国算	12/10	393,600	750,200
		2回		適性＋算	1/14		
		3回		国算	2/11		
新島学園	共	総合型	170	面	12/2	366,600	634,600
		1回		国算＋面	1/13		
		2回		国算＋面	2/10		

(注1)他に、一般3期(2/3、面(保))あり。進学スポーツコースは実技(サッカー・軟式野球)あり。
(注2)1・3期は帰国子女入試あり。試験科目は国算か算英＋面(保)。

● 東京 [高校]

学　校　名		学科・コース		定員	試験科目	試験日	授業料年額	初年度納入金
愛国 (注1)	女	普通	一般	80	英数国＋面(保)作	2/10	390,000	790,000
			推薦	80	面(保)作	1/22OR23		
		商業	一般	40	英数国＋面(保)作	2/10		
			推薦	40	面(保)作	1/22OR23		
		家政	一般	40	英数国＋面(保)作身	2/10		825,000
			推薦	40	面(保)作身	1/22OR23		
		衛生看護	一般	20	英数国＋面(保)作身	2/10		830,000
			推薦	20	面(保)作身	1/22OR23		
青山学院	共	普通	一般	約70	英数国	2/12	600,000	1,282,000
			推薦	約65	適性(英数国)＋面	1/31		
			帰国生	約25	適性(英数国)＋面	1/31		
足立学園 (注2)	男	普通	一般	80	英数国＋面	2/10OR12	408,000	933,800
			推薦	80	適性(英数国)＋面	1/22		
安部学院	女	商業	一般	100	国＋英か数＋面	2/10	396,000	1,023,600
			A推薦	100	面	1/22		
			B推薦		適性(英数国)＋面	1/22		
郁文館	共	普通	一般	40	英数国＋面	2/10OR11	453,600 (進学・特進)	947,600 (進学・特進)
			東大国立	20	英数国＋面	2/11(午後)		995,600 (国立選抜)
			単願推薦	40	適性(英数国)＋面	1/22	501,600 (国立選抜)	
			併願推薦		適性(英数国)＋面	1/22		494,000 (ip)

(注1) B・C推薦(1/23、千葉県・埼玉県内中学生のみ)の試験科目は基礎学力(英数国)＋面(保)作。家政科・衛生看護科は身体機能検査あり。
　　　他に、各科若干名の帰国生入試(11/28)あり。試験科目はB・C推薦と同じ。
(注2) 募集人員は、推薦・一般の順にそれぞれ、探究コースは20名・20名、文理コースは20名・20名、総合コースは40名・40名。志自己推薦の試験科目は適性＋エントリーシート＋面。

学　校　名		学科・コース		定員	試　験　科　目	試験日	授業料年額	初年度納入金
郁文館グローバル　共 (注1)		国際	一般	20	英数国＋面	2/10OR11	498,000	1,010,000
			単願推薦	20	適性〈英数国〉＋面	1/22		
			併願推薦		適性〈英数国〉＋面	1/22		
岩倉　　　　(注2)共		7限制	一般	100	英数国か英国社か英数理＋面	2/10OR12	468,000	1,243,150
			推薦		適性〈英数国〉＋面	1/22		
		6限制	一般	200	英数国か英国社か英数理＋面	2/10OR12		1,242,550
			推薦		適性〈英数国〉＋面	1/22		
		運輸	一般	120	英数国か英国社か英数理＋面	2/10OR12		1,274,550
			推薦		適性〈英数国〉＋面	1/22		
上野学園　　(注3)共		特別進学 α・β	一般	10・15	英数国＋面	2/10OR11	448,800	1,064,200
			A推薦	10・15	適性〈英数国〉＋面	1/22		
			B推薦		適性〈英数国〉	1/22		
		総合進学	一般	25	英数国＋面	2/10OR11		
			A推薦	25	適性〈英数国〉＋面	1/22		
			B推薦		適性〈英数国〉	1/22		
		演奏家	1回	5	英国＋面(保)実	2/10・11	509,000	1,178,600
			2回	2	英国＋面(保)実	3/14		
		器楽・ 声楽	1回	8	英国＋面(保)実	2/10・11	475,800	1,145,400
			2回	3	英国＋面(保)実	2/21		
			推薦	17	適性〈英国〉＋面(保)実	1/22		
江戸川女子　(注4)女		普通	一般	50	英数国	2/11OR25	456,000	1,186,000
			A推薦	50	適性〈英数国〉＋面	1/22		
			B推薦		適性〈英数国〉	1/23		
		英語	一般	25	英国	2/11OR25		
			A推薦	25	適性〈英数国〉＋面	1/22		
			B推薦		適性〈英国〉	1/23		
NHK学園　　(注5)共		普通	推薦	—	出願順に書類選考＋面	——	288,000 (24単位)	388,100(スタンダード) 410,100(ライフデザイン) 610,100(登校)
			一般		出願順に書類選考＋面	——		
桜美林　　　(注6)共		普通	オープン	150	英数国＋面	2/10OR17	471,000	878,000
			併願優遇		書類選考＋英数国	2/10OR17		
大森学園　　(注7)共		普通	一般	140	英数国＋面	2/10OR12OR17	468,000	1,080,580 (特選・選抜) 1,099,940(総進)
			推薦	140	面	1/22		
		工業科 (男子のみ)	一般	40	英数国＋面	2/10OR12OR17		1,082,239
			推薦	40	面	1/22		
開成　　　　　　　　男		普通		100	英数国理社	2/10	492,000	1,206,200
かえつ有明　(注8)共		普通	一般	10	英数国＋グループワーク＋プレゼン	2/11	480,000	1,403,000
科学技術学園(注9)男		普通	一般A	60・20	英数国＋面	2/10・11	456,000	934,000
			一般B		英数国＋面	2/17		
			推薦	60・20	面作	1/22		
学習院　　　　　　　男		普通		約20	英数国＋面	2/14	698,000	1,494,300

(注1) 一般のインターナショナルオープンの試験科目は適性〈英〉＋面〈英〉。他に、5～10名程度の帰国生入試(12/5)あり。試験科目は適性〈英〉＋面接〈英〉。

(注2) B推薦・併願優遇・チャレンジ試験(2/12)は面接なし。他に、若干名の帰国生入試(11/29・1/24)あり。試験科目は基礎適性〈数国〉＋面〈日本語または英語〉。

(注3) 普通科のB推薦と併願優遇は面接なし(特待生希望者除く)。器楽・声楽コースの併願優遇(2/10)の試験科目は英国。

(注4) 英語科のB推薦・一般は、リスニングあり。他に、若干名の帰国生入試(12/3)あり。試験科目は英数国(英語科は英国リスニング)＋面。第一志望は基礎学力(普通科は数国、英語科は国)＋面。

(注5) 願書受付(推薦1/15～1/24、一般1/25～4/30)後、面接あり。

(注6) 定員は、国公立コース20名、特別進学コース30名、進学コース100名。併願優遇・帰国生優遇は書類選考＋特待・コースアップ選考(英数国)。他に、スポーツ専願(2/10)あり。試験科目は英数国＋面。10名の海外生特別入試あり。

(注7) 普通科の定員は、推薦・一般ともにそれぞれ、特選コース20名、選抜コース40名、総進コース80名。

(注8) 他に、若干名の帰国生入試(11/19・12/4)あり。試験科目は、11/19は英数国、12/4は英＋作文〈英語・日本語〉＋英語グループワーク。

(注9) 定員は総合コース・特進コースの順。総合コースの一般単願優遇(2/12)の試験科目は面作。特進コース理数クラス・情報クラスの一般は英数国か英数理＋面接。

学　　校　　名		学科・コース		定員	試　験　科　目	試験日	授業料年額	初年度納入金
川村	(注1) 女	普通	併願優遇	15	適性 (英数国) から2科＋面	2/10OR11OR12	450,000	1,190,800
		普通	一般	15	英数国か作から2科＋面	2/10OR11OR12		
			A推薦	20	面作	1/22		
			B推薦	10	適性 (英数国) から2科＋面	1/22OR23		
神田女学園	(注2) 女	普通	一般	200	英数国＋面	2/10	456,000	1,162,000
			推薦		国＋面	1/22		
関東国際	(注3) 共	普通	一般	60	英＋数か国＋面	2/10OR13OR20	378,000	1,107,700
			推薦	60	面 (保)	1/22		
		外国語	一般	120	英＋数か国＋面	2/10OR13OR20	438,000	1,172,700
			推薦	120	面 (保)	1/22		
関東第一	(注4) 共	普通	第一志望推薦		適性 (英国) ＋面	1/22	404,400	1,027,980
			併願推薦	600	適性 (英国) ＋面	1/22		
			一般		英数国＋面	2/10OR11		
北豊島	(注5) 女	I.P.	一般	25	英数国＋面	2/10	396,000	959,600
			推薦	25	適性 (英数国) ＋面	1/22		
		V.P.	一般	25	英数国＋面	2/10		
			推薦	25	適性 (英数国) ＋面	1/22		
		G.P.	一般	25	英＋面	2/10		974,000
			推薦	25	適性 (英数国) ＋面	1/22		
共栄学園	(注6) 共	普通	一般	160	英数国＋面	2/10	408,000	1,015,270
			チャレンジ		英数国＋面	2/11		
			A推薦	160	面	1/22		
			B推薦		適性 (英数国) ＋面	1/22		
共立女子第二	(注7) 女	普通	1回	50	英数国＋面	2/10	500,000	960,000
			2回	30	英数国＋面	2/12		
			推薦	80	面作	1/22		
錦城	(注8) 共	普通	一般	320	英数国	2/10OR12	372,000	800,500
			推薦	130	面作	1/22		
錦城学園	(注9) 共	普通	一般	120	英数国＋面	2/10OR11	348,000	1,188,745
			A推薦	120	面	1/22		
			B推薦		適性＋面	1/22		
国立音楽大附	共	普通	1回	約30	英数国＋面	2/10	411,000	1,014,600
			2回		英数国＋面	2/13		
			3回		英数国＋面	2/16		
			推薦	約30	面作かプレゼン＋面	1/22		
		音楽	一般	約40	英国＋面実か英数国＋面	2/10・3/7	531,000	1,174,100
			推薦	約40	面実か面	1/22		
国本女子	(注10) 女	普通	併願優遇	100	英数国＋面	2/10OR11	432,000 (総合進学)	954,200 (総合進学)
			オープン		英数国＋面	2/10OR11		
			A推薦	100	面作	1/22	1,032,000 (DD)	1,554,200 (DD)
			B推薦		面作	1/22		

(注1) A推薦受験者のみ特待生選抜を実施(2/12)。
(注2) 募集人員は、グローバルコース50名、アドバンストコース50名、キャリアデザインコース100名。グローバルコースの推薦と併願優遇は英＋面。アドバンストコースの推薦と併願優遇は英か数か国＋面。他に、帰国生入試(11/11・12/9)あり。試験科目は英国＋面(日本語・英語)。特待生選抜(2/11、英数国)あり。
(注3) 一般の定員に帰国生(12/20・1/22、作文(英語)＋面(保))と外国人生徒対象(2/10、作文(日本語)＋面(保))含む。
(注4) 募集人員は、特別進学コース80名、進学Aコース240名、進学Gコース200名、スポーツコース80名(男子のみ)。併願推薦は東京都・神奈川県の生徒は対象外。一般の第一志望優遇の試験日は2/11。
(注5) G.P.の面接はネイティブを含む。他に、若干名の帰国生入試(12/25・1/22)あり。
(注6) 募集人員は、推薦・一般ともにそれぞれ、未来探究コース15名、国際共生コース15名、理数創造コース15名、探究特進コース35名、探究進学コース80名。
(注7) 募集人員は、推薦・一般1回・2回の順にそれぞれ、特別進学コースは20名・15名・5名、総合進学コースは50名・30名・20名、英語コースは10名・5名・5名。
(注8) 募集人員は、推薦・一般の順にそれぞれ、特進コース0名・120名、進学コース130名・200名。推薦は進学コースのみ、一般2回は特進コースのみ。
(注9) 2/10の一般は学業奨学生試験を兼ねる。
(注10) 他に、帰国生入試(11/18、1/13)あり。試験科目は英数国＋面。DDコースは英＋面も可。帰国生と一般は高得点2教科で判定。

学　校　名		学科・コース		定員	試　験　科　目	試験日	授業料年額	初年度納入金
クラーク記念国際 (注1) 共〈東京キャンパス〉		普通	一般	220	英数国＋面(保)作	1/27・28他	400,000(全日型)	665,200(全日型)
			推薦		基礎(英数国から1科)＋面(保)作	11/11・12他		
			自己推薦		基礎(英数国から1科)＋面(保)作	11/11・12		
慶應義塾女子	女	普通	一般	約70	英数国＋作	2/10	700,000	1,253,000
			帰国	若干	英数国＋作	2/10		
			推薦	約30	適性＋面	1/22		
京華	(注2) 男	普通	一般	50	英数国＋面	2/10OR13	462,000	981,000
			A推薦	50	面作	1/22		
			B推薦		適性(英数国)＋面	1/22		
京華商業	共	商業	1回	80	英数国＋面	2/10	462,000	981,000
			2回		英数国＋面	2/11		
			A推薦	70	適性(英数国)＋面	1/22		
			得意技能		適性(英数国)＋面	1/22		
			B推薦		適性(英数国)＋面	1/23		
京華女子	(注3) 女	特奨	1回	10	英数国＋面	2/10	462,000	981,000
			2回	5	英数国＋面	2/12		
			A推薦	10	適性(英数国)＋面	1/22		
			B推薦	5	適性(英数国)＋面	1/22		
		特進・進学	1回	50	英数国＋面	2/10		
			2回	10	英数国＋面	2/12		
			A推薦	30	面作	1/22		
			B推薦	15	適性(英数国)＋面	1/22		
			芸術スポ	15	面作	1/22		
啓明学園	(注4) 共	普通	1回	50	英数国＋面	2/10	516,000	1,478,400
			2回		英数国＋面	2/13		
			推薦	50	面作	1/22		
小石川淑徳学園	(注5) 女	普通	一般	80	英数国	2/10OR13	432,000	1,078,8000
			A推薦		適性(英数国)＋面	1/22		
			B推薦		適性(英数国)	1/22		
工学院大附	(注6) 共	先進文理	1回	40	英数国＋面	2/10	454,800	948,350
			2回	20	英数国＋面	2/12		
			推薦	30	面作	1/22		
		文理	1回	30	英数国＋面	2/10		
			2回	15	英数国＋面	2/12		
			推薦	40	面作	1/22		
		インターナショナル	1回	10	英数国＋面	2/10	648,800	1,225,550
			2回	5	英数国＋面	2/12		
			推薦	10	面作	1/22		
麹町学園女子	(注7) 女	普通	一般	30・10	英数国＋面	2/10OR12	468,000	1,281,672
			推薦	40	面作か英語型	1/22		
佼成学園	(注8) 男	普通	1回	90	英数国	2/10	444,000(難関・総合)	1,022,400(難関・総合)
			2回		英数国	2/11	564,000(グローバル)	1,142,400(グローバル)
			推薦	30	面作	1/22		

(注1) 試験日・試験科目等の詳細は学校説明会、個別相談会にて、ご確認下さい。
(注2) 募集人員は、推薦・一般の順にそれぞれ、進学・特進コース40名・40名、S特進コース10名・10名。S特進コースのA推薦の試験科目は、適性(英数国)＋面。他に、5名の帰国生特別入試(12/6)あり。試験科目は数＋英か国＋面。一般の募集は帰国入試(2/13)5名を含む。
(注3) 他に、5名の帰国生特別入試(12/1)あり。試験科目は英数国＋面。若干名の帰国生・留学生特別入試(1/22)あり。試験科目は英数＋面。海外帰国生オンライン入試あり。
(注4) 他に、帰国生入試・国際入試あり。試験科目は英語型か日本語型か外国語型かオンライン型。
(注5) 定員は特別進学コース(特別進学クラス20名・デジタル教養クラス20名)、選抜コース選抜クラス40名。
(注6) 他に、帰国生入試(11/10・12/26・1/17)あり。試験科目は英＋面(保)か数国か英国か数英＋面(保)。
(注7) 推薦A方式英語型(1/22)の試験科目は英語リスニング＋面(英語と日本語)。他に、若干名の帰国生入試(1/22)あり。試験科目は英語リスニング＋面(英語と日本語)。
(注8) 他に、若干名の帰国生入試(11/11・12/9・1/13)あり。試験科目は面作。

学　校　名	学科・コース		定員	試　験　科　目	試験日	授業料年額	初年度納入金
佼成学園女子　　　　(注1) 女	留学	一般	10	英数国＋面(英)	2/10OR12	420,000	1,131,800
		推薦	10	面	1/22		
	スーパーグローバル	一般	5	英数国＋面(英)	2/10OR12		
		推薦	5	面(英)	1/22		
	特進	一般	35	英数国＋面	2/10OR12		
		推薦	35	面	1/22		
	進学	一般	30	英数国＋面	2/10OR12		
		推薦	30	面	1/22		
国学院　　　　　　　　共	普通	1回	250	英数国＋面	2/10	424,000	921,000
		2回	150	英数国＋面	2/12		
		3回	50	英数国か英数理社＋面	2/17		
		推薦	150	適性(英数国)＋面	1/22		
国学院大学久我山　　別	普通	一般	男60・女35	英数国	2/12	420,000	1,028,000
		推薦	50	面	1/22		
		帰国生	若干	英数国＋面(保)	1/7		
国際基督教大学　(注2)共	普通	一般	80	英数国	2/10	591,000	1,179,100
		帰国推薦	60	面	12/16		
		帰国書類	90	面	1/29		
		帰国学力	10	英数国	2/10		
国士舘　　　　　　　　共	普通	一般	130	英数国	2/10OR11	462,000	1,146,000
		推薦	130	適性(英数国)＋面	1/22		
駒込　　　　　　(注3)共	普通	1回		英数国＋面	2/10	456,000	1,271,200
		2回	120	英数国＋面	2/11		
		3回		英数国＋面	3/7		
		推薦Ⅰ	120	適性(英＋数か国)＋面	1/22		
		推薦Ⅱ		適性(英＋数か国)＋面	1/22		
駒沢学園女子　　　　女	普通	1回	140	英数国	2/10	420,000	899,200
		2回		英数国	2/12		
		推薦	100	面	1/22		
駒澤大学　　　　(注4)共	普通	一般	250	英数国＋面	2/10	448,800	1,155,620
		併願優遇		小論文＋面	1/22・2/10OR13		
		推薦	250	小論文＋面	1/22		
駒場学園　　　　(注5)共	普通	1回	120	英数国＋面	2/10	414,000	1,113,700
		2回	40	英数国＋面	2/11		
		推薦	160	適性(英数国)＋面	1/22		
	食物調理	1回	15	英数国＋面	2/10		1,220,900
		2回	5	英数国＋面	2/11		
		推薦	20	適性(英数国)＋面	1/22		
桜丘　　　　　　(注6)共	S・A・Gコース	併願Ⅰ	60	適性(英数国)	1/23	468,000	1,226,200
		併願Ⅱ		英数国	2/12		
		単推薦	45	適性(英数国)	1/23		
	Cコース	併願Ⅰ	5	英数国	1/23		
		併願Ⅱ		英数国	2/12		
		単推薦	20	適性(英数国)	1/23		
サレジアン国際学園　共	本科	一般	30	英数国	2/11	450,000	1,243,000
		推薦	30	作	1/22		
	グローバルスタディーズ	一般	20	英数国	2/11		
		推薦	20	作	1/22		

(注1) 他に、帰国生入試(11/22・12/7・1/11)あり。試験科目は、英数国から2科＋面または英語インタビュー＋面作。
(注2) 一般の定員は国際生徒枠若干名を含む。
(注3) 推薦の理系先進コースの試験科目は、適性〈数理〉＋面。国際教養コースは、適性〈英社〉＋面。一般1・2回の併願優遇の試験科目は、英＋数か国＋面。1回併願優遇の理系先進コースは数理＋面。2回併願優遇の国際教養コースは英社＋面。一般1回の理系先進コースの試験科目は、数理＋面または数＋特色(ポートフォリオ)＋面。一般2回の国際教養コースは、英社＋面または英＋特色＋面。他に、帰国生入試(12/9・2/11、数＋面作)あり。
(注4) 他に、13名以内の奨学生入試あり。
(注5) 普通科進学コースの推薦は、部活動推薦を含む。
(注6) 募集人員は、単願推薦・併願ⅠとⅡの順にそれぞれ、Sコースは10名・15名、Aコースは25名・35名、Gコースは10名・10名、Cコースは20名・5名。

● 東京 高校

学　校　名	学科・コース		定員	試　験　科　目	試験日	授業料年額	初年度納入金
サレジオ工業高専 (注1) 共	全科	AO		面 (保)	12/17	500,000	1,107,800
		特待推薦		面 (保)	1/14		
		推薦	180	書類選考	――		
		併願1・2		書類選考・英数国＋面	2/3		
		学力選抜		英数国＋面	2/3・3/9		
滋慶学園 (注2) 共	普通	通信一般	―	基礎テスト＋面作		300,000	400,000 (通信)
		通学一般		基礎テスト＋面作	1/14・2/18		650,000 (通学5日)
		通学推薦		面作			
実践学園 (注3) 共	普通	一般	140	英数国＋面	2/10OR11	494,400	1,324,400
		推薦	130	面作	1/22	673,200 (L&S)	1,384,400 (スポーツ)
							1,503,200 (L&S)
品川エトワール女子 女 (注4)	キャリアデザイン	一般	70	英数国＋面	2/10OR11	474,000	1,095,000
		A推薦	70	面	1/22		
		C推薦		自己PR＋面作 (事前)	1/22		
	国際キャリア	一般	20	英数国＋面	2/10OR11		1,239,000
		A推薦	20	面	1/22		
	マルチメディア表現	一般	25	英数国＋面	2/10OR11		1,179,000
		A推薦	25	面	1/22		
		C推薦		面実	1/22		
	ネイチャースタディ	一般	15	英数国＋面	2/10OR11		
		A推薦	15	面	1/22		
		C推薦		適性＋面	1/22		
	保育	一般	20	英数国＋面	2/10OR11		
		A推薦	20	面	1/22		
品川学藝 共	普通	一般	50	英＋数か国＋面	2/10OR16	468,000	1,236,000
		推薦		面	1/22		
	音楽	一般	50	英＋数か国＋面実	2/10OR16	480,000	1,248,000
		推薦		面実	1/22		
品川翔英 (注5) 共	難関進学	一般	18	英数国＋面	2/10OR11	456,000	1,266,000
		推薦	17	面	1/22		
	国際教養	一般	35	英数国＋面	2/10OR11		
		推薦	35	面	1/22		
	特別進学	一般	70	英数国＋面	2/10OR11		
		推薦	70	面	1/22		
	総合進学	一般	52	英数国＋面	2/10OR11		
		推薦	53	面	1/22		
芝浦工業大附 (注6) 共	普通	一般	25	英数 (基礎) 数 (応用) 国＋面	2/10	496,000	1,152,820
		推薦	25	数＋小論文＋面	1/22		
芝国際 (注7) 共	普通	一般	15・35	英数国	2/10	480,000	1,137,500
		帰国生	10・10	英数国	11/10・12/10		
下北沢成徳 (注8) 女	普通	一般1回	100	英数国＋面	2/10	444,000	1,139,600
		一般2回		英数国＋面	2/12		
		一般3回	若干	英数国＋面	3/4		
		推薦	100	適性 (英数国) ＋面	1/22		

(注1) 募集人員は、デザイン学科・電気工学科・機械電子工学科・情報工学科それぞれ45名。他に、若干名の帰国子女入試 (3/9) あり。試験科目は英数国＋面。
(注2) 入学コースにより一部試験科目変更あり。東京会場以外の試験日は学校までお問い合わせ下さい。
(注3) 他に、若干名の帰国生入試 (11/23) あり。試験科目は英数国＋面 (保)。
(注4) 他に、各コース若干名の帰国子女募集 (12/8) あり。試験科目は英数国＋面。
(注5) 併願優遇は面接なし。
(注6) 他に、若干名の帰国生募集 (12/11) あり。試験科目は英数国＋面 (保)。シンガポール入試 (11/11) は数＋面 (保)。
(注7) 一般の定員は国際コース・最難関選抜コース。
(注8) 他に、若干名の帰国生入試 (12/9・1/22) あり。試験科目は数＋面作〈日本語・英語〉または英数国＋面。

●東京 高校

学 校 名			学科・コース		定員	試 験 科 目	試験日	授業料年額	初年度納入金
自由ヶ丘学園	(注1)男	普通	A日程		135	英数国＋面	2/10	456,000	1,035,000
			B日程			英数国＋面	2/12		
			推薦		135	適性(作)＋面	1/22		
自由学園	共	普通	一般		60	英数国＋集団考査＋面(保)	2/10	528,000	1,174,300 (通学生)
			推薦		60	適性＋面(保)	1/22		1,863,900 (男子寮生)
									1,808,900 (女子寮生)
修徳	共	特進	一般		50	英数国＋面	2/10OR11	396,000	1,048,000
			推薦		50	適性(英数国)＋面	1/22		
		文理進学	一般		80	英数国＋面	2/10		998,000
			推薦		80	適性(英数国)＋面	1/22		
十文字	女	普通	一般		100	英数国＋面	2/10OR13	456,000	1,003,600
			推薦			英数国＋面	1/22OR25		
淑徳	(注2)共	普通	一般		90	英数国＋面	2/11OR14	420,000	1,056,200
			推薦		90	適性(英数国)＋面	1/22OR24		
淑徳巣鴨	(注3)共	選抜	一般		150	英数国	2/10OR13	420,000	943,800
			推薦			基礎(英数国)	1/22		
		特進	一般		120	英数国	2/10OR13		
			推薦			基礎(英数国)	1/22		
順天	(注4)共	普通	一般		60	英数国＋面	2/10OR11	468,000	1,167,200
			推薦Ⅰ・Ⅱ		60	適性(英数国)＋面	1/22		
			推薦Ⅲ			適性(英数国)＋面	1/25		
潤徳女子	(注5)女	進学	一般		70	英数国＋面	2/10OR12	360,000	1,026,400
			推薦		70	適性(英数国)＋作	1/22OR23		
		特進	一般		18	英数国＋面	2/10OR12		
			推薦		17	適性(英数国)＋作	1/22OR23		
		美術	一般		35	英国＋面実	2/10OR12		
			推薦		35	適性(英国)＋作実	1/22OR23		
松蔭大附松蔭	(注6)共	普通	一般		80	英数国＋面	2/10OR13	444,000	941,400
			推薦		80	面作	1/22		
城西大附城西	(注7)共	普通	一般		40・65	英数国＋面	2/10OR12	432,000	1,169,000
			推薦		85	適性＋面	1/22		
聖徳学園	(注8)共	普通	一般		75	英数国	2/10OR11	495,600	1,007,800
			一般データ		25	Ⅰ型かⅡ型	2/10OR11		
			推薦		30	面	1/22		
城北	男	普通	一般		約65	英数国	2/11	444,000	1,148,700
			推薦		約20	適性(英数国)＋面	1/22		

(注1) 募集人員は、推薦・一般ともにそれぞれ、プログレスコース15名(PGS5名・PGA5名・PGT5名)、アドバンスコース60名、アカデミックコース60名。一般専願と一般優遇の試験日は2/10、併願優遇は2/10または12。

(注2) 募集人員は、推薦・一般の順に、スーパー特進コースは20名・20名、特進選抜コースは50名・70名、留学コースは20名で単願推薦(1/22)のみ。若干名の帰国生入試(1/22OR24・2/11OR14)の試験科目は英数国＋面。

(注3) 募集人員は、アルティメットクラス35名、プレミアムクラス35名、選抜クラス80名、特進クラス120名。A推薦は面接あり。他に、帰国子女入試(2/13)あり。試験科目は英数国＋英語小論文。

(注4) 募集人員は、推薦・一般ともにそれぞれ、特進選抜類型30名、理数選抜類型15名、英語選抜類型15名。他に、若干名の帰国生入試(12/2・1/22)あり。試験科目は英数国＋面(英語・日本語)。

(注5) 推薦Aは適性(英＋国か数)＋作。美術コースの推薦Aは適性(英)＋作実。一般の併願優遇の試験科目は英数国＋作(美術コースは英国＋作実)。

(注6) 推薦の定員は、特別進学推薦10名、一般進学推薦・クラブ活動推薦70名。

(注7) 募集人員は、推薦・一般1回・2回の順に、ACクラスは75名・40名・35名、CSクラスは10名・0名・30名。他に、若干名の2次入試(3/4、英国数＋面)あり。A推薦Ⅱ・B推薦・C推薦・スポーツカラシップ入試(1/22)の試験科目は面接。

(注8) 一般データサイエンスコースの試験科目は、Ⅰ型は探究型データリテラシー試験＋面、Ⅱ型は新思考試験〈対話型探究、SDGs探究・データ活用能力〉＋プレゼンテーション。他に、若干名の帰国生入試(12/9・1/13)あり。試験科目は英数国＋面。

●東京 高校

学　校　名		学科・コース		定員	試　験　科　目	試験日	授業料年額	初年度納入金
昭和第一	共	特進	一般ⅠⅡ	20	英数国＋面	2/10・2/17	420,000	817,800
			一般Ⅲ		英数国＋面	3/8		
			推薦Ⅰ	20	面作	1/22		
			推薦Ⅱ		適性（英数国から1科）＋面	1/22		
			併願優遇		英数国から1科＋面	2/10		
		進学	一般ⅠⅡ	120	英数国＋面	2/10・2/17		
			一般Ⅲ		英数国＋面	3/8		
			推薦Ⅰ	120	面作	1/22		
			推薦Ⅱ		適性（英数国から1科）＋面	1/22		
			併願優遇		英数国から1科＋面	2/10		
昭和第一学園	共	特別選抜	一般	14	英数国＋面	2/10OR11	460,000	746,800
			推薦	14	面作	1/22		
		選抜進学	一般	60	英数国＋面	2/10OR11		1,126,800
			推薦	60	面作	1/22		
		総合進学	一般	200	英数国＋面	2/10OR11		977,800
			推薦	200	面作	1/22		
		デザイン	一般	14	英国＋面実	2/10OR11		1,121,800
			推薦	14	面実	1/22		
昭和鉄道	共	鉄道	一般	100	英数国＋面	2/10	444,000	878,800
			推薦	100	適性（英数国）＋面	1/22		
女子美術大付	女	普通	一般	33	英数国＋面実	2/10	579,000	1,211,800
			推薦	32	提出作品＋面	1/22		
白梅学園	(注1)女	普通	一般	140	英数国＋面	2/10OR13	468,000	1,081,600
			A推薦	140	面作	1/22		
			B推薦		適性（英数国）＋面	1/22		
巣鴨	(注2)男	普通		約70	英数国理社か英数国	2/12	450,000	1,013,000
杉並学院	共	普通	一般	280	英数国＋面	2/10OR11	456,000	1,042,000
			推薦	120	面作	1/22		
駿台学園	(注3)共	普通	1回		英数国＋面	2/10	396,000	849,400
			2回	150	英数国＋面	2/11		
			3回		英数国＋面	2/16		
			併願優遇		英数国	2/10OR11		
			推薦	150	適性（英数国）	1/22		
聖学院	(注4)男	普通	一般	10	英＋思考力＋面	2/11	444,000	1,254,300
			推薦	5	適性（英＋思考力）＋面	1/22		
			国際生A	5	英＋面（英）	1/22		
			国際生B		英＋思考力＋面	1/22		
成蹊	(注5)共	普通	一般	約60	英数国＋面	2/10	668,000	1,183,200
			推薦	約20	適性（英数国）＋面	1/22		
成女	(注6)女	普通	1回	30	英数国＋面	2/10	408,000	999,000
			2回		英数国＋面	2/11		
			推薦A	30	面（保）作	1/22		
			推薦B		適性（英数国）＋面（保）作	1/22		
成城学園	共	普通	一般	約40	英数国＋面	2/12	750,000	1,666,000
			推薦	約20	面作	1/22		

(注1) 定員は、推薦・一般の順にそれぞれ、特別選抜コース50名・50名、選抜コース35名・35名、進学コース55名・55名。特別選抜コースと選抜コースのA推薦の試験科目は、適性（英数国）＋面。
(注2) 海外帰国子弟特別入試制度あり。
(注3) 定員は、特選コースと進学コース、スペシャリスト・ハイブリッドコースとスペシャリスト・オリジナルコースの順にそれぞれ、推薦は110名・40名、一般は130名・20名。スペシャリストコースの一般の試験科目は英数国から2科＋面。
(注4) 他に、オンライン国際生入試(11/11)あり。
(注5) 他に、若干名の帰国生入試(1/22)あり。試験科目は英数国＋面。
(注6) 一般の専願の試験科目は、国＋英か数＋面。推薦B・特別推薦・一般の希望者は面接に自己PRプレゼンを追加可能。

学　校　名		学科・コース		定員	試　験　科　目	試験日	授業料年額	初年度納入金
正則	共	普通	1回	120	英数国＋面	2/10	444,000	1,143,350
			2回	40	英数国＋面	2/12		
			推薦A	160	面作	1/22		
			推薦B		適性＋面	1/22		
正則学園	男	普通	一般	125	英＋数国理社から2科＋面	2/11	420,000	1,280,000
			推薦	125		1/22		
聖パウロ学園	共	普通	一般	50	英数国から2科＋面	2/10OR12	450,000	1,240,000
			推薦	30	面作	1/22		
成立学園	共	スーパー特選	一般	120	英数国＋面	2/11	444,000	1,364,800
			推薦		英数国＋面	1/22		
		特進	一般	200	英数国＋面	2/11		
			推薦		英数国＋面	1/22		
青稜	(注1) 共	普通	一般	130	英数国	2/12	498,000	1,038,400
			帰国生	若干	英数国	11/23・1/4		
世田谷学園	(注2) 男	普通	一般	13	英数国＋面	2/11	432,000	1,071,800
			推薦	12	小論文＋面	1/28		
専修大附	共	普通	一般	男100・女100	英数国＋面	2/10	456,000	1,007,000
			推薦	男100・女100	面	1/22		
創価	共	普通	一般	約65	英数国＋面	2/10	441,600	1,006,000 (通学生)
			推薦	約70	適性(英数)＋面	1/22		1,569,500 (寮生)
大成	共	特別進学	1回	60	英数国＋面	2/10	486,600	914,600
			2回	10	英数国＋面	2/12		
			推薦	5	面	1/22		
		文理進学	1回	130	英数国＋面	2/10		
			2回	50	英数国＋面	2/12		
			推薦	110	面	1/22		
		情報進学	1回	20	英数国＋面	2/10		
			2回	10	英数国＋面	2/12		
			推薦	10	面	1/22		
大東学園	(注3) 共	普通	一般	135	英数国＋面	2/10OR11	483,000	1,078,600
			推薦	135	面作	1/22		
大東文化大学第一	(注4) 共	普通	一般	175	英数国＋面	2/10OR11	444,000	1,060,000
			推薦ABC	175	適性(英数国)＋面	1/22		
瀧野川女子学園	(注5) 女	普通	一般	135	英数国＋面	2/10	456,000	852,400
			A推薦	135	適性(英数国)＋面	1/22		
			B推薦		適性(英数国)＋面	1/22OR23		
拓殖大学第一	(注6) 共	普通	一般Ⅰ・Ⅱ	240	英数国＋面	2/10OR12	444,000	928,000
			推薦Ⅰ	160	面作	1/22		
			推薦Ⅱ		適性(英数国)＋面	1/22		
立川女子	(注7) 女	普通	一般	150	英数国＋面	2/10	468,000	1,274,000
			推薦	150	面	1/22		
玉川学園	共	普通	一般	80	英数国＋面	2/11	867,000	1,429,700
			IB	若干	英数＋日本語＋面(保)	2/11	1,347,000	1,919,700
玉川聖学院	女	普通	一般	約90	英数国＋面	2/10OR13	468,000	1,127,300
			推薦	約50	面	1/22		
多摩大附聖ヶ丘	共	普通	一般	20	英数国＋面	2/12	480,000	1,111,740
多摩大学目黒	共	普通	一般	120	英数国＋面	2/10OR11	444,000	814,000
			推薦	30	面作	1/22		

(注1) 他に、オンライン帰国生入試(11/4・5)あり。
(注2) 募集は文系コース(スポーツ)のみ。
(注3) 公立併願優遇入試の試験日は2/10。
(注4) 募集人員は、推薦・一般の順にそれぞれ、進学クラスと選抜進学クラスは155名・160名、特別進学クラスは20名・15名。他に、若干名の2次募集(2/24・3/7)あり。試験科目は英数国＋面。
(注5) 推薦・一般ともにそれぞれ、特進選抜クラス15名、特進コース50名、進学コース70名。一般の進学コースは高得点2教科で合否判定。
(注6) 募集人員は、推薦・一般の順にそれぞれ、進学コース120名・180名、特進コース40名・60名。推薦Ⅰの特進コースと進学コース奨学生審査希望者は適性〈英数国〉＋面。
(注7) 募集人員は、推薦・一般ともにそれぞれ、総合コース125名、特別進学コース25名。

●東京 高校

学　校　名		学科・コース		定員	試　験　科　目	試験日	授業料年額	初年度納入金
中央学院大学中央	共	普通	一般	25	英数国＋面	2/10	426,000	1,070,400
			推薦	25	面	1/22		
		商業	一般	25	英数国＋面	2/10		
			推薦	25	面	1/22		
中央大学	共	普通	一般	70	英数国＋面	2/11	528,000	1,240,500
			推薦	男25・女25	基礎（英数国理社）＋面	1/22		
中央大学杉並	共	普通	一般	150	英数国	2/10	498,000	1,212,400
			推薦	130	適性（英数国理社）＋面	1/22		
			帰国生	20	基礎（英数国）＋面	1/23		
中央大附	共	普通	一般	約120	英数国	2/10	498,000	1,178,800
			推薦	約80	基礎（英数）＋小論文	1/22		
			帰国生	若干	英数国	1/8		
帝京	(注1)共	普通	一般	100	英数国＋面	2/10OR11	456,000	967,000
			推薦	100	適性（英数国）＋面	1/22		
帝京大学	共	普通	一般	60	英数国＋面	2/11	372,000	1,153,000
帝京八王子	共	普通	一般1回	40	英数国＋面	2/11	456,000	1,280,000
			一般2回	10	英数国から2科＋面	2/16		
			2次	若干	英数国から2科＋面	3/5		
			推薦	30	面作	1/22		
貞静学園	(注2)共	普通	併願優遇	125	英数国＋面	2/10・2/12	432,000	1,109,000
			1回・2回		英数国＋面	2/10・2/12		
			A推薦	125	適性（英数国）＋面	1/22		
			B推薦		英数国＋面	1/22		
東亜学園	共	総合選抜	一般	181	英数国＋面	2/10OR11	476,400	1,303,000
			推薦	179	面作	1/22		
		特進	一般	35	英数国＋面	2/10OR11		
			推薦	10	面作	1/22		
東海大学菅生	(注3)共	普通	1回		英数国＋面	2/10	468,000	1,186,000
			2回	135	英数国＋面	2/11		
			3回		英数国＋面	2/15		
			A1推薦	135	面	1/22		
			A2・C推薦		適性（英数）＋面	1/22		
東海大付高輪台	共	普通	一般	170	英数国＋面	2/10	420,000	1,118,255
			推薦	170	面作	1/22		
東海大付望星	(注4)共	普通	一般	40	面作	2/10他	264,000	401,000
			推薦	40	面作	1/22		
東京	共	普通	1回	125	英＋数か国＋面	2/10	450,000	970,335
			2回	20	英数国理社から1科＋面	2/13		
			3回	5	英数国から1科＋面	2/17		
			推薦Ⅰ	120	面作	1/22		
			推薦Ⅱ	30	適性（英数国）＋面	1/22		
東京音楽大付	(注5)共	音楽	一般	40	英＋数か国＋実	2/10・11	542,000	913,200
			推薦	30	面（保）作実	1/22		
東京家政学院	女	普通	1回	60	英数国＋面	2/10	450,000	854,100
			2回	20	英数国＋面	2/12		
			単願推薦	80	面	1/22		
			併願推薦		適性（英数国）＋面	1/22		

(注1) インターナショナルコースの面接は英語面接もあり。アスリートコースの募集は一般のみ（2/11、強化指定クラブ監督との事前相談が必要）で、試験科目は英＋数か国＋面。他に、帰国生入試（1/22）あり。試験科目は適性〈英数国〉＋英＋面〈日本語と英語〉。
(注2) 募集人員は、推薦・一般ともにそれぞれ、特別進学コース15名・総合進学コース60名、幼児教育・保育系進学コース50名。
(注3) 募集人員は、推薦・一般の順にそれぞれ、特進PBLコースは15名・20名、進学コースは120名・125名。
(注4) 一般の募集は、2/10が20名、3/5が10名、3/18が5名、4/4が5名。
(注5) 他に、若干名の一般2回（3/2、音楽総合コースセルフデザインクラスのみ）、海外帰国子女特別入試（11/14〜11/17）あり。

●東京 高校

学 校 名	学科・コース		定員	試 験 科 目	試験日	授業料年額	初年度納入金
東京家政大附女子 　　女 (注1)	普通	一般	30・70	英数国	2/10OR13	438,000	1,105,020
		推薦	30・70	適性(英数国)	1/22OR23		
東京実業 　(注2)共	探究	併願・一般	15・5	英数国	2/10・13・16	414,000	1,070,030
		推薦	15	面	1/22		
	総合	併願・一般	60・20	英数国	2/10・13・16		
		推薦	60	面	1/22		
	ビジネス	併願・一般	30・10	英数国	2/10・13・16		1,058,030
		推薦	30	面	1/22		
	機械	併願・一般	15・5	英数国	2/10・13・16		1,106,030
		推薦	15	面	1/22		
	電気	併願・一般	15・5	英数国	2/10・13・16		1,102,030
		推薦	15	面	1/22		
	ゲームIT	併願・一般	15・5	英数国	2/10・13・16		1,099,030
		推薦	15	面	1/22		
東京純心女子 (注3)女	普通	併願優遇	20・50	英数国	2/10OR11	480,000	1,062,600(特進)
		推薦	20・50	面作	1/22		1,174,100(セレクト)
東京女子学院 (注4)女	スタディアブロード	一般	20	英数国＋面	2/10OR11	468,000	1,227,500
		推薦	20	面	1/22		
	セレクトラーニング	一般	80	英数国＋面	2/10OR11		
		推薦	80	面	1/22		
	フードカルチャー	一般	20	英数国＋面	2/10OR11		
		推薦	20	面	1/22		
東京成徳大学 (注5)共	特別進学	一般1・2	30・20	英数国	2/10・2/14	468,000	1,065,830
		推薦	30	適性(英数国)	1/22		
	進学選抜	一般1・2	70・20	英数国	2/10・2/14		
		推薦	70	適性(英数国)	1/22		
	進学	一般1・2	70・20	英数国	2/10・2/14		
		推薦	70	適性(英数国)	1/22		
東京電機大学 　　共	普通	一般	約80	英数国＋面	2/10	480,000	1,179,000
		推薦	約30	面作	1/22		
東京都市大学等々力 共	特別選抜	一般	40	英数国＋面	2/13	468,000	1,538,600
東京立正 (注6)	普通	一般	120	英数国＋面	2/10OR12	423,600	1,037,600(スタ) 1,122,600(イノ) 1,067,600(アド)
		推薦	105	面	1/22		
東星学園 　　共	普通	併願優遇	35	英数国＋面	2/10	420,000	941,700
		一般		英数国＋面	2/10		
		推薦	15	書類審査(作)＋面	1/22		
桐朋 　　男	普通		約50	英数国	2/10	482,400	1,166,700
東邦音楽大附東邦 共	音楽	一般	30	面(保)作実	2/10	454,800	1,033,600
		推薦	30	面(保)作実	1/22		
桐朋女子 (注7)共	普通 (女子のみ)	一般	約50	英数国＋面	2/10	518,400	1,154,000
		推薦	約15	面	1/22		
		帰国推薦	約15	面	1/22		
		帰国一般	約20	面作か英数国＋面	1/22OR2/10		
	音楽	一般	90	英数国＋音＋実	2/12〜14	820,800	1,467,400
		推薦	10	音＋面実	1/22		
東洋 (注8)共	普通	一般	160	英数国＋面	2/10OR11	444,000	1,200,835
		推薦	160	適性(英数国)＋面	1/22		

(注1) 定員は、特進Eクラス・進学iクラスの順。推薦Bは東京都・神奈川県を除く。他に、若干名の帰国生入試(12/24)あり。試験科目は英数国＋面作。
(注2) 併願Ⅰ(埼玉県の志願者のみ、1/22)の試験科目は面接。一般Ⅰの試験科目は英数国＋面、Ⅱ・Ⅲは英数国から2科＋面。
(注3) 定員は特進プログラムコース・セレクトデザインコース。一般の募集は若干名。
(注4) 他に、若干名の帰国生入試(11/18・12/9・1/6・2/10・2/11)あり。試験科目は英数国＋面。
(注5) チャレンジ受験(2/14)の試験科目は英数国か英数国理社。
(注6) 募集人員は、推薦・一般の順にそれぞれ、スタンダードコースは75名・70名、イノベーションコースは15名・20名、アドバンストコースは15名・30名。
(注7) 帰国生入試の作文は、英語・フランス語・ドイツ語のいずれかを選択。
(注8) 募集人員は、推薦・一般ともにそれぞれ、特進選抜コース80名、特進コース80名。

学　校　名	学科・コース		定員	試　験　科　目	試験日	授業料年額	初年度納入金
東洋女子 　(注1) 女	総合進学	一般	75・75	英数国＋面	2/10	432,000	970,400
		推薦Ⅰ・Ⅱ		適性（英数国）＋面	1/22		
	特別進学	一般		英数国＋面	2/10		
		推薦Ⅰ・Ⅱ		適性（英数国）＋面	1/22		
東洋大学京北 　共	普通	1回	80	英数国	2/10	504,000	1,210,400
		2回	30	英数国	2/13		
		推薦	30	適性（英数国）	1/22		
トキワ松学園 　(注2) 女	文理探究	一般1・2	50・50	英数国＋面	2/11OR16	483,000	1,275,800
		推薦		面作	1/22		
	美術 デザイン	一般1・2		英国＋面実	2/11OR16		
		推薦		面＋作品審査	1/22		
豊島学院 　(注3) 共	普通	一般	175	英数国＋面	2/10	460,800	878,800
		A・B推薦	175	適性（英数国）＋面	1/22		
中村 　(注4) 女	先進・探究	一般	25・25	英数国＋面	2/11	456,000	1,265,400 (先進)
		推薦		面作	1/22		1,277,400 (探究)
	国際	一般	10	英数国＋面	2/11		1,301,400
		推薦		面作	1/22		
二松学舎大附 　(注5) 共	普通	一般Ⅰ	80	英数国＋面	2/10	408,000	1,085,400
		一般Ⅱ	50	英数国＋面	2/12		
		推薦	120	適性（英数国）＋面	1/22		
新渡戸文化 　(注6) 共	普通	一般	50	英数国＋面	2/10OR13	540,000	1,392,200
		推薦	50	面	1/22		
日本学園 　男	普通	一般1回	83	英数国＋面	2/10	465,600	1,223,200 (特別進学)
		一般2回	41	英数国＋面	2/14		1,198,200 (進学)
		推薦	124	面作	1/22		
日本工業大学駒場 　共 (注7)	普通	一般	121	英数国＋面	2/10・2/12	444,000	962,980 (特進・総合)
		推薦	124	適性（英数国）＋面	1/22		985,380 (理数・文理)
日本女子体育大附二階堂 女 (注8)	普通	特別進学	160	英数国＋面	2/10OR12	456,000	1,045,500
		一般		英数国から2科＋面	2/10OR12		
		A・B推薦		面	1/22		
		C推薦		面作	1/22		
		舞踊推薦		適性（実）＋面	1/22		
		スポ推薦		適性（実）＋面	1/22		
日本体育大学荏原 　共 (注9)	普通	一般	160	英数国＋面	2/10OR11	456,000	1,410,000 (アカデミック)
		推薦	160	面作	1/22		1,374,000 (他)
日本体育大学桜華 　女 (注10)	普通	一般	100	英数国＋面	2/10	396,000	1,019,000
		A・B推薦	100	適性（英数国）	1/22		
日本大学櫻丘 　共 (注11)	普通	一般	230	英数国＋面	2/10OR12	480,000	1,258,500
		推薦	220	面	1/22		
日本大学第一 　共	普通	一般	75	英数国＋面	2/10	456,000	1,156,800
		推薦	75	適性（英数国）＋面	1/22		
日本大学第二 　共	普通	一般	105	英数国	2/11	480,000	1,264,900
		推薦	105	面作	1/22		

(注1) 定員は推薦・一般の順。募集人員は、総合進学コース120名、特別進学コース30名。
(注2) 定員は推薦・一般の順。
(注3) 募集人員は、推薦・一般（併願優遇含む）の順にそれぞれ、スーパー特進類型は15名・15名、特別進学類型は40名・40名、選抜進学類型は60名・60名、普通進学類型は60名・60名。
(注4) 国際コースはネイティブによる面接含む。他に、若干名の帰国生入試(12/4)あり。試験科目は英数国から2科＋面。
(注5) 定員の内、特進コース約40名、体育コース約20名、併願優遇Ⅰ・Ⅱ（一般入試に含む）の試験科目は適性（英数国）＋面。
(注6) 併願優遇は2/10のみで、試験科目は面。他に、若干名の帰国生入試(12/16)あり。試験科目は小論文＋面（英語・日本語）。
(注7) 募集人員は、推薦・一般①と②の順にそれぞれ、特進コース18名・17名、理数特進コース18名・17名、総合進学コース53名・52名、文理未来コース35名・35名。他に、総合進学・文理未来コース5名のマイワーク入試(2/12)あり。試験科目は面作。
(注8) 募集人員は、推薦・一般ともにそれぞれ、特別進学コース5名・5名、キャリアデザインコース35名・35名、ダンスコース20名・20名、スポーツコース20名・20名。他に、帰国生入試(12/9)あり。試験科目は面作。
(注9) アカデミックコースの推薦の試験科目は、適性（英数国）＋面。
(注10) 募集人員は、推薦・一般ともにそれぞれ、アドバンストコース15名、総合進学コース・総合スポーツコース85名（単願35名・併願50名）。
(注11) 他に、若干名の帰国生入試(1/22)あり。試験科目は英数国＋面。

学 校 名		学科・コース		定員	試 験 科 目	試験日	授業料年額	初年度納入金
日本大学第三	共	普通	一般	65	英数国＋面	2/10	420,000	1,250,000
			推薦	65	面作	1/22		
日本大学鶴ヶ丘 (注1)共		普通	一般	215	英数国＋面	2/10	474,000	951,700
			推薦	185	面	1/22		
日本大学豊山 (注2)男		普通	一般	120	英数国	2/12	480,000	1,051,900
			推薦	120	適性（英数国）	1/22		
日本大学豊山女子 女 (注3)		普通	一般	100	英数国	2/10	474,000	1,168,180 (A特進) 1,127,180 (N進学)
			推薦		適性（英数国）	1/22OR23		
		理数	一般	40	英数国	2/10	480,000	1,139,180
			推薦		適性（英数国）	1/22OR23		
八王子学園八王子 (注4)共		全コース	1回第一	90	英数国＋面	2/10	468,000	1,164,600
		全コース	1回併願	80	英数国＋面	2/10		
		全コース	2回第一	60	英数国＋面	2/11		
		全コース	2回併願	80	英数国＋面	2/11		
		全コース	2次	若干	英数国＋面	3/5		
八王子実践 (注5)共		J特進	一般	15	英数国＋面	2/10OR11OR12	492,000	1,151,900
			推薦	5	面作	1/22		
		特進選抜	一般	10	英数国＋面	2/10OR11OR12		
			推薦	10	面作	1/22		
		特進	一般	50	英数国＋面	2/10OR11OR12		
			推薦	30	面作	1/22		
		選抜	一般	120	英数国＋面	2/10OR11OR12		1,125,300
			推薦	110	面作	1/22		
		総合進学	一般	90	英数国＋面	2/10OR11OR12		1,133,500
			推薦	90	面作	1/22		
羽田国際 (注6)共		普通	一般	110	英数国	2/10	460,800	1,170,600
			推薦	110	面	1/22		
広尾学園 (注7)共		普通	1回	15	英数国＋面	2/10	480,000	1,292,200 (医進サイ)
			2回	15	英数国＋面	2/12		1,412,200 (インター)
フェリシア 女		普通	一般	140	英数国から1科＋面	2/10	468,000	865,120 (総合)
			推薦		書類選考＋面	1/22		867,120 (保育)
富士見丘 (注8)女		普通	グローバル	80	英数	2/10OR11OR12	504,000	982,000
			アドバンスト	80	英＋数か国	2/10OR11OR12		
			WILL推薦	60	面作	1/22		
藤村女子 (注9)女		アカデミ	一般	20	国＋英か数	2/10OR11	450,000	1,035,000
			推薦	20	国＋英か数	1/22		
		キャリア	一般	60	国＋英か数	2/10OR11		
			推薦	60	国＋英か数	1/22		
		スポーツ	一般	35	国＋英か数	2/10OR11		
			推薦	35	国＋英か数	1/22		

（注1）募集人員は、推薦Ⅰ・一般の順にそれぞれ、総進コース175名・175名、特進コース10名・40名。推薦Ⅱ（1/22、総進コース若干名）の試験科目は、適性（英数国）＋面。
（注2）スポーツ特別推薦は実技。一般のスポーツコースは実技あり。2/12は推薦入試合格者クラス編成テストあり。
（注3）普通科のA推薦に、スポーツ推薦（N進学）を含む。他に、両科とも若干名の帰国子女募集あり。
（注4）募集人員は、一般1回第一志望・併願・2回第一志望・併願の順にそれぞれ、文理コース特選クラスは5名・10名・5名・10名、特進クラスは20名・25名・20名・25名、進学クラスは25名・30名・25名・30名、総合コースは10名・15名・10名・15名、アスリートコースは30名（1回第一志望のみ）。
（注5）一般Bの試験科目は調査書および指定課題（出願時提出）。
（注6）募集人数は、推薦・一般の順にそれぞれ、特別進学コースは20名・20名、総合進学コースは72名・72名、幼児教育は18名・18名。他に、推薦二次（2/3）あり。試験科目はプレゼンテーション。
（注7）1回の定員は、医進・サイエンス、インターナショナルの順。2回は医進・サイエンスのみ。インターナショナルの試験科目は英数国（英数は英語による出題）＋面（英語と日本語）。他に、若干名の帰国生入試（12/21・12/22）あり。
（注8）他に、40名の帰国生入試（12/7・1/16）あり。試験科目は英語エッセイ＋基礎日本語作文＋面または英数国＋面。帰国生と一般のアドバンストコースBおよびインターは英語面接あり。
（注9）2/10午後は国語1科目表現力入試（日本語リスニング＋作文）。

学　校　名		学科・コース		定員	試　験　科　目	試験日	授業料年額	初年度納入金
文化学園大学杉並　　共 （注1）		進学	一般	50	英数国＋面	2/10OR12	456,000	1,372,600
			推薦	30	面作	1/22		
		特進	一般	50	英数国＋面	2/10OR12		1,412,600
			推薦	30	面作	1/22		
		ダブル ディプロマ	一般	20	英数国＋口頭試問＋面	2/10OR12	1,056,000	1,991,600
			推薦	20	英＋口頭試問＋面	1/22		
文華女子　　　　　　女		普通	一般	120	英数国＋面	2/10	396,000	1,163,000
			推薦	120	面作	1/22		
文京学院大学女子（注2）女		理数 キャリア	一般	25・25	英数国	2/10OR11OR16	414,000	1,117,490
			A推薦		面	1/22		
			B推薦		適性（英数国）	1/22OR23		
		国際教養	一般	25・50	英数国	2/10OR11OR16		
			A推薦		面	1/22		
			B推薦		適性（英数国）	1/22OR23		
文教大付　　　（注3）共		普通	1回	40	英数国	2/10	432,000	1,114,500
			2回	20	英数国	2/11		
			3回	10	英数国	2/23		
			推薦	70	面作	1/22		
法政大学　　　　　　共		普通	一般	46	英数国	2/10	531,000	1,224,970
			推薦	46	適性（英数国）＋面	1/22		
宝仙学園　　　（注4）共 理数インター		普通	一般1回	10	英数国	2/10	483,600	1,131,600
			一般2回	10	英数国	2/12		
			A推薦	若干	日本語リスニング＋プレゼン	1/22		
			B推薦		面	1/22		
宝仙学園　　　（注5）女 女子部		普通	一般	10	作＋プレゼンテーション	2/10OR12	483,600	1,106,600
			推薦	10	プレゼンテーション	1/22		
豊南　　　　　（注6）共		普通	一般	160	英数国＋面	2/10OR12	468,000	1,147,000
			推薦	160	適性（英数国）＋面	1/22OR23		
朋優学院　　　　　　共		国公立TG	一般	25	英数国理社	2/10OR12OR13	444,000	1,052,600
		国公立AG	一般	130	英数国理社か英数国	2/10OR12OR13		
			推薦	40	面	1/22		
		特進SG	一般	140	英数国理社か英数国	2/10OR12OR13		
			推薦	60	面	1/22		
保善　　　　　（注7）男		普通	単願推薦	130	適性（英＋数か国）＋面	1/22	468,000	1,064,000
			併願推薦	20	適性（英＋数か国）＋面	1/22		
			一般A	85	英数国＋面	2/10		
			一般B	55	英数国＋面	2/12		
			一般C	10	英数国＋面	2/24		
堀越　　　　　　　　共		普通	A日程	約180	英数国＋面	2/10	476,400	896,200
			B日程		英数国＋面	2/11		
			推薦	約180	面	1/22		
三田国際学園　　　　共		普通	帰国生	若干	英＋面〈英〉	11/21・12/12	480,000	1,050,900
明星学園　　　（注8）共		普通	一般	55・20	英数国＋面	2/10OR13	480,000	1,010,000
			推薦A	75	教科面接＋面	1/22		
			推薦B		面	1/22		

（注1）ダブルディプロマコースの口頭試問は英語。他に、帰国生入試（11/23・12/24・1/14）あり。試験科目は特進・進学は英数国＋面で
　　　高得点の2科目で合否判定。ダブルディプロマは英数＋口頭試問（英）。
（注2）定員は推薦61名、一般64名。人数はTクラス・Aクラスの順。他に、特別入試（2/16）あり。試験科目は英か数。海外帰国生入試あ
　　　り。
（注3）3回は特待生選抜を兼ねる。他に、帰国生入試（12/24）あり。試験科目は英数国＋面〈日本語か英語〉。
（注4）他に、若干名の国際生入試（2/12）あり。試験科目は日本語リスニング＋英語プレゼンテーション。若干名の帰国生入試（12/6・
　　　1/22・2/12）あり。試験科目は英数国または日本語リスニング＋英語プレゼンテーション。グローバルコース希望者は英語面接
　　　あり。
（注5）C推薦は作＋プレゼンテーション。併願優遇はプレゼンテーション。
（注6）募集人員は、推薦・一般ともにそれぞれ、特進コース20名、選抜コース40名、進学コース100名。併願優遇は面接なし。
（注7）募集人員は、特別進学クラス30名、大進選抜クラス60名、大学進学クラス210名。
（注8）他に、若干名の帰国生入試（12/16）あり。試験科目は英＋日本語＋面〈英語・日本語〉。

学　校　名		学科・コース		定員	試　験　科　目	試験日	授業料年額	初年度納入金
武蔵野	(注1)共	特進	一般	30	英数国＋面	2/10	456,000	972,000
			推薦	30	面か適性（英数国）＋面	1/22		
		進学	一般	130	英数国＋面	2/10		
			推薦	130	面か適性（英数国）＋面	1/22		
武蔵野大学	(注2)共	ハイグレード	一般	40	英数国	2/10	498,000	1,081,000
			推薦	40	適性（英数国）	1/22		
		PBLインターナショナル	一般	30	英数国	2/10		
			推薦	30	適性（英数国）	1/22		
		本科	一般	60	英数国	2/10		
			推薦	60	適性（英数国）	1/22		
武蔵野大学附属千代田	共 (注3)	選抜探究	一般	50	英数国	2/10	498,000	1,274,600
			併願優遇		英数国	2/10		
			推薦	50	適性（英数国）	1/22		
		附属進学	一般	50	英数国	2/10		
			併願優遇		英数国	2/10		
			推薦	50	適性（英数国）	1/22		
明治学院	共	普通	1回	男75・女75	英数国＋面	2/10	468,000	958,200
			2回	男30・女30	英数国＋面	2/17		
			推薦	男60・女60	面	1/26		
明治学院東村山	(注4)共	普通	一般	男35・女35	英数国＋面	2/12	480,000	1,167,000
			推薦	男25・女25	面作	1/22		
明治大付中野	男	普通	一般	約105	英数国	2/12	570,000	1,127,000
			推薦Ⅰ型	約30	適性（英数国）＋面	1/22		
			推薦Ⅱ型	約30	面作	1/22		
明治大付八王子	(注5)共	普通	一般	85	英数国	2/11	570,000	1,125,000
			推薦	85	適性（英数国）＋面	1/23		
明治大付明治	共	普通	一般	男30・女30	英数国	2/12	602,400	1,221,400
			推薦	男20・女20	適性（英数国）＋面	1/22		
明星	(注6)共	普通	1回	200	英数国＋面	2/10	480,000	1,260,000
			2回	10	英数国＋面	2/12		
			推薦	110	面作	1/22		
明法	(注7)共	普通	一般	約75	英数国＋面	2/10OR11	444,000	1,220,200
			ABC推薦	約75	適性（英数国）＋面	1/22		
			GSP一般	15	英数国＋面	2/10OR11		
			GSP推薦	15	適性（英数国）＋面	1/22		
目黒学院	(注8)共	普通	A日程	約90	英数国＋面	2/11	486,000	1,026,000
			B日程	約40	英数国＋面	2/13		
			C日程	約40	英数国＋面	2/15		
			推薦	約110	面	1/22		
目黒日本大学	(注9)共	普通	一般	123	英数国＋面	2/10OR12	444,000	1,258,000（選抜）
			推薦	122	面か小論文＋面	1/22		1,240,000（N進学）
目白研心	(注10)共	普通	一般1回	130	英数国＋面	2/10	460,000	1,054,680（特進・総合）
			一般2回		英数国＋面	2/11		
			単願推薦	100	面作	1/22		1,016,280（SEC）
			併願推薦		面作	1/22		
八雲学園	共	普通	一般	25	英数国	2/10OR13	552,000	1,254,000
			推薦	25	面作	1/22		

(注1) 推薦はエントリーシート記入あり。併願優遇（東京都・神奈川県生対象）は面接なし。
(注2) 他に、若干名の帰国生入試（11/25）あり。試験科目は英数国＋面。
(注3) 他に、若干名の帰国生入試（11/19）あり。試験科目は英数国＋面または英語エッセイ＋面（英）。
(注4) 推薦の定員のうち男子約10名は運動クラブ推薦。
(注5) 一般の定員は単願優遇（スポーツ・文化・芸術）20名以内を含む。
(注6) 一般C（併願優遇、2/10）は面接なし。
(注7) GSP入試は英語スピーキングテストあり（英検準2級以上取得者は免除）。
(注8) 他に、若干名の2回（3/6）入試あり。推薦Ⅱに限り基礎力適性検査あり。
(注9) 募集人員は、選抜クラス35名、N進学クラス210名。
(注10) 一般併願優遇は面接なし。他に、若干名の帰国生入試（11/18・12/5）あり。試験科目は英＋面（保）または英＋数か国＋面（保）。

●東京 高校

学 校 名		学科・コース		定員	試 験 科 目	試験日	授業料年額	初年度納入金
安田学園	(注1)共	普通	一般	120	英数国	2/10OR11	408,000	1,103,255
			推薦	120	適性(英数国)	1/22		
立教池袋	男	普通	若干		面作	2/13	624,000	1,362,000
立志舎	共	平日	一般	100	面作	2/10～	370,000	710,000
			推薦A・B	100	面・面作	1/22		
		土曜	一般	300	面作	2/10～	225,000	295,000～
			推薦A・B	100	面・面作	1/22		
立正大付立正	共	普通	1回	70	英数国か英国社か英数理+面	2/10	447,000	904,500
			2回	30	英数国か英国社か英数理+面	2/11		
			推薦	100	面作	1/22		
和光	共	普通	一般	約70	英数国+面	2/10	465,840	1,005,880
			推薦	約70	面作	1/22		
早稲田実業学校	(注2)共	普通	一般	男50・女30	英数国	2/10	552,000	1,289,600
			推薦	約40	面作	1/22		
早稲田大学高等学院	男 (注3)	普通	一般	260	英数国+小論文	2/11	684,000	1,194,500
			自己推薦	約100	面	1/22		
和洋九段女子	女	グローバル	一般	10	英語能力検定書類審査+面	2/13	400,000	1,151,700
			推薦	10	面	1/22		
			帰国一般	若干	英語能力検定書類審査+面	12/22		
			帰国推薦	若干	面	12/22		

(注1) 募集人員は、S特コース80名、特進コース160名。
(注2) 募集人員は帰国生若干名を含む。推薦の定員は、スポーツ分野・文化分野合わせて約40名、指定校若干名。
(注3) 一般の募集人員は帰国生18名を含む。

●神奈川 高校

学 校 名		学科・コース		定員	試 験 科 目	試験日	授業料年額	初年度納入金
旭丘	(注1)共	普通	一般	120	作か英数国	2/10	420,000	938,700
			推薦	120	面作	1/22		
		総合	一般	117	面作か英数国+面	2/10		
			推薦	116	面作	1/22		
麻布大附	(注2)共	普通	一般	200	英数国+適性	2/10	498,000	1,001,400
			オープン		英数国+面	2/10OR11		
			推薦	55	面	1/22		
アレセイア湘南	(注3)共	普通	一般	110	書類選考	―	360,000	967,120
			オープン	20	英数国+面	2/12		
			推薦	70	面	1/22		
英理女子学院	(注4)女	キャリア進学教養	一般	40	書類選考+自己PR課題	―	420,000	1,024,400
			推薦	40	面+自己PR課題	1/22		
		ビジネスデザイン	一般	20	書類選考+自己PR課題	―		
			推薦	20	面+自己PR課題	1/22		
		情報デザイン	一般	40	書類選考+自己PR課題	―		
			推薦	40	面+自己PR課題	1/22		
		ライフデザイン	一般	40	書類選考+自己PR課題	―		
			推薦	40	面+自己PR課題	1/22		
		iグローバル	一般	50	書類選考+自己PR課題	―	456,000	1,063,400
			推薦	30	面+自己PR課題	1/22		
			オープン	50	英数国+面	2/10		
大西学園	共	普通	一般	50	英数国+面	2/10	420,000	993,000
			推薦	30	面	1/22		
		家庭 (女子のみ)	一般	20	英数国+面	2/10		1,028,000
			推薦	20	面	1/22		

(注1) 他に、20名の総合学科大学進学クラス・国際クラス特別奨学生入試(1回1/22・面(保)作、2回2/10・英数国+面(保))、普通科30名・総合学科30名のベーシッククラス入試(1/22、2/10・面(保)作)、若干名の一般2期(3/4・面作)あり。
(注2) 一般の定員はB方式(書類選考/作文(出願時))を含む。
(注3) 募集人員は、特進コース30名、探求コース170名。
(注4) オープン入試はiグローバル部・キャリア部。他に、一般3月入試(3/1)あり。試験科目は、小論文+面。オープン入試と3月入試の定員は併願入試に含む。iグローバル部の帰国生入試(11/19)あり。試験科目は、英語エッセイか日本語小論文+面(保)。定員は一般入試に含む。

●神奈川 高校

学 校 名		学科・コース		定員	試 験 科 目	試験日	授業料年額	初年度納入金
柏木学園	(注1)共	アドバンス	一般	30	書類選考	—	420,000	788,000
			推薦	30	面	1/22		
		スタンダード	一般	70	英数国	2/10		
			推薦	70	面	1/22		
		情報	一般	15	英数国	2/10		
			推薦	20	面	1/22		
鎌倉学園	(注2)男	普通	一般A	90	書類選考(作)	—	456,000	1,296,800
			一般B	20	英数国	2/11		
鎌倉女子大学	(注3)女	普通	一般専願	25	英数国	2/10	408,000	1,039,000
			一般併願	35・50	書類選考	—		
			オープン	5・10	英数国	2/10OR12		
			推薦	35・75	面	1/22		
関東学院六浦	(注4)共	普通	一般	30	書類選考	—	450,000	1,146,600
			オープン	若干	英+グループディスカッション+面	2/12		
			推薦	10	面	1/23		
函嶺白百合学園	(注5)女	普通	一般	30	英数国+面	2/10	396,000	1,006,000
			推薦	20	面作(事前)	1/23		
北鎌倉女子学園	(注6)女	普通	一般	45	英数国	2/10	354,000	1,093,600
			オープン	20	英数国+面	2/10OR11		
			推薦	45	書類選考	—		
			書類選考	30	書類選考	—		
		音楽	一般	23	英国+専門科目	2/10,11	378,000	1,398,600
			オープン	若干	面実	2/10,11		
			推薦	3	書類選考	—		
鵠沼	(注7)共	普通	専願	145	英数国	2/11	444,000(英語・理数)	875,200(英語・理数)
			併願		書類選考	—		
			オープン	15	英数国+面	2/11	420,000(文理)	847,600(文理)
			2次	若干	英数国+面	3/1		
			推薦	90	面	1/22		
クラーク記念国際〈横浜キャンパス〉	(注8)共	普通	一般	150	英数国+面(保)作	1/27・28,2/23他	400,000	665,200
			推薦		基礎(英数国)から1科+面(保)作	11/11・12,12/16・17他		
慶應義塾	(注9)男	普通	一般	約330	英数国+面	2/10,13	760,000	1,321,000
			推薦	約40	書類審査+面作	1/23		
慶應義塾湘南藤沢	共 (注10)	普通	帰国生	約20	書類選考+面	2/12	880,000	1,515,000
			全国枠	若干	書類選考+面	2/12		
向上	(注11)共	普通	一般	160	書類選考	—	456,000	1,030,000
			推薦	120	面	1/23		
光明学園相模原	(注12)共	普通	1次	210	英数国	2/10	384,000	850,000
			推薦	220	面	1/22		
相模女子大学	(注13)女	普通	一般	135	英数国+面	2/10	444,000	1,075,960(特別進学)
			書類選考		書類選考	—		1,051,960(進学)
			推薦	125	面	1/22		

(注1) 他に、全コースで5名のオープン(2/11)あり。試験科目は英数国+面。若干名の2次入試(3/2)あり。試験科目は英数国+面。
(注2) 他に、若干名の帰国生入試あり。試験日・試験科目は一般入試と同じ。
(注3) 定員は国際教養コース・プログレスコース(一般専願はプログレスコースのみ)。推薦の募集人員は内部進学者を含む。他に、国際教養コース5名の帰国生入試(12/15・2/10)あり。試験科目は面作。
(注4) オープンはGLEクラス。他に、若干名の帰国生入試あり。
(注5) 他に、若干名の帰国子女入試(1/6)と2次募集(3/7)あり。試験科目は英数国+面。
(注6) 普通科の募集人員は、推薦・一般・書類選考の順にそれぞれ、先進コース30名・30名・20名、特進コース15名・15名・10名。他に、10名の帰国生入試(12/8)あり。試験科目は書類審査+面(英)または英+面。若干名の2次募集(3/5)あり。試験科目は作文。音楽科は実技あり。
(注7) 募集人員は、英語コース30名、理数コース30名、文理コース190名。
(注8) 試験日・試験科目等の詳細は学校説明会、個別相談会にてご確認下さい。
(注9) 一般の募集人員は帰国生若干名を含む。
(注10) 全国枠は神奈川県、東京都、千葉県、埼玉県以外の地域に小学校6年生から在住かつ在学した者に限る。
(注11) 募集人員は、推薦・一般の順に、S特進コース10名・10名、特進コース15名・15名、選抜コース35名・55名、文理コース60名・80名。他に、若干名の2次入試(3/2、英数国+面)あり。
(注12) 募集人員は、推薦・一般の順に、総合コース155名・150名、体育科学コース35名・35名、文理コース30名・25名。一般1次の総合・文理コース併願は書類選考。他に、総合コース5名と文理コース5名のオープン入試(2/12)、若干名の2次(3/4)あり。試験科目は英数国+面。一般・2次の体育科学コースは、実技あり。
(注13) 募集人員は、推薦・一般と書類選考の順に、特別進学コース25名・35名、進学コース100名・100名。他に、10名の2次募集(3/3)あり。試験科目は英数国。

●神奈川 高校

学 校 名		学科・コース		定員	試 験 科 目	試験日	授業料年額	初年度納入金
秀英	男	普通	1次	100	面作	2/10	402,000	696,000
			2次	若干	面	3/5OR16		
			推薦	100	面	1/22		
湘南学院	(注1)共	普通	一般	245	書類選考	―	408,000	1,080,540
			推薦	200	面	1/22		
湘南工科大附	(注2)共	普通	一般専願	295	英数国	2/10	360,000	971,000 (技術)
			一般併願		書類選考	―		968,000 (他)
			オープン	20	英数国＋面	2/10OR12		
			推薦	165	面	1/22		
清心女子	女	普通	1次	125	面	2/10	402,000	757,400
			推薦	125	面 (保)	1/22		
			2次	若干	面	3/5・3/15		
聖セシリア女子	女	普通	一般	15	作		420,000	956,000
			オープン		英数国	2/10		
			推薦	15	作			
			帰国生	若干	英＋面 (保)	12/10		
聖ヨゼフ学園	(注3)女	普通	一般	15	書類選考	―	324,000	1,094,000
			オープン	5	英数国＋面	2/12		
			推薦	20	面	1/22		
聖和学院	(注4)女	普通	1回	30	英数国＋面	2/10	372,000	904,000
			オープン	5	英数国＋面	2/11		
			2回	若干	英数国＋面	2/29		
			推薦	10	面	1/22		
		英語	1回	30	英数国＋面	2/10	396,000	928,000
			オープン	5	英数国＋面	2/11		
			2回	若干	英数国＋面	2/29		
			推薦	10	面	1/22		
捜真女学校	女	普通	一般	15	書類選考	―	480,000	1,240,600
			推薦	10	面	1/22		
相洋	(注5)共	普通	一般	380	英数国か書類審査	2/10	420,000	1,044,000
			チャレンジ	25	英数国	3/4		
			推薦	180	作	1/22		
橘学苑	(注6)共	普通	一般	100	英数国	2/10	444,000	1,213,000 (文理特進)
			オープン		英数国＋面	2/12		1,207,000 (文理総合)
			推薦	100	面	1/23		1,297,000 (デザイン)
立花学園	(注7)共	普通	1次	300	英数国か書類選考	2/10	384,000	1,113,500
			2次	若干	英数国＋面 (保)	3/5		
			推薦	180	面	1/22		
中央大附横浜	共	普通	一般A	30	書類審査	―	588,000	1,525,200
			一般B	40	英数国	2/12		
			推薦	30	面	1/22		

(注1) 募集人員は、推薦・一般の順にそれぞれ、サイエンス(特進理数)10名・10名、アドバンス(特進)30名・70名、アビリティ(進学)60名・80名、リベラルアーツ(総合)100名・85名。コースアップ希望のチャレンジ入試(2/11・英数国)あり。他に、若干名の奨学生募集あり。

(注2) 募集人員は、推薦・一般・オープンの順にそれぞれ、技術コースは30名・35名・若干名、進学特化コースは5名・20名・0名、アドバンスコースは20名・105名(うちセレクトクラス35名)・10名、スタンダードコースは30名・135名・10名。体育コースは推薦のみで80名。進学特化コースの一般の試験科目は英数国。アドバンス・スタンダードコースの一般併願は書類選考または書類選考＋チャレンジ入試(2/10、英数国)。他に、若干名の2次入試(3/5)あり。試験科目は英数国＋面。

(注3) 一般オープン・併願は帰国生を含む。

(注4) 1回の定員に書類選考方式を含む。他に、若干名の帰国子女入試(11/20・1/22)あり。試験科目は英＋面〈日本語・英語〉。

(注5) 普通科の募集人員は、推薦・一般・チャレンジ2次の順にそれぞれ、特進コース選抜は5名・20名・5名、特進コース特進は25名・55名・5名、文理コース理科は30名・60名・5名、文理コース文科は60名・120名・5名、進学コースは60名・125名・5名。

(注6) 募集人員は、推薦・一般の順にそれぞれ、デザイン美術コース15名・15名、文理コース特別進学クラス10名・10名、総合進学クラス75名・75名。デザイン美術コースの推薦は提出課題、一般・オープンはデッサンあり。

(注7) 募集人員は、推薦・1次の順にそれぞれ、特進コースは20名・60名、進学コースは100名・140名、総進コースは60名・100名。1次併願は出願時に筆記試験・書類選考のどちらかを選択。

学　　校　　名		学科・コース		定員	試　験　科　目	試験日	授業料年額	初年度納入金
鶴見大附	(注1)共	普通	一般A・B	30・10	英数国	2/10・2/18	444,000	1,043,200
			書類選考	40	書類選考	―		
			推薦	20	面	1/22		
桐蔭学園	(注2)共	プログレス	一般A	30	英数国	2/11	534,000	1,103,600
			一般B	130	書類選考	―		
			推薦	30	面	1/22		
		アドバンス	一般A	40	英数国	2/11		
			一般B	160	書類選考	―		
			推薦	80	面	1/22		
		スタンダード	一般A	20	英数国	2/11		
			一般B	80	書類選考	―		
			推薦	90	面	1/22		
東海大付相模	共	普通	一般	240	英数国＋面	2/10	396,000	1,277,060
			推薦	200	面	1/22		
桐光学園	(注3)別	SAコース	1回	男60・女20	英数国	2/10	516,000	962,320
			2回	男40・女20	英数国	2/12		
			推薦	男40・女若干	面作	1/23		
藤嶺学園藤沢	男	普通	Ⅰ期A	80	書類選考か英数国＋面	2/10	456,000	892,000
			Ⅰ期B	10	英数国＋面	2/11		
			Ⅱ期	若干	英数国＋面	3/2		
			推薦	15	面作	1/22		
日本女子大附	女	普通	一般	約65	英数国＋面	2/10	511,000	1,131,860
			推薦	約65	面	1/22		
日本大学	(注4)共	普通	一般	160	英数国	2/10OR12	516,000	1,058,500
			推薦	100	面	1/22		
日本大学藤沢	共	普通	一般	200	英数国	2/10	492,000	973,500
			推薦	160	面	1/22		
白鵬女子	(注5)女	進学アドバンス	一般	20	書類選考	―	456,000	1,023,500
			推薦	20	面	1/22		
		進学スタンダード	一般	20	書類選考	―		
			推薦	20	面	1/22		
		グローバルアドバンス	一般	20	書類選考	―		
			推薦	20	面	1/22		
		グローバルスタンダード	一般	20	書類選考	―		
			推薦	20	面	1/22		
		メディアアート表現	一般	30	書類選考	―		
			推薦	30	面	1/22		
		スポーツ	一般	30	書類選考	―		
			推薦	30	面	1/22		
		保育	一般	15	書類選考	―		
			推薦	15	面	1/22		
		フード	一般	15	書類選考	―		
			推薦	15	面	1/22		
		総合	一般	30	書類選考	―		
			推薦	30	面	1/22		
平塚学園	(注6)共	普通	一般	250	英数国	2/10	360,000	773,400
			2次	若干	面 (口頭試問)	3/2		
			推薦	250	面 (口頭試問)	1/22		

(注1) 一般オープンは面接あり。
(注2) 一般B方式は書類選考のみ。出願時に課題作文を提出。
(注3) 他に、男女若干名の帰国生入試(1/5、英＋面)あり。
(注4) 他に、若干名の帰国生入試(12/9)あり。試験科目は英数国。
(注5) 他に、各コース若干名のオープン試験(2/11)あり。試験科目は英数国＋面。
(注6) 募集人員は、推薦・一般ともにそれぞれ、特進選抜コース35名、特進コース35名、進学コース180名。特進・進学コースの一般は書類選考。

●神奈川 高校

学　校　名		学科・コース		定員	試　験　科　目	試験日	授業料年額	初年度納入金
藤沢翔陵	男	得意分野探究	1回	110	英数国＋面	2/10	408,000	805,800
			オープン	5	英数国＋面	2/11		
			2回	若干	英数国＋面	3/5		
			推薦	60	面	1/22		
		文理融合探究	1回	20	英数国＋面	2/10		
			オープン	5	英数国＋面	2/11		
			2回	若干	英数国＋面	3/5		
			推薦	5	面	1/22		
			書類選考	5	書類選考	—		
		商業	1回	45	英数国＋面	2/10		
			2回	若干	英数国＋面	3/5		
			推薦	25	面	1/22		
武相	(注1)男	普通	一般2月AB	145	英数国	2/10・2/11	420,000	1,053,000
			一般3月	15	英数国	3/5		
			一般書類	60	書類選考	—		
			推薦	140	面	1/22		
法政大学国際	(注2)共	普通	IB	20	小論文＋英＋適性(数)＋面(英)	1/24	650,000	1,247,000
			学科	50	英数国	2/12		
			書類	210	書類選考	—		
			思考力	10	論述	2/20		
			帰国生	10	基礎(数)＋面作(＋英)	12/3OR2/4		
法政大学第二	(注3)共	普通	学科	男50・女50	英数国	2/11	528,000	1,319,750
			書類	男150・女150	書類選考	—		
三浦学苑	(注4)共	普通	一般	176	英数国	2/10	420,000	1,205,200 (IB) 965,200 (他)
			推薦	176	面	1/22		
		工業技術	一般	42	英数国	2/10		1,025,200
			推薦	42	面	1/22		
聖園女学院	女	普通	一般	15	面作	1/22	480,000	814,500
			推薦	15	面作	2/10		
緑ヶ丘女子	(注5)女	普通	一般	25	英数国＋面	2/10	432,000	1,145,600 (総合進学)
			推薦	100	面	1/22		1,157,600 (幼児教育)
			書類	110	書類選考	—		1,207,600 (特進看医)
山手学院	共	普通	A日程併願	80	英数国	2/10	468,000	1,122,200
			B日程併願	30	英数国	2/12		
			Aオープン	40	英数国	2/10		
			Bオープン	20	英数国	2/12		
横須賀学院	共	普通	A進学	120	書類選考か英数国	2/10	408,000	1,132,000
			S選抜	120	書類選考か英数国	2/10		
			オープン	10	英数国	2/10OR12		
			推薦	80	面作(出願時)	1/22		
横浜	(注6)共	普通	書類	360	書類選考	—	444,000	1,096,000 (プレミア) 1,012,000 (他)
			一般		英数国	2/10		
			オープン	50	英＋数か国＋面	2/12		
			推薦	200	面	1/22		

(注1) 募集人員は、推薦・2月A2月B・3月・書類選考の順に、進学コース(特進クラス含む)は40名・55名・5名・20名、総合コースは80名・75名・5名・20名、体育コースは20名・15名・5名・20名。
(注2) 書類選考・学科・思考力はグローバル探究コース。IB入試(自己推薦)の試験科目は、小論文＋英語小論文＋数学能力適性検査＋面(英)。帰国生海外生の作文は日本語・英語。IBコースは小論文＋数学能力適性検査。
(注3) 帰国生の募集は学科試験のみ。保護者同伴の面接あり。
(注4) 募集人員は、推薦・一般ともにそれぞれ、IBコース5名、特進コース10名、進学コース83名、総合コース78名、ものづくりコース21名、デザインコース21名。一般の併願は書類選考。IBコースの試験科目は、小論文＋面(推薦のみ)＋英語面接＋英(一般のみ)。
(注5) 募集人員は、推薦・書類選考・一般の順にそれぞれ、特進・看護医療コースは15名・20名・5名、総合・進学コースは50名・50名・15名、幼児教育コースは35名・40名・5名。他に、各コース若干名のオープン入試(2/11)あり。試験科目は英数国。
(注6) 募集人員は、プレミアコース100名、アドバンスコース350名、アクティブコース160名。

学 校 名		学科・コース		定員	試 験 科 目	試験日	授業料年額	初年度納入金
横浜学園	(注1) 共	普通	一般	205	書類選考・英か数＋国	2/10	468,000 (クリエイティブ) 444,000 (アカデミー)	914,400 (クリエイティブ) 890,400 (アカデミー)
			2次	若干	英か数＋国＋面	3/4		
			推薦	115	面	1/22		
横浜商科大学	(注2) 共	普通	学科	155	英数国＋面	2/10	456,000	1,022,000
			オープン	15	英数国＋面	2/10		
			書類	70	書類選考	—		
			推薦	150	面	1/22		
		商業	学科	100	英数国＋面	2/10		
			オープン	10	英数国＋面	2/10		
			書類	40	書類選考	—		
			推薦	40	面	1/22		
横浜女学院	女	普通	帰国生	若干	書類選考	—	432,000	1,038,600
				若干	英数国か数国か英＋面作	12/13		
横浜翠陵	(注3) 共	普通	一般	55	英数国＋面	2/10	432,000	1,076,200
			オープン	5	英数国＋面	2/12		
			推薦	60	面	1/22		
横浜清風	(注4) 共	普通	一般	169	英数国＋面	2/10	456,000	932,000
			オープン	6	英数国＋面	2/10		
			推薦	165	面	1/22		
横浜創英	(注5) 共	特進	オープン	35	英数国	2/11	432,000	1,010,100
			推薦	35	作	1/22		
		文理	オープン	80	英数国	2/11		
			推薦	80	作	1/22		
横浜創学館	(注6) 共	特別進学	一般	20	英数国	2/10	444,000	1,208,940
			推薦	20	面	1/22		
		文理選抜	一般	90	英数国	2/10		1,172,940
			推薦	90	面	1/22		
		総合進学	一般	60	英数国	2/10		
			推薦	60	面	1/22		
横浜隼人	(注7) 共	普通	1次	125	英数国	2/10	438,000	874,000
			オープン	10	英数国	2/10		
			推薦	60	面	1/22		
		国際語	1次	45	英国	2/10		
			オープン	3	英国	2/10		
			推薦	20	面	1/22		
横浜富士見丘学園	(注8) 共	普通	オープン	5	英数国	2/11	456,000	1,211,600
			一般	15・40	英数国	2/10		
			推薦	20・40	面作	1/22		

(注1) 募集人員は、推薦・一般専願・併願の順に、クリエイティブコースは15名・5名・10名、アカデミーコースは100名・90名・100名。クリエイティブコースの推薦の試験科目は面作。

(注2) 普通科の募集人員は、推薦・一般(学科)・一般(オープン)・一般(書類選考)の順にそれぞれ、進学コースは140名・140名・10名・60名、特進コースは10名・15名・5名・10名。他に、若干名の2次募集(3/2、英＋数か国＋面)あり。

(注3) 募集人員は、推薦・一般の順にそれぞれ、特進コースは15名・15名、国際コースは15名・15名、文理コースは30名・25名。

(注4) 募集人員は、推薦・一般・オープンの順にそれぞれ、特進コースは25名・32名・3名、総合進学コースは140名・137名・3名。一般は書類選考入試。2次(3/4、英数国＋面)は各コース若干名。

(注5) 他に、若干名の帰国生入試(1/28)あり。試験科目はプレゼン＋口頭試問。

(注6) 一般は書類選考入試。2/10はチャレンジ試験受験者のみ。

(注7) 両科とも若干名の一般2次(3/2)あり。試験科目は英数国(国際語科は英国)。

(注8) 募集人員は、女子進学・男女特進の順。

学 校 名		学科・コース		定員	試 験 科 目	試験日	授業料年額	初年度納入金
愛国学園大附四街道 女 (注1)		普通	前期一般	160	英数国＋面	1/17	276,000	751,800
			前期推薦		面作	1/17OR18		
			後期一般	若干	英数国＋面	2/15		
我孫子二階堂 (注2) 共		普通	前期A推薦	150	英数国＋面	1/17	336,000	968,660
			前期C推薦		面	1/17		
			前期B推薦		英数国理＋面	1/17		
			前期B推薦		英数国社＋面	1/18		
			後期	50	英数国＋面	2/15		
市川 (注3) 共		普通	一般	90	英数国理社	1/17	420,000	934,000
			単願推薦	30	英数国理社	1/17		
市原中央 (注4) 共		普通	前期1・2	260	英数国	1/19・1/20	420,000	764,700
			前期3	20	英数国＋面	2/2		
植草学園大附 (注5) 共		普通	前期	200	英数国＋面	1/17OR26	396,000	608,400
		特進	前期	40	英数国＋面	1/17OR26		
		英語	前期	40	英数国＋面	1/17OR26		
桜林 共		普通	A日程	140	英数国＋面	1/17	396,000	750,000
			B日程	20	英数国＋面	1/25		
鴨川令徳 共		普通	前期	90	英数国＋面	1/17	396,000	674,000
			後期	20	英数国＋面	3/7		
木更津総合 (注6) 共		普通	前期1・2	600	英数国	1/17・1/18	384,000	731,500
			前期3	40	英数国＋面	2/2		
暁星国際 (注7) 共		普通	前期	30	面作か基礎（英数国）＋面	1/17	396,000	1,134,000（通学生）
			後期	30	英数国＋面	2/16		2,198,200（寮生）
クラーク記念国際 (注8) 共 〈千葉キャンパス〉		普通	一般		英数国＋面（保）作	1/27・2/24他	400,000	576,000
			推薦	100	基礎（英数国から1科）＋面（保)作	10/28・11/25・		
			自己推薦		基礎（英数国から1科）＋面（保)作	12/23・1/27		
敬愛学園 (注9) 共		普通	一般1・2	160	英数国	1/18OR29	396,000	768,200
			推薦	160	英数国	1/17		
敬愛大学八日市場 共 (注10)		普通	前期Ⅰ	160	英数国	1/17OR18	378,000	690,300
			前期Ⅱ	20	英数国	1/29		
			後期	20	英数国	2/15		
光英VERITAS 共		普通	前期一般	100	英数国＋面	1/17OR18	384,000	1,242,405
			前期推薦		英数国	1/17OR18		
			前期特待	40	英数国理社＋面	1/17OR18		
国府台女子学院 (注11) 女		普通	単願推薦	約50	英数国	1/17	336,000	857,300
			併願推薦	約70	英数国	1/17		881,300（美術）
志学館 共		普通	前期Ⅰ回	180	英数国	1/19	426,600	694,885
			前期Ⅱ回		英数国	1/20		
			前期Ⅲ回		英数国	1/21		
芝浦工業大学柏 (注12) 共		普通	1回	約120	英数国理社か英数国	1/18	402,000	923,720
			2回		英数国理社か英数国	1/19		
渋谷教育学園幕張 共 (注13)		普通	学力	295	英数国理社	1/19	444,000	1,247,000
			特別活動		面作実	1/20		
			帰国生		英＋面（英語・日本語）	1/20		

(注1) 前期推薦単願の学力の試験科目は英数国＋面、部活動は面作実、推薦併願は英数国。
(注2) 募集人員は、前期・後期の順にそれぞれ、進学コースは50名・10名、総合コースは100名・40名。
(注3) 一般の定員は帰国生入試（英数国）含む。
(注4) 募集人員は、ハイレベルチャレンジコースⅠ類60名、Ⅱ類200名、グローバルリーダーコース20名。グローバルリーダーコース の試験科目は英国＋英語会話。前期2はハイレベルチャレンジコースⅠ類・Ⅱ類のみ。
(注5) 英語科は英語面含む。他に、若干名の2次募集（3/6）あり。
(注6) 募集人員は、特別進学コース25名、進学コース60名、総合コース540名、美術コース15名。美術コースは実技あり。
(注7) 前期学力検査型の試験科目は、英＋基礎学力〈英数国理社から1科〉＋標準学力〈英数国理社から1科〉＋面。インターナショナル コースは英語面接。他に、ヨハネ研究の森コースのAO入試あり。
(注8) 試験日・試験科目等の詳細は学校説明会、個別相談会にて、ご確認下さい。
(注9) 募集人員は、特別進学コース160名、進学コース160名。
(注10) 募集人員は、前期Ⅰ・Ⅱ・後期の順にそれぞれ、特進コースは60名・10名・10名、進学コース・情報コースは100名・10名・10名。前 期の推薦（1/18）は面接のみ。前期・後期の一般の単願は面接あり。
(注11) 美術・デザインコースは実技あり。
(注12) 帰国生若干名を含む。第一志望・帰国生は面接あり。
(注13) 定員は中学校からの内部進学者を含む。

● 千葉 高校

学　校　名	学科・コース		定員	試　験　科　目	試験日	授業料年額	初年度納入金
秀明大教師学部附秀明八千代　共 (注1)	普通	前期単願		英数国＋面	1/17	360,000	1,076,840
		前期併願	310	英数国＋面	1/17OR18		
		後期一般		英数国＋面	2/15		
翔凜　　　　　　　　　共	国際	入試①		英数国＋面	1/17	396,000	772,000
		入試②	200	英数国＋面	1/18		
		入試③		英数国＋面	2/3		
昭和学院　　　　(注2)共	普通	A推薦		英数国	1/17	396,000	1,070,330
		B推薦	176	英数国	1/17OR18		
		一般ⅠⅡ		英数国	1/17OR18		
		帰国生		英数か英か数＋面	1/18		
昭和学院秀英　　(注3)共	普通	一般	80	英数国理社	1/18	396,000	858,000
西武台千葉　　　(注4)共	普通	単願推薦		英数国	1/18	396,000	852,600
		併願推薦Ⅰ	276	英数国	1/17		
		併願推薦Ⅱ		英数国	1/18		
専修大学松戸　　(注5)共	普通	E類型	72	英数国理社か英数国	1/17OR18	327,600	1,089,500
		A類型	150	英数国理社か英数国	1/17OR18		
		S類型	34	英数国＋面	1/18		
拓殖大学紅陵　　　　　共	普通	前期Ⅰ・Ⅱ回	360	英数国	1/17・1/18	414,600	671,000
		前期Ⅲ回		英数国＋面	1/19		
千葉英和　　　　(注6)共	普通	前期	320	英数国か英社か英数理＋面	1/17OR18	522,000	1,082,600
	英語	前期	40	英国＋イングリッシュリスニングテスト＋面	1/17OR18		
千葉学芸　　　　(注7)共	普通	前期	225	英数国＋面作	1/17	462,000	772,000
		後期	55	英数国＋面作	2/15		
千葉敬愛　　　　(注8)共	普通	前期	406	英数国	1/17OR18	396,000	1,144,100
千葉経済大附　　　　　共	普通	前期	300	面作	1/17	396,000	800,400
		後期	20	英数国＋面	2/15		
	商業	前期	110	面作	1/17		807,600
		後期	10	英数国＋面	2/15		
	情報処理	前期	110	面作	1/17		843,600
		後期	10	英数国＋面	2/15		
千葉県安房西　　(注9)共	普通	単願推特	60	英数国＋面	1/17	240,000	516,300
		単併特待	100	英数国＋面	1/17・18		
千葉商科大付　　(注10)共	普通	前期1・2回	205	英数国	1/18・1/19	456,000	876,000
		後期		英数国＋面	2/15		
	商業	前期1・2回	70	英数国	1/18・1/19		
		後期		英数国＋面	2/15		
千葉聖心　　　　(注11)女	普通	推薦	200	面作	1/17OR18	264,000	733,600
千葉日本大学第一　　　共	普通	特進	40		1/17	366,000	1,049,200
		進学	80	英数国	1/17		
千葉萌陽　　　　　　　女	普通	前期	80	英数国	1/17	388,800	802,200
千葉明徳　　　　(注12)共	普通	前期	270	英数国	1/17OR18OR28	432,000	1,136,000
千葉黎明　　　　(注13)共	普通	前期Ⅰ	236	英数国＋作	1/17OR18	450,000	859,100
		前期Ⅱ		英数国＋作	2/2		
	生産ビジネス	前期Ⅰ	40	英数国＋作	1/17OR18		
		前期Ⅱ		英数国＋作	2/2		

(注1) 募集人員は、特別進学コース50名、文理進学コース100名、総合進学コース100名、国際英語コース60名。
(注2) 定員の内、IAコースは20名。IAコースは＋英語面接、TAコースは＋理社。
(注3) 人数に帰国生を含む。試験科目は英英数国。
(注4) 募集人員は、特別選抜コース100名、進学コース176名(内部進学者含む)。単願推薦の帰国子女・外国人の試験科目は面作。帰国子女・外国人の併願推薦Ⅱは面接あり。帰国子女・外国人は10名以内。
(注5) A類型の第一志望の試験科目は英数国＋面、帰国生は英数国。
(注6) 普通科の募集人員は、特進選抜コース40名、特進文理コース160名、総進文理コース120名。
(注7) 募集定員の内、特別進学コースの定員は、前期25名・後期15名。推薦専願は学力検査を免除。
(注8) 募集人員は、総合進学コース336名、特別進学コース70名。単願は面接あり。
(注9) 吹奏楽部活動特待希望者は実技テストあり。他に、若干名の2次(3/7)あり。試験科目は英数国＋面。
(注10) 前期一般・後期一般は面接あり。
(注11) 専願・一能・自己推薦の試験日は1/17、併願推薦は1/18。他に、2次募集(3/7)あり。試験科目は基礎(英数国)＋面。
(注12) 募集人員は、特別進学コース70名、進学コース130名、アスリート進学コース70名。前期Aの試験日は1/18。前期C・Dは面接あり。
(注13) 普通科の募集人員は、特進コース46名、進学コース190名。学力試験入試は面接あり。

学 校 名		学科・コース		定員	試 験 科 目	試験日	授業料年額	初年度納入金
中央学院	共	普通	前期A		基礎(英数国)+面(出願時)	1/17	396,000	993,600
			前期B	320	英数国	1/18OR19		
			前期C		基礎(英数国)+面(出願時)	1/17		
			S特進		英数国+面	1/17		
			前期一般		英数国	1/19		
			後期	3	英数国	2/15		
東海大付市原望洋 (注1)	共	普通	総合進学	290	英数国+面	1/17OR18	336,000	1,006,781
			スーパー特進	30	英数国+面	1/17OR18		1,015,781
東海大付浦安 (注2)	共	普通	前期	250	英数国+面	1/17OR18	312,000	922,800
			後期	若干	英数国+面	2/15		
東京学館 (注3)	共	普通	前期1回	330	英数国+面	1/19	396,000	916,000
			前期2回	20	英数国+面	2/1		
東京学館浦安 (注4)	共	特別進学選抜	前期1・2	25	英数国	1/17OR18	384,000	1,020,000
			前期3	5	英数国	2/1		
		特別進学	前期1・2	60	英数国	1/17OR18		
			前期3	10	英数国	2/1		
		総合進学	前期1・2	250	英数国	1/17OR18		
			前期3	10	英数国	2/1		
		国際教養	前期1・2	30	英数国	1/17OR18		1,092,000
			前期3	5	英数国	2/1		
		スポーツ進学	前期1・2	35	英数国	1/17OR18		1,020,000
東京学館船橋 (注5)	共	普通	1回	108	英数国+面	1/17	396,000	1,046,400
			2回	12	英数国+面	2/2		
		情報ビジネス	1回	108	英数国+面	1/17		1,120,800
			2回	12	英数国+面	2/2		
		食物調理	1回	40	英数国+面	1/17		
		美術工芸	1回	36	英数国+面	1/17		
			2回	4	英数国+面	2/2		
東葉 (注6)	共	普通	前期	276	英数国	1/18	396,000	975,000
			後期	10	英	2/15		
成田 (注7)	共	普通		200	英数国	1/17	336,000	883,200
二松学舎大附柏 (注8)	共	普通	前期Ⅰ・Ⅱ	210	英数国+面	1/17・19	324,000	1,036,400
			後期	5	英数国+面	2/15		
日本体育大学柏 (注9)	共	普通	単願推薦		英数国	1/17	396,000	1,260,000 (フロンティア)
			併願推薦	360	英数国	1/17OR18		1,211,000 (ラーニング)
			一般併願		英数国+面	1/18		1,244,000 (アスリート)
日本大学習志野 (注10)	共	普通	第一志望	180	英数国	1/17	372,000	1,193,000
			一般	190	英数国	1/17OR18		
日出学園	共	普通	推薦	20	英数国	1/18	288,000	961,440 (進学)
			一般	20	英数国+面	1/18		991,440 (特進)
不二女子	女	普通	推薦	60	面作	1/17	312,000	689,600
			一般	60	英数国	1/20		
明聖 (注11)	共	普通	前期	400	面	1/17	300,000	777,200 (全日)
			後期		面	2/15他		350,000 (通信・WEB)

(注1) 総合進学コースの単願推薦(1/19)の試験科目は面作。
(注2) 推薦A〜C・一般1日目は1/17、一般2日目は1/18。前期単願推薦Aの試験科目は面作。
(注3) 募集人員は、S特進コース30名、特進コース70名、総合進学コース250名。スポーツ専攻は実技あり。他に、若干名の2次募集(3/7、英数国+面)あり。
(注4) 前期1・2期の総合進学コースは個人面接型あり。
(注5) 推薦は面接なし。他に、若干名の2次募集(3/7)あり。試験科目は英数国+面。
(注6) 募集人員は、S特進クラス36名、特進クラス160名、進学クラス80名。一般単願は面接あり。
(注7) 募集人員は、特進α・進学クラス150名と特別技能生50名。
(注8) 前期の募集人員は、スーパー特別進学コース70名、特別進学コース75名、進学コース65名。
(注9) アドバンストラーニングコースとアスリートコースの併願推薦の試験日は1/18。
(注10) スポーツ推薦(剣道部のみ)の募集は若干名。試験科目は英数国+面
(注11) 募集人員は、本校(全日コース、全日ITコース、通信コース)200名、WEBコース100名、中野キャンパス(全日総合コース、全日IT　　　コース、全日デザインコース)100名。後期の試験日は、他に2/28・3/14・3/27あり。

●千葉 高校

学　校　名		学科・コース		定員	試　験　科　目	試験日	授業料年額	初年度納入金
茂原北陵	(注1) 共	総合	前期推薦	135	基礎力(英数国)＋面	1/17OR18	360,000	707,400
			前期一般		英数国＋面	1/17		
		特別進学	前期推薦	25	英数国＋面	1/17		
			前期一般		英数国＋面	1/17		
		家政 (女子のみ)	前期推薦	40	基礎力(英数国)＋面	1/17OR18		
			前期一般		英数国＋面	1/17		
八千代松陰	(注2) 共	普通	前期1回	約440	英数国	1/18	312,000	821,200
			前期2回		英数国	1/20		941,200 (AEM)
横芝敬愛	(注3) 共	普通	前期推薦	190	面	1/18	378,000	698,100
			前期一般		英数国	1/17		
			後期	10	英数国	2/15		
流通経済大付柏	(注4) 共	総合進学	前期	211	英数国	1/17OR18	318,000	883,000
			後期		英数国	2/15		
		スポーツ進学	前期	60	基礎(英数国)	1/18		
			後期		基礎(英数国)	2/15		
		特別進学	前期	70	英数国	1/17OR18		
			後期		英数国	2/15		
麗澤	共	S特進	前期	30	英数国理社＋面	1/17OR19	354,000	1,267,000
		特選	前期	70	英数国＋面	1/17OR19		1,967,000 (寮生)
和洋国府台女子	(注5) 女	普通	前期	140	英数国＋面	1/17OR18	288,000	1,068,800

(注1) 特別進学コースの併願推薦は面接なし。
(注2) 定員は進学コース約340名(内部進学者を除く)・IGSコース約70名(内部進学者を除く)・AEMコース約30名(内部進学者を含む)。
(注3) 他に、若干名の2次募集(3/8)あり。試験科目は英数国＋面。
(注4) 定員は前期341名・後期若干名。前期のスポーツ進学コースは単願推薦のみ、後期は単願のみ。
(注5) 募集人員は、特進コース30名・進学コース60名・和洋コース50名。単願推薦は1/17のみ。

●埼玉 高校

学　校　名		学科・コース		定員	試　験　科　目	試験日	授業料年額	初年度納入金
青山学院大学系属 浦和ルーテル学院	共	普通	一般単願	25	英数国＋面	1/27	420,000	1,139,600
秋草学園	(注1) 女	普通	1回	260	英数国	1/22	380,000	943,000
			2回		英数国	1/23		
			3回		英数国	3/5		
浦和学院	(注2) 共	普通	単願推薦	480	英数国＋面	1/22	360,000	1,002,000
			併願推薦	320	英数国	1/22OR23OR24		
			一般		英数国	1/30		
浦和実業学園	(注3) 共	普通	1回併願	440	英数国	1/22	414,000	1,092,500 (特進選抜・特進)
			2回併願		英数国	1/23		
			3回併願		英数国	1/24		1,068,500 (他)
			単願		基礎(英数国)	1/22		
		商業	1回併願	240	英数国	1/22		
			2回併願		英数国	1/23		
			3回併願		英数国	1/24		
			単願		基礎(英数国)	1/22		
浦和麗明	(注4) 共	特選 Ⅰ・Ⅱ・Ⅲ	一般	320	英数国＋面	2/7	396,000	859,000
			推薦		英数国＋面	1/22OR23		
叡明	共	特進選抜	推薦	80	英数国	1/22OR23	396,000	859,000
		特別進学	推薦	180	英数国	1/22OR23		
		進学	推薦	260	英数国	1/22OR23		

(注1) 募集人員は、特選コースSクラス20名、Aクラス20名、選抜コース60名、AGコース100名、幼保コース60名。学力奨学生(単願)と部活動奨学生は面接あり。
(注2) 募集人員は、国際類型30名、特進類型110名、進学類型660名。国際バカロレア・グローバルコースの試験科目は、英数国＋英語面接。進学類型アートコースの試験科目は、英＋デッサン。
(注3) 普通科の募集人員は、特進選抜コース40名、特進コース80名、選抜α・選抜コース200名、進学コース120名。
(注4) 併願は面接なし。

●埼玉 高校

学　校　名		学科・コース		定員	試　験　科　目	試験日	授業料年額	初年度納入金
大妻嵐山	(注1) 女	普通	1回		英数国	1/22	430,000	1,145,710
			2回	180	英数国	1/23		
			帰国生		総合(数国)＋面(英)	12/2		
大宮開成	(注2) 共	普通	単願	120	英数国	1/22	360,000	863,000
			1回併願	20	英数国	1/22		
			2回併願	240	英数国	1/23		
開智	共	普通	Tコース	50	英数国	1/22OR23OR24	375,000	832,000
			S1コース	100	英数国	1/22OR23OR24		
			S2コース	70	英数国	1/22OR23OR24		
開智未来	(注3) 共	普通	1回	55・25	英数国	1/22	375,000	852,000
			2回		英数国	1/23		
			3回	5・5	英数国	1/25		
春日部共栄	(注4) 共	普通	1回単願	160	英数国＋面	1/22	384,000	1,169,200
			1回併願	110	英数国	1/22		
			2回	100	英数国	1/24		
			3回	50	英数国	2/1		
川越東	(注5) 男	普通	併願Ⅰ・Ⅱ		英数国＋面	1/22・1/25	396,000	842,900
		理数	特待生	80・320	英数国	1/24		
			単願		英数国＋面	1/22		
クラーク記念国際 〈さいたまキャンパス〉	共 (注6)	普通	一般		英数国＋面(保)作	1/27・2/17他	400,000	556,000
			推薦	90	基礎(英数国から1科)＋面(保)作	10/28・11/25・		
			自己推薦		基礎(英数国から1科)＋面(保)作	12/16・1/27		
慶應義塾志木	男	普通	一般	約190	英数国＋面	2/7,11	770,000	1,367,500
			帰国生		英数国＋面			
			自己推薦	約40	書類選考＋面	1/23		
国際学院	(注7) 共	普通	単願推薦		英数国	1/22	390,000	1,170,500
		総合	併願推薦	240	英数国	1/22OR23		
			一般		英数国＋面	2/3		
埼玉栄	(注8) 共	普通	単願・併願Ⅰ	560	英数国	1/22	396,000	836,000
			併願Ⅱ・Ⅲ		英数国	1/23・1/25		
		保健体育	単願・併願Ⅰ	160	英数国＋実	1/22		
			併願Ⅱ・Ⅲ		英数国＋実	1/23・1/25		
埼玉平成	(注9) 共	普通	一般Ⅰ		英数国	2/4	396,000	786,600
			一般Ⅱ	350	英数国＋面	3/3		
			推薦Ⅰ		英数国	1/22		
			推薦Ⅱ		英数国	1/23		
栄北	(注10) 共	普通	1回	320	英数国	1/22	360,000	1,150,000
			2回		英数国	1/23		
栄東	(注11) 共	普通	1回		英数国	1/22	456,000	1,373,000
			2回	400	英数国	1/23		
			特待生		英数国理社か英数国	1/25		

(注1) 定員は特別進学コースSS20名、総合進学コース80名、大妻進学コース80名。帰国生の面接は英語・日本語。
(注2) 他に、若干名の帰国子女募集あり。試験科目は英数国＋面。
(注3) 募集人員は単願・併願の順。単願は面接あり。T未来クラス30名・S未来クラス30名・開智クラス30名。
(注4) 募集人員は、選抜コース80名、特進コースE系180名、特進コースS系160名。
(注5) 定員は理数コース・普通コースの順。
(注6) 試験日・試験科目等の詳細は学校説明会、個別相談会にて、ご確認下さい。
(注7) 募集人員はアドバンスコース・セレクトコース80名、選抜進学コース・進学コース120名、食物調理コース40名。
(注8) 普通科の募集人員は、αコース160名、Sコース200名、特進コース200名。他に、若干名の帰国生入試(1/22)あり。試験科目は英数国＋面。
(注9) 定員は内部進学者を含む。S特進コース30名、特進コース105名、進学コース215名。
(注10) 募集人員は、特類選抜100名、特類S100名、特類A120名。
(注11) 定員は内部進学者を含む。1回単願は面接あり。各日程、若干名の帰国生募集あり。

●埼玉 高校

学　校　名	学科・コース		定員	試　験　科　目	試験日	授業料年額	初年度納入金
狭山ヶ丘　　(注1) 共	Ⅰ類 難関国立	一般	80	英数国＋面	2/5	360,000	952,000
		単願推薦		英数国＋面	1/22OR23OR24		
		併願推薦		英数国＋面	1/22OR23OR24		
	Ⅱ類 特別進学	一般	120	英数国＋面	2/5		
		単願推薦		英数国＋面	1/22OR23OR24		
		併願推薦		英数国＋面	1/22OR23OR24		
	Ⅲ類 総合進学	一般	120	英数国＋面	2/5		
		単願推薦		英数国＋面	1/22OR23OR24		
		併願推薦		英数国＋面	1/22OR23OR24		
	Ⅳ類スポ	単願推薦	80	英数国＋面	1/22OR23OR24		
自由の森学園　　共	普通	一般	15	英数国＋面	1/22・2/3、23	441,600	981,200
		A単願	40	英数国から2科＋面	1/22		寮費別途
		B単願	35	英数国から2科＋面	1/23		(1,190,400)
		C単願	35	授業(理か社＋美か体か音)＋面	1/23		
		併願推薦	15	英数国から2科＋面	1/22・2/3		
秀明　　(注2) 共	普通	一般		英数国＋面	2/10	360,000	806,000
		単願	40	英数国＋面	1/22		
		併願		英数国＋面	1/22OR23		
秀明英光　　(注3) 共	普通	単願	200	英数国から1科＋面	1/22	372,000	754,000
		併願	200	英数国から2科	1/23OR24		
淑徳与野　　(注4) 女	普通	1回	200	英数国	1/23	384,000	875,800
		2回		英数国	2/4		
城西大付川越　　(注5) 男	普通	単願	約245	英数国＋面	1/22	372,000	1,187,958
		併願		英数国	1/22OR23、2/5		
正智深谷　　(注6) 共	普通	単願	360	英数国＋面	1/22	336,000	783,200
		併願		英数国	1/22OR23、2/10		
昌平　　(注7) 共	IB	一般	15	英数国＋面作	1/31	396,000	807,280
		推薦		英数国＋面作	1/22OR23		
	特別進学	一般	190	英数国	1/31		
		推薦		英数国理社	1/22OR23		
	選抜進学	一般	185	英数国	1/31		
		推薦		英数国	1/22OR23		
城北埼玉　　(注8) 男	本科	単願	200	英数国	1/22	408,000	940,000
		併願Ⅰ		英数国	1/22		
		併願Ⅱ		英数国理社か英数国	1/23		
	フロンティア	単願	40	英数国	1/22		
		併願Ⅰ		英数国	1/22		
		併願Ⅱ		英数国理社か英数国	1/23		
西武学園文理　　(注9) 共	普通	1回	300	英数国	1/22	420,000	1,432,000
		2回		英数国	1/23		
		3回		英数国	1/24		
	理数	1回	80	英数国	1/22		
		2回		英数国	1/23		
		3回		英数理	1/24		

(注1) 定員は内部進学者80名を含む。
(注2) 医学部進学コースは英数理も可。総合進学コースの単願の試験科目は英＋数か国＋面。他に、8名の奨学生入試(1/22)あり。試験科目は英数国＋面。
(注3) 募集人員は、単願、併願ともにそれぞれ、特別進学コース30名、国際英語コース30名、総合進学コース140名。国際英語コースは必ず英語での試験を選択となる。
(注4) 募集人員は、T類40名、SS類40名、SA類40名、R類40名、MS類40名。単願・併願それぞれ、1回は80名・100名、2回は若干名。帰国生の募集は1回のみ。1回単願は面接あり。MS類(1回単願のみ)の試験科目は、思考力テスト＋英＋面。
(注5) 定員は内部進学生を含む。内訳は特別選抜コース約40名、特進コース約105名、進学コース約40名。併願②(2/5)は面接あり。他に、若干名の帰国生入試(1/22)あり。試験科目は、英数国＋面〈日本語と英語〉。
(注6) 募集人員は、Sコース30名、Hコース90名、Iコース120名、Pコース120名。
(注7) 特別進学コースの定員は、T特選クラス70名、特選クラス80名、特進アスリートクラス40名、選抜進学コースの定員は、選抜アスリートクラス145名、選抜クラス40名。単願は面接あり。他に、帰国子女入試(12/22)あり。試験科目は英＋面作。
(注8) 定員は内部進学者含む。30名を特進クラス、それ以外を進学クラスとして募集。
(注9) 定員は、海外帰国生、内部進学者を含む。スペシャルアビリティクラスと海外帰国受験生は面接あり。

学 校 名		学科・コース		定員	試 験 科 目	試験日	授業料年額	初年度納入金
西武台	(注1) 共	普通	一般	480	英数国＋面	2/3	276,000	756,800
			単願		英数国＋面	1/22		
			併願		英数国＋面	1/23OR24		
聖望学園	(注2) 共	普通	一般	300	英数国	2/3	372,000	1,005,000
			推薦		英数国	1/22OR23OR26		
東京成徳大学深谷	(注3) 共	普通	単願	280	英数国＋面	1/22	332,400	692,400
			併願①②		英数国	1/22OR23		
			2月・3月		英数国＋面	2/2・3/2		
東京農業大学第三	(注4) 共	普通	一般	若干	総合問題（英数国理社）	1/31	372,000	907,000
			推薦Ⅰ	約400	英数国	1/22		
			推薦Ⅱ		英数国	1/23		
東邦音楽大附東邦第二	共	音楽	1回	40	音面作実	2/14	454,800	1,033,600
			2回		音面作実	3/15		
			推薦		面作実	1/23		
獨協埼玉	共	普通	単願	160	英数国＋面	1/22	432,000	909,500
			1回併願		英数国	1/22		
			2回併願		英数国	1/23		
花咲徳栄	(注5) 共	普通	1回	440	英数国	1/22	360,000	1,128,000
			2回		英数国	1/22		
			3回		英数国	1/29		
		食育実践	1回	80	英数国	1/22		1,148,000
			2回		英数国	1/22		
			3回		英数国	1/29		
東野	(注6) 共	特進	一般	140	英数国	1/22・23・24・2/3	420,000	1,094,700
			推薦		英数国	1/22・23・24・2/3		
		進学	推薦	210	英数国	1/22・23・24・2/3		1,087,900
			推薦		英数国	1/22・23・24・2/3		
武南	共	特進	単願	40	英数国	1/22	288,000	1,090,380
			併願1		英数国	1/23		
			併願2		英数国	1/25		
		選抜・進学	単願	180	英数国	1/22		1,116,380
			併願1	180	英数国	1/22		
			併願2		英数国	1/25		
			併願3		英数国＋面	2/11		
星野共学部	(注7) 共	普通	単願	250	英数国＋面	1/22	396,000	1,270,500
			併願	120	英数国＋面	1/25OR26		
星野女子部	女	普通	単願	120	英数国＋面	1/22	396,000	1,150,500
			併願	160	英数国＋面	1/25OR26		
細田学園	(注8) 共	普通	1回	410	英数国	1/22	375,600	1,151,700
			2回		英数国	1/23		
			奨学生		英数国	1/23		
			指定校推薦		面	1/22		

(注1) 募集人員は、特進S80名、STEM30名、選抜Ⅰ120名、選抜Ⅱ210名、進学40名。
(注2) 募集人員は、特進コース120名、進学コース180名。
(注3) 募集人員は、特進Sコース40名、進学選抜コース80名、進学コース160名。なお、2月2日の併願は面接なし。
(注4) 定員は内部進学者含む。帰国子女は面接あり。
(注5) 普通科の募集人員は、アルファコース理数選抜30名、特別選抜30名、文理選抜80名、アドバンスコース選抜進学80名、特別進学100名、総合進学120名。
(注6) 定員は、特進コースⅠクラス35名、Sクラス105名、進学コースAクラス210名。単願の試験日は1/22、併願は1/23か24。一般単願は面接あり。
(注7) 単願は内部進学生を含む。
(注8) 募集人員は、特進Hコース60名、特進コース90名、選抜Gコース40名、選抜Lコース120名、進学αコース100名。

●埼玉 高校

学　校　名		学科・コース		定員	試　験　科　目	試験日	授業料年額	初年度納入金
本庄第一	(注1)共	普通	単願1	430	英数国＋面	1/22	264,000	838,000
			併願1		英数国	1/22		
			併願2		英数国	1/24		
			単願2		英数国＋面	2/10		
			併願3		英数国	2/10		
			単願3		総合（英数国）＋面	3/2		
本庄東	共	特進選抜	自己単願	15	英数国＋面	1/22	264,000	817,600
			自己併願	15	英数国	1/22・23・2/5		
		特進	自己単願	110	英数国＋面	1/22		
			自己併願	70	英数国	1/22・23・2/5		
		進学	自己単願	80	英数国＋面	1/22		
			自己併願	30	英数国	1/22・23・2/5		
武蔵越生	(注2)共	普通	一般Ⅰ	380	英数国	2/2	336,000	1,169,600
			一般Ⅱ		英数国	3/7		
			推薦		英数国	1/22OR23		
武蔵野音大附〈音楽科〉 共 (注3)		音楽	一般	30	英国＋面実	2/10OR3/16	500,000	845,000
			推薦	30	面実	1/22		
山村学園	(注4)共	普通	併願	440	英数国	1/22OR23OR24	336,000	922,000
			単願		英数国	1/22		
山村国際	(注5)共	普通	1回	280	英数国	1/22	336,000	888,500
			2回		英数国	1/23		
			3回		英数国	1/31		
立教新座	男	普通	一般	約60	英数国	2/1	624,000	1,333,000
			推薦	約20	面	1/22		
早稲田大学本庄	(注6)共	普通	一般	100・70	英数国	2/9	684,000	1,199,500
			帰国生	15・10	英数国			
			Ⅰ選抜	約20	基礎（数国）＋面	1/23		
			α選抜	45・30	面	1/23		

(注1) 募集人員は、S類型70名、AⅠ類型180名、AⅡ類型180名。
(注2) 募集人員は、S特進60名、選抜Ⅰ120名、選抜Ⅱ160名、アスリート選抜40名（男子のみ）。単願は面接あり。
(注3) 実技（共通科目）は音楽選択課題＋専攻別科目。ただし、ピアノ、オルガン専攻者は副専攻ピアノ以外。
(注4) 募集人員は、特別選抜SAコース40名、特別進学ELコース160名、総合進学GLコース240名。学業特待生（1/22か23か24、10名）、部活動奨学生（1/22、5名）、硬式野球部奨学生（1/22、男子5名）あり。
(注5) 学業・スポーツ奨学生と海外帰国生は面接あり。英語重視推薦（1/22・1/31）希望者は英作文と英語面接あり。他に、海外帰国生入試（1/22OR1/31）あり。
(注6) 定員は男子・女子の順。Ⅰ選抜、α選抜は1次（書類選考）あり。

●茨城 高校

学　校　名		学科・コース		定員	試　験　科　目	試験日	授業料年額	初年度納入金
愛国学園大附龍ケ崎 女 (注1)		普通	一般単願	120	国＋英か数＋面	1/16	276,000	980,125
			一般併願		英数国	1/16		
			推薦		面	1/9		
茨城	共	普通	一般	約80	英数国理社	1/16	408,000	1,026,440
			推薦		英数国＋面	1/9		
茨城キリスト教学園	共	普通	一般	200	英数国理社	1/16	408,000	980,200
			推薦		英数国＋面	1/9		
岩瀬日本大学	(注2)共	普通	一般前期	200	英数国理社	1/20	396,000	716,000
			推薦		英数国	1/9		
江戸川学園取手	(注3)共	医科		20	英数国理社か英数国	1/15OR20	396,000	974,000
		東大		20	英数国理社か英数国	1/15OR20		
		難関大		100	英数国理社か英数国	1/15OR20		

(注1) 特待推薦Cは実技試験を実施する場合あり。
(注2) 他に、若干名の後期一般試験（3/12以降）あり。
(注3) 1/15はアドミッション方式・特待単願方式・一般方式、1/20は特待単願方式・一般方式。アドミッション方式は面接あり。

学　校　名		学科・コース		定員	試　験　科　目	試験日	授業料年額	初年度納入金
鹿島学園	(注1)共	普通	一般	150	英数国理社	1/20	420,000	942,000(進学) 1,202,000(グローバル) 1,042,000(芸術)
			推薦	90	面作	1/9		
霞ヶ浦	共	普通	一般	480	英数国理社	1/21	276,000	984,000
			併願推薦型		英数国理社	1/21		
			単願推薦		英数国＋面	1/9		
常総学院	共	普通	一般	310	英数国理社	1/16	360,000	1,147,490
			併願型推薦		英数国理社	1/16		
			推薦	290	英数国＋面	1/9		
水城	共	普通	一般	640	英数国	1/21	402,000	795,800
			一般再		英数国理社	1/31		
			推薦		英数国	1/9		
青丘学院つくば	共	普通	1回	100	英数国＋面(保)	1/20	360,000	1,390,040 (寮費含む)
			2回		英数国＋面(保)	2/3		
			推薦		英数国＋面(保)	1/9		
清真学園	共	普通	一般	40	英数国	1/17	378,000	1,006,960
			特別推薦		英数国	1/9		
聖徳大附取手聖徳女子 (注2)	女	普通	一般	60	英数国	1/15OR18	408,000	1,065,900
			併願推薦型		英数国	1/15OR18		
			推薦		英数国から1科＋面	1/9		
		音楽	一般	10	英数国＋実	1/15OR18	468,000	1,333,100
			併願推薦型		英数国＋実	1/15OR18		
			推薦		面実	1/9		
大成女子 (注3)	女	普通	一般	160	英数国理社	1/16	444,000	1,065,600
			推薦		基礎(英数国)＋面	1/9		
		家政	一般	40	英数国理社	1/16		
			推薦		基礎(英数国)＋面	1/9		
		看護	一般	40	英数国理社	1/16	492,000	1,111,000
			推薦		基礎(英数国)＋面	1/9		
つくば国際大学	(注4)共	普通	一般	240	英数国	1/20	276,000	910,000
			推薦		面作	1/9		
つくば国際大学東風 (注5)	共	普通	一般単願	200	英か数＋作	1/18	276,000	1,041,600
			一般併願		英数国	1/18		
			推薦		面	1/9		
つくば秀英	(注6)共	普通	一般	320	英数国理社	1/17	360,000	993,480
			推薦		面作	1/9		
土浦日本大学	(注7)共	普通	一般	630	英数国理社	1/20	360,000	1,006,000
			併願推薦型		英数国理社	1/15OR20		
			単願推薦		英数国＋面	1/9		
東洋大附牛久	(注8)共	普通	一般	290	英数国理社	1/15	348,000	1,091,800
			併願推薦		英数国	1/15		
			単願推薦	245	英数国＋面	1/9		
常磐大学	共	普通	一般	400	英数国理社	1/15	420,000	781,800
			推薦		基礎(英数国)	1/9		

(注1) 募集人員は、推薦・一般の順にそれぞれ、進学コース70名・120名、グローバルコース10名・10名、芸術コース10名・20名。入寮希望者の面接は保護者同伴。一般の単願の試験科目は、英数国＋面。一般併願グローバルコースは面接あり。他に、若干名の帰国生入試(2/17)あり。試験科目は一般と同じで、面接は保護者同伴。
(注2) 普通科の推薦は、陸上推薦(書類選考＋面)・吹奏楽推薦(楽器演奏＋面)あり。他に、帰国子女入試(1/15)あり。試験科目は数国＋面または英＋面作。
(注3) 推薦の定員は、普通科80名、家政科20名、看護科25名。特技推薦(普通科・家政科対象)の試験科目は面接のみ。
(注4) 一般の単願は面接あり。学業特別奨学生推薦希望者は英数国＋面。
(注5) 募集人員は、特別進学コースと進学コース170名、医療・看護進学コース30名。学業特別奨学生希望者(1/18)の試験科目は英数国。
(注6) S推薦の面接は英語応対含む。
(注7) 定員の内、グローバル・スタディクラスは50名、スポーツクラスは90名(単願推薦のみ)。一般単願の試験科目は英数国＋面。他に、帰国国際生入試(1/20、英数国＋面)、30名の海外帰国生入試あり。
(注8) 定員は内部進学者含む。単願推薦の定員はスポーツサイエンスコース推薦35名を含む。併願推薦は千葉県中学校在籍者対象。奨学生チャレンジ希望者の試験科目は英数国理社。

●茨城 高校

学　校　名		学科・コース		定員	試　験　科　目	試験日	授業料年額	初年度納入金
水戸葵陵	(注1)共	普通	一般		英数国理社	1/19	396,000	976,500
			推薦	280	英数国＋面	1/9		
			チャレンジ		英数国理社	1/30		
水戸啓明	(注2)共	普通	一般	260	英数国理社	1/18・1/31	396,000	791,000
			推薦		英数国	1/9		
		商業	一般	40	英数国理社	1/18・1/31		
			推薦		英数国	1/9		
水戸女子	(注3)女	普通	一般	100	英数国	1/17	396,000	827,600
			推薦		面作	1/9		
		商業	一般	20	英数国			
			推薦		面作	1/9		
茗溪学園	(注4)共	普通	国際生		英＋エッセイ＋面(保)か英数国＋面(保)	11/18	390,000	1,040,000 / 1,010,000 (IB)
			一般	25	英＋エッセイ＋面(保)か英数国	1/20		2,285,700 (寮生)
			IB		英数＋エッセイ＋面(保)か英数国＋面(保)	1/20	960,000 (IB)	2,855,700 (IB寮生)
			推薦	15	面	1/9		
明秀学園日立	(注5)共	普通	一般	360	英数国理社	1/17	396,000	885,200
			推薦		英数国＋面	1/9		

(注1) 定員は中高一貫連携校からの進学者を含む。
(注2) 定員は中高一貫連携校からの進学者を含む。
(注3) 他に、すらら入試(1/17)あり。試験科目は課題の取組み＋すららテスト〈英数国〉。
(注4) 国際生特別選抜C方式の試験科目は、エッセイ＋面(保)。寮希望者・帰国生は保護者同伴面接あり。
(注5) 他に、一般追試(2/1)あり。試験科目は英数国理社。

●栃木 高校

学　校　名		学科・コース		定員	試　験　科　目	試験日	授業料年額	初年度納入金
足利大附	(注1)共	普通工業自動車情報処理	1回		英数国＋面	1/6	396,000	729,900 (普通)
			2回	620	英数国理社	1/13		747,900 (他)
			3回		英数国＋面	2/23		
足利短大附	女	普通	一般併願		英数国	2/3	396,000	649,000
			一般単願	45	英数国＋面	1/5		
			学特推薦		面	1/5		
			学特併願		英数国理社	1/13		
宇都宮短大附	(注2)共	普通	1回	510	英数国理社	1/4OR5	396,000	750,000
			2回		英数国理社	1/31		
		情報商業	1回	120	英数国理社	1/4OR5		
			2回		英数国理社	1/31		
		調理	1回	80	英数国理社	1/4OR5		
			2回		英数国理社	1/31		
		音楽	1回	40	英数国理社＋面実	1/4OR5		
			2回		英数国理社＋面実	1/31		
		生活教養(女子のみ)	1回	120	英数国理社	1/4OR5		
			2回		英数国理社	1/31		
宇都宮文星女子	(注3)女	選抜進学文理探究	一般5科	30・150	英数国理社	1/8OR2/1	396,000	796,000
			一般3科		英数国	1/7		
			推薦		面作	1/7		
		ICT・会計流通	一般5科	20・90	英数国理社	1/8OR2/1		
			一般3科		英数国	1/7		
			推薦		面作	1/7		
		秀英特進	一般	40	英数国理社	1/8OR2/1		
			英語留学	30	英数国理社	1/8OR2/1		
		美術デザイン	一般	30	英数国＋実	1/7OR2/1		
			推薦		面作＋作品提出	1/7		
幸福の科学学園	共	普通	一般	30	英数国＋面(保)	2/2	420,000	1,676,140 (寮費含む)

(注1) 募集人員は、普通科160名、工業科320名、自動車科100名、情報処理科40名。1回は学業特待単願、2・3回は学業特待併願。
(注2) 普通科の募集人員は、特別選抜コース30名、特進コース90名、進学コース160名、応用文理コース230名。
(注3) 一般3科と2回の単願は面接あり。他に、スポーツ・文化特待生入試(1/7)あり。試験科目は英数国＋面(美術デザインコースは英数国＋実)。

●栃木 高校

学 校 名		学科・コース		定員	試 験 科 目	試験日	授業料年額	初年度納入金
國學院大學栃木	(注1)共	普通	1回		英数国理社か英数国	1/6	324,200	803,000
			2回	600	英数国理社か英数国	1/7		
			3回		英数国理社か英数国	1/27		
作新学院	(注2)共	トップ英進	1回	65	英数国理社	1/7	396,000	834,200
			2回	15	英数国	1/29		
		英進	1回	190	英数国理社	1/7		810,200
			2回	30	英数国	1/29		
		総合進学	1回	450	英数国	1/6		
			2回	60	英数国	1/29		
		商業システム	1回	70	英数国理社	1/6		764,600（商業システム、電気・電子システム、美術デザイン）
			2回	10	英数国	1/29		
		電気・電子システム	1回	70	英数国理社	1/6		
			2回	10	英数国	1/29		
		自動車整備士	1回	70	英数国理社	1/6		786,200（自動車整備士）
			2回	10	英数国	1/29		
		美術デザイン	1回	70	英数国理社	1/6		774,200（ライフデザイン）
			2回	10	英数国	1/29		
		ライフデザイン	1回	70	英数国理社	1/6		
			2回	10	英数国	1/29		
		普通総合選択	1回	230	英数国理社	1/6		
			2回	50	英数国	1/29		
佐野清澄	(注3)共	普通	一般	70	英数国	1/7・27・2/10	396,000	706,000
		生活デザイン	一般	90	英数国	1/7・27・2/10		742,000
佐野日本大学	(注4)共	特進α	一般	30	英数国理社か英数国	1/6OR21OR28	396,000	852,000
			推薦		英数国理社か英数国	1/6		
		特別進学	一般	120	英数国理社か英数国	1/6OR21OR28		
			推薦		英数国理社か英数国	1/6		
		スーパー進学	一般	160	英数国理社か英数国	1/6OR21OR28		
			推薦		英数国理社か英数国	1/6		
		N進学	一般	200	英数国理社か英数国	1/6OR21OR28		
			推薦		英数国理社か英数国	1/6		
青藍泰斗	(注5)共	普通	1回	160	英数国	1/6OR7	396,000	762,400
			2回		英数国	2/2		
		総合ビジネス	1回	120	英数国	1/6OR7		
			2回		英数国	2/2		
		総合生活（女子のみ）	1回	120	英数国	1/6OR7		779,200
			2回		英数国	2/2		
白鷗大学足利	(注6)共	特別進学	1回	105	英数国理社＋面	1/5	396,000	895,000
			2回		英数国	1/28		
			学業特待		英数国理社	1/5		
		進学	1回・2回	280	英数国	1/5・1/28		
			単願		英数国＋面	1/6		
			学業特待		英数国理社	1/5		
		総合進学	1回・2回	280	英数国	1/5・1/28		
			単願		英数国＋面	1/6		

（注1）募集人員は、特別選抜S30名、特別選抜150名、選抜150名、文理270名。単願は面接あり。推薦（1/6）は面接のみ。体育技能入試（1/6）の試験科目は、英数国＋面。

（注2）単願は面接あり。トップ英進部と英進部と総合進学部の募集人員は、1回・2回の順にそれぞれ、SⅠクラス15名・5名、SⅡクラス50名・10名、英進選抜クラス60名・10名、英進クラス130名・20名、特別進学クラス50名・10名、進学クラス400名・50名。

（注3）部活動特待（1/7・1/27）の試験科目は総合問題〈英数国〉＋面。自己推薦での受験者は＋実技（空手道または男子バスケットボール）。

（注4）指定校推薦（特別進学・スーパー進学・N進学）は書類選考（出願時に作文提出）。SN推薦は英＋数か国＋エントリーシート。

（注5）1回単願は1/6、一般併願は1/6。1回学業特待生（1/7）の試験科目は英数国理社。スポーツ文化特待生（1/6）の試験科目は英数国＋面実。

（注6）特別進学コースの定員の内、Sクラス35名。部活動特待生入試（1/6）あり。試験科目は英数国＋面実（進学・総合進学コース）。ランクアップ入試（1/28）あり。試験科目は英数国（特別進学・進学コース）。

●栃木 高校

学　校　名		学科・コース		定員	試　験　科　目	試験日	授業料年額	初年度納入金
星の杜	(注1)共	普通	1回総合	150	グループワークか面(英)かプレゼン	1/6	396,000	713,400
			1回一般		英数国理社	1/5		
			1回推薦		面作	1/5		
			1回帰国		面作	1/5		
			2回一般		英数国	1/30		
文星芸術大附	(注2)共	英進	一般	60	英数国理社	1/8・2/1	396,000	919,000
		普通 (男子のみ)	一般5科	280	英数国理社	1/8・2/1		
			一般3科		英数国	1/7		
			推薦		面作	1/7		
			スポーツ・文化		英数国＋面	1/7		
		総合 ビジネス (男子のみ)	一般5科	180	英数国理社	1/8・2/1		
			一般3科		英数国	1/7		
			推薦		面作	1/7		
			スポーツ・文化		英数国＋面	1/7		

(注1) 一般は5教科(英数国理社)または3教科(英数国)の得点率が高い方の結果で判定。
(注2) 英進科の募集人員(男女)は、Ⅰ類20名、Ⅱ類40名。普通科の募集人員は、進学コース60名、総合コース200名、美術デザインコース20名。美術デザインコースの推薦は作品提出、スポーツ・文化特待生は実技あり。普通科・総合ビジネス科の一般の単願は面接あり。

●群馬 高校

学　校　名		学科・コース		定員	試　験　科　目	試験日	授業料年額	初年度納入金
関東学園大附	共	普通	1回併願	240	英数国理社	1/7	396,000	669,650
			2回併願		英数国＋面	1/20		
			特別推薦		面	1/6		
			部活推薦		面作	1/6		
			一般推薦		面作	1/6・1/20		
共愛学園	(注1)共	普通	一般	230	英数国理社＋面	1/27	396,000	661,800
			推薦		面作	1/7・1/27・3/11		
			学特		英数国理社	1/8		
		英語	一般	130	英数国理社＋面	1/27		
			推薦		面作	1/7・1/27・3/11		
			学特		英数国理社	1/8		
桐生第一	(注2)共	普通 調理	特待	500	英数国理社	1/8	396,000	946,560
			一般		総合基礎力＋面	1/27		
			推薦		英数国＋面	1/8		
樹徳	(注3)共	普通	推薦	380	英数国＋面	1/6	396,000	616,000
			学業奨学生		英数国理社	1/6		
高崎健康福祉大学高崎	共	特進 大進 進学	学特Ⅰ	460	英数国理	1/8	360,000	726,290
			学特Ⅱ		英数国理社	1/20		
			一般		英数国＋面	1/20		
			推薦		英数国＋面	1/7		
		アスリート	推薦		英数国＋面	1/7		
高崎商科大附	(注4)共	普通	一般	380	英数国＋面	1/27	384,000	661,200
			推薦		基礎(英数国)＋面	1/7		
			学業奨学		英数国理社	1/8OR27		
			推薦特待		面作	1/7		
		総合 ビジネス	一般	120	英数国＋面	1/27		
			推薦		基礎(英数国)＋面	1/7		
			学業奨学		英数国理社	1/8OR27		
			推薦特待		面作	1/7		

(注1) 学特入試で、英検2級以上合格者またはTOEIC480点以上の者は加点あり。学特・一般の帰国生の試験科目は英数国＋面。英検推薦入試は面接(日本語・英語)のみ。
(注2) 定員は、普通科特別進学コース40名、進学スポーツコース120名(男子のみ)、総合コース250名、文化教養コース20名、製菓衛生師コース30名、調理科40名。他に、2次募集(3/16)あり。試験科目は面作。
(注3) 定員は、進学探究コースSSクラス10名、Kクラス70名、Sクラス35名、キャリア探究コースJクラス230名(内部進学者含む)。
(注4) 普通科の募集人員は、特別進学選抜コース50名、特別進学コース100名、進学コース230名。トライ入試(1/27、英数国理社)あり。

●群馬 高校

学　校　名	学科・コース		定員	試　験　科　目	試験日	授業料年額	初年度納入金
東京農業大学第二　(注1) 共	普通	一般	520	英数国理社	1/28	393,600	714,200
		推薦		英数国＋面	1/6		
		学業特待		英数国理社	1/6		
常磐　(注2) 共	普通	一般	300	英数国	1/27	384,000	734,000
		推薦		英数国＋面	1/13		
		学業特待		英数国理社＋面	1/6		
新島学園　(注3) 共	普通	推薦	200	面	1/12	402,600	670,600
		奨学生		英数国＋面	1/12		
前橋育英　共	普通	一般	510	英数国＋面	1/27	396,000	714,000
		推薦		英数国＋面	1/9		
		学特		英数国理社	1/7・1/27		
明和県央　共	普通	推薦		適性 (英数国)＋面	1/7	420,000	870,930
		奨学生A		英数国理社	1/6		
		奨学生B		英数国	1/20		

(注1) 定員は、グローバルコース20名、Iコース120名、Ⅱコース発展160名、標準100名、Ⅲコース120名。Ⅲコースは推薦・学業特待のみ。
(注2) 学業特待試験の面接は単願のみ。
(注3) 定員は併設型中学校からの進学者を含む。

SUPER INDEX

沿線別スーパーインデックス

最寄りの駅の沿線別に学校を掲載しています。

学校の特性が一目でわかるインデックス！

掲載ページ

スーパーインデックスの利用法

このインデックスは、各学校の学校案内や入試要項、アンケートなどをもとに作成してあります。志望校が絞りこめてきたら、最新情報の確認をしましょう。

❶最寄り駅と、駅からの**所要時間**。2駅以上の利用が可能な学校は、代表的な駅をとりました。

❷**学校名**。中・高併設されている場合は両方掲載されています。

❸**男女別**。中学と高校で違う場合は、それぞれ記入されています。ただし★印のものについては、学科やコースなどによって一部別の募集枠があります。

❹**設置学科**。おもに高校を中心としています。コースは記入されていません。

❺国算・英語数以外の学科や実技のある、**入試科目が多い**学校。一般受験の科目を基本としていますので、推薦や単願の場合は確認してください。

❻**推薦入試**の制度がある学校。各学校でしくみや名称が違うので、先生とよく相談して。

❼**スポーツ&芸術特待生**制度や、**一芸による選抜**制度を一部に採用している学校。体育や芸術の技能や才能を入試に生かすことができる。

❽一般入試受験時に、**面接がある**学校。

❾1回・2回、1次・2次など、**募集を2度以上**行う学校。1回目の募集をさらにA・Bに分けて実施する学校もあるので注意しよう。

❿複数の学科やコースがあり、**第二志望まで出願**できる高校。第一志望は「理数コース」、第二志望は「普通コース」に、というような作戦が立てられる。

⓫**入学金の延納**が可。公立高校を併願する場合、手続きや入学金の納付を公立の合格発表日までまってくれる（ただし一部延納も含まれています）。

⓬独自の**特待生制度**をもつ学校。難関大学進学への1ステップともいえそうだ。ほかに都県主催のものなど、公的機関の奨学金制度もある。

⓭**帰国子女**に特別選抜基準を設けている学校。一般的に英語を重視する学校が多く、国際交流も盛んだ。

⓮**学校見学**の日時を特に決めていないところ。志望校ならためらわずに見学に行こう。ただし事前に電話でのチェックを忘れずに。

⓯6年間の**中高一貫クラス**を開設。カリキュラムや情操教育など、さまざまな工夫や配慮がなされているはず。

⓰中学で高校の**カリキュラムを先取り**している学校。高校3年次は受験中心の授業になるので、進学希望者には有利なシステムともいえる。

⓱成績優秀者のために**特進コース**を設けている学校。受験に配慮されたカリキュラムになっているので、難関大学の現役合格にも有利。

⓲生徒の志望や特性により、進級時などに他の**学科やコースへの変更**が可能な高校。理系コースから文系コースに変更したい生徒や、志望大学が変わった生徒には有利なシステム。

⓳**進学**のための**補習授業**を実施している学校。志望校への現役合格を目標に、きめ細かな指導が行われている。

⓴**習熟度別**のクラス編成を実施。自分の実力に合った進み方なので、無理のない授業が受けられ、理解力もアップ。

㉑通信衛星による**サテライト講座**を導入している学校。学校にいながら予備校の講義を受けられる。

㉒予備校などの**公開模試**を校内で実施している学校。大学受験に向けて、自分の実力を定期的にチェックできる。

㉓私大の推薦入試で**推薦指定校**となっていたり、優先枠をもっている学校。希望校があるのなら、大学進学にちょっぴり有利。

㉔ワープロやパソコンなど、**コンピュータの授業**がある学校。これから覚えておきたい、新時代の家庭科ともいえそう。

㉕**英語検定**や**漢字検定**など、検定合格をめざして積極的に指導している学校。楽しく無理なく実力アップ。

㉖**外国人教師**による英語の授業がある学校。国際化時代に不可欠な英会話が、無理なく身につけられる。

㉗**特殊な資格の取得**ができる学校。授業の中で身につけた知識・技術をいかして取得できる資格は、就職に有利なものがイッパイ。

㉘**ユニークな科目や講座**をもつ学校。個性化時代の今、人とは違った学習ができるチャンスだ。

㉙**週休**または**隔週休2日制**を採用し、生徒一人ひとりの自主性を大切にしている学校。

㉚**全寮制**の学校もしくは**寮のある**学校。遠方からの受験者も安心して受けられるし、規律や集団生活を学習する場にもなりそう。

㉛すべての教室が**冷暖房完備**。快適環境の中で、のびのび学習できる。

㉜最近、**施設を新築または改築**した学校。最新設備をとり入れたり、とさまざまな工夫がこらされている。

㉝**学食**がある学校。豊富なメニュー選択で楽しいランチタイムが過ごせる。

㉞修道会が創立した**ミッション系学校**。校風に、カリキュラムに、キリスト教の教えが受け継がれている。

㉟**宗教の授業**が必修科目になっている学校。道徳や礼儀・マナーなどの時間とあわせて単位のひとつとして認められているところもある。

㊱**礼儀作法**やテーブルマナーを教えてくれる。優雅なスクールライフはまず日々のしつけから。

㊲修学旅行や留学システムなど、**海外との交流**を積極的にもっている学校。国際化時代の今、ぜひ気にしたい項目だ。

㊳**海外修学旅行**がある学校。国内とは違った想い出や感動がイッパイ体験できるはず。

㊴**制服がない**、または私服もOKの学校。高校生らしい思い思いの格好で、ぜひセンスあるスクールライフを。

㊵近年、**制服をリニューアル**している学校。なかにはデザイナーズ・ブランドもあって、オシャレなデザインでうきうき登校。

㊶このあと本文で出てくる学校の**紹介ページ**。なかには、特集で詳しく紹介されている学校もあります。

〈注〉
●がつけられた項目に対しては、全ての学科、コースが該当するとは限りません。一部のみ該当するものについても、印がついていますので注意してください。詳しくは本文（ガイドページ）をご参照ください。

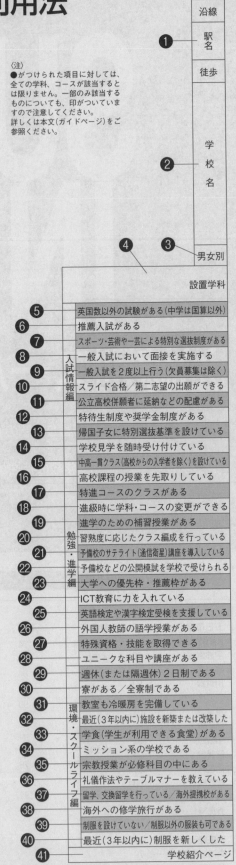

●山手線沿線の学校

	慶應義塾 中等部	慶應義塾女子 高等学校	品川女子学院 高等部 中等部	多摩大学目黒 中学校 高等学校	目黒日本大学 中学校 高等学校	聖心女子学院 中等科 高等科	青山学院 中等部	実践女子学園 中学校 高等学校	渋谷教育学園渋谷 中学校 高等学校	海城 中学校 高等学校	学習院女子 中等科 高等科	クラーク記念国際 高等学校（東京キャンパス）
沿線	山手線											
駅名	田町	田町	品川	目黒	目黒	恵比寿	渋谷	渋谷	渋谷	新大久保	高田馬場	高田馬場
徒歩	15	10	12	12	5	バス	12	10	7	5	20	5
男女別	共学	女子	女子	共学	共学	女子	共学	女子	共学	男子	女子	共学
設置学科		普通	普通	普通	普通	普通	普通	普通	普通	普通	普通	普通
入試情報編												
英国数以外の試験がある（中学は国算以外）	●	●	●	中●	中●		中●	●		中●	●	●
推薦入試がある		●		高●	高●		高●					
スポーツ・芸術や一芸による特別な選抜制度がある												●
一般入試において面接を実施する	●			高●	高●	中●						●
一般入試を2度以上行う（欠員募集は除く）			●	●	高●			●	●	中●		●
スライド合格／第二志望の出願ができる												
公立高校併願者に延納などの配慮がある												
特待生制度や奨学金制度がある		●						高●	●	●		●
帰国子女に特別選抜基準を設けている		●	●	中●				高●		中●	●	●
学校見学を随時受け付けている		●									●	●
勉強・進学編												
中高一貫クラス（高校からの入学者を除く）を設けている			●					●			●	●
高校課程の授業を先取りしている	●		●					●	●	●		
特進コースのクラスがある				●	高●							●
進級時に学科・コースの変更ができる			●		●							●
進学のための補習授業がある								●		●		●
習熟度に応じたクラス編成を行っている				●	中●			●	中●	高●		
予備校のサテライト（通信衛星）講座を導入している												
予備校などの公開模試を学校で受けられる			高●			高●				●		
大学への優先枠・推薦枠がある				●	●		高●					●
ICT教育に力を入れている			中●				高●		●			●
英語検定や漢字検定受検を支援している			●	●	●	●		高●	●	中●		●
外国人教師の語学授業がある	●	●	●			●		●	●			●
特殊資格・技能を取得できる												●
ユニークな科目や講座がある	●				高●							●
環境・スクールライフ編												
週休（または隔週休）2日制である								●				●
寮がある／全寮制である												
教室も冷暖房を完備している	●	●	●	●	●	●	●	●	●	●	●	●
最近（3年以内に）施設を新築または改築した			●			●						
学食（学生が利用できる食堂）がある				●					高●			
ミッション系の学校である						●	●					
宗教授業が必修科目の中にある						●	●					
礼儀作法やテーブルマナーを教えている			中●		中●			●			●	
留学、交換留学を行っている／海外提携校がある	●	●	●	●	中●	●			高●	高●		
海外への修学旅行がある			中●		●				高●	●		
制服を設けていない／制服以外の服装も可である												
最近（3年以内に）制服を新しくした			●			●						
学校紹介ページ	148	149	184	242	339	221	107	180	188	126	132	147

●山手線沿線の学校

		山手線											
沿線		高田馬場	目白		池袋					大塚	巣鴨		
駅名		高田馬場	目白		池袋					大塚	巣鴨		
徒歩		8	5	1	15	15	7	15	10	10	5	7	3
学校名		保善 高等学校	学習院 中等科	川村 高等学校 中学校	東京音楽大学付属 高等学校	昭和鉄道 高等学校	豊島岡女子学園 中学校 高等学校	豊島学院 高等学校	立教池袋 高等学校 中学校	巣鴨 中学校 高等学校	十文字 中学校 高等学校	東洋女子 高等学校	本郷 中学校 高等学校
男女別		男子	男子	女子	共学	共学	女子	共学	男子	男子	女子	女子	男子
設置学科		普通	普通	普通	音楽	鉄道	普通	普通	普通	普通	普通	普通	普通
入試情報編	英国数以外の試験がある（中学は国算以外）		中●	中●	●		●		●	●	中●		●
	推薦入試がある	●		高●	●	●		●			高●	●	
	スポーツ・芸術や一芸による特別な選抜制度がある			中●								●	
	一般入試において面接を実施する	●	高●	高●		●			●	●	高●		
	一般入試を2度以上行う（欠員募集は除く）	●	中●	高●					中●	中●			●
	スライド合格／第二志望の出願ができる	●									●	●	
	公立高校併願者に延納などの配慮がある	●		●							●	●	
	特待生制度や奨学金制度がある	●	●	●			●				●	●	
	帰国子女に特別選抜基準を設けている		中●						●				
	学校見学を随時受け付けている	●		●			●				●	●	
勉強・進学編	中高一貫クラス（高校からの入学者を除く）を設けている						●						
	高校課程の授業を先取りしている						●						
	特進コースのクラスがある	●							●		高●	●	高●
	進級時に学科・コースの変更ができる	●							●				●
	進学のための補習授業がある	●						●		高●			
	習熟度に応じたクラス編成を行っている	●		●						●			高●
	予備校のサテライト（通信衛星）講座を導入している												
	予備校などの公開模試を学校で受けられる	●		●			●			高●			
	大学への優先枠・推薦枠がある	●	●	●	●		●		●	●	●	●	●
	ICT教育に力を入れている	●	●	●	●		●		●	●	●	●	●
	英語検定や漢字検定受検を支援している	●		●		●					中●		中●
	外国人教師の語学授業がある	●	●	●			●		●				中●
	特殊資格・技能を取得できる					●							
	ユニークな科目や講座がある	●											
環境・スクールライフ編	週休（または隔週休）2日制である			●									
	寮がある／全寮制である				●								
	教室も冷暖房を完備している	●	●	●	●	●	●	●	●	●	●	●	●
	最近（3年以内に）施設を新築または改築した												
	学食（学生が利用できる食堂）がある	●	●				●				高●	●	●
	ミッション系の学校である								●				
	宗教授業が必修科目の中にある								●				
	礼儀作法やテーブルマナーを教えている		●				中●				●	●	
	留学、交換留学を行っている／海外提携校がある		●	●			●		●		高●	●	●
	海外への修学旅行がある												
	制服を設けていない／制服以外の服装も可である												
	最近（3年以内に）制服を新しくした	●				●					●		
学校紹介ページ		320	131	133	257	206	280	281	344	213	193	277	322

●山手線・銀座線・丸ノ内線沿線の学校

	山手線					銀座線	丸ノ内線										
	駒込			西日暮里	上野		外苑前	新大塚	茗荷谷		後楽園		赤坂見附		中野坂上		東高円寺
	7	5	5	2	すぐ	8	5	3	2	1	8	5	5	5	3	3	8
	女子聖学院 高等学校中学校	聖学院 中学校	文京学院大学女子 中学校高等学校	開成 中学校高等学校	岩倉 高等学校	上野学園 中学校高等学校	国学院 高等学校	東邦音楽大学附属東邦 中学校高等学校	跡見学園 中学校高等学校	貞静学園 中学校高等学校	小石川淑徳学園 高等学校中学校	中央大学 高等学校	山脇学園 中学校高等学校	実践学園 中学校高等学校	宝仙学園 中学校高等学校	宝仙学園 高等学校	女子美術大学付属 高等学校中学校
	女子	男子	女子	男子	共学	共学	共学	共学	女子	共学	女子	共学	女子	共学	共学	女子	女子
	普通	普通	普通	普通	普通運輸	普通音楽国際コース	普通	普通	普通	普通	普通	普通	普通	普通	普通	こども教育コース	普通
	●	●	中●	●		中●	●	●	●	中●	●	●	●	中●	●	●	
		高●	高●		●	高●	●	高●		●	高●	●			高●	高●	●	高●
								●									
		●	高●		●	高●	●		●	●			●		●		
	●	中●	高●		●		●	●	●	●	●	●			●		中●
			●		●		●	●	●	●					●	●	
	●	●	●		●		●	●	●	●	●	●			●		
	●	●	●		●		●	●					●	●			
	中●	●	●				●			●			●	●			
			●							●			●	●			
	●	●	●	●						●				●			
		●	高●		●	高●				●	高●			高●			
			●		●		●							●			
	●	●	●		●		●			●	●			●			
	中●	●	●		●						●	高●		中●			
			●		●									●			
		高●	高●		●		●	●			高●			高●			
		●	●		●		●	●	●	●	●		●	●		●	●
	●	●	●		●		●	●	●	●	●	●	●	●			●
	●	●	●	●	●		●	●	●	●	●	●	●	●			●
					●			●									
		●	●		●		●	●	●	高●		●	●		中●		
							●										
														●			
	●	●	●		●		●	●	●	●	●	●	●		●		
		●	中●	高●			●	●	●	●	●		●				
	●	●									●						
	●	●															
	●	●	中●					●	中●		●	●	中●				
	●	●	●		●	高●	●		●	●	高●	●	高●	●	高●	●	
		●	●	高●							●	中●		●	●		
		●															
	208	216	313	127	114	115	164	273	110	250	155	244	343	179	316	317	209

●丸ノ内線・都営浅草線・都営大江戸線沿線の学校

沿線		丸ノ内線			都営浅草線						都営大江戸線		
駅名		東高円寺	新高円寺	方南町	西馬込	中延	高輪台	高輪台	泉岳寺	泉岳寺	西新宿五丁目	麻布十番	牛込柳町
徒歩		5	8	5	5	9	1	5	3	10	5	5	1
学校名		新渡戸文化 中学校高等学校	東京立正 中学校高等学校	佼成学園 中学校高等学校	立正大学付属立正 中学校高等学校	朋優学院 高等学校	頌栄女子学院 中学校高等学校	明治学院 高等学校	高輪 中学校高等学校	東海大学付属高輪台 高等学校中等部	関東国際 高等学校	東洋英和女学院 中学部高等部	成城 中学校高等学校
男女別		共学	共学	男子	共学	共学	女子	共学	男子	共学	共学	女子	男子
設置学科		普通	普通	普通	普通	普通	普通	普通	普通	普通	普通 外国語	普通	普通
入試情報編	英国数以外の試験がある（中学は国算以外）	中●	中●	中●	●	●	●		●	中●	●	●	●
	推薦入試がある	高●	高●	高●	高●	●		●		高●	●		
	スポーツ・芸術や一芸による特別な選抜制度がある	中●	●										
	一般入試において面接を実施する	●	高●		高●					高●			
	一般入試を2度以上行う（欠員募集は除く）	●	●	●	●	●	●	●	●	中●	●		
	スライド合格／第二志望の出願ができる		●		●						●		
	公立高校併願者に延納などの配慮がある		●		●	●		●					
	特待生制度や奨学金制度がある		●		●	●		●				●	
	帰国子女に特別選抜基準を設けている			●		●	●			●		●	
	学校見学を随時受け付けている	●								●	●		
勉強・進学編	中高一貫クラス（高校からの入学者を除く）を設けている		●							●		●	●
	高校課程の授業を先取りしている	●		●	●			●					●
	特進コースのクラスがある	●	高●	●		●							
	進級時に学科・コースの変更ができる				●								
	進学のための補習授業がある		●	●	●	●				●		●	●
	習熟度に応じたクラス編成を行っている		中●	中●	●	●		●		●		●	
	予備校のサテライト（通信衛星）講座を導入している												
	予備校などの公開模試を学校で受けられる		●									高●	
	大学への優先枠・推薦枠がある				●	●	●	●	●	●		●	
	ICT教育に力を入れている	●	●	●	●	●	●		●	●			
	英語検定や漢字検定受検を支援している		●		●	●				●		●	
	外国人教師の語学授業がある	中●	●	中●			●		●	中●	●	●	
	特殊資格・技能を取得できる										●	高●	
	ユニークな科目や講座がある	●	●		高●	●		●					
環境・スクールライフ編	週休（または隔週休）2日制である						●						
	寮がある／全寮制である												
	教室も冷暖房を完備している	●	●	●	●	●	●	●	●	●		●	●
	最近（3年以内に）施設を新築または改築した								●			●	
	学食（学生が利用できる食堂）がある		●	●			高●	●	●	●			●
	ミッション系の学校である		●				●	●				●	
	宗教授業が必修科目の中にある		●				●	●				●	
	礼儀作法やテーブルマナーを教えている		●					●		中●		高●	高●
	留学、交換留学を行っている／海外提携校がある		●						●	高●		高●	高●
	海外への修学旅行がある		●			●			高●	●		●	
	制服を設けていない／制服以外の服装も可である												
	最近（3年以内に）制服を新しくした									●			
学校紹介ページ		286	270	161	347	319	199	331	235	254	135	276	219

72

● 都営大江戸線・りんかい線・日比谷線・東西線・都営三田線沿線の学校

都営大江戸線		りんかい線	日比谷線				東西線					都営三田線				
両国		東雲	広尾			神谷町	早稲田	九段下		竹橋	西葛西	三田		御成門	白山	
1	3	8	10	1	12	5	1	6	3	5	3	2	7	5	6	3
日本大学第一 中学校・高等学校	安田学園 中学校・高等学校	かえつ有明 中学校・高等学校	麻布 中学校	広尾学園 中学校・高等学校	東京女学館 中学校・高等学校	芝 中学校・高等学校	早稲田 中学校・高等学校	二松学舎大学附属 高等学校	和洋九段女子 中学校・高等学校	正則学園 高等学校	滋慶学園 高等学校	芝国際 中学校・高等学校	普連土学園 中学校・高等学校	正則 高等学校	東洋大学京北 中学校・高等学校	京華 中学校・高等学校
共学	共学	共学	男子	共学	女子	男子	男子	共学	女子	男子	共学	共学	女子	共学	共学	男子
普通	普通	普通	普通	普通	普通	普通	普通	普通	普通	普通	普通	普通	普通	普通	普通	普通
●	中●	●	●	中●			●		●	●	●	●	●		中●	中●
高●	高●							●	高●	●	●			●	高●	高●
																高●
高●				高●				●	高●	●	●			●		高●
中●	●			●	●	●		●	中●	●	●	●		●	●	高●
	●			●				●								●
●	●			●				●	●	●	●					●
	高●	●		●				●	中●	●	●					●
		●		●				●	●	●						●
					●	●		●	●	●						●
				●	●			●	●	●						●
	中●			●				●		●	●					●
	●			●				●	●	●						●
●	●	高●		●	●	中●		●	●	●	●		高●	●		
中●				●				●					高●	●		
	●	高●		●	●	●	●	●	●	●	●	●	●	●		高●
●	●			●	●	●	●	●	●	●	●	●	●			
●	●	●		●	●	●	●	●	●	●	●	●	●			
●	中●	●	●	●	中●		●	●	●	●	●	●	●			
											●					
	●	●		●	●	中●		●	●	●	●	高●				
											●					
●	●	●	●	●	●	●	●	●	●	●	●	●				●
								●				●	●			●
		●	●	●	●		●	●				●			●	●
						●							●			
													●			
				●	●		高●		中●	●		●				●
●	高●	●	高●	●	●		高●		高●			●	高●			●
	高●	高●		●					中●	●		高●			中●	●
				●							●					
	●											●				
294	342	129	108	303	262	185	349	285	352	223	178	187	310	222	278	150

● 都営三田線・有楽町線沿線の学校

	京華商業 高等学校	京華女子 中学校高等学校	広尾学園小石川 中学校高等学校	淑徳巣鴨 中学校高等学校	武蔵野 中学校高等学校	大東文化大学第一 高等学校	豊南 高等学校	獨協 中学校高等学校	日本大学豊山 中学校高等学校	三輪田学園 中学校高等学校	麹町学園女子 中学校高等学校	女子学院 中学校高等学校
沿線	都営三田線						有楽町線					
駅名	白山	白山	千石	西巣鴨	西巣鴨	西台	千川	護国寺	護国寺	市ヶ谷	麹町	麹町
徒歩	3	3	2	3	8	10	10	8	1	7	1	3
男女別	共学	女子	共学	共学	共学	共学	共学	男子	男子	女子	女子	女子
設置学科	商業	普通	普通	普通	普通	普通	普通	普通	普通	普通	普通	普通
入試情報編												
英国数以外の試験がある(中学は国算以外)	中●	●	中●	中●				中●	●	●	●	
推薦入試がある	●	高●		高●	高●	●	●			高●		高●
スポーツ・芸術や一芸による特別な選抜制度がある	●	高●								高●		
一般入試において面接を実施する	●	●			●	●	●				中●	●
一般入試を2度以上行う(欠員募集は除く)	●	●			中●		●	●	●		中●	
スライド合格/第二志望の出願ができる	●	●		●			●					
公立高校併願者に延納などの配慮がある		●	●	●			●					
特待生制度や奨学金制度がある	●	●	●	●				中●	●		●	
帰国子女に特別選抜基準を設けている		●	●	●				中●				
学校見学を随時受け付けている	●	●	●	●				中●				
勉強・進学編												
中高一貫クラス(高校からの入学者を除く)を設けている			●	●								
高校課程の授業を先取りしている			●	●				●	●	●	●	●
特進コースのクラスがある		高●		●	高●	●					高●	
進級時に学科・コースの変更ができる		●	●		●			●				
進学のための補習授業がある	高●	●	●		高●		●	高●	●	高●	●	
習熟度に応じたクラス編成を行っている			●			●		中●			●	高●
予備校のサテライト(通信衛星)講座を導入している												
予備校などの公開模試を学校で受けられる		●	●				●				高●	
大学への優先枠・推薦枠がある	●	●	●		●	●	●	●	●	●	●	●
ICT教育に力を入れている	●	●	●	●	●			●	●	●	●	●
英語検定や漢字検定受検を支援している	●	●	●	●	●	●	●	●	●	●	●	●
外国人教師の語学授業がある	●	●	●	●	●	●	●	●	●	●	●	●
特殊資格・技能を取得できる	●									●		
ユニークな科目や講座がある			●	●								高●
環境・スクールライフ編												
週休(または隔週休)2日制である												●
寮がある/全寮制である					●							
教室も冷暖房を完備している	●	●	●				●	●	●	●	●	●
最近(3年以内に)施設を新築または改築した	●	●	●	●								
学食(学生が利用できる食堂)がある	●	●		●	●	●	●					
ミッション系の学校である				●								●
宗教授業が必修科目の中にある				●								●
礼儀作法やテーブルマナーを教えている					●				中●	●		
留学、交換留学を行っている/海外提携校がある		高●	●		高●					高●	●	
海外への修学旅行がある		中●	●					高●			高●	
制服を設けていない/制服以外の服装も可である											●	
最近(3年以内に)制服を新しくした			●		●						●	
学校紹介ページ	151	152	304	195	327	234	318	282	298	325	160	207

有楽町線		半蔵門線	都営新宿線		南 北 線					京 浜 急 行 線						
麹町	豊洲	清澄白河	曙橋	東大島	東大前		本駒込	王子神谷		大森町	糀谷	花月園前	生麦	黄金町	能見台	金沢八景
5	7	3	5	12	5	5	5	5	7	5	7	10	5	5	2	15
武蔵野大学附属千代田 千代田国際中学校 高等学院	芝浦工業大学附属 中学校 高等学校	中村 高等学校 中学校	成女 学園中学校 高等学校	中央学院大学中央 高等学校	郁文館 中学校 高等学校	郁文館グローバル 高等学校	駒込 中学校 高等学校	東京成徳大学 中学校	東京成徳大学 高等学校	大森学園 高等学校	羽田国際 高等学校	鶴見大学附属 中学校 高等学校	法政大学国際 高等学校	関東学院 中学校 高等学校	横浜 高等学校 中学校	関東学院六浦 中学校 高等学校
共学	共学	女子	女子	共学	共学	共学	共学	共学	共学	共学★	共学	共学	共学	共学	共学★	共学
普通	普通	普通	普通	商業 普通	普通	国際	普通		普通	普通 工業	普通	普通	普通	普通	普通	普通
中●	中●	●	●		中●		●	●	●			中●	●	中●	中●	中●
高●	高●	高●	高●	●	高●	●	高●		●	●	●	高●	●		高●	高●
		中●						●	●	●					高●	中●
	高●	高●	●	●	高●	●	高●		●	●						
	中●	中●					●	●	●		●	●		中●	中●	中●
			●												●	
●	●	●	●		●	●	●	●	●		●	●			●	●
●	●		●		●	●	●	●	●		●	●			●	●
			●		中●	●	●		●					中●		
	●											●			●	
●	●		●		●		●		●		●	●			●	●
高●					●	●	●	●	●		●	●				高●
			●					●								
			●	●	●	●	●	●	●			●			高●	高●
中●	●		●		●		中●	●	●			●				
															●	
●	●	高●	●			●	●	●	●			●				
●	●	●	●	●	●	●	●	●	●		●	●		●	●	●
●	●	●	●	●	●	●	●	●	●		●	●		●	●	●
	●			●						●						
	●	高●				●	高●									中●
			●	●										●		
					●											高●
●	●	●	●		●		●	●	●			●		●	●	●
●											●				高●	
	●	●	●		●		高●									
●											●			●		
●														●		
			●			●								●		
	高●	●	●												高●	高●
高●	●			●	高●		高●		●			中●			高●	●
															●	
中●					中●						●					
329	186	284	218	243	112	113	168	264	265	125	302	404	418	371	426	372

● 有楽町線・半蔵門線・都営新宿線・南北線・京浜急行線沿線の学校

●京浜急行線・京浜東北線沿線の学校

沿線	京浜急行線				京浜東北線							
駅名	追浜	汐入	横須賀中央	北久里浜	大宮	大宮	新都心	さいたま新都心	北浦和	浦和	西川口	赤羽
徒歩	15	7	10	12	12	バス7	7	スクールバス20	8	14	10	10
学校名	横浜創学館 高等学校	緑ヶ丘女子 中学校高等学校	横須賀学院 中学校高等学校	湘南学院 高等学校	クラーク記念国際 高等学校 さいたまキャンパス	大宮開成 中学校高等学校	淑徳与野 高等学校	青山学院大学系属浦和ルーテル学院 中学校高等学校	浦和麗明 高等学校	浦和実業学園 中学校高等学校	武南 中学校高等学校	サレジアン国際学園 中学校高等学校
男女別	共学	女子	共学	共学	共学	共学	女子	共学	共学	共学	共学	共学
設置学科	普通	普通	普通	普通	普通	普通	普通	普通	普通	普通／商業	普通	普通

入試情報編

項目	横浜創学館	緑ヶ丘女子	横須賀学院	湘南学院	クラーク	大宮開成	淑徳与野	青山学院浦和ルーテル	浦和麗明	浦和実業学園	武南	サレジアン国際学園
英国数以外の試験がある(中学は国算以外)			中●		●	中●	中●	中●		中●	中●	中●
推薦入試がある	●	高●	高●	●	●			高●	●	高●		高●
スポーツ・芸術や一芸による特別な選抜制度がある	●		高●		●							
一般入試において面接を実施する			中●		●		高●			中●	●	
一般入試を2度以上行う(欠員募集は除く)		高●	●	●	●	●	●	●		高●	●	
スライド合格／第二志望の出願ができる		●		●		●		●		高●	●	
公立高校併願者に延納などの配慮がある	●	●	●	●		●	●	●	●	●	●	
特待生制度や奨学金制度がある	●	●	●	●	●	●	●	●	●	●	●	●
帰国子女に特別選抜基準を設けている		中●	●									中●
学校見学を随時受け付けている		●										

勉強・進学編

項目	横浜創学館	緑ヶ丘女子	横須賀学院	湘南学院	クラーク	大宮開成	淑徳与野	青山学院浦和ルーテル	浦和麗明	浦和実業学園	武南	サレジアン国際学園
中高一貫クラス(高校からの入学者を除く)を設けている			●				●	●		●	●	
高校課程の授業を先取りしている			●				●	●				
特進コースのクラスがある	●	高●	高●	●	●		●			高●	高●	
進級時に学科・コースの変更ができる	●	●	●	●	●		●			高●		
進学のための補習授業がある		高●	高●						●	●		
習熟度に応じたクラス編成を行っている			●				●	●	●	●	高●	●
予備校のサテライト(通信衛星)講座を導入している					●					●		
予備校などの公開模試を学校で受けられる		高●	高●				●	高●			高●	
大学への優先枠・推薦枠がある	●	●	●	●	●	●	●	●	●	●	●	●
ICT教育に力を入れている	●	●	●	●	●	●	高●	●	●	●	●	●
英語検定や漢字検定受検を支援している	●	●	●	●	●	●	●	●	●	●	●	●
外国人教師の語学授業がある			●		●	中●	●	●		●	●	
特殊資格・技能を取得できる	●	高●		●	●					高●		
ユニークな科目や講座がある				高●	●	高●						

環境・スクールライフ編

項目	横浜創学館	緑ヶ丘女子	横須賀学院	湘南学院	クラーク	大宮開成	淑徳与野	青山学院浦和ルーテル	浦和麗明	浦和実業学園	武南	サレジアン国際学園
週休(または隔週休)2日制である		●	●	●	●	●			●	●	高●	
寮がある／全寮制である												
教室も冷暖房を完備している	●	●	●	●	●	●	●	●	●	●	●	●
最近(3年以内に)施設を新築または改築した		●								●		
学食(学生が利用できる食堂)がある	●	中●	●				●		●	●	高●	
ミッション系の学校である			●					●				●
宗教授業が必修科目の中にある		●	●					●				●
礼儀作法やテーブルマナーを教えている		●										
留学、交換留学を行っている／海外提携校がある	●				●				●			高●
海外への修学旅行がある	●		高●				高●					
制服を設けていない／制服以外の服装も可である									高●			
最近(3年以内に)制服を新しくした	●		●								●	
学校紹介ページ	434	422	425	387	512	506	523	498	503	502	538	174

●京浜東北線・根岸線沿線の学校

	京浜東北線														根岸線	
東十条	王子	王子	王子	王子	上中里	上中里	大井町	大井町	蒲田	鶴見	鶴見	鶴見	新子安	横浜	桜木町	石川町
8	3	7	3	10	2	7	10	6	3	バス	バス10	バス	8	10	5	7
成立学園 中学校・高等学校	安部学院 高等学校	桜丘 中学校・高等学校	順天 中学校・高等学校	駿台学園 中学校・高等学校	瀧野川女子学園 中学校・高等学校	青稜 中学校・高等学校	品川学藝 高等学校	品川エトワール女子 高等学校	東京実業 高等学校	聖ヨゼフ学園 中学校・高等学校	橘学苑 高等学校	白鵬女子 高等学校	浅野 中学校・高等学校	神奈川学園 中学校・高等学校	クラーク記念国際 高等学校（横浜キャンパス）	フェリス女学院 中学校・高等学校
共学	女子	共学	共学	共学	女子	共学	女子	女子	共学	共学	共学	女子	男子	女子	共学	女子
普通	商業	普通	普通	普通	普通	普通	音楽	普通	普通機械電気	普通	普通	普通	普通	普通	普通	普通
●		●	中●	中●	中●			●		中●	●		中●	●	●	中●
高●	●	高●	高●	高●	高●			●	●	高●	●	●			●	
								●							●	
	●			高●	高●					中●	●	●			●	
中●		中●	高●		中●	中●		●		中●					●	
		●	●	●	●		●		●	●	●				●	
●		●	●	●	●			●		●	●	●				●
								●		●						
	●		●	●						●						●
●			●				●			●			●			
高●		中●	高●	高●	高●		●			●		●			●	
●			●	●			●		●	●	●				●	
		●	●	●	高●		●			●	高●	●	高●		●	
●		中●		●			●			●		●			●	
			●				●			●					●	
		高●					●			●		●				
●	●	●	●	●			●			●	●	●			●	
●		●	●	●	高●		●			●	●	●			●	
●		●	●	●	高●		●			●	●	●			●	
●		●	●	●	高●		●			●	●	●	中●		●	
	●							●	●	●		●			●	
●		●	●	●	高●	中●	●			●	●					高●
	●						●	●		●	●					
	●											●				
●	●	●	●	●	●		●			●	●	●			●	
●				中●								●				
		●	●	●								●				●
										●						●
										●						
	●		●			●			●					●		
		●			高●		●			高●		●				
高●			高●	高●	高●	高●	●	●			●	●		中●		
●								●								
227	111	173	196	215	236	228	182	181	260	396	401	413	357	365	377	415

●根岸線・横須賀線沿線の学校

	横浜女学院 中学校高等学校	横浜共立学園 中学校高等学校	聖光学院 中学校高等学校	横浜学園 高等学校	山手学院 中学校高等学校	品川翔英 中学校高等学校	横浜清風 高等学校	鎌倉学園 中学校高等学校	北鎌倉女子学園 中学校・高等学校	鎌倉女学院 中学校高等学校	逗子開成 中学校高等学校	聖和学院 中学校高等学校
沿線	根岸線				横須賀線							
駅名	石川町	石川町	山手	根岸	港南台	西大井	保土ヶ谷	北鎌倉	北鎌倉	鎌倉	逗子	逗子
徒歩	7	10	8	バス15	12	6	8	13	7	7	10	8
男女別	女子	女子	男子	共学	共学	共学	共学	男子	女子	女子	男子	女子
設置学科	普通	普通	普通	普通	普通	普通	普通	普通	普通 音楽	普通	普通	普通 英語
入試情報編 英国数以外の試験がある（中学は国算以外）	●	●	●		中●	中●		●	中●	●	中●	
推薦入試がある				●		高●	●		高●			高●
スポーツ・芸術や一芸による特別な選抜制度がある									●			中●
一般入試において面接を実施する						高●	●					高●
一般入試を2度以上行う（欠員募集は除く）	中●	●	●		●	●		●				
スライド合格／第二志望の出願ができる						●						
公立高校併願者に延納などの配慮がある						●	●	高●				
特待生制度や奨学金制度がある	●			●			●		高●			
帰国子女に特別選抜基準を設けている	●							●	高●			
学校見学を随時受け付けている	●											
中高一貫クラス（高校からの入学者を除く）を設けている	●				●	●						
勉強・進学編 高校課程の授業を先取りしている	中●	●	●		●			中●			●	中●
特進コースのクラスがある				●		高●	●		高●			
進級時に学科・コースの変更ができる	●			●	●							
進学のための補習授業がある	●	高●	高●			高●					高●	高●
習熟度に応じたクラス編成を行っている	●	高●	高●			中●				高●		高●
予備校のサテライト（通信衛星）講座を導入している												
予備校などの公開模試を学校で受けられる	●	高●			高●					高●	高●	
大学への優先枠・推薦枠がある	●	●	●	●	●			高●		●	●	
ICT教育に力を入れている	●	●	●	●	●							●
英語検定や漢字検定受検を支援している	●	●	●	●	●	●	●			●	●	●
外国人教師の語学授業がある	●	●	●		●	●	●					●
特殊資格・技能を取得できる												
ユニークな科目や講座がある	●		●		●	中●						
環境・スクールライフ編 週休（または隔週休）2日制である		●		●	●			●	●			
寮がある／全寮制である												
教室も冷暖房を完備している	●	●	●	●	●							●
最近（3年以内に）施設を新築または改築した		●			●			●				
学食（学生が利用できる食堂）がある			●		●							
ミッション系の学校である	●	●										●
宗教授業が必修科目の中にある	●	●	中●									●
礼儀作法やテーブルマナーを教えている				●				高●				
留学、交換留学を行っている／海外提携校がある					●	●			●			●
海外への修学旅行がある	●				●	●						
制服を設けていない／制服以外の服装も可である									高●			
最近（3年以内に）制服を新しくした	●											●
学校紹介ページ	430	428	392	427	424	183	432	367	374	368	391	397

78

●横須賀線・湘南モノレール・東海道本線・相模鉄道線沿線の学校

横須賀線	湘南モノレール	東海道本線											相模鉄道線			
衣笠	片瀬山	大船				藤沢		辻堂		平塚	小田原		西谷	希望ヶ丘	二俣川	いずみ野
5	7	15	バス10	バス8	バス5	15	15	15	バス8	15	5	15	17	18	15	8
三浦学苑 高等学校	湘南白百合学園 中学校高等学校	栄光学園 中学校高等学校	鎌倉女子大学 中等部高等部	公文国際学園 中等部高等部	清泉女学院 中学校高等学校	鵠沼 高等学校	藤嶺学園藤沢 中学校高等学校	湘南工科大学附属 高等学校	アレセイア湘南 中学校高等学校	平塚学園 高等学校	旭丘 高等学校	相洋 中学校高等学校	横浜商科大学 高等学校	横浜隼人 中学校高等学校	横浜富士見丘学園 中学校高等学校	秀英 高等学校
共学	女子	男子	女子	共学	女子	共学	男子	共学	共学	共学	共学	共学	共学	共学	共学	共学
普通 工業技術	普通	普通	普通	普通	普通	普通	普通	普通	普通	普通	普通 総合	普通	普通 商業	普通 国際語	普通	普通
	中●	中●	中●	●	●		中●		中●			●		中●	中●	
●		高●	高●			●	高●	●	高●	●	●	高●	●	高●	高●	●
●						●		●			●			中●	中●	●
						●	高●					中●		●	中●	●
	中●		●		●				中●			●		●	●	
●						●								●	●	●
●			●		●	●								●	●	●
			●		●							中●		●	●	
			●		●									●	●	
	中●		●											●	●	
			●					高●				高●		高●	高●	
●			●		●							●		中●	●	
●			●		●									高●	高●	
	●		●	●								●		中●	高●	
												●				
●			●		●		高●	●				●	高●	●	●	
●	高●		●		●	●	●	●	●	●	●	●	●			●
●			●		●	●	●	●	●	●	●	●			高●	
●			●								●					
●			●				中●		高●			中●	●			
				●								高●	●			
●			●		●								●		●	
●			●				●					●				
●			●				●					●	●			
		●	●		●											
		●	●		●		中●									
			●			●				●					●	
			●	●	●							●				
●			●	●			高●	●		●		高●			中●	
				●												
										●			●			●
420	390	361	369	376	395	375	409	389	360	414	358	400	429	435	436	386

●東急（目黒線・池上線・多摩川線・大井町線・東横線）沿線の学校

沿線	東急目黒線		東急池上線		東急多摩川線		東急大井町線		東急東横線			
駅名	不動前	旗の台	旗の台	雪が谷大塚	鵜の木	矢口渡	九品仏	等々力	中目黒	都立大学	都立大学	自由が丘
徒歩	1	5	3	7	5	7	3	10	5	8	7	7
学校名	攻玉社 中学校/高等学校	香蘭女学校 中等科/高等科	文教大学付属 中等科/高等科	清明学園 中学校	東京 高等学校	日本体育大学荏原 高等学校	玉川聖学院 中等部/高等部	東京都市大学等々力 中学校/高等学校	目黒学院 中学校/高等学校	トキワ松学園 中学校/高等学校	八雲学園 中学校/高等学校	自由ヶ丘学園 高等学校
男女別	男子	女子	共学	共学	共学	共学	女子	共学	共学	女子	共学★	共学
設置学科	普通	普通	普通		普通	普通	普通	普通	普通	普通	普通	普通
入試情報編												
英国数以外の試験がある(中学は国算以外)	●	●	中●			●	中●	中●	中●		中●	
推薦入試がある			高●		●	●	高●		高●	高●	高●	●
スポーツ・芸術や一芸による特別な選抜制度がある						●	中●					
一般入試において面接を実施する				●	●	●		高●	高●	高●		●
一般入試を２度以上行う（欠員募集は除く）	●		●				●	中●			中●	
スライド合格／第二志望の出願ができる						●						
公立高校併願者に延納などの配慮がある			●									
特待生制度や奨学金制度がある	●		●			●		●			●	●
帰国子女に特別選抜基準を設けている	●		●				中●	中●				
学校見学を随時受け付けている			●		●	●		●	●		●	●
勉強・進学編												
中高一貫クラス（高校からの入学者を除く）を設けている	●							●				
高校課程の授業を先取りしている	●							●				
特進コースのクラスがある	●				●	●		●	高●		●	●
進級時に学科・コースの変更ができる			●				●	●				
進学のための補習授業がある	●	●		●	●		●	●			●	●
習熟度に応じたクラス編成を行っている	高●			●			●	●				
予備校のサテライト（通信衛星）講座を導入している						●						
予備校などの公開模試を学校で受けられる	●		●			●			●	高●		
大学への優先枠・推薦枠がある												
ICT教育に力を入れている	●											
英語検定や漢字検定受検を支援している	●	●				●						●
外国人教師の語学授業がある	中●	●				●						●
特殊資格・技能を取得できる												
ユニークな科目や講座がある	中●					●		高●				●
環境・スクールライフ編												
週休（または隔週休）２日制である				●			●					●
寮がある／全寮制である						●						
教室も冷暖房を完備している	●	●	●		●	●		●	●	●	●	●
最近（3年以内に）施設を新築または改築した				●								
学食（学生が利用できる食堂）がある	●		●		●	●		高●	●			
ミッション系の学校である		●					●					
宗教授業が必修科目の中にある		●					●					
礼儀作法やテーブルマナーを教えている		●							●	高●	●	
留学、交換留学を行っている／海外提携校がある	●					●		●				
海外への修学旅行がある					●	●		高●			中●	●
制服を設けていない／制服以外の服装も可である												
最近（3年以内に）制服を新しくした		●				●						
学校紹介ページ	159	163	314	226	256	291	240	267	338	279	341	190

●東急（東横線・世田谷線・田園都市線）沿線の学校

	東急東横線									東急世田谷線		東急田園都市線				
	田園調布	武蔵小杉		日吉			菊名	妙蓮寺	白楽	反町	松陰神社前	宮の坂	三軒茶屋	桜新町	用賀	
	8	4	10	5	5	12	7	10	7	15	6	4	7	10	13	15	5
	田園調布学園 中等部・高等部	大西学園 中学校	法政大学第二 中学校高等学校	慶應義塾 普通部	慶應義塾 高等学校	日本大学 中学校高等学校	英理女子学院 高等学校	武相 中学校高等学校	清心女子 高等学校	捜真女学校 中学部高等学部	国士舘 中学校高等学校	鷗友学園女子 中学校高等学校	昭和女子大学附属昭和 中学校高等学校	世田谷学園 中学校高等学校	駒澤大学 高等学校	聖ドミニコ学園 中学校高等学校	三田国際学園 中学校高等学校
	女子	共学★	共学★	男子	男子	共学	女子	男子	女子	女子	共学	女子	女子	男子	共学	女子	共学
	普通	普通家庭	普通家庭		普通	普通	普通	普通	普通	普通	普通	普通	普通	普通	普通	普通	普通
	●		中●	●		中●	高●	中●		中●			中●	中●		●	●
		高●			●	高●	高●	高●	●	高●	高●			高●	●		
								中●									
		●		●		●		中●		中●	●			高●	●		
	●	中●	●			●		●	●	中●		●	中●	中●		●	●
								●		高●							
			高●		●			●		中●							
	●	●		●				●		中●		●	中●	中●		●	●
															●		
	●			●										中●			
		高●				高●		高●		高●			高●				
								●									
	高●	高●						●		●	中●			中●		●	
	●				●			●		●		高●		中●		●	
	●					高●		●		●				●			
	●	●						●		●		●				●	
		●		●	●			●		●	高●		●	中●	●	●	
			中●					●					●	中●	●		
		●						●			中●						高●
	●		高●					●		●	高●			●		●	
		●			●			●			高●			高●			
						高●					高●						
	●	●	●			●		●	●	●		●				●	
								●									
			●		●					●	●			●		●	
										●		●		●	●		
										●		中●		●	●		
	中●							●	高●	中●	高●	中●		●			
	高●		●								高●		高●	高●		●	
	中●				●								●	高●			高●
								●	●		●						
	251	363	419	378	379	411	362	417	393	399	167	121	203	229	170	224	323

●東急田園都市線・横浜市営地下鉄・みなとみらい線・小田急小田原線沿線の学校

沿線	東急田園都市線		横浜市営地下鉄			みなとみらい線	小田急小田原線					
駅名	溝の口	つくし野	北山田	センター北	蒔田	元町・中華街	代々木八幡	東北沢	下北沢	経堂	経堂	祖師ケ谷大蔵
徒歩	8	5	5	7	8	6	8	3	5	12	15	20
学校名	洗足学園 中学校	森村学園 中等部	サレジオ学院 中学校高等学校	中央大学附属横浜 中学校高等学校	青山学院横浜英和 中学校高等学校	横浜雙葉 中学校高等学校	東海大学付属望星 高等学校	松蔭大学附属松蔭 中学校高等学校	下北沢成徳 高等学校	恵泉女学園 中学校高等学校	東京農業大学第一 高等学校中等部	サレジアン国際学園世田谷 中学校高等学校
男女別	女子	共学	男子	共学	共学	女子	共学	共学	女子	女子	共学	共学
設置学科	普通	普通	普通	普通	普通	普通	普通(単位制)	普通	普通	普通	普通	普通
入試情報編 英国数以外の試験がある(中学は国算以外)	●			中●		●				●	中●	●
推薦入試がある				高●			●	高●	●		高●	
スポーツ・芸術や一芸による特別な選抜制度がある												
一般入試において面接を実施する							●	高●	●			●
一般入試を2度以上行う(欠員募集は除く)	●	●	中●	中●	●	中●	●	高●			中●	●
スライド合格/第二志望の出願ができる									●			
公立高校併願者に延納などの配慮がある								●	●		●	
特待生制度や奨学金制度がある		●						高●				
帰国子女に特別選抜基準を設けている	●	●			中●							●
学校見学を随時受け付けている			●						高●			
勉強・進学編 中高一貫クラス(高校からの入学者を除く)を設けている	●				●						●	●
高校課程の授業を先取りしている	●				●	●					●	●
特進コースのクラスがある										●		
進級時に学科・コースの変更ができる											●	
進学のための補習授業がある	●	●	●	高●			●	高●		●	高●	
習熟度に応じたクラス編成を行っている	●				●	●				●	高●	
予備校のサテライト(通信衛星)講座を導入している		高●										
予備校などの公開模試を学校で受けられる		●	●		●	高●						
大学への優先枠・推薦枠がある						高●						
ICT教育に力を入れている	●	●			●		●			●		●
英語検定や漢字検定受検を支援している	●				●			高●		●		●
外国人教師の語学授業がある	●		中●		●			高●		●		●
特殊資格・技能を取得できる	●				●					●		
ユニークな科目や講座がある		中●								●		中●
環境・スクールライフ編 週休(または隔週休)2日制である	●				●	●				●		
寮がある/全寮制である												
教室も冷暖房を完備している	●	●	●		●		●		●	●		●
最近(3年以内に)施設を新築または改築した					●		●				●	
学食(学生が利用できる食堂)がある	●	●	●	●						●		
ミッション系の学校である			●			●				●		
宗教授業が必修科目の中にある			中●			●				●		
礼儀作法やテーブルマナーを教えている	●					●			●	中●		
留学、交換留学を行っている/海外提携校がある						高●			●		高●	高●
海外への修学旅行がある		中●	中●	高●	高●					●	高●	
制服を設けていない/制服以外の服装も可である							●			●		
最近(3年以内に)制服を新しくした	●										●	●
学校紹介ページ	398	423	384	403	356	437	255	198	189	153	269	175

82

●小田急（小田原線・多摩線）沿線の学校

							小田急 小田原線									小田急多摩線
成城学園前			喜多見	読売ランド前		柿生			鶴川	玉川学園前	相模大野	小田急相模原	愛甲石田		新松田	栗平
12	8	バス6	10	3	10	12	バス15	バス15	バス10	18	10	8	18	18	7	12
科学技術学園 高等学校	成城学園 中学校高等学校	ドルトン東京学園 中等部高等部	東京都市大学付属 中学校高等学校	国本女子 中学校高等学校	日本女子大学附属 高等学校中学校	フェリシア 高等学校	桐蔭学園 中等教育学校	桐蔭学園 高等学校	和光 中学校高等学校	玉川学園 高等部中学部	相模女子大学 高等部中学部	東海大学付属相模 高等学校中等部	自修館 中等教育学校	向上 高等学校	立花学園 高等学校	桐光学園 中学校高等学校
男子	共学	共学	男子	女子	女子	女子	共学	共学	共学	共学	女子	共学	共学	共学	共学	別学
普通	普通	普通	普通	普通	普通	普通		普通	普通	普通	普通	普通		普通	普通	普通
●	中●	●	●	中●	中●		●			中●	中●	中●	●		●	中●
●			高●	高●		●		●	高●		高●	高●		●		高●
		●						●								中●
●	高●									●	高●	●				
●	中●		●		中●				●	中●		中●				
●			●	●						●						
		●	●		●		●				●					
	●	●	●				●				中●		●			
●			●					●	中●							●
		●											●		●	
		●					●								●	
●		●									高●				●	●
		●													●	●
●	高●	●	●			●				●					●	●
●	中●	●	●										●			
															●	●
●										高●			●			高●
●	●	●	●			●						●			●	
●	●	●	●		●		●					●			●	●
●	●	●	●		●	●	●		中●			●			●	●
●												●				
●	高●	●	●	中●		●				●		●			●	
									●			●				
												高●			●	高●
●		●										●			●	
		●	●					高●								
													●			
●				●	中●	●						●				
	高●	●	●	●			●			●	高●	高●	●			
●		●				●				●		高●		●	●	
	●	●		高●				●								
				●								●	●	●		
130	220	283	268	146	410	305	405	406	348	239	383	407	385	381	402	408

83

●小田急（多摩線・江ノ島線）・箱根登山鉄道・南武線・横浜線沿線の学校

	大妻多摩	聖セシリア女子	柏木学園	慶應義塾湘南藤沢	日本大学藤沢	藤沢翔陵	聖園女学院	湘南学園	函嶺白百合学園	カリタス女子	NHK学園	横浜創英
沿線	小田急多摩線	小田急江ノ島線							箱根登山鉄道	南武線		横浜線
駅名	唐木田	南林間	大和	湘南台	六会日大前	善行	藤沢本町	鵠沼海岸	強羅	中野島	谷保	大口
徒歩	7	5	15	バス15	8	1	10	8	3	10	8（通信制）	8
学校種別	中学校・高等学校	中学校・高等学校	高等学校	中等部・高等部	中学校・高等学校	高等学校	中学校・高等学校	中学校・高等学校	中学校・高等学校	中学校・高等学校	高等学校（東京本校）	中学校・高等学校
男女別	女子	共学	共学	共学	共学	男子	女子	共学	女子	女子	共学	共学
設置学科	普通	普通	普通	普通	普通	普通・商業	普通	普通	普通	普通	普通	普通
入試情報編												
英国数以外の試験がある（中学は国算以外）	●	中●		中●	中●		中●	●	中●	●		●
推薦入試がある		高●	●		高●	●	高●		高●		●	高●
スポーツ・芸術や一芸による特別な選抜制度がある					高●				●			
一般入試において面接を実施する			●						●			
一般入試を2度以上行う（欠員募集は除く）	●	中●			中●				●			中●
スライド合格／第二志望の出願ができる									●		●	
公立高校併願者に延納などの配慮がある			●		●		●				●	
特待生制度や奨学金制度がある	●		●		●		中●		●			高●
帰国子女に特別選抜基準を設けている	●	●		●			中●		●			中●
学校見学を随時受け付けている	●	●	●						●		●	●
勉強・進学編												
中高一貫クラス（高校からの入学者を除く）を設けている									●			●
高校課程の授業を先取りしている					●				●			
特進コースのクラスがある			●		高●							高●
進級時に学科・コースの変更ができる											●	●
進学のための補習授業がある	中●	中●			●				高●			高●
習熟度に応じたクラス編成を行っている	●		●	●	中●					高●		
予備校のサテライト（通信衛星）講座を導入している					●							
予備校などの公開模試を学校で受けられる		高●							●			
大学への優先枠・推薦枠がある		高●			●				●			
ICT教育に力を入れている	●	●	●	●	●		●	●				●
英語検定や漢字検定受検を支援している	●	●	●		●		●	●				●
外国人教師の語学授業がある	●	●	●		●			●		中●		
特殊資格・技能を取得できる											●	
ユニークな科目や講座がある		●		●	高●		●	高●			●	●
環境・スクールライフ編												
週休（または隔週休）2日制である		●	●				●					
寮がある／全寮制である									●			
教室も冷暖房を完備している	●	●	●		●		●	●				●
最近（3年以内に）施設を新築または改築した							●					●
学食（学生が利用できる食堂）がある				●	●							●
ミッション系の学校である		●					●		●	●		
宗教授業が必修科目の中にある		●					●		●	●		
礼儀作法やテーブルマナーを教えている	●	●			●			高●		中●		
留学、交換留学を行っている／海外提携校がある	●		●	●			●	●	高●			
海外への修学旅行がある	中●				高●			中●				高●
制服を設けていない／制服以外の服装も可である											●	
最近（3年以内に）制服を新しくした								●				
学校紹介ページ	123	394	364	380	412	416	421	388	373	370	118	433

84

●横浜線・相模線・京王井の頭線沿線の学校

	横浜線				相模線	京王井の頭線										
中山	十日市場	淵野辺	淵野辺	矢部	原当麻	駒場東大前	駒場東大前		池ノ上	明大前	明大前	明大前	久我山	三鷹台	井の頭公園	井の頭公園
15	20	スクールバス8	バス13	4	7	10	3	3	10	5	4	8	12	1	12	12
神奈川大学附属 中学校・高等学校	横浜翠陵 中学校・高等学校	桜美林 中学校・高等学校	日本大学第三 中学校・高等学校	麻布大学附属 高等学校	光明学園相模原 高等学校	駒場東邦 中学校・高等学校	日本工業大学駒場 中学校	日本工業大学駒場 高等学校	駒場学園 高等学校	日本学園 中学校・高等学校	日本女子体育大学附属二階堂 高等学校	日本大学鶴ヶ丘 高等学校	国学院大学久我山 中学校・高等学校	立教女学院 中学校・高等学校	法政大学 中学校・高等学校	明星学園 中学校・高等学校
共学	共学	共学	共学	共学	共学	男子	共学	共学	共学	男子	女子	共学	別学	女子	共学	共学
普通	普通	普通	普通	普通	普通	普通		普通	普通・食物調理	普通	普通	普通	普通	普通	普通	普通
	中●	中●	中●			●	●			中●			中●	●	中●	中●
	高●		高●	●			●	●		●	●	●	高●		高●	高●
		高●					●	●		●		●	高●			
	高●	高●	高●	●			●	●		●	高●	●	高●			
●		●	中●	●			●			●			中●		中●	中●
			●	●					●	●	●	●	●			
●	高●	●	●	●		●	●			●			高●			高●
●	中●		高●				●	●		●				●		
●	中●		●		●		●	●		●			●			
						●	●	●		●						
●		●				●				●			●	●	●	
高●	高●	高●	●	●			●	●		高●				中●		
●	中●		高●				●			●	高●		高●	●		高●
●							●			●						
●	高●	高●				●				●						高●
●			●	●		●	●	●		●	●	●	●	●	●	
●	●	●	●	●		●	●	●		●	●	●	●	●	●	中●
						●	●		●			●				
		●		●			●	●		●			●			●
					●											
●	●	●	●			●	●	●		●	●	●	●			
						●	●									中●
●						●	●			●						高●
		●												●		
		●											●			
					●								●			
●		●			●	高●	●	●		高●		●		●		●
●	中●	中●	高●		●				●	中●		●	高●		高●	
															●	●
		●														
366	431	120	295	359	382	172	288	289	171	287	290	297	165	345	315	324

●京王線・京王相模原線・中央線沿線の学校

沿線	京王線									京王相模原線		中央線
駅名	笹塚	代田橋	桜上水	八幡山	千歳烏山	仙川	国領	調布	聖蹟桜ヶ丘	稲城	多摩境	御茶ノ水
徒歩	5	10	10	20	5	5	スクールバス	スクールバス20	スクールバス	バス7	10	10
学校名	富士見丘 中学校高等学校	専修大学附属 高等学校	日本大学櫻丘 高等学校	大東学園 高等学校	佼成学園女子 中学校高等学校	桐朋女子 中学校高等学校	晃華学園 高等学校中学校	明治大学付属明治 中学校高等学校	多摩大学附属聖ヶ丘 中学校高等学校	駒沢学園女子 中学校高等学校	サレジオ工業 高等専門学校	錦城学園 高等学校
男女別	女子	共学	共学	共学	女子	女共学★	女子	共学	共学	女子	共学	共学
設置学科	普通	普通	普通	普通	普通	普通 音楽	普通	普通	普通	普通	デザイン 電気工学 機械電子工学 情報工学	普通

入試情報編

項目	富士見丘	専修大学附属	日本大学櫻丘	大東学園	佼成学園女子	桐朋女子	晃華学園	明治大学付属明治	多摩大学附属聖ヶ丘	駒沢学園女子	サレジオ工業	錦城学園
英国数以外の試験がある（中学は国算以外）					●	中●	●	中●	中●	中●		
推薦入試がある	高●	●	●		高●	高●		高●		高●	●	●
スポーツ・芸術や一芸による特別な選抜制度がある	中●	●										
一般入試において面接を実施する		●	●		高●	高●			高●			
一般入試を2度以上行う（欠員募集は除く）	●		●			中●		●	中●			
スライド合格／第二志望の出願ができる	●		●			●						
公立高校併願者に延納などの配慮がある	●	●	●			●						
特待生制度や奨学金制度がある	●	●	●					高●				
帰国子女に特別選抜基準を設けている	●		●			●	●	中●		中●		
学校見学を随時受け付けている	●					●	●					

勉強・進学編

項目	富士見丘	専修大学附属	日本大学櫻丘	大東学園	佼成学園女子	桐朋女子	晃華学園	明治大学付属明治	多摩大学附属聖ヶ丘	駒沢学園女子	サレジオ工業	錦城学園
中高一貫クラス（高校からの入学者を除く）を設けている												
高校課程の授業を先取りしている							●	●	●			
特進コースのクラスがある	●				高●					高●		
進級時に学科・コースの変更ができる	●		●									
進学のための補習授業がある	●						高●					
習熟度に応じたクラス編成を行っている	●	●						●				●
予備校のサテライト（通信衛星）講座を導入している												
予備校などの公開模試を学校で受けられる	●						高●		高●	高●		
大学への優先枠・推薦枠がある								●		●		
ICT教育に力を入れている	●					●	●	●				
英語検定や漢字検定受検を支援している	●				●	●		●				
外国人教師の語学授業がある	●	●	●			●				●		
特殊資格・技能を取得できる		●										
ユニークな科目や講座がある	●	●			●	中●		●	高●			

環境・スクールライフ編

項目	富士見丘	専修大学附属	日本大学櫻丘	大東学園	佼成学園女子	桐朋女子	晃華学園	明治大学付属明治	多摩大学附属聖ヶ丘	駒沢学園女子	サレジオ工業	錦城学園
週休（または隔週休）2日制である				●								
寮がある／全寮制である											●	
教室も冷暖房を完備している	●	●	●			●					●	●
最近（3年以内に）施設を新築または改築した												
学食（学生が利用できる食堂）がある		●			●	●					●	
ミッション系の学校である												
宗教授業が必修科目の中にある								●				
礼儀作法やテーブルマナーを教えている	●											
留学、交換留学を行っている／海外提携校がある	●	●	●	●	●	高●			高●			
海外への修学旅行がある	●		●		●				中●	中●		
制服を設けていない／制服以外の服装も可である											●	
最近（3年以内に）制服を新しくした		●	●							●		
学校紹介ページ	307	230	293	233	162	274	157	335	241	169	177	144

●中央線沿線の学校

中　央　線（総武線御茶ノ水〜三鷹間含む）

駅	水道橋					飯田橋		市ヶ谷		四ツ谷	東中野	中野		高円寺	阿佐ヶ谷		荻窪
番号	5	5	15	3	2	8	10	10	8	2	5	10	15	8	12	10	15
学校	桜蔭 中学校	神田女学園 高等学校中学校	共立女子 高等学校中学校	昭和第一 高等学校	東洋 高等学校	暁星 高等学校中学校	白百合学園 高等学校中学校	大妻 高等学校中学校	東京家政学院 高等学校中学校	雙葉 高等学校中学校	明治大学付属中野 高等学校中学校	大妻中野 高等学校中学校	堀越 高等学校	杉並学院 高等学校	光塩女子学院 高等科中等科	文化学園大学杉並 高等学校中学校	日本大学第二 高等学校中学校
男女	女子	女子	女子	共学	共学	男子	女子	女子	女子	女子	男子	女子	共学	共学	女子	共学	共学
課程	普通	普通	普通	普通	普通	普通	普通	普通	普通	普通	普通	普通	普通	普通	普通	普通	普通
	●	中●	●	●	●	●	中●	●	中●	●	中●	●			●	中●	中●
		高●	●	●					高●		高●		●	●		高●	高●
											高●			●			
	●	高●	●	●			中●		高●							高●	
		中●	●	●	●	●						●	●	●			中●
		●			●				●								
		●			●				●								
		●		●													
						●	中●										
		●					●										
	●							●	●	●							
		高●	●	●											●	高●	
		●	●	●				●				●		●			
	高●	●	●			中●	中●			●		●			●	高●	●
		●	●	●					中●	●							
	高●						高●		●								
		●	●	●	●	●	●	●		●	●	●		●	●		
		●	●	●	●	●	●	●		●	●	●		●	●		
	●	●	●	●	●	●	●	●		●	中●	●		●	●		
		●					●									●	
	●									●			高●	●			
							●							●			
	●	●	●	●	●	●	●	●		●	●	●		●	●	●	●
	●						●										
			●									●		●			
						●					●						
						●					●						
	●	●	●	●			中●		●	●	高●	●					
		●	高●			●					高●				●	高●	
		●		●	●							高●	●				
	●				●										●	●	
合計	119	134	141	204	275	140	212	122	258	309	333	124	321	214	156	311	296

●中央線沿線の学校

沿線	中央線											
駅名	西荻窪	吉祥寺	吉祥寺	三鷹	武蔵境	武蔵境	武蔵境	東小金井	武蔵小金井	武蔵小金井	国分寺	国分寺
徒歩	8	20	5	20	バス12	3	5	7	バス	18	バス7	7
学校名	吉祥女子中学校高等学校	成蹊中学校高等学校	藤村女子中学校高等学校	大成高等学校	国際基督教大学高等学校	聖徳学園中学校高等学校	東京電機大学中学校高等学校	武蔵野東中学校	サレジオ中学校	中央大学附属中学校高等学校	明星中学校高等学校	早稲田大学系属早稲田実業学校中等部高等部
男女別	女子	共学	女子	共学	共学	共学	共学	共学	男子	共学	共学	共学
設置学科	普通	普通	普通	普通	普通	普通	普通			普通	普通	普通
入試情報編 英国数以外の試験がある（中学は国算以外）	●	中●	中●		●	●	中●	●		中●	●	中●
推薦入試がある		高●	高●	●	●	高●	高●			高●	高●	高●
スポーツ・芸術や一芸による特別な選抜制度がある				●		●		●				
一般入試において面接を実施する		高●					高●	●	●		●	
一般入試を2度以上行う（欠員募集は除く）	●	中●			●		中●				●	
スライド合格／第二志望の出願ができる				●		●						
公立高校併願者に延納などの配慮がある		●	●	●		●					●	
特待生制度や奨学金制度がある			●	●		●					●	
帰国子女に特別選抜基準を設けている						●	●			●		●
学校見学を随時受け付けている					●	●	●	●			●	
勉強・進学編 中高一貫クラス（高校からの入学者を除く）を設けている								●			●	
高校課程の授業を先取りしている	●							●			●	●
特進コースのクラスがある			高●	●		●		●			●	
進級時に学科・コースの変更ができる				●		●						
進学のための補習授業がある	中●			●		●		●			●	
習熟度に応じたクラス編成を行っている	高●	高●		●	●	●		●			●	
予備校のサテライト（通信衛星）講座を導入している												
予備校などの公開模試を学校で受けられる	高●	高●		●		●		●			●	
大学への優先枠・推薦枠がある	●	●	●	●	●	●	●	●		●	●	●
ICT教育に力を入れている	高●	●	●	●	●	●	●	●		●	●	
英語検定や漢字検定受検を支援している	●	●	●	●	●	●	●	●			●	
外国人教師の語学授業がある	●	●	●	●	●	●	●	●		●	●	●
特殊資格・技能を取得できる	●			●	●					●		
ユニークな科目や講座がある				●			●					高●
環境・スクールライフ編 週休（または隔週休）2日制である										●		
寮がある／全寮制である					●							
教室も冷暖房を完備している	●	●	●	●	●	●	●	●	●	●	●	●
最近（3年以内に）施設を新築または改築した										高●		
学食（学生が利用できる食堂）がある	●	高●			●	●	●			●	●	●
ミッション系の学校である					●				●			
宗教授業が必修科目の中にある					●							
礼儀作法やテーブルマナーを教えている							●					
留学、交換留学を行っている／海外提携校がある	高●	●	高●		●		●			●	高●	
海外への修学旅行がある	高●	高●	●				●				●	
制服を設けていない／制服以外の服装も可である					●					高●		
最近（3年以内に）制服を新しくした								●				
学校紹介ページ	138	217	308	232	166	201	266	330	176	246	336	350

●中央線・西武国分寺線の学校

						中　央　線								西　武　国　分　寺　線		
国立		立川	豊田	八王子						西八王子	高尾			鷹の台		小川
13	15	バス8	7	スクールバス20	スクールバス	バス13	13	スクールバス25	5	バス10	スクールバス10	スクールバス15	13	13	10	15
国立音楽大学附属 中学校高等学校	桐朋 中学校高等学校	昭和第一学園 高等学校	立川女子 高等学校	帝京大学 中学校高等学校	工学院大学附属 中学校高等学校	東京純心女子 中学校高等学校	八王子実践 中学校高等学校	明治大学付属八王子 中学校高等学校	八王子学園八王子 中学校高等学校	頴明館 中学校高等学校	共立女子第二 中学校高等学校	聖パウロ学園 高等学校	白梅学園清修 中学校	白梅学園 高等学校	創価 中学校高等学校	日本体育大学桜華 中学校高等学校
共学	男子	共学	女子	共学	共学	共学	共学	共学	共学	共学	女子	共学	女子	女子	共学	女子
音楽／普通	普通	普通	普通	普通	普通	普通	普通	普通	普通	普通	普通	普通		普通	普通	普通
●	中●			中●	中●	中●	中●	中●	中●	●	●		●		中●	
高●		●	●		高●	高●	高●	高●			高●	●		●	高●	高●
								高●	高●						高●	高●
●		●	●	高●	高●		高●				高●			●	●	
●	中●	●	●	中●	中●			中●							●	中●
		●	●		●	●	●				●					
高●					●	●					●					
					●					●	●					
										●			●			
	●				●			●								
高●		●	●		高●	高●	高●	●			高●			●		高●
●					●			●								
				高●	●	高●		●						高●	高●	高●
高●	高●			中●	●						高●					
		●			●				●		●					
高●	●			中●	●	高●	高●	高●								高●
●	●			●	●	●		●						●	●	●
								●								
高●	●									●						
高●				中●			●									
				●												
●	●		●			●										高●
●	●											●			●	高●
												●				高●
●	●	●	●	●	●	●	●	●	●	●	●		●		●	●
●			●										●		●	
	●				●		●				●					
							●					●				
							●					●				
			●			●			中●		●		●			高●
					高●	高●					高●					高●
高●			●								高●					高●
●	高●															
												●		●	●	
145	272	205	238	248	158	261	301	334	300	116	142	225	210	211	231	292

●西武国分寺線・五日市線・武蔵野線・八高線・西武新宿線沿線の学校

沿線	西武国分寺線	五日市線	五日市線	五日市線	武蔵野線	武蔵野線	武蔵野線	武蔵野線	八高線	西武新宿線	西武新宿線	西武新宿線
駅名	小川	拝島	秋川	秋川	東所沢	越谷レイクタウン	東川口	東浦和	東飯能	中井	新井薬師前	上井草
徒歩	10	スクールバス6	バス11	スクールバス15	12	7	スクールバス20	8	13	12	1	12
学校名	明治学院 中学校 東村山高等学校	啓明学園 中学校 高等学校	東海大学菅生 高等学校中等部	帝京八王子 中学校 高等学校	開智所沢 中等教育学校	叡明 高等学校	浦和学院 高等学校	浦和明の星女子 中学校 高等学校	聖望学園 中学校 高等学校	目白研心 中学校 高等学校	東亜学園 高等学校	中央大学杉並 高等学校
男女別	共学	共学	共学	共学	共学	共学	共学	女子	共学	共学	共学	共学
設置学科	普通	普通	普通	普通		普通	普通	普通	普通	普通	普通	普通
入試情報編												
英国数以外の試験がある（中学は国算以外）	中●	中●		中●	●		●	●	中●	●		●
推薦入試がある	高●	高●	高●	高●		●			高●	高●	●	●
スポーツ・芸術や一芸による特別な選抜制度がある	高●						●			●		
一般入試において面接を実施する	高●	高●	●	●						高●	●	●
一般入試を2度以上行う（欠員募集は除く）	中●	高●	●	●				●		高●	●	●
スライド合格／第二志望の出願ができる			●								●	●
公立高校併願者に延納などの配慮がある	●	●	●	●		●	●	●	●	●	●	●
特待生制度や奨学金制度がある		●	●	●		●	●	●	●	●	●	●
帰国子女に特別選抜基準を設けている			●	●			●			●		●
学校見学を随時受け付けている	●		中●					●	●	●	●	●
勉強・進学編												
中高一貫クラス（高校からの入学者を除く）を設けている			●					●				
高校課程の授業を先取りしている	●		●					●				
特進コースのクラスがある			●			●	●		高●	●	●	
進級時に学科・コースの変更ができる			●				●					
進学のための補習授業がある	●		高●	●					高●			
習熟度に応じたクラス編成を行っている		●			●	●			中●	中●		
予備校のサテライト（通信衛星）講座を導入している			●				●		●			
予備校などの公開模試を学校で受けられる			●	●		●			高●			
大学への優先枠・推薦枠がある	●		●			●	●	●	●	●	●	●
ICT教育に力を入れている	●	●	●			●	●	●	●	●	●	●
英語検定や漢字検定受検を支援している	●	●	●	●		●	●	●	●	●	●	●
外国人教師の語学授業がある	●	●	●			●		●	●	●		●
特殊資格・技能を取得できる			●									
ユニークな科目や講座がある	●		●			●		●		高●		●
環境・スクールライフ編												
週休（または隔週休）2日制である							●					
寮がある／全寮制である								●				
教室も冷暖房を完備している	●	●	●	●		●	●	●	●	●	●	●
最近（3年以内に）施設を新築または改築した						●	●	●				
学食（生徒が利用できる食堂）がある	●	●	●			●		高●	高●	●	●	●
ミッション系の学校である	●	●						●				
宗教授業が必修科目の中にある	●	●						●	●			
礼儀作法やテーブルマナーを教えている								中●		中●	●	
留学、交換留学を行っている／海外提携校がある	高●	●	高●			●		●		●		●
海外への修学旅行がある				●			●			●		●
制服を設けていない／制服以外の服装も可である												
最近（3年以内に）制服を新しくした	●			●		●				●	●	
学校紹介ページ	332	154	253	249	508	504	501	500	531	340	252	245

●西武（新宿線・拝島線・池袋線）・東武東上線沿線の学校

西武新宿線								西武拝島線	西武池袋線							
上石神井	武蔵関	田無	小平	久米川	新所沢	新狭山		玉川上水	椎名町	江古田	中村橋	ひばりヶ丘	秋津	武蔵藤沢	入間市	仏子
7	3	バス7	15	15	バス7	バス20	スクールバス	3	7	6	3	8	10	13	スクールバス	5（寮制）
早稲田大学高等学院中学部	東京女子学院中学校高等学校	文華女子高等学校	武蔵野大学中学校高等学校	錦城高等学校	明法中学校高等学校	秋草学園高等学校	西武学園文理中学校高等学校	拓殖大学第一高等学校	城西大学附属城西中学校高等学校	武蔵中学校	富士見中学校高等学校	自由学園高等科中等科	東星学園中学校高等学校	狭山ヶ丘高等学校付属中学校	東野高等学校	武蔵野音楽大学附属高等学校
男子	女子	女子	共学	共学	共学★	女子	共学	共学	共学	男子	女子	共学	共学	共学	共学	共学
普通	普通	普通	普通	普通	普通	普通	普通理数英語	普通	普通		普通	普通	普通	普通	普通	音楽
●	中●		中●		中●	●			中●	●	●	●		中●		●
高●	高●	●	高●	●	高●	●		●	高●			高●		高●	●	●
	中●				●				高●					高●		
中●	高●	●			高●				高●					高●		
	●		中●		●						●	中●	中●			
			●		●								中●			
●	●		●	●	●				●			●				
●	高●		高●		●							●				
●	●		●		●							●				
			●		●									●		
		●	高●	●	高●	●								高●	●	
			●		●									●		
		●	●		高●				●	高●				高●		
	●	高●	●		●							●		高●		
		●	●		●											
	高●		●	●						●	高●				●	
●	●	●	●	●	●				●	●		●				
●	●	●	●	●	●				●			●			●	
●	●	●	●	●	●							●			●	
	●	●														
		●							●	高●			●	高●		
						●							●			
												●				●
●	●	●	●	●	●	●			●			●				
		●			●							●		高●		
●	●			●		高●						●			●	
		●			●								●			
		●			●								●			
	●	●				●					中●		高●			
●	高●		高●		高●	●			高●	高●		高●				
	●	●			●									高●		
高●										●						
	●					●						●	●			
351	263	312	328	143	337	499	528	237	200	326	306	191	271	519	537	545

●西武池袋線・東武東上線沿線の学校

分類	項目	自由の森学園 中学校高等学校	淑徳 中学校高等学校	城北 中学校高等学校	日本大学豊山女子 中学校高等学校	慶應義塾志木 高等学校	細田学園 中学校高等学校	立教新座 中学校高等学校	西武台新座 中学校	西武台 高等学校	星野 学園中学校	星野 高等学校	山村学園 高等学校
沿線		西武池袋線	東武東上線										
駅名		飯能	ときわ台	上板橋	上板橋	志木	志木	志木	柳瀬川	柳瀬川	川越	川越市	川越市
徒歩		スクールバス15	15	10	15	7	12	15	スクールバス	スクールバス	スクールバス	12	5
男女別		共学	共学	男子	女子	男子	共学	男子	共学	共学	共学	女子	共学
設置学科		普通	普通	普通	普通 理数	普通	普通	普通		普通	普通	普通	普通
入試情報編	英国数以外の試験がある(中学は国算以外)	●	中●	中●	中●		中●	中●	●		中●		
	推薦入試がある	高●	高●	高●	高●	●	高●	高●		●			
	スポーツ・芸術や一芸による特別な選抜制度がある												●
	一般入試において面接を実施する	●	高●			●	中●			●	高●	●	
	一般入試を2度以上行う(欠員募集は除く)	高●	●		中●		●	中●	●				
	スライド合格／第二志望の出願ができる				●		●						
	公立高校併願者に延納などの配慮がある	●	●	●	●		●			●	●	●	
	特待生制度や奨学金制度がある	●	●		●		●	●	●	●	●	●	●
	帰国子女に特別選抜基準を設けている						中●						
	学校見学を随時受け付けている	●									中●		
勉強・進学編	中高一貫クラス(高校からの入学者を除く)を設けている							●					
	高校課程の授業を先取りしている		●	●				●					
	特進コースのクラスがある		●		高●		高●			●	高●	●	●
	進級時に学科・コースの変更ができる		●									●	●
	進学のための補習授業がある			●			高●			●	中●		
	習熟度に応じたクラス編成を行っている		●		中●		●						
	予備校のサテライト(通信衛星)講座を導入している												
	予備校などの公開模試を学校で受けられる		●	●			●						●
	大学への優先枠・推薦枠がある	●				●		●			●	●	
	ICT教育に力を入れている						●						●
	英語検定や漢字検定受検を支援している		●				●					●	●
	外国人教師の語学授業がある		●				●				●	●	●
	特殊資格・技能を取得できる								●				
	ユニークな科目や講座がある	●		中●				高●					
環境・スクールライフ編	週休(または隔週休)2日制である							●		●			
	寮がある／全寮制である	●											
	教室も冷暖房を完備している	●	●	●	●	●	●	●		●	●	●	●
	最近(3年以内に)施設を新築または改築した						●	●					●
	学食(学生が利用できる食堂)がある	●	●	●		●	高●	●		●			
	ミッション系の学校である		●					●					
	宗教授業が必修科目の中にある		●					●					
	礼儀作法やテーブルマナーを教えている				●		●						
	留学、交換留学を行っている／海外提携校がある	●	●									●	
	海外への修学旅行がある				高●		●		●	●		●	●
	制服を設けていない／制服以外の服装も可である	●						高●					
	最近(3年以内に)制服を新しくした												●
学校紹介ページ		520	194	202	299	513	541	548	529	530	539	540	546

●東武東上線・埼京線・川越線・東武越生線・宇都宮線の学校

東武東上線			埼京線(川越線)								川越線	東武越生線		宇都宮線		
坂戸	東松山	武蔵嵐山	十条	十条	西大宮	指扇	南古谷	南古谷	南古谷	川越	笠幡	川角	武州唐沢	東大宮	栗橋	宇都宮
10	スクールバス	13	12	5	4	スクールバス10	スクールバス	スクールバス	スクールバス3	スクールバス	5(寮制)	5	2	8	スクールバス18	スクールバス
山村国際 高等学校	東京農業大学第三 高等学校附属中学校	大妻嵐山 中学校	帝京大学系属 帝京 高等学校 中学校	東京家政大学附属女子 高等学校 中学校	埼玉栄 中学校	秀明英光 高等学校	川越東 高等学校	城北埼玉 中学校 高等学校	東邦音楽大学附属東邦第二 高等学校	城西川越 中学校 城西大学付属川越 高等学校	秀明 中学校 高等学校	埼玉平成 中学校 高等学校	武蔵越生 高等学校	栄東 中学校 高等学校	開智未来 中学校 高等学校	星の杜 中学校 高等学校
共学	共学	女子	共学	女子	共学	共学	男子	男子	共学	男子	共学	共学	共学★	共学	共学	共学
普通	普通	普通	普通	普通	普通 保健体育	普通	普通	普通	音楽	普通	普通	普通	普通	普通	普通	普通
	●	中●	中●	中●	中●		●	●	●	中●	中●	中●		●	中●	●
●	高●	高●	●	高●				●	高●		高●		●			高●
●	高●										高●					高●
			高●				●			高●		高●			高●	中●
	中●	●	●	●	高●			●	●	●	●	●	●	●	●	高●
●	●	●	●	●		●	●	●	●	●	●	●	●	●	●	●
●	●	高●	●	●	●	●	●	●	●	●	●	●	●	●	●	高●
●	●	●	●	●	●	●	●	●	●	●	●	●	●	●	●	●
●	●	●	●	●	●	●	●	●	●	●	●	●	●	●	●	●
●	●	●	●	●	●	●	●	●	●	●	●	●	●	●	●	●
	●	●	●	●	●	●	●	●	●	●	●	●	●	●	●	●
●	●	高●	高●	●	●	●	●	●	●	●	●	高●	●	●	●	●
●	●	●	●	●	●	●	●	●	●	●	●	●	●	●	●	●
●	●	高●	高●	●	●	●	●	●	●	●	●	●	●	●	●	高●
		中●														
	●															
●	●	●	高●	●	高●		●	高●		高●		高●		●		
●	●	●	●	●	●	●	●	●	●	●	●	高●	●	●	●	高●
●	●	●	●	●	●	●	●	●	●	●	●	●	●	●	●	●
●	●	●	中●	●	●	●	●	●	●	●	●	●	●	●	●	●
●	●	●	●	●	●	●	●	●	●	●	●	高●	●	●	●	中●
●	●	中●	●									高●				
		高●				●										●
						高●					●					
●	●	●	●	●	●	●	●	●	●	●	●	●	●	●	●	●
		●								●			●			
																●
																●
		●		●		●					●	高●	●			高●
	●	●	●	高●						高●	●	●	●		●	●
●	高●	高●	中●	●						中●	●	●	●		高●	●
																●
	●			●		●						高●	●			●
547	533	505	247	259	515	522	511	527	531	524	521	516	544	518	509	594

●宇都宮線・東北本線・東武宇都宮線・両毛線沿線の学校

	宇都宮文星女子高等学校	作新学院中等部	幸福の科学学園中学校高等学校	文星芸術大学附属中学校高等学校	宇都宮短期大学附属中学校高等学校	國學院大學栃木中学校高等学校	佐野日本大学中等教育学校	佐野日本大学高等学校	白鷗大学足利中学校高等学校	桐生第一高等学校／大学附属中学校	樹徳中学校高等学校	共愛学園中学校高等学校
沿線	宇都宮線	宇都宮線	東北本線	東武宇都宮線	東武宇都宮線	両毛線	両毛線	両毛線	両毛線	両毛線	両毛線	両毛線
駅名	宇都宮	宇都宮	那須塩原	東武宇都宮	東武宇都宮	栃木	佐野	佐野	足利	桐生	桐生	駒形
徒歩	スクールバス	バス15	車30（全寮制）	20	15	バス8	スクールバス15	スクールバス15	4/1	5/10	5	10
男女別	女子	共学	共学	男子★	共学★	共学	共学	共学	共学	共学★	共学	共学
設置学科	秀英特進／普通／総合ビジネス	総合進学／トップ英進／情報科学	普通	普通／総合ビジネス／英進	普通／生活教養／情報商業／調理／音楽	普通		普通	普通	普通／調理	普通	普通／英語
入試情報編 英国数以外の試験がある（中学は国算以外）	●	●	中●	●		●	●	●	高●		高●	●
推薦入試がある	●			高●		●	●	●			高●	●
スポーツ・芸術や一芸による特別な選抜制度がある	●			高●		高●			高●	中●		●
一般入試において面接を実施する	●	●	●	中●	高●				高●	中●	中●	●
一般入試を２度以上行う（欠員募集は除く）	●	●		●		●	●	●			中●	中●
スライド合格／第二志望の出願ができる	●	●		●		●	●	●	高●			
公立高校併願者に延納などの配慮がある		●	●	●		●	●	●				
特待生制度や奨学金制度がある	●	●	●	●		●	●	●	●		高●	
帰国子女に特別選抜基準を設けている		高●			高●							高●
学校見学を随時受け付けている	●	●		中●		●	●	●	中●	中●		
勉強・進学編 中高一貫クラス（高校からの入学者を除く）を設けている			●	●		●						
高校課程の授業を先取りしている			●	●		●			●			
特進コースのクラスがある	●	高●	●	高●		高●			高●	●	高●	高●
進級時に学科・コースの変更ができる						●						
進学のための補習授業がある	●	●	●	高●		●	●	●	高●		●	高●
習熟度に応じたクラス編成を行っている		高●	●			高●			中●			
予備校のサテライト（通信衛星）講座を導入している												
予備校などの公開模試を学校で受けられる	●			高●		●			高●	高●		高●
大学への優先枠・推薦枠がある	●	●	●	●		●	●	●	●	●	●	●
ICT教育に力を入れている	●	●	●	●		●	●	●	●	●	●	●
英語検定や漢字検定受検を支援している	●	●	●	●		●	●	●	●	●	●	●
外国人教師の語学授業がある	●	●	●	●		●	高●	●	●	高●	●	●
特殊資格・技能を取得できる	●	高●		高●	高●				高●			
ユニークな科目や講座がある			●		高●				高●			
環境・スクールライフ編 週休（または隔週休）２日制である	●	●	●	●		●	●	●	高●	高●		●
寮がある／全寮制である			●	高●		高●			高●			
教室も冷暖房を完備している	●	●	●	●		●	●	●		高●	高●	●
最近（3年以内に）施設を新築または改築した					高●	高●						
学食（生徒が利用できる食堂）がある		高●	●	高●					高●			●
ミッション系の学校である					高●						●	●
宗教授業が必修科目の中にある			●								●	●
礼儀作法やテーブルマナーを教えている									高●			
留学、交換留学を行っている／海外提携校がある	●								高●		●	●
海外への修学旅行がある	●				高●						●	
制服を設けていない／制服以外の服装も可である												
最近（3年以内に）制服を新しくした									●	中●		
学校紹介ページ	583	586	584	592	582	585	588	589	591	598	599	597

●両毛線・東武佐野線・高崎線・信越線・東武スカイツリーライン線沿線の学校

両毛線	東武佐野線		高崎線										信越線		東武スカイツリーライン	
前橋	堀米	葛生	上尾		深谷		本庄			高崎			北高崎	安中	せんげん台	春日部
スクールバス	12	10	スクールバス10	バス	4	スクールバス7	スクールバス	15	スクールバス13	スクールバス	バス15	スクールバス	5	15	バス7	スクールバス10
前橋育英 高等学校	佐野清澄 高等学校	青藍泰斗 高等学校	国際学院 中学校 高等学校	栄北 高等学校	正智深谷 高等学校	東京成徳大学深谷 中学校 高等学校	本庄第一 中学校 高等学校	本庄東 高等学校附属中学校	早稲田大学本庄 高等学院	高崎健康福祉大学高崎 高等学校	東京農業大学第二 中学校 高等学校	明和県央 高等学校	高崎商科大学附属 高等学校	新島学園 中学校 高等学校	獨協埼玉 中学校 高等学校	春日部共栄 中学校 高等学校
共学	共学	共学★	共学	共学	共学	共学	共学	共学	共学	共学	共学	共学	共学	共学	共学	共学
普通	普通 生活デザイン	普通 総合ビジネス 総合生活	普通 総合	普通	普通	普通	普通	普通	普通	普通	普通	普通	普通 総合ビジネス	普通	普通	普通
●	●					中●	中●	中●		●	●	●	●		中●	中●
●	●		高●			高●	高●	高●	●		高●		●	高●		
	●	●								●			●			
●			高●							●			●		高●	高●
	●	●									中●			中●		
				●		●										
				●		●										
●			高●												●	
							中●	●							●	
	●		高●					中●				●			中●	
						●		●			●				●	
●			高●	●		高●	高●	高●		●		●			●	
			●	●		●					●				中●	中●
			高●	●		●		高●			●				高●	高●
●							●								●	高●
			高●	●		高●	高●			●				高●	●	高●
●	●	●	高●	●		●				●	中●	●				
●	●	●	高●	●		●				●						
			高●	●		●				●						
	●	●	高●													
	●		高●					早●				●		高●	中●	
●				●			●									●
●				●								高●				
●			高●			●				●			●			
	●			●		高●		高●		中●						
●			高●	●		高●	高●	高●								
													●			
	●		高●												●	
			高●			中●	高●									中●
			高●	●		●	高●	中●								高●
								●								
	●	●								●	高●				●	
605	587	590	514	517	525	532	542	543	549	600	602	606	601	604	535	510

●東武（伊勢崎線・小泉線・日光線・野田線・常磐線沿線の学校

沿線	東武伊勢崎線				東武小泉線	東武日光線	東武野田線				常磐線	
駅名	花崎	東武和泉	足利市	太田	成島	杉戸高野台	東岩槻	川間	江戸川台	新柏	北千住	北千住
徒歩	10	5	スクールバス	15	10	15	15	20	スクールバス8	スクールバス5	1	5
学校名	花咲徳栄 高等学校	足利大学附属 高等学校	足利短期大学附属 高等学校	常磐 高等学校	関東学園大学附属 高等学校	昌平 中学校/高等学校	開智 中学校/高等学校	西武台千葉 中学校/高等学校	流通経済大学付属柏 中学校/高等学校	芝浦工業大学柏 中学校/高等学校	足立学園 中学校/高等学校	潤徳女子 高等学校
男女別	共学	共学	女子	共学	共学	共学	共学	共学	共学	共学	男子	女子
設置学科	普通／食育実践	普通／工業／自動車／情報処理	普通	普通	普通	普通	普通	普通	普通	普通	普通	普通
入試情報編												
英国数以外の試験がある（中学は国算以外）		●	●	●	●	●	中●	中●	中●	●	●	
推薦入試がある			●	●	●	高●		高●	高●		高●	●
スポーツ・芸術や一芸による特別な選抜制度がある					●			高●	高●			
一般入試において面接を実施する		●	●	●		●					●	●
一般入試を2度以上行う（欠員募集は除く）	●	●	●			中●					●	●
スライド合格／第二志望の出願ができる	●	●	●	●								●
公立高校併願者に延納などの配慮がある	●	●	●	●		●						
特待生制度や奨学金制度がある	●	●	●	●	●	●					●	●
帰国子女に特別選抜基準を設けている							●	中●	高●			
学校見学を随時受け付けている	●						●					
勉強・進学編												
中高一貫クラス（高校からの入学者を除く）を設けている							●		●			
高校課程の授業を先取りしている							●		●			
特進コースのクラスがある	●	●		●		●	高●	●	●			
進級時に学科・コースの変更ができる	●		●	●				●				
進学のための補習授業がある	●	●	●	●		●	●	中●				
習熟度に応じたクラス編成を行っている			●	●				中●		●		
予備校のサテライト（通信衛星）講座を導入している	●								●			
予備校などの公開模試を学校で受けられる	●	●	●	●		高●	高●					
大学への優先枠・推薦枠がある	●	●	●	●	●	●	●				●	●
ICT教育に力を入れている	●	●	●	●	●	●		●			●	●
英語検定や漢字検定受検を支援している	●	●	●	●	●	●	●	●	中●	●	●	●
外国人教師の語学授業がある	●	●	●	●	●	●	●	●	●	中●	●	●
特殊資格・技能を取得できる	●	●										
ユニークな科目や講座がある	●	●				高●			高●		高●	●
環境・スクールライフ編												
週休（または隔週休）2日制である		●	●	●	●	高●						
寮がある／全寮制である					●	高●			高●			
教室も冷暖房を完備している	●	●	●	●	●	●	●	●	●	●	●	●
最近（3年以内に）施設を新築または改築した									●			●
学食（生徒が利用できる食堂）がある	●	●	●	●	●	●					●	
ミッション系の学校である			●									
宗教授業が必修科目の中にある			●									
礼儀作法やテーブルマナーを教えている	●		●	●							●	
留学、交換留学を行っている／海外提携校がある		●	●			●		高●				
海外への修学旅行がある	●			●		●	高●			●	高●	
制服を設けていない／制服以外の服装も可である												
最近（3年以内に）制服を新しくした							●					
学校紹介ページ	536	580	581	603	596	526	507	462	494	456	109	197

●常磐線沿線の学校

常磐線																
亀有	松戸	北松戸	南柏	柏	柏	我孫子	取手	取手	佐貫	牛久	牛久	ひたち野うしく	土浦	土浦	土浦	土浦
12	バス20	10	バス5	23	スクールバス15	スクールバス7	バス10	スクールバス12	スクールバス5	スクールバス8	スクールバス20	スクールバス	バス13	スクールバス	15	25
修徳 中学校・高等学校	光英VERITAS 中学校 高等学校	専修大学松戸 高等学校 中学校	麗澤 中学校 高等学校	日本体育大学柏 高等学校	二松学舎大学附属柏 高等学校 中学校	我孫子二階堂 高等学校	江戸川学園取手 高等学校 中学校	聖徳大学附属取手聖徳女子 高等学校	愛国学園大学附属龍ヶ崎 高等学校	東洋大学附属牛久 高等学校 中学校	つくば秀英 高等学校	茗溪学園 高等学校 中学校	霞ヶ浦 高等学校	常総学院 高等学校 中学校	つくば国際大学 高等学校	土浦日本大学 中等教育学校
共学	共学	共学	共学	共学	共学	共学	共学	女子	女子	共学	共学	共学	共学	共学	共学	共学
普通	普通	普通	普通	普通	普通	普通（単位制）	普通 医	普通 音楽	普通	普通	普通	普通	普通	普通	普通	
中●	●	●	●		中●		●			中●	●	●	●	●		●
高●	●		●	高●	●		●	●		高●	●	●		●	●	
		高●			●	高●	●				●	●		●	●	
●	●		高●		●		●		●	中●		高●			●	
●	●		●		中●					中●		中●		中●		●
●	●		高●		●					●		●				
●	●		高●		●					●						
●	●	●	●		●					●		●				
	●		●		●		●			●						
	●		●		●		●									
●	●	●			●	高●	中●			高●	●		●	高●	●	●
	●		高●		●	●	●					●				
高●	中●		●		●		●					●				
		中●	高●		●		●			中●		●				
					●								●			
	高●	高●	●		高●		●					●		●		
●	●	●	高●		●	●	●			●		●	●	●	●	●
●	●	●	●		●	●	●			●		●	●	●		●
	●	●								●						
					●		●				●					
			高●									●		高●		
●	●	●	●		●	●	●			●		●	●	●	●	●
					●		●						●			
	●	高●	●		●		●			●		●		●		
							●									
											●					
高●	●						●						●			
	●		高●				●				●			高●		
	●	中●	中●	●	中●		高●			●		高●				
	●	●														
192	452	463	495	486	485	441	556	564	552	571	568	577	559	560	566	569

●常磐線沿線の学校

沿線	常磐線											
駅名	土浦	神立	石岡	水戸								大甕
徒歩	25	バス15	バス25	バス15	7	バス7	バス10	バス15	バス10	バス15	バス15	1
学校名	土浦日本大学 高等学校	つくば国際大学東風 高等学校	青丘学院つくば 中学校 高等学校	茨城 中学校 高等学校	水城 高等学校	大成女子 高等学校	常磐大学 高等学校	水戸女子 高等学校	水戸啓明 高等学校	水戸英宏 中学校	水戸葵陵 高等学校	茨城キリスト教学園 中学校 高等学校
男女別	共学	共学	共学	共学	共学	女子	共学	女子	共学	共学	共学	共学
設置学科	普通	普通	普通	普通	普通	普通 家政 看護	普通	普通 商業	普通 商業		普通	普通
入試情報編 英国数以外の試験がある(中学は国算以外)	●			●	●	●	●		●		●	●
推薦入試がある	●	●	●	高●	●	●	●		●		●	高●
スポーツ・芸術や一芸による特別な選抜制度がある						●	●		●		●	高●
一般入試において面接を実施する	●		●	中●		●			●			中●
一般入試を2度以上行う(欠員募集は除く)			●	中●					●		●	中●
スライド合格／第二志望の出願ができる	●	●				●						
公立高校併願者に延納などの配慮がある	●		●					●	●			
特待生制度や奨学金制度がある	●	●	●	●	●	●	●	●	●		●	高●
帰国子女に特別選抜基準を設けている	●			中●								
学校見学を随時受け付けている	●	●	●	●	●	●	●	●	●		●	●
勉強・進学編 中高一貫クラス(高校からの入学者を除く)を設けている				●								●
高校課程の授業を先取りしている				●								
特進コースのクラスがある	●	●			●	●	●		●		●	●
進級時に学科・コースの変更ができる	●				●				●			
進学のための補習授業がある	●	●	●		●	●	●	●	●		●	高●
習熟度に応じたクラス編成を行っている	●			●		●			●		●	
予備校のサテライト(通信衛星)講座を導入している	●	●										
予備校などの公開模試を学校で受けられる	●			●		●			●		●	
大学への優先枠・推薦枠がある	●											
ICT教育に力を入れている	●	●	●	●	●	●	●		●		●	●
英語検定や漢字検定受検を支援している	●	●	●		●	●	●		●		●	●
外国人教師の語学授業がある	●			●		●						●
特殊資格・技能を取得できる						●		●	●		●	
ユニークな科目や講座がある	●			高●		●			●		●	
環境・スクールライフ編 週休(または隔週休)2日制である	●	●			●	●						
寮がある／全寮制である	●		●									
教室も冷暖房を完備している	●	●		●	●	●	⊙					●
最近(3年以内に)施設を新築または改築した	●											高●
学食(学生が利用できる食堂)がある			高●									
ミッション系の学校である												●
宗教授業が必修科目の中にある												●
礼儀作法やテーブルマナーを教えている						●		●				●
留学、交換留学を行っている／海外提携校がある	●		●	高●								●
海外への修学旅行がある	●	高●	高●		●	●			●	●		高●
制服を設けていない／制服以外の服装も可である												
最近(3年以内に)制服を新しくした								●				
学校紹介ページ	570	567	562	553	561	565	572	575	574	576	573	554

●常磐線・水戸線・鹿島線・いすみ鉄道・成田線・京成本線沿線の学校

常磐線	水戸線	鹿島線	鹿島線	いすみ鉄道	成田線	成田線	成田線	京成本線	京成本線	京成本線	京成本線	京成本線	京成本線	京成本線	京成本線	京成本線
日立	羽黒	鹿島神宮	鹿島神宮	大喜多	湖北	成田	佐原	町屋	お花茶屋	京成小岩	国府台	市川真間	菅野	京成大久保	勝田台	勝田台
15	10	スクールバス	14	車（全寮制）	バス5	15	10	15	3	3	10	5	5	10	バス10	スクールバス
明秀学園日立 高等学校	岩瀬日本大学 高等学校	鹿島学園 高等学校	清真学園 中学校 高等学校	三育学院 中学校	中央学院 高等学校	成田 高等学校 高等学校付属中学校	千葉萌陽 高等学校	北豊島 中学校	共栄学園 中学校 高等学校	愛国 高等学校 中学校	和洋国府台女子 中学校 高等学校	国府台女子学院 中等部 高等部	日出学園 中学校 高等学校	東邦大学付属東邦 中学校 高等学校	千葉英和 高等学校	八千代松陰 高等学校 中学校
共学	共学	共学	共学	共学	共学	共学	女子	女子	共学	女子	女子	女子	共学	共学	共学	共学
普通	普通	普通	普通		普通	普通	普通	普通	普通	普通 商業 家政 衛生看護	普通	普通	普通	普通	普通 英語	普通
●	●	●	中●			中●		中●	中●	高●	中●	中●	中●	中●		中●
●	●	●	高●	●	●	高●		高●	高●	高●	●	●	●	●	●	中●
●					●	高●										
			●	●				●	●		高●				●	
●			中●			中●			●	中●	●	●	●	●	●	●
	●	●							●	●	●	●		●	●	●
	●	●												中●	●	●
●											高●					●
			●			●			●				●			
			●						●							
●	●	●	高●					高●	●		高●	●	高●		●	
	●	●	●	●		●	●		高●	中●		高●	●			中●
●	●					●	●		高●	中●		高●				
			●	●		●										
●	●		高●	●		●	●		高●		高●	●	●			高●
	●	●										高●				
													●			
●				●						高●		●	高●			
		●						高●							●	●
●		●				高●	●				高●					
●	●		●		●	●		●			●	●				●
																●
		●	●						高●							
			●		●							●				
			●									●				
			●					●	●	●		●	高●	●		●
●					高●			●			●	高●				
			中●					●	●		●		●			●
578	555	558	563	454	476	484	473	137	139	106	496	453	488	482	465	492

●東葉高速鉄道・総武線沿線の学校

沿線	京成本線	東葉高速鉄道				総武線						
駅名	宗吾参道	飯山満	船橋日大前		八千代緑が丘	浅草橋	錦糸町	新小岩	小岩	市川	本八幡	
徒歩	12	8	12	5	スクールバス5	3	5	15	10	バス	バス11	5
学校名	東京学館高等学校	東葉高等学校	千葉日本大学第一中学校高等学校	日本大学習志野高等学校	秀明大学学校教師学部附属秀明八千代中学校高等学校	開智日本橋学園中学校高等学校	立志舎高等学校	関東第一高等学校	江戸川女子中学校高等学校	千葉商科大学付属高等学校	市川中学校高等学校	不二女子高等学校
男女別	共学	共学	共学	共学	共学	共学	共学	共学★	女子	共学	共学	女子
設置学科	普通	普通	普通	普通	普通	普通	普通	普通	普通・英語	普通・商業	普通	普通
入試情報編 英国数以外の試験がある(中学は国算以外)			中●		中●	●			●		●	
推薦入試がある	●	●	●		●		●	●	高●	●	高●	●
スポーツ・芸術や一芸による特別な選抜制度がある				●						高●		
一般入試において面接を実施する	●	●			●		●	●	●			
一般入試を2度以上行う(欠員募集は除く)	●		中●		中●				●		中●	
スライド合格/第二志望の出願ができる												
公立高校併願者に延納などの配慮がある	●	●	●		●			●	●		高●	●
特待生制度や奨学金制度がある	●	●	●		●			●	●		中●	
帰国子女に特別選抜基準を設けている		●				●			●			
学校見学を随時受け付けている	●				●				中●			
勉強・進学編 中高一貫クラス(高校からの入学者を除く)を設けている						●			●			
高校課程の授業を先取りしている			●			●			●		●	
特進コースのクラスがある	●	●	高●		高●		●		●			
進級時に学科・コースの変更ができる	●	●	高●						●			
進学のための補習授業がある	●		●		●				●		中●	
習熟度に応じたクラス編成を行っている			高●			●			●			
予備校のサテライト(通信衛星)講座を導入している		●							●			
予備校などの公開模試を学校で受けられる	●		高●	●	高●				●		●	
大学への優先枠・推薦枠がある										●		●
ICT教育に力を入れている	●	●	●		●	●			●		●	
英語検定や漢字検定受検を支援している	●	●	●		●	●			●	●	●	
外国人教師の語学授業がある			●		●				●		●	
特殊資格・技能を取得できる					●				●	●		
ユニークな科目や講座がある			高●		●				●			
環境・スクールライフ編 週休(または隔週休)2日制である	●	●			●							●
寮がある/全寮制である					高●							
教室も冷暖房を完備している	●	●	●		●	●	●		●	●	●	●
最近(3年以内に)施設を新築または改築した									●	●		
学食(生徒が利用できる食堂)がある			●						●	●		
ミッション系の学校である						●						
宗教授業が必修科目の中にある												
礼儀作法やテーブルマナーを教えている		●							中●			
留学、交換留学を行っている/海外提携校がある					●				●	●	高●	
海外への修学旅行がある	●			●		●					中●	
制服を設けていない/制服以外の服装も可である												
最近(3年以内に)制服を新しくした		●				●				●	●	
学校紹介ページ	479	483	472	487	458	128	346	136	117	470	442	489

●総武線・総武本線・京葉線沿線の学校

総武線							総武本線							京葉線		
本八幡	東船橋	幕張	西千葉	西千葉	千葉	千葉	東千葉	都賀	四街道	八街	八街	横芝	八日市場	新浦安	新浦安	海浜幕張
15	スクールバス	15	15	13	5	5	10	18	7	7	10	スクールバス	10	バス10	13	10
昭和学院 中学校	東京学館船橋 高等学校	昭和学院秀英 中学校	敬愛学園 高等学校	千葉経済大学附属 高等学校	植草学園大学附属 高等学校	クラーク記念国際 高等学校(千葉キャンパス)	千葉聖心 高等学校	桜林 高等学校	愛国学園大学附属四街道 高等学校	千葉敬愛 高等学校	千葉黎明 高等学校	横芝敬愛 高等学校	敬愛大学八日市場 高等学校	東海大学付属浦安 高等学校中等部	東京学館浦安 高等学校	渋谷教育学園幕張 中学校 高等学校
共学	共学	共学	共学	共学	共学★	共学	女子	共学	女子	共学	共学	共学	共学	共学	共学	共学
普通	普通 ビジネス 食物調理 美術工芸	普通	普通	普通 商業 情報処理	普通 英語	普通	普通	普通	普通	普通	普通 生産ビジネス	普通	普通	普通	普通	普通
●		●			●							●		●		●
高●	●		●	●	●	●	●	●	●	●	●	●	●	●	●	
●				●	●							●				高●
	●		●	●	●											
●	●	中●	●									●	●			中●
●			●	●	●											●
●	●		●	●	●											●
●		高●														
		●														●
		●														●
●			●		●									●		
●			●		●		●									
●	●		●		●				●							
●	●		●		●					●	●					
					●											
高●			●		●							●			●	
●			●		●					●		●			●	●
●	●		●		●					●	●				●	●
●	●		●		●		●								●	●
			●	●	●					●						
	●		●		●					●			●			
高●														高●		
●	●	●	●		●										●	
			●	●												
				●					●						●	
							●		●				●	●		
		●		●										高●	●	高●
●					●				●					中●	●	●
			●													
460	481	461	450	468	444	449	471	445	440	467	475	493	451	478	480	457

●京成千原線・内房線・外房線沿線の学校

沿線	京成千原線	内 房 線							君津	館山	外 房 線		
駅名	学園前	五井		木更津					君津	館山	本千葉	本納	安房鴨川
徒歩	1	スクールバス25	スクールバス15	スクールバス10	バス(寮制)	スクールバス10	スクールバス8	スクールバス15	2	5	5	20	5
学校名	千葉明徳 中学校・高等学校	市原中央 高等学校	東海大学付属市原望洋 高等学校	木更津総合 高等学校	暁星国際 中学校・高等学校	志学館 中等部・高等部	拓殖大学紅陵 高等学校	翔凜 中学校・高等学校	千葉県安房西 高等学校	明聖 高等学校	茂原北陵 高等学校	鴨川令徳 高等学校
男女別	共学	共学	共学	共学	共学	共学	共学	共学	共学	共学	共学★	共学
設置学科	普通	普通	普通	普通	普通	普通	普通	国際	普通	普通	普通 家政	普通

区分	項目	千葉明徳	市原中央	東海大市原望洋	木更津総合	暁星国際	志学館	拓殖大紅陵	翔凜	安房西	明聖	茂原北陵	鴨川令徳
入試情報編	英国数以外の試験がある(中学は国算以外)	中●		●	●	●	中●						●
	推薦入試がある	高●	●	●	●	中●	●	●	●	●	●	●	
	スポーツ・芸術や一芸による特別な選抜制度がある				●	●							●
	一般入試において面接を実施する	●	●	●	●	●	中●		●	●	●	●	
	一般入試を2度以上行う(欠員募集は除く)	高●				●	中●	●	●	●	●	●	
	スライド合格/第二志望の出願ができる	高●	●	●	●								
	公立高校併願者に延納などの配慮がある					高●		●	●	●	●	●	
	特待生制度や奨学金制度がある	●	●	●	●	●		高●	●		●	●	
	帰国子女に特別選抜基準を設けている					●							
	学校見学を随時受け付けている	●				●							
勉強・進学編	中高一貫クラス(高校からの入学者を除く)を設けている	●											
	高校課程の授業を先取りしている					●	●						
	特進コースのクラスがある	高●		●		●	高●		高●			●	●
	進級時に学科・コースの変更ができる			●		高●					●	●	
	進学のための補習授業がある		●	●		高●	高●					●	●
	習熟度に応じたクラス編成を行っている	高●	●						●		●	●	
	予備校のサテライト(通信衛星)講座を導入している												
	予備校などの公開模試を学校で受けられる	高●				●	高●					●	●
	大学への優先枠・推薦枠がある		●	●	●	●		●	●		●	●	●
	ICT教育に力を入れている	●	●	●		●			●		●	●	●
	英語検定や漢字検定受検を支援している	●	●	●	●	●	●	●	●	●	●	●	●
	外国人教師の語学授業がある	●				●					●		
	特殊資格・技能を取得できる											●	
	ユニークな科目や講座がある			●		高●							
環境・スクールライフ編	週休(または隔週休)2日制である		●		●		●					●	
	寮がある/全寮制である				●	●			●			●	
	教室も冷暖房を完備している	●	●	●		●	●		●	●	●	●	●
	最近(3年以内に)施設を新築または改築した					●				●			
	学食(学生が利用できる食堂)がある	高●			●							●	●
	ミッション系の学校である					●							
	宗教授業が必修科目の中にある												
	礼儀作法やテーブルマナーを教えている								●			●	
	留学、交換留学を行っている/海外提携校がある	高●	●										
	海外への修学旅行がある	高●			●			●					
	制服を設けていない/制服以外の服装も可である										●		
	最近(3年以内に)制服を新しくした				●								●
	学校紹介ページ	474	443	477	447	448	455	464	459	469	490	491	446

●東金線・常総線沿線の学校

東金線	常総線
東金	新守谷
バス10	1
千葉学芸 高等学校	開智望 中等教育学校
共学	共学
普通	
	●
●	
●	●
	●
●	
●	●
●	
	●
	●
●	
	●
●	
●	●
●	
●	●
●	
●	
●	
●	●
●	
●	
●	●
466	557

東京
50音順ガイド

＊10タイプ・ジャンル別インデックスは、各学校の大きな特徴を、それぞれ3つから4つ選んでいます。

『進学に有利』......国公立大学、有名私立大学に、多くの合格者を出している学校。

『芸術＆特殊学科』......音楽、美術、演劇、体育などの学科やコースをもつ学校。

『資格＆技能系』......高校卒業後、就職に役立つ資格や技能を身につけられ、専門技術を学べる学校。

『スポーツが強い』......全国大会、インターハイなどに出場し、優秀な成績をあげている学校。

『国際人を養成』......英語を重視し、留学（長・短）、海外語学研修、ホームステイなどのシステムをもつ学校。

＊各学校のガイドのくわしい見方は、4ページの「ガイドページの見方」をごらんください。

女子｜保 中 高 専 短 大

愛国 中学校 高等学校

普通科　商業科　家政科
衛生看護科（高校）
生徒数　35名（中学）　440名（高校）
〒133-8585
東京都江戸川区西小岩5-7-1
☎ 03-3658-4111

SUPER INDEX P.99
京成本線京成小岩駅　徒歩3分
総武線小岩駅　徒歩10分
北総線新柴又駅　徒歩13分
制服 p.38

国際交流、海外体験、各種資格取得に加え愛国学園大学も開学

URL	中学	https://www.aikokugakuen.ac.jp/junior-high/
	高校	https://www.aikokugakuen.ac.jp/senior-high/
Web上での合格発表	中学 ○	高校 ○

プロフィール　社会と家庭の幸福をつくる女性に

1938（昭和13）年に、織田教育財団が設立した愛国女子商業学校を母体として、1947年に中学校、翌年に高等学校を設立。「親切正直」をモットーに、社会人としては豊かな知識と技術とをもって経済的に独立し、家庭人としては美しい情操と強い奉仕心とをもって一家の幸福の源泉となる、健全な精神と身体とを備えた女子の育成を目的としている。

環境　視聴覚設備が充実新校舎も完成

視聴覚設備が整っており、テレビやDVD、CDなどを使った授業も多い。創立50周年の記念講堂は、ホールやプール、トレーニング施設などを併設し、幅広く活用されている。2007年、冷暖房完備の新体育館も完成。

カリキュラム　進路目的に対応して実践的な能力を磨く

中・高および短大・大学への一貫教育を基盤に教育課程を組んでいる。
中学では、基礎学力の充実と共に、英会話やコンピュータの授業も行っている。
高校では、生徒本人の適性・個性を重んじ、4つの科に分けて指導を行う。

コンピュータの授業も充実

普通科と商業科は、1年次は共通カリキュラムで、一般教養科目の他、簿記・情報の基礎も学べるようになっており、2年次より希望の学科を選択し、それぞれの目的に応じた学習を行う。普通科では、一般教養コースと進学コースに分かれ、進学希望者は入試科目、就職希望者はコンピュータなどを選択できる選択科目も設置されている。商業科では、2年次より会計コースと情報処理コースに分かれ、より高度な職業教育により、各種検定資格をはじめ実社会で役立つ能力を身につける。家政科では、整った設備と多彩なカリキュラムのもと、無試験で調理師の資格が取得でき、日本・中華・西洋料理等の講習会も実施される。衛生看護科は、文部科学省の准看護師学校の指定を受けており、卒業と同時に准看護師試験を受ける資格（合格率100％）が取得可能。

学校生活　国際感覚あふれる女性を育成

登校時間	中学	夏季	8：30	冬季	8：30
	高校		8：30		8：30

高校の制服は、紺のジャケットとグレー・チェックの2種類のスカート、セーター、リボン、ネクタイなどで自由にコーディネイトができる。
アメリカ海外研修旅行を実施し、国際感覚あふれる女性の育成に努めている。部活動も活発で、バドミントン、ダンス、箏曲、吹奏楽、なぎなた、茶道などがある。

進路　愛国学園大学が1998年に開学

生徒の約9割が進学。愛国学園大学（人間文化学部）、愛国学園短大（家政科）、愛国学園衛生看護専攻科、愛国学園保育専門学校へ進む者が多い。

アメリカ海外研修旅行

★ トピックス　100円から始まる貯蓄学

本校ならではのユニークな伝統が、愛国学園生徒銀行で、入学時に学校から渡される100円預金済みの通帳を種預金として、貯蓄心を育てている。

2024年度入試要項

中学

試験日　11/20（帰国生）　2/1（1回）
　　　　2/2（2回）　2/3（3回）

試験科目　国・算＋面接

2024年度	募集定員	受験者数	合格者数	競争率
1/2/3回	40/10/10	15	10	1.5

高校

試験日　11/28（帰国生）　1/22（A推薦）
　　　　1/23（B・C推薦）　2/10（一般）

試験科目　作文＋面接（A推薦）
　　　　基礎学力〈国・数・英〉＋作文＋面接（B・C推薦・帰国生）
　　　　国・数・英＋作文＋面接（一般）
※家政・衛生看護は身体機能検査あり

2024年度	募集定員	受験者数	合格者数	競争率
普通	80/80	53/48	53/46	1.0/1.0
商業	40/40			
家政	40/40	22/19	20/18	1.1/1.1
衛生看護	20/20	40/10	34/7	1.2/1.4

※中・高とも、帰国生の募集は若干名
※B・C推薦は千葉県・埼玉県内中学生のみ
※人数はすべて推薦/一般

左側タブ：
進学に有利
併設校あり
芸術＆特殊学科
資格＆技能系
施設が充実
スポーツが強い
クラブが活発
情操教育を重視
国際人を養成
自由な校風

東京

共学 幼小中高短大院

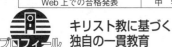

青山学院 中等部 高等部

幼稚園から大学までの一貫教育 都心のハイセンスな ミッション系スクール

SUPER INDEX P.69

普通科（高等部）
生徒数 764名（中等部）
1246名（高等部）
〒150-8366
東京都渋谷区渋谷4-4-25
☎ 03-3407-7463（中等部）
☎ 03-3409-3880（高等部）
山手線・私鉄・地下鉄各線渋谷駅 徒歩12分
銀座線・千代田線・半蔵門線表参道駅
徒歩10分

URL	中等部	https://www.jh.aoyama.ed.jp/
	高等部	https://www.agh.aoyama.ed.jp/
Web上での合格発表	中学 ○	高校 ○

プロフィール キリスト教に基づく 独自の一貫教育

1874年、アメリカのメソジスト監督教会によって創立。日本のキリスト教学校の中でも長い歴史と伝統を持つ、代表的な総合学園のひとつである。幼稚園から大学までの全学的一貫教育。キリスト教信仰に基づく教育を目指し、神の前に真実に生き、真理を謙虚に追求し、愛と奉仕の精神をもって、すべての人と社会とに対する責任を進んで果たす人間の形成に努めている。

環境 多感な時期にうれしい カウンセラー

2014年、高等部新校舎が完成。図書館は、10万冊余もの豊富な蔵書と、広々とした閲覧室が自慢。視聴覚資料も豊富にある。また、心身が成長する大切な時期に的確な援助が行えるよう、校内にカウンセリング室も設置され、専門的な立場から常勤のカウンセラーがいつでも相談に応じてくれる。2019年に中等部新校舎が完成。「教科センター方式」を導入し、教科ごとに教材・教具が多く展示され、広々とした空間を備えている。

校外施設として、軽井沢に高等部「追分寮」がある。

軽快かつ清楚な服装

（中等部）（高等部）

カリキュラム 独語や仏語もある 多彩な選択授業

高等部卒業生の約85％が青山学院大学に内部進学するため、受験に重点を置いた詰め込み学習とは一線を画している。中等部では、週5日制を実施。少人数制授業や習熟度別クラス制を導入するなど、基礎学力の充実を目指す。また、3年次の選択授業では、ほぼ全教科にわたって興味深い講座を用意している。

高等部でも、週5日制を実施、土曜日には大学の教授による《学問入門講座》が開講されている。また2年次から選択をおき、3年次では授業時間の半分に選択科目をおいて、関心のあるものを深く学ばせるようにしているため、主要5教科はもちろん、各教科の特講や独語、仏語など多彩な科目の中から、個人の適性や進路に応じて自由に選ぶことができる。そのほか「聖書」が必修科目として含まれている。

学校生活 クラブ活動を 積極的に支援

登校時間	中学	夏季	8:10	冬季	8:10
	高校		8:10		8:10

課外活動や生徒会活動、クラブ活動など、学業以外の活動も積極的に支援している。クラブは、中等部では運動系15・文化系10（他に同好会）、高等部では合わせて40が活動しており、聖書交友会や聖歌隊、ハンドベル部など本校ならではのものがある。また、学校行事としては、イースター礼拝、クリスマス礼拝などの宗教行事のほか、球技大会、運動会、文化祭、スキー教室などがある。

進路 ほとんどの生徒が 青学大に

高等部からは約85％が青山学院大学に進学している。内部進学は、高等部3年間の成績、および3年次の2回の学力テストなどを総合的に判断して推薦が行われ、

ミッション系スクールならではの大学正門

大学側の決定を経て入学が認められる。その他専攻分野などの関係から約15％は、国立大学や、医学、薬学、芸術等の各分野へ進学している。

国際化 留学生や帰国生の 受け入れ態勢は万全

本校には創立当初より、在外生活を体験した生徒が多く通っていたこともあり、帰国生が馴染みやすい雰囲気を感じることができる。ともに刺激を与えあう中、自らも海外での生活を体験しようと、毎年15名前後の生徒が留学に出かける。他に、カナダホームステイ、イギリス・イタリアの学校との短期交換、スタディーツアーも充実している。海外からの交換留学生とも同じクラスで過ごすうちに、自然とグローバル社会に向かう気持ちも高まる。2015年文部科学省よりSGHの指定を受け、「サーバントマインド」を持つグローバルリーダーの育成を目指す。

2024年度入試要項

中等部

試験日 2/2
試験科目 国・算・理・社

2024年度	募集定員	受験者数	合格者数	競争率
男子/女子	約140	329/459	113/91	2.9/5.0

高等部

試験日 1/31（帰国生・推薦） 2/12（一般）
試験科目 適性〈国・数・英〉＋面接（帰国生・推薦）
国・数・英（一般）

2024年度	募集定員	受験者数	合格者数	競争率
推薦	約65	201	67	3.0
一般	約70	802	196	4.1
帰国生	約25	152	53	2.9

━ 卒業生有名人 岩渕健輔（日本ラグビーフットボール専務理事）、小川彩佳（アナウンサー）、三田友梨佳（フジテレビアナウンサー）

右端縦タブ：進学に有利に／併設校あり／特殊学科 芸術・／技能系 資格＆／施設が充実／スポーツが強い／クラブが活発／情操教育を重視／国際人を養成／校風 自由な

男子 中 高

麻布中学校高等学校

男子御三家のひとつ
完全中高一貫教育と
自由な校風に人気集中

SUPER INDEX P.73

普通科（高校）
生徒数　916名（中学）　893名（高校）
〒106-0046
東京都港区元麻布2-3-29
☎ 03-3446-6541
日比谷線広尾駅　徒歩10分
都営大江戸線・南北線麻布十番駅
徒歩15分
千代田線乃木坂駅　徒歩20分

URL	https://www.azabu-jh.ed.jp/
Web上での合格発表	○

校章が印象的な白い校舎

プロフィール 自由な校風のもと豊かな人間を形成

江原素六により、1895（明治28）年に創立された。以来、自主自立の江原精神を受け継いで発展を続け、自由闊達な校風が伝統となっている。

何よりもまず、豊かな人間形成を教育の主眼としており、生徒の学習意欲を引き出し、思考力・創造力・感受性を育むことに努めている。また、6年一貫教育ならではの独自のカリキュラムが特徴で、充実の教諭陣が、学習面、生活面の指導に当たっている。

環境 学習に集中できるゆとりの施設設備

都内屈指のアカデミックなエリア、広尾に位置する。四季の自然を肌に感じられる有栖川公園や、膨大な蔵書を誇る都立中央図書館などが通学路にあり、恵まれた学習環境といえる。

普通教室棟の他に、講堂、芸術・技術棟、理科棟、体育館などが機能的に配置されており、いずれも地上4階・地下1階の構造となっている。また、100周年記念館には、地下に部室、1階に分割授業やゼミナール用の小教室と自習室、2・3階には図書館が配置され、コンピュータスペースやAVブースもある。2015年には創立120周年記念体育館が完成。

蔵書8万1千余冊の図書館

カリキュラム 一貫教育の利点を生かした学習課程

どの教科も6年間の連続性を考えて独自のカリキュラムを編成している。

国語科では、各学年の発達段階に応じ、確実な読解力・表現力を養成する。中3で卒業共同論文を作成する。古文では中2から文語文法を学び、高校では中学の基礎をもとに、最終的には源氏物語などの優れた古典を味読できることを目標とする。また、漢文は中3から高2まで必修となっている。

社会科は、中1・2で地理的分野と歴史的分野を履修し、中3から公民的分野と近現代史を、高1での現代社会と連続総合させて学習する。なお、高1では各自自由にテーマを一つ選んで研究し、基礎課程修了論文としてまとめる。高2からは日本史・世界史・地理は継続履修、倫理・政治経済・哲学は単年度履修としている。

数学科では、6年一貫教育の利点を生かし、内容に継続性を持たせ、無理なく学べるシステムを確立している。高2・3では選択科目を設定し、演習に重点を置く。

理科は、中1から高1まで必修で、高2は2科目選択必修制、高3では自由選択制となる。実験室やAV教材を有効に活用した授業が特徴である。

英語科は、中学では基礎力を徹底して養い、生徒の持つ能力を引き出すために、質・量ともにかなりの努力を要する内容になっている。高校では総合的な力が身につくように、独自のカリキュラムに沿って指導している。

芸術の授業もハイレベルで、日本画・油画・彫刻・工芸・声楽・器楽・作曲・書道を、専門の教諭から学べる。

また、保健体育科では中1から高2まで柔道・剣道を選択必修とし、精神面も重視して全体的な調和発達を図っている。中2では、週1日午後多摩川グラウンドで球技等を実施している。

学校生活 選択に迷うほど多彩な45ものクラブ

登校時間	中学	夏季	8:00	冬季	8:20
	高校		8:00		8:20

活発多彩な自主活動の要として、文化部・運動部合わせて45のクラブや同好会がある。それぞれ顧問の教諭のもとに、心身を鍛え、また自由な研究にいそしんでいる。全国大会などで優勝をとげたクラブも多く、学園全体に活気がみなぎっている。鉄道、チェス、アメリカンフットボールなど、個性豊かなクラブがあるのも魅力だ。

進路 学校別東大合格者数は全国でも上位

大学進学に関しては、その名を知らない人はいないほど、全国的規模での有名校である。ほとんどの生徒が超難関大学を受験するため、浪人の数も多いが、実績の確かさは東大合格者数が示す通りで、毎年90名前後が合格している。学校別でも常に上位校に名を連ねており、超難関大学に多数の生徒が合格している。

2024年度入試要項

中学
試験日　2/1
試験科目　国・算・理・社

募集定員	受験者数	合格者数	競争率
300	796	352	2.3

高校　募集せず

左側縦書き見出し：
有利に進学／あり併設校／特殊学科＆芸術＆／技能系＆資格＆／充実施設が／が強いスポーツ／活発クラブが／重視情操教育を／養成国際人を／校風な自由

　卒業生有名人　福田康夫（元首相）、橋本龍太郎（元首相）、桝太一（フリーアナウンサー）

東京
男子 中高

足立学園 中学校 高等学校

アフリカにも行ける多彩な海外プログラム
志を持ち将来を切り拓ける紳士の育成
オックスフォード大学（ハートフォードカレッジ）提携校

制服 p.29

SUPER INDEX P.96

■ 普通科（高校）
生徒数　568名（中学）　836名（高校）
〒120-0026
東京都足立区千住旭町40-24
☎03-3888-5331
常磐線・千代田線・日比谷線・半蔵門線・東武スカイツリーライン・TX　北千住駅
徒歩1分
京成線京成関屋駅　徒歩7分

URL	https://www.adachigakuen-jh.ed.jp/			
Web上での合格発表	中学	○	高校	○

地下卓球場

プロフィール
「学びたい」意欲を大きく伸ばす教育

1929（昭和4）年、南足立中学・南足立商業学校として創立。その後中学は一時募集を停止していたが、1991（平成3）年に再開され、1993年より現校名に。

校訓は『質実剛健・有為敢闘』。「自ら学び 心ゆたかに たくましく」という教育目標に基づき、生徒が自主性を持って行動し、自らの能力や個性を大きく伸ばせる教育を行っている。

環境
朝7時から夜8時まで年中無休の自習室

地下1階、地上6階の校舎は、何よりも安全に配慮し、大地震にも万全な備えを持つ構造になっている。12教室分の広さを持つ自習室はゆったりとしたスペースに約300席のほとんどがキャレルデスク。周囲を気にせずに朝7時から夜8時までほぼ年中無休で利用できる。2階廊下の真ん中に6台のパソコンを配置し、生徒が自由に利用できる。

カリキュラム
探究力の育成とグローバル人財の育成

これからの時代に備えて、課題解決能力と国際感覚を養い、世界で活躍できる人財を育成。

志を持ち、世のため人のために活躍できる人財育成のため、中学では志共育、高校では松下政経塾の志探究プログラムに参加する。

ICTの活用については、Microsoft365による課題提出等のクラスサイトを積極的に活用しているため、2020年にMicrosoft社から、中高では全国初のMicrosoft Showcase School（教育ICT先進校・世界から選出）に認定。

中学校は特別奨学生入試の合格者を中心に「特別クラス」を編成。中1・2では基礎力の徹底を図り、外国人講師との2人制授業や英会話授業を実施。中2・3では英・数を少人数学力別指導。プログラミングを学んだり、一流企業を招いて企業インターンを行ったりして、プレゼンテーション能力や論文力に磨きをかける授業も。高校は「探究コース」または「文理コース」に進む。

高校には「総合コース」も設置。いずれのコースも探究総合の授業を通して課題解決能力を身につけていく。

海外プログラムは7種類。スタディーツアーは、オーストラリア・アフリカ・ラオスの3種類。先進国だけでなく、発展途上国も学べるプログラムを用意。高1のオーストラリアターム留学の他、16歳以上で参加可能なオックスフォード大学（ハートフォードカレッジ）特別留学も設定。

学校生活
豊かな学園生活しっかりとした人間関係

登校時間	中学	夏季	8：25	冬季	8：25
	高校		8：35		8：35

中学では1年で林間学校、2年でスキー実習、3年で京都・奈良の修学旅行を実施。また約33kmの強歩大会やマラソン大会、百人一首のカルタ大会、横浜・鎌倉の校外授業等を実施し、体力・学習意欲の向上、人間関係の育成、潤いのある学校生活が送れるよう心がけている。体育祭、文化祭は中学と高校が一緒に取り組む。

高校では1年の4月にオリエンテーション合宿、2年の3月に北海道・沖縄・海外から生徒個人が選択する修学旅行、2月に1年と2年合同の弁論大会がある。

クラブは、中学は12の運動部と13の文化部、高校は20の運動部と13の文化部がある。生徒と先生の距離が近く相談しやすい環境。

進路
東京大学にも現役合格！

主な進学先は、イリノイ、北海道、筑波、千葉、埼玉、名古屋、東京芸術、九州、横浜国立、電気通信、東京農工、東京、東京工業、東京学芸、東京都立、慶應、早稲田、上智、東京理科、明治、立教、中央、青山学院、法政、学習院など。

海外協定推薦制度（UPAA・UPAS）に加盟。アメリカ、カナダ、イギリス、オーストラリアの大学推薦を受けられる。

2024年度入試要項

中学

試験日　2/1午前（一般第1回志）　2/1〜4午前（一般第1〜4回）　2/1〜5午後（特別奨学生第1〜5回）

試験科目　国・算＋面接（一般第1回志）　国・算または国・算・理・社（一般第1〜4回）　国・算・理・社または適性検査（特別奨学生第1・4回）　国・算・理・社（特別奨学生第2・3・5回）

2024年度	募集定員	受験者数	合格者数	競争率
1日 志・一般/特選	50/20/15	171/64/194	111/27/15	1.5/2.4/12.9
2日 一般/特選	20/5	146/100	31/5	4.7/20.0
3日 一般/特選	5/5	95/95	29/5	3.3/19.0
4日 一般/特選	5/10	87/135	13/10	6.7/13.5
5日特奨	5	95	5	19.0

高校

試験日　1/22（A・B・志自己・スポーツ推薦）　2/10（一般第1回）　2/12（一般第2回）

試験科目　適性（国・数・英）＋面接（A・B・スポーツ推薦）　適性＋エントリーシート＋面接（志自己推薦）　国・数・英＋面接（一般）

2024年度	募集定員	受験者数	合格者数	競争率
推薦	20/20/40	27/71/106	27/71/106	1.0/1.0/1.0
一般	20/20/40	23/44/58	15/38/34	1.5/11.6/17.1

※人数はすべて探究/文理／総合
※成績・スポーツ特待生制度あり

卒業生有名人　藤原倫己（タレント）、高松潤（俳優）、エル・リンダマン（林悠河／プロレスラー）

進学に有利に
併設校あり
芸術&特殊学科
資格&技能系
施設が充実
スポーツが強い
クラブが活発
情操教育を重視
国際人を養成
自由な校風

東京

女子　中高大院

跡見学園 中学校 高等学校

中学から大学まで
歴史と伝統を持つ女子一貫教育校
しなやかで凛とした女性を育てる

普通科（高校）
生徒数　740名（中学）　509名（高校）
〒112-8629
東京都文京区大塚1-5-9
☎03-3941-8167・9548（入試広報室）

SUPER INDEX P.71

丸ノ内線茗荷谷駅　徒歩2分
有楽町線護国寺駅　徒歩8分

URL	https://www.atomi.ac.jp/jh/
Web上での合格発表	○

理科の実験風景

進学に有利

併設校あり

芸術＆特殊学科

資格＆技能系

施設が充実

スポーツが強い

クラブが活発

情操教育を重視

国際人を養成

自由な校風

プロフィール

知性と品格を備えた情操豊かな女性に

1875（明治8）年、知性と品格を備えた情操豊かな女性の育成を目指し、神田猿楽町に跡見学校を創立。1932（昭和7）年に、大塚の現在地に移転。戦後の新学制により、跡見学園中学・高校に移行した。

建学以来「知性と品格を漂わせながらも、人間的に温かみがあり、のびのびとして明るい」という校風を継承してきた。「時代の先覚者として生きよ」という創始者跡見花蹊の精神を受け継ぎ、21世紀をたくましく生きていく、豊かな人間性と学力を持った人間の育成を目標にしている。

現在は、新座市と文京区に女子大学を有する、中学から大学院までの女子教育の総合学園である。

環境

恵まれた環境 近代的な校舎

学校が集中している文教地区にあり、静かで落ち着きのある雰囲気が漂う。校舎は現代風の建物で、全館冷暖房完備。中央には2階から6階まで続く巨大な円形の吹き抜け（アトリウム）があり、明るく開放的な普通教室をはじめ、本格的な陶芸用の窯を備えた美術室やパソコン実習室などの特別教室、作法室、カウンセリングルーム、大小アリーナなど各施設が充実している。また、図書館は約8万冊以上の蔵書を誇り、350人収容の跡見李子記念講堂では演劇や映画上映ができるほか、オールシーズン利用可能な屋内温水プールも設置している。さらに校外施設として、自然観察林を持つ北軽井沢研修所などがある。

オールシーズン利用可能な屋内温水プール

カリキュラム

本物に触れる教育と進路にあわせた選択制

新しい大学入試制度に向け、真の学力を身につけることを目指したカリキュラムを編成。英語・数学での少人数制、習熟度別の授業をいっそう拡充するなどきめ細やかな指導体制をとり、各自の資質・能力を最大限に伸ばすために工夫された授業を展開する。

中学では基礎学力の充実と学習習慣の定着が目標。英語では外国人講師による会話授業や1人1台のタブレット端末を活用したオンライン英会話を通して実践的なコミュニケーション能力を育てる。また、レシテーションコンテストや英検への取り組みなども行い、総合的な英語力を高めていく。国語では古典に力を注ぎ、日本の伝統と文化への理解を深める。数学は課題プリント・小テストにより基礎を固め、計算力の強化にも努める。情操教育も特色の一つで、跡見流書道や作法を習得する。

高校では2年次より文・理別コースに分かれる。多様化する大学入試に対応して、多彩な選択授業や演習を導入した課程を組み、様々な学部系統への進学をサポートする。

学校生活

生徒主体の学園生活 校外授業も多彩

登校時間	中学	夏季	8:00	冬季	8:00
	高校		8:00		8:00

自由参加のクラブは、文化系18、運動系12が活動しており、文部科学大臣賞受賞の繊維工芸部など、ユニークなものもある。そのほか、箏曲、茶道、華道、英語検定Attack、英会話などの放課後プログラムも実施されている。

中1、中2のサイエンス探求教室では、登山など、自然の中で実地学習を体験する。また中3で広島、高2で奈良・京都に修学旅行に行く。そのほか海外語学研修（希望者）も実施しており、中学はニュージーランド、高校はオーストラリア・ブリスベンにある名門校St. Rita's Collegeの生徒宅にホームステイし、一緒に学校に通って学校生活を体験する独自の研修を行っている。

進路

併設大に優先入学 有名他大学へも多数

優先入学制度（11月期〈専願〉・3月期〈併願可〉）を利用するなどして併設の跡見学園女子大学へ進学する生徒は1割～2割ほど。多くの生徒が4年制の他大学に進学する。国公立大学をはじめ、慶應義塾大、早稲田大、上智大、明治大、立教大、法政大などの様々な大学に多くの合格者を出している。

慶應義塾大、上智大、中央大、青山学院大、学習院大、立教大など約130の大学の指定校推薦枠もある。

2024年度入試要項

中学

試験日　12/19（帰国生）　2/1午前・午後（第1回一般・特待）　2/2午前・午後（第2回一般・特待〈国語重複型〉）　2/4（第3回特待）　2/5（第4回特待）

試験科目　国・算＋作文＋面接（帰国生）　国・算または国・算・理・社（一般第1・2回、特待第4回）　国・算（特待第1・2回）　思考力（漢字力＋計算力＋思考力）または英語コミュニケーションスキル（漢字力＋計算力＋英＋英語面接）（特待第3回）

2024年度	募集定員	受験者数	合格者数	競争率
一般1回	70	197	86	2.3
一般2回	60	240	91	2.6
特待1回	50	267	136	2.0
特待2回	40	233	93	2.5
特待3回 思考/英語	20	105/16	39/8	2.7/2.0
特待4回	20	217	90	2.4

※帰国生の募集は10名

高校　募集せず

卒業生有名人　小原乃梨子（声優）、栗本薫（中島梓／作家）、古内東子（ミュージシャン）

東京

女子　高

安部学院 高等学校

実践的な女子の商業教育を推進
家庭的で明るい校風のもと
挨拶や礼儀の習慣を徹底指導

商業科
生徒数　348名
〒114-0005
東京都北区栄町35-4
☎ 03-3913-2323

SUPER INDEX P.77

制服 p.22

京浜東北線王子駅　徒歩3分
南北線王子駅　徒歩5分
都電荒川線栄町駅　徒歩30秒

URL　https://www.abe-gakuin.ed.jp

人間的に豊かな女性を目指す教育
プロフィール

　1940（昭和15）年、滝野川第一商業女学校として設立。1951年、安部学院高等学校と改称した。

　家庭的な温かみと厳格さの中、女子の商業教育に必要な設備を充分に整え、教養・礼儀・専門知識を高め、社会人として活躍する優秀な人材を輩出している。また、学力と共に人間的にも豊かに成長する教育を重視している。

可動式椅子席を備えた体育館
環境

　緑の多い飛鳥山公園に近接し、小ぢんまりとしたキャンパスを持つ。264席の可動式椅子席を併設した体育館、商業教育に必要なOA実習室を備えた特別教室棟、レスリング練習場など、充実した施設を備えている。

2年次からは科目選択制に
カリキュラム

　授業は「実社会で役立つ」をモットーに、勉強への苦手意識をなくすため、まず基礎力を身につけ、自信が持てるように進めていく。また、進学希望者には、個別指導で一人ひとりをバックアップしている。

　実社会ですぐに役立つ商業科目として、1年次はビジネス基礎・簿記など

どれも実践的な商業科目の授業

10単位、2年次からは科目選択制により、『日商簿記2級取得を目指す』、『一般事務およびサービス業等に役立つ秘書検定2級取得を目指す』など、興味分野に分かれて商業に関する知識を深めていくため、9単位を設置している。3年次にはさらに簿記演習・ビジネス法規・マーケティングなど、7単位の商業科目を設置し、基礎知識の学習と応用実習によって実践力を養う。

クラシック音楽を校内放送で流す
学校生活

登校時間	夏	8：25	冬	8：25

　創立以来一貫して、社会生活に最も必要で潤滑油の役目を果たす「あいさつ」の励行を伝統とし、指導を徹底している。また、始業前や昼食時間にはクラシック音楽などを校内放送で流し、自然に女性らしい情操を深めるのに役立てている。

　1、2年次の3月には、TGGにて英語研修、3年次の5月には修学旅行で九州へ出かける。そのほかにも、6月の球技大会・10月の体育祭など、四季折々の行事を実施し、生徒が明朗に、互いの友情を育て、心身ともに成長するよう努めている。

　女性としての教養と実技を体得し、創造性と心身の健康を養うため、5の文化部と6の運動部を設置している。文化部では、ボランティア部が王子駅までの清掃活動に取り組んでいる。また、春と秋には赤羽駅や王子駅周辺であしなが学生募金活動や赤い羽根共同募金活動に参加し、多くの人々の善意に呼びかけている。運動部では、女子校では珍しいレスリング部があり、毎年、世界選手権に出場する選手を輩出している。東京オリンピックでは卒業生2名が金メダリストに輝いた。そのほか、バドミントン部・バスケットボール部なども、技術向上を目指して厳しい練習に励んでいる。

多くのクラブが日々練習に取り組む

　また、昨年度からなぎなた部が発足され、大会に向けて日々鍛錬している。

　制服は、あきのこないグレーチェックのスカートに、夏はホワイトのニットベストかネイビーのポロシャツ。冬はジャケットとの組み合わせになる。

就職・進学へのきめ細かな進路指導
進路

　就職する生徒は約2割で、大学・短大・専門学校等へ進学する生徒は約7割である。

・就職先…城北信用金庫・株式会社プリンスホテル・株式会社サンドラッグ・桂新堂株式会社・株式会社なだ万・井筒まい泉株式会社など多岐に渡り、様々な企業に就職している。

・進学先…淑徳大・日本大・東洋大・立正大・高千穂大・千葉商科大・東京成徳短大・川口短大・城西国際大などに多数進学している。

　卒業生は社会のあらゆる場面で活躍し、礼儀正しさと働きぶりにより多方面から信頼と評価を得ている。

2024年度入試要項	
試験日	1/22（A・B推薦）
	2/10（一般）
試験科目	面接（A推薦）
	適性〈国・数・英〉＋面接（B推薦）
	国・数または国・英＋面接（一般）

2024年度	募集定員	受験者数	合格者数	競争率
推薦 単願/併願	100	86/64	86/64	1.0/1.0
一般	100	76	76	1.0

進学に有利

併設校あり

芸術＆特殊学科

資格＆技能系

施設が充実

スポーツが強い

クラブが活発

情操教育重視

国際人を養成

校風自由

卒業生有名人　須﨑優衣（東京オリンピックレスリング50kg級金メダル）、向田真優（東京オリンピックレスリング53kg級金メダル）

東京

共学　中高

郁文館中学校
高等学校

「夢教育」で人間力・学力・
グローバル力を高める

SUPER INDEX P.75

普通科（高校）
生徒数　401名（中学）　882名（高校）
〒113-0023
東京都文京区向丘2-19-1
☎03-3828-2206
南北線東大前駅　徒歩5分
千代田線根津駅・千駄木駅、都営三田線
白山駅　各徒歩10分

URL	https://www.ikubunkan.ed.jp			
Web上での合格発表	中学	○	高校	○

夢への通過点となる大学進学を目指し効率よく学習
ている。

 進学に有利に
 併設校あり
芸術&特殊学科
資格&技能系が
施設が充実
 スポーツが強い
 クラブが活発
情操教育を重視
国際人を養成
 自由な校風

 プロフィール
夢を持ち、夢を追い、夢を叶えさせる

1889（明治22）年、棚橋一郎によって現在地に創設。以来130年の伝統を誇る郁文館は2003年に「新生郁文館」として、子どもたちに夢を持たせ、夢を追わせ、夢を叶えさせることを目的とした「夢教育」を開始。様々なプログラムの中で、豊かな人間性や生活習慣の確立などの「人間力の向上」、学ぶ意欲と学習習慣、確かな学力など「学力の向上」、世界市民としての心構え、教養、語学力など「グローバル力の向上」を目指す。この3つの柱のもと、特色ある教育を展開している。2010年より、男女共学がスタート。

環境
「夢」の実現　新校舎全館完成

蔵書3万冊の図書室や多目的講堂、学食、屋上菜園、人工芝のグラウンドを備えた地上4階地下2階の校舎が完成。

全教室の黒板がプロジェクタースクリーンとしても機能するタイプで、パソコンの画面を映しながらの授業も可能。また、書道室、美術室、物理実験室には先生の机上を撮る天井カメラが設置されており、先生の筆運びや実験の様子をスクリーンに映し出して見ることができる。

 カリキュラム
自己実現に向けた中高一貫教育

2010年3月竣工の新校舎

ノートづくりから教える懇切丁寧な指導、コース制・適宜実施する補講、長期休暇中に実施される講習などは、大きな学習効果を上げている。また、英語検定、漢字検定などの資格取得にも力を注いでいる。進学激励会でのOBたちの協力も近年の進学実績向上に大きく貢献している。中学は、1年次はiPclass、グローバルリーダー特進クラス、特進クラス、進学クラスに分かれる。2年次からは、新設された国立選抜Jr.クラスも合わせた5つのクラスから選ぶことが可能となる。体育祭、クラブ活動など学年の枠を越えた「縦割り」行事で上級生の責任感を培うほか、多彩な行事で様々な体験学習ができる。原稿用紙50枚以上書く「卒業論文」は30年以上の歴史を持つ。高校では、生徒の希望進路に即したiPclass、国立選抜クラス、特進クラス、進学クラスの各クラス別学習により大学入試突破に向けて効果的な学習活動を展開。また、国際的視野を身につけるため、高校1年次にはワンターム留学や海外語学研修を実施している。

 学校生活
先輩後輩との交流がクラブ充実の鍵

登校時間	中学	夏季	8：10	冬季	8：10
	高校	夏季	8：10	冬季	8：10

中学では体育系・文化系を問わずクラブ加入率は80％以上、高校でも60％近い生徒が加入している。運動部13、文化部5、研究会・同好会4という構成。

 進路
綿密な進学指導で大学合格率アップ

近年の大学合格実績は目覚ましい。主な進学先は、電気通信大・東京外語大・東京農工大・東京都立大・横浜国立大・防衛大学校などの国公立大・慶應義塾大・早稲田大・上智大・東京理科大・明治大・中央大・法政大・学習院大・立教大などの難関私立大に多数の合格者を輩出し

2024年度入試要項

中学

試験日　12/5（帰国生）　2/1午前・午後（第1回総合・GL特進・iP選抜・適性）　2/2午前・午後（第2回総合・GL特進・適性）　2/3午前・午後（第3回総合・未来力・第2回iP選抜）　2/4（第4回総合・適性型iP）

試験科目　国・算（第1・2回総合・iP選抜）　国・算または国・算・理・社（第3・4回総合）　英（GL特進・帰国生）　プレゼンテーション＋Q&A（未来力）　適性Ⅰ・Ⅱ・Ⅲ（第1・2回適性）　適性〈国語型・算数型〉（適性型iP）

2024年度	募集定員	受験者数	合格者数	競争率
総合1回/2回	40/30	120/102	71/58	1.7/1.8
総合3回/4回	20/15	84/83	37/37	23./2.2
GL1回/2回	15/10	18/10	13/7	1.4/1.4
iP1回/2回	10/5	27/31	7/6	3.9/5.2
適性1回/2回	10/10	164/132	146/96	1.1/1.3
適性iP/未来	5/若干	66/16	19/7	3.5/2.3

※帰国生の募集は5～10名程度
※スライド合格含む

高校

試験日　1/22（単願・都外生併願推薦）　2/10または11（一般、東大・国立選抜）

試験科目　適性〈国・数・英〉＋面接（推薦）　国・数・英＋面接（一般、東大・国立選抜）

2024年度	募集定員	受験者数	合格者数	競争率
推薦単願/併願	40	26/25	26/25	1.0/1.0
10日/11日一般	40	97/83	80/57	1.2/1.5
東大・国立	20	54	49	1.1

卒業生有名人　関口メンディー（ダンサー）

東京
共学　高

郁文館グローバル 高等学校

国際科
生徒数　381名
〒113-0023
東京都文京区向丘2-19-1
☎ 03-3828-2206
南北線東大前駅　徒歩5分
千代田線根津駅・千駄木駅、都営三田線
白山駅　各徒歩10分

SUPER INDEX P.75

「異なるものと共生し、未来を切り拓くことができる力」をつける独自の一人一校・一年間留学プログラム

URL	https://www.ikubunkan.ed.jp
Web上での合格発表	○

世界で活躍する国際人を育成する
プロフィール

　1889（明治22）年、私立郁文館を創設。1954（昭和29）年に郁文館中学校・郁文館高等学校・郁文館商業高等学校の3校併設となった。1993（平成5）年、商業高等学校を商業科として移行。新たに、郁文館国際高等学校を開設、2006年より現校名に改称。

　生徒たちに「夢」を持たせ、その実現のための計画を立てさせることを基本理念として、調和のとれた国際感覚を持ち、日本と他国の文化・伝統を理解し、創造性に富み、積極的に国際社会で活躍しようとする意欲あふれる国際人を育成することを教育目標としている。語学教育の充実を図り、2年次には1年間のニュージーランドまたはカナダまたはアメリカへの留学がある。

「夢」の実現新校舎全館完成
環境

　蔵書3万冊の図書室や多目的講堂、学食、屋上菜園、人工芝のグラウンドを備えた地上4階地下2階の校舎。

　全教室の黒板がプロジェクタースクリーンとしても機能するタイプで、パソコンの画面を映しながらの授業も可能。また、書道室、美術室、物理実験室には先生の机上を撮る天井カメラが設置されており、先生の筆運びや実験の様子をスクリーンに映し出して見る

ことができる。

1年間の海外留学と万全の進路指導
カリキュラム

　2024年度より、海外大学や難関私立大学を目指すLiberal artsクラスと、海外の世界トップ大学を目指すHonorsクラスの2クラス編成。最大の特色は、少人数の学習環境の中で、英語重視のカリキュラムを柱に、全員が1年間の海外留学をすること。イングリッシュキャンプも実施され、外国人教員の指導により、語学を通じて熱心な生徒指導が行われる。

　総合英語・国際関係・コミュニケーションなどの英語科目の授業を、主に外国人教員が行う。1年次では、外国人教員による生きた英語に接する機会を増やすことで、質の高い語学教育を行う。また、理事長講座「夢」の講演シリーズを聴講し、将来の明確な目標設定をさせることで、国際社会の中で活躍できる人材を育てる。2年次では、Liberal Artsはニュージーランドまたはカナダ、Honorsはアメリカへの1年間海外留学（ホームステイ）を必須とする。日本人学生が極力少ない学習環境を設定するために全員が異なる提携校に分かれて、英語や人文・社会・自然科目を履修し、Honorsでは米国名門高校Wayland Academyの6単位分を履修することで、卒業時に日本の高校卒業資格と同時にWayland Academyの卒業資格を取得できる。現地の高校生やホストファミリーとの交流を通じて、異文化社会に対する理解を深めさせ、真の国際人の育成を図る。帰国後は、3年生に進級。帰国後の進路指導体制も万全で、英語以外の教科指導も充実。難関私立大学や海外の大学への進学を実現させるカリキュラムを有する。

海外語学研修で国際感覚を磨く
学校生活

登校時間	夏	8：10	冬	8：10

　郁文館中学・高校と合同で行う行事が多く、体育祭、郁秋祭（文化祭）などがある。クラブ活動は、運動系が11、文化系が5、研究会・同好会4と多様で、活発に活動している。

個性に合わせた進学指導
進路

　進学激励会や講習・補習、個別指導などを通して、生徒個々の才能の開花に努めており、確実な進学実績を残している。主な進学先は、東北、岡山、東京都立、上智、青山学院、国際基督教、中央、成城、法政、日本など。また、近年では海外の大学への進学者も増えてきており、過去5年間でTHE世界大学ランキングTOP100に27名、TOP500に54名合格している。

2024年度入試要項

試験日　1/22（単願・都外生併願推薦）
　　　　2/10または11（一般）
試験科目　適性〈国・数・英〉＋面接（推薦）
　　　　　国・数・英＋面接（一般）
※一般のインターナショナルオープンは適性〈英〉＋英語面接

2024年度	募集定員	受験者数	合格者数	競争率
単願/併願推薦	20	12/2	12/2	1.0/1.0
一般 10日/11日	20	5/32	5/15	1.0/2.1

※他に帰国生入試（12/5、5〜10名程度）あり

2010年3月竣工の新校舎

岩倉 高等学校

普通科　運輸科
生徒数　1219名
〒110-0005
東京都台東区上野7-8-8
☎ 03-3841-3086
JR上野駅入谷口すぐ
日比谷線・銀座線上野駅　徒歩3分
京成電鉄京成上野駅　徒歩6分

SUPER INDEX P.71

伝統を継承し、進学指導を強化 チャレンジする心を育てる

URL	https://www.tky-iwakura-h.ed.jp
Web上での合格発表	○

プロフィール　10年後をイメージした学び

1887（明治30）年に創立された私立鉄道学校が前身。1948（昭和23）年現校名に改称した。2014年度、男子校より男女共学化し、普通科・運輸科の二科体制となる。

「正心第一」の校訓のもと、「仲間とともに、主体的に学び、考え、創造し、そして行動していく力を身につける」という教育目標を達成するため、充実した環境で多様な育成に力を入れている。楽しい高校生活の中で、自らを鍛え、様々な実践を通して社会を力強く生き抜いていくために必要な精神「岩倉スピリット」を身につけていく。

伝統として鉄道運輸業界への進出・活躍には目覚ましいものがあり、その貢献度は『日本国有鉄道百年史』にも記されているほどである。また、普通科は「7限制クラス」「6限制クラス」とシンプルに改編し、進学だけでなく部活動も活発になってきている。

環境　上野駅目の前の好立地

JR上野駅入谷口前に地下1階・地上10階建ての全教室冷暖房完備の快適な学習環境の校舎がそびえたつ。2022年度よりコンビニエンスストアも用意。また、進路指導における教育施設の充実を図り、職員室の前に自習室を設置し、様々な進路へ対応できるよう進路指導室や図書室も充実。電子黒板やWi-Fi環境も

各教室に整っている。鉄道における専門教育のための設備も「教育用電車運転シミュレータ」をはじめ「車掌用シミュレータ」も導入し、より実践的な授業が展開できる。校外施設は西東京市にグラウンドがある。

カリキュラム　普通科と運輸科の二科体制

週6日制で土曜日は新たに「土曜プログラム」を実施。普通科7限制は、1日に7限を設けることで、充実した演習時間を確保し、生徒たちに深い学びを実践。そして、それぞれの生徒が志望する大学や、それ以上の難関大学への合格に導くきめ細かなサポートを行っている。2年次に文系・理系に分かれる際、「国立大・最難関私大クラス」と「私大クラス」の選択肢があり、目標大学の合格を目指す。6限制では、授業時間に余裕を持たせることで、生徒たちの部活動をはじめとした課外活動への熱意ある取り組みや、自発的な学びを促す。2年次に文系・理系に分かれる際、大学進学を中心に様々な進路希望にも対応可能な「私大クラス」と部活動に取り組みながら難関大学合格を目指す「6特クラス」を設け、きめ細かなサポートを行っていく。運輸科は、安全に対する知識や車掌業務、運転技術などに関する伝統の鉄道教育を軸に、観光・サービスの分野をテーマとした専門的な授業も実施。最新の鉄道ビジネスに求められる知識とスキルを身につける。また、一般教養も重視して、普通科と同様に進学にも対応できるカリキュラム編成がなされる。

学校生活　行事やクラブ活動も新たな挑戦を

登校時間	夏	8：20	冬	8：20

修学旅行は2年生の秋に沖縄へ。文化祭、体育祭も実行委員が中心に生徒主体の運営。また、国際教育プログラムによる短期・長期語学留学も用意。

クラブ活動は、運動部において、伝統

ある野球部をはじめ、近年柔道部は男女とも関東大会に出場。女子は個人で全国大会も出場している。また、ラクロス部も男女とも活発に活動している。文化部においては、放送部が全国大会常連。吹奏楽部も100名を超える部員が所属し、連続で都大会出場中。そして鉄道系部活動も鉄道模型部、鉄道研究部、工作研究部と充実している。

進路　進学も鉄道就職もチャレンジ

二科体制ではあるが、普通科から鉄道運輸業界の就職も、運輸科から大学進学も可能。近年は、総合型選抜入試から一般選抜入試まで多様な大学入試にも対応するよう教員に加え、大学生のチューターも対応。土曜プログラムにおいても、様々な進路へサポートできる講座を設定して選択できる。

2024年度入試要項

試験日　1/22（A・B推薦）
　　　　2/10（第1回一般・併願優遇）
　　　　2/12（第2回一般・併願優遇）
試験科目　適性〈国・数・英〉＋面接（A・B推薦）　国・数・英か国・英・社か数・英・理＋面接（一般・併願優遇）
　　　　※B推薦・併願優遇は面接なし

2024年度	募集定員	受験者数	合格者数	競争率
普通7限制	100	29/67/6	29/67/6	1.0/1.0/1.0
普通6限制	200	171/271/23	171/271/23	1.0/1.0/1.0
運輸科	120	105/13/1	105/13/1	1.0/1.0/1.0

※人数はすべて推薦/第1回/第2回
※他に、若干名の帰国生入試（11/29・1/24、基礎適性〈国・数〉＋面接〈日本語か英語〉）あり

特進コース　グループワーク

進学に有利
併設校あり
芸術&特殊学科
資格&技能系
施設が充実
スポーツが強い
クラブが活発
情操教育を重視
国際人を養成
自由な校風

　卒業生有名人　三遊亭圓歌（落語家）、柳屋三語楼（落語家）

東京
共学 中高短

上野学園 中学校 高等学校

生徒一人ひとりが 主役になれる学校

普通科　音楽科（高校）
生徒数　112名（中学）　565名（高校）
〒110-8642
東京都台東区東上野4-24-12
☎ 03-3847-2201

SUPER INDEX P.71

JR・日比谷線・銀座線上野駅　各徒歩8分
京成線京成上野駅　徒歩10分
つくばエクスプレス浅草駅　徒歩12分

制服 p.⑮

URL		https://www.uenogakuen.ed.jp		
Web上での合格発表	中学	○	高校	○

プロフィール　文化の薫りが漂う伝統校

　1904年上野女学校に始まり、1915年日本初の校章制定、桜と鏡のデザインは現在に続いている。1947、1948年上野学園中学校、同高等学校となり、1949年高校に全国初の音楽科を設置。

環境　快適・安心の学習環境

　地上15階、地下2階の校舎の開放感あふれるエントランスには電子ゲートが設置されている。ゆったりと明るい教室、カフェテリア方式の食堂など充実した設備が整っている。

カリキュラム　一貫教育を生かした知識と特技の育成

　中学は、主要教科の学習を強化し、大学受験に向けて充実した指導を行う。また、音楽を通して豊かな感性を育むとともに国際文化交流や海外文化体験の場を設け、グローバルな視野を持って社会で活躍できる人材を育成する。Trip to ASAKUSA、ブリティッシュヒルズなど各種体験ができる。将来、演奏家や音楽関係の職業に就くことを目指す場合にも、音楽専門のカリキュラムを備えている。専門実技レッスン（週60分）やソルフェージュ（週2時間）を学ぶ。2024年4月から「国際コース」を開設。ケンブリッジ国際

教育プログラムに言語と学習を統合した教育法CLILを導入し、世界に通用する英語力を育成する。

　高校普通科には、国公立大学や難関私立大学を含む4年制大学への100％合格を目指す「特別進学コースα・β」と、幅広い進路を目指す「総合進学コース」があり、ベテラン教師たちによる心のこもった授業が行われている。

　高校音楽科は日本で初めて高校に音楽科が設置された伝統校。幅広い音楽の知識と演奏技術を修得し、将来音楽に携わる職業の可能性を育む「器楽・声楽コース」、そしてソリストとして演奏家を目指す「演奏家コース」の2系統の学びの場がある。「器楽・声楽コース」の専門実技レッスンは週に60分。「演奏家コース」においては週120分が確保されている。指導者は第一線で演奏活動をする上野学園短大の指導者で、中学から大学まで一貫した指導方針で生徒を大きく伸長している。

学校生活　豊かな人間性を育むのびやかな校風

登校時間	中学	夏季	8：20	冬季	8：20
	高校		8：20		8：20

　日々の実践徳目は、「親切・努力」。礼節を重んじ、挨拶の励行、身だしなみを整える等、徳育の涵養に努める。

　クラブ活動は、文化部が13、運動部は12。吹奏楽部はコンクール・地域のボランティア活動に出演、書道部は毎年多くの賞を受賞、トランポリン部は全国大会出場。

進路　生徒の未来予想を応援

　早い段階から大学進学指導（キャリアデザイン）を行い、自己適性と職業観を養い、目標を意識させる。進路に応じたサポートを実施。

フィールドワーク

15階建て校舎

2024年度入試要項

中学

試験日　2/1午前・午後　2/3午前　2/4午前　2/6午後

試験科目　国・算か国・算・理・社か4科理社得意型か適性検査型（2/1午前）　国・算（2/1午後・2/6）　得意科目2科〈国・算・英より2科〉（2/3）　得意科目1科〈国・算・理・社より1科〉か国・算か国・算・理・社（2/4）　国・算・英＋面接（国際コース）

※4科理社得意型は理社の高得点1科を採用
※音楽コース希望者はソルフェージュ・専門実技のレベル判定あり

2024年度	募集定員	受験者数	合格者数	競争率
1日午前/適性	35	30/98	20/96	1.5/1.0
1日午後		37	20	1.9
3/4/6日		10/10/5	13/26/21	10/9/13	1.3/2.9/1.6
国際コース 1/3/6日		14/4/2	4/0/1	4/0/1	1.0/—/1.0

高校　1/22（普通科推薦・音楽科推薦）　2/10または11（普通科一般・併願優遇、演奏家1回、器楽・声楽一般1回・併願優遇）　2/21（器楽・声楽一般2回）　3/14（演奏家2回）

試験科目　適性（国・数・英）＋面接（普通科推薦）　国・数・英＋面接（普通科一般）　適性（国・英）＋実技＋面接（音楽科推薦）　国・英＋実技＋面接（音楽科一般）

※普通科B推薦と併願優遇は面接なし（特待生希望者除く）
※音楽科の併願優遇の試験科目は国・英

2024年度	募集定員	受験者数	合格者数	競争率
普通科 特進α	10/10	6/4/13	6/2/13	1.0/2.0/1.0
普通科 特進β	15/15	11/4/38	7/3/23	1.6/1.3/1.7
普通科 総合進学	25/25	54/35/114	46/31/93	1.2/1.1/1.2
器楽・声楽 推薦	17	1	1	1.0
器楽・声楽 第1回/第2回	8/3	1/0	1/0	1.0/1.0
演奏家 第1回/第2回	5/2	0/0	0/0	—/—

※普通科の人数はすべて推薦/一般・併願優遇10日・11日

有利に進学 / あり併設校 / 芸術＆特殊学科 / 技能系＆資格 / 充実施設が / が強いスポーツ / 活発クラブが / 重視情操教育を / 養成国際人を / 校風自由な

卒業生有名人　太田裕美（シンガーソングライター）、石田あゆみ（歌手）

115

東京

共学　中 高

穎明館中学校 高等学校
（えいめいかん）

国際社会に羽ばたく 真のリーダーを育成する EMK未来プロジェクト実施中

URL	https://www.emk.ac.jp
Web上での合格発表	○

普通科(高校)
生徒数　558名(中学)　529名(高校)
〒193-0944
東京都八王子市館町2600
☎042-664-6000

SUPER INDEX P.89
中央線・京王高尾線高尾駅
京王直行バス10分
横浜線・京王相模原線橋本駅
スクールバス25分

進学に有利
併設校あり
芸術&特殊学科
資格&技能系
施設が充実
スポーツが強い
クラブが活発
情操教育を重視
国際人を養成
自由な校風

プロフィール　中高一貫の英才能力啓発教育

21世紀の新しい学校づくりを目標に、1985(昭和60)年に高校が、1987年に中学校が開校。経験・道徳・知識を柱に、世界的な視野に立てる人材を育成するため、男女共学の中高一貫体制による、効率的で調和のとれた教育活動を展開している。

ユニークなのは、中・高を1年、2年…6年と連続して呼ぶことで、生徒もこのスタイルを自覚し、学校全体が一体的な雰囲気をかもし出している。

環境　緑あふれる広大なキャンパス

緑あふれる約13万㎡の広大な校地の中に各施設が整備されている。普通教室35室、特別教室6室をはじめ、保健室、食堂、体育館など、すべてに冷暖房を完備し、1年中快適な環境の中で過ごすことができる。また、400mトラックを備えた人工芝グラウンド、照明塔つきの野球場、テニスコート、25m温水プール（体育館内）のほか、図書閲覧室・天文ドーム・EMK未来館が中に入っている無窮館、多目的使用の記念館などの施設も充実している。

カリキュラム　独自のカリキュラムで大学受験に対応

毎日生徒たちが通る「穎明館ブリッジ」

中学・高校とも、完全6日制・50分授業。教科別にシラバスを作成して生徒に持たせ、学習指導要領のレベルを超えて、より広く深く学習していく。基本的に、中学の学習内容は2年までに基礎をかため、高校の学習内容は5年までの間に修得する。6年では、大学入試対策演習授業が中心となる。5年から理系・文系に、6年でさらに5教科・3教科の選択授業となる。数学・英語・古典は4年から、現代文・理科は5年から、習熟度別授業が導入される。また、4年では希望者は無料で第2外国語(フランス語・中国語)・英会話を学習することができる。

個々の生徒の学力に対応した学習指導を行うため、早朝や放課後には、様々な補習や各種の講座も開いている。

学校生活　生徒が中心となる学校行事

登校時間		夏季		冬季	
	中学		8：20		8：20
	高校		8：20		8：20

恵まれた施設を活用して、部活動も盛んに行われている。

文化祭・体育祭・球技大会では、それぞれの実行委員が主体的に企画・運営に当たる。2年の広島・宮島、3年の奈良・京都体験学習、4年のUSA・カナダ体験学習などは全員参加で行われる。

昼休みには、生徒は全員がホール(大食堂)で昼食をとる。ほとんどの生徒がスクールランチを希望している。放課後も食堂を利用することができる。

制服は、標準フォーマルであるブレザーのほか、ポロシャツ、ベストやカーディガンまで用意されており、バラエティーに富んでいる。

トピックス　EMK未来プロジェクト

2019年4月より新校長に橋本好広が

就任し、学校改革「EMK未来プロジェクト」がスタート。3年生からのアドバンストクラス設置、放課後学習支援システム「EMK未来サポート」の導入、オンライン英会話・海外大学推薦制度等、グローバル教育の充実などで生徒の希望進路実現を目指す。

進路　難関大学合格者はますます増えそう

高校の卒業生は、全員が4年制大学への進学を希望し、東大、京大、一橋大、東京工業大、東京農工大などの超難関国立大のほか、早稲田大、慶應義塾大、上智大、明治大などの難関私立大へ進学する生徒を毎年輩出している。開校当初から英才教育を掲げた学校の方針は着々と実を結んでおり、難関大学への合格率は、今後もますますアップしそうである。

2024年度入試要項

中学

試験日　2/1(第1回)　2/2午前・午後(第2回・第3回)　2/4(第4回)

試験科目　国・算・理・社(第1・2回一般)
国・算・英(第1回グローバル)
国・算(第3回一般)
総合Ⅰ〈国・社〉・総合Ⅱ〈算・理〉(第4回)

2024年度	募集定員	受験者数	合格者数	競争率
第1回一般/グローバル	50	119/4	63/2	1.9/2.0
第2回一般	60	172	109	1.6
第3回一般	30	213	105	2.0
第4回総合	30	89	37	2.4

※他に、10名の帰国生入試(1/5、国・算＋面接)あり

高校　募集せず

江戸川女子 中学校 高等学校

国際化社会で 堅実な役割を果たす 自立した女性を育成

普通科 英語科（高校）
生徒数 528名（中学） 974名（高校）
〒133-8552
東京都江戸川区東小岩5-22-1
☎ 03-3659-1241
総武線小岩駅 徒歩10分
京成線江戸川駅 徒歩15分

SUPER INDEX P.100

制服 p.38

URL		http://www.edojo.jp		
Web上での合格発表	中　学	○	高　校	○

豊かな情操と教養を 身につけた女性に

プロフィール

1931年、城東高等家政女学校として創立。1948年に江戸川女子高等学校となり、1987年に中学校を再開した。

教育理念は「教養ある堅実な女性の育成」。「品性」と「知性」を備えた「自立する女性」を目指している。

自然と技術が融合した充実のキャンパス

環境

江戸川河川敷沿いの開放感のあるグラウンドをはじめ、体育館・舞踊兼武道場・多目的ホール等も併設された講堂など、施設・設備が充実。さらに、パティオのある学園を目指した、ヨーロッパ式のしゃれた校舎には、自習室や図書室などの学習環境が整い、生徒の知的好奇心に応えている。2022年3月に高3専用棟が完成した。6年間の集大成の場として最高の環境を整え、勉強に励むことができる。

英語を重視した 独自のカリキュラム

カリキュラム

2期制と1コマ45分授業を導入し、大学受験にも有利な独自のカリキュラムを編成。中・高とも、英語教育に重点を置いているのが特色だ。

中学では、週8コマのテキスト中心の授業にプラスして、外国人教師による英会話の授業を1コマ設けている。また、2021年度より国際コースを新設した。今ある語学力をさらに伸ばし、文系、理

系問わず、国内外の難関校への進学が可能なカリキュラムになっている。

高校には英語科と普通科が設けられているが、普通科においても英語教育には多くの時間がさかれている。英語科では1年次で12コマ、2年次で15コマ、3年次で14コマの徹底した英語指導が行われている。2016年度入学生より英語科カリキュラムを改編。国公立大学文系学部の受験が可能になった。普通科は入学時にⅡ類（難関私立大学進学）とⅢ類（国公立大学、難関私立大学等進学）に分かれ、2年次よりそれぞれの類型でさらに文系・理系のコースに分かれる。高校1年次までは中入生と高入生は別クラスで先取り学習を実施。

海外修学旅行で 貴重な体験を積む

学校生活

登校時間	中学	夏季	8：25	冬季	8：25
	高校		8：25		8：25

5月の校外学習、11月の文化祭（かたばみ祭）、10月の体育祭など、年間を通じて数々の特別教育活動があり、中でも海外研修旅行は、生徒にとって貴重な体験となっている。中学生は3月にTokyo Global Gatewayでの英語研修を実施。高校では、普通科はカナダへの修学旅行、英語科はニュージーランドをはじめとする様々なコースから各自が選んで語学研修を行う。また、希望者対象のオーストラリア短期留学も用意されている。

クラブ活動は、運動部では陸上、剣道、ソフトボール、バトン、モダンダンスなど11部、文化部は吹奏楽、弦楽、箏曲、美術、放送など24部がある。

夢に向かって テイクオフ

進路

生徒のほぼ全員が大学への進学を希望。2023年3月卒業生の主な進学先は、一橋大、北海道大、千葉大、東京外語大、東京医科歯科大、東京学芸大、早稲田大、慶應義塾大、上智大、明治大、立教大、法政大、

中央大、日本大、東京理科大、青山学院大、学習院大、津田塾大、東京女子大、日本女子大など。

2024年度入試要項

中学

試験日　11/23（帰国生）　2/1午前・午後（第1回・適性検査型・一般基礎学力型）
2/2午前・午後（第2回・一般英語特化型、基礎学力型）　2/3（第3回）

試験科目　基礎学力〈国・算〉または＋英（帰国生・一般基礎学力型）　国・算・理・社（第1～3回）　適性Ⅰ・Ⅱ・Ⅲ（適性検査型）　英＋面接（英語特化型）

2024年度	募集定員	受験者数	合格者数	競争率
第1回	200	143	84	1.7
第2回/第3回		67/76	38/28	1.8/2.7
適性/英語		63/19	48/16	1.3/1.2
一般基礎1日/2日		195/110	107/31	1.8/3.5
帰国生		25	20	1.3

高校

試験日　12/3（帰国生）　1/22（A推薦）
1/23（B推薦）　2/11（一般第1回）
2/25（一般第2回）

試験科目　適性〈国・数・英〉（推薦）　国・数・英（英語科は国・英・リスニング）（帰国生・一般）

※A推薦と帰国生は面接あり。英語科のB推薦は適性〈国・英・リスニング〉。帰国生の第一志望は基礎学力（普通科は国・数、英語科は国）

2024年度	募集定員	受験者数	合格者数	競争率
普通科Ⅱ類	50/50	50/16	59/14	−/1.1
普通科Ⅲ類		35/318	28/226	1.3/1.2
英語科	25/25	32/13	30/9	1.1/1.4

※人数はすべてA推薦＋B推薦/一般1回＋2回
※帰国生の募集は若干名
※A推薦Ⅱ類合格者は、Ⅲ類から3名のスライド合格者を含む
※B推薦Ⅱ類合格者は、Ⅲ類から19名、英語科から　名のスライド合格者を含む
※一般Ⅱ類合格者は、Ⅲ類・英語科から5名のスライド合格者を含む

有利に進学に
あり併設校
芸術&特殊学科
資格&技能系
施設が充実
スポーツが強い
クラブが活発
情操教育重視
国際人を養成
自由な校風

NHK学園 高等学校

普通科
生徒数　3134名
〒186-8001
東京都国立市富士見台2-36-2
☎042-572-3155/0120-451-424
南武線谷保駅　徒歩8分
中央線国立駅　徒歩18分またはバス

SUPER INDEX P.84

「NHK高校講座」と独自のネット学習システムをフル活用して高校生活をもっと自由に！

URL　https://www.n-gaku.jp/sch/

プロフィール　伝統と先進性が生きる広域通信制高校

1962年、NHKが東京国立市に学校法人日本放送協会学園を設立。翌1963年、全国に71校の協力校（スクーリング会場）を持ち、放送による指導を行う日本で最初の広域通信制高校を開校した。以来、自学自習を学習の基盤に据えた通信制教育を進めている。1989年に修業年限を3年に改めて以来、自分のペースで学習できる利点とも合わせて、進学を目指す若い層が急増。自分の目指す道との両立や体調に合わせた学習方法として選ばれている。現在、協力校は全国に32ヶ所、集中スクーリングの会場は7会場となっている。また、全国で後期入学生を受け入れるほか、「不登校特例校」として東京本校と大阪、札幌、盛岡、仙台、名古屋、広島、福岡では、不登校の経験を持つ生徒向けの「ライフデザインコース」も開設。2011年度より、海外に在住したまま高校卒業資格が取れる「スタンダードコース（海外）」を開設している。

カリキュラム　個々に応じた幅広い学習

自宅での学習は、「NHK高校講座」の視聴とオリジナルのネット学習システムを通じたレポート学習。「NHK高校講座」もネット学習システム上でいつでも視聴可能で、生徒の使用する教科書に沿って進むので、学習しやすいのが特徴。「スタンダードコース」のスクーリングは月

東京本校校舎

1～2回、東京本校か最寄りの協力校で開催。毎月の登校が難しい場合は、年1回・3～4日間の集中スクーリングを選択できる。前述の「ライフデザインコース」の他、東京本校では週3日（水・木・金）登校する「登校コース」など、個々に合わせた学習スタイルが選べる。また、転・編入生は前籍校での修得単位や学習進度を生かして受け入れている。

学校生活　自由で活気のある校風

制服はなく、校則も特に決まっていないが、喫煙、車・バイクでの登校禁止、貴重品管理、授業中の態度、他人に迷惑をかけるような言動を厳しく指導する。各協力校独自のイベントが開催されるほか、東京本校では運動会や学園祭などの行事の他に、生徒会活動が行われ、部活動も活発に行われている。

進路　進学も就職も幅広い進路に対応

4年制および短期大学や専門学校への進学は年々増加している。主な進学先は、東京大、京都大など国公立大学のほか、早稲田大、慶應義塾大、青山学院大、学習院大、明治大、立教大、法政大、中央大、国際基督教大、立命館大、同志社大、東京工科大、東京理科大、芝浦工業大、東京農業大、日本体育大、多摩美術大など。そのほか、大学通信教育課程や、様々な分野の専門学校に進む者も多い。また、指定校推薦も年々増加している。

ひとこと　東大受験のためにNHK学園への入学を選択

中学はミュンヘンの日本人学校に通っていました。中学校3年生のときに、東京大学を目指そうと決意。受験のためには、通信制高校に進学するのが一番だと考えて調べた結果、海外からも入学できること、

めざすのは未来のじぶん

帰国の頻度、学習スタイルなどNHK学園が最も条件が合っていると思って入学を決めました。集団での学習は、動機付けなど他の効果はあるかもしれませんが、効率という点では独学には明らかに劣ります。希望通り東大に合格しました。
（東京本校　スタンダードコース海外　卒業生）

ひとこと　NHK学園で過ごした3年間は大切な時間です

私は中学生の時、不登校になり、いつからか摂食障害になり、心も身体もボロボロで真っ暗な箱の中に1人いるようでした。しかし、NHK学園の先生方、生徒の方々と話していくうちに多様な生き方、考え方があることを知り、少しずつ光が見えて、前に進んでいくことができました。今は大学で公認心理士を目指して勉強に励んでいます。悩み苦しんでいる人が安心できる器のような存在になれるように…。私にとってのそのような存在はNHK学園です。
（大宮開成協力校　スタンダードコース　卒業生）

2024年度入試要項

願書受付　新入生　1/15～1/24（推薦）　1/25～4/30（一般）　編入生　1/25～4/30　転入生　3/1～12/10

選考方法　出願順に書類選考＋面接

※登校コースの願書受付は、推薦・一般第1回で定員に達した場合、以降の募集は行わない。試験科目は、推薦・一般とも書類選考＋作文＋面接。

※詳細は学校に直接お問い合わせ下さい。

進学に有利に
併設校あり
芸術＆特殊学科
資格＆技能系
施設が充実
スポーツが強い
クラブが活発
情操教育を重視
国際人を養成
自由な校風

　卒業生有名人　近藤龍一（科学作家）、田村芽実（女優・歌手）、mabanua（ミュージシャン・プロデューサー）

桜蔭中学校 高等学校

「礼と学び」の心を育成 学習意欲を喚起させる授業で 女子校有数の東大合格率

SUPER INDEX P.87

制服 p.㉛

URL	https://www.oin.ed.jp
Web上での合格発表	

■ 普通科（高校）
生徒数　707名（中学）　694名（高校）
〒113-0033
東京都文京区本郷1-5-25
☎ 03-3811-0147
総武線・中央線・都営三田線水道橋駅
徒歩5分～7分
丸ノ内線・都営大江戸線本郷三丁目駅
徒歩8分～9分

礼法の授業で礼の精神を学ぶ

プロフィール　お茶の水女子大学の同窓会が設立

1923（大正12）年の関東大震災後、不足した女子教育機関を整備、振興する目的で、東京女子高等師範学校（お茶の水女子大学の前身）の同窓会が、1924（大正13）年に桜蔭女学校を設立した。新学制により、1947（昭和22）年に桜蔭中学校として再発足。翌年に桜蔭高等学校を設立した。

「勤勉・温雅・聡明であれ」「責任を重んじ、礼儀を厚くし、よき社会人であれ」を校訓に、中・高6年間の完全一貫教育で、品性と学識、自主性を備えた女性の育成を目指している。

自主的に勉強する生徒が多く、女子校では有数の東大合格実績を誇る。卒業後は大学進学を経て社会へ参加し、各方面で活躍する有能な人材を世に送り出している。

環境　交通の便のよい都心 文教地区に立地

白山通りからひとつ脇道にそれると、そこは喧騒とは無縁の世界。いくつかの高校や大学が隣接する文教地区にあり、周辺には緑も多い恵まれた教育環境である。約7000㎡の敷地には、2003年に校舎の一部を改築し、地上6階地下2階建て校舎が完成。LL教室や礼法室をはじめ、プラネタリウム、天体観測ドーム、コンピューター教室

タブレット授業　中3自由研究

も完備する。2021年秋より東館建替が始まり、2023年秋に竣工（普通教室2学年分）。体育館、温水プール、理科教室のフロアが完成した。

さらに、群馬県北軽井沢には「浅間山荘」、西東京市には「ひばりが丘運動場」と、校外施設も充実している。

カリキュラム　予復習を必要とするレベルの高い授業

"東大進学校"といっても、主要教科の授業時間数は中・高ともに特別多いわけではないが、授業の進度が速く、内容もかなりグレードが高いため、当然、予習復習が必要となる。また、"理系の桜蔭"と言われているだけに、数学と理科の内容が濃く、数学では教科書と問題集の併用が特色となっている。

中高一貫のメリットとして、中学3年次には高校の先取り授業が行われる。高校では、2・3年次から選択科目を設置する。

学年や教科によって、ユニークな方法を取り入れているのも特色で、そのひとつが中学での「卒論」にあたる「自由研究」の作成である。中学2年の3学期に研究を開始して9月に提出し、全作品が展示される。なお、全員の作品の要約は一冊の本にまとめられる。

そのほか、学力に偏重することなく、「礼と学び」の心を養うため、中学と高校2年次には礼法の授業（中1は週1時間、中2・3は5週に1時間、高2は隔週1時間）が設置され、日常生活のマナーやお茶の出し方などの、礼儀作法一般を学ぶ。

学校生活　文化系クラブが活発 夏期合宿も待ち遠しい

登校時間	中学	夏季	8:20	冬季	8:20
	高校		8:20		8:20

クラブは、運動部9、文化部24で文化部が多く、中にはリズム水泳部、天

文気象部などのユニークなクラブもある。クラブは中1から高2まで全員必修であり、9月の文化祭はクラブの研究成果の発表が主体となっている。また、学校行事には、中1から高3まで縦割りにしたチームに分かれ、クラス対抗で競技する5月の体育大会や、中1と高1の全員が参加する浅間山荘夏期合宿などがある。

進路　東大合格多数の女子進学校

毎年、超難関大学に多くの合格者を出す進学校として知られ、女子校としては有数の進学実績を誇る。2023年3月卒業生は、東大67名、お茶の水女子大5名、一橋大2名、東京医科歯科大11名など国公立に128名、早稲田大119名、慶應義塾大78名、上智大47名など私立大に501名が現役合格した。医歯薬系への進学者が多いことも特徴である。

2024年度入試要項

中学
試験日　2/1
試験科目　国・算・社・理＋面接

募集定員	受験者数	合格者数	競争率
235	565	287	2.0

高校　募集せず

卒業生有名人　加藤陽子（歴史学者・東京大学教授）、土橋靖子（書家）、菊川怜（女優・タレント）

共学　幼 中 高 大 院

桜美林中学校・高等学校

キリスト教に基づいた全人教育
広いキャンパスを持つ総合学園
きめ細かな進路指導

制服 p.27

普通科（高校）
生徒数　458名（中学）　1242名（高校）
〒194-0294
東京都町田市常盤町3758
☎ 042-797-2668（中学）/2667（高校）
横浜線淵野辺駅　徒歩20分または無料スクールバス8分（駅前の専用ターミナルから5〜10分間隔で随時運行）
京王線・小田急線・多摩都市モノレール
多摩センター駅　無料スクールバス20分（20分間隔で運行）

URL		https://www.obirin.ed.jp
Web上での合格発表	中学 ○	高校 ○

短期海外語学研修

環境　明るく開放的な広いキャンパス

富士を望む多摩丘陵15万㎡の広い学園内に、桜の並木が美しい。中央部が4階の天井まで吹き抜けの中学校舎は明るく開放感あふれる建物で、木の床のぬくもりのある普通教室に加え、理科室・マルチメディア室や小ホールがある。中高専用の図書館・アリーナ・学生食堂のほか、2つの体育館、2つのグラウンド、テニスコート8面、柔剣道場と運動施設も充実。また、2021年度に新グラウンドも完成した。中学校舎の全教室と高校校舎の全ての教室に電子黒板を設置するなどICT化も着実に進んでいる。

カリキュラム　一歩一歩、夢の実現へ

中学では自ら学ぶ姿勢と基礎学力をしっかり身につけることを目指し、英語と数学で少人数制の授業を展開、高1から一層の伸張を図るため、国公立コース・特別進学コース・進学コースを設置、志望に合わせた万全の指導を行っている。授業は中高とも週6日、3学期制。土曜日も通常授業を行っている。桜美林大学への合格を保持しながら、他大学受験も可能な併願受験システムもある。そのほか、英語教育と並行して、欧米圏はもちろんアジアとの交流も深めている。北京・韓国の済州島に姉妹校があり、中国語とコリア語講座も開講している。学内には世界各地からの留学生や来校者が多く、いながらにして国際的な雰囲気が得られる。

外国人教員との楽しい授業

学校生活　目標達成に向け課外活動に燃える

登校時間	中学	夏季	8:20	冬季	8:20
	高校		8:20		8:20

中学での夏休みには、1年生は志賀高原で林間学校、2年生は長野県飯田で農業体験が行われ、人間と自然の共生・食の大切さを学ぶよい機会となっている。3年生は中学の学習のまとめとして、12月にオーストラリア研修旅行を行う。高校では2年生の夏休みに沖縄修学旅行として平和学習に行く。また、イースター・クリスマスページェントといった宗教行事からイングリッシュプレゼンテーション、マラソン大会まで様々な学校行事が用意されている。

クラブ活動も活発で、野球部、剣道部、バレー部をはじめ、吹奏楽部、美術部、軽音楽部などが優秀な成績を残している。

進路　親身な進路指導により合格者数が飛躍的に増加

併設の桜美林大学へは希望者は全員進学でき、合格を保持しつつ他大学受験可能な併願システムもあるが、実際に進学するのは10%程度。国公立大学難関私立大学への進学が飛躍的に伸びており、2023年度は国公立大学36名、早慶上智ICU・GMARCHには276名が合格した。また国内の大学との併願が可能な海外大学推薦制度を利用し、オレゴン州立大学（米）、マンチェスター大学（英）などに7名が合格。こうした成果の背景には専門スタッフの進路指導部・国際交流部と学年・担任団が緊密な連携を取りながら、生徒一人ひとりの希望や個性を踏まえた、きめ細かい進路指導にある。また、学年の進路担当教員や担任との円滑な情報交換によって、学習面はもちろん、精神面も含め、生徒一人ひとりを丁寧にサポートしている。

国際化　国際人の育成を支える短・長期留学

長期休暇中にアメリカ、イギリス、ニュージーランドで約3週間の英語研修を実施（希望者）。また、オーストラリアや中国、韓国の3か国に5校の姉妹校があり、短期留学を行うなど、個々の目的に合わせたプランで国際感覚を養う。カナダ、ニュージーランドでの約3ヶ月の

ターム留学、1年間の進級留学制度もある。

ひとこと　在校生から受験生に一言

桜美林高校の特徴は、きめの細かい進路指導にあると思います。高校1年から、進路ガイダンス、進路講演会、担任の先生との面談等を通して自分の進路について考えていきます。部活や行事が盛んなことも特徴の一つです。私は吹奏楽部に所属していて、勉強との両立は大変ですが充実した毎日を送っています。桜美林は部活や豊富な行事に打ち込みながら、自分の進路と真剣に向き合える学校です。　大和市立大和中出身　R・M

2024年度入試要項

中学

試験日　2/1午前・午後　2/2午後　2/3午後
試験科目　国・算または国・算・理・社（2/1午前）
　　　　　国・算（2/1午後、2/2午後、2/3午後）
　　　　　総合学力評価〈文系総合＋理系総合〉（2/1午前・午後）

2024年度	募集定員	受験者数	合格者数	競争率
総合学力午前/午後	25/20	169/139	114/94	1.5/1.5
1日午前/午後	30/45	90/273	40/174	2.3/1.6
午後2日/3日	25/15	138/102	65/28	2.1/3.6

高校

試験日　2/10（スポーツ専願）
　　　　2/10か17（併願優遇・オープン）
試験科目　国・数・英＋面接（オープン・スポーツ専願）　書類選考＋国・数・英（併願優遇）

2024年度	募集定員	受験者数	合格者数	競争率
併願優遇	150	551	551	1.0
オープン/スポ		78/18	24/18	4.3/1.0

※定員は国公立コース20名・特別進学コース30名・進学コース100名
※他に、10名の海外生特別入試あり

　卒業生有名人　前田愛・亜季（女優・タレント）、足立祐一（プロ野球選手）

東京

女子　中高

鷗友学園女子 中 学 校 高等学校

変化する社会の中で
自由に活躍できる女性を育てる

SUPER
INDEX
P.81

制服
p.25

普通科（高校）
生徒数　720名（中学）　716名（高校）
〒156-8551
東京都世田谷区宮坂1-5-30
☎ 03-3420-0136
東急世田谷線宮の坂駅　徒歩4分
小田急線経堂駅　徒歩8分

URL	https://www.ohyu.jp/
Web上での合格発表	○

よろこびと真剣さあふれる学園

プロフィール

　1935（昭和10）年、東京府立第一高等女学校の同窓会である鷗友会によって創設された。「慈愛と誠実と創造」を校訓とし、キリスト教精神による全人教育を行っている。また、「女性である前にまず一人の人間であれ」「社会の中で自分の能力を最大限発揮して活躍する女性になれ」という創立当初の校長の教えを教育の根本に据えている。

　他者の尊厳を大切にしながら、豊かな関係を築く力。様々な体験を通して自らの可能性を発見し、意欲を持って学べる力。この二つの力を大切にしつつ、自分なりの価値観を持ち、自らの道を切り拓いていくことのできる人に育つことを目標としている。

　中高一貫教育を行い、高校での外部募集はしていない。

生徒同士が自然体でいられる環境作り

トピックス

　生徒一人ひとりがありのままの自分でいられるような、居心地のよい集団を作っていけるよう、様々な取り組みを行っている。

　例えば中学1年生ではクラスを少人数編成にし、頻繁に席替えを行うなど、クラス全体がまとまっていく配慮をしている。また、HRの時間にはエンカウンターやアサーショントレーニングを取り入れ、コミュニケーション力の向上にも努めてい

園芸の授業

る。その中で、互いに自由に発言し合いながらも、他者を尊重できるような人間関係作りを大切にしている。

主体的な学びを大切にしたカリキュラム

カリキュラム

　自ら学び、自ら発信する主体的な学びを大切にしたカリキュラムを組んでいる。教材にはオリジナルテキストや独自のプリントを多用し、様々なメディアを使った表現学習や、実験・実習を数多く取り入れている。英語は中1からすべて英語で授業を行うほか、園芸の授業や体育のリトミック、芸術教育の充実など、特定の科目に偏らないバランスのとれた授業を展開している。

生徒が主体の学校行事と多様な体験学習

学校生活

登校時間	中学	夏季	8：30	冬季	8：30
	高校		8：30		8：30

　鷗友学園では、学校行事や生徒会活動、部活動がとても盛んである。特に学園祭や運動会などの学校行事は、実行委員の生徒を中心に一年がかりで準備し、すべて生徒主体で運営している。他にも、修学旅行などの校外学習や様々な体験学習の中で、生徒が自らの責任で決定、実行できる場をたくさん用意している。「自分にもできる、やってよかった」と思える体験の積み重ねを通して、自己肯定感を育んでいくことが重要と考えている。

　また、鷗友学園のグローバル教育は、オールイングリッシュや多読多聴を取り入れた英語の授業だけではなく、すべての教科の学習を通して、自国について知り理解すると共に、異質な文化、考え方を持つ相手と理解しあい、違いを乗り越えて一緒に課題に取り組む力を養う。アメリカのチョート校サマースクール、イギリスのチェルトナム・レディスカレッジ研修のほか、海外から日本に留学している大学生との交流会、外国人講師を招いたディ

ベート講習会など、多彩な国際理解プログラムを実施している。

幅広い進路と高い合格実績

進路

　どのような進路選択にも対応できるカリキュラムと、小論文の個別指導などのきめ細やかな進路指導により、卒業生の4分の1以上が国公立大学に進学、4年制大学現役合格率も80％を超えている。

　卒業生の進路を見ると文系と理系がほぼ半々、文系では人文科学系と社会科学系が半分ずつとなっている。国公立の医学部医学科にも多数合格するなど、多種多様な進路選択が可能なことが鷗友学園の大きな特徴である。

＜2023年春大学合格状況＞
東京3、京都4、一橋3、東京工業8、北海道10、東北3、名古屋1、大阪1、東京外語8、お茶の水女子5、慶應68、早稲田75、東京理科65、上智95、明治113、立教104ほか　国公立計87　私立計1085　医学部医学科計41

2024年度入試要項

中学

試験日　2/1（第1回）　2/3（第2回）

試験科目　国・算・理・社

2024年度	募集定員	受験者数	合格者数	競争率
第1回	約180	500	198	2.5
第2回	約40	451	138	3.3

高校　募集せず

（右側タブ）

進学に有利

併設校あり

芸術＆特殊学科

資格＆技能系

施設が充実

スポーツが強い

クラブ活発

情操教育を重視

国際人を養成

自由な校風

卒業生有名人　湯川れい子（音楽評論家）、岡江久美子（女優）、久保田直子（アナウンサー）、桑子真帆（アナウンサー）

大妻中学校・高等学校

SUPER INDEX P.87

社会で50年輝き続ける女性を育成

制服 p.32

■ 普通科（高校）
生徒数　855名（中学）　816名（高校）
〒102-8357
東京都千代田区三番町12
☎03-5275-6002
総武線・中央線・都営新宿線・有楽町線・南北線市ヶ谷駅　徒歩10分
半蔵門線半蔵門駅　徒歩5分
都営新宿線・東西線・半蔵門線九段下駅　徒歩12分

URL	https://www.otsuma.ed.jp/
Web上での合格発表	○

体育祭応援団

プロフィール 伝統ある校風と時代に即した教育

創立116年の伝統を持つ女子教育の名門校である。東京・千代田の一画に、1908（明治41）年大妻コタカ女史によって、家塾が設けられたのが始まり。以後、1919（大正8）年に大妻実科高等女学校が設立され、1921年、大妻高等女学校と改称。1947（昭和22）年の学制改革により、現在の大妻中学校・大妻高等学校となった。さらに、1949年には大妻女子大学も設立され、中・高・大の総合学園がスタートした。

知性と品性の調和のとれた、社会に貢献する自立した女性を育てることを教育方針とし、伝統を保ちながら時代に即した教育を行っている。グローバル化社会にふさわしい視野を持った心豊かな女性の育成に努めている。

環境 伝統ある文教地区最新設備が充実

周辺に瀧廉太郎の邸宅跡や幕末の蕃書調所、塙保己一の和学講談所跡などがある学問・芸術の中心地で、さらに、千鳥ヶ淵や北の丸公園など緑地も多い。

2003年「知性と感性の融和を育む空間」をコンセプトに完成した、木をふんだんに使い、明るい吹き抜けを生かした校舎は、知的好奇心に応える多くの特別教室や、43000冊の蔵書を備えた図書室など、教育環境が整う。

木をふんだんに使った吹き抜けの校舎

カリキュラム 学習習慣を身につけること、グローバルな視野を持つことに主眼を置く

入学後、まず、小テストや予習・復習の指導で学習習慣を身につけることに主眼を置く。全教科をバランスよく学び、高3から4つの類型に分かれ、国公私立、文系理系に対応。中3から進路指導がスタートし、高1のオリエンテーション合宿では各自の夢を語り合う。大学の先生による模擬講義や、先輩による合格報告会等、進路に対する意識を高める機会が多く設けられている。

近年模擬国連に積極的に参加し、2019年・2020年と全日本高校模擬国連大会において優秀賞に輝き、ニューヨーク国際大会への日本代表となった。この他2週間の海外研修・学期留学等グローバルな舞台でコミュニケーションを磨く機会は多い。希望者には中国語講座を開講。海外大学進学指導も実施。

学校生活 行事・部活動を通し協働の心を育む

登校時間	中学	夏季	8：25	冬季	8：25
	高校		8：25		8：25

100名を超える実行委員が支える文化祭、迫力の応援団が盛り上げる体育祭等生徒主体で学校行事が行われている。また、クラブ活動が盛んで中学24、高校37のクラブがある。中でもバトントワリング部・マンドリン部は全国大会で活躍している。修学旅行は中3は京都・奈良、高2は九州。事前学習をしっかりと行い学ぶ、見聞する・体験することを重視している。その他の宿泊行事としてクラスの親睦が深まる中1林間学校（車山高原）、将来の進路を考える高1オリエンテーション（箱根）がある。

進路 他大学進学者が大多数

大学入試センター試験の受験者はほぼ全員で、国公立大・私立大とも一般受験での進学希望者が大部分を占める。大妻女子大学へ進学した人数は7名で、学部系統別では社会科学に約35％、自然科学に約40％進学している。理系では医歯薬系への進学者が増加傾向にあり、今後の方向性が期待される。主な合格大学は、京都大・東京医科歯科大・東京農工大・筑波大・北海道大・埼玉大・千葉大・岩手大・東京外語大・東京都立大・横浜国立大・早稲田大・慶應義塾大・上智大・東京理科大・国際基督教大・立教大・明治大・法政大・中央大・青山学院大など。

2024年度入試要項

中学

試験日　12/10（帰国生）　2/1（第1回）
　　　　2/2（第2回）　2/3（第3回）　2/5（第4回）
試験科目　国・算・英から2科＋面接（帰国生）
　　　　　国・算・理・社（第1～4回）

2024年度	募集定員	受験者数	合格者数	競争率
第1回	約100	247	117	2.1
第2回	約100	509	250	2.0
第3回	約40	278	74	3.8
第4回	約40	260	48	5.4
帰国生	若干	49	39	1.3

高校　募集せず

■卒業生有名人　角野栄子（絵本作家）、工藤美代子（作家）、菊田まりこ（絵本作家）

（左側縦帯）
進学に有利に／併設校あり／芸術＆特殊学科／資格＆技能系／施設が充実／スポーツが強い／クラブが活発／情操教育を重視／国際人を養成／自由な校風

東京

女子　中 高 短 大 院

大妻多摩 中学校 高等学校

多摩丘陵に建つ近代的な校舎 中高一貫体制の整った 大学院を擁する総合学園

普通科（高校）
生徒数　477名（中学）　436名（高校）
〒206-8540
東京都多摩市唐木田2-7-1
☎ 042-372-9113
小田急多摩線唐木田駅　徒歩7分

SUPER INDEX P.84

制服 p.㉖

URL	https://www.otsuma-tama.ed.jp
Web上での合格発表	

プロフィール 創立80周年に新設 大妻の姉妹校

1908（明治41）年に開校した大妻高校の姉妹校として、1988年、大妻多摩高校を開設。1994年には中学校も開校した。創立以来、堅実な校風のもと、高い知性と豊かな情操を兼ね備えた社会人・家庭人を送り出してきた大妻教育を継承しながら、新しい時代にふさわしい女性の育成を目指している。

環境 広大な敷地に建つ 上質な教育環境

10万㎡の広大なキャンパスに、大妻女子大学の諸学部棟と共に併設されている。アカデミックなムードが漂う。キャンパスには3つの体育館のほか、視聴覚教育が行われるAV教室、500本を超える教材ビデオのある社会科教室などを完備。また、女子校らしい作りの校舎の一角にあるラボラトリー棟には、大学並みの機器を備えた英語のCALL教室が3教室、理科の実験室が5教室など、私学ならではの秀逸な設備が整っている。そのほか、200mトラックを持つ最新の人工芝グラウンドや天然芝の球技場もある。2015年には明るく開放的な図書館と約200席ある自習室を備えた3階建てのアカデメイア棟も完成。四季折々の美しい自然と一体となったこの素晴らしい教育環境こそが、大妻多摩最大の魅力である。

カリキュラム ゆとりある先取り カリキュラム

完全中高一貫校なので、高校の学習内容を意識しながら中学の学習内容を独自に決めている。したがって、効率的でスパイラ

ルな学習が可能となり定着率も高い。

特に英語教育と理数教育に特徴があり、英語は4技能（読む・書く・聞く・話す）をバランスよく、高いレベルで習得できるよう工夫している。放課後には希望制でネイティブによる英会話や英検対策講座もある。オーストラリアの姉妹校、イギリス、ドイツ、ニュージーランド、アメリカ、カナダの提携校への留学制度もある。数学と理科では、6年間の連携を意識して指導内容を組み替えながら展開。"落ちこぼれ"を出さないように補習をしながら、高3のはじめには理系数学の内容をほぼ終了し、受験までにしっかりとした演習の時間をとることができるため、将来の進路選択にも幅が出る。女子専用の効率のよい無理のない先取りカリキュラムが特徴である。

また教養教育を土台として理数教育と国際教育を二本の柱にした教育を進めており、世界で活躍できる資質を備えた女性の育成を目標に指導を行っている。

学校生活 クラブ活動で 礼儀や連帯感を養う

登校時間	中学	夏季	8:25	冬季	8:25
	高校		8:25		8:25

体育祭や文化祭、合唱祭、スキー教室など、学校行事の多くは中高合同だ。中学ではそのほか、西湖へのオリエンテーション旅行、芸術鑑賞などがある。高校では、歌舞伎鑑賞会やテーブルマナー講座などがある。

クラブ活動を通じて、生涯の友達をつくる生徒が多いのも、伝統の女子校ならでは。文化系に12、体育系に11、同好会に2つの団体が活動している。特に3年連続で全国準優勝をしたラクロス部や2年連続で全国大会に出場しているバトン部は有名。

進路 現役で約半数が 難関大学へ進学する

大妻女子大学への内部推薦枠を持ちながらも、それを使って進学する生徒は数名で、約半数の生徒が国公立、早慶上智、GMARCHクラスの4年制他大学へ進学して

いる。正に進学校なのだ。進路指導も難関他大学受験を前提として行われている。ただ、6年間の進路指導は系統的、計画的に行われているので、無理な先取りや詰め込み式の受験指導を行わないのが大妻多摩流儀である。学習習慣の定着指導に始まり、職業調べ、学問分野別ガイダンス、国公立ガイダンス、先輩を囲む会などを通して、生徒一人ひとりの「夢」探しから実現に向けて、全力でサポートするスタイルをとっている。2022年度卒業生の主な合格先は、東京外語大2、東京農工大1、横浜国立大1、東京都立大2など国公立大に12、早慶上理に22、GMARCHに73などで、その他医療系学部に51名合格している。

2024年度入試要項

中学

試験日　11/19（帰国生対面）　11/18か19（帰国生オンライン）　2/1午前・午後（第1回、適性型思考力、第2回）　2/2午後（第3回）　2/4午前（第4回）

試験科目　国・算・理・社（総合進学第1・4回）　国・算（総合進学第2・3回・国際進学第2・3回）　国・算・英リスニング（国際進学第1回）　読解表現〈作文〉＋合科適性（適性型思考力）　※計算力確認＋作文＋面接〈日本語か英語〉（総合帰国生）　英＋計算力確認＋面接（国際帰国生）

2024年度	募集定員	受験者数	合格者数	競争率
第1回 総合/国際	40/10	82/8	59/6	1.4/1.3
適性型思考力	10	18	14	1.3
第2回 総合/国際	25/5	193/8	143/6	1.3/1.3
第3回 総合/国際	25/5	99/3	80/2	1.2/1.5
第4回	20	34	31	1.1
帰国生 総合/国際	定めず	4/3	3/3	1.3/1.0

高校　募集せず

進学に有利に

併設校あり

特殊学科芸術＆

資格系＆技能系

施設が充実

スポーツが強い

クラブ活発が

情操教育重視

国際人を養成

自由な校風

123

女子　中高短大院

大妻中野中学校高等学校

建学の精神「学芸を修めて人類のために」
校訓「恥を知れ」
グローバル社会を女性らしく「生きる」ための学び ^{制服 p.32}

普通科（高校）
生徒数　740名（中学）　658名（高校）
〒164-0002
東京都中野区上高田2-3-7
☎03-3389-7211
中央線・東西線中野駅　徒歩10分
西武新宿線新井薬師前駅　徒歩8分

SUPER INDEX P.87

URL	https://www.otsumanakano.ac.jp/
Web上での合格発表	○

プロフィール　確かな伝統を支えに新しい時代を先取りする

創立100余年の歴史を持つ大妻女子大学の付属校。1941（昭和16）年創立。1995（平成7）年より中学校を併設し、2008年度より完全中高一貫校となる。建学の精神「学芸を修めて人類のために」は、生徒一人ひとりが自己を肯定し、幸福を実現するところから、社会のため、人類のために貢献できる女性の育成を、という学祖大妻コタカの信念を未来に具現化するもの。校訓「恥を知れ」は、自分自身に対して問いかける言葉。自らの良心に対して恥ずるような行いをするな、と自ら言い聞かせることで、己を律し、高めていく教えである。

環境　最新のICT教育環境で「わたしが進化する」

生徒一人1台タブレット利用が始まって8年目。オンライン英会話をはじめ、生徒自身が「考える」「発信する」自発的・能動的な学習が可能になった。全教室に完備された電子黒板との相互授業による、「見て分かる」「動きで納得する」テンポの良い展開も特色。カウンター形式の開放的な職員室には、面談ブースも複数設置。質問や学習・進路の相談が気軽にできるオープンな環境に、生徒と教師の距離が近い大妻中野ならではの強みが活かされている。

カリキュラム　2コース3ステップで夢を実現

難関大現役合格を目指すアドバンストコースと、英語力を軸としてグローバル教育を目指すグローバルリーダーズコースの2コース制。それぞれのコースに向けての入試が行われるが、中学3年次からは学年進行のタイミングでコース変更が可能である。さらに6年間を基礎期・充実期・発展期の3ステップに分け、きめ細やかなサポートで確かな学力の育成を目指す。充実した早朝・放課後・長期休業中の講習に加え、毎日行われる卒業生チューターによる放課後の学習サポートなど、学校生活全体から学びをサポートする体制が整う。さらに、多種多様な海外教育機関とも提携。豊富な海外研修プランや「生きた英語」に触れ、「正規授業としてのフランス語」を学べる充実した語学教育や国内有名企業・大学との連携によるバラエティ豊かなワークショップ開催も大きな特色である。

学校生活　国際色あふれる校内で強まる絆

登校時間		夏季		冬季	
	中学		8：30		8：30
	高校		8：30		8：30

世界各国から集まる海外帰国生が全校生徒の1割にのぼる校内環境は、早くもグローバル化社会の様相。在校生の視線はおのずと広い世界へ向かう。参加希望制の海外語学研修には、毎年、各学年多数の生徒が積極的に参加し、国際交流への関心を加速度的に深めている。また、クラブ活動も盛んで、部活動加入率は95％超。全国大会に毎年出場する合唱部を筆頭に、ダンス部、テニス部など、学業と部活動の両立によって学校生活を満喫し、人との絆を深める気風が満ちているのも大きな特色である。

進路　新時代を見据えた進路選択

難関国公立・私立大学への進学はもちろん、国内SGU、海外大学進学までを

視野に入れるなど、生徒たちは自らの手で新しい社会との関わり方を切り拓いている。大妻女子大学への優先入学者は卒業生の1割程度。自ら発見・発信できる場を切り拓いていく気概に満ちた生徒を育成・サポートするため、進路ガイダンスやキャリア教育などを盛んに実施しつつ、丁寧に二者・三者面談を実施。納得のいく進路選択を徹底的にバックアップする。

2024年度入試要項

中学

試験日　11/10・12/21（海外帰国生）　2/1午前（第1回アドバンスト・第1回グローバル）　2/1午後（第2回アドバンスト）　2/2午後（第3回アドバンスト）　2/3午前（第4回アドバンスト・第2回グローバル）　2/4午前（新思考力入試）

試験科目　国・算＋面接または英＋面接（海外帰国生）　国・算・理・社（第1・4回アドバンスト）　国・算（第2・3回アドバンスト）　国・算＋英語スピーキング＋面接（第1・2回グローバル）　総合〈合科型・記述・数理的〉（新思考力）

2024年度	募集定員	受験者数	合格者数	競争率
帰国生第1回/第2回グローバル第1回/第2回	約36	18/11	15/9	1.2/1.2
第1回	約50	125	50	2.5
第2回	約50	405	256	1.6
第3回	約45	285	135	2.1
第4回	約25	150	71	2.1
新思考力	約15	70	17	4.1

高校　募集せず

左端縦書き見出し：
有利に進学／併設校あり／特殊学科 芸術＆／技能系＆ 資格／施設が充実／スポーツが強い／クラブ活発／情操教育を重視／国際人を養成／自由な校風

　卒業生有名人　こまつあやこ（作家　講談社児童文学賞受賞）

共学（普通科）　男子（工業科）　高

大森学園 高等学校

普通科　工業科
生徒数 740名
〒143-0015
東京都大田区大森西3-2-12
☎03-3762-7336

SUPER INDEX P.75

京浜急行線大森町駅　徒歩5分
京浜急行線平和島駅　徒歩8分

未来の躍進につなげたい
進学合格率の高さには、理由がある
SSC（進学支援センター）から変わります

制服 p.㉗

URL	https://www.omori-gakuen.ed.jp
Web上での合格発表	○

プロフィール　生徒個々の能力と個性を伸ばすきめ細かい指導

〔普通科〕国公立大学、上位私立大学合格者は毎年確実に増えている。受験に大切な自学自習の習慣がつき、精神力も鍛えられる。特選・選抜・総進・英語と目標に合わせたコースを設置。

〔工業科〕研究心と責任感のある技術者を育成。充実したスタッフが最新の設備を利用して指導に当たる。

環境　地下1階・地上8階 最新設備の校舎

生徒全員がiPadを持つなど、最新の設備が充実。視聴覚設備の整った850人収容のイベントホールがある。その他アリーナ・格技場の他に、茨城県には東京ドームより広い霞ケ浦グラウンドがあり、春夏の合宿に幅広く使用されている。

カリキュラム　普通科は2年次から文理選択 工業科は個性を伸ばす3コース

〔普通科〕特選コース、選抜コース、総進コースに分かれ、3年間の進学講習・補習、小論文指導の充実で入試に対応。2年進級時に特選・選抜コース間のコース変更が可能。総進コースから2年進級時に英語コースを選択可能。

〔工業科〕1年次は共通の工業基礎教科を学習。2年次から希望と適性により、

いまトレンドのDIYのアイテム「アーク溶接」

コースを選択する。

機械技術コースは、数値制御（NC）で動く工作機械や、コンピュータによる自動製図機（CAD）等を活用した実験実習を通して、広い分野で活躍できる機械技術者を育成する。

電気技術コースは、電力や電熱、照明などの強電と、トランジスタやICなどを応用した弱電の両方を学習する。

情報技術コースは、ソフトウエアとハードウエアの両方の技術を学習し、最先端技術を担うコンピュータ技術者の育成を目指す。

学校生活　野球部や自動車部が活躍

登校時間	8：40	部活開始	15：30

クラブは、鉄道研究部やブラスバンド部など文化系が15、硬式野球部やバレー部など運動系が13。中でも自動車部はホンダエコマイレージチャレンジ全国大会で5位、WGCソーラーカーラリー（秋田県）ではクラス2位（総合5位）入賞を果たしている。このほか、陸上競技部・男子バレー部は関東大会出場、野球部・サッカー部は東東京大会ベスト4に進出するなど活躍している。ボランティアでは、全国青少年ボランティアコンクールで「車いすメンテナンス」が全国賞、「おもちゃの病院」で関東ブロック賞および文部大臣奨励賞に輝く。

進路　進学も就職も充実のサポート体制

〔普通科〕2022年度は、「国公立」「早慶上理」「GMARCH」「日東駒専」合格者が62名。主な進学先は、筑波大・横浜国立大・早稲田大・慶應義塾大・上智大・東京理科大・明治大・青山学院大・立教大・中央大・法政大ほか。

〔工業科〕卒業生の約70％が進学する。指定校推薦・公募推薦・AO入試を利

自動車部

用し進学している。日本大・東京電機大・神奈川大・玉川大などに指定校推薦枠がある。また、卒業生の約30％が就職する。自動車・機械製造・鉄道・通信・コンピューター関係など求人会社も多岐にわたり、約2000社からの求人がある。主な就職先は、三菱ふそうトラック・バス(株)・京浜急行電鉄(株)・横浜市職員など。

国際化　短期・中期留学実施

毎年、夏休みを利用した短期海外研修制度を設けている。事前の国内準備教育を実施。その後、2週間の日程で、オーストラリア・ブリスベンでホームステイをする。現地提携校との交流含む。また、1月から4月までの3学期間を利用した、中期の留学制度を設けている。3カ月の日程で、ニュージーランドまたはカナダでホームステイをしながら、現地提携校で語学研修を実施。

2024年度入試要項

試験日　1/22(推薦)　2/10(一般第1回)
　　　　2/12(一般第2回)　2/17(一般第3回)
試験科目　面接(推薦)
　　　　　国・数・英＋面接(一般)

2024年度	募集定員	受験者数	合格者数	競争率
特選	20/20			
選抜	40/40	110/552	110/528	1.0/1.0
総進	80/80			
工業科	40/40	45/110	45/107	1.0/1.0

※人数はすべて推薦/一般

有利に進学に

併設校あり

芸術学科
特殊学科

資格系＆
技能系

施設が充実

スポーツが強い

クラブが活発

情操教育を重視

国際人を養成

自由な校風

東京
男子 中 高

海城 中学校 高等学校

普通科（高校）
生徒数　991名（中学）　952名（高校）
〒169-0072
東京都新宿区大久保3-6-1
☎03-3209-5880

SUPER INDEX P.69

山手線新大久保駅　徒歩5分
副都心線西早稲田駅　徒歩8分

中高一貫を効果的に生かし
コース別教育で、個性を尊重
校外活動で心身の健全を図る

URL	https://www.kaijo.ed.jp/
Web上での合格発表	○

プロフィール　剛健でリベラルな校風の進学校

　グローバルな視野を持ち、社会人としてバランスのとれた、21世紀を担う「新しい紳士」を育てることを目標としている。「国家、社会に有為な人材を育成する」という建学の精神と、「質実剛健・リベラルでスマート」な校風を、1世紀以上の歴史を持つ現在も受け継ぐ伝統校。「高い知性と豊かな情操を身につけ、国際社会においてリーダーとして活躍する人間の育成」に努めている。

　1891（明治24）年、海軍予備校として発足。1899年、日比谷中学校を併設。1947（昭和22）年に新制海城中学校、翌年には新制海城高等学校が発足した。

環境　全館 Wi-Fi 完備 豊かな教育環境

　伝統あるキャンパスには、約13,000㎡の広い人工芝のグラウンド、図書館、理科・音楽・美術・書道などの各教室、プール、弓道場などの施設がある。また、空調完備のアリーナ、カフェテリア、ICT LAB.など、高いレベルの授業に応じた機能を完備している。2006年には耐震、免震、制震機能を備えた校舎が完成。2016年には全教室に電子黒板機能付のプロジェクターとホワイトボードが設置されWi-Fi環境も整えられた。2021年夏には新理科館が完成し、理科教育・STEAM教育の一層の充実を図る。

充実した施設で文武両道を育てる

カリキュラム　生きた英語教育 高2より2コース制

　一貫教育の利点を生かし、中学から高校1年次までは柔軟な思考力と応用力を身につけることを目標に、基礎学力の充実に重点を置く。国・数・英に力を入れ、いずれも週5〜6時間の授業をあてている。特に英語は、ネイティブ・スピーカーによる、1クラスを2分割した少人数授業も行われる。

　高校2年次より、生徒個々の適性・進路に応じて文科コースと理科コースの2つのコースカリキュラムを用意している。海城の教育の基本的な考え方である「バランスのとれた授業」を実践するために、すべての教科を履修しつつも、文科コースでは国・英・社に、理科コースでは数・理に力を入れた授業を展開している。

学校生活　新しい人間力を育成するPAやDE

登校時間	中学	夏季	8：15	冬季	8：15
	高校		8：15		8：15

　価値観の多様化やグローバル化が進む現代社会で新しい人間力として重要視されるコミュニケーション能力やコラボレーション能力のイロハを、中1・中2年次に、PA（プロジェクト・アドベンチャー）やDE（ドラマ・エデュケーション）といった体験学習プログラムによってまずは身につける。その下地の上で、人間力をさらに高めるべく、生徒たちは学校行事・生徒会活動に積極的に参加する。

　自主性と判断能力を養うために、生徒会活動、特にクラブ活動を奨励している。中・高を合わせ、文化系26、体育系16のクラブ・同好会がある。

　中学から高校への進級時にはアメリカで、高校1・2年次の夏休みにはイギリスでの海外語学研修も実施。

　思春期にある生徒のために、相談活動の充実を図っている。生徒・保護者を対象に、週4日専門カウンセラーによる

海外研修

学習や日常生活に関わる幅広い相談の場を設け、安定した学校生活ができるように努めている。

進路　東大に多数合格 トップレベルの進学

　毎年卒業生全員が進学を希望し、ほぼ全員が一流大学に進学するという高い実績を誇る。コンピュータを設置した進路相談室では、進学指導のための徹底した分析が行われている。

　2023年度は東大31名、京都大6名、一橋大9名、東京工業大9名など、国公立大に134名、早稲田大106名、慶應義塾大90名、東京理科大90名、上智大27名など、私立大に547名が現役合格。医・歯・薬科系に多くの合格者があるのも特徴だ。

2024年度入試要項

中学

試験日　1/7（帰国生）　2/1（一般①）
　　　　2/3（一般②）

試験科目　国・算＋面接か国・算・英＋面接（帰国生）　国・算・理・社（一般①・②）

2024年度	募集定員	受験者数	合格者数	競争率
一般①	145	477	160	3.0
一般②	145	1005	336	3.0
帰国生	30	146	54	2.7

高校　募集せず

　卒業生有名人　徳光和夫（アナウンサー）、飯田泰之（経済学者）、清水章弘（教育アドバイザー）

開成中学校 高等学校

高度なカリキュラムで 東大合格者数トップを誇る 伝統行事で生徒の自主性を重視

普通科（高校）
生徒数　914名（中学）　1211名（高校）
〒116-0013
東京都荒川区西日暮里4-7-7（中学）
東京都荒川区西日暮里4-2-4（高校）
☎03-3822-0741
山手線・千代田線西日暮里駅
徒歩2分

SUPER INDEX P.71

URL	https://kaiseigakuen.jp			
Web上での合格発表	中　学	○	高　校	○

プロフィール　全国トップの進学校 の伝統と誇り

　東大合格者数が全国トップの進学校としてあまりにも有名である。「ペンケン」の校章は"ペンは剣よりも強し"という格言からとったもので、校風を象徴している。開校以来、「自由な精神」と「質実剛健」を伝統とし、新時代を切り開く思考力と実行力、その基盤となる基礎学力、これらを身につける不断の努力を通じ、粘り強く健全な人物の育成に努めている。

　1871（明治4）年、幕末の先覚者・佐野鼎により、共立学校として創立。初代校長として高橋是清を迎え、今日の学園の基礎を築いた。1895（明治28）年に開成中学校と改称。出身者として、柳田国男（民俗学者）、斎藤茂吉（歌人）、吉田五十八（建築家）、田中美知太郎（哲学者）など、文化功労者や文化勲章受賞者も多数輩出している。

環境　心技体を育む 充実した環境

　西日暮里駅から歩いて2分と、通学の便が大変よい。中学校舎には理科実験室、視聴覚教室、小講堂、高校普通教室棟にはコンピューター教室などの最新設備が整うほか、高校校舎屋上には天体観測ドームもある。そのほか、図書館、食堂や、2つのグラウンド、体育館などの体育施設も充実している。

生徒の自発性を重視した授業内容

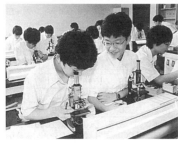

カリキュラム　コース分けもなく、 自主性を尊重

　中高6カ年の一貫教育で、進度の速い授業を展開している。中学では、外国人講師による英会話の授業を実施するほか、高校課程の先取り学習も行われる。そのため、高校からの入学者は、高校1年次では別クラスとなり、内部進学者と進度を合わせるように、補講を行うなどの配慮がなされている。

　カリキュラムやクラス編成は、文系・理系といったコース分けはなく、すべての教科を履修することが基本で、本校の教師により作成された自主教材も効果的に使われる。また、高校では理・社の科目選択ができ、志望大学の受験科目に合わせた受講が可能となっている。講習は夏期・冬期にそれぞれ1週間ほど行われる。また、校内独自の模試を実施し、到達度・弱点の確認と努力の目安としている。生徒の自主性を尊重し、生徒自身が目標を持って積極的に授業に取り組む姿勢を一番に重視したカリキュラムとなっている。

学校生活　厳しさと楽しさを 引き継ぐ伝統行事

登校時間	中学	夏季	8：00	冬季	8：10
	高校		8：00		8：10

　「よく学びよく遊べ」をモットーにしており、学園生活は厳しさの中にも楽しさがある。学校行事やクラブ活動でも、生徒の自主性を重んじている。

　毎年4月には、長い伝統を持つ筑波大学附属高校とのボートレースが行われ、新入生は入学早々上級生の指導で応援練習に打ち込むことになる。5月には全校をあげて作り上げる運動会、6月には、中学1・2年と高校1年の学年旅行（1～2泊）と、中学3年と高校2年のそれぞれ2泊3日・4泊5日の修学旅行がある。夏休みには水泳学校があり、9月には文化祭がある。ま

長い伝統を持つ開成マラソン

た、秋の開成マラソンは、1906（明治39）年以来の伝統行事で、中1が5km、中2・中3が6km、高校生が8km完走を目指す。そのほか、冬休みには、希望者を対象にスキー学校も開かれる。

　クラブ活動はバラエティーに富んでおり、22の運動部と30の学芸部、18の同好会がある。

進路　東大進学者日本一 2023年146名合格

　学校別の東大進学者数連続日本一を続ける、全国屈指の進学校である。2023年3月卒業生は、118名が現役で東大に、さらに一橋大に5名、東京工業大に3名が合格した。また、私立大では、早稲田大105名、慶應義塾大90名（数字はすべて現役のみ）の合格者を出し、難関校や医学部に進む生徒が多い。毎年、半数弱の卒業生が浪人するが、その多くが再挑戦で希望大学に進学している。

2024年度入試要項

中学
試験日　2/1
試験科目　国・算・理・社

募集定員	受験者数	合格者数	競争率
300	1190	424	2.8

高校
試験日　2/10
試験科目　国・数・英・理・社

募集定員	受験者数	合格者数	競争率
100	545	180	3.0

卒業生有名人　岸田文雄（政治家）

進学に有利

併設校あり

芸術&特殊学科

資格&技能系

施設が充実

スポーツが強い

クラブ活動が活発

情操教育を重視

国際人を養成

自由な校風

共学　小中高大

開智日本橋学園 中 学 校 高 等 学 校

普通科(高校)
生徒数　486名(中学)　424名(高校)
〒103-8384
東京都中央区日本橋馬喰町2-7-6
☎ 03-3662-2507

SUPER INDEX P.100

総武線・都営浅草線浅草橋駅　徒歩3分
総武線(快速)馬喰町駅　徒歩5分
都営新宿線馬喰横山駅　徒歩7分

国際バカロレア認定校
平和で豊かな国際社会の実現に
貢献するリーダーを育成

制服 p.38

URL	https://www.kng.ed.jp
Web上での合格発表	○

プロフィール　時代の流れに柔軟に対応する教育

　1905(明治38)年、日本橋地区の篤志家達と日本橋区議会から成る日本橋区教育会により設立。「自ら考え、判断し、主体的に行動する」を合言葉に、国際化・情報化などの波を先取りしながら、時代の流れに柔軟に対応できる教育を目指している。2015(平成27)年4月より、中学は開智日本橋学園に校名変更・共学化。

環境　2009年夏新校舎完成

　2009年に完成した地下1階地上8階建て校舎は、情報センターやコンピュータ教室、ライブラリなどのメディアセンター、少人数教育・個別指導を実践するゼミ室や自習室、多目的ホール、体育館、屋上にはフットサルコートやテニスコートもあり、最新の施設・設備が整っている。

カリキュラム　希望進路に即したコース制

　中学は6年一貫の"創造的な"学びを通して、人間力を鍛える。「グローバル・リーディングコース(GLC)」「リーディングコース(LC)」「デュアルランゲージコース(DLC)」に分かれ、5年生(高2)よりDP(ディプロマ・プログラム)クラス、国立理系クラス、医学系クラス、国立文系クラス、私立系クラスの選択制となり、世界の大学や日本の難関大学を目指す。

　また、主体的・能動的学びである探究型・協働型・プロジェクト型の学習を行い、構造化された学びを通して探究力・創造力・思考力・発信力・コミュニケーション力を育成していく。さらに、放課後の特別講座、夏期講習・冬期講習・春期講習などで学習内容を繰り返し学び、確実な学力を育成する。

学校生活　探究テーマフィールドワーク

登校時間	中学	夏季	8：10	冬季	8：10
	高校	夏季	8：10	冬季	8：10

　6月の体育祭、秋のイギリスフィールドワーク(5年生修学旅行)、海外語学研修(希望者)、首都圏フィールドワーク(4年生)、9月の磯のフィールドワーク(1年生)、森のフィールドワーク(2年生)、都市型フィールドワーク(3年生修学旅行)、10月の文化祭、2月の探究発表会、サイエンスツアーなど、「探究テーマ」「フィールドワーク」

を教科学習と並ぶ教育の柱と位置づけ、学校行事も多彩である。

進路　早期からの受験対策と個別指導で道を拓く

　開智学園の教育ノウハウをベースに5年生(高2から)コース選択を実施。それぞれが志望校に合格できるように放課後特別講座等で確実な学力を身につけていく。

2024年度入試要項

中学

試験日　2/1午前(第1回)
　　　　2/1午後(特待生)
　　　　2/2午後(第2回)
　　　　2/3午後(第3回)
　　　　2/4午前(第4回)

試験科目　国・算または国・算・理・社(第1〜4回)
　　　　国・算・理・社または算(特待生)
　　　　※第1・4回のGLC志望者は国・算・英G(エッセイライティング)+口頭試問・面接(英語・日本語)

2024年度	募集定員	受験者数	合格者数	競争率
第1回	35	342	115	3.0
第2回	25	360	57	6.3
第3回	20	318	38	8.4
第4回	20	383	34	11.3
特待生 4科/算数	30	259	79	3.3

※募集はGLC20名、DLC20名、LC90名
※他に、GLCの帰国生入試(11/23・12/16)あり

左側縦帯:
進学に有利に/併設校あり/芸術&特殊学科/資格系&技能系/施設が充実/スポーツが強い/クラブが活発/情操教育を重視/国際人を養成/自由な校風

東京

共学 | 中 | 高 | 大 | 院

かえつ有明中学校高等学校

生徒一人ひとりが持つ個性と才能を
生かして、より良い世界を創りだすために
主体的に行動できる人を育成する

SUPER INDEX P.73

制服 p.⑰

普通科（高校）
生徒数 608名（中学） 584名（高校）
〒135-8711
東京都江東区東雲2-16-1
☎ 03-5564-2161
りんかい線東雲駅　徒歩8分
有楽町線辰巳駅　徒歩18分
有楽町線豊洲駅　バス

URL	https://www.ariake.kaetsu.ac.jp/		
Web上での合格発表	中 学	○	高 校	○

全国大会出場常連のマーチングバンド部

その時代に役立つ人材を育成
プロフィール

2006年4月、男女共学となり、お台場の隣接地に『かえつ有明中・高等学校』を移転開校。キャリアデザイン型進学校として、生徒一人ひとりの将来設計意識を醸成し、その目的実現のために『進学力』を高めていく。

快適な空間が待っている
環境

最先端の交わりを日常的に体験できる臨海副都心全体がキャンパス。昼光など自然の力を利用し、環境に配慮したエコスクールの概念を柱とする。

キャンパスの中心に位置する情報センターがインテリジェント教育の核。ライブラリーを中心にコンピュータ教室、AVコーナーが一体となっており、生徒は書物やインターネットを通じて世界を広げ、自分の将来を探る。屋上庭園は自然と触れ合う教育の場になっている。ベンチに腰掛け、生徒や先生が語り合い、緑の中で心癒される場だ。

高校新クラス3タイプのクラス編成
カリキュラム

ディープラーニング　オリジナル科目の「サイエンス」をはじめ、アクティブラーニングの研究・実践は長年取り組んでおり一定の成果が出ている。アクティブラーニングによる思考力・判断力・表現力を養う学習の一

最新技術を導入した校舎

方で、日本の教育が大切にしてきた「十分な知識技能」も身につける、そんな「ディープラーニング」を本校では実践している。

グローバル教育　本校では国際生が4人に1人の割合で、英語に習熟した生徒も多い。また日本で生まれ育って、英語に触れる機会の少なかった生徒もたくさんいる。この両者が同じクラスで、それぞれの文化の良さを共有する。教室の中に世界が広がっている。

その結果、英語学習の意欲が高まり、国際生には出場権のないレシテーションコンテストで優勝したり、国際生も一緒に模擬国連の出場を目指したりと、レベルの高い環境が生み出されている。

ダイバーシティ　本校の学校生活には、多様な価値観を持った仲間と共に研究し、議論を行い、協働する場面が数多くある。そのようなときに、ありのままの自分を表現できるよう安心安全な教育の場を確保することにこだわっている。

自分らしい生き方を見つけるために
学校生活

登校時間	中学	夏季	8:15	冬季	8:15
	高校		8:15		8:15

情報センター「ドルフィン」は図書室とパソコンルームが合体した施設。

部活動はマーチングバンド部、バトントワリング部、テニス部、バドミントン部、サッカー部など。グラウンドは全面人工芝で生徒の身体の負担も軽減する素材を使用。

学校行事は体育祭、文化祭。中学の修学旅行は京都・奈良、高校の修学旅行はイギリス・フランス。学校生活がより楽しく充実したものになるよう、四季折々に様々な行事を実施している。

難関の国公立・私大合格率増加
進路

2023年の主な進学先は、東京農工大、東北大、防衛大学校、横浜国立大、千葉大、早稲田大、慶應義塾大、上智大、東京理科大、Queensland University of Technology、Sydney University、University of Massachusetts-Amherstなど。

2024年度入試要項

中学

試験日　2/1午前・午後　2/2午前・午後　2/3午後

試験科目　国・算または国・算・理・社（2/1午前・午後特待・2/2午後特待・2/3午後特待）
個人探究（2/1午前思考力特待）　グループワーク（2/3午後アクティブラーニング思考力特待）英＋作文〈英語・日本語〉＋英語ペアワーク＋英語面接（2/2午前Honors/Advanced）

2024年度	募集定員	受験者数	合格者数	競争率
1日午前/午後	45/35	295/368	81/86	3.6/4.3
午後2日/3日	30/18	332/276	81/55	4.1/5.0
思考力特待	7	19	4	4.8
アクティブ/HA	10/15	60/40	8/26	7.5/1.5

※他に、35名の帰国生入試（11/19・12/4）あり

高校

試験日　2/11（一般）

試験科目　国・数・英＋グループワーク＋プレゼンテーション（一般）

2024年度	募集定員	受験者数	合格者数	競争率
一般	10	18	7	2.6

※他に、若干名の帰国生入試（11/19・12/4）あり

卒業生有名人　松丸友紀（テレビ東京アナウンサー）、浅野里香（NHKアナウンサー）、キヨノサチコ（絵本作家）

有利に進学

併設校あり

芸術＆特殊学科

資格＆技能系

施設が充実

スポーツが強い

クラブ活発が

情操教育重視

国際人を養成

自由な校風

科学技術学園 高等学校

普通科
生徒数 524名
〒157-8562
東京都世田谷区成城1-11-1
☎03-5494-7711

SUPER
INDEX
P.83

小田急線成城学園前駅 徒歩12分
東急田園都市線・大井町線二子玉川駅
バス15分

落ち着いた学習・生活環境
基礎学習の貫徹と進路に合わせた選択科目の充実
体験・経験を重視した学校行事を実施

URL	https://hs.kagiko.ed.jp/

左端縦タブ：
進学に 有利に
併設校 あり
芸術&特殊学科
資格系&技能系
施設が充実
スポーツが強い
クラブ活動が活発
情操教育を重視
国際人を養成
自由な校風

イマージョン授業

プロフィール 一人ひとりを大切に

「一人ひとりの可能性を伸ばす」ことを主眼として、本校独自のカリキュラムで学習を拡大するだけでなく、常に生徒の声に耳を傾け、生徒一人ひとりの学力・自立する力を伸ばす教育に取り組んでいる。

教科以外の教育活動においても様々な行事・選択制の修学旅行などを通じ、心と体の調和のとれた人間形成を目指し、恵まれた学習環境、ゆとりある学園生活で、21世紀を担う人材の育成に努めている。

カリキュラム 進路に合わせる多彩なカリキュラム

総合コース 1年次では、数・英の必修科目で生徒個々の学力に合わせて選べる〈学習クラス〉を取り入れている。3つの学習クラスを設け、自分でクラスを選び、目標を定めて学習することができる。生徒の理解度に幅広く対応し、基礎学力の定着・向上を目指す。2・3年次ではその上に、将来の希望進路や興味・関心に合わせて科目を選べる〈総合選択制クラス〉を取り入れている。1年次で必履修科目を重点的に学習した後、2・3年次では大学進学（文・理）・IT・芸術と文化・基礎学習の5つの科目群より自分に応じた科目を選択する。大学進学を目指

体験教室

す生徒は、理系希望か文系希望かに応じて科目が選択できる。情報に関心の高い生徒は、プログラミング・CGをはじめとした実習科目を選択する。専門知識を深めていく科目、漢字検定英語検定やワープロ検定、世界遺産検定など、資格を取得することを目的とした科目もある。

特進コース 「理数クラス」は、基礎学力を土台に大学受験に備えた演習問題中心の取り組みが特徴。「情報クラス」は、ロボットプログラミングやWebプログラミングなどの発展学習が特徴。

「文系クラス」は、知識の習得だけにとどまらず、上級学校に進学後も活かすことができるよう「考えること」「表現すること」を大切にしていく。3年生では、徹底して文系・理系ともに演習問題に取り組む。

クリエイティブレッスン 多様化する社会に必要とされる学びの実践。教科書では学べない実践的な科目を特別講師を招き、学んでいく。現在はe-sports・動画編集・3DCG・イラスト・ギター・鉄道・カフェなど。新しい自分の可能性を探すことができる。

学校生活 体験教室や修学旅行

登校時間	夏	8：45	冬	8：45

「社会に出てから役立つ協調性や、どんなことに対しても努力する気持ちを育み、鍛える」ということを目的として、体育祭、文化祭、アート教室、強歩大会、剣道大会など多彩な行事を実施している。特に、2年次の「体験教室」では、ボイストレーニング、カヌー、ボルダリング、寿司づくり、陶芸等数多くの種目の中から一つを選択し、楽しみながら経験の幅を広げる。2年次の修学旅行は、沖縄か瀬戸内からのコース選択するかオーストラリアでの語学研修を選択することができる。

勉強以外にも夢中になれるものを見

つけて、仲間と共に目標を持って過ごして欲しいとの想いから活気ある部活動が行われている。運動部は全日制部会に加盟し、公式戦での活躍を目標に、部員が励まし合い活動している。文化部ではパソコン部、鉄道研究部、創作部（模型・イラスト）、吹奏楽部、写真部、科学部、囲碁・将棋部・ICT・e-sports部などがある。部活以外にもマイスタークラブでは、より専門的な領域を学ぶ団体がある。

進路 きめ細かい学習指導輝かしい合格実績

特進コース （国公立）埼玉大、名古屋工業大（私立）東京理科大、学習院大、明治大、立教大、中央大、法政大、東京農業大、日本大 他

総合コース （国公立）電気通信大（私立）上智大、東京理科大、麻布大、神奈川大、駒澤大、拓殖大、帝京大、東京農業大 他

2024年度入試要項

試験日 1/22（推薦） 2/10・11（一般A日程）
2/12（一般単願優遇） 2/17（一般B日程）

試験科目 作文＋面接（推薦）
国・数・英＋面接（一般）
※総合コースの一般単願優遇は作文＋面接
※特進コース理数・情報クラスの一般は国・数・英か国・数・理＋面接

2024年度	募集定員	受験者数	合格者数	競争率
推薦	60/20	117/14	117/14	1.0/1.0
一般A		206/23	194/22	1.1/1.0
単願優遇	60/20	112/-	112/-	1.0/-
一般B		30/16	15/6	2.0/2.7

※人数はすべて総合コース/特進コース

学習院 中等科・高等科

緑豊かな環境でのびのびと、
一貫教育の魅力、系列大推薦や
進学実績で人気の男子校

SUPER INDEX P.70

制服 p.⑭

普通科（高等科）
生徒数　586名（中等科）
　　　　594名（高等科）
〒171-0031
東京都豊島区目白1-5-1
☎ 03-5992-1032
山手線目白駅　徒歩5分
副都心線雑司が谷駅　徒歩5分

URL	https://www.gakushuin.ac.jp/			
Web上での合格発表	中学	○（一般）	高校	○

広大なキャンパスで一貫教育

プロフィール

　都心に広がる約6万坪のキャンパスで、幼稚園から大学院までの一貫教育を実践している。のびやかな校風など、ある意味で男子私立校のリーダー格といえる。「ひろい視野、たくましい創造力、ゆたかな感受性」を備えた青少年の育成を基本方針としている。

　1877（明治10）年に官立の学校として、学習院は発足した。戦後は宮内省から離れ、新たな教育理念のもと、1947（昭和22）年に新制中等科を、翌年に新制高等科を設立。1949年には学習院大学が創設された。

　校風や一貫教育の魅力、他校進学実績の高さから人気も上昇しており、難関校のひとつとなっている。

充実した設備 伝統の校外施設

環境

　緑豊かな中に、各施設が点在する。地下1階・地上5階の校舎、人工芝の第一グラウンド、土の第二グラウンドをはじめ、体育館2棟、温水プール、武道場、2つのコンピュータ教室、マルチメディア教室、理科実験室・講義室（各4室）、カウンセリングルームなどがある。校外施設は、沼津游泳場、日光光徳小屋などがある。また、哲学者西田幾多郎博士ゆかりの山荘でもある鎌倉・稲村ヶ崎の学習院寸心荘など、

マルチメディア教室を活用した英語の授業

格式と伝統を感じさせる施設を多く備えている。

自立を求める学習 選択科目も多い

カリキュラム

　中等科は、義務教育の完成と、10年間の学習院教育のスタートと考え、基本的生活習慣の徹底と学力の基礎固めを目指す。英語・数学では1クラス2分割の少人数制を導入し、特に英語では、外国人教師による授業やマルチメディア教室の利用により、「聞く・話す」能力も高める。また、社会・理科では、内容によって必ず専門の教師が担当して成果を挙げている。

　高等科では、勉学・生活面での自立の姿勢を求める。単なる大学進学の準備期間ではなく、それ自身に価値を持つ貴重な時期だからである。2年次から数学の選択により2コースに分かれる。2・3年次は各教科にわたり幅広い選択科目を持つカリキュラムとなる。外国語では英語だけでなく、フランス語、ドイツ語、中国語を、芸術科目では書道、音楽、日本画、西洋画、工芸を選択できる。また、情報、総合的学習も他校にない充実度を誇る。

心身を鍛える 数々の学校行事

学校生活

登校時間	中学	夏季	8：25	冬季	8：25
	高校		8：25		8：25

　中等科では、クラスマッチ、赤城林間学校、沼津游泳、運動会、修学旅行、鳳櫻祭、スキー学校など、高等科では、沖縄研修旅行、スキー教室、附属戦（筑波大附属高との定期戦）、鳳櫻祭、院内大会（球技会）、マラソン大会、柔道納会、ボート大会などの学校行事がある。クラブは、「輔仁会」という校友会に所属し、運動部、文化部、同好会それぞれ多数が活動している。

　また、中等科で希望者を対象とした

伝統の斑尾高原スキー学校（中等科）

ニュージーランド短期研修を実施しているほか、高等科ではアメリカのセントポール校と交換留学を行っている。

大半が学習院大へ 他大学進学も増加

進路

　卒業生の約60％が学習院大学へ推薦入学を果たす。推薦条件は、高校3年間の成績と、推薦実力テストで一定の水準の成績を収めることなど。また、近年は他大学への進学実績も高く、2023年3月卒業生は、横浜国立大（3）、防衛医科大学校（1）、一橋大（1）、東京医科歯科大（1）、筑波大（1）などの国公立大や早稲田大（17）、慶應義塾大（17）、上智大（10）などの上位私立大に合格。例年、私立大医・歯学部に進学する生徒も多く、海外大学への進学者も増えている。

2024年度入試要項

中等科

試験日　12/4（帰国生）　2/2（一般生第1回）
　　　　2/3（一般生第2回）
試験科目　国・算・理・社（一般生）
　　　　　国〈作文含〉・算＋面接（帰国生）

2024年度	募集定員	受験者数	合格者数	競争率
第1回	約75	358	134	2.7
第2回	約50	260	57	4.6
帰国生	約15	63	41	1.5

高等科

試験日　2/14
試験科目　国・数・英＋面接

募集定員	受験者数	合格者数	競争率
約20	114	28	4.1

右側タブ

進学に有利 / 併設校あり / 芸術＆特殊学科 / 資格＆技能系 / 施設が充実 / スポーツが強い / クラブ活発 / 情操教育を重視 / 国際人養成 / 校風自由

卒業生有名人　志賀直哉（作家）、三島由紀夫（作家）、武者小路実篤（作家）

女子　幼 小 中 高 大 院

学習院女子 中等科 高等科

歴史と伝統を持つ女子教育の名門
高い知性と豊かな情操を育む
非常に高い進学実績

SUPER INDEX P.69

制服 p.⑭

| URL | https://www.gakushuin.ac.jp/girl/ |

普通科（高等科）
生徒数　612名（中等科）
　　　　566名（高等科）
〒162-8656
東京都新宿区戸山3-20-1
☎ 03-3203-1901
副都心線西早稲田駅　徒歩3分
東西線早稲田駅　徒歩10分
山手線・東西線・西武新宿線高田馬場駅
徒歩20分

プロフィール　伝統と風格を備えた女子教育の名門

女子教育の名門として、1世紀を超える伝統を持ち、風格と実力を十分に備えた、落ち着いた校風である。創立125周年事業として新校舎を建築した。また体育館と温水プールが一体となった総合体育館も完成し、新しい時代への意欲も十分だ。広い視野と豊かな感性を持つ女性の育成を基本方針としている。

1885（明治18）年、華族女学校として設立され、1947（昭和22）年、宮内庁を離れ、新制の中等科・高等科を発足。1999年度より高等科の募集を停止。幼稚園から大学院まで、トータルな教育理念が貫かれている。

環境　自然に恵まれた広大なキャンパス

新宿区戸山の約2万坪の広大なキャンパスは、多くの樹木と四季の花々が咲き誇る、自然に恵まれた環境である。2010年9月完成の校舎で、すべての生徒が最新の視聴覚・空調設備を備えた教室で授業を受けている。また、6面のテニスコートを含む球技専用コート、総合体育館（アリーナ、温水プール）、和室設備付きの第二体育館などの体育施設も充実している。

校外施設として、奥日光山の家、沼津游泳場、鎌倉の学習院寸心荘がある。

緑に囲まれた静かな学習環境

カリキュラム　語学教室と知識に偏らない授業

中等科・高等科の6年一貫教育を実施している。中等科では基礎学力の強化を目標に、行き届いた指導を行うため、英語のすべてと国語・数学の一部の授業で小クラス編成を採用。国語は、作文と読書指導に力を注ぎ、独自の教科書を使用して優れた古典にも親しむ。英語では外国人講師の指導や、マルチメディア教室の活用で生きた語学が習得できるような環境を整え、芸術科目の充実や道徳に正式な作法教育を取り入れるなど情操教育にも力を注ぐ。また、総合的な学習の時間では、週1時間の国際理解教育と校外での集中授業を各学年で実施している。

高等科では国際関係の理解のため、日本の歴史・文化・伝統を正しく理解し、現在の世界の中の日本について積極的に考える。外国語は英語の他にドイツ語・フランス語が選択でき、1年次には共通科目を多くして基礎・基本の習得を目指す。2年次からは文系・理系のコースを設定し、進路希望や関心により多様な選択が可能。さらにコンピュータは情報の授業で扱うだけでなく、英語でもインターネットで海外との交流を図るなど積極的に活用している。

学校生活　スポーツに燃え、芸術に触れる学校行事

登校時間	中学	夏季	8：25	冬季	8：25
	高校		8：25		8：25

多彩な学校行事が盛りだくさんで、2学期には運動会、八重桜祭（文化祭）、夏休みには林間学校や臨海学校があり、他に音楽・演劇鑑賞や古典芸能鑑賞など芸術に接する機会も多い。修学旅行では、中等科で山陽方面、高等科では関西方面を訪れる。

クラブ活動は自由参加で、中等科・

物理実験室での実験

高等科が合同で活動するものも多い。文化系20、体育系11のほか3つの同好会もあり、特に中等科テニス部は、全国大会への出場など活躍している。

進路　5～6割の生徒が併設大に推薦入学

高等科卒業生には系列の学習院大学・学習院女子大学へ推薦入学のシステムがあり、多数の生徒が進学する。

また、医学・理工・芸術関係の学部をはじめ、他大学へも約4割進学する。主な進学先は、早稲田大、慶應義塾大、上智大、国際基督教大、東京理科大、東京医科大などの私立大をはじめ、東京大、京都大、信州大、東京外語大などである。

2024年度入試要項

中等科

試験日　1/20（帰国生）　2/1（一般A）
　　　　2/3（一般B）

試験科目　作文〈使用言語は日本語または英語〉＋国・算＋面接（帰国生）
　　　　　国・算・理・社（一般生）

2024年度	募集定員	受験者数	合格者数	競争率
一般A	約90	282	103	2.7
一般B	約40	292	45	6.5
帰国生	約15	45	20	2.3

高等科　募集せず

　卒業生有名人　オノ・ヨーコ（芸術家）、池坊保子（華道家）、犬養道子（評論家）

東京

女子 ｜ 幼 小 中 高 大 院

川村 中学校 高等学校

女性として自分らしく
豊かに生きる学びがあります

SUPER INDEX P.70

普通科(高校)
生徒数　177名(中学)　196名(高校)
〒171-0031
東京都豊島区目白2-22-3
☎03-3984-8321・7707(入試広報室)
山手線目白駅　徒歩1分
副都心線雑司が谷駅　徒歩7分

URL	https://www.kawamura.ac.jp/		
Web上での合格発表	中学	○	高校	○

一貫教育を通して女性の自覚を育む

感謝の心を基盤として「豊かな感性と品格」「自覚と責任」「優しさと思いやり」を教育目標に、知・徳・体の調和がとれた6年間の一貫教育を行っている。1924(大正13)年、創立者川村文子によって川村女学院として創立され、1943(昭和18)年に川村女学院高等学校と改称。学制改革により新制中学校・高校を開設。1988年に4年制大学を併設し、幼稚園から大学(大学院)までの一貫教育体系が整った。

文教地区の中の安全で明るい校舎

JR目白駅からわずか徒歩1分の、目白通りをはさんで学習院のキャンパスも広がる文教地区にある。また、校内の中庭には木々も多く、四季の変化を感じられ、校舎内は明るく快適な設備のもとで落ち着いて学校生活を送ることができる。大小の講堂、視聴覚室、情報処理室、図書館、室内温水プールや体育館など施設が充実。校外施設として「蓼科山荘」もある。

2学期制導入でゆとりの一貫教育

自ら学び、自ら考え、自分の将来を切り拓いていくことのできる力を育み、「自立した女性の育成」を目指している。2学期制導入・土曜日の普通授業の実施により年間の授業時間を確保し、数学と英語については、全学年で習熟度別授業を実施し、各自の理解力に合わせた授業を行うほか、早朝や放課後、夏休み

目白通り側から見た校舎

などの補習授業で知識の定着を図り、基礎学力の充実に努めている。高校からは科目選択制をしき、希望進路に即して効果的に学習を進めながら、生徒一人ひとりの希望に柔軟に対応し、興味のある科目を能動的に学習できるように幅広い選択科目を設定している。各教科・科目とも中高一貫の6年間を通して段階的に展開し、将来の進路実現に向けて必要な高い学力を身につけさせている。

中1・2は幅広い教科の学習と適性を知るために自己分析を行う導入期教育、中3・高1は広く社会に触れ自分の将来にビジョンを持つことを目標とした充実期教育、高2・3は第一志望を決定し、計画を立て各自の進路実現に向けて行動する発展期教育と位置づけている。特に中3のキャリアガイダンス、高1での職業探究プログラムを通して将来の自分を考える機会を多く持たせ、自分を見つめ直し主体的に向き合う姿勢を導く。

1日は朝礼から 中・高合同のクラブ

登校時間	中学	夏季	8:10	冬季	8:10
	高校		8:10		8:10

毎日のスクールライフは、午前8時10分の読書、20分の朝礼から始まり、学園生活の支柱である「感謝の歌」を全員で斉唱し、1日のスタートとなる。

クラブ活動は、校章にちなんで"鶴友会"と呼ばれる。中・高合同の活動が原則で、高校3年生がリーダーとなって、中・高の専任教師や専門の講師が指導に当たっている。英語、美術、陶芸、マンガ研究などの学芸部、剣道、バトン、フットサルなどの運動部があり、中でも吹奏楽、水泳、ダンス、フラダンスなどのクラブが活発に活動している。

学校行事には、英国語学研修をはじめ、イングリッシュプログラム、蓼科山荘を利用しての総合的な学習、クラブ合宿、スキースクールなどがある。また、情操教育の一環としてミュージカル、歌舞伎、バレエ、落語など様々な芸術鑑賞会を行っている。

将来を見据えた進路指導

英国語学研修

中学1年から「総合的な学習の時間」を通して自分の周りの環境を意識させ、中学3年ではキャリアガイダンスや職業調査、適性調査を実施。高校1年からは「クエストエデュケーション」でインターンシップを体験するなど、将来の自分を考える機会を多く持たせている。卒業生合格状況は、併設の川村学園女子大学や慶應、上智、青山学院、立教、明治、法政、中央、学習院、成蹊、成城、北里、女子美、東京理科、聖心女子、東京薬科、東京女子医科などの大学に進学している。また、併設大学への入学資格取得者が、他大学を受験できる推薦資格保有制度もある。

2024年度入試要項

中学

試験日　2/1午前・午後(プレミアム・セレクト①)　2/3(セレクト②)　2/4午前・午後(セレクト③・セレクト④)　2/5(セレクト⑤)

試験科目　国・算・英・自己表現から2科(プレミアム)　国・算・英から2科または1科(セレクト①〜⑤)

2024年度	募集定員	受験者数	合格者数	競争率
プレミアム	25	27	22	1.2
セレクト①〜⑤	25	43	28	1.5

高校

試験日　1/22(A推薦)　1/22か23(B推薦)　2/10か11か12(一般・併願優遇)

試験科目　作文+面接(A推薦)　国(または作文)・数・英から2科+面接(一般)

※B推薦・併願優遇は適性〈国・数・英から2科〉+面接

2024年度	募集定員	受験者数	合格者数	競争率
A推薦/B推薦	20/10	25/3	25/3	1.0/1.0
併願/一般	15/15	11/13	11/8	1.0/1.6

※A推薦受験者のみ特待生選抜(2/12)を実施

サイドバー

進学に有利あり
併設校
芸術&特殊学科
技能系&資格&
施設が充実
スポーツが強い
クラブが活発
情操教育を重視
国際人を養成
自由な校風

卒業生有名人　佐久間良子(女優)、山田邦子(タレント)、草刈民代(女優)

神田女学園中学校・高等学校

東京　女子　中　高

普通科（高校）
生徒数　132名（中学）　443名（高校）
〒101-0064
東京都千代田区神田猿楽町2-3-6
☎03-6383-3751
JR・都営三田線水道橋駅、半蔵門線・都営三田線・新宿線神保町駅　各徒歩5分、JR・丸ノ内線御茶ノ水駅、南北線後楽園駅、東西線九段下駅、千代田線新御茶ノ水駅　各徒歩12分

言語教育（トリリンガル教育）をベースにして革新的女子教育を行うリベラルアーツ校

SUPER INDEX P.87

URL	https://www.kandajogakuen.ed.jp/	
Web上での合格発表	中学 ◯	高校 ◯

155年の伝統を誇るアイルランド・「Rockwell College」

創立133年、主体的に行動できる女性を育てる

1890年創立、確実な基礎学力の育成とトリリンガル教育を中心とする教養としての言語教育、さらに長い歴史に育まれた他者の立場を思いやる品格、これらを効果的に融合し「革新的女子校」としてグローバル女子の教育に学園一丸となって取り組んでいる。

落ち着いた都心の文教エリア

学園の周辺には多くの書店が並ぶ神田古本屋街や、ニコライ堂、湯島聖堂、神田明神などがあり、東京の古き良き伝統を身近に感じることができる。7階建ての校舎はICT環境も充実。全館で無線Wi-Fiが利用でき、全教室にプロジェクターを完備、生徒は自分のノート型パソコン「Chromebook」を授業での課題配布や提出、スケジュール管理、各教員との連絡ツールとして活用している。

一人ひとりの学習を大切にする

中学は2015年度に「グローバルクラス」を立ちあげ、2018年度からはすべてのクラスを「グローバルクラス」とし、神田女学園独自のグローバル教育を実践している。クラスはネイティブ教員と日本人教員の2名担任制で、HRはすべて英語で行われている。中3からはフランス語・中国語・韓国語から1言語を選択する『トリリンガル教育』が始まる。また、中1より週1時間の「ニコルプロジェクト（探究学習）」で主体的な深い学びと問題発見力・解決力、コミュニケーション力を養う。

高校では進路指導に対応して3つのコースを設定。「グローバルコース」は、留学を必修とし、世界での活躍を視野に入れた本物の学びを行うコー

13名のネイティブ教員

教科の枠を超えた授業

ス。「アドバンストコース」は、目的を持った夢の実現に向けて全力で学びを行うコース。医学・看護・薬学など、一般受験での成功を目指し、確実な基礎学力と応用力を身につける。その中で、国公私立難関大学への進学という目標実現に向けて学力の育成と同時に、生徒が自分たちで企画運営する行事を通して、主体的に行動できるマインドを育てていく。「キャリアデザインコース」は、それぞれの学びたい・なりたいを叶えるコース。高いレベルの言語運用能力を身につけるべく、第二外国語（中国語・韓国語・フランス語）から1つ選択して学ぶなど、ダイバーシティへの高い意識と能力を身につけていく。また、徹底した基礎学力を身につけ、夢の実現に向けて学んでいく。

明るく伸び伸び豊かな感性を育む

	中学	夏	8：25	冬	8：25
登校時間	高校	季	8：25	期	8：25

生徒が主体となって作り上げる体育祭、文化祭、芸術祭などのほか、キャリア講演会、探究型授業発表会等の行事がある。クラブ活動は中高合わせて27部あり、中でも中学ソフトボール部は2019年に全国優勝、高校ソフトボール部は2022年インターハイベスト8。

卒業生は多様な分野へ

ほぼ全員が4年制大学に進学。早稲田大、慶應義塾大、東京理科大、学習院大、上智大、立教大、獨協大、國學院大、日本大、東洋大、駒澤大、東京女子大、日本女子大、神田外語大など。高大連携を結んでいる神田外語大学には優先的に進学できる特別推薦枠を持つ（校内基準有）。また近年はシアトルセントラルコミュニティカレッジ、レーンコミュニティカレッジ（アメリカ）、延世大学（ソウル）などの海外大学への進学者も増えている。

海外留学制度

中学で学んだ英語のアウトプットの場として、中学3年次に希望者がニュージーランドにある姉妹校に3週間の語学留学を行う。高校グローバルコースは全員留学が必修。期間（6ヶ月・1年・2年）と場所（カナダ・アメリカ・イギリス・オーストラリア・ニュージーランド等）を自分で選ぶことができる、ロングステイプロ

グラムと、次世代の留学プログラムダブルディプロマプログラムがあり、海外の教育連携協定校へ18ヶ月以上留学進学することで、現地校の卒業資格と本校の卒業資格を得ることができ、国内外の幅広い大学への進学が可能になる（アイルランド、カナダ、NZ、アメリカ、イギリス）。

2024年度入試要項

中学

試験日　11/11・12/9（帰国生）　2/1午前・午後（第1回・適性検査型、第2回）　2/2午前・午後（第3・4回）　2/4午後（第5回）　2/5午後（第6回）

試験科目　国・算・英から2科または適性（第1・2回）　国・算・英から2科または国・算・理・社（第3回）　国・算・英から2科または1科（第4回）　国・算・英から2科または新思考力型（第5回）　国・算・英から1科（第6回）　国・英＋面接〈日本語と英語〉（帰国生）

2024年度	募集定員	受験者数	合格者数	競争率
第1回 2科/適性	30	32/5	31/5	1.0/1.0
第2回 2科/適性	20	39/10	31/9	1.3/1.1
第3回 2科/4科	10	16/3	10/2	1.6/1.5
第4回 2科/1科	20	11/7	9/6	1.2/1.2
第5回 2科/新思考	10	12/5	9/5	1.3/1.0
第6回	10	16	16	1.0

高校

試験日　11/11・12/9（帰国生）　1/22（単願推薦、併願推薦）　2/10（併願優遇・一般）　2/11（特待生）

試験科目　国＋面接（単願推薦・併願推薦・併願優遇）　国・数・英＋面接（一般・特待生）　国・英＋面接（日本語と英語）（帰国生）
※グローバルの推薦・併願優遇は英＋面接
※アドバンストの推薦・併願優遇は国か数か英＋面接

2024年度	募集定員	受験者数	合格者数	競争率
推薦	50/50/100	10/3/95	10/3/95	1.0/1.0/1.0
一般		10/6/79	10/5/74	1.0/1.2/1.1

※人数はすべてグローバル/アドバンスト/キャリアデザイン
※中・高とも、帰国生の募集は若干名

左側縦タブ：有利に進学／併設校あり／特殊学科＆芸術／資格技能系＆／施設が充実／スポーツが強い／クラブが活発／情操教育を重視／国際人を養成／自由な校風

卒業生有名人　瀬戸かずや（宝塚歌劇団）、御喜美江（クラシックアコーディオニスト）、カズコ・G・ストーン（絵本作家）

東京

共学 高

関東国際高等学校

語学を中心に
独特なコースを設置
個性豊かな国際人を養う

| URL | https://www.kantokokusai.ac.jp |

普通科　外国語科
生徒数　1090名
〒151-0071
東京都渋谷区本町3-2-2
☎ 03-3376-2244

SUPER INDEX P.72

都営大江戸線西新宿五丁目駅　徒歩5分
京王新線・都営新宿線初台駅　徒歩8分
JR新宿駅西口　徒歩17分

ユニークな海外交流「世界教室」開催

プロフィール

1924（大正13）年創立の旧制関東高等女学校を母体とする。英語、さらに中国語・ロシア語・韓国語・タイ語・インドネシア語・ベトナム語・イタリア語・スペイン語・フランス語の専門コースも開設するなど、ユニークで斬新な学科や授業内容が特徴である。国際化時代に早くから着目し、海外の学校と提携を結ぶなど常に新しい分野を開拓しているのも特色で、毎年世界各地の高校生を招き、体験学習を中心とした「世界教室国際フォーラム」を開催。過去のフォーラムでは、20以上の国や地域から100名以上が参加、「21世紀の理想の学校」を創り出した。

自然美あふれる勝浦研修施設

環境

新宿の都心を臨む、恵まれた立地条件である。2014年、教室棟・体育館・カフェテリアを新設。学園のトピックスともいえるのが、千葉県勝浦市の「勝浦キャンパス」で、自然の景観を生かした約66万㎡の広大な敷地に、教室、宿舎などが建ち並び、様々な体育施設や農園も整っている。ここではクラス単位で年2回4泊5日の勝浦研修を実施しており、専門性を身につける選択文化講座と人間力や個性を育む勝浦ファームを柱としたプログラムや芸術系授業を展開。その他コース別進路対策プ

ログラム等も行われている。

国際人を養成する多彩なプログラム

カリキュラム

普通科では、日本文化コース・文理コースともに、学力の向上および大学進学を念頭に置き、英語の学習を重視している。文理コースは2年次より希望する進路に合わせて「理系クラス」「文系クラス」に分かれる。日本文化コースでは日本語が母語でない生徒が日本語を修得すると共に、日本の文化や習慣を体験的に学び、国内大学進学を目指す。外国語科には、英語・中国語・ロシア語・韓国語・タイ語・インドネシア語・ベトナム語・イタリア語・スペイン語さらには2024年度より新設するフランス語を加えた10コースがあり、生きた語学が学べるのが魅力。英語コースは2年次より「英語クラス」「海外大学留学クラス」を設置。独自の英語教育システムにより全員の外国語能力が確実にアップする。中国語コース、ロシア語コース、韓国語コース、タイ語コース、インドネシア語コース、ベトナム語コース、イタリア語コース、スペイン語コース、フランス語コースでは各言語18単位と英語15単位。外国人講師による徹底した授業は効果的で、語学選択のできる大学受験などにも有利だ。スピーチコンテスト、作文コンクールなどに入賞する者も多く、生きた語学教育の証になっている。また、多言語各コースでは、2年次に現地研修を実施している。

馬術部インターハイ優勝

学校生活

| 登校時間 | 夏 | 8：25 | 冬 | 8：25 |

授業は、月〜金曜までの5日間で、行事のない土曜を休業日としている。
クラブは、2023年インターハイで優勝した馬術部やバレー・フットサルをはじめとした運動部、WSS（国際交流クラブ）などの文化部ともに活発で

ある。

多様な大学入試に対応

進路

普通科、外国語科ともに英語教育で求められる4技能（読む・書く・聞く・話す）を伸ばす環境で、英検目標級の取得を目指す。英語コースの英語の授業は週8〜10時間あり、総合的な英語の実践力を伸ばすことで国内大学の国際系学部だけでなく、世界23の国と地域間ネットワークである「世界教室」の情報を基に海外大学進学を叶える生徒も多数存在する。

小論文対策授業では国語授業と連携を図り、読解力・発想力・思考力を高めている。英検取得や論述力の向上、多言語コースでは各国語検定などの取得など特色ある関東国際での学びを生かして、多くの生徒が推薦型選抜や総合型選抜を利用し、希望の道を叶える進学を実現している。

2024年度入試要項

試験日　12/20（帰国生第1回）
　　　　1/22（推薦・帰国生第2回）
　　　　2/10（一般第1回・外国人生徒対象）
　　　　2/13（一般第2回）　2/20（一般第3回）

試験科目　面接（推薦）　数・英または国・英＋面接
　　　　（一般）　作文〈英語〉＋面接（帰国生）
　　　　作文〈日本語〉＋面接（外国人生徒対象）

2024年度	募集定員	受験者数	合格者数	競争率
普通科	60/60	14/148	14/149	1.0/—
外国語科	120/120	133/241	133/239	1.0/1.0

※人数はすべて推薦/一般/帰国生・外国人生徒対象
※転科合格含む

卒業生有名人　堀内敬子（女優）、吉野圭吾（俳優）、八幡顕光（バレエダンサー）

東京

共学 | 男子（スポーツコース） | 高

関東第一 高等学校

体系的な独自のカリキュラムで多様な進路にきめ細かく対応

SUPER INDEX P.100

制服 p.38

普通科
生徒数　2238名
〒132-0031
東京都江戸川区松島2-10-11
☎ 03-3653-1541
総武線新小岩駅　徒歩15分

URL	https://www.kanto-ichiko.ac.jp
Web上での合格発表	○

プロフィール 元気が、関イチ。本気が、関イチ。

関東第一高校は、「元気が、関イチ。本気が、関イチ。」のキャッチフレーズの通り、明るく元気な校風が特徴で、勉強や部活動、学校行事などを本気で取り組む生徒を応援する学校。進路目標により設定されたコース制をとっており、普通科に4つのコースを設けている。英知・聡明・平和を尊び社会に敏感に反応し、国際社会で活躍し生涯学び続ける生徒の育成を教育理念とし、また、最後までやり抜くことの尊さを教えるために、「貫行」を校訓としている。

環境 可能性を開花させる充実の施設群

一人ひとりの夢をかなえるため環境をできるだけ整えたい。そんな思いを形にした地上7階地下1階の本館には、大型エレベーターが4台。冷暖房完備の教室やLL・特別教室・自習室など、最新の設備を整えている。校外施設としては、長野県八千穂村にある「八千穂山荘」、硬式野球部の合宿所「貫行寮」（千葉県白井市）、「大村記念会館・研修センター」（亀戸）がある。またオーストラリアには、姉妹校セントラルコースト・グラマースクールがあり、交換留学を実施している。

カリキュラム コース別カリキュラムできめ細かい指導

進路目標により設定されたコース制をとっており、特別進学コース、進学Aコース、進学Gコース、スポーツコースの4つのコースがある。進学コースは成績に応じて、進級時にコース変更もでき、コース別のきめ細やかな学習指導で実力を最大限に伸ばすことができる。**特別進学コース**は国公立大学・難関私立大学を目指すコース。**進学Aコース**は難関私立大学を目指すコース。**進学Gコース**では中堅私立大学・専門学校など幅広い進路を目指すコース。**スポーツコース**は、硬式野球、サッカー、バドミントン、ハンドボール、バレーボールの5種目で全国レベルのトップアスリートを目指すコース（男子のみ）。

学校生活 全国レベルが多い運動系クラブ

登校時間	夏	8:30	冬	8:30

スポーツ系、文化系ともに、高い実績をあげて活躍している。スポーツ系クラブでは、2019年甲子園ベスト8、国体優勝の硬式野球部、第100回全国高校サッカー選手権ベスト4のサッカー部、全国大会常連のバドミントン部をはじめとして、インターハイベスト16のハンドボール部など多くのクラブが活躍している。文化系クラブでは、2017年全国大会で金賞受賞の吹奏楽部、東京都私学大会優秀賞の演劇部のほか、軽音楽部、ダンス部、チアリーダー部、合唱部、競技かるた部、美術部なども活躍中。

また、江戸川区陸上競技場で行われる6月の体育祭と、9月の関一祭が二大行事になっている。いずれも生徒が中心となって、実行委員会を組織し全校で取り組む。

進路 生徒の進路に応じて適切なアドバイス

【2023年春　大学合格実績】
千葉大2／東京農工大1／東京外語大1／横浜市立大1／電気通信大2／茨城大1／埼玉県立大2／三重大1／長野大1／防衛大学校6／早稲田大3／慶應義塾大6／上智大2／東京理科大3／明治大11／青山学院大2／立教大5／中央大6／法政大8／北里大6／芝浦工業大13／工学院大6／東京電機大13／東京都市大1／東京農業大5／東邦大3／成蹊大1／成城大2／明治学院大6／獨協大15／國學院大7／武蔵大4／日本大8／東洋大60／駒澤大17／専修大39　他多数

2024年度入試要項

試験日　1/22（第一志望推薦・併願推薦）
　　　　2/10または11（一般併願優遇・フリー）
　　　　2/11（一般第一志望）
試験科目　適性〈国・数・英〉＋面接（推薦）
　　　　　国・数・英＋面接（一般）

2024年度	募集定員	受験者数	合格者数	競争率
特別進学	80	911/654/680	911/625/623	1.0/1.0/1.1
進学A	240			
進学G	200			
スポーツ	80			

※人数はすべて推薦／一般10日/11日。スライド合格含む

　卒業生有名人　オコエ瑠偉（プロ野球選手）、中村祐太（プロ野球選手）、佐々木翔（バドミントン選手）

東京

女子 幼 中 高 専

北豊島 中学校 高等学校

きめ細かな少人数制教育と発信型英語教育
リベラルアーツ教育推進校として、
国際的な視野を持った女性を育成

| URL | https://www.kitatoshima.ed.jp |

普通科（高校）
生徒数　60名（中学）　262名（高校）
〒116-8555
東京都荒川区東尾久6-34-24
☎ 03-3895-4490
京成線・千代田線町屋駅　徒歩15分
日暮里舎人ライナー・都電荒川線熊野前駅　徒歩5分
尾久駅・王子駅・町屋駅よりスクールバスあり（登校時のみ）

SUPER INDEX P.99

国際英語コースのプレゼンテーション

プロフィール　人間愛が教育の基調

「教育の基調は人間愛である　かぎりない愛情の中から　すぐれた才能を見出だし　これを育てのばす　天賦の芽を決して摘んではならない　人は必ず美しいものをいだいて生まれ出でているものだ」　これが、本校の教育理念である。1926（大正15）年に北豊島女学校として創立し、1949（昭和24）年の学制改革を経て、1990（平成2）年に中学を再開した。小規模でアットホームな校風のもと、6年間の一貫教育により、一人ひとりの個性、感性を育てることを目指している。

カリキュラム　多様な選択科目　英語は週に最大10時間

中学1クラス20名前後、高校1クラス30名前後という少人数制教育により、きめ細かな指導を実践している。

中学では、英語力の充実を目指し、週8時間の授業数を確保。ネイティブによる英会話の授業も週3時間あり、3年間で英語での日常会話をマスター。また、全員がGTECに挑戦し、学力の伸長を図る。

また、リベラルアーツ教育推進校として、「自分の考えや思いを相手にわかりやすく伝え、理解してもらい、次の行動につなげていく」ための言語技術を磨く。全員が全員の前でプレゼンする機会を設け、「伝え方・聴き方・

魅せ方」の3要素を意識したトレーニングを積む。

高校では、コースごとに特徴のあるカリキュラムで個々に合わせたオーダーメイドの進学体制を確立。また、土曜日には教養講座と受験講座あわせて約30の講座から選択する土曜講座も開講。

I.P.（インスパイアリング・プログラム）とV.P.（バリュアブル・プログラム）では、文理を問わず共通科目のカリキュラムで放課後や長期休業中には勉強合宿や進路ゼミを行うほか、土曜日は一般教養と受験講座の2種類ある土曜講座も開講している。

G.P.（グローバル・プログラム）では、外国人教員が担任となり、毎朝英語によるモーニングレッスンを実施。英語の授業が週の1/3を占め、英語会話は学年枠を超えた習熟度別授業を行う。リベラルアーツ教育を中心としたカリキュラムで、「学び続ける力」を育成する。

学校生活　充実の個性化・国際化教育

| 登校時間 | 中学 夏季 | 8:00 | 冬季 | 8:00 |
| | 高校 | 8:00 | | 8:00 |

中学では全員が、華道・茶道・ギターを学ぶ。高校の土曜講座は、約30の講座から希望の講座を選択でき、プロの講師を招いて専門的な指導を基礎から教わることができる。

中学の修学旅行は京都・奈良、高校は長崎へ行く。また、高校では国際英語コース1年生でスービック英語強化プログラムも実施するほか、オーストラリア語学研修（中3）やオーストラリア交換留学（中2～高2）も行われている。

進路　進学指導も万全　合格実績は上昇中

卒業生のほとんどが進学を希望している。4年制大学を志望する生徒が多く、主な合格大学は、早稲田大、上智

大、青山学院大、法政大、明治大、立教大、明治学院大、成城大、武蔵大、獨協大、北里大、東京慈恵会医科大、川崎市立看護大、東邦大、東京電機大、日本大、東京農業大の他、海外大（ブリティッシュコロンビア大など）も3年連続で70校以上合格。

2024年度入試要項

中学

試験日　2/1午前・午後（一般、英語、適性検査型、特待1回、自己表現1回）
　　　　2/2午後（特待2回）
　　　　2/5午後（特待3回、自己表現2回）

試験科目　国・算＋面接（一般・特待1・3回）
　　　　　国・算か国・算・理・社＋面接（特待2回）　英〈リスニングあり〉＋英会話＋面接（英語）　検査Ⅰ・Ⅱ＋面接（適性検査型）　プレゼンテーション＋面接（自己表現）

2024年度	募集定員	受験者数	合格者数	競争率
一般	50	33	30	1.1
英語/適性	10/10	3/1	2/1	1.5/1.0
自己表現 1回/2回	5/5	0/2	0/1	－/2.0
特待 1回/2回	15/15	30/14	23/12	1.3/1.2
特待3回	10	13	12	1.1

高校

試験日　1/22（推薦A・B）　2/10（一般）

試験科目　基礎学力適性〈国・数・英〉＋面接（推薦）　国・数・英＋面接（I.P.一般、V.P.一般）　英＋面接〈ネイティブ含〉（G.P.一般）

2024年度	募集定員	受験者数	合格者数	競争率
I.P.推薦	25	10	10	1.0
I.P.一般	25	4	4	1.0
V.P.推薦	25	29	29	1.0
V.P.一般	25	39	37	1.1
G.P.推薦	25	18	18	1.0
G.P.一般	25	18	18	1.0

※他に、中・高とも若干名の帰国生入試（12/25、1/22）あり

少人数制による授業

進学に有利に
併設校あり
芸術&特殊学科
資格系&技能系
施設が充実
スポーツが強い
クラブが活発
情報教育重視
国際人を養成
自由な校風

東京

女子 中 高

吉祥女子 中学校 高等学校

多様な進学先を可能にする
独自のカリキュラム

URL	https://www.kichijo-joshi.jp/
Web上での合格発表	○

普通科（高校）
生徒数 732名（中学） 806名（高校）
〒180-0002
東京都武蔵野市吉祥寺東町4-12-20
☎ 0422-22-8117
中央線・総武線・東西線西荻窪駅
徒歩8分
西武新宿線上石神井駅「西荻窪駅」行きバス
バス15分 地蔵坂上バス停下車徒歩8分

SUPER INDEX P.88

制服 p.33

社会に貢献する自立した女性に

プロフィール

1938（昭和13）年、帝国第一高等女学校として開校し、1947年に吉祥女子中学校と改称。翌年、吉祥女子高校が新発足した。

「社会に貢献する自立した女性の育成」を建学の精神に掲げ、自由な中にも規律があり、互いの価値観を尊重する校風のもと、一人ひとりの個性や自主性が発揮され、生徒たちは明るく豊かな学園生活を送っている。

豊かな学園生活が送れる充実の施設

環境

生徒が学園生活を豊かに送れるよう、図書館、進路指導室、カウンセリング・ルーム、カフェテリア、トレーニング室など、特色ある様々な施設を整えている。1階に和室と茶室、2階に洋室を備えた「祥文館」は、授業をはじめ、箏曲・華道・日本舞踊・着付等の課外授業などに幅広く活用され、315名が収容できる「吉祥ホール」では、学年集会や演劇、音楽会、講演会などが開催される。また、校外施設も充実しており、200mトラック、テニスコート6面、宿泊施設を備えた八王子キャンパスでは、運動会や合宿が行われる。

明るく快適な校舎、施設

多様な進学先を可能にする

カリキュラム

中学は独自の教材や指導法に基づき、知的好奇心に訴えかける授業を展開する。理科は実験・実習を数多く取り入れ、きめ細かいレポート指導により、論理的思考力や表現力を育てている。一方、英語と数学は週1回補習が行われ、基礎学力の定着を図っている。英会話は1クラスを2分割し、外国人教員と日本人教員とで授業を行っている。

高校は1年次は全員同じ科目を共通に学習し、カナダ語学体験ツアーが行われる。2年次からは、文系（3年次は国公立文系・私立文系）・理系・芸術系（美術）に分かれる。文系は様々な教科をバランスよく履修し、総合力のアップを目指し、3年次からさらに国公立文系・私立文系に分かれる。理系は国公立及び私立の両方に対応したカリキュラムを組み、理数系科目に重点を置く。芸術系は音楽または美術の授業を2・3年次に11単位ずつ学び、芸術系大学への進学を専門的にサポートする。

豊富な異文化体験個性を育む課外活動

学校生活

登校時間	中学	夏季	8：30	冬季	8：30
	高校		8：30		8：30

国際交流が盛んで、アメリカ、オーストラリア、カナダ、中国、韓国、ベトナムに姉妹校、友好校があり、夏期セミナーや研修ツアー、交換留学などを実施している。

委員会活動は生徒会役員会を中心に、生徒主体で様々な行事を企画運営している。行事だけでなく、学校生活を快適に過ごすための役割と責任を担っており、10の委員会がある。

部活動も活発で、英語、生物、書道、演劇などの文化部が21、テニス、剣道、弓道、バレーボール、バスケットボール、サッカー、ソフトボールなど運動

実験・実習をとおして科学的思考を育てる

部が13ある。

また放課後に、中国語会話、ピアノ、声楽、バレエなどの課外授業も設けており、稽古の年数と技能の進歩に応じて免状または修了証を授与している。

楽しい学校行事も盛りだくさん。統一テーマをもとに生徒が中心となって運営する吉祥祭（文化祭）のほか、八王子キャンパスで行われる4色別対抗の運動会など、生徒たちの連帯感を育み、学校生活を彩っている。

レベルの高い授業で80%が現役進学

進路

卒業生の80％が現役進学を果たしている。2023年3月卒業生の主な進学先は、東京、一橋、筑波、北海道、大阪、お茶の水女子、東京外語、東京農工、東京学芸、東京工業、東京医科歯科、東京都立、早稲田、慶應、東京理科、上智、武蔵野美術など。指定校推薦の大学も、早稲田、慶應、ICU、青山学院、東京薬科、東京理科、明治、中央、北里など多数ある。

2024年度入試要項

中学

試験日　2/1（第1回）　2/2（第2回）
試験科目　国・算・理・社

2024年度	募集定員	受験者数	合格者数	競争率
第1回	134	571	187	3.1
第2回	100	762	232	3.3

高校　募集せず

進学に有利

併設校あり

芸術&特殊学科

資格系&技能系

施設が充実

スポーツが強い

クラブが活発

情操教育を重視

国際人を養成

自由な校風

　卒業生有名人　森下洋子（バレリーナ）、三舩優子（ピアニスト）、川添史子（物理学研究者）

共学　幼中高大

共栄学園中学校高等学校

「至誠一貫」～誠を貫く生き方～
いかに困難な時代にあっても、至誠
（至高の誠実さ）の心を一生涯貫いていく

SUPER INDEX P.99

制服 p.38

普通科（高校）
生徒数　196名（中学）　718名（高校）
〒124-0003
東京都葛飾区お花茶屋2-6-1
☎ 03-3601-7136
☎ 0120-713601（入試相談室）
京成線お花茶屋駅　徒歩3分

URL	https://www.kyoei-g.ed.jp/			
Web上での合格発表	中学	○	高校	○

「時代と共にある教育」を
プロフィール

1933（昭和8）年に設立され、2018年、創立80周年を迎えた。学識の高揚と礼節・徳操の涵養を目指し、「知・徳・体」の調和した全人的な人間形成を基本理念とする。また2020年教育改革に対応し、世界のリーダーを育てるプログラムを高校のみならず中学でも開始。真の文武両道を目指しながら常に時代が求める進学校として進化し続けている。

ICT教育で授業の効率・理解度ともにUp!
環境

2020年度から中高生ともに1人1台タブレットを配布し、教員は生徒の進行具合をチェックし、理解度を把握した双方向授業を展開している。それと連携して、中学には電子黒板、高校にはウルトラワイドプロジェクターを設置し、より一層わかりやすい授業を展開している。新しい時代に対応した教育で、21世紀に活躍する人材の育成を目指す。

中学は中・高一貫高校は5コース制
カリキュラム

中学では、発展的な問題の研究を積極的に取り入れる「特進クラス」と基礎学力の徹底理解に主眼をおいて授業を進める「進学クラス」に分かれ、積極的な先取り授業と実践的な習熟度別

授業を行っている。

高校は「未来探究」「国際共生」「理数創造」「探究特進」「探究進学」の5コースにより構成されることとなり、生徒たちが望む未来への後を、より細かく行えるようになる。

先が見えないと言われているこの社会で、先陣を切って歩めるような人材を育てている。至誠一貫・文武両道の理念の下で、人間として大きく成長していく。

学園生活を盛り上げる学校行事
学校生活

登校時間	中学	夏季	8:15	冬季	8:15
	高校		8:20		8:20

文化祭は、中・高合同で、体育祭は、中・高別日程で実施し、中学では合唱祭や校外学習、視聴覚教育も行っている。また、現在のところ修学旅行は中学が北海道、高校は沖縄を予定。中学3年から高校2年の希望者には、夏休みに海外研修制度も用意している。

クラブ活動も盛んで、バレー部、ダンスドリル部、少林寺拳法部などが全国大会に出場し活躍している。野球、サッカー、バドミントン、バスケ部等も積極的に活動している。また、文化部の加入率も高く、吹奏楽部、合唱部、茶道部、華道部、英語部の生徒も熱心に取り組んでいる。

学校完結主義
進路

『第一志望主義、現役合格主義、学校完結主義』の3つの主義が、進路指導方針。高2で提出する「志望理由書」の志望校合格に向けて計画を立てる。第一志望校以外の推薦入試は原則認めず、初志貫徹で第一志望校の現役合格を目指す。高1から始める学習到達度チェックとそのフォロー、進路学習ノート、長期休暇中の各種特訓講習、WEB配信型映像学習、各種の模擬試験、卒業生チューター

7階建ての高層校舎

による指導など、予備校などで一般的に行われていることはすべて学内で網羅している。主な進学先は、国公立大学が、東大、東京工業大、北海道大、東京学芸大、千葉大、東京農工大、筑波大、埼玉大など。私立大学は、早稲田大、慶應義塾大、上智大、東京理科大、学習院大、明治大、青山学院大、立教大、中央大、法政大、津田塾大、成蹊大、成城大、武蔵大、獨協大、國學院大、日本大、東洋大、駒澤大、専修大など。

2024年度入試要項

中学

試験日　2/1午前・午後（第1・2回）　2/2午後（第3回）　2/3午前（第4回）　2/7午前（第5回）

試験科目　国・算か国・算・理・社か適性＋面接（第1回）　国・算＋面接（第2・4回）　国または算＋面接（第3回）　国・算または適性＋面接（第5回）

2024年度	募集定員	受験者数	合格者数	競争率
第1回 特進/進学	20/50	89	57	1.6
第2回/第3回 特進	20/10	71/42	48/33	1.5/1.3
第4回 特進進学	5/5	25	17	1.5
第5回 特進進学	5/5	28	24	1.2

高校

試験日　1/22（A・B推薦）　2/10（一般）　2/11（チャレンジ）

試験科目　面接（A推薦）　適性〈国・数・英〉＋面接（B推薦）　国・数・英＋面接（一般・チャレンジ）

2024年度	募集定員	受験者数	合格者数	競争率
未来探究	15/15			
国際共生	15/15			
理数創造	15/15	148/415	148/395	1.0/1.1
探究特進	35/35			
探究進学	80/80			

※人数はすべて推薦/一般＋チャレンジ

卒業生有名人　益子直美（元バレーボール日本代表）

男子 幼 小 中 高

暁星 中学校 高等学校

136年の歴史を誇る カトリックの伝統校 語学教育重視の進学校

URL	https://www.gyosei-h.ed.jp/
Web上での合格発表	○

■ 普通科（高校）
生徒数 519名（中学） 477名（高校）
〒102-8133
東京都千代田区富士見1-2-5
☎ 03-3262-3291

SUPER INDEX P.87

総武線・中央線・有楽町線・南北線・都営大江戸線飯田橋駅 徒歩8分
東西線・半蔵門線・都営新宿線九段下駅 徒歩5分

時計台のある本校舎（右）と多目的棟（マリア館・左）

進学に有利に
併設校あり
芸術＆特殊学科
資格＆技能系
施設が充実
スポーツが強い
クラブが活発
情操教育を重視
国際人を養成
自由な校風

プロフィール　キリスト教の愛の理念による人格育成

1888（明治21）年にカトリックの修道会であるマリア会によって創立。以来、136年の伝統を誇り、日本では同系中、最も古い学校として知られている。

教育理念は、キリストが自分の生命さえも投げ打って、人類の救いを果たしたことに由来する「キリスト教の愛の理念」。学校生活を通じて、他者との関わりの深さを学ばせ、多くの人々の幸福のために指導的役割を果たすことができる人格の育成を、教育活動の基本としている。

環境　6階建て校舎と充実した体育施設

東京都の中心・九段の丘に位置しながら、豊富な樹木が四季の彩りを添える、閑静な環境にある。地下1階・地上6階の本校舎、聖堂や講堂のほか、体育館、柔道場、剣道場、プール、人工芸のグラウンド（2面）、トレーニングルーム、クラブ部室など、施設の充実が目立っている。

カリキュラム　外国人教師のもとで高度の語学力を修得

各教科とも、中学・高校6年間の一貫した独自のカリキュラムに則って授業を行っている。また、キリスト教的人間観の育成を目指し、宗教の授業が必修となっている。

多目的棟（マリア館）にある情報教室

語学教育を重視している点も特徴のひとつ。中学1年から仏語・英語の一方を第1外国語として週6時間、他方を週2時間学習する。また、外国人教師による授業に加え、高校1年の夏休みには約1カ月間のフィリピン、フランスでの海外語学研修（ホームステイ、希望者のみ）も実施。生きた本場の言語を学ぶ。

中学では基礎学力の充実を図り、英語・数学では習熟度別授業編成を行うほか、高校課程の先取り授業も実施している。高校では、2年次から文系・理系、3年次にはさらに志望コース別に分かれ、選択授業を多く取り入れることによって、大学進学の実績を上げている。

学校生活　心のこもった活発な奉仕活動

登校時間	中学	夏季	8:15	冬季	8:15
	高校		8:15		8:15

キリスト教の精神に基づいて、貧しい人や弱い立場に置かれている人々へ「小さな励まし」をと、福祉活動を実施しているほか、バザーに参加したり、施設を慰問するなど、活発な奉仕活動を続けている。

年間行事も、入学・卒業ミサやクリスマスなどカトリック校ならではのものが多く、宗教的情操を育んでいる。

自己の発達と学園生活の充実を目的としたクラブ活動も活発で、学芸関係14、体育関係12のクラブが活動している。

進路　難関国公立・私立大現役合格者多数

中学1年から高校3年までを通して独自の実力試験を実施し、その個人データを、大学受験時の合格可能性判定などに利用している。さらに、少人数による授業や、課外指導、添削指導など万全の進学指導体制によって、着実に進学実績を上げている。

このような熱心な進学指導のもとで、難関国公立大学への現役合格者も

増えている。2023年3月卒業生は、東大5名をはじめとする国公立大学へ35（現23）名、さらに、早稲田大47（現36）名、慶應義塾大40（現36）名など、私立大学へは計458（現286）名、医学部へ87（現60）名が合格している。

トピックス　ホームとなる場所

「就職の面接の帰りで寄りました」、「子供が生まれたので、ご報告に」。平日の夕方に、毎週のように卒業生が職員室に顔を出します。来る理由は様々です。アクセスが良いのも一因なのでしょう。その回数の多さは何だろうと考えると、やはり卒業生にとって「ホーム」となる場所になっているからだと思います。家庭的な雰囲気で過ごす6年間が、それぞれにとってかけがえのない時間となっているからなのでしょう。

2024年度入試要項

中学

試験日　12/4（帰国生）　2/2午前（第1回）　2/3午後（第2回）

試験科目　国・算・理・社（第1回）
国・算（第2回）
国・算・外国語〈英語か仏語〉＋面接（帰国生）

2024年度	募集定員	受験者数	合格者数	競争率
第1回/第2回	約65/約10	189/118	108/26	1.8/1.7
帰国生	若干	26	15	1.7

高校　募集せず

　卒業生有名人　前田遼一（サッカー選手）

東京

女子 幼中高短大院

共立女子中学校高等学校

伝統の情操教育に加え、
外部への進学レベルも上昇

SUPER INDEX P.87

■ 普通科（高校）
生徒数　976名（中学）　921名（高校）
〒101-8433
東京都千代田区一ツ橋2-2-1
☎ 03-3237-2744
半蔵門線・都営三田線・都営新宿線
神保町駅　徒歩3分
東西線竹橋駅　徒歩5分
千代田線新御茶ノ水駅　徒歩12分
総武線水道橋駅・御茶ノ水駅　徒歩15分

制服 p.31

URL	https://www.kyoritsu-wu.ac.jp/chukou/
Web上での合格発表	○

プロフィール　女子教育に長い歴史と実績を持つ

1886（明治19）年、女子の自立を目的として34名により創立された共立女子職業学校に始まる。以来130余年に及ぶ歴史と伝統を有し、現在では幼稚園・中学・高校・短大・大学・大学院からなる一貫した教育体制を持つ学園に発展している。誠実・勤勉・友愛の校訓のもと、時代を超えて"翔ばたき、輝く女性"の育成に力を注いでいる。2018年度より高校制服デザインがOG桂由美デザインに変更。

環境　文教地区にあり、勉学には好環境

出版社などが建ち並ぶ文教地区に位置し、まわりには北の丸公園などの緑も多い。駅からも近く、通学には至便。

敷地内には約8万冊の蔵書を誇る図書室や1900名収容の共立講堂、絵本の原画を飾るギャラリーを兼ねた食堂、3つの室内体育施設、語学に親しむランゲージスクエアなど、快適で機能的な空間を備える。全教室に電子黒板も完備し、タブレットを全生徒が所持。

校外には、軽井沢、河口湖に学園寮があり、研修をはじめ、合宿（高校）、グループ旅行などに活用され、自然の中で生き生きと、友情や学びの輪を広げることができる。

ネイティブ講師常駐のランゲージスクエア

カリキュラム　大学進学を目指した充実のカリキュラム

将来の目標を定め、その目標に向かって自己を啓発していく多様なプログラムのもと、中高の垣根を取り払った合理的で体系化された独自のカリキュラムが適用されている。

近年は、全員のオンライン英会話課題や毎週少人数で文章表現やプレゼンを学ぶ国語表現など、新時代に必要な力にも対応。

中学1年から高校1年の4年間は、基幹教科に偏ることなく、礼法や美術、音楽、家庭科などにも力を入れ、情操面の充実も図る。補習・補講や夏季講座など、授業時間外での学ぶ機会も多く設けられている。

高校2年次より、2つのコースに分かれ、進学に向けた科目履修を行う。近年は文系5、理系3クラスが通例。3年次には演習科目も大幅に増加して、実力の伸長と大学受験へのきめ細かい対応が図られている。

学校生活　多彩な学園生活で豊かな人格を形成

登校時間	中学	夏季	8：15	冬季	8：15
	高校		8：15		8：15

クラブ活動は、週4回以内（高校は週3日以内）で放課後に行われる。中学では、関東大会に出場したバトン部や、太極拳部など10の運動部と、17の文化部がある。高校では、年1回の校外合宿も実施され、女子校では珍しい山岳部やジオラマを作る地理歴史部など、13の運動部と20の文化部がある。また部活とは別に、草月・池坊・小原・古流の4流派の華道講座や中国語会話講座が設けられている。

年間行事も多彩で、中学では合唱コンクール、映画会、芸術鑑賞会などのほか、1年は蓼科、3年は関西への旅行がある。高校では、1年が外部での

伝統の礼法は隔週で3年間学ぶ

英語研修、2年が九州への旅行などがある。また、長期休暇には中2から高2まで6ヶ国9都市への海外研修（希望者）がある。

進路　生徒の約85％が他大学へ進学

ほぼ100％の生徒が進学を希望している。系列の共立女子大・短大には、合格したあとでも他大学を受験できる併設高校特別推薦制度があり、近年は15％前後の生徒が進学している。

他大学に進学する生徒は85％を超え、国公立大をはじめ、早稲田、慶應、上智、東京理科大など有名私立大に多くの合格者を出している。

2024年度入試要項

中学

試験日　11/26（帰国生）　2/1午前　2/2午前　2/3午後（英語4技能型・合科型）

試験科目　国・算か英・算（帰国生）
国・算・理・社（2/1・2/2）
英語4技能テスト＋算（2/3午後）
合科型論述テスト＋算（2/3午後）

2024年度	募集定員	受験者数	合格者数	競争率
2/1	130	353	160	2.2
2/2	110	447	215	2.1
2/3 英語/合科	15/40	37/231	16/72	2.3/3.2
帰国生	25	81	50	1.6

高校　募集せず

（右端縦タブ）
進学に有利
併設校あり
特殊学科 芸術&
資格系 & 技能系
施設が充実
スポーツが強い
クラブが活発
情操教育を重視
国際人を養成
自由な校風

卒業生有名人　桂由美（ウェディングファッションデザイナー）、マーサ・ナカムラ（詩人）、三谷紬（テレビ朝日アナウンサー）

東京
女子 中 高 短 大 院

共立女子第二 中学校 高等学校

抜群の自然環境・生活環境の中で
セルフリーダーシップを発揮し
広く社会に貢献できる自立した女性を育てる

制服 p.30

普通科（高校）
生徒数 242名（中学） 510名（高校）
〒193-8666
東京都八王子市元八王子町1-710
☎042-661-9952

SUPER INDEX P.89

中央線・京王線高尾駅 スクールバス10分
中央線・横浜線・八高線八王子駅 スクールバス20分 みなみ野・七国循環ルートあり
（スクールバス無料・定期券代不要）

URL	https://www.kyoritsu-wu.ac.jp/nichukou/		
Web上での合格発表	中学	○	高校 ○

大会で優秀な成績を上げているクラブも多い

建学の精神は「自立した女性の育成」

八王子の丘陵に広大なキャンパスを有する。母体となる共立女子学園は創立137年を超え、建学の精神である「女性の社会的自立」と校訓の「誠実・勤勉・友愛」は脈々と今に受け継がれている。本校では、教育目標の柱に校訓から導き出された3つの女性像「豊かな感性を身につけた女性」「自ら考え、発信できる女性」「他者を理解し、共生できる女性」を掲げて全人的な教育を行い、セルフリーダーシップを発揮し、自分らしく主体的に社会に貢献できる自立した女性の育成を目指す。

抜群の生活環境を備えたキャンパス

八王子の丘陵に自然豊かで広大なキャンパスを有する。校舎には最新のICT環境が整い、60,000冊の蔵書を誇る図書館や少人数授業に対応可能な小教室も多数設置され、食育活動の場となる食堂も設けられている。また、各階に設けられたオープンスペースは、生徒の憩いの場・学びの場にもなっている。校舎の外には400mトラックを持つ総合グラウンド、9面のテニスコート、ゴルフ練習場などの他、1500名超を収容する講堂などの施設も整う。

八王子の丘陵に広がる自然豊かなキャンパス

多様な進路に応える4つのコースを設置

2022年度より、生徒一人ひとりの進路を確実に実現するため、高校1年から希望と成績により、4つのコースに分かれる。

特別進学コース 国公立大学や難関私立大学への進学を目標に自ら継続的に学びを深めようとする生徒を対象に、受験科目を手厚くしたカリキュラムを実施。

総合進学コース 幅広い多様な進路志望を持つ生徒を対象に、様々な教科や課外活動を通じて総合的にバランスよく学び、主体的な進路選択を導く教育を実践。

共立進学コース 共立女子大学・短期大学への進学を第一志望とする生徒を対象に、大学付属らしいメリットを最大限に活かした教育を行う。

英語コース 英語力の向上に強い意欲と意志を持つ生徒を対象に、英検準1級の英語力を目指したカリキュラムを設定。また、世界中で語学教育を展開するベルリッツのプログラムや英語による課題解決型の学びにも取り組む。

恵まれた自然環境の中で育まれる多彩な学校生活

登校時間	中学	夏季	8:40	冬季	8:40
	高校		8:40		8:40

クラブ活動は自由参加で、恵まれたキャンパス施設を利用し、多くのクラブが活動している。吹奏楽、コーラス、野外研究などの文化部と、バスケットボール、バドミントン、陸上競技などの運動部が合わせて24クラブあり、それぞれ優秀な成績を収めている。クラブ入部率は約85%。このほか、同好会3が活動している。
学校行事では、理科の授業での自然観察や年数回行われる天文教室などは自然に囲まれた本校ならではのもの。他にもスキースノーボード教室や白馬登山、ニュージーランドへのターム留学制度やホームステイプログラムなどがある。

生徒の希望に応じた進路指導

共立女子大学の推薦を受けつつ外部大学にも挑戦できる、共立女子大学の併設校ならではの優遇制度に加え、多様な進路を実現できる新カリキュラムが整ったことで、毎年、卒業生は95%を超える現役進学率を維持している。卒業生は、難関大・GMARCHをはじめ、女子校らしく、共立女子大（看護・家政・文芸・国際学部）や他の有名女子大、音大・美大・体育大など、多様な進路に進んでいる。

2024年度入試要項

中学
試験日 2/1午前・午後（1回・適性検査型・英語）
　　　 2/2午前・午後（2回） 2/4午前（3回）
試験科目 国・算 か 国・算・理・社（1回AM）
　　　 国・算（1回PM・2回AM・PM・3回）
　　　 英＋作文＋英語面接（英語） 適性〈国・算・理・社〉（適性検査型）

2024年度	募集定員	受験者数	合格者数	競争率
1回AM/適性	50/20	50/18	41/16	1.3/1.1
1回PM/英	40/10	90/3	83/3	1.1/1.0
2回AM/PM	20/10	18/15	15/13	1.2/1.2
3回	10	6	5	1.2

※1回AMは海外帰国生枠（面接あり）を含む

高校
試験日 1/23（推薦） 2/10（一般1回）
　　　 2/12（一般2回）
試験科目 作文＋面接（推薦）
　　　 国・数・英＋面接（一般）

2024年度	募集定員	受験者数	合格者数	競争率
推薦	80	65	65	1.0
一般1回/2回	50/30	46/19	45/18	1.0/1.1

※一般1回は海外帰国生枠を含む

142 卒業生有名人 中島京子（第143回直木賞作家）、梅沢由香里（女流プロ棋士）、宮田成華（プロゴルファー）

共学　高

錦城 高等学校

勉強とクラブ両立の精神で大学進学を目指す明るく多彩な伝統校

普通科
生徒数　1457名
〒187-0001
東京都小平市大沼町5-3-7
☎042-341-0741
西武新宿線小平駅　徒歩15分

SUPER INDEX P.91

制服 p.36

URL	https://www.kinjo-highschool.ed.jp
Web上での合格発表	○

落ち着いた環境で快適な学校生活

環境

　小平市にあるキャンパスは、緑が多く落ち着いた雰囲気。快適に学習できるよう全教室に冷暖房を完備。また、2つある体育館やホールにも冷暖房が完備されるなど、施設も充実している。柔道・剣道・空手道の3つの道場を備えた立派な「武道館」に加え弓道場を完備しているのは、文武両道を目指す本校ならではだ。ガラス張りの校舎には広いラーニングスペースがあり、自習環境が備えられている。また、蔵書4万8千冊の図書室をはじめ、進路指導室、多目的ホール、各階にあるコモンスペース、260席を有する食堂もある。

「わかる授業」で大学受験に対応

カリキュラム

　「わかる授業」をモットーに、大学進学を目指しており、頻繁に小テストを実施して理解度を確認するほか、早朝・放課後の特別指導や、夏期・冬期・春期講習など、実力をアップするためのプログラムが充実している。
　生徒の進路志望に対応するため、特進・進学の2コースを設置。ハイレベルな授業で難関大学合格を目指す**特進コース**は、授業の進度が早く、演習が多いことが特徴である。教科書の基礎的な内容を踏まえたハイレベルな応用力を養い、難関国公立大学や早大・慶大などの難関私立大学への合格を目指す。自ら学び、その知識をもとに考え、課題や問題の解決に向かう力をつける

高校には珍しい弓道専用道場

ための発展的な授業が多く展開される。自分の目標を早い段階からしっかりと定め、その実現に向けて試行錯誤しながら継続して努力し、自身の成長を図ることはもちろん、仲間と互いに切磋琢磨しながら高めあい、新たな挑戦を楽しむ環境が整っている。
　進学コースは、丁寧な授業で基礎力の充実を図り、多様な入試方式にも対応ができる。基礎学力の向上に重点を置き、教科書レベルの内容・知識の理解と定着を図る丁寧な授業が特徴である。カリキュラムは特進コースと同様だが、より基本的な事項に説明や演習の時間をかけている。生徒は授業を通して自分なりの学習ペースや学習法を確立していく。諦めず、じっくり考える力を養い、自身についても改めて見つめ直すなかで将来の目標を定め、その実現に向けての道を探っていく。仲間たちと情報や考えを交換・共有し、近年増えてきた総合型選抜等の多様な入試方式にも対応できるバランスの良い力をつける環境が整っている。

クラブやスポーツで心身を鍛える

学校生活

登校時間	夏	8：20	冬	8：20

　クラブや生徒会などの課外活動も重視している。どの生徒も勉強とクラブ活動を両立させているのが特徴で、クラブ数も多く、体育系が23、文化系が18ある。体育系クラブは関東大会などで活躍しているものも多く、文化系クラブは映画研究部がNHK杯全国高校放送コンテストで優勝、吹奏楽部が都大会で金賞を受賞している。
　全員参加の球技大会（春季・秋季）などスポーツ行事も盛んだ。また、修学旅行として蔵王でのスキー旅行を行っているのも特色で、専門の指導員のもと、大自然の中で心身を鍛える。そのほか1・2年生の希望者を対象にオーストラリア（夏）やアメリカ（冬）への語学研修を実施。また、1年生の3学期にオーストラリアの高校へ短期留学する「ターム留学プログラム」も行われる。

進路

卒業生のほぼ全員が4年制大学へ進学

クラブ活動も盛ん

　2023年3月卒業生の主な進学先は、北海道大、筑波大、大阪大、お茶の水女子大、東京農工大、東京外語大、横浜国立大、東京医科歯科大、早稲田大、慶應義塾大、上智大など、国公立大学や難関私立大学へ多数が合格している。また、東京都立大、早稲田大、慶應義塾大、上智大、東京理科大、明治大、青山学院大、立教大、中央大、法政大、学習院大、津田塾大、東京女子大、日本女子大など、約350名以上の指定校推薦枠がある。

錦城高等学校入試広報部からのメッセージ

ひとこと

　錦城高校は、自分で描いた未来に向かい「限りない前進」をする力を育てる学校です。ライフデザインまで見据えた教育体制、文武両道、生徒が自ら創る学校生活、教育環境の充実、世界で活躍する国際人を育てるグローバル教育を通して、多様性を理解しリーダーシップを発揮する人間教育を目指しています。
　2022年度入学生から、幅広い知識を身につけた人材育成の新しいカリキュラムを導入しました。高校単独校として、生徒全員が同じラインから高校生活をスタートすることができます。錦城高校で充実した学校生活を送ってみませんか。

2024年度入試要項

試験日　1/22（推薦）　2/10（一般第1回）
　　　　2/12（一般第2回）
試験科目　作文＋面接（推薦）
　　　　　国・数・英（一般）

2024年度	募集定員	受験者数	合格者数	競争率
特進・一般1回/2回	120	652/317	420/178	1.6/1.8
進学・推薦	130	191	191	1.0
進学・一般	200	363	293	1.2

※特進から進学へスライド合格あり

卒業生有名人　所ジョージ（タレント）、松本孝弘（ミュージシャン"B'z"）、吉沢悠（俳優）

進学に有利

併設校あり

芸術＆特殊学科

技能系＆資格系

施設が充実

スポーツが強い

クラブが活発

情操教育を重視

国際人を養成

自由な校風

錦城学園 高等学校

明るく、伸び伸びとした校風のもと、夢や希望をかなえることができる学校!!

SUPER INDEX P.86

制服 p.30

■ 普通科
生徒数　809名
〒101-0054
東京都千代田区神田錦町3-1
☎ 03-3291-3211
JR御茶ノ水駅・神田駅　各徒歩10分
東西線竹橋駅、千代田線新御茶ノ水駅、半蔵門線・都営三田線・都営新宿線神保町駅、銀座線神田駅、丸ノ内線淡路町駅
各徒歩5〜10分

URL	https://www.kinjogakuen-h.ed.jp/
Web上での合格発表	○

授業風景
ネートと快適な着心地感がポイントの濃紺のブレザースタイル。

（左側のサイドバー）
- 進学に有利
- 併設校あり
- 芸術＆特殊学科
- 資格＆技能系
- 施設が充実
- スポーツが強い
- クラブが活発
- 情操教育を重視
- 国際人を養成
- 自由な校風

プロフィール　著名人を育てた由緒ある校風

歴史は古く、1880（明治13）年、「経国美談」の著者・矢野龍溪が三田予備校（翌年三田英学校に改称）として開校したのが始まりである。正しい英語と世界的視野を身につけた人材を育てることを目的に、これまでに政界・財界・学界など各界に著名人を数多く輩出した、由緒ある学園だ。

真の自主・自立を目指し、明朗かつ積極的な人格を形成するための教育の実践を目標とする。

環境　皇居に近い緑豊かな環境

皇居にほど近い校舎は、全館冷暖房とWi-Fiを完備。講堂兼体育館、人工芝の運動場、AV装置付多目的ホール、CAI教室としても利用可能な図書閲覧室、カフェテラス風の食堂などのほか、荒川河川敷にグラウンドがある。

カリキュラム　コース別にきめ細かな進路対策

1年生はコース分けをせず、全生徒同一のカリキュラム。特に国語・数学・英語に多くの時間を配し、基礎学力を高めることに重点を置いている。2年生からは文系・理系コースのいずれかを選択。文系は国語・地歴公民・英語、理系は数学・理科・英語に重点を置いたカリキュラムを編成。基礎固めをし

っかり行いながら大学受験を視野に入れた発展的な学習を行う。

3年生は両コースとも2年の学習内容をさらに深化させ、難関大学の入試問題にも対応できるような授業内容にレベルアップ。ただし、受験偏重にならないよう、多彩な選択講座を設け深い教養を培う。また、全学年を通じて、学力面で個人差がつきやすい英語と数学では、2クラスを習熟度別に3クラスに分けて個々のレベルに応じた授業を行い授業の理解度を高めている。GMARCHレベル以上の大学を一般入試で合格することを目指す特進クラスも設置。

両コースとも正課の授業以外にも毎日の放課後、夏・冬・春休みの課外授業や課外講習により志望校への合格をより確実にするようサポートしている。

学校生活　学校ぐるみの行事が盛りだくさん

登校時間	夏	8:15	冬	8:15

1年生の8月に「自然体験学校」で3泊4日の合宿を行い、豊かな自然の中で生活規律を学びながら、楽しく有意義な体験ができる。2年生の3学期には、イギリス、アメリカ、イタリア、沖縄の4コースから選択できる修学旅行を実施。希望者は夏休みにオーストラリア・シドニーでの語学研修も可能となっている。さらに全学年対象で希望者には、3泊4日のスキー教室も行う。また、情操教育の一環として映画・演劇・音楽などの鑑賞、生徒・保護者を対象とした課外の文化講演会も活発に行っている。

クラブ活動も盛んで14の体育系と10の学芸系に70%以上の生徒が参加。近年では、陸上競技部や少林寺拳法部、バドミントン部が全国大会や関東大会に出場。その他、硬式野球部やソングリーダー部、ソフトテニス部、吹奏楽部などが活発に活動している。

制服は、男女ともに上品なコーディ

進路　中堅私立大中心に国公立大合格者も

ほぼ全員が大学進学希望者であるため、日常の授業、放課後の課外授業、休暇中の講習を重視している。

ここ数年の大学進学希望者の現役合格率は、90%前後の実績を上げている。主な進学先は、東京学芸大、法政大、立命館大、関西学院大、明治学院大、成城大、武蔵大、國學院大、獨協大、東邦大、順天堂大、女子栄養大、共立女子大、大妻女子大、日本大、駒澤大、東洋大、専修大、亜細亜大、東海大、大東文化大、拓殖大、神奈川大、神田外語大、東京農業大、東京経済大、東京工科大、千葉工業大、工学院大、国士舘大、大正大、文京学院大、帝京平成大、目白大、帝京大、立正大、東京薬科大、二松学舎大、杏林大、千葉商科大など。

進路指導

2024年度入試要項	
試験日	1/22（A・B推薦）
	2/10または11（一般）
試験科目	作文＋面接（A推薦）
	適性＋面接（B推薦）
	国・数・英＋面接（一般）

2024年度	募集定員	受験者数	合格者数	競争率
A/B推薦	120	129/18	129/18	1.0/1.0
一般	120	260	240	1.1

　■卒業生有名人　島崎藤村（詩人・小説家）、尾崎紅葉（小説家）、井上準之助（元日本銀行総裁）

東京
共学　幼小中高大院

国立音楽大学中学校附属高等学校

中高共に進学志望に合わせた2コース制
新たな学びで将来をサポート

普通科　音楽科(高校)
生徒数　196名(中学)　464名(高校)
〒186-0005
東京都国立市西2-12-19
☎ 042-572-4111
中央線国立駅、南武線矢川駅
各徒歩13分

SUPER
INDEX
P.89

URL	https://www.kunion.ed.jp/

感性と知性と専門的技術を身につける

音楽と教養を学ぶ一貫教育
プロフィール

東京高等音楽学院(現・国立音楽大学)を母体として、1949年、国立中学校・国立音楽高等学校を設立。1975年に国立音楽大学附属中学校・音楽高等学校に改称。2004年より現校名になると共に、高校普通科も共学とした。

幼稚園から大学院までを一貫して備えた学園の中で、一般教科の学力の充実と、音楽の専門大学へ進むための確実な基礎実技力を身につけることを目的としている。

緑豊かな学園都市国立にある学校
環境

国立音楽大学の附属校として、知性と感性の両面を伸ばすことを重視している。「自由・自主・自律」の教育理念の下、自ら考え、自ら行動できる生徒を育成している。

2023年に新しい2号館が完成し、より充実した教育環境が整備された。新しい2号館には演奏会や講演会などで300人が集えるスタジオ、40のレッスン室や実技試験室、5つの音楽室など本校の音楽教育を支える施設が整っている。また、ラーニングコモンズや多目的室も完備し、生徒の自主的な学習にも対応できる。

また、教室にはwi-fiとプロジェクターが完備され、ICTを利用した教育も実践している。

校舎

志望に合わせた2つのコース
カリキュラム

中学は2023年度より「演奏・創作コース」と「総合表現コース」に改編し、より充実した教育プログラムを提供する。演奏・創作コースは音楽を専門的に学び、音楽を探究する力を身につける。総合表現コースは音楽を教養として身につけ、多様な表現活動を体験する。いずれのコースも基礎力アップを重視しながら、創造力・表現力・発信力を身につける。

高校の普通科は2コース制。2023年度より「KUNIONミライ探究」を導入し探究力向上を目指す。「特別進学コース」は、より深い学びで難関大学合格のための実力向上を目指す。「総合進学コース」は、総合型選抜にも対応しうる表現力や創造力を育成する。両コースともきめ細やかな学習指導で志望大学合格を目指す。

高校の音楽科は2023年度より、2コース制となった。「演奏・創作コース」は演奏家になるために必要な技術力を1対1のレッスンを通じて育成する。技術のみが先行しないように、音楽理論やソルフェージュ等の基礎科目にも重点を置き、専攻の技術との調和を図っている。「総合音楽コース」は幅広く音楽を学び、様々なジャンルを体験しながら、将来の道を見つけるコース。授業は音楽だけに偏ることがないよう、一般教科の教育も重視している。

大きな感動ある演奏活動
学校生活

登校時間	中学	夏季	8:40	冬季	8:40
	高校		8:45		8:45

※高校普通科は夏季も冬季も8:35

合唱部、ブラスバンド部、オーケストラ部やJAZZ部などの音楽系のクラブが盛んで、生徒たちは様々な演奏活動を通して、舞台に立つ喜びを体験している。

国立音楽大学への推薦制度あり
進路

進学率はほぼ100%。国立音楽大学は演奏・創作学科、音楽教育文化学科を備える音楽大学の名門で、音楽科の卒業生の約7割が進学。中央・津田塾など80大学300学科の指定校推薦を有している。普通科はGMARCHや医療系学部の合格者が増加している。

2024年度入試要項

中学
試験日　2/1午前(第1回)　2/1・2/2(第1回演奏・創作)　2/3午前(第2回)　2/10午後(第3回)
試験科目　国・算+視唱+音楽実技+面接(第1・3回演奏・創作)　国・算+プレゼンテーション(第1回総合表現)　国・算+面接(第2・3回総合表現)

2024年度	募集定員	受験者数	合格者数	競争率
第1回演奏/総合	約45	24/7	22/4	1.1/1.8
第2回総合表現		4	3	1.3
第3回演奏/総合		2/3	2/1	1.0/3.0

高校
試験日　1/22(推薦)　2/10(一般普通第1回・一般音楽第1回)　2/13(一般普通第2回)　2/16(一般普通第3回)　3/7(一般音楽第2回)
試験科目　作文+面接またはプレゼン+面接(推薦普通)　実技+面接か面接(推薦音楽)　国・数・英+面接(一般普通、音楽総合音楽)　国・英+実技+面接(一般音楽演奏・創作)

2024年度	募集定員	受験者数	合格者数	競争率
普通科推薦	約30	44	42	1.0
普通科1回/2回/3回	約30	44/21/8	42/17/5	1.0/1.2/1.6
音楽科推薦	約40	43	43	1.0
音楽科1回/2回	約40	17/0	16/0	1.1/—

卒業生有名人　加藤綾子(タレント)、小原孝(ピアニスト)、はいだしょうこ(タレント)

国本女子中学校・高等学校

グローバル社会に貢献できる女性の育成

SUPER INDEX P.83

普通科（高校）
生徒数 30名（中学） 164名（高校）
〒157-0067
東京都世田谷区喜多見8-15-33
☎ 03-3416-4722
小田急線喜多見駅 徒歩3分
小田急バス（二子玉川・渋谷⇔調布）
「喜多見駅入口」「二の橋」下車徒歩3分

制服 p.26

URL	https://kunimoto.ac.jp/jsh/			
Web上での合格発表	中学	○	高校	○

有利に進学／併設校あり／芸術＆特殊学科／資格系＆技能系／施設が充実／スポーツが強い／クラブ活発が／情操教育を重視／国際人を養成／自由な校風

時代のニーズに対応する個性の育成 プロフィール

1942（昭和17）年、有木春来により世田谷喜多見に、前身である国本高等女学校として創立された。

長い歴史の中で培われてきた国本教育の道標となる「眞心の発揮」・「自然に対する素直さの涵養」・「恩を知り恩に報いる心の育成」の3つの校訓を柱に、自己を見つめ、よく学び、社会に貢献できる女性の育成を目指す。女子の特性を活かし、勉強と部活動が互いに効果をもたらす指導を行っている。

落ち着いた環境の中で充実した語学教育 カリキュラム

落ち着いた雰囲気の中、挨拶など礼を重んずる教育を行っており、真面目な生徒が多く、授業をはじめ学校生活に熱心に取り組んでいる。

2020年、中学ではダブルディプロマ（DD）コースとリベラルアーツ（LA）コースを設立。2023年からは、中学校はコースを単一化し、グローバル化・高度情報化が加速し、複雑化する時代をしなやかに生き抜き、未来の課題に果敢に取り組む生徒を育てるコースをスタートする。

高校はDDコースと総合進学コースの2コース制となり、豊かな情操を持ち、持続可能な社会に貢献する人材の育成を目標とする。DDコースは、All Englishのカナダ・アルバータ州の授業を「通常授業」として受けられ、カナダに留学することなく日本とカナダ・アルバータ州の両方の高校卒業資格を国内にいながらにして得ることができる。総合進学コースは、中学校時代に積み重ねてきた努力や経験を土台に、「自律」と「自立」の両立を目指し、一人ひとりが活躍できる環境を提供する。生徒一人ひとりに「学び」に共通する「学び方」が身につくよう日々指導しており、近年多様化している大学推薦入試にも対応し、多くの結果を残している。

クラブ活動も盛ん！！ 学校生活

登校時間	中学	夏季	8：20	冬季	8：20
	高校		8：20		8：20

中高合同で活動する部活もあり、活動は活発である。吹奏楽部は各種コンクールで金賞を受賞。ソフトテニス部は全国大会、バスケットボール部は関東大会出場の実力。その他、美術部、茶道部、軽音楽部、ラクロス部も活躍している。体育祭や記念祭（文化祭）、沖縄修学旅行（高2）など学校行事も多彩。

海外研修 国際化

中学3年生の夏に全員参加のカナダ語学研修を実施する。また、高校のDDコースは2年生夏にカナダ短期研修（5～6週間）を実施。希望者にはアルバータ州の高校に1年間の長期留学制度もある。

適性に合った進路指導で個性を活かす 進路

大学卒業後を見据えて、自らの生きる力を考える指導を行っている。進路ノートを用いて、自分を知ることからはじめて、興味・関心を認識し、自分にできること、そのために必要な力を身につける方法を考えさせる。日々の補習はもちろん、長期休暇中には講習を行っている。

さらに、高3では一人ひとりに教科担当を割り当てて個別指導を行い、合格までサポートする。放課後は進路指導室に女子大学生が常駐し、いろいろな相談にのっている。過去3年間の主な進路先は、上智大、青山学院大、明治学院大、日本大、法政大、学習院大、日本女子大など。

2024年度入試要項

中学

試験日 11/18、1/13（帰国生）
　　　　2/1午前・午後（第1・2回）
　　　　2/3午前（第3回） 2/5午後（第4回）
試験科目 国・算＋面接か国・英＋面接
　　　　※第1・3回は算＋面接か英＋面接も可、帰国生は英＋面接も可

2024年度	募集定員	受験者数	合格者数	競争率
第1回/第2回	30	9/7	8/5	1.1/1.4
第3回/第4回		4/5	2/0	2.0/−

高校

試験日 11/18、1/13（帰国生）
　　　　1/22（推薦） 2/10または11（一般）
試験科目 作文＋面接（推薦）
　　　　国・数・英＋面接（帰国生・一般）
　　　　※帰国生と一般は高得点2教科で判定。帰国生のDDコースは英＋面接も可

2024年度	募集定員	受験者数	合格者数	競争率
推薦	100	19/1	19/1	1.0/1.0
一般	100	26/3	26/3	1.0/1.0

※人数はすべて総合進学100

卒業生有名人 近藤春菜（お笑いタレント"ハリセンボン"）、春野寿美礼（元宝塚・女優）

東京

共学 高 専 短 大

学校法人創志学園 クラーク記念国際 高等学校

一人ひとりの「好き」と「得意」を伸ばす
「全日型通信」ならではの柔軟な学習体制で
学力を伸ばし進路実現へ！

SUPER INDEX P.69

制服 p.14

URL	https://www.clark.ed.jp

普通科
生徒数　約850名（東京）
〈東京キャンパス〉〈CLARK SMART東京〉
〒169-0075　東京都新宿区高田馬場1-16-17
☎ 03-3203-3600
山手線・西武新宿線高田馬場駅　徒歩5分
生徒数　約320名
〈CKARK NEXT Akihabara〉　〒101-0021
東京都千代田区外神田6-5-12
☎ 03-5807-3455
JR・つくばエクスプレス・日比谷線
秋葉原駅　徒歩8分
〈CLARK NEXT Tokyo〉　〒173-0004
東京都板橋区板橋4-11-4
☎ 03-6905-6911
JR埼京線板橋駅　徒歩10分

プロフィール　クラーク博士の志と理念を受継ぐ高等学校

「君よ、大志を抱け」の言葉で有名なクラーク博士の理想を受け継ぐ唯一の学校として1992年に開校。校長はプロスキーヤーの三浦雄一郎。80歳にして自身3度目のエベレスト登頂に成功するなど、「夢・挑戦・達成」を自ら体現している。

環境　全国に広がるクラークの教育

北海道深川に本校を設置。全国、海外に63箇所の拠点を持ち1万以上の生徒が在籍中。これまで6万人以上の卒業生を輩出。全国規模ならではの学習体制を整える一方、地域のニーズに対応したキャンパスごとの教育も行っている。
＜学習体制＞入学時に中学単元の確認を行う「基礎学力オールチェック」や理解度で授業を分ける「教科別・習熟度別授業」を実施。生徒が担任を選ぶパーソナルティーチャー制度も導入し、一人ひとりに合った学習体制を整備。＜ICT教育＞全国でiPadを導入。schoolTaktを利用した双方向授業や、Evernoteでのeポートフォリオ制作などを実施。また、小学館・パナソニック・学研などと共同開発したWeb教材が充実。中学校の学び直しから、難関大学への進学対策まで、幅広い学習が可能。

国際化　独自の留学システムが充実

年間500人以上が参加するオーストラリア留学制度が充実。期間は3週間から27ヶ月が選べ、目的やレベルに合わせた留学が可能。現地にクラーク教員が常駐し、政府認定のホームステイ先が用意されている。さらに、ハイレベルな英語を学びたい生徒には、ハワイ提携校での語学留学も可能。また、系列の国際大学IPU New Zealandと連携した専門コースで、より深く英語を学ぶこともできる。

カリキュラム　一人ひとりに合わせた多彩な学習システム

＜東京キャンパス・CLARK SMART東京＞選べるコースは8。選択授業が豊富な「総合進学コース」、舞台演劇を中心に表現教育を学ぶ「パフォーマンスコース」、海外大学への進学実績も豊富な「インターナショナルコース」、動物学を中心に学ぶ「ペット生命科学コース」、保育園実習などが豊富な「保育・福祉コース」、調理実習を通し栄養学を学ぶ「食物栄養コース」、美大・芸大受験を目指す「美術デザインコース」、その他「スポーツコース」などを設置。

東京キャンパス（インターナショナルコース）

＜CLARK NEXT Akihabara＞2021年7月キャンパスリニューアル。選べるコースは、「声優・放送コース」、「映像クリエイトコース」、「マンガ・イラストコース」、「eスポーツコース」、「スマートスタディコース」。

秋葉原ITキャンパス（ゲーム・プログラミング専攻）

＜CLARK NEXT Tokyo＞2021年、板橋に新キャンパスを開校。次世代イノベーション人材の育成を目指し、テクノロジーに特化したキャンパスとなっている。選べるコースは「eスポーツコース」「プログラミング&デザインコース」「ロボティクスコース」「スマートスタディコース」。

スマートスタディコースは、自分のペースで学びたい人にピッタリの「オンライン＋通学」のハイブリット型。既存の学習方法にしばられず、一人ひとりに最適な環境・方法で学習を進められるシステム。オンライン（自律学習）＋通学（コーチングや仲間との学び）のバランスを選びながら、夢や目標に向かって自分のペースで前進できる。

学校生活　自立した校風　キャンパス外でも活動

1・2年次には、それぞれ夏と冬に北海道体験学習を実施。また、生徒が主体となって生徒会や委員会が設置され、体育祭や文化祭、学校説明会などの行事が企画される。キャンパスによって独自の行事がある場合も。

進路　学校生活が高い評価　希望進路への確かな合格

生徒の多くは大学進学を希望。近年の進学先は、早慶上理などの難関大学のみならず海外大学への進学者も増加している。国公立は、東京大、京都大、東北大、名古屋大、大阪大など多数。これまでの進路実績から獲得した指定校推薦は310校（2020年度）に上り、多くの生徒がコースや専攻での学びを活かした進学先を選択している。

2024年度入試要項（参考）

募集定員	全日型180名・オンライン＋通学40名（東京キャンパス） 70名（CLARK NEXT Akihabara） 120名（CLARK NEXT Tokyo）
試験日	11/11・12（推薦A）　12/16・17（推薦B）　1/27・28（推薦C・一般A）　2/23（一般B）　3/9（一般C） ※東京キャンパス以外はお問い合わせください。
試験科目	＜推薦・自己推薦＞面接（保護者同伴）、作文、基礎学力テスト（国・数・英から1科）　＜一般＞面接（保護者同伴）、作文、学力テスト（国・数・英）

※他に、転・編入試あり

進学に有利に
併設校あり
特殊学科 芸術&
資格系 技能&
施設が充実
スポーツが強い
クラブが活発
情操教育を重視
国際人を養成
自由な校風

卒業生有名人　竹内智香（スノーボーダー）、福永春吾（プロ野球選手）、市原隼人（俳優）

慶應義塾 中等部

慶應義塾初の共学中学校
受験に左右されない自由な校風
知的好奇心を満たす独自の授業

URL	https://www.kgc.keio.ac.jp/
Web上での合格発表	○

生徒数　732名
〒108-0073
東京都港区三田2-17-10
☎ 03-5427-1677
山手線・京浜東北線田町駅、
都営三田線・都営浅草線三田駅、
南北線麻布十番駅　各徒歩15分
都営大江戸線赤羽橋駅　徒歩25分

SUPER
INDEX
P.69

左側サイドバー：
- 進学に有利
- 併設校あり
- 芸術&特殊学科
- 資格&技能系
- 施設が充実
- スポーツが強い
- クラブ活発
- 情操教育を重視
- 国際人を養成
- 自由な校風

プロフィール　自ら考え行動する たくましい人物に

1858（安政5）年、福澤諭吉により開かれた「蘭学塾」を母体とする慶應義塾。1898（明治31）年、幼稚舎（小学校）から大学までの一貫教育体制が整う。新学制がスタートした1947（昭和22）年に、慶應義塾の女子教育の一端として、慶應義塾初の男女共学学校として開校した。

「独立自尊」を建学の精神とし、自ら考え、自ら判断し、自ら行動して、その結果に責任を持てる自立した人物の育成に努める。幅広く学問の基礎を学び、円満な人格と豊かな人間性を持ち、将来、社会の中枢で活躍する素養を培っている。

慶應義塾の一貫校は他に、慶應義塾普通部、慶應義塾湘南藤沢中等部がある。

環境　普通教室にもスクリーン プロジェクターを導入

都心にある学校として、敷地は決して広くはないが、施設を徐々に増やしながら教育環境の充実を図っている。普通教室が入った本館のほか、特別教室棟、体育館、プールなどを完備。校舎から少し離れた場所に、グラウンド、武道館もある。また、「ポプラ館」「FUTURE館」には、特別教室が設置され、様々なメディアを駆使した授業が行われている。普通教室にも大型スクリーン・プロジェクターが導入され

コンピュータを用いた授業も行う

カリキュラム　教室の外にも 学習の場を持つ

ている。

生徒の自発性をうながすために、個人指導を心がけ、強制的な補習授業は行っていない。慶應義塾大学への進学に配慮し、基礎学力を充実させると共に、3年次には選択授業を実施し、週35時間の授業を履修する。

週5〜6時間を設けた英語では、各学年とも週2時間、ネイティヴスピーカーと日本人の教員が一緒に授業を行うティームティーチングを実施。この授業でのコミュニケーションの手段は主に英語である。さらに週1時間、生徒の習熟度を考慮した少人数のクラス編成による授業が行われ、実践的な英語の運用能力を高めている。

数学は、週5〜6時間を設定。放課後に随時質問を受けたり、2・3年次には分割授業も行うなど、生徒の意欲と能力に応じた指導を徹底している。

また、歌舞伎などの古典芸能鑑賞を国語の授業に取り入れたり、社会・理科教育の一環として、工場や各種公共施設の見学を実施。外部から特別講師を招き、文学、演劇、音楽、歴史、自然科学、スポーツなどの講話を聞く講演会も設けている。

学校生活　課外活動で 自主精神を養う

登校時間	夏	8：10	冬	8：10

自らが判断して行動するという習慣を養うため、比較的規則が少ないのが特色。入学式や卒業式など、式典の時は基準服を着用するが、ふだんの登校の時は制服というものがない。

学校行事も、大切な課外学習の一環と考え、生徒会や校友会（クラブ）が中心になって行うものもある。校友会には、学芸部21、運動部17があり、生徒

夏には学年ごとの林間学校がある

はそれぞれ自分に適したクラブに所属して個性を発揮し、充実した学校生活を送っている。春に学年単位の遠足があり、1年生には、クラスメイトと親睦を図る初めての機会となる。春と秋の2回、サッカーやバスケットボール、ソフトボールなどの校内大会がクラス対抗の形で行われる。1学期の終わりには、林間学校を各学年で実施。11月には学芸部を中心として研究成果を発表する展覧会がある。そのほか長期休暇時には、海外研修旅行も実施している。

進路　慶應義塾の各高校に 推薦入学できる

中学校の課程を修了した男子生徒は、推薦を受けて慶應義塾高等学校、慶應義塾志木高等学校、慶應義塾ニューヨーク学院高等部のいずれかに、女子生徒は、慶應義塾女子高等学校、慶應義塾ニューヨーク学院高等部のいずれかに進学できる。

また、いずれの高等学校からも、慶應義塾大学に推薦入学ができる。

2024年度入試要項

試験日　2/3（1次）
　　　　2/5（2次、1次合格者のみ）
試験科目　国・社・理・算（1次）
　　　　　面接＋体育（2次）

2024年度	募集定員	受験者数	合格者数	競争率
男子/女子	約120/約50	722/349	142/56	5.1/6.2

卒業生有名人　北城恪太郎（実業家）、千住真理子（ヴァイオリニスト）、市川右團次（歌舞伎役者）

慶應義塾女子 高等学校

普通科
生徒数 610名
〒108-0073
東京都港区三田2-17-23
☎03-5427-1674

SUPER INDEX P.69

山手線・京浜東北線田町駅、
都営三田線三田駅・白金高輪駅、
都営浅草線三田駅、南北線白金高輪駅
各徒歩10分

慶應唯一の女子高校
多彩な選択科目で可能性を伸ばす
生徒が主役の自由な校風

URL	https://www.gshs.keio.ac.jp

生徒の自主性を育むクラブ活動も活発

プロフィール

自由自主に基づき 知徳の模範を目指す

1858（安政5）年、江戸築地鉄砲洲に蘭学塾を開塾。10年後、芝新銭座に移転して「慶應義塾」と命名した。1874（明治7）年に、のちの幼稚舎となる、和田塾による学校教育を開始。以後、大学部、普通学科を設置して、明治年間に一貫教育体制をつくった。1950（昭和25）年、女子教育の理想実現を目指し、慶應義塾唯一の女子高校として開校した。

福澤諭吉が説いた「独立自尊」をモットーとし、自由な雰囲気の中で、生徒の自主性を重んじ、可能性を最大限に開花させる環境が整っている。

環境

大学に隣接し 校内に日本庭園も

旧徳川邸跡に立地し、校内には純日本風の門や十三重の石塔など、武家屋敷の片鱗をとどめる遺構が随所に残っている。

普通教室の他には、理科実験室やコンピュータ教室、家庭科室などの特別教室がある。また、都心の学校であるため、生徒が走り回れる広い校庭はないが、体育館や屋上の体育施設で十分に補っている。また、大学のキャンパスに隣接しているので、早くから学問研究の雰囲気になじむことができる。クラブ活動では大学の施設を利用する

武家屋敷の面影をとどめる校庭

ことも多い。

カリキュラム

個性を伸ばす 幅広い選択科目

慶應義塾大学への進学を前提とし、生徒の自主性を養い、個性を伸ばすことを目的としているため、特に受験のためのカリキュラムは編成していないが、必修科目の他に、多彩な選択科目を設けて、生徒の適性や進路に応じている。例えば、1～3年次を通して英語は必修科目だが、英語の時間数を減らして、仏語や独語、中国語を履修することも可能。これらの第二外国語を履修した生徒は、慶應義塾大学の既修者クラスに入ることができる。

また、自由選択科目は、2年次に話し方、情報の科学、地学、英語演習など20科目の中から週6時間、3年次には社会演習、数学Ⅲ、物理、英語演習など45科目の中から週14時間が設定されている。例えば、情報の授業ではパソコンを使い、情報の活用法や情報技術を修得する。これらの選択科目には、慶應義塾大学の先生が担当する科目もある。

学校生活

生徒が運営する 演劇会や体育祭

登校時間	夏	8:10	冬	8:10

1学年約190名という小規模の学校の中には、幼稚舎出身の生徒、中等部からの進学者、そして高校から入学した者がおり、時には個性をぶつけ合いながら、互いに切磋琢磨している。

宿題のない夏休み、生徒の自主運営による運動会や十月（かんな）祭など、学校生活全体に、伝統の"自由"な気風が受け継がれており、中でも、6月の演劇会に対する生徒の思い入れは強い。また、各学年とも5月中旬に、1年生は野外活動、2年生は奈良へ、3年生は京都への修学旅行を実施してい

る。慶應義塾一貫教育校派遣留学制度が始まり、米国や英国の名門校への長期留学の機会を設けている。ニュージーランド・カナダへの短期留学制度もある。また、制服にも、生徒の意志が反映されている。グレーの上着とスカート、白のブラウスとハイソックスは、1960年度の新入生が着用してから変わっていない。50年以上変わらぬ制服に、生徒は誇りを持っている。クラブ活動は、文化系・体育系・同好会を含めて30以上のクラブがある。女子高単独で活動しているもの、日吉の兄弟校と連携して活動するもの、大学生の指導を受けるものなど、活動方法も生徒の自主性にゆだねられている。

進路

希望者は全員が 慶應義塾大学に進学

卒業生のうち希望者は、慶應義塾大学の各学部に全員が進学でき、文学部・経済学部など10学部に進学している。他大学への進学は、北里大学医学部など、医学系が多い。

2024年度入試要項

試験日 1/22（推薦） 2/10（一般・帰国生）
試験科目 適性＋面接（推薦）
国・数・英＋作文（一般・帰国生）

2024年度	募集定員	受験者数	合格者数	競争率
推薦	約30	125	32	3.9
一般	約70	431	146	3.0
帰国生	若干	38	16	2.4

卒業生有名人 向井千秋（宇宙飛行士）、勝間和代（経済評論家）、朝吹真理子（作家）

進学に有利に

併設校あり

特殊学科&芸術系

資格&技能系

施設が充実

スポーツが強い

クラブ活動が活発

情操教育重視

国際人を養成

自由な校風

東京
男子 中 高

京華中学校 高等学校

きめ細かな学習指導と
人間教育で優れた素質
（英才）を育成する

普通科（高校）
生徒数　506名（中学）　735名（高校）
〒112-8612
東京都文京区白山5-6-6
☎ 03-3946-4451

SUPER
INDEX
P.73

都営三田線白山駅　徒歩3分
南北線本駒込駅　徒歩8分
千代田線千駄木駅　徒歩18分

制服
p.⑱

URL	https://www.keika.ed.jp			
Web上での合格発表	中　学	○	高　校	○

校訓は「ネバー・ダイ」「ヤングジェントルマン」

左側縦：
進学に有利
併設校あり
芸術&特殊学科
資格&技能系
施設が充実
スポーツが強い
クラブ活発が
情操教育を重視
国際人を養成
自由な校風

プロフィール　生徒の意欲を支える英才教育

1897（明治30）年創立以来120年以上の歴史を有する。建学理念は「英才教育」。自己の優れた才能（英才）を発見し、自己実現に向かって努力する手助けをするのが「京華の英才教育」である。

環境　授業を充実させる近代的な設備

地上6階地下1階、全館冷暖房完備の4号館は、中・高合わせて普通教室41室（全教室プロジェクター設置）、特別教室として最新設備をそろえた講堂、視聴覚教室、パソコン教室、物理・化学実験室、美術教室、書道教室、音楽室などを完備している。体育施設は、第1・第2体育館、柔道場、剣道場のほか、砂入り人工芝のグランドもある。また、教員室は教室近くに配置し、充実した進学指導室、生活指導室など生徒への配慮も整っている。そのほか、さいたま新都心にある浦和運動場は、体育祭やクラブ活動に活用されている。図書館は放課後も開放され、自主学習の場として多くの生徒に利用されている。

カリキュラム　大学合格に向けての英才教育を実践

進路目標の多様化に応えて一人ひとりの能力を最大限に伸ばすため、高校では3コースを設けている。S特進コースは豊富な選択授業と「受験対策講座」で「学校完結型受験指導」を展開

創立100周年記念校舎

し、東大をはじめとする難関国公立大学合格を目指す。特進コースは志望校に応じた「オンリーワン」カリキュラムを採用し、国公立大学も視野に入れながら難関私立大学合格を目指す。進学コースは3科目に特化したカリキュラムで勉強とクラブ活動を両立し、有名私立大学への現役合格を目指す。どのコースにも希望する大学への合格を導く京華独自の教育ノウハウが活きている。また、中学でも1年次より幅広い教養、粘り強い探究心を兼ね備えた将来社会のリーダーとなる「英才」の育成を強化するため、中高一貫クラス・特別選抜クラスの2コース制を導入している。2年次より特選クラス内に「国際先進クラス」が設置されている。

学校生活　クラブや学校行事で協調性を身につける

登校時間	中学	夏季	8：10	冬季	8：10
	高校		8：25		8：25

本校では、クラブ活動への積極的な参加を勧めている。全国大会に水泳、スキー、テニス、ソフトボール、吹奏楽が出場。運動部には関東・都大会で活躍している剣道、サッカー、陸上など、文化部には理科、ギター、写真、釣り、鉄道研究、囲碁将棋、映画研究などがある。

学校行事で特徴的なのが、中学2年次に実施される国内にいながら英会話生活が送れるイングリッシュキャンプ、中3でのシンガポール研修旅行。そのほか、中1白樺オリエンテーション、中3・高1進学合宿、高1体験旅行、高2の沖縄・タイ（選択）研修旅行、京華祭、体育祭、芸術鑑賞教室や中学スキー教室などもあり、体験を通しての学習が練られている。

進路　指定校推薦が充実し進学に有利

法政、東京理科、学習院、成蹊、明治学院、日本、専修など多くの大学に指定校推薦枠を持つ。2023年3月の主

な合格実績は、東京工業、電気通信、横浜国立、横浜市立、埼玉、広島、鹿児島、他　国公立大、早稲田、上智、慶應、東京理科、明治、中央、法政、学習院、立教、青山学院など。

2024年度入試要項

中学

試験日　12/6（帰国生特別）　2/1（第1回一貫・第1回特選・適性検査型特選）
　　　　2/2（第2回一貫・第2回特選）
　　　　2/3（第3回一貫・第3回特選）

試験科目　国・算＋面接または英・算＋面接（帰国生特別）　国・算または国・算・理・社（第1～3回一貫）　適性検査型（2/1午前）　国・算・理・社（第1～3回特選）

※第1回午後の特選は英・国または英・算または国・算・理・社

2024年度	募集定員	受験者数	合格者数	競争率
1日一貫/特選	30/50	138/14/188	66/5/87	2.1/2.8/2.2
1日午前適性特選	10	17	11	1.5
2日午後一貫/特選	25/25	247/43	115/20	2.1/2.2
3日一貫/特選	15/15	156/30	72/17	2.2/1.8

※2/1午後は帰国生（英・国＋面接または英・算＋面接）を含む。帰国生特別入試の募集は5名

高校

試験日　12/6（帰国生特別）　1/22（A・B推薦）
　　　　2/10（一般第1回）　2/13（一般第2回）

試験科目　作文＋面接（進学・特進A推薦）
　　　　適性（国・数・英）＋面接（S特進A、B推薦）
　　　　国・数・英＋面接（一般）
　　　　国・数か数・英＋面接（帰国生特別）

2024年度	募集定員	受験者数	合格者数	競争率
進学・特進	40/40	49/158	48/130	1.0/1.2
S特進	10/10	2/9	2/9	1.0/1.0

※人数は推薦/一般。一般は帰国生5名を含む。帰国生特別入試の募集は5名

　卒業生有名人　黒澤明（映画監督）、杉村隆（医学博士）、武満徹（作曲家）

京華商業 高等学校

進路実現率96.7％以上を達成！
現役合格率大学・短大95.1％
専門学校・就職100％

商業科
生徒数　394名
〒112-8612
東京都文京区白山5-6-6
☎ 03-3946-4491
都営地下鉄三田線白山駅　徒歩3分
南北線本駒込駅　徒歩8分
千代田線千駄木駅　徒歩18分

SUPER INDEX P.74

制服 p.⑱

URL	https://www.keika-c.ed.jp/
Web上での合格発表	○

学園祭に華を添える吹奏楽団

プロフィール　共学の商業高校 私立では、都内唯一

　1901（明治34）年創立。実務知識の習得だけでなく、様々な分野の人材養成を目指す、都内で最も歴史ある商業高校のひとつである。1952（昭和27）年には、男女共学化を実施。ユニークな存在として知られてきた。21世紀を迎えた現在、都内で唯一「商業高校」の名称を守る私立の共学の商業高校として、発展しつつ、新たな伝統を創り続けている。

　共学の小規模校ゆえに、その特色を生かし、先生と生徒の温かい人間関係の中で、きめ細かい指導を心がけ、生徒一人ひとりを大切にする個性重視の進路指導などを行っている。

環境　充実した設備で 実践教育

　実社会にもすぐに対応できる知識と技術を身につけるため、情報処理室（2室）などを設置している。創立120周年記念事業の一つとしてリニューアルされた学園食堂も生徒たちから好評である。トレーニングルームを含む2棟の体育館や、人工芝の校庭などスポーツ施設も充実している。また、京華学園の他の学校との共有施設として、浦和運動場がある。

カリキュラム　進路に即した 3コースを設定

本校の誇る伝統行事「実科競技大会」

　一人ひとりの個性を生かし、感性を培う教育を実践している。1年次は共通カリキュラムで基礎力を養い、2年次から進路に合わせた3コースに分けられる。それぞれの専門知識の養成はもちろん、簿記・ビジネス文書・情報処理・英検などの資格取得に力を入れた指導に特色がある。

　大学進学コースは、国語と英語の時間が普通科高校と同程度に組まれており、簿記や英語検定資格試験合格のための指導も充実しているので、商学部、経済・経営学部への進学に有利だ。さらに、小論文対策に特化した授業を取り入れるなど、一層の進学指導体制の強化が図られている。情報処理コースでは、全商情報処理検定1級合格を目指して、最新機器による授業が進められる。ビジネスコースでは、3年次までにビジネス計算実務検定試験1級に合格することが目標で、簿記の資格取得とともに、実社会に有用な知識とスキルを習得できる。

学校生活　校風を活かした クラブ、学校行事

登校時間	夏 8：25	冬 8：25

　クラブ活動は、運動部が特に活発で、中でも硬式野球部は、東東京大会でベスト4（1994年）、ベスト8（1999・2002・2007年）に入った実力を持ち、柔道部も個人・団体で関東大会に出場。近年、陸上競技部も目覚ましい活躍を見せている。また、文化部でも、吹奏楽団がアンサンブルコンテスト全国大会で金賞を受賞。他にも、簿記やパソコンなど、商業高校らしいクラブが実績を上げている。

　学校行事としては、鑑賞教室、京華祭、体育祭などの他に、簿記や計算実務の学習効果を競う「実科競技大会」のような、商業科ならではの行事も行われている。また、体験学習を重視し、1年次に行われる2泊3日の宿泊行事

では、教師と生徒全員が集団生活を行い、互いの友情を深めると共に、規則やマナーなどを体得する。

　冬服はあこがれのEAST BOYブランドの制服に一新。

進路　進路実現率100％ を目指して

　本校では独自の「進路の手引き」を作成し、それぞれの生徒の個性と適性に合った親身な進路指導を行っている。その結果、2023年3月卒業生の「進路実現率」は大学・短大95％（卒業生全体の66.0％）、専門学校100％（同24.2％）、就職・自営100％（同5.2％）の結果を収めている。

　主な進学先は、明治・武蔵・日本・東洋・駒澤・専修など。専門学校は、大原情報ビジネス・日本電子・国際理容美容・武蔵野調理師など。就職は、衆議院事務局・日本郵便・東海旅客鉄道・藤田観光・木村屋總本店・伊藤製パン・自衛隊・警視庁など。

2024年度入試要項

試験日　1/22（A推薦・得意技能）　1/23（B推薦）
　　　　2/10（第1回）　2/11（第2回）
試験科目　適性〈国・数・英〉＋面接（A・B推薦・得意技能）
　　　　　国・数・英＋面接（第1・2回）

2024年度	募集定員	受験者数	合格者数	競争率
推薦A/得意/B	70	44/5/25	44/5/25	1.0/1.0/1.0
一般1回	80	152	123	1.2
一般2回		87	67	1.3

進学に有利に

併設校あり

芸術＆特殊学科

資格＆技能系が充実

施設が充実

スポーツが強い

クラブ活発

情操教育を重視

国際人を養成

自由な校風

卒業生有名人　三遊亭好楽（落語家）、尾崎喜八（詩人）、鈴木三郎助（実業家 "味の素" 元社長）

東京

女子 中 高

京華女子 中学校 高等学校

創造性と知性を備えた女性を育成
2024年に新校舎が完成
進学実績も着実にアップ

制服 p.20

普通科（高校）
生徒数 144名（中学）　405名（高校）
〒112-8612
東京都文京区白山5-6-6
☎ 03-3946-4434
都営三田線白山駅　徒歩3分
南北線本駒込駅　徒歩8分
千代田線千駄木駅　徒歩18分
山手線・都営三田線巣鴨駅　徒歩18分

SUPER
INDEX
P.74

URL	https://www.keika-g.ed.jp/			
Web上での合格発表	中学	○	高校	○

左側縦見出し：
進学に有利
併設校あり
芸術・特殊学科
資格＆技能系
施設が充実
スポーツが強い
クラブ活発
情操教育を重視
国際人を養成
自由な校風

カリキュラム 「共感力」「グローバル力」「学力」の3つの柱

中高一貫教育の利点を生かしたゆとりあるカリキュラムで、大学進学という目標達成を目指している。

中学では、特に英語教育が充実しており、1年次よりネイティブスピーカーによる英会話授業や実用英語検定対策講習を行った上で、校内で検定を実施している。中3終了時までに準2級取得率は53%である。また、独自の教育プログラム（EHD）を、毎週1回に設定し、国際理解・日本の伝統文化体験やボランティア学習など、学年の壁を越えて行われている。

高校ではオンライン英会話を実施。2年次より、難関大学進学を目指すS特進クラスと、大学進学を目標とする進学クラスに分かれ、さらにそれぞれ文系・理系別の学習体制となる。3年次には受験対策の演習授業を実施するほか、進学講習や進学教室などの課外講習も行われる。

また、「考える力」を育てる探究Ⅰ・Ⅱの授業では、「他者や社会のつながり」から「現代社会の諸問題」についてまで様々なシンキングツールを用いて個人およびグループで学習する。そして、企業からミッションをもらい課題解決をグループで行っていく。

ネイティブの先生とも楽しく勉強している

学校生活 学校行事やクラブで共感力を身につける

登校時間	中学	夏季	8:25	冬季	8:25
	高校		8:25		8:25

本校では、クラブ活動への積極的な参加を勧めている。25のクラブが活発に活動しており、特に全国レベルを誇るマーチングバンドをはじめ、演劇、吹奏楽、バレーボール、バスケットボールなどが活躍している。

学校行事としては、体育祭、文化祭（京華祭）などの中・高合同の行事のほか、海外研修旅行などがある。また、希望者を対象に2週間のオーストラリア海外研修、セブ島語学研修、高1年3学期にニュージーランドへの中長期留学も行っている。

進路 課外授業や模試を活用した進路指導

生徒のほとんどが進学を希望しているため、高校では、実力テストや模擬試験、進学教室、講習などを積極的に行っている。さらに、進路相談や進学説明会なども実施し、確実に成果を上げている。今までの主な進学先は、東京、北海道、東京外語、お茶の水女子、釧路公立、都留文科、早稲田、慶應、上智、東京理科、中央、立教、明治、青山学院、法政、成蹊、津田塾、東京女子医科、東京女子、日本女子などで、4年制大学への進学率も年々上昇している。

トピックス 3校ワンキャンパス化

2024年に新校舎が完成して、京華中学高等学校（男子校）と京華商業高等学校（共学校）のある敷地に移転。それにより3校がワンキャンパス化しました。

移転後も女子校として女子教育を継続していきますので、普段の学校生活では異性の目を気にせず、自分らしく過ごすことで自己肯定感が高まります。そして、生徒がより成長できる場面では今まで以上に他校との交流を図ります。

今までにない進化系の女子校が誕生

3年ぶりに行われた浦和グラウンドでの体育祭
しました。

2024年度入試要項

中学

試験日　12/1（帰国生・留学生特別）　2/1（第1回午前・午後）　2/2（第2回午前・午後）　2/3（第3回午後）　2/4（特待特別）

試験科目　国・算か算・英か国・英＋面接（帰国生・留学生特別）　適性検査（第1回午前）　国・算または国・算・理・社＋面接（第1・2回・特待特別）　英検資格点＋国・算＋面接（第2回午前）　国・算〈得意科目重視型〉＋面接（第3回）

2024年度	募集定員	受験者数	合格者数	競争率
第1回適性	15	46	36	1.3
第1回午前/午後	35	116/177	52/78	2.2/2.3
第2回/第3回	15/5	152/87	61/35	2.5/2.5
特待/帰国生	5/5	23/3	10/3	2.3/1.0

※第1・2回は帰国生を含む

高校

試験日　12/1（帰国生特別）
1/22（A推薦、B推薦、芸術・スポーツ、帰国生・留学生特別）
2/10（一般1回）　2/12（一般2回）

試験科目　国・数・英＋面接（帰国生特別）　作文＋面接（A推薦特進・進学、芸術・スポーツ）　適性〈国・数・英〉＋面接（A推薦特奨、B推薦）　国・数・英＋面接（一般）　数・英＋面接（帰国生・留学生特別）

2024年度	募集定員	受験者数	合格者数	競争率
A推薦	10/30	8/4/57	8/4/56	1.0/1.0/1.0
芸術・スポ	15	9	9	1.0
B推薦	5/15	2/3/14	1/3/14	2.0/1.0/1.0
一般1回	10/50	13/14/53	13/10/40	1.0/1.4/1.3
一般2回	5/10	5/16/16	5/16/12	1.0/1.0/1.3
帰国生12月/1月	5/若干	0/0	—/—	—/—

※人数はすべて特奨/特進・進学
※他に、中・高とも海外帰国生オンライン入試あり

卒業生有名人　小倉弘子（TBSアナウンサー）、新妻さと子（タレント）

東京
女子 中 高 大 院

恵泉女学園 中学校 高等学校

キリスト教を教育の基盤に
自ら考え発進する力を養う
進学実績も好調

SUPER INDEX P.82

普通科（高校）
生徒数 591名（中学） 585名（高校）
〒156-8520
東京都世田谷区船橋5-8-1
☎ 03-3303-2115
小田急線経堂駅・千歳船橋駅 各徒歩12分
京王線八幡山駅 バス「桜上水二丁目」
下車徒歩2分

URL	https://www.keisen.jp/
Web上での合格発表	○

プロフィール キリスト教の精神が息づく女子一貫教育

　1929年に河井道が牛込神楽町の自宅を開放し、わずか9名からスタート。キリスト教信仰に基づき、自立した女性、自然を愛し慈しむ女性、世界に心を開き、平和をつくりだすために力を尽くす女性を育てるという創立者の願いのもとにつくられた学校である。

環境 充実した施設設備を利用した体験型学習

　閑静な住宅街にあり、校内に多くの花や木々のある恵まれた教育環境だ。
　HR教室はすべて南向きで明るく、電子黒板やノートPCも完備。フローリング床で木の温もりを感じられる快適な学習環境が整っている。学校の中心にあるメディアセンターは生徒の自立的学習を支える情報センターである。図書館としての機能のほかに、コンピュータ教室、学習室、放送室、学園史料室などを含み、24教室分の広さがあり、蔵書数は9万冊を超える。理科室はプラネタリウムを備えた地学室等6つあり、実験を重視した授業を行っている。中1、高2で必修の「園芸」は「畑を耕すことは自分の心を耕すこと」として、創立以来受け継がれてきた科目である。校内と近隣にある畑で、草花や野菜などを栽培し、収穫後は、綿紡ぎやジャム作りなどの加工実習にも取り組む。

メディアセンター

カリキュラム 将来を見据えた総合的なカリキュラム

　土曜日を休みとする週5日制を採用。高校では進路に応じた科目選択制をとり、大学入試に備えて各教科の演習科目もある。
　オリジナルの「読書ノート」を用いて丁寧な読書指導を行っており、ノンフィクションを中心に読書習慣がついている。高校必修科目の「情報Ⅰ」は中3に設定し、技術や知識だけでなく、現代社会における情報との関わりを考える。国語でもディベートや新聞づくりなど、メディアリテラシー教育に力を入れており、自ら考え発信する力を養うことを重視している。
　英語では表現力を重視しており、中学からの少人数授業、テスト直しノートのチェック、指名補習などを通して培った基礎力を土台とし、スピーチやディスカッション、エッセイ指導などにより、英語で情報発信ができるようなカリキュラムを組んでいる。英検は準1級取得者37名、中学生で2級（高校卒業程度）を取得した生徒も44名。GTECの高2平均スコアは952.4（全国平均781）で、うち77名が海外進学を視野に入れられるレベルに達している。このスコアは正式な検定試験のスコアとして使用することができる。
　理科は中3で探究実験を実施。興味があるテーマを選択し、実験の方法・考察・まとめ・発表に至るまで全てを自分たちで組み立てる。

学校生活 集団生活のルールや自然の尊さを学ぶ

登校時間	中学	夏季	8：15	冬季	8：15
	高校		8：15		8：15

　学校行事は、教育方針の実践として、自然に接する機会が多いことが特色だ。夏休みには有志参加のカワヨワークキャンプという牧場生活を体験。農作業や家畜の世話などを行う。ボランティア活動や施設の訪問などの奉仕活動も

盛ん。アメリカやオーストラリアへの短期・中期・長期（1年間）の留学制度もある。芸術鑑賞会や合唱コンクールなどの行事はもちろん、見学旅行、修養会、中2の全員参加自然体験プログラム、有志による奉仕キャンプやスキー教室などがある。
　土曜日は、クラブ・課外活動、特別講座、補習などが行われている。クラブ活動は自由参加。制服は定めておらず、生徒は学校生活にふさわしい服装で登校している。

進路 難関大への進学も実績あり

　小論文や志望理由書の指導は、希望者全員に対してマンツーマンで行われ、総合型選抜や学校推薦型選抜へ向けた対策もきめ細かく行っている。2023年は国公立14名（うち理系7名）、早慶上智理科大52名、GMARCH 113名が合格した。また、東京都立大、早稲田大、国際基督教大などの大学に指定校推薦枠がある。

2024年度入試要項

中学

試験日　2/1午後（第1回）　2/2午前（第2回）
　　　　2/3午後（第3回）

試験科目　国・算（第1・3回）
　　　　　国・算・理・社（第2回）

2024年度	募集定員	受験者数	合格者数	競争率
第1回	80	448	253	1.8
第2回	70	340	182	1.9
第3回	30	250	37	6.8

高校　募集せず

進学に有利

あり併設校

芸術＆特殊学科

資格＆技能系

施設が充実

スポーツが強い

クラブ活動が活発

情操教育を重視

国際人を養成

自由な校風

卒業生有名人　小池一子（クリエイティブディレクター）、小林いずみ（三井物産社外取締役）、柚木麻子（作家）

啓明学園中学校高等学校

広い視野のもと、豊かな人間性と
独自の見識を持ち、
世界を心に入れた人を育てる

SUPER
INDEX
P.90

制服
p.35

普通科（高校）
生徒数　191名（中学）　359名（高校）
〒196-0002
東京都昭島市拝島町5-11-15
☎042-541-1003
五日市線・青梅線・八高線・西武線拝島駅
徒歩20分またはスクールバス6分
中央線立川駅　バス25分
中央線八王子駅南口　スクールバス30分
京王線京王八王子駅　スクールバス20分

URL	https://www.keimei.ac.jp			
Web上での合格発表	中　学	○	高　校	○（一般）

プロフィール　小・中・高12年の一貫教育

三井高維氏が東京・赤坂台町の私邸を開放し、帰国生のための啓明学園小学校を設立したのが1940年。1941年に中学部と高等女学部を設置した。1943年、中学部を現在地に移転し、一般生徒の受け入れを開始。戦後、全校を拝島に移して現在に至る。

「正直・純潔・無私・敬愛」というキリストの教えを教育の根本に置いた全人教育を目指しており、広大なキャンパスでの共学・少人数制による中高一貫教育は、一人ひとりの可能性を育んでいる。また帰国生が編入学でき、現地での教育体験を生かせる指導が特色で、帰国生、外国籍の生徒、留学生のための「国際学級」を設置するなど、開かれた学園としても知られる。

環境　恵まれた自然に趣ある施設

多摩に広がるキャンパスはまさに山あり川あり。多摩川沿いの約3万坪の敷地は緑におおわれ、その木立を縫うように、3つの校舎や大・小4つのグラウンド、野球場、テニスコート、2つの体育館、カフェテリアなどが点在する。庭園や農園があるのもユニークだ。また、日本文化を伝える東京都指定有形文化財「北泉寮」、グローバル教育の拠点となる国際教育センターもある。

グローバルな学校生活

カリキュラム　習熟度別クラスと多彩な選択科目

中学では、演習や実験を多く取り入れた授業を行っている。国語では表現力を養う時間を設け、英語と数学では習熟度別にクラスを編成し、充実した授業を展開している。2月に英語・外国語スピーチコンテストを実施。英語だけでなく中国語、フランス語など多くの言語に触れることができる。

高校では、2年次より、文系・理系に分けて個々の進路に応じた選択科目を設置している。3年次では、受験に向けた演習が充実している。また、中学・高校ともに「聖書」の時間が週1時間ある。

学校生活　部活動や行事で個性を発揮

登校時間	中学	夏季	8：30	冬季	8：30
	高校		8：30		8：30

海外体験学習、教科の研修旅行、見学会、キャンプ、音楽や演劇の鑑賞など、自ら体験する機会を大切にしている。また、中学は5月に、高校は1月に修学旅行を実施し、体験学習を行う。そのほか、平和の日礼拝、クリスマス礼拝など、宗教的な色彩を持った学校行事もある。

クラブは、運動部10、文化部7と数は多くはないが、いずれも活発に活動している。

進路　ミッション系大学に推薦枠

卒業生の大半が進学を希望し、そのうちの約97％が大学、3％ほどが短大・専門学校へ進学する。早稲田、上智、国際基督教、立教などへの進学者が多い。また、指定校推薦枠も多数。UPAA（海外協定大学推薦制度）などで海外大学に進学する者もいる。

ラウンドスクエア国際会議

国際化　国際学級に留学盛んな海外交流

1972年に「国際学級」を設け、帰国生や外国籍の生徒が全体の約3割在籍し、留学生も積極的に受け入れている。さらに、世界的な学校同盟であるラウンドスクエアに加盟し、オーストラリア・アメリカ・アイルランド・ドイツなど海外の5つの姉妹校とも提携して、留学・研修の他にもオンラインツールを利用して様々な交流を行っている。

2024年度入試要項

中学

試験日　2/1午前・午後（第1回・適性検査型・得意科目）　2/2午前・午後（第2回・プレゼンテーション）　2/5（第3回・適性検査型）

試験科目　国・算か国・算・英（第1〜3回）
適性検査型（2/1午前・2/5午前）
得意科目〈算数特待か英語特化か国語四技能〉（2/1午後）
プレゼンテーション（2/2午後）

2024年度	募集定員	受験者数	合格者数	競争率
第1回	50	23	18	1.3
適性/得意		11	5	2.2
第2回/プレ	10	9/1	4/0	2.3/ー
第3回/適性	10	10	7	1.4

高校

試験日　1/22（推薦）　2/10（一般第1回）
2/13（一般第2回）

試験科目　作文＋面接（推薦）
国・数・英＋面接（一般第1・2回）

2024年度	募集定員	受験者数	合格者数	競争率
推薦	50	33	33	1.0
一般1回/2回	50	68/11	66/10	1.0/1.1

※帰国生入試・国際生入試についての詳細は、学校に直接お問い合わせ下さい

　卒業生有名人　オノ・ヨーコ（芸術家）

（左側サイドバー）
進学に有利／併設校あり／芸術＆特殊学科／資格＆技能系／施設が充実／スポーツが強い／クラブが活発／情操教育を重視／国際人を養成／自由な校風

東京
女子 中高

小石川淑徳学園 中 学 校 高等学校

（旧 淑徳SC中等部・高等部）

「よく学び」「よく考え」「よりよく生きる」

URL		https://www.ssc1892.ed.jp		
Web上での合格発表		中 学	○	高 校	○

普通科（高校）
生徒数　40名（中学）　197名（高校）
〒112-0002
東京都文京区小石川3-14-3
☎03-5840-6301（生徒募集受付専用）
丸ノ内線・南北線後楽園駅、
都営三田線・大江戸線春日駅 各徒歩8分

SUPER INDEX P.71

制服 p.⑯

120余年の伝統を今に活かすきめ細やかな指導

プロフィール

1892（明治25）年に校祖・輪島聞声先生の「進みゆく世に後れることなく、有為な人間となれ」という建学の精神をもって誕生した本校は、伝統の上に進化を続け時代の要請に応える学校としてあり続けている。2022年ユネスコスクールに加盟、2024年に校名を「小石川淑徳学園中学校・高等学校」に改称、先進的かつ特徴的な取り組みを積極的に展開し、グローバル社会を生き抜く女性に必要なキャリアを身につける。

文教地区、閑静な小石川の高台に建つ6階建の新校舎

環境

1階は広いオープンスペース、2階は職員室や学習スペース、図書コーナー等があり、放課後は生徒が学習に励む。3階は日本間、セミナーホール、メディアセンター、理科室、被服室、調理室、4〜6階はホームルームと選択教室になっている。

学び直しと総合学習で自ら考え進路を切り開く力を

カリキュラム

中学は中高一貫GSCコースの革新的な「英語教育プログラム」を導入するとともに、大学入試で求められる思考力・判断力・表現力の養成を目指す。

高校は2コース制。特別選抜コースは、国公立入学や難関私立大学を目指す「特別選抜クラス」と、デジタル社会

新校舎

で活躍する人材の育成を目指す「デジタル教養クラス」を2024年に新設。選抜コースは4年制大学や短大、専門学校を総合型選抜や学校推薦型選抜などで目指す。高2からは生徒一人ひとりの希望進路に合わせて授業科目を選択する「オーダーメイドカリキュラム」を開講し、進路の実現をより確かなものに近づける。英語教育は本校オリジナルの教材を使用して、英語4技能を総合的・段階的に学習する。高校1・2年には希望制のターム留学を実施し、6年間の学習プロセスによって生涯使える英語力と人間力を育成する。

ユネスコスクールとして取り組む探究学習では「環境」「平和」をテーマに、これからの持続可能な社会の担い手としての態度を育む。また、中央大学理工学部との教育交流により、本来は大学で学ぶ内容を、わかりやすさを重視した実践的な授業で学び、実習・研究にも参加する。IT分野で将来活躍する夢も描けるような専門的な知見について、楽しく学べるプログラムである。

多方面で活躍する、「淑徳」を備えた女性を育む

学校生活

登校時間	中学	夏季	8：30	冬季	8：30
	高校	夏季	8：30	冬季	8：30

6月の体育祭と9月のなでしこ祭（文化祭）では日頃の生徒の活動の成果が発揮される。8月はEnglish Camp（中学）、サマースクール（高校）、11月は修学旅行があり中学校は京都へ、高校は沖縄へ行く。花まつりや御霊まつりなどの仏教行事は、自分を見つめ生き方を考える機会となっている。

クラブ活動はバレーボール部、華道部、ダンス＆チア部、硬式テニス部、吹奏楽部、ボイスアクトレス部（声優）など、運動部9部、文化部12部が日々活動に励んでいる。

独自のカリキュラムから個々の進路の実現を

進路

どのクラブも活発に活動

主な進学先は上智大、学習院大、中央大、立教大など。短大・専門へ進学する生徒もおり、指定校推薦枠は100大学を超える。生徒たちは中央大学理工学部の学生が放課後の学習支援をするチューター・コーチャー制度、希望制の7限・8限講習、英検対策、小論文ゼミを活用し、個々の確かな進路実現のために励んでいる。

2023年度入試要項

中等部

試験日　2/1午前（一般第1回） 2/1午後（スカラシップ第1回） 2/2午前（適性プレミアム） 2/2午後（スカラシップ第2回） 2/3午後（スカラシップ第3回） 2/4午前（一般第2回） 2/6午前（一般第3回）

試験科目　国・算または国・算・理・社（一般第1回・スカラシップ第1、2回）
国・算（一般第2、3回）
国・算か国・算・英か国・算・理・社（スカラシップ第3回）
適性〈基礎力国算〉＋探究型作文または算〈基礎・応用〉（適性）

2024年度	募集定員	受験者数	合格者数	競争率
一般1回/2回/3回	25/10/若干	15/9/6	12/4/3	1.3/2.3/2.0
スカラシップ1回/2回/3回	10/10/10	12/11/10	7/7/6	1.7/1.6/1.7
適性	15	14	8	1.8

高等部

試験日　1/22（A・B推薦） 2/10（一般第1回） 2/13（一般第2回）

試験科目　適性〈国・数・英〉＋面接（A推薦）
適性〈国・数・英〉（B推薦）
国・数・英（一般）

2024年度	募集定員	受験者数	合格者数	競争率
特別選抜	40	25/13/10	25/11/6	1.0/1.2/1.7
選抜	40			

※人数はすべて推薦/一般1/一般2

進学に有利
併設校あり
特殊学科 芸術＆
資格＆技能系
施設が充実
スポーツが強い
クラブが活発
情報教育を重視
国際人を養成
校風自由な

155

東京

女子 幼 小 中 高

光塩女子学院 中等科 高等科

そのままのあなたがすばらしい
あなたは世の光、地の塩である
多様な教員が協働する共同担任制

SUPER
INDEX
P.87

普通科（高等科）
生徒数　481名（中等科）
　　　　396名（高等科）
〒166-0003
東京都杉並区高円寺南2-33-28
☎03-3315-1911
中央線高円寺駅　徒歩12分
丸ノ内線東高円寺駅　徒歩7分
新高円寺駅　徒歩10分

URL	https://www.koen-ejh.ed.jp/
Web上での合格発表	○

左側タブ：
進学に有利
併設校あり
芸術＆特殊学科
資格系＆技能系
施設が充実
スポーツが強い
クラブが活発
情操教育を重視
国際人を養成
自由な校風

歴史ある宣教会の ミッションスクール
プロフィール

1931年、カトリックのメルセス宣教修道女会が、光塩高等女学校を設立。1947年、光塩女子学院と改称した。

校名は、「世の光」「地の塩」という聖書の言葉に由来している。

小さな学校でも 施設は充実
環境

中等科校舎は全校冷暖房完備で、選択授業のための小教室が特に充実。全天候型のグラウンドやテニスコート、体育館がある。また、ミッション系のスクールらしく、聖堂やパイプオルガンを備えた「メルセダリアンホール」がある。2018年、マルチメディアルームや多目的ルームがある1号館が竣工。長野県四阿高原の山荘では、毎年夏、中等科1年、高等科1年の林間学校が行われている。

習熟度別指導を軸に 充実した学習活動
カリキュラム

中等科から高等科までの6ヵ年一貫教育のメリットを生かしたカリキュラムを組んでいる。中等科1学年4クラス、高等科1学年3クラスを6〜7人の教師で受け持つ共同担任制をとり、落ち着いた校風の中で、一人ひとりとのコミュニケーションを大切にしたきめ細かい教育を実践している。

中等科では、基礎学力の充実を図り、数学と英語は習熟度別コースで授業を行う。また、国際人の育成という意味から、英語教育

メルセダリアンホール

には特に力を入れ、週6時間の授業をあてている。高等科へは原則として優先的に進級でき、各学年で必要に応じて補習授業も行うほか、一部の教科で学習内容と生徒の発達段階を考えた先取り授業も実施する。

高等科では、1年次より理数と英語で習熟度別授業を行う。また、理数系・社会科学系・人文科学系への志望が学年のほぼ3分の1ずつという状況に合わせ、2年次からは進路別選択授業も実施し、細かい科目選択ができるよう、授業全体の約半分を選択授業が占める。さらに3年次には、進学を目指した補習授業も行う。

中・高とも、漢字書き取りテストやスペリングテストを実施している。そのほか「自分との出会い」、「自己と他者」、「社会の中の自分」をテーマに作業やグループ研究、発表を通して学ぶ「倫理」の時間を必修としている。

学校あげての ボランティア活動
学校生活

登校時間	中学	夏季	8：00	冬季	8：00
	高校	夏季	8：00	冬季	8：00

教室にさりげなくかかげられた十字架、校内のあちこちに置かれたマリア像など、キリスト教の人間観・世界観を教育の基盤としている。その一環として、友愛の精神にのっとったボランティア活動も活発で、国内や海外の施設に寄付を送ったり、毎月継続して援助を送る「メルセス会フィリピン奨学金制度」に、学校をあげて参加している。

クラブ活動も活発で、中・高が合同で活動しており、文化系に11、体育系に8つの団体がある。

光塩祭（文化祭）や体育祭、修学旅行、林間学校、親睦会（バザー）、クリスマス会、弁論大会など、学校行事も多彩だ。

屈指の女子進学校 現役合格率が高い
進路

ほぼ全員が4年制大学へ進学し、現役合格率も80％と、すばらしい進学実績を誇る。2023年3月卒業生も、東京工業大

心と体を伸びやかに育む環境

1名、東京医科歯科大1名、東京芸術大2名、東京都立大1名、早稲田大13名、慶應義塾大11名、上智大17名、東京理科大9名、津田塾大15名など、国立大や難関私立大に多数が合格した。合格学部・学科は多岐にわたり、文系では社会科学系、理系では難化傾向の医歯薬系の伸びが著しい。女子校ではトップレベルの進学校といえる。

在校生からの メッセージ
ひとこと

温かく歴史ある校舎の中で、お友達や先生とたくさん関わりながら過ごす学院生活には、まだ自分でも気づいていない"興味が詰まった宝箱"を開ける鍵やヒントがたくさんあります。光塩を知らない人はぜひ、学校に足を運んで学校の雰囲気を味わってみてください。光塩の先生は「いつでもお話においで」と小さなことでも親身になって、一緒に考えてくださいます。ありのままの私でいられる第二の家のような場所です。ぜひみなさんも光塩に来てみませんか？お待ちしております。（中等科一年）

2024年度入試要項

中等科

試験日　2/1（第1回）　2/2（第2回）
　　　　2/4（第3回）

試験科目　総合＋基礎〈国・算〉（第1回）
　　　　　国・算・理・社＋面接（第2・3回）

2024年度	募集定員	受験者数	合格者数	競争率
第1回	約30	65	51	1.3
第2回/第3回	約50/約15	69/53	51/30	1.4/1.8

高等科　募集せず

　卒業生有名人　有吉佐和子（作家）、菊間千乃（弁護士・元アナウンサー）

晃華学園 中学校 高等学校

中高一貫教育で万全な進学対策 恵まれた自然と英語・理数教育 が魅力のミッション校

普通科（高校）
生徒数 480名（中学） 425名（高校）
〒182-8550
東京都調布市佐須町5-28-1
☎ 042-482-8952
京王線国領駅、中央線武蔵境駅
スクールバス
京王線つつじヶ丘駅・調布駅、
中央線三鷹駅・京王井の頭線吉祥寺駅
各バス

SUPER INDEX P.86

制服 p.28

URL	https://jhs.kokagakuen.ac.jp/
Web上での合格発表	○

プロフィール カトリック精神に基づいた人間形成

ローマにあるカトリックの「汚れなきマリア修道会」を設立母体とし、1961年に晃華学園として独立。1963年に中学、高校を開校。カトリック精神に基づいた情操豊かな人間形成を行うと共に、国際的視野を持つ子女を育成することを目的としている。伝統の英語教育に加え、理数・ICT教育も充実。卒業生の40〜50％が理系進学をしている。

環境 緑の芝生に映える校舎と聖堂

約26000㎡の広い校地内には木々が多く、緑の芝生に校舎群が美しく映える。敷地内は、モダンな近代建築の聖堂が建ち、広々とした校舎は木材を多用し、明るく開放的な学習空間となっている。

カリキュラム 中高一貫の進学対策 特色ある英語教育

キリスト教的人間観に基づく全人教育を行い、神さまから与えられたタレント（個性・能力）を最大限に伸ばし、知性と品格を磨いて、「人のために人と共に生きる」女性を育てている。「宗教」の授業やボランティア学習、行事、LHRなどを通して"Noblesse Oblige"の精神を培うのは、カトリック校ならではの特色だ。

学習面では、完全中高一貫教育の特性を生かし、英数国に多くの時間を配当して確かな基礎力を養いながら、先取り学習も実施。タブレットPCを1人1台所持し、ICT教育も教科を問わず盛んに行われている。英語は中1から少人数授業を取り入れ、習熟度別は高校から実施。中学から洋書の多読を実践、高校では授業の3分の1以上を外国人教員が担当するなど、4技能をバランスよく伸ばす。国語は現代文と古文を並行して学ぶ。中3では中学3年間の集大成となる中学課題研究をまとめ、情報収集・処理能力や記述力を磨き、プレゼンテーションも行う。高校の「探究」では、この研究をベースにより深化させていく。数学は中学では基礎力の充実に努め、高校から少人数・習熟度別授業を実施し、高2まで必修だ。

文理選択別授業は高2から。高3は進路に応じた科目を集中的に学び、目標達成に全力を注ぐ期間となる。数多くの選択科目があり、受講者が少数でも講座を開き、多様な進路にきめ細かく対応している。

学校生活 有意義な課外活動 カウンセラー制度も充実

登校時間	中学	夏季	8:30	冬季	8:30
	高校		8:30		8:30

中・高一体となって活動しているクラブ・同好会の他に、その道の専門講師を招いての課外活動も行われている。課外活動としては、茶道（裏千家）、聖歌隊、華道などがある。近年では、放送研究同好会などの全国レベルの活躍も目覚ましく、運動系部活も上位大会へ進出している。

また、創立当初から「カウンセラー室」が設けられ、専門のカウンセラーがいるのも心強い。

高1の夏休みには、ホームステイを兼ねた英国への約2週間の語学研修も実施されている。参加は任意だが、毎年多くの生徒が参加している。

進路 進学希望は100％ 国公立・早・慶が多い

ほぼ全員が大学への進学を希望し、4年制大学進学者がほとんどを占める。2023年3月卒業生の主な進学先は、東京大、一橋大、東京農工大、東京外語大、東京都立大、早稲田大、慶應義塾大、上智大、東京理科大、ICU、明治大、青山学院大、立教大、中央大、法政大、学習院大など。

ひとこと 在校生から受験生にひとこと

中3の1年間は学校の外と関わる機会が多くあり、勉強と課外活動の両立ができるとても充実した楽しい時間です。ただ教科書と向き合うだけでなく、社会と関わり、いろいろなことに興味を持って学ぶことができた経験は、私の価値観や考え方を広げるきっかけになりました。他者と自分の両方を大切にすることを前提に社会の課題や世界と向き合うことで自然と一生懸命になり、心から楽しむことができます。価値観を広げられる充実した3年間です。

2024年度入試要項

中学

試験日 2/1午前・午後（第1・2回）
　　　　2/3午前（第3回）
試験科目 国・算・理・社（第1・3回）
　　　　　国・算（第2回）

2024年度	募集定員	受験者数	合格者数	競争率
第1回	約50	93	62	1.5
第2回	約35	258	178	1.4
第3回	約25	62	35	1.8

高校 募集せず

心安らぐアデルホール

進学に有利に
併設校あり
特殊学科 芸術&
技能系 資格&
施設が充実
スポーツが強い
クラブ活発が
情操教育を重視
国際人を養成
自由な校風

工学院大学附属 中学校 高等学校

K-STEAM
「挑戦・創造・貢献」する現代の リベラルアーツを基準とした教育の推進

制服 p.㉛

普通科（高校）
生徒数　336名（中学）　820名（高校）
〒192-8622
東京都八王子市中野町2647-2
☎042-628-4914（入試広報部）

SUPER INDEX P.89

JR八王子駅南口、京王線八王子駅、京王線南大沢駅、JR・西武拝島線拝島駅、新宿駅西口よりスクールバス

URL	https://www.js.kogakuin.ac.jp/		
Web上での合格発表	中学	○	高校	○

中学の開設により 一貫教育スタート

1887（明治20）年、中堅技術者の養成を目的に設立された「工手学校」が母体である。1992（平成4）年、「工学院大学附属高等学校」に改名。さらに、1996年4月からは、附属中学校が開設され、中高一貫教育がスタートした。2002年より男女共学になった。

最先端の教室で 学ぶことができる

学園都市・八王子市の北部に位置し、閑静で緑の多い環境に恵まれている。
天体観測ドーム付きの高校校舎で、MakeRoomとFabスペースが設けられ、高性能パソコンはもちろん3Dプリンタや3Dスキャナ、大型モニタや可動ボードなどが設置され、アイデアを形にすることができる。全HR教室に電子黒板・Wi-Fiが設置され、中学・高校ともPCノートを全員が所持し、双方向型の授業を行っている。

理工系のみならず 文・理系にも対応

大学附属校だが、他大学の受験も積極的に奨励、多数は他大学進学である。
2022年4月より、進展するグローバル化の中で、世界に通用する21世紀型スキルを身につけた生徒を育成するた

め、「インターナショナルクラス」「先進クラス」の2クラス制に改編する。
高校からは3コース制となる。「先進文理コース」、「文理コース」、「インターナショナルコース」と、特色のある3コース体制がスタート。

盛んなクラブ活動 海外交流も積極的

登校時間	中学	夏季	8:45	冬季	8:45
	高校		8:45		8:45

クラブ・同好会は、中学に17、高校には22あり、そのうち半数は、中学・高校一緒のクラブだ。
制服は男女とも、2019年度入学生より、制服はブリティッシュスタイルで、ブルーグレーの落ち着いたブレザーを採用。
また、中学3年時に、オーストラリア2週間のホームステイかシンガポール2週間のスペースキャンプに参加する。高校2年時はグローバルプロジェクト。日本や世界4〜5箇所から自分の行きたいところを選び、課題解決の旅に出る。

併設校に推薦入学 他大学進学も奨励

工学院大学へは約30%の生徒が進学する。内部推薦の資格を有したまま他大学受験が可能。指定校推薦枠のある上智大、明治大などをはじめ、他大学への進学も文系・理系問わず多岐にわたる。また、中高一貫生や先進文理コース生と合わせ、難関大学の合格実績が向上した。医学部合格者も毎年輩出するようになった。
工学院大学への優先入学制度は、同大学の推薦入学資格を持ちながらも、国公立私立大学受験が可能。

天文台を備えたハイテク校舎

2024年度入試要項

中学

試験日　2/1午前・午後（第1回A・適性検査型①・第1回B）　2/2午前・午後（第2回A・B）　2/3午後（第3回）　2/6午後（第4回・適性検査型②）

試験科目　国・算か国・算・理・社か英・算か英・国（第1回A・2回A）　国・算か英・算か英・国（第1回B・2回B・3回・4回）　適性（適性検査型）
※第1回Bは国語重視型〈国・算〉もあり

2024年度	募集定員	受験者数	合格者数	競争率
第1回A/B	30/30	94/103	57/63	1.6/1.6
第2回A/B	10/15	43/65	24/41	1.8/1.6
第3回/第4回	10/10	36/29	22/10	1.6/2.9

※定員は先進クラス70名・インターナショナルクラス35名

高校

試験日　1/22（推薦）　2/10（一般第1回）　2/12（一般第2回）

試験科目　作文＋面接（推薦）　国・数・英＋面接（一般）

2024年度	募集定員	受験者数	合格者数	競争率
先進文理	30/40/20	28/56/16	28/56/16	1.0/1.0/1.0
文理	40/30/15	68/88/37	68/85/35	1.0/1.0/1.1
インターナショナル	10/10/5	3/2/4	3/2/2	1.0/1.0/2.0

※人数はすべて推薦/一般第1回/第2回
※他に、中・高とも、帰国生選抜（11/10・12/26・1/17）、海外選抜試験あり

　卒業生有名人　林陵平（サッカー選手）、飯田鴻朗（バスケットボール選手）、小谷有理沙（カーリングチーム富士急）

東京

男子 中 高

攻玉社 中学校 高等学校

きめ細かな教育プログラムで
仲間と切磋琢磨し成長できる
伝統ある進学校

SUPER
INDEX
P.80

普通科（高校）
生徒数　723名（中学）　726名（高校）
〒141-0031
東京都品川区西五反田5-14-2
☎03-3493-0331
☎03-3495-8160（広報企画部直通）
東急目黒線不動前駅　徒歩1分

URL	https://kogyokusha.ed.jp
Web上での合格発表	○

プロフィール
誠意・礼譲・質実剛健が校訓

　1863（文久3）年、明治の6大教育家の一人、近藤真琴によって創設された、実に160年の歴史を持つ、伝統ある学園である。

　"攻玉"とは、詩経の「他山の石以って玉を攻（みが）くべし」から引用したもので、建学の精神にもなっている。「生徒の一人ひとりを玉として、これを攻くために、切磋琢磨しあいながら勉強に励め」という意味で、これを勉学の基本方針としている。また、校訓の「誠意・礼譲・質実剛健」をもとに、しつけも重視している。

環境
温水プールもある充実の体育設備

　2003年に地下2階、地上7階建ての校舎が完成。室内温水プール、冷暖房完備の剣道場、柔道場、視聴覚設備を完備した270名収容の大教室、70名分の個別ブースが設置された自習室など、施設も充実している。

カリキュラム
6年間を3つに区切る独自の英才教育

　6年間をSTAGE1（中1・2）、STAGE2（中3・高1）、STAGE3（高2・3）に分けた独自の英才教育を実施し、中3より1学級「選抜学級」を設置。

冬期も使用可能な温水プール

　中学では、基礎力アップのために英・数・国の授業時間を多く取り、3年次には高1の内容に入るなど大幅な先取り教育を行っている。また、生きた英語を学ぶため、1年次から外国人教師による英会話の授業もある。そのほか、余力のある者や勉強が遅れがちな者に対しては、放課後を利用して、特別講習や補習授業も実施している。さらに、帰国生を対象にした「国際学級」では、英・数・国で分割授業を実施し、レベルに応じた授業を行っている。

　高校では、2年次から6クラスを8クラス編成とし、少人数制によるきめ細かな指導を行う。また、大学の志望方向によって文系（国立・私立）・理系（国立・私立）のコース制となり、選択科目を大幅に取り入れて大学受験に直結させている。さらに、7月下旬に夏期講習（中3〜高3）、8月下旬にも夏期特別講習（中1・2）を実施して、大学受験のための学力向上を図っている。

学校生活
クラブ活動との両立で個性を伸ばす

登校時間	中学	夏季	8：20	冬季	8：20
	高校	夏季	8：20	冬季	8：20

　勉強だけでなく、個性を伸ばし、体を鍛えるために、クラブ活動を奨励しており、特に、水泳部、サッカー部、硬式テニス部、剣道部、バスケットボール部、陸上競技部、鉄道研究部、将棋部、理化学部、数学研究愛好会、英語ディベート部の活躍が光っている。

　また、芸術鑑賞やスキー学校、キャリアガイダンスなど、学校行事も多彩である。

進路
全員が4年制大学進学志望

　進学校だけあって、全員が4年制大学へ進学する。独自のカリキュラムや、年間3〜5回の実力テスト、模擬試験、

組織的な進路指導などで、進路の決定を強力にサポートしている。東大、東京工業大、一橋大などの国公立大をはじめ、慶應義塾大、早稲田大、東京理科大、上智大などの難関私立大への実績も目覚ましい。

国際化
伝統ある海外英語研修

　海外英語研修の行き先はオーストラリアで、中3・高1の希望者を中心に約2週間の日程で実施し、ホームステイをしながら、生きた英語を学習する。

2024年度入試要項

中学

試験日　1/11（国際学級）　2/1（第1回）
　　　　2/2（第2回）　2/5（特別選抜）
試験科目　国・算または英＋面接（国際学級）
　　　　　国・算・理・社（第1・2回）
　　　　　算Ⅰ・Ⅱ（特別選抜）

2024年度	募集定員	受験者数	合格者数	競争率
第1回/第2回	100/80	385/438	173/181	22/24
特別選抜	20	77	25	3.1
国際学級国算/英	40	74/37	45/21	1.6/1.8

高校　募集せず

卒業生有名人　鈴木貫太郎（内閣総理大臣）、秋山豊寛（宇宙飛行士）

進学に有利

併設校あり

特殊学科＆芸

資格＆技能系

施設が充実

スポーツが強い

クラブ活動が活発

情操教育を重視

国際人を養成

自由な校風

女子 中 高

麹町学園女子 中学校 高等学校

こうじ まち

使える英語と「みらい型学力」を身につけ
次代を担う自立した女性を
育成する伝統校

SUPER INDEX P.74

普通科(高校)
生徒数　341名(中学)　420名(高校)
〒102-0083
東京都千代田区麹町3-8
☎ 03-3263-3011
有楽町線麹町駅　徒歩1分
半蔵門線半蔵門駅　徒歩2分
中央線・南北線・丸ノ内線四ツ谷駅、
総武線・南北線・都営新宿線市ヶ谷駅
各徒歩10分

URL	https://www.kojimachi.ed.jp/			
Web上での合格発表	中　学	○	高　校	○

プロフィール 119年の伝統が 育んだ温かな校風

　1905(明治38)年、理学博士大築佛郎が、女子教育の重要性を思い設立。「豊かな人生を自らデザインできる自立した女性を育てる」を教育ビジョンとし、生徒と教職員との間に温かいつながりがあり、明るくのびやかな校風である。

カリキュラム きめ細やかな指導 で進路を保証

　中学は「グローバルコース(英語選抜コース)」と「スタンダードコース(みらい探究)コース」の2コース制。高1から「GA・SAコース」と「Aコース」に分かれ、高2から国際的な場で働くことも視野に入れ、難関大学(文系)や海外大学進学を目指す生徒を対象にした「GA(グローバルアクティブ)コース」、グローバルを意識しながらも理系分野で活躍したいという生徒を対象にした「SA(サイエンスアクティブ)コース」、高大連携プログラムや新しい大学入試に対応した柔軟なカリキュラムと豊富な選択授業で希望の進路を目指す「A(アクティブ)コース」に分かれ、きめ細かい指導で生徒一人ひとりの進路を保証している。

　また、高校では東洋大学との学校間教育連携により、「TUG(東洋大学グローバル)コース」を設置。同コースは、東洋大学への推薦基準を満たすことで、スムーズな高大接続を実現し、継続・発展可能な教育スタイルと独自のカリキュラムで、高大7年

校舎(教室棟)

間の学びを通し、いきいきとグローバル時代を生き抜く「みらい型学力」を育んでいく。具体的には、"アクティブイングリッシュ"により高校卒業までに英検2級を取得し、高2オーストラリア修学旅行(予定)や希望制の語学研修・3ヶ月留学をはじめ、実践的なグローバル教育とキャリア教育によって、世界とつながり、輝くための自分をデザインしていく。

国際化 安河内哲也氏監修 「アクティブイングリッシュ」

　「アクティブイングリッシュ」(安河内哲也氏監修)という英語4技能を磨く独自のメソッドを展開。英語の曲や英文を歌い、音読する「朝の音声活動」や全学年共通フォーマットの4技能型定期テスト「KEPT(Kojimachi English Proficiency Test)」やオンライン英会話など、より実践的な学習で使える英語を身につけていく。

学校生活 制服は ブレザースタイル

登校時間	中学	夏季	8：30	冬季	8：30
	高校	夏季	8：30	冬季	8：30

　学校行事は、音楽芸術鑑賞教室を実施するほか、体育祭、文化祭、中学合唱祭、みらい論文発表会、ダンス発表会、英語レシテーション大会など多彩。

　制服は、3つボタンのブレザーとブルー系のタータンチェックのスカート。清楚で、組み合わせのバリエーションも豊富。

清楚で可愛い制服

進路 様々な進路に 旅立つ卒業生

　全員が進学を希望し、マンチェスター大(英)など海外大学の合格が年々上

昇中。約90校の大学の教職員から直接話が聴ける「大学進学フェア」を開催しており、難関大学への進学率は高まっている。最近の主な合格大学は、高知大、東京外語大、早稲田大、慶應義塾大、上智大、国際基督教大、明治大、青山学院大、立教大、中央大、法政大、成蹊大、成城大、明治学院大、獨協大、國學院大、武蔵大、日本大、東洋大、駒澤大、日本女子大、東京女子大など。

　進路保証の一貫として、学校間教育連携を充実させ、現在6つの大学(共立女子、女子栄養、成城、東京女子、東洋、日本女子)と連携している。高校の評定平均や英検の取得級などの基準によって、連携校に進学することができる。

2024年度入試要項

中学

試験日　2/1午前(一般・英語型)
　　　　2/1午後(特待・英語資格型)
　　　　2/2午前(一般)　2/2午後(特待)
　　　　2/3午前(一般)
　　　　2/6午前(一般・英語資格型)
試験科目　国・算または国・算・理・社(一般・特待)
　　　　※英語型は英語リスニング・リーディング・簡単
　　　　　な作文+基礎(国・算)+面接(英語と日本語)
　　　　※英語資格型は英語資格+国・算

2024年度	募集定員	受験者数	合格者数	競争率
1日 一般/英語型	50/15	72/17	61/16	1.2/1.1
1日特待	10	147	106	1.4
2日 一般/特待	10/5	31/47	18/24	1.7/1.8
3日/6日	15/15	55/44	38/33	1.4/1.3

※若干名の帰国生入試(11/19)あり

高校

試験日　1/22(推薦A・B方式)
　　　　2/10または12(一般)
試験科目　作文+面接(推薦A方式総合型・B方式)　英語リスニング+面接〈英語と日本語〉(推薦A方式英語型)　国・数・英+面接(一般)

2024年度	募集定員	受験者数	合格者数	競争率
推薦	40	61	61	1.0
一般 10日/12日	30/10	52/16	46/14	1.1/1.1

※若干名の帰国生入試(1/22)あり

　■卒業生有名人■　小林幸子(歌手)、森下愛子(女優)、中田喜子(女優)

佼成学園 中 学 校 / 高等学校

自ら感じて、ともに成長し、チャレンジしていく"コウセイ魂"運動も勉強もハイレベルな進学校

SUPER INDEX P.72

制服 p.⑯

普通科（高校）
生徒数 492名（中学） 760名（高校）
〒166-0012
東京都杉並区和田2-6-29
☎ 03-3381-7227
丸ノ内線方南町駅（出口1） 徒歩5分

URL	https://www.kosei.ac.jp/boys			
Web上での合格発表	中 学	○	高 校	○

真の知性と伸びようとする意欲を育む
プロフィール

1954年、仏教精神をベースに創立された。建学以来一貫して、「行学二道」の校訓のもと、知育と徳育を実践しており、思いやりの心と、目的意識に基づく知性、現代を生きぬくコミュニケーション能力を持った生徒の育成に努めている。また、国際教育も重視し、全員参加（中2）の海外研修を実施する他、2021年よりグローバルコースをスタートさせた。2023年、国際基督教大学（ICU）と高大連携協定を締結、日本初のIELTS推進校として認定された。

情報処理・体育施設ともに充実
環境

冷暖房完備の一般教室をはじめ、常時インターネットが利用可能なコンピュータ教室、LL教室、図書室、プラネタリウムも設置された地学教室、進路指導部室などの諸設備が充実。スポーツ施設では、室内競技場、器械体操場、柔道場、剣道場、弓道場、食堂などが整った総合体育館や、公式試合も行われる野球場やテニスコートもある。

主要教科に重点 大学進学に最適
カリキュラム

中学から入学する生徒には、一貫教育のメリットを最大限に生かした、6

2021年よりグローバルコースを新設

年間のカリキュラムが組まれている。中学では、自発的な学習の習慣づけを行うと共に、基礎学力の充実を図る。さらに、英語・数学を中心に習熟度別学習を取り入れ、より高いレベルに到達できるよう指導する。高校では難関国立大を目指す難関国公立コース（文系・理系）と私立大を目指す総合進学コース（文系・理系）に分かれ、各自の志望大学・学部に合わせた重点指導を行う。また、グローバルコースでは海外大学やSGUを視野に入れ、グローバルコンピテンシーを養う。

実績の豊かな部活多彩な学校行事
学校生活

登校時間	中学	夏季	8：20	冬季	8：20
	高校		8：30		8：30

部活動も盛んで、文化部11、運動部15が、いずれも熱気あふれる活動を行っている。中学では野球部、バスケット部、ソフトテニス部など、高校では全国制覇4回を誇るアメリカンフットボール部や、野球部などが活躍しており、クラブと勉強を両立させ、「特待生」になったOBも数多くいる。

学校行事は、体育祭、球技大会、文化祭、修学旅行、スキー教室と盛りだくさん。

独自の受験指導で年々レベルアップ
進路

ほぼ100％が大学進学希望である。進学実績が年々レベルアップしている。2023年度入試では、北海道大、東北大、東京工業大、東京医科歯科大など57名が国公立大へ、早稲田、慶應、上智、東京理科へ68名、立教、中央、明治などの難関私立大に156名など多数が合格を果たした。

2024年度入試要項

中学

試験日 2/1午前・午後（第1回一般・グローバル・適性検査型・第1回特別奨学生）
2/2午前・午後（第2回一般・グローバル特別奨学生）
2/3午前（第3回一般・SE）
2/5午前（第2回特別奨学生）

試験科目 国・算（第1・2回・グローバル特別奨学生）
国・算または国・算・理・社（第1～3回一般・グローバル）
面接〈英語・日本語〉（SE）
適性（適性検査型特別奨学生）

2024年度	募集定員	受験者数	合格者数	競争率
第1回一般/特	40/10/10	160/266	52/12	3.1/22.2
第2回一般/特奨	30/10	193/179	40/11	4.8/16.3
第3回/グロ	15/15	200/203	43/16	4.7/12.7
適性検査	10	53	10	5.3
SE	10	10	8	1.3

※他に、約30名の帰国生入試（11/11・12/9・1/13、作文＋面接）あり

高校

試験日 1/22（推薦） 2/10（一般第1回）
2/11（一般第2回）

試験科目 作文＋面接（推薦）
国・数・英（一般）

2024年度	募集定員	受験者数	合格者数	競争率
推薦	30	1/6/45	1/6/45	1.0/1.0/1.0
第1回	90	23/13/47	23/13/31	1.0/1.0/1.5
第2回		29/17/53	29/17/28	1.0/1.0/1.9

※人数はすべて難関国公立/グローバル/総合
※他に、若干名の帰国生入試（11/11・12/9・1/13、作文＋面接）あり

卒業生有名人 正垣泰彦（㈱サイゼリヤ会長）、蛭名健一（パフォーマー）、ドン小西（ファッションデザイナー）

佼成学園女子 中 学 校 高等学校

文科省よりスーパーグローバル
ハイスクール1期指定校
「英語の佼成」は「グローバルの佼成」に

SUPER
INDEX
P.86

制服
p.28

普通科（高校）
生徒数　224名（中学）　518名（高校）
〒157-0064
東京都世田谷区給田2-1-1
☎ 03-3300-2351
京王線千歳烏山駅　徒歩5分

URL	https://www.girls.kosei.ac.jp		
Web上での合格発表	中学	◯	高校	◯

常に先を見据えた教育を目指す

プロフィール

　佼成学園女子は「英語・グローバル・進路指導」の三本柱で、確かな実力をつけてくれる進学校である。「校内予備校」が充実しており、大学受験専門のプロ講師の講義が格安で受けられる。1クラスを複数教員で担当する「チーム担任制」のほか、中間試験を廃止して少人数ゼミや企業コラボによるクエストなどの「探究学習」を推進している。人気の高いセーラー服、広く緑豊かなキャンパス、穏やかな校風でのびのびと生活できる。

緑豊かな世田谷学生生活をより快適に

環境

　緑豊かな世田谷の閑静な住宅街という、学園生活にふさわしい環境。
　施設も充実しており、移動式座席の講堂、プール、グローバルセンター、茶道室、マルチメディア室、カフェテリアなどを備えた管理棟校舎、地上3階・地下1階の体育館、図書館や書道室等の施設が、毎日の活動をバックアップする。

熱心な英語教育心の通う進路指導

カリキュラム

　中学では、英語にどっぷりつかる「イマージョン教育」を導入。音楽や美術の授業は外国人の教師が英語で授業を行う。平均すると1日の1/3が英語による授業。また、課外活動などにも、外国人の教師が参加する。3年3学期にはニュージーランド約2ヶ月間の中期留学を実施。少人数制授業を組み

ながら、基礎学力の向上を目指す。年2回の「英検まつり」では全員が英検を受験、1年間で1級3～4名、準1級30～40名と首都圏トップクラスの合格者数を誇る。

　高校では、3コースを設置している。国際コースでは、クラス全員が1年間ニュージーランドに留学し、英語力を軸に難関大学合格を目指す留学クラスのほか、タイやイギリスでの海外研修を中心に異文化理解を学ぶスーパーグローバルクラスがある。特進コースでは、学習合宿・講習を重ねることにより、主体的に学習に取り組むよう指導。文系、理系に偏らないカリキュラムで難関大学をめざす。入学時より、理系を志望している生徒は「特設理科・特設数学」により理系科目の実力を伸ばす。進学コースでは、1年次は共通カリキュラムを履修し、基礎教科と学習に取り組む姿勢の確立を重視。2年次より文系・理系に分かれて、3年次では自由選択を最大限に利用することで個性的カリキュラムを組めるようにしている。

盛んなクラブ活動実りある語学研修

学校生活

登校時間	中学	夏季	8：20	冬季	8：20
	高校		8：20		8：20

　運動部・文化部ともに活発なクラブ活動も、本校の特徴のひとつ。特に運動部は、全国優勝の実績を持つハンドボール部やバスケットボール部などが活躍。文化部では、吹奏楽部、書道部が数々の賞を獲得している。また、英語教育の一環として、中3のニュージーランド修学旅行、高2の英国修学旅行と約40日間の短期留学を実施。

現役4年制大学進学者が77%

進路

　主な進学先は、〈国公立〉東京外語、茨城、長岡造形ほか。
〈私立〉早稲田、慶應、上智、東京理科、学習院、明治、青山学院、立教、中央、法政、津田塾、東京女子、日本女子ほか。

2024年度入試要項

中学

試験日　11/22・12/7・1/11（帰国生）　2/1午前・午後　2/2午前・午後　2/3午前・午後　2/4午前・午後　2/5午後

試験科目　一般＜国・算か国・算・理・社か国か算＋英語資格＞または適性または英（1日午前）　S特待＜国・算＞または適性（1日午後・4日午後）　一般または適性（2日午前）　S特待＜国・算＞（2日午後・5日午後）　S特待＜国・算か国・算・理・社＞または英（3日午前）　プレゼンまたは1科目＜国か算＞（3日午後）　一般（4日午前）国・算＋面接または英語インタビュー＋作文＋面接（帰国生）

2024年度	募集定員	受験者数	合格者数	競争率
1日午前 一般/適	25/15/一	37/94/4	26/91/4	1.4/1.0/1.0
1日午後 S特/適	5/5	41/14	1/13	41.0/1.1
2日午前 一般/適性	10/5	45/17	31/16	1.5/1.1
2日午後 S特	5	29	2	14.5
3日午前 S特/英	5/一	23/4	0/4	一/1.0
3日午後 プレ/1科	一/5	5/18	4/17	1.3/1.1
4日午前 一般	5	29	26	1.1
4日午後 S特/適性	5/5	30/15	0/15	一/1.0
5日午後 S特	5	24	1	24.0

高校

試験日　11/22・12/7・1/11（帰国生）　1/22（推薦）2/10（一般第1回）　2/12（一般第2回）

試験科目　面接（推薦）　国・数・英＋面接（一般）　国・数・英から2科＋面接または英語インタビュー＋作文＋面接（帰国生）

※国際コースは英語面接

2024年度	募集定員	受験者数	合格者数	競争率
留学	10/10	3/2	3/2	1.0/1.0
スーパー グローバル	5/5	8/13	8/13	1.0/1.0
特進	35/35	7/46	7/46	1.0/1.0
進学	30/30	60/110	60/106	1.0/1.0

※人数はすべて推薦/一般

　卒業生有名人　瑠風輝（宝塚歌劇団）

（左サイドバー）
進学に有利
併設校あり
芸術&特殊学科
資格系&技能系
施設が充実
スポーツが強い
クラブ活動が活発
情操教育を重視
国際人を養成
自由な校風

東京
女子 | 中高

香蘭女学校 中等科 高等科

情操教育と英語教育に定評のあるミッションスクール

普通科（高等科）
生徒数　538名（中学）　534名（高校）
〒142-0064
東京都品川区旗の台6-22-21
☎03-3786-1136
東急池上線・大井町線旗の台駅
徒歩5分

SUPER INDEX P.80

制服 p.24

URL	https://www.koran.ed.jp/
Web上での合格発表	○

キリスト教に基づく豊かな情操教育

プロフィール

英国聖公会のE.ビカステス主教によって創設された「聖ヒルダ・ミッション」の事業の一つとして、1888（明治21）年に開校した。

日本女性固有の徳性をキリスト教倫理によって、より深く豊かなものとし、品位と思いやりのある女性を育てることが建学の願いである。

都会の中の緑に囲まれた学校

環境

最寄り駅の東急池上線・大井町線旗の台駅までは、池袋・横浜から30分のところにある。旗の台駅からは徒歩5分。築山には、本格的な茶室「芝蘭庵」や創立者を記念したビカステス記念館がある。校内全域に無線LANが配備され、どこにいてもiPadを利用した学習が可能。

ゆとりある全人教育と英語教育を重視

カリキュラム

探究授業「SEED＝Self-Enrichment Education」や、カナダ・イギリスでの語学研修、社会科や理科での課外活動など、生徒の興味・関心・探究心に応じたプログラムを実施。

バランス良く4技能を身につける英語教育は年々進化している。外国人教師のみの時

英会話は6年間必修で学べる

間やチームティーチングの他、Online Speakingなどの多彩な授業形態の中で英語を話し、聞く機会を増やしています。理科では、中等科では築山の植物を使った観察、週に2回程度の実験や実習を行い、高等科での理系選択の進路につながる観察力・論理力を養います。数学では、中等科段階から丁寧にノート指導を行い、順序だてて考える力を養う。高等科では数学Ⅲまで選択可能で、学校で完結する進学指導体制がある。

全校生徒が持つiPadは、SEEDでの学習やプレゼン、高等科の論文制作など、授業や課外活動で活用し、結果として協働型問題解決能力が伸長していく。

香蘭ならではの多彩な行事

学校生活

登校時間	中学	夏季	8:10	冬季	8:10
	高校	季	8:10	季	8:10

優秀なリーダーは優秀なフォロワーの中から育つ、という考えのもと、50周年を迎えたヒルダ祭（文化祭）や100年を超える歴史を持つバザーでは、中高の垣根を越えた異学年との縦のつながり、クラスや同学年内での横のつながりを経験する。

ヒルダ祭は生徒会最大の行事で、企画から運営まで生徒達の手で行われる。バザーは、明治時代から連綿と受け継がれてきた伝統的な行事である。弱い立場に置かれた人達に心を寄せ、自らの働きを捧げることで、他者とともに他者のために生きることを実感する。

部活動では、中高一緒に活動を行う。ガールスカウト部とクワイヤー（聖歌隊）は2020年に100周年を迎えた。

立教大学への推薦制度も

進路

日本聖公会の関係校である立教大学全学部（学年の100％にあたる160名）、聖路加国際大学看護学部（2名）へは、

100年を超える歴史を誇るガールスカウト部

指定校推薦での進学が可能。また、海外大学への進学としてカナダプリンスエドワード島大学UPEIへの推薦進学の門戸も開かれている。その他、学校推薦型選抜・総合型選抜、一般選抜と、多岐にわたる進路それぞれに、きめ細かく指導をしている。

主な進学先は、お茶の水女子大、東京外語大、青山学院大、慶應義塾大、国際基督教大、上智大、東京女子大、東京農業大、東京理科大、中央大、法政大、早稲田大など。

入試広報室からのひとこと

ひとこと

香蘭の校名にあるように、上級生のよい薫りの中で下級生が育ち、また下級生が上級生になったときに、同じように下級生によい影響を与えてくれる場面が、香蘭女学校ではよく見られます。中1に香蘭のことを教え、導いてくれる高3 BIG SISTERや学習会で勉強を教えてくれる上級生、部活動の先輩は下級生の憧れです。

2024年度入試要項

中等科

試験日　2/1午前（第1回）　2/2午後（第2回）
試験科目　国・算・理・社（第1回）
　　　　　国・算（第2回）

2024年度	募集定員	受験者数	合格者数	競争率
第1回	100	381	112	3.4
第2回	60	573	106	5.4

高等科　募集せず

進学に有利に
併設校あり
特殊学科 芸術＆
技能系 資格＆
施設が充実
スポーツが強い
クラブが活発
情操教育を重視
国際人を養成
校風自由

卒業生有名人　黒柳徹子（女優）、上橋菜穂子（作家・文化人類学者）、大塚寧々（女優）

共学　幼 高 専 短 大 院

国学院高等学校

近代的設備を有する都心の学園
勉強と学校生活の両立を図り
難関大学に多くの生徒が進学

SUPER INDEX P.71

制服 p.16

URL	https://www.kokugakuin.ed.jp
Web上での合格発表	○

■普通科
生徒数　1774名
〒150-0001
東京都渋谷区神宮前2-2-3
☎03-3403-2331
銀座線外苑前駅　徒歩5分
都営大江戸線国立競技場駅　徒歩12分
総武線千駄ヶ谷駅・信濃町駅　各徒歩13分
副都心線北参道駅　徒歩15分

プロフィール
建学の精神を生かし時代に合った知識を

戦後の学制改革により、旧國學院大學の予科に替わって1948（昭和23）年に開校。「知育」「徳育」「体育」の3つの調和を柱としている。中でも「知育」には特に力を注いでおり、時代に合った新しい知識・技術を受け入れつつ、進学のための学力の向上を目指している。母体である国学院大学の建学の精神を継承しながら、国際化社会にふさわしい日本人の育成を行っている。

環境
充実した設備をフルに活用

国立競技場や神宮球場などがある明治神宮外苑の一角に位置し、都会にありながらも緑の多い環境に恵まれている。冷暖房完備の本館を中心に、文科館、理科館、第二記念館などが移動しやすくレイアウトされており、いずれも近代的な設備を誇る。

文科館には、日本文化史資料館をはじめ、図書室、美術室、書道室などのほか、生徒の作品を展示するギャラリー・スペースもある。理科館には、化学・生物・物理・コンピュータ・音楽関連の様々な設備が整っている。第一記念館は、式典なども行われる体育館で、メインフロアのほか、地階には柔道場・剣道場・卓球場などが並ぶ。生徒の憩いの場・集会室の存在も見逃せ

都会の中の学校

ない。軽食売店があるため、ここで昼食をとることも可能だ。

カリキュラム
コース別指導で他大学受験生に配慮

併設大学進学者より、他大学進学希望者の方が多いため、進路や適性を考慮し、受験に必要な実力を養う独自のカリキュラムを設定している。週6日制。

1年次は基礎学力の充実期間と位置づけ、国・数・英に重点を置いた授業を展開し、必要に応じて単位増加も行っている。また、ネイティブによる英会話の授業を実施。2年次から、進学先により文系・理系・ソフトサイエンス（薬学、看護、農学部等志望向け）の3コースに分かれる。3年次にはさらに、共通テストおよび志望大学の受験に適応した科目が履修できるように任意選択の科目も設けている。2・3年次に難関大学進学を志すチャレンジクラスを設置（文系のみ）。

数学は2年次から（2年理系・3年理系）グレード別授業を実施、個々の能力に応じた指導を図っている。また、外国人講師による「英会話講習」は、全学年の希望者に対し実施している。

そのほか、進学受験のため、正規の授業以外に各学年別に進学講習をしている。その他、英検対策講座もあり、特に英語力のより一段の向上を図っている。

学校生活
海外語学研修など多彩な学校行事

登校時間	夏	8：25	冬	8：25

クラブは、運動部19、文化部20団体。特筆すべきは、関東大会出場の弓道部と全国大会出場のダンス部、女子に人気のあるバトン部だ。また、第二記念館内の和室では茶道部が厳かな中で活動に励んでいる。

文化祭や、芸術鑑賞教室（劇団四季

大活躍のバトン部

など）、修学旅行（2年）、スキー教室など、学校行事も多彩。また、長期休暇期間に海外での研修（希望者のみ、オーストラリア・カナダ・イギリス）を実施している。

制服は、丸山敬太氏プロデュースによるトラッドで品格あるデザイン。

進路
2割が国学院大へ難関大にも多数合格

卒業生のほぼ全員が4年制大学への進学を希望。併設の国学院大学への進学者は推薦を含め2割程度で、他大学へ進学する生徒が多く、青山学院大、中央大、明治大、法政大、立教大、慶應義塾大、早稲田大、東京理科大などの難関私立大にも多くの合格者を出している。また、早稲田大、慶應義塾大、上智大、東京理科大、青山学院大、中央大、学習院大をはじめ、数多くの大学に指定校推薦枠も設けられている。

2024年度入試要項

試験日　1/22（推薦）　2/10（一般第1回）
　　　　2/12（一般第2回）　2/17（一般第3回）
試験科目　適性〈国・数・英〉＋面接（推薦）
　　　　　国・数・英＋面接（一般第1回・2回）
　　　　　国・数・英または国・数・英・理・社
　　　　　＋面接（一般第3回）

2024年度	募集定員	受験者数	合格者数	競争率
推薦	150	35/94	35/94	1.0/1.0
一般第1回	250	736/608	342/258	2.2/2.4
一般第2回	150	347/322	131/119	2.6/2.7
一般第3回	50	204/127	65/27	3.1/4.7

※人数はすべて男子/女子

　卒業生有名人　さだまさし（シンガーソングライター）、佐藤康光（日本将棋連盟会長）、Nakajin（アーティスト・SEKAI NO OWARI）

東京

別学　幼 中 高 短 大 院

国学院大学久我山 中 学 校 高等学校

男女別学でそれぞれの魅力を追求
独自のカリキュラムで
有名大学に多数進学

SUPER INDEX P.85

制服 p.㉗

普通科（高校）
生徒数　987名（中学）　1387名（高校）
〒168-0082
東京都杉並区久我山1-9-1
☎ 03-3334-1151
京王井の頭線久我山駅　徒歩12分
京王線千歳烏山駅　バス10分

URL	https://www.kugayama-h.ed.jp/		
Web上での合格発表	中 学	○	高 校	○

「きちんと青春」で生き抜く力を

プロフィール

1944年創立。1952年國學院大學と合併。1985年中学校（男子）を再開と共に、高校に女子部を開設。1991年中学校に女子を迎え入れ、男女の特性を伸ばす別学的環境のもと、中高一貫体制が整う。勉学を軸足として、行事に部活動にのびのびと学園生活を謳歌する姿には、「きちんと青春」の気概がみなぎっている。

中学女子部「Cultural Communication Class」

トピックス

2018年度より中学女子部「一般クラス」に変わり、「CCクラス」を新設。國學院大學が掲げる「もっと日本を。もっと世界へ。」のコンセプトのもと、文化交流に光を当て、「日本の文化・伝統を学び世界に発信できる人、他国の文化・伝統を相互に尊重し合える人、英語を意欲的に学びフレンドシップを深められる人になる」ことを目標にしたクラス。Math in English や留学生との交流など「Global Studies」の時間を設け、4技能を中心に「英語力」を伸ばしていく。また、ここ数年来、希望者対象で実施してきたプログラムを中心に、日本文化探究研修やニュージーランドへの修学旅行など充実した行事が体験できる。

多様化する価値観の中で、生き抜く力を身につけます。

天体観測ドームもある充実した設備

環境

天体ドームを屋上に持つ理科会館や、芸術関連の授業に利用される文科会館。図書館・CALL教室・自習室やカフェテリア・ラウンジなどを備えている学習センター。また部室・合宿所・シャワールームを備えた錬成館や、4つのフロアを持つ体育館に4つのグラウンドなど、そのすべてが武蔵野の薫り深き久我山台上に集まっている。

真のグローバルの探究＆自己実現

カリキュラム

男子部では礼節を知るために武道を、女子部では日本の伝統文化である華道、茶道、能楽、日本舞踊などを体験する。その日本文化の根底にある感謝と思いやりの精神を学び、英語で世界に発信できる、すぐれた国際感覚を育んでいく。

また、生徒一人ひとりの可能性を見つけ出すため、生徒に合わせた指導を行う。中学段階では、基本的な学習習慣を身につけ、高校3年まで自ら能動的に学ぶ姿勢を培っていく。加えて、勉強合宿や教科を越えた総合学習・修学論文など、夢を叶えるために多彩で緻密なプログラムを実施している。

全国規模で活躍の活発な部活動

学校生活

登校時間	中学	夏季	8：20	冬季	8：20
	高校		8：20		8：20

久我山には高校47部、中学29部の部活動がある。過去春3回、夏3回甲子園出場経験のある野球部が2022年度春も出場。在校生、OB、OG大勢が応援にかけつけた。また、全国大会準優勝経験のあるバスケットボール部やサッカー部、全国優勝5回・花園出場43回のラグビー部、全国高校駅伝大会25回出場の陸上競技部など実力あるクラブが目白押しだ。また、コンクールで常に上位を占める合唱・ダンス・吹奏楽など、その活躍は目覚ましいものがある。

2022 高校ラグビー全国大会出場

難関大へ多数進学系列大へ優先入学も

進路

東大4、一橋大3をはじめとする国公立大59名や、早稲田大63、慶應義塾大50、上智大64、医学部医学科24など、難関大へ多くの合格者を出している。系列の國學院大學へは「優先入学推薦制度」がある。

2024年度入試要項

中学

試験日　2/1午前・午後（一般・CC第1回・ST第1回）　2/2午前（一般・CC第2回）　2/3午後（ST第2回）　2/5午前（ST第3回）

試験科目　国・算・理・社（第1・2回　一般・CC、第3回ST）　国・算（第1・2回ST）

2024年度	募集定員	受験者数	合格者数	競争率
第1回	45/30	162/93	52/33	3.1/2.8
第2回	75/40	277/186	77/75	3.6/2.5
ST1回	40/20	469/189	116/53	4.0/3.6
ST2回	25/20	301/143	37/22	8.1/6.5
ST3回	約15/約10	153/79	26/12	5.9/0.6

※第1・2回の女子はCCクラスのみ

高校

試験日　1/22（推薦）　2/12（一般）

試験科目　書類審査＋面接（推薦）
　　　　　国・数・英（一般）

2024年度	募集定員	受験者数	合格者数	競争率
推薦	50	57/4	57/4	1.0/1.0
一般	約60/約35	169/51	92/41	1.8/1.2

※中・高とも、人数はすべて男子/女子。他に、若干名の帰国生募集（1/7）あり。

卒業生有名人　井口資仁（元プロ野球監督）、村上てつや・黒沢薫（ゴスペラーズ）、郡司芽久（農学博士）

国際基督教大学(ICU)高等学校

「クラスひとつが世界」
共に出会い、学びあい、分かちあう
世界から　そして　世界へ

SUPER INDEX P.88

普通科
生徒数　759名
〒184-8503
東京都小金井市東町1-1-1
☎ 0422-33-3401
中央線武蔵境駅　バス12分
スクールバスあり
中央線三鷹駅・京王線調布駅
各バス20分

URL	https://www.icu-h.ed.jp/
Web上での合格発表	○

キリスト教を基盤に平和と人権を使命に

プロフィール

国際基督教大学(ICU)とミッションを共有するICU高校は、平和への貢献と人権が尊重される世界・社会の実現を使命に掲げている。

ICU高校は、異なるバックグラウンドを持つ生徒一人ひとりを尊重し、生徒の特性を活かす教育を目指している。それは、「帰国生受け入れを主たる目的とする高校」として、生徒の経歴・個性・希望をありのまま受けとめることを教育の出発点とする、1978年の本校建学からの考え方によるものである。

外国の公園のような広大なキャンパス

環境

7万6千㎡という広大なキャンパスは、花や緑があふれ、放課後には、芝生の上で語り合う生徒の姿も多い。

施設は、多目的ホールやコンピュータ教室をはじめ、一周300mのトラック、野球場、サッカー場、トレーニングルームなどを備えた体育館、生徒ラウンジや自習室、350名収容の食堂や男子寮、女子寮も完備。

少人数制のレベル別授業を展開

カリキュラム

学年の3分の2を占める海外からの帰国生と、国内の中学校の出身者とが一緒

実力に応じた少人数レベル別授業

に学校生活を送っているのが特色。英語・国語・数学の授業は、4つのレベル別の少人数クラスで行われる。クラス分けは、単に帰国生とか一般生という生徒の経歴によるのではなく、3月末に行われる入学予定者のためのプレイスメントテストの結果、本人の実力に応じて決まる。実力の進展によってクラスの変更もある。

2・3年次では、興味や進路に合わせて科目を選択できる授業を多く設定。数学や理科、地歴公民などは、受験に必要な科目を選択できる。3年次には、演習中心の授業もあり、受験対策にも対応。また、海外の大学への進学に対応した授業も行われている。外国語の選択科目として、英語のほかに、フランス語、ドイツ語、スペイン語、中国語があるのも本校ならでは。基礎クラスは初心者対象。上級クラスはそれぞれの言語圏からの帰国生向けの高度な内容となっている。

全体を通して、レベル別授業や科目選択制を取り入れているため、少人数制(20〜25人)授業が多いのも特長。形式にとらわれない自由な雰囲気の授業で理解度を高めていく。

自由な校風で楽しいスクールライフ

学校生活

登校時間	夏	8:30	冬	8:30

国際的な学校らしく、服装から学校行事、クラブ活動にいたるまで、明るく伸びやかな校風を大切にしている。公認クラブは文化系7、運動系14があるが、運動系クラブは大会での成績よりもスポーツを楽しむことを、文化系クラブは定期演奏会などを目標に活動している。また、キリスト教講演会やクリスマス集会などが、年間を通じて行われている。3年次春に沖縄修学旅行が行われる。

ICUほか難関校進学指定校推薦も多い

進路

成績優秀者には併設の国際基督教大へ

の推薦入学制度があり、卒業生の3分の1が推薦を受ける。推薦入学を含めて国際基督教大に進学する者が最も多いが、難関私立大学を中心に、東大、京都大、東京外語大などの国立大学や海外の大学にも合格者を出している。また、現役合格率が高い(約90%)のも特長で、早稲田大、慶應義塾大、上智大、青山学院大など、多くの大学から指定校推薦を受けている。理系進学でも実績を上げ、国内大学から海外大学院へ進み研究者・技術者となる卒業生も多い。

ひとこと

国際基督教大学(ICU)高校
校長　中嶌裕一

本校での学びの主人公は生徒一人ひとり。帰国生と国内生が出会い、共に学び合い、共に分かち合う。異文化のぶつかり合いの中に自分を置いて、耐え、工夫して楽しむ。多様性が生み出す可能性を探しに来ませんか。

2024年度入試要項

試験日　12/16(帰国生推薦)　1/29(帰国生書類選考)　2/10(帰国生学力・一般)

試験科目　書類審査・面接(帰国生推薦・書類選考)
国・数・英(帰国生学力・一般)

2024年度	募集定員	受験者数	合格者数	競争率
帰国生推薦	60	129	80	1.6
帰国生書類	90	327	137	2.4
帰国生学力	10	45	17	2.6
一般	80	264	126	2.1

※一般は国際生徒枠若干名を含む

　卒業生有名人　村山斉(物理学者)、道傳愛子(NHK解説委員)、木内達朗(イラストレーター・デザイナー)

有利に　進学に
あり　併設校
特殊学科　芸術&
技能系　資格&
充実　施設が
が強い　スポーツ
活発　クラブが
重視　情操教育を
養成　国際人を
校風　自由な

国士舘 中学校 高等学校

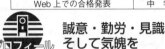

自らの適性を磨き、"生きる力"
を獲得する教育を目指す
多彩なコース制で進学率も上昇

SUPER INDEX P.81

制服 p.㉕

普通科（高校）
生徒数　114名（中学）
　　　　1017名（全日制課程）
　　　　200名（定時制課程）
〒154-8553
東京都世田谷区若林4-32-1
☎ 03-5481-3135（全日制課程入試係）
☎ 03-5481-5827（定時制課程）
東急世田谷線松陰神社前駅　徒歩6分
小田急線梅ヶ丘駅　徒歩13分

選抜クラスの教室風景

URL	中学	https://jhs.kokushikan.ed.jp/
	高校	https://hs.kokushikan.ed.jp/
Web上での合格発表	中学	○	高校	○

プロフィール　誠意・勤労・見識 そして気魄を

1917（大正6）年に国士舘義塾として創立し、国士養成のため、読書・体験・反省を実践し、誠意・勤労・見識・気魄を兼ね備える教育を行う。1948（昭和23）年の学制改革により国士舘中学校・高等学校に移行した。1994年より中学校と高等学校全日制課程普通科が男女共学となった。2004年より定時制課程も男女共学となり、2015年より午前・午後を選択できる昼間多部制となった。

環境　快適な校舎で充実した学校生活

本校は国士舘大学と同一キャンパスにあり、情報科PC教室や視聴覚教室、強制排気装置を備えた理科実験室をはじめとする最新設備の特別教室やホームルーム全教室に電子黒板を完備しており、体育館・柔道場・剣道場・人工芝グラウンド、シンクロナイズドスイミングが可能な深度可変式プールなど体育施設も充実している。学内でコンビニエンスストアが営業していて、生徒のほとんどが利用している。

カリキュラム　高校2年次より 文系3・理系1コースに

2015年度入学生から中学校で施設費・授業料を免除する「特待生制度」を開始した。基礎学力を充実させ、応用力を養うため、主要3教科に多くの時間をあて、特に英語は週に10時間ずつが各学年に配当されている。

高等学校では難関他大合格を目指す「選抜クラス」を設置し、学習指導のレベルアップを図っ

オーストラリア海外語学研修

ている。国士舘大学への内部進学も余裕がある。

毎日、中学から高等学校までの全学年で朝学習を実施し、基準以下の点数だった生徒には学習の質と量を補うため、20時30分まで利用できる自習室K-Improve（ケイ・インプルーブ）が設置されている。夏休みには希望者対象のオーストラリア海外語学研修が実施される。

学校生活　運動部は全国レベル の華々しい活躍

| 登校時間 | 中学 | 夏季 | 8：20 | 冬季 | 8：20 |
| | 高校 | | 8：20 | | 8：20 |

全国大会優勝の柔道部を筆頭に、剣道部、硬式野球部、サッカー部、陸上競技部（女子）、バスケットボール部、硬式テニス部、バレーボール部、水泳部、卓球部、日本拳法部、空手道部、新体操部、バドミントン部、チアリーディング部などが運動部。書道部、吹奏楽部、美術部、科学研究会、茶道部、イラスト部、パソコン同好会、ISO14001研究会が文化部で活動している。

進路　進学率 幅広く上昇中

国士舘大学への進学には約6割の優先枠があることに加え他大学への進学を希望する生徒が増えており、近年、筑波大、東京学芸大、東京農工大、東京都立大、新潟大、早稲田大、慶應義塾大、上智大、東京理科大、明治大、青山学院大、立教大、中央大、法政大、東京女子大などに合格実績を伸ばしている。2021年春、高等学校全日制課程卒業生323名のうち、他大進学104名、国士舘大学進学169名、専門各種学校26名、就職4名。

トピックス　明るく元気な生徒が 多いのが特徴

国士舘は「活学」と「心学」を柱に据えた教育を実践しながら、一人ひとりの可能性を引き出し、「生きる力」を育んでいる。創設者柴田徳次郎は100年以上前の国士舘創設時に、「活学」と称していわゆるPDCAを「読書・体験・反省」と掲げた。現在の生徒まで受け継がれる新しくも伝統ある実践である。「活学」のねら

いは「読書・体験・反省」を通して物事を客観的に捉え、社会の一員として活躍する人材を育成すること、そしてそのために必要な教養を育むこと。国士舘で行われる「考える力」「表現する力」に磨きをかけるための「校内読書感想文コンクール」や休みに行われる「海外語学研修」も活学の一環である。体育祭の応援合戦はチームメイトを応援する気持ちをチームワークで表現し競い合う。自分の力を社会で発揮し貢献できる生徒の育成に取り組んでいる。「心学」とは、道徳心や正義感、思いやりの心を備えた人材育成を前提に「心の通った心の学び」教育を行うこと。「心学」の一環として、国士舘では体育の授業で武道（柔道・剣道）を取り入れている。武道を通して、礼節やたくましい精神力を身につけた国士舘生は、日々の挨拶を欠かさない、明るく元気な生徒が多いのが特徴である。

2024年度入試要項

中学

試験日　2/1（第1回）　2/2午前・午後（第2回・第3回）　2/4（第4回）　2/5（第5回）

試験科目　国・算＋面接

2024年度	募集定員	受験者数	合格者数	競争率
第1回	40	88	46	1.9
第2回/第3回	15/15	54/38	19/14	2.8/2.7
第4回/第5回	10/若干	36/24	15/10	2.4/2.4

高校

試験日　1/22（推薦）
　　　　2/10または11（一般）

試験科目　適性〈国・数・英〉＋面接（推薦）
　　　　　国・数・英（一般）

2024年度	募集定員	受験者数	合格者数	競争率
推薦（全日制）	130	197	197	1.0
一般（全日制）10日/11日	130	183/130	170/102	1.1/1.3

進学に有利

併設校あり

芸術＆特殊学科

資格＆技能系

施設が充実

スポーツが強い

クラブ活動が活発

情操教育重視

国際人を養成

自由な校風

駒込中学校高等学校

340余年に及ぶ仏教的人間教育と主体性を育む新しい先進教育

SUPER INDEX P.75

制服 p.22

URL	https://www.komagome.ed.jp		
Web上での合格発表	中　学	○	高　校	○

普通科（高校）
生徒数　337名（中学）　1645名（高校）
〒113-0022
東京都文京区千駄木5-6-25
☎ 03-3828-4141
南北線本駒込駅　徒歩5分
千代田線千駄木駅　徒歩7分
都営三田線白山駅　徒歩7分

給食風景（中学）

プロフィール　最澄の教えのもと光り輝く人間に

天台宗の開祖・最澄の教え「一隅を照らす」── 自分のいる場所で全力で尽くし、光り輝いた人間になろう ── を建学の精神として1682年に創立された「勧学講院」を前身とする。

環境　高度情報化対応のIT新校舎完成

本校は漱石、鷗外、啄木らの旧居跡をはじめ、東大、お茶の水女子大などのキャンパスに囲まれた、緑豊かな、文学の薫りが高い、交通利便性にもすぐれた高台にある。

全館Wi-Fiが整備された地上6階・地下1階の校舎は、バリアフリーな教室に加え、コンピュータや芸術群の教室が5、6階に集中している。理科実験室も物理・化学・生物の3教室をそろえる。本校ならではの止観堂は、十一面観音菩薩像があり、一歩入った瞬間心を打たれる空間配置の美は圧巻である。談話コーナーのあるオープンフロアは吹き抜けで、明るい開放感に満ち溢れている。屋上庭園付きお茶室、可動式座席を兼ね備えた勧学ホール、生徒食堂を兼ねたKプラザ、サンクンガーデンのほか、校庭はロングパイル人工芝が敷きつめられ、さらに野球部のためのピッチングゲージがある。

カリキュラム　中高一貫教育で大学進学に力を注ぐ

高校校舎

将来、高い学力を確実に身につけられるように各自がタブレット端末を所持して、中高一貫のシラバスで段階的にステップアップしていけるよう指導している。中高ともに主要教科に標準よりも増加単位を組み入れている。また、電子黒板の利点を生かして、効率良く基礎学力を固め、さらに応用力の伸長を図り、将来のポートフォリオ入試にも即応できる指導を行っている。

中学の「国際先進コース」は6カ年一貫でアクティブ・ラーニングを展開して高1から下記の国際教養または理系先進のどちらかに接続することを前提として文理系それぞれの専門学習を早期から開始できるようにSTEM講座などを取り入れながら指導する。なお、英語力の高い生徒は中1から別枠で授業を展開する。

高1からは国際教養コース（海外大含む外語・国際系進学）、理系先進コース（STEM教育を軸に理系最難関進学）、特S・Sコース（国公立・最難関私大進学）に分かれて、特徴あるカリキュラムの下でその進路や実力に応じた体制をしく。高3では、受験対策の演習授業など特別指導体制をとっている。さらに放課後の特別講習会、夏期講習会、勉強合宿、オンライン学習を実施して、自立型学習を支援して校内完結型で学習の到達感が持てるように授業を行っている。また、中・長期の留学制度に加えて、ハワイ・マルタなどへの海外語学研修や英語で他教科を学ぶイマージョン講座など、充実したグローバル教育を提供している。

学校生活　四季の移り変わりを彩る各種行事

登校時間	中学	夏季	8：20	冬季	8：20
	高校	夏季	8：20	冬季	8：20

複数の海外語学研修、留学制度、海外修学旅行、体育祭、日光山研修、比叡山研修、芸術鑑賞などの多彩な行事を展開して、豊かな情操の育成と自律心の向上を図っている。クラブは、サッカー、バドミントン、野球、書道、和太鼓、吹奏楽など、活発に活動している。

進路　生徒の希望を尊重した指導

生徒のほぼ全員が進学を希望。授業中の受験指導に加え、補習や合宿も効果的に制度化して指導している。主な進学先は、東京、東京工業、国際教養、東京農工、東京学芸、電気通信、千葉、埼玉、早稲田、慶應、上智、東京理科、明治、青山学院、立教、中央、法政、学習院など。

2024年度入試要項

中学

試験日	2/1午前（第1回）　2/1午後（第2回） 2/2午前（第3回）　2/2午後（第4回） 2/4午前（第5回）
試験科目	国・算か国・算・理・社または適性Aか適性B（第1回）　国・算（第2・5回）国・算か国・算・理・社またはプログラミング〈算＋プログラミング〉か自己表現〈クリエイティブ型〉か英語〈国・算・英〉（第3回）国か算（第4回）

2024年度	募集定員	受験者数	合格者数	競争率
第1回 科目/適性	30/20	150/244	39/97	3.8/2.5
第2回	25	266	56	4.8
第3回 科目/発表英	15/10	163/39	53/19	3.1/2.1
第4回/第5回	10	113/170	17/59	6.6/2.9

高校

試験日	1/22（推薦Ⅰ・Ⅱ）　2/10（第1回） 2/11（第2回）　3/7（第3回）
試験科目	適性〈国・英か数・英〉＋面接（推薦）　国・英か数・英＋面接（併願優遇）　国・数・英＋面接（一般）

※理系先進コースの併願優遇は数・理＋面接、一般は数・理か数＋特色＋面接、国際教養コースの併願優遇は英・社＋面接、一般は英・社か英＋特色＋面接

2024年度	募集定員	受験者数	合格者数	競争率
推薦Ⅰ/推薦Ⅱ	120	89/266	89/266	1.0/1.0
第1回/第2回	120	333/214	292/126	1.1/1.7

※中・高とも、帰国生入試（12/9・2月）あり

　卒業生有名人　萩本欽一（タレント）、江口洋介（俳優）

東京

女子 幼 中 高 短 大 院

駒沢学園女子 中学校 高等学校

自分らしく輝く女性へ

普通科（高校）
生徒数 53名（中学） 488名（高校）
〒206-8511
東京都稲城市坂浜238
☎ 042-350-7123
京王相模原線稲城駅 バス7分
小田急線新百合ヶ丘駅 バス20分
東急田園都市線あざみ野駅
スクールバス35分
南武線稲城長沼駅 スクールバス14分

SUPER INDEX P.86

制服 p.29

URL	https://www.komajo.ac.jp/jsh/			
Web上での合格発表	中学	○	高校	○（一般）

プロフィール 禅の教えを通して まっすぐな心で生きる

1927（昭和2）年、道元禅師の教え「正念・行学一如」を建学の精神として設立。1989（平成元）年、世田谷から現在地に移転。「正念」とは坐禅のことで、坐禅によって本来の自分を確立することをいい、「行学一如」とは生きること（＝行い）と学ぶことを一致させること。つまり学習にもいろいろな活動にも意欲的で、人に優しく、自分の目標に対しては苦しくても信念を貫く、知性と理性を備えた心豊かな女性を育成することが目標である。

環境 豊かな自然の中で のびのび

東京ドーム4つ分の広いキャンパス内にあるグラウンドや校舎は、自然の環境にとけこむようにゆったりと配置され、教育設備も充実。各所に警備員と監視カメラを配置し、24時間のチェック体制を敷いているほか、災害を想定して、食料や燃料を備蓄している。また、臨床心理士が常勤する「心理相談センター」があり、親子で専門的なカウンセリングを受けることができる。

カリキュラム 「新しい学び」 スタート

高校では2019年度より、今までの学習プログラムをさらに進化させた、未来を切り拓くための「新しい学び」がスタートした。社会のどのような場所でも活躍できる女性の育成を目指したキャリア教育のプログラ

ム「ライフデザイン」。思考力・判断力・表現力を重視した探究型の授業「Komajo Quest」。本校の土曜日の授業は教科型の授業から離れ、グループワークやフィールドワーク、ICTスキルを身につけ発表する表現型授業が中心になる。そして生徒たちの個性を最大限に発揮でき、進路に直結する学びの「新しい選択科目」。選択科目には、受験科目はもちろん、併設女子大学を志望する生徒のための入門的な講座や社会に出てからの学びにつながる講座など幅広い選択科目がある。

また、英語の4技能をバランスよく習得するため、通常授業前の時間を活用し、毎朝10分間でListening & Speakingに特化した学習を行う。体験型英語学習施設への参加（中1・高1）や海外英語研修、派遣留学の制度なども充実している。スピーチコンテストやプレゼンなどの英語表現の活動が多くあり、着実に英語が使えるようになるプログラムがある。

特進クラス・進学クラスに加え、2024年度より英語クラスを新設し、英語に特化した新カリキュラムを設定。

学校生活 学校行事と クラブ活動

登校時間	中学	夏季	8：25	冬季	8：25
	高校		8：25		8：25

各学期に、体育祭・学園祭・合唱コンクールと大きな行事がある。体育祭は縦割りの3色で競い合い、学園祭ではクラスやクラブでの出し物・発表、合唱ではクラスごとの団結など、どれも大変盛りあがる行事だ。宿泊研修は中1ブリティッシュヒルズ英語研修、中2広島・関西研修旅行、中3海外修学旅行、高1永平寺参拝研修、高2では沖縄修学旅行がある。クラブ活動も大変盛んに行われていて、28のクラブに生徒たちの90％近くが参加している。

進路 キャリア教育 と進路

中学ではキャリア学習を主体に、社会人の講演会や職場体験、福祉施設訪問などを

通して社会への関心を深めていく。

高校では3年後の進路はもちろん、将来の生き方まで見通した進路学習を進めている。多くの進路ガイダンスや各種セミナー、人として女性として、将来のことを多角的に学び「ライフデザイン」という授業など、進路実現のための講座が多くある。

また、併設の女子大学には看護師・保健師を目指す学部や管理栄養士を目指す学部、心理や観光を学ぶ学群、短期大学には保育士・幼稚園教諭を目指す学科など女子に人気のある課程がある。

2024年度入試要項

中学

試験日 2/1午前（第1回一般、英語、プレゼン型、1科目選択）2/1午後（1科）2/2午前・午後（第2回一般、1科目選択）2/5午前（第3回一般）

試験科目 国・算か国・算・理・社・英から4科（第1回午前一般）国・算（第2回・3回一般）国か算（1科目選択・第1回午後）国か算か英（第2回午後）英＋面接（英語）プレゼンテーション・自己アピール（プレゼン型）

2024年度	募集定員	受験者数	合格者数	競争率
1回午前 一般	30	14	13	1.1
1回午前 英語/プレ	10/5	4/1	4/1	1.0/1.0
1回 1科/午後	5/5	3/9	3/8	1.0/1.1
2回午前 一般	10	7	6	1.2
2回 1科/午後	5/5	0/7	0/5	―/1.4
3回午前	5	2	1	2.0

高校

試験日 1/22（推薦）2/10（一般第1回）2/12（一般第2回）

試験科目 面接（推薦）国・数・英（一般）

2024年度	募集定員	受験者数	合格者数	競争率
推薦	100	8/57/4	8/57/4	1.0/1.0/1.0
第1回	140	8/146/5	8/145/5	1.0/1.0/1.0
第2回		2/8/1	2/8/1	1.0/1.0/1.0

※人数はすべて特進/進学/英語
※スライド合格含む

右端縦タブ：
進学に有利
併設校あり
芸術＆特殊学科
技能系＆資格
施設が充実
スポーツが強い
クラブ活発
情操教育を重視
国際人の養成
自由な校風

卒業生有名人 沙月愛奈（元宝塚歌劇団・ダンサー）、常盤貴子（女優）、戸田恵子（女優・声優）

169

駒澤大学高等学校

宗教教育を基本に
学業と実践の両立を目指す
課外活動でも個性を発揮

普通科
生徒数　1538名
〒158-8577
東京都世田谷区上用賀1-17-12
☎ 03-3700-6131
東急田園都市線桜新町駅・用賀駅
各徒歩13分
小田急線千歳船橋駅　バス10分

SUPER INDEX P.81

URL	https://www.komazawa.net/
Web上での合格発表	○

進学に有利
併設校あり
芸術＆特殊学科
資格＆技能系
施設が充実
スポーツが強い
クラブが活発
情操教育を重視
国際人を養成
自由な校風

プロフィール　行と学は一体という行学一如が建学の精神

学制改革により廃止された駒澤大学予科の後を受けて、1948年に開校。

日々の行いと学業は一体であり、どちらも大切にしなければならないという意味の「行学一如」を教育理念にしており、バランスのとれた人間性を育てることを目標としている。

また、「当たり前のことを当たり前にできる人間」こそが社会で活躍できるのだという考えのもと、挨拶、家族や友人への思いやり、身だしなみ、出席状況、提出物などをしっかりと指導している。校内には挨拶の声が響き、活発でありながら落ち着いた校風。3年間の教育活動の中で、素直で、コミュニケーション能力が高く、何事にも一生懸命に取り組む生徒たちを育てている。

環境　駒澤大学の施設も利用可能

渋谷から13分という交通至便の地にありながら、周辺には馬事公苑・砧公園といった緑地に恵まれた閑静な中にあるキャンパス。駒澤大学の玉川総合グラウンドや厚木球場も利用可能。

カリキュラム　こまめに行うテストで基礎学力アップ

1年次は、基礎学力の養成・充実に

自由に利用できる情報処理実習室

重点を置いたカリキュラムを編成し、芸術・武道以外は共通履修となる。また、英語では、2年次からネイティブスピーカーによる英会話教育も実施している。2年次より、主に駒澤大学への推薦入学を目指す進学コースと、他大学受験を目指す受験コースに分かれる。受験コースはさらに文系・理系に分かれ、徹底した受験指導を行う。3年次では、多彩な選択科目を設定し、徹底した進路別学習を展開する。また3学期には進路に合わせた「進路別学習」を採用。例えば歴史学科に進む生徒は史跡を探訪したり、福祉学科に進む生徒は福祉施設での体験学習に取り組んだり、あるいは大学の教授の講義を受けたりと、4月からの大学生活への準備をする。さらに、基礎学力の養成と学習習慣の定着を目的に、朝学習や漢字検定、文法検定、英単語試験、数学基礎テストを実施。各学年が全国規模のテストに参加するほか、3年次には、主に駒澤大学優先入学希望者を対象にした模擬試験や講習も行っている。

学校生活　個性を発見、伸ばすクラブ活動を奨励

登校時間	夏	8：35	冬	8：35

陸上競技大会や駒大高祭などのほか、年間を通じて行われる様々な法要や、永平寺・總持寺拝登、坐禅会といった宗教的な行事もある。夏休みには希望者を対象に、約3週間のカナダセミナーも実施している。また、部活動への参加を奨励しており、15の文化部と23の運動部がある。インターハイ出場のソフトテニス部、陸上競技部、2022・2023年と2年連続で東京都第3位のサッカー部、女子バスケットボール部、関東大会出場の男子・女子バレーボール部、剣道部など、運動部の各部は、いずれも全国大会や関東大会で優勝または入賞という実力を持っており、吹奏楽部も全国大会で金賞を幾度

吹奏楽コンクール全国大会金賞受賞

も獲得している。

進路　約70％が駒澤大学推薦入学をはたす

ほぼ全員が進学希望で、約97％が現役で合格。進学先は、優先入学制度のある併設の駒澤大学が最も多く、約67％を占める。他大学進学者は約27％で、東京工業大、東京学芸大、東京都立大、横浜市立大、早稲田大、慶應義塾大、青山学院大、中央大、明治大など。

トピックス　坐禅の実習を行う「坐禅堂」も

宗教学習の一環として坐禅の実習を行っている。屋上の一角にある「坐禅堂」で、クラスメートと共にただひたすら静かに座り、自己と向き合うことで、集中力や忍耐力を養っている。活気あるにぎやかな校内にあって、ここは常にお香の香りと静けさに包まれ、生徒たちの落ち着きを育てる場所となっている。

2024年度入試要項

試験日　1/22(推薦・併願優遇)
　　　　2/10(一般・併願優遇)
　　　　2/13(併願優遇)
試験科目　小論文＋面接(推薦、併願優遇)
　　　　　国・数・英＋面接(一般)

2024年度	募集定員	受験者数	合格者数	競争率
推薦	250	320	320	1.0
一般/併願優遇	250	339/374	143/374	2.4/1.0

東京
共学 高

駒場学園 高等学校

特別進学・国際コースの設置や
きめ細かい進路別指導で
現役合格率も上昇

SUPER
INDEX
P.85

普通科　食物調理科
生徒数　1191名
〒155-0032
東京都世田谷区代沢1-23-8
☎03-3413-5561
京王井の頭線池ノ上駅・駒場東大前駅、
東急田園都市線池尻大橋駅 各徒歩10分
小田急線・京王井の頭線下北沢駅
徒歩15分

URL	https://www.komabagakuen.ac.jp
Web上での合格発表	○

プロフィール
優れた学力と
豊かな人間性を育む

「四海に通じる人間形成の確立」という教育目標を掲げ、学識を高め、克己心を養う教育を行っている。また、集団生活の中で協調性を養い、国際社会に通用する資質を高めることを目標としている。

環境
恵まれた教育施設
富士を望む御殿場校舎

地下1階・地上5階の本校舎は冷暖房完備で、普通教室、コンピュータ教室、体育館、調理実習室、茶室などの施設が整えられている。

「御殿場校舎」は、富士山を望む広大な敷地に宿泊施設、グラウンド、体育館、弓道場などの体育施設を完備し、1年次の体験学習や勉強合宿、部活動合宿に利用している。

カリキュラム
授業での学力向上
日常学習での努力

普通科の特別進学コースは幅広い教養を身につけ、MARCHから国公立大学進学を目指す。国際コースはグローバルな視点から多様性をより深く理解し、難関私立大学への合格を目指す。進学コースは生徒の多様性や個性を大切にし、様々な進路実現ができる。食物調理科は「食」のスペシャリストを

目指し、徹底した実習指導で知識・技術を習得する。卒業と同時に「調理師免許」を取得できる。

学校生活
多彩な学校行事
充実した部活動

登校時間	夏	8:25	冬	8:25

1年次の学期ごとにクラス単位で行う「御殿場校舎」での体験学習では、ゴルフ・スキーなど季節に応じた体育の授業が展開され、集団生活の意義を学ぶ。

2年次には修学旅行として「体験旅行」があり、特別進学コースは種子島・屋久島を中心に九州の各都市へ、国際コースは大学での授業体験と語学研修を兼ねシンガポールへ、進学コースは各自が希望する北海道・島根県・広島県・香川県の各都市に分かれ、食物調理科はベトナム・タイを訪問し、東南アジアとフランス料理の研修を実施している。他にも、文化祭、体育大会、球技大会や校外での芸術鑑賞会、各部の定期戦、発表会など、多彩な年間行事が目白押しだ。

部活動は、体育部門27部、文化部門16部、同好会5が活発に活動している。新体操部、アメリカンフットボール部、チアリーディング部、ゴルフ部、スケート部などは、全国大会で上位入賞などの実績がある。

進路
適切な進路指導で
有名私大合格者が続出

1年次より、徹底した進路調査・指導を実施している。学内外の模擬試験や、資料を自由に閲覧できる進路指導室の活用など、きめ細かな進路指導により、現役合格率も年々上昇している。普通科卒業生の主な進路は、青山学院、亜細亜、慶應、國學院、駒澤、上智、成蹊、成城、専修、中央、東京都市、東京理科、東洋、日本、法政、明治、明治学院、立教、早稲田など。食物調理科の卒業生は、専門知識・技術を生かして就職する生徒が半数、大学に進学する生徒が半数となっている。

2024年度入試要項

試験日　1/22（推薦）
　　　　2/10（一般第1回）
　　　　2/11（一般第2回）
試験科目　適性〈国・数・英〉＋面接（推薦）
　　　　　国・数・英＋面接（一般）

2024年度	募集定員	受験者数	合格者数	競争率
特別進学推薦	160	4	4	1.0
国際・推薦		7	7	1.0
進学・推薦		143	143	1.0
特別進学一般	120/40	109/68	101/57	1.1/1.2
国際・一般		53/46	52/40	1.0/1.2
進学・一般		958/454	919/420	1.0/1.1
食物・推薦	20	22	22	1.0
食物・一般	15/5	17/16	15/13	1.1/1.2

※一般の人数は第1回/第2回。普通科進学コースの推薦は、部活動推薦を含む

進学に有利
併設校あり
芸能系＆特殊学科
資格＆技能系
施設が充実
スポーツが強い
クラブが活発
情操教育を重視
国際人を養成
自由な校風

卒業生有名人　那須野巧（元プロ野球選手）、勝田和宏（アナウンサー）、岡本信人（俳優）

駒場東邦 中学校 高等学校

完全中高一貫教育で学習の効率化を図る。難関大学へも多数進学

普通科（高校）
生徒数 716名（中学） 689名（高校）
〒154-0001
東京都世田谷区池尻4-5-1
☎ 03-3466-8221

SUPER INDEX P.85

京王井の頭線駒場東大前駅、
東急田園都市線池尻大橋駅 各徒歩10分

URL	https://www.komabajh.toho-u.ac.jp
Web上での合格発表	○

食堂は楽しい語らいの場

プロフィール 建学の精神で着実な発展

1957（昭和32）年、学校法人東邦大学が設置した学校。

「科学的合理的精神と自主自律の気概をもって、人類の福祉に貢献する人材」を育成することを教育目標にかかげ、生徒の個性や能力を伸ばしている。

6年間一貫教育を実践し、高校の外部募集は行っていない。

環境 9室ある実験室と室内温水プール

およそ2万㎡の敷地に、普通教室33室、分割授業教室6室、理科実験室9室、講堂、美術室、音楽室、トレーニングルーム、体育館、25m×7レーンの室内温水プール、柔道場、剣道場、真新しい人工芝グラウンドなどがある。

7万4千冊の蔵書を誇る図書室は、自主的な研究調査や学習の場として、情報、勉学の中心。250名収容の食堂は、メニューも豊富だ。また、東邦大学医療センター大橋病院が近くにあり、生徒の健康と安全に協力してくれるのも心強い。

カリキュラム 一貫教育の利点をいかした授業展開

学習方針は、全教科で「自分で考え、答えを出す」習慣をつけること、そして早い時期に「文・理」に偏ることの

伝統の紺の詰襟制服

ないように、各教科でバランスの取れた能力を身につけることを第一にかかげている。中学では自分で作成するレポート提出が多く、受験のために「文系・理系」のコースに分かれるのも高3になってから。分割授業も積極的に取り入れ、少数教育による理解の徹底と実習の充実を図る。

国語は、中1で表現活動を中心とした独自の科目を設け、対話力・伝える力を養う。中2以降は現代文で文庫本を1冊丸ごと扱うなど、独自性の高い授業を実施。高3では問題演習を主としながら、高度な国語力を養成する。

数学は、自ら学ぶ姿勢を確立するため、「必ず予習してから臨む」ということを指導の柱として徹底。高2までに高校課程を修了し、その後は入試に即した演習問題を中心とした授業となる。

英語は、中1・2はすべて20人の少人数授業を行い、教科書は6年一貫校用のNEW TREASUREを使用している。外国人講師による英会話およびライティングの指導も行い、読解力のみに偏ることのない総合的な英語力の育成を目指している。

学校生活 様々なクラブ自主的なイベント

登校時間	中学	夏季	8：20	冬季	8：20
	高校		8：20		8：20

学校生活の基本は、生徒が主役であると考え、生活指導の基本は生徒の自主、自律の精神を尊重している。

クラブ活動、文化祭、体育祭などの運営において、上級生が下級生をしっかりと導き、よく面倒をみるのが伝統となっている。

また、非常に多彩なクラブおよび同好会が存在する。文化部は、化学部、囲碁部、ブラスバンド部など16部、体育部は、軟式野球部、サッカー部、アーチェリー部、ラグビー部など16部。同好会は、日本之城、航空、釣り、ゴルフなど14種ある。

進路 理想の実現が進路指導の目標

有数の進学校として知られ、生徒一人ひとりの志望に沿った行き届いた指導の結果、毎年の進学実績は堅調。

2023年3月には、東大72名、京都大11名、東京工業大8名、一橋大13名、その他の国公立大に45名、慶應義塾大105名、早稲田大127名、その他の私立大に315名が合格している。

東邦大学医学部へは、東邦大学付属東邦高校と合わせて20名程度の内部特別選考制度がある。

国際化 短期交換留学制度など

卒業生の寄付金で設立された交換留学生基金を利用して、米国スティーヴンソン校との短期交換留学制度を1983年から実施している。2012年より中華民国国立台南第一高級中学との間でも、交換留学を実施。現在、単なる語学研修ではない本校ならではの留学制度について検討中。

2024年度入試要項

中学

試験日 2/1
試験科目 国・算・理・社

募集定員	受験者数	合格者数	競争率
240	627	297	2.1

高校 募集せず

卒業生有名人 秋山仁（数学者）、出雲充（実業家）、南雲吉則（医師）

東京

共学　中高

桜丘 中 学 校 高等学校

「質の高い授業」による進学教育とコミュニケーション能力を育てるタブレットを活用したICT教育

SUPER INDEX P.77

制服 p.㉓

普通科（高校）
生徒数　489名（中学）　1043名（高校）
〒114-8554
東京都北区滝野川1-51-12
☎ 03-3910-6161
京浜東北線王子駅　徒歩7分
南北線王子駅、都営三田線西巣鴨駅
各徒歩8分

URL	https://sakuragaoka.ac.jp/				
Web上での合格発表		中学	○	高校	○

授業内でのグループワーク

プロフィール　時代に対応した教育

「自立した個人の育成」を教育目標に、1924（大正13）年に創立。2004（平成16）年から共学校に改変。授業見学や授業アンケートなどにより「質の高い授業」の提供を行い進学実績を伸ばしている。また、時代に対応したコミュニケーション能力を育成するために英語とタブレットを活用した教育を進めている。

環境　快適で知性溢れる学習空間

校舎は、落ち着いた雰囲気で生徒の過ごしやすさに配慮している。複合情報検索施設としてSLC（Sakuragaoka Learning Commons）や20時まで使える自習室、常駐しているチューターなど最先端の学習環境が生徒をサポートしている。

カリキュラム　進学・英語・探究の三本柱

英語教育では、ネイティブスピーカーの教員が11名という恵まれた環境にあり、英語や外国人が特別でない意識を持つことができる。
生徒のキャリアをより良いものにするためのきっかけとして、探究活動にも力を注いでおり、起業家精神教育など

外国人教師による充実した英語カリキュラム

を通じて未来の自分を創造する時間を設定している。
高校では、最上位コースであるスーパーアカデミックコース、難関大学合格と部活動が両立できるアカデミックコース、秀でた英語力と広い視野を武器とし世界で活躍できる力を育てるグローバルスタディーズコース、次世代型のキャリア教育や企業体験などを通じ、自分の得意を育て続けるキャリアデザインコースに分かれる。

学校生活　多彩な行事を通じて実り多い学校生活

登校時間	中学	夏季	8：15	冬季	8：15
	高校		8：15		8：15

体育祭や中高合同で行われる桜華祭は生徒会を中心として運営され、生徒の自主性を重んじている。国内での研修旅行や希望制の海外研修など年間を通じてバラエティに富んだイベントが用意されている。

進路　急増する大学進学と的確な進学指導

データベースを用いてデータ分析に基づいた的確な進学指導を実施。進学実績は着実に伸びている。2023年の主な進学先は、北海道、筑波、千葉、九州、神戸、早稲田、慶應、上智、東京理科、学習院、明治、青山学院、立教、中央、法政など。

国際化　交換留学や語学研修で異文化理解体験

オーストラリアとアメリカにある4校の姉妹校との3〜10週間の交換留学を実施。夏休みにはフィリピンセブ島で英語研修。1日6時間のマンツーマンレッスンと2時間のグループレッスンにより、会話力を着実にアップしている。

2024年度入試要項

中学

試験日　2/1午前・午後（第1・2回）　2/2午前・午後（第3・4回）　2/4（第5回）

試験科目　国・算または国・算・理・社
※第1回は適性検査A、第3回は適性検査（AまたはB）か英検による保証点＋算もあり

2024年度	募集定員	受験者数	合格者数	競争率
第1回	40	252	116	2.2
第2回		176	29	6.1
第3回	15	290	113	2.6
第4回	15	159	19	8.4
第5回	10	150	32	4.7

高校

試験日　1/23（単願推薦・併願Ⅰ）
　　　　2/12（併願Ⅱ）

試験科目　適性〈国・数・英〉（単願推薦・併願Ⅰ）　国・数・英（併願Ⅱ）

2024年度	募集定員	受験者数	合格者数	競争率
Sコース	10/15	21/37/33	21/37/27	1.0/1.0/1.2
Aコース	25/35	120/86/135	120/81/128	1.0/1.1/1.1
Gコース	10/10	28/25/47	28/24/47	1.0/1.0/1.0
Cコース	20/5	46/3/5	46/1/3	1.0/1.0/1.7

※人数はすべて単願推薦/併願Ⅰ・Ⅱ
※S：スーパーアカデミック、A：アカデミック、G：グローバルスタディーズ、C：キャリアデザイン

進学に有利

併設校あり

芸術&特殊学科

資格&技能系

施設が充実

スポーツが強い

クラブが活発

情操教育を重視

国際人に養成

自由な校風

東京

共学 幼 小 中 高 短

サレジアン国際学園中学校・高等学校

（旧 星美学園中学校・高等学校）

ケンブリッジ国際認定校として世界標準の教育を提供

普通科（高校）
生徒数 321名（中学） 215名（高校）
〒115-8524
東京都北区赤羽台4-2-14
☎ 03-3906-0054
京浜東北線・埼京線赤羽駅 徒歩10分
南北線赤羽岩淵駅 徒歩8分

SUPER INDEX P.76

制服 p.23

URL	https://www.salesian.international.seibi.ac.jp			
Web上での合格発表	中 学	○	高 校	○（一般）

プロフィール 創立者の意思を次なる時代へ

2022年4月より、星美学園中学校高等学校が男女共学の、サレジアン国際学園中学校高等学校として新たにスタート。同時に、創立者の聖ヨハネ・ボスコの教育理念を、グローバル化が進展した現在の世界に新たに捉え直し、「21世紀に活躍できる世界市民の育成」を目指す学校教育もスタートした。

環境 整えられたICT環境

全普通教室にプロジェクターと電子黒板を設置。また、全校生徒は学習用のタブレット端末を持っており、アプリによる学習支援や情報共有などあらゆる場面で活用している。

カリキュラム 個性をのばし、可能性を広げるコース・クラス選択

新入生の4人に1人が帰国生入試からの入学者である。ケンブリッジ国際認定校として世界標準の教育を提供する。

中学では、本科クラスとインターナショナルクラスに分かれる。さらに、インターナショナルクラスでは、週10時間の英語授業のあるSGと数・理・社も英語で授業が行われるAGのグループに分かれている。

また、高1からは本科クラスとインターナショナルクラスに分かれる。本科コースではPBL型授業を軸に確かな学力を構築。2年次からは将来の目標に合わせて専門性を磨くカリキュラムを編成。また、国公立・

難関私立大学や先端研究を行う理系の大学に対応した受験指導も行う。インターナショナルクラスでは、中学と同様にSGとAGのグループ別のカリキュラムを編成し、英語で学ぶ国際系大学への進学を視野に入れた指導体制も整えられている。

高校からの入学生は本科コースとハイレベルな英語授業と国際探究・航海型探究学習が特徴のグローバルスタディーズコースに分かれる。

学校生活 生徒主体で行われる部活動や学校行事

登校時間	中学	夏季	8:15	冬季	8:15
	高校		8:15		8:15

部活動をPBL型授業での学びを実践する場と捉えられており、部の設立から運営まで、生徒が中心となり主体的に取り組んでいる。幅広い学年との交流、部活動間での話し合いや意見をまとめる経験を通して、各部活動の専門的な知識・技術だけでなく、世界市民として活躍するための社会性を身につけることを目指す。また、男子生徒の受け入れにより、新たな部活動の設立にも期待が寄せられている。学校行事は、体育祭・学園祭のほか、カトリック校ならではの聖母祭、クリスマスミサなどが盛大に行われる。さらに、生徒会では、福祉施設の慰問・献金など、国内外の救助活動を行っている。

トピックス 生徒の希望を叶える留学プログラムを提供

高校1年次より、生徒たちの希望に合わせた留学プログラムを用意。1年間の留学制度または3か月間のターム留学制度を選択することができる。どちらもオーストラリアのクイーンズランド州立高校で、EQI（クイーンズランド教育省）と連携を取り、留学を希望する生徒の学びたいことや望む環境にマッチした学校を留学先として提供する。帰国後は現地で取得した単位を本校の単位に互換し、もとの学年に戻ることができる。

進路 豊富な指定校推薦枠

国公立大学や早稲田大、慶應義塾大、明治大など難関私立大への合格実績が伸びている。上智大、青山学院大、法政大、聖心女子大、白百合女子大、清泉女子大などに指定校推薦枠があり、卒業生の80％以上が4年制大学へ進学している。

上智大学とは高大連携を締結している。

2024年度入試要項

中学

試験日　11/11（第1回帰国生）　12/3（第2回帰国生）
1/8（第3回帰国生）　2/1午前・午後（第1回・国際生①・第2回）　2/2午前・午後（第3回・国際生②・第4回）　2/3（第5回・国際生③）
2/5（21世紀型）

試験科目　国・算または国・算・理・社（第1・3・5回の本科・インターナショナルStandard）　英＋英語エッセイ＋面接〈英語・日本語〉（第1・3・5回のインターナショナルAdvanced）　国・算・理・社から2科（第2・4回）　思考力問題または国・算・理・社から2科（21世紀型）

2024年度	募集定員	受験者数	合格者数	競争率
第1回	20/20	29/40	16/26	1.8/1.5
第2回	20/10	49/38	34/15	1.4/2.5
第3回	10/20	15/27	9/10	1.7/2.7
第4回	10/10	19/21	12/10	1.6/2.1
第5回	10/15	17/51	14/38	1.2/1.3
21世紀型	5	10/8	7/5	1.4/1.6

※定員は本科/インターナショナル
※帰国生・国際生入試の募集は若干名

高校

試験日　1/22（A・B推薦）　2/11（一般）
試験科目　作文（A・B推薦）
　　　　　国・数・英（一般）

2024年度	募集定員	受験者数	合格者数	競争率
推薦/一般	50/50	44/42	44/39	1.0/1.1

※定員は推薦・一般ともに本科コース30名・グローバルスタディーズ20名

進学に有利 / 併設校あり / 芸術＆特殊学科 / 資格系＆技能系 / 施設が充実 / スポーツが強い / クラブが活発 / 情操教育を重視 / 国際人を養成 / 自由な校風

174　卒業生有名人　大熊理津子（マリンバ奏者）、吉本多香美（女優）、愛花ちさき（宝塚歌劇団 宙組）

東京

共学　小中高

サレジアン国際学園世田谷中　学　校高等学校

(旧　目黒星美学園中学高等学校)

2023年に校名変更・共学化
21世紀に活躍するための
「世界市民力」を育成

普通科（高校）
生徒数　285名（中学）　174名（高校）
〒157-0074
東京都世田谷区大蔵2-8-1
☎ 03-3416-1150

SUPER INDEX P.82

小田急線祖師ヶ谷大蔵駅　徒歩20分
東急田園都市線二子玉川駅　スクールバス
ス　小田急線成城学園前駅　バス10分

制服 p.26

URL	https://salesian-setagaya.ed.jp
Web上での合格発表	○

プロフィール　校名変更・共学化へ

　全人教育を行うカトリック・ミッションスクールとして1960年に開校した目黒星美学園中学高等学校は、2023年4月に校名変更し、2コース制の共学校として生まれ変わった。全教科PBL型授業・英語教育・探究活動を柱に新たな教育が始動する。

学校生活　学園が力を入れている教育

登校時間	夏	8：25	冬	8：25

（1）「世界市民力」を身につけた人を育てるための教育の5つの柱
・「考え続ける力」…経験したことのない諸問題に対して論理的に解決法を探る力
・「言語活用力」…多様化する社会で他者と意思疎通を図るための英語を中心とした力
・「コミュニケーション力」…さまざまな価値観を持つ人々と協働するのに欠かせない力
・「数学・科学リテラシー」…科学的に思考・判断する力
・「心の教育」…上記4つの力を培う礎となるカトリック・ミッションスクールとして心を育てること
（2）全教科で実施するPBL（Problem Based Learning）型授業
　知識の習得とともに、「多様な考え方に触れ、考察を重ねたうえで、結論を導き出す」というプロセスを繰り返し、あらゆる問題に対して論理的に解決法を探る力を育てることを重視。そのため、問題解決型授業である

PBL型授業を実施。ディスカッションやプレゼンテーションの機会を数多く設けて能動的な学びを6年間繰り返し実践していく。

カリキュラム　2コース制を導入し英語教育と探究学習に注力

　「本科クラス」「インターナショナルクラス」ともに圧倒的な英語の授業時間数を確保し、言語活用力を飛躍的に伸ばす。また、生徒の学ぶ意欲を高めるために探究学習にも注力する。
（1）本科クラス（以下、本科）…英語の授業は週8コマで、日本人教員による英語の授業のほか、インターナショナルティーチャーによるオールイングリッシュの授業を多く用意している。また、本科での特色は探究学習に特化した「ゼミ」を週2コマ実施すること。中2から高2まで4年間、一つのゼミに所属し、学年の枠を超えた少人数のグループで協働しながら、自ら選んだ専門分野の研究に取り組む。生徒の知的好奇心を刺激し、それぞれの興味・関心に合わせて研究に打ち込める9種類のゼミを設置。
（2）インターナショナルクラス（以下、インター）…帰国生やインターナショナルスクール出身者など、高い英語力をすでにもつ生徒が集うアドバンストと、英語ゼロベースだが高い英語学習意欲をもつ生徒が集うスタンダードの2つのグループで構成。ホームルームはアドバンストとスタンダードの混合クラス。担任はインターナショナルティーチャー、副担任は日本人の教員が務める。学校生活そのものが「英語で学び、英語で考える」機会であるそうした環境の下、日常的に国際感覚を磨いていく。なお、アドバンストでは英語・数学・理科・社会の4教科の授業がオールイングリッシュで行われ、各専門分野をもつインターナショナルティーチャーが指導する。
　インターの英語は週10コマで、週8コマはアドバンストとスタンダードは分かれて学ぶが、週2コマは混合クラスとなり、インターの特色である「サレジアン・アカデミック・プログラム」（SAP）で探究学習や国際交流活動に取り組む。スタンダードの週8コマの英語もすべてオールイングリッシュ。

（3）豊富な海外留学プログラム
　2年～3年次は短期留学を、4年次は長期・短期・ターム留学の機会を設け、任意で参加可能になる予定。

進路　海外の大学進学も視野に指導

　生徒の全員が大学進学を希望している。希望者対象の研修や放課後講座など充実している。担任はもとより進路指導部の教員が随時、受験相談に応じ、生徒一人ひとりの適性に合ったきめ細かい指導をしている。今後は、海外の大学や国内の国際教養系の学部など、幅広い進路が実現できるようにカリキュラムの検討を進めている。
　数多くの指定校推薦枠がある。医・歯・薬・看護を目指す生徒も毎年一定数いる。

2024年度入試要項

中学

試験日　11/12・12/10・1/7（帰国生）　2/1午前（第1回）　2/1午後（第2回）　2/2午後（第3回）　2/3午後（第4回）　2/5午前（第5回）

試験科目　国・算（帰国生本科・スタンダード）　国・算または国・算・理・社（第1回・2回）　国・算・理・社（第3回特待生・第5回）　思考力（第4回21世紀型）　国・算・理・社から2科（第4回自由選択2科）
　　※帰国生・第1・3・5回のアドバンストは英＋英語エッセイ＋面接（英語・日本語）

2024年度	募集定員	受験者数	合格者数	競争率
第1回/第2回	90	90/232	23/72	3.9/3.2
第3回/第5回		92/81	25/9	3.7/9.0
第4回 21世紀自由選択		167	22	7.6

※定員は本科60名、インターナショナル30名
※他に、サレジアン国際生入試（2/1、2/2）あり

高校　募集せず

卒業生有名人　中井美穂（元アナウンサー）、絵麻緒ゆう（元宝塚）

進学に有利に

併設校あり

芸術&特殊学科

資格&技能系

施設が充実

スポーツが強い

クラブ活発

情操教育を重視

国際人を養成

自由な校風

175

男子　小中

サレジオ 中学校

キリスト教精神に基づいた小規模校
自ら考え創造し、工夫する学習で
生徒の個性を伸ばす教育を実践

URL	http://www.salesio.ac.jp/

生徒数　67名
〒187-0021
東京都小平市上水南町4-7-1
☎042-321-0312
中央線武蔵小金井駅・国分寺駅
・西武新宿線花小金井駅　各バス
西武新宿線小平駅　銀河鉄道バス

SUPER
INDEX
P.88

左側縦タブ：
進学に有利に
併設校あり
芸術&特殊学科
資格&技能系
施設が充実
スポーツが強い
クラブが活発
情操教育を重視
国際人を養成
自由な校風

プロフィール　キリスト教理念により自立した人間を育成

1948（昭和23）年、東京サレジオ学園中学校として創立。1963年にサレジオ中学校と改称した。

戦災孤児の救済と教育を目的として創立された。サレジオ会の創立者ドン・ボスコの教え（伝わる愛情・道理・宗教）に基づき、心のふれあい・信頼関係を土台に、キリストの教えの実践と理にかなった、真に成熟した人間に形成されるよう指導することを教育理念としている。また、教育の狙いは、サレジオに学ぶ子供たちとその家族がキリストのように真の隣人として家庭、地域、世界に関わっていくように成長することである。

環境　武蔵野の面影が残るキャンパス

人間は幼い日の心象に焼きつけられたイメージを、生涯持ち続けるという。ドン・ボスコは教育には優れた教育者と豊かな教育環境が必要であると教え、本校では子供たちを開放的で明るい自然の中で教育している。校舎は武蔵野の豊かな自然を生かし、オープンスペースを充分に取り入れた建物で、小学校教室棟、中学校教室棟、そして理科室や美術・技術室、パソコン室などが入った特別教室棟、講堂棟、体育館、プールから成っている。

校舎

カリキュラム　基礎学力を充実

1クラス30名の少人数制クラス編成の特色を生かし、のびのびと学校生活を送りながら、自ら考え、創造し、工夫する学習を通して個性豊かな人間に成長することを目指しており、可能性を開花させ、社会で自立できる人間になるために必要な基礎学力と教養を身につけるように指導している。さらに英検・漢検・数検は、年に複数回の受検機会を設定し、多くの生徒が積極的に取り組んでいる。

また、全人教育の一環として、芸術や体育の授業も重視し、生徒各自に、豊かな感性を磨き、健康な肉体をつくる意欲を抱かせるよう働きかけている。さらに、宗教の授業を必修として、キリスト教精神の理解と実践に努めている。

学校生活　全員参加のクラブで健康と協調性を養う

登校時間	夏	8：30	冬	8：30

心身を鍛え、克己心や協調性、責任感を養う機会として、部活動を重視しており、生徒全員が身体と情操の両面での充実が図れるように指導している。部活動はバレーボール部、サッカー部、その他の体育系の部活や文化系の部活があり、生徒全員がいずれかの部に所属し、技術の向上だけでなく、友人、先輩、後輩、先生たちとの交流を深める場となっている。

毎年6月に開催される体育祭と、11月の文化祭が、本校の最も大きな学校行事で、小規模校ならではの、手作りで温かみのある姿勢が随所に見られてほほえましい。そのほか3年次には、修学旅行も行われる。

進路　一人ひとりの適性・能力に応じた進路指導

生徒一人ひとりが、それぞれの適性と才能に応じて志望する学校に進めるように、指導している。5カ年の徹底した技術教育を行う系列校のサレジオ工業高等専門学校への推薦入学制度があり、毎年数名の生徒が入学している。

2024年度入試要項

試験日　2/2（一次）　2/9（二次）
試験科目　国（作文）・算＋面接（自己PR）

募集定員	受験者数	合格者数	競争率
30	29	28	1.0

東京

共学 | 高専

サレジオ 工業高等専門学校

デザイン学科 電気工学科
機械電子工学科 情報工学科
学生数　788名
〒194-0215
東京都町田市小山ヶ丘4-6-8
☎ 042-775-3020

SUPER
INDEX
P.86

京王相模原線多摩境駅　徒歩約10分
横浜線橋本駅　バス約5分

制服
p.㉙

国内唯一のミッション系高専
先進技術に対応した4学科で
未来型のエンジニアを育成する

URL	https://www.salesio-sp.ac.jp/
Web上での合格発表	○

**プロフィール　心と技術
両面からの人間教育**

　1935(昭和10)年、カトリック・サレジオ会により「東京育英工芸学校」として創立。その後、数度の校名変更と改組を経て、2005(平成17)年に現在の「サレジオ工業高等専門学校」となる。学科はデザイン・電気工学・機械電子工学・情報工学の4学科が配置されている。高等専門学校唯一のミッションスクールとして、「神は愛なり、技術は人なり、真理は道なり」を教育理念にかかげ、全人教育を目指している。5年間一貫の教育により、徹底した専門技術と共に、幅広い一般教養を修得することに重点を置く。また、高専卒業後に進学できる専攻科(2年制・生産システム工学専攻)では、科学技術の発展、高度化、国際化に対応できる、より深い専門的知識、研究開発能力を持つエンジニアを養成している。卒業時には「学士」の資格修得が可能である。

**環境　最新で充実した
実験実習設備と施設**

　冷暖房を完備した普通教室、情報教育センターの他、サレジアンホール(チャペル)、人工芝グラウンド、MCルーム、制御工学実験室、無響音室、NC加工室(3Dプリンター等)、工作機械を揃えた「夢工房」「デザイン工房」などの教育研究施設が建ち並ぶ。また、

デザイン学科　電気工学科　機械電子工学科　情報工学科

自然光を取り入れた図書館や食堂など、楽しい学校生活を支える施設も充実している。

**カリキュラム　普通高校とはひと味
違ったプロへの道**

　5年間で大学の教育課程にまで相当する内容のカリキュラムが組まれている。1・2年次は基礎課程とし、特に数学・英語に多くの時間を配して基礎学力の充実を図る。3・4・5年次は専門課程と位置づけ、専門科目を多く設ける。各学科とも、1年次より専門科目を設けているのも特徴である。
　デザイン学科は、幅広い分野で「ものづくり」に携わり、柔軟な発想で未来を創造する人材を育成。「プロダクト＆インテリア」「ヴィジュアルコミュニケーション」の2つを教育の柱としている。**電気工学科**は、電気エネルギーの発生から有効利用までを総合的に学び、あらゆる産業界で活躍できる技術者・研究者を育成。**機械電子工学科**は、機械・電子複合技術すなわちメカトロニクスを意識した技術者育成の教育を実践する。**情報工学科**では、情報工学の基礎と共にハードウェア、ソフトウェア、ネットワーク技術を身につけ、豊かな発想と実践的な能力を備えたエンジニアを育成。
　また、プロジェクト教育として各種大会、高専ロボコン、ソーラーカー、高専プログラミングコンテスト、デザインコンペティション等にも積極的に参加している。

**学校生活　5年間だからこそ
のびのびと楽しめる**

登校時間	夏	9:00	冬	9:00

　充実した学生生活に欠かせない年間行事には、1年次の野尻湖サマーキャンプ、1～3年次対象のオーストラリア語学研修、4年次のシンガポール研修旅行をはじめ、5月の競技大会や11月の学園祭、12月のクリスマス会など、学校全体で盛

り上がるイベントもそろっている。
　また、クラブ活動は体育系10、文化系9、同好会2団体がある。

**進路　優良企業に多数就職
国公私大学3年に編入も可**

　高専5年間の教育は普通高校の課程だけでなく、理工系大学と同等の実験・実習を中心に行っている。独自のカリキュラム・学校生活で培った実践力・研究力を活かし、理工系国公私立大学への3年次に編入が可能となっている。進学実績として神戸大、岐阜大、電通大、東京農工大、長岡技術科学大、上智大、デザインの分野では千葉大、多摩美、武蔵美など。就職では低学年からのキャリア教育を通し、富士通、東芝、JR各社、リコー、IHIなど大手企業への就職が可能で、進学率、就職率はほぼ100%である。技術創造立国を支えてきた高専卒業生たち、高専は特別な制度を持った高等教育機関の学校だ。

2024年度入試要項

試験日　12/17(AO)　1/14(特待)
　　　　2/3(併願2・学力選抜1)
　　　　3/9(学力選抜2・帰国子女)

試験科目　面接(AO・特待)
　　　　書類選考(推薦・併願1)
　　　　国・数・英＋面接(併願2・学力選抜・帰国子女)

2024年度	募集定員	受験者数	合格者数	競争率
デザイン				
電気工学	180	167/42/65	167/42/60	1.0/1.0/1.1
機械電子				
情報工学				

※人数はすべて12/17、1/14、2/3
※第二志望学科合格者は第二志望先の合格者に計上

卒業生有名人　常盤響(写真家)、岩崎一郎(デザイナー)、高田純(物理学者)

縦書き欄（右端）：
有進
利に
あり併
設
校
芸術＆
特殊学科
資格＆
技能系
施設が
充実
スポーツ
が強い
クラブ
活発が
情操教育を
重視
国際人を
養成
自由な
校風

東京／全国

共学　高　専

学校法人
大阪滋慶学園 **滋慶学園** 高等学校

すべての夢の入り口に！
あなたらしい学びのスタイルで
未来を広げる通信制高校！

URL	https://www.jghs.ed.jp

普通科
（東京学習サポートコース）
生徒数　99名（2023年10月現在）
〒134-0088
東京都江戸川区西葛西3-14-8
（東京スクールオブミュージック＆ダンス
専門学校内）
 SUPER INDEX P.73
☎0120-532-304
東京メトロ東西線西葛西駅　徒歩3分
 制服 p.⑱

左側縦書きラベル：
有利に 進学に
あり 併設校
芸術＆ 特殊学科
資格系＆ 技能系
施設が 充実
スポーツが 強い
クラブ活動が 活発
情操教育を 重視
国際人を 養成
自由な 校風

プロフィール 一人ひとりの可能性を広げる教育

　2018（平成30）年、美作キャンパス（岡山県）を本校として「誠実・克己・仁恕」の校訓に基づき、感情や欲望に負けず、思いやりを持てる生徒の育成を目的とし開校。一人ひとりの多様な専門力を育成する滋慶学園グループの利点を活かし、「実践教育、人間教育、国際教育」の3つを建学理念として、未来の可能性を広げる教育を実践している。

環境 充実のサポート体制

　東京メトロ東西線西葛西駅から徒歩3分のところに位置している。少人数授業による学び直しや進学サポート、マンツーマンでの学校生活サポート、提携病院での内科・歯科の保険内診療無料受診や専門カウンセラーによる心身サポートなどで在校生が快く高校生活を送れるようバックアップ。全国に80校以上のグループ校を有しているため、大学・専門職大学・専門学校への進学など一人ひとりに適した進路を提案・サポートしている。

カリキュラム 夢中になれるものを見つける高校生活に！

　自分のペースに合った学習スタイルを選択し、無理なく高校生活を送ることができる。課題提出・年間最低10日程度のスクーリングと定期考査（年2回）で単位を認定。

東京学習サポートコース

■通信コース
　年10日程度登校。自宅にて配布される課題に取り組む。学習に費やす時間を最小限にすることでできた時間を有意義に使うことができる。学習面をはじめ、進路面などで気になることは、電話やメール、面談などでサポートをしている。

■通学コース
　週1日・週3日・週5日の中から通学日数を選択。自分のペースに合わせた学習スタイルで登校できることが最大の特長。少人数での授業により基礎から応用、学び直しまで一人ひとりの学力に応じてサポート。授業は午前に行い、午後は補講にて個別に対応している。

■専門特化型コース
　7つの専攻（ヴォーカル・ミュージシャン、ダンス、K-POP、バーチャルパフォーマー、ペット・動物・海洋・自然環境、マンガ・イラスト、e-sports）から選択し、専攻別授業をグループ校校舎にて受ける。高校生のうちからとことん学び、夢や目標を叶えることができる。

■ダブルスクールコース
　滋慶学園グループの高等専修学校との併修で高校3年間を過ごす。好きなことで成長し、高等学校卒業資格取得を目指す。

学校生活 充実の学校行事

Event1. 集中スクーリング
　宿泊を伴うスクーリングを美作キャンパス（岡山県）で実施。授業に加え、豊かな自然の中でカヌー、天体観測などの自然体験や地域体験を通して多くの時間を友人と過ごし、思い出作りと同時に協調性を身につける。
Event2. 校外学習
　某大手テーマパークにてサービスマインド、コミュニケーションを学ぶ、在校生人気No1の行事。

Event3. 芸術鑑賞会
　グループ校の学生が出演する舞台を鑑賞し、教養を磨く。
　その他、多数の学校行事を用意している。（球技大会etc）
Event4. 社会科見学
　理科・社会にて実施。

進路 滋慶学園グループの強みを活かす

　全国の大学・専門学校への進学、就職など一人ひとりの希望進路実現に向けて、個別サポートを行っている。

2024年度入試要項	

2024年度入学生
試験日　1/14（第1回）　2/18（第2回）
　　　　※3回目以降実施予定
試験科目　面接＋作文＋基礎力テスト〈国・数・英〉（入学コースにより一部試験科目変更あり）
※詳細については学校に直接お問い合わせください
　転入学・編入学は年度内随時受付（12/1付入学まで）以降要相談

東京

共学 中 高

実践学園中学校高等学校

先進的で特徴ある
教育環境と盛んな課外活動に
男女共学の特性が生きている

制服 p.⑯

普通科（高校）
生徒数 297名（中学） 1074名（高校）
〒164-0011
東京都中野区中央2-34-2
☎ 03-3371-5268

SUPER INDEX P.71

丸ノ内線・都営大江戸線中野坂上駅
徒歩5分
中央線・総武線東中野駅 徒歩10分

URL	http://www.jissengakuen-h.ed.jp/			
Web上での合格発表	中学	○	高校	○

 プロフィール リニューアルにより活気があふれる

教育理念として「豊かな人間味のある、真のグローバル人材の育成」を掲げ、人間性に富み、志が高く、正しい道徳心と高い倫理観をそなえ、国際感覚に優れた社会に役立つ人材を育成する。6ヵ年一貫教育の中高一貫コースと高校1年次から特別進学・リベラルアーツ＆サイエンス・文理進学・スポーツ・サイエンスの4コース制をとり、それぞれの目標に向かって集中的に学習することで、学習効果を飛躍的に高めている。先進的で特徴ある教育環境を整えている。

環境 広さが自慢の高尾総合運動場

新都心・新宿の超高層ビルが一望できる交通至便な場所にある。全教室にIWB（電子黒板）を設置し、最先端の教育機器を利用した充実した授業が行われている。中でも「自由学習館」は生徒の学習スタイルに応じて本館（自学・自習学習室）・別館（読書・調べ学習室）・生徒ホール（予習・復習学習室）の3つの学習エリアより構成されており、生徒の学習環境は充実している。さらに冷暖房を完備した近代的な体育館。硬式野球場やサッカー場を備えた全面人工芝の高尾総合グラウンドや高尾研修センターがある。また、リベラルアーツ・サイエンス教育として環境教育の一環の「実践の森・農園」は生物の観察や農作業体験に利用され、高校生環境サミットやエコプロダクツなど環境活動の発表に活かしている。

IWBでさらに楽しくわかりやすい授業

 カリキュラム 先進的な教育と豊富な国際交流

中高一貫コースでは特に英語教育に力を注いでおり、英会話、語学研修を含め、内容の濃さが特徴的。将来グローバル社会でリーダーとして活躍できる人材を育成するために導入されたコミュニケーションデザイン教育を組み合わせ、確かな学力、豊かな心、健やかな体の調和の実現を目指している。また、先進的な学習環境に加えて、6ヵ年一貫教育を活かした教育プログラムを編成し、基礎力定着・応用力育成・難関大学受験に対応したカリキュラムを組んでいる。2022年開設のLA&Sクラスでは独自のグローバル教育プログラムを実施し、国際社会で活躍できる人材の育成を目指す。

高校からは4コースを設置し、生徒一人ひとりの希望と適性を基に明確な進路を設定し、各自の学力を最大限に伸ばす教育を行っている。**特別進学コース**では、国公立・難関私立大学合格を目標にし、2年次よりトップクラスの大学への現役合格を目指す選抜クラスを設けて目標大学別に徹底した進学指導を行う。**リベラルアーツ＆サイエンスコース**では外国人講師による授業や6ヶ月間の北米研修（全員参加）などを通して国際人として世界で通用する幅広い見識を養い、英語重視の大学や留学を目指す。**文理進学コース**では、2年次から文系と理系に分かれ、GMARCHを中心とした難関私立大を目指すほか、**スポーツサイエンスコース**では、より高いレベルでの「学習と部活動の両立」のもと難関・中堅私立大学を目指す。

グローバル教育の一環として国際交流も積極的に推進し、中3ではニュージーランドにある姉妹校への語学研修（全員参加）、高校では同姉妹校への長期（1年間）・中期（11週間）留学制度やアメリカでの長期留学、カナダ中期・短期留学、オーストラリアでの短期語学研修（希望者）を実施している。

 学校生活 毎日の着こなしを自在に楽しめる制服

登校時間	中学	夏季	8：20	冬季	8：20
	高校		8：20		8：20

クラブ活動は盛んで、体育系15、文化系12、同好会8がある。学校行事も、体

自由学習館（ラーニングテラス）

育祭、体験学習・校外授業、学園祭、合唱コンクール（中学・高1）、スキー教室（中1）など行事が充実している。

 進路 徹底した進学指導で急上昇の進学率

予備校いらずの「Jスクール」（進学補習）とコース別進学目標大学合格シラバス教育による徹底的な進学指導により、進学率が上昇しており、主な進学先は国公立大や早稲田大、慶應義塾大、上智大、立教大、明治大、東京理科大など。GMARCHなど140を超す大学・学部に指定校推薦枠がある。

2024年度入試要項

中学

試験日 2/1午前・2/2午後（第1・2回、LA&S）
2/1・2/3午後（特待生第1・2回） 2/2午前（適性検査型） 2/3午前（自己PR型）
2/5午前（特別） 2/10午前（Ⅱ期）
試験科目 国・算または国・算・理・社（第1・2回） 国・算（特待生第1・2回、Ⅱ期） 適性（適性検査型） 基礎（国・算）＋プレゼン（自己PR） 算（特別） 作文（日本語・英語）＋面接（LA&S）
※自己PRは保護者面談、Ⅱ期は面接あり

2024年度	募集定員	受験者数	合格者数	競争率
第1回/第2回	30/10	93/79	62/46	1.5/1.7
特待生 1回/2回	10/5	52/33	5/2	10.4/16.5
適性/特別	5/5	23/16	11/5	2.1/3.2
LA&S 1回/2回	5/5	7/9	5/5	1.4/1.8
PR/Ⅱ期	5/若干	12/19	7/14	1.7/1.4

高校

試験日 1/22（推薦） 2/10または11（一般）
試験科目 作文＋面接（推薦） 国・数・英＋面接（一般）

2024年度	募集定員	受験者数	合格者数	競争率
推薦	130	138	138	1.0
一般	140	358	332	1.1

※中・高とも、若干名の帰国生入試（11/23）あり

卒業生有名人 上白石萌音（女優、歌手）、上白石萌歌（女優、アーティスト）

実践女子学園 中学校 高等学校

普通科(高校)
生徒数 755名(中学) 660名(高校)
〒150-0011
東京都渋谷区東1-1-11
☎ 03-3409-1771

SUPER INDEX P.69

山手線・私鉄・地下鉄各線渋谷駅 徒歩10分
地下鉄表参道駅 徒歩12分

制服 p.⑭

体験を通し、他者とともに 豊かに生きる人間力を育む

URL	https://hs.jissen.ac.jp/
Web上での合格発表	○

未来デザイン

左側の縦タブ:
進学に有利に / 併設校あり / 芸術&特殊学科 / 資格&技能系 / 施設が充実 / スポーツが強い / クラブ活動が活発 / 情操教育を重視 / 国際人を養成 / 校風が自由な

「実践」する 女性の育成
プロフィール

校名の「実践」は、学問を社会に役立て自ら実践するという意味で、女性が活躍する社会のしくみづくりを目指した創立者の思いが込められている。本校は、女子教育の先覚者である下田歌子によって1899年に創立された。120年以上を経た現在も創立者の理念を受け継ぎながら、時代の変化に合わせ、常に新たなものに挑み、自ら学んだことを活かして社会に参画する女性を育成し続けている。

様々な教育プログラムを 実現できる施設
環境

渋谷駅から徒歩10分の閑静な文教地区に2万5000㎡の緑豊かな校地が広がる。周囲には併設大学に加え、多くの大学や企業があり、高大・企業連携がしやすい立地となっている。校内には、蔵書8万5000冊の図書館、6つの理科実験室、日本文化実習室のほか、3階建ての体育館やテニスコート6面分の校庭、草木にあふれるプロムナードなど様々な教育プログラムを可能にする施設や設備が整っている。

じっくりと自分と 向き合う6年間
カリキュラム

6年間をかけてじっくり「なりたい自分」を見つけてほしいと思っており、中1・2の基礎期には、小テストや宿題を通して学習習慣を身につけることを徹底している。中学3年間の英語は、入学前の多様な

図書館

学習歴に対応するため、レベル別少人数授業できめ細やかに指導している。10名在籍するネイティブ教員の授業も英語力アップには欠かすことはできない大切な授業。また、国語・数学については無理のないゆるやかな先取り学習で、効率よく学べるようになっている。中3では、高校からのコース選択に向けて、進路選択のためのプログラムがある。教科学習だけでなく、探究授業の未来デザインやグローバルプログラム、インターンシップなど様々な体験から学ぶことを大切にしている。高校からは進路の希望に応じてコース制となり、高1で国公立大や難関私大を目指す「発展」と各教科をバランスよく学ぶ「総合」に分かれる。「総合」は、高2から併設大学への進学を目指す「教養」、私大受験に対応した「文理」に分かれ、より自らの進路に合わせた学習を進めていくことができる。

仲間とともに創る 喜びを知る機会
学校生活

登校時間	中学	夏季	8:15	冬季	8:15
	高校	夏季	8:15	冬季	8:15

豊かな人間関係を築き、仲間とともに目標に向かって協力することの大切さや難しさを体験できる機会として、クラブ活動や行事、委員会活動を大切にしている。本校には約30のクラブがあり、中学1年生は全員が加入。各クラブの発表の場である文化祭(ときわ祭)は最大のイベントで、多彩な展示や発表が行われ、生徒たちの成長の様子がよく見える行事となっている。

他大学受験対応も 万全
進路

併設大学である実践女子大学へは、専願および併願推薦制度があり、19%の生徒が進学。併願推薦は、推薦を得たまま他大学受験をすることができ、安心して他大学受験に向かうことができる。他大学では、慶應義塾大、早稲田大やGMARCHなどに一般選抜や総合型選抜等で合格し、特に総合型選抜等では、中

高一貫校の利点を存分に生かして合格している。指定校推薦枠も豊富で、早慶GMARCHをはじめ東京理科大など約120ある。

未来デザイン
トピックス

中1~高2にかけて本校オリジナルの探究授業「未来デザイン」がある。身近なことから地球規模の課題について取り組み、友人と意見を共有したり、自分の考えをまとめたり、自分の中にある知識や体験などすべてを動員して課題について考えていく。「未来デザイン」の一環として選択制修学旅行も行っており、たくさんの探究の経験が、生徒それぞれの進路選択につながっている。

2024年度入試要項

中学

試験日 11/10(第1回帰国生) 12/16(第2回帰国生) 2/1午前・午後(第1・2回・思考表現・英語資格) 2/2午前・午後(第3・4回・英語資格) 2/3午後(第5回) 2/4午後(第6回)

試験科目 国・算または国・算・理・社(第1・3回) 国・算(第2・4~6回) 思考表現〈記述・質疑応答〉(思考表現) 国か算+英語資格(英語資格) 算+面接〈音読含む〉(帰国生)

2024年度	募集定員	受験者数	合格者数	競争率
第1回/第2回	45/40	217/276	78/94	2.8/2.9
第3回/第4回	40/30	274/252	96/76	2.9/3.3
第5回/第6回	20/20	286/355	50/78	5.7/4.6
思考表現	10	21	14	1.5
英語資格 1回/2回	15/10	67/35	34/12	20/29
帰国生 11月/12月	10	32/4	28/4	1.1/1.0

高校 募集せず

卒業生有名人 中川李枝子(小説家)、真琴つばさ(歌手・女優)、うつみ宮土理(タレント・女優)

品川エトワール女子高等学校

普通科
生徒数 666名
〒140-0004
東京都品川区南品川5-12-4
☎ 03-3474-2231・6696(入試広報部直通)
京浜東北線・東急大井町線・りんかい線
大井町駅 徒歩6分
京浜急行線青物横丁駅 徒歩2分

個性を伸ばす5つのコース
充実の施設
10ヵ国から選べる国際交流プログラム

SUPER INDEX P.77

制服p.22

URL	https://www.etoile.ed.jp/highschool/
Web上での合格発表	○

アクティブルーム

少人数クラス編成で習熟度に応じた教育

1934年、男子商業学校として創立。1950年に普通科の女子高等学校となる。2000年度より、現校名に改称すると共に、普通科のみの教育体制となった。

「品位・品格を身につけ、心豊かで国際感覚に富んだ人材の育成」を教育目標に掲げ、生徒一人ひとりを大切に育てるきめ細かな教育を実践している。

明るく清潔な校舎で落ち着いて学習

全教室に無線Wi-fi、プロジェクターを完備した地下1階・地上4階建ての新校舎が完成。全館冷暖房完備で、多目的図書室「カンフォーラ」やMacの最新パソコンを常設したマルチ情報教室をはじめ、ユニークな設備が魅力。明るい食堂カフェテリアが生徒からも人気。

進路に合わせた5コース制

『国際キャリアコース』は、語学力を活かして上位の大学進学を目指す。3カ月または1年間の海外留学制度をイギリス・アメリカなど7カ国で実施。また2週間のホームステイプログラムも人気。ホームルームは、日本人教員とネイティブ教員の二人担任制。第二外国語で中国語を学ぶ。

『マルチメディア表現コース』は、将来のクリエイターを目指す生徒のためのコ

iMacを常設した「マルチ情報教室」

ース。デザイン・イラスト、映像・アニメ・ゲーム、音響などの各分野で基礎から学び、業界で活躍するプロの指導を受けながら技術と創造力を身につける。

『ネイチャースタディコース』は、「自然」を軸に、都市園芸・空間デザイン・環境学習などを実学・課題探究を中心に、座学と実習をバランスよく学習していく。

『保育コース』は、保育に必要な知識と技術、感性を3年間で基礎から学ぶ。併設の幼稚園での実習も実施。

『キャリアデザインコース』では、「伸ばす指導・支える指導」によって基礎固めをし、2・3年次は進路に合わせ自由選択科目群から座学や実習科目を選択し、自分のための学習を各自でデザインする。

1年中多彩な行事ダンス部、軽音部が人気

登校時間	夏 8:35	冬 8:35

行事は、体育祭、学園祭など、年間を通じて多彩である。

クラブ活動も活発で、吹奏楽、マンガ、軽音楽、料理など16の文化部と、バスケットボール、卓球、サッカー、バレーボール、ダンスなど6つの運動部がある。

充実のキャリア教育で着実に進路決定を実現

放課後・土曜日等を活用し、学力支援講座を実施するなど受験対策にも力を入れている。1年次からの計画的なキャリア教育により、生徒の個性を生かした進路実現をサポート。

在学中にイギリス・アメリカなどへ留学が可能

国際人としての視野と感覚を養うため、イギリス(ヨーク市)、アメリカ(サンフランシスコ郊外)、中国(北京市)の学校と姉妹校提携を結んでいる。毎年夏休みには、ホームステイ・プログラムが組まれており、生きた英語を学ぶことが

できる。さらに語学を深く学びたい生徒には、イギリス・アメリカ・カナダ・アイルランド・ニュージーランド・フィリピン・ブータンへの留学制度があり、在学中も安心して留学できる。外国人教員による会話の授業も多く、実践的な英語力を身につけることができる。

在校生から受験生にひとこと

エトワールではiPadを授業で活用!!授業内容のプリントをタブレットで見ることができるので、テスト対策も通学時間などを有効活用しながら勉強することができています。私が大好きな部活と勉強を両立できるのもiPadを利用した授業のおかげです。受験生の皆さんも、隙間時間を活用して、今までの努力を信じて頑張ってください!
(ネイチャースタディコース 2年)

2024年度入試要項

試験日 12/8(帰国子女)
　　　　1/22(A C推薦)
　　　　2/10または11(一般)

試験科目 面接(A推薦) 課題作文+自己PR+面接(キャリアデザインC推薦)
　　　　実技+面接(マルチメディアC推薦)
　　　　適性+面接(ネイチャースタディC推薦)
　　　　国・数・英+面接(一般・帰国子女)

2024年度	募集定員	受験者数	合格者数	競争率
国際キャリア	20/20	16/20	16/20	1.0/1.0
マルチメディア	25/25	45/26	43/24	1.0/1.1
ネイチャー	15/15	16/22	16/21	1.0/1.0
保育	20/20	21/18	21/18	1.0/1.0
キャリアデザイン	70/70	58/119	58/114	1.0/1.0

※人数はすべて推薦/一般
※帰国子女の募集は各コース若干名

卒業生有名人　瀬川瑛子(歌手)

進学に有利に
併設校あり
芸術&特殊学科
資格&技能系
施設が充実
スポーツが強い
クラブが活発
情操教育を重視
国際人を養成
自由な校風

東京

共学 保幼高短

品川学藝 高等学校

（旧 日本音楽高等学校）

SUPER INDEX P.77

普通科　音楽科
生徒数　275名
〒142-0042
東京都品川区豊町2-16-12
☎03-3786-1711
京浜東北線・りんかい線大井町駅
徒歩10分
東急大井町線下神明駅　徒歩3分
山手線・埼京線大崎駅　徒歩15分
都営浅草線戸越駅　徒歩12分
横須賀線西大井駅　徒歩15分

知性と感性の融合を通した「人間力」向上

| URL | https://www.shinagawa.ed.jp |

さあ、次の120年だ。

建学の精神に「愛と和と誠実」を掲げ、知性と感性の融合を通した「人間力」向上を重要目標とする教育を実践する。

2023年の学園創立120周年にあたり、校名を日本音楽高等学校から品川学藝高等学校に改称し、コース再編と男女共学化を実施した。

普通科には、全日制高校として日本で初めてeスポーツが学べる「eスポーツエデュケーションコース」と、武田塾と共同で逆転合格をめざす「リベラルアーツ（進学）コース」がある。音楽科には長年育まれてきた「パフォーミングアーツコース（バレエ専攻／ミュージカル専攻）」と「ミュージックコース」が設置されている。

全日制高校として日本初のeスポーツを学べるコース

新設の普通科と、これまでの伝統を生かした音楽科から構成される2科4コース。

eスポーツエデュケーションコース：
全日制高等学校で日本初のeスポーツが学べるコース。eスポーツを教育ツールの一つとして捉え、大学進学をめざしながらゲームと教育をつなぐカリキュラムが展開される。eスポーツ実習のほか、ゲーミングイングリッシュやeスポーツ概論などの授業が用意されている。

リベラルアーツコース：
大学受験と教養（Liberal Arts）を結びつけるカリキュラムを設定し、人間力の向上をはかる。武田塾と共同で「自学自習の習慣化」を身につけるための授業を設置し、志望校合格をめざす。また3年間を通して小論文や面接を中心とした「表現力」を鍛え、総合型・学校推薦型選抜への対策強化を行う。

パフォーミングアーツコース（バレエ専攻・ミュージカル専攻）：
バレエとミュージカルの2専攻で「文"舞"両道」をめざす。経験豊富な講師の元、バレエ専攻では実技レッスンだけでなくバレエ史やバレエに関する教養を学び、ミュージカル専攻では演技・舞踊・バレエ・発声など基礎から学び、表現力やコミュニケーション能力を養う。バレエ団、宝塚音楽学校、劇団四季などへ入団をめざす生徒も多く在籍している。

ミュージックコース：
器楽、声楽のいずれかを専攻し、3年間の個人レッスンで技術を磨く。理論（楽典）・聴音・新曲視唱・リズム読み・クレ読み・コールユーブンゲン・副科などが、すべて授業として組まれており、目標とする音楽大学進学に備える。

武田塾監修の校内予備校、新制服

| 登校時間 | 夏　8：20 | 冬　8：20 |

授業ではなく自学自習の習慣化を通して学力向上をめざす。：
武田塾監修のもと、学内で大学受験対策を完結できる校内予備校「品川学藝アドバンス」が整備されている。「授業」ではなく「自学自習の習慣化」を通して学力向上をめざす。

ファッション誌「FUDGE」監修の新制服：
ファッション誌FUDGEが制服リニューアルを監修。女子の冬服はブラックジャケットに、スカートとパンツ2種のボトムスは赤のタータンチェッ

ク。男子の冬服はオリジナルのレジメンタル・タイに、赤みのあるベージュのパンツを採用。一方で、夏服は男女ともに涼感素材を使ったセーラー服となっている。

各コースの学びを支える施設設備：
舞台表現や発表に適した大・中・小ホールや実技レッスン室が充実。さらに校内にはガレリア製のハイスペックゲーミングPCが35台設置されたeスポーツルームがあり、各コースの学びをサポート。また校舎1号館は、夏目漱石とも交流の深かった化学者池田菊苗博士の研究室兼自宅として、大正末期に建てられた建築物。

大学への進学率が大きく上昇

主な進学先は、東京芸術大、東京音楽大、昭和音楽大、武蔵野音楽大、上智大、大妻女子大、桜美林大、フェリス女学院大、日本女子体育大、有明教育芸術短大など。

2024年度入試要項

試験日　1/22（推薦）　2/10（一般1回目）
　　　　2/16（一般2回目）
試験科目　面接（推薦）
　　　　国・英または数・英＋面接（一般）
※音楽科は実技あり

2024年度	募集定員	受験者数	合格者数	競争率
普通科	50	33/174	33/153	1.0/1.1
音楽科	50	35/103	35/93	1.0/1.1

※人数はすべて推薦/一般

　■卒業生有名人　故 島倉千代子（歌手）、栗山千明（俳優）

（左側インデックス）有利に 進学 ／ あり 併設校 ／ 芸術学科 特殊 & ／ 資格 & 技能系 ／ 充実 施設が ／ が強い スポーツ ／ 活発 クラブが ／ 重視 情操教育を ／ 養成 国際人を ／ 校風 自由な

東京
共学 幼 小 中 高

品川翔英中学校高等学校

品川から　世界へ　未来へ
英知が飛翔する

SUPER
INDEX
P.78

制服
p.24

普通科（高校）
生徒数　非公表
〒140-0015
東京都品川区西大井1-6-13
☎03-3774-1154
総武線快速・横須賀線・湘南新宿ライン・相鉄線
西大井駅　徒歩6分
京浜東北線・東急大井町線・りんかい線
大井町駅　徒歩12分

URL	https://shinagawa-shouei.ac.jp/				
ホームページ上での合格発表	中学	○	高校	○（一般）	

プロフィール　「学び続けるLEARNER」を育成する

2020年4月、校名、校訓、校長、カリキュラムなどをすべて一新し、新しい共学の進学校としてスタート。常に変化する社会の中で、学び続ける意欲と能力を備え、新しい価値を創出し、社会に貢献できる「学び続けるLEANER」を育てる。学園には「学び続けるLEANER」を育成するための「新しい学び」「新しい学園生活」があり、明るく楽しい学園の雰囲気を創り出している。2023年3月には全教室WiFi、冷暖房完備で、アクティブラーニングや個別最適化学習など新しい学びに対応した新中央校舎が竣工。さらに人工芝のグランドが竣工し、学習環境も一新された。

カリキュラム　自己調整学習と個別最適化学習を支援

すべての生徒が4年制大学進学を目指すカリキュラム。高等学校では学力や目標に添った4コース制を採用。中学校では、高校とは異なる6年一貫カリキュラムを採用。特に週6時間のLearner's Timeを設置し、「探究学習」「学び方講座」「プログラミング」をはじめとした様々な活動を行い「学び続けるLEARNER」を育成する教育活動を展開している。授業は、グループワークやプレゼンテーションなど生徒主体の学習スタイルを多く取り入れている。また、一人1台のタブレットPCを持ち、学習アプリによる課題に取り組むことで、個人の学習到達度に応じた課題に取り組む個別最適化学習を行い、効率よく学習を進める。さらに、「学習計画を立て、実行し、チェックしながら学ぶ」自己調整学習法を身につけるために、定期テストの代わりに、学びをスモールステップ化する多数の確認テストと学期に1回の全国模試を実施し、学力の伸長を図っている。テストによる学力評価に加えて、ルーブリック評価により、従来のテストでは計ることの難しかった主体性、思考力など21世紀社会で必要とされる「非認知能力」も育てている。

2022年度から始まった新カリキュラムでは、自分の進路進学の目標や興味関心にあった授業を自由に選択できる「アドバンスドセミナー」を開始。自分で自分の学習をデザインする大学のような授業を実現する。

学校生活　新しい品川翔英スタイル

登校時間	中学高校	夏季	8：30	冬季	8：30

生徒の多様な課題に学年の教員が、一人ひとりの特性を生かして取り組む。さらに進路進学の目標達成や自己調整学習を支援するメンター制を採用。この制度の特長は生徒が、メンター教員を自分で選ぶことができること。教員とのミスマッチがなくなり、様々な相談がしやすい。

学校行事はすべて生徒の手で1から創るのが品川翔英のスタイル。例えば研修旅行（修学旅行）は探究型。学ぶ内容や方法、実施時期、業者の選択、海外を含めた行き先などを一人ひとりの学びに合わせて、生徒自身の手で決める。

文化祭も、同様に生徒が主役となって、1から作り上げていく。生徒は、多くを自分たちの手で作り上げることで、失敗や成功を通して成長していくのである。

クラブ活動は、運動部11、文化部13、同好会・課外活動等12が活動中。学業との両立のため週2日以上の休養日、練習時間の上限設定などを行う。また、生徒の主体性を大切にした活動を重視し、自己調整学習的クラブ活動を行っている。さらに生徒の参加意欲に応えるため兼部も可能となっている。

グローバル教育の一環として、カナダ・アメリカへの2～3週間のサマーキャンプや姉妹校との交換留学、希望制の留学制度を拡充。さらに海外大学との提携もあり、現在海外70校～100校の協力校への進学をサポートしている。

進路　一人ひとりの希望に合った大学進学を目指す

平日は19時、土曜は18時まで、また長期休暇中も開設し、難関大学の大学生チューターが常駐するラーニングセンターは、質問のできる学び合い教室と自習室があり、自己調整学習を支援する。確認テスト、学期に1回の模試、アクティブラーニングなどと合わせ、自由選択可能な長期休暇中の講習、自由選択講座「アドバンスドセミナー」を開設し、目標大学への合格をサポートする。

トピックス　オリジナリティが高く洗練された制服

正装は、ブルーのシャツとジャケット、ネクタイ。日常生活では、体調や気候TPOに合わせて、こだわりのアイテムを自由に組み合わせて、自分らしいスタイルで学園生活を楽しむことができる。

2024年度入試要項

中学

試験日　2/1午前（第1回・適性検査型）　2/1午後（第2回特待生）　2/2午前（第3回）　2/2午後（第4回）　2/3午前（第5回）　2/5午前（第6回）

試験科目　国・算か国・算・理・社（第1・3・6回）　適性Ⅰ・Ⅱ（適性検査型）　算・理（第2回）　算＋インタビュー〈読書か体験か英語〉（第4回）　国＋算・理・社・総合問題（第5回）

2024年度	募集定員	受験者数	合格者数	競争率
1回・適性2回	40/15	149/33	129/6	1.2/5.5
3回/4回	15/10	40/24	33/20	1.2/1.2
5回/6回	10/10	10/35	8/28	1.3/1.3

高校

試験日　1/22（推薦）　2/10または11（併願優遇・一般）

試験科目　面接（推薦）　国・数・英＋面接（一般）　国・数・英（併願優遇）

2024年度	募集定員	受験者数	合格者数	競争率
難関進学	17/18	2/44	2/51	1.0/—
国際教養	35/35	8/46	8/42	1.0/1.1
特別進学	70/70	40/204	40/200	1.0/1.0
総合進学	53/52	42/215	42/183	1.0/1.2

※人数はすべて推薦/一般

卒業生有名人　三橋聡恵（バレーボール選手）、森昌子（歌手）

進学に有利
併設校あり
芸術＆特殊学科
資格＆技能系
施設が充実
スポーツが強い
クラブ活発
情操教育を重視
国際人を養成
自由な校風

品川女子学院 中等部・高等部

28歳になった時に社会で活躍する女性を育てる 難関大学も現役で

普通科（高等部）
生徒数　649名（中等部）　631名（高等部）
〒140-8707
東京都品川区北品川3-3-12
☎03-3474-4048
山手線・都営浅草線品川駅　徒歩12分
京浜急行線北品川駅　徒歩2分

SUPER INDEX P.69

URL	https://www.sinagawajoshigakuin.jp
Web上での合格発表	○

プロフィール　自らの可能性と意欲を育てる

「私たちは世界をこころに、能動的に人生を創る日本女性の教養を高め、才能を伸ばし、夢を育てます」を教育目標に掲げ、社会の中での自己表現を目標に、世の中で活躍する女性の育成を実践している。そのために、他人の立場にたつこと、自分を見つめることの大切さを指導している。

1925（大正14）年、荏原女子技芸伝習所として発足。戦後、品川中学校・高等学校を設置し、1991（平成3）年、校名を品川女子学院に変更した。校歌は、明治の女流歌人として有名な与謝野晶子の作詞による。

環境　より良い環境が豊かな人間性を育む

キャンパス内には体育施設、教育施設ともに必要な設備が整っているが、さらなる充実を目指し、CAI教室、作法室などの教育施設をはじめ、広々としたエントランスホールやカフェテリアなども完備している。

カリキュラム　中高の一貫教育 高等部は進学対応

中高一貫教育を行っている。シラバスのもと、効率のよい学習ができるようになっており、深度を深める指導が

28プロジェクト（中2　道徳）

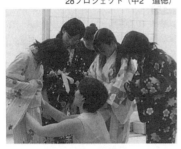

なされている。また、国語では学年の枠を取り払い、百人一首大会などで古典への関心を高め、英語では豊富な演習授業を設けるなど、多彩でユニークな進め方をしている科目もある。

高等部では、難関大学の現役合格を目指し、大学受験に必要なハイレベルな学力の養成を目標としており、進学希望によって、2年次から文系・理系に分かれる。進学への対応を強化し、指導体制も、通常の補習講習を組んでいる。さらに、夏期・冬期休暇中の特別講習や多種多様な自由選択授業、受験直前講座（高3のみ）など、常に最良の学習環境を提供できるよう配慮している。また、保護者会や個人面談など、個々の進路に合わせたきめ細かな指導も実施している。

学校生活　登校は8：20 その後、朝読書

登校時間	中学	夏季	8：20	冬季	8：20
	高校		8：20		8：20

クラブは、文化系・スポーツ系合わせて38部ある。吹奏楽、チェンバーオーケストラ、バトン、テニス、ダンス部等が人気を集めている。

制服は、キャメルのブレザーとチェックのスカートというトラディショナルなデザインで、生徒たちに大人気だ。夏服は紺色のポロシャツ。

進路　現役合格を目標に万全のバックアップ

4年制大学進学者約95％。進学先は、国立大のほか、上智、早稲田、慶應、青山学院、中央、法政、明治、立教、東京理科など。また、早稲田大、慶應義塾大、立教大、青山学院大、明治大、津田塾大、日本女子大などに指定校推薦枠もある。

姉妹校「イプスウィッチ・ガールズ・グラマー・スクール」

国際化　海外と校内で学ぶ真の国際感覚

国際化プログラムのひとつとして、語学力の向上と、広い視野と国際感覚を身につけられるよう、中学3年生でニュージーランドへ修学旅行に行っている。現地ではホームステイをし、姉妹校や提携校に通う。8日間か3週間の選択制だが、9割の生徒が3週間を希望するため、英語学習のモチベーションも高い。また、高校1年生では、オーストラリア、ニュージーランド、アメリカ、カナダの姉妹校の留学制度もある。海外からの長期留学生が毎年約5名在籍している。

2024年度入試要項

中等部

試験日　11/12（帰国生）
　　　　2/1午前・午後（第1回・算数1教科）
　　　　2/2（第2回）　2/4（表現力・総合型）

試験科目　国・算＋面接（帰国生）
　　　　　国・算・理・社（第1・2回）
　　　　　算（1日午後）
　　　　　試験Ⅰ〈読解・論述〉・試験Ⅱ〈4科目総合〉（表現力・総合型）

2024年度	募集定員	受験者数	合格者数	競争率
第1回	90	316	120	2.6
算数1教科	20	302	124	2.4
第2回	60	358	115	3.1
表現力・総合型	30	201	34	5.9

高等部　募集せず

　卒業生有名人　八木沼純子（プロスケーター・解説者）

芝 中 学 校 高 等 学 校

浄土宗の精神がベース 中・高6年間の一貫教育で 抜きんでた進学率を維持

御忌参拝

■ 普通科（高校）
生徒数　892名（中学）　855名（高校）
〒105-0011
東京都港区芝公園3-5-37
☎ 03-3431-2629

SUPER INDEX P.73

制服 p.⑱

日比谷線神谷町駅　徒歩5分
都営三田線御成門駅　徒歩7分
都営大江戸線赤羽橋駅　徒歩10分
都営浅草線大門駅　徒歩15分

URL	https://www.shiba.ac.jp/
Web上での合格発表	◯

プロフィール　大乗仏教の教えで 学力と人格形成を

　1906（明治39）年、浄土宗の子弟に対する教育を行うために設立。大乗仏教の趣旨にそった教育観が基本になっている。

カリキュラム　高2からコース別 先取り授業で万全

　厳選された教科書、吟味された独自の副教材を併用した、無理、無駄のない指導には定評がある。
　中学では、基本的な学力を身につけることがメインだが、一貫教育のメリットを生かした先取り授業も行われていて、3年次から数学・理科が高校1年の内容に入る。また、2年次には、高校の理科基礎の内容のうち、化学分野を先取り学習すると共に、校外実習や実験を多く組み込んでいる。
　高校では、2年次より文系・理系の2コースに分かれる。コースに分かれた後は、それぞれの希望進路に即した入試総合問題演習に取り組む。また、受験対策として、小論文の授業にも力を入れている。さらに、中学2年次以降、随時行われる実力テストや模擬試験により、一層の学力アップを図っている。

都心にありながら緑に囲まれた校舎

学校生活　法然上人の教えを 学び心身を鍛える

登校時間	中学	夏季	7：55	冬季	7：55
	高校		7：55		7：55

　クラブ活動が盛んで、80％以上の生徒が参加している。運動系17、文化系19の中には、技術工作、弁論、落語研究、考古学などユニークなものもある。
　年間行事も多彩で、春には花まつり、法然上人御忌参拝、運動会など、夏には、中学2年生と高校2年生を対象に校外学習がそれぞれ開かれている。秋には盛大な学園祭、冬にはスキー教室もある。また、忘れてならないのが、宗祖日行事。各学年ごとに年1回、増上寺の道場で静座と講話の修養を行う伝統行事である。また1月25日の「大宗祖日」には本校講堂で音楽法要が行われ、著名な卒業生による講演会も開かれている。

進路　徹底した進学指導で 有名大学に合格

　生徒全員が4年制大学への進学を希望しているため、進学指導の担当教師を中学1年から各学年に配置し、早い時期から万全の進学指導体制をとっている。適切なカウンセリングをはじめ、気軽に立ち寄れる専用の進学指導室の設置や、卒業生との懇談会も開かれている。
　教育レベルの高さは大学合格者数に顕著に表れており、2023年3月には、東大13名をはじめ、京都大、東京工業大、一橋大、千葉大、東北大、北海道大、横浜国大、筑波大などの国公立大に128名が合格している。私立大学では、慶應義塾大79名、早稲田大120名、上智大49名、東京理科大135名をはじめ明治大、立教大、中央大、法政大、青山学院大など、実に1024名の合格者を出している。

ひとこと　目指せ！ 情熱「芝大陸」

　2023年9月に「第76回学園祭」が開かれた。今回の学園祭のテーマは「Be the best」。300人以上の実行委員たちが中心となり、半年以上の歳月を費やし企画、立案、スケジュール管理等を行った。教員たちはほぼノータッチのため、準備が思うように進まず手こずるところもあったが、学園祭直前には、仲間たちと協力し、持ち前の底力を発揮して、学園祭は成功裏に終わった。2日間の来場者は過去最高の1万7千人。テーマ通り、ベストを尽くした学園祭となった。
　さて受験生の君も「第一志望校合格」という大きな目標に向かって、日々の勉強に取り組んでいることだろう。焦りや苛立ちを感じ、不安になることもあるかもしれない。でも君は決してひとりではない。君を支えてくれる家族や仲間（ライバル）、先生がいる。だから今は、自分自身を信じて、一日一日を大切に過ごして、力強く前へ進もう。長く厳しい旅の後に見える景色は格別だから。ベストを尽くして、すがすがしい笑顔の君が情熱「芝大陸」に来る日を楽しみに待っているよ。

2024年度入試要項

中学

試験日　2/1（1回）　2/4（2回）
試験科目　国・算・理・社

2024年度	募集定員	受験者数	合格者数	競争率
1回	150	530	188	2.8
2回	130	860	256	3.4

高校　募集せず

進学に有利に / 併設校あり / 芸術＆特殊学科 / 資格＆技能系 / 施設が充実 / スポーツが強い / クラブ活発が / 情操教育重視 / 国際人を養成 / 自由な校風

共学　中高大院

芝浦工業大学附属 中学校 高等学校

普通科（高校）
生徒数　494名（中学）　655名（高校）
〒135-8139
東京都江東区豊洲6-2-7
☎03-3520-8501
有楽町線豊洲駅　徒歩7分
ゆりかもめ新豊洲駅　徒歩1分

STEAM・探究教育で未来創造力を 理工系はもちろん 文系にも強い半附属の進学校

SUPER INDEX P.75

制服 p.21

URL	https://www.fzk.shibaura-it.ac.jp/			
Web上での合格発表	中学	○	高校	○

中学から高校まで一貫した教育体制
プロフィール

1922年に設立された、東京鉄道中学を前身とする。1954年、芝浦工業大学の附属高等学校となり、1982年、中学校が設立された。以来、中学から高校までの6年間の一貫教育体制により、人間性豊かな幅広い視野と実行力を持つ人間形成を行っている。2017年度より豊洲に移転。2021年度より中学も共学となり新しいカリキュラムもスタート。「SHIBAURA探究」という「探究型授業」を開始。2022年度には100周年を迎えた。

最新鋭の設備が授業を面白くする
環境

豊洲新校舎は7階建てで、最上階にはゴルフ・野球練習場や弓道場などを設けている。全館Wi-Fi、全教室に電子黒板を設置するほか、デスクトップPC100台のコンピュータ室やActive Learning教室、大型機械の使用も可能な工作室ファクトリー、ロボット技術室など理工学教育設備・環境も整っている。

21世紀を生き抜く力を培うために
カリキュラム

理工系教育と芝浦工業大学との連携教育（STEAM）、三つの言語教育が特色の半付属校。中学はカリキュラムを改定し、ITと

いうテクノロジーや思考法を学ぶ探究、GCという社会を知り、問いをたてる力を育てる探究、これらPBL形式で行う2つの探究型授業がスタートした。これまでの教育をバージョンアップし、「工学の基礎をもとにグローバルな視点で未来を創造する」生徒を育てる。中高一貫生は言語を技術的に学び表現の引き出しを作る「ランゲージアワー」、3年間で60の実験をする理科では、企業や大学、本校教員による「サイエンスアワー」を学ぶ。高校入学生は「Arts and Tech」という大学の先生から教わるものづくり授業が特徴。中高ともに生活を充実させて学力をつけるだけではなく、ゆっくりと工学の世界を学ぶ。先進的、実践的な学びで大学での学びにスムーズに入ることができる。

人間性や社会性を築くクラブ活動
学校生活

登校時間	中学	夏季	8：25	冬季	8：25
	高校	夏季	8：25	冬季	8：25

クラブは、12の体育系と9つの文化系がある。弓道部や電子技術研究部など対外的に活躍しているクラブもあるが、優れた結果を得ることよりも、生徒相互の豊かな心の触れ合いの場としている。

主な学校行事には、「芝生祭」や体育祭のほか、中学では海外教育旅行、スキー教室、高校では視聴覚教室、国内教育旅行などがある。高校入学生は高2でカナダ教育旅行へ行く。

理工系のみならず文系大学にも進学
進路

高校2年生から文系と理系の受験クラスができる。個に応じた受験のサポートも充実している。高校からの入学生は芝浦工業大学への進学を前提としている。

卒業生のほぼ全員が進学し、現役進路決定率は96%。中高一貫生は46%、高校入学生は67%が内部進学した。国公立をはじめ上位校への進学者も増え

ている。

英語による発信力向上を目指して
国際化

グローバル社会への対応として、英語による発信力の向上に力を入れている。高校では少数選抜クラスを設け、イングリッシュキャンプという英語特訓合宿を開催しているほか、4つの海外留学プログラムがある。

2024年度入試要項

中学
試験日　2/1午前（第1回）　2/2午前・午後（第2回・言語探究・英語）
試験科目　国・算・理（第1・2回）　言語技術と探究＋算（言語・探究）　算・英（英語）

2024年度	募集定員	受験者数	合格者数	競争率
第1回	90	427	100	4.3
第2回	50	409	68	6.0
言語・探究 英語	15	202	33	6.1

※帰国生（12/11、国・算＋面接）の募集は5名
シンガポール入試は11/11（算＋面接）

高校
試験日　1/22（推薦）　2/10（一般）
試験科目　数学＋小論文＋面接（推薦）　国・数〈基礎〉・数〈応用〉・英＋面接（一般）

2024年度	募集定員	受験者数	合格者数	競争率
推薦	25	61	32	1.9
一般	25	135	38	3.6

※帰国生（12/11、国・数・英＋面接）の募集は若干名
シンガポール入試は11/11（数＋面接）

芝国際 中学校 高等学校

（旧　東京女子学園中学校・高等学校）

普通科（高校）
生徒数　135名（中学）　264名（高校）
〒108-0014
東京都港区芝4-1-30
☎03-3451-0912
都営三田線・浅草線三田駅　徒歩2分
山手線・京浜東北線田町駅　徒歩5分
都営大江戸線赤羽橋駅　徒歩10分

SUPER INDEX P.73

制服 p.20

「世界標準の学び」と、
「確かな学力」で
自分の夢を実現できる力を育てる

URL	https://www.shiba-kokusai.ed.jp/		
Web上での合格発表	中学	○	高校	○

"社会と未来に貢献できる人"を育てる

プロフィール

　1903（明治36年）から120年続く東京女子学園を前身として、2023年4月新規開校。大切にしているのは「挑戦・行動・突破　そして貢献へ」のスピリット。世界標準の教育、対話形式授業、生徒が創る行事、海外研修などを通して、社会と未来に貢献できる人を育成する。

「小さな地球」のような学び舎

環境

　港区芝にある地上12階建ての校舎には、生徒たちの好奇心や学習意欲を刺激し、創造力をかきたてる仕掛けが詰まっている。正面玄関前に広がるステラシアター、図書スペースとものづくりスペースを有するラピュタ、各階の多目的スペースであるプラザなど、教室という空間にとらわれない自由でダイナミックな表現を可能にする設備が整っている。様々なバックグラウンドを持つ人々が集まる校舎には、まるで「小さな地球」のような空間が広がっている。

課題解決力・進路実現力を育む学び

カリキュラム

　芝国際の授業はハーバード流の対話形式。知識の習得だけでなく、過去にあった事例について生徒どうしで話し合い、実社会にある具体的な課題を一人ひとりが解決していく「課題解決のトレーニング」を行う。
　STEAM教育では、AIやビッグデータといった科学技術のリテラシーを身につけデータサイエンスを習得する、文理融合の学びを実践。専門家の指導のもと、観測機を成層圏まで打ち上げるプロジェクトを成功させるなど、机上の学びだけでは得られない体験ができる機会を豊富に設けている。
　アントレプレナーシップ教育にも力を入れ、中学から「貢献」の視点を育む探求学習を実施。どんなに大きな社会課題でも、分解して考えれば解決策を見いだせることを体験する。修学旅行を生徒自身が計画し実行することで、プロジェクトを立ち上げ、最後までやり抜く力を養成。高校ではマーケティングの知識を身につけ、起業を目標に学びを深めていく。
　特色ある学びを実践していくには確かな学力の養成が欠かせない。生徒たちの弱点を作らないために、朝礼前と終礼前の時間に「チェック&フォロー」を実施。授業の理解度・知識の定着度の確認と学び直しを毎週行う。

大学受験対策まで校内で完結

進路

　1〜6限の通常授業では「基本の完成度を高める」ことを重要視し、7〜10限の放課後塾・予備校では受験対応力を身につける。自習スペースにはシニアチューターや東大生チューターが常駐し、疑問をすぐに解決できる環境を整えている。
　模擬試験の実施にも力を入れ、全国レベルの自分の立ち位置を知る機会を多く設けている。模擬試験終了後には、担任と進学指導担当が集まり「カンファレンス」を実施。科目ごとの弱点分析や今後の課題の共有を行い、生徒への指導に反映させている。

豊富な海外研修プログラムを実施

国際化

　芝国際のグローバル教育では、実際に海外で暮らすという経験を通して「多様な考え方や価値観を理解する」ことに重きを置いている。3週間・3か月のタスマニア海外研修をはじめ、カンボジアへのSDGs研修、セブ英語合宿、ニュージーランドターム留学など、行先も内容も様々なプログラムを用意。高校2年生ではサンフランシスコへの修学旅行を実施し、スタンフォード大学の訪問、AppleやGoogleの本社訪問、異文化体験など、普段の旅行では体験できないプログラムに参加できる。

校長先生から受験生にひとこと

ひとこと

　芝国際中学校は、生徒が卒業後も幸せな人生を歩めるために何が必要かを考えている学校です。豊かな人生を歩んでもらうためには中高時代に何を学べば良いかを考えている学校です。そう考えるから、大学進学のための力はもちろんですが、新たなものを創造し、社会と未来に貢献できる力も養っています。時代が変わっても、常に進化し続ける学校です。

2024年度入試要項

中学

試験日　11/10, 12/10（帰国生）
　　　　2/1午前・午後　2/2午後　2/3午後
試験科目　国・算・理・社（2/1午前本科）
　　　　国・算・英（2/1午前・2/3午後国際ADVANCED）　国・算（2/1午後・2/2午後・2/3午後本科）
　　　　国・算・英（帰国生）

2024年度	募集定員	受験者数	合格者数	競争率
帰国生第1回/第2回	15/5	89/20	48/16	1.9/1.3
2/1午前本科/国際	30/10	45/23	30/16	1.5/1.4
2/1午後本科	25	98	62	1.6
2/2午後本科	20	88	44	2.0
2/3午後本科/国際	10/5	96/30	45/23	2.1/1.3

高校

試験日　11/10, 12/10（帰国生）
　　　　2/10（一般）
試験科目　国・数・英（帰国生・一般）

2024年度	募集定員	受験者数	合格者数	競争率
帰国生第1回/第2回	10/10	22/18	15/10	1.5/1.8
一般国際/最難関	15/35	27/43	17/36	1.6/1.2

進学に有利に
併設校あり
芸術・特殊学科
資格&技能系
施設が充実
スポーツが強い
クラブが活発
情報教育を重視
国際人を養成
自由な校風

東京
共学 中高

渋谷教育学園渋谷中学校高等学校

中高一貫6カ年教育を実践
最高の学校教育の実現を目指す

SUPER INDEX P.69

普通科（高校）
生徒数　601名（中学）　619名（高校）
〒150-0002
東京都渋谷区渋谷1-21-18
☎03-3400-6363
山手線・私鉄・地下鉄各線渋谷駅　徒歩7分
千代田線・副都心線明治神宮前駅　徒歩8分

URL	https://www.shibushibu.jp
Web上での合格発表	○

未来に向かって 個々の夢の実現を

「渋渋」の愛称で知られ、「自調自考の力を伸ばす」「国際人としての資質を養う」「高い倫理感を育てる」を教育方針とし、明るさ・楽しさ・思いやり・積極性・けじめのある学校づくりを実践しており、能力のある生徒たちの資質を伸ばし、21世紀の国際社会で活躍できる人材育成を目指している。

姉妹校に、「渋幕」でおなじみの渋谷教育学園幕張中学校・高校がある。

快適性、機能性を追求した校舎

一生に一度しかない青春のひとときを過ごすキャンパスは、快適性、機能性を追求しており、特に照明器具には、アメリカのNASAで採用され最も自然光に近いと言われるトゥルーライトを使用している。書庫と閲覧室を分離させた、個人で自由に使用できる図書館をはじめ、最上階に設置されたステューデントアトリウムは、明治神宮や青山を眺望できる快適な空間だ。そのほか、メモリアル・ホールや、校外施設として川崎市に「宿河原グラウンド」もある。

都市工学の先端技術を駆使した校舎

難関大学を目指す 独自のカリキュラム

高校までの6年間を2・2・2の3ブロック制として考える中高一貫6カ年教育を実施しており、難関大学への進学を目標に、主要5教科重視型のカリキュラムを編成している。特に英語は、公立350時間に対して週あたり7時間の735時間を確保し、そのうち週1時間を、外国人教師による英会話に割り当てている。

いずれの授業も "将来の明確な目標をかなえるために、今何をすべきか" を生徒と教師で確認し合いながら効率的に進められ、夢の実現、実戦突破のための実力を身につけていく。そのため、各学年新学期に独自のシラバス（学習設計図）を配布し、それぞれの教科を何のために学び、覚えるのか、いま全体のどの辺りを勉強しているのか、を確認した上で授業を展開していく。

高校2年次終了までに高校課程を終了し、大学受験に向けて、高校2年進級時に文系・理系の選択をする。国公立・難関私立大を希望通りに突破するため、例えば英語では英会話の習熟と同時に、大学受験に即応できる英語力の完成と、長文解釈を中心とした演習形式の授業を行う。また、他の教科でも同様に、多くの演習問題に当たり、柔軟性や応用力を高める授業となっている。

国際人としての自覚 と英語力を養成

登校時間	中学	夏季	8：20	冬季	8：20
	高校		8：20		8：20

充実した国際教育も特徴のひとつで、中3のオーストラリアでのホームステイ、高1・2のアメリカやイギリスへの短期・長期留学（希望制）など、様々な形で国際感覚を身につけることができる。

難関大学進学を 目標に

全員の生徒が、国公立大を含め難関と称される大学への受験・進学を考えている。

2023年3月卒業生は、東大40名、京都大、東北大、東京工業大、筑波大など国公立97名、早稲田大119名、慶應義塾大85名、上智大、東京理科大、明治大などのほか、海外の大学にも進学している。

2024年度入試要項

中学

試験日　1/27（帰国生）　2/1（第1回）
　　　　2/2（第2回）　2/5（第3回）
試験科目　国・算・英＋英語面接または国・算
　　　　＋作文＋面接（帰国生）
　　　　国・算・理・社（第1〜3回）

2024年度	募集定員	受験者数	合格者数	競争率
第1回	70	181/219	56/55	3.2/4.0
第2回	70	445/287	146/71	3.0/4.0
第3回	23	307/257	43/24	7.1/10.7
帰国生 英語/作文	12	111/103	24/27	4.6/3.8

※第1〜3回の人数は男子/女子

高校　募集せず

188　卒業生有名人　中村美里（柔道 オリンピック選手）

東京
女子 幼 高

下北沢成徳 高等学校

広く社会で活躍する女性を育てる
細やかな進学指導で希望を叶える
充実した留学プログラム

URL	https://www.shimokitazawa-seitoku.ed.jp
Web上での合格発表	○

普通科
生徒数　297名
〒155-8668
東京都世田谷区代田6-12-39
☎03-3468-1551
小田急線・京王井の頭線下北沢駅
徒歩5分
京王線笹塚駅徒歩14分

SUPER INDEX P.82

制服 p.26

プロフィール

新しい時代に活躍できる女性に

1927年に設立された、歴史ある学園。"成徳(徳を成す)"と名称を定め、日本の社会の中で広く活躍できる女子の育成を目指してスタート。

校舎

カリキュラム

2022年4月新コースがスタート

グローバルエデュケーションコース(GLコース)　ネイティブ教員が担任となり、英語漬けの生活を送る。イマージョン教育や、第2外国語の授業、また、日本文化を英語で学ぶJapan Studiesを準備している。さらに、国際情勢を題材にしたディベート形式の授業もあり、国際感覚を身につけるための授業が充実している。

ブロードエデュケーションコース(BRコース)　広がりのある学びから、将来の多くの可能性につながっていくコース。1年次は、英語と数学を習熟度に応じて学ぶ。2年次からは、国公立・難関私大を目指すためのセレクトクラスを準備している。カリキュラムは、進路希望に応じて複線的に対応しており、2年次には、教科を越えたプラス・ワン・プロジェクトの履修、3年次には目的に応じた自由選択科目が用意されている。生徒が描く未来にマッチした学びを可能にする。

学校生活

様々な体験を通して自分を磨く

登校時間	夏	8：15	冬	8：15

多くの体験を通して見識や見聞を広めるために、様々な行事を開催している。毎年希望者を対象に、春にはカナダでの語学研修やニュージーランドでの3カ月留学を実施。半年〜一年の長期の留学も行っている。また、修学旅行は全員オーストラリアで目的意識を持って海外生活を体験するほか、GLコースの生徒のみのホームステイも行われる。

クラブ活動も盛んで、運動部では、春高常連のバレーボール、チアダンス、バスケット、バドミントン、ダンス、また文化部では、ボランティア活動を目的としたJRC部や、軽音楽部、フルート部など。作法室では茶道、華道、箏曲部が活動する。他に、料理部、写真部、科学研究同好会などがある。

進路

個に寄り添う進路指導

担任との面談で希望進路を聞き取り、志望校決定後は専門性を考慮。教科担当者や進路指導担当者も加わり、生徒の成績や取得資格、3年間の活動などを照らし合わせ、受験方式を決定していく。成績だけでなく、人物に焦点を合わせることや、複数の目で多角的に見ることで、より合格可能性が高く、生徒にあった進路を実現できるようにしている。

2023年の合格実績は、東京学芸、都留文科、上智、東京理科、学習院、明治、立教、中央、法政、立命館アジア太平洋、成蹊、成城、明治学院、國學院、日本、東洋、駒澤、専修、東京農業、芝浦工業、津田塾、東京女子、日本女子などとなっている。

ひとこと

卒業生から

高校に入る前から英語が好きでした。下北沢成徳の国際コースに入学し、授業や交流行事など英語に特化した環境や3か月のニュージーランドへの留学で異文化に興味を持ちました。特にAcademic Writingという授業で学んだことが今でも生きていて、現在の英語英文学科の専攻につながりました。受験生のみなさんはこれから高校生になりますが、「とりあえずやってみよう」という気持ちをもって何事にも取り組んでほしいです。自分が何に向いているのかを知る機会になります。下北沢成徳で、新しい自分をみつけましょう！(国際コース(現GLコース)卒　津田塾大学4年)

先生たちが忙しい中でとても面倒を見てくださったのが私には嬉しかったので、今、部活動(競技ダンス)の後輩には技術面以外でもできるだけ相談に乗るなどして気を配ることを心がけるようになりました。下北沢成徳はアットホームな雰囲気でとても居心地が良かったです。そんな空気づくりの大切さも学びました。下北沢成徳は女子だけで気を遣わないので、本当に毎日ほのぼのとしていて、明るく楽しめるところです。恋愛とかザ・青春みたいなことはないですが、それとは違う女子だけの青春が楽しめたので、女子校を選んでよかったなと思っています。(進学コース(現RRコース)卒　成蹊大学4年)

2024年度入試要項

試験日　1/22(推薦)　2/10(一般第1回)
　　　　2/12(一般第2回)　3/4(一般第3回)
試験科目　適性〈国・数・英〉＋面接(推薦)
　　　　　国・数・英＋面接(一般)

2024年度	募集定員	受験者数	合格者数	競争率
推薦	100	43	43	1.0
一般	100	104	104	1.0

※一般第3回の募集は若干名
※他に、若干名の帰国生入試(12/9・1/22)あり

右側サイドタブ：
進学に有利
併設校あり
芸術&特殊学科
資格&技能系
施設が充実
スポーツが強い
クラブが活発
情操教育を重視
国際人を養成
自由な校風

卒業生有名人　大山加奈(元バレーボール日本代表)、木村沙織(元バレーボール日本代表)、石川真佑(バレーボール日本代表)

189

東京
共学 高

自由ヶ丘学園 高等学校

2023年 共学スタート
特色ある3コース9専攻

SUPER INDEX P.80

普通科
生徒数 927名
〒152-0035
東京都目黒区自由が丘2-21-1
☎03-3717-0388
東急東横線・大井町線
自由が丘駅 徒歩7分

URL	https://www.jiyugaoka.ed.jp
Web上での合格発表	○

縦タブ（左欄）
進学に有利
併設校あり
芸術&特殊学科
資格&技能系
施設が充実
スポーツが強い
クラブが活発
情操教育を重視
国際人を養成
自由な校風

プロフィール 2023年 共学スタート

本校は1930（昭和5年）に設立され、90年以上にわたり人間教育を基軸とした教育に専念している。近年では、新しい時代を見据えた学校改革を推進し、2023年4月より共学校として新たにスタートした。「自立と共創」をテーマにSTEAM教育や国際教養教育を深化させ、新たな価値を構築できる力を育んでいく。

環境 未来を創造する「STEAM教育」と「ICT教育」

2020年より導入したSTEAM教育では、ロボットやAIなど最新の分野も取り上げながら「問題解決力」「新しい価値を創造する力」を育成している。TED×Tokyoの共同創立者パトリック・ニュウエル氏をアドバイザーに迎え、企業や大学とも連携した生徒参加型の授業プログラムが組まれている。

ICT教育では「Google Workspace for Education」を導入し、生徒1人1台ノートPCを使用。これにより学習の効率化を図るとともに生徒たちの興味関心を高め、わかりやすい授業、主体的・協働的な学びを実践している。

カリキュラム 特色ある3コース9専攻

PGプログレスコース
PGS専攻（海外・国公立）

学習支援センター（個別ブース）

PGA専攻（国公立・難関私大理系）
PGT専攻（難関私大文系）
・高い学力と国際教養を身につけ、国公立・難関私大を目指す
・特待あり ※3か月留学（1年次）付の特待もあり
・国際社会プログラム、STEAMプログラムなどの特色ある授業

ADアドバンスコース
ILA国際教養専攻
・世界の多様な価値観に触れ、国際的な言語能力と知識を育成する
・他者と協働しながら新しい価値を生み出す力を養成
・ILA国際教養プログラム、グローバルメディア探究などの特色ある授業
STEAM理数専攻
・理数を中心に様々な分野の研究に触れ、創造力を高める
・グローバルな視野から理数分野を幅広く探究
・STEAMプログラム、プログラミング探究などの特色ある授業

ACアカデミックコース
GIグローバル専攻
・グローバルな視野で多様な価値観を広げる
・英語力の向上と多文化共生の考察
・外国語演習（フランス語・ドイツ語・中国語）、欧米文化探究などの特色ある授業
SRサイエンス専攻
・興味関心を掘り下げ、調査や実験・研究に基づいて探究する
・科学的・論理的・理数的思考力の向上
・理科実験探究、プログラミング基礎などの特色ある授業
ASアスリート専攻
・競技力向上、アスリートの視点からスポーツサイエンスを学ぶ
・スポーツトレーナーが常駐し、競技力向上をサポート
・スポーツ心理学、ヘルスプロモーションなどの特色ある授業
HS文理専攻
・文系と理系が融合し、グローバルな視野で総合的に学ぶ
・文系・理系両面からの知識を深めていく学習
・サイコロジー探究、地球環境探究などの特色ある授業

学校生活 文武両道

登校時間	夏 8：20	冬 8：20

◆進学支援（学習支援センターなど）
放課後は、学習支援センターを平日午後8時30分まで開設している。大学生の学習コーチが常駐しているので、塾や予備校に通わず多くの生徒が現役で希望大学に合格している。各教科担当も必

要に応じて放課後の進学補習を行っている。また、東大生による特別講座を定期的に開催し、学習の効率化や大学受験に向けたモチベーションアップを図っている。

◆クラブ活動（強化部制を導入）
運動系は全国大会で毎年上位入賞するレスリング部、強化部のバスケットボール部、サッカー部、硬式野球部など15団体。文化系は強化部の吹奏楽部、人気のeスポーツ部、鉄道研究部など9団体。新しい部活動として2022年にバドミントン部、2023年にはダンス部、チアリーディング部、フィットネスキックボクシング同好会が創部された。

進路 2022年春 大学合格実績（現役生）

東京理科大、中央大、法政大、明治学院大、獨協大、國學院大、東京農業大、東京都市大、日本大、東洋大、駒澤大、専修大、大東文化大、東海大、亜細亜大、帝京大、国士舘大、神奈川大、拓殖大、日本体育大、武蔵野大 他

2024年度入試要項

試験日 1/22（推薦） 2/10または12（併願優遇） 2/10（一般専願・一般優遇・一般A日程） 2/12（一般B日程）

試験科目 適性〈作文〉＋面接（推薦）
国・数・英＋面接（併願優遇・一般・一般専願・一般優遇）

2024年度	募集定員	受験者数	合格者数	競争率
PGS	5/5			
PGA	5/5			
PGT	5/5	85/371	85/292	1.0/1.3
アドバンス	60/60			
アカデミック	60/60			

※人数はすべて推薦/併願優遇＋一般

卒業生有名人 桂才賀（落語家）、小池汪（写真家）

共学　幼 小 中 高 大

自由学園 中等科 高等科

普通科（高等科）
生徒数　221名（中等科）
　　　　230名（高等科）
〒203-8521
東京都東久留米市学園町1-8-15
☎ 042-422-1079
西武池袋線ひばりヶ丘駅　徒歩8分
（池袋駅より急行15分）

SUPER
INDEX
P.91

学ぶのは自分の生（いのち）の使い方

URL	https://www.jiyu.ac.jp/

美術の授業

プロフィール

平和な社会を創造する「共生共学」

　10万㎡の広大な敷地で、幼稚園からリビングアカデミー（45歳以上）までが学ぶ。男女別学だった中等科・高等科が、2024年度から共学化。多様な協働が求められる時代に向け、性別や年齢、国籍などの枠を超え、主体的かつ創造的に学ぶ共生共学校を目指す。学校生活、学校行事などすべて生徒主体で行い「生徒が作る学校」を実現してきた本校では、創立以来の教育理念を継続しながら、自分らしくいられる平和な社会の創造者を育む。

カリキュラム

生きた学びと実践

　平和・環境・人権について学ぶ「共生学」では、教科や学年、教員・生徒の垣根を越えて学び合い、実社会の問題への関心を育む。高等科では実際に社会に出て、学びと社会を繋げる超本格的高校生インターンプログラムを導入。これらを通して、学園で学んだことの生かし方を体得する。
　「探求」は、各々の興味や問題意識から出発し、主体的・共同的に学び問題解決に向かう力を養う。他の生徒や教員、外部の専門家からも意見を得られるリフレクションの機会も保たれている。
　高等科は単位制を導入しており、一

理科の実験

人ひとりが学びの時間を自分で作ることで、今、興味を持っていることにも時間を費やすことができ、進路変更にも柔軟に対応可能である。

学校生活

学校生活すべてが「自治」

登校時間	中学	夏季	8：00	冬季	8：00
	高校		8：00		8：00

　男女ともに希望者は入寮できる。自治組織が整備されていて、寮の方針決定や毎日の生活の運営は全て生徒たちが行う。単に生活する場でなく、責任感や主体性を育み、一生の友と出会える、かけがえのない学びの空間である。
　学校行事でも、行事の立案から運営まで必ず生徒が関わり、主体性を持ち取り組んでいる。1年間の学びを発表する「学びの共有会」は一大イベントであり、幼稚園から大学部までが一堂に会して行われる独自の行事もある。そのほかにも、自然と触れ合うこと、仲間と一から成し遂げることを大切にして様々な活動を行っている。

進路

一人ひとりに寄り添う「進路支援」

　高等科から、併設の大学部への進学者が約25%、国内外の大学への進学者が約60%、その他が約15%。
　大学部は、独自の高等教育機関として70年以上の実績を持つ。大学院や企業からは大学と遜色ない教育機関として評価されており、その後の進路は大学と全く同じように開かれている。
　学校での豊かな経験と培った表現力、確かな学びへの意欲を強みに進路選択している。難易度や合格可能性で測らず、どのようにしたら幸せな人生を歩めるか、持ち味は何かを捉えた進路支援を行っている。

2024年度入試要項

中等科

試験日　2/1（第1回）　2/10（第2回）
試験科目　国・算＋集団考査＋面接

2024年度	募集定員	受験者数	合格者数	競争率
第1回	90	91	60	1.5
第2回	若干	17	5	3.4

高等科

試験日　1/22（推薦）　2/10（一般）
試験科目　適性＋面接（推薦）
　　　　　国・数・英＋集団考査＋面接（一般）

2024年度	募集定員	受験者数	合格者数	競争率
推薦／一般	60/60	18/31	18/22	1.0/1.4

※中・高とも、帰国生入試、転・編入試については学校に直接お問い合わせ下さい
※中・高とも、集団考査では、協力して課題に取り組めるか、創造性があるかなどを見る

卒業生有名人　山本直純（作曲家）、岸田今日子（女優）、羽田澄子（映画監督）、羽仁進（映画監督）

進学に有利

併設校あり

特殊学科＆芸

資格系＆技能

施設が充実

スポーツが強い

クラブが活発

情操教育を重視

国際人を養成

自由な校風

東京

共学　中高

修徳中学校高等学校

勉強とクラブ活動の「文武一体」教育で確かな進路を実現

SUPER INDEX P.97

普通科（高校）
生徒数　220名（中学）　973名（高校）
〒125-8507
東京都葛飾区青戸8-10-1
☎03-3601-0116
常磐線・千代田線各駅停車亀有駅 徒歩12分
京成線青砥駅　徒歩17分

URL	http://shutoku.ac.jp/		
Web上での合格発表	中学	○	高校	○

君はもっとできるはずだ

プロフィール

将来自分の人生を築くにふさわしい知性と個性豊かな人間形成を目標に、毎日の学習からクラブ活動、文化活動を通して「文武一体」教育を行い、各種の講習等で学習をサポートし各生徒が確かな学力を身につけていけるよう指導している。「建学の精神」を基軸に「生徒一人ひとりを輝かせる」ことを教育的信念とし、徳育・知育・体育のバランスのとれた三位一体の情操教育を行い、人生100年を生きぬく総合的人間力を高めている。

大学受験専用学習棟プログレス学習センターによるきめ細かな学習指導

環境

プログレス学習センターは大学受験専用学習棟として大学受験の学習をサポートする。2011年新校舎、2012年人工芝グラウンド完成。校外施設として埼玉県八潮市に硬式野球場（2021年完成）、千葉県柏市にサッカー場（クラブハウス）があり、全国レベルで活躍している。

講習・補習で進学率向上に努める

カリキュラム

中学では、特進クラスと進学クラスに分かれ、発展学習と基礎学力の充実を目指す。本校独自のプログレス学習により個別指導し基礎学力を強化している。

校舎・人工芝グラウンド

高校では、全クラス共学にて普通科特進クラスは、専属スタッフにより、国公立・難関私立大学・GMARCH合格を目指している。2年次からは、進路別の（文系・理系）編成となり、大学受験に応じた選択科目制により、学力の伸長を図る。独自の行事プログラム（国内語学研修）も実施している。

普通科文理進学クラスは、自己の適性に合った第一希望の大学・短大合格を目標として、知徳体のバランスのとれた教育で現役大学合格を目指している。2年次より文系・理系に分かれて学習を展開。現役合格率が高いことが特徴である。

大学受験専用学習棟プログレス学習センター

盛んなクラブ活動で友達との和を作る

学校生活

登校時間	中学	夏季	8：20	冬季	8：20
	高校		8：20		8：20

盛りだくさんの学校行事の中でも、4大行事といわれるのがスポーツ大会、体育祭、修徳祭、修学旅行で、学園生活を彩る楽しみなイベントだ。

クラブ活動も盛んで、全国選手権大会等活躍の硬式野球・サッカーをはじめ、柔道など、全国大会で好成績を上げているクラブも数多い。女子サッカー部も現在1部リーグに所属し、全国大会14年連続出場で、期待が高まっている（高校）。

制服はフォーマルスタイルの濃紺ブレザーを基本に、カジュアルながらファッション性も兼ね備えた装いとなっている。夏期はポロシャツの着こなしもできる。女子はネクタイとスラックスによる着こなしもできる。

綿密な指導により進学率が上昇

進路

進学率向上に伴い、大学進学者約8割以上が現役合格している。進学先は、会津大、学習院大、神田外語大、杏林大、國學院大、駒澤大、芝浦工業大、成蹊大、専修大、中央大、帝京大、東京電機大、東京農業大、東京理科大、東洋大、獨協大、二松學舍大、日本体育大、日本大、法政大、武蔵大、明治大、立教大など。また、多数の大学指定校推薦枠がある。

2024年度入試要項

中学

試験日　2/1午前・午後（1・2回）　2/2午前・午後（3・4回）
　　　　2/3午後（5回）　2/4午後（6回）　2/5午後（7回）
試験科目　国・算・英から2科＋面接（1回）
　　　　　国・算・英から1科＋面接（2〜7回）
　　　　　公立中高一貫対応型総合学力テスト〈作文〉＋面接（2・3回）

2024年度	募集定員	受験者数	合格者数	競争率
1回/2回	60/若干	73/13	71/11	1.0/1.2
3回/4回	若干	5/4	2/4	2.5/1.0
5回/6回	若干	8/11	4/2	2.0/5.5
7回	若干	6	4	1.5

※特進クラス30名、進学クラス30名

高校

試験日　1/22（推薦）　2/10（一般特進・文理進学）　2/11（一般特進）
試験科目　適性〈国・数・英〉＋面接（推薦）
　　　　　国・数・英＋面接（一般）

2024年度	募集定員	受験者数	合格者数	競争率
特進	50/50	100/166	100/157	1.0/1.1
文理進学	80/80	367/354	367/336	1.0/1.1

※人数はすべて推薦/一般

進学に有利

併設校あり

芸術＆特殊学科

資格＆技能系

施設が充実

スポーツが強い

クラブ活動が活発

情操教育を重視

国際人を養成

自由な校風

　卒業生有名人　北澤豪（サッカー解説者）

東京
女子 幼 中 高 大 院

十文字中学校高等学校

世界に羽ばたく女性リーダーを育成
きめ細かな進路指導で
国公立にも対応

SUPER INDEX P.70

制服 p.⑭

URL	https://js.jumonji-u.ac.jp/			
Web上での合格発表	中　学	○	高　校	○

普通科（高校）
生徒数　615名（中学）　694名（高校）
〒170-0004
東京都豊島区北大塚1-10-33
☎03-3918-0511
山手線・都営三田線巣鴨駅、大塚駅、
都電荒川線大塚駅前駅　各徒歩5分

グループ学習

社会に役立つ女性を育てる
プロフィール

　1922（大正11）年に文華高等女学校として創立。1937（昭和12）年、十文字高等女学校と改称。1947年に中学、1966年に短期大学、1996年には大学を開校し、現在の総合学園となった。

　教育目標は「主体性の伸長」「基礎学力の徹底」「社会性の涵養」の3つ。毎日の自彊術（じきょうじゅつ）体操の励行に始まり、体育行事・運動部活動にも力を注ぎ、健康な身体を育むと同時に、「自彊不息（じきょうやまず）の精神」——常に努力してやまない強い意志力——を育て、自分で考え、行動し、社会に貢献する女性の育成を目指す。

最新の施設設備で国際・情報化に対応
環境

　5階までの吹き抜け、広々とした廊下など、校舎はゆとりと明るさをもたらす設計が施され、学習の場であると共に、憩いの場ともなるよう配慮がなされている。300席あるカフェテリア（食堂）、補習・講習用の多目的室・面談室のほか、屋内プール、多目的ホール、茶室、103畳の和室などを有する。

　また各種施設も充実。全天候型人工芝グラウンドや重層体育館、最新の設備を整えたマルチメディアルームやCALL教室、多目的教室、7万9千冊以上の蔵書とAV教室・CD・コンピュータソフトを備えた図書館を有している。

伝統の自彊術体操

少人数クラス編成進路別コース選択
カリキュラム

　中学では、数・英の時間配分を多くし、個別最適学習を取り入れるなど、基礎学習の養成に努め、主体的な学習者を育てる。英語では、外国人講師の授業やCALL教室の活用で中学3年修了時に英検準2級全員取得を目指す。6年間を通して、探究学習にも積極的に取り組み、答えのない問いにも挑戦する力を育てる。

　高校では、特選コース・自己発信コース・リベラルアーツコースの3コース制。生徒一人ひとりの個性を最大限に伸ばしながら進路に対応するようコース毎に特徴的なカリキュラムが組まれている。豊富な「選択講座」や「グレード別受験講座」で実力を養成し、大学受験に備える。

生徒自らがつくりあげる学園生活
学校生活

登校時間	中学	夏季	8：15	冬季	8：15
	高校		8：15		8：15

　学校生活や行事は生徒たちのアイデアで毎年進化し続ける。生徒会が中心となって、通学用のリュックサックの導入、セーラー服へのスラックスの導入、盛夏用制服としてポロシャツの導入、さらに、2023年度は生徒心得（校則）の見直しにも取り組んでいる。

　クラブは、運動部14部、学芸部21部、同好会3。演劇・マンドリン・サッカー・テニス・バスケット・バレー・水泳・舞踊・バトン・吹奏楽などが、各種の大会で好成績を収めている。また、海外留学生の受け入れや独自のプログラムによる海外ホームステイなど、グローバル教育も積極的に進めている。

併設大へは推薦で他大学進学も良好
進路

　4年制大学進学者が91.1％、医療・理工系が増えている。主な進学先は、筑波大、お茶の水女子大、東京医科歯科大、信州大、千葉大、埼玉大、東京

農業大、早稲田大、慶應義塾大、上智大、東京理科大、明治大、中央大、法政大など。

2024年度入試要項

中学

試験日　2/1午前（第1回・英検利用・思考作文）　2/1午後（第2回）　2/2午前（第3回）　2/2午後（第4回）　2/3午後（得意型）　2/6午前（第5回）

試験科目　国・算または国・算・理・社（第1・3回）
　　　　　国・算（第2・4・5回・英検利用）
　　　　　作文（思考作文）
　　　　　国・算・英から2科（得意型）

2024年度	募集定員	受験者数	合格者数	競争率
第1回/第2回	50/50	131/262	103/173	1.3/1.5
第3回/第4回	20/20	86/108	50/55	1.7/2.0
第5回/得意	10/10	45/88	19/52	2.4/1.7
英検/思考	10/10	14/30	14/20	1.0/1.5

高校

試験日　1/22または25（推薦A、B）
　　　　2/10または13（一般）

試験科目　国・数・英＋面接

2024年度	募集定員	受験者数	合格者数	競争率
推薦	100	85	75	1.1
一般		70	54	1.3

※スライド合格制あり

進学に有利に

併設校あり

芸術&特殊学科

資格&技能系

施設が充実

スポーツが強い

クラブ活発

情操教育を重視

国際人を養成

自由な校風

卒業生有名人　白井さゆり（慶應義塾大学 総合政策学部 教授）、宮崎けい子（豊島区議員）、藤野あおば（サッカー日本代表）

193

共学　幼中高専短大院

淑徳 中学校 高等学校

ICT教育やALに対応した次世代型校舎
東大選抜（セレクト）コースが力強く進行中

SUPER INDEX P.92

制服 p.36

URL	https://www.shukutoku.ed.jp/		
Web上での合格発表	中学	○	高校	○

希望進路実現に向けしっかり学習

■ 普通科（高校）
生徒数　500名（中学）　1260名（高校）
〒174-8643
東京都板橋区前野町5-14-1
☎ 03-3969-7411
東武東上線ときわ台駅　徒歩15分
JR赤羽駅、西武池袋線練馬高野台駅
※3駅ともに無料スクールバスあり
都営三田線志村三丁目駅　徒歩15分

プロフィール 時代をつくる 人となれ

「進みゆく世におくれるな、有為の人となれ」校祖輪島聞声先生の理念を今も受け継ぎ、進学指導と国際教育に力を注ぐ。校風はのびのびと明るくアットホーム。

環境 最先端で快適な 総合ステーション

地下アリーナ、映像設備、ガラス黒板、3つの実験室、屋上庭園、図書館の洋書ライブラリーなど快適な環境。生徒全員がタブレットを所持し、ICT教育やアクティブラーニングが充実。最先端で快適な総合ステーションとなっている。また、「洗心館」武道場（2019年）と第二特別教室（2020年）が新たに登場。

カリキュラム スーパー特進東大選抜（セレクト） 全コース国公立対応型

「スーパー特進東大選抜（セレクト）」コース生が2年連続東大合格3名を実現。東大や医学部などの国公立に多数進学。ハイレベルな問題演習や論理的思考を鍛える学習、また世界で通用する語学力を育成。「スーパー特進」との2コース編成。小テストや補習ゼミ、週末課題などで面倒見よく学習指導を行い、自学自習の習慣づけを大切にする。

高校は「スーパー特進」「特進選抜」

緑豊かなキャンパス

「留学」の3コース編成。全コースともに国公立対応型のカリキュラム。ゼミや講習が豊富で、大学入試に向けた十分な学習ができる。

国際教育を重視し、英語教育は週7時間。中3で行う語学研修（3ヶ月か1週間の希望制）や高校では1年留学を展開。近年の大学入試改革に向けたアクティブラーニングやICTを活用したワークショッププログラムなどを導入し、幅広い教育も実施。

学校生活 青春の1ページを 飾るクラブ活動

登下校時間	中学	登校 8：30	下校 17：30
	高校	登校 8：30	下校 18：30

クラブ活動や行事を通じて、逞しく生きる力を育成。運動部・文化部合わせて31の多彩なクラブがある。また、6学年を縦割4チームに分けて激突する体育祭など、たくさんの行事が学校生活を彩る。

進路 東大7年連続合格 難関大合格者数462名

2014年以降、難関大学合格者数は毎年350名以上。きめ細かな学習システムと、熱意あふれる教師の指導が、学力と実践力を伸ばす。東大・京大・一橋大・東工大他。

国際化 多彩な体験と 独自の留学コース

海外サマーキャンプ、短期留学、交換留学生など多彩な海外プログラムを実施。特筆すべきは1年間の本格留学コースで、生徒全員が5カ国（アメリカ・イギリス・カナダ・オーストラリア・ニュージーランド）の名門校から希望校を選択、現地専属アドバイザーや特別カリキュラムなどにより3年間で高校を卒業する。

2024年度入試要項

中学

試験日　2/1午前・午後（第1回スーパー特進、スーパー特進東大選抜）
　　　　2/2午後（第2回スーパー特進東大選抜）
　　　　2/3午後（第2回スーパー特進）
　　　　2/5午後（第3回スーパー特進東大選抜）

試験科目　国・算または国・算・理・社（第1回スーパー特進）　国・算（スーパー特進東大選抜・第2回スーパー特進）

2024年度	募集定員	受験者数	合格者数	競争率
特進東大選抜 第1回	35/10	248	157	1.6
特進東大選抜 第2回	25/15	205	129	1.6
特進東大 第3回	10	62	16	3.9
スーパー特進 第1回	25	162	69	2.3
スーパー特進 第2回	5/15	158	68	2.3

※人数は東大選抜/スーパー特進
※他に、若干名の帰国生入試（12/2、国・算＋面接）あり

高校

試験日　1/22（単願推薦）
　　　　1/22または24（併願推薦）
　　　　2/11または14（一般）

試験科目　適性〈国・数・英〉＋面接（推薦）
　　　　国・数・英＋面接（一般、帰国生）

2024年度	募集定員	受験者数	合格者数	競争率
単願推薦	90	82	82	1.0
併願推薦①②		104/89	102/86	1.0/1.0
一般①/②	90	214/222	193/202	1.1/1.1

※留学コースは単願推薦のみ
※帰国生の募集は若干名（上記と同じ日程）

　■卒業生有名人■　田代未来（柔道家）、中澤さえ（元柔道家）、森宏明（朝日新聞・パラスキー選手）

（左側縦帯）進学に有利に／併設校あり／芸術＆特殊学科／資格＆技能系／施設が充実／スポーツが強い／クラブが活発／情操教育を重視／国際人を養成／自由な校風

東京

共学 | 幼 小 中 高 短 大 院

淑徳巣鴨 中学校 高等学校

おかげさまの心で100周年
気づきの教育で進学実績上昇中
文武両道を掲げ進化する伝統校

SUPER INDEX P.74

制服 p.⑲

普通科（高校）
生徒数　357名（中学）　1295名（高校）
〒170-0001
東京都豊島区西巣鴨2-22-16
☎ 03-3918-6451
都営三田線西巣鴨駅　徒歩3分
埼京線板橋駅　徒歩10分
東武東上線北池袋駅　徒歩15分
都電荒川線庚申塚駅　徒歩4分
池袋駅東口よりバス「堀割」下車すぐ

URL	https://www.shukusu.ed.jp				
Web上での合格発表	中学	○	高校	○	

プロフィール 「共に生き・共に学び・共に歩む」

1919（大正8）年に創立。1992（平成4）年に男女共学となり、1996（平成8）年には中学校を新設した。

「感恩奉仕」を校訓として、あらゆるもののおかげさまで生きていることに感謝する心を育てる。「気づきの教育」を合言葉に、未来に生きる力を育てている。

環境 明るい声が響く、快適な教育環境

地上7階地下1階の校舎にサンシャイン60を臨む屋上庭園や、スジャータ（食堂）、最新のパソコンをそろえたイノベーションラボ、各教室に設置された電子黒板など、充実した学習環境が整う。

カリキュラム 進学希望に応えるコース制

中学では、習熟度に合わせて、「スーパー選抜コース」と「特進コース」を設置し、きめ細やかな指導で6カ年一貫教育の充実を図っている。

高校では、難関国公立大学・難関私立大学への進学を目指す「選抜コース」と有名私立大学への進学を目指す「特進コース」の2コースを設置。選抜コースの成績上位者で「アルティメットクラス」を編成し、平日放課後に最難

関国立大合格を視野に入れた特別講座を実施している。ネイティブ教員が担任を務め、最難関文系私立大を目指す「プレミアムクラス」も設置。その他、3年間での高校卒業を可能とする留学制度を備える。長期休暇中には全コース生を対象とする進学講座を実施。選抜コース生は夏休みに合宿勉強会に参加する。

学校生活 思い出あふれる学校行事

登校時間	中学	夏季	8：15	冬季	8：15
	高校		8：15		8：15

年間を通じて、花まつりや魂まつりなどの仏教行事や、芸術鑑賞会など情操教育を目的とした行事も充実している。探究活動を通して、プレゼンテーションの機会が数多く設けられている。また、文化部・体育部合わせて30のクラブには、全国大会レベルで活躍している、水泳部、空手道部、バドミントン部、剣道部、ギター部、ソングリーダー部、陸上競技部がある。

進路 進学実績が年々上昇併設大へ推薦もある

学習指導や補習授業の充実などにより、進学実績が急上昇している。併設の大学に推薦入学制度があるほか、東京、浜松医科、東京外語、東京芸術、横浜国立などの国公立大学や早稲田、慶應、上智、東京理科、GMARCHなどの有名私立大学に進学している。

国際化 英語教育を重視し国際的視野を育成

実用的な英語力の修得を目指し、留学制度（1年・3カ月、各希望制）、アメリカ（オレゴン）サマーキャンプ、海外への修学旅行（中学：アメリカ、高校：イギリス）などを実施している。国内で行われるイングリッシュキャンプや日本国内で学ぶ留学生を交えたイマージョン教育を行うグローバル耕心プログラムなど、実践的な学びで国際感覚を磨いている。

2024年度入試要項

中学

試験日　12/2（帰国子女）　2/1午前（特進第1回）　2/1午後（スーパー選抜第1回）　2/2午前（特進第2回）　2/2午後（スーパー選抜第2回）　2/3午後（スーパー選抜第3回）　2/4午前（特進第3回）

試験科目　国・算・理・社または国・算（スーパー選抜第1・2回）　国・算・理・社または国・算・英または国・算（スーパー選抜第3回）　国・算（特進第1・3回）　未来力〈思考の基礎力＋思考の展開力〉または算（特進第2回）　国・算・理・社＋面接または国・算・英＋面接（帰国子女）

2024年度	募集定員	受験者数	合格者数	競争率
第1回スーパー/特進	15/30	157/148	29/40	5.4/3.7
第2回スーパー/特進	10/25	147/152	20/41	7.4/3.7
第3回スーパー/特進	10/15	171/181	23/27	7.4/6.7

※帰国子女入試の募集は若干名

高校

試験日　1/22（A・B推薦）　2/10（一般Ⅰ期）　2/13（一般Ⅱ期・帰国子女）

試験科目　基礎力検査（国・数・英）（推薦）　国・数・英（一般・帰国子女）　※A推薦は面接あり。帰国子女は英語小論文あり

2024年度	募集定員	受験者数	合格者数	競争率
選抜	150	91/602	58/504	1.6/1.2
特進	120	30/115	63/179	―/―

※人数はすべて推薦/一般
※スライド合格者を含む

卒業生有名人　池江璃花子・長谷川涼香（競泳選手）、上原理生（ミュージカル俳優）

右端縦帯：
進学に有利に | 併設校あり | 特殊学科芸術＆ | 技能系＆資格＆ | 施設が充実 | スポーツが強い | クラブ活発が | 情操教育を重視 | 国際人を養成 | 自由な校風

195

順天中学校・高等学校

中高一貫教育による進学指導と
類型制教育で現役進学実績定着
グローバル課題探究のためのグローバルウィークを毎年開催

制服 p.22

普通科（高校）
生徒数　318名（中学）　757名（高校）
〒114-0022
東京都北区王子本町1-17-13
☎ 03-3908-2966
京浜東北線・南北線王子駅　徒歩3分

SUPER INDEX P.77

URL	https://www.junten.ed.jp/			
Web上での合格発表	中学	○	高校	○

プロフィール　夢を実現するための学力と人格の形成

1834（天保5）年に、数学者福田理軒が開いた「順天堂塾」が前身。1871（明治4）年、1900年旧制中学校、1951年に新制順天高校、1990年に男女共学化、1995年に中学校を再開。自然の法則に従い互いに真理を求め合う『順天求合』の建学の精神のもと創立以来の探究学習を継続し、英知をもって国際社会で活躍できる人間を育成する教育を展開、2014年度からSGHに指定され、現在はSGHネットワーク校となっている。

環境　2つのキャンパスを効果的に活用

「王子キャンパス」は8階建本館と協働学習施設の理軒館、芸術棟、実験棟、PC、ELC棟から成り、本館からスクールバスで10分程度の宿泊施設研修館、グランド、体育館、武道館の「新田キャンパス」がある。

カリキュラム　ムリ・ムダのない教育体系

中学では特に主要5教科に比重を置いて全員が国公立大学への受験に対応できるよう指導している。クラスは全学年平準化し、互いに教え合い理解し合う授業を大切にし、異年齢による学習サポートを行っている。また、様々な課題を共有

して探究し合う「グローバルウィーク」に自由に参加して探究力を高めている。

高校では3類型に分かれる。**特進選抜類型**は東大をはじめとする最難関（国立大・私立大）に照準を合わせたカリキュラムを編成している。主要教科においては特に習熟度の高い生徒に対してハイレベルな学習指導を実施。**理数選抜類型**は医歯薬系をはじめ理工系の国公私立大学に向けた学習や理科探究、プログラミング実習を行う。**英語選抜類型**では2019年度から「英語探究」科目を導入し、社会貢献を加えた地域住民との英語支援、協働的学習に取り組んでいる。卒業時の英検2級以上の取得率は8割を超える。また、全ての類型では2年進級時に学習成績と将来の方向性を考えた上でクラス・類型変更ができる。

学校生活　文化系13体育系12の活発なクラブ活動

登校時間	中学	夏季	8：10	冬季	8：10
	高校		8：10		8：10

クラブは、いずれも生徒の自主性に基づいて運営されている。インターハイ・全国高校女子駅伝出場の陸上部をはじめ、野球部、バレーボール部、少林寺拳法部、バトン部、ダンス部、美術部、劇画部、外国語部などがある。

進路　高い進学率を目指すサポート体制

高校2年次に大学受験のための講習「課外講座」を開設して実力の養成を行う。ほぼ全員が進学希望で国公立大8％、早慶上理13％、GMARCH18％、医歯薬医療系大10％、女子大5％、成成明獨國武日東駒専31％、他15％進学率。

国際化　海外修学旅行とボランティア活動

中学3年次にニュージーランドでの短期語学研修（希望者）、高校2年次にニュージーランド、カナダ等の海外コース及び北海道等の国内コースの研修旅行を実施。また、豪州等の留学で国際感覚を磨いたり、トビタテ留学JAPANを利用しての異国生活、異文化体験の機会に恵まれている。毎月提供されるボランティア情報から外部での奉仕活動やスポンサード・ランなどによる寄付活動も積極的に行っている。

2024年度入試要項

中学

試験日　2/1（第1回午前・午後）　2/2（第2回午前・午後）　2/4（第3回午後）

試験科目　国・算・理・社（午前）　国・算（午後）
※第3回は国か英（リスニング含む）＋算＋マイ・プレゼンテーション

2024年度	募集定員	受験者数	合格者数	競争率
第1回午前/午後	25/25	145/279	41/63	3.5/4.4
第2回午前/午後	20/15	158/220	40/49	4.0/4.5
第3回国語/英語	5	45/2	9/0	5.0/—

※若干名の帰国生募集（12/2・2/4）あり

高校

試験日　1/22（推薦Ⅰ・Ⅱ）　1/25（推薦Ⅲ）
2/10または11（一般）

試験科目　適性〈国・数・英（リスニングテスト含む）〉＋面接（推薦）
国・数・英（リスニングテスト含む）＋面接（一般）

2024年度	募集定員	受験者数	合格者数	競争率
推薦Ⅰ/Ⅱ/Ⅲ	60	41/60/43	41/57/39	1.0/1.1/1.1
一般10日/11日	60	87/65	72/57	1.2/1.1

※若干名の帰国女子募集（12/2・1/22）あり

卒業生有名人　坂口謹一郎（農芸化学者）、宝井誠明（俳優）、秋山清仁（陸上選手）

有利に進学に
併設校あり
特殊学科芸術＆
資格技能系＆
施設が充実
スポーツが強い
クラブが活発
情操教育を重視
国際人を養成
自由な校風

女子 高

潤徳女子 高等学校

一人ひとりを大切に
未来を話せる女子になる

SUPER INDEX P.96

制服 p.29

| URL | https://www.juntoku.ac.jp |

■ 普通科
生徒数 581名
〒120-0034
東京都足立区千住2-11
☎ 03-3881-7161
常磐線・千代田線・日比谷線・半蔵門線（直通）・東武スカイツリーライン・つくばエクスプレス
北千住駅西口 徒歩5分
京成本線千住大橋駅 徒歩10分

個人の特性や能力を理解する

プロフィール

地元の先駆者・堀内亮一氏をはじめとする有志により、1924（大正13）年に創立。以来、個人の尊厳を重んじ、真理と平和を愛する豊かな人間の育成に邁進している伝統ある女子校。

生徒個々の能力を引き出し、国際社会に活躍する女性の育成を目標に、一人ひとりを大切にする教育を実践。「美しい愛の心」「たすけ合う心」「たえず向上する心」の「三つの心」を実践目標として、基礎学力の充実を図ると共に、情緒豊かな人間の育成に努め、現代女性に必要な資質を育む独自の教育活動を展開している。

緑にはえるおしゃれな校舎

環境

旧日光街道と日光街道の間、緑豊かな住宅街の中にキャンパスがある。レンガ色と白で統一された校舎の外観は、明るい学園生活にぴったりマッチした、ファッショナブルな雰囲気だ。

校舎内には、普通教室30、複数の美術室、ディスカッションのできる教室など特別教室が15ある。また、相談室を設置し、専門のカウンセラーが常時生徒や保護者の相談に応じている。

二層式の体育館には、冷暖房完備の合宿施設もあり、ナイター設備付きの人工芝グラウンドも校舎脇にある。

落ち着いた雰囲気のおしゃれな校舎

３つのコース制で希望進路を実現

カリキュラム

興味や将来の目標は人それぞれだから、様々な個性を伸ばせるように、多様な３つのコースを設定。一人ひとりの人間性を大切にする潤徳で、本当にやりたいことに出会えるはずだ。

進学コースでは、基礎学力の充実を図り、２年次からは文理それぞれの選択に特化したカリキュラムとなる。それにより豊富な時間数で学ぶことができ、深い教養を身につけられる。様々な入試形式で難関大学への進学を目指す特進コースでは、基礎学力とともに模擬試験の演習を取り入れることで応用力も養う。２年次から文理に分かれるが、国公立対応カリキュラムのため、幅広く学ぶこととなる。コース集会などで先輩から勉強や受験のアドバイスをもらえ、縦のつながりがあるコースである。美術コースは、１年次にデッサンを通して美術の基礎を学ぶ。また専門分野に触れることで、２年次からのより深い学びへとつなげていく。３年次には様々な制作に取り組み、制作展および美大受験へ進んでいく。

様々な体験が夢を育む力につながる

学校生活

| 登校時間 | 夏 | 8:25 | 冬 | 0:25 |

クラブは運動部・文化部合わせて26ある。都コンクールでA組連続金賞受賞の吹奏楽部、全国私学選抜大会出場のバドミントン部、都ベスト16の剣道部などがすばらしい実績を残している。

また、生徒自らが計画・運営している文化祭や体育祭、修学旅行（２年）など年間を通じて様々な学校行事が実施される。

高校時代を心の糧に未来を切り開く

進路

進路指導は、専門のベテラン教師が、親身になって的確な相談を行い、サポートする体制が整っている。主な進学先は、千葉大、筑波大、茨城大、福井大、東京芸術大、金沢美術工芸大、愛知県立芸術大、上智大、東京理科大、慶應義塾大、立教大、学習院大、明治大、青山学院大、中央大、法政大、成蹊大、成城大、武蔵大、日本大、東洋大、駒澤大、専修大、獨協大、明治学院大、学習院女子大、東京女子大、津田塾大、日本女子大、フェリス女学院大、東京造形大、多摩美大、女子美大、武蔵野美大、日本大（芸術学部）など。

2024年度入試要項

試験日 1/22（第1回推薦B） 1/23（推薦A・第2回推薦B） 2/10（第1回一般・併願優遇） 2/11（第2回一般・併願優遇）

試験科目 適性〈国・英か数・英〉＋作文（推薦A） 適性〈国・数・英〉＋作文（推薦B） 国・数・英＋作文（併願優遇） 国・数・英＋面接（一般）
※美術コースの推薦Aは適性〈英〉＋実技＋作文、推薦Bは適性〈国・英〉＋実技＋作文、一般は国・英＋実技＋面接

2024年度	募集定員	受験者数	合格者数	競争率
進学	70/70	45/302	45/297	1.0/1.0
特進	17/18	5/19	5/19	1.0/1.0
美術	35/35	38/109	38/106	1.0/1.0

※人数はすべて推薦A/推薦B・一般

■ 卒業生有名人 いがらしゆみこ（漫画家）、鳥居恵子（女優）

進学に有利

併設校あり

芸術＆特殊学科

資格系＆技能

施設が充実

スポーツが強い

クラブが活発

情操教育重視

国際人を養成

自由な校風

共学　幼中高大院

松蔭大学附属松蔭中学校高等学校

国際性と豊かな情操を養いながら
コース別指導で
多彩な進路を目指す

SUPER INDEX P.82

普通科（高校）
生徒数　非公表
〒155-8611
東京都世田谷区北沢1-16-10
☎03-3467-1511
小田急線東北沢駅　徒歩3分
京王井の頭線池ノ上駅　徒歩3分
千代田線代々木上原駅　徒歩8分

| URL | https://www.shoin.ed.jp/ |

「松蔭山荘」のグラウンドで

左サイドバー（縦書き）：
進学に有利に／併設校あり／芸術＆特殊学科／資格系＆技能系／施設が充実／スポーツが強い／クラブが活発／情操教育を重視／国際人を養成／自由な校風

プロフィール
時代に対応する新しい教育

1941（昭和16）年、教育家吉田松陰の教育理念に基づき、「知行合一」を校是として創立された。国際化・情報化へと進展する時代に対応するため、「自己実現につながる高い学力」「バランスのとれた人間教育」「国際社会で通用する英語力」「創造性を伴う情報教育」を主眼とする教育を行っている。行動力がありながら、人間らしさを持ち合わせている個性を育成していくのが教育方針である。また、中・高生として人として必要なマナーを身につけるよう指導している。2005年度より、男女共学となった。

環境
近代的な設備がささえる確かな教育

キャンパスは、閑静な山の手地区の雰囲気と活気に満ちた街がとけあった場所にある。校内は明るく、充実した学校生活を送るための施設を多く備えている。

校舎内には、普通教室の他、より進んだ学習を支えるコンピュータ室、インターネット室、LL教室、図書室、茶室、トレーニング室、カウンセラー室、スチューデンツサロン、リラクゼーションルーム、生徒ホール、テニスコートなどを完備。また、校外施設として軽井沢に「松蔭山荘」がある。

オーストラリア語学研修

カリキュラム
高校では進路別カリキュラム

中学では、基礎学力の充実に重点を置き、自主的な学習態度を養うこと、応用力のある実力を身につけることを目標としている。特に英語は授業数も多く、これからの国際教育の基礎作りに励んでいる。

高校では、1年次の文理総合から2年次で文系、理系を選択し、各自の個性や適性に合ったカリキュラムに沿って授業を行っている。

特に英語教育に力を入れており、外国人講師による英会話の授業や英語検定対策講座、リスニングテストなどを全校規模で行い基礎力強化に努めている。外国語コースでは、1年次より受験に高いレベルで対応できる英語力を育成すると同時に、フランス語と中国語もネイティブスピーカーの先生による授業で国際感覚を養う。さらに各教科でインターネットを取り入れた授業を行い、放課後は自由に開放。専門的なコンピューター実習も行っている。

学校生活
全国レベルの部活多彩な学校行事

登校時間	中学	夏季	8：10	冬季	8：10
	高校		8：10		8：10

軽井沢の「松蔭山荘」は、夏の林間学校や勉強合宿・クラブ合宿に利用され、林間学校は毎年実施。ハイキング、キャンプファイアー、ホームルーム、映画鑑賞などを通して、クラスメートとの親睦を深める。その他、修学旅行、体育祭、球技大会、文化祭、スピーチコンテスト、スケート教室、オーストラリア語学研修、テーブルマナーなど、多彩なイベントが行われている。

クラブ活動では、バレーボール部・体操部が全国大会に出場しているほか、バスケットボール部、バドミントン部なども優秀な成績を収めている。

進路
高い進学実績と併設大学への推薦入学

4年制大と短大への進学率が100％近くまで上昇。卒業生のほとんどが進学を希望し現役合格率も高い。

併設の松蔭大学は日本初の経営文化学部があり、推薦入学も可能。一方他大学を目指す生徒も多い。

2024年度入試要項

| 中学 | 校舎建て替えのため休止 |

高校

試験日　1/22（推薦）
　　　　2/10（公立併願優遇・一般第1回）
　　　　2/13（公立併願優遇・一般第2回）

試験科目　作文＋面接（推薦）
　　　　　国・数・英＋面接（公立併願優遇・一般）

2024年度	募集定員	受験者数	合格者数	競争率
推薦特別/一般	10/70	149	116	1.3
併願/一般	80			

女子　中　高　大

頌栄女子学院　中学校・高等学校

クリスマス礼拝

聖書の教えを生活の基本に
道徳的・美的情操教育を重視
高雅な品性と国際感覚を養う

普通科（高校）
生徒数　644名（中学）　620名（高校）
〒108-0071
東京都港区白金台2-26-5
☎ 03-3441-2005・8009
都営浅草線高輪台駅　徒歩1分
JR・東急池上線五反田駅、南北線・都営
三田線白金台駅　各徒歩10分
JR・京浜急行線品川駅　徒歩12分

SUPER INDEX P.72

| URL | https://www.shoei.ed.jp |

聖書の教えを基礎に国際的な教養を
プロフィール

1884（明治17）年に岡見清致が開校した頌栄学校を前身とする。1920（大正9）年には女学校から高等女学校に昇格。1947（昭和22）年の学制改革により、現在の中高一貫教育のシステムが整った。1982年、英国にウィンチェスター頌栄カレッジを開学。1994年から高校の募集を停止した。

校名は「神の栄光をほめたたえる」という意味で、それが学院の特色を表しており、聖書の教えを徳育の基礎に置き、女性にふさわしい教養と、高雅な品性や豊かな国際感覚を身につけさせ、社会のために献身奉仕できる人格の形成を目指している。

樹木に囲まれた校庭自然あふれる環境
環境

高い樫の木の垣根と、優美な門扉が目を引く。扇形に広がるキャンパスには、都心には珍しい四季折々の自然が息づいている。校舎は、庭園風の中庭を囲む形で、校庭は港区の保護樹林の木々に囲まれている。

普通教室をはじめ、体育館、礼拝室、図書館、礼法室、LL教室、パソコン教室などの特別教室を完備するほか、武道場、プール、グローリアホールもある。グローリアホールは講堂で、礼拝堂としても使われる多目的スペースだ。

落ち着いた佇まいの校門前

少人数クラスとコース制で指導
カリキュラム

授業は5日制で、土曜日を休日にして、日曜日には教会に出席することを奨励している。また、6カ年を通して聖書の授業が必修になっている。

中学では英語・数学を重視し、少人数の特別クラス編成で授業を行い、授業時間数も標準より多くなっている。また、主要5科目は、一部に発展的な内容が組み込まれている。

高校では2年次より文科・理科コース、3年次にはさらに理科コースが二つに分かれ、進路別に学習する。選択科目のほか、進路に合わせて自由に選択できる受験講習も設けられている。

礼拝は生活の一部クラブも個性的
学校生活

登校時間	中学	夏季	8:10	冬季	8:10
	高校	8:10		8:10	

毎日の学校生活は、朝の15分の礼拝から始まる。制服は、紺のブレザーにタータンチェックのスカートで、英国調デザインが人気だ。

クラブは、文化系・体育系クラブ合わせて35部。英語の手話も学べる手話部といったユニークなクラブもある。英語と音楽の造詣を深めるクラブが目立つ方で、筝曲・日本舞踊などの伝統のクラブも活発。また、特別クラブ「聖歌隊」「ハンドベルクワイア」の存在も本校ならでは。

行事も、キリスト教主義の学校らしいものが盛りだくさん。入学式や始業式はもちろん、イースターやクリスマスの礼拝も欠かせない年間行事だ。ほかにも、花の日礼拝やワークキャンプなどを通じて、大切な感謝の心、働く喜びをわかち合う。南志賀や軽井沢にある校外施設でのキャンプも恒例となっており、自然の中で友人、牧師や担任教員との親睦が図られている。

早慶など難関大に多数の合格者
進路

全員が進学希望で、約90%が現役で大学へ進学する。併設校のウィンチェスター頌栄カレッジ（イギリス）に優先入学ができるほか、国際基督教や青山学院などのキリスト教学校教育同盟校をはじめ、早稲田、慶應などの大学への推薦入学制度もある。2023年3月卒業生は、東京、東京工業、北海道、千葉、お茶の水女子、東京外語、一橋などの国公立大をはじめ、早稲田、慶應、上智、立教、学習院、明治、中央、東京理科、青山学院、東京女子などの難関私立大に多数が合格した。

生徒と教師が学ぶコ・ラーナーズ・デイ
トピックス

Co-Learners' Day（C.L.D）とは、クラスの生徒と担任教員が、共に学び研究したことを発表する日。研究発表コンテストやクラブ発表など、普通の文化祭とは一味違ったユニークな活動だ。

2024年度入試要項

中学

試験日　12/9、2/1（帰国生）
　　　　2/1（第1回）　2/5（第2回）

試験科目　英＋面接か国・算・英＋面接（帰国生）
　　　　　国・算・理・社＋面接（一般生）

2024年度	募集定員	受験者数	合格者数	競争率
第1回	100	241	116	2.1
第2回	100	382	113	3.4
帰国生 12月/2月	定めず	121/10	92/6	1.3/1.7

高校　募集せず

卒業生有名人　大木聖子（地震学者）

進学に有利
併設校あり
芸術＆特殊学科
資格＆技能系
施設が充実
スポーツが強い
クラブ活動が活発
情操教育を重視
国際人を養成
自由な校風

城西大学附属城西 中学校 高等学校

普通科（高校）
生徒数　321名（中学）　831名（高校）
〒171-0044
東京都豊島区千早1-10-26
☎03-3973-6331
西武池袋線椎名町駅　徒歩7分
有楽町線・副都心線要町駅　徒歩6分

SUPER INDEX P.91

制服 p.③⑦

「教え合い」と「個の指導」で入学者全員を伸ばす

URL	https://www.josaigakuen.ac.jp/			
Web上での合格発表	中学	○	高校	○

留学生交流授業の様子

プロフィール　100年前から続く国際理解と体験主義

1918（大正7）年中島久万吉によって貿易実務を学ぶ城西実務学校として創設。1925年、野口援太郎により城西学園と改称され、池袋児童の村小学校と共に自由教育の実践校となる。1948（昭和23）年に城西高等学校となり1965年に城西大学を設立。1991（平成3）年、城西中学校を再開して中高一貫教育を開始。「天分の伸長」「個性の尊重」「自発活動の尊重」の理念の基、国際交流、体験学習など本物に触れ、考え、教え合うことを通してバランスの取れた人間教育を行う。

環境　池袋から1駅の好立地

池袋から1駅、都心ながら静かな住宅地に校舎を持つ。地下1階、地上5階建てで、一般教室のほか3つの理科実験室、コンピュータ室、音楽室、家庭科室、図書室はもちろん、全生徒が利用できる新食堂「しいの木ラウンジ」など憩いのスペースも確保されている。全教室にプロジェクターが設置され、全員タブレット・ノートPCが利用できるICT教育環境を整備。

カリキュラム　特進クラスを持たない独自の展開

2023年度より高校普通クラスをアカデミック＆クリエイティブクラスに名

新食堂「しいの木ラウンジ」

称変更。国公立一般選抜対策や探究プログラムを充実させる。中学ではJOSAI Future Global Leader Programがスタートし、中1・中2で基礎学力、英語力、自立心を高め、中3ではオーストラリアでの海外研修に参加し最短2週間のホームステイと海外提携校への留学を全員が経験する。高校入学後は高入生、海外からの留学生と共にHRクラスを編成し、部活や行事など様々な協働を経験する。高2で文理選択、高3で志望学部系統別のクラス編成を行い、希望進路に向けた学習を中心とした授業を展開。

理科は多くの実験を通して思考力を養う。英語と数学は少人数、習熟度別で授業を展開し、全員に基礎学力を身につけさせる。特に英語は週7時間中3時間、少人数クラスでネイティブ教員による授業を実施し、英語4技能を鍛える。大学入試対策として各種ゼミなど様々な特別講座を実施、自習室も夜7時まで開放され、各教科の教員が質問に応じる。

学校生活　活発な部活動・学内グローバル化が進行中

登校時間	中学	夏季	8:40	冬季	8:40
	高校		8:40		8:40

体育祭や音楽祭は外部施設を利用して全校で行う。サマースクールなどの宿泊行事や、校外学習など多くの体験プログラムを実施。修学旅行は高2で国内、台湾、ハワイから選択。クラブ活動は硬式野球、陸上、柔道、剣道、サッカー部が盛んで、陸上部は全国屈指の強豪。インターハイ、国際大会でも活躍している。そのほかダンス部、放送部も全国大会に出場。学内グローバル化が進み、7ヶ国13の姉妹校、提携校と様々な交流を実施。2022年度よりUSデュアルディプロマプログラムを開始。オンラインでアメリカ名門校の授業に参加し卒業資格を得ることで米名門大学への進学が保証される。

進路　ほぼ全員が大学進学

系列大への進学は薬学部が中心で、薬学部のみ他大学と併願も可能。9割の生徒が他大学進学を志望し、埼玉大、千葉大、横浜国立大、早稲田大、慶應義塾大、上智大、明治大などへ進学している。

2024年度入試要項

中学

試験日　2/1（第1回午前・午後）
　　　　2/2（第2回）2/5（第3回）2/7（第3回）

試験科目　国・算か国・算・理・社か英語資格型（第1回午前・第3回）　国・算か国・算・理・社（第1回午後）　国・算か国・算・理・社か英語資格型か適性検査型（第2回）　国・算か英語資格型（第4回）

2024年度	募集定員	受験者数	合格者数	競争率
第1回午前/午後	35/20	97/151	40/66	2.4/2.3
適性/第2回	20	102/77	89/17	1.1/4.5
第3回/第4回	15/15	90/65	29/16	3.1/4.1

※他に、5名の帰国生入試（12/8・1/10）あり

高校

試験日　1/22（推薦・スカラシップ）
　　　　2/10（一般第1回）2/12（一般第2回）

試験科目　適性＋面接（A推薦Ⅰ）　面接（A推薦Ⅱ・B・C推薦・スポーツスカラシップ）　国・数・英＋面接（一般）

2024年度	募集定員	受験者数	合格者数	競争率
推薦AC/CS	75/10	138/11	138/11	1.0/1.0
一般1回	40	113	94	1.2
一般2回AC/CS	35/30	57/21	36/21	1.6/1.0

※2次（3/6）の募集は若干名

　卒業生有名人　サニブラウン・アブデル・ハキーム（陸上選手）、高橋慶彦（元プロ野球選手）、つのだ☆ひろ（ミュージシャン）

聖徳学園 中 学 校　高等学校

しょう　とく

21世紀型スキルを育てる教育
ICT × Global × STEAM

普通科（高校）
生徒数　409名（中学）　645名（高校）
〒180-8601
東京都武蔵野市境南町2-11-8
☎ 0422-31-5121
中央線・西武多摩川線武蔵境駅
徒歩3分

SUPER
INDEX
P.88

制服
p.32

URL	https://jsh.shotoku.ed.jp			
Web上での合格発表	中　学	○	高　校	○

プロフィール　聖徳太子の教えを もとに国際人を養成

1927（昭和2）年に創立された伝統校。1992（平成4）年より中高一環教育を開始し現在にいたる。

「個性」「創造性」「国際性」の育成を目標とした共学校である。

環境　駅から3分の近さ ナイター設備も充実

武蔵境駅からわずか3分の近さにあり、通学に便利。キャンパスは緑に囲まれ、落ち着いた雰囲気。第2キャンパスの野球場やテニスコートは、ナイター設備が整っている。2012年には、理科実験室やICTルームの入った12号館、2017年3月にはさらに13号館がオープン。教科の充実を図る専用教室や、ICT教育推進のための特別教育棟だ。

カリキュラム　高校入学生 データサイエンスコース設置

2024年度から高校にデータサイエンスコースを設置。難関国公立と文理進学の3つのクラスで募集している。

中学1・2年での2名担任制、STEAM教育や英語・数学の習熟度別分割授業、定期試験ごとの放課後補習などきめ細かな指導を行っている。中・高の全教室に電子黒板を設置、iPadも授業で導入しており、現在は生徒全員がiPadを所有している。

高校では、英語・数学の習熟度別分割授業はもちろんのこと、高2からは文系・理系に分かれてのクラス編成となり、より自分の進路に合った学習を行うことができる。放課後には50講座にも及ぶ進学セミナーが用意されている。

学校生活　文化系も運動系 クラブも多数活躍

登校時間	中学	夏季	8：25	冬季	8：25
	高校		8：25		8：25

クラブは、運動系が野球、テニス、サッカーなど16部、文化系が管弦楽、書道など16部があり、近年は、書道部、バレー部、テニス部の活躍が目覚ましい。特に中学男子テニス部は全国大会出場の実績。また、年間を通して思い出に残る楽しい行事も盛りだくさんで、学園のメインイベントである太子祭や、オータムキャンプ、エンタープライズキャンプなどが催されている。

中学・高校とも、制服のリニューアルも予定されている。

進路　卒業生の大半が進学 医学部へも合格者

卒業生のほぼ100%が進学。難関私立大・国公立大の合格実績も伸びており、ここ数年では国公立大学の医学部にも進学している。また、海外大学への進学者も増えている。上智、東京理科、青山学院、中央、法政などの推薦指定校にもなっている。

国際化　充実の 国際研修旅行

中3ではニュージーランド・カナダ語学研修、高1からベトナム、セブ島、アメリカ、カンボジア、ルワンダでの国際研修に参加することができる。高2では、マルタ島か台湾を選択しての修学旅行がある。また、JICA（国際協力機構）の協力によるアジアやアフリカなどの国々の方との交流を通じて、グローバルな視野を育成している。ま

た、ネイティブ教員5名による英会話の授業や高校での国際理解の授業なども充実している。留学制度も整備され、3ヶ月留学、6ヶ月留学、1年留学は校内選考の上、留年せずに卒業することができる。

2024年度入試要項

中学

試験日　2/1（プライマリー・適性検査型・PM①・特奨4科）　2/2（AM①・プログラミング・PM②）　2/3（特奨2科）　2/11（AM②）

試験科目　国・算＋面接（プライマリー）　適性（2/1適性）　国・算（AM・PM・特奨2科）国・算・理・社（特奨4科）プログラミング〈マインクラフト〉（プログラミング）

※AM①は国・算・英から2科

2024年度	募集定員	受験者数	合格者数	競争率
プライ/適性	30/20	83/444	34/430	2.4/1.0
PM①	15	101	41	2.5
AM①/PM②	15/10	56/76	23/29	2.4/2.6
特奨 1日/3日	5	20/44	12/29	1.7/1.5
プロ/AM②	5/5	19/31	6/14	3.2/2.2

高校

試験日　1/22（推薦）　2/10または11（一般）

試験科目　面接（推薦）　国・数・英（一般）　探究型データリテラシー＋面接（一般データサイエンスⅠ型）　新思考試験＋プレゼンテーション（一般データサイエンスⅡ型）

2024年度	募集定員	受験者数	合格者数	競争率
推薦	30	10/18	10/18	1.0/1.0
一般	75	145/265	142/221	1.0/1.2
データサイエンス Ⅰ型/Ⅱ型	25	4/10	4/7	1.0/1.4

※人数はすべて難関国公立型／文理進学型
※中・高とも、帰国生の募集は若干名（12/9・1/13）

卒業生有名人　桜井和寿（ミュージシャン）、江藤智（元プロ野球選手）、長谷川宙輝（プロ野球選手）

城北 中学校 高等学校

人間形成と進学を目指す一貫教育 コース制や選択ゼミの導入で 難関大学合格の高い実績を誇る

SUPER INDEX P.92

普通科（高校）
生徒数　849名（中学）　1062名（高校）
〒174-8711
東京都板橋区東新町2-28-1
☎03-3956-3157
東武東上線上板橋駅　徒歩10分
有楽町線・副都心線小竹向原駅　徒歩20分

URL	https://www.johoku.ac.jp/		
Web上での合格発表	中　学	○	高　校	○

全国大会で活躍する少林寺拳法部

 プロフィール
着実・勤勉・自主を 校訓に掲げる

府立四中（現、都立戸山高校）の前身である旧制城北中学校の再興の願いを込め、1941（昭和16）年に、城北中学校を創立。学制改革により、城北中学校、城北高等学校となった。

「社会性を備え正しい道理の実行ができる人間」「努力を惜しまず自律的に行動できる人間」「感受性を豊かに持ち、自己啓発と創造力に富む人間」の育成を目標に、「着実・勤勉・自主」を校訓に掲げ、「人間形成と大学進学」の二つの目標の達成に努めている。

 環境
広大な敷地に 最新の施設

都立城北中央公園と石神井川沿いの緑豊かな環境に、約3.5万㎡という都内有数の広大な校地を持つ。全館に冷暖房が完備された校舎には、45の普通教室や特別ゼミ室のほか、8つの理科実験室、視聴覚教室、コンピュータ教室、各芸術教室、iRoom、図書館、食堂などが完備している。また、2つのアリーナ、25m7コースの室内温水プール、最新マシンを備えたトレーニングルーム、柔道と剣道ができる武道館、弓道場、卓球場、グラウンド、テニスコートなど、幅広いスポーツに応じられる多彩な体育施設も整っている。

iPadの授業への導入や、イングリッ

2017年4月に完成したiRoom

シュ・シャワーなど、ICTや国際教育プログラムに力を入れている。

 カリキュラム
高2よりコース制 3年次は4コース

中学からの入学者は、高校1年次まで独自のカリキュラムを履修する。1・2年次には、基本的な学習習慣を身につけると共に、国語・数学・英語に週5～6時間を配分して各教科の基礎力・応用力を身につける。英語では外国人教師による少人数のLL授業も行っている。3年次からは、主要教科は高校の学習内容に入る。

高校1年次では、内部進学生と高校入学生とは教科によって授業内容が異なるため、クラスを分けている。2年次では文系・理系のコース分けが行われ、コースに沿ったカリキュラムで応用力を養う。内部進学生と高校入学生とは混合される。さらに3年次では、多様化した大学受験に応じるため、より細分化した4コースとなり、選択ゼミ講座や入試直前講座も設置される。

 学校生活
47の団体・クラブが 多彩に活動

登校時間	中学	夏季	8：15	冬季	8：15
	高校		8：15		8：15

「大町山荘」では、4月に中・高とも入学したばかりの1年生がオリエンテーションを行うほか、中学2年生の林間学校、高校3年生の勉強合宿（大町学習室）も実施される。さらに、希望者を対象としたオーストラリアへの海外語学研修旅行もある。

課外活動は、文化部24、運動部23が多彩な活動をしている。高校では水泳部（水球）がインターハイに出場、少林寺拳法部が全国大会で優勝している。またソフトテニス部、弓道部、囲碁将棋部、ラジオ部なども全国大会等で優秀な成績を収めている。中学でも、サ

ッカー部、ハンドボール部、野球部、陸上部などが大会等で活躍し、文化系クラブも個性的に活動している。

 進路
難関大合格者多数 現役合格率も高い

ほぼ全員が4年制大学に進学を希望し、難関大の合格実績も年々伸びている。2023年度は、東大6名をはじめ、一橋大、東京工業大など合わせて国公立大に98名、早稲田大、慶應義塾大など私立大に1236名が合格。

2024年度入試要項

中学

試験日　2/1（第1回）　2/2（第2回）
　　　　2/4（第3回）

試験科目　国・算・理・社

2024年度	募集定員	受験者数	合格者数	競争率
第1回	約115	407	138	29
第2回	約125	561	297	1.9
第3回	約30	255	54	4.7

高校

試験日　1/22（推薦）　2/11（一般）

試験科目　適性〈国・数・英〉＋面接（推薦）
　　　　　国・数・英（一般）

2024年度	募集定員	受験者数	合格者数	競争率
推薦	約20	18	18	1.0
一般	約65	229	176	1.3

　■ 卒業生有名人　ベンガル（俳優）、増保輝則（ラグビー選手）、小和田哲男（大学教授）

進学に有利に／併設校あり／芸術&特殊学科／資格&技能系／施設が充実／スポーツが強い／クラブ活発／情操教育を重視／国際人を養成／自由な校風

昭和女子大学附属昭和 中学校 高等学校

普通科（高校）
生徒数 631名（中学） 569名（高校）
〒154-8533
東京都世田谷区太子堂1-7-57
☎ 03-3411-5115
東急田園都市線・東急世田谷線三軒茶屋駅
徒歩7分

SUPER INDEX P.81

中高6年間、完全一貫教育
自ら考え、自ら行動し、
主体的に挑戦する力を育む

URL	https://jhs.swu.ac.jp/
Web上での合格発表	○

アメリカの中学校訪問――「ボストンミッション」

プロフィール
人間教育に根ざした中高一貫教育を実践

1920（大正9）年に前身の日本女子高等学院を創設以来、「世の光となろう」という学園目標のもと、たえず新しい人間教育をこころみ、「昭和ファミリー」として、個性を主張してきた女子校である。

本校の特色は、一言で言えば「人間教育」にある。文化の創造と人類の福祉に貢献し、幸福な世界を建設する仕事は、愛と理解と調和にみちた包容力の豊かな女性を理想像とし女子教育に熱心に取り組んでいる。また、目まぐるしく変化する社会情勢の中で「自ら考え、自ら主体的に行動する」たくましさえを備え、自立した女性の育成を目指している。

環境
広大な敷地に恵まれた施設

緑に囲まれた広大な8万㎡の敷地に建つ2棟の中高部校舎には、一学年が入れる大教室、生徒の協働空間（ラーニングコモンズ）である「Chill」、2023年にリニューアルした図書室（Lib）など様々な特別教室30、普通教室36が備わっている。校舎は、生徒たちの安全を考えて設備に工夫がなされ、危険災害防止の細かい配慮もみられる。

そのほか、一流の音楽会や演劇公演が行われる「人見記念講堂」、蔵書数を誇る人学図書館、温水プール併設の体育館、大学などの施設も合わせると20以上の建物が、校舎の周囲をとり囲んでいる。

校外施設に、足柄山麓の「東明学林」、館山湾岸の「望秀海浜学寮」、アメリカに「ボストン昭和」がある。

カリキュラム
自ら学習する姿勢や、一人ひとりの進路に合ったカリキュラムを実施

2021年度入学から「本科コース」「グローバル留学コース」「スーパーサイエンスコース」の合計3コースを設置している。本科コースでは英語と数学は習熟度別の分割授業を実施し、レベルに合わせて着実に力をつけさせる。アクティブラーニングやICT教育にも力を入れ、文系、理系を問わず、一人ひとりが希望の進路に進めるよう基礎力と総合力、グローバルマインドを育てる。グローバル留学コースでは高校1年に必修で行う10か月のカナダ留学を目標に留学に必要な語学力とグローバルな視点を育成する。英語の授業では取り出し授業も実施。スーパーサイエンスコースでは実験やフィールドワークを多く取り入れ、科学的好奇心と思考学力を伸ばす。理系大学との連携プログラムも実施。

高校からの募集がなく、6カ年の完全一貫教育を実施している。一貫教育の利点も生かし、中学では高校課程の先取り授業も実施し、高校2年次までに中高の全課程を修了。高校3年次は多彩な選択科目で進路に合わせた学習を行う生徒と、1年早く昭和女子大学の授業に参加し、専門の分野を身につける「五修生制度」を利用する生徒がいる。

学校生活
全人教育を目指した特別教育活動が盛ん

登校時間	中学	夏季	8：00	冬季	8：00
	高校		8：00		8：00

様々な特別活動を通じて理想の社会を建設できる人材を育成することが本校の目指す全人教育だ。中学1年から高校2年は学年ごとに研修施設で3泊4日の自然観察、学年特別のプログラムなどを行う学寮に参加し、主体性や協働性を身に

つける。

また、中学2年生全員が参加するボストン研修では学園の海外キャンパス「昭和ボストン」で12日間の研修を行うことを主軸に、事前準備から研修後のまとめまでを中学3年間かけて行う。語学力の向上だけでなく、国際感覚を学ぶきっかけになっている。クラブは希望制で中高一緒に活動。教養系クラブは13、体育系クラブは14あり、放送、吹奏楽、陸上、テニス、水泳などが活躍している。

進路
併設大学に推薦難関校にも進学

併設の昭和女子大学に進学する生徒はほぼ3割。在学時の成績と生活態度で推薦入学できる。内部進学の権利を保留にしたまま他大学を受験することも可能だ。他大学では東京、上智、昭和、横浜国立、東京学芸、早稲田、慶應、明治、立教などの難関私立大に進学。

2024年度入試要項

中学

試験日 2/1午前・午後（AA・GA・AP・SA）
　　　　2/2（B・GB・SB）　2/3（C）

試験科目 国・算か国・算・理・社か国・算・英
　　　　　（AA・B・C・GA・GB）
　　　　　国・算（AP・SA）　国・算・理（SB）

2024年度	募集定員	受験者数	合格者数	競争率
AA/GA	40/10	128/35	40/10	3.2/3.5
AP/SA	30/10	142/64	35/31	4.1/2.1
B/GB	30/10	137/49	39/15	3.5/3.3
SB/C	10/20	34/148	23/30	1.5/4.9

※AA・AP・B・Cは本科コース、GA・GBはグローバル留学コース、SA・SBはスーパーサイエンスコース
※他に、帰国生入試（11/18、基本〈国・算〉か基本〈国・算〉・英＋面接）、12/23（オンライン）あり

高校 募集せず

卒業生有名人 箱崎みどり（アナウンサー）、岸本万里（デザイナー）、林典子（フォトジャーナリスト）

進学に有利に / 併設校あり / 芸術＆特殊学科 / 資格＆技能系 / 施設が充実 / スポーツが強い / クラブ活発 / 情操教育重視 / 国際人を養成 / 自由な校風

昭和第一高等学校

次代を見据え、国際交流を積極的に導入
国際社会に通用する紳士淑女を育成
きみの未来をサポート

SUPER INDEX P.87

制服 p.30

URL	https://www.sdh.ed.jp/
Web上での合格発表	○

普通科
生徒数　699名
〒113-0033
東京都文京区本郷1-2-15
☎ 03-3811-0636
総武線・都営三田線水道橋駅　徒歩3分
都営大江戸線・丸ノ内線本郷三丁目駅、
丸ノ内線・南北線後楽園駅　各徒歩8分
千代田線新御茶ノ水駅　徒歩10分

海外語学研修で異文化交流

プロフィール　調和のとれた"紳士淑女"を育成

1929（昭和4）年、昭和第一商業学校として創立。1948年昭和第一高等学校と改称。2005年度より男女共学制に移行、2010年度より商業科の募集停止。創立以来の校訓「明るく、強く、正しく」のもとに、生徒の個性や能力を尊重し、円満な人格と高い教養を身につけ、国際社会にも通用する心身ともに調和のとれた人間の育成を目指している。

環境　ICT環境を整備し充実した校内施設

コンピュータやタブレット・電子黒板などICT機器を導入しているほか、各種映像・サウンドシステムを完備した音楽室、個別学習スペースの学習室など特別教室も充実。また、トレーニング・マシンや音響・映像設備があるフィットネスプラザや太極拳室を完備。情報システムを導入した図書室、ICTタブレット教室（2教室）など充実した設備の中で学べる。

カリキュラム　選択制授業や校内予備校実施

徹底した基礎学力の向上、個性に応じた能力の伸長、将来を見通せる判断力の養成、この3点を実現するための充実した指導内容となっている。

個性を大切にする教育

普通科特進コースは、少人数のクラス編成で、難関大学進学を目指す生徒のため、英語・国語・数学の「SDHハイブリッド授業」や「SDHアカデミア」（校内予備校）など充実したカリキュラムが用意されている。「SDHハイブリッド授業」は1年次より予備校特別講師と本校教員によるティームティーチングで授業を実施するだけでなく、対面授業＋授業動画のハイブリッド授業を実施。普通科進学コースは、1年次は基礎学力の修得に努め、2年次から文系・理系に分かれ、希望進路の実現を目指す。このほか、進学相談室では進路指導部の教員のみならず、予備校の進路担当の先生も参加して生徒・保護者へのきめ細かな進路指導を実施。希望者を対象に「早朝・放課後学習」や「長期休業中の特別講座」も実施するなど、大学受験をサポートしている。

学校生活　魅力ある学校の諸行事

登校時間	夏	8：25	冬	8：25

アイオワ州ストームレイク市のブエナ・ヴィスタ大学で寮生活をしながら、午前中は英会話レッスン、午後はフィールドトリップに出かけるアメリカ体験・語学研修プログラム（7月）は、その歴史は古く、参加生徒は1,400名を超える。さらに体育大会（5月）、昭和一高祭（9月）、スノーボード教室（1月）、2年次には九州への修学旅行（10月）もある。部活動は、運動部・学芸部合わせて28ある。

進路　大学進学実績は確実にアップ

たっぷりと時間をかけ、豊富なデータをもとに行われる進路指導には定評がある。さらに、近年、予備校などの協力も得て、独自の進路指導も定着してきており、生徒の可能性を引き出す最善の方法をとっている。主な進学先は、東京都立大、東京理科大、明治大、中央大、青山学院大、学習院大、法政大、立命館大、成城大、昭和薬科大、日本歯科大、成蹊大、武蔵大、日本大、東洋大、駒澤大、専修大、昭和女子大、國學院大、北里大、順天堂大、東邦大など多数。そのほか、海外の大学への進学者もいる。就職については、毎年第一志望企業への就職率100％の実績を誇っている。

ひとこと　在校生から受験生にひとこと

受験本番までの過程でつらいと感じることがあると思います。そんなときは、無理に一人で抱え込まず、家族や先生、友だちと気持ちを共有し、心を落ちつかせることが大事です。本番で不安な気持ちばかり募らせないようにしましょう。（進学コース、2年）

2024年度入試要項

試験日　1/22（推薦Ⅰ・Ⅱ）
　　　　2/10（併願優遇・一般Ⅰ）
　　　　2/17（一般Ⅱ）　3/8（一般Ⅲ）
試験科目　作文＋面接（推薦Ⅰ）　適性〈国・数・英から1科〉＋面接（推薦Ⅱ）
　　　　国・数・英から1科＋面接（併願優遇）　国・数・英＋面接（一般）

2024年度	募集定員	受験者数	合格者数	競争率
特進	20/20	25/110	25/97	1.0/1.1
進学	120/120	218/375	218/347	1.0/1.1

※人数はすべて推薦/併願優遇＋一般

　卒業生有名人　佐藤浩市（俳優）、坂本昌行（タレント）、上田竜也（タレント）

昭和第一学園 高等学校

普通科（特別選抜・選抜進学・総合進学コース）

普通科
生徒数　1783名
〒190-0003
東京都立川市栄町2-45-8
☎ 042-536-1611

SUPER
INDEX
P.89

中央線・青梅線・南武線立川駅　バス8分
西武拝島線東大和市駅　バス12分、多摩
都市モノレール泉体育館駅　徒歩13分
立飛駅　徒歩12分

制服
p.32

URL	https://www.sdg.ed.jp
Web上での合格発表	○（推薦・一般）

学習サポートを行う進学支援センター

 プロフィール

2024年 デザインコース新設

1940（昭和15）年に「社会の第一線で活躍する人材の育成」を目指し、昭和第一工業学校として創立。1975年から普通科の募集を再開し、1989（平成元）年の現校名への改称を経て、1995年から全科が男女共学になった。確かな学力と豊かな人間性に支えられた人間力の育成を教育目標に、健全な心身、豊かな情操を育み、実践を伴う知識を身につけることを目標としている。

2022年度より普通科コース改編、工学科募集停止。2024年度、普通科デザインコース新設。

 環境

充実した環境

玉川上水の清流と、野鳥がさえずる緑に囲まれた清閑な環境である。本館・新館をはじめ、施設は全館冷暖房完備。生徒一人ひとりに合った学習サポートを行う進学支援センター、専属のキャリアカウンセラーが常駐し最適な進路の選択をサポートをするキャリア教育センターがある。また、3階建てのクラブハウスに10台以上のマシンを設置したトレーニングルーム、シャワールームなどが揃っている。さらに、2022年2月末に講堂兼体育館が完成した。

 カリキュラム

個性を伸ばす 複数のコース制

特別選抜・選抜進学・総合進学・デザインコースの4コース制。多彩な学習サポートが用意されており、コース毎の必須・選択のプログラムを通し、各教科で新たな大学入試に備えた思考力・発信力に磨きをかけていく。

トリコロールの明るい校舎と人工芝グラウンド

また人間力の向上にも力を入れ、進路において多様な選択の実現を可能にする。

特別選抜コースは、ターム留学をはじめとした異文化体験で世界へと視野を広げながら、英検準1級レベルの英語力の習得を目指す。

選抜進学コースは、学習計画の立案と実践を通して、目標達成に向けた効率的な学習習慣を身につけ、高いレベルの文武両道を目指す。

総合進学コースは、キャリア教育を充実させ、社会体験活動を通じて「将来やりたいこと」「自分自身がどのように社会と関わっていくか」を体系的な進路指導により確立する。

デザインコースは、主要美術系大学デザイン学科への進学を目標にし、経験豊富な教員による授業や専用施設である放課後アトリエを通して実技試験に対応する確かな力を身につけ、将来のデザイナーを目指す。

 学校生活

学校生活を彩る制服、部活動や行事

登校時間	夏	8：30	冬	8：30

制服は、男女とも同じデザインの2つボタンのブリティッシュスタイル。オプションを加えることで、幅広い組み合わせが可能になる。また、着用しなくなった制服を回収し再利用する、リサイクルシステムを導入。

部活動は、体育部21、文化部15の計36部あり、ハンドボール部、自動車研究部、女子ダンス部、空手道部、放送部、ライフセービング部など全国レベルで活躍している部活動が多い。人工芝グラウンド、冷暖房完備の体育館、トレーニングルームなどの充実した環境で取り組む部活動は3年間のかけがえのない思い出になる。

学校行事も多彩で、スポーツフェスティバル（クラス対抗の球技大会）や菊葉祭（文化祭・体育祭）は毎年特に大きな盛り上がりを見せる。全校生徒約1800名で作り上げる文化祭は大きな達成感を得られる学園最大のイベントとなる。

 進路

上位大学合格者が年々上昇 学内完結型進学指導

卒業生の進路は、94%が進学。上位大学への合格者数は100名を超える。進学支援センター（学内学習サポート施設）を利用して生徒一人

とりに個別プログラムを作るなど徹底した個別指導を行っている。また、駿台予備学校と提携し、映像授業をいつでもどこでも受講可能である。

2022年度合格実績として、宮崎大学、東京都立大学、東京理科大学、明治大学、青山学院大学、中央大学、法政大学、成蹊大学、明治学院大学、獨協大学、國學院大学、武蔵大学、日本大学、東洋大学、駒澤大学、専修大学などがある。

就職希望者へのサポートも徹底して行っていて、希望者の就職率は毎年100%である。

 ひとこと

学校からのメッセージ

特別選抜コースは、ターム留学を筆頭に生徒の『挑戦』をサポートします。

選抜進学コースは、部活動と勉強の高いレベルでの『両立』をサポートします。

総合進学コースは、将来やりたいこと、やるべきことの『発見』をサポートします。

2024年度からは『創造』をサポートするデザインコースが新設されます。

昭和第一学園の教育は全て生徒の本気に応えるためにあります。部活も勉強も行事も本気になれる昭和第一学園。ぜひ一度HPを覗いてみてください。

2024年度入試要項

試験日　1/22（推薦）　2/10（一般第1回）
　　　　2/11（一般第2回）
試験科目　作文＋面接（推薦）
　　　　　国・数・英＋面接（一般）
※デザインコースの推薦はデッサン＋面接、
　一般は国・英＋デッサン＋面接

2024年度	募集定員	受験者数	合格者数	競争率
特別選抜	14/14	2/15	2/14	1.0/1.1
選抜進学	60/60	15/473	15/446	1.0/1.1
総合進学	200/200	132/1603	130/1358	1.0/1.2
デザイン	14/14	9/42	9/33	1.0/1.3

※人数はすべて推薦/一般第1回・2回

進学に有利に

併設校あり

芸術&特殊学科

資格&技能系

施設が充実

スポーツが強い

クラブが活発

情操教育を重視

国際人を養成

自由な校風

共学　高　短

昭和鉄道 高等学校

社会に即応する人材育成の伝統
専門教育の施設を完備
実践教育を通じ、現場直結学習

URL　https://showa-tetsudo.ed.jp

鉄道科
生徒数　563名
〒170-0011
東京都豊島区池袋本町2-10-1
☎03-3988-5511
JR・西武池袋線・丸ノ内線・有楽町線・副都
心線池袋駅　徒歩12〜15分
東武東上線北池袋駅　徒歩7分
都営三田線板橋区役所前駅　徒歩15分

SUPER INDEX P.70

制服 p⑮

左の見出し帯（縦）：
有利に　進学に
あり　併設校
芸術＆特殊学科
資格＆技能系
施設が充実
スポーツが強い
クラブが活発
情操教育を重視
国際人を養成
自由な校風

社会に貢献できる人材を輩出し続ける伝統校
プロフィール

全国で唯一の「鉄道」を冠する高等学校。『自律』・『創造』・『共生』の『3つの力』を兼ね備えた人材を育成することを教育目標としている。主に鉄道事業に従事する者として不可欠な知識、技術、徳性を養うことを目指す。変容する社会の中でも、変わらず求められるコミュニケーション能力やホスピタリティマインドを重要視することに加え、生徒一人ひとりが本来持っている素直さや人柄を尊重した学校教育を行っている。

専門教育に欠かせない施設を完備
環境

学校法人豊昭学園の施設が集まっている池袋キャンパスの一角にあり、敷地内に展示された蒸気機関車や旧丸の内線車両が目を引く。

各種専門科目に欠かせない実習設備や模擬電車運転施設などを備えている。教室は冷暖房完備。

校舎の1階にある鉄道実習室には鉄道関係の各種機器を導入。強電・弱電・工作などの各実習設備も充実。さらに新校舎のラーニングセンターには最新電車運転シミュレーターが搭載され、社会で役立つ知識と考え方を実践的に学ぶことが可能になっている。地上4階地下1階建ての校舎は近未来の鉄道をイメージした斬新なデザイン。

最新設備の運転シミュレータ館

体育施設としては、キャンパス内のグランドの他に、埼玉県坂戸市に、野球場などを完備した広大な総合グラウンドがある。

多彩な進路に応えられる充実したカリキュラム
カリキュラム

鉄道科として、1年次は一般教科と専門科目の基礎を学ぶ。特に、年間40時間に及ぶ工業技術基礎（鉄道実習）は今後の進路を考える上で、大きな役割を担う。2年次からは運輸サービスコースと運輸システムコースに分かれて、希望進路に向けた実践力を伸ばす。『中国語基礎』や『電気工事士』など生徒の多様な学びを可能にする選択講座も充実。さらに大学進学に必要な科目を履修できる類型別授業や、併設する豊島学院高校と合同で行われる補講やガイダンスなど、柔軟なプログラムを用意している。

キャリア教育にも力を入れている。『LHRや各種講演を通した職業観の育成』、『ホスピタリティマインド・マナー研修』、『インターンシップ・工場見学研修』を3つの主な柱として、鉄道業界だけでなく、旅客サービス業、一般企業、大学進学など様々な進路に対応した教育を行っている。特にLHRではオリジナルの教材を用いて、時期に応じた進路指導を行っている。また、人に信頼されるためのマナーを授業や研修で学ぶ。それらを授業時間内のものだけとせず、日頃から気持ちの良い挨拶を励行。インターンシップや工場研修などは職業観を育むことに加え、ホスピタリティの実践の場としても重要な機会としている。特にインターンシップは鉄道会社をはじめ20社以上の協力を得ている。2017年度には第11回キャリア教育優良教育委員会、学校及びPTA団体等文部科学大臣賞を受賞した。

生徒主体に運営する多彩な年間行事
学校生活

登校時間	夏	9：00	冬	9：00

人気の高い交通資料館

学校行事は多彩で、研修旅行（6月）、芸術鑑賞教室（7月）、豊昭祭（文化祭、9月）、体育祭（11月）、オーストラリアへの海外研修（12月）、ビブリオバトル（2月）、球技大会（3月）などがある。これらの行事の多くが生徒主体で行われ、37部あるクラブ活動を合わせた学校生活を通じて、生徒は社会で通用する主体性や創造性、協働力を磨く。

卒業後には多彩な進路を用意
進路

卒業生の80％超が、交通産業界を中心とした就職を希望している。専門知識を学んだ貴重な人材として、JR各社や私鉄をはじめとする鉄道関連業界に年間130名前後採用されている。その他にも防衛省をはじめとする公務員、自動車製造やホテル業界などへも進出している。また、大学進学希望者も約20％と年々増加しているため、進学対策にも力を注いでいる。

2024年度入試要項

試験日　1/22（A・C推薦、B併願）
　　　　2/10（併願優遇・一般）

試験科目　適性〈国・数・英〉＋面接（推薦・B併願）
　　　　　国・数・英＋面接（併願優遇・一般）

2024年度	募集定員	受験者数	合格者数	競争率
推薦	100	215	195	1.1
一般	100	97	43	2.3

　卒業生有名人　櫻井寛（フォトジャーナリスト）

女子学院中学校高等学校

キリスト教に基づく一貫教育
自由でのびのびとした校風
高度な学習指導で抜群の進学実績

SUPER INDEX P.74

普通科（高校）
生徒数　678名（中学）　668名（高校）
〒102-0082
東京都千代田区一番町22-10
☎03-3263-1711
有楽町線麹町駅　徒歩3分
半蔵門線半蔵門駅　徒歩6分
中央線・都営新宿線市ヶ谷駅　徒歩8分
南北線市ヶ谷駅　徒歩10分
中央線・南北線・丸ノ内線四ッ谷駅
徒歩11分

| URL | https://www.joshigakuin.ed.jp/ |

プロフィール　豊かな人間性を育む女子名門校

　1870（明治3）年に築地明石町において、米国長老教会から派遣されたジュリア・カロゾルスが女生徒に英語の手ほどきをした私塾に始まる、わが国最古のキリスト教による女子教育機関である。桜井女学校が新栄女学校と合併して、現在地に校舎を新築したのが1890（明治23）年。校名もこの時、女子学院と改められた。

　最初から今日の大学教育に相当する高等科を設置。最高の女子教育を行い、近代日本において女性の自立を目指した、先覚的ですぐれた女性を多く世に送り出してきた。キリスト教を教育の根底に豊かな人間性を育てることに力を注いでいる。制服やこまかい規則がなく生徒の自主性を尊重する自由な校風で、単なる大学進学を目的とした学習ではなく、学ぶこと自体に喜びと意味を見出し、意欲的に学習に取り組めるような指導がされている。

環境　充実した施設で快適な学園ライフ

　学校施設は、LL教室、体育館、トレーニングルーム、美術室、音楽室、家庭科室、理科実験室などのほか、天体観測ドームなど充実している。また、講堂にはパイプオルガンがあり、毎日の礼拝で奏でられる。校外施設として、

御殿場寮

富士山の裾野にある御殿場寮は、課外活動やクラブ合宿に活用されている。

カリキュラム　学習意欲を高める密度の濃い授業

　1年間を前期・後期に分けた2学期制を採用し、中・高6カ年の完全一貫教育の特色を生かした、独自のカリキュラムを組んでいる。5日制週30時間という授業で、土曜日はクラブ活動などの諸活動に当てている。

　中学では、基本的な学力の養成と共に、知的・情緒的・身体的に均衡のとれた成長を目標にしている。国語では読書・作文能力、数学では数・式・図形の体系的な理解、英語では「聞き話す」までの総合力など、教科ごとにテーマを持って指導している。特に英語では、少人数クラスでの外国人教師による英会話の授業もある。

　高校では、さらに高度な基礎学力を身につけ、各々の個性や可能性に応じた成長を期待して、カリキュラムの一部に選択制度を導入するほか、科目によっては習熟度別クラス編成も実施している。中学に引き続き外国人教師による会話・英作文授業や少人数クラス編成により、表現力・読解力を養っている。

　また、全学年に聖書の時間があり、聖書を通して、「人間としていかに生きるか」考える機会を持つ。

学校生活　朝の礼拝から一日が始まる

登校時間	中学	夏季	8：10	冬季	8：10
	高校		8：10		8：10

　学校生活の一日は、聖書の言葉をきく朝の礼拝から始まる。讃美歌を歌い、祈りを捧げ、感謝の気持ちで授業にのぞむ。

　生徒会やクラブ活動は、生徒の自主的な活動として活発に行われている。

授業風景

特に文化祭や体育祭は、生徒の自発的な計画と参加により、毎年盛大に開催されている。また、遠足や修学旅行などのほか、ひろしまの旅、修養会、クリスマス礼拝など、たくさんの行事がある。

　クラブ・同好会は、運動系6、文化系23があり、ともにバラエティに富み、中・高が協力し合って活動している。

進路　全員が4年制大へ難関校へも多数

　ほぼ全員が4年制大学を目指す、女子校としては全国トップクラスの進学校で、毎年、国公立大や難関私立大に多くの合格者を出している。

　2023年3月卒業生の主な大学別合格者数は、東大22名、京都大6名、一橋大6名、東京工業大7名、お茶の水女子大1名、筑波大2名、千葉大2名、北海道大7名、東京外語大6名、東京医科歯科大2名、早稲田大126名、慶應義塾大64名、上智大70名など。

2024年度入試要項

中学

試験日　2/1
試験科目　国・算・理・社＋面接

募集定員	受験者数	合格者数	競争率
240	642	283	2.3

高校　募集せず

卒業生有名人　今日マチ子（漫画家）、岸本佐知子（翻訳家、エッセイスト）、和久田麻由子（アナウンサー）

進学に有利に
併設校あり
芸術＆特殊学科
資格＆技能系
施設が充実
スポーツが強い
クラブが活発
情操教育重視
国際人を養成
自由な校風

東京

女子　幼小中高大院

女子聖学院中学校高等学校

Be a Messenger
～語ることばをもつ人を育てます～

SUPER INDEX P.71

制服 p.⑭

普通科（高校）
生徒数　399名（中学）　366名（高校）
〒114-8574
東京都北区中里3-12-2
☎ 03-3917-2277
山手線駒込駅東口　徒歩7分
南北線駒込駅4番出口　徒歩8分
京浜東北線上中里駅　徒歩10分

URL	https://www.joshiseigakuin.ed.jp/
Web上での合格発表	○

（左側タブ）
進学に有利
併設校あり
特殊学科 芸術＆
資格系＆技能系
施設が充実
スポーツが強い
クラブが活発
情操教育を重視
国際人を養成
自由な校風

プロフィール　国際理解教育の拡充

1905年女性宣教師によって創立され以来キリスト教に基づく女子教育を実践している。近年は、国際理解を深め、英語で発信できる力を養うGlobal 3Day Program（中1～中3）を必修化。また、希望者対象（中2～高2）の海外研修4ヶ国6種類を実施、海外大学指定校推薦入学制度も整備している。難関大学を目標とする「JSG講座（無料課外講座）」の整備、チューター常駐の自習室「ラーニングセンター」開設など学習環境も充実している。

環境　安心・安全を備えた緑豊かな校地

キャンパスは、駒込の広大な敷地に幼稚園や小学校、聖学院中学・高校（男子）など各施設が集まっている一角にある。都心では珍しい緑あふれる校庭には学習園を備え、理科・園芸の実習などに用いられている。4階まで吹き抜けのチャペルにはパイプオルガンがあり、毎朝礼拝で用いられる。ホームルーム教室は南向きの日当たりのよい落ち着いた環境で生徒一人ひとりの居場所となっている。また、災害に備え、備蓄のほか非常用井戸や、自家発電を持つなどの体制を整えている。

カリキュラム　基礎作りの中学教育　高2から文理別コース

中学では「自分の基礎を作る」ことをテーマに、学習においては、1・2年次で基礎学力の定着に重点を起き、学校生活においては、かけがえのない自分と向き合い、他者をも大切にできる心を育んでいる。英会話ではネイティブ教員による分割の習熟度別授業を実施している。

高1ではほぼ共通履修で基礎を固める。高2から文系・理系に分かれ、選択科目を組み合わせた志望別学習に移行。高3ではさらに幅広い選択科目が導入され、進路に対応した演習中心の授業となる。また、各学年で授業の中でプレゼンの機会を多く設け、発信力の育成に注力している。

また、中学では「未来の○○展」という総合学習を実施。将来における社会の関わり方について考える。高校では「One Day Univ」という女子聖生徒向けの大学講座を受けることができる。一人ひとりの進路選択を応援している。

学校生活　宗教色ある行事　生きた英語学習

登校時間	中学	夏季	8：20	冬季	8：20
	高校		8：20		8：20

キリスト教の教えを守る学校らしく、6年間を通じて、毎朝の礼拝と、週1時間の「聖書」の授業もある。自由な校風で、校則も他校に比べるとゆるやかなのは、「生徒の自主性を育てる」ために、生徒と教師との対話が日常的に行われているからである。

学校行事には、記念祭（文化祭）、運動会、合唱コンクール、全員参加の介助タオル作りなどのボランティア活動を通して、「人に仕う」の心も体得する。レシテーション（英語暗唱）コンテストや英語スピーチコンテストがある。希望者対象の海外研修は、中3イギリス（1年間）、高1アメリカ（3カ月）、中2～高2オース

トラリア（2週間・ターム・年間留学）、中2～高2セブ島（2週間）など。

進路　併設校への進学　他校合格実績も上昇

進学先は多岐に渡り、文系はもとより、医歯薬系への進学も目立つ。併設大学へは推薦による入学ができるほか、青山学院大、ICU、東京女子大、立教大などのキリスト教系大学をはじめ、約120校への指定校推薦枠もある。主な進学先は、早稲田大、慶應義塾大、上智大、学習院大、ICU、明治大、青山学院大、立教大、法政大、日本大、津田塾大、東京女子大など。

2024年度入試要項

中学

試験日　11/29（帰国生）　2/1午前・午後（第1回・スカラシップ）　2/2午前・午後（英語表現力・BaM表現力・第3回）　2/3午前・午後（第4・5回）　2/4午後（第6回）

試験科目　算数基礎＋作文＋面接（帰国生）　国・算または国・算・理・社（第1・4回）　国・算（第3・5・6回・スカラシップ）　英語リスニング＋課題文暗誦＋算数基礎＋英語による自己紹介＋面接（英語表現力）　国語基礎＋算数基礎＋自己紹介＋面接（BaM表現力）

2024年度	募集定員	受験者数	合格者数	競争率
第1回/スカラ	50/30	41/73	17/28	2.4/2.6
第3回/第4回	20/10	51/51	25/23	2.0/2.2
第5回/第6回	10/10	46/29	24/18	1.9/1.6
英語/BaM	10/10	3/4	1/4	3.0/1.0

※帰国生の募集は若干名

高校　募集せず

208　｜卒業生有名人｜　香川芳子（女子栄養大学元学長）、林原めぐみ（声優）、村治佳織（ギタリスト）、堤礼実（フジテレビアナウンサー）

女子　中高短大院

女子美術大学付属中学校高等学校

"知性"が"感性"を支える「好き」を力にする学校

SUPER INDEX P.71

制服 p.⑯

普通科(高校)
生徒数　430名(中学)　613名(高校)
〒166-8538
東京都杉並区和田1-49-8
☎03-5340-4541
丸ノ内線東高円寺駅　徒歩8分

URL	https://www.joshibi.ac.jp/fuzoku/		
Web上での合格発表	中学	○	高校	○

11室ある美術室

プロフィール　美術教育を通して豊かな感受性を

　1900(明治33)年創立の女子美術大学を母体として、1915(大正4)年に開校。日本の文化に貢献する自立した女性の育成を教育目標としている。

　本校は全国で唯一の美術大学の付属校で、描く・つくるのが大好きな生徒が集まるのびのびとした校風の学校。日々の学習や行事・部活動で生徒同士が刺激し合い、様々な表現手段を身につけている。リベラルアーツ教育の精神は創立以来であり、美術の向上には教科の学習が必要とする考えから、ArtEnglishなど教科横断型授業を発展させている。

ひとこと　「好き」を力にする

　「美術が好き」で入学する女子美生の強みは、作品制作です。高3、学校生活の最後の課題が卒業制作！皆、自分の表現の集大成となる大作に挑みます。自分の背丈より大きなキャンバスや思うようにならない素材、肩のこる繊細な作業…晴れて、作品は東京都美術館で日の目を見ます。

カリキュラム　「知性」が「感性」を支えるカリキュラム

　義務教育期間である中学では、主要

校舎内に大小8つのギャラリー

5教科を含む学習面に力を入れながら美術の授業を週4時間確保している。

　高等学校は、普通科としての学習を重視しながら美術の時間を週7〜10時間行う点がカリキュラム上の最大の特色。その他、美術系以外への進学希望者は志望大学の出題科目に合わせた学科選択ができ、例えば理系希望が1名であっても教室を1つ設け、専門の教員をつけて授業の形態で受験指導を行う。絵を描くことで自分と向き合い、観察する心や集中力が様々な学習に生かされる。美術(絵を描くこと)が入り口となり、将来あらゆる可能性につながる知識教養が身につくカリキュラムとなっている。美術の新カリキュラムでは、高校1年でこれから始まる専門的な美術教育のために必要な態度や知識を身につけ、2年から「絵画」・「デザイン」・「工芸・立体」のコースに分かれる。

学校生活　いつもアートを感じていたいから

登校時間	中学	夏季	8：20	冬季	8：20
	高校		8：20		8：20

　クラブは、19の文化部、10の運動部、6の同好会がある。ユニークなものとしては、絵本部、クロッキー部、ファッションアート部、アニメーション部など。年間行事のメインイベントは、10月の「女子美祭」、日頃の学園生活の成果を発揮する機会となっており、生徒全員の作品が展示される。中学では、近郊の名所や旧跡を訪れる校外スケッチ旅行が行われるほか、修学旅行は京都・奈良(高3)、広島平和学習(中3)へ行く。また、年に数回実施されるのが、団体鑑賞や美術鑑賞。美術・音楽・古典芸能などの芸術に直接触れることにより、豊かな感性を育てている。

進路　系列大学・短大へ約75%が進む

　卒業生の約9割が美術系に進路をとる。系列の女子美術大学へは約8割が進学する。近年の卒業生の主な進学先は女子美術大158名、同短期大学部1名、東京芸術大・武蔵野美大・多摩美大・東京造形大・東京都立大・慶應義塾大・立命館大・國學院大・玉川大・実践女子大・東洋大など。

2024年度入試要項

中学

試験日　2/1午前(第1回)　2/2午後(第2回)
　　　　2/3午前(第3回)
試験科目　国・算または国・算・理・社＋面接
　　　　　(第1回)　自己表現〈記述〉＋面接
　　　　　(第2回)　国・算＋面接(第3回)

2024年度	募集定員	受験者数	合格者数	競争率
第1回	110名程度	309	119	2.6
第2回	10名程度	111	8	13.9
第3回	15名程度	162	17	9.5

高校

試験日　1/22(推薦)　2/10(一般)
試験科目　水彩画・鉛筆デッサン(事前提出)
　　　　　＋面接(推薦)
　　　　　国・数・英＋水彩か鉛筆デッサン
　　　　　＋面接(一般)

2024年度	募集定員	受験者数	合格者数	競争率
推薦/一般	32/33	35/104	34/44	1.0/2.4

※中・高とも、若干名の帰国子女募集あり

卒業生有名人　吉田ユニ(アートディレクター)、流麻二果(画家)、杉全美帆子(作家・イラストレーター)

209

白梅学園清修 中高一貫部

自分らしく、つよく、伸び伸びと未来を描く力を身につける

生徒数　140名・56名
〒187-8570
東京都小平市小川町1-830
☎ 042-346-5129
西武国分寺線鷹の台駅　徒歩13分
武蔵野線新小平駅　自転車10分
中央線国分寺駅より西武バス
白梅学園前下車　徒歩1分

SUPER INDEX P.89

制服 p.34

URL	http://seishu.shiraume.ac.jp/
Web上での合格発表	○

かわいいと評判の制服

プロフィール　自ら人生を切り拓く人を育成

2006年に開校。白梅学園高等学校とは別課程で学ぶ完全中高一貫で、クラスもカリキュラムもすべて清修独自の6年間を過ごす。そのなかで、それぞれの「なりたい自分」を見つけ、その実現のための知識や技能を身につけ豊かな人生を切り拓くための糧とする。建学の精神は「ヒューマニズムの愛と自由の理念のもとで、生徒一人ひとりに備わっている才能・特徴を発見し、最大限に伸ばす」。

環境　武蔵野の自然に囲まれた校舎

学校周辺は、武蔵野の雑木林が残る自然豊かな地域である。学校のそばを流れる玉川上水には遊歩道が設けられ、緑に包まれたこの道が通学路となる。校舎は、白を基調とした空間で、カフェのような落ち着いた雰囲気となっている。校舎中央部の吹き抜けからは、いつも太陽の日差しが差し込み、明るく開放的な雰囲気に包まれている。

カリキュラム　個々の進路実現を重視

積極的に意見を交わす『対話的な学び』を取り入れており、6年後の大学進学を目指し一人ひとりに合った指導

白梅学園清修中高一貫部

を行っている。1限が始まる前の25分間は、論理的思考力・表現力・基礎学力を養う時間となっている。高校2年生では、5000字論文の執筆を1年かけて行う。論文作成を通して身につけた力は、大学や社会人となっても様々な場所で役立っている。

学校生活　本物に触れる体験学習

登校時間	夏	8:10	冬	8:10

放課後の課外活動として近隣の専門家を招いて、鉄道模型・弦楽器・ダンス・演劇・テニス・茶道・美術・英会話が行われている。生涯を通して有用な教養を身につけることができ、いくつでも所属することができる。全員が参加する宿泊研修では、国内外の研修を通して世界各国の留学生との交流や異文化に触れることができる。10代で経験する異文化交流は、『自主・自立/自律』の精神を促すとともに国際人へのファーストステップとなっている。

進路　9割以上が現役合格

生徒のほとんどが進学を希望しているため、4年制大学進学を前提に指導している。一般選抜や総合型選抜、学校推薦型選抜といった多岐にわたる入試形態に対応可能な体制をとっている。主な合格実績は、東京大、九州大、お茶の水女子大、筑波大、群馬大(医)、ICU、明治大、青山学院大、立教大、上智大など。併設の白梅学園大学では小学校教諭、幼稚園教諭、保育士の免許が4年間で同時に取得できる(本短期大学では幼稚園教諭と保育士)。本校から内部推薦で進学できる制度もある(併願可)。文系理系問わず、一人ひとりに合ったキャリア教育を実践。中でも手厚いサポートは最大の魅力で、下校後も独自のインターネットサービス

を利用して、いつでも質問や添削を受けることができる。

トピックス　清修ならではの充実の課外授業"エリコラ"

高校2年生までが参加することのできる『エリアコラボレーション』は、本校独自の放課後の課外活動である。国分寺や小平など近隣地域で活躍しているプロを招いて専門的な指導を受ける。スポーツ、音楽、美術、作法、語学など多彩なプログラムがあり、複数選択することも可能。中でも鉄道模型は、毎年夏に行われる『全国高等学校鉄道模型コンテスト』において、最優秀賞に輝くなど入賞常連校である。

2024年度入試要項

試験日　2/1午前・午後(第1回)　2/2午前・午後(第2回)　2/3午前・午後(第3回)　2/4(第4回)　2/6(第5回)

試験科目　国・算か国・算・理・社または英＋面接または適性(第1回午前)
国・算・理・社・英から2科または自己表現力〈基礎〈国・算〉＋プレゼンテーション＋面接〉(第1回午後)　国・算・理・社・英から2科(第2回午前)　国・算(第2回午後・第3回午前・第5回)　国・算・理・社から2科(第3回午後)　国・算か適性(第4回)

2024年度	募集定員	受験者数	合格者数	競争率
第1回午前/午後	25/10	78/25	69/22	1.1/1.1
第2回午前/午後	5/5	12/7	7/5	1.7/1.4
第3回午前/午後	5/5	5/8	4/5	1.3/1.6
第4回/第5回	5/若干	6/—	3/—	2.0/—

※他に、若干名の帰国生入試(12/23)あり

　卒業生有名人　石田真澄(写真家)

有利に 進学に
併設校 あり
特殊学科 芸術＆
資格系＆ 技能系
充実 施設が
が強い スポーツ
活発 クラブが
重視 情操教育を
養成 国際人を
校風 自由な

東京

女子 幼 中 高 短 大 院

白梅学園高等学校

明るく伸びやかな雰囲気の
中で幅広い知識や情操を育む
現役合格率も飛躍中

普通科
生徒数 812名
〒187-8570
東京都小平市小川町1-830
☎ 042-346-5691
西武国分寺線鷹の台駅　徒歩13分
武蔵野線新小平駅　自転車10分

URL	http://highwww.shiraume.ac.jp
Web上での合格発表	○

かわいいと評判の制服

ヒューマニズムの精神

プロフィール

1964年開設。充実した3つのコース制のもと、明るく落ち着いた雰囲気の中で、きめ細かな教育を展開している。

武蔵野の自然に囲まれた校舎

環境

学校周辺は、武蔵野の雑木林が残る自然豊かな地域である。学校のそばを流れる玉川上水には遊歩道が設けられ、緑に包まれたこの道が通学路となる。

オールウェザー走路を備えたグラウンド、全教室電子黒板など、各種設備が充実している。冷暖房完備の大体育館と2つの小体育館や、約4万冊の蔵書がある図書館、学園カフェテリア、学園コンビニ、廊下の自習スペースなど、充実した学生生活を送るための施設がある。

個々の進路実現を重視

カリキュラム

2022年度より、特別選抜コース（特選国公立系、特選文理系）、選抜コース（選抜文理系）、進学コース（進学文理系、保育・教育系）の3コース・5つの系に変更し、それぞれの特徴を十分に活かしたカリキュラム編成をしている。特別選抜コースは、国公立大学・難関私立大学への進学を目指す。ゼミ形式で

行う少人数制の授業や、充実した補習・講習の実施で志望校に合格する力を養う。大学での学びに触れる機会も多く設定されている。選抜コースでは難関私立大学への進学を目指す。基礎学力の土台を徹底的に固め、入試実戦力の育成までを行う。進学コースでは、進路先に対応したカリキュラムときめ細やかなフォロー体制で基礎学力と希望進路実現のための力を養う。内部進学の制度の他、他大学・短大からの指定校推薦枠も豊富に用意されている。

本物に触れる体験学習

学校生活

登校時間	夏	8：30	冬	8：30

クラス対抗リレーや生徒が担任を仮装させるおめかし競争などで盛り上がる5月の体育祭のほか、6月の合唱コンクールや全クラスが多彩な展示や発表を行う9月の白梅祭など、学校行事も多彩。修学旅行は「オーストラリア」「沖縄」「北陸・関西」から自分で選択する。春休みにはニュージーランドで、ホームステイの語学研修がある。また、ターム留学も設定している。

9割が現役合格

進路

ほぼ全員の生徒が進学を希望しており、4年制大学・短期大学・専門学校などに進学している。近年は難関大学への進学実績が上がっており、主な進学先は、一橋大、東京外語大、筑波大、防衛医学大学校、東京学芸大、横浜市立大、早稲田大、慶應義塾大、上智大などである。指定校推薦枠での進学も多い。併設の白梅学園大学・短期大学には毎年20～25％の生徒が内部進学をしている。白梅学園大学では小学校教諭、幼稚園教諭、保育士の免許が4年間で同時に取得できる（本短期大学では幼稚園教諭と保育士）。進路指

導部を中心に一人ひとりに対するきめ細かな進路指導を実践している。

2024年度入試要項

試験日　1/22（A・B推薦）
　　　　2/10（一般第1回）
　　　　2/13（一般第2回）

試験科目　作文＋面接（進学A推薦）
　　　　　適性〈国・数・英〉＋面接（特別選抜、選抜A推薦、B推薦）
　　　　　国・数・英＋面接（一般）

2024年度	募集定員	受験者数	合格者数	競争率
特別選抜	100	27/17/77	27/17/89	1.0/1.0/—
選抜	70	41/11/76	41/11/76	1.0/1.0/1.0
進学	110	76/6/99	76/6/93	1.0/1.0/1.1

※人数はすべてA推薦/B推薦/一般

卒業生有名人　卜部蘭（陸上選手、オリンピック出場）

SUPER INDEX P.89

制服 p.34

有利に進学に
併設校あり
特殊学科芸＆
技能系資格＆
充実施設が
がスポーツ強い
活発クラブが
重視情操教育を
養成国際人を
校風自由な

女子　幼 小 中 高 大 院

白百合学園 中 学 校 高等学校

青空と木々の緑に映える校舎
宗教教育、外国語教育、様々な情操教育を
通した豊かな人格育成

普通科（高校）
生徒数　554名（中学）　502名（高校）
〒102-8185
東京都千代田区九段北2-4-1
☎03-3234-6661

SUPER
INDEX
P.87

総武線・南北線・有楽町線・都営大江戸線
飯田橋駅、東西線・半蔵門線・都営新宿線
九段下駅　各徒歩10分

制服
p.㉝

URL	https://www.shirayuri.ed.jp
Web上での合格発表	○

プロフィール　キリスト教精神に基づいた人間教育

　1878（明治11）年、シャトル聖パウロ修道女会の3人のフランス人修道女が来日し、函館で教育と社会福祉の事業を始めたのが学園のおこり。東京では1881年に、神田猿楽町で女子仏学校としてスタートした。

　創立以来、キリストの愛の教えを基盤に、移り変わる時代に柔軟に応えながら、神のみ前に誠実に生き、愛の心をもった女性を目指した一貫教育を行っている。一人ひとりに与えられたかけがえのない能力を豊かに開花させ、豊かな知性と感性を身につけ、将来必要としているところに気づいて社会に貢献できるよう、きめ細やかな指導をしている。聖母マリアのシンボルである白百合の花は、清らかさと優しさの中にも強い意志を感じさせる真の女性の姿を象徴している。

環境　欧風のしょうしゃな校舎

　靖国神社に隣接し、教室の窓からも木々の緑を望むことができる。都心にありながら静かな環境の中で生徒は落ち着いて勉強している。

　142年の伝統を持ち、4階建ての淡いクリーム色の壁に、アーチ型の窓が連なる校舎は、印象的だ。

校舎

カリキュラム　創立当初からの充実した外国語教育

　中学、高校の6年間を通した一貫教育。毎日の学習の積み重ねによる努力を大切にしている。

　創立当初から外国語教育には特に力を入れている。中学3年間は、全員が英語とフランス語を並行して学ぶ。2カ国語を学ぶことで、より広い視野を持ち豊かな国際感覚を身につけることを目標としている。高校ではどちらか一方を第一外国語として選択する。英語、フランス語ともにネイティブの教員と連携した少人数での授業を行っている。

　中学1年から高校1年は基礎学力の育成に重点を置いている。高校2年からは進路に応じた能力を伸ばすため、多彩な選択科目が用意されており、習熟度別クラスで行われる授業もある。

学校生活　奉仕活動には生徒全員が積極的

登校時間	中学	夏季	8：15	冬季	8：15
	高校		8：15		8：15

　毎日の朝礼で、聖歌、祈り、聖書朗読、講話が行われる。宗教的行事も多い。「修養会」では、学校や教会で、神父様の講話を伺い、分かち合いを通して、静かに自分を見つめ、他者や社会との関わりを深く考える機会となる。クリスマスには、ミサを捧げた後、国内外の施設に送るための寄贈品を整理する作業や、高齢者施設での清掃などの奉仕活動に生徒全員で取り組んでいる。

　クラブは、「小百合会」という社会奉仕の活動を行うクラブをはじめ、合計34部。演劇部やC.C.F.（仏語劇部）、吹奏楽部、ダンス部、E.S.S.など舞台発表も内容が濃い。

クラブ

進路　国公立大や難関私立大に進学

　卒業生の全員が進学を希望し、文系・理系・芸術系の幅広い分野の大学に100％進学している。

　主な進路先は、東京大、一橋大、東京外語大、東京医科歯科大、千葉大、東京芸術大、首都大学東京などの国公立大をはじめ、早稲田大、慶應義塾大、上智大、立教大、青山学院大、順天堂大、東京慈恵会医科大、東京女子医大などの私立大に多数が現役で進学している。

2024年度入試要項

中学

試験日　1/8（帰国生）　2/2（一般）

試験科目　国・算＋外国語〈英語またはフランス語〉＋面接（帰国生）
　　　　　国・算・理・社＋面接（一般）

2024年度	募集定員	受験者数	合格者数	競争率
帰国生	約15	46	25	1.8
一般	60	259	114	2.3

高校　募集せず

有利に進学に
あり併設校
特殊学科 芸術&
技能系 資格&
充実施設が
がスポーツ強い
活発クラブが
重視情操教育を
養成国際人を
校風自由な

東京

男子 中 高

巣鴨中学校 高等学校

日々の努力を大切に
最先端のグローバル教育を展開する
１００年の伝統校

制服 p.⑭

普通科（高校）
生徒数　731名（中学）　741名（高校）
〒170-0012 東京都豊島区上池袋1-21-1
☎ 03-3918-5311

SUPER INDEX P.70

山手線大塚駅、東武東上線北池袋駅　徒歩10分　山手線池袋駅、埼京線板橋駅　徒歩15分　都電荒川線巣鴨新田駅　徒歩8分

イートン校

URL	https://www.sugamo.ed.jp/			
Web上での合格発表	中学	○	高校	○

プロフィール　創立100年を超える伝統校

　遠藤隆吉博士が1910（明治43）年に努力主義による英才早教育と人間研究の実践を目指して私塾「巣園学舎」を創設。1922（大正11）年に巣鴨中学校を創立して以後現在に至っている。本校では、先生や級友たちとの学校生活の中で、「がんばったからできた」「努力が実った」という達成感を味わっていくことを大切にし、そのような経験を積み重ねて、自らの可能性を切り開いていくことを目指している。

環境　新しい理想の教育環境が実現

　2016年に新たな校舎・スポーツ施設が完成した。東校舎を残し、その他すべての施設が刷新され、木材を多用したあたたかみのある内装が特徴である。地上の人工芝グラウンド、ウレタン舗装の100m直線走路、テニスコートに加え、ギムナシオン（体育館）の屋上にはテニスコートと投球練習場を備えている。また、パソコン、Wi-Fi環境を完備した情報演習室は、オンライン授業などでも活用され、先進的な学びを支えている。

カリキュラム　実践的できめ細かい授業編成

百人一首大会

　中学からの入学者（中入生）は中2で中学の課程をほぼ終了し、中3では高校課程の学習に入る。高2から各自の希望で「文数系」「理数系」に分かれ、高3では週24時間を選択授業として各自が志望大学・学部に合わせた科目の勉強ができるようになっている。高校からの入学者は、高1のみ中入生と別クラスで高校課程の学習を始め、高2で中入生の「文数系」または「理数系」のクラスに合流する。

　また、「全校有段者主義」を掲げて中学生は剣道を必修とし（高校生は柔道または剣道を必修）、卒業時までには半数以上の生徒が有段者になっている。

学校生活　百年の伝統が創る、最先端のグローバル教育

登校時間	中学	夏季	7：50	冬季	7：50
	高校	夏季	7：50	冬季	7：50

　中学から本校にしかできないグローバル教育を確立し、刻々と変化し続けるグローバル社会で力強く活躍する「グローバル人材」の育成に努めている。

　一人1台ずつノートパソコンとヘッドセットを使用し、最大週5回、4年間のスカイプによるオンライン英会話。中2、中3の希望者対象に、第一線で活躍する英国人と6日間寝食を共にし、グループディスカッションやアクティビティを行うSugamo Summer School。高1～高2生の希望者対象に、イートン校が作成した3週間のプログラムに沿って授業を受け、英国の歴史と文化を深く体感するイートン校サマースクール。約3ヶ月間オーストラリア、カナダ、アメリカでホームステイをしながら現地校の授業を受けるターム留学など、伝統校だからこそできる最先端のグローバル教育を展開している。

　また、努力を通じて達成感を味わうことができる様々な学校行事が実施されている。文化系行事としては英語のスピーチコンテストや各文化部のプレゼンテーション、ポスターセッションなどを中心と

した「アカデミック・フェスティバル」や、イートン校出身のイギリス人講師による特別講義がある。百人一首留多大会、書き初め大会、合唱コンクールも活況で、吹奏楽部の演奏会、書道部、美術部による作品展などは一般の来場者を迎えている。体育系行事も大菩薩峠越え強歩大会、巣園流水泳学校、早朝寒稽古などがあり、それぞれの行事で生徒の個性が発揮されている。

進路　東大はじめ国公立大へ上位校への合格者多数

　東京大、京都大ほか国公立大・難関私大への合格者多数。特に医学部合格者が多く、毎年150名前後が合格している。

2024年度入試要項

中学

試験日　2/1午前・午後（第Ⅰ期・算数選抜）
　　　　2/2（第Ⅱ期）　2/4（第Ⅲ期）
試験科目　国・算・理・社（第Ⅰ期～Ⅲ期）
　　　　　算（2/1午後）

2024年度	募集定員	受験者数	合格者数	競争率
第Ⅰ期	80	309	95	3.3
算数選抜	20	652	284	2.3
第Ⅱ期	100	405	156	2.6
第Ⅲ期	40	312	41	7.6

高校

試験日　2/12
試験科目　国・数・英または国・数・英・理・社

2024年度	募集定員	受験者数	合格者数	競争率
3科/5科	約70	24/237	9/144	2.7/1.6

※中・高とも、帰国子弟の募集あり

進学に有利
併設校あり
芸術系＆特殊学科
資格＆技能系
施設が充実
スポーツが強い
クラブ活発
情操教育を重視
国際人を養成
自由な校風

卒業生有名人　知念実希人（作家）、原田曜平（マーケティングアナリスト・TVコメンテーター）

杉並学院 高等学校

自立心、創造性、心身の調和と健康を大切にし、可能性に挑戦する生徒を応援します。

普通科
生徒数 1020名
〒166-0004
東京都杉並区阿佐谷南2-30-17
☎ 03-3316-3311
中央線・総武線・東西線高円寺駅・阿佐ヶ谷駅 各徒歩8分

SUPER INDEX P.87

制服 p.30

URL	https://suginami.ed.jp
Web上での合格発表	○

左の縦帯（インデックス）:
進学に有利／併設校あり／芸術&特殊学科／資格&技能系／施設が充実／スポーツが強い／クラブが活発／情操教育を重視／国際人を養成／自由な校風

プロフィール 21世紀の新しい風を杉並学院から

1923（大正12）年創立の奥田裁縫女学校を前身とする菊華高校が、1995年より中学を開設。2000年、21世紀を主体的に生きる人材育成を目標に共学に移行すると共に、現校名に改称した。2016年度より中学の募集停止。「自立・成楽－社会に役立つ人であれ－」を建学の精神として掲げ、一人ひとりの個性、創造性を磨き、豊かな人間性を培うことにより、社会に貢献する有為の人材を育成することを理念・目標としている。

環境 情報技術の素養を育む最新設備の校舎

2001年に完成した校舎は、「新しい教育にふさわしい器を」を理念に設計されており、充実した各種教室がそろっている。学校では珍しい三層吹き抜けのアトリウムは、ヨーロッパの広場のような空間である。授業だけでなく自習もできるマルチメディア教室、生徒の情報発信・受信の場となっている図書ラウンジ、普通教室にも情報コンセントが配備されるなど、高度情報化社会の到来を見据えた設備となっている。また、冷暖房完備の体育館、音響だけでなく採光にも配慮した音楽室や照明・映像設備も充実したSGホールなどがある。さらに、明るいカフェテ

マルチメディア教室

リアや個別自習室、屋上にはナイター設備を備えたゴルフレンジもある。

カリキュラム 基礎から応用への丁寧な指導

習熟度別授業を効果的に展開するため、特別進学・総合進学の2つのコースを設置している。2年次からはそれぞれ文系・理系を選ぶことができる。3年次は自由選択の時間を多く設け、特別進学・総合進学コースとも国公立受験が可能なカリキュラムとなっている。

2つのコースは、教科書・資料・問題集などは異なるが、カリキュラムは共通で、5教科の平常授業の指導目標を「大学入学共通テストに対応できる学力の定着」として、基礎から応用まで丁寧な指導が行われる。また、2年進級時には、1年次の学習状況などをもとにコース変更も可能だ。

さらに、正規の授業の他に、独自の「SILSS（杉学個別学習支援システム）」が行われている。これは、毎日の授業と連携し各自のニーズに応じて放課後学習などを支援するシステムで、自習室の利用、対面型個別指導、長期休業中の講習、ICT教育（タブレットの活用）など多岐にわたる。一人ひとりの生徒が志望する大学への合格を目指し学習する体制も整っている。

学校生活 国際理解を深める行事 活発な部活動

登校時間	夏 8:25	冬 8:25

世界に羽ばたく夢をかなえるために、杉並学院では、英語4技能の育成と国際文化の理解を目的とした、中長期留学や短期留学などのプログラムを用意している。中期（4ヵ月）・長期（10ヵ月）の留学はカナダへ、短期留学では夏休みを利用してオーストラリアの姉妹校への留学を実施し、語学力の向上だけではなく異文化に対する理解を

授業風景

深めている。

部活動（体育部16、文化部19）も活発で、中でもゴルフ部、剣道部は全国大会出場を果たし、また合唱部は連続して全日本合唱コンクールなどの全国大会に出場するなど活躍している。

進路 才能を開花させる万全の指導体制

各種ガイダンスによる個別指導や個人面談をはじめ、各種テストも取り入れて志望校決定の判定資料とするなど、一人ひとりが第一志望校合格に向けて充実した学校生活を送れるよう、万全の指導体制を整えている。主な進学先は、北海道大、筑波大、東京外語大、東京学芸大、東京芸術大、東京農工大、千葉大、東京都立大、電気通信大、埼玉大、青山学院大、学習院大、慶應義塾大、上智大、成蹊大、成城大、中央大、東京医科大、東京理科大、法政大、武蔵大、明治大、明治学院大、立教大、早稲田大などその他多数あり。

2024年度入試要項

試験日 1/22（推薦）
　　　　2/10または11（一般）
試験科目 作文＋面接（推薦）
　　　　　国・数・英＋面接（一般）

2024年度	募集定員	受験者数	合格者数	競争率
推薦	120	18/108	18/108	1.0/1.0
一般	280	368/555	366/528	1.0/1.1

※人数は特別進学コース/総合進学コース

卒業生有名人 石川遼（プロゴルファー）、中島健人（タレント）、松原智恵子（女優）

駿台学園 中学校 高等学校

駿台学園なら「自分らしい」学校生活が見つかる

普通科（高校）
生徒数 201名（中学） 448名（高校）
〒114-0002
東京都北区王子6-1-10
☎ 03-3913-5735
京浜東北線・南北線・都電荒川線
王子駅 徒歩10分
南北線王子神谷駅 徒歩7分

制服 p.22

URL	http://www.sundaigakuen.ac.jp/
Web上での合格発表	○

反射75センチ鏡を備えた本格的な天文台

プロフィール 置かれた場所の第一人者たれ

1932年、駿臺商業学校として創立。1947年に中学校を併設し、1958年に現在の校名に改称した。2003年度からは中学も高校同様共学になった。個性を伸ばしながら、人間としての大成を目指す「万木一心」を校訓とする。21世紀の多様な国際社会へ英語教育の充実と幅広い経験・体験に力を入れている。

環境 全国屈指の天文台 北軽井沢に林間施設

校内には、体育館アリーナ、小ホール、天文台、ジムナジウムのほか、特別教室、柔道場、剣道場、食堂などの施設がある。全教室に冷暖房設置。2022年、体育館にエアコンが完備され、2023年には全面人工芝のグラウンドが完成した。また、校外施設として、北軽井沢に「一心荘」がある。

カリキュラム 一人ひとりの特性に応じた多様な授業

中学は〈特選〉〈総合〉の2クラス制で習熟度別授業実施。先取りはほどほどに留め、理解を深める指導が中心。高校受験がない利点を生かし、実験、観察、見学を重視して生徒が興味関心を持ち、学習意欲を高めることをねらう。学校の外に出る機会も多く設定し、年5回ほどの校外学習（オペラ、美術館、博物館、工場、大相撲など）や、中2・中3と2回の国内修学旅行が生徒には大好評。

高校は〈特選〉〈進学〉〈スペシャリスト・ハイブリッドコース〉〈スペシャリスト・オリ

軽井沢での課外授業も楽しみのひとつ

ジナルコース〉の4コース制。〈特選〉は難関大学合格を目指す。〈進学〉は緩やかな習熟度別学級編成を採用しつつ、生徒の学力に応じた指導を実施、学習とクラブを両立させつつ進学を目指す。〈スペシャリスト・ハイブリッドコース〉は学業もスポーツも共に大切にしながら難関大学進学を目指す。〈スペシャリスト・オリジナルコース〉はスポーツ等の才能を磨くことで大学進学を目指す。修学旅行は全コース国内・国外選択制。

中高共に英語教育を重視で最新の入試にも対応。英検・GTEC（民間4技能型）の校内受験が必須。中2〜高2希望者対象の海外語学研修のほか、留学制度もある。長期留学生も在籍。

学習をサポートすべく、校内家庭教師（S1チューター）を設定。生徒の進路実現をサポートしている。

学校生活 部活動で育まれる人間性

登校時間	中学	夏季	8：20	冬季	8：20
	高校		8：20		8：20

高校：男子バレーボール部はインターハイ、春高バレー共に優勝経験あり。女子バレーボール、サッカーも都内の強豪校。ボクシング部も全国大会常連。野球は秋季都大会ベスト4の実績あり。

中学：バレーボールは男子が全国大会優勝7回、女子も全国常連。野球は2022年度全国大会優勝、サッカーは全国ベスト16の実績あり。中学ボクシング部も強豪校。

その他、中高合同で多くのクラブ（天文、演劇、音楽・吹奏楽、ダンスなど）が活動している。

進路 国公立・難関私立大を目指す進路指導

親身な進路指導により、多くの生徒が着実な成果を上げている。最近の主な進学大学は、筑波、茨城、東京学芸、早稲田、上智、立教、国士舘、北里、明治、青山学院、東京理科、日本、駒澤、拓殖、帝京、東洋、獨協など。

国際化 「自分らしい」世界を世界に結びつけよう

夏休みに、中2〜高2希望者対象の海外サ

マースクールを実施。アイルランドでホームステイをしつつ語学研修2週間、その後ヨーロッパ諸国を訪れ異文化体験と英会話を実践。高2では国外修学旅行設定あり。オーストリア、フランス等欧州諸国を訪れ、文化や歴史に触れる。基準を満たせば、国外留学をしても留年することなく3年間で卒業可。

2024年度入試要項

中学

試験日　2/1午前・午後　2/2午前・午後
　　　　2/4午前　2/8午前

試験科目　国・算または国・算・理・社（2/1午前）　国・算・理・社・英から1科（2/1午後、2/2・4・8）

2024年度	募集定員	受験者数	合格者数	競争率
1日午前/午後	70/10	72/8	72/8	1.0/1.0
2日午前/午後	10/10	0/1	0/1	—/1.0
4日/8日	10/10	3/4	2/3	1.5/1.3

高校

試験日　1/22（推薦）
　　　　2/10（併願優遇第1回・一般第1回）
　　　　2/11（併願優遇第2回・一般第2回）
　　　　2/16（一般第3回）

試験科目　適性〈国・数・英〉（推薦）
　　　　　国・数・英（併願優遇）
　　　　　国・数・英＋面接（一般）
　　　　　※スペシャリストコースの一般は国・数・英から2科＋面接

2024年度	募集定員	受験者数	合格者数	競争率
推薦特・進/スペ	110/40	123/73	123/73	1.0/1.0
一般特・進 1/2/3回	130	194/88/	192/69/	1.0/1.3/
一般スペ	20	4	4	1.0

※一般の定員は併願優遇含む
※合格者数にはスライド合格を含む

■卒業生有名人　郷田真隆（将棋 棋士）

男子　幼小中高大院

聖学院中学校 高等学校

豊富な探求型教育を体験し、
世界のために、共に創造し貢献しよう！

SUPER INDEX P.71

制服 p.⑮

普通科（高校）
生徒数　505名（中学）　421名（高校）
〒114-8502
東京都北区中里3-12-1
☎ 03-3917-1121
山手線駒込駅東口　徒歩5分
南北線駒込駅3出口　徒歩7分

URL	https://www.seigakuin.ed.jp/			
Web上での合格発表	中学	○	高校	○

フューチャーセンターで中学 Global Innovation Lab

左の欄：
進学に有利
併設校あり
特殊学科＆芸術
資格＆技能系
施設が充実
スポーツが強い
クラブ活発
情操教育を重視
国際人を養成
自由な校風

プロフィール　キリスト教に基づく人間教育

「神を仰ぎ　人に仕う」の建学の精神のもと、真の人格を備え、豊かな情操と国際的視野を持つ個性的な人材の育成を基本とした一貫教育を推進。

カリキュラム　21世紀型教育

聖学院では、自発的に学ぶ知的探求心や論理的な思考力、多様な価値観を受け入れながら自己を確立する力を育む、幅広く奥行きのある21世紀型教育を実践している。企業とコラボレーションした発展的学習も実施。

各教科に取り込まれている思考力を鍛える探求型学習では、実社会の問題について調査・分析して解決策を提示する。また、生徒が主体となり学校行事を運営し活動の質を自己評価するなど、他者と協働しながら学んでいくことを実践している。2021年度高校新クラス「Global Innovation Class」が誕生。世界的な課題を自分事としてとらえ、ものづくり・ことづくりを通して他者や世界に貢献できる男子を育成する。

学校生活　多彩な学園生活 ユニークなクラブも

登校時間	中学	夏季	8：15	冬季	8：15
	高校	夏季	8：15	冬季	8：15

キリスト教学校らしい行事が多く、毎朝の全校礼拝、週1回の聖書の授業、クリスマス礼拝・祝祭などがある。また、中学3年次の糸魚川農村体験学習、高校2年次の沖縄平和学習の旅のほか、創立記念祭（文化祭）、体育祭、伝道講演会、芸術鑑賞会、と多彩だ。クラブ活動や課外活動も活発で、鉄道研究部、四足歩行ロボットを作る物理部やみつばちプロジェクト等もある。クラブ参加率は約90％を誇る。

進路　海外大学の合格者増加

国公立大学、早慶上理ICU、GMARCHへの進学もあるが、2020年は、ペンシルバニア大学（世界11位）、トロント大学（世界18位）、ワシントン大学（世界26位）など、THE世界大学ランキングトップ100位以内の大学に複数合格。また、中國文化大学、實踐大学、銘傳大學など、台湾の大学への進学も推奨している。

国際化　国際交流と語学研修で国際感覚を養う

中3〜高2の希望者を対象としたアメリカやオーストラリアでのホームステイプログラム、さらにカンボジアやタイ研修、ハワイやカナダへの長期留学制度など、国際色豊かな異文化交流が活発に行われている。

トピックス　STEAM教育が本格化！

中学では「情報・プログラミング」というSTEAM教育の中心となる学校独自科目を設定。動画編集で自分CMを作成したり、プログラミングでのドローン飛行、学校ピクトグラムを立体的に設計し3Dプリンターで出力する。また、これらで学んだ多様な「表現方法」を他教科でも発展的に活用できるようにしている。理科の授業では360度カメラで「校内の落ち着く場所」を撮影し、自分CM制作で学んだ動画編集技術をいかし発表会を行った。また、聖書の授業ではクリスマスツリーのオーナメントを設計し、3Dプリンターで制作。併設の聖学院幼稚園などのツリーに飾りつけをして園児たちと一緒にクリスマスを祝った。情報

・プログラミングの授業が軸となり、他教科へ発展していくような有機的なSTEAM教育の本格化が目覚ましい。

2024年度入試要項

中学

試験日　12/2（国際生）　2/1午前・午後（第1回一般・第1回アドバンスト・英語特別・ものづくり思考力）　2/2午前・午後（第2回一般・第2回アドバンスト・デザイン思考力・特待生）　2/3午後（第3回アドバンスト）　2/4午前（グローバル思考力特待・オンリーワン表現力）

試験科目　英＋面接（英語・日本語）（国際生A）　国・算＋面接（国際生B、特待生）　国・算または国・算・理・社（一般・アドバンスト）　面接（英語・日本語）か英＋面接（英語・日本語）（英語特別）　思考力＋協働振り返り（ものづくり思考力・デザイン思考力）　思考力＋協働振り返り＋面接（グローバル思考力特待）　グループプレゼン＋協働振り返り（オンリーワン表現力）

2024年度	募集定員	受験者数	合格者数	競争率
国際生	10	13	10	1.3
英語/特待生	5/5	13/12	7/2	1.9/6.0
第1回 一般/アド	60/30	186/183	101/123	1.8/1.5
第2回 一般/アド	20/20	115/80	51/30	2.3/2.7
第3回 アド	10	64	26	2.5
思考力 ものの/デザ	15/10	56/22	21/9	2.7/2.4
グロ/オン	5/5	5/21	3/8	1.7/2.6

高校

試験日　1/22（推薦・国際生A・B）　2/11（一般）

試験科目　英＋面接（英語・日本語）（国際生A）　英＋思考力＋面接（国際生B）　適性（英＋思考力）＋面接（推薦）　英＋思考力＋面接（一般）

募集定員　国際生A・B方式来校型とオンライン型あわせて5名・推薦5名・一般10名

※他に、中・高ともオンライン型国際生入試（11/11）あり

ベルタワー

　卒業生有名人　老川祥一（読売新聞代表取締役会長）、渡辺明（将棋棋士）、神田伯山（講談師）

共学　小中高大院

成蹊中学校 高等学校

外部大学への進学実績も
高い併設高校
国際交流やクラブも活発

SUPER INDEX P.88

制服 p.32

■ 普通科（高校）
生徒数　818名（中学）　986名（高校）
〒180-8633
東京都武蔵野市吉祥寺北町3-10-13
☎ 0422-37-3818
中央線・京王井の頭線吉祥寺駅
徒歩20分またはバス8分
西武新宿線武蔵関駅　徒歩20分またはバス
西武新宿線西武柳沢駅　バス20分

URL	https://www.seikei.ac.jp/jsh/			
Web上での合格発表	中　学	○	高　校	○

ケンブリッジ大学への短期留学

プロフィール

小学校から大学まで を備えた学園

　成蹊学園は、社会に役立つ人間の育成を目指して、1912（明治45）年に創立。その後、1914（大正3）年に成蹊中学校、1925（大正14）年に成蹊高等学校が、それぞれスタートした。「個性の尊重」「品性の陶冶」「勤労の実践」を柱として、小学校から大学までの一貫教育を推進している。

環境

緑豊かな 充実したスペース

　キャンパスには、各校舎を囲む形で、森のような樹々が配され、1998年に完成した中央館を中心に、共用施設と理科館、造形館がある。中学棟は2007年度に、高校棟は2008年度に新校舎が完成。すぐ隣には、グラウンドや野球場、総合運動場もあり、学校生活を送るのに十分なスペースが用意されている。

カリキュラム

能力・適性に応じた 学習指導

　6年間の一貫教育システムを生かし、中学ではまず基礎学力の充実を目指す。10教科・16科目をバランスよく履修し、テストや実験、作品制作などで到達度を確認していく。また、校外授業やホームルーム、クラブ活動などを通して、生徒の自主性や個性の伸長に努めている。

　高校では学習効果を上げるため、英

実験、実習を
重視している

語は1年次から、数学は2年次から、少人数編成による習熟度別の授業を実施。3年次からは、一部の必修科目を除いて、19のコースから成る選択科目を中心とした授業が展開される。そのほか、自由選択による演習科目も設置。音楽、美術、工芸、家庭科、中国語、英会話、ドイツ語、フランス語などの授業もあり、幅広い勉強ができる。

学校生活

充実した施設で 活発なクラブ活動

登校時間	中学	夏季	8：10	冬季	8：10
	高校	季	8：10	季	8：10

　恵まれた環境を生かして活動しているクラブも多い。例えば、天文気象部は校内に小型の天文台があり、本格的な天体望遠鏡が使える。また、体育系では、中高テニスコート、中高サッカー場、第1・第2体育館などの体育施設が充実している。他にも学園共同の施設として、400m人工芝グラウンド兼ラグビー場や野球場、サッカー場などがある。

進路

併設高校であるが 進路は多種多様

　中学では、高校との一貫教育が行われているため、卒業生のほぼ全員がこの推薦制度によって進学している。受験にわずらわされることなく、高校へ進学できるのが大きなメリットだ。

　一方、高校では、ほぼ全員が大学への進学を希望。併設の成蹊大学へは推薦入学制度があり、約30％がこの制度で進学している（有資格者は約80％）。その他は、東大、早稲田大、慶應義塾大などの難関大へ進学。医歯薬系へ進学する者も多く、東京慈恵会医科大、順天堂大、国公立医学部などへ進学している。また、外国の大学へ進学する者もいる。

国際化

伝統ある特色 国際性の重視

　1949年以来、アメリカ東部のセントポ

ールズ校（ハーバード大学やイエール大学などの一流大学に多数が進学する名門校）に留学生を送っており、その多くがアメリカの大学に進学している。また、オーストラリアのカウラの高校との交換留学、イギリスのケンブリッジ大学ペンブルックカレッジへの短期留学、AFSやYFU、国際ロータリー青少年交流計画などのプログラムを利用して留学する生徒も少なくない。近年、アメリカのチョート・ローズマリー・ホール校、フィリップス・エクセター・アカデミー校や北欧の高校との交流も始まっている。

2024年度入試要項

中学

試験日　1/8（国際学級）　2/1（一般第1回・帰国生枠）　2/4（一般第2回）

試験科目　国・算・英＋面接（国際学級）
　　　　　国・算・理・社（一般）
　　　　　国・算＋面接（帰国生枠）

2024年度	募集定員	受験者数	合格者数	競争率
一般1回	45/45	138/109	59/52	2.3/2.1
一般2回	20/20	158/144	56/46	2.8/3.1
国際学級	約15	13/14	9/9	1.4/1.6
帰国生枠	若干	3/2	2/0	1.5/ー

高校

試験日　1/22（推薦・帰国生）　2/10（一般）

試験科目　国・数・英＋面接（推薦は適性）

2024年度	募集定員	受験者数	合格者数	競争率
推薦	約20	11/11	11/11	1.0/1.0
一般	約60	100/66	40/54	2.5/1.2
帰国生	若干	27/30	13/20	2.1/1.5

※中・高とも人数はすべて男子/女子

進学に有利にあり

併設校

芸術＆特殊学科

資格系＆技能系

施設が充実

スポーツが強い

クラブが活発

情操教育を重視

国際人を養成

校風自由な

■ 卒業生有名人　入江昭（ハーバード大学名誉教授）、東儀秀樹（雅楽師）、中井貴一（俳優）、黒川清（東京大学名誉教授）、坂茂（建築家）

成女 学園中学校 高等学校

人間性豊かな女性を育成 生徒の実状に即したカリキュラム

SUPER INDEX P.75

制服 p.20

普通科（高校）
生徒数　非公表（中学）　非公表（高校）
〒162-0067
東京都新宿区富久町7-30
☎03-3351-2330
都営新宿線曙橋駅　徒歩5分
丸ノ内線四谷三丁目駅　徒歩8分
都バス「市ヶ谷富久町」下車徒歩1分

URL	https://www.seijo-gk.ac.jp

千歳学習寮

進学に有利に

併設校あり

芸術＆特殊学科

資格系＆技能系

充実した施設が

スポーツが強い

クラブ活発

情操教育を重視

国際人を養成

自由な校風

プロフィール
女子教育ひとすじの伝統校

理想の追求、勤労の精神、温良快活な心－理想を追いつつも実際の生活を忘れない自立した女性を育てることを建学の精神としている。教師と生徒が学びや作業を共にする姿勢を尊んできた校風は今もアットホームな雰囲気として残されており、親しみやすく温かい雰囲気を懐かしんで卒業生も足しげく訪れている。

環境
充実した体育施設と2つの寮を完備

交通至便の地にありながら住宅街の静かな環境にある。全校空調設備を完備し、LL教室・音楽室・美術室・調理実習室・被服室・礼法室・図書室・PC教室・生徒ホールなどの特別教室も充実。校外施設として千歳烏山に全天候型テニスコート・弓道場・学習寮がある。

カリキュラム
生徒の実状に即したカリキュラム

小規模校の利点を最大限に生かし、基本から応用まで生徒一人ひとりの実状に即した教育を行っている。また、総合学習のほかに資格取得講座、自由研究ゼミ、礼法の時間などを設け、確かな学力の養成にとどまらず、豊かな

感性と社会に出て役立つ能力を育む。

中学では、少人数を生かし一人ひとりの個性を見極めて、その能力を最大限に伸ばすように努めている。国語や英語は特に指導要領を上回る時数を設け、国語では毎朝登校後10分間の継続学習の時間を利用した読書指導や漢字テストをはじめ、「話す・読む・書く」能力の向上を図っている。英語はまず基礎的な文法事項を徹底指導し、ネイティブスピーカーの授業も取り入れ、生の英語に接しながら楽しく学ぶ。また、総合学習では体験学習を積極的に取り入れている。

高校では、キャリア教育の一つとして、自主研究ゼミを行っている。1年次は研究方法の基礎を学びながら思考力を養う。2・3年次には人文、芸術、社会、生活、自然・科学の5つのゼミに分かれ自分で選んだテーマについての研究活動を行い、「正解のない課題に向き合う力」を身につけていく。様々な大学の学部と連携し、幅広い進路に対応している。また、必修の資格取得講座では英検・漢検・PC検・ペン検など具体的な資格取得に向けた実践的な講座を受講することができ、合格まできめ細かい指導をしている。

学校生活
多彩な行事、部活動がある

登校時間	中学	8：15	高校	8：15

春の野遊会（遠足）、芸術鑑賞会、軽井沢合宿、体育祭、創立記念祭など学校行事も多彩。部活動はテニス・ソフトテニス・バレーボール・剣道が活躍しており、文化系では公式大会で常に顕著な成績を収めているLMクラブ（軽音楽部）をはじめ、美術・音楽・食文化などが人気。ほかに演劇・茶道・華道・書道などがある。

進路
伸ばしたい力を重点的に身につける

卒業生の進路は大学75％・専門学校25％。主な進学先は東京理科大、実践女子大、東京農業大、専修大、武蔵野美術大、帝京大、大東文化大、亜細亜大、東京工科大、玉川大、日本獣医生命科学大、大正大、武蔵野大、目白大、日本薬科大、産業能率大、高千穂大、文化学園大、多摩大、宝塚大、西武文理大、杉野服飾大ほか。

2024年度入試要項

中学
試験日　2/1（第1回）　2/2（第2回）
試験科目　国・算か国・英＋作文＋面接

2024年度	募集定員	受験者数	合格者数	競争率
第1回/第2回	15	非公表	非公表	―

高校
試験日　1/22（推薦A・B）
　　　　2/10（一般第1回）
　　　　2/11（一般第2回）
試験科目　作文＋面接（推薦A）
　　　　適性〈国・数・英〉＋作文＋面接（推薦B・特別推薦）
　　　　国・数・英＋面接（一般）
　　　　※一般の専願は国・数か国・英＋面接
　　　　※希望者は面接に自己PRプレゼンを追加可能（推薦B・特別推薦・一般）

2024年度	募集定員	受験者数	合格者数	競争率
推薦A/B	30	非公表	非公表	―
一般1回/2回	30			

　卒業生有名人　望月百合子（仏文学者・女流ジャーナリスト）、池田陽子（写真家）、市川菜津子（絵本家）

成城中学校 高等学校

創立139年
伝統と革新が共存する
男子進学校

普通科(高校)
生徒数 830名(中学) 780名(高校)
〒162-8670
東京都新宿区原町3-87
☎03-3341-6141
都営大江戸線牛込柳町駅 徒歩1分

SUPER INDEX P.72

制服 p.⑰

URL	https://www.seijogakko.ed.jp
Web上での合格発表	○

プロフィール 文武両道主義のもと 人間力を育む

明治18(1885)年、文武講習館として創立し、翌年、成城と改称した。校名は『詩経』の「哲夫成城(哲夫ハ城ヲ成ス)」に由来する。校章「三光星」(知・仁・勇)が象徴するリーダー教育の伝統を礎に、現在、高大接続システム改革や新学習指導要領をふまえた改革を進めている。高校を非募集とし、2021年度からは中高完全一貫校となった。

環境 牛込柳町駅徒歩1分 恵まれた学習環境

都営大江戸線「牛込柳町」駅西口から徒歩1分。東京女子医科大学や早稲田大学など、大学や研究施設に囲まれ落ち着いた学習環境である。文武両道を可能にする校舎には、新たに設置された自習室「自修館」をはじめとした学習施設や、人工芝のグラウンド・体育館(バレーコート4面)・地下体育室・屋外温水プールなどの充実した体育施設があり、文武両道の実践を可能にする。

カリキュラム 授業第一主義 希望する進路実現

教育目標としてグローバル時代のリーダー育成・文武両道・授業第一主義を掲げている。中高を通して校訓「自学自習」の習慣化を図る。6年完全一貫校として、カリキュラムの再編成を行った。学習指導要領の改訂にともな

い、プログラミングなどを扱う中1の「数学統計」やプレゼンテーションを行う中3の「国語表現」を設置。高1では、外国人講師が中心に担当する「英語表現」を設置。高2より、文系・理系の2コース制をとり、一部の科目は習熟度別クラスとなる。

グローバル・リーダー育成のプログラムが充実している。「グローバルスタディズ・プログラム」(世界トップ校の学生らを学校に招いて、議論・企画・発表を全て英語で行う校内研修)に加えて、台湾研修とオーストラリア研修を実施(すべて希望制)。単なる海外研修・語学研修に終わらない課題解決型の体験学習をとおして、生徒の自己確立を促す。また、JETプログラム(語学指導等を行う外国青年招致事業)に参加し、派遣された世界のトップエリートが様々な教育活動をサポートしている。

学校生活 文武両道の実践と 自治自律

登校時間	中学	夏季	8:20	冬季	8:20
	高校		8:20		8:20

本校の行事・部活動・生徒会活動には、リーダー育成の伝統が継承されており、生徒の自主性・積極性を育てている。臨海学校(中1)・林間学校(中2)は全国に先駆けて開設した伝統行事。文化祭は人気のウォーターボーイズなど大いに賑わう。体育祭・修学旅行など四季折々の行事がある。40あるクラブの中で、山岳・自転車競技・ラグビー部は高校のみ。中学硬式テニス部が全国大会に出場。体操部、高校バレーボール部などは関東大会に出場している。強制ではないが、入部率は中学生では9割と高い。

進路 希望する進路実現を 可能にする進路指導

ほぼ100%が、大学進学を志望。高校

1年次に「未来の履歴書」という架空の履歴書を作成し、将来に必要な学歴・資格・経験などを考えさせる。自修館(自習室)は18時半まで利用可。長期休業中の講習は受講料無料(教材費は別途)。

2023年卒の現役合格率は88.5%で、東京大、東京工業大をはじめ、国公立大27名、早慶上理103名、GMARCH246名、医歯薬獣医36名が合格。

ひとこと 在校生から 受験生にひとこと

成城は自分が望み追い求めれば、どこまでもそれに応え続けてくれる場所です。自分が夢中になれるものを見つけるのは簡単なことではないかもしれません。しかし、そんな時は自分の周りを見渡してみて下さい。ここにはあなたを刺激してくれるものがたくさんあります。その中にはあなたが夢中になれるものがきっと眠っているはずです。

生徒一同、皆さんのご入学を心よりお待ちしております。 (生徒会長)

2024年度入試要項

中学

試験日 2/1(第1回) 2/3(第2回)
　　　 2/5(第3回)

試験科目 国・算・社・理

2024年度	募集定員	受験者数	合格者数	競争率
第1回	100	368	132	2.8
第2回	140	778	229	3.4
第3回	40	510	55	9.3

高校 募集せず

卒業生有名人 佐藤可士和(アートディレクター)、横山健(ギターリスト)、山本東次郎(能楽師)

共学　幼小中高大院

成城学園中学校 高等学校

学習を通じての人間形成を目指し、一人ひとりを尊重する教育を実践

SUPER INDEX P.83

普通科（高校）
生徒数　733名（中学）　846名（高校）
〒157-8511
東京都世田谷区成城6-1-20
☎03-3482-2104
小田急線成城学園前駅
徒歩8分

URL	https://www.seijogakuen.ed.jp/chukou			
Web上での合格発表	中　学	○	高　校	○

緑豊かなキャンパス

左縦見出し：
進学に有利に
併設校あり
芸術＆特殊学科
資格＆技能系
施設が充実
スポーツが強い
クラブ活発
情操教育を重視
国際人を養成
自由な校風

プロフィール
総合学園ならではのゆとりある学校生活

幼稚園から初等学校・中学校・高等学校・大学までの総合学園である。わが国教育界の先覚者である澤柳政太郎博士によって、1917年に成城小学校が創立された。

教育理想の四綱領として、「個性尊重の教育」「自然と親しむ教育」「心情の教育」「科学的研究を基とする教育」を掲げ、「自学自習」「自治自律」をモットーにした自由な校風で知られる。

環境
緑豊かな環境に充実した施設

広々とした緑豊かなキャンパスには幼稚園から大学院までの建物が建ち並ぶ。2016年4月に中高一貫校舎が完成した。他に体育館、第1グラウンド、第2グラウンド、大プール、テニスコートなど充実した施設が整う。また、音楽・美術・書道の授業を行う芸術棟が2棟ある。校外施設として、神奈川県伊勢原市に総合グランドを有するほか、白馬に「太極荘」がある。

カリキュラム
成城独自の特色あるカリキュラム

中学では基礎学力を重視した密度の濃い学習、独自の行事を取り入れた特色あるカリキュラムを組んでいる。中

自由で伸びやかな校風

1・2年次では他ではできない貴重な経験の場を与えるという考えのもと、遠泳と生命教育を中心とした「海の学校」、槍ヶ岳登頂をはじめとする北アルプスへの本格的登山を行う「山の学校」を行っている。

高校では、1年次は必修科目を中心に基礎的学力の養成を図り、2・3年次では個性や適性、将来の進路に合った科目を学べるようコース制と幅広い選択制を併用しているので、自分にとって必要な、または好きな科目をじっくりと、より深く学ぶことができる。

学校生活
ゼミナールがスタート

登校時間	中学	夏季	8：30	冬季	8：30
	高校	夏季	8：30	冬季	8：30

50年以上の歴史を誇る「自由研究」をさらに進化させてゼミナールがスタートした。生徒自身でテーマを掲げて視野を広げながらテーマを掘り下げ発信する力を養う本校独自の探究学習だ。

また、夏休み等の長期休暇を利用して行う「課外教室」は、3〜4泊程度の期間で、学年の枠を取り払った体験学習や旅行など、教師や先輩後輩との触れ合いを通してテーマを追究していく。

クラブは、スポーツ系・文化系ともに、楽しく熱心に活動している。

進路
有名難関私立大合格者を多数輩出

卒業生のうち、約5〜6割が成城大学へ推薦入学している。

また、成城大学への推薦権を保持しつつ他大学受験も可能で、理系のみならず文系難関大学へも挑戦する生徒が多く、慶應義塾大、早稲田大、東京理科大、上智大などへ合格者数も伸ばしている。

国際化
アメリカの高校生と交流を深める

国際教育の一環として、留学制度がある。高校は、アメリカの名門私立校であるマグダナ校（メリーランド州）・ジェイセラ校（カリフォルニア州）、イギリスのクレイストカレッジブレコン校への長期留学制度がある。

また約2週間の短期留学（アメリカ・カナダ）も実施しており、中学では、オーストラリア短期留学（2週間）を実施している。

2024年度入試要項

中学

試験日　12/20（帰国生）　2/1（第1回）
　　　　2/3（第2回）

試験科目　国・算・理・社（第1・2回）
　　　　　基礎学力〈国・算〉＋面接（帰国生）

2024年度	募集定員	受験者数	合格者数	競争率
第1回	約70	410	117	3.5
第2回	約50	428	89	4.8
帰国生	約10	38	20	1.9

高校

試験日　1/22（推薦）　2/12（一般）

試験科目　作文＋面接（推薦）
　　　　　国・数・英＋面接（一般）

2024年度	募集定員	受験者数	合格者数	競争率
推薦	約20	50	29	1.7
一般	約40	153	45	3.4

　卒業生有名人　小澤征爾（指揮者）、米良はるか（READY FOR社長）

聖心女子学院 中等科 高等科

格式ある女子教育の名門
ミッション校の校風と
伝統の完全一貫教育

普通科（高等科）
生徒数 360名（中等科）
310名（高等科）
〒108-0072
東京都港区白金4-11-1
☎03-3444-7671
SUPER INDEX P.69
制服 p.⑭
山手線恵比寿・渋谷・田町・品川・目黒駅
よりバス
南北線・都営三田線白金台駅　徒歩10分

URL	https://www.tky-sacred-heart.ed.jp
Web上での合格発表	○

授業風景－楽しみながら生きた英語を学ぶ

プロフィール　学業を通しての人間形成を

初等科から高等科まで12年間一貫教育として、世界の一員の意識をもったグローバルマインドを備え、社会に貢献する女性の育成を目指している。

学院の母体であるカトリック女子修道会「聖心会」は、1800年にマグダレナ・ソフィア・バラによってフランスで創立された。キリストの愛に基づく女子教育を目的とし、校名の「聖心」もイエスの聖なる心「Sacred Heart＝聖心」に由来する。

世界32ヶ国に姉妹校があり、日本ではオーストラリアから来日した4名の修道女によって1908年に創立された。現在は聖心女子大学を含む6校が聖心の教育を行っている。

「魂を育てる、知性を磨く、実行力を養う」を教育の方針とし、知的学習の充実と同時に、キリスト教精神に基づいて他者と共に生きる姿勢の育成にも力を入れ、奉仕活動も活発に行う。生徒が主体的に学校生活を送りながら自らを深めていけるよう指導を行っている。高等科卒業の時に目指す姿を「18歳のプロファイル」に表し、バランスのとれた人間像を明確にしている。

環境　周辺に大学や大使館のある静かな一等地

白金にある緑豊かなキャンパスでは

カトリック校らしく宗教行事の多い学院生活

初等科・中等科・高等科の児童生徒が共に学び、多様性と活気に溢れている。

校内施設は、300名収容の100周年記念ホール（デュシェーンホール）、聖堂、2020年に改修されたソフィア・バラホール（講堂）、蔵書約7万冊の図書室、第1・2体育館、屋内プール、テニスコート（7面）、天文台など。

カリキュラム　完全な一貫教育 英語・国語を重視

高等科での一般募集はなく、併設の初等科からの12年間を4年ごとの3つのステージに分けた4・4・4制カリキュラムにより、女子の発達段階に適した教育を行っている。一方で、中等科帰国生入試や海外からの高1までの編入学により、生徒の多様性を図っている。

知性の育成に力を入れ、国語力と英語力の双方をつけることを目指している。英語ではオーラルコミュニケーションの力を重視し、ネイティブスピーカーの授業も充実している。少人数クラス、習熟度別クラスを取り入れ、きめ細かい指導を行っている。国語力は全ての学習の基礎として、全学年で漢字コンテストを実施し、考察力、表現力、判断力を備えた総合的な実力を養う。社会科での追求して書く力、数学・理科の力の育成にも注力している。

学校生活　カトリック校らしく宗教行事が多彩

登校時間	中学	夏季	8：10	冬季	8：10
	高校		8：10		8：10

毎日の学校生活は朝礼の祈りで始まり、終礼の祈りで終わる。祈りの静けさは生徒が心を落ち着ける大切な時間となっている。宗教の授業を各学年で週1時間行う。宗教行事は生徒が創意工夫しながら作り上げる、宗教性と楽しさのあるものとしている。ミサやクリスマスウィッシングなど、伝統を受け継ぎながら、今を祈る時としている。

中・高等科のクラブは、運動部10部、文化部7部がある。生徒会活動も、もゆる会（奉仕活動）をはじめ、9の委員会に分かれて、自主的に活発な活動を行っている。

進路　1/3は姉妹校聖心女子大学へ 他大進学水準も高い

併設の聖心女子大へは推薦入学制度があり、高等科卒業生の約1/4が進学する。医系・理工系など志望の生徒は、他校受験を目指す。2023年3月卒業生の主な合格先は、聖心女子大のほか、東京大、東京医科歯科大、京都大、東京都立大、ICU、慶應義塾大、早稲田大、上智大、東京理科大、東京女子医科大、順天堂大などである。

トピックス　グローバルマインドとICTの活用

世界に広がる聖心姉妹校ネットワークを活かした留学制度や種々の交流プログラムがある。

校内では模擬国連活動やプラスチックフリーキャンパスなど、生徒の自主的な活動が様々に行われ、コンテスト入賞などの成果をあげている。

2024年度入試要項

中等科

試験日 12/20（帰国生）
試験科目 国・算＋面接
募集人員 約10名

高等科 募集せず

有利に 進学に
併設校 あり
特殊学科 芸術＆
技能系 資格＆
施設が充実
スポーツが強い
クラブが活発
情報教育を重視
国際人を養成
自由な校風

卒業生有名人　美智子上皇后、緒方貞子（国連難民高等弁務官）、田中ウルヴェ京（メンタルトレーナー）

東京

共学　高

正則 高等学校

「本来の学校らしさ」を求め 充実感のある高校生活と 大学進学を目指す

SUPER INDEX P.73

制服 p.19

普通科
生徒数　781名
〒105-0011
東京都港区芝公園3-1-36
☎03-3431-0913
都営三田線御成門駅、日比谷線神谷町駅 各徒歩5分
都営浅草線大門駅、都営大江戸線赤羽橋駅　各徒歩10分
JR浜松町駅、南北線六本木一丁目駅 各徒歩15分

URL	https://www.seisoku.ed.jp
Web上での合格発表	○

人間形成と大学進学を目指す教育

プロフィール

「特進」・「コース制」などの学力別のクラス・コースを設けず、すべて同じ「普通クラス」という、今日の私立高校の中にあって、独自の生き方をしている高校である。

生徒達は成績や進路でわけへだてし合うことなく、勉強に、クラス活動や行事にうち込み、そして部活動にも燃える、そうした「本来の学校らしさ」を求めている活気と充実感のある高校である。また、生徒の9割が大学進学を目指しており、人間としても成長しつつ、多くの生徒が大学に進学している。

都心にあって恵まれた周辺環境

環境

東京タワーの下、緑豊かな芝公園の一隅にあり、学園生活にふさわしい、落ち着いた静かな環境に恵まれている。全教室に冷暖房を完備し、大型プロジェクターを備えた視聴覚室・コン

落ち着いた静かな環境

ピュータ教室・各種マシーンを備えたトレーニングルームなど、施設・設備が整っている。

すべての生徒に進学学力をつける

カリキュラム

学力別のクラス・コースがないので、すべての生徒が同じスタートラインに立ってスタートし、進学学力をつけられる道が開かれている。

共通授業をベースに社会で生きていく上で大切な学力、また、どんな進路に進むにも必要な「総合的な学力」をつける授業が行われている。2・3年生は、共通授業の上に大幅な「選択授業」を導入し、各自の目指す進学・進路に合わせた学力を重点的につけられるカリキュラムを採用している。

行事に燃える盛んなクラブ活動

学校生活

登校時間	夏	8：20	冬	8：20

学校行事として、全クラス対抗で行われる体育祭、また、学院祭（文化祭）は全校生徒が燃え、感動のある行事になっており、その質の高さと内容で全国的にも注目を集めている。

クラブ活動も盛んで、運動部系16・文化部系10があり、活発に活動している。硬式野球部・サッカー部・バスケットボール部などは部員が多く、活発である。写真部や軽音楽部、そしてサイクリング部は全国レベルで活躍している。また、吹奏楽部も常に都で上位入賞する力を発揮している。

学習メンタープログラムと綿密な進路指導

進路

日々の学習のつまずきを解消したり、発展的な学習に挑戦したり、現役難関大学生が伴奏者となってサポートをしていく放課後の学習支援がある。

文化祭――書道部のパフォーマンス

また、「大学で何をどう学ぶのか」をテーマに大学の各分野の先生を招いての「進学セミナー」も開かれている。

4年制大学への進学率は8割以上である。2023年3月卒業生の主な進学先は、電気通信大、東京都立大、明治大、青山学院大、中央大、法政大、芝浦工業大、明治学院大、成城大、順天堂大、日本大、専修大、駒澤大、東洋大、獨協大、武蔵大、國學院大、北里大、工学院大、東京電機大、東京農業大、神奈川大、亜細亜大、東京経済大、玉川大、東海大、昭和女子大、東京女子医科大、共立女子大、大妻女子大など。

長崎・沖縄などを訪問する「学習旅行」

トピックス

2年次に学習旅行がある。これまでには、被爆地の長崎や沖縄の戦跡などを訪れ、苦しみながらも強く生きてきた人々との交流を通して、命や生きることの意味を学ぶ貴重な体験をしている。

2024年度入試要項

試験日　1/22（推薦）　2/10（一般第1回）
　　　　2/12（一般第2回）
試験科目　作文＋面接（推薦A）
　　　　　適性＋面接（推薦B）
　　　　　国・数・英＋面接（一般）

2024年度	募集定員	受験者数	合格者数	競争率
推薦	160	89/34	85/31	1.0/1.1
第1回	120	207/123	188/113	1.1/1.1
第2回	40	85/29	77/27	1.1/1.1

※人数はすべて男子/女子

卒業生有名人　吉田茂（元首相）、森田健作（元千葉県知事）、ハービー山口（写真家）

正則学園 高等学校

SUPER INDEX P.73

普通科
生徒数 653名
〒101-8456
東京都千代田区神田錦町3-1
☎ 03-3295-3011
東西線竹橋駅 徒歩5分 丸ノ内線淡路町駅、都営新宿線・都営三田線・半蔵門線神保町駅、小川町駅、千代田線新御茶ノ水駅 各徒歩7分 総武線御茶ノ水駅、山手線・銀座線神田駅 各徒歩12分

伝統の英語教育を重視
充実の課外授業で進学率アップ
海外姉妹校との国際交流を推進

制服 p.⑱

URL	https://www.seisokugakuen.ac.jp
Web上での合格発表	○

"高校生らしい" 生徒を育てる
プロフィール

1896(明治29)年に創立された正則英語学校を母体とする。1933(昭和8)年に正則商業学校となり、商業実務の第一線で活躍する人材の養成に努めてきた。1971年に普通科を設置し、1973年、正則学園高等学校と改称。1995年から、普通科のみの募集となった。

「楽しく有意義な学園生活の実現」「規律ある学園生活の実現」「将来の夢をかなえられる学園生活の実現」の3つを提言し、質実剛健な気風の中にも正義を愛し、人の道を重んじ、明朗誠実で情操豊かな紳士の育成を目指しており、将来の目標に向かって前進する生徒を求めている。

生徒だけでなく保護者、卒業生、地域、そして教員が等しく心から安堵し、信頼し合える関係性を築けるよう努めている。

地下2階・地上7階建ての校舎
環境

地下2階地上7階建ての校舎は自然の光と風を校舎に取り入れる吹き抜けを建物中央に配し、騒音防止と省エネ効果を二重の外壁サッシにて自動制御する自然通気換気システムを備える。

少人数制授業・講習を実施
カリキュラム

一人ひとりの多様な能力・適性を十分開発し、知的好奇心を満足させるために柔軟で創造性に富んだ授業や教育システムが用意されている。

入学時より**進学クラス**(国公立・難関私大の現役合格を目指す特別選抜クラスを含む)、**スポーツクラス**に分かれる。さらに2年次よりそれぞれが**文系**と**理系**に分かれ、少人数制の演習形式の講習で応用力・実践力を養成していく。生徒は自分の目指す大学の受験科目に合わせた選択履修ができるようになっている。

放課後、夏季冬季休暇を利用して実施している特別講習は、生徒の自主的な参加により担当教論の指導のもと、基礎学力の定着を目指す。授業の予習・復習を中心として行うことにより基礎力を固め、応用力・実戦力を身につけることを目標としている。そのほか、スタディサプリを用いて自主学習プログラムへの取り組みや講習・補習を実施している。また、英語検定、数学検定、漢字検定など資格取得にも積極的だ。

ニュージーランドでホームステイも
学校生活

登 校 時 間	夏	8:20	冬	8:20

学業と生徒会・部活動の両立に力を入れており、文化系に13、運動系に15の活動がある。自立自営、協調性、忍耐力を養うと共に、生徒はそれぞれに個性を発揮している。全国大会出場の経験を持つ野球部や柔道部、剣道部、バスケットボール部、カヌー部のほか、サッカー部、ボート部、花いけ男子部の活躍が目覚ましい。

台湾、シンガポール、オーストラリア(予定)より研修先を選択して修学旅行を実施している。さらにニュージー

シンガポール研修旅行

ランドのリストンカレッジなどと友好交流校の提携をしており、夏季休暇中、希望者によるニュージーランドでの語学研修およびホームステイも実施している。

そのほか、11月の文化部祭、6月と10月のスポーツフェスティバル、2月のスキー学校など、学校行事も盛りだくさんだ。

中堅私立大中心に8割以上が大学進学
進路

在校生の8割以上が大学進学を希望しており、年々、希望者が増加している。日本大や東洋大、東海大などの中堅私立大に毎年多くの生徒が進学するほか、近年は慶應義塾大、青山学院大、立教大、学習院大、東京理科大、中央大などの難関大にも合格者を輩出している。さらに、東京理科大、日本大、獨協大、東京電機大、東洋大、千葉工業大、二松學舍大、東海大など推薦入学の指定枠が100大学以上もある。

また、5%ほどの生徒が就職するが、個人の適性に応じたきめ細かい就職指導により、各種企業の求人も多く、100%の高就職率を示している。

ニュージーランド短期語学研修

2024年度入試要項

試験日 1/22(A・B推薦) 2/11(一般)
試験科目 面接(A・B推薦)
英＋国・数・理・社より2科＋面接(一般)

2024年度	募集定員	受験者数	合格者数	競争率
推薦	125	133	133	1.0
一般	125	226	201	1.1

卒業生有名人 佐藤恵一(プロレスラー・俳優)、上洋隼人(オペラ歌手)

進学に有利に
併設校あり
芸術&特殊学科
資格&技能系
施設が充実
スポーツが強い
クラブ活発が
情操教育を重視
国際人を養成
校風自由な

聖ドミニコ学園 中学校 高等学校

荘厳なクリスマス・ミサ

普通科（高校）
生徒数 183名（中学） 129名（高校）
〒157-0076
東京都世田谷区岡本1-10-1
☎ 03-3700-0017
東急田園都市線用賀駅 徒歩15分
東急田園都市線・大井町線二子玉川駅
徒歩20分

SUPER
INDEX
P.81

制服
p.25

カトリック精神による人間教育をバックボーンに、これからの社会で活躍できる力を養っていきます。

URL	https://www.dominic.ed.jp/
Web上での合格発表	○

進学に有利
併設校あり
芸術＆特殊学科
資格＆技能系
施設が充実
スポーツが強い
クラブが活発
情操教育を重視
国際人を養成
自由な校風

プロフィール　他人も自分も大切にできる人に

1931年10月、聖ドミニコ女子修道会の5人の修道女が来日し、仙台に修道院を創立。1950年には目黒区駒場にも修道院を設立し、1954年に学校法人聖ドミニコ学園を開き、1962年に目黒区駒場に中学校・高等学校を開校。同年、現在地に全学園・修道院を移転した。

キリスト教の精神に基づき、生徒一人ひとりが自分の尊さを自覚し、与えられた賜を大切に育てる力を身につけて卒業できるように導くことが学園の教育目標である。自分で課題に気づき主体的に解決できるように、そして、「真理の探究」に向かって一歩を踏み出す勇気とそれに必要な学力を獲得できるように、聖ドミニコに倣った丁寧な対話を今日も生徒たちと続けている。

環境　木々や花々に囲まれ恵まれた自然環境

明治の文人たちが愛した武蔵野の面影を残すキャンパスには、四季折々の花が咲き、落ち着いた学習環境を作り出している。キャンパスの中心には学園の象徴でもある聖堂があり、聖ドミニコの生涯を描いたステンドグラスが生徒たちに生き方の指針を示している。校舎には物理・化学・生物それぞれの実験室があり、各教室にはプロジェクタ・スクリーンが完備されている。また、1人1台のiPadは校内のどこでもつながるWi-Fi環境のもと有効に活用されている。グラウンドは水捌けのよい砂入り人工芝で、テニスコート4面の広さがある。

緑あふれる中庭

カリキュラム　新カリキュラムとコース制の導入

少人数教育・家庭的な雰囲気という伝統と、生徒の個性や可能性を伸ばすきめ細やかな教育という持ち味はそのままに、社会の急速な変化に対応するため、2019年度から教育内容を刷新。カリキュラムマネージャーに石川一郎氏を迎え、PBL型授業の導入など21世紀型教育を実施するが、その効果をさらに高めるため「インターナショナルコース」・「アカデミックコース」という2つのコースを設置した。高1までの英・数・理をネイティブ教員と日本人教員がティームティーチングで行うインターナショナルコースは、海外大学への進学も視野に入れた指導を行う。アカデミックコースも、英語4技能と思考スキルを磨くことで、新しいスタイルの大学入試に対応する。

カリキュラムを刷新しても「教養」を重視する姿勢は変わらない。これまで同様、フランス語は中学3年間は必修・高校で選択として、異文化理解や共生社会の実現に活かしていく。総合的な学習（探究）の時間は「ドミニコ学」と名付け、協働で課題解決しながら思考スキルを身につける機会にする。

すべての根本にはキリスト教の精神があり、全学年で週1時間行われる「宗教」の授業を通して、それを自然に身につけていく。

学校生活　愛の精神育む豊富な宗教行事

登校時間	中学	夏季	8：25	冬季	8：25
	高校		8：25		8：25

クラブ活動への参加は希望者のみだが、ほとんどの生徒が参加しており、音楽・管弦楽・フランス語・英語・ホームサイエンスなど13の文化部と、ラクロス・バレー・テニス・水泳・ダンス・バドミントン・バスケットの7つの運動部が、中・高一緒に活動している。ラクロス部は全国大会経験あり。

宗教的な行事として、5月のマリア祭、12月のクリスマスミサをはじめ、希望者には8月に宗教合宿も実施するほか、中2・高1年

次の修学旅行や、ダンスコンクール、芸術鑑賞などもある。また、外部の経験豊かな講師の講演を聞き、自分たちの生き方を考える「静修日」も各学年で設けている。

進路　難関校を含む多様な進路

過去4年連続で全体の約4分の1の生徒が私立難関大に進学。国立大への進学者もいる。一定の割合の生徒が理系・芸術系に進み、持ち味である進路の多彩さが際立っている。

海外大学への進学者もほぼ毎年輩出している。過去には名門ロンドン大学やドイツの音楽大学に進学した生徒もいる。英語圏の海外大学への推薦制度もあり、海外の大学を目指す生徒が増えてきている。

2024年度入試要項

中学

試験日 2/1午前（前期第1回） 2/1午後（前期第2回）
2/2（前期第3回） 2/3（前期第4回） 2/11（後期）

試験科目 国・算（第1回アカデミック・第2回） 国・算または英＋スピーキング（第1回インターナショナル） 思考力（第3回アカデミック） 英＋スピーキング（第3回インターナショナル・後期インターナショナル） 国か算（第4回アカデミック） 国・算または思考力（後期アカデミック）

2024年度	募集定員	受験者数	合格者数	競争率
第1回アカ/インタ	20	7/4	7/4	1.0/1.0
第2回アカ/インタ	10	4/2	4/1	1.0/2.0
第3回アカ/インタ	10	3/0	1/0	3.0/—
第4回アカ	5	5	4	1.3
後期アカ/インタ	5	0/1	0/1	—/1.0

※他に、帰国生入試（11/25）あり

高校 　募集せず

卒業生有名人 藤村美樹（元キャンディーズ）、岡田美里（タレント）、湯本香樹実（作家）

東京

共学 高

聖パウロ学園 高等学校
※通信制課程を併設

「体験」と「学習」が未来を拓く 伝統ある徹底した少人数教育

普通科
生徒数 300名（全日制）
〒192-0154
東京都八王子市下恩方町2727
☎ 042-651-3893

SUPER INDEX P.89

中央線・京王線高尾駅 スクールバス15分
またはバス20分
五日市線秋川駅 スクールバス25分

制服 p.30

URL	https://www.st-paul.ed.jp/

プロフィール
伝統あるキリスト教の教え

「一人ひとりを大切に」、これがカトリックミッション校・聖パウロ学園のモットーである。1948（昭和23）年、東京・赤坂に聖パウロ学園を創立。翌年、聖パウロ学園工芸高等学校を開設し、1972年、校舎を八王子に移転し全寮制教育を開始。2002年には、通学制・男女共学制がスタート。2005年度より通信制を開始した。

環境
自然に恵まれた環境

23万㎡もの広大な校地（パウロの森）にはグラウンド、テニスコートのほか、ログハウスや芸術工房、馬場、厩舎が点在している。
●ICT環境の充実　電子黒板の一斉導入タブレット端末によるオンライン学習。少人数教育だからこそ「持たせて満足」「やらせっぱなし」ではない授業がある。
●校内宿泊施設の活用
　学園内にはヨーロッパ調建築の宿泊施設があり、夏期勉強合宿や部活動の合宿など幅広く活用している。

カリキュラム
学力・個性を伸ばす少人数制教育

「人にしてもらいたいと思うことは何でも、あなた方も人にしなさい（マタイ第7章）」聖パウロ学園の理念である。他者を思いやる心と、自律・自立した生活態度の育成に重点を置いている。乗馬体

験や自然生活体験活動、海外修学旅行や語学研修、多彩な芸術選択科目（陶芸・茶道・華道等）の体験を通して感動と向上心を育むことを目指している。
　学習面では、2018年度より21世紀型教育を本格導入。課題探求型授業（PBL）の実施や英語教育に特化したコースを新設し、少人数教育だからこその確かな効果を生み出し大学入試に向けた実力を養成する。
●3大学習サポート
大学受験対策講座「ヴェリタス」毎日放課後16:30より開講される講座。一般入試対策はもちろんのこと、推薦・AO対策まですべての入試スタイルに対応している。
100分学習会放課後やクラブ活動、委員会活動終了後に、教員監督の下、自習室や教室にて行われる自学自習会。学習習慣の確立や、学習環境の確保に効果的だ。個別の質問対応や補習なども適宜行われている。
学びなおし講座「カリタス」主に1年生を対象とした、中学までの履修内容の学びなおしを目的とした講座。特に数学においてきめ細かな指導を行っている。

学校生活

伝統の少人数教育

登校時間	グローバルセレクティブ	夏季	8:15	冬季	8:15
			9:15		9:15

大きな森に包まれ、ゆとりの中で学ぶ理想的な環境で、1学年定員80名、3クラスの徹底した少人数教育が大きな特色で、多彩な体験を通して感動と向上心を、きめ細やかな学習を通して未来への確かな自信を育むカトリックミッション校。
【海外修学旅行】異文化理解の一環として海外を訪れ、現地の人と交流し文化を肌で体感することでグローバルな視点を養成する。2015年度はキリスト教カトリックの原点を知り、世界の歴史を実感するためイタリアを訪問。2017年度以降はオーストラリアにてファームステイを実施するなど、多彩なプログラムになって

いる。
【学園祭】全校で盛り上がる最大のイベントは、毎年秋に行われるパウロ祭（学園祭）。生徒だけではなく、父母の会も全面的にバックアップしてくれる。
【その他の行事】新入生歓迎レク、自然体験学習、体育祭、クロスカントリー大会、クリスマスミサ、卒業生を送る会など、様々な行事が催される。
【クラブ活動】多くの生徒が学年の枠を超えて、仲間との交流を深めている。現在、体育系では全国大会に出場した馬術部を中心に、硬式野球部、バスケットボール部、剣道部、卓球部、硬式テニス部、フットサル部などが活動している。文化系ではハンドベル部、美術部、吹奏楽部、ESSなど、様々なクラブが活動している。

進路

約75%が現役で大学へ

徹底した少人数教育が着実に成果を上げ、2021年度には75%が4年制大学へ進学した。2021年度の合格状況は、エッカ　ドカレッジ、マサナューセッツ・ママースト校、学習院大、上智大、聖心女子大、中央大、東京薬科大、東洋大、日本大、明治大など。上智大や聖心女子大など多くの指定校推薦による進学実績もある。

2024年度入試要項

試験日　1/22（推薦）　2/10（一般第1回）
　　　　2/12（一般第2回）
試験科目　作文＋面接（推薦）
　　　　　国・数・英より2科＋面接（一般）

2024年度	募集定員	受験者数	合格者数	競争率
推薦	30	53	53	1.0
一般 10日/12日	50	132/31	123/26	1.1/1.2

卒業生有名人　市川準（映画監督）、吉田鋼太郎（俳優）、澤田鎌作（TVドラマ監督）

進学に有利に

併設校あり

芸術＆特殊学科

資格系＆技能系

施設が充実

スポーツが強い

クラブ活発が

情操教育重視

国際人を養成

校風自由な

東京

共学 幼 小 中

清明学園 中学校

小中9カ年の一貫教育で
効率的な個人指導を徹底する
難関私立高に合格者多数

URL	https://www.seimei-gakuen.ed.jp/

生徒数　194名
〒145-0066
東京都大田区南雪谷3-12-26
☎03-3726-7139

SUPER INDEX P.80

東急池上線雪が谷大塚駅　徒歩7分
東急バス清明学園下　徒歩0分

左端の縦帯メニュー：

進学に有利
併設校あり
芸術＆特殊学科
資格＆技能系
施設が充実
スポーツが強い
クラブが活発
情操教育を重視
国際人を養成
自由な校風

生徒とともに学ぶ教育
プロフィール

　1930（昭和5）年、義務教育の改善を目指して小学校を開校。1933年に幼稚園、1951年に中学校を開設し、幼稚園、小・中9カ年一貫教育の体制が整った。

　「子供と共に生き、子供を生かし、子供を通して生きる」を教育信条とし、生徒・教師の一体教育を推進しており、「健康なる身体」「弾力ある個性」「健全なる国民」を教育目標に、心身ともに健康で、自主・自律の精神を持ち、世界的な視野に立てる生徒の育成に努めている。

静かな環境と充実した施設
環境

　城南の高台、閑静な高級住宅地の一角に位置し、恵まれた環境にある。校内には、数多くの常緑樹と共に桜や楓、椿などの木々が植えられ、四季折々にすばらしい自然のコントラストを描いている。都心にあるため、敷地は決して広いとはいえないが、必要最低限の教育施設がそろっている。また、2棟の中学校校舎には、普通教室のほか、調理室や美術室、コンピュータ室などの特別室を完備している。

　校外施設として、浅間山麓には"山の学校"で利用する「浅間寮」もある。

自然に恵まれた"山の学校"での個人指導

習熟度別授業で万全の受験指導
カリキュラム

　小学校からの一貫教育を行っているため、中1～3年生を7～9年生と呼ぶ。

　7年生からは、英語・数学の授業で習熟度別クラス編成を採用し、行き届いた学習指導を行っている。理科では実験・観察を重視し、視聴覚教材を積極的に活用。社会では地歴並行型学習を導入し、相互関連という広い視野からの理解に力を入れている。

　8年生は、個性や能力が最も発揮される時期であるため、数学・英語は習熟度別授業によって個人指導を徹底する。また、自覚ある学習態度、生活習慣の確立にも力を注いでいる。

　9年生では一貫教育のまとめの時期として、高校進学を目標に、習熟度別クラスで効率の良い個人指導が行われる。さらに、夏休みには講習会、浅間山麓の寮で合宿を行うなど、万全の受験指導体制が整う。また、タブレットを導入し、ICT教育にも力を入れている。

生徒会主催の体育祭
学校生活

登校時間	夏	8：25	冬	8：25

　生徒の特性や能力が発揮されるのは、授業の場に限らない。豊かな創造力と健全な心身を育成するため、課外活動にも力を入れている。

　特に、自律・協調精神の育成には、生徒会活動は欠かせない。実質的なリーダーは8年生で、5月の体育祭などは生徒会が主催して行っている。そのほかにも、7・9年生の山の学校、8年生の海の学校、9年生の修学旅行、芸術鑑賞教室、鎌倉校外学習など、多彩な学校行事が計画されている。

　クラブは、音楽、囲碁将棋、生活科学など文化部8、ソフトテニス、卓球など運動部6があり、対外試合にも積極的に参加して好成績を上げるなど、

ソフトテニス部男子　全国優勝

活発に活動している。ソフトテニス部男子は、2021年も2度目の日本一を果たした。また、女子も全国大会初出場を果たした。

難関高への高い進学実績
進路

　併設の高校がないため、全員が他の私立・公立・国立高校に進学する。受験を目標にした生徒一人ひとりの学力向上への対策は、本学園の大きな特色となっており、多くの生徒が難関の国立・私立高校に合格している。

　主な進学先は、東京学芸大学附属高、日比谷高、小山台高、慶應義塾高、早稲田大学高等学院、明治大学付属明治高、明治学院高、桐蔭学園高、中央大学杉並高、東海大学付属高輪台高など。

2024年度入試要項

試験日　2/6
試験科目　国・算＋面接
募集人員　若干名

卒業生有名人　中村隼人（歌舞伎俳優）

成立学園中学校高等学校

子どもたちの心を世界に拓く

SUPER INDEX P.77

制服 p.22

普通科（高校）
生徒数　131名（中学）　1097名（高校）
〒114-0001
東京都北区東十条6-9-13
☎ 03-3902-5494
☎ 0120-958810（広報専用）
京浜東北線東十条駅、埼京線・京浜東北線・高崎線・宇都宮線赤羽駅　各徒歩8分
南北線・埼玉高速鉄道赤羽岩淵駅　徒歩14分

URL		https://www.seiritsu.ac.jp			
Web上での合格発表	中学	○	高校	○	

プロフィール　社会に役立つ人材を育成する

　1925（大正14）年、成立商業学校創立。1931（昭和6）年現在地に移転し、1972年に成立高等学校、2004年に現校名に改称し、男女共学に移行。2010年には中学校を開校。「礼節・勤倹・建設」の校訓のもと、自分の考えをしっかり持ち、個性的で社会に埋没することなく、調和のとれた人間関係を築いていくことができる人格の形成を目指している。

環境　勉強にスポーツに最高の環境を実現

　メディアセンター内には、図書室・書庫・図書閲覧室・自習室を完備。生徒ホールは、放課後自習スペースとして利用可能で、チューター監督のもと集中して学習できる。また、進路指導センターでは、豊富な資料や入試データがそろっており、手厚いフォローときめ細かいサポートを心がけている。その他にも、中学教室には電子ホワイトボードを設置。校庭には人工芝が敷き詰められており、鷺宮総合グラウンドには、全面天然芝の野球場、全面人工芝のサッカー場、フットサルコートや屋内練習場などもそろっている。

水田学習

カリキュラム　ひとつ上の自分を目指す

　中学では、入学時から初年度教育を充実させ、学ぶための基礎習慣を定着させる。主要教科に重点を置いた豊富な時間数と講習・補習を充実させることで、苦手科目を作らせない取り組みを行う。
　高校では、コース・クラスごとに目標校を設定し、実現に向けてのきめ細かい授業を心がけている。学習習慣の定着と基礎学力の徹底から始まり、2年次より履修する選択授業では、受験に必要な科目のみを学習。学力の向上を目指し、入れ替え制をとる習熟度別授業も展開。放課後もSGネット（スタディサプリや代ゼミの衛星授業）を各自の学力に応じてパソコンで受講することや、基礎学力の徹底を目的とした講習も充実。また、長期休暇を利用して、宿泊を伴う勉強合宿を実施している。

学校生活　高校生活を満喫できる学校行事

登校時間	中学	夏季	8：20	冬季	8：20
	高校		8：20		8：20

　31の部・同好会が活躍中。強化クラブの男子サッカー部（全国大会出場）・硬式野球部（甲子園出場）・男子バスケットボール部（全国大会出場）が各大会で優秀な成績を収めている。その他にも、全国大会の常連であるチアリーディング部も活躍。女子サッカー部や空手部も全国大会出場経験がある。
　主要教科との連携で行うアース・プロジェクトが中心の行事も盛ん。水田学習をはじめとして、実際に観て、触って、味わう行動の中で、本物を知り考え、知識を自己のものとし、「自信力」を育む。その他、鷺宮祭（体育祭）や成立祭（文化祭）など、盛りだくさん。また、春休みの2週間、希望者を対象にオーストラリアホームステイを実施。

進路相談の様子

希望校合格と将来を見据える

進路　適性に合った進路指導で個性を生かす

　全員が4年制大学への進学を希望。早い時期から面談や学年別保護者会を通して万全の進学体制をとっており、進路指導センターでは各生徒の能力に応じた適切なカウンセリング、大学・学部別の入試研究なども行っている。また、職業体験や大学でのインターシップなどでミスマッチのないキャリアデザインを提案。近年は国公立大学や早慶などの私立難関大学への合格者数も伸びてきている。

2024年度入試要項

中学

試験日　2/1午前（第1回）　2/1午後（第2回）　2/2午前（第3回）　2/4午前（第4回）

試験科目　国・算または国・算・理・社（第1・3回）　国・算（第2回）　ナショジオ〈作文・算数〉または算（第4回）

※第1回は適性検査型もあり

2024年度	募集定員	受験者数	合格者数	競争率
第1回/第2回	約15/約10	60/78	39/54	1.5/1.4
第3回/第4回	約10/約5	36/30	24/18	1.5/1.7

高校

試験日　1/22（推薦）　2/11（一般）

試験科目　国・数・英＋面接（推薦・一般）

2024年度	募集定員	受験者数	合格者数	競争率
スーパー特選	120	33/56	33/31	1.0/1.8
特進	200	170/111	170/94	1.0/1.2

※人数はすべて推薦/一般

進学に有利に

併設校あり

芸術&特殊学科

資格&技能系

施設が充実

スポーツが強い

クラブが活発

情操教育を重視

国際人を養成

自由な校風

卒業生有名人　清野とおる（漫画家）、大津祐樹（プロサッカー選手）、小野光希（スノーボード選手）

青稜 中学校 高等学校

個々の適性に合わせた きめ細やかなサポート体制 進学実績も年々上昇中

普通科（高校）
生徒数　552名（中学）　1069名（高校）
〒142-8550
東京都品川区二葉1-6-6
☎03-3782-1502
京浜東北線、りんかい線大井町駅　徒歩7分
東急大井町線下神明駅　徒歩1分
横須賀線西大井駅　徒歩10分

SUPER INDEX P.77

制服 p.㉓

URL	https://www.seiryo-js.ed.jp/		
Web上での合格発表	中学 ○	高校	○（帰国生）

進学指導に重点を置いたプログラム

プロフィール　21世紀のビジョンに立った教育を実践

1938（昭和13）年、青蘭商業女学校として創立。1948年に普通科を併設し、1995年より中学校が男女共学になると共に、青稜中学校・高等学校に校名変更した。1997年より、高校も共学になった。「意志の教育・情操の教育・自己啓発の教育」を教育目標に掲げ、自己教育力の徹底習得により、社会の変化に対応できる人間の育成を目指している。

環境　充実した施設で自己教育力を高める

品川区という都市化された地域にあるが、周囲に区役所や福祉会館等がある文教地区なので静かな環境である。2014年9月完成の新校舎には、授業スタイルに合わせてフレキシブルに変わる可変型の教室や、学習室を併設した蔵書3万冊の図書館などがあり、記念館には自学自習システムやCAI教室、スタジオなど、様々な機能が集約されている。

カリキュラム　習熟度学習や自学自習システムを導入

中学からの6年一貫カリキュラムは、中学時における基礎5教科の取得単位数が、標準単位数に比べて多くと

様々な「自然教室」を展開

られているなど、4年制大学現役合格を視野に入れた編成となっている。また、状況に応じて編成し直される習熟度別クラス編成や、各種講習・補習など、各自の能力に合わせたゆとりある指導体制がとられている。

高校からの入学生は、4年制大学進学希望者が中心で、短期間での目標突破実現のため、受験科目の時間数を厚くしたカリキュラム編成となっている。2年次から文系・理系の進路別コースに分かれ、目標校に合わせた選択科目を中心に演習授業も導入。また、放課後の講習は同一科目でも基礎を中心とする講座と応用を中心とする講座があるなど、各自の学力に応じた多様な選択が可能となっている。

学校生活　ユニークなクラブ活動も盛ん

登校時間	中学	夏季	8：20	冬季	8：20
	高校		8：20		8：20

スポーツ系、文化系ともにクラブ活動が盛んで、多彩なクラブが活動している。スポーツ系では、バスケットボール、ソフトテニス、剣道のほか、ボウリング、野球、サッカーの活躍も目覚ましい。文化系では、吹奏楽が特に活発で、定期演奏会や対外的な活動を熱心に行っている。

宿泊研修も、山歩き、農作業体験、自然観察、合宿学習、スキー等、多面的に展開している。

進路　進路指導の充実で進学者がより増加

進学実績は、難関大において確実に上がっている。主な進学先は、東京、東京工業、一橋、東北、東京外語、埼玉、千葉、横浜国立、東京学芸、東京都立、横浜市立、早稲田、慶應、上智、東京理科、明治、青山学院、立教、中央、法政、学習院などである。

国際化　語学研修　中学はセブ　高校はニュージーランドで

夏休みを利用して、希望者にはフィリピンのセブ島で3週間（中2〜高1）、またはニュージーランドに2週間（高1・2）の語学研修を実施している。さらには中学3年生および高校生を対象に2ヶ月間から5ヶ月間の短期（ターム）留学制度も用意されている。

2024年度入試要項

中学

試験日　11/23・1/4（帰国生）　2/1（第1回A・B）　2/2（第2回A・B）
試験科目　国・算または国・算・理・社（第1回・2回）　国・算（希望者は英語追加可）＋面接（帰国生）

2024年度	募集定員	受験者数	合格者数	競争率
第1回A	50	245	77	3.2
第1回B	50	323	111	2.9
第2回A	40	276	90	3.1
第2回B	40	297	94	3.2

※帰国生の募集は若干名

高校

試験日　11/23・1/4（帰国生）　2/12（一般）
試験科目　国・数・英

募集定員	受験者数	合格者数	競争率
130	291/851	195/851	1.5/1.0

※人数はすべてオープン/併願優遇
※帰国生の募集は若干名
※中・高とも、オンライン帰国生入試（11/4・5）あり

（左端の縦見出し）
進学に有利に　／　併設校あり　／　芸術学科＆特殊　／　技能系＆資格系　／　施設が充実　／　スポーツが強い　／　クラブ活発　／　情操教育を重視　／　国際人を養成　／　自由な校風

世田谷学園 中学校 高等学校

仏教精神に基づく一貫教育
徹底した進路別・学力別指導で
難関大に合格

普通科（高校）
生徒数　644名（中学）　764名（高校）
〒154-0005
東京都世田谷区三宿1-16-31
☎03-3411-8661
東急田園都市線・東急世田谷線
三軒茶屋駅　徒歩10分
京王井の頭線池ノ上駅　徒歩20分
小田急線下北沢駅　徒歩25分

SUPER INDEX P.81

制服 p.25

カナダ研修

URL	http://www.setagayagakuen.ac.jp/			
Web上での合格発表	中学	○	高校	○

天上天下唯我独尊が教育の理念

プロフィール

　1592（文禄元）年に曹洞宗吉祥寺の学寮（のちの「旃檀林（せんだんりん）」）として創始。1902（明治35）年、曹洞宗第一中学林と改称し、私立学校令に従い、この年を創立の年とする。1913（大正2）年に現在地に移転。1983（昭和58）年、現校名に改称。仏教・禅の人間観・世界観を表す、天上天下唯我独尊＝Think & Shareを教育理念とし、自立心にあふれ知性を高めていく人、喜びを多くの人と分かち合える人、地球的視野に立って積極的に行動する人、という人間像を求めている。

人と科学の関わりを正しく知る「放光館」

環境

　2001年に校舎が完成し、修道館（2014リニューアル）、観性館、発心館、放光館からなる学舎が整った。
　「放光館」は、多様な形の科学にふれられる科学ミュージアム。生徒が、人と科学技術との調和を図り、人間としての叡知をもって科学する、科学教育の場として活用されている。

学力別・進路別の密度の高い授業

カリキュラム

　2021年度から、本科コースと理数コースの2コース制を開始した。本科コースは、じっくりと幅広く学び、様々な体験を積み重ねることを重視している。理数コースは、早い段階で理数系の道に進みたいと考えている生徒に向けた理数の実験や体験を重視している。

　本科コースは中学3年次より学力均等の3クラスと難関国立大を目指す特進クラスとに分かれる。ただしこのクラス編成は固定的なものではなく、1年間の成績によって、必要に応じて編成替えが行われる。数学・国語・英語では先取り授業を行う。本科コースは、高校では2年次より文系・理系に分かれ、2年次で高校課程をほぼ修了。3年次は国公立・私立などの志望校別のコースに分かれて、演習中心の受験指導を徹底する。さらに、放課後を利用した勉強会や課外講習、夏期集中講習など、希望大学合格のためのきめ細かな指導が行われる。

自分と向き合う貴重な時間を禅堂で

成績優秀のクラブ仏教行事も多彩

学校生活

登校時間	中学	夏季	8：20	冬季	8：20
	高校		8：20		8：20

　クラブは20の文化クラブと13の運動クラブ、5つの同好会があり、全日本アンサンブルコンテスト金賞経験のある吹奏楽部などが好成績をあげている。学校行事も多彩で、永平寺参拝や精霊祭、涅槃会など、仏教の教えに基づくものが多いのが本校らしい。

東大15人、早慶150人合格が目標

進路

　すべての生徒が進学志望。近年は、志望校別コースの設置により、国公立大や難関私立大に合格する生徒が増加する傾向にある。2023年3月の主な合格大学は、東京、京都、一橋、東京工業、慶應、早稲田、上智、東京理科、立教、明治、中央、青山学院など。

交換留学や語学研修修学旅行も海外へ

国際化

　ニュージーランドの交流校と、ホームステイをしながらの派遣留学が行われており、生きた英語を学ぶと共に異文化にふれ、国際人としての自覚を高めている。また、中2でシンガポール研修（希望者）、高1でカナダ研修（全員）があり、姉妹校や現地の生徒との交流が行われている。

2024年度入試要項

中学

試験日　2/1午前（1次）　2/1午後（算数特選）
　　　　2/2午前（2次）　2/4午前（3次）
試験科目　国・算・理・社（1〜3次）
　　　　　算（算数特選）

2024年度	募集定員	受験者数	合格者数	競争率
1次	55/5	170/116	74/5	2.3/23.2
算数特選	15/15	360/318	204/84	1.8/3.8
2次	65/15	364/257	205/56	1.4/4.6
3次	25/5	207/149	50/7	4.1/21.3

※人数はすべて本科/理数
※特待生選抜20名は算数特選、3名は1次、10名は2次に含む

高校

試験日　1/28（推薦）　2/11（一般）
試験科目　小論文＋面接（推薦）
　　　　　国・数・英＋面接（一般）

2024年度	募集定員	受験者数	合格者数	競争率
推薦/一般	12/13	12/27	12/27	1.0/1.0

※募集は文系コース（スポーツ）のみ

卒業生有名人　三谷幸喜（脚本家）、内野聖陽（俳優）、大野将平（柔道選手）

進学に有利に
併設校あり
特殊学科 芸能系＆
資格系 技能系＆
施設が充実
スポーツが強い
クラブが活発
情操教育を重視
国際人を養成
自由な校風

共学 高短大院

専修大学附属 高等学校

普通科
生徒数 1226名
〒168-0063
東京都杉並区和泉4-4-1
☎ 03-3322-7171

SUPER INDEX P.86

京王線代田橋駅、
丸ノ内線方南町駅 各徒歩10分
井の頭線永福町駅 徒歩15分

制服 p.28

高大連携7年一貫教育の下
個性伸長のゆとりある学校生活
卒業生の8割以上が併設大学へ

URL	https://www.senshu-u-h.ed.jp
Web上での合格発表	○

ナイター設備も完備の人工芝グラウンド

プロフィール

多様なニーズに応える個性を伸ばす教育

1929（昭和4）年に「誠実・努力」を校訓として設立された本校は、1955年から専修大学の付属高校となり、2019年に90周年を迎えた。

校名が示す通り、専修大学の付属高校であることが大きな特色で、入学者の多くが併設大学等への進学を希望し、多数の卒業生がその希望をかなえている。また、1996年に檀国大學校師範大學附属高校（韓国）と、2002年にはシーリンスグローブエリア高校（米国）と姉妹校を締結し、現在交流をしている。近年様々な学習ニーズと進路希望を持った生徒が入学するようになり、進路に応じたカリキュラムを設け、多様な進学意欲に対応している。

環境

全面ガラス張りで光あふれる明るい校舎

都心に近い杉並区であるが、住宅街の中にあり、大変静かな環境である。

2004年に、マルチメディア対応の校舎が完成した。これからの国際化・情報化に対応し、「知」の交流する場に相応しい校舎である。全面ガラス張りで校舎内は明るい光がふりそそぐ。また、学力強化と人間性向上の目的で、専修大学の施設やセミナーハウス（伊勢原）を利用して、クラブ合宿などを実施している。

新泉校舎の自習室

自習室が充実している新泉校舎は、他大学受験進学コースの生徒が生活している。

カリキュラム

自学自習を重んじ生徒のニーズに対応

校訓を基本理念とし、専修大学の建学の精神「報恩奉仕」を体得させて、付属高校として大学等への進学を目指す生徒を教育指導している。その中心は、基礎学力の充実で、個性の伸長を図り、自主的な学習意欲を喚起し、豊かな創造力の育成に努めている。また、国際社会への理解を深め、教養と語学力を身につけさせるために、外国人講師による英会話を必修の授業としているのも特徴である。

一人ひとりの可能性を引き出し、生徒の希望に沿った進学に対応するため、1・2年次は全員が同じカリキュラムで基礎学力をしっかりと身につけ、3年次から、「専修大学進学コース」「他大学受験進学コース文系」「他大学受験進学コース理系」の3コースを設置し、専修大学はもちろん、他大学への進学に対する取り組みも行われる。特に、1科目2時間の土曜講座を設けて、各演習教科やゼミナールをはじめ、英検対策講座、法学入門、日商簿記対策講座、さらに、保護者にも開放している書道入門、語学講座（韓国語・中国語・フランス語・スペイン語）等、将来の希望にマッチした授業を受けることができる。また、各学年で毎週のように単語試験や教科の小テストを実施し、自学自習の習慣の確認と基礎学力の向上に成果を上げている。

学校生活

文化とスポーツのイベントが盛り沢山

登校時間	夏	8：30	冬	8：30

付属高校のゆとりから、学校行事、クラブ活動などが活発に行われている。

文化祭、合唱コンクール、球技大会など、文化とスポーツの学校行事が盛んだ。特に秋に行われる「いずみ祭」は、クラスやクラブの参加が多く、活気に満ちている。

全国大会や関東大会出場の実績を持つ陸上部、バスケットボール部、男女ソフトテニス部、ワンダーフォーゲル部、ダンス部をはじめ、サッカー、野球など運動部の活躍が目立つ。文化部も吹奏楽、放送部などが充実した活動を行っている。

進路

卒業生の8割以上が専修大学へ

毎年、全卒業生の8割以上が、専修大学へ推薦入学による進学を果たしている。

また、他大学等への希望者には他大学受験進学コースを設け、熱心な指導を行っている。現役合格者が多いのが特徴で、主な進学先は、東京学芸大、東京都立大、上智大、青山学院大、東京薬科大、東京理科大、立教大、明治大、法政大、成城大、中央大、学習院大など。

2024年度入試要項

試験日	1/22（推薦） 2/10（一般）
試験科目	面接（推薦）
	国・数・英＋面接（一般）

2024年度	募集定員	受験者数	合格者数	競争率
推薦	100/100	79/196	79/196	1.0/1.0
一般	100/100	286/298	144/180	2.0/1.7

※人数はすべて男子/女子

■ 卒業生有名人 沢城みゆき（声優・ナレーター・女優）、土佐有輝（お笑い芸人）、東貴博（タレント）

創価中学校・高等学校

小学校から大学までの
一貫教育体制。英語教育に
力を注ぎ、世界市民を育成

URL	中学	https://tokyo-junior.soka.ed.jp/
	高校	https://tokyo-senior.soka.ed.jp/
Web上での合格発表	中学 ○	高校 ○

普通科（高校）
生徒数　627名（中学）　1020名（高校）
〒187-0032
東京都小平市小川町1-860（中学）
〒187-0024
東京都小平市たかの台2-1（高校）
☎ 042-341-2611（中学）
☎ 042-342-2611（高校）
西武国分寺線鷹の台駅　徒歩10分

SUPER INDEX P.89

制服 p.34

世界の文化に貢献する人材を育成

1968（昭和43）年に、創立者池田大作先生により、中高一貫の男子校として創立された。その後、幼稚園、小学校などを設立。1982年には中・高ともに男女共学に移行し、小学校から大学まで男女共学の一貫教育体制が整えられた。

「健康な英才主義」と「人間性豊かな実力主義」の教育方針のもと、「世界市民探究」の授業を実施し、21世紀の平和と文化を担う「世界市民」の育成を目指している。また、モットーとして「英知・栄光・情熱」「健康・良識・希望」を掲げている。

緑に囲まれた豊かな学園環境

創価学園は、玉川上水のほとりの武蔵野の面影を残す恵まれた環境の中にある。小・中・高が互いに隣接しており、学校行事やクラブ活動などを通じて多くの交流の機会がある。

校内のWi-Fi環境も整備され、ICT教育もすぐれている。体育館やグラウンド、プールなどのスポーツ施設も整備され、授業やクラブ活動などで有効に活用されている。地下1階・地上6階建ての総合教育棟や蛍雪図書館を中心に、充実した学びの施設が完備されている。そのほか地方出身者のために、寮（中高男子・高校女子）や下宿（高校女子）も用意されている。

基礎力養成から進路別の指導に

中学では、「誰も置き去りにしない」ことを合い言葉に、対話による学び合いの授業を行っている。「言語・探究」の授業を実施し、3年間の集大成として、卒業研究を通した「卒業研究論文」を全員が作成する。

高校では、個性や進路に応じた多様なカリキュラムが設定されており、併設の創価大学・同女子短大への推薦のほか、東大や早慶・医学系大学などの国公立・難関私立大学への進学希望者への対応も行われている。グローバルに活躍するためのコミュニケーション能力を鍛え、海外大学への進学者も多い。

輝かしい実績を残すクラブ活動

登校時間	中学	夏季	8:45	冬季	8:45
	高校	夏季	8:35	冬季	8:35

人間教育の面からクラブ活動を積極的に勧めており、運動系では、過去8回甲子園出場を果たした硬式野球部をはじめ、サッカー部など、文化系では、吹奏楽部やコーラス部などが活発に活動し、ディベート部、箏曲部などが全国1位などの優秀な成績を収めている。

学校行事も多彩で、「英知の日・栄光の日・情熱の日」の三大行事をはじめ、創価大学との連携講座や行事などが学園生活に彩りを添えている。

創価大学推薦制度が充実

中学からは希望者は条件を満たせば全員が創価高校に進学できる。併設の創価大学・同女子短大へは、在学中の評定平均と推薦試験により決定される推薦入学制度がある。2年次より文系クラスと理系クラスに分かれる。東京大、東京工業大、筑波大、千葉大、東京都立大などの国公立大のほか、早稲田大、慶應義塾大、東京理科大、明治大などに合格している。アメリカ創価大学をはじめ海外大学に進学する生徒も多い。

英語教育と探究学習を通じて世界市民を育成

高校は文部科学省が設置した「スーパーグローバルハイスクール（SGH）ネットワーク」の一員として、教科教育はもとよりICTを活用した先進的な教育に取り組んでいる。中学校での「言語・探究」の学びをうけ、高校では「世界市民探究（GCIS）」を通して主体的な学びを図っている。外国人講師やオンラインによる英会話授業を積極的に行っている。卒業段階では、CEFRのB1レベル（英検2級以上相当）に約60％以上、B2レベル（英検準1級以上相当）に約10％の生徒が到達している。また、3年次にはドイツ語・中国語・スペイン語・フランス語・ロシア語・ハングルを選択することができ、放課後には希望者が各言語の研究会に参加し異文化理解を深めている。SUA（アメリカ創価大学）など海外大学への進学者も多く輩出している。国内外の有識者によるセミナー（オンラインも活用）を開催しグローバル人材の資質・能力を養っている。

2024年度入試要項

中学

試験日　2/1（2月1日入試）　2/3（プレゼン型）
試験科目　国・算・社・理または国・算・英＋面接（2月1日）　作文＋プレゼン（プレゼン型）

2024年度	募集定員	受験者数	合格者数	競争率
2月1日	約100	187	100	1.9
プレゼン型	約10	63	18	3.5

高校

試験日　1/22（推薦）　2/10（一般）
試験科目　適性（英・数）＋面接（推薦）
　　　　　国・英・数＋面接（一般）

2024年度	募集定員	受験者数	合格者数	競争率
推薦	約65	102	67	1.5
一般	約70	125	76	1.6

卒業生有名人　栗山英樹（元プロ野球監督）、田中正義（プロ野球選手）

サイドタブ：進学に有利に｜併設校あり｜芸術＆特殊学科｜資格＆技能系｜施設が充実｜スポーツが強い｜クラブが活発｜情操教育を重視｜国際人を養成｜自由な校風

大成 高等学校

これからの社会を担う人材の育成
Opening minds, opening futures!
～知力を開花させ、未来を切り拓け！～

SUPER INDEX P.88

制服 p.33

URL	https://www.taisei.ed.jp

普通科
生徒数　1273名
〒181-0012
東京都三鷹市上連雀6-7-5
☎0422-43-3196
中央線三鷹駅　徒歩20分またはバス5分
下車徒歩1分
中央線吉祥寺駅　バス5分下車徒歩6分
京王線仙川駅・調布駅　各バス20分

プロフィール　創立127年の伝統と自ら伸びる力を育てる教育

　1897（明治30）年に「大成尋常中学」を開校。1945（昭和20）年に戦災で校舎が全焼したため、翌年、三鷹（現在地）に移転。1948年の学制改革により高等学校を設置し、1952年に男女共学を実施。2000（平成12）年、普通科コース制を導入。翌年、特別進学コース創設。2011年特進選抜コース創設。普通科4コース制へ移行。2024年度より、3年次に文理選抜コースを設置し、5コース制となった。

　校名由来の「大器晩成」をわかりやすく、『Opening minds, opening futures』とし、この学校目標のもと教育を推進している。具体的には、「学んだことを活かすための知力を育て、人としての徳を重んじる人材の育成」。そして、卒業のときには問題解決力を身につけた人であって欲しいという思いが込められている。

環境　充実の環境

　南館校舎には音楽室、家庭科室、美術室があり、1階には蔵書5万冊以上の図書室、地下階に230席のダイニングホール（食堂）がある。アリーナまい進（体育館・講堂）は、屋上にテニスコート4面を設け、体育館はバスケットコート2面の広さがあり、第二体育館はテニスコート3面で雨天での体育も可能。また、まい進には柔道場や剣道

カリキュラム　5コース制の充実したカリキュラム

　普通科5コース制は「特進選抜」「特別進学」「文理選抜」「文理進学」「情報進学」からなり、充実したカリキュラムがそれぞれに設けられている。**特別進学コース**はGMARCHを目標としたカリキュラムと、さらに難関校受験へ対応した課外講習が必修に組み入れられている。選抜者には2年次から国公立・早慶上理を目標とする**特進選抜コース**が設けられる。**文理進学コース**は1年次では6日間に各科目がバランスよく配置されており、2年次以降では文系・理系別カリキュラムとなっている。3年次には、**文理選抜コース**を設置し、入試方式に応じた進路指導を実施している。**情報進学コース**は普通科としての学習科目を学び、さらに情報化社会に対応できるように、情報の知識・技能を学ぶカリキュラムが設定され、自己表現力の育成を目指す。

学校生活　生徒の個性を重視充実のイベント

登校時間	夏	8：35	冬	8：35

　部活は盛んで、運動部は強化部のサッカー部、テニス部など16、文化部は吹奏楽部など19あり、それぞれの部活が目標を持ち、活気溢れる中で活動している。

　体育祭は6月に行われ、約1300人の生徒が懸命に優勝を目指す姿に圧倒される。9月の文化祭は生徒が中心となり行事を完成させていく。その盛り上がりは、4000人もの来場者数があらわしている。

進路　一人ひとりの個性と可能性を育む

　「進路の日」は行事の一つであり、大学・短大、専門学校の先生による講

座が約100ある。1・2年生が参加して、それぞれ希望の講座を選択して、将来の進む道について学ぶ機会としている。

　卒業生の進路については、各自の適性を考慮して、生徒一人ひとりの個性が伸ばせるように、きめ細かい指導を行っている。

【卒業後の進路】（2023年度）
東京都立・上智・東京理科・明治・青山学院・立教・中央・法政・学習院・北里・津田塾・成蹊・東京薬科・芝浦工大・東京農業・日本女子・日本・東洋・駒澤・専修・明治学院・神奈川・桜美林・東京経済・創価・武蔵野・大東文化・東海・亜細亜ほか
【指定校枠】大学140校900名（上記___がある学校）

2024年度入試要項

試験日　1/22（推薦）
　　　　2/10（一般1回）　2/12（一般2回）
試験科目　面接（推薦）
　　　　　国・数・英＋面接（一般）

2024年度	募集定員	受験者数	合格者数	競争率
特別進学推薦	5	5	5	1.0
特別進学一般1回/2回	60/10	109/24	94/21	1.2/1.1
文理進学推薦	110	175	175	1.0
文理進学一般1回/2回	130/50	541/69	509/43	1.1/1.6
情報進学推薦	10	29	29	1.0
情報進学一般1回/2回	20/10	113/18	105/10	1.1/1.8

※スライド合格含む

　■卒業生有名人　岡本温子（女優）、バーンズ・アントン（Jリーガー）、楠本卓海（Jリーガー）

東京

共学 高

大東学園 高等学校

あなたの中の "学校" がかわる
授業も行事も生徒がつくる

普通科
生徒数 802名
〒156-0055
東京都世田谷区船橋7-22-1
☎ 03-3483-1901
京王線八幡山駅　徒歩20分
小田急線千歳船橋駅　徒歩22分
両駅からバスあり

SUPER INDEX P.86

制服 p.28

URL	https://ikou.daitogakuen.ed.jp
Web上での合格発表	○

女子バスケットボール部

人間の尊厳を大切にする教育

本学園の創立者である守屋東が1932年に創設した日本で初めての肢体不自由児の治療・訓練と教育を行うクリュッペルハイム東星学園を前身とする。

第二次大戦中に大東高等女学校として発展し、1948年に大東学園高等学校となった。

2003年度より共学校となり、三者協議会も発足した。2023年度より、新たに2年次からの類型選択制を導入した。

緑豊かな世田谷の落ち着いた雰囲気

徳冨蘆花で有名な、緑豊かな芦花公園のそばにある。

生徒の多様な希望に応え、情報処理教育にも力を入れており、コンピュータルームは2室ある。特別教室として視聴覚教室、茶室等があり、陶芸室には電気窯が設置されるなど、芸術選択科目の充実も図られている。

すべての生徒がわかって楽しい授業

本学園では、「授業がわかって楽しい」「生徒が授業でも主人公として活躍する」学校を目指している。生徒35～39人のクラスという教育条件を生かし、基礎から丁寧に教えている。数学や英語の授業では、一部クラスを半分にして少人数で

英語の少人数授業

学べるようにしている。特に英語は日本人と外国人の先生がペアで教え、「話せる英語」に力を入れている。

「総合学習」の授業では、各学年で1つのテーマを年間通して学ぶ。授業は毎週1時間、一人ひとりの疑問や発言を大切にし、話し合いを中心に進められている。1年の「性と生」では1クラスを半分に分け、安全安心な環境の中で多様な意見が出やすいよう配慮している。探究基礎では2年次からの類型選択に備え、それぞれの分野を体験する学びを用意している。

2年次からは必修教科の学習に加え、人文社会、福祉保育、自然科学、身体表現の4分野のフィールド選択を用意。生徒の興味や関心、進路の希望に応えられるよう発展的な内容を扱った科目や探究学習を用意している。

2021年度からはICT教育に対応する形でiPadを1年生から導入した。授業での課題提出やグループ学習に活用されている。

三者協議会で学校をかえる

登校時間	夏	8：30	冬	8：30

学校は生徒が学び成長する場。学校の主役は当然生徒であり、教職員、保護者はそのサポーターという考えを軸にしている。

その三者が集まり、施設、授業や規則等々について要求を出し合う場として三者協議会を設けている。生徒の要求から新しい制服を考え、トレーナーやパーカーを許可するなどの動きが生まれている。学校は変わるもの。生徒は主人公として学校を発展させることができる。

生徒会主催の最大イベントは大東祭。学年で展示、模擬店、舞台のテーマごとに分かれ、若いエネルギーを爆発させている。

部活動も30以上あり、運動系ではサッカー部、硬式テニス部、バドミントン部、ダンス系の部活が意欲的に活動中。文化系では軽音楽部、ものづくり研究所部、アニメーション部が盛んに活動。

公式戦を勝ち抜く、行事での舞台発表

など、それぞれの目標に向かい積極的に活動している。

修学旅行は沖縄。2年総合学習「平和」の学びを生かした取り組みとなっている。

またニュージーランドの姉妹校への中期海外留学を希望者対象に実施している。中期留学の期間は3か月間、現地でホームステイをしながら学んでいく。

一人ひとりの生き方を大切に

どんな進路先を決めるかということと共に、何よりも自分の生き方を考えることを大切にした進路指導を行っている。

毎学期に行われる進路希望別ガイダンスの積み重ねと親身な個人指導の中で、生き方と進路とを考え、目標を明確にしていく。

総合学習などを中心に様々な教科では、資料を使い他の人の意見に耳を傾けながら自分の考えを深めていく。こうした学びが将来の夢や希望の実現につながっていく。

2024年度入試要項

試験日　1/22(推薦)
　　　　2/10または11(一般)
　　　　※公立併願優遇制度入試は2/10
試験科目　作文＋面接(推薦)
　　　　　国・英・数＋面接(一般)

2024年度	募集定員	受験者数	合格者数	競争率
推薦	135	132	132	1.0
一般 優遇/フリー	135	491/132	491/119	1.0/1.1

卒業生有名人　松島トモ子(俳優)、飯島直子(タレント)、真木洋子(俳優)

進学に有利

併設校あり

芸術&特殊学科

技能系&資格

施設が充実

スポーツが強い

クラブが活発

情操教育を重視

国際人を養成

自由な校風

共学 | 幼 | 高 | 大 | 院

大東文化大学第一 高等学校

語学の授業に特色のある学校
国際人の育成を目指し、カナダ・
ニュージーランドでの研修も行う

SUPER INDEX P.74

制服 p.⑲

普通科
生徒数 981名
〒175-8571
東京都板橋区高島平1-9-1
☎ 03-3935-1115
都営三田線西台駅 徒歩10分
東武東上線東武練馬駅
徒歩20分・スクールバス5分

| URL | https://www.daito.ac.jp/ichiko/ |

左の欄（縦書き）：
進学に有利 / 併設校あり / 芸術＆特殊学科 / 技能系＆資格が / 施設が充実 / スポーツが強い / クラブが活発 / 情操教育を重視 / 国際人を養成 / 自由な校風

プロフィール　学問・徳行に優れた有為な人材を育成

1962年に大東文化大学付設校として設立。経営母体の大東文化学院は、1923年に衆議院、貴族院の建議に基づいて開設され、運営費は国庫から、運営は民間団体という半官半民のユニークな学校であった。戦後の学制改革で純然たる私立となったが、「東洋文化の研究を軸に西洋文化をとりいれ、東西の文化を融合して新しい文化の創造を目指す」という建学の精神は、今も受け継がれている。教育目標は、「剛健の気風と中正の思想を合わせ持ち、何事にも努力を惜しまない、心身共に健康で教養の高い、誠実な平和社会の形成者の育成」。

環境　時代に対応した充実の校舎

冷暖房完備の地下1階・地上4階建て校舎は、各教科の特別教室をはじめ、最新の機器をそろえた情報教室、多目的ホールなどが設置されるほか、屋上にはスカイコート、地階には柔・剣道場やトレーニングルームも整備されている。また、同じ敷地内にある大学の食堂や生協、書店、郵便局も自由に利用できるのは、本校ならではのこと。そのほか、長野県の菅平には「セミナーハウス」もある。

校舎

カリキュラム　個々の進路志望に合わせた授業編成

大東文化大学との一貫教育を柱に、多彩なカリキュラムを編成している。

進学クラスは、基礎学力の充実を図るため、各学年を通して幅広い選択科目があり、バランスのとれた学力を養成する。**選抜進学クラス**は、GMARCHレベルの受験を目指す。**特別進学クラ**スは少人数制によるきめ細やかな指導で、国公立・難関私立大現役合格を目指している。どのコースでも2年次より文系・理系に分かれる。また、自習室には現役大学生の学習メンターが常駐している。

語学教育には特に力を入れており、英語では英検の全員受験を実施していて、1次試験合格者には面接練習を行うなど、卒業までに英検2級合格を目指す。また、3年次にはミドルクラスの英会話授業を選択することもできる。

学校生活　クラブ活動にも青春をぶつける

| 登校時間 | 夏 | 8:30 | 冬 | 8:30 |

クラブは同好会・愛好会も合わせて全部で33部。体育系では、男子ソフトボール部、ラグビー部やフェンシング部、陸上競技部、チアダンス部などが、全国・関東レベルでそれぞれ高い実績をあげている。書道部は全国高校総合文化祭東京都代表19年連続、東京都高等学校文化連盟書道展最優秀団体賞11年連続など活躍が目覚ましい。

進路　併設大学へ推薦入学

ほぼ全員が4年制大学進学を希望。そのうち約2〜3割が併設の大東文化大へ進学する。同大学へは推薦制度があり、約9割の者が推薦資格を得ている。3年間の評定と大東スケールテス

情報教室

トの結果、書類選考・面接、一部の学科では小論文の結果により選抜され、成績上位者には同大学への併願推薦も可能。

他大学へ進学する生徒は6割程度。2023年3月の主な合格大学は、早稲田大、慶應義塾大、北里大、東京理科大、学習院大、中央大、青山学院大、立教大、法政大など。

国際化　海外交流による真の「国際人」を育成

実体験に基づく国際交流を重視している本校では、ニュージーランドのアボンデイルカレッジ、カナダのカレッジハイツ・セカンダリースクールと姉妹校提携し、それぞれとホームステイ研修や長期・短期交換留学を行っている。期間は2週間、3ヶ月、半年、1年間が選べる。

2024年度入試要項

試験日　1/22(推薦A・B・C)
　　　　2/10,11(一般)　2/24,3/7(2次)
試験科目　適性〈国・数・英〉＋面接(推薦)
　　　　　国・数・英＋面接(一般・2次)

2024年度	募集定員	受験者数	合格者数	競争率
進学推薦	155	239	219	1.1
選進推薦		45	45	1.0
特進推薦	20	20	20	1.0
進学一般	160	314	219	1.4
選進一般		64	45	1.4
特進一般	15	24	20	1.2

※2次の募集は若干名

卒業生有名人　太田光(お笑い芸人)、田中順也(プロサッカー選手)、吉武大地(歌手・声楽家)

高輪中学校 高等学校

「知の力」と「心の力」を併せ持つ
"心のエリート"の育成を目指す
6年一貫教育の進学校

SUPER INDEX P.72
制服 p.⑰

普通科（高校）
生徒数　718名（中学）　679名（高校）
〒108-0074
東京都港区高輪2-1-32
☎ 03-3441-7201
都営浅草線・京浜急行線泉岳寺駅
徒歩3分
南北線・都営三田線白金高輪駅 徒歩5分
JR山手線高輪ゲートウェイ駅 徒歩6分

URL	https://www.takanawa.ed.jp
Web上での合格発表	○

男子校ならではの、白熱する体育祭

プロフィール　自主的精神あふれる「高輪健児」を

創立は1885（明治18）年。「自主堅正」を校訓に、新しい世代を担うべき人間として、自分の意思で自分を戒め正し、困難を乗り越え、絶えず人格向上に努力しようとする自律自浄の精神の育成を目指している。また、「生徒諸君が自分の個性を早く見つけ、希望する大学に入学できる実力を身につけること」「社会のリーダーになりうる資質と、エリートとしての高貴なモラルとマナーを身につけること」の実現を目指し、「社会に奉仕することのできる実力」を備えた人間の育成にも努めている。

2014年度入試より高校からの募集を停止。

環境　最新鋭の設備で学習効果をアップ

幽霊坂、伊皿子坂など江戸時代の地名が今なお残る由緒ある町並みに囲まれている。校内には、音楽・美術・実験室等の特別教室をはじめ、100周年記念館、柔・剣道場、全天候型総合グラウンドなどを完備するほか、図書室、英語教室、パソコン室などの視聴覚教育システムも充実している。

カリキュラム　6年一貫教育で基礎的学力を磨く

やすらぎの小径

将来を考慮した、きめ細かく徹底した進路指導をモットーに、自発的学習意欲を持たせること、生徒の個性を発見し伸ばすことに力を注いでいる。一貫教育ならではの、進学に有利なカリキュラムが特徴だ。また、中1〜高1まで、剣道または柔道を必修としている。

中学では、基礎学力の充実を目指して主要3教科を重視し、授業数も標準より多く、3年次には高校課程の内容に入る。特に英語教育にウエイトを置き、総合・演習授業のほか、外国人教師による会話授業もあり、日常会話の学習を通じて、「聞く・話す」力を身につけていく。また、3年次には学力別クラス編成も導入し、個々の生徒の学力に応じた指導を行う。

高校では、1年次から学力別にクラスを編成するほか、2年次には文系・理系の選択制も取り入れ、生徒の志望進路に応じている。また、放課後や夏期・冬期の休みには、入試に備えての講習も実施している。

学校生活　ユニークな文化部と実績を誇る運動部

登校時間	中学	夏季	8：20	冬季	8：20
	高校		8：20		8：20

ホームルーム、クラブ、生徒会などの活動を通して、教師と生徒の触れ合いを重視している。

11の運動部、16の文化部、10の同好会があり、活発な活動を行っている。中学の運動部では、バスケットボール部、卓球部、サッカー部、テニス部、野球部に人気がある。一方、文化部では、パソコンを活用するマルチメディア研究部や旅行・鉄道研究部、理科研究部に人気がある。

情操教育の一環として、体育祭に始まり、校外学習、体験学習、海外学校交流、高学祭、スキー学校など、バラエティ豊かなイベントも目白押しだ。

進路　安定した難関大学への現役合格率

生徒の全員が4年制大学への進学を希望しており、東京大、京都大、一橋大、東京工業大、千葉大、茨城大、東北大、大阪大、防衛大学校、東京学芸大、東京都立大などの国公立大、早稲田大、慶應義塾大、上智大、東京理科大、立教大、青山学院大、明治大、中央大、学習院大、法政大など有名私立大への現役合格率も安定している。また、早稲田大、上智大、青山学院大、明治大、東京理科大、学習院大、中央大、立教大、法政大など約90校に指定校推薦枠もある。現役・浪人を合わせて医学部への進学希望者も年々増加している。

2024年度入試要項

中学

試験日　1/12（帰国生）　2/1（A日程）
　　　　2/2（B日程・算数午後）
　　　　2/4（C日程）

試験科目　国・算または国・算・英（帰国生）
　　　　　国・算・理・社（A・B・C日程）
　　　　　算（算数午後）

2024年度	募集定員	受験者数	合格者数	競争率
A日程	70	368	106	3.5
B日程	70	513	142	3.6
C日程	30	447	66	6.8
算数午後	20	342	90	3.8
帰国生	10	34	15	2.3

高校　募集せず

卒業生有名人　福井晴敏（小説家）、宮本浩次（歌手）、青空球児（漫才師）

右側インデックス：
進学に有利
併設校あり
芸術&特殊学科
資格&技能系
施設が充実
スポーツが強い
クラブ活発
情操教育を重視
国際人を養成
自由な校風

女子　中高

瀧野川女子学園　中学校 高等学校

好きなことに思い切り挑戦しよう

普通科（高校）
生徒数　36名（中学）　350名（高校）
〒114-0016
東京都北区上中里1-27-7
☎ 03-3910-6315

SUPER INDEX P.77

京浜東北線上中里駅　徒歩2分
南北線西ヶ原駅　徒歩8分
山手線・南北線駒込駅　徒歩12分

制服 p.㉓

URL	https://www.takinogawa.ed.jp			
Web上での合格発表	中学	○	高校	○

左縦タブ：
有利に進学｜併設校あり｜芸術＆特殊学科｜技能系＆資格｜施設が充実｜スポーツが強い｜クラブが活発｜重情操教育を視｜国際人を養成｜自由な校風

プロフィール　起業家精神を育む最先端の実学教育

1926（大正15）年創立以来、「好きなことを思い切りやり抜き、社会で活躍できる心と力を身につけること」を目標とする。先端ICTの活用で2～3倍に効率化した授業と文部科学大臣表彰受賞の起業家精神を育む「創造性教育」で、新大学入試や実社会で求められる力を育む。結果、大学入試改革初年度に前年比4倍の合格実績を記録。

環境　全教科でICTを活用最先端の教育環境に

2010年より教育のICT化に取り組み、2016年から「リアルタイム」「双方向型」「メディア複合型」の第7世代教育ICTを実施。2019年には全普通教室が「黒板の無い教室」へと変わり、1人1台のタブレットを活用してクラウド上でノートを共有しながら進む、最先端の教育環境に。施設にプロ仕様の設備を導入するなど、2026年の創立100周年に向けて進化していく。

カリキュラム　第7世代のICTが可能にする"ゼミ"と起業家教育

新大学入試で強みとなる、学習指導要領の枠を超えた専門性の高い内容に取り組むゼミ制度、9人のネイティブ教員主体の話せて使える英語教育、授

校舎

業満足度90％超、効率2～3倍の第7世代教育ICT、起業家精神を育む「創造性教育」と伝統の礼法・茶道・華道が特徴。

中高一貫コースはICTを活用した2～3倍の進度を活かし、実践的な演習中心の6年間を過ごす。

高校は全コース・クラスでカリキュラムが共通。

学校生活　多様性に出会う豊富な行事

登校時間	中学	夏季	8：15	冬季	8：15
	高校		8：15		8：15

中1British Hillsでの語学研修や中2・高1の奄美大島での体験学習、中3伊勢神宮への歴史旅行、高2ハワイ修学旅行など、本物の文化や自然を感じるイベントを豊富に用意。

部活は大半が中高一緒に活動。全国レベルの美術部や書道部など13の文化部と、プロコーチが教えるテニス部やダンス部など10の運動部がある。

進路　クリスマス前に約8割の生徒が進路を決定

大学入試改革初年度に前年比で総合型選抜4倍の合格実績を記録。8割以上の生徒が、国公立大や難関私大を始めとする希望する進路へ、年内に現役合格。2022年度は一人2.3校の受験で進路が決定した。

実社会につながる心と能力を育成する「創造性教育」や「ゼミ」、「英語教育」が、新しい大学入試でも活かされている。

ひとこと　在校生から受験生にひとこと

瀧野川女子学園に入学して、自分の成長を実感することができています。授業やクラブ活動など、わからないことや迷うことがあっても先生方が優し

く支えてくださるので思いっきり挑戦することができます。瀧野川女子学園で学んだ経験を、自分の将来や今後の進路決定に活かしていきたいと思います。

2024年度入試要項

中学

試験日　2/1午前（第1回）　2/2午前（第2回）　2/5午前（第3回）　2/8午前（第4回）

試験科目　国・算か国・算・理・社＋面接または英検利用〈基礎学力＋面接〉または総合型〈基礎学力＋自己PR＋面接〉（第1回）　国・算か国・算・理・社＋面接（第2回）　国・算＋面接（第3・4回）

2024年度	募集定員	受験者数	合格者数	競争率
第1回/第2回	40/10	16/6	9/4	1.8/1.5
第3回/第4回	10/10	1/3	1/3	1.0/1.0

高校

試験日　1/22（A推薦・B推薦第1回）　1/23（B推薦第2回）　2/10（一般・併願優遇）

試験科目　適性〈国・数・英〉＋面接（A・B推薦）　国・数・英＋面接（一般・併願優遇）　※進学コースは高得点2教科で合否判定

2024年度	募集定員	受験者数	合格者数	競争率
特進選抜	15/15			
特進	50/50	210/54	210/45	1.0/1.2
進学	70/70			

※人数はすべて推薦/一般。スライド合格含む

共学　高短大院

拓殖大学第一 高等学校

普通科
生徒数　1456名
〒208-0013
東京都武蔵村山市大南4-64-5
☎042-590-3311・3559（入試部）
西武拝島線・多摩都市モノレール
玉川上水駅拓大一高口　徒歩3分

SUPER INDEX P.91

GMARCH以上に多数合格
充実した施設で楽しい学園生活
幅広い視野の国際理解教育

URL	https://www.takuichi.ed.jp/
Web上での合格発表	○

プロフィール　「世界」を視野に国際人の育成

1948年、学制改革により、拓殖大学予科を改編。新制高等学校：紅陵大学高等学校として小平市花小金井に開校した。1961年、現校名に改称。2004年玉川上水に移転。

「拓殖」とは、未開の地を開拓すること。この校名には、生徒が自分の可能性に挑戦し、自らの力で未来を切り拓いていって欲しいという願いが込められている。「心身共に健全で、よく勉強し、素直で思いやりある青年を育成する」が教育方針。

環境　緑に囲まれた最新の教育環境

西武拝島線＆多摩都市モノレール「玉川上水」駅から徒歩3分の好立地。閑静で豊かな自然に囲まれた地に最新の施設を備えた未来型の校舎だ。

ゆとりのある図書室をはじめ、500名収容の多目的ホール、最新設備のコンピュータ室、自習室など、随所に学習スペースがあり、勉学に集中できる環境が整っている。また、体育館ではすべての室内競技の公式試合を行うことができる。人工芝のグラウンドとテニスコートがあるほか、カフェテリアやウッドデッキのパティオなどもあり、楽しい高校生活が満喫できる。

カリキュラム　進路希望に沿った2コース制

特進コースでは、国公立大学および最難関私立大学を第一志望として一般選抜で現役合格を目指す。
○最難関私立大学を目指すカリキュラムに加えて、2年次以降は国公立大学を目指すのか、旧帝大系まで視野に入れているのかなど、生徒のニーズに合わせた必要科目をプラスで履修可能。
○年間スケジュールの見直しや進学コースと終礼の時間が統一されたことにより、特進コースにおいても部活動も全力で取り組みやすいカリキュラムを展開。
○大学受験への意識を高めるために、特進コースOBOGからの体験談の共有や各自での第一志望届の作成を指導。
○特進コースのみを対象とした奨学生制度あり（2023年度は特進コース3学年全体で13名を認定）。

進学コースでは、難関私立大学への現役合格を目指す。
○難関私立大学から拓殖大学まで…多様化する生徒の志望に合わせて、2年次には4種類のクラスに分かれ、一人ひとりの志望に応じた授業展開および進路指導を行う。
○進路に対応した選択科目…それぞれの志望に対応できるように、選択科目を設定。
○第一志望をしっかり考えさせる進路指導…2年次の後半に生徒一人ひとりが第一志望届を提出。
○クラブも最大限…大学受験を目指しながら、積極的にクラブ活動に参加する生徒を全力で応援。

学校生活　盛んなクラブ活動国際理解教育

登校時間	夏	8：30	冬	8：30

行事やクラブ活動での体験が、友だちとの絆を深め、心と身体を大きく育てることから、行事も充実。文化祭・

体育祭・合唱コンクールなどが年間スケジュールを埋める。

クラブ活動は、どのクラブも活発に活動しており、結果も出ている。2017年度は陸上競技部長距離が関東高校駅伝に14年連続出場、サッカー部が都大会に進出。チアダンス部は全国大会JAZZ部門で第1位。

拓殖大学の建学精神を引き継ぎ、国際理解教育にも力を入れている。1年次の12月と3月には、全員参加で外国人講師の指導のもと、少人数でのディスカッションとプレゼンテーションに取り組むディスカッションプログラムを実施している。また、夏期休暇には希望者を対象とした語学研修を実施している。

進路　伸びる進学実績

2023年度春の進学実績は、医学部医学科を含む国公立大学23名、早慶上智理科大50名、GMARCH209名合格。

2024年度入試要項

試験日　1/22（推薦Ⅰ・推薦Ⅱ）
　　　　2/10（一般Ⅰ）　2/12（一般Ⅱ）
試験科目　作文＋面接（推薦Ⅰ）　適性検査
　　　　〈国・数・英〉＋面接（推薦Ⅱ）
　　　　国・数・英＋面接（一般）
※推薦Ⅰの特進コースと進学コース奨学生審査希望者は適性検査＋面接

2024年度	募集定員	受験者数	合格者数	競争率
推薦Ⅰ/Ⅱ	160	122/41	122/40	1.0/1.0
一般Ⅰ/Ⅱ	240	736/393	697/323	1.1/1.2

進学に有利

併設校あり

芸術＆特殊学科

資格＆技能系

施設が充実

スポーツが強い

クラブが活発

情操教育を重視

国際人を養成

自由な校風

立川女子 高等学校

創立99周年　伝統の女子校
進路に応じたコース制を実施
「愛と誠」思いやりの心を育てる

普通科
生徒数　537名
〒190-0011
東京都立川市高松町3-12-1
☎ 042-524-5188
JR立川駅、
多摩モノレール立川北駅
各徒歩7分

SUPER
INDEX
P.89

制服
p.30

| URL | https://www.tachikawa-joshi.ac.jp/ |

ヒマラヤ・チュルー南東峰登頂の雄姿

温情教育で人間性豊かな女性を育む

1925（大正14）年、女学校のなかった多摩の地に、創立者村井敬民先生が、女性の地位向上と文化の発展を願い、前身である立川女学校を創立。1948（昭和23）年、学制改革により立川女子高等学校と改称。

「愛と誠」を校訓とし、「心と心のふれあい」「幅広い知識と確かな判断」「自信を持って前向きに生きる」という教育方針のもと、新しい時代を前向きに生きる知性豊かな女性の育成を目指している。

充実した教育設備

都市と自然が交差する多摩地区の中心「立川」駅から徒歩7分。緑豊かで落ち着いた環境の中で24時間の警備体制と耐震工事済の校舎が迎えてくれる。校舎は日本を代表する建築家大高正人氏による設計で日本の近代建築の文化価値も認められている。

校舎は5号館まであり、1・2号館は冷暖房完備の普通教室。3号館は女子校ならではの70畳の作法室や50名が余裕で調理できる調理室と試食室、4号館は最新のPC環境を備えるパソコンルームが2部屋ある。5号館は天井から柔らかな自然光が入る120名収容の視聴覚ホールと広くて明るい食堂が安くて美味しいと評判だ。体育館は、2階建てで上階は冷暖房がついており快適な空間で入学式などが行われる。また、床暖房のある図書館は4万冊の蔵書に囲まれゆっくりとした時間を過ごすことができる。

多様な進路に合わせた新2コース制

22年から始まった新カリキュラムは、生徒一人ひとりの夢の実現のためコースをリニューアル。入学時から難関大学進学を目指す特別進学コースと、入学後にじっくり考えて就職から進学まで幅広い進路の中から、目指す進路を決めていける総合コースとがある。女子校である利点を生かし、充実した施設環境の整った「家庭科」を重点教科とし、キャリア教育にも力を入れ「作法」の時間を設置している。一人一台タブレットを活用し「わかった」「おもしろい」と自ら感じることで学びを深め、「探究」を通して社会に興味関心を持ち、自分の考えをプレゼンテーションしていく力をつけていく。さらに、多様な進路に対応するために、土曜特別講座「Sプロジェクト」を設定。大学や専門学校の講師による授業などの体験型プログラムを通して、自分の進路を明確にしていく。

女子校ならではの盛り上がり行事から部活動まで

| 登校時間 | 夏 | 8：30 | 冬 | 8：30 |

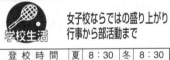

三大行事として、クラスが一致団結して競技を競うだけでなく、学年を超えて色別での応援合戦が見事な「体育祭」、事前の音大生による歌唱指導がある女声3部の本格的な「合唱祭」、オープニングからエンディングまで実行委員会が中心となって盛り上げる「撫子祭」がある。また、2年次の沖縄修学旅行は高校生活最高の思い出となる。

放課後は、クラブ活動や委員会活動が盛んで、文化部21、運動部14が活動している。なかでも創部50年の歴史と実績を誇る山岳部は、1995年8月に、6650メートルの中国コングールⅣ峰の登頂に世界で初めて成功した。近年は、吹奏楽部が東京都高等学校吹奏楽コンクールやアンサンブルコンテストで金賞、演劇部が東京都演劇コンクールで関東大会出場後、全国大会へ進出した。ダンス部が全国大会に出場し、

美術部の作品が、東京都私立学校展で会長賞を受賞した。そば打ち部や人形劇部などユニークな部活から部員数も50人を超えるクッキング部・イラスト研究部・軽音楽部など人気のクラブも多い。制服は、伝統のダブルのブレザーとチェックのスカート、白・ピンク・ブルーの3色のブラウスとブルーとエンジの2色のリボンなど組み合わせを楽しめ人気だ。

学校独自の特別奨学生制度や特待生制度、日本学生支援機構・東京都育英資金・国際ソロプチミスト立川奨学金などの奨学制度もある。

進学者が約8割

卒業生の約8割が進学希望で、看護系や理科系の進学も増えている。過去3年間の主な進学先は、麻布大、亜細亜大、桜美林大、大妻女子大、国士舘大、昭和女子大、女子栄養大、玉川大、津田塾大、帝京大、帝京平成大、東京医療学院大、東京医療保健大、東京経済大、東京工科大、東京女子大、東京農業大、東京薬科大、日本大、獨協大、法政大、武蔵野大、明星大、ルーテル学院大など。指定校推薦も多いが、推薦入試やAO入試での合格者も多い。また、特進コースでは津田塾大、東京女子大に続き、法政大、理科系では東京農業大や東京薬科大への合格者も出た。

2024年度入試要項			

試験日　1/22（推薦）　2/10（一般）

試験科目　面接（推薦）
　　　　　国・数・英＋面接（一般）

2024年度	募集定員	受験者数	合格者数	競争率
推薦	125/25	125/11	125/11	1.0/1.0
一般	125/25	439/19	436/19	1.0/1.0

※人数はすべて総合コース/特別進学コース

　■卒業生有名人　きゃりーぱみゅぱみゅ（歌手・モデル）、松本莉緒（女優・ヨガインストラクター）

進学に有利

併設校あり

芸術＆特殊学科

資格技能系＆

施設が充実

スポーツが強い

クラブが活発

情操教育を重視

国際人を養成

自由な校風

共学　幼 小 中 高 大 院

玉川学園 中学部 高等部

ホンモノに触れる体験を通して 大きな夢を育む

普通科（高等部）
生徒数　566名（中学部）
　　　　608名（高等部）
〒194-8610
東京都町田市玉川学園6-1-1
☎042-739-8111（代表）

SUPER INDEX P.83

小田急線玉川学園前駅　徒歩18分
東急田園都市線青葉台駅　バス17分
バス停より徒歩10分

制服 p.㉖

URL	https://www.tamagawa.jp/academy		
Web上での合格発表	中　学	○	高　校	○

恵まれた教育環境

プロフィール　ワンキャンパスの恵まれた教育環境

61万㎡の広大な敷地に幼稚部から大学・大学院までがワンキャンパスに揃う総合学園。「全人教育」「探究型学習」「国際教育」を教育の柱とし、主体的・対話的で深い学びを実現し、大学の学修に必要な資質・能力を身につける。①スーパーサイエンスハイスクール（SSH）指定校（16年目：4期指定期間2023～2027年度）②IBワールドスクール（MYP・DP）認定校　③国際規模の私立学校連盟ラウンドスクエア正式メンバー校　これらの認証評価を受け、高い学力の獲得だけでなく、創造性や探究心を育む。

カリキュラム　「能率高き教育」を実現する学習システム

中学校段階では、全ての教科をバランスよく配分し、確かな学力を養成する。特に数学・英語は習熟度別授業形態で行い学習効果を高める。全ての授業が図書や資料などの関連教材を常備した専門教室で行われ、各教室に教科の専任教員が常駐し、いつでも質問に対応できる環境が整っている。中3では「学びの技」という授業を週2回、年間60時間行い、約3,000文字の論文作成やプレゼンテーションスキルについて1年間かけて学ぶ。また、中3から段階的に「習熟度別クラス」編成を導入し、少人数の指定クラスを設定。生徒に最適な授業展開を実現し、高1までを大学受験の基礎・基本の構築にあてることで、生徒一人ひとりの能力を最大限に伸ばす。高2からは「進路別クラス」編成によって、きめ細やかな進路指導と能率高き教育を展開し、生徒の将来の目標の実現に向けて、より密度の高い学習活動を展開する。なお、併設する玉川大学に進学を希望する生徒は高3から大学の授業を受講でき、大学入学後に単位認定される。

サンゴの飼育・研究を行うサンゴ研究部

また、様々な分野から自分の興味・関心に沿ってテーマを決め、担任教員とともに週2時間、自発的に研究に取り組む玉川学園独自の探究型学習「自由研究」という授業を創立以来実施しており、玉川学園が掲げる「自学自律」の精神を養う。

学校生活　多彩な行事教育

登校時間	中学	前期	8：20	後期	8：20
	高校	前期	8：20	後期	8：20

学校行事は音楽祭、体育祭、クリスマス礼拝などのほか、玉川学園展では、独自の探究型学習「学びの技・自由研究」の1年間の研究成果を発表する。クラブ活動は全部で約30。世界大会出場のサイエンスクラブのほか、吹奏楽部、チアダンス部、オーケストラ部、ゴルフ部、ロボット部、スキー部などが全国大会出場の実績がある。

また、英検・漢検・数検等、各種検定の受検を奨励しており、毎回多くの生徒がチャレンジしている。

進路　国内だけでなく海外の大学にも進学

卒業生のほぼ全員が進学を希望し、約85％の生徒が4年制大学に現役合格を果たしている。国際教育にも力を入れており海外の大学合格実績もトップレベル。併設する玉川大学には約30％の生徒が入学している。最近では自由研究や海外研修プログラム、SSHの課題研究に取り組んだ実績が評価され総合型選抜でも多数の合格者を出している。

他大学の合格実績は、国際教養大、筑波大、九州大、早稲田大、慶應義塾大、上智大、東京理科大、国際基督教大、National University of Singapore、University of Toronto、University of Washington、King's College London、Temple University, Japan Campusなど。

国際化　体験を通した国際教育

8ヶ所17校の交流校や国際規模の私立学校連盟ラウンドスクエアの正式メンバー校（44カ国240校以上）と交流を図りながら、国際的な全人教育を実践。

中2から希望制の海外研修がスタート、約2週間のカナダ研修ではアウトドア活動を通じて英語を習得する。その他、ハワイプナホウ校交換訪問研修、アメリカ東部研修など、中2の約75％の生徒が海外研修に参加する。中3からは、多様な文化を理解し、世界の諸問題に関心を持つことが大事であると捉え、アフリカでの研修では、貧困や人権問題を肌で感じ、その課題について考える。また、ラウンドスクエア国際会議では、世界中の高校生と様々なテーマについてディスカッションを行う。こうしたホンモノの体験を通じて、世界に通用する人材を育成する。国際バカロレア（IB）クラスでは、Middle Years Programme（MYP）とDiploma Programme（DP）を英語で提供。卒業時には日本の高等学校卒業資格とIBディプロマ資格の両方を取得できる。様々な視点から物事を見て世界で活躍できる真のグローバルリーダーの育成を目指す。

2024年度入試要項

中学部

試験日　2/1午前（一般・IB第1回）　2/1午後（一般第2回）　2/2午前（一般第3回・IB第2回）　2/2午後（一般第4回）

試験科目　国・算か国・算・理・社＋面接または英・算か英・国＋面接または算・理＋面接（一般第1回）　国・算＋面接または英語資格点＋国か算＋面接（一般第2回）　国・算か国・算・理・社＋面接または算・理＋面接（一般第3回）　国・算＋面接（一般第4回）　算・英＋日本語＋面接（IBクラス）

2024年度	募集定員	受験者数	合格者数	競争率
一般第1回/第2回	65	83/141	42/65	2.0/2.2
一般第3回/第4回	45	76/68	29/24	2.6/2.8
IBクラス第1回/第2回	15	7/4	3/3	2.3/1.3

※他に、若干名のIBクラス帰国生入試（12/2）あり

高等部

試験日　2/11（一般クラス・IBクラス）

試験科目　国・数・英＋面接（一般クラス）
　　　　　数・英＋日本語＋面接（IBクラス）

2024年度	募集定員	受験者数	合格者数	競争率
一般	80	88	83	1.1
IB	若干	2	1	2.0

卒業生有名人　柏木由紀子（女優）、藤田朋子（女優）、川平慈英（タレント）、宮本亜門（演出家）

進学に有利
併設校あり
特殊学科
芸術&
資格&技能系
施設が充実
スポーツが強い
クラブ活発が
情操教育を重視
国際人を養成
自由な校風

玉川聖学院 中等部 高等部

聖書に基づく人格教育が世界をつなげる心を育てる

普通科（高等部）
生徒数　376名（中等部）
　　　　509名（高等部）
〒158-0083
東京都世田谷区奥沢7-11-22
☎03-3702-4141
東急大井町線九品仏駅　徒歩3分
東急東横線自由が丘駅　徒歩6分

SUPER INDEX P.80

制服 p.㉔

URL	https://www.tamasei.ed.jp		
Web上での合格発表	中　学	○	高　校	○

自分の価値を見出し世界との関係を学ぶ

プロフィール

　1950年にキリスト教プロテスタントのミッションスクールとして創設。神に造られた存在として一人ひとりはすばらしい価値と可能性があるという信念に基づいた女子教育。毎朝20分間の礼拝を通して、自分自身を受容し人を愛する心の姿勢が生徒・教職員に浸透している。校舎全体を包む明るく自由な校風は、女子の心を強く優しく養い、混乱や差別がある世界で人々をつなげていく使命感を育てている。

明るく安全な校舎安心できる居場所

環境

　自由が丘駅から住宅街を徒歩6分。耐震構造とバリアフリーの安全な校舎は、自然光が入る広い廊下と木目の床で生徒たちをあたたかく包む。明るい保健室やカウンセリング室、情報の発信地である情報センター(図書館)、広いラウンジ、パイプオルガンとステンドグラスが美しい2つのホール等、生徒に居心地のよい居場所が随所にある。

異文化体験によって世界への共感力を持つ

国際化

　自分とは異なる日常を生きる人々との出会いを授業や校外学習で提供する。英語圏だけでなくアジア・アフリカ圏の外国人、国内の障碍者、高齢者、被災地の人々等との出会いを通しての

自習室　キャレル机

異文化体験が、生徒の価値観と視野を大きく広げる。施設訪問を全生徒が体験し、自分の存在や言葉が他者を助け生かす経験を重ねることで、自分にも世界に貢献する力があることを知り、自分の能力を磨く向上心や学習意欲を持つようになる。スキルとしての英会話は中1年次からネイティブ教師による少人数指導。修学旅行は中3でオーストラリア、高2で韓国へ。

基礎力を身につけ体験を積み上げる

カリキュラム

　中等部では生活を整え、人間関係を学び、基礎力を身につける。英語、数学は1年次から少人数授業を行う。学び直しが必要な場合には本校の卒業生による土曜日のマンツーマン補習を実施。教科を超えた独自の総合学習は、中3の1年間をかけて執筆する修了論文が集大成となる。

　高等部1、2年の総合科・人間学では、人間とは何かというテーマに真正面から取り組み、読書発表やグループ討論で自己洞察と問題意識を深める。テーマで分類された学校内外の体験学習システムTAP（玉聖アクティブプログラム）によって、実体験に基づいた豊かな発想と実践力が育ち、各自の特性を生かした進路を実現する。

充実した生徒会、クラブ活動が主体性を育む

学校生活

登校時間	中学	夏季	8：10	冬季	8：10
	高校		8：10		8：10

　中等部では全員クラブに参加。高等部は自由。テニス、チアリーディング、ダンス、ウィンドオーケストラ、ハンドベル、ストリートダンス、茶道、パイプオルガン等多様なクラブ、同好会、教室がある。宿泊行事も多く、ボランティア活動や被災地との交流も盛ん。

専任のネイティブの英会話で生きた英語を学ぶ

自分の持ち味を生かした進路実現

進路

　ミッションスクールの連携も含めた指定校推薦枠（明治学院大、国際基督教大、青山学院大、東京女子大等）は350名分以上。入試方法は各自の持ち味が生かされるものをきめ細かい個人面談で判断。4年制大進学率は約80％。難関大志望者のためのSAC（スーパーアドバンストコース）で実力を伸ばす。2023年の主な進学先は、東京農工大、慶應義塾大、国際基督教大、上智大、青山学院大、立教大、学習院大、法政大他。

2024年度入試要項

中等部

試験日　2/1午前・午後（第1・2回、適性検査型、多文化共生）　2/2午前（第3回）
　　　　2/3午後（第4回）

試験科目　国・算または国・算・理・社＋面接（第1・3回）　国・算＋面接（第2・4回）　国・算か英・算＋面接（多文化共生）　適性Ⅰ・Ⅱ（適性検査型）

2024年度	募集定員	受験者数	合格者数	競争率
第1回/適性	35/定めず	109/7	54/7	2.0/1.0
第2回/多文化	35/定めず	207/16	125/13	1.7/1.2
第3回/第4回	20/10	94/73	62/63	1.5/1.2

※他に、若干名の帰国子女入試（12/16、国・算＋面接）あり

高等部

試験日　1/22（推薦）　2/10、13（一般）

試験科目　面接（推薦）
　　　　　国・数・英＋面接（一般）

2024年度	募集定員	受験者数	合格者数	競争率
推薦/一般	約50/約90	37/67	37/62	1.0/1.1

東京

共学 中高大院

多摩大学附属聖ヶ丘 中学校 高等学校

普通科（高校）
生徒数　344名（中学）　352名（高校）
〒206-0022
東京都多摩市聖ヶ丘4-1-1
☎042-372-9393

SUPER
INDEX
P.86

京王線聖蹟桜ヶ丘駅　バス16分
小田急多摩線小田急永山駅、
京王相模原線京王永山駅　各バス12分
無料スクールバスあり

小さな学校の大きな挑戦
「A知探Qの夏」で新しい学びを始めよう！

URL	https://www.hijirigaoka.ed.jp			
Web上での合格発表	中　学	○	高　校	○

中3ニュージーランド修学旅行

一人ひとりの顔が見える小さな共学校

目黒商業女学校に始まる田村学園を母体に、1988年、聖ヶ丘高等学校として開校。1989年、多摩大学の設置と共に現校名に改称した。1992年には附属中学校を開設し、中・高一貫教育体制となった。

「自主研鑽・敬愛奉仕・健康明朗」を教育目標に、一人ひとりの個性を伸ばすと共に、実行力と幅広い視野を持った国際人の育成を目指している。海外研修にも意欲的な、新時代に即応する明るい校風の学校だ。

緑に囲まれた充実の学習環境

多摩ニュータウンの一角、富士山を望むキャンパスには、朝夕の通学時間帯に合わせてスクールバスが運行され、快適な学校生活に欠かせない校内施設も充実している。教室はすべて冷暖房完備で、室内温水プールをはじめ、天体観測室、トレーニングルームなどが自慢だ。

本物から本質に迫る教育活動

中・高6年間をA・B・Cの3ブロックに分けた独自の一貫教育を実施している。Aブロックでは、積極的かつ

広々とした敷地で快適な環境

自主的に学習に取り組む姿勢を育て、基礎学力の養成を図る。Bブロックからは選択教科を取り入れ、学力をより一層充実させる。Cブロックでは、選択科目を中心に、学力の発展を目指す。また、中学3年次より、数学と英語では習熟度別授業を実施している。

2018年度から体験型のサマーセミナー「A知探Qの夏」が始動。教員たちが専門性を活かして、学んで楽しいと思えることを全力で生徒に届ける。中にはその道のプロや地域の方、学生さんを巻き込んで学校外へ飛び出す講座も。

主体性と協働性の育成

登校時間	中学	夏季	8：20	冬季	8：20
	高校		8：20		8：20

中学校生活の第一歩は、2泊3日のオリエンテーション合宿で始まる。九十九里浜周辺での野外観察や見学を行い、1年間の学校行事を簡略化した疑似体験やクラス討論などを通して、学校生活の基礎を学ぶ。また、体育祭、聖祭（文化祭）、合唱コンクールなどのほか、中2でのイングリッシュキャンプを経て、中3の修学旅行ではニュージーランドホームステイも行われる。英語習得はもちろん、文化の違いを学び、世界の広さを体験することができる。

クラブは、中高ともに体育系が野球・水泳・ダンスドリルなど10、文化系が天文・吹奏楽・自然科学など9ある。

制服は、男女共に、濃紺ブレザーにワイシャツ（中学生はブルー、高校生はホワイト）、中高とも同一デザイン。

GMARCHを中心に進学率が上昇中

生徒一人ひとりの顔や個性と同じく、個々の進路目標があるとの考えに基づき、きめ細かく対応している。教員が一人ひとりの顔を見て、自主的に進路を考えさせるだけでなく、放課後講習等を開講し、受験勉強をサポートする。毎日20:30まで開室している図書館や「SSR」と呼ばれる自習室には学生メンターが常駐し、いつでも相談ができる環境づくりをしている。また、多摩大学への優先入学制度がある。

GMARCH以外の主な進学先には、東京農工大、東京都立大、慶應義塾大、上智大、東京理科大など。

2024年度入試要項

中学

試験日　2/1午前・午後第1回・第2回）　2/2午前（適性型）　2/3午後（第3回）　2/4午前（リスニング）　2/4午後（第4回）　2/5午前（第5回）

試験科目　国・算または国・算・理・社（第1・5回）　国・算（第2・3・4回）　適性（作文型・資料型）（適性型）　基礎学力（国・算）＋リスニング（リスニング）

2024年度	募集定員	受験者数	合格者数	競争率
第1回	30	87	37	2.4
第2回	30	219	145	1.5
第3回	10	93	42	2.2
第4回	10	87	42	2.1
第5回	10	44	18	2.4
適性型/リス	20/10	75/48	51/18	1.5/2.7

高校

試験日　2/12

試験科目　国・数・英＋面接

募集定員	受験者数	合格者数	競争率
20	24	15	1.6

■卒業生有名人　福田秀平（プロ野球選手）、後藤久美子（女優）

241

進学に有利に

併設校あり

芸術&特殊学科

資格系&技能系

施設が充実

スポーツが強い

クラブが活発

情操教育重視

国際人を養成

自由な校風

共学　幼 中 高 短 大 院

多摩大学目黒 中学校 高等学校

普通科（高校）
生徒数　377名（中学）　837名（高校）
〒153-0064
東京都目黒区下目黒4-10-24
☎03-3714-2661
山手線・南北線・都営三田線
東急目黒線目黒駅　徒歩12分
日比谷線・東急東横線中目黒駅
スクールバス10分

SUPER
INDEX
P.69

選択教科制を幅広く導入
個性伸長の中高一貫教育を展開
積極的に学ぶ気持ちを育む

URL	https://www.tmh.ac.jp/			
Web上での合格発表	中　学	○	高　校	○

進学に有利に
併設校あり
芸術&特殊学科
資格系&技能系
施設が充実
スポーツが強い
クラブが活発
情操教育を重視
国際人を養成
自由な校風

プロフィール　未来に向けて新しい歴史をつくる

　1937年、目黒商業女学校を創立。戦後の新学制により、目黒学園女子商業高等学校に移行。1990年、商業科教育の枠を超えた幅広い女子教育を目指し、普通科を設置すると共に、目黒学園女子高等学校と改称した。さらに、1994年に開校した中学校を、多摩大学目黒中学校と改称。翌年、高校も現校名に改め、中学校は男女共学制に。1998年より、高校も普通科、男女共学制となった。

　多摩大学の建学理念である「実際性・学際性・国際性」をバックボーンに、個々の可能性を発見し、最適な方向に沿って可能性を育てる6年一貫教育を実践している。

環境　最新OA機器など情報教育施設が充実

　生徒の自主的な学力育成をバックアップするための、教育施設を充実させており、学内には最新の設備が整う。2014年度に新校舎を増築。カフェテリア、インターネット対応のパソコン室、2つの理科室、図書室などを完備している。

　課外セミナーや合宿など多目的に活用されているのが「あざみ野セミナーハウス」（あざみ野校舎）で、宿泊・演習等の施設はもちろん、総合体育館やグラウンド、全天候型テニスコートなども併置している。

入試問題に直結した授業

カリキュラム　選択教科制導入英語教育を重視

　中学では、習熟度に応じて特進クラスと進学クラスに分かれ、主要教科中心に基礎学力を強化する。特に英語教育を重視し、外国人教師による英会話や、インターネットの活用などで、生きた英語を身につける。

　高校では、大学進学を前提とした選択教科制を採用し、1年次は共通（芸術科目のみ選択制）で、2年次から、**進学文系・進学理系・特進文系・特進理系**（国公立大学進学を目標）に分かれ、必修選択科目が取り入れられる。さらに3年次には必修選択に加えて自由選択科目が増える。英語を重点的に学習することを基本として4年制大学の受験に対応できるようになっている。また、中高ともに特進クラスが設けられ、学力の高い生徒は通常より半年程度進んだ内容を学び、早くから受験に備える。また、放課後に実施される「進学セミナー」、夜9時（中学生は8時）まで自習可能な「ラーニングセンター」「夏期セミナー」や「映像授業」も行われている。

学校生活　活発なクラブ活動国際交流も盛ん

登校時間	中学	夏季	8：25	冬季	8：25
	高校		8：25		8：25

　全員参加が基本のクラブ活動は、体育系14、文化系17のクラブがあり、多彩で活発である。

　国際交流にも積極的で、中学3年次には修学旅行としてオーストラリアを訪問する。ホームステイを中心とした約2週間の研修で、生きた英語を学ぶと共に、国際感覚を身につける。

進路　学力急上昇併設校へ優先進学も

　本校では、中高一貫コース開設、共学

化という大きな制度改革とそれに伴うカリキュラム改変や学力対策の拡充により、生徒の学力が急上昇してきている。2023年の主な合格先は、東京工業大、東京農工大、筑波大、早稲田大、慶應義塾大、上智大、東京理科大、明治大、青山学院大、立教大、中央大、法政大、学習院大など。また、多摩大学経営情報学部への優先入学も行っている。

2024年度入試要項

中学

試験日　2/1午前・午後（第1回）
　　　　2/2午前・午後（第2回）
　　　　2/3午後（第3回）　2/4午前（第4回）
　　　　2/6午前（第5回）

試験科目　国・算または国・算・理・社（進学）
　　　　　国・算・理・社（特待・特進第1・2回）
　　　　　国・算（特待・特進第3～5回）

2024年度	募集定員	受験者数	合格者数	競争率
進学1回/2回	34	63/107	20/22	3.2/4.9
特待・特進1回/2回	20・60	218/101	101/38	2.2/2.7
特待・特進3/4/5回		166/121/125	54/29/27	3.1/4.2/4.6

高校

試験日　1/22（推薦）
　　　　2/10または11（一般）

試験科目　作文＋面接（推薦）
　　　　　国・数・英＋面接（一般）

2024年度	募集定員	受験者数	合格者数	競争率
推薦/一般	30/120			

東京

共学　高　大　院

中央学院大学中央 高等学校

小規模校としてのきめ細かな指導
生徒一人ひとりの将来を
考えた教育を展開

SUPER INDEX P.75

制服 p.⑳

| URL | http://www.cguch.ed.jp/ |

普通科
商業科
生徒数　495名
〒136-0071
東京都江東区亀戸7-65-12
☎ 03-5836-7020
都営新宿線東大島駅・大島駅　各徒歩12分　総武線亀戸駅　徒歩15分
東武亀戸線亀戸水神駅　徒歩10分

プロフィール　創立120余年の伝統校

1900（明治33）年、日本橋簡易商業夜学校として設立。1951（昭和26）年、学校法人中央学院を設立し、以降、中央学院大学、中央学院高等学校を次々と開校。1998（平成10）年に、校名を「中央学院大学中央高等学校」と変更、2001年度に江東区亀戸に移転した。

「懇切丁寧な教科指導によって、知性を磨き、人間としての教養を身につけさせる」「自主的な学習活動によって、能力や適性に応じた個性を伸ばす」「実践教育によって、社会で活躍するための技術を身につけさせる」の3つを教育目標に掲げている。

環境　ICT（情報通信技術）を活用した先進的な教育環境

2013年4月より、新校舎での設備を備え充実した教育環境でスタート。

2017年度から、教育・学習ツールとしてタブレット端末を導入している。

生徒一人ひとりがこれからの社会に必要とされる思考力・判断力・表現力等の育成を図り、自学自習力の向上へつなげる。

2019年より全教室に電子黒板を設置し、従来の黒板に比べてより視野に訴えることができ、生徒の興味・関心の度合いを高めた。

体育祭も盛大に

カリキュラム　きめ細かな指導で基礎学力習得

小規模校として、生徒一人ひとりの個性や特性に応じた教育活動を行う。

また、「心のゆとり」を重視し、週5日制を採用している。

普通科では1年次で基礎学力を固め、2年次で文系・理系に分かれる。また、習熟度別授業や特別講習でさらに進路を見据え教育効果を高める

商業科では実践的な商業教育を展開し、簿記や情報処理などの各種検定資格取得を目指す。進学にも対応したカリキュラムで進学率も90%を超える。

ICT教育にも力を入れ、iPadを活用して学習意欲の向上や自学自習力の育成に役立てている。

付属校である中央学院大学とは密接に連携しており、優先入学できる制度を設けている。

学校生活　新しい施設で各種球技を楽しむ

| 登校時間 | 夏 | 8：30 | 冬 | 8：30 |

運動部11、文化部4のクラブおよび2つの同好会が活動している。中でも、バレーボール、バスケットボール、バドミントン、硬式テニス、軟式野球などの活躍が目立つ。また、ボランティア活動で地域での訪問演奏を行っている吹奏楽部や、時代の最先端の機器を自在に操る能力を養うパソコン部などの活動も盛んだ。

楽しい学校イベントも盛りだくさんだ。4月の1年の研修旅行や6月の球技大会、9月の体育祭などがある。10月の中央祭（文化祭）の模擬店では、商品の企画から販売・決算報告まで、本格的に取り組む。体育館ステージもバンド演奏やダンスで大盛況。また、11月には2年の修学旅行（コロナ禍以前はハワイ、現在は沖縄に一時的変更）で思い出をたくさん作っている。

沖縄修学旅行

進路　進学率は普通科・商業科とも90%以上

普通科・商業科とあるが、いずれも大学への進学がおよそ60%、専門学校への進学が35%、就職・その他が5%ほどとなっている。同法人に中央学院大学があり、付属校推薦という制度が設けられている。標準的な成績であれば付属大学への優先入学は希望できるが、付属校への優先入学の資格を得ながら他大学への併願受験という制度も人気がある。

進路ガイダンスを各学期に一度ほど行い、学年ごとに計画的に進路に向き合えるよう指導しており、その成果が表れている。

指定校の枠も安定しており、付属校推薦と合わせた学校型推薦、総合型選抜といった年内入試を受験する生徒が極めて多い。日東駒専といった大学も合格者を出している。

パンフレットの進路先には誠実に合格者ではなく進学者を載せている。

2024年度入試要項

試験日　1/22（推薦）　2/10（一般）

試験科目　面接（推薦）
　　　　　国・数・英＋面接（一般）

2024年度	募集定員	受験者数	合格者数	競争率
推薦	25/25	20/42	20/42	1.0/1.0
一般	25/25	166/248	152/231	1.1/1.1

※人数はすべて商業科/普通科

進学に有利に

併設校あり

芸術&特殊学科

資格&技能系

施設が充実

スポーツが強い

クラブが活発

情操教育を重視

国際人を養成

自由な校風

中央大学高等学校

昼間定時制のユニークな学校
小規模校ならではの家族的情味
「真」のリーダーを目指した教育

制服 p.⑯

普通科
生徒数　499名
〒112-8551
東京都文京区春日1-13-27
☎03-3814-5275

SUPER INDEX P.71

丸ノ内線・南北線後楽園駅　徒歩5分
都営三田線・大江戸線春日駅　徒歩7分
総武線水道橋駅　徒歩15分

URL	https://www.cu-hs.chuo-u.ac.jp/
Web上での合格発表	

体育祭

プロフィール

家族的情味豊かな中大最初の附属校

1928（昭和3）年、中央大学初の附属校として、前身の中央大学商業学校（夜間）が開校。中央大学の附属校の中では、最も古い伝統を持つ。1948年、中央大学高等学校に改称し、1957年に普通科を設置。1966年には商業科の募集を停止した。さらに1989（平成元）年度より、修業年限3年制に移行。1993年度からは、64年間の夜間定時制高校の歴史の幕を閉じ、昼間定時制高校として新たなスタートをきった。

小規模・少人数によるきめの細かい教育体制が最大の特色で、建学の精神である「質実剛健」と一人ひとりの顔が見える「家族的情味」、豊かな校風を最大限に活かしながら、調和のとれた人間形成を目指し、自主自学の精神の育成を実践している。教師は生徒一人ひとりをよく理解し、また、学年を越えた生徒間の交流も本校ならLZで、生徒と教師との、心と心とが触れ合う手作りの教育が行われている。

環境

中央大学後楽園キャンパス内に立地

校舎は、文京区春日にある中央大学後楽園のキャンパスの一角に建てられている。グランドはないが、大学の施設を利用できる利点もある。

カリキュラム

3年生から文系・理系のクラスに分かれる

授業は1時限50分、1日6時限、週32

大学生と同じキャンパス

時限授業となっている。土曜日も、1・2年生は授業がある。

オールラウンドな教養を身につけ、さらに個々の可能性を探るために、基本的に1・2年次は共通科目を履修し、徹底して基礎学力を鍛える。3年次には、**文系・理系の選択クラス**となり、さらに他大学受験者に対応できる科目も設定している。また、正規の授業以外に、0時限や7時限目、土曜日には、3年生のための受験対策講座や第2外国語（フランス語、中国語）、英会話、英検講座などの自由選択科目が開講されている。また、高大一貫プログラムに基づき、附属高校の特性を活かしたゼミ授業などもある。

学校生活

ラッシュを避けた余裕ある登校時間

登校時間	夏	9：15	冬	9：15

始業時間はゆっくりめで、ラッシュを避けて登校でき、授業に集中できると生徒たちから大好評だ。

学校生活の四季を彩る数々のイベントには、春のホームルーム合宿、夏のクラブ合宿、秋の文化祭（後楽祭）、冬のマラソン大会をはじめ、球技大会、芸術鑑賞教室、英検、修学旅行、体育祭などがある。

クラブは文化部9、運動部10と多いとはいえないが、いずれも充実した活動内容と、団結力には自信がある。剣道部、サッカー部、テニス部、バスケットボール部、書道部などが各種大会で優秀な成績を収め、軟式野球部は都大会優勝経験もある。

自律を重んじる本校らしく、現制服は生徒も含めた制服委員会を設けて検討された制服だ。

進路

中大推薦約9割他大学も視野に入れて

中央大学の各学部に卒業生の85%＋αが推薦入学実績がある。この附属校推薦制度では、在学中の成績・実力テ

スト・英語検定・学校生活の態度（特別活動含む）等の総合結果に基づき高校が推薦をし、大学が選考して各学部への入学が許可される。最近2ヶ年の卒業生の進路は、中央大、一橋大、北海道大、東京学芸大、東京工業大、東京都立大、横浜国立大、筑波大、千葉大、立教大、明治大、慶應義塾大、早稲田大、東京理科大、青山学院大、上智大、星薬科大、明治薬科大などに進学している。

ひとこと

在校生徒による「中央大学高校」紹介文

中央大学高校は昼間定時制のため、朝の登校時間が遅いという特徴があります。そのため、朝の空いた時間を勉強や趣味、睡眠などの時間に充てることができます。また生徒会の人数が多かったり、体育祭は中央大学の多摩キャンパスで行われたりと他の高校とは違う部分がたくさんあります。中大高にしかない高校生ライフを送ってみませんか？ぜひ一度、多くの生徒会役員が手伝いをしている学校説明会に来てみてください。中央大学高校特有の家族的情味のある生徒や先生方が待っています！

（三年生　生徒会長　角田　侑里）

2024年度入試要項

試験日　1/22（推薦）　2/11（一般）
試験科目　基礎学力〈国・数・英・理・社〉＋面接
　　　　　（推薦）
　　　　　国・数・英＋面接（一般）

2024年度	募集定員	受験者数	合格者数	競争率
推薦	25/25	82/101	27/31	3.0/3.3
一般	70	678	210	3.2

※人数はすべて男子/女子

　卒業生有名人　岡田勇一郎（区議会議員）

進学に有利に
併設校あり
芸術&特殊学科
資格&技能系
施設が充実
スポーツが強い
クラブが活発
情操教育を重視
国際人を養成
自由な校風

共学　高　大　院

中央大学杉並 高等学校

探究的な学び - C.S.Journey
中央大学の附属校
卒業生の9割以上が中央大学へ進学

制服 p.㊱

普通科
生徒数　953名
〒167-0035
東京都杉並区今川2-7-1
☎ 03-3390-3175
西武新宿線上井草駅　徒歩12分
中央線・丸ノ内線荻窪駅、西武池袋線
石神井公園駅　各バス

SUPER INDEX P.90

URL	https://chusugi.jp
Web上での合格発表	○

オーストラリア・ユニティカレッジ研修

プロフィール　探究的な学び - C.S.Journey

「行動する知性」を掲げ、実践的な知を目指している中央大学の附属校である。

本校では、高校から大学へとつながる道のりを「C.S.Journey」と名付けている。各学年の目標を、1年生：準備、2年生：参画、3年生：自立とし、少しずつ確実に学んでいく。準備段階では、SDGsに関するテーマを各自設定し、フィールドワークを行う。参画段階では、アカデミックプロジェクトと研修リーダープロジェクトの中の様々なプロジェクトから、自分で選択したものを探究し、机上の学びにとどまらずに社会に参画していく。C.S.Journeyの集大成として、3年次の自立段階では、卒業論文（文コース）、理数探究（理コース）で、自ら問いを立て、分析・根拠を積み重ねた上で答えを導き出す、という一連の学習に1年間かけて取り組む。中杉で得る教養と学びの姿勢は、中杉生たちをC.S.Journeyのその先に進めてくれるはずだ。

環境　充実の施設　全館冷暖房完備の校舎

校舎は、地下1階地上4階の学習棟と、第1・2体育館、地上2階の専門教室・部室棟等の4棟からなる。図書室は蔵書10万冊を誇り、3年次の卒業論文執筆に利用されている。グラウンドは人工芝を用いている。また、PC教室、トレーニングルーム、食堂もあり、全館に冷暖房を完備。2020年には全館リニューアルが完成し、全教室にWi-Fiが整備された。

カリキュラム　受験を気にせず自主性を育む

卒業生のほとんどが中央大学に進学する。大学の各学部で専門的な学問を学ぶために、基礎学力の養成と幅広い教養や思考力の充実に力を注ぐ、高校・大学一貫教育を行っている。

1・2年次は全員が共通のカリキュラムで、特定の科目に偏ることなく、バランスよく学習する。3年次では、文コースと理コースを設置し、大学で学ぶ学問の初歩をコース別に修得すると共に、「選択科目」を数多く設け、幅広い分野にわたる豊富な内容の授業を実施する。また、卒業直前の3年生を対象にしたイギリス・オックスフォード研修や、オーストラリア・ユニティカレッジ研修、3学期をまるごとニュージーランドで学ぶターム留学も実施している。

学校生活　自主性や協調性重視のクラブ活動

登校時間	夏	8：40	冬	8：40

自主性を重んじる本校らしく、学校行事やクラブ活動への生徒の参加が積極的だ。9月の緑苑祭、11月の体育祭など、生徒が主役のイベントが近づくと、学校全体の雰囲気が盛り上がる。

また、複数のクラブを掛け持ちする生徒がいるほどクラブ活動も盛んで、文化系が8、スポーツ系が17、それに7つの同好会がある。すべての競技成績が抜群というわけにはいかないが、チームワークやフェアプレーには定評がある。音楽部、吹奏楽部、野球部、ボート部、バレーボール部、サッカー部、バスケットボール部など、活気のあるクラブが多い。

制服は、冬服は男女ともに紺のスーツにレジメンタルタイ。夏服はポロシャツにチェックのパンツまたはスカートで、爽快感が表現されたものとなっている。

進路　90%以上が中央大の各学部に進学

卒業生の90％以上が中央大学に進学しており、大学へ提出する調査書に基づき、大学が選考を行い、学部の選択は在学中の成績による。そのほか中央大にない学科を受験する場合は、中央大への推薦を併せて受けることができる。また12月までに合否がわかる学校推薦型・総合型選抜入試に関しては、どの大学の学部学科であっても受験することができる。

ひとこと　司法試験合格者から

「私は中杉時代、先生から将来何になりたいんだと聞かれ、弁護士になりたいです、と答えました。今振り返ると、その言葉が司法試験合格への第一歩となりました。中杉は中大法学部の先生が指導してくれる法学講座や、日本弁護士連合会主催の模擬裁判選手権への参加など、自分の夢を叶える環境が整っています。自分の可能性を狭めてはいけない、そのことの大切さを私は中杉で学びました。」

2024年度入試要項

試験日　1/22（推薦）　1/23（帰国生）
　　　　2/10（一般）

試験科目　適性〈国・数・英・理・社〉＋面接（推薦）　基礎学力〈国・数・英〉＋面接（帰国生）　国・数・英（一般）

2024年度	募集定員	受験者数	合格者数	競争率
推薦/帰国生	130/20	395/121	145/48	2.7/2.5
一般	150	956	312	3.1

右端見出し：
有利に進学
併設校あり
特殊学科 芸術&
技能系 資格&
充実 施設が
が強い スポーツ
活発 クラブが
重視 情操教育を
養成 国際人を
校風 自由な

中央大学附属 中学校 高等学校

「自主・自治・自律」
附属校の特性を生かし
自由な雰囲気に包まれた学校

普通科（高校）
生徒数　518名（中学）　1196名（高校）
〒184-8575
東京都小金井市貫井北町3-22-1
☎ 042-381-5413
中央線武蔵小金井駅　徒歩18分
またはバス6分
西武新宿線花小金井駅　バスと徒歩13分
西武新宿線小平駅　バス12分

SUPER
INDEX
P.88

URL	https://www.hs.chuo-u.ac.jp/			
Web上での合格発表	中学	○	高校	○

明るく開放的な中学校舎

プロフィール
生徒を信頼した最大限に自由な校風

「自由に個性を伸ばす」をモットーに、生徒一人ひとりの自主性を重んじながら、附属校ならではのユニークな教育を実践している。校則はほとんどなく、高校は制服に関する規定もない。

2001年度より男女共学化。2010年4月、中央大学初の附属中学校を開校。

環境
図書館、大講堂など大学並みの施設

地下1階・地上5階建ての中学校舎は、体育館の屋上を緑あふれる「グリーンテラス」としている。高校で特筆すべきは、3層構造の独立棟で蔵書数約20万冊を誇る、赤レンガづくりのモダンな図書館。定期講読する新聞・雑誌類は110種類にものぼり、広く明るい閲覧室、ブラウジングコーナーのほか、館内にはイングリッシュルームや視聴覚ホールなども併設されている。

免震構造7階建ての1号館は、多目的ホール、生徒ホール、各教科の特別教室、コミュニケーションスペースなどを設け、最新鋭の設備を備えている。また、5層構造の4号館には、176席が並ぶ食堂、1564席を擁した大講堂、観覧席を備え公式試合ができる第1体育館がある。バレーコート3面を持つ第2体育館、中学体育館、独立棟の柔剣道場、野球場、テニスコートなどがあり、スポーツ施設も充実。

生徒と先生のコミュニケーションフロア

カリキュラム
独自の指導法で考える力を伸ばす

中学では、生徒一人ひとりの到達度・理解度に合わせ、数学で習熟度別授業を行うほか、ネイティブ・スピーカーの指導のもとに身近なテーマをグループで調査し英語で発表する「プロジェクト・イン・イングリッシュ」を実施。

高校は、基礎学力の充実を図ると共に、SSH指定校にふさわしく論理的思考力を高める授業を展開する。また、実験やフィールドワークなど体験を重視した「プロジェクト・イン・サイエンス」などを行う。

進路については、「他大学併願受験制度」を取り入れており、中大への推薦資格を保持したまま、国公立大学については制限なく、他私立大では中大にない学部・学科を併願受験できる。

そのほか、正規の授業以外に、大学レベルの授業を先取りできる多彩な特別授業・講座も開講されている。さらには簿記講座や英語検定、ニュース時事能力検定の講座など、資格取得につながる実践的なものも開講されている。また、夏休みを利用して、3週間の英国短期語学研修プログラムや国内外での研究旅行も実施している。

学校生活
課外活動は生徒主体クラブ活動も盛ん

登校時間	中学	夏季	8：35	冬季	8：35
	高校	夏季	8：35	冬季	8：35

体育祭や白門祭（文化祭）、合唱コンクールなども生徒が主体となって企画・運営するのが伝統となっている。

自由参加にも関わらず、クラブ活動には80％以上の生徒が加入している。ハンドボール部、サッカー部、アメリカンフットボール部などが盛んで、ライフル射撃部など珍しいものもある。

進路
中大目指して入学85～90％が中大に進む

新入生の入学動機には、中央大学への進学を目指して、という答えが多く、推薦入学制度を利用して、実際に卒業生の85～90％が中央大学の各学部に進学する。その他の主な進学大学は、京都大、東京外語大、早稲田大、慶應義塾大、上智大、青山学院大、立教大、明治大、東京理科大、東京薬科大など。

2024年度入試要項

中学

試験日　1/8（帰国生）　2/1（第1回）
　　　　2/4（第2回）
試験科目　国・算（帰国生）　国・算・理・社（第1・2回）

2024年度	募集定員	受験者数	合格者数	競争率
第1回	約100	434	134	3.2
第2回	約50	492	87	5.7
帰国生	若干	24	8	3.0

高校

試験日　1/8（帰国生）　1/22（推薦）
　　　　2/10（一般）
試験科目　基礎（数・英）＋小論文（推薦）
　　　　　国・数・英（一般・帰国生）

2024年度	募集定員	受験者数	合格者数	競争率
推薦	約80	286	100	2.9
一般	約120	711	204	3.5
帰国生	若干	58	21	2.8

　■卒業生有名人　ナオト・インティライミ（ミュージシャン）、秋元康（放送作家・プロデューサー）、古今亭志ん輔（落語家）

東京

共学　中　高　専　短　大　院

帝京大学系属 帝京 中学校 高等学校

目標に向かい最後まであきらめず
努力する心を持ち、変化の激しい
多様な社会で活躍できる人を育てます

普通科（高校）
生徒数　296名（中学）　1067名（高校）
〒173-8555
東京都板橋区稲荷台27-1
☎03-3963-6383（中学）
☎03-3963-4711（高校）
埼京線十条駅　徒歩12分
都営三田線板橋本町駅　徒歩8分

SUPER INDEX P.93

制服 p.36

URL	https://www.teikyo.ed.jp			
Web上での合格発表	中学	○	高校	○

校訓は「正直・礼儀」

すべての生徒が人に認められ、多くの支えを得て、可能性の芽を豊かに伸ばしていくことを願い、偽りのない誠実な態度と礼儀正しい振る舞いを大切にしている。1943（昭和18）年創立。2004年に新校舎を建設し移転、現在に至る。

充実した施設が学校生活をサポート

学習効果を上げるための環境づくりとして全教室にプロジェクターを完備。情報教育の中枢となるITルームには、最新のコンピューターを備える。200人の収容が可能な大スクリーンのある視聴覚教室、外国人講師のマンツーマンの指導が受けられるイングリッシュラウンジ、ゆったりした自習スペースを持つ図書室など、特別教室の充実にも心を配り、学習環境を整えている。柔道場、剣道場やトレーニングルームを備えた総合体育館など運動施設も充実している。

4つのコースで大学進学に対応

中学は2つのコースに分かれ、どちらも緩やかな先取りカリキュラムとなっている。「一貫進学」では様々な体験やチャレンジを通して、潜在的な力を引き出していく。「一貫特進」は6年後の難関大学突破を目指し、切磋琢磨できる環境になっている。

高校では「進学」「特進」「インターナショナル」「アスリート」の中からコースを選び、希望する進路に即した学習を行う。進学コースでは、時間をかけて各自の適性を判断しつつ、主体性を育てる多様な教育を行って、様々な進学方法に備えている。特進コースでは、長期休暇中の講座に加え、サイエンスツアーなど知的好奇心を掻き立てる取り組みを行い、難関私立大学を目指す。インターナショナルコースは、英語圏に留学する課程と、国内で英語のシャワーを浴びる課程とに分かれている。時事英語・西洋文化史・国際関係といった独特の授業が多いのが特徴。アスリートコースはスポーツと勉強の両立を果たし、文系・体育系大学を目指すコース。

国際交流と活発なクラブ活動

登校時間	中学	夏季	8：30	冬季	8：30
	高校		8：30		8：30

中学3年次には、希望者によるイギリスでの3週間の語学研修が実施され、本場の英語を学びながら、異国の文化に触れることができる。また、高校のインターナショナルコースでも、留学や海外研修のプログラムが用意されている。

クラブ活動が活発で、体育部には、有名な野球部やサッカー部の他に、珍しい居合道部などがある。文化部では、料理部、模擬国連、サイエンス部など新設部活が活躍している。

帝京大学グループへの特別選抜制度を導入

各コースが補習授業や進路講演会・説明会を開催するなど、将来の夢の実現に向けて最良の道を選べるよう助力している。帝京大学をはじめグループ大学に書類選考だけで進学できる「オール帝京特別選抜」制度があり、毎年多くの生徒がこの制度を活用している。特筆すべきは医療系への進学率で、2021年度は39名（全96名中）が医療系の学部、学科への進学を果たしている。

入試広報部長からのメッセージ

よく来校者の方から、「道すがら、たくさんの生徒さんから『こんにちは』と声をかけられました。こんなに挨拶をしてくれる学校は初めてです」と、お褒めの言葉をいただきます。誰に言われなくても進んで挨拶をする……生徒たちが自分たちの学校を大切に思い、誇りにしていることの表れです。帝京の自慢です。

2024年度入試要項

中学

試験日　12/15（帰国生）
　　　　2/1午前・午後（第1回）
　　　　2/2午前・午後（第2回）
　　　　2/4（第3回）　2/7（第4回）

試験科目　国・算・英から2科または国・算・理・社（第1回午前・3回・4回）
　　　　　国・算・英から2科（第1回午前）　国または算（第2回午前）　得意教科重視〈国・算・英から2科〉（第2回午後）　英＋作文＋面接〈日本語・英語〉（帰国生）

2023年度	募集定員	受験者数	合格者数	競争率
第1回	20/40	182	158	1.2
第2回	10/20	90	71	1.3
第3回	5/10	41	32	1.3
第4回	若干/若干	32	26	1.2

※人数はすべて一貫特進／一貫進学
※帰国生の募集は若干名

高校

試験日　1/22（帰国生・推薦）
　　　　2/10または11（併願優遇・一般）
　　　　2/11（アスリート・一般）

試験科目　適性〈国・数・英〉＋面接（推薦）
　　　　　国・数・英＋面接（併願優遇・一般・アスリート）　適性〈国・数・英〉＋英＋面接〈日本語・英語〉（帰国生）

2024年度		募集定員	受験者数	合格者数	競争率
特進			11/10	11/10	1.0/1.0
進学		100/100	74/76	74/70	1.0/1.1
インターナショナル			18/23	18/22	1.0/1.0
アスリート			74	74	1.0

※人数はすべて推薦／一般。アスリートは一般（強化指定クラブ監督との事前相談が必要）のみ。

進学に有利
併設校あり
芸術&特殊学科
資格&技能系
施設が充実
スポーツが強い
クラブ活発
情操教育を重視
国際人を養成
自由な校風

卒業生有名人　とんねるず（タレント）、的場浩司（俳優）、佐々木則夫（元サッカー日本女子代表監督）

247

東京

共学　幼 中 高 専 短 大 院

帝京大学中学校・高等学校

SUPER INDEX P.89

少人数制の中高一貫教育
きめ細かなコース別編成と個人指導で
個性と学力を最大限に伸ばす

制服 p.34

URL	https://www.teikyo-u.ed.jp/			
Web上での合格発表	中学	○	高校	○

普通科（高校）
生徒数　361名（中学）　548名（高校）
〒192-0361
東京都八王子市越野322
☎ 042-676-9511
スクールバス：JR豊田駅より約20分/京王線平山城址公園駅近く平山5丁目停留所より約10分/京王相模原線・小田急多摩線・多摩都市モノレール多摩センター駅より約15分
京王相模原線京王堀之内駅　徒歩20分またはバス約7分　多摩都市モノレール大塚・帝京大学駅前　バス約8分

プロフィール　徹底した英才教育で明日の国際人を養成

海外5ヵ国にも大学を有する大規模な総合大学である帝京大学の付属校。1931年に帝京商業学校として創立。1971年、帝京大学高等学校に改称。1983年に帝京大学中学校を創立した。

「努力をすべての基とし　偏見を排し　幅広い知識を身につけ　国際的視野に立って判断ができ　実学を通して創造力および人間味豊かな専門性ある人材の養成を目的とする」を建学の精神とし、心身共に健やかで創造力と責任感に富む公人を育てるための教育を施す。徹底した少人数制（1学級約30人）教育により、各生徒の可能性を引き出し、21世紀を担う有為な人材を育成している。

環境　緑豊かな自然と最新の教育施設

キャンパスは、多摩丘陵の豊かな自然に囲まれている。体育館（沖永記念ホール）をはじめ、冷暖房完備で最新の設備をそろえたAL教室、OA教室、視聴覚教室、図書室、書道作法室など、充実した施設が整っている。

カリキュラム　中3から進路別のコース制授業を展開

中学からの一貫生は、少人数制の一貫した教育体制によって、難関大学へ

南米音楽部などユニークなクラブもある

の進学を目指す。中学・高校の教育課程の関連性を重視し、重複する部分を統合した無駄のないカリキュラムを編成。英・数・国を中心に約1年先取りした学習指導を展開し、高校3年次には演習中心の受験指導を行うなど、バックアップ体制は万全。中学では1年次2学期より、英・数で習熟度別授業を行い、各々の実力に応じた指導を徹底。3年次は高校入学に備えて、Ⅰ類、Ⅱ類に分かれ、生徒の能力や適性を最大限に引き出す教育を施す。

高校では、1年次一貫生と高校入学生では進度に違いがあるため、授業は別クラスで行う。2年次からはさらに東大・難関国立大コース（文系理系混合クラス）、早慶・国公立大コース（文系クラス）（理系クラス）、難関私立大コース（文系クラス）（理系クラス）に分かれる。3年次ではさらに個々の志望大学に応じ、受験科目に焦点を合わせたきめ細かな指導を行う。

学校生活　多彩な行事・クラブで充実のスクールライフ

登校時間	中学	8：30	高校	8：45

徹底した少人数制のため、学校全体が家族のようにまとまっていて温かい校風であり、先生と生徒との間にへだたりもなく、大変和やかである。また、四季折々の学校行事も多彩で、クラブ活動を含め豊かで楽しい学校生活を送ることができる。

進路　約90％が現役で4年制大学へ進学

他大学への受験を積極的に奨励しており、ほとんどが他大学に進学する。2023年3月卒業生の主な進学先は、一橋、東京工業、東京学芸、東京外語、東京都立、横浜国立などの国公立大や、早稲田、慶應、上智、東京理科、明治、青山学院、立教、中央、法政、学習院など。また、国公立大や早稲田大、慶應義塾大を受

験する場合は、帝京大への無試験入学の特典が、卒業後2年間有効である。

国際化　海外研修旅行

例年、高校1年次の12月にニュージーランドでの海外語学研修（ホームステイ）を実施している。希望制の研修だが、例年90％以上の生徒が参加している。また、高校2年次には、全員が参加するアジア地域への修学旅行を実施している。両旅行行事とも事前学習を綿密に行い、準備期間と合わせてバランスの取れた国際感覚を培う一助となっている。

2024年度入試要項

中学

試験日　2/1午前（第1回）
　　　　2/2午前（第2回特待・一般選抜）
　　　　2/3午後（第3回）

試験科目　国・算または国・算・理・社（第1回）
　　　　　国・算・理・社（第2回）
　　　　　国・算（第3回）

2024年度	募集定員	受験者数	合格者数	競争率
第1回 2科/4科	40	17/128	6/65	2.8/2.0
第2回	40	153	74	2.1
第3回	30	161	66	2.4

高校

試験日　2/11

試験科目　国・数・英＋面接

募集定員	受験者数	合格者数	競争率
60	265	246	1.1

（左端の縦帯）
進学に有利に／併設校あり／芸術＆特殊学科／資格＆技能系／施設が充実／スポーツが強い／クラブが活発／情操教育を重視／国際人を養成／自由な校風

東京

共学　中　高　専　短　大　院

帝京八王子 中学校 高等学校

中高一貫の充実したカリキュラム
系列大学への無試験入学のほか、
他大学へも現役合格

SUPER INDEX P.90

制服 p.㉟

普通科（高校）
生徒数　50名（中学）　230名（高校）
〒192-0151
東京都八王子市上川町3766
☎ 042-654-6141
五日市線秋川駅　スクールバス15分
中央線高尾駅・西八王子駅・八王子駅
スクールバス20〜30分　青梅線羽村駅、
八高線箱根ヶ崎駅　スクールバス

| URL | https://www.teihachi.ed.jp |

プロフィール　知・徳・体の調和のとれた人間を形成

　帝京大学を頂点とする総合学園で、本校はその一貫として、1979（昭和54）年に開校。20周年を機に、1999（平成11）年より中学校を開学した。

　「礼儀・努力・誠実」の校訓にのっとり、「知・徳・体」の調和のとれた人間形成を目標とし、恵まれた自然環境のもと、今後の世界を担う青少年の育成に努めている。

カリキュラム　高校に新コース設置

　中高一貫教育の利点を活かしたカリキュラムを編成している。中学では、2年次までに中学課程を修了し、英・数で習熟度別授業を行っている。特に英語に力を入れており、週6時間授業のうち、2時間は外国人教師と日本人の英語教師とのチーム・リーディングの授業を実施するほか、3年次には帝京グループの帝京ロンドン学園で、修学旅行としてホームステイや研修旅行も行っている。また、コンピューターを用いた授業もあり、数・理はもちろん、英語や技術（中学）にも積極的に利用し、時代を先取りしたハイレベルな教育を展開している。

　高校1年次では共通カリキュラムで基礎基本を習得し、2年次から「国際文化」「言語文化」「人文社会」「科学探究」の4つの

中高一貫のゆとりある学校生活

コースに分かれる。国際文化コースでは、英語4技能5領域に重点を置き、英語を通じて国際社会を学ぶ。外国語や国際関係の進路を目指す生徒を対象としている。言語文化コースでは、言語や歴史を通じて伝統的な日本文化を深く学ぶ。文学や史学、哲学、心理学、教育学などの進路を目指す生徒を対象としている。人文社会コースでは、法律、政治、経済、商学系の進路を視野に入れて国内外の情勢を学ぶ。現代の諸課題を追及する思考力を身につけて、社会貢献できる人物の育成を目指す。科学探究コースでは、自然科学を中心に基礎知識と活用法を学ぶ。理工や農林水産、医学、薬学、歯学、医療技術などの進路を目指す生徒を対象としている。

　また、国際理解という観点から、オーストラリア修学旅行、アメリカ・ボストン研修旅行、カナダ語学研修、オーストラリア ターム留学を実施。

　自習室では、Wi-Fi環境が整っておりスタディサプリに取り組むことができ、教員に質問もできる。長期休暇中には、5教科の講座が開設される。

学校生活　スポーツ系クラブは全国大会でも活躍

| 登校時間 | 中学 | 夏季 | 8：30 | 冬季 | 8：30 |
| | 高校 | | 9：30 | | 9：30 |

　23のクラブが恵まれた施設を十分に生かして活発に活動している。最近では、野球部、柔道部、サッカー部、バスケットボール部などが活躍している。

　また、2月に実施されるスキー教室、5月の体育大会など、クラブ活動以外でもスポーツを重視し、文武両道を実践している。

進路　国内外に系列大学が充実。これは心強い

　系列の帝京大学グループは医学部を頂点とする医療系・理工系・人文系を

持つ総合学園で、オール帝京特別選抜制度がある。希望者は優先的に入学ができるため、9割以上が合格、実進学数で5〜6割が入学している。そのほか、茨城大、東京都立大、都留文科大、東京医科大、東京理科大、法政大、日本大、駒澤大などに現役合格している。

2024年度入試要項

中学

試験日　2/1午前・午後（第1回A・B）　2/2午前・午後（第2回A・B）　2/4午前・午後（第3回A・B）　2/6（第4回）　2/12（2次）

試験科目　国・算＋面接（第1回A・2回A・3回A）　国か算か適性＋面接（第1回B・2回B）　国か算＋面接（第3回B・4回・2次）

2024年度	募集定員	受験者数	合格者数	競争率
第1回A/B	20	13/10	12/9	1.1/1.1
第2回A/B	10	2/5	2/4	1.0/1.3
第3回A/B	5	6/4	4/4	1.5/1.0
第4回/2次	5/若干	5/4	4/2	1.3/2.0

高校

試験日　1/22（推薦）　2/11（一般第1回）　2/15（一般第2回）　3/5（2次）

試験科目　作文＋面接（推薦）　国・数・英＋面接（一般第1回）　国・数・英から2科＋面接（一般第2回・2次）

2024年度	募集定員	受験者数	合格者数	競争率
推薦	30	19	19	1.0
一般第1回	40	107	96	1.1
一般第2回	10	21	11	1.9

※2次の募集は若干名

進学に有利に

併設校あり

特殊学科＆芸術

資格＆技能系

施設が充実

スポーツが強い

クラブ活発が

情操教育を重視

国際人を養成

自由な校風

共学 幼中高短

貞静学園 中学校 高等学校

将来の進路に合わせたコース制
個性を伸ばす『豊かな心の教育』
充実した施設での多彩な行事

普通科（高校）
生徒数　22名（中学）　503名（高校）
〒112-8625
東京都文京区大塚1-2-10
☎03-3943-3711
丸ノ内線茗荷谷駅　徒歩1分

SUPER INDEX P.71

制服 p.⑯

URL	https://teiseigakuen.ac.jp			
Web上での合格発表	中学	○	高校	○

有利に 進学

あり 併設校

芸術&特殊学科

技能系&資格系

施設が充実

スポーツが強い

クラブが活発

情操教育を重視

国際人を養成

自由な校風

プロフィール　次の社会の担い手を育てる教育

1930年の保姆養成所創立以来、94年の歴史を持つ学園。「至誠・和敬・慈愛」を校訓とし、礼儀作法と品格を兼ね備え、自主性と誠実さを身につけ、次代を担う社会に役立つ人材を育成する。

2011年度より、中学・高校とも男女共学スタート。

環境　抜群の教育環境の中充実した学園生活

文京区の中枢という交通至便の地にあるとは思えないほどの静かな環境。同じ敷地内に、中学、高校、幼稚園、徒歩3分のところに短期大学がある。

2004年に完成した校舎は、新時代にふさわしく、バリアフリー設計で、中庭を囲む形で作られた地下2階、地上5階の中に、2つの体育館、講堂、テニスコート、階段教室、26のピアノレッスン室、マルチメディア室、カフェテリアなどの設備が整っている。出窓風に配置された窓から柔らかな光が降り注ぐ明るい校舎は、学園生活を明るく演出する快適な空間だ。

カリキュラム　難関大学合格を目標に進学型教育の実践

中学校は少人数クラス編成で応用力習得の土台作りに、基礎学力に重点を

2004年に完成した校舎

置いた教育を実施。英語ではネイティブの教員による授業や宿泊での語学研修を通じて、リスニング・リーディングの初中級レベルの能力を身につけ、大学受験への礎となる学力を養う。また、土曜日を平常登校とし、放課後補習と合わせ学習時間の拡充を行い、標準以上の単位を履修。学習時間の充実を図る。高校進学時は特別進学、総合進学、幼児教育・保育系進学コースに接続し、希望進路の実現を目指す。

高校は進路別の3コース制。「特別進学コース」・「総合進学コース」は少人数制指導と習熟別授業、受験講座を通じて大学合格を目指す。また、総合進学コースの看護医療系進学希望者は、放課後や休暇中に特別講座を開講し、メディカル系大学進学に対応する授業を展開していく。「幼児教育・保育系進学コース」は幼児教育の長年の実績のもと、ピアノレッスン・リトミック・保育基礎・保育福祉等の専門科目を含めて学習する。さらに全コースで大学受験に対応した放課後受験講座や夏期・冬期・春期講習等が充実している。

学校生活　楽しく学ぶことを第一に生きた教育

登校時間	中学	夏季	8:30	冬季	8:30
	高校		8:30		8:30

修学旅行は中学が京都・奈良、高校が沖縄。東京グローバルゲートウェイ語学研修やオーストラリア／ニュージーランドホームステイなど国際理解についての行事が多い。また、礼法・テーブルマナー、スキー教室など多くの体験学習が実施される。その他、赤い羽根共同募金、青少年赤十字の献血等のボランティア活動も盛ん。ミュージカルやオペラの芸術鑑賞会も実施。クラブ活動は吹奏楽部・女子バスケットボール部・女子バレーボール部・美術部が地区大会や学展での入賞の実績がある。

進路　貞静学園短期大学を併設

2009年4月に開学した併設の貞静学園短期大学へは高短一貫教育による優先入学制度があり、幼児教育者、保育士、介護福祉士の資格取得を目指す生徒の進学希望者が多い。

2023年3月の主な進学実績は、新潟大、秋田県立大、都留文科大、学習院大、日本大、専修大、東洋大、駒澤大、獨協大、國學院大、東京農業大、日本薬科大、大妻女子大、共立女子大、実践女子大など。

2024年度入試要項

中学

試験日　2/1（第1回2科/1科、適性検査型）　2/2（第2回2科/1科、個性発見型）　2/3（第3回2科/1科）　2/5（第4回2科/1科、適性検査型）　2/10（第5回2科/1科）

試験科目　国・算または国・英+面接（2科）　国・算・英から1科+面接（1科）　適性（適性検査型）　プレゼン発表+質疑応答（個性発見型）

2024年度	募集定員	受験者数	合格者数	競争率
2科・1科 1回/2回	15/10	26/18	13/4	2.0/4.5
2科・1科 3回/4回/5回	5/若干/若干	16/7/4	11/3/2	1.5/2.3/2.0
適性 1回/2回	10/若干	9/1	9/1	1.0/1.0
個性	5	3	3	1.0

高校

試験日　1/22（A・B推薦）　2/10（併願優遇①・一般1回）　2/12（併願優遇②・一般2回）

試験科目　適性〈国・数・英〉+面接（A推薦）　国・数・英+面接（B推薦・一般）

2024年度	募集定員	受験者数	合格者数	競争率
推薦A/B	125	97/13	97/13	1.0/1.0
優遇①/②	125	182/13	182/12	1.0/1.1
1回/2回		8/10	5/10	1.0/1.0

東京

女子 幼中高大

田園調布学園 中等部 高等部

豊かな人生を歩める人になるために

普通科(高等部)
生徒数　651名(中等部)　589名(高等部)
〒158-8512
東京都世田谷区東玉川2-21-8
☎ 03-3727-6121
東急東横線・目黒線田園調布駅　徒歩8分
東急池上線雪が谷大塚駅　徒歩10分

SUPER INDEX P.81

制服 p.25

URL	https://www.chofu.ed.jp/
Web上での合格発表	

生徒の興味引き出す、明るく開放的な図書館

プロフィール

「捨我精進」

建学の精神「捨我精進」のもと、3つのポリシーを定め、体験を重視した教育活動を展開している。卒業時には、より高い目標を定めて学び続けることができる人、他者と協同しながら主体的に行動できる人、よりよい社会の実現に向けて探求し実践できる人になるよう育てていく。学年ごとに到達目標(ルーブリック)を示しながら、生徒が学内での活動にとどまらず、外の世界へも積極的に踏み出していくよう後押しする。

カリキュラム

探究活動を中核にした新カリキュラムが始動

生徒の主体性や協調性を養いながら問題を発見・解決する授業を展開。生徒が一人1台所持するノートPCなどのICT機器も積極的に活用している。中1〜高2は週1コマ「探究」の時間を設置し、外部団体とも連携しながら課題解決学習に取り組んでいる。数学と地理、音楽と理科、国語と美術などの教科横断型授業にも力を入れていて、生徒の知的好奇心を刺激する授業を展開している。また、理科では実験を6年間で150種類、中1中2は毎週実験を行っている。数学ではグラフをつないで絵を描く関数グラフアートを実施。思い通りの絵を描くためグラフの数値を試行錯誤することで、関数の理解を深める。英語では多読、ディスカッションなどの機会を多く設け、4技能をバランスよく育てる授業を展開、英語

"個"と"和"を融合して新しい発想を生むコンセプトで授業を展開

力が高い生徒には取り出しの授業も行っている。中3と高1の英語と数学では、到達度別授業を実施。3グレード7クラス(約30人の少人数制)の授業で、興味関心を刺激しながら、苦手意識のリセットにつながっている。

土曜日は「土曜プログラム」を実施。約170もの講座から自由に選択することができる。講師はそれぞれの分野の専門家の方々で、平常の授業ではできない体験から将来の目標や夢につながる活動になっている。

学校生活

グローバル化する社会に向けて他と調和を図れる人間性

	登校時間				
中学	夏季	8:25	冬季	8:25
高校	夏季	8:25	冬季	8:25

宿泊行事をリニューアルし、中1【山梨・長野】と中2【山形県酒田市】の体験学習、中3【関西・韓国・台湾からの選択】と高2【九州】の学習体験旅行を実施。それぞれ到達目標を意識したプログラムで始動する。

中3の夏休みには希望制の宿泊行事として、カナダ、オーストラリアへのホームステイ(15日間)や国内でのEnglish Camp(3泊4日)を実施。高校生対象の「ニュージーランドターム留学」・「グローバル・スタディーズ・プログラム」といった海外研修も充実している。また、高校「探究」の授業と連携した希望制のバリ島海外宿泊研修を、2023年度からスタート。こうした現地での体験を通して、生徒が自己を見つめ直し、将来の人生を考えていくうえでの軸にすることを狙いとする。

進路

キャリアデザインにつながる進路指導

生徒一人ひとりが自己の進路について深く考え、明確な進路目標を確立して、それに向かって努力していけるように支援する。生徒のより深い自己理解に基づく主体的な進路目標の構築とその実現を目指して、6年間を3期に分けて各学年にふさわしい情報や課題、学びの機会を提供している。第1

期(中1)では、「今日1日の自分」を振り返って日誌にし、担任教師とコミュニケーションする『精進日誌』を実施。第2期(中2〜高1)では、中2で『自分史』を作りながら将来の自分をイメージしている。中3では『職場訪問』で働く現場で見聞を広げていく。高1ではキャリア実現のためにどのような学部・学科を選ぶべきか研究する。第3期(高2〜高3)では、生涯を通しての学びにつながる大学、学部、学科を選び、思い描くキャリアの実現にむけて精進する。

2023年3月卒業生数201名(文系:106名　理系:89名　芸術系他:6名)のうち183名が現役で進学。文系53%、理系44%、芸術系他3%の割合。現役進学者のうち、国公立大【弘前大(医)・東北大・お茶の水女子大・東京医科歯科大・東京外語大・東京農工大・横浜市立大・高崎経済大】・慶應義塾大・早稲田大・上智大・東京理科大・明治大・青山学院大・立教大・法政大・学習院大・私大(医学部・歯学部・薬学部)・海外大に111名が進学。

2024年度入試要項

中等部

試験日　12/3(帰国生)　2/1午前・午後
　　　　(第1回・午後入試)　2/2(第2回)
　　　　2/4(第3回)

試験科目　国・算・理・社(第1〜3回)
　　　　　算(午後入試)
　　　　　国・算か英・算か算+面接(帰国生)

2024年度	募集定員	受験者数	合格者数	競争率
第1回/午後	80/20	206/174	86/108	2.4/1.6
第2回/第3回	70/30	384/254	160/64	2.4/4.0

※帰国生の募集は若干名

高等部　募集せず

卒業生有名人　山本舞衣子(アナウンサー)、月城かなと(宝塚歌劇団)

進学に有利

併設校あり

芸術&特殊学科

資格系&技能系

施設が充実

スポーツが強い

クラブが活発

情操教育を重視

国際人を養成

自由な校風

251

東亜学園 高等学校

進路や適性を重視した
独自の教育で真の実力を養成
D-Projects で学習環境整備

SUPER INDEX P.90

制服 p.㊲

URL	https://toagakuen.ac.jp/
Web上での合格発表	○

普通科
生徒数　745名
〒164-0002
東京都中野区上高田5-44-3
☎ 03-3387-6331
西武新宿線新井薬師前駅　徒歩1分

落ち着いた雰囲気の校舎

有利に 進学に
あり 併設校
特殊学科 芸術&
技能系 資格&
施設が 充実
スポーツ が強い
活発 クラブが
重視 情操教育を
養成 国際人を
校風 自由な

プロフィール　人間力の育成と真の実力の養成

1924(大正13)年創立。明治近代産業の先駆者渋沢栄一氏から贈られた「他人親切丁寧　自己奮励努力」を校訓とし、これを社会適応能力の育成（人間形成教育）と自主・自律、克己の精神の育成（実力養成教育）として教育の2本の柱に据えている。具体的な教育目標（人を育てる四つの要素＝知誠敬遂［ち・せい・けい・すい］）としては、

一、知性を持つこと
一、誠実であること
一、他者を敬うこと
一、最後までやり遂げること

を掲げ、明白な答えがない問いに対して、その答えを探求する能力を持ち、誠実に責任を持って物事に取り組み、他者との関わりの中で広い視野を伴う価値観を培い、自ら考え、行動する力、諦めない力を持つ人物の育成を目指している。

環境　手厚い学習支援

自立学習支援システムD-projectsとして、一人ひとりに独立した専用ブースを137席完備、周りを気にせず集中して学習ができる。学力アップ、難関大学合格を目指す仲間たちの緊張感があり、今までの自宅学習や騒然とした環境の中で集中できなかった生徒たちのやる気と効率が上がっている。

自立学習により「わかる」を「できる」に変化させます

単なる自習室ではなく、毎日の学習計画の作成や学習時間のチェック、学習方法や大学受験対策まで、常駐の専任運営サポーターが授業担当者と密に連携をとりながら、一人ひとりの生徒としっかり向き合う。

カリキュラム　コース・科目選択制とユニークな教育

生徒一人ひとりの能力を伸ばし、現役での大学進学を可能にするため、5コースを設けている。コース選択は2年次より本人の希望によって行われる。

総合選抜コースでは、2年次より特別選抜・文系選抜・理系選抜の3コースに分かれる。いずれも進路、適性に応じたカリキュラムが組まれている。

特進コースでは、2年次より文系特進・理系特進コースの2コースに分かれ、少人数制によってハイレベルな教育を行い、難関国公立大学、難関私立大学への合格を目指す。

本校は生徒全員にiPadを配付しており、スタディサプリやclassiなどの学習支援ソフトを使用し、授業だけに限らず課題配信や放課後の自習、家庭学習などに活用している。また、英語の授業内ではマンツーマンでオンライン英会話を行っており、スピーキング能力の養成にも力を入れている。このほか、充実した体育施設を使った小平授業、外部施設での新入生創(So)×トレ合宿、文化教育など、独自の教育が盛りだくさんだ。

学校生活　実績をもつクラブ活動　国際交流も盛ん

登校時間	夏	8:30	冬	8:30

自主性を育むクラブ活動を重視している。フェンシング部は2012〜2014・2018・2022年インターハイで団体優勝。2023年は国民体育大会男子団体準優勝・女子優勝。重量挙部は全国高校総体女子64kg級優勝など毎年上位入賞者を輩

出。男子バレーボール部も、国体やインターハイ・全国選抜大会で優勝経験あり。野球部は東東京大会ベスト8以上常連で2023年度には準優勝を果たすなど甲子園再度出場を目指している。文化部でも、コーラス部、写真部などが活発に活動を行っている。

身体と精神面の鍛錬を目的として、「武道教育」にも力を入れ、男子は柔・剣道のいずれか、女子はフェンシングを履修する。また、「弁論教育」も校技として奨励している。

国際交流も活発で、ニュージーランドとの交換留学も実施しており、ホームステイを通して異文化を体験し、国際感覚を磨いている。

進路　適切な進路指導で難関大に実力合格

約93.1％の生徒が4年制大学に現役合格している。2023年3月の卒業生の主な進学先は、東京都立大、早稲田大、東京理科大、学習院大、明治大、立教大、中央大、法政大、成蹊大、成城大、獨協大、國學院大、武蔵大、明治学院大、日本大、東洋大、駒澤大、専修大など。

2024年度入試要項

試験日　1/22(推薦)
　　　　2/10または11(一般)
試験科目　作文＋面接(推薦)
　　　　　国・数・英＋面接(一般)

2024年度	募集定員	受験者数	合格者数	競争率
総合選抜	179/181	122/598	122/498	1.0/1.2
特進	10/35	0/52	0/47	—/1.1

※人数はすべて推薦/一般

卒業生有名人　川島堅(元プロ野球選手)、河野公平(元ボクシング世界王者)、細野晴希(プロ野球選手・日本ハムファイターズ)

東京

共学　小中高短大院

東海大学菅生 _{すが　　お} 高等学校中等部 高等学校

人間力を高める教育と
コース制による徹底した進路指導で
部活動と大学進学を両立する

SUPER INDEX P.90

制服 p.35

普通科（高校）
生徒数 222名（中等部）　1161名（高校）
〒197-0801
東京都あきる野市菅生1468（中等部）
東京都あきる野市菅生1817（高校）
☎042-559-2411（中等部）-2200（高校）
JR八王子駅・八王子楢原
スクールバス
五日市線秋川駅　バス11分
青梅線小作駅　バス13分

URL	https://www.tokaisugao.ac.jp/			
Web上での合格発表	中学	○	高校	○

自習・学習相談・講習を行う自学館

プロフィール
自立・自学・自生の 教育で人間力を向上

　緑豊かな丘陵に東海大学の系列校として1983年に開校。世界観・歴史観・人生観を培い、正しいものの見方と考え方ができ、人間性が豊かで使命感を持ち社会に貢献できる人材の育成に努めている。自立・自学・自生の教育指針で文武両道に取り組む。

緑に囲まれた校舎と 充実した施設
環境

　高校の12万㎡の校地は、恵まれた自然を残す丘陵地帯。全教室に冷暖房を完備し、コンピュータ教室、図書室、食堂も充実している。スポーツ施設には、野球・サッカー・ラグビーなどの専用グラウンド、武道館、弓道場、トレーニングハウス、2棟の体育館などがある。中等部には、人工芝のサッカー場やメディアセンターなど最新の施設がある。

中等部からの一貫教育 高校は充実のコース制
カリキュラム

　中等部は、2学期制と週6日制を導入し、また、1年次は朝学習でネイティブによる英会話の授業を行っている。東海大医学部を始め、国公私立大医学部および難関大への現役合格を目指す医学・難関大コースを設置し、英数の習熟度別授業や英会話の少人数授業で個々の理解度に合った授業を展

広い敷地に多彩な施設が並ぶ

開。2023年度より一貫進学コースを開設し、東海大学への進学をより確かなものにしている。また、豊かな自然を教材に、野草・野鳥観察などを通じて、環境への理解を深めていく。

　高校は、特進PBL・進学の2コース制。どちらのカリキュラムも、入試だけでなく、大学入学後に要求される多面的なものの見方や論理的思考力を確実に身につけられるようにバランスよく編成され、進学コースでは全員ほぼ共通の教科を学び、3年次に必修選択科目を履修する。週6日制で修得単位数も多くなっている。1年次の数学・英会話は少人数の授業クラスで力を伸ばし、夏休みにはサマースクールを行い、基礎学力を確実に身につけている。毎朝20分間の朝学習があり、既習事項の定着と授業の集中力を高めるために課題学習や読書そして小テストにも取り組む。学習をサポートするシステムとして、「自学館」がある。講習・学習相談・自習空間の3つの機能があり、朝は7時25分から、放課後は17時30分まで利用できる。さらにシラバスや、生徒が自分の学習を計画・実行・分析のサイクルで管理できる本校独自の「勉強簿」など、自学力を高めるツールが用意されている。

学校生活
活発な部活動は 全国レベル

登校時間	中学	夏季	8：25	冬季	8：25
	高校		8：35		8：35

　中高とも部活動が非常に活発で、吹奏楽部・野球部・テニス部をはじめ文化部・運動部とも全国大会出場のクラブ多数。中等部はサッカー部・野球部が全国レベルだ。修学旅行は、中等部は北海道、高校は沖縄。

進路
東海大へ付属推薦進学 難関大学進学も増加

　ほとんどの生徒が進学希望で、90%以上の生徒が現役で進学している。併設の東海大学へは、希望者の約9割が医学部を始めとし、付属推薦制度による幅広い学部学科コース等に進学している。他大学へは、東京学芸大、山梨大、電気通信大、横浜国立大、信州大、慶應義塾大、青山学院大、上智大、明治大、立教大、法政大、中央大、成蹊大、武蔵大、日本女子大、日本大など有名大学への進学も増加している。推薦型・総合型選抜入試の対策も積極的に行っている。

2024年度入試要項

中等部

試験日　2/1（第1回A・B）　2/2（第2回A・B）
　　　　2/4（第3回）　2/6（第4回）
試験科目　国・算（第1回A・2回A・B・3回・4回）　算数特化型または国・算（第1回B）

2024年度	募集定員	受験者数	合格者数	競争率
第1回 A/B	40/15	52/46	51/42	1.0/1.1
第2回 A/B	10/5	8/10	6/8	1.3/1.3
第3回/第4回	若干/若干	9/6	8/4	1.1/1.5

高校

試験日　1/22（推薦）　2/10（第1回）　2/11（第2回）　2/15（第3回）
試験科目　面接（A1推薦）
　　　　　適性〈数・英〉＋面接（A2・C推薦）
　　　　　国・数・英＋面接（一般）

2024年度	募集定員	受験者数	合格者数	競争率
推薦	15/120	3/199	3/192	1.0/1.0
第1回		33/225	33/211	1.0/1.1
第2回	20/125	6/42	6/37	1.0/1.1
第3回		0/14	0/9	−/1.6

※人数はすべて特進PBLコース/進学コース

卒業生有名人　高橋優貴（プロ野球選手）

進学に有利
併設校あり
芸術＆特殊学科
資格＆技能系
施設が充実
スポーツが強い
クラブが活発
情操教育を重視
国際人を養成
自由な校風

東海大学付属高輪台 高等学校中等部 高等学校

一人ひとりの夢をじっくり育む
中等部・高校・大学10年間の一貫教育
卒業生の約9割が東海大学へ進学

SUPER INDEX P.72

普通科（高校）
生徒数　252名（中等部）　1501名（高校）
〒108-8587
東京都港区高輪2-2-16
☎03-3448-4011
都営浅草線・京浜急行線泉岳寺駅
徒歩10分
南北線・都営三田線白金高輪駅　徒歩6分
JR高輪ゲートウェイ駅　徒歩12分

URL	https://www.takanawadai.tokai.ed.jp/			
Web上での合格発表	中学	○	高校	○

ネイティヴの先生による英語授業

進学に有利

併設校あり

芸術＆特殊学科

資格＆技能系

施設が充実

スポーツが強い

クラブが活発

情操教育を重視

国際人を養成

自由な校風

プロフィール

大学との一貫教育 98年より男女共学に

1944年開校の電気通信工業学校と電波工業学校の2つの旧制甲種工業学校が、法人合併により、東海工業学校となった。戦後の教育改革制度等による変遷の後、1990年東海大学付属高輪台高等学校となり、1998年校舎完成と共に共学校となった。

「知性と品性、そして感性を」を校訓に、知育に偏らない豊かな人間性と想像力を育む「全人教育」、そして社会の中で真に有意義な人材の育成を目指している。

環境

抜群の環境で 充実の学校生活

地上6階・地下3階建ての校舎には、学校施設として最先端の設備が整えられ、そこに学ぶ生徒への様々な配慮がなされている。2000名を収容できるアリーナをはじめとした各種スポーツ施設やカフェテリアなどを完備。各教室ではインターネットの利用もできる。また、さいたま新都心に総合グラウンド（野球場、サッカー場、テニスコート）があり、体育施設も充実している。

カリキュラム

基礎学力の充実と 幅広い選択科目

総合グラウンド開設

東海大学との教育の一貫性を柱として、中等部・高校・大学10年間を通した、バランスのとれたカリキュラムを編成している。

中等部・高校合わせてネイティブ8名を含む30名の英語科教員が授業を担当。英会話など少人数制の授業もある。また、文部科学省からスーパーサイエンスハイスクールの指定を受けている高校と中等部が連携し、最先端の科学技術に触れながら、特徴ある理数科教育を行う。

高2より文・理系別に、学力の一層の充実を図っている。また、中等部・高校ともにGTECを全員受験している。

原則として希望者全員が東海大学付属高輪台高校・東海大学に進学できるため、予備校化することなく、部活動や趣味を生かし、充実した学校生活を送ることができる。

学校生活

活発な部・同好会活動 独自の学校行事

登校時間	中学	夏季	8：25	冬季	8：25
	高校	夏季	8：25	冬季	8：25

部活動は、ほとんどの生徒が学業と両立させている。全部で30ある部・同好会では、柔道、ダンスなどが全国大会・関東大会に出場している。吹奏楽部は各種大会、コンクールにおいて金賞や第1位を受賞しており、全日本吹奏楽コンクール全国大会に17回出場し12回金賞を受賞した。

年間のイベントも多彩で、群馬県嬬恋高原の山道を夜間歩行する剛健旅行、一般公開される建学祭や体育祭、全付属校間で実施される国語・数学・理科・英語・造形・知財・ディベートの学園オリンピックや、研修旅行（国内・国外）などがある。

また高3の後期に、東海大学への国内体験留学、ハワイ東海インターナショナルカレッジへの中期留学、カナダ中期留学もある。また、「科目等履修生」

進路

約80〜90％の生徒が 系列大学へ進学

として、高校在学時に大学の単位を取得することもできる。

原則的に希望者全員が、学校長の推薦によって東海大学に進学している。

高1から東海大学の湘南キャンパス見学を実施。東海大学教授陣による大学説明会の開催、オープンキャンパスへの積極的参加など、常に大学との接点を持ちながら、生徒一人ひとりの納得のいく進路選択を最大限にバックアップしている。

2024年度入試要項

中等部

試験日　2/1（第1回）　2/3（第2回）
　　　　2/5（第3回）

試験科目　国・算・理・社

2024年度	募集定員	受験者数	合格者数	競争率
第1回	45	102	47	2.2
第2回	25	112	26	4.3
第3回	10	72	12	6.0

高校

試験日　1/22（推薦）　2/10（一般）

試験科目　作文＋面接（推薦）
　　　　　国・数・英＋面接（一般）

2024年度	募集定員	受験者数	合格者数	競争率
推薦	170	174	174	1.0
一般	170	213	205	1.0

　■卒業生有名人　さまーず（タレント）

共学　幼小中高短大院

東海大学付属望星 高等学校

多様な生徒に対応できるカリキュラム
東海大学への付属推薦入学がある

SUPER INDEX P.82

普通科（通信制・単位制）
生徒数　441名
〒151-0063
東京都渋谷区富ヶ谷2-10-7
☎ 03-3467-8111
小田急線代々木八幡駅、
千代田線代々木公園駅　各徒歩8分
京王井の頭線駒場東大前駅　徒歩10分

URL	https://www.bosei.tokai.ed.jp/
Web上での合格発表	○

リラックスした登校風景

プロフィール
通信講座を通して全国に高校教育を展開

　1959年に東海大学により、FM放送を利用した通信制高校として開校された。2010年にインターネットオンデマンドストリーミング配信により通信教育講座を開始。この講座を通じて全国に高校教育の機会を広げている広域通信制高校である。
　「望星」の校名は建学の精神を表す4つの言葉の一つ「若き日に汝の希望を星につなげ」にちなんで命名された。「楽しく学ぼう」「しっかり学ぼう」をモットーとし、東海大学をはじめ、上級学校への進学を目指した教育活動を展開している。

環境
都心にありながら静かな環境

　新宿、渋谷の都心近くに位置するが、静かな環境であり、最寄り駅から徒歩8分と通学にも便利である。2021年に新校舎が完成。ICT教育の充実を図るため最新の電子黒板を全ての教育に整備。また、理科実験室や家庭科実習室などの特別教室、保健室や図書室も整備された。

カリキュラム
自ら選べるカリキュラム（単位制の特色）

　学年にとらわれず自分のペースで学習を進められる「単位制」や学期ごとに単位認定を行っている「完全2学期制」を導入している。相談室やスクールカウンセラーによる登校支援態勢も整えている。
　学習は、本校オリジナルの高校通信教

授業風景

育講座（通信講座）を視聴し、レポートを作成・提出し、添削指導を受けることが基本である。レポートの提出は1科目につき月1〜2回。1年次生は必修科目を中心に、2年次生以上は、各自の興味、進路・適性に合わせて科目を選び、学習を進める。登校（スクーリング）は、月2〜3回程度（日曜または水曜で1年次は金曜）であり、少ない出席回数で単位修得を目指せる。一方、5教科のサポート学習を提供しており、スクーリングのない平日に登校して学習することができる。

学校生活
多彩な行事と部活動で友達と思い出作り

登校時間	夏	9:30	冬	9:30

　校内行事として、研修旅行、野外教室（夏季・冬季）、建学祭や年次校外行事を実施。学園の行事として、国語・数学・理科・英語・芸術・知財・ディベート・スポーツの各分野で競い合う「学園オリンピック」が行われるほか、海外研修（ハワイ・ヨーロッパ）などの行事がある。また、部活動では、野球・バスケットボール・卓球・テニス・演劇・囲碁将棋・科学などが活動している。
　服装は自由で、自由な雰囲気の中で伸び伸びとした高校生活を送ることができる。

進路
充実した進路説明会東海大へ推薦入学も

　東海大学への付属学校推薦型選抜があり、希望者には2年次の4月から推薦志望者へのプログラムが開始され、学科研究や上級学校で学ぶ姿勢を培っている。東海大学以外への入学チャレンジも多く、多数の他大学・短大・専門学校などへの進学を実現している。
＜主な進学先＞
東京大、東京工業大、東京芸術大、東京外語大、電気通信大、千葉大、埼玉大、茨城大、群馬大、東京都立大、慶應義塾大、早稲田大、上智大、明治大、青山学院大、立教大、中央大、法政大、駒澤大、専修大、成城大、東京理科大、桜美林大、神奈川大、関東学院大、杏林大、北里大、國學院大、東京農業大、帝京大、千葉工業大、二松学

舎大、鎌倉女子大、相模女子大、日本女子大、聖心女子大、昭和音楽大、東京音楽大、女子美術大、日本薬科大、星薬科大、上智大学短期大学部　他

ひとこと
在校生から受験生にひとこと

　望星高校では通信制でありながら、活発な部活が数多くあります。先輩後輩問わず仲良く交流し、初心者でもみんなで温かく迎えます。運動部、文化部ともに様々な部活があるので、気楽に見学をしに来てください。高校生活を楽しめることも考えて、悔いのない学校選びをして下さい。
（東海大学農学部進学・4年生）
　望星高校の学習の中心は講座視聴とレポート作成です。自分の好きなタイミングで取り組めるので、学習計画を自由に立てながら進めることで、自立した生活を送ることができます。私も計画的にレポートを進めながら、時間を有効に使い夢に向かって頑張っています。
（東海大学工学部進学・4年生）

2024年度入試要項

試験日	1/22（推薦）
	2/10（一般①）　3/5（一般②）
	3/18（一般③）　4/4（一般④）
試験科目	作文＋面接

2024年度	募集定員	受験者数	合格者数	競争率
推薦/一般	40/40	45/57	45/48	1.0/1.2

※転編入80名の募集もあり

東京

共学　高

東京 高等学校

創立152年の伝統校
各人の興味・適性・能力を重視した
多様な5つのカリキュラム

普通科
生徒数　1060名
〒146-0091
東京都大田区鵜の木2-39-1
☎03-3750-2635

SUPER INDEX P.80

東急多摩川線鵜の木駅　徒歩5分

| URL | https://tokyo-hs.jp |
| Web上での合格発表 | ○ |

英語の授業風景

プロフィール　自己を確立し個性を発見する学習

1872（明治5）年に、数学を教える上野塾として開校。1890年に東京数学院、1899年に東京中学校と改称し、1954（昭和29）年、現校名になった。1972年、創立100年を機に男女共学に。

「個性と天分を重んじる・自主と責任を貴ぶ・勤労と平和を愛する心を培う・礼儀と規律を守る・師恩と友誼に感謝する」の5つを教育方針として掲げ、自己を確立し、個性を発見するための学習指導を行っている。

環境　全教室冷暖房の快適な学習環境

多摩川沿いに2万1000㎡の広大な敷地を持つ。キャンパスに建ち並ぶ近代的な校舎には、全教室に冷暖房を完備。そのほか、食堂、図書室、史料室、コンピュータ教室、セミナー教室などを備え一層の設備充実が図られている。

カリキュラム　進路にあわせて決める5つのカリキュラム

個性を重んじるとの教育方針に則り、2年次より生徒一人ひとりの能力・適性に応じて、文系（3分類）・理系（2分類）の2系統5分類のカリキュラムを任意に選択し、それぞれ特徴のある授業が受けられるようになっている。

冷暖房完備の近代的な校舎

文系I類　私立大学の文系学部への進学を目指し、文系教科の授業数を充実させたカリキュラム。

文系II類　国公立大学文系学部や数学受験型の文系学部進学を希望している生徒を対象としたカリキュラム。

文系III類　スポーツが好きで、体育系大学や体育学部への進学を目指す人が、多角的・総合的にスポーツについて学べるカリキュラム。

理系I類　私立大学の自然科学系学部への進学を目指し、国語の一部・地歴公民を大幅に減らし、理数系科目を強化したカリキュラム。

理系II類　国公立大学理系学部や私立難関大学進学を希望している生徒を対象としたカリキュラム。

学校生活　活躍する陸上競技部、チアリーディング部

| 登校時間 | 夏 | 8：25 | 冬 | 8：25 |

恵まれた環境を生かして、クラブ活動も活発である。17の体育部と、5つの文化部、4つの同好会があり、中でも陸上競技部は、男子は東京都高校総体総合優勝通算36回、女子も通算28回総合優勝をしており、毎年、関東大会・インターハイ・国体に出場する選手を多く出している。さらに、全国大会出場経験のあるラグビー部や女子硬式テニス部、ここ数年ジャパンカップの全国大会高校部門で上位入賞を果たしているチアリーディング部をはじめとして運動部の活躍が著しい。

創立130周年を記念し、男子の制服をリフレッシュ。金刺しゅうのエンブレムがついたスーツタイプに。女子は、エンブレム付きの紺ブレザーにタータンチェックのスカートとなっている。

進路　上位校への受験者が増加中

現役合格を目指し、放課後のサテネット講座などで受験体制を固めている。東京工業大、筑波大、早稲田大、青山学院大、明治学院大、中央大、専修大、法政大、東京理科大、日本大、東海大などに合格者を出している。

国際化　海外への研修旅行、修学旅行を実施

体験を通じて国際感覚を磨き、真の国際人を育成するため、海外研修を行っている。語学研修として全学年を対象に、夏期休暇中に約2週間のオーストラリアでのホームステイを実施するほか、2年次には、北海道、沖縄、カナダに分かれて行う修学旅行もある。

2024年度入試要項

試験日　1/22（推薦）　2/10（一般第1回）
　　　　2/13（一般第2回）　2/17（一般第3回）

試験科目　作文＋面接（推薦I）　適性〈国・数・英〉＋面接（推薦II）　国・英または数・英＋面接（一般第1回）　国・数・英・理・社から1科＋面接（一般第2回）　国・数・英から1科＋面接（一般第3回）

2024年度	募集定員	受験者数	合格者数	競争率
推薦I	120	124	124	1.0
推薦II	30	81	76	1.1
国/数第1回	125	226/193	213/181	1.1/1.1
第2回	20	71	40	1.8
第3回	5	23	13	1.8

進学に有利　併設校あり　芸術＆特殊学科　資格＆技能系　施設が充実　スポーツが強い　クラブが活発　情操教育を重視　国際人を養成　自由な校風

　卒業生有名人　ケンブリッジ飛鳥（陸上アスリート）、山本有三（作家）、芦田淳（デザイナー）

東京音楽大学付属 高等学校

音楽を主軸に自分らしさを解き放ち クリエイティヴに生きよう

SUPER
INDEX
P.70

音楽科
生徒数　199名
〒171-8540
東京都豊島区南池袋3-4-5
☎03-3988-6214
JR・西武池袋線・東武東上線・丸ノ内線・
副都心線
池袋駅　徒歩15分
副都心線雑司が谷駅　徒歩5分

URL	https://www.tcm-koko.ed.jp

定期演奏会

プロフィール
90年以上の歴史 音楽人の基礎教育

　私立音楽大学では日本で最も古い歴史を持つ、現在の東京音楽大学の付属校として、1932年に東洋音楽学校普通科が設立された。1963年には、併設校の4年制大学への昇格に伴い、東洋音楽大学付属高校に改められ、1969年、東京音楽大学付属高校に改称した。

　2020年より学びのヴィジョンを掲げ、
・ポジティヴに失敗しよう
・多様性と共鳴しよう
・自分を洞察しよう
・美的衝動を鍛えよう
・トレンドに敏感になろう
という教育的価値を基幹として音楽を通して人生を直感で描くことのできるクリエイティヴな人材を育てている。

カリキュラム
22の専攻に分かれ 大学教授が実技指導

　より高度な音楽理論や音楽技術の修得を目指し、音楽授業を設けたカリキュラムを組んでいる。1クラス30名の少人数クラス編成で、個別指導を徹底し、楽譜から音楽を読み取る力を養う「音楽理論」、バロックから現代までの音楽の流れを汲み取る「音楽史」、音楽の解釈に必要な知識を学ぶ「演奏研究」、楽譜をすばやく聴き取り、奏でる「聴音・ソルフェージュ」など、独自の授業を展開。

著名な講師が指導する「芸術特別講座」

　声楽・ピアノ・ヴァイオリン・クラシックギターなど、22に分かれた専攻の実技授業は、大学教授や現役の音楽家が指導を担当する。また、室内楽・伴奏法・声楽演習のほか、著名な国内外の芸術家を招いての「芸術特別講座」など、幅広く音楽の一般教養を身につけ、音楽感性を養う目的で特別講座も用意している。

　「ピアノ・創作コース」では、ピアノと作曲を同時に学ぶことができる。
　「音楽総合コース」ではピアノとその他の楽器（弦楽器、管楽器）もしくは声楽、作曲の中から2つ以上の実技を選択し、音楽を幅広く総合的に学んでいく。またコンピュータと音楽、指揮法、音楽療法など独自の授業がある。
　音楽総合コース内に「セルフデザインクラス」を新設。感性を育み、自分が実現したい未来を描き、それを構築できる力を持った人材の育成を目標としている。入学段階に音楽の能力・知識がなくとも、3年間で音楽大学に進学できるレベルの基礎力を身につけることができる。

学校生活
技能の修得に励む 演奏会やコンクール

登校時間	夏	8：30	冬	8：40

　日常の学習成果を発表し、より多くのステージを経験するため、オペラ発表会、室内楽演奏会やチャリティーコンサートなど、各種の校内・校外演奏会を開いている。その他、他校との交歓演奏会も盛んである。また、年々、音楽コンクールに挑戦する意欲的な生徒が増えており、各コンクールで多数の生徒が優秀な成績を収めている。

進路
東京音楽大学へ 推薦入学の特典

　東京音楽大学へは、在学中の成績と3年次の春学期に行われる学内試験により選考される推薦入学の特典があり、例年、卒業生の9割以上が同大学に進学している。

　卒業生の多くが国内・外のコンクールで入賞を果たしたり、全国の交響楽団や海外において顕著な音楽活動を続けているほか、教育界・音楽関連企業などでも活躍している。

2024年度入試要項			

試験日　1/22（推薦）　2/10・11（一般第1回）
　　　　3/2（一般第2回）

試験科目　作文＋実技＋面接（推薦）　作文＋自己PR＋面接（推薦 音楽総合コース・セルフデザインクラス）国・英または数・英＋楽典＋聴音＋コールユーブンゲン＋専攻実技一般）国・数・英＋楽典＋聴音＋コールユーブンゲン＋実技（一般 音楽総合コース・セルフデザインクラス）

※若干名の海外帰国子女・外国人特別入試（11/14〜17）あり

2024年度	募集定員	受験者数	合格者数	競争率
推薦/一般	30/40	47/36	47/36	1.0/1.0

※一般第2回は、音楽総合コース・セルフデザインクラスのみ

有進
利に
あり

併設校

芸術&
特殊学科

資格&
技能系

施設が
充実

スポーツ
が強い

クラブが
活発

重視
情操教育

国際人を
養成

自由な
校風

卒業生有名人　辻彩奈（ヴァイオリニスト）、藤田真央（ピアニスト）

東京
女子 中 高 短 大 院

東京家政学院 中学校 高等学校

コース制による少人数指導と 週6日制の実施で基礎力を強化 進学率も年々アップ

SUPER INDEX P.87

制服 p.32

普通科（高校）
生徒数　106名（中学）　228名（高校）
〒102-8341
東京都千代田区三番町22
☎03-3262-2559（入試事務室）
総武線市ヶ谷駅、半蔵門線半蔵門駅
有楽町線・南北線・都営新宿線市ヶ谷駅　各徒歩8分
東西線九段下駅　徒歩10分

URL	https://www.kasei-gakuin.ed.jp/			
Web上での合格発表	中　学	○	高　校	○

ローズホール

左側縦タブ：
進学に有利 / 併設校あり / 特殊学科＆芸術 / 資格系＆技能系 / 施設が充実 / スポーツが強い / クラブが活発 / 情操教育を重視 / 国際人を養成 / 自由な校風

プロフィール　生徒が主体となって過ごせる学校

1925（大正14）年、東京女子高等師範学校の教授をしていた大江スミが、自由な立場で自己の信念と、理想に基づく教育を行うために、東京家政学院（家政高等師範部）を開校。1939（昭和14）年、新たに高等女学校を設立し、戦後の学制改革により、1947年に中学校、翌年に高等学校となる。高入生は1年から内進生との混合クラスになる。

環境　ラウンジがリニューアル

学院は由緒ある麹町の台地に位置し、近くには皇居、北の丸公園、千鳥ヶ淵などがある。全館冷暖房の校舎には、パソコン室、グループラーニングルーム、カウンセリングルーム、視聴覚室、茶室など、充実した施設・設備が整っている。中でも、眺めの良い最上階の全フロアを占める図書館には、約7万3000冊の蔵書と約100席の閲覧室があるほか、DVD・CDが視聴できるAVコーナーも人気が高い。2010年、大学校舎にカフェテリア（ローズホール）が完成し、中高生も利用できるようになった。また、中高校舎の地下1階「ラウンジ」が2015年リニューアルされ、軽食のレパートリー、文具の種類がより一層豊富になった。

カリキュラム　アクティブラーニングを重視した授業を展開

中1・中2は一斉授業と習熟度別授業を融合することで、一人ひとりの学習意欲やキャリアデザインに合わせた授業を展開する。中3でリベラルアーツコースとアドバンストコースに分かれる。リベラルアーツコースは、併設大学進学または推薦入試の対策に力を入れ、アドバンストコースは、国公立大学、難関私立大学への受験を目指して指導を行っている。高2でそれぞれの進路に合わせてコースが細分化され、

リベラルアーツコース（文系・理系）、アドバンストコース（文系・理系）、家政・児童進学コース、管理栄養進学コースの6つのコースに分かれる。

さらに、国語で百人一首大会、社会で都内見学、英語で英語検定、数学で数学検定、体育で球技大会、美術で美術鑑賞、書道でペン字検定など、各教科ごとに様々な検定試験や行事が行われている。

学校生活　茶道と華道の免状を取得

登校時間	中学	夏季	8：25	冬季	8：25
	高校		8：25		8：25

クラブ活動は、中学では、アート・料理・バドミントンなど、文化系・体育系合わせて14のクラブがあり、いずれかのクラブに全員が所属している。高校には、料理・吹奏楽・俳句同好会など19の文化系、バドミントン・ソフトテニスなど9の体育系クラブがあり、それぞれ活発に活動している。

また、総合学習の一環として、花道、茶道を必修としている。茶道では校内に本格的な茶室があり、礼儀作法をはじめとし、3年間で平手前から貴人点まで稽古する。一方、花道では盛り花から投げ入れまでを学習し、3年間で初級、6年間で准教授までの免状が得られるシステムになっている。

夏休みの3週間、オーストラリア語学研修を実施（希望者）。ホームステイしながら現地の中学・高校に体験入学し、生きた英語に触れ国際感覚を養う。

進路　難関私立大学への合格者も増加

卒業生は、全員が進学。併設の東京家政学院大学へは推薦制度がある。積極的な受験指導により合格実績も年々上昇している。また、併設大学の合格を保証した上で他大学を受験できる併願制度も整っている。

2024年度入試要項

中学

試験日　2/1午前・午後　2/2午前・午後
　　　　2/5午前　2/10午前

試験科目　国＋算・理・社・英のうち1科目選択か国・算・理・社または適性検査型またはプレゼン（2/1午前）　国・算またはフードデザインまたは英語資格A（2/1午後）　得意2科目〈国＋算・理・社のうち1科目〉または英語資格A（2/2午前）　国か算または英語資格B（2/2午後、2/5午前）国か算またはSDGs（2/10午前）
　　　　※英語資格Aは国、Bは英語面接

2024年度	募集定員	受験者数	合格者数	競争率
1日午前/午後	40/20	105/24	99/21	1.1/1.1
2日午前/午後	15/15	16/5	14/4	1.1/1.3
5日/10日	若干	5/2	5/2	1.0/1.0

高校

試験日　1/22（推薦）　2/10（一般第1回）
　　　　2/12（一般第2回）

試験科目　面接（単願推薦）
　　　　適性〈国・数・英〉＋面接（併願推薦）
　　　　国・数・英＋面接（一般第1・2回）

2024年度	募集定員	受験者数	合格者数	競争率
推薦単願/併願	80	51/12	51/12	1.0/1.0
一般1回/2回	60/20	27/6	27/6	1.0/1.0

　卒業生有名人　麻実れい（女優）、小川知子（アナウンサー）

東京

女子 幼 中 高 短 大 院

東京家政大学附属女子 中学校 高等学校

「KASEI」から「SEKAI」へ
インターナショナルスタンダードに基づく、
世界に通用する輝きある女性を育成

SUPER
INDEX
P.93

普通科（高校）
生徒数 197名（中学） 732名（高校）
〒173-8602
東京都板橋区加賀1-18-1
☎03-3961-0748（入試広報部）
埼京線十条駅 徒歩5分
京浜東北線東十条駅 徒歩13分
都営三田線新板橋駅 徒歩12分
東武東上線下板橋駅 徒歩15分

URL	https://www.tokyo-kasei.ed.jp			
Web上での合格発表	中 学	○	高 校	○

全教科でアクティブ・ラーニングを導入

プロフィール 幅広い分野で活躍できる女性の育成

女子教育の先駆けとして1881（明治14）年に創立。以来140年以上にわたり、建学の精神「自主自律」のもと、未来志向の一貫した女子教育の場として、時代を生きる女性を育み世に送り出している。

環境 自然環境と教育環境が充実

東京23区内にありながら東京ドーム2個分の広さを持つキャンパスには、2千本の樹木や25種の野鳥などたくさんの動物がほぼ自然の状態で生息している。中高の中庭にある「家政ビオトープ」は委員会中心に運営され、授業だけでなく、理科部の活動や観察会にも活用されている。

施設・設備は、給食施設（ランチルーム）や英語・情報の授業で活用されるAL教室とコンピュータ室、VM教室、独立した温水プール、中高別の図書室、カウンセリング室などがある。

カリキュラム KASEIからSEKAIへ

新たなチャレンジ コース制開始

Gコース（グローバルコース：国公立、難関私立突破をめざす）／Lコース（リベラルアーツコース：内部推薦進学、私大薬学・経済経営・法学・商学など）

Gコースでは国公立私立難関校への受験を応援する。充実したカリキュラム、入学期や夏の勉強合宿、5科の教員チームによる高い学力をめざした指導、個々の弱点をカバーする補習、授業時間を増やし、探究的な学習を深め論理性や他者と協働する能力を養う。マッセイ大学での夏期語学研修に優先的に参加できる。

Lコースでは基礎学力の徹底により、附属大学への内

ランチルームでのスクールランチ（中学給食）

部進学（小学校免許・看護師・養護教諭・心理士などの免許所得）や私立大学進学（指定校推薦多数）をめざし能力を伸ばす。中高6年間を通して、校訓の「自主・自立」を実現し、世界に活躍する人間形成をめざす。

附属女子中では、IB教育を軸にG・Lクラスで先取り学習やLE（ラーニングイングリッシュ）や総合探究の時間ではフィールドワークやポスターセッションに臨む。IB教育が掲げる十の学習者像の「知識がある」・「考える」・「思いやりがある」「創造力がある」生徒像をめざし、協働的かつ主体的に学び、附属高校、家政大学進学をめざす。附属高校進学時には、G・Lコースを選択でき、国公立をめざす生徒は高校入学者とともに切磋琢磨して学習に励む機会を得る。

英語力向上と国際感覚を身につけることをねらいに、高校生：好評のマッセイ大学夏期語学研修（ニュージーランド）、ターム留学（10週間）、一年間留学（カナダ）、中学生：春季語学研修、ターム留学（ニュージーランド）に参加できる。

ALTは5人常駐し、常にプライベートレッスン受講可能である。中2、高1では全員が参加するE（イングリッシュ）キャンプで世界各国の先生からの指導を受けられる。上質の学習体験を重ね、良き友人関係を築きながら、課外活動や合宿、修学旅行（高校は海外）に参加する。

学校生活 多彩な行事と活発なクラブ活動

登校時間	中学	夏季	8：20	冬季	8：20
	高校	季	8：20	季	8：20

運動会・緑苑祭（文化祭）だけでなく学習オリエンテーション・芸術鑑賞会・合唱祭・球技大会・スキー教室・海外修学旅行など、たくさんの学校行事があり、行事をとおして人間力を伸ばすことができる。

中学に16、高校に33の部活動がある。全国大会優勝や全米選手権3位の実績のあるドリルチーム部や関東大会出場の実績のあるソフトテニス部などが活躍している。

進路 希望進路に沿った幅広い進学先

2023年3月卒業生は、横浜国立大、東京都立大、上智大、東京理科大、青山学院大、立教大、中央大、法政大、成蹊大、日本大、日本女子大等に合格した。併設の家政大学・短期大学へは95名が進学、年々外部の難関大学への合格実績が上がっている。

2024年度入試要項

中学

試験日 2/1午前（第1回特別奨学生） 2/1午後（第2回特別奨学生） 2/2午前（第3回） 2/2午後（第4回） 2/3午後（第5回） 2/4午前（第6回）

試験科目 国・算または国・算・理・社（第1回特別奨学生・第3回） 適性Ⅰ・ⅡまたはⅠ・Ⅱ・Ⅲ（第2回適性検査型） 国・算（第2・6回） 国・算・英の上位2科（第3回英検利用ベスト2） 算（第4回） 国（第5回）

2024年度	募集定員	受験者数	合格者数	競争率
第1回	15/25	44/23	10/37	4.4/ー
第2回適性	10/5	7/2	0/6	ー/ー
第2回	10/15	61/25	28/41	2.2/ー
第3回	10/15	31/17	12/30	2.6/ー
第3回英検利用	5/5	3/3	3/3	1.0/1.0
第4回	5/10	19/10	4/9	4.8/1.1
第5回	5/10	37/15	6/28	6.2/ー
第6回	若干5/5	35/17	13/34	2.7/ー

※人数はすべて特進Eクラス/進学iクラス

高校

試験日 1/22（A推薦） 1/22または23（B推薦） 2/10（一般単願優遇） 2/10または13（一般併願、①、②）

試験科目 適性〈国・数・英〉（推薦） 国・数・英（一般）

2024年度	募集定員	受験者数	合格者数	競争率
進学クラス	70/70	121/62	121/61	1.0/1.0
特進クラス	30/30	93/89	93/96	1.0/ー

※人数はすべて推薦/一般
※スライド合格を含む
※他に、中・高とも、若干名の帰国生入試（12/24）あり

───

卒業生有名人 大和悠河（女優）、秋元真夏（タレント"乃木坂46"）

───

（右端縦帯）進学に有利にあり／併設校／芸術＆特殊学科／資格＆技能系／施設が充実／スポーツが強い／クラブが活発／重視操教育を／国際人を養成／校風自由な

東京実業 高等学校

2022年に創立100周年を迎えました

普通科（探究コース・総合コース・ビジネスコース）
電気科（電気システムコース・ゲームITコース）
機械科（機械システムコース）
生徒数　772名
〒144-0051
東京都大田区西蒲田8-18-1
☎ 03-3732-4481

SUPER INDEX P.77

制服 p.23

京浜東北線・東急多摩川線・東急池上線
蒲田駅　徒歩3分
京浜急行線京急蒲田駅　徒歩15分

URL	https://www.tojitsu.ed.jp/
Web上での合格発表	○

一人1台のコンピュータ室

プロフィール　円満で誠実な人格 不屈の精神力を育む

1922年、東京実業学校という名称で商業学校として創立。1936年現在地に移転。2006年に全科男女共学化。

トピックス　2023年度より 一人1台ipad導入！

一人1台ipadを導入し、様々なアプリケーションを用いた効率的な学びにも対応。受身ではなく、自身から発信することもしっかり学び、大学での学び・研究へと繋げていく。

カリキュラム　3科6コースでの 多様な学び

全ての科・コースで、大学進学に対応できる学力の定着を保証する。

普通科探究コースは、上位大学現役合格を目指すコース。授業や講習でインプットとアウトプットを徹底的に繰り返すことにより、上位大学進学に向けた学力を身につける。2024年度より、探究コースのみ授業でオンライン英会話を導入し、英語力の向上を図る。また、大学や企業の方等を講師としてお呼びする探究コース限定の講演会を行い、学力面と精神面の両面を鍛え、上位大学合格を目指す。

普通科総合コースは、4年制大学現役合格を目指すコース。高校の学びの基礎となる中学校までの学び直しを授業内で行う。基礎の上にしっかりと高校の学力を積み重ねることによって、大学合格を目指す。また、総合コースでは、多彩なクラブ活動との文武両立を目指す。

普通科ビジネスコースは、学習を通じて思考力、表現力、判断力を身につけるために、「アントレプレナーシップ」を学ぶ。アントレプレナーシップとは、「起業家的行動能力」と示されることが多いが、多くの仕事がAIやロボットに置き換わる中で、人間に求められている能力とも言える。新しい価値を創造し、よりよい

授業風景

社会を求めていく人材には、課題を主体的に解決し事業を推進していくアントレプレナーシップは不可欠である。この視点は、本校の「キャリア教育」が目指すものと多くが重なる。ビジネスに関する科目も含めたすべての教科学習で培った知識技能を、探究活動を通してアントレプレナーシップを身につけた人材を育成する。具体的に述べるとその人材とは、発想力・創造力・問題発見＆解決能力・情報収集＆分析能力・マネジメント力・リーダーシップ力・コミュニケーション能力を備えることである。

機械科機械システムコースは、「使うより作ろう」のスローガンのもと、モノづくりを基礎から学び、機械の専門スキルの習得と未来に活かせる創造性豊かな知識と技能を身につけた人材の育成を目指す。現代社会では工場の自動化が進んでおり、機械システムコースでは時代に沿った実習を行っている。実習の一例を挙げると、人の腕の代わりをするアームロボット実習やコンピュータによる3次元製図がある。ものづくりの基礎となる溶接実習や旋盤実習なども行っている。溶接とは鉄と鉄を溶かしてくっつけることであり、旋盤とは材料を回転させて刃物で加工することである。また、本校で得た知識と技能を、課題研究で具現化し、発表する。課題研究の一例としては、ロボットコンテスト、電子掲示板、ソーラーカー、アクリル板工作などがある。課題研究を通して、生徒のコミュニケーション能力、主体性、多様性、協働性を伸ばす。

電気科電気システムコースでは、オームの法則に始まる電気の基礎から、インバータ制御や太陽電池といった最先端の電気技術まで幅広く学習し、産業界の様々な分野で活躍する電気のスペシャリストを目指す。電気システムコースでは、よりよい社会を創るという目標を共有し、社会と連携・協働しながら、未来の創り手となるために必要な資質・能力を育む。カリキュラムは、専門教科はもちろんのこと、大学受験に対応できる普通教科の単位数を設定している。専門教科は、電気の基礎からしっかりと学んだ上で、各専門知識や技術を身につける段階的な学習システムをとっている。電気の知識が0でも無理なくスキルアップが望める。少人数制の実習・実験中心のカリキュラムにより、幅広い知識・技能を修得でき、実験・実習の集大成として、課題研究で主体的・対話的で深い学びをすすめ、電気工学分野の創造性を育む。また、数々の資格取得にも力を入れており成果を上げている。特に国家資格でもある第二種電気工事士の取得には精力的に取り組んでおり、東京の工業高校内でも、常にトップ5に入る高い合格率を誇る。

電気科ゲームITコースは、「プログラマー」や「情報技術者」となる人材育成を目指す。ゲーム制作に必要な技術とは、「ゲームプログラム」などの「プログラムの技術」、「ソフトウェアの技術」、パソコン本体やゲーム機器などの「ハードウェアの技術」、キャラクターを生み出す「コンピュータグラフィックスの技術」などが挙げられる。また、現在ではインターネットを利用して世界中の人と繋がる。これには、ネットワークなどの「通信に関する技術」が必要となる。このようにゲームは様々な技術ででき上がっており、ゲームを学ぶ

ことはこれらの様々な知識を学ぶことになる。ゲームITコースでは、このような幅広い基礎的な知識を高校時代に習得し経験値を高め、理系・情報系大学に進学し、さらなる深い学びや研究を行うことを目的とし、高校と大学の7年間で知識、技能の習得を目指す。

学校生活　クラブ活動を通した 人間教育

登校時間	夏	8：40	冬	8：40

クラブは、近年全国大会で活躍が目立つレスリング部、インターハイ・全国高校駅伝5回出場の陸上競技部、都大会ベスト4常連のサッカー部、甲子園を目指す野球部、少しずつ結果の出てきたバドミントン部など運動部が14。全国大会や海外での活動の評価も高いマーチングバンド部、eスポーツの各種大会に参戦中のeスポーツ部など、文化部が18あり、活発に活動している。

進路　徹底指導で 進学実績が上昇

科・コースを問わず進学者数が急上昇している。全体の8割が進学し、進学者の5割近くは大学に進学している。一方で専門性を活かした就職も安定している。

2024年度入試要項

試験日　1/22（推薦・併願Ⅰ）　2/10（併願Ⅱ・一般Ⅰ）　2/13（一般Ⅱ）
2/16（一般Ⅲ）

試験科目　面接（推薦・併願Ⅰ）　国・数・英（併願Ⅱ）　国・数・英＋面接（一般Ⅰ）　国・数・英から2科＋面接（一般Ⅱ・Ⅲ）

2024年度	募集定員	受験者数	合格者数	競争率
探究	15/15/5			
総合	60/60/20			
ビジネス	30/30/10			
機械	15/15/5			
電気システム	15/15/5			
ゲームIT	15/15/5			

※人数はすべて推薦/併願/一般

卒業生有名人　庄司智春（タレント）

東京

女子 中 高 大

東京純心女子 中学校 高等学校

4年制大学への現役進学率 92.4%
英語、探究、いのちと向き合うを柱に
平和な未来を創る人を育てる

普通科（高校）
生徒数 113名（中学） 221名（高校）
〒192-0011
東京都八王子市滝山町2-600
☎ 042-691-1345
JR中央線・横浜線・八高線・相模線八王子駅、京王線京王八王子駅よりバス13分
JR青梅線拝島駅・福生駅、五日市線秋川駅よりバス

SUPER INDEX P.89

制服 p.30

URL	https://www.t-junshin.ac.jp			
Web上での合格発表	中学	○	高校	○

朝礼で聖歌を歌い、一日を始める

プロフィール
姉妹校も多い ミッション・スクール

1935（昭和10）年、長崎市に純心女学院創立。その後、1964年に東京純心女子高等学校、1986年に中学校、1996（平成8）年に大学が開校した。オーストラリア、長崎、鹿児島には姉妹校もある。

「叡智」「真心」「貢献」を3つの教育目標とし、他者とともに平和な世界を創る人として活躍することを目指している。

環境
都立滝山自然公園の 一角という最高の立地

多摩川のほとり、滝山自然公園のなだらかな丘の中腹に位置する。四季折々の自然を日常の学園生活の中で楽しむことができる申し分のない環境である。理科の授業などでは、校外に出て自分の目で確かめる課外授業になることもある。また、広大な敷地内には、色とりどりの花々が四季を通じて咲き乱れ、校庭に建つマリア像、学園聖堂などと合わせ、ミッション系スクールならではの雰囲気が漂う。

多目的ホール、中学校図書館、高校図書館、コンピュータ教室などを完備した「セントメリーホール」もあり、国際情報化時代にも対応している。

長崎研修旅行原爆資料館を訪ねて

カリキュラム
一人ひとりに合った きめ細かいカリキュラム

学習の質を向上させ、これまで以上に一人ひとりのニーズに合わせた受験指導が行える体制を整えている。

中学では基礎学力を重視し、主要教科を標準時数より多く設けている。

高校からは、難関国公立大を視野に入れた「特進プログラム」コース、看護医療系・芸術系など多様な目的に応じた「セレクトデザイン」コースを導入し、きめ細やかな指導を徹底する。

また、中学では英語・数学、高校では英語・数学・国語で習熟度別授業も行っている。さらに夏・春期講習、早朝や放課後の補習もあり、ゆとりある中にも充実した学習が可能となっている。

英語教育には特に力を入れ、特進クラスを設置し、4技能をしっかりと養成する。また、高校特進クラスは、全員基本費用が実質無料の3ヶ月ターム留学に参加。オーストラリアの姉妹校において、2週間の英語研修と2ヶ月のターム留学も希望者を対象に実施し、国際感覚を身につける。

学校生活
聖歌・聖書で 始まる1日

登校時間	中学	夏季	8：20	冬季	8：20
	高校		8：20		8：20

ミッション系スクールの本校の朝は、聖歌を歌い、聖書を読む朝礼から始まり、6年間、「宗教」が必修科目となっている。さらに、キリスト教に基づく人格形成の教育を目指す、純心教育の柱のひとつとして、「労作」の授業が設けられている。恵まれた自然環境の中で、落花生・大根などの栽培や花壇の世話などの自然体験を通して、働くことの意義や自然・生物に対する慈しみの心を育んでいる。

また、学校行事、クラブ活動なども、中・高一体で行っている。

進路
推薦指定の数も 多い女子進学校

卒業生のほぼ全員が進学希望である。2023年3月卒業生の合格実績は、千葉大、東京都立大、慶應義塾大、早稲田大、上智大、青山学院大、明治大、立教大、津田塾大など。また、こども文化学科を持つ、系列の「東京純心大学」は2015年度より看護学部を開設した。

2024年度入試要項

中学

試験日 2/1午前（第1回・適性第1回） 2/1午後（第2回） 2/2午前（第3回） 2/2午後（数的処理） 2/5午前（第4回・適性第2回）

試験科目 国・算 または 国・算・理・社（第1・3・4回） 国・算（第2回） 適性（適性検査型） 算（数的処理型）

2024年度	募集定員	受験者数	合格者数	競争率
第1回/第2回	20/10	20/23	15/19	1.3/1.2
第3回/第4回	20/10	16/13	11/10	1.5/1.3
適性1回/2回	20/10	8/8	6/7	1.3/1.1
数的処理	10	8	7	1.1

高校

試験日 1/22（推薦） 2/10（併願優遇・一般Ⅰ） 2/11（併願優遇・一般Ⅱ）

試験科目 作文+面接（推薦） 国・数・英（併願優遇・一般）

2024年度	募集定員	受験者数	合格者数	競争率
推薦	20/50	2/34	2/34	1.0/1.0
併願優遇	20/50	8/32	7/31	1.1/1.0

※人数はすべて特進/セレクト
※一般Ⅰ・Ⅱの募集は若干名

進学に有利に
併設校あり
芸術&特殊学科
資格系&技能系
施設が充実
スポーツが強い
クラブ活動が活発
情操教育を重視
国際人を養成
自由な校風

卒業生有名人　ラランド サーヤ（芸人）

東京女学館 中学校 高等学校

一貫教育で品性を磨く
独自のカリキュラムで
高い進学率を実現

SUPER INDEX P.73

制服 p.⑱

普通科（高校）
生徒数　755名（中学）　650名（高校）
〒150-0012
東京都渋谷区広尾3-7-16
☎ 03-3400-0867
日比谷線広尾駅　徒歩12分
山手線・私鉄・地下鉄各線渋谷駅
バス13分
山手線・日比谷線恵比寿駅　バス10分

URL	https://tjk.jp/mh/
Web上での合格発表	○

品性と知性を重視した女子教育
プロフィール

1888（明治21）年創立。「女子教育奨励会」（創立委員長伊藤博文）により、麹町の皇室御料地にて開校。1890（明治23）年に虎の門に移転し、1923（大正12）年の大震災の後、現在地に移る。建学以来、「高い品性を備え、人と社会に貢献する女性の育成」を実践している。

緑あふれる敷地内の充実した学習環境
環境

広尾の緑豊かな文教地区に位置するキャンパス内に、小学校・中学校・高等学校がある。施設は、高度情報化に対応したメディアオペレーションルーム、コンピュータ室、各教室を結ぶ「イントラネット」や校内Wi-Fi、特別教室体育館、調理室、被服室、理科室、美術室、音楽室、書道室などがあり、そのほか、講堂、一学年が入れる合併教室、図書館、全面人工芝のグラウンド、食堂、作法室、プール、レッスン室、ビオトープなど充実した学習環境が整っている。校外施設には、「軽井沢学習寮」がある。

自分の可能性が引き出される授業
カリキュラム

中学では、基礎基本を重視しバランスのとれたカリキュラムになっている。英語は中学は習熟度別の分割授業

生徒の興味を引き出す授業を展開

を実施し、外国人教師の英会話の授業など、国際性の育成にも力を注ぐ。

高校では1年次は全員が同じ必修科目を学び、英語表現は2時間を分割授業、数学は2クラスを3分割し、基礎基本の徹底を図るコースと応用発展を盛り込んだコースの少人数授業を実施。2年次から文系・理系の2つのコースに分かれ、3年次には、それぞれの進路に応じた自由選択の科目が増える。中学高校ともに理科の実験が多く、他教科も実習・実技を重視している。さらに、高校1・2年の総合的な探究では各々が興味のあるテーマを研究し、論文を作成。異文化相互理解に基づき、アメリカ文化研修（オレゴン）、東南アジア文化研修（タイ・マレーシア）、韓国文化研修、イギリス・アメリカ・オーストラリア・ニュージーランドへの留学制度を実施している。

また、各学年に1クラス国際学級を設置。一貫教育による真の国際人育成を目指している。

リーダーシップを育む学校行事・クラブ活動
学校生活

登校時間	中学	夏季	8：25	冬季	8：25
	高校	8：25			8：25

インクルーシブ・リーダーシップの育成に力を入れている。そのために、球技会・体育大会・記念祭・遠足・修学旅行など生徒会や実行委員会により生徒が中心になって運営。そのほか、国内外の一流演奏家やオーケストラ・オペラなどを招いた音楽会、学年に応じた軽井沢学習寮での宿泊体験、弁論大会、歌舞伎鑑賞、能楽鑑賞などを通し、豊かな心を育む。また、クラブ活動も生徒が中心に運営し、文化部・運動部合わせて35クラブが意欲的に活動している。

自分に合った進路を実現
進路

登校風景

約88％が4年制大学へ進学という状況。東京、筑波、千葉、東京学芸、横浜国立、お茶の水女子、早稲田、慶應、上智、ICU、立教、学習院、青山学院、東京理科、中央、法政などへ進学。

慶應、早稲田、上智、学習院、立教、津田塾、東京女子医科、聖マリアンナ医科など、多くの指定校推薦がある。

在校生から受験生にひとこと
ひとこと

学校では親身になってくださる先生方や、私を支え、良い刺激を与えてくれる友人とともに日々学ぶことができます。部活動や委員会などで生徒が活発に活動することができるところも、この学校の良い所だと思います。
（生徒会高2）

2024年度入試要項

中学
試験日　12/10（帰国生国際）　2/1午前（第1回）2/1午後（第2回）2/2午後（第3回・一般生国際）　2/3午前（第4回）
試験科目　国・算または算・英＋面接（帰国生国際）
　　　　　国・算・理・社（第1・4回）
　　　　　国・算（第2・3回・一般生国際）

2024年度	募集定員	受験者数	合格者数	競争率
第1回	35	95	38	2.5
第2回	35	333	144	2.3
第3回	35	219	109	2.0
第4回	25	202	42	4.8
国際学級帰国/一般	18/20	50/65	42/23	1.2/2.8

高校　募集せず

左端縦書きインデックス：
進学に有利／併設校あり／芸術&特殊学科／資格&技能系／施設が充実／スポーツが強い／クラブが活発／情操教育を重視／国際人を養成／自由な校風

東京
女子 中高

東京女子学院 中学校 高等学校

普通科（高校）
生徒数 108名（中学） 335名（高校）
〒177-0051
東京都練馬区関町北4-16-11
☎ 03-3920-5151
西武新宿線武蔵関駅 徒歩3分

SUPER INDEX P.91

グローバル社会で活躍できる
女性を目指す3コース制
体験型アメリカ修学旅行を実施

URL	https://www.tjg.ac.jp/			
Web上での合格発表	中学	○	高校	○

新制服

プロフィール
世界に生きる女性になる

1936年創立。建学の精神は、至誠努力の日本女性、道義に立つ教育、生活即教育。正しい姿・明るい心を校訓とし、知性と感性の調和がとれた気品あふれる女性を育てることを目標としている。日本の伝統的な文化を継承し、日本女性としての気品と立ち居振る舞いを身につけるため、礼法や華道などの情操教育に力を入れている。2025年4月より英明フロンティア中学校・高等学校に校名を変更し、2025年度より高校を、2026年度より中学校を順次共学化の予定。

環境
木の温もりに包まれて学ぶ

安全・便利な立地環境の下、木の温もりを大切にする校舎、広い人工芝の校庭、酒井ギャラリー（校内にある美術館）などがある。木をふんだんに使った校舎はぬくもりを感じるだけでなく、エコガラスの採用など、環境にも配慮した施設作りを行っている。図書室、自習室、食堂のほか、全面人工芝になった校庭やテニスコート、ダンススタジオ、室内温水プールもリニューアルされた。

学校生活
文化・芸術系が多い学校行事

6月の合唱発表会、7月の芸術鑑賞、9月の芙蓉祭、10月の体育祭、1月の

英国修学旅行（中学）

スピーチ大会（高校）、2月の修学旅行、3月の英国語学研修など、文化・芸術系の行事が多く、創造力・人間力を育てている。特に、芙蓉祭は生徒全員が舞台部門・写真部門・華道部門・研究部門など、各自が作品を必ず1点発表するために長い時間練習や準備に取り組む文化祭だ。

カリキュラム
グローバル人材を育てる3コース制

本学院では中高一貫教育を行っている。ゆとりある6か年の教育課程を通じて、希望の進路実現を図る。国際教育の一貫として自国を知るための京都・奈良修学旅行を実施。

高校は3コース制。スタディアブロード（SA）コースは3カ月か6カ月または1年間の海外留学をカリキュラムに組み込み、留学先での履修単位を認定するので3年間で高校を卒業できる。アメリカ、カナダ、イギリス、オーストラリア、ニュージーランドの5カ国の提携校に留学し、広い視野と英語コミニケション力を磨く。セレクトラーニング（SL）コースは基礎的な学力に加え、課題解決型のアクティブラーニングを採り入れるなど、新しい時代に求められる学力を育成する。2年次から文系・理系に分かれ大学進学を目指す。アメリカ修学旅行（2年）ではホームステイを体験するほか、希望者はイギリスでの語学研修にも参加できる。2019年新設のフードカルチャー（FC）コースは「食」に関連する多くの実習と専門科目を通して、「食」を通じて世界と向き合い、食のクリエーターを育てる。

進路
4年制大学現役進学率85%

アチーブメントプログラム（基礎学力）やチュータリングプログラムなどのきめ細やかな指導により、4年制大学の現役進学率は85%。早稲田大・上智大・明治大・青山学院大・立教大・中央大などの難関

大学が英語力や国際交流の経験がある志願者を優先的に選抜するグローバル入試を導入しており、グローバル教育に力を入れている本学院の生徒たちにとってチャンスが広がっている。また、毎年多くの指定校推薦枠がある。

2024年度入試要項

中学

試験日 11/18、12/9、1/6、2/1・2・4（帰国生） 2/1午前・午後（第1回） 2/2午前・午後（第2回） 2/4午前・午後（第3回） 2/13午前・午後（第4回） 2/24午前・午後（第5回）

試験科目 国・算・英から2科＋面接（帰国生） 国か算または国・算か国・算・理・社（第1〜3回） 国・算か国・算・理・社＋面接（第4・5回）
※第1〜3回は英語特別入試（英＋アクティビティ）、芸術・スポーツ・特技・特別入試、課題解決型入試、特待生入試（国・算・理・社＋面接）あり
※第1回午前は適性検査型入試あり

2024年度	募集定員	受験者数	合格者数	競争率
第1回午前/午後	50	17/9	16/8	1.1/1.1
第2回午前/午後	30	3/6	2/6	1.5/1.0
第3回午前/午後	20	3/3	3/3	1.0/1.0
第4回午前/午後	10	―	―	―
第5回午前/午後	10	―	―	―

高校

試験日 11/18、12/9、1/6、2/10、2/11（帰国生） 1/22（推薦） 2/10または11（併願優遇・一般）

試験科目 面接（推薦） 国・数・英＋面接（併願優遇・一般・帰国生）

2024年度	募集定員	受験者数	合格者数	競争率
SA	20/20	―	―	―
SL	80/80	―	―	―
FC	20/20	―	―	―

※人数はすべて推薦/併願優遇・一般
※中・高とも、帰国生の募集は若干名

進学に有利に
併設校あり
芸術＆特殊学科
資格＆技能系
施設が充実
スポーツが強い
クラブ活発
情報教育を重視
国際人を養成
自由な校風

東京成徳大学 中高一貫部

一人ひとりの目標に合わせて多彩なカリキュラムを用意

生徒数　504名
〒114-8526
東京都北区豊島8-26-9
☎ 03-3911-7109
南北線王子神谷駅　徒歩5分
京浜東北線東十条駅　徒歩15分

SUPER INDEX P.75

制服 p.22

URL	https://www.tokyoseitoku.jp/js/
Web上での合格発表	○

進学に有利
併設校あり
芸術&特殊学科
資格&技能系
施設が充実
スポーツが強い
クラブが活発
情操教育を重視
国際人を養成
自由な校風

カリキュラム

完全6年一貫教育体制で、6年間の時間を有効的に活用して、各教科で基礎学力の構築にとどまらず、実践的なコミュニケーション力や表現力など社会で活用できる力を養っている。習熟度に差が出ることが多い中学では、数学と英語で、放課後週1～2回各30分程度のボトムアッププログラムを実施。「わからない」を放置せず、もっと可能性を伸ばしていくために、丁寧に手厚いフォローを行う。

中学1年より独自の授業「自分を深める学習」を行っている。「自分とは何か」「どう生きるのか」「なぜ学ぶのか」など、テーマごとに自己の内面を掘り下げ、他者と議論していくことで、主体的な生き方を選択する助けとなる。また、大学や企業から最前線の研究をする講師を招き、科学への興味を探るサイエンスプロジェクトも実施。仮説を立てて検証していく科学的思考を実践し、研究の基礎を育む。その他、キャリア教育・進路指導の一環として、年間100を超える特別講座を開講。これらの多彩な学習経験は、主体的な姿勢を高めるための訓練となる。

2022年度入学生から新カリキュラムが始まる。新カリキュラムでは、これまで重視してきた「学力」「心身」「人間性」といった3つの資質・能力の育成に加えて、「創造性」「Global Mind」「社会の変化に対応できる力」という、3つの能力の育成を目指す。国際的な視野を広げ、他者と協働して課題を解決する力や、社会とのつながりの中で自分の進路を切り開く力を伸ばしていく。

環境

中高一貫部の廊下は広い空間があり、壁には多くの絵画・リトグラフが展示されている。また大型スクリーンの完備されているヴェリタスホールや、明るい雰囲気のカフェテリア風食堂があり、落ち着いた雰囲気を感じさせる。また、Wi-Fiがすべての教室で使用できる環境があり、ICT活用による次世代型教育を実現している。

高等部と合同使用している施設には、陸上競技用トラックや室内プール、弓道場、テニスコート、プラネタリウムまで設けられており、あらゆるチャレンジに対応可能。

国際化

中学2年で2週間の全員必須の語学留学を行い、高い英語力と海外生活の経験を積み、選択する期間を1年設け、中学3年の3学期にニュージーランド学期留学を実施する。ニュージーランド留学は20年近く実施されてきており、安全な留学スタイルが確立されている。

学校生活

中高一貫部の最大のイベントである体育祭は、生徒が充実することを一番に考え、準備・進行・運営をすべて生徒が中心となり完結させる。2年次に実施される戸隠校外学習は、特色的な行事のひとつ。2日目に行われる1日がかりの登山や、3泊のキャンプ場でのテント生活や、薪でご飯を炊くなどの充実した自然体験を行う。文化祭は、企画から実行まで生徒が実施。1～3年次では学年ごとに演劇・展示・見学者参加形式アトラクション等を企画し、4・5年次では、全員が有志単位・部活単位での企画を行う。その他にも中学スポーツ大会、高校球技大会、中学合唱祭など、様々な学校行事がある。

進路

過去3年間の大学合格実績（既卒生含む）

国公立大学は、東京農工大、東京学芸大、電気通信大、筑波大、埼玉大、茨城大、静岡大、新潟大、東京都立大、高崎経済大、山梨県立大、都留文科大　他。私立大学は、早稲田大、慶應義塾大、上智大、東京理科大　他。MARCHは、毎年30%近くが合格している。

2024年度入試要項

試験日　2/1午前（第1回一般）
　　　　2/1午後（第1回特待）
　　　　2/2午前（第2回一般）
　　　　2/2午後（第2回特待）
　　　　2/3午前（第3回一般）
　　　　2/4午前（第3回特待）
　　　　2/5午前（Distinguished Learner選抜入試）
試験科目　国・算・理・社か国・算（2/1・2・3午前）
　　　　　国・算（2/1・2午後、2/4）　個人課題＋グループワーク＋プレゼンテーション（2/5）

2024年度	募集定員	受験者数	合格者数	競争率
第1回一般	60	118	100	1.2
第1回特待	20	119	89	1.3
第2回一般	20	57	42	1.4
第2回特待	20	80	60	1.3
第3回一般	20	50	36	1.4
第3回特待	20	54	39	1.4
DL	若干	11	5	2.2

※他に、若干名の帰国生入試（11/26）あり

卒業生有名人　廣瀬章人（プロ棋士）、吉田亜沙美（元女子バスケットボール日本代表キャプテン）

共学 幼中高短大院

東京成徳大学 高等学校

一人ひとりの目標に合わせて 多彩なカリキュラムを用意

普通科
生徒数 1270名
〒114-0002
東京都北区王子6-7-14
☎ 03-3911-5196
南北線王子神谷駅 徒歩7分

SUPER INDEX P.75

制服 p.22

URL	https://www.tokyoseitoku.jp/hs/
Web上での合格発表	○

プロフィール

　建学の精神は「徳を成す人間の育成」。社会に活きる力を涵養しつつ、生徒一人ひとりの人格の完成の契機となるような教育活動の実現を理想としている。2025年に創立100年を迎える本校は、目指すべき将来像として、「『成徳』の精神を持つグローバル人材」の育成を掲げている。また、「文部両道」「自分を深める学習」「進学」の3本柱を骨格として、変化する社会において、自立して生きること、多様な人々と協働しながら新たな価値を創造するために必要な力を養うための、将来に向けた土台作りを提供している。

カリキュラム

　特別進学コースは国公立・難関私立大学への、進学選抜コースは上位私立大学への、そして進学コースは中堅私立大学や併設の大学・短大への進学を念頭に、3コースとも月〜金曜日は6限、土曜日は4限の授業を展開する。1・2年次のカリキュラムは3コース共通で、2年次に文系・理系を選択、3年次には受験対策を徹底している。

　独自のプログラム「自分を深める学習」では映画などの映像、エッセイ、漫画・イラスト、哲学・文学作品など、知性のみではなく、感性にも訴えかける教材・プログラムを通して他者や自然とのつながりの中で自らの存在を問い続け、「グローバル・スタディーズ」ではディスカッションやプレゼンテーションなどの技術を習得した後、各自で課題を設定して探求活動を行うことを通して、自分とは異なる視点を持つ他者とスムーズにコミュニケーションを図り、より良い答えを求め続ける姿勢と能力を養い、生きる力を育む。一方で、長期休業中や放課後の特別講習、

東大生による講習や本校卒業生チューター制度、あるいはICTを活用した多面的な指導を通じて、通過点となる大学受験への備えに万全を期している。

学校生活

　生徒主導で運営する体育祭や球技大会・文化祭、あるいは自然体験プログラムや修学旅行は、文「部」両道を実現する重要な機会となっている。

環境

　5つの体育館、温水プール、人工芝のグラウンド、プラネタリウム、カフェテリアなどの施設は、部活動に取り組む生徒を支える。個別ブースを備えた自習室には、早朝7:00から放課後19:00まで、勉学に勤しむ生徒の姿がある。DDR（Discussion & Discovery Room）にはネイティブ教員が常駐し、言語を含めた異文化を体験できる。昼休みには英会話を行いながらランチを楽しむこともできる。

国際化

　正規の留学生として海外の高校に1年間通学するプログラムや、夏季休業中の3週間実施する海外語学研修など、広い視野と国際感覚を養う機会も用意している。

進路

　カリキュラムの中で受験対応が完結できるように取り組んでいる。進路アドバイザーによる進路相談はもちろん、一般選抜に対応した模試や学校推薦型選抜に対応した小論文模試・面接

指導まで、幅広い進路指導を行っている。進路相談を通して、生徒一人ひとりに合った受験方法を提案し、目標に向かって全力でサポートする。特に、どのような入試形態においても必要不可欠な基礎学力（英語・数学・国語）の定着に力を入れている。
令和4年度合格実績（既卒生含む）
　国公立大学10人、早慶上理9人、GMARCH75人、日東駒専123人、その他多数合格。

2024年度入試要項

試験日　1/22（推薦）　2/10（一般第1回）
　　　　2/14（一般第2回）

試験科目　適性〈国・数・英〉＋書類（推薦）
　　　　　国・数・英＋書類（一般）
　　　　　※チャレンジ受験（2/14）は国・数・英または国・数・英・理・社

2024年度	募集定員	受験者数	合格者数	競争率
特別進学推薦	30			
進学選抜推薦	70			
進学推薦	70	335/375/42	335/358/32	1.0/1.0/1.3
特別進学一般 第1回/第2回	30/20			
進学選抜一般 第1回/第2回	70/20			
進学一般 第1回/第2回	70/20			

※人数は推薦／一般第1回／第2回
※推薦Ⅱ・Ⅲは、神奈川を除く都外生対象

卒業生有名人　廣瀬章人（プロ棋士）、吉田亜沙美（元女子バスケットボール日本代表キャプテン）

進学に有利
併設校あり
芸術系＆特殊学科
資格＆技能系
施設が充実
スポーツが強い
クラブ活動が活発
情操教育を重視
国際人を養成
自由な校風

東京
共学 中 高 大 院

東京電機大学中学校 高等学校

系列大学への推薦もあり
約8割が他大学受験

SUPER
INDEX
P.88

制服
p.32

普通科（高校）
生徒数　479名（中学）　807名（高校）
〒184-8555
東京都小金井市梶野町4-8-1
☎ 0422-37-6441
中央線東小金井駅　徒歩5分

URL	https://www.dendai.ed.jp/			
Web上での合格発表	中　学	○	高　校	○

運動系、文科系ともクラブ活動は活発

プロフィール 「人間らしく生きる」を校訓に

1907（明治40）年、学園の母体である電機学校を設立。1939（昭和14）年、東京電機工業学校（高校の前身）を設置し、1956年に東京電機大学高等学校と改称した。1996（平成8）年には中学校を開設。1999年より、中・高の男女共学がスタートした。

「人間らしく生きる」の校訓のもと、人間性豊かな若人の育成に努めている。

環境 ハイテク機能満載の学校施設

エントランスを中心に左右対称に設計された4階建ての校舎には、先端の教育設備が満載だ。1階には、採光を考慮した広い図書館、本格的な音響設備や視聴覚設備を整えた階段式小ホール、カフェテリアなどの共用施設がある。2階以上は、一般教室と多彩な特別教室から成る教室群で、理科関係5教室、PC3教室、自習室がある。中央には吹きぬけのコミュニケーション・ゾーンが設置されている。体育施設も充実していて、屋上プールのほか体育館には空調設備やトレーニングルーム、シャワールームも備えている。

カリキュラム 大学進学に対応した綿密な進学指導

理科の実験風景

中学では、一貫教育の利点を生かし数学では先取り授業を行う。1年次からPCの授業がある。また、3年次からは習熟度別クラス編成をとっている。週2回は補習講習の日としてクラブ活動との住み分けをしている。

高校では、国公立大受験を考慮したカリキュラム編成で、全員が理系から文系まで幅広く大学進学を目指す。2年次から理系と文系に分かれて、進路適性に合った学習をし、3年次では進路に応じた選択科目を重点的に学ぶことができる。ふだんの定期講習のほか夏期・春期には多数の講習会を実施している。朝テストがあり、放課後も補習を実施している。また、今まで行われてきた課題探究学習の内容をさらに発展させた総合研究の時間を設け、「5つの力」を育むための「課題認識→調査→分析・思考→まとめ・表現→新たな課題認識」のサイクルを行い「チャレンジ精神旺盛な自立した人」を育てる。

学校生活 活気あふれるスクールライフ

登校時間	中学	夏季	8：30	冬季	8：30
	高校		8：30		8：30

学習だけでなく、学校行事も盛んで、特にTDU武蔵野祭（文化祭）は他校生からも人気がある。中学では、体育祭、林間学校、修学旅行など、友達との楽しい思い出作りには事欠かない。高校では、高校生活スタートセミナー（合宿）、体育祭、球技大会、修学旅行など、多彩なスケジュールだ。

クラブ活動も活発に行われている。運動系・文化系、愛好会等を合わせて、中学は27、高校は28の多彩なクラブを設置しており、放送部・鉄道研究部はここ数年、全国大会に出場している。

進路 系列大学へ推薦も他大学合格者も増加

東京電機大学へ推薦入学の制度があり、国公立大学との併願が可能。卒業生の2割前後が進学している。工学系ばかりでなく理学・生命・薬学・文系など国公立大学はじめ幅広く受験している。2023年3月卒業生の現役4年制大学進学率は84.4%。主な進学先は、東京農工大、東京学芸大、東京都立大、秋田大、山梨大、早稲田大、慶應義塾大、上智大、東京理科大、青山学院大、学習院大、中央大、法政大、明治大、日本大、東洋大、専修大、芝浦工業大、成蹊大、東京薬科大、明治薬科大、北里大、日本獣医生命科学大、日本女子大など。

2024年度入試要項

中学

試験日　2/1午前・午後（第1・2回）
　　　　2/2午前（第3回）　2/4午後（第4回）
試験科目　国・算または国・算・理・社（第1・3回）　国か算（第2回）　国・算・理・社から2科（第4回）

2024年度	募集定員	受験者数	合格者数	競争率
第1回	50	218	79	2.8
第2回	50	496	213	2.3
第3回	20	174	36	4.8
第4回	30	289	51	5.7

高校

試験日　1/22（推薦）　2/10（一般）
試験科目　作文＋面接（推薦）
　　　　　国・数・英＋面接（一般）

2024年度	募集定員	受験者数	合格者数	競争率
推薦	約30	35	35	1.0
一般	約80	239	212	1.1

■卒業生有名人　春風亭小朝（落語家）、堤大二郎（俳優）、及川拓馬（将棋棋士）

共学　幼 小 中 高 大 院

東京都市大学等々力 中学校 高等学校

普通科（高校）
生徒数　633名（中学）　530名（高校）
〒158-0082
東京都世田谷区等々力8-10-1
☎ 03-5962-0104
東急大井町線等々力駅　徒歩10分

SUPER INDEX P.80

"伸ばす" "伸びる" 学力革命 大学入試で終わらない 生涯に渡って使える本物の力を養う

U R L	https://www.tcu-todoroki.ed.jp		
Web上での合格発表	中　学	○	高　校	○

ノブレス・オブリージュの教育

プロフィール

　1939年創立。1948年に東横学園高等学校が発足。翌年中学校を併設。2009年4月、東京都市大学発足に伴い、校名変更。2010年度より共学部を新設。「ノブレス・オブリージュ」の人格教育のもと、高い進路目標の定着を目指し、グローバルリーダーの育成を目指している。

環境

静かな学習環境でスペースもゆったり

　閑静な住宅地にある広々とした敷地に2010年8月、新しい時代の図書室として「ストラテジー・インフォメーション・センター（SIC）」や学習支援センターなどがある第1校舎、2011年3月には生徒たちの憩いの場であり眺望を楽しめるラウンジとガーデンテラス、多目的に使えるホールもある第2校舎が完成。

カリキュラム

特化教育

　毎0時限の到達度テストやチューター制による個別補習、TQノートによるアナライズセンターでの学習進捗の分析・管理からなる「システムZ（ゼータ）」、オリジナルテキストによるInput型授業やコミュニケーション力向上の

ストラテジー・インフォメーション・センター

ための実践的Output型授業が特徴のリテラシー教育などの「システムLiP」の学習支援システムで、高い進路目標の達成を目指す6年一貫教育。

　また、イギリス・オックスフォード大学への語学研修旅行、オーストラリアでの英語研修や実験重視の理数教育「SST」など、英語・国際教育プログラムや理数教育プログラムのほか、"命の育み"をテーマとしたキャリア教育ビジョンも重視している。

　中学から東大・東工大・一橋大など最難関国公立大を目指すS特選コース、難関国公立大や早慶上理を目指す特別選抜コースに分かれ、一人ひとりの興味や適性をもとに、各種講座や個別指導などで進路実現に向けてサポートする。高入生は特別選抜コースに入り、2年次に文系・理系に分かれる。2年次までに高校履修範囲を終了し、その後は大学入試の演習にあてている。中3より「特選・GL留学プログラム」を設け、留学予定者と英語力の高い生徒（帰国生も含む）からなる英語アドバンスクラスを編成。

学校生活

中・高合同の楽しいクラブ活動

登校時間	中学	夏季	8：30	冬季	8：30
	高校		8：30		8：30

　クラブ活動は、運動部・文化部合わせて30あり、活発に活動している。また、合唱コンクール、学園祭、体育祭、芸術鑑賞会などの学校行事も多彩。

進路

東京都市大学への推薦入学が可能

　系列の東京都市大学へは、在学中の成績によって推薦入学できる。一橋大、北海道大、東京工業大、東京学芸大、電気通信大、お茶の水女子大、東京外語大、筑波大、東京都立大、横浜国立大、早稲田大、慶應義塾大、上智大、

授業風景

東京理科大など難関大学の合格者も年々増えている。

2024年度入試要項

中学

試験日　12/10（帰国生）
　　　　2/1午前（第1回特選）
　　　　2/1午後（第1回S特）
　　　　2/2午後（第2回S特）
　　　　2/3午後（第2回特選S特チャレンジ）
　　　　2/4午前（アクティブラーニング型・英語1教科）

試験科目　国・算・理・社（一般）
　　　　　国・算＋作文＋面接または英・算＋作文＋面接（帰国生）
　　　　　※2/4午前はアクティブラーニング型〈個人ワーク＋グループワーク〉または英語1教科

2024年度	募集定員	受験者数	合格者数	競争率
S特選1回		455	154	3.0
S特選2回		404	84	1.8
特選1回	180	194	77	2.5
特選2回		465	150	3.1
アクティブ		74	7	1.1
英語1教科		29	7	4.1
帰国生	20	166	120	1.4

※募集定員はS特選80名・特選100名。アクティブラーニング型入試の募集定員は一般入試合格定員の内20名

高校

試験日　2/13（一般）
試験科目　国・数・英＋面接（一般）

募集定員	受験者数	合格者数	競争率
40	224	190	1.2

※募集は特別選抜コースのみ

有利に 進学
あり 併設校
特殊学科 芸術＆
技能系 資格＆
充実 施設が
が強い スポーツ
活発 クラブが
重視 情操教育を
養成 国際人を
校風 自由な

東京都市大学付属 中学校 高等学校

生徒数　780名（中学）　721名（高校）
〒157-8560
東京都世田谷区成城1-13-1
☎ 03-3415-0104
小田急線成城学園前駅　徒歩10分
東急田園都市線二子玉川駅　バス約20分

SUPER INDEX P.83

制服 p.26

自ら探究、発見し、未来を切り拓く
思考力・判断力・表現力を問う新入試に対応
英語を使ったグローバル・帰国生入試を実施

URL	https://www.tcu-jsh.ed.jp/
Web上での合格発表	○

全国大会5連覇 中学自動車部

プロフィール

自ら探究、発見し、未来を切り拓く

1951（昭和26）年、武蔵工業大学の付属校として、武蔵工業学園高等学校を設立。1953年、武蔵工業大学付属高等学校に改称。1956年に開設した中学校と共に、1964年、現在地に移転した。2006（平成18）年、新校舎竣工。

2009（平成21）年、武蔵工業大学の再編、名称変更に伴い、東京都市大学付属中学校・高等学校へと校名を変更。翌年度より高校の募集を停止し、完全6か年一貫教育をスタート。2014年度、帰国生入試開始。校訓「誠実・遵法・自主・協調」のもと男子校教育を継承し、これからの時代に貢献できる人材の育成を目指している。

カリキュラム
BE THE NEXT ONE

中高一貫の男子校として、難関大学合格を目指したカリキュラムで進学実績を着実に伸ばしている。「科学する心と表現する力」を育む科学実験、OBが社会の仕組みからマナーまでを直接伝えるキャリア・スタディなどを柱として、健全な精神と豊かな教養を培い未来を見つめた人材の育成を目指している。

Ⅱ類・Ⅰ類のコース制により、効率的な授業を展開。前期（中1・2）の2年間は基本的生活と学習習慣を身に

充実した施設・設備が整う東京都市大学付属

つけ、確立させることに重点を置く。Ⅰ類の成績上位者はⅡ類へ転類が可能。また中3から習熟度別クラス編成となり、高1まではバランスのとれた科目配置で総合的な学力を養成。グローバル化に対応するため、中学は各クラス2分割で行われる外国人講師を加えた英会話やオンラインによるネイティブスピーカーとのマンツーマン英会話の授業を実施。またキャリア・スタディ、4000字以上の中期修了論文、学部学科ガイダンスなどにより、卒業後の進路に視野を広げる。後期の高2から文理のコース別（文系も数学・理科必修とし全員が国公立大受験に対応可能）に、高3では志望校に応じた6コースに細分化。また、社会2科目選択も可能とし、新しい大学入試制度に対応した学習を展開している。

学校生活

自動車部などユニークなクラブが人気

登校時間	中学	夏季	8：30	冬季	8：30
	高校		8：30		8：30

公正・自由・自治の建学精神が様々な行事に反映されている。クラブ活動や生徒会の運営から始まって、体育祭、10月の学園祭「柏苑祭」など、その運営のほとんどが生徒自身によって行われ、成果を上げている。また、東北体験旅行（中2）、京都奈良研修旅行（中3）、マレーシア異文化体験プログラム（中3希望者）、ニュージーランド語学研修（高1希望者）も実施。2017年度から中3希望者を対象としたニュージーランド3ヶ月ターム留学もスタート。

クラブ活動も活発で、中高合わせて52の部活があり、加入率はおよそ90％。文化部ではエレクトロニクス研究部、自動車部などもあり、運動部ではサッカー、バスケットボールが人気。また野球部は中高とも硬式・軟式が選べる。それぞれ積極的に大会に参加し

ている。各部とも、週3日の活動ながら全国大会出場の中学少林寺拳法部など優秀な成績を収めている。

進路

東大へ7名が現役進学 医学部は現役で36人

多数の生徒が現役で難関大学に進学している。最近の主な合格大学は、東大、東京工業大、一橋大、東京外語大、東京医科歯科大、北海道大、東北大、京都大、大阪大、信州大、千葉大、埼玉大、東京農工大、電気通信大、東京都立大、早稲田大、慶應義塾大、上智大、東京理科大、明治大、青山学院大、立教大、中央大、法政大など。

2024年度入試要項

中学

試験日　1/6（帰国生A・B）　2/1午前（第1回）
　　　　2/1午後（第2回）　2/3（第3回・グローバル）　2/5（第4回）

試験科目　国・算・英（グローバル・帰国生A）
　　　　　国・算か国・算・理・社（帰国生B）
　　　　　国・算・理・社（第1・3・4回）
　　　　　国・算（第2回）

2024年度	募集定員	受験者数	合格者数	競争率
第1回	10/40	59/123	35/35	1.7/3.5
第2回	40/60	635/427	383/148	1.7/2.9
第3回	20/40	117/214	36/32	3.3/6.7
第4回	10/20	144/200	32/15	4.5/13.3

※人数はすべてⅡ類/Ⅰ類
※グローバル入試・帰国生の募集は若干名

高校　募集せず

卒業生有名人　周防正行（映画監督）

左側縦書き見出し：
進学に有利・併設校あり・芸術＆特殊学科・資格＆技能系・施設が充実・スポーツが強い・クラブが活発・情操教育を重視・国際人を養成・自由な校風

東京

共学　中高短大院

東京農業大学第一 高等学校中等部 高等学校

進路目標実現のカリキュラムで 他大学受験にも対応 生きた知識を養う校外学習

普通科（高校）
生徒数　581名（中学）　994名（高校）
〒156-0053
東京都世田谷区桜3-33-1
☎03-3425-4481

SUPER INDEX P.82

小田急線経堂駅　徒歩15分
東急世田谷線上町駅　徒歩15分

制服 p.26

URL	https://www.nodai-1-h.ed.jp			
Web上での合格発表	中学	○	高校	○

プロフィール　生徒が夢の実現に向けて取り組める

1949（昭和24）年、旧制の東京農業大学予科の伝統を受けて創設。1956年、女子部を併設し、1964年、男女共学となる。

2005（平成17）年4月、完全中高一貫教育を行う中等部を新設。在学中に自分の夢を見つけ、その実現に向けて取り組むことを生徒の目標としている。夢を見つけるための授業、希望の進路を実現するためのサポートについては、特徴的な試みを行っている。

2025年度より高校の募集を停止し、完全中高一貫化の予定。

環境　自然環境と学びの環境を備えた校舎

自然の恵み豊かなキャンパスは、四季折々の花が咲き乱れ、校舎を包むように茂る木々が心を和ませてくれる。2003年に校舎が完成。光が燦々と差し込む「図書館」や広々とした屋上庭園（天空の和の庭）がある。教室にも様々な工夫がされ、快適な学びの場となっている。東京農業大学と隣接しているというメリットを活かし、1000人収容の大講堂などの大学施設を利用している。また、2023年11月には新2号館が完成した。

都会でありながら、豊かな自然の残る環境

カリキュラム　進路目標を実現するカリキュラム

中等部では、6年間を基礎期（中1）、充実期（中2・中3）、発展期（高1・高2）、完成期（高3）の4段階に分け、学習面、精神面ともに、生徒の成長段階に合わせた指導を行う。習熟度別授業や授業内容の確認テストを実施している。また、前倒し授業を行い、高3年次は志望大学別演習等の大学受験対策を行う。

高校では、1年次はキャリア教育を充実させ、2年次で文系・理系に分け、より専門的に学びを深める。3年次には志望大学を考慮した科目の組合わせによる演習中心の授業または放課後の講習を行い、現役合格に必要な力を最大限に高めている。

夏期講習はⅠ期・Ⅱ期・Ⅲ期に分け中学は主要教科の基礎から発展講座・教科横断型の総合科目講座、高校は主要教科の基礎テーマ別講座・大学入学共通テスト対策講座・難関国公立私大対策講座など200講座に及ぶ多種多様な講座がある。

学校生活　各教科の校外授業で視野を広げる

登校時間	中学	夏季	8：00	冬季	8：00
	高校		8：10		8：10

クラスの団結力が勝負のクラスマッチ（球技大会）、桜花祭などが学園生活を彩る。19の運動部・14の文化部・5の同好会に、中等部では9割以上、高校では約8割の生徒が所属。サッカー部、陸上競技部、バレーボール部、馬術部、生物部、吹奏楽部などが高い評価を受けている。中等部は、クラブ活動の一部を高校と一緒に実施。また、「理科体験学習」「国語科文学散歩」「社会科見学会」など、校外学習も数多く用意されている。

進路　併設大をはじめ、多様な進路に進学

卒業生のほぼ全員が大学・短大に進学。約5％の卒業生が併設の東京農業大に進学している。併設大以外の主な進学先は、東京大、京都大、北海道大、東京学芸大、東京工業大、東京海洋大、筑波大、東京都立大、早稲田大、慶應義塾大、上智大、東京理科大、東京慈恵会医科大など。

ひとこと　入試広報部からのメッセージ

本校は「知耕実学」をモットーに本物に触れる実学教育を柱としています。頭で考えるだけでなく体験して感じることこそ学びの根本です。

授業に行事、クラブ活動など一生懸命に打ち込める環境が整っています。

充実した中・高生活を一緒に送りましょう。

2024年度入試要項

中等部

試験日　2/1午後（第1回）　2/2午後（第2回）
　　　　2/4午前（第3回）
試験科目　算・理または国・算（第1・2回）
　　　　　国・算・理・社（第3回）

2024年度	募集定員	受験者数	合格者数	競争率
第1回	90	963	422	2.3
第2回	60	651	171	3.8
第3回	25	318	40	8.0

高校　2025年度より募集停止予定

進学に有利に
併設校あり
芸術&特殊学科
資格&技能系
施設が充実
スポーツが強い
クラブ活発が
情操教育を重視
国際人を養成
自由な校風

卒業生有名人　DJ河野（ミュージシャン"ケツメイシ"）、外村哲也（トランポリン選手）、野沢直子（タレント）

共学　中　高　短

東京立正 中学校 高等学校

『文部両道』充実の学校行事
『全員レギュラー』誰一人取り残さない
進路実績、部活動成績ともに上昇

SUPER INDEX P.72

制服 p.⑯

URL	http://www.tokyorissho.ed.jp/		
Web上での合格発表	中 学	○	高 校	○

普通科（高校）
生徒数　74名（中学）　519名（高校）
〒166-0013
東京都杉並区堀ノ内2-41-15
☎ 03-3312-1111
丸ノ内線新高円寺駅　徒歩8分

新制服 2018年4月から

プロフィール

人間教育に努める 由緒ある伝統校

1926年（昭和元）年設立。2002年度より共学化。教育方針は「他人の心を思いやり、平和な社会の実現に尽くす人」を人間像とし、人間教育に努めている。

トピックス

「文部両道」

大学進学結果だけを目指すのではなく、大学進学後に何を学び、どのように社会貢献ができるのかを、しっかり考えることが大切である。そのために、勉強とともに、部活動や学校行事にも積極的に取り組む指導を行っている。それは3年間のかけがえのない高校生活を充実したものにするとともに、国際社会を生き抜く真の人間力を育む基礎となっていくのである。

カリキュラム

習熟度別やコース制 で個々の実力を養成

中学では、基礎学力の充実を図り、主要3教科に重点を置く。漢字・英語・数学検定にも積極的で、各検定3級合格を目指して全員が受験する。2015年「ユネスコスクール」加盟校に承認され、SDGsに参画し、持続可能な課題解決に取り組める人材を育成する。

高校ではコース別授業を実施。入学時はスタンダードコース、イノベーションコース、アドバンストコースに分かれ、2年次から文系・理系に分かれる。個々の進路に対応して、教科選択の幅を広くしているのも特徴。また、情操教育にも力を入れており、3年間を通じて行われる「瞑想」の時間では、正しい自己の発見、強い自己の確立、心の安定と不屈の精神を養う。

学校生活

クラブ活動が活発 制服もリフレッシュ

登校時間	中学	夏季	8：25	冬季	8：25
	高校		8：25		8：25

学校行事には、歌舞伎教室や芸術鑑賞会など、情操を育む課外授業が多い。

生徒の約89％が参加しているクラブ活動は、文化系が18、運動系が20あり各部自主的に活動している。文化部では特に伝統を誇るコンクール金賞の吹奏楽部、文部大臣賞受賞の実績を持つ書道部などの活躍が目覚ましい。また、2020年度より部活動（同好会）では日本初となるマイクロドローンレース同好会を発足させた。高校の運動部では、インターハイ・国体出場の実績を持つ水泳部、ソフトボール部、テニス部をはじめ、バドミントン部、バレーボール部が全国大会に出場。ダンスドリル部は世界大会第3位。バスケット、剣道、ソフトテニスなども関東大会に出場している。中学でも、ソフトボール、バレーボールが全国大会に出場している。

2018年度より、人気の高い紺と紫を基調としたデザインの制服にリニューアル。

進路

立正大学と教育提携 他大学進学も増加中

4年制大学を中心に、年々進学者が増えている。教育提携を結んでいる立正大と併設の東京立正短大のほか、都留文科、防衛大学校、東京理科、学習院、明治、立教、中央、法政などにも合格。また、日本、東洋、武蔵野、國學院、東京電機、東京女子医科、亜細亜などの大学には、指定校推薦枠もある。

2024年度入試要項

中学

試験日　2/1午前・午後（第1回）
　　　　2/2午前・午後（第2回）
　　　　2/4午前・午後（第3回）
　　　　2/14午前（第4回）

試験科目　基礎〈国・算〉または適性奨学生Ⅰ・Ⅱ・Ⅲ（第1回午前）　自己プレゼンテーション（第1・3回午後）　得意2科〈基礎〈国・算〉・英から2科〉（第2回午前）　奨学生〈国・算〉（第2回午後）　奨学生〈国・算〉またはSDGs（第3回午前）　適性Ⅰまたは基礎〈国・算〉または得意2科または奨学生〈国・算〉または自己プレゼンテーションまたはSDGs（第4回）

2024年度	募集定員	受験者数	合格者数	競争率
第1回 午前/午後	30	30/20	19/19	1.6/1.1
第2回 午前/午後	10	9/4	2/2	4.5/2.0
第3回/第4回	10	13/12	13/7	1.0/1.7

高校

試験日　1/22（推薦）　2/10または12（一般）

試験科目　面接（推薦）
　　　　　国・数・英＋面接（一般）

2024年度	募集定員	受験者数	合格者数	競争率
スタンダード 推薦	75	84	84	1.0
イノベーション 推薦	15	4	4	1.0
アドバンスト 推薦	15	1	1	1.0
スタンダード 一般	70	315	308	1.0
イノベーション 一般	20	19	18	1.1
アドバンスト 一般	30	12	12	1.0

レトロ建築の講堂

東星学園中学校 高等学校

キリスト教の愛と奉仕の精神を基本にした「心情」の教育、中高一貫1学年2クラスの少人数教育

SUPER INDEX P.91

制服 p.㊲

普通科（高校）
生徒数　69名（中学）　111名（高校）
〒204-0024
東京都清瀬市梅園3-14-47
☎ 042-493-3201
西武池袋線秋津駅　徒歩10分
武蔵野線新秋津駅　徒歩15分

URL		https://www.tosei.ed.jp		
Web上での合格発表	中学	○	高校	○

首都圏唯一の中高一貫共学カトリック校

創立者はパリ外国宣教会、ヨゼフ・フロジャク神父。中学は1947年、高校は1965年に開校し、長年にわたり女子教育を担ってきた。2008年度より男子の受け入れを開始し、2013年共学化が完成した。首都圏唯一の中高一貫共学カトリック校となる。建学の精神は「キリストの愛の精神。人間の価値とその使命を尊ぶ」。

静かで落ち着いた教育環境

園内には多くの木々が育ち、自然豊かな環境である。桜をはじめとする四季折々の花々が美しく、秋の銀杏の紅葉も見事だ。広い敷地には幼稚園から高校まであり、同系列の老人ホームや病院なども隣接。普通教室や特別教室をはじめ、講堂、体育館等の施設が整い、全HR教室に冷暖房及びICT環境を完備。

基礎学力の充実と個性の伸長

中学、高校ともに土曜日は4時間の平常授業。中学では5教科を中心に時間増をはかり、確かな基礎学力を養っている。数学は「体系数学」を使用して代数・幾何に分けて実施。英語は週6時間で、主体的な言語活動に取り組みながら4技能の向上を目指し、1時間は外国人教師による英会話を実施。国語では学年を超えてビブリオバトルを実施する等、発言力・表現力を養うことを目指している。音楽や美術など情操を育てる教科も大切にし、総合的な学習では梅干作りなど様々な創造的な活動を取り入れている。

高校では1年生から芸術科目が必修選択となり、2年生からは多様な選択科目を、3年生では自由選択科目を設定し、それぞれの進路志望に対応しながらより質の高い学力を養っていく。プレゼンテーションやスピーチなど主体的な活動も多く取り入れ、論理的思考力・表現力を養う。進路については個々に合わせて対応し、小論文・面接指導も随時行っている。総合的な探究の時間では老人ホームや同敷地内にある幼稚園での実習など、様々な活動を取り入れている。

生徒主体で行われる学校行事

登校時間	中学	夏季	8：30	冬季	8：30
	高校		8：30		8：30

多彩な行事があり、主体的な取り組みを重視している。クラスの仲間と協力してつくっていく過程で、人との関わりの大切さを体験的に学ぶ。最大の催しは「ヨゼフ祭」で、創立記念ミサ、展示発表・舞台発表などを行う。校外学習、学習旅行、体育祭、バザー、クリスマス会なども主体的な活動の場であり、コミュニケーション力、プレゼンテーション力を高めることができる。

少人数制を生かし、個々の志望に柔軟に対応

ほとんどの生徒が進学する。多様化する受験形態の中から、最も適したものを一人ひとりじっくりと模索していく。筑波大、電気通信大、防衛医科大学校、上智大、日本大、東洋大、駒澤大などに合格。指定校推薦も充実している。

2024年度入試要項

中学

試験日　2/1午前（第1回）
　　　　2/1午後（国語1教科）
　　　　2/2午前（第2回）
　　　　2/2午後（第3回）
　　　　2/4午前（第4回）
試験科目　国・算＋面接（第1～4回）
　　　　　国＋面接（国語1教科）

2024年度	募集定員	受験者数	合格者数	競争率
第1回	20	28	22	1.3
第2回	5	5	0	―
第3回	5	4	0	―
第4回	5	4	1	4.0
国語1教科	10	2	0	―

高校

試験日　1/22（A・B推薦）
　　　　2/10（併願優遇・一般）
試験科目　書類審査〈調査書・課題作文600～800字〉＋面接（A・B推薦）
　　　　　国・数・英＋面接（併願優遇・一般）

2024年度	募集定員	受験者数	合格者数	競争率
A・B推薦	15	10	10	1.0
併願・一般	35	16	14	1.1

卒業生有名人　相馬央令子（JAXA研究員）、中澤万紀子（ヴァイオリニスト）

桐朋 中学校 高等学校

充実した施設を持つ恵まれた環境
選択科目主体の高レベル授業で
東大ほか難関大学に多数合格

普通科（高校）
生徒数 787名（中学） 947名（高校）
〒186-0004
東京都国立市中3-1-10
☎ 042-577-2171
中央線国立駅、南武線谷保駅
各徒歩15分

URL	https://www.toho.ed.jp/			
Web上での合格発表	中学	○	高校	○

自分のために自分で選んで自分で学ぶカリキュラム

プロフィール 豊かな個性を育む中高一貫校

1941（昭和16）年、山水育英会を母体に、第一山水中学校を設立。その後、1948年に桐朋中学・高等学校となった。一人ひとりの人間を大切にし、豊かな個性と自主の精神を育む"人間教育"が創立以来の基本方針。「自主的態度を養う、他人を敬愛する、勤労を愛好する」を教育目標に、豊かな心と高い知性を持つ創造的人間の育成を目指している。

環境 静かな文教地区に充実した教育施設

文教地区国立市のほぼ中央に位置し、一橋大学や国立高校が隣接している。23000坪の敷地に小学校から高校までの校舎と広いグラウンドを配し、それら施設全体が武蔵野の名残をとどめる林に囲まれている。2014年に共用棟・高校棟、2015年に中学棟の新校舎が完成。コンピュータ教室・理科実験室・プラネタリウム・音楽室・美術室などの特別教室や体育館やプール、さらに約6万5千冊の蔵書がある図書館や視聴覚室、食堂など施設も充実。

カリキュラム 選択科目の充実で生徒の進路に対応

中高6ヵ年を通じて、中等教育で必要とされる学習を総合的にバランスよく配置し、アカデミックな雰囲気の中で学ぶ楽しさを知ってもらえるようカ

「文武両道」という言葉が似合う生徒たち

リキュラムを工夫している。

中学では基礎学力の充実を重点に、独自の教材やプリントを使って系統的な学習をし、思考力と表現力を伸ばす。総合学習にも早くから取り組んでおり、各種行事や夏休みの自由研究など「豊かな人間性」を培う教育を目指している。また、全員に等しく確かな基礎学力を身につけさせたいという考えから、選択授業は置かず、高校課程の先取りも数学だけにとどめている。

高校では各人の志望や適性が活かせるよう、必修科目と選択科目がバランスよく配置されている。各教科は「必修」「必修選択」「任意選択（2年次より）」に分かれ、学年が上がるにつれて選択の幅が広がり、3年次には選択科目主体のカリキュラムになる。さらにいくつかの科目で段階別授業を採用。2年から3年にかけての授業では実践的な問題演習も増え、授業に沿って学習を進めることによって、大学進学に見合う学力をつけていく。

学校生活 高校からは私服通学もOK

登校時間	中学	夏季	8：30	冬季	8：30
	高校		8：30		8：30

生徒の自主性を尊重し、クラブ活動は自由参加である。19の運動部、17の文化部、7つの同好会があり、ここ数年は、中学で、陸上部・将棋部囲碁班が全国大会に出場、野球部・サッカー部・バスケットボール部・バレーボール部・体操部などが都大会に出場。2012年は陸上部走り高跳びで全国大会1位、2013年は走り幅跳びで全国大会7位という成績を収めた。また、卓球部が全国大会で1勝をあげた。高校でも、陸上部・テニス部・スキー部・卓球部・将棋部囲碁班が全国大会に、水球部・ゴルフ部が関東大会に、バスケットボール部・サッカー部、バレーボール部など多くのクラブが都大会に出場している。

「行事は生徒が創る」が本校の方針。中学1年の遠足から高校2年の修学旅行まですべての行事が生徒の委員会を中心に企画され実行されていく。遠足委員は下見をしてコースを確かめたり、修学旅行はクラスごとにコースを決めたりする。6月の桐朋祭（文化祭）は最大の行事で、テーマを掲げ全員参加を目指し、委員たちが奮闘する。

進路 難関大学に進学抜群の合格実績

合格実績は首都圏でもトップクラスで、毎年、東大や一橋大、東京工業大などの国公立大をはじめ、早稲田大、慶應義塾大などの難関私立大へ、多数の合格者を輩出している。

2023年度は、東大7名、一橋大7名、東京工業大3名など国公立大に73名、早稲田大52名、慶應義塾大43名、中央大47名など私立大に564名が現役合格した。

2024年度入試要項

中学
試験日 2/1（第1回） 2/2（第2回）
試験科目 国・算・理・社

2024年度	募集定員	受験者数	合格者数	競争率
第1回/第2回	約120/約60	347/515	142/228	2.4/2.3

高校
試験日 2/10
試験科目 国・数・英

募集定員	受験者数	合格者数	競争率
約50	244	154	1.6

卒業生有名人 津田雄一（宇宙科学者）、垣添忠生（医師）、五味太郎（絵本作家）

共学　中　高　短　大　院

東邦音楽大学附属東邦中学校高等学校

一貫した音楽教育
きめ細かな指導により
情操豊かな音楽家の道へ

音楽科（高校）
生徒数　非公表
〒112-0012
東京都文京区大塚4-46-9
☎ 03-3946-9667

SUPER INDEX P.71

丸ノ内線新大塚駅　徒歩3分
有楽町線護国寺駅　徒歩8分
山手線大塚駅　徒歩10分

| URL | 中学 | https://www.toho-music.ac.jp/juniorhigh/ |
| | 高校 | https://www.toho-music.ac.jp/highschool/ |

アット・ホームな校風で音楽教育を

1938（昭和13）年、東邦音楽学校として開設。以来、温かで家庭的な学風で生徒の成長を愛情込めて見守りながら個性を大切に育んでいる。音楽の才能を引き出し伸ばすことと共に、知性と情操あふれる人間形成を教育の柱としている。

中学から大学まで一貫した音楽教育が受けられることが特色で、近年では、海外での演奏活動を積極的に行うなど、国際的な活躍を見せている。

音楽を中心に設計されたキャンパス

以前から設備面で定評があるが、特に校舎は音響効果・防音効果を計算した近代的施設で、レストランや図書館、レッスン室などがある。地下1階・地上8階建ての8号館は、全ての普通教室に音響設備とピアノを完備。グランドピアノ2台を備えたレッスン室や、33の個人練習室などもある。

キャンパス内には他に、中学から短大、「東邦音楽大学総合芸術研究所」があり、1階が118のシートを持つ本格的なコンサートホールとなっている「創立50周年記念館」もある。さらに、音楽の都ウィーンには、音楽の世界性を重視し、音楽に対する知識・理解をより深める場として「東邦ウィーン・

レッスン風景

アカデミー」も開設された。

一流教授陣による専門教科レッスン

本校では、将来音楽の道に進みたい生徒のために早期から専門教育を行い、才能を引き出していくことを目的としている。中高とも、多彩な音楽専門教育のカリキュラムを組み、大学・短大の教授陣がマンツーマンで指導してくれる。また、情操豊かな人間形成に必要な一般科目の充実も図り、特に英語については外国人講師による英会話の授業を積極的に行っている。

中学では一般教科のほかに、実技（レッスン）、楽典、ソルフェージュ（聴音・新曲視唱・コールユーブンゲン）、合唱、歴史と音楽、合奏・重奏といった専門教科が設けられている。

高校では、声楽、器楽（ピアノ・管楽器・弦楽器・打楽器）、作曲の中から1科目を専門として選択し、各専門ごとにきめ細かな個人指導が行われ、東邦音楽大学・短期大学へ進学するための基礎を養っていく。2018年度より作曲専攻を新設。音楽理論（楽典・和声等）、演奏法、音楽史、ソルフェージュ（視奏・視唱等）、声楽（独唱・合唱・重唱等）、器楽（鍵盤楽器の演奏・弦楽器の演奏・副科ピアノ・合奏・重奏等）といった専門教科がある。また、高3では外国人講師によりドイツ語の基礎を学び、将来大学でのウィーン研修に備える。

大きなステージで演奏体験

| 登校時間 | 中学 | 夏季 | 8：30 | 冬季 | 8：30 |
| | 高校 | | 8：30 | | 8：30 |

日頃の成果の発表の場が、校外での演奏活動である。中でもメインは、毎年開催される「定期研究発表演奏会」で、川越キャンパスに新設されたグラ

定期研究発表演奏会 オーケストラ

ンツザールなどの大きなステージで、生徒たちは舞台に立つ緊張感と喜びを同時に体験する。中学生から高校生までが出演し、合唱・オーケストラ・吹奏楽などの演奏や個人演奏などプログラムも多彩で、全校がひとつになって音楽をつくりあげていく楽しさを味わえる。また、国際的な演奏会に参加する生徒も多い。

系列校への進学で音楽性をアップ

身につけた音楽専門教育の知識や技術をより深めるため、系列校に進むケースが多く、毎年、卒業生のほとんどが、東邦音楽大学・同短期大学へ推薦入学している。

2024年度入試要項

中学

募集定員　40名

試験日　2/1

試験科目　歌唱＋実技＋作文＋面接

高校

募集定人員　推薦30名　一般30名

試験日　1/22（推薦）　2/10（一般）

試験科目　ソルフェージュ（聴音または新曲視唱から1科目選択・コールユーブンゲン）＋実技＋作文＋面接（一般）

実技＋作文＋面接（推薦）

※推薦、一般とも声楽専攻者及び作曲専攻者のみ副専攻ピアノあり

※中・高とも、若干名の帰国子女入試あり

進学に有利

併設校あり

特殊学科芸術＆

技能系資格＆

施設が充実

スポーツが強い

クラブが活発

情操教育を重視

国際人を養成

校風自由な

共学(高校音楽科) 女子(中学・高校普通科) 幼 小 中 高 短 大 院

桐朋女子 中学校 高等学校

普通科　音楽科(高校)

生徒数　484名(中学)
　　　　500名(高校・普通科)
　　　　164名(高校・音楽科)

〒182-8510
東京都調布市若葉町1-41-1
☎03-3300-2111(中学、高校・普通科)
☎03-3307-4101(高校・音楽科)
京王線仙川駅　徒歩5分
小田急線成城学園前駅　バス15分

SUPER INDEX P.86

制服 p.28

独自の中高一貫教育で個性豊かな人間を育てる進学率も抜群

URL	中・高(普)	https://chuko.toho.ac.jp
	高(音楽)	https://www.tohomusic.ac.jp
Web上での合格発表	中　学　○	高　校　○

プロフィール
独自の教育システムで豊かな人間形成を

1941(昭和16)年に開設された山水高等女学校が、戦後の学制改革によって、現在の桐朋女子中学校・高等学校となった。その後、1955年に幼稚園・小学校・短期大学部を設置。1961年に音楽学部を有する大学を開設し、一貫教育を目指す総合学園となった。

「こころの健康・からだの健康」をモットーに、生徒の心身の発達に応じた独自の中高一貫教育を実践しており、豊かな人間教育を目指し、芸術教育や自主活動にも力を入れている。

環境
学内に教育研究所明るい図書館

教育活動を活性化させるために学内に教育研究所を持ち、独自の教育システムの開発や教育問題にも意欲的に取り組んでいる。

学習施設も充実しており、約9万冊の豊富な蔵書を持つ図書館、コンサートの開ける多目的ホールや、コンピュータ室、天体ドーム、7つの理科室などがある。4つの体育室や屋内温水プールを備えた総合保健体育センター、合宿や部活動に利用される八ヶ岳高原寮もある。

カリキュラム
2学年ごとに区切った独自の一貫教育

普通科では中・高6年間を生徒の心

利用しやすさが評判の明るい図書館

身の発達に合わせ、2年ごとのブロックに分けた、独自の一貫教育を実施。

Aブロック(中1・2)では、学習に少人数制を取り入れ、基礎学力を養う。また、「学年・クラスの時間」を通して、コミュニケーション能力の育成に力を入れる。Bブロック(中3・高1)では、中学から高校への学習の段差を小さくするよう努めており、英語・数学は2〜4コースのきめ細かい習熟度別指導を実施。2023年度より高1の希望者を対象に「豪州・シンガポール研修」を開始する。進路を見据えた講演会等も実施。Cブロック(高2・3)では、生徒が個性や適性に合わせて進路を選ぶ時期として、大幅な選択制を取り入れ、多彩な科目を設置。授業の時間割はそれぞれの進路、興味・関心により、個々の生徒が自分でつくる。キャンプ実習、スキー実習、食物、被服、フランス語、中国語なども選択できる。また芸術教育にも力を入れており、選択によって音楽、美術、書道を本格的に学ぶことができる。高2の希望者を対象に「ニュージーランド・ターム留学プログラム」も実施している。高3には、受験に向けた様々な演習科目や教養を身につける特講科目が設置されている。

音楽科は大学との7年一貫教育を視野に入れた体系的な学習ができるカリキュラムが組まれ、専門実技のレッスンは週1時間が確保されている。

学校生活
中高6学年で競う迫力満点の体育祭

登校時間	中学	夏季	8：20	冬季	8：20
	高校		8：20		8：20
	音楽		8：40		8：40

体育祭や文化祭は、中・高の委員会が協力して、盛大に実施されている。また、文化部と体育部合わせて30のクラブも、活発に活動している。生徒が主体となって活動し、活躍できる機会が多く設けられているのが大きな特徴である。

進路
ほぼ100％の進学率芸術系大学にも強い

併設大学への推薦制度は、音楽科から大学の音楽学部への推薦枠もある。

2024年度入試要項

中学

試験日　12/3(帰国生第1回)　1/22(帰国生第2回)　2/1午前(A入試)　2/1午後(Creative English)　2/2午前(論理的思考力＆発想力)　2/2午後(B入試)

試験科目　作文(外国語)＋面接(帰国生)　国・算＋口頭試問(A入試)　課題＋インタビュー(Creative English)　記述型(論理的思考力＆発想力)　国・算または国・算・理・社(B入試)

2024年度	募集定員	受験者数	合格者数	競争率
帰国生1回/2回	約10/約10	2	2	1.0
A/B	約130/40	114/68	103/62	1.1/1.1
CE/論理	約10/約40	12/24	7/16	1.7/1.5

高校

試験日　1/22(音楽科推薦、普通科推薦、帰国AB推薦、帰国A)　2/10(普通科一般、帰国B)　2/12〜14(音楽科一般)

試験科目　作文(外国語)＋面接(普通科帰国A)　面接(普通科推薦、帰国推薦)　国・数・英＋面接(普通科一般、帰国B)　専門科目〈楽典・新曲視唱・聴音・副科ピアノ実技〉＋専門実技＋面接(音楽科推薦)　国・数・英＋専門科目〈推薦と同じ〉＋専門実技(音楽科一般)

2024年度	募集定員	受験者数	合格者数	競争率
普通科帰国/推薦	約15/約15	10/1	10/1	1.0/1.0
普通科帰国/一般	約20/約50	9/33	8/31	1.1/1.1
音楽科推薦/一般	10/90	—	—	—

　卒業生有名人　桐野夏生(作家)、蜷川実花(写真家・映画監督)、小谷実可子(スポーツコメンテーター)

東京

共学 高

東洋高等学校

100年を超える歴史と
次世代キャンパスの中で学ぶ
個性に合わせたカリキュラム

URL	https://www.toyo.ed.jp
Web上での合格発表	○

普通科
生徒数 1071名
〒101-0061
東京都千代田区神田三崎町1-4-16
☎ 03-3291-3824

SUPER INDEX P.87

総武線・都営三田線水道橋駅 徒歩2分
都営新宿線・半蔵門線神保町駅 徒歩8分
丸ノ内線・南北線後楽園駅 徒歩13分

制服 p.30

プロフィール

人間関係を重視
校訓「自律・共生」

日本で最初の私立商業専門学校として1904(明治37)年に創立。100年以上の歴史を持つ。1971年に普通科を設置。1993年コース制導入、2001年共学化。

校訓は「自律・共生」(共生精神)、教育方針は「学び合い・助け合い・高め合い」の実践。生徒一人ひとりが自らを律して夢を実現できるように、また協力し合うことの大切さを深く理解すると共に常に感謝の念を持つ人間に成長させる。

環境

地上13階・地下2階の
施設の充実した校舎

地上13階・地下2階の校舎には、屋上運動場、吹き抜けで開放感のある図書館、パソコンが自由に利用できるメディアコーナー、IHを取り入れた家庭科室、350人収容のオリエントホール、カフェテリア、地下にある2つの体育館、各種マシンを備えたトレーニングルーム、大きな鏡もある更衣室など、最新設備が整う。また、AEDは各階に設置している。

カリキュラム

進路に応じたコース制で
夢の実現をサポート

特進選抜コースは、難関国公立大を目指す少数精鋭のコース。ハイレベル

カフェテリアは憩いの場

な授業で2年次までに基礎内容をマスターし、科目ごとに文系・理系に分かれて、演習・ゼミ科目などの講座を充実させ、受験に対応できる実践力を徹底的に身につけさせる。2・3年次は習熟度別クラス編成となる。

特進コースは、国公立・難関私立大を目指すコース。国公立大を受験する生徒は、2・3年次に特進選抜コースへ移る。受験に対応した柔軟なカリキュラムで生徒の意欲をサポートし、指定校推薦も視野に入れ、進路を考える。

どちらのコースも勉強と部活動を両立させながら、希望大学への進学を目指す。

学校生活

多彩なクラブ活動
活気あふれる行事

登校時間	夏	8:25	冬	8:25

クラブ活動は活発で、インターハイ常連の男子バレーボール部(春高バレー優勝)、ソングリーダー部のほか、女子ラクロス部、吹奏楽部等、体育会系15と文化系16の部、同好会が日々熱心に活動している。

主な行事は東洋祭(学園祭)、体育祭、球技大会、英語スピーチコンテストなど。

研修旅行では沖縄、オーストラリアの2コースから選択し、2年次に実施。いずれも体験学習を中心にしたアクティビティーが盛りだくさん。高校最大のイベント。

オーストラリア・ニュージーランドで1年または3か月間、両国に加えてアイルランド・カナダで1年間の留学を希望制で実施している。

進路

個性と可能性を
見つけ出す進路指導

担任や進路指導部の教員、教科担当者などが生徒の希望を尊重しながら、本人が何を学びたいのか、何を目標と

きめ細やかな指導が行われる

しているのか、といったことを話し合いと情報収集を同時進行させてつきとめ、その希望が実現するためのアドバイスを与えている。

2022年春の4年制大学現役進学率は92%。国立大学では東北、千葉、筑波、東京学芸、電気通信、東京農工、埼玉、公立では東京都立、埼玉県立、横浜市立などに合格。私立大学では早稲田、上智、東京理科や学習院、明治、青山学院、立教、中央、法政に加え成城、成蹊、武蔵、明治学院、國學院、獨協などに合格者を輩出した。

2024年度入試要項

試験日　1/22(推薦A・B)
　　　　2/10または11(一般A・B)
試験科目　適性〈国・数・英〉+面接(推薦)
　　　　国・数・英+面接(一般)

2024年度	募集定員	受験者数	合格者数	競争率
特進選抜	80/80	231/411	231/398	1.0/1.0
特進	80/80	175/366	175/250	1.0/1.5

※人数はすべて推薦/一般

卒業生有名人　内村航平(体操選手)、柳田将洋(バレーボール選手)、関田誠大(バレーボール選手)

有利に進学に
併設校あり
芸術&特殊学科
資格&技能系
施設が充実
スポーツが強い
クラブ活動が活発
情操教育を重視
国際人養成
自由な校風

東京
女子 幼小中高大院

東洋英和女学院 中学部・高等部

キリスト教と伝統の英語教育を軸に本質的な教育を行い続ける

普通科（高等部）
生徒数 588名（中学部）
　　　 560名（高等部）
〒106-8507
東京都港区六本木5-14-40
☎ 03-3583-0696

SUPER INDEX P.72

制服 p.⑰

都営大江戸線麻布十番駅　徒歩5分
南北線麻布十番駅　徒歩7分
日比谷線六本木駅　徒歩7分

URL	https://www.toyoeiwa.ac.jp
Web上での合格発表	○

伝統の英語教育

左側縦見出し：
有利に進学
あり併設校
芸術＆特殊学科
技能系＆資格
充実施設が
がスポーツ強い
活発クラブが
重視情操教育を
養成国際人を
校風自由な

プロフィール　中高一貫教育で豊かな人間性を育てる

1884年、カナダ・メソジスト教会の宣教師、マーサ・J・カートメルによって設立された学校。幼稚園から大学院まで一貫して、キリスト教精神に基づいた豊かな人間形成を図る伝統的ミッションスクールだ。

ゆとりある授業や行事などの学校生活も聖書のみことばを土台として行われており、生徒たちは毎朝礼拝に出席する。土曜日は授業を行わないが、午前中はクラブ活動ができる。日曜日は教会に出席することをすすめている。

環境　校外施設で心身ともにリフレッシュ

校内施設としては、マルチラーニングルームやコンピュータ教室、和室、English Room、クラブ室、図書室、集会室を備えた6階建ての校舎があるほか、2層構造の体育館も整備され、大講堂にはパイプオルガンも設置されている。

また、校外学習のための施設も充実。軽井沢追分寮は、しゃれたロッジ風の建物で、約120名が宿泊可能。2008年に改築竣工した長野県野尻湖畔のキャンプサイトは、約120名を収容できる5棟のキャビンに、ボート・カッター・プールなどの施設もあり、キャンプや夏期学校に使用されている。

野尻キャンプ

カリキュラム　伝統ある語学教育は少人数制で実施

一貫教育のメリットを生かし、長期的な展望に立ったカリキュラムの作成と、個々の理解度や習熟度に応じたきめ細かい学習指導を行っている。

中1・2「基礎学力の徹底」、中3から「習熟度別学習」、高2・3「進路別学習」とし、中高一貫教育システムである。特に語学教育に力を入れており、中1より少人数制授業、中3より習熟度別授業を行っている。ネイティブの教師による英会話の授業を中1から設けているほか、英語による礼拝や、昼休みに自由にネイティブの先生と英会話ができるイングリッシュルームの設置など、語学教育の環境を整えている。また、近年増加傾向にある理系分野へ進学を希望する生徒のために数学・理科系科目の充実を図り、数学は中2より少人数制授業を取り入れ、中3からは習熟度別授業を行っている。

このほか、キリスト教精神を土台とする東洋英和らしく、中高6年間継続して、キリスト教や聖書について学ぶ「聖書の時間」も毎週設けられている。

学校生活　自然と親しむ野外活動

登校時間	中学	夏季	8：00	冬季	8：00
	高校	夏季	8：00	冬季	8：00

中1のオリエンテーションは清里の清泉寮で、中2の夏期学校や中3、高等部のキャンプ活動は野尻キャンプサイトでそれぞれ行われる。生徒たちが都心の学校を離れて、自然に親しむ姿は生き生きとして楽しそう。これらの機会に学んだことは、「楓祭」をはじめ様々な形で発表されている。

クラブ活動は必修で、中学部と高等部が一緒に活動している。21の文化系クラブの中には、ハンドベル、英語劇、フランス語などの部もある。バレーボール、バスケット、卓球、テニスなど、大会で活躍している体育会系クラブも少なくない。また、合唱部は様々なコンクールに出場するなど、充実した活動をしている。

進路　他大学への進学が多い難関大にも高い実績

卒業生の全員が進学する。併設の東洋英和女学院大学（人間科学部、国際社会学部）には推薦入学制度もある。

他大学に進学する生徒が多く、90％以上を占める。東大、東京外語大、東京芸術大、一橋大などの国立大や、有名私大などにも多くの合格者を輩出。医学部への進学者が多いのも特徴。青山学院大、学習院大、慶應義塾大、国際基督教大、上智大、立教大、早稲田大など、多数の大学からの指定校推薦もある。

また、中3から高3までの一貫した「進路学習」が行われる。卒業後の生き方、仕事、将来の進路について、学年に応じて考えさせることで、将来の目標をより明確にすることができる。単に有名大学の合格を目標にするのではなく、将来を見据え、自分の進路に合った大学を選ぶことができる。

2024年度入試要項

中学部

試験日　2/1（帰国生・A日程）　2/3（B日程）
試験科目　国・算・理・社＋面接（A・B日程）
　　　　　国・算＋面接（帰国生）

2024年度	募集定員	受験者数	合格者数	競争率
A日程	約80	243	94	2.6
B日程	約30	271	48	5.6
帰国生	若干	5	4	1.3

高等部　募集せず

　卒業生有名人　村岡花子（翻訳家）、阿川佐和子（エッセイスト・作家）、武内絵美（テレビ朝日アナウンサー）

東洋女子 高等学校

普通科
生徒数 345名
〒112-0011
東京都文京区千石3-29-8
☎ 03-3941-2680
SUPER INDEX P.70
山手線・都営三田線巣鴨駅　徒歩7分

制服 p.⑬

ホンキで自分を出せる
学びと、未来に出会おう！！

| URL | https://www.toyojoshi.ac.jp |
| Web上での合格発表 | |

囲碁部

プロフィール

進化し続ける 女子教育校

1905年仏教学者で文学博士でもあった村上専精が創立。東洋文化を代表する女性としての教養を身につけてほしいと願い、女子教育に力を注いだ。その精神を受け継ぎ、きめ細かく質の高いカリキュラムで、その特性を伸ばし、社会で活躍する女性を育てている。創立119年を迎える学校。

女子校という穏やかな環境の中で一人ひとりの個性を尊重し、希望の進路へと導くため、多様な進路選択に対応するカリキュラムや丁寧な進路指導を実践している。

中高一貫ではない単独女子高校でありスタートは全員一緒。充実した3年間を過ごすことができる。自分の能力を100％発揮できる高校である。

環境

静かな環境、 伝統のキャンパス

近隣には、小石川植物園、六義園といったカルチャースポットを配す落ち着いた環境の中、季節の花々に囲まれた赤レンガ貼りの校舎が、閑静な住宅地に歴史の趣をたたえながら溶けこんでいる。2015年4月に新校舎を全面リニューアル、各教室に電子黒板を導入し、ICT機器を用いた双方向型授業を展開。特別教室を含め、全教室に冷暖房を完備。総合体育館には、バレーボールやバスケットボール、バドミントンの正式コートを有し、校庭には人工芝のテニスコートもある。

カリキュラム

2コース

総合進学コース　大学入試に向けて総合的な基礎力の充実をはかるコース。2年次より将来の進路に合わせて段階的に8系統別「グローバル、人文社会、保育・

幼児教育・福祉、芸術、経済経営、看護・メディカル・栄養、バイオ、理学・工学・建築」で授業を展開している。

特別進学コース　国公立・難関私立大学の現役合格を目指すコース。2年次より進路希望（受験学部）により文系・理系と必要科目を細分化し、個別に選択科目を履修していく。

学校生活

活発な部活 多彩な行事

登校時間	夏	8：30	冬	8：30

全国大会出場経験のあるチアリーディング部をはじめとして、対外試合を意欲的に取り組む運動系の部活動は活発に活動している。各種の大会に入賞している軽音楽部や都大会金賞を受賞している吹奏楽部など学芸系の部活動も盛んである。囲碁部は全国高等学校囲碁選抜大会団体戦において全国2連覇。

学校行事は、体育祭、学園祭、農泊体験、修学旅行（2年・九州方面へ）など。

特別講座（茶道）

躍動の体育祭

進路

きめ細かく熱心な 進路指導が好評

ほとんどの生徒が大学・短大への進学を希望しており、1年次から進学指導に特に力を入れている。英語の授業時間数の増加、模擬試験などを積極的に実施。予備校講師による補習も行っている。

熱心な指導により、進学実績が上昇中。主な進学先は、お茶の水女子大、東京農工大、東京理科大、明治大、青山学院大、学習院大、國學院大、大妻女子大、女子栄養大、東京女子大、日本女子大。指定校推薦枠も、東洋大、大妻女子大、共立女子大、実践女子大、学習院女子大、昭和女子大など、91大学・35短大からある。全国初！無償化プラン「everyone」東洋女子だからこそできる完全無償化プラン。世帯年収・住居地域・受験コースにかかわらず全て授業料無償化を実現。

2024年度入試要項

試験日　1/22（推薦）　2/10（一般）

試験科目　適性〈国・数・英〉＋面接（推薦）
　　　　　国・数・英＋面接（一般）

2024年度	募集定員	受験者数	合格者数	競争率
総合進学推薦	75	207	204	1.0
特別進学推薦		22	19	1.2
総合進学一般	75	105	105	1.0
特別進学一般		24	19	1.3

※総合進学コース120名・特別進学コース30名

卒業生有名人　松谷みよ子（児童文学作家）

有利に 進学に

併設校 あり

芸術＆ 特殊学科

資格系 技能系＆

施設が 充実

スポーツ が強い

クラブが 活発

情操教育を 重視

国際人を 養成

自由な 校風

共学　幼中高大院

東洋大学京北中学校 高等学校

本当の教養を身につけた
国際人を育成

制服 p.⑲

普通科（高校）
生徒数　397名（中学）　829名（高校）
〒112-8607
東京都文京区白山2-36-5
☎ 03-3816-6211

SUPER INDEX P.73

都営三田線白山駅　徒歩6分
南北線本駒込駅　徒歩10分
丸ノ内線茗荷谷駅　徒歩17分
千代田線千駄木駅　徒歩19分

URL	https://www.toyo.ac.jp/toyodaikeihoku/			
Web上での合格発表	中学	○	高校	○

 進学に有利

 併設校あり

 芸術＆特殊学科

 資格＆技能系

 施設が充実

 スポーツが強い

 クラブが活発

情操教育を重視

国際人を養成

校風が自由な

伝統と進取の精神が共存する学校

1898（明治31）年、教育者であり哲学者でもある井上円了博士により創立。「諸学の基礎は哲学にあり」を建学の精神とし、物事を深く考え着実に実行する力を育む教育を実践。2015年4月、文京区白山に校舎が完成。男女共学の東洋大学附属校として校名も変更し、新たにスタートを切った。国公立・難関私大への進学指導、国際教育・哲学教育（生き方教育）の推進などを強力に実践している。

最新施設で豊かな学校生活

最新設備がそろう地上4階、地下2階の快適な校舎。全教室にプロジェクターを設置するほか、視聴覚室やPC教室、理科実験室などの特別教室も充実。また、ネイティブの先生と英語で会話する英語ルームを併設した図書室、吹き抜けガラス張りの明るい雰囲気のカフェテリア、生徒同士の歓談や先生への質問のスペースを備えると共に安全面にも配慮した広く開放的な廊下、放課後学習の集中力を高められる自習室、さらには冷暖房完備の体育館、全面人工芝の校庭など、最新かつ工夫を凝らした設備が整う。

国公立大受験を意識したカリキュラム

高校においては、国公立大学への進学を目指し、国公立大学にも対応したカリキュラムを導入し、難関進学クラス、進学クラスの2種のク

ラス編制になる。

幅広い知識と教養を身につけて論理的思考力と多角的観察力を養う。3年次は効率的な学習ができるように志望大学受験に合わせた科目選択授業を豊富に用意し、理系・文系科目それぞれに、さらに学習を深め、大学受験へと進んでいく。また国公立大学を目指す一方、東洋大学への附属推薦入学枠（全学部）160名程度が保証されている。

さらに、平常授業の他に、放課後および長期休暇中には、大学進学対策講習、チューター設置による自習室、専門講師とチューターが常駐するWeb学習「スタディサプリ」などの学習体制により目標を実現させる。

哲学教育・国際教育を強力に推進

登校時間	中学	夏季	8：10	冬季	8：10
	高校		8：10		8：10

■建学の精神「諸学の基礎は哲学にあり」のもとに実践する、「より良く生きる」ための哲学教育（生き方教育）
【中学】中学必修科目「哲学」
【高校】生き方講演会・哲学ラボ・名著精読・刑事裁判傍聴学習会・外部団体による活動への参加
【中高共通】哲学ゼミ・哲学エッセーコンテスト・「哲学の日」
■国際人として国際社会で活躍する人材を育成するための国際教育
【中学】フレッシュマンEnglish Camp・ブーストアップEnglish Camp・カナダ修学旅行
【高校】学習オリエンテーションキャンプ・オレゴンサマープログラム（アメリカ）実施・学校設定教科「国際教育」・第2外国語
【中高共通】セブ島英語研修（フィリピン）・Let's Chat in English・英語スピーチコンテスト・English Conversation Room・国際センター

「大学附属校だからこそ」という学びが盛りだくさん

東洋大学との中高大連携の学びを豊富に設定。まず、各学部に通う留学生と英語によりコミュニケーションを図る「Let's Chat in English!」。コミュニケーション英語の授

業で会話するネイティブの先生とはまた違い、年齢が近いから故の親近感や身近な話題に花が咲き、英会話に対する照れや尻込みの気持ちを克服させるのに大きな効果をもたらしている。そして、定期的に行われる大学訪問。総合大学である東洋大学には13学部存在。いくつもの学部を訪問することにより専門教育への意識、大学への興味を高めていく。さらには、大学の専門的な教育施設を活用しての学びは、個々の可能性を無限に引き出す。
【合格実績2023年3月】国公立17名・早慶上理ICU35名・GMARCH175名・東洋大175名

2024年度入試要項

中学

試験日　2/1午前・午後（第1・2回）
　　　　2/2午前（第3回）　2/4午前（第4回）

試験科目　国・算・理・社（第1・3・4回）
　　　　　国・算（第2回）

2024年度	募集定員	受験者数	合格者数	競争率
第1回/第2回	60/25	171/308	63/91	2.7/3.4
第3回/第4回	20/15	171/142	54/34	3.2/4.2

高校

試験日　1/22（推薦）　2/10（一般第1回）
　　　　2/13（一般第2回）

試験科目　適性〈国・数・英〉（推薦）
　　　　　国・数・英（一般）

2024年度	募集定員	受験者数	合格者数	競争率
推薦	30	83	78	1.1
第1回/第2回	80/30	254/161	189/91	1.3/1.8

　■卒業生有名人■　武田泰淳（作家）、植木等（俳優）、川又克二（元日産自動車会長）

東京

女子 小中高短大

トキワ松学園 中学校 高等学校

グローバルな視野を持ち
クリエイティブに問題解決できる
「探究女子」を育成

普通科(高校)
生徒数　211名(中学)　362名(高校)
〒152-0003
東京都目黒区碑文谷4-17-16
☎ 03-3713-8161
東急東横線都立大学駅　徒歩8分

SUPER INDEX P.80

制服 p.㉕

URL	https://tokiwamatsu.ac.jp		
Web上での合格発表	中学	○	高校	○

 プロフィール

温かな人間性を育む のびのびとした校風

創立者の三角先生の「鋼鉄(はがね)に一輪のすみれの花を添えて」という言葉に表されるような、芯の強さと優しさをあわせ持つ女性の育成を基盤に、国際社会で活躍できるよう、多様性の中で協働する力や、自分の意見を根拠に基づいて論理的に述べることができる力を育てている。

環境

耐震構造の校舎に充実した設備

2000年に完成した耐震構造の校舎では、エントランスでの警備員配置、全教室への内線電話の設置、隣りの警察署との連携など、安全な環境で教育が受けられる。4万2千冊の蔵書を備えた図書室、PA施設、屋内プールのある体育館、3つの理科室など施設も充実している。

 カリキュラム

探究×英語×美術で個性を伸ばす

図書室で行う独自の授業「思考と表現」や社会科の「商品開発」など、探究する姿勢を培う取り組みを行っている。高校では美術デザインコースと文理探究コース(英語アドバンスクラス・英語スタンダードクラス)に分かれ、一年次には週2時間、2年次は週3時間「探究」の時間を設け、各自の希望進路や適性に応じて学びを深めていく。

英語の授業では、各学年で複数のネイティブ教員と日本人によるティームティーチングを行っている。中学ではListening&Speaking(週2時間)を通じて自然な英会話を身につける一方で、高校のGlobal Studiesで世界の諸問題を英語で学んで実践力を高めます。海外研修もイギリス(18日間)・オーストラリア(3カ月間)・アメリカ(2週間)の3種類があり、さらに海外大学特別推薦制度で海外大学への進学もスムーズである。

 学校生活

豊かな心を育む多彩な学校行事

登校時間	中学	夏季	8：25	冬季	8：25
	高校		8：25		8：25

教科指導と共に、古典芸能の鑑賞、芸術鑑賞、朝の読書の時間など情操教育を大切にしている。また、体育の一環として、スポーツ祭典を実施するほか、国際社会に対応できる人材育成を目指し、夏休みのイギリスでのホームステイ(希望者)や、中学のイングリッシュデイ、様々な国のゲストを招いて交流するインターナショナル・アワーなどもある。さらに、文化祭や音楽コンクール、サマースクール、瀬戸内方面への修学旅行など、多彩な行事が用意されている。

部活動も写真部が全国大会で奨励賞を受賞。ダンス部も全国大会で特別賞をとるなど活発で、マンドリン・ギター、ミュージカル、国際交流、ラクロスなど多彩な部活動がある。

 進路

多方面にわたる進学併設の美術大学へも

大学進学率は毎年約9割であり、文系・理系・芸術系など多方面にわたる。併設の横浜美術大学(共学)へは特別推薦制度がある。その他の主な進学大学は、東京芸術、慶應、明治、立教、中央、青山学院、法政、学習院、成蹊、明治学院、駒澤、帝京、北里、東京農業、日本女子、聖心女子、多摩美術、

心を豊かにするPA施設

武蔵野美術、女子美術、東京造形など。指定校も120大学250学部と充実している。

2024年度入試要項

中学

試験日　2/1午前・午後(第1回・適性検査型、第2回・英語コミュニケーション)
　　　　2/2午後(第3回)
　　　　2/3午後(第4回)

試験科目　国・算 または 国・算・理・社(第1・2回)　国・算(第3・4回)
　　　　　適性検査Ⅰ・Ⅱ(適性検査型)
　　　　　国か算＋英〈英検3級以上免除〉(英語コミュニケーション)

2024年度	募集定員	受験者数	合格者数	競争率
第1回 一般	40	67	57	1.2
適性検査 特待/一般	5/15	111	104	1.1
第2回 特待/一般	10/30	129	117	1.1
英コミ 特待/一般	5/10	18	16	1.1
第3回 特待/一般	5/10	53	44	1.2
第4回 一般	10	36	32	1.1

高校

試験日　1/22(推薦)　2/11(一般第1回・併願優遇)　2/16(一般第2回)

試験科目　作文(美術デザインは作品審査)＋面接(推薦)　国・数・英＋面接(美術デザインは国・英＋美術実技＋面接)(一般・併願優遇)

2024年度	募集定員	受験者数	合格者数	競争率
文理探究	50/50	36/10/72	36/6/72	1.0/1.7/1.0
美術デザイン				

※人数はすべて推薦/一般第1回/併願優遇

卒業生有名人　森瑶子(小説家)、大石芳野(写真家)、坂本里咲(女優)

縦タブ(右側)：進学に有利に／併設校あり／芸術系特殊学科＆／資格技能系＆／施設が充実／スポーツが強い／クラブが活発／情操教育を重視／国際人を養成／自由な校風

279

豊島岡女子学園 中学校 高等学校

温かい家庭的な校風をもって
知性・徳性に優れた女性を育成
高レベルの進学校としても有名

普通科（高校）
生徒数　810名（中学）　1045名（高校）
〒170-0013
東京都豊島区東池袋1-25-22
☎ 03-3983-8261

SUPER INDEX P.70

JR・西武池袋線・東武東上線・丸ノ内線・副都心線池袋駅　徒歩7分
有楽町線東池袋駅　徒歩2分

制服 p.⑭

URL	https://www.toshimagaoka.ed.jp/			
Web上での合格発表	中学	○	高校	○

団結する運動会

プロフィール

人気上昇中の女子進学校のひとつ

「道義実践、勤勉努力、一能専念」を教育方針とし、家庭的で温かみある校風で知られる。

1892（明治25）年、一般家政教育を行う女子裁縫専門学校として創立し、1904年に東京家政女学校と改称。1948（昭和23）年、現在地に移転し、現校名になった。2022年度より高校からの募集を停止。

環境

モダンな校舎に各施設を凝縮

JR池袋駅近くのオフィス街にある、大きなアーチ状の玄関が印象的な、全館地下1階・地上8階建てのモダンな校舎である。二木記念講堂は、1階席570、2階席238の計808席からなり、ホワイエにはシャンデリアのついたまわり階段がある。また、地下にはトレーニング室、屋上にはプールが併設されている。校外施設として、長野県には「小諸林間学校」、埼玉県には「入間総合グラウンド」がある。

カリキュラム

進路別の3コース 3年次は演習主体

中学では、6カ年一貫による効果的な学力の伸長を目指し、基礎学力の充実に努める。特に、数学と英語に重点を置き、英語では、外国人講師による英会話授業やオンライン英会話など、

二木記念講堂

実践的な英語習得にも積極的だ。また、3年次には、高校課程の先取り授業を行っている。

高校では、2年生から文系・理系に分かれ、地理・歴史・理科の科目を選択して履修する。2年次までにしっかりとした基礎力を身につけた上で、3年次には演習の授業を多く行い、実践力を身につけていく。英語は高2から、数学は高3から習熟度に応じてクラスを編成、受験のための補習授業も行う。また、1年次より、毎月の漢字書き取りや英単語小テストなどを実施すると共に、校外模試も積極的に導入している。

2018年度からスーパーサイエンスハイスクールに指定された。Academic Dayの一層の充実等、学校全体で探究活動にますます力を入れ、生涯にわたって、学び続ける学力を育成する。

学校生活

基礎と努力を教える伝統の「運針」

登校時間	中学	夏季	8：10	冬季	8：10
	高校		8：10		8：10

学園生活は、毎朝の「運針」から始まる。70年以上の伝統で、無心になることや基礎の大切さ、努力の積み重ねの大切さを学ぶ。

個性を伸ばし、特技を磨くため、クラブ活動も盛んである。36の文化系クラブと、12の体育系クラブがあり、1年間の成果は文化祭で発表される。年間行事にはそのほか、運動会、宿泊研修、海外語学研修、英語弁論大会、合唱コンクール、歌舞伎鑑賞などがある。

進路

難関大中心にほとんどが現役合格

75％を超える現役合格率もずば抜けている。2023年3月の主な合格状況は、東大30名、京都大13名、東京工業大11名、一橋大14名、千葉大3名、早稲田大152名、慶應義塾大107名、上智大74名、国公立医学部医学科25名など、難関大に多数が合格している。

国際化

異文化を直接体験する海外研修

中学3年～高校1年の希望者を対象に、イギリス、カナダ、ニュージーランドへの海外語学研修を実施している。高校1・2年を対象としたニュージーランド3ヶ月留学制度やボストン短期研修もある。

ひとこと

在校生からのメッセージ

はじめまして！私は豊島岡女子学園中学2年生です。私は入学するまで豊島岡は真面目な印象がありました。ですが、それはメリハリがつけられるということだと今は思います。勉強する時は真剣に、でも休み時間などはとても賑やかで活気に満ちています。先生方も、面白い先生がたくさんいらっしゃるので、楽しく授業が受けられます。志望校に悩んでいる方もいるかと思いますが、たくさん悩んで自分に合った学校を見つけて下さい。皆さんのことを心から応援しています！

2024年度入試要項

中学

試験日　2/2（1回）　2/3（2回）　2/4（3回）

試験科目　国・算・理・社

2024年度	募集定員	受験者数	合格者数	競争率
1回	160	904	389	2.3
2回	40	456	68	6.7
3回	40	467	74	6.3

※帰国生含む

高校　募集せず

卒業生有名人　夏木マリ（女優）、本間智恵（テレビ朝日アナウンサー）、くらもちふさこ（漫画家）

東京

共学 高 短

豊島学院 高等学校

90年以上の伝統を持つ総合学園
充実した快適な環境と最新設備で
効率のよい学習を行う

SUPER INDEX P.70

制服 p⑮

| URL | https://www.hosho.ac.jp/toshima.php |

普通科
生徒数 1249名
〒170-0011
東京都豊島区池袋本町2-10-1
☎ 03-3988-5511
JR・西武池袋線・丸ノ内線・有楽町線・副都心線池袋駅 徒歩15分
東武東上線北池袋駅 徒歩7分
都営三田線板橋区役所前駅 徒歩15分

多彩な行事は、楽しく、キビしく

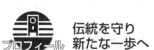

プロフィール 伝統を守り 新たな一歩へ

1932年、神田駿河台に「神田商業学校」として設立。1940年、現在地（豊島区池袋）に移転し「豊島実業高等学校」と改称した。1944年、「豊島実業学校」を併設。1948年両校を合併し、「豊島実業高等学校」とした。翌年、普通科を増設。1992年「豊島学院高等学校」と改称。2018年度より難関国立大学等への現役合格を目指す「スーパー特進類型」を新設。「スーパー特進類型」「特別進学類型」「選抜進学類型」「普通進学類型」の4類型編成となった。

環境 最新機器を完備 充実の新校舎

地下2階地上4階建ての校舎は、自然の光がふりそそぐ開放的な空間。また理科実験室・美術室などを備えた地下1階・地上2階建ての7号館、さらに4号館が完成。大ホール・図書室・自習室を備えた6号館が2022年9月に完成。校外施設として坂戸市に、本格的な陸上競技場や野球場を備えた広大な総合グランドと、100名が宿泊できるクラブハウス（合宿施設）も用意されている。

カリキュラム 実力も個性も人間力も磨ける4つの類型

スーパー特進類型は難関国立大学へ

明るく現代的な校舎

の現役合格を目指す類型で、7時間授業・長期休業中の集中授業・特別講座・勉強合宿等、着実な目標の実現に向けた進学プログラムを用意している。

特別進学類型は国公立大及び最難関私立大学への現役合格を目指す類型で、スーパー特進同様、7時間授業等のプログラムが用意されている。スーパー特進との違いは3年次の選択授業。

選抜進学類型は難関私立大学への現役合格を目指す類型で、7時間授業等のプログラムに加え、2年次より主要3教科に重点を置いたカリキュラムとなる。

普通進学類型は主に4年制大学を始めとする多様な進路選択に対応した類型で、主要3教科に重点を置いたカリキュラムに加え、必要に応じて特別講座や勉強合宿等が実施される。

学校生活 多彩な学校行事で 心身を育む

| 登校時間 | 夏 | 9：00 | 冬 | 9：00 |

学校行事が多彩で、体育祭・マラソン大会・柔道大会・ダンス発表会・芸術鑑賞教室・スキー＆スノーボード教室などがある。学園祭は生徒会が中心となり姉妹校の昭和鉄道高校と合同で行われ、大いに盛り上がる。毎年多くの生徒が参加する海外研修はオーストラリアで実施している。クラブ活動は愛好会を含めると37団体あり、スキー部は全国大会・団体・全国選抜・ジュニアオリンピック等に出場している。

進路 4類型から 多彩な進路へ

2023年度卒業生の大学進学希望者のうち、92.7％が現役合格。進路実績は国公立・最難関私立大学に13名、難関私立大学に41名、準難関・中堅私大に187名等。

スーパー特進類型は、埼玉大、東京理科大、青山学院大等へ進学。大学進学者

の現役合格率88.0％。

特別進学類型は、東京学芸大、東京外語大等へ進学。大学進学者の現役合格率91.9％。

選抜進学類型は、早稲田大、明治大等へ進学。大学進学者の現役合格率92.9％。

普通進学類型は、法政大、明治学院大等へ進学。大学進学者の現役合格率93.6％。

ひとこと 入試広報部からのメッセージ

開放感のある校舎の中、生徒一人ひとりが主体的に高校生活を送っています。2022年9月には、図書館・大ホールを備えた6号館が完成し、自習スペースとしても多くの生徒たちが活用しています。教職員団一丸となって、学校生活の充実、希望進路の実現を目指して生徒たちへのサポートをしています。

2024年度入試要項

試験日　1/22（推薦・1月併願）
　　　　2/10（2月併願優遇・一般）
試験科目　適性〈国・数・英〉＋面接（推薦・1月併願）
　　　　国・数・英＋面接（2月併願優遇・一般）

2024年度	募集定員	受験者数	合格者数	競争率
スーパー特進	15/15	4/52	4/52	1.0/1.0
特別進学	40/40	11/131	11/131	1.0/1.0
選抜進学	60/60	14/185	14/184	1.0/1.0
普通進学	60/60	63/373	63/357	1.0/1.0

※人数は推薦＋1月併願/併願優遇＋一般

進学に有利

併設校あり

芸術＆特殊学科

技能系＆資格

施設が充実

スポーツが強い

クラブが活発

情操教育重視

国際人に養成

自由な校風

281

獨協 中学校 高等学校

高い理念を実現する中高一貫教育
生徒の発達に合わせた3段階構成
しなやかな思考と感性を育てる

SUPER INDEX P.74

制服 p.㉑

普通科（高校）
生徒数　645名（中学）　576名（高校）
〒112-0014
東京都文京区関口3-8-1
☎ 03-3943-3651
有楽町線護国寺駅　徒歩8分
副都心線雑司ヶ谷駅　徒歩16分

URL	https://www.dokkyo.ed.jp
Web上での合格発表	○

プロフィール　創立以来140年間貫く人間教育

ドイツ文化の摂取移入の目的でつくられた獨逸学協会の事業のひとつとして、1883（明治16）年に創立された。その後、新学制に伴って獨協中学校・高等学校を発足。2000（平成12）年より高校の募集を停止し、完全中高一貫制となった。

「心構えは正しく」「健全な知性を磨き」「豊かな情操を涵養する」の教育方針のもと、創立以来、一貫して生徒一人ひとりの可能性を引き出し、育てる教育を行っている。

環境　豊かな緑に囲まれた学び舎

都内有数の閑静な文教地区に位置し、施設・環境ともに申し分ない。東京建築賞やグッドデザイン賞受賞の校舎は、震度7の直下型地震にも耐えうる強度も持ち合わせる。都内の学校有数の規模を誇る図書館には8万冊を超える蔵書があり、生徒の「主体的・対話的で深い学び」の実現に大きく寄与している。このほかにも、全校にWi-Fi環境を整え、2019年夏には新たなワークスペースTECLabも設置されるなど、生徒の学びを広げるための施設の充実が継続的に図られている。

また、長野県小諸市郊外に獨協学園日新寮、千葉県館山市に獨協学園海の家があり、林間学校や臨海学校、クラブ合宿などに利用されている。

カリキュラム　中高一貫ならではの3ブロック教育

中高6年間を3ブロックに分けた一貫教育を実践。第1ブロックは、学ぶ力の基礎学力養成期であり、積み重ねが重要な英語・数学は単元ごとに小テストを行い、出来に応じて指名制の補習を行うなどの指導が繰り広げられている。自分の体を通して学ぶことを大切にしており、理科では実験・観察を重視、社会は校外での見学も行っている。第2ブロックは、論理性を身につける学力伸張期であり、教科教育以外に中3には「研究論文」がある。1年間をかけた知的な活動は自分自身を知るという意味でも将来の進路にもつながる重要な試みと位置づけられている。第3ブロックは、将来に向けた学力完成期である。高2から文系、理系に分かれ、高3は希望進路に合わせた受験科目をもとにコース制を敷いている。また通常の授業以外にも数多くの講習が開講される。カリキュラムの面では、外国語に特色があり、英語では英語を使った活動の時間を多く設定し、4技能の伸長を図る。また高1からは第2外国語としてドイツ語を学ぶことができる。

学校生活　「豊かな知」を育むクラブ・学校行事

登校時間	中学	夏季	8：30	冬季	8：30
	高校		8：30		8：30

学校行事も教育のカリキュラムの重要な一部であると考え、様々な行事が用意されており、中1の臨海学校（館山）、中2の林間学校（小諸）、中3の奈良・京都修学旅行、高2でのハワイ修学旅行のほか、中3～高1の希望者を対象に、ドイツ研修旅行、ホームス

ハワイ修学旅行

テイ、イエローストーンサイエンスツアーを実施。

クラブ活動も「豊かな知」をつくる上で大切なものと位置づけられ、18の運動部と12の文化部、同好会3つが活発に活動している。

進路　日々の学業の成果が大学受験成功の鍵

高校からは文系・理工系の進学者のほか、伝統的に、医・歯・薬学系の学部・学科に進学する生徒が多い。主な進学先は、京都大、大阪大、東京農工大、東京都立大、早稲田大、慶應義塾大、中央大、明治大、上智大、東京理科大、獨協医科大、日本歯科大など。また、併設の獨協大学、姫路獨協大学、獨協医科大学には推薦入学制度もある。

進学指導として、生徒たちが自ら適切な進路を選ぶためのテキスト「櫓櫂」を毎年配布するほか、大学合格者の成績資料も公表している。

建築賞に輝く校舎

2024年度入試要項

中学

試験日　2/1午前（第1回）　2/1午後（第2回）
　　　　2/2午前（第3回）　2/4午前（第4回）
試験科目　国・算・理・社（第1・3・4回）
　　　　　国・算（第2回）

2023年度	募集定員	受験者数	合格者数	競争率
第1回	約80	308	98	3.1
第2回	約20	737	261	2.8
第3回	約70	395	110	3.6
第4回	約30	343	49	7.0

高校　募集せず

進学に有利

併設校あり

芸術&特殊学科

資格&技能系

施設が充実

スポーツが強い

クラブ活発が

情操教育を重視

国際人を養成

自由な校風

　卒業生有名人　水原秋桜子（俳人・産婦人科医）、古今亭志ん朝（落語家）、Ryo（ミュージシャン"ケツメイシ"）

ドルトン東京学園 中等部 高等部

グローバルな視野で
新しい時代を切り拓く人材を
「学習者中心の教育」で育成

普通科（高等部）
生徒数　306名（中等部）　一名（高等部）
〒182-0004
東京都調布市入間町2-28-20
☎ 03-5787-7945
SUPER INDEX P.83
小田急線成城学園前駅　バス6分
京王線つつじヶ丘駅　バス12分

U R L	https://www.daltontokyo.ed.jp/
Web上での合格発表	○

知・徳・体の調和と次代の国際人を育成

プロフィール

　1889（明治22）年、官立の高等商業学校（今の一橋大学）を手本に、東京商業学校として創立。2019年4月、一大教育改革として、世界各国で実践され高い評価を得ている教育メソッドであるドルトンプランを取り入れ、新たに中学校を開設し、共学の中高一貫校としてスタートした。

陽の光が差し込む開放的な大階段

環境

　「多様な学びや交流が生まれる仕掛けのある校舎」をコンセプトに、ラーニングコモンズ、アクティブスペース、畳の小上がりを並べた和のラウンジをはじめ、講堂、音楽室、理科室などの諸設備がそろう。2022年秋に竣工したSTEAM校舎は、アート＆クラフト・ラーニングコモンズ・サイエンスの3フロアから成り、探究・協働・共創の学びの中核となっている。

「時間をかけて丁寧に指導する」がモットー

カリキュラム

　学習単元・テーマごとに示されるアサインメント（学習の目的・到達目標・学習の方法と手順・様々な課題が具体的に示された「学びの羅針盤」）の活用、表現・発表の機会を多く設けたPBL授業によって、生徒が主体的・計画的に

ラーニングコモンズ（図書・協働学習空間）

学ぶ力を育成する。

　中等部では、週1～3時間のラボラトリーで自ら選んだテーマを探究し、外部企業・団体・研究室とも連携して、教科や学校の枠を超えた学びの世界を体験する。

　高等部では、必履修単位以外をすべて選択制にし、半期ごとの単位取得を可能にすることで、生徒各自のキャリアプランに沿ったカリキュラムを組み、留学や海外大学への進学など多様な進路希望にも対応する。

行事の中心となる様々なフェスティバル

学校生活

登校時間	夏	8:20	冬	8:20

　学校行事には、スポーツフェス、ドルトンフェス、ドルトンExpoなどがある。生徒自らが深く関わりながら形作ることで、企画力や創造性、感受性を養っていく。また、福島県にあるブリティッシュヒルズ研修（中2）や約2週間の全員参加のオーストラリア西海岸研修（中3）など、異文化体験をしながら様々な見識を深めていく。

　2019年は「中学生科学コンテスト」で東京都知事賞を受賞し、東京都代表として「科学の甲子園ジュニア全国大会」に出場した。

個々に対応した進路サポート

進路

　教科学習や進路行事を通して様々な視点から将来社会人になった時の自己像を考えていく。

　文系・理系といったコースを設けず、一人ひとりが最適な進路を選択できるようにしている。ドルトンプランに基づく6ヵ年のカリキュラムを通して、個人としてどういう生き方をしたいか、どのように働きたいか、そのためにどういう進路を取りたいか、を共に考えていく。

　全学年の保護者を対象に、進路講演会を実施。さらに、定期的に生徒面談、三

者面談を行い、生徒一人ひとりの進路選択を支援していく。国内大学で学びたいと希望する生徒には、最新のデータに基づき的確な進学指導を行うほか、大学入試科目に即した選択制の教科ラボを開設する。海外大学を希望する生徒については、専門のキャリアカウンセラーを配置し、個別にサポートをする。

在校生から受験生へ

ひとこと

　小学校の時に通っていた塾の先輩が、「とても学校が楽しい」と言っていたのを聞いて、学校見学会に参加しました。その時に施設がとてもきれいで充実していたこと、どの先生も熱心に質問に答えてくれたこと、そして何より在校生が自分たちの学校に誇りをもって語っていたことが受験の決め手になりました。ドルトン生になった今、先輩たちが言っていたことがよくわかります。私たちが学校を創っているという実感があるんです。9月には新しい校舎（STEAM棟）ができたのも自慢できるところです。ぜひ、一緒に学校を創りましょう。　（中学1年生女子）

2024年度入試要項

中等部

試験日　12/2・12/9・1/7（帰国生）
　　　　2/1午前 午後　2/2午前・午後
　　　　2/4午後（一般）

試験科目　作文＋英語作文＋面接＋英語面接または国・算＋面接（帰国生）　国・算または国・算・理・社（2/1・2/2午前）　国・算（2/1午後特待型・2/4午後）　作文＋面接または英作文＋英語面接（2/2午前思考・表現型）　算・理（2/2午後理数特待型）

2024年度	募集定員	受験者数	合格者数	競争率
2/1 2科/4科	30	24/88	5/35	4.8/2.5
2/2 2科/4科/思考	35	20/94/60	1/25/34	20.0/3.8/1.8
2/4午後	10	113	18	6.3

※特待型・理数特待型・帰国生の募集は若干名

高等部　募集せず

東京

女子 中高

中村 中学校 高等学校

認知型「学力」と非認知型「智力」を
バランスよく身につけ、「機に応じて
活動できる女性の育成」を目指す

SUPER INDEX P.75
制服 p.⑳

URL	https://nakamura.ed.jp/		
Web上での合格発表	中学	○	高校	○

普通科（高校）
生徒数　263名（中学）　180名（高校）
〒135-8404
東京都江東区清澄2-3-15
☎ 03-3642-8041
都営大江戸線・半蔵門線清澄白河駅
徒歩3分

 プロフィール
健康で人間性豊かな女性を育成する

1903（明治36）年創立の深川女子技芸学校が母体。1909年中村高等女学校、新学制により中村高等学校となり、1991年に中学校が再開。2009年、創立100周年を迎えた。2020年度入試より、高校の募集を再開。

これまでの建学の精神や校訓、生活目標を内包した新たなスクールミッション「5Cを持ち合わせた女性の育成」を2023年に掲げた。5CとはCommunication（対話）、Care（親切）、Commitment（自発）、Challenge（挑戦）、Curiosity（探究）の頭文字をとったもので、本校のグラデュエーションポリシーと同一である。

環境
未来の夢を育むキャンパス

大江戸線・半蔵門線の清澄白河駅を下車し「清澄庭園・中村学園通り」徒歩3分の緑豊かな場所にある。

校舎は、清澄庭園・清澄公園に隣接しており、最上階7階にある空中図書館「コリドール」からはその庭園・公園を一望できる。さらに、臨床心理士が常駐するカウンセリングルーム「バウム」、バレーボール国際公式試合を行える体育館など、新時代にふさわしい設備と環境が整えられている。また、清澄公園に隣接するグラウンドは、2020年に人工芝化され、体育の授業だけでなく部活動も盛んに行われている。2012年には、カフェや放課後学習スペースもある「新館LADY」が完成した。

 カリキュラム
自主性を尊重した多彩なカリキュラム

中高6ヶ年を通して一人ひとりに寄り添う教科指導、進路指導が行われている。また、「30歳からの自分」を意識したキャリアデザイン教育に注力している。中学では国数英の3科に重点を置き、学力の土台をまず構築する。高校は希望進路に応じて3つの選択肢を用意している。

文理バランスよく学習し、リベラルアーツ力をつける「先進コース」、様々な探究活動を通じて表現力や発信力をつける「探究コース」、12・6・3ヶ月留学を必須とし、英語力をつける「国際コース」からなる。

さらに2022年より3期制に戻し、土曜も普通授業を実施する週6日制で、授業時間を多く確保している。

学校生活
バレー部に続け盛んなクラブ活動

登校時間	中学	夏季	8：25	冬季	8：25
	高校	夏季	8：25	冬季	8：25

"中村"といえば、かつてバレーボールで全国にその名を轟かせた強豪で、インターハイや選抜大会など全国優勝30回以上、卒業生からはオリンピック選手も輩出している。文化部では、吹奏楽部やハンドベル部をはじめ、ボランティア部の活動も評価が高い。

2009年度、制服を一新。スクールカラーのエンジを衿の縁にあしらったジャケットに、チェックのプリーツスカートは、知的で洗練されたイメージで人気が高い。2023年度より、スラックスも導入した。

 進路
きめ細かい進学指導

ほぼ全員が大学進学を希望している。充実した個別進学指導や学習合宿、夏期・冬期講習に加え、キャリアサポーター制など、綿密な進路指導の結果、進学実績も上昇している。主な指定校先は、青山学院大、法政大、立教大、立命館大、明

治学院大、成蹊大、芝浦工業大、東京女子大、学習院女子大、獨協大、他多数。

2024年度入試要項

中学

試験日　12/4（帰国生）2/1午前（一般・適性検査型）2/1午後（特待生）
　　　　2/2午前（一般）2/2午後（特待生）
　　　　2/3午前（エクスプレス・ポテンシャル）
　　　　2/5午前（一般）

試験科目　国・算または国・算・理・社（一般・2/1午前・2/5午前、特待生）国・算（一般・2/2午前）国＋作文、算・理・社の複合問題、算・理（適性検査型）
　　　　　国・算・英から1科（エクスプレス）
　　　　　活動アピール＋作文＋面接（ポテンシャル）国・算・英から2科＋面接（帰国生）

2024年度	募集定員	受験者数	合格者数	競争率
一般午前1日/2日/5日	70	109/85/63	54/20/17	2.0/4.3/3.7
特待生1日/2日	25	136/99	50/27	2.7/3.7
適性検査型	15	54	37	1.5
エクスプレス	10	24	14	1.7
ポテンシャル	4	10	6	1.7

※帰国生の募集は若干名、スライド合格あり

高校

試験日　12/4（帰国生）1/22（推薦）2/11（一般）

試験科目　国・数・英から2科＋面接（帰国生）作文＋面接（推薦）国・数・英＋面接（一般）
　　　　　※国際コースはネイティブによる面接含む

2024年度	募集定員	受験者数	合格者数	競争率
先進	25	7/22	7/22	1.0/1.0
探究	25	9/14	9/14	1.0/1.0
国際	10	3/1	3/1	1.0/1.0

※帰国生の募集は若干名
※人数はすべて推薦/一般

左側縦帯：
進学に有利に
併設校あり
芸術＆特殊学科
資格系＆技能系
施設が充実
スポーツが強い
クラブ活発
情操教育を重視
国際人を養成
自由な校風

　卒業生有名人　持田香織（歌手）

共学　高　大　院

二松学舎大学附属 高等学校

多くの文人が巣立った学び舎に
共学のおおらかさがあふれる
野球部を筆頭に部活動が盛ん

SUPER INDEX P.73

制服 p.18

URL	https://www.nishogakusha-highschool.ac.jp/
Web上での合格発表	○

普通科
生徒数　752名
〒102-0074
東京都千代田区九段南2-1-32
☎ 03-3261-9288
東西線・半蔵門線・都営新宿線九段下駅
徒歩6分
総武線・南北線・都営大江戸線・
飯田橋駅　徒歩15分

2014・'17・'19・'21・'22年 全国高校野球選手権・東東京大会優勝

多くの文学者を輩出した伝統校

　1877（明治10）年、三島中洲が、温故知新の精神と陽明学の知行合一を学ぶ漢学塾二松学舎を設立。明治時代の二松学舎には、夏目漱石、平塚雷鳥、中江兆民などが学んでいる。二松学舎高等学校の創立は1948（昭和23）年で、1953年に二松学舎大学附属高等学校となった。

　校訓は「仁愛、正義、弘毅、誠実」。アドミッションポリシーは「高校生活三兎（学習・部活・行事）を追う生徒」、カリキュラムポリシーは「心を育て学力を伸ばす」、そしてグラデュエーション・ポリシーは「校訓の体得と現役での4年制大学への合格」を掲げている。

皇居をのぞむ閑静な文教地区に位置

　お堀をはさんで皇居と向かい、北に靖国神社、東に武道館、千鳥ヶ淵と、都会の中心でありながら、ひときわ閑静な地に位置する。近くには国会図書館や国立近代美術館もある、恵まれた環境。この地の利を活かし、「九段フィールドワーク」を実施している。千葉県柏市に総人工芝の体育施設を整備。各学年、年5回程度集中体育を実施している。地下2階・地上6階の校舎には、パソコン教室、多目的教室等を備え、全館に冷暖房・空調を完備。目の前の地上13階の大学の校舎内の体育館、食堂、講堂、図書館なども使用している。

生徒の希望に沿ったカリキュラム編成

　カリキュラムは、「基礎的・基本的学力の充実」「生徒の個性や能力の伸長を図る」を2本の柱としている。

　コース制を導入。二松学舎大学のみならず他の私立大学への進学も可能な進学コースと、個々に合わせたきめ細かい指導で私立難関大を目指す特進コースがある。2年次より理系コースも選択でき、それぞれの基礎を強化しながら一人ひとりに合わせたカリキュラムを展開、野球部のみで構成している体育コースもある。3年次には多様な自由選択科目を設置し、希望進路に向けてポイントを絞った学習を展開している。希望者は第二外国語として中国語か韓国語のどちらかを履修できる。また夏期講習会、勉強合宿、冬期講習会等を実施し、基礎的なものから、入試問題を実践的に扱うものなど多彩な講座を用意している。

　また、学習指導と同様に、生徒一人ひとりがお互いに連帯感を強め、明朗で健全な学園生活を送れるよう、生徒指導の面にも重点を置く。個性豊かな生徒の育成を目指し、全教員が熱意ある指導を実践している。

多彩なクラブ活動に充実した学校行事

登校時間	夏　8：20	冬　8：20

　クラブは学芸部が19部、体育部が15部ある。ダンス部や合気道部といった、ユニークなクラブもある。

　学校行事も様々で、球技大会・体育大会・二松学舎祭（学園祭）などのほか、1年は入学直後に実施するオリエンテーションと菅平で行うスキー研修を兼ねた雪国体験、2年は沖縄方面への修学旅行がある。また、希望者には、台湾やオーストラリアへの語学研修や留学を行っている。

文系をメインに他大学進学者が増加

　卒業生のほとんどが、進学希望者で占められる。そのうち、約85％が4年制大学進学者。系列の二松学舎大学には文学部と国際政治経済学部が設置され、希望者全員（全体の20％）が推薦入学している。推薦入学は、在学中の成績と、欠席などの生活状況をもとに決定される。進学する生徒の多くが他大学にチャレンジし、山梨大、早稲田大、上智大、明治大、青山学院大、立教大、中央大、法政大、立命館大などに合格者を出している。

建学の精神に基づき論語の授業を導入

　東洋を知り、日本固有の伝統文化を大切にするという建学の精神にのっとり、3年間を通じて週1時間、論語の授業を行っている。生徒たちは、この授業を通して思いやりの心を持ち、主体的に行動できる人間に成長。強い精神力をも身につけている。

2024年度入試要項

試験日　1/22（A・B・C推薦）　2/10（一般Ⅰ・併願優遇Ⅰ）　2/12（一般Ⅱ・併願優遇Ⅱ）

試験科目　適性検査〈国・数・英〉＋面接（A・B・C推薦、併願優遇）
　　　　　国・数・英＋面接（一般）

2024年度	募集定員	受験者数	合格者数	競争率
推薦 A/B/C	120	160/37/23	160/37/7	1.0/1.0/3.3
一般Ⅰ/Ⅱ	80/50	265/106	240/81	1.1/1.3

※募集定員の内、特進コース約40名、体育コース約20名

九段フィールドワーク

卒業生有名人　鈴木誠也（米・大リーグ選手）、大江竜聖（プロ野球選手）、秋広優人（プロ野球選手）

進学に有利
併設校あり
特殊学科＆芸術学科
資格系＆技能系
施設が充実
スポーツが強い
クラブ活動が活発
情操教育を重視
国際人を養成
自由な校風

東京

共学 に | 幼 小 中 高 短 とべ

新渡戸文化 中学校 高等学校

100年の伝統から、
次の100年(22世紀)の未来をつくる人へ

制服 p.⑰

SUPER INDEX P.72

普通科(高校)
生徒数 128名(中学) 292名(高校)
〒164-8638
東京都中野区本町6-38-1
☎ 03-3381-0408 (中学・高校)
丸ノ内線東高円寺駅 徒歩5分
丸ノ内線新中野駅 徒歩7分
中央線・東西線中野駅 徒歩15分

URL	https://www.nitobebunka.ed.jp			
Web上での合格発表	中学	○	高校	○

左サイドバー(縦書き):
進学に有利
併設校あり
特殊学科&芸術
資格&技能系
施設が充実
スポーツが強い
クラブ活動が活発
情操教育を重視
国際人を養成
自由な校風

プロフィール

90年前から思慮と判断力を養成

1927年創立時から、初代校長新渡戸稲造の教職員心得「人の子を預る以上は親心を以てこれに対すること」「学科を授くるに智育のみに偏せざるよう思慮と判断力の養成に努めること」(以下略)を掲げ、人間社会に役立つ人財を育てる教育を実践。

カリキュラム

日本初のクロスカリキュラムを実現

授業数を調整することで週に一度、一日中、総合探究課題解決学習に取り組む時間を実現(クロスカリキュラム)。生徒は自分の「やりたい」と社会課題を結び付けたり、学びのフィールドを学校外に広げたりすることができる。

中学では専門家ともつながるラボ活動で探究を行う。高校は3つのコースを設置。3年間で計18時間の専門実技時間を設定。併設短大教員や本格的なプロ講師陣のもと、関心のある分野を多く学び、自分の好きなもの、将来像を見つけ、学び続ける意欲と力を養う。

フードデザインコース:調理専門教員の指導のもと、毎週調理実習があるほか、一流シェフを講師とした授業も行う。

美術コース:美術とデザインを通して幅広い表現に触れる。平面、立体、CGなど様々な技法を学び、自分に合う表現方法を見つけ制作する。

探究進学コース:フィールドワークや体験学習などを通じて、社会課題の解決にチャレンジ。学びの成果や生み出したアイディアは社会に発信し、学びのフィールドを広げていく。

学校生活

未来に必要な力を育てる

登校時間	中学	夏季	9:00	冬季	9:00
	高校	季	9:00	季	9:00

新渡戸稲造博士の情熱と生き方を受け継ぎ、キャリアデザイン学習を日常的、体系的に実施。予測不可能社会ともいわれるこれからの時代を生き抜いていくために、入試に必要な(認知スキル型)だけではなく、社会で必要とされている(非認知スキル型)の力も育て、AO入試などの特別入試にも対応していく。

放課後はすべてプロジェクト

放課後は部活動に限らず、課題研究やソーシャルアクション、学習時間など、すべてを「プロジェクト」として活動している。学校だけにとどまらず、やりたいことを実現できるのが魅力。

トピックス

「100人の大人に出会う」を目標に。「自律型」が身につくプログラムを用意!

授業では、オンラインツールも活用して様々な社会人との対話を実施。特に中学では、日々の授業後にはSPL(Self Paced Learning)という自律した学習時間を設けている。様々なロールモデルに出会い、「なりたい自分」を描くためのプログラムを豊富に用意している。

進路

可能性を広げる多様な進路に対応

2022年度3月卒業生は、青山学院大、日本大、桜美林大、昭和音楽大、千葉工業大、多摩美術大、東京造形大など多様な進路の大学に合格。併設の新渡戸文化短期大学(食物栄養・臨床検査)へ優先入学できる。

ひとこと

「校長先生からのメッセージ」
中学生の諸君。
何を基準に高校を選びますか。
中学校や塾の先生は、偏差値や入試倍率、

クロスカリキュラム里山体験授業

新渡戸シアターでのプレゼン発表

お父さんやお母さんは卒業後の大学進学実績に注目しているかもしれません。つまり入口と出口です。これはそれぞれの立場から君たちに失敗させたくない、幸せになってほしいと願うからで、間違っていません。でも、君たちはその間にある三年間に注目していると思います。それならば、君の自己実現をサポートしてもらえる環境のある学校を選びましょう。そして存分に自己表現できる仲間たちのいる学校を選びましょう。そんな学校がここにあります。

2024年度入試要項

中学

試験日 2/1午前・午後 2/2午前・午後
2/3午後 2/11午後

試験科目 国・算+グループワーク(2/1午前、2/1午後) 適性(2/1午前) 国・算・理・社から2科(2/2午前) スピーチ+口頭試問(2/1午後、2/2午後) 国・算+面接(2/3、2/11)

2024年度	募集定員	受験者数	合格者数	競争率
1日午前/適性	40	35/2	30/1	1.2/2.0
1日午後		21/28	17/21	1.2/1.3
2日午前/午後	20	11/8	4/6	2.8/1.3
3日/11日	若干	3/0	3/0	1.0/—

高校

試験日 1/22(推薦) 2/10(併願優遇)
2/10・13(一般)

試験科目 面接(推薦・併願優遇)
国・数・英+面接(一般)

2024年度	募集定員	受験者数	合格者数	競争率
推薦	50	121	120	1.0
一般	50	54	14	3.9

※中・高とも、帰国生入試(12/16)あり

286 ■卒業生有名人 石井ふく子(TVプロデューサー)、イルカ(シンガーソングライター)、佐久間レイ(声優)

日本学園 中学校 高等学校

普通科(高校)
生徒数　209名(中学)　　558名(高校)
〒156-0043
東京都世田谷区松原2-7-34
☎ 03-3322-6331
京王井の頭線・京王線明大前駅
徒歩5分

SUPER INDEX P.85

制服 p.㉗

人は得意な道で成長すればよい

URL	https://www.nihongakuen.ed.jp		
Web上での合格発表	中　学	○	高　校	○

プロフィール
創立1885年
個性を尊重し、人格教育を重視

日本学園は、明治維新期の英才として知られる杉浦重剛によって、1885(明治18)年に創立された。杉浦先生は、「教育とは単に知識を得ることではなく、人間形成である」と考え、「人は得意な道で成長すればよい」そして、その力を活かし「まさかのときに役立つ人間になれ」と指導した。

日本学園は、杉浦先生の志を受け継いで130年以上「個性を尊重した人材の育成」に努めている。こうした長い歴史の中で培われた経験を活かし、現在では「創発学」をはじめとして、CLP(コンバインド・ランゲージ・プログラム)やNGP(にちがく・グローカル・プログラム)といった独自の学習プログラムを開発し、創造力、発信力を育成するととものに、ALTを積極的に活用した合科型授業や留学制度の実施など、実践的な英語力強化に力を注いでいる。なお、2026年4月から明治大学付属世田谷中学校・高等学校と名称を変更し、男女共学になる。

環境
快適な環境で勉強も
部活動も思う存分に

新宿・渋谷・吉祥寺の3つのターミナルから至近距離にありながら都内有数の文教地区として閑静な佇まいを見せる明大前に、2万㎡以上(1万7千㎡は土のグラウンドとテニスコート3面)の広大な敷地を有している。また130年以上にわたり多くの著名人を輩出したキャンパスには四季折々の自然があふれ、心落ち着く環境の中、生徒は学習にも部活動にも思う存分打ち込むことができる。

また、国の登録有形文化財に指定されている1号館は卒業生で当時早稲田大学准教授だった今井兼次氏が設計した。

授業風景

カリキュラム
「創発学」で
自己創造力を育む

「創発学」は、体験を重視した「創造」と「発信」の頭文字を取った日本学園独自の学習プログラム。中学では、林業や漁業、農業などのフィールドワークを行ったうえで、調査・研究し、文章や図表にまとめあげ発表する。このサイクルを繰り返し行うことで知的好奇心を高め、学ぶ楽しさを発見し、自らの将来を切り拓く「自己創造力」を育む。高校では、21世紀キャリア教育として、物事をどのように学ぶかという学びの質や深まりを重視し、講義ではなくグループワーク・ディベートなどを行いながら、思考力や創造力・表現力を養う。また、「日本語でコミュニケーションできなければ英語ができるはずがない」という考えのもとで、中学では、各教科での合科型授業、オーストラリア語学研修といった日本語と英語を同時に鍛えていくCLP(コンバインド ランゲージ プログラム)を実施している。高校では、3ヶ月の短期留学制度を取り入れたNGP(にちがく グローカルプログラム)を実施し実践的な英語力強化を図っている。

また、得意科目を伸ばし、苦手分野を克服するなど、自分に合わせた学習課題に取り組める自学自習プログラムとして「にちがく講座」がある。これは放課後に行うタブレット学習で、自分の学びのテーマにしたがって項目を選択し学習していくもの。高校では、50近くの講座の中から、関心や理解度に応じて選択できる「モジュール講習」を実施し、通常の時間割に早朝や放課後の講習を加えることで自分自身の学習目標に基づいた「自分だけの時間割」を作り、志望進路に向けた学習を進めることができる。

学校生活
多彩なイベントで
様々な体験

登校時間	中学	夏季	8：20	冬季	8：20
	高校	夏季	8：20	冬季	8：20

学校行事は年間を通じて目白押しだ。中でも秋の「日学祭」は、生徒が企画・運営を担当し、各行事の中でも一番の盛り上がりを見せる。その他、体育祭、芸術鑑賞、マラソン大会などがある。部活動も文化部・運動部共に中高で盛んに行われている。

林業体験

進路
向上している国公立・
難関私大への合格実績

毎年、卒業生の約9割が現役で4年制大学に進学。一人ひとりの希望に沿った進路指導で進学実績を着実に伸ばしてきている。高校の特別進学コースは国公立・難関私大を目指し、総合進学コース等もその刺激を受け徐々に実績を上げている。今後も現役合格率、難関大学進学率の増加が期待できる。主な進学先は、東京都立大・早稲田大・上智大・東京理科大・明治大・青山学院大・立教大・中央大・法政大・日本大・東洋大・駒澤大・専修大・芝浦工業大・成蹊大・獨協大など。また、芸術系大学への実績も高い。

2024年度入試要項

中学
試験日　2/1午前(第1回)　2/4午前(第2回)
　　　　2/5午前(第3回)
試験科目　国・算・理・社

2024年度	募集定員	受験者数	合格者数	競争率
第1回	70	306	101	3.0
第2回	30	344	54	6.4
第3回	20	306	37	8.3

高校
試験日　1/22(推薦)　2/10(併願優遇・一般第1回)
　　　　2/14(併願優遇・一般第2回)
試験科目　作文＋面接(推薦)
　　　　　国・数・英＋面接(併願優遇・一般)

2024年度	募集定員	受験者数	合格者数	競争率
推薦	124	4/77	4/77	1.0/1.0
第1回	83	65/59	43/65	1.5/—
第2回	41	24/31	12/23	2.0/1.3

※人数はすべて特進/進学

卒業生有名人　岩波茂雄(岩波書店創業者)、横山大観(画家・文化勲章受賞)、永井荷風(作家・文化勲章受賞)

進学に有利に

併設校あり

芸術&特殊学科

資格&技能系

施設が充実

スポーツが強い

クラブが活発

情報教育を重視

国際人を養成

自由な校風

共学　中　高　大　院

日本工業大学駒場 中学校

生徒数　522名
〒153-8508
東京都目黒区駒場1-35-32
☎03-3467-2130

SUPER INDEX P.85

京王井の頭線駒場東大前駅西口　徒歩3分
東急田園都市線池尻大橋駅北口　徒歩15分

進学型の中高一貫校として柔軟性のあるカリキュラムで生徒一人ひとりの希望進路を応援する

URL	https://nit-komaba.ed.jp/j/
Web上での合格発表	○

有利に進学に／あり併設校／特殊学科芸術&／技能系&資格／充実施設が／スポーツが強い／活発クラブが／重視情操教育を／養成国際人を／校風自由な

プロフィール　"優しく、勁（つよ）い心"を育てたい

近代工業の復興・発展に伴い、1907(明治40)年東京工科学校が創立。同校を前身に、1948(昭和23)年、東京工業高等学校と東工学園中学校が設立された。1967年に日本工業大学、1982年には大学院博士課程が設置された。そして、2008(平成20)年4月、日本工業大学駒場中学校に名称変更。2021(令和3)年度より学校全体が普通科専一校になる予定。"優しく、勁い心"を育てる、そのうえで生徒一人ひとりの才能を引き出し、希望するどんな進路にも応援していくことが本校の方針である。

環境　全校舎のリニューアルが進む

閑静な住宅街の一角、地下1階・地上4階で吹き抜けから自然光が降り注ぐ斬新なデザインの校舎。全教室に電子黒板が設置され、生徒もタブレットを所持し、ICTにも力を入れている。女子生徒がくつろげる「女子ラウンジ」、ネイティブ教員が常駐する「コミュニケーション・ラボ」をはじめ、「トレーニングルーム」、「日駒図書館」など、進学型に変化する中で新たな施設が続々と作られている。

カリキュラム　充実したカリキュラムと日駒教育構想

進学型・普通科専一の中高一貫校とし

て、生徒一人ひとりの希望進路に応えるカリキュラムが特長。中学では主要3教科に重点を置き、独自の家庭学習教材「ファイトノート」を活用し、家庭学習の習慣化と基礎学力の定着を図る。高校では、最難関大学の進学を目指す"特進コース"、理系に特化したカリキュラムを生かし、難関大学理工系学部への進学を目指す"理数コース"、部活動、生徒会活動など楽しい学校生活と自分らしい進路を両立させる"進学コース"の3つがある。

これまで100年以上で積み上げてきた伝統や教育理念を土台とし、時代に合わせた新しい教育である"日駒教育構想"を本格的にスタート。国語教育を主軸とし、理数教育・英語教育・キャリア教育・コミュニケーション教育・ものづくり教育など、オリジナルの教育内容を進めている。

学校生活　盛んな部活動・多様な宿泊行事

登校時間	夏	8:25	冬	8:25

部活動が活発で33の部活がある。運動部では、アーチェリー部やレスリング部が全国レベル。文化部ではパソコン部や模型・鉄道研究部などが人気。宿泊行事は、本校が所有する新潟県の赤倉山荘を中心に行っている。中学1年生では、新入生向けのフレッシュマンキャンプやサイエンスプログラムを行うサマーキャンプ。中学2年生では、スキー教室。中学3年生では、修学旅行として台湾研修を実施している。また、中学2・3年生の希望者対象で、カナダ短期留学を実施している。この短期留学では、英語研修と異文化体験を目的としているが、他にも各種スポーツやアウトドア体験など、カナダの大自然の中で様々なアクティビティを体験することができる。

進路　国公立大学の合格実績が増加中

2023年度の主な合格大学は、国公立大4、早稲田大7、東京理科大3、上智大1 他。

高校では夏期・冬期・春期講習や放課後講習などで大学進学支援を行う。また、近隣の東大から学生チューターをまねき指導にあたっている。さらに2017年度より、最難関大学を目指す生徒向けの無料の学習支援センター"光風塾"の運営も行っている。

2024年度入試要項

試験日	2/1午前（第1回）　2/1午後（第2回）
	2/2午前（第3回）　2/2午後（第4回）
	2/3午前（第5回）　2/5午前（特別選抜）
試験科目	得意2科〈国か算＋理・社・英から1科〉または国・算・理・社または適性（第1・3回）　得意2科またはプレゼン型〈朗読への感想＋プレゼンテーション〉（第2・4回）　得意2科または国・算・理・社（第5回・特別選抜）※得意2科の英語選択は第1・2回のみ

2024年度	募集定員	受験者数	合格者数	競争率
第1回/第2回	50/30	245/362	114/97	2.1/3.7
第3回/第4回	40/20	244/244	69/35	3.5/7.0
第5回/特別	20/20	193/126	37/32	5.2/2.9

東京

共学（普通科）　中　高　大　院

日本工業大学駒場 高等学校

高い自己目標の実現と、楽しい学校生活の調和を目指す それぞれの進路希望に応える

普通科
生徒数　1305名
〒153-8508
東京都目黒区駒場1-35-32
☎03-3467-2130
京王井の頭線駒場東大前駅西口　徒歩3分
東急田園都市線池尻大橋駅北口　徒歩15分

SUPER INDEX P.85

URL	https://www.nit-komaba.ed.jp/
Web上での合格発表	○

新図書館での学習

プロフィール　学習内容の一層の充実を目指して

1907（明治40）年、中堅技術者の養成を目的に東京工科学校創立。1948（昭和23）年、東京工業高等学校、1967年に日本工業大学、1982年には大学院博士課程を設置。2006年度より、理数工学科と国際工学科を共学化。生徒の希望進路が多様化する中、大学進学希望者が激増している。その希望に確実に応えるために2008年度、校名を変更。

環境　自然の光と風を感じ伸びやかに学べる環境

約9000㎡のキャンパスは、100以上もの教室を持つ。地上4階・地下1階から成る近代的デザインの校舎は、吹抜けを持つ開放感あるもので、常に自然の光と風を感じ伸びやかに学校生活を送ることができる。100周年記念ホールは図書室・ステューデントホール・和室・可動式の椅子を備えた小ホールを完備。地階に設けている実習施設は都内屈指で、もの創りの体験学習に大きく役立っている。2017年4月、校舎を全リニューアルし、英語特別教室コミュニケーション・ラボと女子ラウンジを新設。

カリキュラム　普通科専一校として新しくスタート

「特進コース」　広く教養を高めながら、社会事象、自然現象を深く洞察する力と、集団をリードする力・行動様式を身につけることがこのコースの目標。教室や自宅での勉強だけでなく、部活動や委員会活動などの課外活動も積極的に取り組むなど、のびやかに学校生活を送っていく。

「理数特進コース」　社会や人文などの広い領域の教養とともに、特に自然現象を洞察する力と理工学的応用力を育むことがこのコースの目標。自然科学に関する探究活動を中心に、科学技術的な実践を行い、豊かな一般教養を身につけられるようなカリキュラムになっている。

「総合進学コース」　自分の得意分野を自覚し、それを積極的に生かし、自分に自信を持てるようになることがこのコースの目標。また、2021年度から総合進学コースの中に「英語国際クラス」を新設。総合進学コースのカリキュラムを活かしながら、約4週間の海外留学体験を組み込んで、外国の文化を学び、語学力の強化を図る。授業はネイティブ教員を配置し、英語力の強化をはかり、海外留学や国内の外国語学科への進学に備える。

「文理未来コース」『自由な発想で自分の夢をかたちにする』ための基本知識と応用力を培うことが、このコースの目標。特設科目を大学進学に活かすコース。

学校生活　多彩な学校行事は生徒が主役　楽しみいっぱいの部活動

登校時間	夏　8：25	冬　8：25

年間を通して多彩な学校行事がある。特に体育祭・日駒祭は生徒会を中心に自主的な運営により進行、楽しく活気ある行事になっている。秋の芸能鑑賞会では、観劇や映画鑑賞をすることで心の教育の助けとなっている。12月にはスキー教室を実施しバッヂテストの合格者も多い。1年次にはクラス単位で本校の校外施設「赤倉山荘」で合宿を実施し、クラスの親睦を深め、進路に向けての研究発表などを行っている。また、夏休みを利用して1・2年の希望者を対象にカナダ短期留学を約2週間の日程で実施、異文化理解と語学研修に役立っている。部活動、愛好会、同好会など合わせて41団体ある。レスリング部・アーチェリー部は国体出場。陸上部はインターハイの常連、ダンス部・アメフト部・バドミントン部なども、人気が高い。

進路　多様化する進路希望に的確に対応

希望進路が多様化する中で、キャリア教育を1年生から計画的、継続的に実施することで、進学する目標や意義を考える。また職業に対する認識も深め将来に活かすようにする。他には、放課後の大学進学講習や長期休業中の進学のための講習会は、レベル別、目的別に授業を展開しているので、自分の目標を持って学習することができる。加えて、大学進学支援センター≪光風塾≫では最難関大学進学希望の生徒にも対応している。就職希望者はここ数年減少傾向にあるが、ガイダンス、講習会で対応している。

2024年度入試要項

試験日　1/22（推薦A・B）
　　　　2/10（一般①）　2/12（一般②）
試験科目　適性〈国・数・英〉＋面接（推薦）
　　　　　国・数・英＋面接（一般）

2024年度	募集定員	受験者数	合格者数	競争率
推薦/一般	124/121	83/413	83/292	1.0/1.4

※定員は、特進コース35名、理数特進コース35名、総合進学コース105名、文理未来コース70名。
※他に、5名のマイワーク入試（2/12、作文＋面接あり）

理数特進コース　理科実験

有利に進学に

併設校あり

芸術＆特殊学科

資格＆技能系

施設が充実

スポーツが強い

クラブが活発

情操教育を重視

国際人を養成

自由な校風

289

日本女子体育大学附属二階堂 高等学校

明るく伸びやかな校風でクラブも盛ん
小さな学校だからできる個別支援

SUPER INDEX P.85

制服 p.27

普通科
生徒数　243名
〒156-0043
東京都世田谷区松原2-17-22
☎03-3322-9151
京王井の頭線・京王線明大前駅
徒歩4分

URL	https://nikaido.ed.jp
Web上での合格発表	

個性の育成とともに社会に役立つ女性を
プロフィール

1948年、普通科の高校として開校。校訓である「勤労」「感謝」「礼節」を重んじ、明るく積極的で、何事にも物怖じせず、規律や礼儀をわきまえ、広い教養とともに忍耐力や協調性を身につけた女性を育成している。校風は明るく伸びやかで、生徒ははつらつとしていて礼儀正しい。

自律学習を実践する「N-SALC」を新設
環境

京王線・井の頭線明大前駅より徒歩4分のところにあり、通学に便利。普通教室のほか、広々とした体育館、壁面鏡張りのダンス教室が3室、介護実習室、トレーニングジム、パソコン室がある。2020年に英語などの語学を通じて自律学習を実践する「N-SALC」を新設。

ジブンらしさを伸ばせる4つのコース
カリキュラム

普通科の中で、幅広い分野を学べるキャリアデザインコースと、専門分野を徹底的に学べるコース(特別進学、ダンス、スポーツ)の4コースを設置。
キャリアデザインコースは、幅広い分野の中から自分の興味や関心を導き出し、夢を見つけ、将来のキャリアビジョンを描く。

二階堂高校に100人に聞いてみました
二階堂高校のイイところって?

特別進学コースは、少人数制に特化し、チーム担任制による丁寧なサポートで、自分の進学したい大学への現役合格を目指す。
ダンスコースは、3年間を通して「踊る身体のキホン」を大切にした授業を行う。技能を向上させるために日本女子体育大学の教授による特別授業やワークショップも行われる。
スポーツコースは、多くのスポーツ種目を学び、判断力、分析力、精神力、コミュニケーション力を磨き、ルールやマナーを身につけ、総合的な競技力(=人間力)の向上を目指す。

クラブ活動の充実海外修学旅行
学校生活

登校時間	夏	8:30	冬	8:30

部活動は運動系11、文化系4の部が活発に活動している。各部ともその歴史は古く、多くの優れた生徒を輩出。ダンス部、新体操部など、全国大会に数多く出場し輝かしい成績を収めている部もある。
また、体育祭、二階堂祭(文化祭)、合唱コンクールは、学校行事の中でも一番の盛り上がりをみせる。各コースで実施する行事も多数ある。
2年次に沖縄への修学旅行を実施。平和学習、環境学習、マリンスポーツ、スキューバダイビング、ホームビジットなどを行う行程となっている。
ボランティア活動が盛んで、特別養護老人ホームや敷地に隣接した本学園の幼稚園にて放課後や長期休業中にボランティア活動を行うほか、地域の清掃活動や祭りの手伝いなど積極的に取り組んでいる。

総合型選抜や学校推薦型選抜での受験が主流
進路

卒業生の90%以上が大学や短大、専門学校などに進学している。進学先は日本女子体育大学をはじめ、様々な分野の大学へ総合型選抜や学校推薦型選抜を利用する生徒が多い。近年の他大学合格先は、筑波大、立教大、同志社大、明治学院大、日本大、東洋大、駒澤大、専修大、創価大、神奈川大、武蔵野大、日本体育大など。東京理科大、東邦大、麻布大などの理系大学へも進学している。

受験生へのメッセージ
ひとこと

私たちのモットーは「誰ひとり、おいていかない」こと。皆さんの夢や希望に寄り添い、親身になってサポートします。明るく活発な個性のある生徒が多い、にぎやかな女子校、それが二階堂の校風です。ぜひ一度見に来て下さい。

2024年度入試要項

試験日　12/9(帰国生)　1/22(推薦)　2/10(一般第1回〈併願優遇〉〈フリー〉)
2/12(一般第2回〈併願優遇〉〈フリー〉)

試験科目　面接(A・B推薦)　作文+面接(帰国生・C推薦)　適性〈実技〉+面接(舞踊・スポーツ推薦)　国・数・英から2科+面接(一般)
※特別進学コースの一般は国・数・英+面接

2024年度	募集定員	受験者数	合格者数	競争率
キャリアデザイン	35/35	20/43	20/42	1.0/1.0
特別進学	5/5	2/1	2/0	1.0/—
ダンス	20/20	15/12	15/12	1.0/1.0
スポーツ	20/20	23/11	23/11	1.0/1.0

※人数はすべて推薦/一般

　卒業生有名人　樋口久子(プロゴルファー)、田中琴乃(北京・ロンドン五輪新体操代表)、土屋太鳳(俳優)

東京

共学 幼 高 専 短 大 院

日本体育大学荏原 高等学校

知・徳・体を調和させるため
学習と部活動の両立を目指す教育
進路に合わせたコース制導入

SUPER INDEX P.80

制服 p.24

| URL | https://www.nittai-ebara.jp/ |

普通科
生徒数 1140名
〒146-8588
東京都大田区池上8-26-1
☎ 03-3759-3291
東急多摩川線矢口渡駅 徒歩7分
東急池上線池上駅 徒歩15分

プロフィール 知育・徳育・体育の三つが調和した教育

1904（明治37）年、学校法人「日本体育会」が荏原中学校として創立。1948（昭和23）年に高等学校へ移行し、荏原高等学校となる。1966年、日体荏原高等学校に改称。1998年度より共学化。2016年度より校名変更。

「求めて学び・耐えて鍛え・学びて之を活かす」を教育方針とし、伸び代の最大化を実現するため、授業への積極的な取り組みと自学自習できる生活習慣の確立を大切にしている。また、運動部の活動が盛んであり、生徒たちは文武両道をモットーに規律正しい学校生活を送っている。日本体育大学は併設校であり、多くの生徒が進学する。

環境 体育施設が充実

貴重な学園生活を充実して過ごせるよう、施設の拡充には力が入れられている。校地の総面積は約16,000平方メートル、グラウンドは約22,000平方メートル（多摩川第2グラウンドを含む）にも及び、あらゆるスポーツに対応できるよう整備している。トレーニングセンターや室内温水プール、武道場や合宿所などがある。第1グラウンドは全面人工芝。生徒寮である「洗心寮」も設置。

設備が充実した体育施設

カリキュラム 進路に合わせたコース制

1年次はアカデミックコース、スポーツコース、アドバンストコースの3コースに分かれたカリキュラムを履修し、将来に向けての基礎学力の錬成に努める。

アカデミックコースは、難関大学への現役合格を目指すコース。進路実現に向けて学びのPDCAサイクルを実践し、習得できるまで繰り返し学ぶ、自学自習の精神を養う。毎日の朝学習や長期休業中の勉強合宿など、少人数クラスだからこそできる、きめ細かい学習指導を各教科のプロフェッショナルが行っている。

スポーツコースは、日本体育大学をはじめ、体育系大学への進学を目指している。スポーツを通じてリーダーとなる人材を、アスリート育成の経験豊富な教員が指導している。2年次にはグアムでのスキューバライセンス取得旅行を実施するなど、本校独自のカリキュラムにより、スポーツ分野で必要な専門知識と技能を確実に身につけることができる。

アドバンストコースは、日本体育大学を含む大学や専門学校への進学を目指すコース。希望進路を実現するために、受験に必要な学力を育成することができるカリキュラムが組まれている。2・3年次の幅広い専門探究授業では、3分野7専攻から自分の希望進路に沿った分野を選択。大学受験に向け、基礎基本を習得し学力の土台を築いた上で、専門探究を通して、学んだ知識をどう使うのか、社会とどう関わっていくのかという資質・能力を育てる。

学校生活 全校生徒の87%がクラブ活動に参加

| 登校時間 | 夏 | 8:20 | 冬 | 8:20 |

サークルを含め32の部がある。日体大を含め優秀なコーチを招いている部が多く、部活動の水準は高い。近年は柔道、剣道、器械体操、ダンス、水泳、ボウリング、スキー、ライフセービング、パワートレーニ

柔道部

ング、ゴルフ、チアリーディング、相撲、弓道などが全国大会への出場実績がある。

進路 日体大進学には有利

卒業生の約90％が進学をしている。中でも併設校である日本体育大学へは179名が進学している。学内選考は成績順に基本的生活習慣の確立と人物評価も加味される。

トピックス ICT教育環境の充実を目指す

文武両道を目指し、学業と部活動を両立させるためiPadによる学習指導を導入。

また、生徒情報を一元管理するためのシステム「スクールマスター」やロイロノート・スクール、Classiなどの学習支援アプリを導入し、進路実現に向け生徒個々に自身の「立ち位置」を意識させる指導を行っている。2022年度には学校情報化先進校に認定された。

2024年度入試要項

試験日　1/22（推薦）　2/10・11（一般）
試験科目　作文＋面接（推薦）
　　　　　国・数・英＋面接（一般）
※アカデミックコースの推薦は、適性〈国・数・英〉＋面接

2024年度	募集定員	受験者数	合格者数	競争率
アカデミック		14/41	14/40	1.0/1.0
スポーツ	160/160	51/174	51/163	1.0/1.1
アドバンスト		87/294	86/277	1.0/1.1

※人数はすべて推薦/一般

卒業生有名人　丸山茂樹（プロゴルファー）、佐藤弘道（タレント）、横川尚隆（タレント）

東京

女子 中 高 大 院

日本体育大学桜華 中 学 校 高等学校

普通科（高校）
生徒数 46名（中学） 491名（高校）
〒189-0024
☎042-391-4133
東京都東村山市富士見町2-5-1

西武国分寺線・西武拝島線小川駅 徒歩15分
武蔵野線新小平駅 自転車15分
西武新宿線久米川駅 バス10分

看護・医療、保育・幼児教育分野への
進学に強い
日本体育大学の推薦入学希望枠100％確保！

SUPER INDEX P.89

制服 p.35

URL	https://www.ohka.ed.jp		
Web上での合格発表	中学	○	高校	○

中学―桜華独自の教育

カリキュラム

◇スポーツ教育　スポーツを単なる運動として位置づけるのではなく多面的に捉え、思考力、行動力、判断力など、21世紀型人間力の育成に非常に有効な教育活動として位置づけ、重視している。
◇一流の教育者と環境（施設）　個々の技能を向上させるには環境を整えなければならない。本校では全国屈指の指導者による教育。そして、その指導を最大限生かすためのスポーツ施設が整っている。
◇スポーツ交流　これまで英語圏に捉われずミャンマーやウズベキスタンの方々と交流を図ってきたが、今後はさらに発展させ、スポーツを取り入れた交流も予定している。
◇資格取得授業　世界で活躍することを夢見ている生徒たちにとって英語力は不可欠である。本校では英会話の授業はもちろんだが、英語の資格取得を目的とした授業も組み込んでいる。
◇TGG（Tokyo Global Gateway：東京英語村）　東京都教育委員会が中心となって作られた、2018年9月オープンの英検のレベルに合わせて海外の生活体験ができる施設。中学1、2年生全員でそこに行き、異文化への興味を高めると共に、英語の実践力を磨く。

高校―4つの大きな動き

カリキュラム

2021年4月1日から週5日制を導入。また、塾と提携して校内塾を設置。学校の中に塾がある利点を最大限に活かし、学校の先生と塾の講師が連携して生徒の指導にあたる。学校の授業理解や定期テスト対策、大学受験対策（一般選抜・推薦入

ダンスパフォーマンス専攻

試）まで生徒のニーズにあわせた指導を展開。土曜日を受験指導日とするなど、進学指導に重きを置く。これまでも看護・医療や保育・幼児教育分野へ多くの合格者を輩出してきたが、今後は難関大学への合格者も安定して輩出できるように体制を整える。
◇ダンスパフォーマンス専攻 設置　HipHop部門では、World Hip Hop Championship日本代表チームの振付師としても活躍している池田拓氏を講師として招き、指導にあたる。池田氏はこれまで、数々のダンス大会において審査員を務め、TVにも出演してきた人物であり、指導してきたダンサーやダンスチームを、世界・国内の大会において優勝に導いてきた実力者である。クラシックバレエ部門では、元松山バレエ団の主力団員であり、1984年～1992年まで全ての国内公演に出演、ニューヨークやロンドンなどの海外公演にも出演し続けた榊原名氏が指導にあたる。ダンスには自分を表現する楽しさだけでなく、人生を豊かにする力がある。人を魅了することのできるダンスを、実力のある指導者のもとで学んでみませんか。
◇アドバンストコース 設置　高校1年次から有名大学進学を目指したアドバンストクラスを設置。これまでも早稲田大学や立教大学、青山学院大学などの難関大学に合格者を輩出してきた。現在、アドバンストクラスでは、（株）ベネッセと連携し、模擬試験の分析を行っている。今後はさらに発展的な内容を含めた授業を展開していく。
◇国際交流推進　グローバル社会で生きる力を身につけるためには「国際交流」は不可欠である。そのため、修学旅行先であるグアム島では学校交流を行っている。これまでも米国や韓国の方々と交流を図ってきたが、国内語学研修（ブリティッシュヒルズ）、海外語学研修（カナダ、オーストラリア）をはじめ、英語圏に限らず、世界を知るための講演会や交流活動も予定している。2022年度より中国から留学生を受け入れ開始。

複数の部活動が 全国大会へ

学校生活

登校時間	高校 夏	8：30	冬	8：30

本校には、全国優勝の経験のある指導者や世界レベルの大会に出場経験のある指導者など、全国トップクラスの指導者が揃っている。2021

年度も複数の部活動が関東大会、全国大会に出場。中学剣道部、陸上競技部、レスリング部、ダンス部が全国大会に出場した。また、本校には特別競技部という部活動があり、スノーボードやフィギュアスケートなど特殊なスポーツをしている生徒も受け入れ可能。

進路決定 95.7％

本校は生徒たちの出口（現役進路決定率）を重要視している。日本体育大学への推薦入試制度もあるが、近年の進路実績としては、早稲田大、立教大、國學院大、二松学舎大、日本大、東洋大、専修大、青山学院大、法政大などがある。また、その他に看護、医療、保育系への進学者が多いのも特徴である。

2024年度入試要項

中学

試験日　2/1（第1回）　2/2（第2回）
　　　　2/3（第3回）

試験科目　国・算＋面接（一般）　面接（AO）

2024年度	募集定員	受験者数	合格者数	競争率
第1回 一般/AO	25			
第2回 一般/AO	10	非公開	非公開	―
第3回 一般/AO	5			

高校

試験日　1/22（推薦）　2/10（一般）

試験科目　適性〈国・数・英〉（A・B推薦）
　　　　　国・数・英＋面接（一般）

2024年度	募集定員	受験者数	合格者数	競争率
推薦A/B	100	122/18	122/18	1.0/1.0
一般	100	116	115	1.0

卒業生有名人　竹下百合子（北京五輪・カヌー競技4位入賞）、小野香子（プロゴルファー）、武田久子（プロゴルファー）

東京

共学　高　専　短　大　院

日本大学櫻丘 高等学校

S＋i＝∞
本校独自の「櫻イノベーション」を推進
充実した環境のもと生徒一人ひとりの自己実現をサポート！

URL	http://www.sakura.chs.nihon-u.ac.jp
Web上での合格発表	○

普通科
生徒数　1518名
〒156-0045
東京都世田谷区桜上水3-24-22
☎ 03-5317-9300

SUPER
INDEX
P.86

京王線桜上水駅・下高井戸駅、
東急世田谷線下高井戸駅　各徒歩10分
小田急線経堂駅　徒歩15分

制服
p.29

櫻高祭での吹奏楽部＆バトントワラー部のドリル

プロフィール
自主創造型パーソンの育成

　1950（昭和25）年創設された日本大学の正付属高等学校で、文理学部の併設校である。70年以上の歴史と伝統の中で輩出した3万人の卒業生は現在各界で活躍している。「自ら学び・自ら考え・自ら道をひらく」力を育むための独自の教育"櫻イノベーション"はセカンドステージに突入。「グローバル教育×ダイバーシティ」「アクティブラーニング×ICT教育」「体験型高大連携教育×サイエンスリテラシー」「クリティカルシンキング×プレゼンテーションリテラシー」「ルーブリック評価×PDCA」を5つの柱として取り組んでいる。2019年度からはニュージーランドにおける中期（3カ月）・長期（1年間）の単位認定型留学制度も始まった。

環境
教育施設の充実

　校舎は、世田谷の清閑な住宅地にあり、周囲には公立小中学校・高等学校、文理学部が隣接するなど、文教地区である。
　2008年12月完成の免震構造の校舎は開放感溢れ、施設内にあるプールは電気分解システムによる殺菌法を採用しているため、皮膚の弱い人にも安心安全に配慮している。全館・全教室にWiFiと電子黒板を設置し、1年生からタブレット端末を用いたICT教育を充実させている。
　また、隣接する日本大学の陸上グラウンドや図書館・学生食堂などの施設を利用できる（都内日本大学付属高校で大学と隣接しているのは本校だけ）。

カリキュラム
2コース制の導入：大いなる進化を目指して
教育面も進化させ充実した教育活動を展開！

　2017年度入学生から、従来の普通科コースに特進クラスを新設。「特別進学（S）クラス」と「総合進学（G）クラス」の2コース制とする。
　「特別進学クラス」は、多彩な講演会や大学・企業訪問などの充実したキャリア教育や、英字新聞作成をはじめとする探究学習を重視し、日本大学難関学部・学科（医学部・獣医学科）、最難関私立大学への進学を目指すクラスである。3年次にはオーダーメイドカリキュラムを採用し、生徒の多様な進路に対応する。
　「総合進学クラス」は付属高校ならではの充実したサポート体制のもと、基礎学力の定着・向上と、幅広い進路に対応できる学力を身につけることを目指し、推薦入試での日本大学への進学はもちろんのこと、他大学への進学など様々な進路への対応ができる力を身につけることを目的としている。また、希望者には高大連携教育の一環として2年次から隣接する文理学部や法学部・経済学部で正規の大学の授業が履修できるなど大学との連携教育を推進している。まさに付属校ならではの魅力ある取り組みである。

学校生活
多彩な部活動に盛んな生徒会活動

登校時間	夏　8：25	冬　8：25

　心身のバランスを重んじる校風は部活動にも反映しており、大学の付属校らしいのびのびとした活動が特徴である。現在30（運動部20、文化部10）の部が活動を行っている。放課後のキャンパスは、野球部やサッカー部のみならず、女子の生徒を中心としたバトントワラー部やチアーリーディング部なども活動に華を添え元気な活動風景が展開されている。他にもライフル射撃部、陸上競技部、ゴルフ部なども活躍している。
　また、生徒会活動も盛んで6月に実施されている文化祭（櫻高祭）では、実行委員が中心となり全生徒が一つとなって盛り上がる。

進路
日本大学への高い進学率

　日本大学各部への推薦制度があり、毎年多くの生徒が進学している。選抜方法は、3年間の学業成績と「基礎学力到達度テスト」の成績、面接・小論文等が加味され総合判断される。2023年は368名が日本大学に進学した。また、他大学への進学を目指す生徒も多く、北海道大、筑波大、富山大、慶應義塾大、早稲田大、上智大、東京理科大などに進学しており、付属推薦と合わせると全体の進学率は97％にのぼる。

トピックス
本校独自の評価指針「SAKURAルーブリック」

　本校では、テストではかることのできない価値観やスキルなどを伸ばすための教育活動を積極的に導入している。その礎となるのが本校独自の評価指針である「SAKURAルーブリック」。本校が重視する価値観・スキルを21のテーマに設定し、各テーマ5段階の評価指針をわかりやすい文章で示している。
　そしてこの「SAKURAルーブリック」の最大の特徴は、教員が生徒を評価するのではなく、生徒自身が自分の価値観・スキルの伸長度合いを定期的に自己評価すること。それにより自己肯定感を高めるとともに、将来自分の強みとなる価値観・スキルを徹底的に磨き上げることが可能。

2024年度入試要項

試験日　1/22（帰国生・推薦）　2/10（一般A日程）　2/12（一般B日程）
試験科目　面接（推薦）
　　　　　国・数・英＋面接（帰国生・一般）

2024年度	募集定員	受験者数	合格者数	競争率
推薦	220	228	228	1.0
一般A/B	230	392/303	295/167	1.3/1.8

※帰国生の募集は若干名

卒業生有名人　佐藤隆太（俳優）、潘めぐみ（声優）

進学に有利

併設校あり

特殊学科芸術＆

技能系資格＆

施設が充実

スポーツが強い

クラブ活動が活発

情操教育を重視

国際人を養成

校風自由な

共学　中高専短大院

日本大学第一 中学校 高等学校

普通科（高校）
生徒数　607名（中学）　1025名（高校）
〒130-0015
東京都墨田区横網1-5-2
☎ 03-3625-0026
都営大江戸線両国駅　徒歩1分
総武線両国駅　徒歩5分

SUPER INDEX P.73

制服 p.⑰

日本大学最初の付属校 中高併設のゆとりある教育を実践 生徒の個性と能力を伸ばす

URL	https://www.nichidai-1.ed.jp/		
Web上での合格発表	中　学	○	高　校　○

校舎全景　右から本館、新館、小体育館棟の3棟から成る

左側タブ（縦書き）:
有利に進学
あり併設校
特殊学科＆芸術学科
技能系＆資格
充実施設が
がスポーツ強い
活発クラブが
重視情操教育を
養成国際人を
校風自由な

プロフィール 良き生活習慣をもった次世代人の育成

1913（大正2）年に日本大学最初の付属校として「日本大学中学校」を創立。1950（昭和25）年、日本大学第一中学校、日本大学第一高等学校と名称を変更した。1997（平成9）年、85年の伝統ある男子校から男女共学校へと一新した。

「真・健・和」の校訓のもと、『絆を重んじ、良き生活習慣をもった、次世代人の育成』を教育理念として掲げている。

環境 多彩な施設でのびのびと学習

伝統と文化に彩られた両国の街に位置する。8階建ての本館、6階建ての新館、5階建ての小体育館棟のほか、座席数373席の多目的ホールは、最新の映像設備と音響設備を完備しており、映画の上映やロングホームルームなどに使われている。そのほか、体育館を兼ねた大講堂やコンピュータ教室など、豊富な施設・設備を整えている。

カリキュラム 日大への進学および難関大学受験にも対応

日本大学の特別付属校に指定されている本校では、付属校としての利点を生かしたゆとりある教育を実践。中学では基礎学力の充実・向上を図り、学力テストを実施するなど、より確実な学力の定着に努める。また、国際化社会で必要な英語に関しては、英検を積極的に受験させたり、イングリッシュキャンプやオーストラリア語学研修を実施している。

高校では、2年次から文系・理系クラスに分かれ、それぞれに難関大学進学クラスを設置し、生徒それぞれが目指す大学への進学希望に沿うよう指導。日本大学希望者は大学が課す付属高校に対するテストの成績により各学部に推薦される。

学校生活 ゆとりある中高一貫教育

登校時間	中学	夏季	8：15	冬季	8：15
	高校		8：15		8：15

絆を重んじる本校では、生徒同士、先生と生徒の触れ合いを大切にし、のびのびと学園生活が送れるよう様々な学校行事を設けている。

中学では、校外学習をはじめ、1年次にスキー教室、2年次にイングリッシュキャンプ、3年次に関西方面への修学旅行を実施し、高校では、1年次に宿泊研修と校外学習、2年次に宿泊研修と九州への修学旅行を実施する。そのほか、文化祭や体育祭など、思い出に残るイベントが盛りだくさんだ。

また、クラブ活動も活発。陸上・硬式野球・テニス・バスケットボール・バレーボール・アメリカンフットボール・ゴルフ・チアリーダーなど15の体育部と、音楽・写真・演劇・ECCなど10の文化部のほか、バドミントンなど6の同好会もある。

進路 夢を実現させる推薦入学制度

日本大学では、一般受験に先立って優先的に推薦入学を行っている。これは、付属校ならではの特典だ。本校では、この「推薦入学制度」を充分に生かして、65.5％の生徒が日本大学各学部へ進学している。また、難関大学受験にも対応し、万全な進学指導体制を整えている。日本大学以外の主な進学先は、早稲田大、上智大、東京理科大、学習院大、明治大、立教大、法政大、青山学院大、中央大など。

ひとこと YouTubeで日大一の日常を配信中

動画「日大一の日常」を毎日YouTubeで配信しています。生徒さんたちの様子、学校行事、何気ない日常など、毎日ご覧いただくことを通して、まるで日大一中・一高に通っているかのような雰囲気を味わっていただくことができます。日大一らしさをご覧いただければ幸いです。

2024年度入試要項

中学

試験日　2/1（4科第1回）　2/2（4科第2回）
　　　　2/3（2科第1回）　2/5（2科第2回）
試験科目　国・算・理・社（2/1・2/2）
　　　　　国・算（2/3・2/5）

2024年度	募集定員	受験者数	合格者数	競争率
4科第1回	110	289	132	22
4科第2回	50	210	76	2.8
2科第1回	20	175	33	5.3
2科第2回	20	128	20	6.4

高校

試験日　1/22（推薦）　2/10（一般）
試験科目　適性〈国・数・英〉＋面接（推薦）
　　　　　国・数・英＋面接（一般）

2024年度	募集定員	受験者数	合格者数	競争率
推薦	75	61	61	1.0
一般	75	213	129	1.7

　卒業生有名人　ちばてつや（漫画家）、本仮屋ユイカ（女優）、三井梨紗子（シンクロナイズドスイミング リオ五輪銅メダル）

東京

共学 | 中 | 高 | 専 | 短 | 大 | 院

日本大学第三 中学校 高等学校

多摩丘陵の広々とした
明るいキャンパスで
のびのびと中高一貫教育

SUPER INDEX P.85

普通科（高校）
生徒数　828名（中学）　1136名（高校）
〒194-0203
東京都町田市図師町11-2375
☎ 042-789-5535
横浜線淵野辺駅　バス13分
横浜線・小田急線町田駅　バス20分
京王相模原線・小田急線・多摩都市モノ
レール多摩センター駅　バス15分

URL	https://www.nichidai3.ed.jp/			
Web上での合格発表	中　学	○	高　校	○

春夏の甲子園で大活躍

学習環境を重んじ 赤坂から多摩丘陵へ

　1929年に東京の赤坂に開校した本校は、1976年に現在の多摩丘陵への移転を行い、学習環境の整備された広大なキャンパスを建設した。1987年から高校女子、1991年から中学女子の募集も始め、1992年より高校にスポーツクラス、1997年には高校に特進クラスが設置された。

生徒の健康を願い 充実した運動施設

　郊外といえば通学の足が心配されるが、町田駅、淵野辺駅、多摩センター駅の3駅から、登下校に合わせて急行バスが運行されているので安心だ。

　15万㎡以上ある緑豊かなキャンパスには、運動施設として、夜間照明設備のある一周400mグラウンド、野球場、テニスコート、室内プールが整備され、2つの体育館がそびえ立ち、ジョギングコースもつくられている。また、1200名収容の講堂や、蔵書数約3万を有する図書室のほか、最新機器を備えたコンピュータ室もある。

高1までに基礎力 進学講習が充実

　中高一貫の、4年制大学進学に目標を置いた教育が行われている。

　中学から高1にかけては、主要3教科（英・数・国）の授業時間数を規定より増やして基礎を固める。進学に向けた効率的なカリキュラムが組まれている。中学3年次には選抜クラスも設置している。

　高校では1年次から普通クラス、成績上位者で編成され、国公立進学を目指す特進クラス、スポーツクラスに分かれ、普通クラス・特進クラスは2年次からさらに文科コース、理科コースへ分かれる。

　学力増進・学力補充のための補習や講習を放課後に実施する。また、定期試験以外にも、あらゆる角度から学力の状況を確かめ、成績不振者には各教科の担当が指導することもある。

部活はもうひとつの 青春の舞台

登校時間	中学	夏季	8：40	冬季	8：40
	高校		8：40		8：40

　思いっきり部活動に専念できるのも、大学付属校ならではだ。本校の生徒にとってクラブ活動は、自分を試すもうひとつの舞台となっている。2001年・2011年夏、全国優勝をした野球部、毎年全国大会に出場しているテニス部をはじめ、文化系・運動系クラブともに、地区大会や様々な発表の場に積極的に参加し、優秀な成績を収めている。

約9割が現役合格 約4割が日本大学へ

　併設の日本大学への推薦は高校3年間の成績と全付属高校対象の「基礎学力到達度テスト」によって決まる。2023年3月の卒業生の日本大学進学者は159名であった。また、他大学への進学者は東京大、一橋大、筑波大、東京都立大、早稲田大、東京理科大、学習院大、明治大、青山学院大、中央大、法政大、立教大、成蹊大などへ進学している。

短期留学をして 更に視野を拡大

　希望者には中学3年生にアメリカ・カナダ体験学習（13日間）があり、高校1年生にはオーストラリアでのホームステイ（16日間）、高校2・3年生のヨーロッパ文化研修（8日間）がある。日本大学主催のイギリスのケンブリッジ大学のペンブルックカレッジの学寮を利用して、長期休暇を使い短期留学ができる制度がある。また、学校全体で英検に挑戦している。中学生は全員受験して、毎年、ベストスコアを更新する生徒が多い。

2024年度入試要項

中学

試験日　2/1（第1回）　2/2（第2回）　2/3（第3回）
試験科目　国・算または国・算・理・社（第1・2回）　国・算（第3回）

2024年度	募集定員	受験者数	合格者数	競争率
第1回	160	313	196	1.6
第2回	60	256	97	2.6
第3回	20	154	25	6.2

高校

試験日　1/22（推薦）　2/10（一般A・B）
試験科目　作文＋面接（推薦）
　　　　　国・数・英＋面接（一般）

2024年度	募集定員	受験者数	合格者数	競争率
推薦	65	67	67	1.0
A/B一般	85	96	85	1.1

多摩丘陵の緑の中で学ぶ

卒業生有名人　近藤一樹・山崎福也・高山俊・坂倉将吾（プロ野球選手）、青山修子（プロテニスプレーヤー）

右側縦欄：
進学に有利に
併設校があり
芸術&特殊学科
資格&技能系
施設が充実
スポーツが強い
クラブ活発
情操教育を重視
国際人を養成
自由な校風

共学　中　高　専　短　大　院

日本大学第二 中学校・高等学校

多彩な進路目標の実現・明るくおおらかな校風

SUPER INDEX P.87

普通科（高校）
生徒数　714名（中学）　1248名（高校）
〒167-0032
東京都杉並区天沼1-45-33
☎ 03-3391-5739（中学）/ 9700（高校）
☎ 03-3391-0223（事務受付）
中央線・東京メトロ丸ノ内線荻窪駅　徒歩15分　中央線・総武線阿佐ヶ谷駅　徒歩15分　西武新宿線鷺ノ宮駅よりバス
西武池袋線中村橋駅よりバス

URL	https://www.nichidai2.ac.jp/			
Web上での合格発表	中　学	○	高　校	○

バランスのとれた人間形成 プロフィール

1927（昭和2）年日本大学の付属中学校、日本大学第二中学校として開校。続けて翌年、日本大学第二商業学校を開校。「信頼敬愛」「自主協同」「熱誠努力」の校訓のもと、生徒一人ひとりの幸福を目指して、自己肯定力をはじめとした15の資質・能力を伸長している。

広大な敷地と充実した施設 環境

杉並の静かな住宅街にある広大な敷地には、42本の銀杏並木があり、四季折々の美しい姿を見せ、生徒たちに安らぎを与えている。南向きの中学・高校校舎、芸術校舎に理科校舎、武道館やプールに加え、322mの4コースウレタントラックを有した人工芝グラウンドや4面のテニスコート等がゆったりと配置されており、生徒たちがのびのびと充実した学校生活を送る環境が整っている。

確かな学力と人間関係力を養う カリキュラム

中学は、全教科にわたって基礎・基本の徹底に重点を置き、「授業に集中すること」「家庭学習の習慣をつけること」の2本柱を軸に立て、じっくりと確かな学力を身につけさせる。英語と数学については、週2時間を「演習」の分割授業に充て、現在の理解に合わせた授業を展開。放課後も週ごとに「学習点検の時間」が設けられ、学習の遅

れが取り戻せるよう配慮がとられている。3年次には学習の集大成として、少人数各グループでテーマを設定し、主体的・協働的に卒業研究発表を実施し、プレゼンテーション能力を培う。

高校は、新たに入学してきた仲間との混在クラスでスタート。1年次は、芸術科目と男子武道を除いては、同一カリキュラムで幅広い知識・教養を高めると共に、多様な価値観が混在するクラスの中で人間関係力を養う。2年次からは、人文社会・理工・医療の3つのコースに分かれ、より専門的かつ系統的なカリキュラムのもと、自己の進路や目標に応じた学力の向上を図る。

お互いを認め合う環境が整っている 学校生活

登校時間	中学	夏季	8：35	冬季	8：35
	高校		8：35		8：35

中学では中1林間学校、中2勉強合宿、中3修学旅行、文化祭、体育大会、マラソン大会、弁論大会等の行事が実施され、高校では高1学年行事、高2修学旅行、文化祭、体育大会、マラソン大会、芸術鑑賞等が行われる。また、部活動は42部あり、運動部では軟式野球（中学）、硬式野球（高校）、陸上競技、水泳、テニス、チアダンス部などが活躍。文化部では演劇、フォークソング、吹奏楽、放送部等が各種コンクールで上位入賞を受けている。

付属校随一の進学実績 進路

中学から併設高校へは、ほぼ全員が進学。また、高校からは併設の日本大学への推薦入学制度があり、2年次の春・3年次の春および秋の3回に分けて行われる基礎学力テストや在学中の成績によって推薦が決まる。日本大学の付属校ながら進路選択先は多彩であり、理系選択者が多いのが本校の特徴。日本大学へ進学する生徒は約34％。難関私大の指定校・公募推薦を利用しての進学は約30％。残りの約36％が他大学への進学を目指して一般受験している。

在校生から受験生にひとこと ひとこと

私は日大二中からの進学ですが、二中・二高に来て本当に良かったと思っています。部活動を楽しく、真剣に、自分に合ったものを選んで活動できることに加えて、勉学にも一生懸命励むことができる環境です。友達とはふざけ合ったり、真面目に話し合ったりすることができ、先輩後輩という隔たりがないフラットな関係で、学年をまたいでたくさんの友達ができます。また、充実した日々を、広大な土地で美しい銀杏並木に見守られながら送ることができます。

受験では苦手を克服し、目標を決めたら絶対に辿り着けるように頑張ってください。辛いこともあるかもしれません。ですが、その先にはきっと充実した日々が待っています。（高3・理系コース）

2024年度入試要項

中学

試験日　2/1（第1回）　2/3（第2回）
試験科目　国・算・理・社

2024年度	募集定員	受験者数	合格者数	競争率
第1回	80/80	175/173	89/89	2.0/1.9
第2回	40/40	206/144	55/53	3.7/2.7

※人数はすべて男子/女子

高校

試験日　1/22（推薦）　2/11（一般）
試験科目　作文＋面接（推薦）
　　　　　国・数・英（一般）

2024年度	募集定員	受験者数	合格者数	競争率
推薦	105	111	111	1.0
一般A/B	105	339/80	124/25	2.7/3.2

左側縦タブ：進学に有利／併設校あり／芸術＆特殊学科／資格＆技能系／施設が充実／スポーツが強い／クラブ活動が活発／情操教育を重視／国際人を養成／自由な校風

　■卒業生有名人　中園ミホ（脚本家）、瀬川祐輔（サッカー選手）、大平貴之（プラネタリウムプロデューサー）

東京

共学 高 専 短 大 院

日本大学鶴ヶ丘 高等学校

バランスの取れた人間形成
進学目的に合わせたコース制
高い進学率と魅力ある学園生活

普通科
生徒数　1260名
〒168-0063
東京都杉並区和泉2-26-12
☎ 03-3322-7521
京王線・京王井の頭線明大前駅　徒歩8分

SUPER
INDEX
P.85

制服
p.27

URL	https://www.tsurugaoka.hs.nihon-u.ac.jp
Web上での合格発表	○

豊かな創造力と自主性を育む

現日本大学生物資源科学部の併設校として73年目を迎えた。校訓は自主創造（確固とした己を求める精神）、真剣力行（何事にも全力で取り組む精神）、和衷協同（皆と心を通わせ、力を合わせて物事に対処する精神）の３つを掲げている。また、授業、学校行事、部活動・生徒会活動を通して、豊かで調和のとれた人間を育む教育を行っており、挨拶・礼儀・身だしなみ等の大切さも伝えている。卒業後も折に触れて本校を訪れる生徒や、親子や兄弟姉妹で入学する生徒も多い。

歩いて5分の人工芝グラウンドなど恵まれた施設

周りは緑も多く、自然環境に恵まれた閑静な住宅地である。１万8243㎡の校地の中に、１〜４号館、６号館（特進棟）の校舎をはじめ、記念館、修学寮、図書館、体育館が建ち並ぶ。もちろん、全館冷暖房完備だ。

生徒談話室、温水プール、柔道場、剣道場、トレーニングセンター、テニスコート、人工芝の総合グランド、シャワー室、ロッカー室などを完備し、図書館には自習室もある。そのほか、生物・化学の実験室や物理教室、CAI教室、家庭科調理室、音楽室など、最新の施設が整っている。

校舎とモニュメント

コース別指導を強化・徹底

入試の時点で総進コースか特進コースを選択する。それぞれ独自のカリキュラムで授業を行っている。また、２年次からは、それぞれのコースが理系クラス、文系クラスに分かれる。

総進コースは、日本大学への内部進学だけでなく約３割が他大学へ進学していく。日本大学は国内最大の総合大学であり、理系・文系の各学部に加え、文理・芸術・国際関係・生物資源科学・危機管理学・スポーツ科学部等、他の大学にはないユニークな学部への進学が可能である。付属校の良さを活かしたバランスの良い勉強が特徴となっているカリキュラムに定評がある。

特進コースは、より一般選抜に即応したカリキュラムに従い、ハイレベルな教材と質の高い授業で難関大学への現役合格を目指す。予備校のベテラン講師による外部講座もあり、受験生をアシストする。また、希望者には、日本大学に推薦入学できる道も開かれている。

魅力ある学校行事

登校時間	夏	8：30	冬	8：30

学校行事としては、修学旅行（２年次）、オーストラリア・カナダへの３ヶ月間交換留学制度、希望者対象のオーストラリア・ニュージーランドでの語学研修（約３週間）などがある。語学研修においてはホームステイや現地での授業を通してコミュニケーションの技術を身につけ、言葉遣いはもちろんのこと日本とは全く違った歴史、文化、風習に直接触れ、その雰囲気を体験することによって、幅広く国際的な感覚を身につけさせようとするのが目的である。そして、生徒による企画運営によって行われる鶴ヶ丘祭は毎年大いに盛り上がる行事だ。また、部活動も盛んで、特に、野球、空手、アメフト、ウエイトリフティング、放送、演劇などは全国

語学研修（オーストラリア）

大会レベルである。

現役総合進学率96.0%

卒業生の約65％が日本大学へ、約30％が難関他大学へ進学。各種学校を合わせると、現役進学率96.0％。

日本大学への進学希望者は日本大学推薦入学制度に基づき、本人の適性などに応じて各学部に推薦される。推薦された生徒は、内申書の評定、付属校基礎学力到達度テストおよび面接試験等の総合評価により、入学の許可が与えられる。

他大学進学者は、学校推薦型選抜や総合型選抜、一般選抜等により、筑波大、東京外語大、東京農工大、千葉大、横浜国立大、信州大、東京学芸大、東京都立大、早稲田大、慶應義塾大、上智大、東京理科大、学習院大、明治大、青山学院大、立教大、中央大、法政大等に現役で合格している。

特進コースの在籍者の４人に１人は、国公立大学へ進学している。

2024年度入試要項

試験日　1/22（推薦Ⅰ・Ⅱ）　2/10（一般）
試験科目　面接（推薦Ⅰ）
　　　　　適性〈国・数・英〉＋面接（推薦Ⅱ）
　　　　　国・数・英＋面接（一般）

2024年度	募集定員	受験者数	合格者数	競争率
総進推薦Ⅰ/Ⅱ	175/若干	116/32	116/32	1.0/1.0
総進・一般	175	281	267	1.1
特進推薦Ⅰ	10	12	12	1.0
特進・一般	40	94	94	1.0

卒業生有名人　松井龍哉（ロボットデザイナー）、広部俊明（水中探検家）、内田理央（俳優）

進学に有利
併設校あり
特殊学科 芸術＆
資格系 技能系＆
施設が充実
スポーツが強い
クラブ活動が活発
情操教育を重視
国際人を養成
自由な校風

日本大学豊山 中学校 高等学校

強く 正しく 大らかに 凛とした男子を育てるBUZAN

普通科（高校）
生徒数 755名（中学） 1489名（高校）
〒112-0012
東京都文京区大塚5-40-10
☎ 03-3943-2161
有楽町線護国寺駅 徒歩1分

SUPER INDEX P.74

制服 p.21

URL	https://www.buzan.hs.nihon-u.ac.jp/		
Web上での合格発表	中学	○	高校	○

進学に有利

併設校あり

芸術＆特殊学科

技能系＆資格

施設が充実

スポーツが強い

クラブが活発

情操教育を重視

国際人を養成

自由な校風

プロフィール
心身ともに健全な文化人を育成する

1903（明治36）年に豊山中学校として創立。1952（昭和27）年に日本大学に移行し、1954年、学校法人日本大学の設置する付属校となり、現在に至る。

日本大学建学の精神に基づく教育目標と教育方針に従い、校訓「強く 正しく 大らかに」のもと、知育・徳育・体育の調和による全人教育を目指す。

環境
充実の施設で送る学校生活

校舎には、普通教室のほか、コンピュータ室、視聴覚室、理科実験室などの特別室や、図書館などがあり、全館冷暖房を完備。特に体育施設が充実しており、1800名収容のアリーナのほか、11階には10コースの屋内温水プール、10階には柔・剣道場などがそろっている。さらに、本校からスクールバスで15分の「中台総合グラウンド」は、全面人工芝のサッカー場、野球場、テニスコート、体育実習棟も完備している。

カリキュラム
きめ細やかな指導、将来の目標に応じたコースを設置

基礎学力の充実と、知育・徳育・体育のバランスのとれた中・高一貫教育を行っている。中学では毎朝各科目の10分テストを行い、生徒の授業理解度

海外語学研修ホームステイ 現地協力校との交歓

を確認している。また、学習が遅れがちな生徒はチューターの指導を受けることができる。キャリア教育の一環として学部見学や職場体験等を実施し、早めに目標を持たせている。高校では、高1より進学コース、特進コース、スポーツコースを設け、高2では、希望進路によって文系・理系コースを選択。進学、スポーツコースでは日本大学推薦、特進コースでは国公立・難関私立大学対応カリキュラムで十分受験に適応できる指導を実践している。

学校生活
数々の優勝歴を持つクラブ活動

登校時間	中学	夏季	8：10	冬季	8：10
	高校		8：20		8：20

クラブ活動が特に盛んで、その活動歴も華々しい。中学水泳部はほぼ毎年、全国大会に出場、2017・18年と二連覇を果たした。また、2000年に甲子園初出場を飾った高校野球部やインターハイ13回の総合優勝を誇る高校水泳部など、中高合わせて50ものクラブがある。

学校行事は生徒の豊かな感性を育てる教育の一環として行われ、芸術鑑賞教室やスキー教室などがある。また、体育大会や豊山祭（文化祭）など生徒が一丸となる行事も多い。

進路
95％が現役で大学に進学

ほぼ全員が大学への進学を希望。日本大学へは付属高校に在学する生徒を対象とした基礎学力到達度テストを受け、なおかつ在学中の成績と大学が実施する面接・小論文等の成績により、推薦入学が決まる。2023年3月卒業生のうち、75％が日本大学へ進学。他大学へは20％が進学し、主な進学先は筑波大、金沢大、慶應義塾大、早稲田大、上智大、東京理科大、学習院大、明治大、青山学院大、立教大、中央大、法政大

ICTを活用した授業

などである。

国際化
国際社会に生きる人材の育成を

希望者を対象に海外語学研修ホームステイを実施している。現地協力校での英語研修、ホストファミリーとの生活を通して生きた英語を学ぶ。また、高校では海外語学研修を英国ケンブリッジ大にて春・夏に実施。

2024年度入試要項

中学

試験日 2/1午前（第1回） 2/2午後（第2回）
2/3午前（第3回） 2/3午後（第4回）
試験科目 国・算・理・社（第1・3回）
国・算（第2・4回）

2024年度	募集定員	受験者数	合格者数	競争率
第1回/第2回	100/50	311/430	125/111	2.5/3.9
第3回/第4回	42/30	245/380	75/81	3.3/4.7

高校

試験日 1/22（推薦） 2/12（一般・推薦入試合格者クラス編成テスト）
試験科目 適性〈国・数・英／スポーツ特別推薦は実技〉（推薦）
国・数・英（一般、スポーツコースは実技あり）

2024年度	募集定員	受験者数	合格者数	競争率
推薦	120	211	157	1.3
一般	120	215	141	1.5

卒業生有名人 坂口安吾（小説家）、山田隆夫（落語家）、RIKU（歌手）

日本大学豊山女子 中学校 高等学校

知性と気品を育てる
日本大学唯一の付属女子校
理数系進学にも力を入れる

URL	https://www.buzan-joshi.hs.nihon-u.ac.jp/	
Web上での合格発表	中学 ○	高校 ○

普通科　理数科(高校)
生徒数　380名(中学)　847名(高校)
〒174-0064
東京都板橋区中台3-15-1
☎ 03-3934-2341
東武東上線上板橋駅、都営三田線志村三
丁目駅　各徒歩15分　JR赤羽駅、都営
大江戸線・西武池袋線練馬駅　各スクー
ルバス

制服
p.㊱

高い知性と気品ある女性に

1966(昭和41)年、日本大学が設置した、最初の独立した女子高等学校として開校した。1986年には日大付属として唯一の女子中学校も開設され、一貫した女子の総合教育を行っている。

心身ともに健康で明るく、思いやりがあり、常に学習を大切にする闊達な生徒の育成を教育目標としている。

充実した施設でいきいき学習

PC・LL教室・多目的ホールをはじめ、特別教室には、最新の設備が整う。また、心を豊かに育む茶道や華道など、日本の伝統文化に触れ、女性としての素養を身につけるための教室もある。セキュリティや災害時に対応した備蓄など安全面にも万全の配慮をしている。タブレットを導入し、ICT教育にも力を入れている。

多様な進学意欲に対応する普通科と理数科

中学では、すべての教科指導の「基礎」として重要な意味を持つ教科として、理解表現力を養う国語・英語と、論理的思考力を養う数学・社会・理科に重点を置いたカリキュラム編成となっている。常に高校の教育内容と関連づけながら基礎学力の充実を目指した授業を展開。英語・数学では少人数制クラスや習熟度別授業を取り入れ、国語では表現力を養成する

海外英語研修(カナダ)

ために詩集や短歌集などを作成している。「総合的な学習の時間」では、外国人講師による英会話の授業と、パソコンを使えるようにするための情報の授業、そして豊かな感性を育むための茶道の授業を実施し、語学力の基礎を養い、コミュニケーション能力を高めている。

高校では3クラス制。2017年新設のA特進クラスでは、国公立大・難関私立大を目指し、2年次までにセンター試験に必要な科目はすべて学習し、3年次は多様な自由選択科目で入試科目を重点的に学習する。ボストンの大学を訪れる海外修学旅行など英語教育に特化し、全員に個別の自習スペース(ラーニングコモンズ)も用意されており補習・講習も充実している。N進学クラスでは、2年次から文系・理系に分かれて日本大学への進学を目指す。理数Sクラスでは、医療系大学等への進学を目指し、1・2年次に理数科特別講座を実施するほか、課題研究・発表に力を入れている。

豊かな情操を育む多彩な年間行事

登校時間	中学	夏季	8:20	冬季	8:20
	高校	夏季	8:20	冬季	8:20

生徒の自主的な行動を尊重し、自らの判断で主体的に行動する生活態度を育てるため、ノーチャイム制になっている。礼儀作法や情操教育を大切にする本校では、中学では年4回の校外学習を実施、中1・中2希望者対象のニュージーランド短期留学を行うほか、茶道・華道も必修。また、全学年が参加する芸術鑑賞、体育祭や秋桜祭(文化祭)をはじめ、修学旅行(中学は沖縄、高校はシドニー〈N進学・理数S〉)、カナダでの海外英語研修などがある。

4年制大学への進学率95%

ほぼ全員が進学を希望し、4年制大学への進学率が約95%となっている。また、併設の日本大学へは内部推薦入学制度があり「基礎学力到達度テスト」の結果によるも

のと、高校在学中の成績や人物・特技などから総合的に判断するものとがある。日本大学へは153名が合格。他大学への主な進学先は、東京学芸大1名、埼玉県立大1名、国際基督教大1名、青山学院大4名、法政大4名、立教大3名など。

2024年度入試要項

中学

試験日　2/1午前・午後　2/2午前・午後　2/5午後

試験科目　国・算または国・算・理・社(2/1午前)　適性検査型(2/1午前)　国・算(2/1午後・2/2午後・2/5午後)　算数1科(2/1午後)　英語1科(2/1午後)　2科選択型〈国・算・理・社から2科〉(2/2午前)　英語インタビュー型(2/2午前)　プレゼン(課題解決)型〈プレゼンテーション・質疑応答〉(2/2午後)

2024年度	募集定員	受験者数	合格者数	競争率
1日午前/適性	40/10	59/14	43/11	1.4/1.3
1日午後/算/英	20/5/5	109/7/22	97/6/22	1.1/1.2/1.0
2日午前/英語	20/5	31/4	26/4	1.2/1.0
2日午後/プレ	15/5	49/7	43/7	1.1/1.0
5日午後	5	36	35	1.0

高校

試験日　1/22(A・B推薦①)　1/23(B推薦②)　2/10(一般)

試験科目　適性〈国・数・英〉(A・B推薦)　国・数・英(一般)

2024年度	募集定員	受験者数	合格者数	競争率
普通科推薦A特/N進	100	17/119	17/108	1.0/1.1
普通科一般A特/N進		6/26	5/26	1.2/1.0
理数科推薦A/B	40	6/6	5/6	1.2/1.0
理数科一般		7	7	1.0

※普通科の合格者数は推薦、一般とも理数科からのスライド合格を含む
※中・高とも、若干名の帰国子女募集あり

東京
共学 幼 中 高

八王子学園八王子中学校・高等学校

各自の進路に応じたカリキュラム
年々充実度アップの学校施設

SUPER INDEX P.89

制服 p.33

普通科（高校）
生徒数　307名（中学）　1488名（高校）
〒193-0931
東京都八王子市台町4-35-1
☎ 042-623-3461
中央線西八王子駅　徒歩5分

URL	https://www.hachioji.ed.jp			
Web上での合格発表	中学	○	高校	○

左サイドバー（縦書き）：
進学に有利に／併設校あり／芸術＆特殊学科／資格＆技能系が強い／施設が充実／スポーツが強い／クラブが活発／情操教育を重視／国際人を養成／校風自由

プロフィール 人間性を育てる「心の教育」

　1928（昭和3）年、八王子市内の有志により多摩勤労中学設立。1935年八王子中学校と改称。1948年学制改革により八王子高等学校が発足。2012（平成24）年4月、八王子学園八王子中学校を開校。それに伴い、高校も校名変更。

　「人格を尊重しよう」「平和を心につちかおう」をモットーに、健全な人格を持った生徒の育成を目指す。進路指導や国際理解教育の推進、クラブ活動の振興、自治・福祉活動の普及、芸術性の高揚などを基本にして、思いやりと優しさの感受できる人間性を育む教育を展開している。

環境 理想的な環境のもと快適な学校生活

　西八王子駅南口から徒歩5分と交通至便。近郊の県からも多数通学している。9階建ての校舎は、広々とした生活空間を確保し、視覚的にも魅力あるもの。最新の設備を整えた理科実験室やコンピュータ演習室、図書館、講堂、体育館などがあり、落ち着いた雰囲気で学習やコミュニケーションが図れる環境を創出している。

カリキュラム 高校は個性と能力を伸ばす3コース3クラス3類系

　【中学】2016年、「東大・医進クラス」を開設。開校以来培ってきた中高特進教育を基本として学力養成にさらに力を入れている。既存のクラスは「特進クラス」と

して、大学合格に向けた学習指導とならび人間の育成にも力を注いでいる。
　【高校】文理コース特選クラスは、最難関国公立大学・早慶上理レベルの最難関私立大学合格を目指し、夏期休暇中には12日間の授業を実施し、受験に必要な科目を重層的に学習する。文理コース特進クラス・進学クラスでは、国公立や現役で早慶上理・MARCHレベル以上の私立大学合格を目指すと共にクラブ活動との両立を図る。総合コースでは、選択授業でリベラルアーツ系・音楽系・美術系の3類系に分かれ、自分の能力や適性に合わせた学校生活を送ることができる。アスリートコースは、精神と肉体の両方を鍛え、将来は社会で広く活躍するトップアスリートの育成を主眼としている。科学的な理論に基づいた指導により、運動能力と人間性そのものを高めていくことを目標にしている。また、スポーツだけでなく将来指導者として活躍する生徒のために文武両道を目指し、大学進学にも力を注ぐ。すべてのコースとも、長期休暇中は進学補習を開講して基礎学力の向上を図ると共に、大学入試を見据えた問題演習を数多く準備している。

学校生活 トップレベルのクラブ 学校行事も多彩

登校時間	夏	8：25	冬	8：25

　球技大会、体育祭、ダンス発表会、学園祭、海外語学研修（中3）やニュージーランド短期留学（高校）など年間を通して楽しいイベントが盛りだくさん。クラブも野球、陸上、柔道、水泳、バスケットや吹奏楽がハイレベルで活躍するほか、八王子の伝統芸能である車人形同好会がユニークだ。制服は、端正で凛々しいコムサ・スクールレーベル。

進路 きめ細やかで適切な進学指導

　一人ひとりの個性・適性・希望に沿って、きめ細やかな進路指導を行っている。中学では職業体験、高1より進路ガイダンスをスタート、全学年で年3〜4回の

実力テストや高3対象の50を超える選択講座を実施している。また、有名大学の教授による出前授業や大学の講義の見学などを行っている。

2024年度入試要項

中学

試験日　2/1午前・午後（東大医進）　2/2午前・午後（東大医進）　2/3午後（特進）
試験科目　国・算か国・算・理・社または適性（2/1午前）　国・算（2/1午後・2/2午後・2/3午後）　適性（2/2午前）

2024年度	募集定員	受験者数	合格者数	競争率
1日 午前/午後	50/15	371/128	75/23	4.9/5.6
2日 午前/午後	10/10	118/63	21/10	5.6/6.3
3日午後	20	67	26	2.6

高校

試験日　2/10（一般第1回）　2/11（一般第2回）　3/5（2次）
試験科目　国・数・英＋面接
　※総合コースの音楽系・美術系は演奏・作品審査あり

2024年度	募集定員	受験者数	合格者数	競争率
文理特選 1回	5/10	169	112	1.5
文理特進 1回	20/25	419	294	1.4
文理進学 1回	25/30	306	283	1.1
総合1回	10/15	269	258	1.0
アスリート1回 第一志望	30	41	41	1.0
文理特選 2回	5/10	124	84	1.5
文理特進 2回	20/25	173	111	1.6
文理進学 2回	25/30	100	67	1.5
総合2回	10/15	49	36	1.4

※人数はすべて第一志望/併願
※2次の募集は若干名

　■卒業生有名人　羽田慎之介（プロ野球選手）、小川直也（柔道家・総合格闘技）、田中雅美（アテネ五輪水泳選手）

東京

共学 幼 中 高

八王子実践 中 学 校 高等学校

実践的できめ細やかな指導が魅力
各種資格や検定にチャレンジ
幅広い進路実現を目指す

SUPER INDEX P.89

制服 p.34

普通科（高校）
生徒数　61名（中学）　1456名（高校）
〒193-0931
東京都八王子市台町1-6-15
☎ 042-622-0654
中央線八王子駅　徒歩13分
京王高尾線京王片倉駅　徒歩15分
京王線京王八王子駅　徒歩20分

| URL | https://www.hachioji-jissen.ac.jp | | | | |
| Web上での合格発表 | 中学 | ○ | 高校 | ○ |

"実践"をモットーに豊かな個性を育む

プロフィール

1926（大正15）年、八王子和洋裁縫女学院として発足。1948年、八王子女子高等学校となり、1961年、現校名に改称。1989年には調理科を設け、1996年より中学校を再開。1998年からは普通科（コース制）・調理科の2学科とし、男女共学校となった。2019年より調理科廃止、2020年総合進学コースを設置。

八ヶ岳の山荘では各種合宿も

環境

学園都市八王子で最も古い伝統を誇り、市街地を見おろす緑豊かな落ち着いた環境にある。富士山を窓辺より望むことができる校舎は、多様な授業に対応できるPC教室、J-Lab、茶道室、華道室、多目的ホールなどを完備。また、八ヶ岳の麓には3万㎡を有する校外施設「祥雲学林」があり、入学時のオリエンテーションや学年行事、クラブ合宿などで利用している。

多様な進路に対応した特色あるコース制

カリキュラム

中学は、「思考力・判断力・表現力」「主体性・多様性・協働性」を育むアクティブラーニングを実践し、"授業が楽しい"をコンセプトに授業改革に取り組んでいる。高校生と同様に「J-Plus」

祥雲学林

など放課後の学習プランもサポート。

高校は、卒業後の進路を見据え、特進、選抜、総合進学の3コースを置く。**特進コース**（J特進・特選・特進）は、ハイレベルな学習体制で実力を養成し、国公立大学・早慶上理を目指すコース。**選抜コース**は、GMARCH・日東駒専以上の私立大学に現役合格を目指すコース。両コースとも2年次からは文系・理系に分かれそれぞれの進路別に個別教科指導を充実させている。**総合進学コース**は、大学・短大・専門学校への進学、新しい学びができる講座を準備している。放課後は18時まで教員常駐の自習ブース（J-Lab）で学習でき、質問対応も可能。さらには特進コースと選抜コースを対象とした進学支援システム「J-Plus」を開講し、70分×2コマの講義や質問対応で夜20時まで専属スタッフがしっかりサポートし、目標大学へ導く。

輝かしい記録を誇るバレーボール部

学校生活

| 登校時間 | 中学 | 夏季 | 8：30 | 冬季 | 8：30 |
| | 高校 | | 8：30 | | 8：30 |

クラブは、文化部16、運動部17が活動している。特に女子バレーボール部は全国にその名を轟かせる強豪で、全日本や五輪出場選手を多く輩出し、近年も春高バレーなど全国大会での活躍は目覚ましい。野球部も西東京大会ベスト4の戦績を持ち、甲子園出場を目指している。また、剣道部、陸上競技部、中学女子バレーボール部、文化系では吹奏楽部や書道部も関東大会や全国大会で活躍。

進学率が上昇中就職も一流企業に

進路

進学重視のカリキュラム編成でかつ多様化した受験に対応すべく選択科目を多く取り入れ、大学を中心とした進学率は

高く、現役合格率も顕著で、指定校推薦も首都圏を中心に増えている。主な大学進学実績は、筑波、東京外語、東京都立、山梨、信州、鳥取、長崎、早稲田、上智、東京理科、学習院、明治、青山学院、立教、中央、法政、成蹊、成城、獨協、武蔵、明治学院、北里、工学院、東京都市、東京農業、東京薬科、津田塾、東京女子、日本、東洋、駒澤、専修、東京経済、大東文化、東京工科、拓殖など。

2024年度入試要項

中学

試験日　2/1午前・午後（適性第1・2回）　2/2午前（プレゼン第1回）　2/4午前・午後（適性第3回・プレゼン第2回）

試験科目　適性検査Ⅰ・Ⅱ（第1～3回）　自己表現〈エントリーシートを基にした発表〉または英かプログラミング＋面接（プレゼン第1・2回）

2024年度	募集定員	受験者数	合格者数	競争率
適性1・2回/3回	20/5	26/22/6	12/5/6	2.2/4.4/1.0
プレゼン1回/2回	10/5	17/3	17/3	1.0/1.0

高校

試験日　1/22（推薦）　2/10か11か12（一般A）　2/11（一般B・C）

試験科目　作文＋面接（推薦）　国・数・英＋面接（一般A・C）　調査書＋指定課題〈出願時提出〉（一般B）

2024年度	募集定員	受験者数	合格者数	競争率
J特進	5/15	1/55	1/33	1.0/1.7
特選	10/10	1/213	1/110	1.0/1.9
特進	30/50	6/390	6/330	1.0/1.2
選抜	110/120	66/785	66/701	1.0/1.1
総合進学	90/90	82/455	82/412	1.0/1.1

※人数はすべて推薦／一般

進学に有利に／併設校あり／特殊学科 芸術&／資格& 技能系／施設が充実／スポーツが強い／クラブが活発／情操教育を重視／国際人を養成／自由な校風

羽田国際 高等学校

（旧　蒲田女子高等学校）

普通科
生徒数 360名
〒144-8544
東京都大田区本羽田1-4-1
☎03-3742-1511
京浜急行空港線糀谷駅　徒歩7分
京浜東北線蒲田駅　バス15分

SUPER
INDEX
P.75

それぞれの可能性を広げる、充実の3年間

| URL | https：//www.kanno.ac.jp/haneda/ |

プロフィール　沿 革

学祖　簡野道明先生の建学の精神に基づき、校訓を『清・慎・勤』と定め、心も姿も美しく、思いやりを大切に、目標に向かって自ら行動する人間の育成に取り組んでいる。

2024年4月、「羽田国際高等学校」に校名変更し、男女共学となり、2025年度より「羽田国際中学校」を新設予定。ICT環境や設備を充実するなど校舎も大規模にリノベーションされる。

環境　グローカルキャリア教育「WINGSプログラム」

「清・慎・勤」という校訓のもと、普通科3コース（特別進学/総合進学/幼児教育）を展開し、日本文化を尊重しながら、グローバル化・情報化・少子高齢化等の時代の変化に主体的に取り組み、社会に貢献する人間の育成に努めている。本校独自のグローカルキャリア教育プログラム「WINGSプログラム」を通じて、多彩な体験や課題解決型の学習により、学校全体で複眼的思考である「グローカルシンキング」の養成に力を入れている。

カリキュラム　各々のクラスで夢の実現へ

①特別進学コース

難関大学進学を目指す少人数制のコース。国公立大や上位私立大へ

の進学を希望する生徒一人ひとりに合わせた授業を行う。また、生徒カルテをもとに、担当教員全員が生徒の習熟度、成績や特徴を共有する学習カンファレンスを実施し、総合点を上げるための効果的な指導を行っていく。

②総合進学コース

基礎学力の向上のほか、アクティブラーニング・課題解決型学習を多く取り入れたコース。自分とは違う価値観や観点を学びながら、主体的に進路を選択できる力を養い、将来なりたい自分を見つけていくことができる。また、学力や希望進路に応じて、2年次から「特別進学」「WINGS特進」の2コースへのステップアップが可能で、多様な大学受験に対応している。

③幼児教育コース

同じキャンパス内の保育者養成校「羽田幼児教育専門学校」ならびに「ふぞく幼稚園・保育園」全面バックアップのもと、保育者に必要な知識・技術の基礎を学び、上級学校進学の際に他校出身の未修者よりも一歩先取りして学習できるようにサポート体制を整えている。さらに、内部特別推薦のある「羽田幼児教育専門学校」へ進学することにより、授業及び単位の連携や、最短5年で国家資格である幼稚園教諭二種免許状と保育士資格を取得できる。

学校生活　活発な部活動 充実した学校生活

| 登校時間 | 夏 | 8：30 | 冬 | 8：30 |

明るく・仲良く・楽しく・しかも元気よくの目標を掲げ、部活動、学校行事に積極的に取り組んでいる。運動部は全国トップレベルの女子硬式野球部をはじめ、関東大会出場のバドミントン部やバレー部、近年人気のチアリーディング部やダンス部も活躍中。吹奏

楽部や幼児教育研究部などの文化部も、数多くの地域イベントに参加している。

進路　個性と志望、適性を大切にする指導

生徒の個性・志望・適性を第一に考え、きめ細かい進路指導を行っている。

主な進学先は、日本大・桜美林大・神奈川大・大妻女子大・関東学院大・実践女子大・日本体育大・洗足こども短大・戸板女子短大・蒲田保育専門学校など。

「ASP（アフタースクールプログラム）」と命名し放課後学習を推進。受験対策・検定・基礎学力・趣味教養など多彩な講座で希望進路の実現をバックアップしている。その他、学生チューター・個別学習机40ブース整備のASP自習室、最新ノートPC・タブレット及びプロジェクター型電子黒板を整備した図書室・AL教室等、生き生きとした学びができるよう施設・環境面を整備している。

2024年度入試要項

試験日　1/22（推薦）　2/3（推薦二次）
　　　　2/10（併願、オープン）

試験科目　面接（推薦）
　　　　　プレゼンテーション（推薦二次）
　　　　　国・数・英（併願、オープン）

2024年度	募集定員	受験者数	合格者数	競争率
推薦	20/72/18	19/108/4	19/108/4	1.0/1.0/1.0
一般	20/72/18	17/146/12	17/143/12	1.0/1.0/1.0

※人数はすべて特別進学/総合進学/幼児教育

広尾学園 中学校 高等学校

自律と共生
充実したサイエンス教育、英語教育、国際教育

SUPER INDEX P.73

制服 p.⑱

URL	https://www.hiroogakuen.ed.jp			
Web上での合格発表	中 学	○	高 校	○

普通科（高校）
生徒数　823名（中学）　832名（高校）
〒106-0047
東京都港区南麻布5-1-14
☎ 03-3444-7272
日比谷線広尾駅　徒歩1分
山手線品川駅・目黒駅・新宿駅、
総武線千駄ヶ谷駅　各都バス

校舎外観

プロフィール　夢を叶えるコース編成

　1917（大正6）年、板垣退助氏夫人らを中心とする大日本婦人慈善会が認可され、翌年、下田歌子を校長とする順心女学校が創立される。1924（大正13）年には順心高等女学校設立となる。2007（平成19）年、広尾学園中学校・高等学校に改称、共学化。

　幅広い難関大学を目標とする本科コース、医系・理系進学を目指す医進・サイエンスコース、海外の大学も視野に入れたインターナショナルコースの3つのコースで夢を叶える。

環境　豊かで安心できる教育環境

　大使館が建ち並ぶ国際感覚溢れる広尾の街に佇む本学園。9階建ての校舎は最新設備と快適な教育環境を提供するICT先進校として全国に知られており、本科と医進・サイエンスはChromebook、インターナショナルはMacBookを学園生活の中で活用している。校内全域でWi-Fi環境が整備されており、生徒たちが運営するICTルームには最新の3Dプリンターとレーザーカッターが設置されている。

秋に開催されるけやき祭（文化祭）

カリキュラム　最強の『P.L.T.』個別指導システム

　中学1年次の定期試験から、センター試験や難関大学の入試問題やその改題が出題されることもあり、それぞれの学年で無理のない形での受験対策を積み重ねる仕組みができている。中学でのP.L.T学習プログラムの時間に取り組む課題は一人ひとりの学習進度に応じてプログラムされており、基礎学力を育成する。

　高校2年次からは、希望進路に応じた実践力を養成することに重点が置かれ、確実な合格力を身につける。毎学期、教員研修が徹底して行われ、授業及び受験指導のレベルはきわめて高い。

　また、特別講演会、サイエンス講座、司法講座、宇宙天文合宿、ロボットプログラミング講座等キャリア教育の機会を多く設ける。

学校生活　明るくのびのびとした学園生活

登校時間	中学	夏季	8：15	冬季	8：15
	高校		8：15		8：15

　生徒一人ひとりの多様な特性を生かし、生徒の志を最大限実現できるよう工夫されている。バランスのとれた学園生活を目指し、学園行事と部活動にも力が入っている。

進路　強いマインドの育成で将来の夢を実現

　入試で必要となる学力はもちろんのこと、これからの時代に求められる問題解決能力が身につくように指導している。進学大学は、東京大、東京工業大、筑波大、京都大、早稲田大、慶應義塾大、上智大、東京理科大、ICUなど。

2024年度入試要項

中学

試験日　2/1午前・午後（第1・2回）
　　　　2/2午後（医進・サイエンス）　2/3午前（インターAG）　2/5午前（第3回）
試験科目　国・算・理・社
　　　　※インターナショナルAGは国・算・英〈算・英は英語による出題〉＋面接〈日本語・英語〉

2024年度	募集定員	受験者数	合格者数	競争率
第1回	50	350	75	4.7
第2回 本科/インター	50/20	522/316	178/119	2.9/2.7
医進サイエンス	35	381	112	3.4
インターAG	15	140	??	6.4
第3回 本科/インター	20/15	400/204	69/47	5.8/4.3

※他に、インターナショナルAG25名と他10名の帰国生入試（12/21・12/22）あり

高校

試験日　2/10（第1回）　2/12（第2回）
試験科目　国・数・英＋面接（医進・サイエンス）
　　　　国・数・英〈数・英は英語による出題〉＋面接〈英語・日本語〉（インターナショナル）

2024年度	募集定員	受験者数	合格者数	競争率
第1回 医進/インター	15/10	102/11	33/2	3.1/5.5
第2回 医進サイ	15	91	32	2.8

※他に、若干名の帰国生入試（12/21・12/22）あり

卒業生有名人　江國香織（小説家・児童文学作家）

進学に有利に
併設校あり
芸術＆特殊学科
資格＆技能系
施設が充実
スポーツが強い
クラブ活発
情操教育を重視
国際人を養成
自由な校風

共学　中　高

広尾学園小石川 中学校／高等学校

2024年度から完全中高一貫校となり、新校舎も完成
広尾学園との教育連携により進化を続ける

SUPER INDEX P.74

普通科（高校）
生徒数　一名（中学）　278名（高校）
〒113-8665
東京都文京区本駒込2-29-1
☎ 03-5940-4187
都営三田線千石駅　徒歩2分
山手線巣鴨駅・駒込駅　徒歩13分
南北線駒込駅　徒歩12分

URL		https://hiroo-koishikawa.ed.jp	
Web上での合格発表	中学	○	高校	○

プロフィール　個々に合ったキャリア教育

2021年度より、「広尾学園小石川中学校・高等学校」として共学化し、2024年度入試からは完全中高一貫校として中学校募集のみとなる。斬新なグローバル教育や理数教育で知られる広尾学園と同等・同質の教育を目指して教育連携を結び、世界で活躍できる人材を育成する。キャリア教育は広尾学園と連携したものに加え、文京区という地の利を生かした大学や研究機関との提携による充実したプログラムを展開する。

環境　充実の設備で有意義な学校生活

キャンパスの周囲は緑があふれる都内とは思えないほど落ち着いた環境。通学にはキャンパスまで徒歩2分の都営三田線千石駅をはじめJRなど3線4駅が利用できる。大きな窓から光が降り注ぐ明るい教室で勉強に集中できる校舎は、バリアフリー対策も充実している。

2024年末には新校舎が完成予定で、カフェテリアやラーニングコモンズなどが設置され、さらに充実した学習環境が整備される。

カリキュラム　個性を引き出すコース制

国公立大学・難関私立大学を目指し、先取り学習で効率よく学力を伸ばしていく『本科コース』と、基本的な授業をすべて英語で行うアドバンストグループ（AG）、基礎から英語力を伸ばしていくスタンダードグループ（SG）からなる『インターナショナルコース』の2つを設置している。

学校生活　いろいろな体験をする3年間

登校時間	夏	8:15	冬	8:15

インターナショナルコースではAG生20名、SG生20名が1クラスとなり、担任も日本人教員と外国人教員の2名体制になる。担任やクラスの生徒の半数の生徒が英語を日常的に使う環境の中で、日々英語のシャワーを浴び続けることができる。

トピックス　自立と共生

1学年の3分の1が異文化で育った生徒であり、授業の他、部活動や行事を含めてSG生や本科コース生の刺激となる。学校生活のすべてにおいて異文化と触れ合うことで、多様性を認めると共に主体的な行動が芽生え「自律と共生」の精神が養われる。

2024年度入試要項

中学

試験日　11/12（帰国生第1回AG）　12/18（帰国生第2回AG）　12/19（帰国生本科・SG）　2/1午前・午後（第1・2回）　2/2午前（国際生AG）　2/3午後（第3回）　2/6午後（第4回）

試験科目　国・算・英〈英語による出題〉＋インタビュー〈英語・日本語〉（帰国生第1・2回・国際生AG）
国・算＋面接（帰国生本科・SG）
国・算・理・社（第1回）
国・算（第2〜4回）

2024年度	募集定員	受験者数	合格者数	競争率
帰国生AG第1回/第2回	25	139/103	42/57	3.3/1.8
帰国生本科・SG	若干	111	45	2.5
第1回/第2回	30/20	128/301	35/55	3.7/5.5
第3回/第4回	20/10	336/280	39/30	8.6/9.3
国際生AG	15	85	21	4.0

高校　2024年度入試より募集停止

女子 保 幼 高 短

フェリシア高等学校

（旧 鶴川高等学校）

どんな自分にもなれる
新しい日々が
フェリシアからはじまる

普通科
生徒数 557名
〒195-0054
東京都町田市三輪町122
☎ 044-988-1126
小田急線柿生駅 徒歩12分
東急田園都市線市が尾駅から柿生駅行き
バス20分「新中野橋」下車徒歩5分

SUPER
INDEX
P.83

URL	http://www.felicia.ed.jp
Web上での合格発表	○

プロフィール

信望愛忍の四徳により心豊かな女性を育てる

1961年に創立した鶴川高等学校は2023年にフェリシア高等学校に学校名を変更した。建学の精神の「愛の教育」を基幹とし、信仰・希望・愛・忍耐の四徳（信希愛忍）を校則に、生徒一人一人が自分と他者とを大切にする人間性を育むことを目標としている。個々の個性を大切にし、丁寧できめ細やかな教育活動を積み重ね、社会に貢献する人材を育成することを教育方針としている。

カリキュラム

個性や適性を伸ばす学習指導

1時間目開始を10時とし、遠方から通う生徒のことも考慮している。また、9時始まりの0時間目授業（希望制）では、1・2年生は小学校・中学校の学習から立ち返り、数学と英語の少人数制の学び直しの講座を開講している。全学年対象の検定対策講座では英語検定・漢字検定・パソコン検定に加えて、金融リテラシー検定の資格取得を目指す。各検定は学校で受験可能となっている。

また、全日制普通科にコース制が導入され、「総合コース」と「保育コース」が選択できる。総合コースは文系・理系を問わず、幅広い選択肢で進路選択を考えたい人向けのコースとなっている。簿記（必修）、金融リテラシー検定（0時間目）を通して金融トラブルの回避等、実用的に活かせる金融知識の習得を目指す。

保育コースは保育士と幼稚園教諭になる

緑の屋根の鐘楼がシンボル

ための基礎を学べるコースとなっている。隣接しているフェリシア幼稚園での保育体験もあり、園児たちとの直接のふれあいで感じ、学ぶことを大切にしている。高校内にも模擬保育室が設置され、実際の幼児用のテーブルや本棚に触れながら授業を展開している。

また、両コースの生徒が選択できる6時間目の自由選択授業や、1人1台使用して行う初心者対象のピアノ授業等、学校独自の科目を実施している。

併設校の高大連携を大切にしており、フェリシアこども短期大学の教授等の出張授業による先取り授業の講座も行っている。高大連携授業は1年生から履修可能でオムニバス形式の入門編の授業や、造形・保育英語等を幅広く展開。単位習得の条件を満たした科目は、短大入学後の単位として認定される。

学校生活

自由に組み合わせできる新制服

登校時間	夏	9：50	冬	9：50

※0時間目履修者は9時

2023年度生からO.C.S.D茅野しのぶデザインの新制服にフルモデルチェンジした。鮮やかなブルーの花であるフェリシアの色を取り入れたスカートやリボン、また、おしゃれで女性にも似合うパンツスタイルとネクタイも取り入れ、一人ひとりの個性を大切に、多様性を尊重し、組み合わせの自由を楽しめる制服へと進化した。

進路

併設校への多数進学と、きめ細かい進路指導

生徒一人ひとりの夢の実現に向けて、丁寧できめ細やかな指導を展開している。生徒の多様化するニーズにこたえるべく、多くの情報を収集・分析・整理してそれを基に進路指導に当たっている。4年制大学・短期大学・専門学校・専門職大学等から合わせて196校より指定校推薦を受けており、進学者の多くは推薦入試制度を活用し進学している。

また、就職を考えている生徒にはハローワークの協力を頂き、企業選定から履歴書作成

指導や面接指導まで幅広く就職のサポートをしている。

併設校のフェリシアこども短期大学（国際こども教育学科）を希望する者は優先入学制度を活用し、多数進学している。

ひとこと

校長先生から受験生にひとこと

フェリシアは、鮮やかなブルーが爽やかな印象を与える可愛らしい花です。そして「幸福」「恵まれている」という花言葉を持ちます。「恵み」という言葉は、聖書の中で繰り返し使われる大切な言葉です。神様は皆さん一人ひとりのありのままを、無条件で受け入れて下さり、神の恵みは無限に注がれております。本校では『建学の精神』の基幹となる『愛の教育』をもって、一人ひとりの個性を大切に、目をかけ、手をかけ、心をかける教育を行って参ります。22年度より義務教育の学びまで立ち返り、0時間目を「学び直しの時間」と致しました。「わかった！」「できた！」を大切にゆっくり楽しみながら学んでおります。

フェリシアの花の蕾が美しく開花するように、新入生の皆さんが、希望と喜び、そして笑顔に満ち溢れた充実した高校生活になりますように願っております。

2024年度入試要項

試験日　1/22（推薦）　2/10（一般）

試験科目　書類選考＋面接（推薦）

国・数・英から1科＋面接（一般）

2024年度	募集定員	受験者数	合格者数	競争率
推薦	140	153	153	1.0
一般		205	205	1.0

有利に進学に

併設校あり

特殊学科芸術＆

技能系資格＆

充実施設が

が強いスポーツ

活発クラブが

重視情報教育を

養成国際人を

校風自由な

富士見中学校高等学校

普通科（高校）
生徒数　735名（中学）　701名（高校）
〒176-0023
東京都練馬区中村北4-8-26
☎03-3999-2136
西武池袋線中村橋駅　徒歩3分

SUPER
INDEX
P.91

制服
p.37

「進路希望の実現」と同様に「人間性の育成」を重視するバランスの取れた教育を実践

URL	https://www.fujimi.ac.jp
Web上での合格発表	○

プロフィール　21世紀の社会を生き抜く自立した女性を育てる

大学合格実績の高さから女子の進学校とされるが、大学受験一辺倒の学校ではない。「進路希望の実現」と「豊かな人間性の育成」という2本の柱をもとに「社会に貢献できる自立した女性の育成」という教育目標を実現できるよう、「自分と向き合う力」「人と向き合う力」「課題と向き合う力」という3つの力を中高6カ年を通じて育てていく。また、将来の夢や生き方を考え自己実現力を養うための「進路指導」、そのための学力を身につけるための「学習指導」、行事やクラブ活動などを通じて人間的な強さとやさしさを育む「人間性の育成」という3つの分野をつくり、バランスのとれた教育を実践している。

環境　駅徒歩3分の好アクセス万全のセキュリティ

西武池袋線「中村橋」駅から徒歩3分と好アクセス。中央線「阿佐ヶ谷」や「荻窪」からはバスで20〜30分ほど。

2020年の80周年記念事業の新校舎建築として、最後の図書館棟が2018年秋にオープン。探究活動の基礎となる問いの立て方、情報の探し方、本の読み方を学び、生徒の協働学習やプレゼンの場となる独立型の図書館棟は「知の中心」となるように、『Learning-Hub（通称えるはぶ）』と呼ばれ、様々な教科と支援・連携するハブの役割を担っている。さらに、学校の中心にあって明るくオープンな雰囲気の進路室、地下の温水プールなど、いずれの施設も活用度が高い。また、

新校舎の大階段は生徒の憩いの場

全教室には無線LANが入っておりプロジェクターが備わっている。校内には60余点の一流芸術家の絵画・彫刻が飾られており、日常的に本物の芸術に触れることができる。2015年には教室棟、2017年には理科実験室や音楽室、美術室などを含む特別施設棟と人工芝のグラウンド、そして図書館棟が完成し新校舎建築が終了。

カリキュラム　富士見的探究と多文化交流

「自分・人・課題に向き合う力」を17の力に分類し、それぞれの力ごとに7段階の基準を設定。到達度が一目でわかるルーブリック表を利用し、生徒は授業の始まりや振り返り時に自分の現状を把握し、主体的に目標を設定して取り組む。

富士見には中学高校の6年間をつなぐ探究プログラムがあり、中学では各学年の重点項目を決めている。中1は課題設定を中心に、中2は情報収集を意識する。ここでは文献調査だけでなく、人にインタビューをしたり、現地を観察したりといったフィールドワークも入ってくる。そして中3は論理的に考えて「伝える」ことを意識する。高校では中学3年間で培った「問う」「調べる」「伝える」というスキルを活かし、広く社会に目を向け、視野を広げながら、その世界の一員として自分が貢献できることは何か、を深く思考できることを目指していく。生徒の発達段階に応じた探究プログラムは生徒の力を開花させ、社会に貢献できる自立した女性を富士見は育成していく。

多文化交流の面では、新設のグローバルセンターを中心に3つの柱のもとで生徒を育む。海外研修や留学や、国内プログラムとして、全校生徒が在学中にグローバル体験できる機会を企画。最後に、海外大学進学のサポートも実施。これらの様子はHP内の「多文化交流通信」で発信される。

学校生活　学校行事・クラブ活動は教育の3つの分野の一つ

登校時間	中学	夏季	8：25	冬季	8：25
	高校		8：25		8：25

6年間を通じて多彩な学校行事があり、クラブ活動も盛ん。これは、行事やクラブ活動を、

進路指導・学習指導と並ぶ3つの分野の一つと位置づけているため。

入学直後にはオリエンテーション（中1）があり、自信と安心感を持って学校生活がスタートできる。6月の体育祭では、伝統となっている高3の創作ダンスが披露される。体育祭も文化祭も、実行委員が中心となり、運営のほとんどを生徒が行う。生徒会の活動も盛んで、選挙のたびに大勢の立候補者が出るなど、「人の役に立つ仕事」を積極的にしようとする姿勢が先輩から受け継がれている。

このほかにも、中3の修学旅行、高2の体験学習、中学合唱祭、ベトナムグローカルリーダー研修、グローバルヴィレッジなど、多彩な行事がある。

クラブ活動への参加は自由だが、中学加入率は100％を超える。全国レベルのダンスなどは人気が高く、英語部もディベートで高い成績をおさめている。

進路　著しい進学実績の伸び抜群の現役合格率

2023年春の卒業生の89％が4年制大学に進学し、全体の40％が国公立、早慶上智ICU理科大、GMARCH、医歯薬看護に進学した。指定校推薦は100校以上あり、東京理科大学や武蔵野美術大学との教育提携が始まっている。

2024年度入試要項

中学

試験日　2/1（第1回）　2/2午前（第2回）
　　　　2/2午後（算数1教科）　2/3（第3回）

試験科目　国・算・理・社（第1〜3回）
　　　　　算（算数1教科）

※帰国生入試は国・算＋事前親子面接

2024年度	募集定員	受験者数	合格者数	競争率
第1回	100	290	122	2.4
第2回	80	317	141	2.2
第3回	40	206	58	3.6
算数1教科	20	178	73	2.4

高校　募集せず

　卒業生有名人　宮澤智（フジテレビアナウンサー）、田中愛美（車いすテニスプレイヤー）

東京

女子 中高

富士見丘 中学校 高等学校

英語4技能の資格試験に向けて
毎週オンライン・スピーキングを実施
海外大学にも多数合格のSGH校

普通科（高校）
生徒数 203名（中学） 373名（高校）
〒151-0073
東京都渋谷区笹塚3-19-9
☎ 03-3376-1481
京王線・都営新宿線笹塚駅 徒歩5分

SUPER INDEX P.86

制服 p.㉘

URL	https://www.fujimigaoka.ac.jp		
Web上での合格発表	中学	○	高校	○

SGH甲子園2019で最優秀賞受賞
※2020〜22は中止、もしくはオンライン開催

英語プレゼンテーション 最優秀賞
富士見丘中学高等学校

プロフィール

SGHから WWLへ

1940（昭和15）年創立。教育理念として真心と思いやりを意味する「忠恕」の教えがある。近年は「国際性豊かな若き淑女」の育成を教育目標にグローバル教育を推進し、2015（平成27）年に文部科学省よりスーパーグローバルハイスクール（SGH）に指定される。さらに2020年度よりその進化型のWWL（ワールドワイドラーニング）コンソーシアム拠点校に指定され、他校や大学、企業などとグローバル教育のコンソーシアム（共同事業体）を構築している。

カリキュラム

徹底した英語4技能 教育と探究学習

SGH・WWLの一貫した研究テーマとして国連の掲げるSDGsを設定。中1よりアクティブラーニングや英語4技能を育成する授業を取り入れ、思考力・判断力・表現力、そして英語力を磨いている。高1全員には「グローバルスタディ基礎」講座を受講させ、慶應義塾大学院との高大連携プログラム「グローバルワークショップ」や国内フィールドワークを実施。高2からは「グローバルスタディ演習」で海外フィールドワークを行い、英語力、探求力にさらに磨きをかける。

高校では2つのコースを設けている。一つはグローバル社会で活躍するために必要な資質を高め、国内難関・中堅大学への進学を目指す「グローバルコース」。もう一つは英語力のアドバンテージを活

かし、グローバルリーダーとなるのに必要な教養・スタディスキル・コミュニケーション力を身につけ、国内難関大学・海外大学への進学を目標とする「アドバンストコース」。両コースとも英語4技能を身につけるべくオンライン・スピーキングや英語エッセイを取り入れ、さらに「アドバンストコース・インター」ではハイレベルな英語の授業を実施し、TOEFL, IELTS対策など最大週9時間の授業をネイティブが担当する。また、中学にも高校の「アドバンストコース」につながる「英語特別コース」を設置している。中高ともに帰国生が2割程度在籍し、またアスリートコースも設置するなど、生徒の個性・多様性を重視するカリキュラムになっている。

学校生活

英・加・豪 姉妹校 ターム留学

登校時間	中学	夏季	8：25	冬季	8：25
	高校	夏季	8：25	冬季	8：25

22の部が活発に活動。テニス部と少林寺拳法部は全国大会出場レベルの活動を行っている。オールイングリッシュで活動する模擬国連部もある。

また、イギリスへの約3週間短期留学（中2〜高2の希望者対象）、イギリス・カナダ・オーストラリア姉妹校へのターム留学制度があり、姉妹校生徒宅にホームステイし、ホストシスターとともに授業を受ける。

進路

卒業生の3人に1人が 早慶上智、GMARCHに進学

2023年度入試において、4年制大学進学者の32%が早慶上智・GMARCH・海外大学に、64%が成蹊・成城や東京女子・日本女子・日東駒専以上の中堅大学に進学している。理工系や看護医療系も含めると、79%の生徒が有名大学への進学を果たしている。また、ロンドン大学、クイーンズランド大学（オーストラリア）の指定校推薦があり、海外大学への進学に有利になっている。

2024年度入試要項

中学

試験日 11/11・1/16（帰国生） 2/1午前（WILL・グローバルアスリート） 2/1午後（一般・英語資格・適性） 2/2午前・午後（一般・英語資格） 2/3午後（一般・英語資格） 2/4午前（一般・英語資格）

試験科目 英語エッセイ＋基礎日本語作文＋面接（帰国生A方式） 国・算・英から2科＋面接（帰国生B方式） 国・算または国か算＋英語資格＋面接（WILL） 国・算または国・算＋理か社（一般） 国か算＋英語資格（英語資格） 読解問題＋融合問題（適性） 国か算＋作文＋面接または英語資格＋作文＋面接（グローバルアスリート）

※英語特別コースBおよびインターは英語面接あり

2024年度	募集定員	受験者数	合格者数	競争率
WILL 一般/英語	30	41/22	30/18	1.4/1.2
一般	30	167	114	1.5
英語資格	30	51	37	1.4
グロ/適性	10/10	6/17	6/15	1.0/1.1

※帰国生の募集は20名

高校

試験日 12/7・1/16（帰国生） 1/22（WILL推薦） 2/10か11か12（一般）

試験科目 作文＋面接（WILL推薦） 英＋国か数（アドバンスト） 国・数・英（グローバル） 英語エッセイ＋基礎日本語作文＋面接または国・数・英＋面接（帰国生）

※アドバンストコースBとインターの帰国生と一般は＋英語面接あり

2024年度	募集定員	受験者数	合格者数	競争率
WILL推薦	60	40	40	1.0
アドバンスト 10/11/12日	80	56/43/18	47/39/16	1.2/1.1/1.1
グローバル 10/11/12日	80	26/15/14	25/13/13	1.0/1.2/1.1

※帰国生の募集は40名

進学に有利な / 併設校あり / 特殊学科 芸術＆ / 技能系＆資格 / 施設が充実 / スポーツが強い / クラブ活動が活発 / 情操教育を重視 / 国際人を養成 / 校風自由な

藤村女子 中学校 高等学校

学力のステップ・アップを推進
キャリア・ガイダンスの重視
活き活きとした体験学習・部活動

SUPER
INDEX
P.88

制服
p.㉛

普通科（高校）
生徒数　64名（中学）　335名（高校）
〒180-8505
東京都武蔵野市吉祥寺本町2-16-3
☎0422-22-1266
中央線・京王井の頭線吉祥寺駅
徒歩5分

URL	https://www.fujimura.ac.jp/
Web上での合格発表	○

運動部、文化部ともに初心者でも始められる

プロフィール　主体性のある個性豊かな人間を

1932年、創立。1938年に藤村高等女学校と改称。学制改革により1947年に藤村女子中学校、翌年には藤村女子高校となり、以来、中・高の一貫教育が行われている。主体性をもって行動する個性豊かな人間像の形成を図り、新時代にふさわしい日本女性の育成を目指している。

環境　便利な好環境で有意義な学校生活

未だ武蔵野の面影を残す静かな住宅地に囲まれた文化の発信地・吉祥寺に立地し、緑豊かな井の頭公園にも近い。2012年、耐震補強工事に伴い、一部教室のリニューアルが行われた。

カリキュラム　探究活動を通して個性を見つけよう

中・高ともに週6日制・3学期制、45分6時間授業で、徹底した学力の定着・強化を狙っている。
本校は「探究」に力を入れた学校である。
中学では「自己研鑽」「自己表現」「自己探求」のオリジナル授業が時間割に組み込まれている。さらに、学年の枠を超えて地域の方々とかかわりながら学ぶ「ふじ活」のプログラムもある。

日本文化体験で、茶道や浴衣の着付けを行う

高校では、アカデミッククエストコース・キャリアデザインコース・スポーツウェルネスコースの3コースに分けている。どのコースも「探究」活動を実施するが、探究への入口がそれぞれのコースによって変わる。
入試に向けては、学校の勉強をしっかりと習得することが大切になるので、授業の復習を行うと効果的である。

学校生活　花形の部活動全国大会で大活躍

登校時間	中学	夏季	8：15	冬季	8：15
	高校		8：15		8：15

体育系の各部活動が盛んなことは、全国的に有名だ。特に、器械体操、ソフトボール、競泳は、全国でもトップレベルで、インターハイや国体で多くの優勝を飾っており、オリンピック選手も輩出している。

進路　顕著な4年制大学志向

卒業生のほぼ全員が進学する。主な進学大学は、姉妹校東京女子体育大学をはじめ、東京学芸、東京慈恵会医科、学習院、明治、成蹊、武蔵、明治学院、獨協、順天堂、津田塾、専修、東洋、亜細亜、帝京、東海など。また、各大学からの指定校推薦枠も年々広がっている。

ひとこと　在校生から受験生へのメッセージ

本校のスポーツウェルネスコースでは、ウェルネス社会を切り開いていく私たちが15個の実習を通し、座学に囚われないアクティブな学びを3年間通して学んでいます。受験生の皆さん！もう高校は決まりましたか？もし迷っているのなら、ぜひ藤村女子のスポーツウェルネスコースの体験に来てみま

せんか。他の高校では学ぶことができない専門的なことをたくさん学べる所も自慢できる1つです。みんなで楽しく学校生活を送っています。受験生の皆さん3年後にここに来て良かったと思う高校選択をして下さい。
（2023年度高校2年）

2024年度入試要項

中学

試験日　2/1午前・午後　2/2午前・午後
　　　　2/3午後　2/4午前　2/11午後

試験科目　国・算（2/1午前 2/2午前午後 2/4午前
　　　　一般・2/3午後特待生）　国・算・英・
　　　　理・社から1科（2/1午前得意科目）
　　　　適性Ⅰ・Ⅱ（2/1午前適性）　日本語リ
　　　　スニング＋作文（2/1午後国語1科）
　　　　プレゼン（2/1午後自己アピール）
　　　　国・算・英から1科（2/11午後1科）

2024年度	募集定員	受験者数	合格者数	競争率
1日午前 一般得意/適	15/15	12/3/1	12/3/1	1.0/1.0/1.0
1日午後 国/自己アピ	10/若干	5/7	5/7	1.0/1.0
2日 午前/午後	10	0/4	0/4	―/1.0
4日		1	1	1.0
3日/11日	10/若干	9/3	9/3	1.0/1.0

高校

試験日　1/22（推薦）
　　　　2/10または11（併願優遇・オープン）

試験科目　国・英か国・数（推薦・併願優遇・
　　　　オープン）

※併願優遇・オープンの国語1科目表現力入試
　（2/10午後）は、国〈日本語リスニング＋作文〉

2024年度	募集定員	受験者数	合格者数	競争率
アカデミック クエスト	20/20	14/10	14/10	1.0/1.0
キャリア デザイン	60/60	41/116	41/116	1.0/1.0
スポーツ ウェルネス	35/35	48/29	48/29	1.0/1.0

※人数はすべて推薦/併願優遇・一般

東京

女子 幼 小 中 高

雙葉中学校 高等学校

ふたば

カトリックに基づく情操教育
完全一貫教育で高レベルの授業
女子校トップクラスの進学実績

普通科（高校）
生徒数　555名（中学）　532名（高校）
〒102-8470
東京都千代田区六番町14-1
☎ 03-3261-0821
中央線・丸ノ内線・南北線四ツ谷駅
徒歩2分

SUPER
INDEX
P.87

URL	https://www.futabagakuen-jh.ed.jp
Web上での合格発表	○

100年以上の歴史を持つ女子教育の名門

プロフィール

　布教と教育慈善のための活動を行っていた幼きイエス会が、1875（明治8）年に開いた「築地語学校」を前身とする。1909（明治42）年に、初代校長メール・セン・テレーズが、雙葉高等女学校を創立し、翌年、雙葉女子尋常小学校と附属幼稚園を設立。1947（昭和22）年に新制雙葉中学校、翌年、雙葉高等学校となった。現在は、幼稚園から高校までの女子教育の総合学園となっている。

　カトリックの精神に基づいて、健全な人格の育成と真の知性を養う教育を目指し、「徳においては純真に、義務においては堅実に」の校訓のもと、中学・高校6年間の完全一貫教育を展開している。

恵まれた環境に施設・設備を完備

環境

　JR中央線四ツ谷駅から市ヶ谷方面へ歩いて約2分。春には土手の桜が美しく咲き乱れる、抜群の環境の中に本校はある。メール・セン・テレーズが私財をもって建造したフランス風の優雅な木造2階建て校舎は、戦火で全焼したが、戦後、見事に復興された。しかし、この校舎も老朽化が目立つようになったため、地下1階・地上7階建ての現校舎に建てかえ、現在に至る。ま

奉仕活動での1コマ

た、日光霧降高原には校外施設があり、様々な教育活動に利用されている。

ハイレベルの授業展開 中3でフランス語

カリキュラム

　受験校というイメージが強いが、大学受験だけに特定したカリキュラムは組んでいない。中学でも主要教科以外の授業数も多く、授業のレベルはどれも高い。一部、高校課程の先取り授業も行っている。

　一貫教育のメリットは、各教科の教育に表れている。特に、外国語のレベルの高さは開校以来誇ってきたものである。英語の授業数が多く、中学1年から高校3年まで毎週1～2時間、外国人教師による英会話の授業を実施し、生きた語学力を身につける。中学3年では、全員がフランス語も学習し、語学のセンスと感覚を磨く。

　また、週に1回、宗教の授業があり、カトリック精神を学ぶことによって、自分を含めて一人ひとりがかけがえのない存在であることに気づき、正しい価値判断ができる人となることをねらいとしている。

　文系・理系のクラス分けなどはせず、高2・高3では多数の選択科目があり、進路に応じた学習が行われている。

生徒の自発的な活動を応援

学校生活

登校時間	中学	夏季	8：10	冬季	8：10
	高校		8：10		8：10

　学芸・趣味・運動のクラブ活動や、赤い羽根募金等の奉仕的な活動など、生徒の自発的な活動に力を入れている。特に、約40ある各クラブは内容も多彩で、それぞれ独自の活動に幅広く取り組んでいる。体育系クラブのうち、卓球部、バレーボール部、バスケットボール部などは対外試合にも積極的だ。

　学校行事も多く、中学3年次と高校

長瀞での校外実習

　2年次の修学旅行をはじめ、秋には学園の一大イベント、雙葉祭が行われるほか、夏期学校や理科の野外実習、能楽鑑賞などもある。

抜群の進学実績 多彩な進路

進路

　進学に関しては、国公立大や難関私立大に進む生徒が多い。主な進学先は、東大、京大、一橋大、東京医科歯科大、筑波大、千葉大、東京外語大、お茶の水女子大、東京農工大、横浜国立大、東京芸術大、早稲田大、慶應義塾大、上智大、東京理科大、立教大、明治大などで、医・薬系に進む生徒も多い。早稲田大、慶應義塾大、上智大などには指定校推薦枠もある。

2024年度入試要項

中学

試験日　2/1

試験科目　国・算・理・社＋面接

募集定員	受験者数	合格者数	競争率
100	359	124	2.9

高校　募集せず

卒業生有名人　　川上弘美（作家）、いとうあさこ（タレント）、江崎史恵（NHKアナウンサー）

普連土学園 中学校 高等学校

少人数制を貫く伝統
宗教的な人格教育だけでなく
細やかな進学指導に定評

| インターネット | https://www.friends.ac.jp/ |

SUPER INDEX P.73

普通科（高校）
生徒数 395名（中学） 353名（高校）
〒108-0073
東京都港区三田4-14-16
☎ 03-3451-4616
都営三田線・都営浅草線三田駅 徒歩7分
JR田町駅 徒歩8分
南北線白金高輪駅 徒歩10分

プロフィール 日本唯一の フレンド派の学校

新渡戸稲造と内村鑑三の提言により、1887年に米国キリスト教フレンド派（クエーカー）婦人伝道会の人々が設立。フレンド派の開祖George Foxの"Let Your Lives Speak."をモットーに、あらゆる権威・伝統からの自由、神の前での平等、粘り強い対話、絶対的平和主義という価値観を礎とし、培った力を他者のために活かせる成熟した人材の育成を目指している。

フレンド派の平等主義に基づき、毎朝の礼拝の感話は教員・生徒全員が持ち回りで担当するのが特徴。毎週水曜日はフレンド派本来の礼拝形式である「沈黙の礼拝」を行う。

環境 独立・少数主義を 重視した環境

各学年3クラス編成の少人数教育を実施しており、環境・施設にもフレンド派の特色が生かされている。教師は生徒全員をよく知り、細やかな指導を実践し、また、上・下級生も仲良く、全体的に明るい雰囲気である。

樹木や草花の緑に囲まれた静かなキャンパスは、自然を大切にした環境で、全教室で木製の机や椅子を使用している。主な施設として、講堂、体育館、百周年記念館、図書館、自習スペース

国際モデルロケット大会で優勝

などを完備している。

カリキュラム 国際性豊かな 6カ年教育

週5日制、前期・後期の2学期制をとっている。中学・高校6年間の一貫教育のメリットを生かして、主要科目は中学3年次から高校課程に入る。高校では、英語・数学などで習熟度別クラス編成を採用し、進路に合わせた学習ができるよう、選択科目も大幅に取り入れられる。また、進路指導では、高校1年次からの進路面接、模擬試験、データ分析、補習など、きめ細かな対応をしている。

6年間を通じて、英語教育を特に重視しており、中学では、1クラス3分割の少人数制で、外国人教師による劇や歌をまじえた楽しみながら学べる英会話授業、夏にはイングリッシュ・キャンプも実施する。また、高校3年次には、国際関係や英語論文指導の授業もある。

宗教教育である毎朝の礼拝、週1回の聖書の時間、クリスマス・修養会・収穫感謝の日などの行事や奉仕を通して、幅広い人格形成を目指している。

学校生活 奉仕の心で 自主的に活動

登校時間	中学	夏季	8:00	冬季	8:00
	高校		8:00		8:00

中学・高校一貫の自治会が組織され、全生徒が13の委員会いずれかに属し、学校生活に役立つよう自主的に活動している。クラブは自由参加。文化系12、運動系9。中・高一緒の活動で、とても仲が良い。奉仕は教科課程に入れられて学校全体で取り組んでおり、ボランティア委員会の計画で外部奉仕も行う。主な年間行事には修学旅行や学園祭、体育祭を始め聖句暗誦会、クリスマス礼拝、歌舞伎・文楽鑑賞教室、

中学校舎

合唱コンクールなどがある。

進路 理系進学は4割 指定校推薦も多数

2023年度の合格実績は、一橋、お茶の水女子、筑波、東京外語、岩手、金沢、東京都立、早稲田、慶應、上智、東京理科、GMARCHなど。また、キリスト教系のICU、立教のほか、東京都立、早稲田、慶應、東京理科、中央、法政、学習院など多数の指定校推薦枠がある。

トピックス 国際モデルロケット 大会で優勝！

2022年、理科部のロケット班は、イギリスで開催された国際モデルロケット大会で、アメリカ、フランス、イギリスのチームを抑えて、世界一の栄冠に輝きました。活躍の場は世界に広がっています。

2024年度入試要項

中学

試験日 2/1午前・午後 2/2午後
2/4午前

試験科目 国・算・理・社（1日午前・4日午前）
算（1日午後） 国・算（2日午後）
国・算＋作文＋面接（帰国生）

2024年度	募集定員	受験者数	合格者数	競争率
1日午前/午後	50/20	127/317	61/221	2.1/1.4
2日午後	30	227	92	2.5
4日午前	20	175	49	3.6

※帰国生の募集（1日午前・4日午前）は若干名

高校 募集せず

卒業生有名人 三ツ橋敬子（指揮者）、近藤麻理恵（片付けコンサルタント）、長田育恵（脚本家）

（左縦帯）進学に有利に／併設校あり／芸術＆特殊学科／資格技能系＆／施設が充実／スポーツが強い／クラブ活発が／情操教育を重視／国際人を養成／自由な校風

東京
共学 中 高 専 短 大 院

文化学園大学杉並 中学校 高等学校

2020年度ついに全学年共学化!!
独自のカリキュラムで大学進学に対応
クラブ活動にも全力投球

制服 p.33
SUPER INDEX P.87

■ 普通科（高校）
生徒数　291名（中学）　938名（高校）
〒166-0004
東京都杉並区阿佐谷南3-48-16
☎ 03-3392-6636
中央線・総武線・東西線阿佐ヶ谷駅　徒歩10分
中央線・総武線・東西線・丸ノ内線　荻窪駅　徒歩10分

URL		https://bunsugi.jp		
Web上での合格発表	中学	○	高校	○

海外文化と歴史に触れる修学旅行

プロフィール
CHANGE and GROW

「わかる授業の徹底」と「自ら考える生徒の育成」を柱に、ICTを用いたアクティブラーニングや思考力型の協働学習で真の学力を育む教科教育、全国大会で活躍する多くの部活動、生徒自らが運営する盛んな学校行事など、一人ひとりに輝ける場を提供している。

環境
恵まれた環境 充実した施設

6つの体育館がある。校内すべてに冷暖房が完備されており、快適な学校生活を送ることができる。教室には電子黒板機能付きプロジェクターとWi-Fiが設置され、ICT教育の場として充実している。自習室は、図書館に併設されている読書自習室、入試問題などがそろえられた学習ホール、校舎外にある『MIRAI館』の3つの自習室があり、勉強に集中して取り組める環境が整えられている。また生徒は一人1台パソコンを持ち主体的な学びを展開されている。

カリキュラム
突き抜ける英語力＋ 個に合わせたコース選択

登校時間	中学	夏季	8:20	冬季	8:20
	高校		8:20		8:20

中学1年は英語の授業のみレベル別に展開する。英検2級以上の希望者の生徒に対しては「DD7」または「Advanced7」を設定。DD7では1年次からカナダブリティッシュコロンビア州の教員が理数科目7時間を含めた週17時間英語の授業を指導する。DD7の生徒はDD8、DD9と継続して週17時間の英語を展開する。

自習スペースも充実した校舎

「Advanced7」では理数科目は日本のカリキュラムとなり、週10時間の英語の授業を展開する。日本のカリキュラムもしっかりと学習できるため高校入学時にダブルディプロマコースと特進コースのどちらにも対応しやすいフレキシブルな英語クラスとなる。また英検2級以外の生徒もStarter7クラスに所属し、レベル別に週9時間英語の授業がありそのうち7時間をネイティブ教員が主導する授業になる。また2年生からDD準備コースに進むことが可能。

英語初心者も「Starter7」クラスに所属し、レベル別に週9時間英語の授業がありそのうち7時間をネイティブ教員が主導する授業になる。また2年生からDD準備コースに進むことが可能。

2022年度入学生は149名。そのうちの52名が入学時に英検準2級以上を取得済み（2級以上は41名）。入学生の40%は1年次からカナダのカリキュラムを学んでいる。

進路
難関大に、または 文化学園大・短大に

これまでのDDコース卒業生のうち24%は海外進学。進学先としてはブリティッシュ・コロンビア大学・ユトレヒト大学・フローニンゲン大学・マサリク大学医学部など、名門大学も多数。その他、21%が国公立・早慶上理ICU、20%がGMARCHレベルに進学している。

ダブルディプロマコースでは高1の夏に5週間のホームステイ

＜進路状況＞東京農工1、東京都立1、千葉1、千葉県立保健医1、横浜国立1、前橋工科1、東北1、名古屋1、早稲田7、慶應1、上智9、東京理科4、国際基督教2、学習院4、明治4、青山学院9、立教18、中央17、法政22、聖路加国際1、明治薬科1

2024年度入試要項

中学

試験日　2/1午前（第1回・適性検査型）
　　　　2/1午後（第2回・英語特別①）
　　　　2/2午前（第3回）　2/2午後（第4回・英語特別②）　2/3午前（第5回）
　　　　2/4午前（第6回）

試験科目　国・算（第1・4・6回）　国・算または国・算・理・社（第2・3・5回）　適性（適性検査型）　国か算＋英＋面接（英語特別）

2024年度	募集定員	受験者数	合格者数	競争率
第1回/適性	50	77/53	20/39	3.9/1.4
第2回/英①		146/70	98/46	1.5/1.5
第3回/第4回	40	87/96	39/38	2.2/2.5
英語特別②		15	5	3.0
第5回/第6回	10/若干	75/65	41/32	1.8/2.0

高校　1/22（推薦）　2/10（一般第1回）
　　　　2/12（一般第2回）

試験科目　作文＋面接（推薦）
　　　　国・数・英＋面接（一般）

※ダブルディプロマコースの推薦は英＋英語口頭試問＋面接、一般は英語口頭試問あり

2024年度	募集定員	受験者数	合格者数	競争率
進学	30/50	74/137/55	74/122/42	1.0/1.1/1.3
特進	30/50	15/86/68	15/85/66	1.0/1.0/1.0
ダブルディプロマ	20/20	5/9/4	3/7/2	1.7/1.3/2.0

※人数はすべて推薦/一般第1回・第2回
※中・高とも、帰国生入試（11/23・12/24・1/14）あり

━━━ 卒業生有名人　研ルイス（宝塚歌劇団 月組）、平田清乃（ソフトテニスプレーヤー）

文華女子 高等学校

なりたい自分を実現させる 100年スクール

普通科
生徒数 177名
〒188-0004
東京都西東京市西原町4-5-85
☎ 042-463-2903（事務室）
西武新宿線田無駅　バス7分
西武池袋線ひばりヶ丘駅　バス15分
中央線武蔵境駅　バス24分

SUPER INDEX P.91

制服 p.36

URL	https://www.bunkagakuen.ac.jp/
Web上での合格発表	○

プロフィール 創設以来受け継がれる建学の精神

文華女子は1916（大正5）年、学祖河口アイの「女性の自立・社会的地位向上への願い」のもと設立。創設以来、受け継がれている建学の精神「質実」「貞純」「勤勉」のもとに、時代を越えて輝き、羽ばたく女性になるため他者を理解し尊ぶこと、豊かな情操と礼儀を身につけることによる、人と「関わる力」、自分の役割を見つけ自主的・自発的に行動する「動く力」、知識力、情報を収集し、それを活用・発信する「考える力」、そして自分で問題を見つけて解決に取り組んでいく「解く力」…など3年間で生徒の未来自立力の育成を目指す。

すべての出発点を、明るく楽しい学校=充実した学校生活においており、友人・先輩や先生との関わりを通してありのままの自分でいられる、今までできなかったことができる力を養っていく。

環境 伝統と先見に基づく教育

高1から幅広い教養とコミュニケーション力を身につけるべく礼法（マナー）をはじめとする華道や茶道、日本の伝統文化を学ぶ。

静かな森に恵まれた学習環境施設、全国でも類を見ない家庭教育寮での2泊3日宿泊研修を通し、自らの生きる道を切り開いていけるオリジナルプログラムには定評がある。1000人収容できる講堂を有し、地域に貢献するべく文化発展のために貸出も行っている。

カリキュラム 実践力のある英語教育を重視

入学時にはコース制を設けず、一年後に新しい自分を発見してから学力・適性に応じて2つのコースに分かれる。

選抜コースでは、希望大学の受験に向けて幅広い選択科目の中から、各自に必要な科目を選んで学習していく。文系・理系のあらゆる科目で、専門の教員による

万全のサポート体制となっている。また、全学年、長期休暇中のデイ合宿や特別講座などを活用して学力増強を図る。

進学コースでは、大学・短大・各種専門学校のいずれにも対応できるカリキュラムを用意し、幅広い希望進路に合わせる。保育に特化した選択授業や、文系・理系科目も十分にそろっている。専門科目を選ぶことによっても、自分の適性や進路を判断することができるようになる。さらに特進チームが設けてあり、基準を満たせばどちらのコースからでも入れる体制を取っている。

新しい取り組みとして、生徒全員がiPadを持ち、ICTを活用した授業を展開する。スタディサプリやGoogle classroom等の外部システムを導入し、配信された課題に取り組み提出したりすることができるように整備されている。

学校生活 五感学習

登校時間	夏	8：25	冬	8：25

年に3回の芸術鑑賞では寄席、宝塚ミュージカル、オーケストラなど本物に触れることで鑑賞マナーも学びつつ感性も育む。知の探求学習ではグループでプレゼンテーションを作成・発表をし、発見や達成感・感動に満ちた体験をする。

部活動では、度々メディアに取り上げられている珍しい声優部があり、プロの声優から直接、指導が受けられる。その他よさこい部も外部講師も招いて本格的な指導を受けられる。

運動部は硬式テニス、ダンス、バトミ

ントン、バトン、バレーボール、ハンドボールがあり、文化部は伝統文化、クッキング、吹奏楽、服飾手芸、軽音部。同好会には、美術部がある。

国際化 国際教育

全学年対象の英語研修としてTGG「東京英語村」を毎年訪れ、生きた英語を学ぶ。2年次には修学旅行でオーストラリア・シドニーを訪れ、姉妹校ローズビルカレッジにて授業に参加。英語に特化した授業支援システムEnglish 4 skillsを導入し、個々のペースに合わせて英語が身近なものになっていく。

進路 指定校推薦枠、高大連携も多数有

防衛大学校、桜美林大、大妻女子大、国士舘大、玉川大、帝京大、東京医療保健大、東京女子大、東京農業大、東京理科大、武蔵大など4年制大学、短期大学、専門学校に100％の生徒が進学している。

2024年度入試要項

試験日　1/22（推薦）　2/10（一般）
試験科目　作文〈出願時提出〉＋面接（推薦）
　　　　　国・数・英＋面接（一般）

2024年度	募集定員	受験者数	合格者数	競争率
推薦/一般	120/120	49/103	49/101	1.0/1.0

文京学院大学女子 中学校 高等学校

普通科（高校）
生徒数 303名（中学）599名（高校）
〒113-8667
東京都文京区本駒込6-18-3
☎ 03-3946-5301
山手線・南北線駒込駅　徒歩5分
山手線・都営三田線巣鴨駅　徒歩5分

SUPER INDEX P.71

制服 p.⑮

国境を軽やかに越えて グローバル×探究 自分で描く、私だけのストーリー

URL	https://www.hs.bgu.ac.jp/		
Web上での合格発表	中学	○	高校 ○

プロフィール

英語が日常にある環境を実現

1924年「女性の自立」を目指して、島田依史子が島田裁縫伝習所を開学する。時代に先駆けた教育を実践、幼稚園、高校、大学などからなる総合学園として発展を遂げている。2002年より現校名。2011年、文部科学省より都内女子校としては初めてスーパーサイエンススクール（SSH）の指定を受ける。続いて、2015年にはスーパーグローバルハイスクール（SGH）アソシエイトの指定を受けた。活動経験を活かし、現在探究活動を推進している。2022年1月、インター共用棟にアオバジャパン・インターナショナルスクール文京キャンパスが開校。体育祭、学園祭などの行事をはじめ、「学び」と「施設」を日常的に共有している。

カリキュラム

伝統教育の継承、グローバル教育と探究活動の実践

校訓である、「誠実・勤勉・仁愛」を体現できる生徒の育成を目指している。創立以来、伝統教育として「運針」「ペン習字」に全校で取り組んでいるほか、中学では日本の伝統に触れる「礼法（茶道・華道）」、食育指導の一環として「給食」を実施している。時代に先駆けた教育を行うことを常に志し、ICTの活用にも早くから積極的に取り組んできた。全員がiPadを所持するだけでなく、約100台のパソコンも設置。生徒は、プレゼン、ディスカッションに必要な資料の作成に早くから取り組んでいる。オンラインを活用した授業や課題配信を行うことで、どのような環境においても「学びをとめない」を実現している。放課後はオールイングリッシュで授業を行

う国際塾などを、個々の希望に合わせて受講できる。

「英語教育」においては、「英語を」学ぶのではなく、「英語で」学ぶことを目的とした放課後講座「国際塾」を設置しているほか、ネイティブ教員の学年担当制、日本人教員とのコラボ授業の実施など、多様な学びを提供。自然と英語に触れながら、英語運用能力が向上する。高校2年次終了までに全員が英語検定CEFR・B1以上を取得することを目標とする。

中学では、2年次からグローバルスタディーズ、アドバンストサイエンスのコース別活動がスタート。高校では、国際教養、理数キャリアのコースを再選択し、進路希望に合わせてコース内でT（特進）クラスとA（進学）クラスを選択する。高校2年次にはコースとクラスの再選択ができ、国際教養コースでは英語に特化したS（スーパーイングリッシュ）クラスも選べる。

在学中は、高校2年次の海外修学旅行があるほか、中学時代から段階的に国内外の語学研修や長・短期の留学制度を利用して、英語をはじめとする語学力を磨く機会がある。アドバンストサイエンスコースは、タイ・マレーシアの提携校と共同研究を行っている。

全コースにおいて「探究活動」を通して「仮説・検証」を繰り返しながら、大学入試にも通用するコース別研究を行い、国立大学、私立難関大学、薬科大ほかの合格実績がある。

学校生活

日常生活を大切に 国際交流も盛ん

登校時間	中学	夏季	8：25	冬季	8：25
	高校		8：35		8：35

長・短期の海外研修のほか、多彩なグローバルプログラムを設置（アメリカ、イギリス、オーストラリア、タイ、マレーシアなど）。全国大会優勝実績を持つバレー部のほか、サッカー部、新体操部、チアダンス部、軟式・硬式テニス部をはじめとする運動部、吹奏楽部、合唱部、書道部をはじめとする文化部など、同好会を含め、約40のクラブが活動している。

進路

進学講座ほか、充実した進学支援体制

大学受験を目標とした、放課後や夏休みの進学講座のほか、英会話講座も設定されてい

る。ほぼ全員が4年制大学へ進学する。早稲田、慶應、上智、立教、明治、法政、青山学院、学習院など。また、併設の文京学院大へは、在学中の成績が一定基準以上であれば優先入学できる。（併設大学の併願制度あり）。

2024年度入試要項

中学

試験日　2/1午前・午後（ポテンシャル①、適性検査型、特待①、探究プレゼン型、英語インタラクティブ）2/2午後（ポテンシャル②）2/3午後（ポテンシャル③）2/4午後（特待②）

試験科目　国・算または国・算＋選択<理・社・英の計6題から2題以上＞（ポテンシャル）国・算（特待）適性Ⅰ・Ⅱ（適性検査型）プレゼン＋質疑応答（探究プレゼン型）英語を用いた活動（英語インタラクティブ）

※特待は得点科目を2倍して300点満点で判定

2024年度	募集定員	受験者数	合格者数	競争率
ポテンシャル①/特待①	60/15	81/67	70/32	1.2/2.1
ポテンシャル②/③	10/5	22/14	15/11	1.5/1.3
特待②	若干	11	6	1.8
適/探/英	15	2/2/14	2/1/10	1.0/2.0/1.4

高校

試験日　1/22（推薦・A推薦・B推薦第1回）1/23（B推薦第2回）2/10（一般第1回）2/11（一般第2回）2/16（一般第3回・特別）

試験科目　面接（推薦・A推薦）適性〈国・数・英〉（B推薦）国・数・英（一般）数か英（特別）

2024年度	募集定員	受験者数	合格者数	競争率
理数Tクラス	25	10/17	10/16	1.0/1.1
理数Aクラス	25	12/17	12/16	1.0/1.1
国際教養Tクラス	25	12/24	12/23	1.0/1.0
国際教養Aクラス	50	26/30	26/30	1.0/1.0

※人数はすべて推薦/一般
※中・高とも、海外帰国生入試あり

右側タブ：
進学に有利
併設校あり
芸術＆特殊学科
資格系＆技能系
施設が充実
スポーツが強い
クラブが活発
情操教育を重視
国際人を養成
自由な校風

卒業生有名人　光月るう（元宝塚歌劇団）、廣田あい（バレーボール選手）、長谷川暁子（ビーチバレーボール選手）

共学 幼 小 中 高 大 院

文教大学付属中学校高等学校

進学の強豪校へ
人間愛を守り、進学力で攻める

 SUPER INDEX P.80

 制服 p.24

普通科（高校）
生徒数　448名（中学）　922名（高校）
〒142-0064
東京都品川区旗の台3-2-17
☎ 03-3783-5511
東急池上線・大井町線旗の台駅、
東急大井町線荏原町駅　各徒歩3分
都営浅草線中延駅　徒歩8分

URL		https://www.bunkyo.ac.jp/jsh/			
Web上での合格発表		中学	○	高校	○

プロフィール
人間愛を守り、進学力で攻める

1927年開設の立正裁縫女学校を前身とする。1976・1977年には中・高相次いで、現在の校名に改称。1998年度より、中・高とも共学になった。

「人間愛」を教育の基本として、"思いやる心を育てる"、"一人ひとりの個性を生かす"、"視野を広め、探究心を養う"ことを目標にしている。幼稚園から大学までの総合学園である。

環境
すべての教室に電子黒板完備

2016年10月、新校舎が完成。すべての普通教室には電子黒板を設置。図書室・理科実験室・音楽室・美術室も新しくなった。2009年に建てられた体育館には、バレーボールコートが3面とれるアリーナに、トレーニングルーム、温水プールが完備。

学習塾と連携した放課後学習システムである文教ステーション（B-ステ）があり、中学生は19：30、高校生は20：00まで残って学習することができる。長期休業中も開室し、部活と学習の両立をサポートしている。

カリキュラム
ゆとりの授業で基礎学力を充実

本校が目指す中高一貫教育は、6カ年というゆとりの中で、学力を着実に身につけるというもの。そのため、中学では主要5教科の時間を多くとっている。特に英語では、クラスを2分した少人数授業を展開し、外国人講師による英会話の授業も実施している。3年次よりアドバンストクラスとスタンダードクラスに分かれる。

高校では、アルティメットクラス、アドバンストクラス、スタンダードクラスに分かれる。2年次からは、選択科目によって文系・理系を分け、多様な希望進路に対応している。海外語学研修も豊富で、中学3年と高校1年を対象としたオーストラリア短期語学研修をはじめ、中期・長期のオーストラリア留学、アメリカやカナダの留学制度や台湾の大学への進学制度も用意されている。

学校生活
水泳部やソングリーディング部が各種大会で活躍

登校時間	中学	夏季	8：10	冬季	8：10
	高校	夏季	8：10	冬季	8：10

クラブ活動は学術、芸術、芸能、体育の4ブロックに大別され、約30の団体が活動している。

9月に行われる文化祭「白蓉祭」では、学園が一丸となって盛り上がる。そのほか、合唱コンクール、探究祭なども行われる。

進路
文教大学・同短大へ推薦入学の特典

卒業生のほぼ全員が進学を希望している。併設の文教大学への推薦条件としては、在学中の評定平均値が3.5以上必要。そのうえで、大学が示す各学部ごとの人数枠内の推薦となり、主に面接で選考される。他大学の主な進学先は、電気通信大、東京都立大、神奈川県立保健福祉大、鳥取環境大、慶應義塾大、早稲田大、東京理科大、明治大、法政大、学習院大、青山学院大、中央大、立教大など。

2024年度入試要項

中学

試験日　2/1午前・午後（第1・2回）
　　　　2/2午前・午後（第3・4回）
　　　　2/4午前（第5回）
試験科目　国・算または国・算・理・社（第1～5回）

2024年度	募集定員	受験者数	合格者数	競争率
第1回	64	101	66	1.5
第2回	30	192	111	1.7
第3回	20	88	37	2.4
第4回	10	109	35	3.1
第5回	20	100	41	2.4

※他に、帰国生入試（12/24、算＋英語面接か国・算＋面接）あり

高校

試験日　1/22（推薦）　2/10（一般第1回）
　　　　2/11（一般第2回）　2/23（一般第3回）
試験科目　作文＋面接（推薦）
　　　　　国・数・英（一般）

2024年度	募集定員	受験者数	合格者数	競争率
推薦	70	63	63	1.0
第1回	40	188	176	1.1
第2回	20	85	75	1.1
第3回	10	48	25	1.9

※一般第3回は特待生選抜を兼ねる
※他に、帰国生入試（12/24、国・数・英＋面接〈日本語か英語〉）あり

法政大学 中学校 高等学校

普通科（高校）
生徒数 419名（中学） 710名（高校）
〒181-0002
東京都三鷹市牟礼4-3-1
☎ 0422-79-6230
京王井の頭線井の頭公園駅
徒歩12分

SUPER INDEX P.85

制服 p.27

中学から大学までの
一貫教育でのびのび学校生活
法政大学進学者は9割程度

URL	https://www.hosei.ed.jp/			
Web上での合格発表	中学	○	高校	○

大学進学後の学習を一歩リードできる高校の授業

自立心あふれる法政大学の付属校

1936年に法政中学校として発足。新学制によって法政大学第一中・高等学校となった。創立130余年の歴史と伝統ある法政大学の付属校だ。

2007年度より、三鷹市の新キャンパスへ移転、男女共学化となるに伴い、校名も法政大学中学高等学校と変更になり、制服も新しくなった。

新校舎には美しい植栽に彩られた南門、最新のデジタル機器をそろえたマルチメディア室、やわらかな自然光をとりいれた図書室や開放感あふれる食堂など設備が充実している。

大学付属校らしい学びを追求

確かな学力と学習習慣を着実に身につけるためのカリキュラムを、中・高それぞれの段階に応じて設けている。中学では英数国に力を入れ、基礎学力と学習習慣を育成する。高校では大学進学や将来を見据え、文系・理系の枠にとらわれない幅広い視野と豊かな教養を育成しつつ、将来の進路に応じた選択授業を設けている。選択授業の中には、マスコミやビジネス、法学や簿記など、大学で学ぶ教養の入門的な内容を学習できるものや、大学のようにゼミを設置し、文献の輪読や調査、討論・発表などをするものもあり、大学

生涯にわたる基礎力を定着させる中学の授業

進学後の学習を一歩リードできる。

また、英語教育にも力を入れており、英語の文章を読み取り、それに関する批評を英語でプレゼンテーションすることを目指して学習に励んでいる。自らの英語力を客観的に評価し、向上させていくために、各種の英語資格試験に取り組んでいる。

自由な校風のスクールライフ

登校時間	中学	夏季	8：30	冬季	8：30
	高校	夏季	8：30	冬季	8：30

中・高合同で実施される文化祭は、企画から運営までを、生徒たち自身の手で行っている。そのほか春のスポーツ大会や修学旅行などの行事も、やはり生徒自らが作り上げていく楽しいイベントだ。

中学16、高校23のクラブも、生徒の自主管理のもと活動している。

9割程度の生徒が法政大学へ進学

在学中、一定以上の成績を修めた者は推薦資格が得られ、法政大学へ入学できる。そのほか推薦資格を得ながらも、国公立大をはじめ、早稲田大、慶應義塾大、上智大などの他大学を受験する生徒もいる。

サマーキャンプや多彩な海外交流

中学・高校ともに「国際交流」プログラムを用意しており、身につけた英語力を実践する機会として、高校では夏期海外語学研修（希望者対象）を行っている。

在校生から受験生へ

自ら考えて行動するという校風のた

め、生徒一人ひとりが考えて生活しています。自分がやりたいように高校生活を作っていけるのが最大の魅力です。行事は生徒が主体となって実施します。自分たちで考えて企画し、計画を立てて行う行事が楽しいです。お互いの意見を出し合う中で協力することの大切さを学び、どのようにしたら成功に近づけるのか考える力がつきます。また、先生との距離が近いので、わからない問題を質問したり、困ったときに相談がしやすいです。（高校2年生女子）

生徒の意思を尊重

多様性の重視とジェンダーレスの観点から、2022年度から性別に関係なくスラックス／スカート、ネクタイ／リボンをそれぞれ選択して着用できるように服装規定に修正を加えた。

2024年度入試要項

中学

試験日 2/1（第1回）2/3（第2回）2/5（第3回）
試験科目 国・算・理・社

2024年度	募集定員	受験者数	合格者数	競争率
第1回	約50	232	90	2.6
第2回	約50	364	81	4.5
第3回	約40	349	44	7.9

高校

試験日 1/22（推薦） 2/10（一般）
試験科目 適性（国・数・英）+面接（推薦）
国・数・英（一般）

2024年度	募集定員	受験者数	合格者数	競争率
推薦	46	129	46	2.8
一般	46	269	86	3.1

進学に有利
併設校あり
芸術&特殊学科
資格&技能系
施設が充実
スポーツが強い
クラブが活発
情操教育を重視
国際人を養成
自由な校風

卒業生有名人　菅原知弘（アナウンサー）、田淵幸一（元プロ野球選手）、村田紀敏（セブンアイホールディングス代表取締役）

共学（理数インター）　幼 小 中 高 大

宝仙学園 中 学 校 高等学校（共学部）

中・高を通して英語を重視
共学部「理数インター」で
世界標準となる教育を提供

SUPER INDEX P.71

普通科（高校）
生徒数　663名（中学）　662名（高校）
〒164-8628
東京都中野区中央2-28-3
☎03-3371-7103
丸ノ内線・都営大江戸線中野坂上駅
徒歩3分

URL		https://www.hosen.ed.jp/shs/		
Web上での合格発表	中 学	○	高 校	○

 豊かな情操と知性、教養を身につける

　1928年、中野高等女学校として誕生し、1954年に「宝仙学園中学校・高等学校」を設立。建学の精神は、仏教の精神を基調とした「品格ある人」を造る教育で、慈悲の心を育てる宗教道徳や奉仕活動にも力を入れている。「伸学指導」と「進学指導」で、能力・適性を生かす進路の実現を教育目標としている。2007年に共学部「理数インター」を設立。

 「理数インター」で自ら求め、切り拓く力を育成

　教科「理数インター」では、情報化・国際化社会に必要とされる学力である、理数的思考力、コミュニケーション能力、プレゼンテーション能力を身につけることを目標とし、「知的で開放的な広場」をテーマに誰もが自由にのびのびとおおらかに過ごせる学校を目指す。

 楽しい学園生活を演出する多彩な行事

登校時間	中学	夏季	8：20	冬季	8：20
	高校		8：20		8：20

　学校行事には、芸術鑑賞会、ダンス発表会など、多彩な行事が用意されており、中でも幼稚園から大学まで合同で行う宝仙祭は本校の名物行事である。中学1年次には林間学校やネイチャープログラム、2年次には職場体験や長崎研修、3年次にはアジア研修旅行、高校1年次には関西研修旅行、2年次にはアメリカ研修旅行を実施。主体性を育む学校行事が盛りだくさん。

 大学合格率もアップ

　大学進学のための特別プログラムとして、夏期・冬期講習などを実施。
　2023年の合格大学は、国公立大39名、医学部医学科23名、早慶上理ICU73名、GMARCH162名。

プレゼン・オピニオン・第1回理数インター）

2/2午前（第2回公立一貫型・第1回国際生）　2/2午後（第2回特待・第2回理数インター・英語AL・第2回国際生）　2/4午前（第3回公立一貫型）　2/4午後（第2回リベラルアーツ・AAA・グローバル・読書プレゼン）

試験科目　国・算か算・英（帰国生午前）　日本語リスニング＋英語面接（帰国生午後）　国・算か国・算・理・社（第1・2回特待）　国・算・理・社（新4科特待）　適性（公立一貫型）　日本語リスニング＋プレゼンテーション（リベラルアーツ・AAA・グローバル・読書プレゼン・オピニオン・第2回国際生）　算・英（第1回国際生）　日本語リスニング＋理数インター（理数インター）　日本語リスニング＋英（英語AL）

※グローバルは英語プレゼンテーション、英語ALと国際生のグローバルコース希望者は英語面接あり

2024年度	募集定員	受験者数	合格者数	競争率
1日第1回/新4科	15/15	76/129	56/94	1.4/1.4
2日第2回	15	133	76	1.8
公立一貫1日2日/4日	15/15/15	363/175/131	269/113/59	1.3/1.5/2.2
1日リベ/A/グロ競書/オピ	10	23	19	1.2
4日リベ/A/グロ競書	10	26	15	1.7
理数1日/2日	5/5	16/6	11/3	1.5/2.0
英語AL	5	13	8	1.6

※帰国生の募集は10名

高校

試験日　12/6か1/22か2/12（帰国生）
　1/22（推薦）　2/10（一般第1回）
　2/12（一般第2回・国際生）

試験科目　国・数・英（帰国生3科型・一般）　日本語リスニング＋英語プレゼンテーション（帰国生プレゼン型・国際生）　日本語リスニング＋プレゼンテーション（A推薦）　面接（B推薦）

2024年度	募集定員	受験者数	合格者数	競争率
推薦A/B	若干	1/9	1/9	1.0/1.0
一般10日/12日	10/10	56/48	52/33	1.1/1.5

※帰国生の募集は3科型が5名、プレゼン型が若干名

2024年度入試要項

中学

試験日　12/6午前・午後（帰国生）　2/1午前（第1回特待・第1回公立一貫型）2/1午後（新4科特待・第1回リベラルアーツ・AAA・グローバル・読書

女子(保育こども教育) 幼 小 中 高 大

宝仙学園 高等学校(女子部)

こどもたちの成長に携わる プロフェッショナルを目指す

こども教育コース(高校)
生徒数 101名
〒164-8628
東京都中野区中央2-28-3
☎03-3371-7104
丸ノ内線・都営大江戸線中野坂上駅
徒歩3分

SUPER INDEX P.71

U R L	https://hosen.ed.jp/ghs/
Web上での合格発表	○

プロフィール

豊かな情操と知性、教養を身につける

1928年、中野高等女学校として誕生し、1954年に「宝仙学園中学校・高等学校」を設立。建学の精神は、仏教の精神を基調とした「品格ある人」を造る教育で、慈悲の心を育てる宗教道徳や奉仕活動にも力を入れている。「伸学指導」と「進学指導」で、能力・適性を生かす進路の実現を教育目標としている。

カリキュラム

宝仙学園だからこその連携接続教育

隣接するこども教育宝仙大学や宝仙学園幼稚園との連携接続教育を展開。こども教育宝仙大学の教員による授業や、宝仙学園幼稚園での保育体験実習で深い学びを実現している。また、身体表現(ダンス・ミュージカル)やマルチリテラシー(論理力育成)、オンライン英会話(Classliveでフィリピン講師とのマンツーマンレッスン)、ピアノ実習など、表現に特化したカリキュラムが実施されている。3年間の集大成として、地域の課題や問題点を見つけ、アクションを起こす、卒業ワークショップを行う。こども教育宝仙大学への優先入試枠があるほか、保育・幼児教育系大学や、その他にもたくさんの大学からの指定校推薦枠も多くある。

学校生活

楽しい学園生活を演出する多彩な行事

登校時間	夏	8:20	冬	8:20

学校行事には、芸術鑑賞会、ダンス発表会など、多彩な行事が用意されており、中でも幼稚園から大学まで合同で行う宝仙祭は本校の名物行事である。高1の3学期から高2の2学期までの1年間、ニュージーランドへの留学制度や高2の北海道研修旅行がある。

進路

大学合格率もアップ

大学進学のための特別プログラムとして、夏期・冬期講習などを実施。最近3年間の主な進学大学は、こども教育宝仙、東京家政、大妻女子、共立女子、武蔵野、専修など。

2024年度入試要項

試験日 1/22(推薦) 2/10(一般第1回)
　　　　2/12(一般第2回)
試験科目 プレゼンテーション(A・B推薦・併願優遇)
　　　　作文+プレゼンテーション
　　　　(C推薦・一般)

2024年度	募集定員	受験者数	合格者数	競争率
推薦	10	22	22	1.0
一般 10日/12日	10	11/2	11/2	1.0/1.0

進学に有利

併設校あり

芸術&特殊学科

資格&技能系

施設が充実

スポーツが強い

クラブが活発

情操教育を重視

国際人を養成

自由な校風

共学 幼 高 短

豊南 高等学校

4ターム制だからできる
確かな学力、活発な部活動
夢をかなえる学校中心の3年間

普通科
生徒数 1099名
〒171-0042
東京都豊島区高松3-6-7
☎ 03-3959-5511
有楽町線・副都心線千川駅 徒歩10分

SUPER
INDEX
P.74

制服
p.21

URL	https://www.hs.honan.ac.jp
Web上での合格発表	○

体育館

プロフィール

「自主独立」を
モットーとした教育

1942（昭和17）年に財団法人豊南学園として設立。「自主獨立」の精神を持った、社会に貢献できる人間の育成を目標としている。一人ひとりの心・個性・感性を尊重し大切に育むと共に、学力はもちろん本物の教養を身につけるなど教育の理想実現に力を注いでいる。

環境

銀杏に見守られて
送る学生生活

校樹の銀杏が四季の移り変わりを美しく彩るキャンパスで、各教室には冷暖房を完備しており、各種特別教室や400名収容可能なホールも備えた、地下1階地上6階建ての第一校舎のほか、2016年には新第二校舎が完成。体育館、図書館内には専門のスタッフがいるスタディラボ（自習室）、カフェテリアなどが配置されている。

カリキュラム

4ターム制による
学校中心の3年間

4ターム制を採用し、年間240日以上の授業日を確保。授業期間と休日（長期休暇）をバランスよく組み立て、生徒の生活のリズムを一定に保持、学校生活中心の3年間を作り出す。また、高校単独校として時間的制約（中高一貫校に比して）を克服するため、年間

授業風景

最大42週の授業（通常よりプラス7週）を可能にした。

特進コースは国公立・最難関私立大学を目指し、主要教科の学習に重点を置くコース。目標を高く掲げる生徒が多いため、放課後の講習も充実。4ターム制の活用により、受験科目の先取り学習を実施。

選抜コースは教科の学習と部活動を両立させて密度の濃い高校生活を実現し、その力でGMARCHなどの難関大学への合格を目指す。文武両道というコースの特性に合わせたカリキュラムと授業によって、生徒一人ひとりの力を最大限引き出すことを目指す。

進学コースは4ターム制の活用により余裕を持って基礎の復習から実施。部活動や生徒会活動への積極的な参加を奨励している。活気ある高校生活を通じて人間的成長を促し、丁寧な進路指導を行っているので、大学進学希望者のほぼ全員が現役合格を果たしている。

学校生活

活発な部活動・
学校行事

登校時間	夏	8：50	冬	8：50

クラブ活動は人間を磨き、友情を育む場として積極的な参加を呼びかけている。硬式野球、サッカー、男女ソフトテニス、男女バドミントン、男女卓球、チアリーダー、ダンス、吹奏楽部等が近年確実にレベルアップしている。吹奏楽部、全国大会出場のソフトテニス部を中心に部活動にも熱心な生徒が多い。

学校行事では、校樹「銀杏」の名を冠にした銀杏祭（文化祭・体育祭）が一大イベントであり、その他「新年事始め」など独特なものもある。また、国内イングリッシュキャンプや海外語学研修・オーストラリア短期留学の制度もある。

進路

丁寧な進路指導で
夢の実現をバックアップ

1年次よりエゴグラムによる夢実現のための3D教育や中1～高3の受験科目をインターネットにより配信している。また、計画的に配置された進路ガイダンス・大学との連携授業・模擬テスト等を通じて、生徒の進路意識を掘り起こし、広め、深めている。また、課外活動を詳細に記録するため、手帳の活用やスタディサプリの活用を全学年で行っている。

近年、新潟大、筑波大、山口大、埼玉大などの国立、早稲田大、慶應義塾大などの最難関校、明治大、中央大、法政大、武蔵大、成城大、明治学院大、日本大、東洋大、専修大、駒澤大などの難関校にも多数の合格者を出し、進学実績は着実に向上している。

2024年度入試要項

試験日 1/22（推薦第1回） 1/23（推薦第2回）
　　　　2/10（一般第1回） 2/12（一般第2回）

試験科目 適性〈国・数・英〉＋面接（推薦）
　　　　　国・数・英＋面接（一般）
　　　　　※併願優遇は面接なし

2024年度	募集定員	受験者数	合格者数	競争率
推薦	20/40/100	9/38/146	12/45/136	－/－/1.1
一般	20/40/100	39/156/528	78/212/387	－/－/1.4

※人数はすべて特進/選抜/進学
※スライド合格含む

卒業生有名人 竹野内豊（俳優）、近藤廉（プロ野球選手）

東京
共学 高

朋優学院 高等学校

新校舎完成
国公立TG・国公立AG・特進SG
の3コース制

普通科
生徒数　1487名
〒140-8608
東京都品川区西大井6-1-23
SUPER INDEX P.72
☎ 03-3784-2131
都営浅草線中延駅・馬込駅、東急大井町線中延駅・荏原駅、総武線・横須賀線・湘南新宿ライン西大井駅　各徒歩9分

| URL | https://www.ho-yu.ed.jp |

プロフィール 「自立と共生」

1946年、中延学園高等女学校として創立。1968年、他校に先がけてコース制教育を実施。2001年、男女共学化し、校名を「朋優学院高等学校」と変更。教育理念を「自立と共生」とする。2014年、調理・美術・デザインの3つの専門コースの募集を停止。2024年より国公立TG・国公立AG・特進SGの3コース編成とする。今まで以上に一人ひとりの能力を伸ばすべく、様々な学校改革を行っている。

環境 充実の教育環境

2016年より6階建ての新校舎教室棟の使用を開始。新校舎には3種類の理科室や吹き抜けの図書室、100名収容のカフェラウンジや教室間のロッカーラウンジなど、余裕のある空間が用意されている。2017年には人工芝の校庭、体育館も完成。また、ストレスの多様化に対処するため、独立したカウンセリングルームを常時開設。生徒の悩みや不満の解消に力を注いでいる。

カリキュラム コースの改編で新たなスタート！

大学入試に対応した授業や放課後特別講座、モチベーションを高める進路イベントなど、学校内の指導のみで大学進学まで完全対応する。放課後に学校内で勉強することが多いため、教員との関係が近く、生徒同士の仲間意識も強い。行事や部活動も盛んで、生徒たち自身が中心となって積極的に活動に取り組んでいる。

【国公立TGコース】東大・京大といった最難関国公立大学への進学を目指す。高いレベルの授業だけでなく、添削指導や発表活動も充実させることで新時代を切り拓く真のエリートを育成する。

【国公立AGコース】難関国公立大学への進学を可能にする、幅広く高いレベルの学力を3年間で身につける。本コース用にプロジェクトチームを編成し、徹底した少人数制でiPadなどのIT機器を活用した授業など、特色あるシステムでやる気と学力を伸ばしていく。

【特進SGコース】難関私立大学への進学を目指し、精選されたカリキュラムと授業内容を特徴とする。日々の放課後学習や課題により、高いレベルの学習習慣を身につける。長期休暇中の講習会や勉強合宿もあり、仲間と共に切磋琢磨し実力を養成する。

学校生活 活気ある行事とユニークな部活動

| 登校時間 | 夏 | 8：30 | 冬 | 8：30 |

学校行事は生徒の成長を促す絶好の機会と考え、できる限り生徒主体でイベントを催す。そのため、どの行事もとても活気にあふれている。

部活動も盛んで、ユニークな部活や生徒が自主的に立ち上げたサークルの

新制服

多さが特徴。

進路 充実した進路指導

生徒に学習モチベーションを持たせる、多彩な進路イベントを数多く実施。また、「放課後特別講座」「夏期講習」「冬期講習」「勉強合宿」など、普段の学習管理も充実しているため、学習塾不要で大学入試まで完全対応している。入学してから卒業に向けて、確実にレベルアップしていく学習体制が本校の特長である。

2024年度入試要項

試験日　1/22（推薦）
　　　　2/10または12または13（一般）

試験科目　面接（推薦）
　　　　　国・数・英または国・数・英・理・社（一般）
　　　　　※国公立TGコースの一般は国・数・英・理・社

2024年度	募集定員	受験者数	合格者数	競争率
推薦	−/40/60	−/30/82	−/30/82	−/1.0/1.0
一般	25/130/140	2191	211/1020/1442	−/−/−

※人数はすべて国公立TG/国公立AG/特進SG

卒業生有名人　渡辺満里奈（タレント）、リュックと添い寝ごはん（バンド）、片岡健太（sumikaボーカル）

右端タブ：進学に有利／併設校あり／芸術＆特殊学科／資格＆技能系／施設が充実／スポーツが強い／クラブ活発が／情操教育を重視／国際人を育成／校風自由

319

保善高等学校

100年の歴史を礎に4年制大学への現役進学率86%を実現する単独男子校

URL	https://www.hozen.ed.jp

普通科
生徒数 731名
〒169-0072
東京都新宿区大久保3-6-2
☎ 03-3209-8756
受験相談 0120-845532
山手線・西武新宿線・東西線
高田馬場駅 徒歩8分
副都心線西早稲田駅 徒歩7分

SUPER INDEX P.70

制服 p.⑮

進学に有利
併設校あり
芸術&特殊学科
資格&技能系
施設が充実
スポーツが強い
クラブが活発
情操教育を重視
国際人を養成
自由な校風

プロフィール 文武両道 単独男子校

1923（大正12）年、東京保善商業学校として創立。1948（昭和23）年に普通科を併設し、東京保善高等学校と改称。1972年、現校名に改称。「実学尊重、報本反始、剛健質実、初志貫徹」の4つの建学の精神を受け継ぐ校風の中で、豊かな人間性と創造性、自主性を持ち、これからの国際社会に適応する人材の育成を目標としている。

環境 緑豊かな環境に建つ冷暖房完備の校舎

新宿の高層ビル街を臨む、交通の便がよい位置にありながら、都立戸山公園に隣接する、静かで緑豊かな環境の中にある。

進路指導室、コンピュータ実習室、視聴覚教室、多目的教室などの特別教室をはじめ、全普通教室にも冷暖房を完備。また、体育設備が整っているのも特徴のひとつ。講堂兼用で冷暖房完備の体育館のほか、常設のトレーニングルームや武道場（柔・剣道場、空手道場）などがそろう。科学芸術棟の屋上には生徒の憩いの場・ウッドデッキガーデンがある。また、2015年夏、校庭が人工芝になり、授業やクラブ活動の教育環境がさらに充実した。

さらにICT化にも力を入れ電子黒板やipadの導入にも積極的に取り組んでいる。

カリキュラム 個性を伸ばすクラス別カリキュラム

個性伸長の教育を目指し、生徒の個性に対応した3クラス独自のカリキュラムを採用している。

国公立大や難関私立大への一般入試による合格を目指す特別進学クラスと中堅以上の私立大へ現役での進学を目指す大学進学クラスの間に、大進選抜クラスを設け、大学進学へのニーズに応えていく。特別進学クラスは難関大学に多い5教科7科目入試に対応して週2日7時間授業を実施。3年次から国公立大コースと難関私立大コースに分かれる。大進選抜クラスはG-MARCHレベルの大学合格を目標に効率よく実力を養成していくクラスで、放課後のクラブ活動との両立も可能。また、すでに高い進学実績を誇る大学進学クラスは1年次に国英数の基礎学力を身につけ、2年次から文系と理系に特化した選択科目で現役での大学進学に備える。2年進級時の特進統一テストなどで特別進学クラスや大進選抜クラスへの移動も可能。ラグビー・陸上競技・バスケットボール・サッカー・空手道の強化指定5クラブのスポーツ推薦制度もあり、クラブでも活躍し充実した高校生活を送りながら、大学進学を実現する。

学校生活 勉強とクラブの両立

登校時間	夏	8：20	冬	8：20

全国大会出場を目指すラグビー、陸上競技、バスケットボール、サッカー、空手道が特に盛んで、文武両道をきちんと結果に残している。運動部、文化部所属生徒の現役大学進学率90%という実績が証明している。

HOZEN HIGH SCHOOL

進路 4年制大学へ毎年80%以上が現役進学

生徒の約94%が大学進学希望で、主な合格大学は国公立大学をはじめ、早稲田大、慶應義塾大、立命館大、同志社大、上智大、東京理科大、明治大、立教大、青山学院大、中央大、法政大、学習院大、成蹊大、成城大など。単独校の合格実績の特徴は多様な入試形態を利用して大学を狙うことだ。4年制80大学に400名分の指定校推薦枠があるのも、その一例といえる。

国際化 ニュージーランド語学研修

夏休みに希望者対象のニュージーランド語学研修を実施。15日間の日程でホームステイをしながら異文化を体験し、英語力に磨きをかける。また、「セブ島語学特訓研修」を実施予定である。

2024年度入試要項

試験日 1/22（単願推薦・併願推薦）
2/10（一般A） 2/12（一般B）
2/24（一般C）

試験科目 適性〈国・英または数・英〉+面接
（単願推薦・併願推薦）
国・数・英〈リスニングテスト含む〉
+面接（一般A・B・C）

2024年度	募集定員	受験者数	合格者数	競争率
単願推薦	130	124	124	1.0
併願推薦	20	14	14	1.0
一般A/B/C	85/55/10	228/108/54	219/100/13	1.0/1.1/4.2

卒業生有名人 鈴木達也（プロバスケットBリーグ）、野上結貴（プロサッカーJリーグ）

東京
共学 高

堀越 高等学校

校訓：太陽の如く生きよう

普通科
生徒数　1030名
〒164-0011
東京都中野区中央2-56-2
☎ 03-3363-7661（代表）
中央線・東西線中野駅　徒歩約15分
丸ノ内線・都営大江戸線中野坂上駅
徒歩約12分

SUPER INDEX P.87

制服 p.㉛

URL	https://www.horikoshigakuen.ed.jp/
Web上での合格発表	○

プロフィール　バランス感覚を養い個性を伸ばす教育

　1923（大正12）年、和魂洋才の理念を掲げて創立。校訓"太陽の如く生きよう"は、太陽が全ての生物にとって不可欠な存在であるように、豊かな個性と特技、燃えるような情熱を持ち、社会にとって有用な人となってほしい。そして、太陽のように誰に対しても公平に暖かく接し、「あなたがいてくれてよかった」と言われるような人になってほしいという想いが込められている。学業はもちろん、学園生活を通して、集団行動のルールやチームプレーの大切さを学ぶ中から豊かな個性を身につけ、あなたの夢を実現してください。

環境　知力・体力・感性を高める充実した環境

　毎日15分、ホームルーム前に朝学習を実施。国・数・英の基礎学習を積み重ねて学力を高め、学ぶ習慣を養う。
　2016年8月、新校舎が完成。全教室冷暖房・個人ロッカー・全階にウォーターサーバーを完備。快適な空間の中に知力・体力・感性を高め、生徒の個性を育む環境がある。保健室には、養護の先生が常駐する。八王子には公式戦で使用される野球場や全天候型400mトラックと人工芝グラウンド、雨天練習場、多目的ホールの21世紀記念人教室がある。

カリキュラム　夢を実現するための3つのコース

　3つのコースや、独自カリキュラム「ライフデザイン」により、一人ひとりの「やりたいこと」を応援。
　●総合コース……キャリアプログラムや選択科目「ライフデザイン」などを通し将来の進路を決めるコース。入学後は全員がゼロからのスタート。心機一転、新しい自分作りを始めるチャンス。毎日明るく、前向きに過ごしてください。学業はもちろん、学校行事、部活動、生徒会活動などの学園生活を通して、集団行動のルールやチームプレーの大切さを学ぶ中から豊かな個性を身につけ、あなたの夢を実現してください。
　●体育コース……大好きなスポーツに集中できるコース。環境を整え、豊富な練習量を確保。あなたの成長は、チームの力となる。みんなで全国を目指そう。
　●トレイトコース……歌手、役者、スポーツ選手などで活躍している人が対象のコース。課外活動で出席日数が不足した場合、進級、卒業に向けてサポートする制度あり。礼儀、身だしなみは特に大切に考え、プロとしての活躍がさらに光り輝くよう厳しく指導。近年、大学への進学者も増加している。

学校生活　努力と感動を重ねて人生の宝をつかむ

登校時間	夏	8：45	冬	8：45

　本校では、学業への取り組みはもちろん、ルールとマナーを学び、心身を鍛え、夢中になれる瞬間を積み重ねて、人として成長する機会を数多く設けている。
　堀越祭は生徒たち自身で企画・運営する。運動を通してクラスが一つになる体育祭、日頃の作品や研究成果を披露する文化祭。堀越祭を経験した生徒は、仲間と力を合わせて一つの事を成し遂げる充実感を胸に成長していく。

　1年の校外学習は、山登りやスポーツを通して仲間と汗を流す喜びを体験。2年は、日本文化や歴史に触れる地域学習。3年の研修旅行は北海道、沖縄、アメリカ、オーストラリアのコースから選択。初めて見る大自然や異国文化は、自分を再発見する絶好の機会となる。
　さらに、クラブ活動への積極的な参加を呼びかけ、夢中になれることの素晴らしさを伝えている。11の運動部、4の文化部、10の同好会、生徒会活動で生徒たちは輝きを放つ。
　また、生徒と先生方のコミュニケーションを深め、生徒が新たな学園生活の楽しみを見つけられるように、趣向を凝らした校内ゼミを実施している。

進路　夢を叶えるために生徒の心の声を聴く

　個人面談を多く設け、生徒の心の声を聴く機会を増やし、納得のいく進路決定ができるように指導する。
　2022年度は、大学・短大への進学希望者276名のうち268名が現役で合格。専修学校や就職も、生徒の希望に合った進路が決定している。

2024年度入試要項

試験日　1/22（推薦）　2/10（一般A日程）
　　　　2/11（一般B日程）

試験科目　面接（推薦）　国・数・英＋面接（一般）

2024年度	募集定員	受験者数	合格者数	競争率
推薦/一般	180/180	194/584	194/547	1.0/1.1

卒業生有名人　岩隈久志（シアトルマリナーズ特任コーチ）、井端弘和（野球日本代表）

進学に有利に

併設校あり

芸術＆特殊学科

資格系＆技能

施設が充実

スポーツが強い

クラブ活発が

情操教育を重視

国際人を養成

校風自由な

本郷 中学校 高等学校

それぞれの受験ニーズに合わせた
密度の高い高校の進路指導
充実した施設でクラブ活動も活発

SUPER INDEX P.70

制服 p.⑭

URL	https://www.hongo.ed.jp/
Web上での合格発表	○

普通科（高校）
生徒数　854名（中学）　962名（高校）
〒170-0003
東京都豊島区駒込4-11-1
☎03-3917-1456
山手線・都営三田線巣鴨駅　徒歩3分
山手線・南北線駒込駅　徒歩7分

"文武両道"を目指す

プロフィール　21世紀をリードする 有為な人材を育成

1922（大正11）年創立で、2022年に100周年を迎えた。「個性を尊重した教育を通して、国家有為の人材を育成する」という建学の精神のもと、「強健・厳正・勤勉」を教育目標に掲げ、確かな知識と粘り強い意志力・体力を養い、国際社会および国家社会の発展に貢献できる立派な日本人の育成を目指している。

環境　広いキャンパスに 充実の施設

緑に囲まれた広い人工芝のグラウンドを持つキャンパスに、6つの校舎が立ち並んでいる。1号館には中学のHR教室、2号館と3号館には高校のHR教室が入っており、この他に理科実験室（4教室）や理科講義室（3教室）、コンピュータ室（2教室）、調理実習室、柔剣道場、学年集会が可能な多目的ホールなどがある。2014年には2号館が完成。これにより、ラーニングコモンズや講堂などが新設、図書室や自習室もリニューアルされ、これまで以上に充実した教育環境が整っている。

ラーニング・コモンズでの授業風景

カリキュラム　6年間一貫教育で 高水準の学力養成

中学では中高一貫のメリットを生かし、6年分を5年間で終わらせるため、特に国数英を中心に先取り授業を行う。クラス替えはあるが、均等のクラス編成。1年次では複数担任制を導入し、きめ細かな指導を行う。中1から高1まで、英会話の授業は1クラスを2分割し、ネイティブにより実施され、さらに中3（高校入学生は高1）でオンライン英会話を週1コマ実施している。数学は高1（進学コース一貫生）、高3（進学コース理系）で習熟度別授業を行い、個々のレベルアップを図る。

高校は、東大、京大、東工大、一橋大など最難関国立大学を目指す特進コースと、国公立、私立大を目指す進学コースに分かれる。2年次からはいずれのコースも文科と理科に分かれる。3年次には国公立型受験と私立型受験のそれぞれに直結する選択科目を設定し、自分の目指す大学の受験科目に絞り込んだ選択履修ができるようになっている。

また、学校独自の検定試験として数学の実力テストがあり、友達と切磋琢磨しながら高め合う雰囲気がある。

学校生活　ラグビー部は 全国レベルで活躍

登校時間		夏季		冬季	
	中学	8：20	冬季	8：20	
	高校	8：20		8：20	

楽しさの中にも厳しさのある学校行事は、校外授業、競技大会、マラソン大会、スキー教室、合唱コンクールなど目白押しだ。また、部活動も盛んで、特に全国大会準優勝の実績を持つラグビー部をはじめ、サッカー部、剣道部、フェンシング部などの活躍が目覚ましく、少人数だが文化部も科学部、地学部、社会部、漫画劇画部、鉄道研究同好会などが活発に活動している。

進路　適切な指導により 難関大合格者多数

全員が進学希望で、計画的に行われる補習や進学講習をはじめ、夏期の講習（生徒が自主的に必要な教科・単元・分野が選択できるように学年枠を越えた講座制を導入）、外部模試など、進路実現に向けた適切な進学指導を実施している。

2023年度は、東大、東京工業大、一橋大、大阪大、京都大、北海道大、筑波大、東北大などの国公立大に101名、慶應義塾大、早稲田大、上智大、中央大、明治大、立教大、青山学院大、東京理科大、学習院大、法政大などの私立大に1188名が合格し、進路決定状況は67.5％だった。

2024年度入試要項

中学

試験日　2/1（第1回）　2/2（第2回）　2/5（第3回）
試験科目　国・算・理・社

2024年度	募集定員	受験者数	合格者数	競争率
第1回	100	461	164	2.8
第2回	140	1238	538	2.3
第3回	40	536	41	13.1

高校　募集せず

　卒業生有名人　秋本治（漫画家）、北島康介（元水泳選手）

左側縦帯：進学に有利／併設校あり／芸術&特殊学科／資格&技能系／施設が充実／スポーツが強い／クラブが活発／情操教育を重視／国際人を養成／自由な校風

東京

共学 中 高 短

三田国際学園 中学校 高等学校

普通科（高校）
生徒数 716名（中学） 627名（高校）
〒158-0097
東京都世田谷区用賀2-16-1
☎ 03-3700-2183
東急田園都市線用賀駅 徒歩5分

目指すのは「発想の自由人」
世界標準の教育が思考の扉を拓く

SUPER INDEX P.81

制服 p.25

URL	https://www.mita-is.ed.jp/		
Web上での合格発表	中学	○	高校	○

プロフィール
校名を刷新・共学化で新たな100年に立つ

1902（明治35）年、創立者戸板関子先生が戸板裁縫学校を開校。1916（大正5）年「時代の先端を行く実学」を掲げ、三田高等女学校が開設。戸板中学校・戸板女子高等学校の改組を経て、1993年、港区芝から現在の世田谷区用賀に移転。2015年4月よりグローバル教育の推進のために、「三田国際学園」として共学化。2023年に共学変更後の3期生が卒業し、今後も社会で活躍する人材に備わるコンピテンシーを身につけた「発想の自由人」を育てていく。

カリキュラム
世界標準の教育を実践しグローバル人を育成

本校は、中高一貫して「THINK&ACT」「INTERNATIONAL」「SCIENCE」という3つの柱を軸に教育を展開している。「世界標準」の教育を実践することで、自ら考え実践していく力、違いを認め合い多様性を受け入れる姿勢、自由な発想を生み出す論理的思考力を育んでいく。収集、分析、構築、表現というサイクルを中学1年次のサイエンスリテラシーで身につけ、「好奇心」を「探究」に変えていくようなサイエンス教育を6年間で行っていく。また、常勤教員のネイティブスピーカー31名がサポートしながら、4技能をバランスよく養い「使える」英語の習得を目指す。本校で大切にしている貢献の姿勢を身につけながら、変わり続ける時代を生き抜く力を育てていく。

＜中学＞中学1年のすべてのクラスが帰国生と一般生とで構成される。インターナショナルクラス（IC）では、ネイティブスピーカーの教員が担任につき、英・数・理・社はAll Englishの授業を行うなど、圧倒的な英語環境を用意。4科目は英語の習熟度で2つのクラスに分かれており、これから英語を学び始める生徒も中学3年までにはAll Englishの授業となる。

インターナショナルサイエンスクラス（ISC）も、英語は習熟度別の授業となる。2年次からの基礎ゼミナールで共創の大切さや論理的思考力を身につけていく。中2から始まるメディカルサイエンステクノロジークラス（MSTC）では、大学の研究室レベルの充実したラボで研究を行うことが可能。自らの疑問を分析しながら、研究者たる姿勢で学んでいく。

＜高校＞インターナショナルコース（IC）はデュアルディプロマプログラム（DDP）を導入しており、留学することなく本校に通うことで西オーストラリア州と本校2つの高校卒業資格の取得が可能になる。インターナショナルサイエンスコース（ISC）では、Liberal Artsという授業で、様々な社会問題について収集から表現までのサイクルを実践していくことで、海外研修での発表につなげていく。こうした実践的なプロジェクトで「社会にどう貢献していくか」というマインドセットを培っていく。メディカルサイエンステクノロジーコース（MSTC）では、基礎研究αよりも発展した基礎研究βで、生徒一人ひとりが設定したテーマに沿って研究することで、より学びを深めていく。大学での研究活動や企業とのコラボレーションも行っており、学外発表やコンテストでは数々の賞を受賞し高い評価を得ている。

学校生活
豊かな人間性を培う学校生活

登校時間	中学 夏季	8:25	冬季	8:25
	高校	8:25		8:25

自由な校風を反映して、クラブ活動は幅広い。ポップダンス部、陸上競技部、吹奏楽部などが盛んである。生徒の自主性を重んじる本校では、学校行事の数々も生徒が主体的に企画・運営していく。学園祭や体育祭、音楽会などその内容も実に多彩だ。

進路
個性を輝かせる進路選択

目指す進路は、ISCは文系・理系の国公立、難関私大や海外大学。MSTCは先端理系・医歯薬獣医系などの理系大学。ICは海外大学や難関私大。どのコースも、在学中の研究成果や英語力を生かした総合型選抜や一般入試で進路実現を果たしている。

ひとこと
"在校生の声"

それぞれが自分の考えを主張できる空間で、興味のあることに対して全力で取り組むことができます。そうした環境のおかげで友人の興味のある分野に自分が興味を持つこともあるので、お互いに学び合い高め合えるようなコースです。
高1 メディカルサイエンステクノロジーコース（MSTC）

英語の授業は、テーマについて分析して話し合い、発表する場面が多くあります。外国人の先生や帰国生が多く、伸び伸びと過ごせることがこの学校の魅力。帰国生との会話では、国によって文化や生活の違いを感じられることが楽しいです。
中2 インターナショナルクラス（IC）

2024年度入試要項

中学

試験日 2/1午前・午後（第1・2回） 2/2午後（第3回） 2/3午後（MST） 2/4午後（第4回）

試験科目 国・算・理・社（第1〜4回） 算・理（MST）
※第1・3回のICは英＋面接〈英語・日本語〉、第1・3・4回のISCは国・算・英＋面接〈英語・日本語〉も可。

2024年度	募集定員	受験者数	合格者数	競争率
第1回	25/20	192/165	63/38	3.0/4.3
第2回	10/10	172/66	69/17	2.5/3.9
第3回	15/10	243/169	67/24	3.6/7.0
第4回	10	314	60	5.2
MST	30	179	53	3.4

※第1〜3回の人数はインターナショナルサイエンス/インターナショナル
※他に、30名の帰国生入試（11/21・12/12）あり
試験科目はICは英＋面接〈英語・日本語〉
ISCは国・算・英＋面接〈英語＋日本語〉

高校

試験日 11/21（帰国生第1回） 12/12（帰国生第2回）

試験科目 英＋面接（英語・日本語）

2024年度	募集定員	受験者数	合格者数	競争率
11月/12月	若干	23/11	10/3	2.3/3.7

※帰国生入試のみ

共学 小中高

明星学園中学校高等学校
<small>みょう じょう</small>

「個性尊重・自主自立・自由平等」を
教育理念として自由で明るい校風
豊かな個性を伸ばす教育を実践

SUPER INDEX P.85

普通科（高校）
生徒数　429名（中学）　837名（高校）
〒181-0001
東京都三鷹市井の頭5-7-7（中学）
☎ 0422-43-2196
〒181-0002
東京都三鷹市牟礼4-15-22（高校）
☎ 0422-48-6221
京王井の頭線井の頭公園駅　徒歩12分
中央線吉祥寺駅　徒歩15分

URL	https://www.myojogakuen.ed.jp/			
Web上での合格発表	中学	○	高校	○

有利に 進学に / あり 併設校 / 芸術&特殊学科 / 資格&技能系 / 充実 施設が / がスポーツ強い / 活発 クラブが / 重視 情操教育を / 養成 国際人を / 校風 自由な

プロフィール　それぞれの表現をもとめて

1924（大正13）年、大正自由主義教育運動を背景に、個性尊重・自主自立・自由平等を建学理念として創設。1947（昭和22）年学制改革により小学校・中学校・高等学校12年の一貫体制を築いた。

学年の名称を通して呼び、中学1年は7年生、高校1年は10年生という。男女共学、服装の自由などは建学以来一貫した方針で、生徒の豊かな個性を伸ばす独自の教育を実践。自分で感じる・自分で考える・自分で生きる（find yourself express yourself）ことを大切にしている。

環境　井の頭公園、玉川上水に隣接

井の頭公園近く、玉川上水が流れる閑静で緑豊かな環境に位置する。

高校校内には、最新の設備をそろえたコンピュータールーム、多目的な使用が可能な小ホール、ラウンジ、食堂などの施設が整い、全教室、体育館に冷暖房を完備。

カリキュラム　探究的学びを重視　個性尊重の選択授業

中学では各教科、「対話」「発見」を重視した授業を展開、単なる断片的知識ではない、新しい時代を生きるために必要な力を養う。また、木工・工芸など素材と

対話する芸術教科、国際交流も盛ん。バランスの良いカリキュラムと自由な発想を保障する校風の中で深い思考力を培う。2018年度からは必修授業として、「哲学対話」「探究実践」など教科を超えた「総合探究科」を新設、これらを総合する形で取り組む3年次の「卒業研究」は、自らの進路を考える上で大きな意味を持つ。

高校では、身につけるべき知識と技能の習得と、個性と能力に合わせて将来の選択を可能にするカリキュラムを構成。2年次より文系・理系・実技系（美術、音楽、家政、体育）の中からコースを選択。多彩な選択科目に特徴があり、コースに関係なく履修できる選択授業もある。通常は40名の授業も、選択科目では少人数クラスを編成し、密度の濃い授業を展開。倫理、地学、オペラ・ミュージカルなど、多彩な選択科目が開設されており、進学に必要な学習はもちろん、幅広い知識の拡充に努めている。

学校生活　自由な校風　国際交流も盛ん

登校時間	中学	夏季	8：30	冬季	8：30
	高校	夏季	8：30	冬季	8：30

学校行事やクラブ活動も盛ん。中学では1年次（7年生）は八ケ岳登山、2年次（8年生）は自然・文化体験行事が組まれ、3年次（9年生）は沖縄伊平屋島での民家泊を含む修学旅行を行う。高校では、体育祭、明星祭、マラソン大会、音楽祭と、様々なイベントがある。クラブ活動は、跳躍競技で全国大会優勝経験を持ち、その他インターハイ入賞選手を多数排出する陸上部、全国大会優勝経験を持つ和太鼓部、全国大会準優勝の経験を持ち、オリンピック選手も輩出している女子バスケットボール部、自治会活動も活発で、自治会役員が組織する中央委員会を軸に様々な委員会が組織されている。

国際交流にも積極的で、中・高ともにオーストラリアへの短期留学が希望できる。高校では長期留学として、オースト

理科の授業 —— 仮説・実験・検証を重ね、自然科学を理解していく

ラリア・ドイツなどへの交換留学もサポート。毎年世界各地からの修学旅行生、短期交換留学生、長期留学生や帰国生の受け入れにも実績がある。

進路　進学者が大半　進路は適性で選ぶ

進路は実に多様であるが、大学・短大・専門学校への進学を希望する生徒が多く占めている。主な進学先は、筑波大・国際基督教大・東京理科大・早稲田大・青山学院大・明治大・法政大・立教大・学習院大・多摩美術大など。

2024年度入試要項

中学

試験日　12/2（帰国生）　2/1午前（A入試）
　　　　2/1午後（B入試）　2/2午後（C入試）
　　　　2/4午後（D入試）

試験科目　算＋作文＋面接（帰国生）
　　　　　国・算＋面接（A・C・D入試）
　　　　　国・算または国・算・理・社＋面接（B入試）

2024年度	募集定員	受験者数	合格者数	競争率
A入試/B入試	約50/約15	113/31	52/26	2.2/1.2
C入試/D入試	約15/約10	67/56	19/12	3.5/4.7

※帰国生の募集は若干名

高校

試験日　12/16（帰国生）　1/22（推薦A・B）
　　　　2/10（一般第1回）　2/13（一般第2回）

試験科目　英＋日本語＋面接〈英語・日本語〉（帰国生）　教科面接＋面接（推薦A）
　　　　　面接（推薦B）　国・数・英＋面接（一般）

2024年度	募集定員	受験者数	合格者数	競争率
推薦	75	172	172	1.0
一般 1回/2回	55/20	124/37	74/9	1.7/4.1

※帰国生の募集は若干名

　■卒業生有名人　田中愛治（早稲田大学総長・政治学者）、夢白あや（宝塚歌劇団雪組トップ娘役）、本橋葉子（プロバスケットボール選手）

三輪田学園中学校・高等学校

生き方教育重視の進学校
芸術・情操行事も多く
"徳才兼備"の女性を育成

普通科（高校）
生徒数　598名（中学）　528名（高校）
〒102-0073
東京都千代田区九段北3-3-15
☎03-3263-7801

SUPER INDEX P.74

有楽町線・南北線・都営新宿線・総武線
市ヶ谷駅　徒歩7分
東西線・有楽町線・南北線・都営大江戸線・総武線　飯田橋駅　徒歩8分

制服 p.21

URL	https://www.miwada.ac.jp/
Web上での合格発表	○

プロフィール
心身ともに健全で心の豊かな女性に

1887（明治20）年に神田東松下町で開校した、翠松学舎を母体とする伝統ある学園だ。1902（明治35）年、東京・九段に三輪田女学校を設立。1947・48（昭和22・23）年に三輪田学園中学校・高等学校となった。

「誠のほかに道なし」の校訓に基づいた、中学校・高等学校の一貫教育を行っており、中・高6年間の計画性のある教育により、高い知性と豊かな情操を養い、徳才兼備の女性の育成に努めている。

環境
校舎改築で充実した設備が完備

市ヶ谷駅からお堀に沿って歩くこと約7分、並木道を歩いて通学という恵まれた環境にある。

都心にありながら、校庭にはテニスコートが4面あり、2フロアの体育館、温水プールなどの体育施設が充実している。冷暖房完備の校舎には、蔵書約55,000冊の図書館、マックブックエアー50台を配備したクリエイティブルームの他、理科・芸術・家庭科の特別教室が複数完備され、効果的な授業が行われている。

全校生徒が入れる講堂では、各種の式典や芸術鑑賞教室・校内音楽会・講演会・クラブの公演などが行われる。

毎日が楽しいと感じさせてくれる学園

カリキュラム
英語教育を重視少人数クラスを採用

高校では生徒募集を行わない、完全一貫教育を実施しており、人間尊重を基本に、6カ年を通した教育計画を立て、独自のプログラムを展開している。

中学では、基礎学力の育成が主体。特に英語教育に重点を置いており、学力別少人数分割授業を行い、4技能をバランスよく育てる授業が行われている。また、3年次には高校課程の先取り授業も行うほか、読書教育にも力を入れている。

高校では、英語の授業をより多くしたSEコースを2022年度より設置。2年次より個々の進路に応じた選択授業が多くなる。3年次には、進路別コース授業の中で、受験に必要な科目を選択し、志望校に向けて重点学習を実施する。

また、「道徳大綱」により、充実した生き方教育も行われている。

学校生活
豊かな感性を育む課外活動

登校時間	中学	8：15
	高校	8：15

中学1年次には、クラス親睦合宿や棚田見学、2年次にはイングリッシュキャンプを体験する。そのほか学校行事には、運動会、三輪田祭、修学旅行などの楽しいイベントをはじめ、情操を重視した行事も多く、芸術鑑賞教室、邦楽鑑賞、歌舞伎教室、オペラ教室、校内音楽会などがある。

クラブ活動も活発で、文化系に19、体育系に8つのクラブがあり、中学生と高校生が互いに協力し合って練習に励んでいる。長唄、華道、茶道など、日本文化のクラブがある。

2021年度より制服が完全リニューアルされ、ブレザー、複数のチェック柄スカート、ズボンから選択できる。

海外研修プログラムが充実！（中2～高2希望者）

進路
確かな学力で実現する進路実績

卒業生の4割は理系で医歯薬系の進学者が増加している。主な進学先は、東京農業、慶應、上智、東京理科、明治、法政、立教など。2023年度より法政大学と協定校推薦制度を導入。15学部の中から30名程度入学が可能となる。

ひとこと
三輪田で得た「一生懸命」

「三輪田での6年間。私は先生、友達と『一生懸命』を繰り返してきました。この一生懸命さは、私が三輪田学園で得た一番尊い教訓だと思います。その精神は学校行事だけでなく、いつしか勉強面や生活面にも影響してきました。『一生懸命』の精神は、これからも私をずっと支えてくれるでしょう。」（卒業生）

2024年度入試要項

中学

試験日　11/18（帰国生）　2/1（第1回午前・午後）　2/2（第2回）　2/3（第3回）

試験科目　国・算＋面接または算＋面接〈日本語・英語〉（帰国生）　国・算または国・算・理・社（第1回午前・2回・3回）　国・算（第1回午後）

※第1回と第2回の英検利用は、国・算の得点の高い方と、英検級によるみなし点と合計して判定

2024年度	募集定員	受験者数	合格者数	競争率
第1回午前/英検	60/10	287/65	77/37	3.7/1.8
第1回午後	25	485	159	3.1
第2回午前/英検	40/10	330/63	67/37	4.9/1.7
第3回	25	296	53	5.6
帰国生	若干	15	14	1.1

高校　募集せず

卒業生有名人　青木玉（随筆家）、添田英津子（臓器移植コーディネーター）、山彦千子（河東節三味線・人間国宝）

武蔵中学校 高等学校

本物に触れる教育と自調自考
卒業後もあと伸びする学び

SUPER INDEX P.91

普通科（高校）
生徒数 525名（中学） 521名（高校）
〒176-8535
東京都練馬区豊玉上1-26-1
☎ 03-5984-3741
西武池袋線江古田駅 徒歩6分、桜台駅 徒歩8分
有楽町線新桜台駅 徒歩5分
都営大江戸線新江古田駅 徒歩7分

URL	https://www.musashi.ed.jp/
Web上での合格発表	

左側の縦タブ：
有利に進学／あり併設校／芸術学科＆特殊科／技能系＆資格／施設が充実／スポーツが強い／クラブが活発／情操教育を重視／国際人を養成／自由な校風

プロフィール 自主性を尊重する名門男子校

1922（大正11）年、根津育英会により、日本で最初の私立旧制7年制高等学校として開校された。新学制により、1948（昭和23）年に新制武蔵高等学校、翌年に新制武蔵中学校が設置され、以来、中高一貫教育の姿勢を受け継いでいる。同一法人の武蔵大学は、1949年に開設。

開校以来、「東西文化融合のわが民族理想を遂行し得べき人物」「世界に雄飛するにたえる人物」「自ら調べ自ら考える力ある人物」の三理想を掲げ、自由な校風の中、一人ひとりの才能を伸ばす少数教育を展開している。進学校でありながら、生徒は受験一色に染まらない、伸びやかな学校生活を送っている。

環境 充実した教育環境

最寄り駅から徒歩6分と交通も便利である。普通教室はもとより、5つの実験室と4つの講義室、マルチメディア教室、演習のための小教室がそろっており、学習環境も整っている。視聴覚教室、講堂、体育館、サッカー場、野球場、テニスコート、プールなどの校内施設・設備は、中学・高校の別なく使用している。2004年に4階建ての図書館棟が完成。2007年より、サッカ

学園内の図書館を利用する生徒も多い

ーと野球のグラウンドが人工芝となった。2017年に理科・特別教室棟も完成。

また、群馬県赤城山に「赤城青山寮」があり、中1の校外学習で利用されている。長野県八方尾根には「武蔵山荘」もある。

カリキュラム 少人数での分割授業で効率図る

中高一貫のメリットを生かし、6年間を2年ごとの3ブロックに区切った独自のカリキュラムを編成している。中1～2年次は入門的教科学習の時期とし、数学・英語では反復練習による基礎力、国語では長文による読解力の習得、理科では特に実験に重点を置く。中3～高1年次は一般的基礎学習の時期とし、全教科バランスのとれた学力をつける。さらに、高2～3年次は受験に即した学習として、演習を重視。

自主・自由の教育方針に基づいて、各教科の授業配分は、中・高ともに国の指導要項とほぼ同じで、コース別や習熟度別などのクラス編成も行われないが、授業を能率的に進めるため、中・高の数学・英語・理科実験、高2・3年次の国語が少人数の分割授業で行われている。

また、旧制高等学校の時代から第二外国語の授業を実施しており、現在は中3年次より、ドイツ語・フランス語・中国語・韓国朝鮮語から1科目を選択する。上級まで履修した生徒は、選考により約2カ月間当該国へ留学する制度（毎年10数名が留学）もあるほか、ドイツ・オーストリア・フランス・イギリス・中国・韓国の提携校からも毎年20名近くの留学生を受け入れている。

学校生活 課外活動で優秀な研究は表彰

登校時間	中学	夏季	8：20	冬季	8：20
	高校		8：20		8：20

「赤城青山寮」での山上学校

学習に限らず、学校生活全体でも自主性が重んじられている。制服もなく、生徒会活動・クラブ活動も自由参加だが、所属する生徒は多い。運動部12、文化部13、同好会が6あり、中・高一体となって活動している。特に、太陽の黒点観測を続ける太陽観測部など、伝統的に理科系クラブが盛んである。また、課外活動で優れた研究を発表した生徒やグループに対しては、山川賞（理科的研究）、山本賞（文化的研究）が授与される。さらに学校外で自主活動をする積極的な生徒のために、校外活動を奨励する制度もある。

課外授業としては、高3を除く全校生が20kmを歩く強歩大会、中1の山上学校や地学巡検、中2の民泊実習、中3の天文実習、冬季・春季のスキー教室などがある。

進路 東大合格者は毎年多数

東大へは多くの合格者を出し、80名前後が国公立大に進学する。文系理系バランスよく多方面の分野に進むのが本校の伝統である。そのほか、慶應義塾大、早稲田大をはじめ、難関私立大へ毎年150名以上の合格者を出している。

2024年度入試要項

中学
試験日 2/1
試験科目 国・算・理・社

募集定員	受験者数	合格者数	競争率
160	530	177	3.0

高校 募集せず

卒業生有名人 國中均（JAXA宇宙科学研究所所長）、馬渕俊介（グローバルファンド）、田中愛治（早稲田大学総長）

東京

共学　幼 中 高 短 大 院

武蔵野 中 学 校
高等学校

進学に向けた新たな取り組みで
一人ひとりの確かな学力を養う
教育体制が確立

SUPER INDEX P.74

制服 p.⑲

■ 普通科（高校）
生徒数　87名（中学）　726名（高校）
〒114-0024
東京都北区西ヶ原4-56-20
☎ 03-3910-0151
都電荒川線西ヶ原四丁目下車　徒歩3分
都営三田線西巣鴨駅　徒歩8分
山手線巣鴨駅、南北線西ヶ原駅　徒歩15分

URL	https://www.musashino.ac.jp/mjhs			
Web上での合格発表	中　学	○	高　校	○

プロフィール　他者理解

　広い視野に立ち世界の人々とコミュニケーションを図りながら相手を受け入れることのできる人間性を育む「他者理解」を教育理念として堅持している。この理念に基づき、あらゆる教育活動の機会を通じて自分らしさを活かして努力することのすばらしさを教えている。"みんなで一緒に上を目指していく"活気のある環境の中、社会のために貢献できる人材の育成に取り組んでいる。

環境　明るい雰囲気の教室

　快適な学校生活が送れるよう全館冷暖房完備、自然光を取り入れて明るい雰囲気の教室作りとなっている。主な施設としてマルチメディア教室、温水プール、カフェテリア、作法室などがある。また、夜9時まで自習ができる進学情報センターがある。

カリキュラム　英語重視の中学 進学を意識した高校

　中学は全教科ともICTを有効活用し、生徒の興味を引き出す教育を行っている。特に英語に特徴があり、週10時間のうち6時間を専任の外国人教師が担当する。いろいろなテーマについて英語で学び、英語力はもとよりアイデアや意見の共有、ディスカッション能力などを身につける。高校へは内進生のクラスに進学、高1では3ヶ月間ニュージーランドに留学する。ここでは生きた英語だけでなく文化や考え方の違いを身近に感じ取りながら、広い視野で物事を考える力を身につける。

　高入生は学習習熟度に合わせて「特進」「進学」の2ステージ制をとり、進学を意識しながら高い目標を達成できる実力養成を図っている。特進ステージでは7限目授業を設定し学力向上を図り、3年では応用・発展問題を中心に取り組む。進学ステージでは大学進学に向けて基礎力の充実を図り、段階的に学力向上と進学に対する意識の向上を目指す。セルフチェックノートによる自己管理で勉強の習慣づけから始め、大学進学までの伸びしろが教育ポイントである。

学校生活　伝統あるクラブ実績

　課外活動に打ち込む生徒が多いのも特徴のひとつである。中でもクラブの充実した活動ぶりには目を見張るものがある。全国大会常連の水泳部、卓球部をはじめ、ダンス部、柔道部、陸上部なども伝統を引き継いで優秀な成績を収めている。

　文化祭は、来場者の投票によって決まる「ベストパフォーマンス賞」を目指し、各クラス創意工夫ある出し物を披露する。この他にも太鼓演武、クラス展示や発表などが華を添える。

　制服は2022年度より一新され、機能性とデザインを兼ね備えたオリジナルデザインになっている。

進路　高まる4年制の大学合格実績

　1年次の早い段階から担任と進路指導部が連携を図り、自分の将来像が明確になるよう力を入れている。大半は難関大学を含む4年制大学を目指し、進学のための補講を有効活用している者も多い。校内には毎日夜9:00まで利用可能な進学情報センターを設置し放課後学習の心強い味方となっている。100席の個別ブースが用意され、個々の学力に適したプリント学習にも対応、希望者は個別指導の授業も受けられる。

2024年度入試要項

中学

試験日　2/1（第1回）　2/2（第2回）
　　　　2/3（第3回）　2/5（第4回）
試験科目　国・算＋面接またはアクティブ〈国か算＋アクティブシート＋面接〉または適性（第1・2回）
　　　　国・算＋面接（第3・4回）

2024年度	募集定員	受験者数	合格者数	競争率
第1回	20	34	33	1.0
第2回	20	0	5	1.6
第3回	10	7	5	1.4
第4回	10	5	5	1.0

高校

試験日　1/22（推薦A・B）　2/10（一般）
試験科目　エントリーシート＋面接（推薦AI型）
　　　　適性〈国・数・英〉＋面接（推薦AII型・B）　国・数・英＋面接（一般第一志望・併願）　国・数・英（併願優遇）

2024年度	募集定員	受験者数	合格者数	競争率
特進推薦	30	21	21	1.0
進学推薦	130	273	273	1.0
特進優遇/一般	30	20/2	44/1	―/2.0
進学優遇/一般	130	353/48	353/26	1.0/1.8

■ 卒業生有名人　渡部香生子・中村克（水泳オリンピック選手）、浜口京子（レスリングオリンピック選手）

右側タブ：
進学に有利に／併設校あり／芸術＆特殊学科／資格＆技能系／施設が充実／スポーツが強い／クラブ活動が活発／情操教育を重視／国際人を養成／校風自由な

共学　幼中高大院

武蔵野大学中学校 高等学校

"熱量の高い" 学校で
探究に取り組み、失敗を恐れず
チャレンジする経験を！

SUPER INDEX P.91

制服 p.㊱

普通科（高校）
生徒数　521名（中学）　935名（高校）
〒202-8585
東京都西東京市新町1-1-20
☎ 042-468-3256
中央線、総武線吉祥寺駅・三鷹駅・武蔵境駅
西武池袋線ひばりヶ丘駅　各バス
西武新宿線田無駅　徒歩15分

URL	https://www.musashino-u.ed.jp		
Web上での合格発表	中学	○	高校	○

信じ合い、助け合う精神を大切にしながら

プロフィール

「仏教精神に基づく、真の人間教育、人間成就の教育」を建学の精神とし、明るい知性と豊かな情操とを兼ね備えた聡明にして実行力のある人間の育成を目指し、高楠順次郎博士により築地本願寺内に創設。1929年現在地に移転。1947年に高等学校・中学校、1965年に大学が開設された。

キーワードは「グローバル＆サイエンス」。正解のない未来に向かって自らが主体的に考え、身の回りだけにとどまらず、世界中の人たちとも協力しながら、クリエイティブな発想を持つ中高生を育成することを目標にしている。

武蔵野に残る緑の学園

環境

樹木が茂り四季折々の花が咲き誇るキャンパスは、10万㎡の敷地を有した理想的な教育環境である。

60周年記念館（雪頂講堂）、最新の理科実験室6室・美術室・書道室を完備した西館、協創空間を備えた中高図書館、工芸室などが緑の中に点在する。広い敷地を利用して、2017年4月完成の体育館、全面人工芝の松芝園グラウンド、バレーコート、テニスコートなどのスポーツ施設も充実している。

2022年4月には進路指導室がリニューアルし、自習や面談に活用されている。

2024年にはスポーツパーク、2025年には図書館機能を備えた創造的な学びの施設が完成予定。

進路に応じたコースで学力を伸ばす

カリキュラム

2019年度より中学はコースを一本化。丁寧な指導で基礎からしっかり学んで土台を築き、学力をまんべんなく引き上げていく。家庭学習の習慣をしっかりと身につけて高校の各コースへとつなげる。iPadを生徒全員が保有し、各教科や総合学習でICTを駆使した授業を展開。英語は4技能をバランスよく習得する授業を実施。ネイティブの教員と日本人教員がチームで教えるTTの授業は、中1の4月からオールイングリッシュで行う。

また、一定以上の英語力を持っている生徒を対象に別クラスで高度な授業も展開している。

高校はハイグレード、PBLインターナショナル、本科の3コースを設置。それぞれのコースの特色を活かし、希望する進路をサポートする。ハイグレードは国公立大学や難関私立大学への進学を目指すコース。学年が上がるタイミングで文理を選択し、それぞれの分野のスペシャリストを育てることに力を注いでいる。PBLインターナショナルは、課題解決のプロセスに重きを置いたPBLによる学びによって、主体的・協働的な学びを実現。また幅広い知識・見識を広めるとともに、自らの考えを的確に表現する力を身につける。在学中1年間の留学も可能であり、卒業後、海外大学への進学や国際系学部への進学を目指す。本科は大学受験を前提にしながら、学習・クラブ活動・学校行事などにバランスよく打ち込める学生生活を送りたい人のためのコース。併設の武蔵野大学には薬学部や看護学部など12学部20学科があり、基準を満たせば優先的に進学できる推薦制度を利用することができる。

クラブは中高一緒学年を越えたつきあい

学校生活

登校時間	中学	夏季	8：20	冬季	8：20
	高校	夏季	8：20	冬季	8：20

行事のメインイベントは、樹華祭で、その期間は校内が華やいだ雰囲気になる。歌舞伎教室や百人一首大会などのほか、聖誕節（花祭り）、涅槃節など仏教関係の行事も多い。

クラブは、文化系13、体育系12があり、そのジャンルや活動もバラエティに富んでいる。全国大会の出場経験を持つ箏曲部、世界

大会出場のバトン部、関東大会出場のバドミントン部の他、剣道部、LEGO部、サッカー部、バスケットボール部、ブラスバンド部など。

12学部20学科の併設大入学制度

進路

卒業生の大半が4年制大学へ進学する。併設の武蔵野大学へは優先的な入学制度が設けられているコースもある。他大学の主な進学先は、東京学芸大、神戸大、東京都立大、埼玉県立大、早稲田大、上智大、ICU、法政大、立教大、中央大、青山学院大、明治大、慶應義塾大、成蹊大、北里大など。

2024年度入試要項

中学

試験日　2/1午前・午後（第1・2回、適性検査型）
　　　　2/2午前・午後（第3・4回）
　　　　2/4午後（アドベンチャー）

試験科目　国・算か国・算・理・社（第1・3回）　国・算・理・社・英から2科（国・算のうち1つは必須）（第2回）　算か英（英+基礎学力）（第4回）　基礎学力+スカベンジャーハント（アドベンチャー）　適性Ⅰ・Ⅱか適性Ⅰ・Ⅱ・Ⅲ（適性検査型）

2024年度	募集定員	受験者数	合格者数	競争率
第1回/適性	70/15	151/66	110/62	1.4/1.1
第2回/第3回	40/30	262/73	180/47	1.5/1.6
第4回/算/英	15	64	42	1.5
アドベンチャー	10	23	7	3.3

高校

試験日　1/22（推薦）　2/10（一般）

試験科目　適性〈国・数・英〉（推薦）
　　　　　国・数・英（一般）

2024年度	募集定員	受験者数	合格者数	競争率
ハイグレード	40/40	12/57	20/63	—/—
PBLインター	30/30	21/31	34/38	—/—
本科	60/60	127/198	106/173	—/—

※人数はすべて推薦/一般。スライド合格含む
※他に、中・高とも、若干名の帰国生入試（11/25）あり

　卒業生有名人　山路智恵（絵手紙作家）

東京

共学 中 高 大 院

武蔵野大学附属千代田高等学院
千代田国際中学校

2022年に中学校1期生が入学

SUPER INDEX P.75

普通科（高校）
生徒数　171名（中学）　363名（高校）
〒102-0081
東京都千代田区四番町11
☎ 03-3263-6551
有楽町線麹町駅、半蔵門線半蔵門駅
各徒歩5分
総武線・都営新宿線・南北線市ヶ谷駅、
総武線・丸ノ内線・南北線四ッ谷駅
各徒歩7〜8分

制服 p.21

URL	https://www.chiyoda.ed.jp/
Web上での合格発表	○

新しい伝統が始まる

1888（明治21）年、仏教を基調とする女子教育の先駆として、島地黙雷により設立された女子文芸学舎を前身としている。2016年4月に、武蔵野大学と法人合併を行い、高大連携を強化させた。また、2018年2月には世界的に評価の高い国際バカロレア（IB）ディプロマ・プログラムの認定校となった。2018年4月より共学部を新設し、校名を武蔵野大学附属千代田高等学院に変更。

「学園のこころ」として、「叡知」「温情」「真実」「健康」「謙虚」を掲げており、そのこころをもととして、いのちの支え合いを根本に据えた「仏教主義の人間教育」に力を入れている。生徒一人ひとりが目標に向かってあきらめずに学習を重ね、進路実現が図れることを目指す。2022年に中学校再開。

閑静な環境に充実した校舎

視聴覚室、グラウンド（テニスコート3面）、体育館、音楽教室、美術室、化学教室、生物教室、被服室、調理室、技術室がある。また、図書館とコンピュータ室の両方の機能を兼ね備えた、アカデミック・リソース・センター（ARC）や、生徒がICTを活用して自律して学習に取り組めるよう、大学並みのネットワーク環境を整備している。

様々な学びを実現

2022年開校の中学では、SBL（通常の講義型の授業）で土台をしっかり固めた上で、PBL（課題解決型の授業）とLAP（体験型の授業）に取り組み、国際教育や心の教育にも力を入れる。

高校は2020年4月から全コース共学化した。入学試験を受ける際には選抜探究コースと附属進学コースからひとつを選んで受験する。選抜探究コースでは、高2からIB系、グローバル探究系、医進探究系の3つのコースに分かれて学習を行う。また、附属進学コースでは高2から文系・理系に分かれて学習を行う。国際教育、心の教育、日常の中で取り入れるICT教育を最新の施設・設備で実施している。これからの時代で特に大切な「思考力」を大きく伸ばす教育を行っている。

心を豊かにする行事

登校時間	夏	8：20	冬	8：20

学校行事として、宗教行事や学園祭、校外学習や海外研修など、様々な取り組みを実施している。行事では、生徒会役員を中心として、生徒たちが主体的に準備・運営に取り組んでおり、宗教行事や朝拝では、聖歌隊や献香者などの係生徒たちが運営に関わっている。また、同じ宗教校、仏教主義の学校との交流の機会もあり、生徒一人ひとりが様々な役割を担い、輝く機会がたくさんある。

高校では、クラブ活動が活発。運動部では、全国大会レベルで活躍するバトン部やソフトテニス部のほかに、バスケットボール部、バドミントン部などがある。文化部には、吹奏楽部、クッキング部、文芸部などがある。

中学では、部活動の代わりに、希望者は放課後アクティビティを選ぶことができる。

武蔵野大学への優先入学あり

例年80〜90%が現役で4年制（6年制）の大学へ進学している。早稲田大、上智大、立教大、法政大、学習院大、青山学院大、日本大、東洋大、専修大、防衛医科大学校、星薬科大、東京薬科大、順天堂大等の難関・有名私大、日本女子大、学習院女子大、白百合女子大、恵泉女学園大等の名門女子大など。系列校の武蔵野大学は、薬・看護・法・経済・文・教育・グローバル・人間科学・工・データサイエンス学部などから成る総合大学で、全ての学部・学科（通信教育課程を除く）に内部進学枠があり、優先的に入学できる。また、推薦を確保したまま他大学を受験できる優遇措置制度もある。

ARC

2024年度入試要項

中学
試験日　11/19（帰国生）　2/1午前・午後（適性検査型・第1・2回）　2/2午前・午後（第3・4回）　2/4午後（第5回）　2/5午後（思考力型）

試験科目　国・算＋面接かエッセイ＋英語面接（帰国生）　国・算か国・算・理・社（第1・2回）　算＋国か英（第3回）　算＋理か英（第4回）　算か国・算（第5回）　基礎学力〈国・算〉＋思考力（思考力型）　適性Ⅰ・Ⅱ・Ⅲ〈適性検査型〉

2024年度	募集定員	受験者数	合格者数	競争率
第1回/第2回	20/25	30/72	24/61	1.3/1.2
第3回/第4回	20/20	36/10	27/5	1.3/2.0
第5回/思/適	5/5/5	41/9/2	29/9/2	1.4/1.0/1.0

※帰国生の募集は若干名

高校
試験日　11/19（帰国生）　1/22（推薦）　2/10（併願優遇・一般）

試験科目　国・数・英＋面接または英語エッセイ＋英語面接（帰国生）　適性〈国・数・英〉（推薦）　国・数・英（併願優遇・一般）

2024年度	募集定員	受験者数	合格者数	競争率
選抜探究	50/50	35/60	35/57	1.0/1.1
附属進学	50/50	44/59	44/52	1.0/1.1

※人数はすべて推薦/併願優遇・一般
※帰国生の募集は若干名

卒業生有名人　樹木希林（女優）

329

進学に有利

併設校あり

芸術&特殊学科

資格&技能系

施設が充実

スポーツが強い

クラブ活動が活発

情操教育を重視

国際人を養成

自由な校風

東京

共学 幼 小 中 専

武蔵野東 中学校

生徒数　297名
〒184-0003
東京都小金井市緑町2-6-4
☎ 042-384-4311
中央線東小金井駅　徒歩7分

SUPER INDEX P.88

高校を併設せず、充実した校内指導のみで難関校合格の実績をあげる

制服 p.33

URL	https://www.musashino-higashi.org/chugaku/
Web上での合格発表	○

進学に有利

併設校あり

芸術&特殊学科

資格&技能系

施設が充実

スポーツが強い

クラブ活発

情操教育を重視

国際人を養成

自由な校風

プロフィール
探究科や教科横断型授業で本質的な学びを深める

武蔵野東学園の中学校として1983年に開校。普通高校を併設しないため全員が高校受験に臨む進学校。新しい時代に臨む世代に必要とされる「新たな価値観を創造する本質的な学び」を教育の重点としている。「問う」力を育む「探究科」、教科横断型の「コラボ授業」、ディスカッションを通して考える「生命科」など特色ある授業があり、高校受験には充実した校内指導で臨む。

環境
小規模校ながらも高機能な施設

武蔵野の面影が残る文教地区の一角を占めている。全校生徒が約300名の小規模の学校ながら、体育館を含めすべての教室に冷暖房を完備。体育施設も整っている。またICT環境も充実しており、全校無線LAN、全教室に電子黒板を設置、生徒用PC（クロームブック）を一人1台配備している。校内の小スタジオは生徒会活動などに活用されている。2023年度に運動場の人工芝の張替えを行った。

カリキュラム
中3の78%が英検準2級以上を取得

「問う」力を伸ばす教科横断型の授業（通称コラボ授業）、思考力や創造力を伸ばす「探究科」、幅広いテーマに向き合い考えを深める「生命科」など独自の授業が

ある。中2で一人ひとりが行う探究活動では、全国レベルのコンクールで4年連続入賞の実績をあげている。教科学習は高校受験を見据えたやや早めの進度とカリキュラムで進めている。1・2年次は英語と数学、3年次は5教科と論文を少人数制の習熟度別授業で実施。1・2年の英語と数学には、ハイレベルな内容を扱う特別コースを設けている。習熟度別グループは固定ではなく年5回の編成替え。英語には特に力を入れ、ALTの授業はもとより、週1回、海外の外国人講師と1対1で行うオンライン英会話を取り入れ、日常の授業での小スピーチ等と合わせ実践的な英語力をつけている。全員が英検を受験し3年生の約8割が準2級以上、約9割が3級以上を取得。

独自の「プランノート」により、計画的な家庭学習の習慣を身につけ、目標に向けて学習を積みかさねていくシステムも特徴。

学校生活
生徒が作り上げる行事・学校生活

登校時間	夏	8：30	冬	8：30

生徒会の生徒が主体となって企画・運営を行うスポーツ大会、学園祭をはじめ、合唱コンクール、発表会など、学校行事が充実している。

小規模ながら部活動も盛んで、9割以上の生徒が入部。運動部では陸上競技部が全国大会やジュニアオリンピックで入賞、ダンス部が全国大会15回優勝、体操競技部が関東大会の出場を果たすなど、活動実績が多数。文化部には都の美術展に入選した美術部や科学研究同好会、ESSなどもある。

校外学習は毎年の宿泊をともなう校外学習や、日帰りのイベント、希望者が参加する理科・社会・美術の講座などを実施している。

学園の教育方針である健常児と自閉症児との共学体制（自閉症児クラスは別入試、別クラス）、「混合教育」の環

境により、共生社会でのリーダーシップの資質が養われる。

進路
校内指導態勢で難関校に多数合格

普通高校を併設していないため、全員が国公立・私立高校へ進学する。受験に向けては3年次には全員参加の「特別進学学習」を授業外で週3回行うなどの万全の校内指導態勢で難関校合格の実績をあげている。近年の主な合格校は国立に筑波大附属駒場、筑波大附属、東京学芸大附属、お茶の水女子大附属、都立で西、日比谷、八王子東、国立、戸山、新宿、駒場、国分寺、国際、私立で早稲田実業、早大学院、早大本庄、慶應義塾、慶應女子、慶應志木、ICU、桐朋、青山学院、明治大付属明治など。

2024年度入試要項

試験日　2/1午前・午後　2/2午前　2/3午後

試験科目　国・算・理・社か国・算か算・英か算か適性〈表現力＋思考力〉＋面接（2/1午前・2/2午前）　国・算か算・英か算か適性〈表現力＋思考力〉＋面接（2/1午後）　国・算か算＋面接（2/3午後特待生）　英・算数基礎＋面接（2/3午後イングリッシュエキスパート）

2024年度	募集定員	受験者数	合格者数	競争率
1日午前 4科/2科	約41	5/15	5/13	1.0/1.2
1日午前 英/算/適性		1/1/52	1/1/44	1.0/1.0/1.2
1日午後 2科/英/算/適性		8/1/0/5	6/1/0/5	1.3/1.0/—/1.0
2日午前 4科/2科	約20	2/7	2/4	1.0/1.8
2日午前 英/算/適性		1/1/23	1/1/15	1.0/1.0/1.5
3日午後 2科/算	定めず	7/2	3/2	2.3/1.0
3日午後 イングリッシュ		1	0	—

※他に、若干名の帰国生入試（1/12）、AO入試（2/1午前）あり

　卒業生有名人　村上茉愛（元体操 オリンピック選手）、ウエンツ瑛士（タレント）

東京

共学 高 大 院

明治学院 高等学校

「隣人を自分のように愛しなさい」
をモットーに、一人ひとりを大切にし、
他者を思いやる心と自主・自立を育みます

SUPER INDEX P.72

普通科
生徒数　936名
〒108-0071
東京都港区白金台1-2-37
☎03-5421-5011
都営浅草線高輪台駅　徒歩5分
南北線・都営三田線白金台駅　徒歩7分
JR目黒駅、品川駅より都バス「明治学院前」下車

URL	http://www.meigaku.ed.jp
Web上での合格発表	○(一般)

一人ひとりの個性を伸ばす

プロフィール

聖書にもとづく愛と平和の教育

幕末に来日したアメリカの宣教師・ヘボンが、1863年横浜の居留地で始めたヘボン塾が源流である。以来聖書の教えに基づく人格教育を伝統に、全学習を通じて真の自由と平和を尊び、奉仕する心と能力を伸ばす教育を目指している。校歌は島崎藤村の作詞である。

環境

伝統とモダンが調和する神聖な空間

学院のシンボルであるチャペルと記念館の周りは、四季を通して樹木に囲まれ、心がなごむ環境だ。チャペルにはオランダ製のパイプオルガンが備えられ、おごそかな雰囲気をかもし出している。体育施設は人工芝を敷いたグラウンドと三層の体育館(室内プール、柔剣道場、メイン球技場)がある。
2022年7月新校舎竣工。

カリキュラム

受験に偏らないバランスのよい教育

聖書が3年間の必修である。週1時間の宗教の時間では、聖書によって生命の大切さを知り、自分自身の生活に活かしていくことを目標としている。
調和のとれた授業が特徴で、1年次は全教科必修で基礎学力を身につける。2年次は文・理系のコース分けはせず、

右手の建物がチャペル

選択科目の履修によって、また、3年次は受験系科目と教養系科目を選択科目に配置することで進路に応じた履修が可能となる。英語のグレード別やセンター対策などの授業を配置し、各種講習などのサポート体制を整えている。また、企業経済やEnglish Practice、ボランティア講座、韓国語、フランス語など多様な選択科目を配置して、幅広い視野を持ち心豊かな人間を育てる。
また、実際に活かせる英語教育を実践しており、ヒアリング・話す・読む・書くといったバランスのとれた学習と、言葉だけではなく背景にある文化やものの考え方も学ぶことができる。
2年次の総合的な探究の時間では、沖縄、長崎、韓国、田舎暮らし(新潟)、京都、台湾の6コースから好きなコースを選択する。

学校生活

学校行事を通した人格形成

登校時間	夏	8:30	冬	8:30

週2回の礼拝は自分の人生の目標と自分自身を見つめ直す時間。聖書の言葉にある「隣人を自分のように愛しなさい」を活かし、どう生きるべきかを自ら問い、また友と語り合い共に生きる心を育てる。
クラブ活動は、個性と能力を伸ばす貴重な場。運動部15、文化部11、同好会3が活動している。運動系では'23全国大会ベスト4の軟式野球部やサッカー部、アメリカンフットボール部が盛ん。文化系ではブラスバンド部やハイグリー部が活躍している。
9月の文化祭(オリーブ祭)は受験生に限り公開。クラス毎に行き先を決める校外ホームルーム、クラス対抗の体育祭、合唱コンクール、水泳大会、スピーチコンテスト、スキー教室、宿泊研修会、クリスマスツリー点灯式(学院主催)、総合的な探究の時間に伴う研修旅行、オーストラリア語学研修などの行事がある。

進路

ほとんどが進学組約4割が系列校へ

系列の明治学院大学へは、2023年3月卒業生302名のうち、127名が進学。在学3年間の成績が全体の上位30%以内であれば、書類審査のみで希望学部へ進学できる。その他(上位80%以内まで)の生徒は、書類審査と面接試験・小論文により、ほぼ全員が志望学科に進学が認められる。2015年度から導入された特A推薦では、明治学院大学への推薦合格を保持したまま他大学を(国公立私立合わせて2学科)受けることができる制度がある。
他大学への進学状況は、東京都立大、北海道大、早稲田大、慶應義塾大、上智大、明治大、青山学院大、法政大、中央大、立教大、学習院大、国際基督教大、成蹊大、成城大、東京理科大、東京女子大などに多数の合格者を出している。

2024年度入試要項

試験日　1/26(推薦)　2/10(一般第1回)
　　　　2/17(一般第2回)
試験科目　面接(推薦)
　　　　国・数・英+面接(一般)

2024年度	募集定員	受験者数	合格者数	競争率
推薦	60/60	73/76	73/76	1.0/1.0
一般第1回	75/75	271/357	95/94	2.9/2.9
一般第2回	30/30	231/253	37/38	6.2/6.7

※人数はすべて男子/女子

進学に有利
併設校あり
芸術&特殊学科
資格&技能系
施設が充実
スポーツが強い
クラブが活発
情操教育を重視
国際人を養成
自由な校風

共学　中高大院

明治学院中学校・東村山高等学校

キリスト教に基づく人格教育
「自立した人間の育成」を目指す
英語教育を重視する

SUPER INDEX P.90

制服 p.㉟

URL	https://www.meijigakuin-higashi.ed.jp/		
Web上での合格発表	中学	○	高校
		高校	○

普通科(高校)
生徒数　429名(中学)　766名(高校)
〒189-0024
東京都東村山市富士見町1-12-3
☎042-391-2142
西武国分寺線・西武拝島線小川駅
徒歩10分
武蔵野線新小平駅　徒歩25分(自転車通学可)

ホームステイ

左欄項目
進学に有利

併設校あり

芸術&特殊学科

資格&技能系

施設が充実

スポーツが強い

クラブが活発

情操教育を重視

国際人を養成

自由な校風

プロフィール
伝統あるキリスト教学校

ヘボン式ローマ字で有名なヘボン博士らが1863年に設立したヘボン塾(英学塾)が明治学院の母体。キリスト教伝統校のひとつで、1887年に明治学院中学校が港区白金台に開校し、1963年に明治学院東村山高校が東村山に開校。1966年に中学校も東村山に移転。1991年より男女共学となった。

キリスト教に基づいた「道徳人・実力人・世界人の育成」という教育目標を掲げる。目標のひとつ「道徳人」とは、自己の生活のあり方を聖書に照らし、欠けるものを率直に認め、それらを身につけようと努力する人のこと。中・高とも週1回「聖書」の時間が設けられ、毎朝15分間の礼拝には、全生徒が参加する。

環境
豊かな自然環境と広い敷地

郊外の広大な校地には樹木が茂り、緑の中に校舎や、チャペル、ライシャワー館などの施設が点在。約20,000㎡のグラウンドは全面人工芝。校舎はバリアフリーで車椅子にも対応。

カリキュラム
先取り学習の実施高2よりコース制

教育目標である、自分の能力に応じて、自分の特質と力を精一杯発揮しようとする人「実力人」の育成に特徴あるカリキュラムが設けられている。

バリアフリーの校舎

中・高とも週6時間の英語の授業があり、プログレス21を使用した授業を行っている。全学年ネイティブスピーカーが担当する授業もあり、卒業までに中学で英検準2級、高校では2級を目指す。ICT教育も本格的にスタートし、生徒は全員タブレット端末を使用している。また、高校では主要教科の授業時間数を増やし、習熟度別少人数授業を拡大する。2年次で文系コースと理系コースに分かれ、3年次では国公立受験にも対応したカリキュラムで難関大学への進学を目指す受験コース(文系・理系)と大学教育を先取りする推薦進学コースに分かれ、放課後の補習・講習を充実させるなど、進学指導体制を強化し、それぞれの希望進路の実現を目指す。2019年度から、推薦進学コースでアカデミック・リテラシーの授業を受け明治学院大学に進学した場合、高3の授業を大学1年の「教養原論」2単位として修得を認める制度もスタートした。

学校生活
生徒を生かす多様な行事

登校時間	中学	夏季	8:30	冬季	8:30
	高校	夏季	8:30	冬季	8:30

学校行事は、6月の修養会・研修旅行、9月の中高別体育祭、11月のヘボン祭(文化祭)、2月の中学合唱祭など盛りだくさん行われる。

クラブ活動は運動系の部が多いが、アメリカへの演奏旅行を隔年行っているハンドベル部やキリスト教研究会、ゴスペルクワイアなどの特色ある活動もある。

「世界人」の育成は、高校生を対象としたアメリカでの夏休みの40日間ホームステイにも表れている。参加者は希望者の中から英検取得級・成績・生活姿勢・学習姿勢などの総合評価で選抜する。高3大学進学内定者を対象にした1月の語学研修プログラムウィンターイングリッシュプログラムもアメリカアイオワ州の大学学生寮に滞在して行われる。

進路
併設大へ内部推薦難関大進学者が増加

併設の明治学院大学へは半数以上が進学している。他大学に進学する生徒も多く、早稲田、上智、青山学院、中央、法政、東京理科など

の難関私立大への合格者も多い。また、国際基督教、青山学院、上智、中央、法政、学習院、成蹊、成城、東京女子などへの指定校推薦枠もある。北海道大、横浜国立大、東京学芸大、千葉大、筑波大、島根大、東京都立大など国公立大学へも進学している。

ひとこと
在校生から受験生にひとこと

とても緑豊かで落ち着いた環境の中、頼りになる先輩や友人達と日々楽しく高校生活を送っています。先生方もとても優しく、進路のことや日々の悩み等について親身に相談に乗ってくださいます。私は高校説明会の際、チャペルで先輩の演奏を聞いたことがきっかけで、ハンドベル部に入りました。ハンドベルのような、他ではあまり見られない部活に触れられることも魅力の一つだと思います。ぜひ一度、明治学院東村山高校を見に来てください。

2024年度入試要項

中学

試験日　2/1午後(第1回)　2/2午前(第2回)
　　　　2/4午前(第3回)

試験科目　国・算(第1回)　国・算・理・社(第2・3回)

2024年度	募集定員	受験者数	合格者数	競争率
第1回	約30/約30	222/182	80/72	2.8/2.5
第2回	約30/約30	120/112	40/42	3.0/2.7
第3回	約10/約10	82/67	24/26	3.4/2.6

高校

試験日　1/22(推薦)　2/12(一般)

試験科目　作文+面接(推薦)
　　　　　国・数・英+面接(一般)

2024年度	募集定員	受験者数	合格者数	競争率
推薦	約25/約25	31/31	31/31	1.0/1.0
一般	約35/約35	81/46	57/43	1.4/1.1

※中・高とも、人数はすべて男子/女子
※推薦の男子約10名は運動クラブ推薦
※推薦の受験者数は1次審査合格者のみ

　卒業生有名人　加藤シルビア(アナウンサー)、高尾千穂(ソチ五輪代表スキーヤー)、錦笑亭満堂(落語家)

東京
男子 中 高 大 院

明治大学付属中野中学校 高等学校

明治大学への進学に有利
知・徳・体を尊重する
活気あふれる校風

普通科（高校）
生徒数　753名（中学）　1233名（高校）
〒164-0003
東京都中野区東中野3-3-4
☎03-3362-8704
総武線・都営大江戸線東中野駅　徒歩5分
東西線落合駅　徒歩10分

SUPER
INDEX
P.87

制服
p.34

URL	https://www.meinaka.jp/	https://www.nakanogakuen.ac.jp/
Web上での合格発表	中　学　○	高　校　○（一般）

ニュージーランド語学研修（中学）

プロフィール　知・徳・体の尊重

　1929（昭和4）年に旧制の中野中学校が開校。1949（昭和24）年に明治大学の付属校となった。校訓は「質実剛毅・協同自治・修学錬身」。部活動も盛んで、活気あふれる雰囲気が魅力だ。付属校であることに甘えず、基礎学力をしっかりと身につけることはもちろん、行事や諸活動などを通じ、強い身体と精神力を養い、バランス感覚を備えた人物の育成を実践し、「生きる力」を育んでいる。

環境　校舎建て替えが完了し、施設が充実

　実り豊かな学園生活に快適な環境は欠かせないとして、2018（平成30）年までに校舎の全面的な建て替え工事を行い、中学棟、高校棟、共用棟、第二体育館を設置、人工芝のグラウンドもリニューアルした。プロジェクターやWi-Fi環境を完備した普通教室をはじめ、教科専用の特別教室、図書館、生徒食堂など、設備の充実が図られている。第二体育館は、壁面に912席の電動可動式の椅子を備え、式典などの際は講堂としても使用される。また、温水プール、柔道場、剣道場、卓球場、相撲場、射撃場、ゴルフ練習場などの他に多摩市南野の野球グラウンドがあり、体育・部活動関連施設が充実している。

新高校棟校舎

カリキュラム　中学と高校がしっかりと結びついたカリキュラム

　大学付属校にふさわしい、バランスのよいカリキュラムが組まれている。英語については、中学では1年次の授業を全て少人数で実施、また中学1・2年次では外国人講師による少人数での英会話、中学3年次からは1対1のオンライン英会話を導入してレベルアップを図る。英語検定の上位級取得率も上昇中だ。高校2・3年次では文系・理系のコース編成をとるが、極端なカリキュラムにならないような工夫がされている。体育の授業では、充実した施設を活用した水泳や武道（柔道・剣道）の授業に特色があり、武道については、高校2年修了時の初段取得を目標にしている。芸術の授業が高校2年まであるのも普通科の高校としては珍しい。1人1台のタブレット端末を積極的に活用した授業も増えている。習熟度別学級編成や他大学受験コースはないが、苦手科目の克服やレベルの高い目標達成のための平常講習・夏季講習などが開設されている。

学校生活　全国的にも有名な部活動がいっぱい

登校時間	中学	夏季	8：20	冬季	8：20
	高校		8：20		8：20

　部活動を通して協同自治の精神を学び、終生の友情を育んでいる。運動部・文化部合わせて35の部活動に多数の生徒が参加しており、中学生と高校生が共に活動しているものもある。陸上部、水泳部（水球）、ラグビー部、相撲部、柔道部、剣道部、野球部、ゴルフ部、射撃部などが有名で、全国大会や関東大会でも優秀な成績を収め、学校の伝統を形成している。文化部では、音楽部や棋道部、写真映画部などが盛んである。

進路　明治大学への進学率は約8割

　約8割の生徒が、付属高推薦で明治大学に進学する。推薦は、本人の志望・適性に基づき、定期試験に推薦学力テストの結果を含む高校3年間の総合成績によって決定される。条件付きで国公立大学および一部の大学校の併願制度もある。明治大学以外へ学校推薦型選抜や総合型選抜で進学する生徒、国公立大・難関私立大へ挑戦し進学する生徒、明治大学にない学部（医学・薬学など）を受験し進学する生徒もいる。

2024年度入試要項

中学

試験日　2/2（第1回）　2/4（第2回）

試験科目　国・算・理・社

2024年度	募集定員	受験者数	合格者数	競争率
第1回	約160	786	273	2.9
第2回	約80	522	106	4.9

高校

試験日　1/22（推薦Ⅰ型総合・Ⅱ型スポーツ特別）　2/12（一般）

試験科目　適性〈国・数・英〉＋面接（推薦Ⅰ型総合）　作文＋面接（推薦Ⅱ型スポーツ特別）　国・数・英（一般）

2024年度	募集定員	受験者数	合格者数	競争率
推薦Ⅰ型/Ⅱ型	約30/約30	66/31	35/31	1.9/1.0
一般	約105	841	261	3.2

卒業生有名人　西田敏行（俳優）、宇崎竜童（音楽家）、川合俊一（タレント）

進学に有利
併設校あり
芸術＆特殊学科
資格＆技能系
施設が充実
スポーツが強い
クラブ活動が活発
情操教育を重視
国際人を養成
自由な校風

共学　中　高　大　院

明治大学付属八王子中学校高等学校

多摩丘陵に位置する理想的環境
設備の充実度と
明大への推薦枠増加で人気上昇

SUPER INDEX P.89

普通科（高校）
生徒数　498名（中学）　959名（高校）
〒192-0001
東京都八王子市戸吹町1100
☎ 042-691-0321
中央線八王子駅・京王八王子駅　スクールバス25分
JR・西武線拝島駅　スクールバス25分

制服 p.③

URL	https://www.mnh.ed.jp		
ホームページ上での合格発表	中学	○	高校	○

野球場

左の縦帯メニュー：
進学に有利
併設校あり
芸術＆特殊学科
技能系＆資格
施設が充実
スポーツが強い
クラブが活発
情操教育を重視
国際人を養成
校風が自由な

プロフィール

伝統の明大付属共学校

1984（昭和59）年設立、1994（平成6）年度より、中学・高校ともに男子部・女子部を廃止し、共学校となる。2024年度より明治大学付属八王子中学校・高等学校に校名変更。生徒の"自分らしさ"を存分に伸ばすことに重点を置き、知・徳・体のバランスのとれた全人教育を実践しており、明治大学創立の精神に基づき、質実剛毅で、責任感ある協同自治の習慣を養い、優れた人材を育成することを目的としている。

環境

7万坪もの敷地に恵まれた設備

何といってもその環境が魅力の本校は、多摩丘陵に位置し、広大な7万坪もの校地に恵まれている。劇場として使用できる片桐講堂、冷暖房完備の体育館や武道館、25mのプール、野球場、400mトラックのあるグラウンド（全面人工芝化）、3面のテニスコートなどが広々と配置され、都内の学校では考えられない最高の環境を有する。また、中・高すべての普通教室にプロジェクターを設置し、トレーニングルーム、室内運動場、2教室あるコンピュータ室、物理・化学の実験室と階段教室、生物・理科の実験室など、個性や感性を伸ばすための施設も豊富である。

カリキュラム

コース制により多様な進路に対応

中高6カ年一貫教育の基礎教育期間にあたる中学では、高校教育に十分適応できる実力を身につける。授業時間は国・英・数に重点を置きながらもバランスのとれた配分がなされている。英語は、外国人講師と日本人講師の少人数チームティーチングにより、使える英語のマスターを目指す。また、中3ではオンライン英会話も実施しており、中学卒業までに全員が英検3級取得。

高校では、1年次は全員が共通科目を履修し（芸術教科は選択制）、基礎学力を充実させる。2年次からは、個々の進路に合わせて**文系・理系**に分かれ、明治大学の各学部に対応した専門分野の学習はもちろん、一般受験にも対応できる実力も養成する。また、1年次の「明大特別進学講座」、2年次の理系学部（理工・農・総合数理）の見学会や実験セミナー、3年次の「明大公開授業見学」も実施され、自己能力の開発と将来の選択に有意義な、専門的な講義を受けることができる。

学校生活

スポーツが盛んなクラブ活動

登校時間	中学	夏季	8：40	冬季	8：40
	高校	夏季	8：40	冬季	8：40

設備に恵まれているだけあって、特にスポーツ系のクラブ活動が盛んである。運動部には17、文化部には9の部があり、中でもインターハイ出場の卓球部、陸上部、西東京大会準優勝2回の野球部などの活躍が目立つ。

学校行事も年間を通して盛りだくさんで、特に、広々としたグラウンドで盛大に行われる体育祭は、最も盛り上がるイベントのひとつである。そのほか、移動教室、文化祭、修学旅行、スキー・スノーボード教室、合唱祭などがあり、高1～3希望者には夏休みにオーストラリアでの海外語学研修もある。

進路

282名（88.7%）が明治大学へ進学

■ 明治大学　学部別進学状況
明治大学合格者数…282名（法学部49、商学部47、政治経済学部48、文学部17、理工学部23、農学部16、経営学部38、情報コミュニケーション学部23、国際日本学部10、総合数理学部11）

■ 主な他大学合格実績（現役）
東京大、筑波大、慶應義塾大、北里大、早稲田大、明治薬科大など

2024年度入試要項

中学
試験日　2/1（A方式第1回）　2/3（A方式第2回）
　　　　2/5午後（B方式）
試験科目　国・算・理・社（A方式）
　　　　　4科総合型（B方式）

2024年度	募集定員	受験者数	合格者数	競争率
A第1回	100	449	144	3.1
A第2回	40	367	57	6.4
B方式	20	239	32	7.5

高校
試験日　1/23（推薦）　2/11（一般）
試験科目　適性〈国・数・英〉＋面接（推薦）
　　　　　国・数・英（一般）

2024年度	募集定員	受験者数	合格者数	競争率
推薦	85	348	118	2.9
一般	85	442	115	3.8

※一般の定員は単願優遇（スポーツ・文化・芸術）20名以内を含む

東京
共学 | 中 | 高 | 大 | 院

明治大学付属明治中学校・高等学校

明治大学への高い進学率
学業に課外活動に
バランスのとれた学園生活

普通科（高校）
生徒数 526名（中学） 796名（高校）
〒182-0033
東京都調布市富士見町4-23-25
☎ 042-444-9100
京王線調布駅・飛田給駅・中央線三鷹駅・
南武線矢野口駅より　スクールバス

SUPER INDEX P.86

制服 p.28

URL	https://www.meiji.ac.jp/ko_chu/				
Web上での合格発表	中学	○	高校	○	

実績ある吹奏楽

プロフィール
「質実剛健」「独立自治」の校訓を維持

1912年4月、明治大学構内で開校。戦後は、推薦制度による大学までの一貫教育の方針を確立し、明治大学が設置する唯一の直系付属校として今日に至っている。2008年4月、調布市に移転すると同時に男女共学となった。

あいさつや身だしなみなど、基本的なマナーや生活習慣を大切にしており、校風の「質実剛健」は、共学になった現在でも変わっていない。外見ではなく自らの内面を磨き、飾り気のない、地に足のついた学校生活を送ることを目標にしている。

環境
学習、スポーツ、ゆとりの空間が充実

校舎の中心に図書館を配置し、「総合的な学習」の中枢と位置づけている。約7万冊（更に約7千冊の洋書）の蔵書とインターネットに接続されたノートPCが50台あり、授業や放課後のレポート作成などに使われている。また、各2室のPC教室、CALL教室、4室の理科実験室など多くの特別教室を設け、多様な授業形態に対応している。

スポーツ施設は、全面人工芝のグラウンド、第1・第2体育館、5面のテニスコート、柔道場・剣道場、トレーニングルームなどたいへん充実している。そのほか、1450名収容のホール、

勉強・スポーツに最適の環境

350席の食堂・カフェテリアなど、ゆとりある空間が学校生活を豊かにしている。

カリキュラム
基礎力を育成し、問題解決能力を養う

中学校では、検定外教科書の利用（英語・数学）や、宿題・小テスト等によって学習量を確保し、基礎学力を育成する。特に英語は、少人数授業（2年からは習熟度別授業）や外国人講師による授業を行っている。また英語と数学は、毎週1回ずつ放課後の補習講座を実施するほか、主要教科は夏期補習を行っている。

高校では、十分な基礎学力を養成するため、2年まではほとんどの科目が必修。3年になると、大学の志望に合わせて文系・理系に分かれ、その中でさらに選択科目を設置している。

また、実践的教育として、明治大学の教員が学部ごとに分かれて授業を担当する「高大連携講座」を週2時間履修する。また、2023年度より13講座より選択する「探究選択」を設置。この他、高校在学中に大学の授業を受講し、取得した単位が大学の単位として認められる「プレカレッジプログラム」など、明治大学と連携した多くの教育を行っている。

英検やTOEICなどの資格取得にも熱心で、英検は中学卒業までに準2級（1次まで）、高校卒業までに2級を取得する。

学校生活
活発な学校行事とクラブ活動

登校時間	中学	夏季	8：30	冬季	8：30
	高校		8：30		8：30

学校行事やクラブ活動を通じ、「独立自治」「質実剛健」の精神を育てる。文化祭、体育祭、修学旅行などの行事を通じ、協力することの大切さや企画・運営することの難しさを学ぶ。

クラブ活動、生徒会活動は活発で、ほとんどの生徒が所属している。38のクラブ・班があり、中でも近年は、スキー部、マンドリン部、バレーボール部などが全国大会・関東大会に出場している。

進路
内部推薦入学で約90%が明大に

高校3年間の成績（英検・TOEICを含む）と人物評価及び適性によって明治大学への推薦資格が得られ、毎年90％程の生徒が推薦入学する。2023年春は、卒業生278名中244名が明治大学に進学した。国公立大学・大学校へは、明治大学の推薦資格を保持したまま受験することができ、他の大学に進学した33名のうち、5名が国公立大学に進学している。

2024年度入試要項

中学

試験日　2/2（第1回）　2/3（第2回）
試験科目　国・算・理・社

2024年度	募集定員	受験者数	合格者数	競争率
第1回	約45/約45	280/278	114/76	2.5/3.7
第2回	約30/約30	170/176	44/45	3.9/3.9

※募集定員は帰国生を含む

高校

試験日　1/22（推薦）　2/12（一般）
試験科目　適性〈国・数・英〉＋面接（推薦）
　　　　　国・数・英（一般）

2024年度	募集定員	受験者数	合格者数	競争率
推薦	約20/約20	28/48	20/23	1.4/2.1
一般	約30/約30	322/255	178/101	1.8/2.5

※人数は、中・高ともすべて男子/女子

卒業生有名人　初代 林家三平（落語家）、三宅裕司（タレント）、羽田圭介（作家）

進学に有利に

併設校あり

芸術＆特殊学科

資格系＆技能系

施設が充実

スポーツが強い

クラブ活発

情操教育を重視

国際人を養成

自由な校風

共学　幼 小 中 高 大 院

明星中 学 校 高等学校

体験教育から
正しい知識と人間力を育む

SUPER INDEX P.88

■ 普通科（高校）
生徒数　440名（中学）　1249名（高校）
〒183-8531
東京都府中市栄町1-1
☎ 042-368-5201（入学広報室）
中央線・西武国分寺線国分寺駅、
京王線府中駅　各徒歩20分または
各バス7分　明星学苑下車
武蔵野線北府中駅　徒歩15分

URL	https://www.meisei.ac.jp/hs/		
Web上での合格発表	中　学	○	高　校	○

室内も落ち着いた雰囲気の図書館

世界に貢献する人を育てる人間教育
プロフィール

経営母体の学校法人明星学苑は、1923年創立の明星実務学校に始まり、現在は幼稚園から大学院までを擁する総合学園である。真剣に物事に取り組む心構えである「凝念」を教育の基盤としている。「健康・真面目・努力」の校訓のもと、世界に貢献する人物を育てている。

歴史あるキャンパス充実した施設
環境

武蔵野雑木林に囲まれた広い敷地の中に、幼稚園から高校までの校舎が点在し、温水プール、武道場と合宿所を兼ねる至誠館などがある。また、キャンパスの総合的な再開発で2004年の校舎完成に加え、2008年度には講堂と総合体育館が完成し、最高の教育環境が整えられた。

創造的学力を培う6カ年一貫教育
カリキュラム

中学では、難関大学合格に挑む「特別選抜クラス」と「総合クラス」に編成。中学3年次には、英語に特化した「英語クラス」を設置し、3種類のクラス体制となる。高校では、「本科」クラスのほか、難関私立大学や海外の大学を目指す「MGS」クラス、超少数精鋭で最難関大学合格を目指す「SMGS

空調システムを完備した快適な環境

コース」を設置。基礎学力の定着をテーマに丁寧でわかりやすい授業を実践し、早朝や放課後などの個別フォロー体制も充実している。生徒一人ひとりの実力や個性に応じた、適切な進路指導体制も整っている。グローバルに活躍できる「活躍力」をテーマに、ハート・グローバルや中学校は海外での語学研修、高校MGSクラスではボストンリーダーシッププログラムなど体験教育も充実。学校をあげての英語教育の結果、英検の受験者数、合格率も向上している。iPadを利用したICT教育にも積極的に取り組んでいる。

体験を知識に充実した課外活動
学校生活

登校時間	中学	夏季	8：30	冬季	8：30
	高校		8：30		8：30

学習活動と密接にリンクした学校行事にも力を入れており、生徒自らが企画・運営していく体育祭や明星祭、そして中学のEnglish Camp、海外語学研修や高校の3カ国から選ぶ選択制修学旅行など様々な体験を通して、人間力を身につけることを目指している。

放課後には部活動が盛んに行われ、頭も体もリラックスさせて、明日の授業に臨む姿勢が作られている。全国制覇の伝統を誇るハンドボール部、インターハイ出場経験を持つバスケットボール部・バドミントン部、全国大会へ選手を輩出する水泳部・スキー部など運動部は、そのレベルの高さで注目を集めている。文化部の活動も全国レベルの内容を持つ新聞部、全国規模のコンテストで高い評価を得た軽音楽部、文芸部、演劇部、入部希望者の多い吹奏楽部など活発に活動している。

一段上を目指して
進路

併設大学にこだわらない「目的意識

を持った進路の選択」を指導しているため、年々他大学への進学希望者が増えており、一橋、東北、東京外語、東京学芸、東京農工、東京都立、山形などの国公立大をはじめ、私立大では早稲田、慶應、上智、東京理科、明治、立教、法政、中央などに合格者を出している。なお、卒業生の約15％が併設大学へ特別選抜制度を利用して進学している。

2024年度入試要項

中学

試験日　2/1午前・午後　2/2午前
　　　　2/3午前・午後　2/4午後
試験科目　国・算＋面接（2/1午前・2・3午前・4総合、2/1・3午後・4特別選抜）
国・算・理・社または適性＋面接（2/1午前特別選抜）　英・国か英・算＋面接（2/2総合英語）

2023年度	募集定員	受験者数	合格者数	競争率
総合1日/2日	45/20	61/42	40/19	1.5/2.2
総合3日/4日	10/5	35/26	16/6	2.2/4.3
総合英語選抜	5	4	2	2.0
特選1日午前/午後	15/10	9/71	5/24	1.8/3.0
特選3日/4日	5/5	39/12	10/3	3.9/4.0
特選適性検査型	5	15	12	1.3

高校

試験日　1/22（推薦）　2/10（第1回一般A・B・C）
　　　　2/12（第2回一般A・B）
試験科目　作文＋面接（推薦）
　　　　国・数・英＋面接（一般）
※一般Cは面接なし

2024年度	募集定員	受験者数	合格者数	競争率
推薦	110	92/11/1	92/11/1	1.0/1.0/1.0
第1回	200	386/204/17	302/199/16	1.3/1.0/1.1
第2回	10	42/10/2	13/6/1	3.2/1.7/2.0

※人数はすべて本科/MGS/SMGS

　■卒業生有名人　村上茉愛（体操競技選手）

東京

男子（中学） 共学（高校） 中 高

明法中学校 高等学校

国公立大学現役合格が
卒業生の1割を超える
少人数教育に充実の環境

SUPER INDEX P.91

制服 p.③⑦

普通科（高校）

生徒数 96名（中学） 601名（高校）
〒189-0024
東京都東村山市富士見町2-4-12
☎ 042-393-5611
西武新宿線久米川駅南口　バス7分
西武国分寺線・拝島線小川駅　徒歩18分
JR立川駅北口　バス28分
JR新小平駅より自転車10分

URL	http://www.meiho.ed.jp		
Web上での合格発表	中学 ○	高校	○

プロフィール

個性を伸ばす少人数教育の実践

理想的な学校教育の場を実現して、社会に奉仕するために1964年に創設。「健全な身体と創造的精神とをもって社会に貢献できる優秀な人材の育成」という教育方針のもと、中高一貫・少人数教育を実践し、生徒一人ひとりの個性を伸ばす教育環境づくりに徹している。2019年4月より、高校は男女共学化。

環境

"広い""充実"が自慢の施設

キャンパスは東京ドームの1.2倍。FIFA公認サッカーコートや両翼95m以上の野球場も確保できる第1グラウンド、全面人工芝の第2グラウンド、4面ある人工芝テニスコート、大小2つの体育館、理科専門棟、1000人収容の大講堂と充実の施設。キャンパス内にある宿泊施設「明法学院ハウス」では部の合宿・学習合宿が実施されている。本校舎には、専属の講師や卒業生チューターが放課後常駐し、19時30分まで開室している「学習道場」（自習室）も完備。部・同好会活動終了後も学習が可能。

カリキュラム

本物に触れる教育ときめ細かい学習指導

中学にはサイエンスGEプログラムがある。週2時間のGE講座や集中講座で、ロボット・プログラミングなどに取り組み、問題解決力・論理的思考力を育てるとともに、プレゼンテーションの学習も行い表現力も身につける。様々な大会にも出場することで他者の評価にも慣れ、大学入学後も伸びる力を育て、社会に貢献できる人材を育てる。それ以外にも、理科専門棟での理科実験授業・音楽専門棟でのオーケストラ授業・アドベンチャープログラムなど「本物に触れる教育」を大切にし、学習企画テラコヤハウスもある。

高校では、高1次に習熟度に応じた特別進学クラス・総合進学クラスが設置され、高2・高3次には、文理別に国公立・難関私立を目指すコースと、中堅私大を目指すコースに分かれ、きめ細かく学習指導を行っている。さらに、世界に挑戦するイノベーターを育てるプログラムでカナダへの約3ヶ月のターム留学を中心とした国際教育「GSP」があり、受講生は海外大学も含め、難関大学に多く進学している。

学校生活

生徒が主体的に学校を創る

登校時間	中学	夏季	8：35	冬季	8：35
	高校		8：35		8：35

中学ではソフトテニス部、高校ではソフトテニス部・硬式野球部・サッカー部が、文武両道の先頭に立つ強化指定部で、それ以外にも17の部と16の同好会が盛んに活動している。体育祭・明法祭（文化祭）を生徒の実行委員が中心に企画運営するなど、生徒自治力を高める取り組みも積極的に行っている。

進路

現役進学実績が躍進

2023年春は東北・東京工業・筑波・東京農工・東京都立・東京学芸などに現役合格が出るなど、進学実績が向上している。共学1期生から津田塾・学習院女子・東京女子・昭和女子等の女子大に合格する生徒も出ており、進学実績向上が続いている。中央・東京理科・法政など数多くの指定校推薦枠もある。

3名の進路アドバイザーを配置し、一般入試だけでなく、拡大している総合型選抜入試・推薦型選抜入試にも対応できるようなきめ細かい進路指導を行っている。

2024年度入試要項

中学

試験日　1/22（帰国生）　2/1午前・午後（第1回）
　　　　2/2午前・午後（第2回）　2/5午前（第3回）

試験科目　国・算＋面接（帰国生）　国・算か国・算・理・社または適性（第1回午前）国・算か算（第1回午後・2回午後・3回）国・算か国・算・理・社（第2回午前）

2024年度	募集定員	受験者数	合格者数	競争率
第1回 午前/午後	48	59/29	51/19	1.2/1.5
第2回 午前/午後	16	11/28	5/15	2.2/1.9
第3回	8	9	3	3.0

高校

試験日　1/22（推薦）　2/10（一般第1回）
　　　　2/11（一般第2回）

試験科目　適性〈国・数・英〉＋面接（推薦）
　　　　国・数・英＋面接（一般）
　　　　※GSP入試は英語スピーキングテストあり

2024年度	募集定員	受験者数	合格者数	競争率
推薦 A/B	約75	85/15	85/14	1.0/1.1
GSP 推薦A/B	15	13/3	13/3	1.0/1.0
一般 1回/2回	約75	208/114	167/84	1.2/1.4
GSP 1回/2回	15	26/32	17/21	1.5/1.5

※帰国生は推薦・一般と同日日程・同一問題

卒業生有名人　南淵明宏（心臓外科医）、関康成（ホンダインサイト開発責任者）、飯田淳平（サッカー国際審判員）

進学に有利に

併設校あり

芸術＆特殊学科

技能系＆資格

施設が充実

スポーツが強い

クラブ活発が

情操教育を重視

国際人を養成

校風自由な

337

共学　中　高

目黒学院中学校 高等学校

実力派紳士淑女の育成を目指し男女共学化 運動部は全国レベル

普通科（高校）
生徒数　67名（中学）　846名（高校）
〒153-8631
東京都目黒区中目黒1-1-50
☎03-3711-6556

SUPER INDEX P.80

東急東横線・日比谷線中目黒駅　徒歩5分
JR恵比寿駅　徒歩10分

URL	https://www.meguro.ac.jp/		
Web上での合格発表	中学	○	高校	—

海外研修

プロフィール　社会を支える健全な青年を育成

1940年、東京機械工科学校として創立。1948年、学制改革により目黒高等学校と改称。1995年に目黒学院中学校を開設。1998年、高校を現校名に改称。学園創立70周年を記念して、2011年度より男女共学化がスタート。

「社会を支える健全な青年を育成する」が基本精神。「明朗・勤勉・礼節」を建学の精神とし、「知育・徳育・体育」を三位一体とした調和のとれた教育を目指す。また「独創性の涵養」「個人の主体性の確立」「国際性の育成」を中高一貫教育の基本方針にカリキュラムの編成を行っている。

環境　全教室空調完備 快適に学べる環境を

豊富な蔵書を誇る図書館、体育の授業や入学式などの式典に利用される記念館。コンピュータ教育設備の大幅拡充など、設備の充実に力を入れている。自由に利用できる生徒ホールも好評。

カリキュラム　実習主体で身につく学習を

中学からの入学生には、中高6カ年一貫教育を採用。夏期講習や発展講習、受験対策講習を実施。国公立・難関私立大の受験に対応できる学力を養成す

6カ年一貫体制で難関大学進学を目指す

る。

高校からの入学生には、個性や能力を引き出すコース制教育を導入。スーパープレミアムコース・プレミアムコース・アドバンスコースは、国公立・有名私立大への進学を目指す生徒が対象。2023年度よりスタンダードコースとスポーツサイエンスコースを発展的に統合したスタンダードキャリアコースを設置。一能・一芸に特化したキャリア形成を目指す新コースである。

また、国際教育にも力を入れており、企業訪問や大学訪問などが盛り込まれたアメリカ語学研修（中3）、語学力強化のためオーストラリア語学研修（高2）を実施。

学校生活　あふれるエネルギーを燃焼するクラブ活動

登校時間	中学	夏季	8：30	冬季	8：30
	高校		8：30		8：30

クラブ活動も盛んで、運動系が17、文化系が6ある。運動部では、空手道部が全国大会出場を果たし、ラグビーフットボール部、ゴルフ部、水泳部、野球部、弓道部も実績を上げている。文化部では、生物部や吹奏楽部などが活発に活動している。

進路　進学の指導も きめ細かな対応で

公開模試や進路適性検査などを加味し進学指導・就職指導を行う。進学希望者には、放課後の進学講習や夏期講習、模擬試験や学力検査のほか、進学指導室に多くの資料を用意し情報を提供している。就職する生徒には適性を考慮した、きめ細かな指導を行っている。主な進学大学は、茨城、埼玉、横浜市立、高崎経済、早稲田、慶應、上智、明治、立教、法政、中央、東京理科、青山学院、明治学院、成蹊など。

2024年度入試要項

中学

試験日　2/1午前・午後（第1・2回）
　　　　2/3午後（第3回）　2/5午前（第4回）

試験科目　総合能力〈漢字と計算＋実技かプレゼンテーション〉または適性または英か数（第1回）　国・算・理・社または国・算またはサイエンス（第2回）　国・算または国・算・理・社（第3回）　国・算（第4回）

2024年度	募集定員	受験者数	合格者数	競争率
第1回 総合/適性/1科	13	16/2/3	11/2/2	1.3/1.0/1.5
第2回	13	22	17	1.3
第3回	5	45	35	3.5
第4回	5	13	8	1.6

高校

試験日　1/22（推薦）　2/11（一般A日程）
　　　　2/13（一般B日程）　2/15（一般C日程）
　　　　3/6（第2回）

試験科目　面接（推薦）
　　　　　国・数・英＋面接（一般）
　　　　※推薦Ⅱに限り基礎力適性検査を実施

2024年度	募集定員	受験者数	合格者数	競争率
推薦	約110	—	—	—
A日程	約90	—	—	—
B日程	約40	—	—	—
C日程	約40	—	—	—

※合格者数は、スライド合格、入学前コース変更者を含む
※第2回は若干名

　卒業生有名人　飯島秀雄（陸上選手）、小林旭（俳優・歌手）

進学に有利　併設校あり　芸術＆特殊学科　資格＆技能系　施設が充実　スポーツが強い　クラブ活発　情操教育を重視　国際人を養成　自由な校風

東京

共学 幼中高

目黒日本大学 中学校 高等学校

普通科（高校）
生徒数　197名（中学）　940名（高校）
〒153-0063
東京都目黒区目黒1-6-15
☎ 03-3492-3388
☎ 03-3492-3492（入試相談室直通）

SUPER INDEX P.69

山手線・東急目黒線・南北線・都営三田線
目黒駅　徒歩5分

制服 p.15

しなやかな強さを持った 自立できる人間を育てる

URL	https://www.meguro-nichidai.ed.jp/			
Web上での合格発表	中学	○	高校	○

ICT 発表

プロフィール
建学より118年 伝統の学園

1903（明治36）年、小林芳次郎・雛子夫妻により創立された高輪裁縫学校が前身。1919（大正8）年に現在地に移転。1921年に日出高等女学校と改称され、その後、1947（昭和22）年に日出女子学園中学校、翌年に日出女子学園高等学校となる。

2001（平成12）年には高等学校に通信制課程を開設。2001年に高校が日出高等学校となり、2007年に高校が共学。翌年より中学校が日出中学校となり、男女共学となった。2019年には校名を改め、日本大学の付属校としてスタートした。

環境
能力を伸ばす 充実の環境・設備

教室には冷暖房が完備され、コンピュータ教室、理科室、調理室、体育館、屋内温水プール、カフェテリアなどの各設備が充実している。

カリキュラム
基礎基本の定着

中学・高校ともに「楽しく分かりやすい授業」をテーマに、主要5教科の基礎基本を確実に定着させる。朝読書・朝テストも積極的に導入し、正しい学習習慣と自ら学ぶ姿勢の定着を図る。また、放課後は学習支援センターを利用し応用力の定着や苦手科目を克服さ

せる。夏期・冬期・春期講習も実施し、各自の必要な学力を伸ばす。また、主要5教科を含む全授業において、通常の講義形式の授業スタイルに加え、意見発表、グループ学習、ディベートなどを効果的に組み合わせるアクティブラーニングを取り入れている。

高校は2024年度より進学コース（選抜クラス・N進学クラス）のみとなり、スポーツ・芸能コースの募集は停止し、進学コースへ統合される。選抜クラスは難関私大や医歯薬系への合格を目標とする。N進学クラスは付属校推薦入試を活用して日本大学への進学を目指す。進学コースに在籍していても芸能活動は可能である。芸能活動で欠席が多くなっても、レポートによる補習制度が整備されている点が特徴となっている。高大連携も充実している。

学校生活
楽しいイベントで 充実した学園生活

登校時間	中学	夏季	8：15	冬季	8：15
	高校		8：15		8：15

クラス対抗リレーや騎馬戦などが盛り上がる体育祭、メインイベントのすずかけ祭（文化祭）のほか、入学オリエンテーション合宿、日大学部見学など学校行事は多彩。希望者を対象とした夏休みの勉強合宿や海外語学研修も年々人気を増している。

運動部では、全国大会常連の女子ソフトボール部を筆頭に、バスケットボール部、テニス部、陸上部、水泳部、サッカー部、野球部、ボクシング部、ダンス部などが活躍。文化部は吹奏楽部、軽音楽部、演劇部、イラストクリエーション部が学園祭を中心に頑張っている。

進路
夢実現 プログラム

放課後、大学進学に必要な応用力を伸ばす講座として特別課外プログラムが組まれている。また、高大連携の一環としての授業が設定されており、在学中にキャンパスツアーや特別講義を受講することができる。中でもコミュニケーション能力を身につけるため、グループコミュニケーションを中心とした学習活動を多く行っている。

校舎

2024年度入試要項

中学

試験日　2/1午前・午後（第1・2回）
　　　　2/2午前（第3回）　2/4午後（第4回）

試験科目　国・算・理・社（第1回）　算・理（第2回）
　　　　　国・算か国・算・理・社または適性検査
　　　　　Ⅰ・Ⅱ（第3回）　国・算（第4回）

2024年度	募集定員	受験者数	合格者数	競争率
第1回/第2回	15/5	152/93	44/22	3.5/4.2
第3回/適性	10/5	217/53	42/14	5.2/3.8
第4回	5	261	50	5.2

高校

試験日　1/22（推薦）　2/10または12（一般）

試験科目　面接か小論文＋面接（推薦）
　　　　　国・数・英＋面接（一般）

2023年度	募集定員	受験者数	合格者数	競争率
推薦	122	−/140	−/140	−/1.0
一般10日	123	−/216	−/156	−/1.4
一般12日		−/152	−/45	−/3.4

※人数はすべて選抜/N進学
※定員は選抜クラス35名、N進学クラス210名

進学に有利に

併設校あり

芸術＆特殊学科

資格＆技能系

施設が充実

スポーツが強い

クラブ活動が活発

情操教育重視

国際人を養成

自由な校風

東京

共学 | 中 高 短 大 院

目白研心 中 学 校 高等学校

姉妹校10校から選べる留学制度
〜世界を意識する。それが目白研心〜

SUPER INDEX P.90

普通科（高校）
生徒数 166名（中学） 886名（高校）
〒161-8522
東京都新宿区中落合4-31-1
☎ 03-5996-3133
西武新宿線中井駅 徒歩12分
東西線落合駅 徒歩14分
都営大江戸線落合南長崎駅 徒歩9分

制服 p.37

URL		https://mk.mejiro.ac.jp/		
ホームページ上での合格発表	中 学	○	高 校	○

縦のタブ（左側）：
進学に有利／併設校あり／芸術＆特殊学科／資格・技能系＆／施設が充実／スポーツが強い／クラブが活発／情操教育を重視／国際人を養成／自由な校風

プロフィール
ますます発展する学園

1923（大正12）年、研心学園が創立。1948（昭和23）年に目白学園高等学校・中学校に改称。1963年に短期大学、1994年には目白大学を開学した。「主・師・親」の建学の精神に基づき、「誠実・敬愛・感謝」を校訓としている。平成2009年度より共学化し、現校名に変更。

環境
都心の中の「森の学園」

目白台の西端に位置し、周囲は閑静な住宅街である。深緑に囲まれた広大なキャンパスは「森の学園」の愛称を持つ。2009年、通常の図書室の機能のほかに進路や留学関係の機能も併せ持つ総合的なメディアセンターや自習室、プラネタリウム設備のある理科室、2つの体育館、2つのPC教室、カフェテリアなど使いやすく機能的な校舎が完成。また、400名収容できるホールを持つ研心館や800名収容できる講堂もあるなど設備が充実している。

カリキュラム
学習支援センター設置・独自の英語教育

45年前から英語によるスピーチコンテストを実施したり、週7時間の英語の授業の内2時間をネイティブの先生がオールイングリッシュで授業をした

広々とした校舎

りと、世界を意識した教育を展開している。留学も6カ国14校以上から選べる制度があり、より生徒たちの可能性を広げている。

一般入試で難関大学進学を目指す**特進コース**と、GMARCH等への進学を目指す**総合コース、スーパーイングリッシュコース（SEC）**の3つがある。総合コースは高2から文系・理系・英語難関クラスに分かれ、各自が望む進路の実現を目指す。また、学習支援センターが設置され、朝テスト、ビデオ学習、プリント学習、個別指導と自発的な学習をサポートしている。2014年、中3生よりスーパーイングリッシュコースを設置。TOEFL iBT80点を目指すだけでなくプレゼンテーション・ファシリテーション・世界事情といった科目で海外の生徒と対等にコミュニケーション力が取れる生徒を育てる。高校は2015年度より募集を開始した。

学校生活
充実の学校行事・クラブ活動

登校時間	中学	夏季	8：20	冬季	8：20
	高校		8：20		8：20

クラブ活動は、勉強と両立しながら活発に行われている。31のクラブがあり、特にチアリーディング部や野球部、サッカー部、ラクロス部、ダンス部、吹奏楽部、軽音楽部は人気が高い。共学化でクラブ活動もますます活発になっている。

学校行事も多彩で、5月の運動会や9月の文化祭（桐陽祭）のほか、ホテルで行われるテーブルマナーなどがある。修学旅行は、中学が語学研修を兼ねてカナダへ、高校は九州へ行っている。また、スーパーイングリッシュコースは中3でカナダへ語学研修、高2でオーストラリアへ70日間留学する。

学習支援センター

進路
きめ細かな指導により進学実績が年々向上

大半の生徒が大学進学を希望しており、現役での4年制大学への進学率は約80％。2023年3月卒業生は、千葉大、東京学芸大、東京芸術大、金沢大、防衛大学校、GMARCH、明治学院大、國學院大、津田塾大などに合格した。

2024年度入試要項

中学

試験日　2/1午前・午後（第1・2回）　2/2午前・午後（第3・4回）　2/3午前・午後（第5回・自己表現グループワーク、算数アドバンスト）

試験科目　国・算または国・算・理・社（第1・2回）　国・算（第3〜5回）

※2/1午前は適性検査型、2/2午前は英語スピーチ、2/2午後・2/3午前は英語資格（国＋英検換算得点）、2/3午後は算数アドバンスト、自己表現グループワーク

2024年度	募集定員	受験者数	合格者数	競争率
1日午前/午後	70	50/85	38/62	1.3/1.4
2日午前/午後	20	25/34	21/22	1.2/1.5
3日午前/午後	10	18/9	10/6	1.8/1.5

高校

試験日　1/22（単願推薦・併願推薦）　2/10（一般第1回）　2/11（一般第2回）

試験科目　作文＋面接（推薦）　国・数・英＋面接（一般）　※一般併願優遇は面接なし

2024年度	募集定員	受験者数	合格者数	競争率
推薦	100	100	100	1.0
一般1回/2回	130	241/136	237/142	1.0/1.0

※他に、中・高とも若干名の帰国生入試（11/18・12/5）あり

　卒業生有名人　中村アン（タレント）

八雲学園中学校・高等学校

充実の英語教育、海外研修で国際化を推進 各自の個性に合わせた進路指導

普通科（高校）
生徒数　455名（中学）　340名（高校）
〒152-0023
東京都目黒区八雲2-14-1
☎03-3717-1196
東急東横線都立大学駅　徒歩7分

SUPER INDEX P.80

制服 p.㉕

URL	https://www.yakumo.ac.jp			
Web上での合格発表	中学	○	高校	○

プロフィール　健康で伸びやかな個性を育む

1938年、八雲高等女学校として創立。1947年、学制改革により八雲学園中学校・高等学校と改称した。1996年度より中学校を再開し、建学の理念である「生命を大切にする、心身ともに健康な人間の育成」という教育目標にそって、中学・高校の6年間一貫教育を行っている。また、高校では土曜日に進学に向けての特別講座を行い、中・高とも2期制。2018年4月より中学校共学化。2021年4月より高校共学化。

環境　最新の設備のもと充実した学園生活

耐震リニューアル工事が完了し、教室をはじめ図書館や自習室など落ち着いた学習環境を完備。校外施設として、アメリカ・西海岸のサンタバーバラには、スタディルーム、テニスコート、プールなどを備えた海外研修センター「八雲レジデンス」がある。

カリキュラム　万全の進学指導体制で大学進学を目指す

中学・高校の6年間を2年ずつ3つのステージに分け、それぞれのステージで工夫された学習指導・プログラムをこなすことで学力向上をサポートする。特に英語の授業は、中学1年次は1クラスに2名の教員がつくティームティーチング、2年次からは習熟度別

海外研修センター「八雲レジデンス」

にクラスを分けて行っており、週あたりの時間数も多くとっている。

高校では文系と理系に分かれて学習する。中学生は1年次より、担任教諭の他に、生徒一人ひとりの学校生活や進路などの悩みを相談できる「チューター制度」も導入している。平日や土曜日の補習授業をはじめ、期末、受験直前など様々な補習を実施するほか、長期休暇を利用した進学合宿や英検指導、高校2・3年を対象とした特別進学プログラムなど、生徒の学習意欲にきめ細かく対応している。

学校生活　情操を育む多彩な行事 個性を磨くクラブ活動

登校時間	中学	夏季	8:10	冬季	8:10
	高校	夏季	8:10	冬季	8:10

先生と生徒、生徒同士の"ふれあい"を大切にする本学園では、修学旅行や夏の文化体験ツアー、秋の1泊遠足、体育祭、文化祭、冬のスキースクール、マナー講座など、様々な年間行事を設けてコミュニケーションを図っている。

クラブ活動は、12の運動部と17の文化部が日々活発な活動を展開している。特に、高校のバスケットボール部と空手道部はインターハイに出場するほか、吹奏楽部やドリル部の活躍も目立つ。

進路　大学・短大進学率が飛躍的に上昇中

卒業生の約9割が進学する。充実した進学指導により、大学・短大への進学者が飛躍的に伸びているのが特徴だ。主な進学先は、横浜国立大、早稲田大、慶應義塾大、上智大、東京理科大、中央大、立教大、法政大、青山学院大、津田塾大、東京女子大、学習院女子大、成蹊大、成城大、明治学院大など。また、学習院大、青山学院大、立教大、白百合女子大、清泉女子大、駒澤大など、多数の指定校推薦枠もある。

アメリカの留学生と一緒に学ぶ

国際化　有意義な海外体験で国際感覚を養う

総合的な国際感覚を養うため、交換留学や海外研修を実施している。中3の2月に約2週間、アメリカ西海岸での修学旅行を実施。高校希望者は夏休みの約3週間、ホームステイをしながら姉妹校のケイト・スクールで本場の授業を受ける海外研修を実施。また、高1を対象にアメリカ現地で3ヶ月、事前、事後学習それぞれ3ヶ月ずつの9カ月プログラムを行い、生きた英語と異国文化を学ぶ貴重な体験となっている。

2024年度入試要項

中学

試験日　12/6(帰国生)　2/1午前・午後(第1・2回)
　　　　2/2午後(第3回)　2/3午後(第3回)
　　　　2/5(未来発見)

試験科目　国・算または国・算・理・社(第1～3回)
　　　　　国・算か国・理・社か算・理・社(第4回)
　　　　　国・算・英から1科＋自己表現文(未来発見)　国・算か算・英＋面接(帰国生)

2024年度	募集定員	受験者数	合格者数	競争率
第1回/第2回	80	54/135	45/123	1.2/1.1
第3回/第4回	20/20	57/79	48/70	1.2/1.1
未来発見	24	39	34	1.1
帰国生	定めず	2	2	1.0

高校

試験日　1/22(推薦)　2/10または13(一般)
試験科目　作文＋面接(推薦)
　　　　　国・数・英(一般)

2024年度	募集定員	受験者数	合格者数	競争率
推薦/一般	25/25	10/36	10/35	1.0/1.0

卒業生有名人　満島ひかり(俳優)、高畑充希(俳優)

東京
共学 中 高

安田学園中学校高等学校

開け！未来の扉
夢、応援します！

普通科（高校）
生徒数 642名（中学） 1535名（高校）
〒130-8615
東京都墨田区横網2-2-25
☎03-3624-2666
☎0120-501-528（入試広報室直通）
都営大江戸線両国駅　徒歩3分
総武線両国駅　徒歩6分
都営浅草線蔵前駅　徒歩10分

SUPER INDEX P.73

URL	https://www.yasuda.ed.jp/			
Web上での合格発表	中学	○	高校	○

プロフィール 開け！未来の扉 夢、応援します！

本校は1923（大正12）年に創立され、101年の歴史を有している。2013年度には中高一貫にコース制を導入。2014年4月には男子校から共学となった。グローバル社会に貢献する人材の育成を目指した学校改革が完成し、「自学創造」をベースにした先進的な進学校としてスタートを切った。2024年度からは、高等学校で新たに2コース体制となった。

環境 充実している学校施設

学校正面には横網町公園、南側には旧安田庭園があり、緑も多く静かで落ち着いた、勉学にもっとも適した環境といえる。校舎は、本館・北館・南館・体育館・武道場の建物からなり、本館・北館は6階建てで体育施設としての屋上や北館地下にオーディオホールがある。南館は9階建ての中学棟。自習室、カフェテリア、PCフロア、5つの理科実験室と施設も充実している。

カリキュラム 難関大学への現役進学を目指すコース制

中高一貫部では、2023年度より先進コースに一本化し、主要5教科をまんべんなく学ぶカリキュラムのもと、東大をはじめとする最難関国公立大学への現役合格を目指す。

高等部では東大などの最難関国公立大学を目指す「S特コース」、難関国公立大学・早慶上理を目指す「特進コース」の2コース制となっている。（2024年度より進学コース募集停止）

中1～高2の2学期までは、自ら考え学ぶ授業を核とした「学び力伸長システム」により学びの楽しさを味わい、自ら考え学ぶ力（自学力）を育成する。この自学力をもとに、高2の3学期からは「進学力伸長システム」により第一志望大学への現役進学に向けた学習を主体的・意欲的なものにし、活用力・応用力の伸長につなげ、将来の考え学ぶ創造的学力・ハイレベルな進学力を実現する。

さらに、学習指導検討会を通じた個別サポート、大きく強い志を育てるキャリア教育、たくましい人間力を育むクラブ活動や様々な体験学習などを連携させながら、グローバル社会で活躍できる人材を育成する。

学校生活 生徒自身が創る充実した学校行事・クラブ活動

登校時間	中学	夏季	8：15	冬季	8：15
	高校		8：15		8：15

6月に行われる学園体育祭や9月に行われる安田祭（文化祭）は生徒会が中心となって企画・運営で行われ、学校全体が活発にかつ明るく活気にあふれている。クラブ活動との両立を目指し、運動系・文化系合わせて42のクラブがあり、9割近い生徒が何らかのクラブに所属し、文武両道で頑張っている。

進路 自らの力で自分の道を切り拓く

2023年春の卒業生は国公立41名、早慶上理レベル137名、GMARCHレベル222名の大学合格実績となった。主な進学先は東京大、東京工業大などの国公立大をはじめ、早稲田大、慶應義塾大、上智大など年々国公立・私大ともに上昇傾向。今後も学校完結型で第一志望現役合格を力強くサポートする。

2024年度入試要項

中学

試験日　2/1午前・午後（先進第1・2回）
　　　　2/2午前・午後（先進第3・4回）
　　　　2/3午前（先進第5回）

試験科目　適性（先進第1・3回）
　　　　　国・算・理・社または国・算・英（先進第1回）
　　　　　国・算・理・社（先進第2～5回）

2024年度	募集定員	受験者数	合格者数	競争率
先進1回 適性/科目	50/30	515/218	195/72	2.6/3.0
先進2回	25	373	147	2.5
先進3回 適性/科目	40/20	313/132	94/25	3.3/5.3
先進 4回/5回	10/5	141/102	20/19	7.1/5.4

高校

試験日　1/22（A・B推薦）　2/10（一般第1回）
　　　　2/11（一般第2回）

試験科目　適性〈国・数・英〉（推薦）
　　　　　国・数・英（一般）

2024年度	募集定員	受験者数	合格者数	競争率
推薦	120	669	669	1.0
一般 1回/2回	120	236/217	236/21	1.0/10.3

■卒業生有名人　阿部慎之助（プロ野球監督）、鏡山親方（大相撲・元寺尾関）、加瀬秀樹（プロゴルファー）

山脇学園中学校高等学校

東京
女子 中 高

やわらかな心に、深い教養を
身につけた女性の育成

普通科（高校）
生徒数 848名（中学） 775名（高校）
〒107-8371
東京都港区赤坂4-10-36
☎03-3585-3911〜3
丸ノ内線・銀座線赤坂見附駅 徒歩5分
千代田線赤坂駅 徒歩7分
半蔵門線・有楽町線・南北線永田町駅、銀
座線・南北線溜池山王駅 各徒歩10分
都営大江戸線・銀座線・半蔵門線青山一丁
目駅 徒歩7分

SUPER INDEX P.71

制服 p.16

URL	https://www.yamawaki.ed.jp/
Web上での合格発表	○

科学的探究心を育むサイエンスアイランド

プロフィール　伝統を礎に新たな力を育む学舎

　1903（明治36）年の創立以来、教養高き女性を育成してきた山脇学園。この理念を礎に、教育改革を行い、豊かな学び環境を持つ学舎が2015年に完成した。ここでの人文・社会・自然科学の多彩なプログラムに、生徒は生き生きと取り組みながら国際社会や高度理系専門職への志を育んでいる。

環境　交通至便な赤坂の地に新しい学習環境

　交通の便に恵まれた赤坂の町の静かで落ち着いた一角にあるキャンパスは、都内私立学校平均の約1.6倍の敷地面積がある。特徴的な学習施設には、EI（イングリッシュアイランド）、SI（サイエンスアイランド）、LF（ラーニングフォレスト）がある。ネイティブ教員が常駐する学内異国エリアEIでは、英語でのコミュニケーションが原則。本格的な実験・研究設備を整えたSIでは、基本的な実験操作の習得と考察力・表現力を磨く探究型のプログラムを実施している。2022年度に新設されたLFは、図書館とプレゼンテーショングループワークエリアを備えた探究活動の拠点として授業でも活用されている。その他、カフェテリアや放課後自習エリアなど生徒の学習と生活を支える環境も充実している。すべての教室に電子黒板を設置し、2021年度からは、Wi-Fi環境下で一人1台のiPadを導入している。

カリキュラム　志を育てる「総合知」育成カリキュラム

　これからの社会に必要な課題解決力の育成を目指し、2022年度より自然科学の「知」と人文・社会科学の「知」を結集した「総合知」育成カリキュラムをスタートした。人文・社会科学系のアプローチには、中1・2「知の技法（国語）」、中3「ELSI（社会）」、中3「探究基礎」、中1〜3「EIS（イングリッシュアイランドステイ）」など必修科目の他、中3希望選択「英語チャレンジプログラム」を設置。自然科学系では、中1・2必修科目「サイエンティストの時間」、中3希望選択「科学研究チャレンジプログラム」がある。2022年度からは、高校にもサイエンスクラスを設置し、コンテストや学会発表に向けた本格的な研究・開発を継続できるようになった。高2より文理別クラスとなる。

　また、「礼法」「華道」「琴」の授業で、美しい立ち居振る舞いや日本文化についても学ぶ。

学校生活　協働力を育む行事や部活動

登校時間	中学	夏季	8：20	冬季	8：20
	高校		8：20		8：20

　部・同好会活動は文化系14、パフォーマンス系14、運動系10があり、中高が一緒に活動している。90％以上の生徒がいずれかに所属し、生徒たちが主体となって一生懸命活動している。山脇祭は、クラス展示発表のほか、部・同好会の参加・発表も行う。体育祭、中学合唱祭も生徒が自主的に活動し熱く燃える行事。校外学習も充実しており、フィールドワークを通してチャレンジ精神を学ぶ場として、各学年テーマを設定し実施している。

進路　「志」を育て、その実現の手助けをする

　「志」とは、自分の強みを探し、多様な学びを通して伸ばし、社会で活かそうとする強い思い（エネルギー）。「総合的な学習の時間」や「選択プログラム」などの「総合知」カリキュラムを通して、生涯の原体験となるような学びをたくさん用意し、生徒一人ひとりが様々なことに真剣に打ち込む中で生まれる望みや意志を大切に育て、進路へつなげていく。その一方で、生徒のニーズに応じた補習講習・レベルアップ講座を開講、放課後自習エリアでのチューターによる質問対応など学力向上のバックアップを図っている。

　また、海外大学への進学もサポートする体制を整えており、指定校推薦制度をボストンの大学と結んだほか、校内での海外大学進学セミナーや語学研修、留学生の受け入れや留学プログラムも充実しており、進学を希望する生徒たちが増えている。

2024年度入試要項

中学

試験日　11/25（帰国生Ⅰ期） 2/1午前（一般A・英語A・帰国生ⅡA） 2/1午後（国算1科・英語AL A） 2/2午後（一般B・英語B・帰国生Ⅱ期B） 2/3午後（探究サイエンス・英語AL B） 2/4午前（一般C・英語C・帰国生Ⅱ期C）

試験科目　国・算・理・社（一般A・C） 国・算（一般B・英語・帰国生Ⅰ期） 国か算（国算1科） 理・課題研究（探究サイエンス） 国・算または国か算＋面接（帰国生Ⅰ期） 算（英語AL）

　　　　　※英語入試と帰国生入試は英検3級以上の合格証のコピー提出あり

2024年度	募集定員	受験者数	合格者数	競争率
A	65	282	87	3.2
B	50	513	117	4.4
C	40	354	59	6.0
1科/探究	60/10	762/42	311/7	2.5/6.0
英語ABC/AL	55	171/107	43/25	4.0/4.3
帰国生Ⅰ期/Ⅱ期		126/145	56/56	2.3/2.6

高校　募集せず

卒業生有名人　長谷川町子（漫画家）

進学に有利に
併設校あり
特殊学科＆芸術
資格技能系
施設が充実
スポーツが強い
クラブ活動が活発
情操教育を重視
国際人を養成
自由な校風

男子　小　中　高　大　院

立教池袋中学校 高等学校

キリスト教の精神に基づく
人間教育の実現のために
生き方にテーマのある人間を育成

SUPER INDEX P.70

制服 p.⑭

■ 普通科（高校）
生徒数　450名（中学）　432名（高校）
〒171-0021
東京都豊島区西池袋5-16-5
☎ 03-3985-2707
山手線・埼京線・丸ノ内線・有楽町線・副都心線・西武池袋線・東武東上線
池袋駅　徒歩10分
有楽町線・副都心線要町駅　徒歩5分
西武池袋線椎名町駅　徒歩10分

URL	https://ikebukuro.rikkyo.ac.jp/		
Web上での合格発表	中　学	○	高　校	○

2つの力を育み魅力ある人間へ

プロフィール

　1874（明治7）年、米国聖公会宣教師ウィリアムズ主教の私塾「聖パウロ学校」として創立。1896年に立教中学校、1907年に立教大学が設立され、戦後の新学制に則り、一貫教育が確立された。さらに2000年からは、「キリスト教に基づく人間教育」を一層充実させるため、池袋校地に「立教池袋高校」を併設し、立教池袋中学校と接続させ、新しい中・高6年制教育をスタートさせた。

　「テーマを持って真理を探究する力」「共に生きる力」という教育目標を掲げ、生き方にテーマのある魅力的な人間を育成することを目指している。

最新の施設が整う中高の校舎

環境

　地下1階・地上5階建ての校舎、図書館、総合教室、カフェテリアなど、洗練された最新の施設と設備が充実、無線LAN環境も配備が終わり、生徒は一人1台タブレット型PCを利用している。

独自の認定制と選科毎日の学習を重視

カリキュラム

　認定制は、中高一貫して行われる独自の教科学習のシステムであり、各教科の学習達成目標に向かって学習活動が行われている。小テストや課題提出

により日々の学習成果が確認され、さらに定期テストによって学力の定着を確認。授業態度などの学習意欲も含めて総合的に判断し、目標の達成度が認定される。日頃の学習活動を重視し、一斉授業だけでなく個々の進度に応じた個別指導も取り入れている。ノートやレポートなどについてのきめ細かな指導や、小テストの必要に応じた再テストなど生徒全員の学習達成を目指す。さらに、認定制を支える特色ある学習活動が「選修教科（選科）」で、各教科ごとに発展学習や、遅れている学習のための講座が開設され、中学1年次から3年次まで全学年で週2回、約80講座の中から生徒が自分で選び受講する。

　高校では中学で身につけた基礎学力をさらに伸ばすために、選択科目が置かれ、大学の教員による講義や、自己理解とコミュニケーション力を高めるグループ・ワークの実施、そして自分でテーマを決めて作成する卒業研究論文などの特色ある学習を行う。また、沖縄などで行われる校外学習、海外語学研修、海外短期留学など独自の行事も予定されている。また、高3では立教大学の授業が受けられる特別聴講生制度がある。

生活の中心に祈り多彩なイベント

学校生活

登校時間	中学	夏季	8：20	冬季	8：20
	高校		8：20		8：20

　学校生活の基本となるのは祈り。聖書の時間や始業・終業礼拝やイースター礼拝、収穫感謝礼拝、クリスマス礼拝、聖パウロ回心日礼拝などの行事は、学校生活の大事なセレモニーだ。

　さらに、生徒会活動、学年もしくは学校をあげて行われる四季折々の行事（文化祭、体育祭、ワークキャンプなど）への参加など、様々な機会が提供されるほか、国際交流やボランティア活動なども積極的に行われている。

盛んな部活動

　学友会には、学芸部15、運動部10があり、水泳部、陸上競技部などは関東大会や全国大会に出場して好成績を上げている。一方、学芸部でも科学部、文芸部、吹奏楽部、美術部、数理研究部、鉄道研究部等の活躍が顕著で、各種のコンクールで受賞している。

立教大学へ推薦入学

進路

　高校から立教大学への推薦入学制度は、中学・高校の6年間を、テーマを持って学習や諸活動に取り組み、安定した学校生活を通して培われるものを総合的・多面的に評価し、意欲的な大学生活ができると判断された場合に推薦される。また、立教大学以外の大学へ進学を希望する生徒には、個別相談に応じ、進路指導を行う。

2024年度入試要項

中学

試験日　12/3（帰国生）　2/2（第1回）
　　　　2/5（第2回）

試験科目　国・算＋面接（帰国生）
　　　　　国・算・理・社（第1回）
　　　　　国・算＋自己アピール面接（第2回）

2024年度	募集定員	受験者数	合格者数	競争率
第1回/第2回	約50/約20	287/141	95/20	3.0/7.1
帰国生	約20	70	30	2.3

高校

試験日　2/13

試験科目　作文＋面接

募集定員	受験者数	合格者数	競争率
若干	34	10	3.4

立教大学教授による講義

　卒業生有名人　三竿健斗（プロサッカー選手）

東京

女子 小中高

立教女学院 中学校 高等学校

普通科（高校）
生徒数 593名（中学） 560名（高校）
〒168-8616
東京都杉並区久我山4-29-60
☎ 03-3334-5103
京王井の頭線三鷹台駅 徒歩1分

SUPER INDEX P.85

緑に囲まれた豊かな環境で
キリスト教教育を基本に
「真の自由と豊かな人間性を求め続ける人格」を育てる

URL	https://hs.rikkyojogakuin.ac.jp/
Web上での合格発表	○

イースターの礼拝

宗教的情操を育む女子の一貫教育

アメリカ聖公会から日本に派遣されてきた宣教師チャニング・ムーア・ウィリアムズによって、1877（明治10）年、神田明神下（現在の文京区湯島1丁目）に、立教女学校として創立された。関東大震災の1924（大正13）年に現在地に移転。なお、池袋にある立教学院は、創立者を同じくする学校である。

緑に囲まれた空間夢を映す校舎

近くには井の頭公園があり、閑静で緑豊かな環境に位置する。正門を一歩入ると豊かな木立に囲まれた格調高いチャペル（杉並区指定文化財）、風格ある高校の校舎が目に入る。1930（昭和5）年に建てられて90年、2021年には改修が完了した。聖マーガレット礼拝堂は杉並区の有形文化財に指定されている。この緑に溢れた歴史的な空間に調和する中学校校舎は2001（平成13）年に完成。また、2014年には屋内プールを有する新体育館が完成した。

6ヶ年中高一貫教育で確実に学力を高める

6ヶ年中高一貫教育というゆとりある時間の中で、基礎学力の習得を図り、進路に応じた学力の養成を目指してい

る。中・高ともに、授業は週5日で、前期・後期の2学期制を採用。英語は習熟度別に中学では2段階、高校では3段階のカリキュラムを組んでいる。また、毎朝の礼拝をはじめ、週1時間の聖書の授業や、年間10回の土曜日を人間教育「土曜集会」に当てるなど、情操育成にも力を注いでいる。

中学では、基本的な学力をしっかりと身につけることを目標としている。中1からARE（総合学習）の時間を設け、自学自習能力を養っている。AREのAはASK（テーマ、課題を自ら求める）、RはRESEARCH（テーマに基づき徹底的に調べる）、EはEXPRESS（プロセスと結果を言語化して発表する）。この学習により将来の生きる基礎となる学力を養い、広く社会に貢献できる人間の育成を目指す。

高校では、個々の進路・適性に応えられるよう、2年次よりコース制を採用し、受験を目指す生徒にも充分配慮する体制を整えるほか、より実践的な指導を展開。理解度の充実を図り、補習も実施している。また、3年次にはARE学習の集大成として卒業論文の作成を行う（選択科目）。

自主運営の生徒会と多彩な宗教行事

登校時間	中学	夏季	8：00	冬季	8：00
	高校	夏季	8：00	冬季	8：00

制服がないなど、学校全体から自由な雰囲気が感じられる。10月のマーガレット祭（文化祭）や、7月の生徒会企画のイベントは、生徒会が中心になって運営している。また、イースター礼拝、昇天日礼拝、クリスマス礼拝など、キリスト教にちなんだイベントが多いのも特徴だ。修学旅行、スキー学校、合唱交歓会、英語スピーチコンテスト、各種修養キャンプなどのほか、夏休みにはフィリピンやニュージーランドの姉妹校、カリフォルニア大学デービス

校への短期留学もある。また、アメリカ・ニュージーランドの姉妹校には長期留学生も派遣している。

クラブは、文化系・運動系を合わせ、中学に17、高校に21があるほか、チャペル団体として、聖歌隊やハンドベルクワイヤーなどが活発な活動を行っている。

併設大進学とともに難関大合格者が増加

ほとんどの生徒が4年制大学への進学を希望し、現役合格率も高い。また、一定の要件を満たせば立教大学へ進学できる（受入総枠203名）。他大学では、東京工業大、早稲田大、慶應義塾大をはじめ、難関大学に多数が合格するほか、早稲田大、慶應義塾大、国際基督教大、上智大など30を超える大学の指定校推薦枠がある。

2024年度入試要項

中学

試験日 12/21（帰国生） 1/27（一般生面接）
2/1（一般生）

試験科目 国・算＋作文＋面接（帰国生）
国・算・社・理＋面接（一般生）

2024年度	募集定員	受験者数	合格者数	競争率
一般生	約120	274	129	2.1
帰国生	若干	43	24	1.8

高校 募集せず

卒業生有名人 松任谷由実（ミュージシャン）、市毛良枝（俳優）、山形由美（フルート奏者）

共学　高専

立志舎 高等学校

学びにくさも学びやすさに
やり直せるチャンスがある
学ぶ力を養うことができる

普通科
生徒数　762名
〒130-0012
東京都墨田区太平2-9-6
☎ 03-5608-1033
総武線・半蔵門線錦糸町駅　徒歩5分

SUPER INDEX P.100

制服 p.38

URL	https://www.risshisha.ed.jp/
Web上での合格発表	○

左の縦帯の項目：
進学に有利／併設校あり／特殊学科＆芸術／資格＆技能系／施設が充実／スポーツが強い／クラブが活発／情操教育を重視／国際人を養成／自由な校風

ゼミ形式の授業に取り組む

プロフィール 校長先生からの メッセージ

　幅広い個性の生徒、幅広い成績の生徒を受け入れ、授業や数多くある学校行事、クラブ活動などを通じて表現力、協調性、社会性を学んでいってほしいと望んでいる。

　「好きこそものの上手なれ」という言葉があるが、学校が好きになり、友達が好きになり、勉強が好きになれば、生徒一人ひとりの目標もきっと実現できることだろう。教職員はそこに重点を置いて、すべての教育活動の中で実践している。

環境 錦糸町駅近く 抜群のロケーション

　錦糸町の駅から徒歩5分、東京スカイツリーを見上げる抜群のロケーション。都内はもちろん近県からも通いやすいのが魅力だ。

カリキュラム 目的に合わせて 選ぶ2コース

平日(通学)コース

　高校生としての基本的な力をつける「普通クラス」、進学を考えている人のための「進学クラス」、難関校を狙う人のための「特進クラス」と、生徒の希望に沿って選べるシステムになっており、いずれのクラスもゼミ学習が授業の中心となっている。

土曜(通信)コース

　ライフスタイルに合わせてマイペー

総合体育祭

スに勉強したい人のためのコース。通信レポート、スクーリング、試験により単位を習得する。自習室が開放されていて、毎日学校に来て先生に質問することもできる。

〈特徴〉

　平日(通学)コースにゼミ学習方式を採用。ゼミ学習とは、生徒同士がお互いに教え合う学習方式。一方的に教師が講義をするスタイルとは違い、生徒の自発性が重視される。

　平日コースのクラスは学年の途中でも変更可能。習熟度ではなく、自分でクラス選択する。また、平日コースから土曜コース、あるいは土曜コースから平日コースへ変更することも可能。

学校生活 キャンパスライフも 思いきり楽しもう

登校時間	夏	9:20	冬	9:20

　豊富な学校行事やクラブ活動を用意し、勉強とキャンパスライフの両立を支援している。7月の文化祭や10月の総合体育祭をはじめ、球技大会、ゼミ旅行、スキー＆スノーボード実習、海外への修学旅行など、面白いイベントが盛りだくさんだ。そのほか、進路相談会も実施する。

進路 ゼミ形式で 実力アップ

　特進クラスは国公立大学や難関私立大学の合格をめざす。一人ひとりの学力を伸ばすゼミ学習をフルに使い、進学希望先別に国公立・私立理系・私立文系など、それぞれの特徴にあわせたカリキュラムで指導している。

　進学クラスは私立大学や専門学校への進学を考える生徒のためのクラスである。ゼミ学習での指導は、一人ひとりの学力を伸ばすと同時に、コミュニケーション能力を身につけることができるので、面接が重視されるAO入試や推薦入試でも役立つ。

　普通クラスは専門学校への進学や就

職を考えている人のクラスである。クラブ活動に情熱を燃やしたい人、学校行事を楽しみたい人、アルバイトや自分の趣味に時間を費やしたい人など、それぞれの高校生活をデザインして3年間を充実させることができる。

　卒業生合格校は、東京芸術、早稲田、慶應、上智、国際基督教、明治、立教、東京理科大学など。

トピックス 面接によりこれからの ヤル気を重視する

　出欠席、成績で不安のある方や外国籍で日本語が不安な方も相談可能。入試は学力試験を行わず、「面接」でこれからのヤル気を重視する。転入学は随時可能。事情があって、高校を中退してしまった人の相談も受け入れている。

2024年度入試要項

試験日　1/22(A・B推薦)
　　　　2/10(一般第1回)
　　　　※一般第2回以降は3月下旬まで随時
試験科目　書類審査＋面接(A推薦)
　　　　　書類審査＋作文＋面接(B推薦・一般)

2024年度	募集定員	受験者数	合格者数	競争率
推薦	100/100	127/21	127/21	1.0/1.0
一般	100/300	170/23	168/22	1.0/1.0

※人数はすべて平日/土曜

立正大学付属立正中学校・高等学校

特進クラスを軸に進学実績も上昇
充実した英語教育で国際人を養成
社会に貢献できる人材づくり

SUPER INDEX P.72

制服 p.⑰

普通科（高校）
生徒数　487名（中学）　1087名（高校）
〒143-8557
東京都大田区西馬込1-5-1
☎03-6303-7683
都営浅草線西馬込駅　徒歩5分
山手線・埼京線・湘南新宿ライン・りんかい線大崎駅　スクールバス約20分

URL		https://www.rissho-hs.ac.jp		
Web上での合格発表	中　学	○	高　校	○

強豪クラブも多数

プロフィール 豊かな人格の育成と国際人教育

1872（明治5）年に「日蓮宗宗教院」として設立。何度かの改称・改制のあと、1948（昭和23）年に「立正中学校・立正高等学校」となった。1994年より中学、1997年からは高校で男女共学を実施している。

日蓮聖人の教えである「行学二道」すなわち勉学に対する積極的な情熱と宗教的情操を養い、豊かな人格の育成に努めている。また、国際化社会への対応として、世界で活躍できる国際人の育成も目指している。

環境 『杜の学び舎』が開校

2013年、大崎より馬込に移転。自然採光・自然通風などの快適性を第一に考えた6階建ての教室棟がメインの教室ゾーン、音楽室・美術室・家庭科調理室や約600席の多目的ホールがある芸術ゾーン、体育館・屋内温水プール・武道場・屋上にテニスコートを完備した体育ゾーン、ウッドデッキの中庭テラスや図書館などコミュニティスペースとして機能する交流ゾーンの4つに分かれ、過ごしやすく使いやすい快適な生活空間となっている。

カリキュラム 大学進学に向け徹底した受験指導

中学では、6カ年一貫教育の中での3

『杜の学び舎』馬込キャンパス

年間として、生徒一人ひとりが無理のない学習法により、学ぶ楽しさを見い出せる授業を展開している。中学1年次は全員共通カリキュラムでクラスを編成。2年次から、希望と成績に応じて「特別進学クラス」を編成し、「進学クラス」との2クラス編成となる。主要教科の増時間を含む、独自の教育課程を編成し、基礎学力の充実と向上に重点を置き、3年次には高校課程の一部を先取りしている。英語では、外国人講師による英会話の授業も実施し、英検準2級・3級の取得も徹底指導している。

高校では、志望大学へ着実に到達する学力を養成するため、徹底した受験対策を展開している。個々の進学目標に応じる、きめ細かく効率的な受験指導が特長で、国語・数学・英語の増単位カリキュラムや、習熟度別クラス編成をはじめ、2年次からは特別進学・進学ともに文系・理系に分かれ、希望進路に応じた学習を進めていく。3年次には演習中心の授業を実施するなど、受験をバックアップする万全の体制が整っている。そのほか、放課後のフォローアップ講習や勉強合宿なども実施している。

情操教育の一環として、「宗教」の授業を必修にしているほか、将来の進路・職業を考察し、必要なスキルを身につけるR-プログラムの時間を設け、豊かな人間性を養う。

学校生活 スポーツ行事で身体を鍛える

登校時間	中学	夏季	8：10	冬季	8：10
	高校		8：10		8：10

課外活動は、心身の増強を目指したものが多く、体育祭をはじめ、スキー教室、中学では林間学校、高校ではウィンドサーフィン教室（希望者）もある。そのほか夏休みには、イギリス、アメリカでのホームステイも実施している。

また、クラブ活動も盛んで、野球、サッカー、水泳、剣道、柔道、弓道、空手道、陸上などの運動部のほか、文化部では放送部、書道部の健闘が光る。

進路 徹底した受験指導で現役合格者多数

卒業生の進路は立正大へ20.5％、他大学へ65.7％、短期大学・専門学校8.6％で、国公立・有名私立大に多数が現役合格している。他大学の主な進学先は、東京工業、電気通信、帯広畜産、早稲田、慶應、立教、青山学院、学習院、中央、明治、法政など。

2024年度入試要項

中学

試験日　2/1（第1回午前・午後）　2/2（第2回）
　　　　2/3（第3回）　2/7（第4回）

試験科目　国・算または国・算・理・社または英または適性（第1回午前）　国・算または国・算・理・社または英（第1回午後・第2回）　国・算または国・算・理・社（第3・4回）

2024年度	募集定員	受験者数	合格者数	競争率
第1回午前/午後	110	161/138	141/100	1.1/1.4
第2回	20	36	18	2.0
第3回/第4回	10/10	64/44	40/13	1.6/3.4

高校

試験日　1/22（推薦）　2/10（一般第1回）
　　　　2/11（一般第2回）

試験科目　作文＋面接（推薦）
　　　　　国・数・英か国・英・社か数・英・理＋面接（一般第1・2回）

2024年度	募集定員	受験者数	合格者数	競争率
推薦	100	80	80	1.0
第1回	70	165	147	1.1
第2回	30	67	55	1.2

卒業生有名人　山藤章二（イラストレーター）、林義勝（写真家）、藤井道人（映画監督）

共学　幼 小 中 高 大 院

和光 中 学 校 高等学校

自然に恵まれたキャンパスと
自主性を重んじたカリキュラム
知識に偏らない体験学習を重視

SUPER INDEX P.83

■ 普通科(高校)
生徒数　399名(中学)　725名(高校)
〒195-0051
東京都町田市真光寺町1291
☎ 042-734-3402(中学)
☎ 042-734-3403(高校)
小田急線鶴川駅、
京王相模原線若葉台駅　各バス10分
(スクールバスあり)

URL		http://www.wako.ed.jp	
Web上での合格発表	中 学	○	高 校	○

プロフィール　環境に即した能動性あふれる教育

1933年11月、成城学園から分かれて、世田谷区経堂の地に創立。1977年に、多摩丘陵に囲まれた町田市真光寺町に移転した。創立以来一貫して「単なる物知り」ではない、「真の人格づくり」を目指した教育を行ってきた。

生徒の自主性を尊重し、民主的・自主的活動による、自主・自律の力と個性の育成を教育方針としており、幅広い選択制度を設けた自主編成のカリキュラムにより、個性の拡張・充実を図っている。また、受験を目指す教育よりも、人格形成に主眼を置き、心身ともに一個の人格として形成される青年期に、自立の土台を作ることを基本的なねらいとしている。

環境　緑豊かな環境の中ゆったりした施設

中学には、普通教室の他に特別教室15があり、高校にも理科室・美術室・音楽室・技術科室・コンピュータ室・マルチメディア室・生徒会室などの特別教室を設置。さらに図書館や大教室、第1・第2・小体育館、食堂、視聴覚室、5つの教科研究室、200mトラックを持つグラウンド、25m×6コースのプールなど、恵まれた中・高共用施設を完備している。

カリキュラム　人間形成を目標とした中高一貫教育

中学では、性別を越えて同一の学習をすべきであると考え、保健体育科を男女共通の学習としているほか、知育と訓育の統一的な把握ということから、道徳の時間を設置していない。また、1年次の英語は基礎学力定着のため、学級を2つに分けて授業を行っている。さらに、教科テキストや年5回の定期テストは教師が検討して作ったもので、生徒が正しく到達点を理解し、次の課題に向かうための工夫がなされている。

高校では、授業を通して「考える力」「表現する力」をつけることを重視。2年次から選択講座が実施され、幅広い分野にわたる必修・自由選択教科から自分の興味、関心により選択し、少人数クラスでの授業を受ける。

中・高とも、生活に関わりの深い内容を、教科の枠にとらわれることなく学習する「総合学習」の授業もある。また、「生活にゆとりを」との考えから完全5日制を採用している。

学校生活　中学で農作業体験高校で調査研究旅行

登校時間	中学	夏季	8：45	冬季	8：45
	高校		8：45		8：45

中学では、生徒自治を大事にし、多くの行事はたて割で行われている。自分たちでルールをつくり、実行するために全校集会を開き話し合うことを伝統としていて、館山や秋田での合宿にいかされている。そこでは農業や伝統芸能を学ぶとともに信頼関係の大切さを体験する。また1年生と3年生ではクラス演劇に取り組み、話し合う機会の多い3年間となっている。高校では、5月にクラスマッチ形式の体育祭、10月には2年生全員が選択講座ごとに分かれて行う4日間の研究旅行も実施さ

れ、授業ではできない見学や実習など新鮮な体験をすることができる。

クラブは、文化系・体育系合わせて中学に13、高校に20部あり、生徒の自主性を尊重した運営が行われている。

進路　ほぼ100%の進学率

ほぼ全員が進学する。近年では指定校などの学校推薦型選抜による進学者や総合型選抜で進路を決める生徒が多い。普通科の高校ではあるものの人文社会系と同じくらい芸術系への関心が高い生徒が目立つ。

2024年度入試要項

中学

試験日　2/1午前(第1回)　2/3午前(第2回)
　　　　2/11午後(第3回)
試験科目　国・算＋面接

2024年度	募集定員	受験者数	合格者数	競争率
第1回	約40	63	23	2.7
第2回	約10	36	13	2.8
第3回	約10	28	7	4.0

高校

試験日　1/22(推薦)　2/10(一般)
試験科目　作文＋面接(推薦)
　　　　　国・数・英＋面接(一般)

2024年度	募集定員	受験者数	合格者数	競争率
推薦	約70	129	113	1.1
一般	約70	107	96	1.1

　卒業生有名人　提未果(ジャーナリスト)、柄本佑(俳優)、ハマ・オカモト(ミュージシャン)

早稲田 中 学 校 高等学校

中高6カ年で早稲田の校風と高い実践力を身につける難関国公立大学、医学部にも多数進学

普通科(高校)
生徒数　958名(中学)　932名(高校)
〒162-8654
東京都新宿区馬場下町62
☎ 03-3202-7674
東西線早稲田駅　徒歩1分

SUPER
INDEX
P.73

URL	https://www.waseda-h.ed.jp/
Web上での合格発表	○

「誠」と「個性」の創立精神を実践

大隈重信の教育理念(倫理教育、外国語教育の重視、知・徳・体の円満)に基づき、1895(明治28)年に創立された。1948(昭和23)年の新学制により、高等学校が発足。中高一貫ならではの特色ある教育を実践しており、創立の精神である「誠」を基本とする人格の養成、「個性」の伸張、国家社会に貢献し得る健康で民主的な「有為の人材」の育成を教育目標として掲げている。

新校舎での授業開始

早稲田駅の出口を上ると、すぐに堂々たる正門が見えてくる。付近には商店が建ち並び、活気にあふれている。

50室の普通教室のほか、多目的教室、記念大教室などが機能的に配されている。1・2号館に加え、2023年2月に新3号館と新興風館が竣工。伝統と新しさの融合により、新しい雰囲気へと生まれ変わった。3号館には理科実験室、情報教室、学習スペース、興風館には地下屋内プール、図書館、食堂、誠ホール(集会兼スポーツ施設)、アリーナ、柔剣道場、および屋上運動場が配され、より快適で機能的な施設へと変貌を遂げた。これらの新校舎の中間部分には6層吹き抜けの広々とした開放的なプラザが設けられており、休み時間や放課後に生徒たちが集う交流と憩いの場となっている。さらに、新校舎完成に伴う既存施設の移転により、校庭が拡張された。新3号館・興風館は新しい早稲田のシンボルとして、未

新校舎イメージ図

来を生きる生徒たちの成長を力強く支えていく。

話せる英語を重視 高2よりコース制に

中・高6カ年の完全一貫教育のもと、一般教養を高めること、および希望する大学に進学できる学力を身につけることに主眼を置いたカリキュラムを編成している。

中学では、主要5教科で高校課程の先取り授業を実施。各教科とも週4〜6時間配当し、基礎学力の定着を図っている。中学2・3年次に母語話者による英会話の少人数制授業を週1時間組み込むなど、実践的な英語の習得に力を入れている。理科・社会では、校外での体験学習を行っている。

高校では、進路希望や適性に合わせ、志望分野の学力を伸ばすカリキュラムを設置している。2年次より文系・理系のコース制を導入。3年次では生徒の様々な進学目標に対応すべく、学習内容をさらに深化させた授業を展開している。1・2年次に母語話者による少人数制の英語プレゼンテーションの授業を設定し、大学や社会で通用する実践的な英語力を養成する。また、長期休暇には高3対象の夏期講習や高2以下対象の促進講習、さらに、夏休みには、高1を対象とした姉妹校との交換留学(オーストラリア)を実施している。

早稲田の校風を伝える 質実・自由な行事

登校時間	中学	夏季	8：10	冬季	8：10
	高校		8：10		8：10

5月の体育大会をはじめ、9月の興風祭(学芸大会)や12月のスキー学校など、年間を通して様々な学校行事が実施されている。そのほか、中・高6年間で源流から犬吠埼まで踏破する利根川歩行や地学実習、芸術鑑賞等の校外授業もある。いずれの行事にも "早稲

田" の質実剛健さと自由闊達な校風が色濃く映し出されている。

クラブは、学芸部が12、運動部が17、さらに同好会も9あり、中・高が合同で活動している。活動は自由参加で、生徒の自治による運営が行われている。

昼休み

早大に推薦入学制度 難関大への高い合格実績

早稲田大学への推薦入学制度が導入されているが、(定員は約170名)他大学への進学を選択する生徒も多い。主な進学先は、東大、東京工業大、一橋大などの難関国公立大、慶應義塾大、東京理科大、上智大などの難関私立大。

近年は医療の道を志す生徒が増加し、国公立・私立大医学部への進学者数が大きく伸びている。また、米国やカナダをはじめとする海外の大学に進学する生徒もいる。

2024年度入試要項

中学

試験日　2/1(第1回)　2/3(第2回)

試験科目　国・算・理・社

2024年度	募集定員	受験者数	合格者数	競争率
第1回	200	740	253	2.9
第2回	100	1015	214	4.7

高校　募集せず

進学に有利

併設校あり

芸術&特殊学科

資格&技能系

施設が充実

スポーツが強い

クラブ活発が

情操教育を重視

国際人を養成

自由な校風

東京

共学　小中高大院

早稲田大学系属早稲田実業学校中等部・高等部

6年間の探究活動・総合プロジェクトを通じ、ものごとの本質を見抜く力を育む

SUPER INDEX P.88

普通科（高等部）
生徒数　677名（中等部）
　　　　1082名（高等部）

〒185-8505
東京都国分寺市本町1-2-1
☎042-300-2121
中央線・西武線国分寺駅　徒歩7分

URL	https://www.wasedajg.ed.jp/			
Web上での合格発表	中　学	○	高　校	○

| 進学に有利に |
| 併設校あり |
| 特殊学科＆芸術 |
| 資格＆技能系 |
| 施設が充実 |
| スポーツが強い |
| クラブ活動が活発 |
| 情操教育を重視 |
| 国際人を養成 |
| 自由な校風 |

プロフィール　社会で活躍するOB・OGが資産

　早稲田大学の前身・東京専門学校の教育構想の一環として、1901（明治34）年に開校。若年層の実業教育を目的に発展してきたが、1963（昭和38）年、大学の系列下に復帰し、普通科と商業科を併設した。

　早大系属校として、早大の建学の精神・教旨を踏まえた教育を行っており、物事の本質を見極めるという去華就実を校是に、三敬主義を校訓として、社会に多くの貢献を成し得る人物の育成に努めている。また、2001年度にキャンパスを国分寺に移転。さらに翌年に初等部を新設し、商業科の募集を停止、男女共学校としてスタートした。社会の第一線で活躍するOB・OGが本校の資産である。

環境　理想的な教育環境

　国分寺キャンパスは、広大な敷地と豊かな緑に恵まれ、最新の施設・設備を誇る理想的な教育環境であり、21世紀のモデル校としての役割も果たすキャンパスである。情報教育を実施するPC教室には、最新のコンピュータが150台設置され、国際教育を行うCALL教室にはパソコンを利用した最新のシステムが整っている。7万冊の蔵書を収容し147席の閲覧室がある図書館、2つの体育館、柔道場、剣道場、野球

広大な人工芝の校庭

場、弓道場などもそろっている。

カリキュラム　生徒の主体的な学びを促すカリキュラム

　中等部では、バランスのとれた基礎的な学力の育成を第一の目標としてカリキュラムを編成している。幅広い分野から生徒の興味と関心を喚起すると共に、自発的に研究しようとする意欲を育むことにも力を注いでいる。

　高等部では、将来早稲田大学の中核となるために必要な学力を育成し、調和のとれた人間教育を目標としたカリキュラムを編成している。情報化・国際化社会への対応にも配慮している。2年次より、文系・理系のコース別クラス編成を行い、3年次には、進学する早大の学部別に分かれ、高度に専門的な内容を学ぶ「特別授業」を早大教授・本校職員が実施し、大学での学びにスムーズに転換できるようになっていく。高等部各学年に、興味、関心、志望学部に応じ生徒が選択できる選択科目を設置し、主体的な学びを促すようになっている。

学校生活　盛んな課外活動

登校時間	中学	夏季	8：30	冬季	8：30
	高校		8：30		8：30

　「大器晩成」にちなんで「大成会」と称されるクラブは、文化系に12、体育系に26、同好会に8の団体があり、特に体育系クラブの活躍が目立つ。硬式野球部は甲子園出場も数多く、第88回選手権大会で優勝した。ゴルフ部、ラグビー部、硬式テニス部や音楽部も全国大会クラスの実力を持つ。

進路　卒業生のほぼ100%が早大の各学部へ

　高等部から早稲田大学へは、人物・成績共に優れた生徒が各学部に推薦され入学する。推薦は、生徒本人の志望する学部・学科と、在学時に修めた成

績、人物の評価などを総合的に判断した上で実施され、ほぼ100%の卒業生が早稲田大学の各学部へ進んでいる。日本医科大学への内部推薦制度もスタートした。

トピックス　探究学習・総合プロジェクト

　早実では6年間にわたる探究学習・総合プロジェクトを進めている。中1では国分寺巡検・ボランティア、中2ではJTBパブリッシングのサポートを得て「るるぶ国分寺」の作成、中3では取材・実験を含む卒業研究、高1では「早稲田大学を知る」というテーマでOB・OGに取材し発表、高2からはユニークなテーマの少人数ゼミ形式の講座・早実セミナーを受講し、論文を作成する。

豊かな緑に囲まれたキャンパス

2024年度入試要項

中等部

試験日　2/1

試験科目　国・算・理・社

2024年度	募集定員	受験者数	合格者数	競争率
男子	約70	330	87	3.8
女子	約40	196	50	3.9

※定員は帰国生若干名を含む

高等部

試験日　1/22（推薦）　2/10（一般）

試験科目　課題作文＋面接（推薦）
　　　　　国・数・英（一般）

2024年度	募集定員	受験者数	合格者数	競争率
推薦	約40	77/24	36/10	2.1/2.4
一般	約50/約30	441/272	127/59	3.5/4.0

※人数はすべて男子/女子
※定員は帰国生若干名を含む

卒業生有名人　王貞治（福岡ソフトバンクホークス会長）、小室哲哉（音楽プロデューサー）、國分功一郎（哲学者/東京大学大学院教授）

東京

男子 中高大院

早稲田大学 高等学院中学部 高 等 学 院

普通科（高等学院）
生徒数　360名（中学部）
　　　　1466名（高等学院）

〒177-0044
東京都練馬区上石神井3-31-1
☎ 03-5991-4156
西武新宿線上石神井駅　徒歩7分
西武池袋線大泉学園駅、中央線西荻窪駅
各バス20分

SUPER
INDEX
P.91

「学びの自由」が未知への探究心と
挑戦し続ける気概を育む
早稲田大学への直結が魅力

URL	https://www.waseda.jp/school/gakuin/			
Web上での合格発表	中学	○	高校	○

早稲田大学附属校 としての伝統

　1920年に創立された、旧制早稲田大学早稲田高等学院を前身とする。1950年に現在の早稲田大学高等学院になり、1956年、現在地に移転。2010年4月、中学部を併設。

　教育方針は、早稲田大学の建学理念に基づき、健康と知性を兼ね備えた青年の育成にある。実質上、早稲田大学に全員進学できるため、生徒は受験から解放され、のびのびとした印象を受ける。校風もいたって自由だ。

石神井の地に 早稲田の杜を再現

　施設としては、約13万冊の図書と約70誌の雑誌、DVDやCDなどの視聴覚資料を誇る全国有数の図書室をはじめ、CALL教室、PC教室、音楽室、理科教室などを完備するほか、講堂や2棟の体育館、グラウンド、硬・軟式テニスコート、ゴルフ練習場、弓道場、アーチェリー練習場などが、広い敷地内に点在している。

第2外国語が 必修でハイレベル

　中学では、主要教科はもちろん、教科の枠を越えた課題について調査・研究し、その成果を発表できるよう指導

選択科目も豊富

するほか、英語を中心として高校で授業が行われている諸外国語圏の文化・歴史・言語などについて学ぶ。

　高校では2年次よりゆるやかな文系・理系制による授業が行われ、3年次には進路志望に沿った、本格的なコース別の学習に入る。特に3年次のカリキュラムには、バランスのとれた総合的な学力の向上と、一人ひとりの適性や興味の伸長を目的に、多種多様な選択科目が設置されている。第2外国語が必修であるのも特徴の一つで、フランス語・ドイツ語・ロシア語・中国語の中から1科目を選択し、3年間学習する。「総合的な学習の時間」も積極的な授業展開をしており、2年次に「自ら問いを立て、仮説をつくり、論証して、議論する」課題探究型の授業を行い、3年次には卒業研究を仕上げる。コンピュータによる情報教育も充実している。3室あるPC教室は「情報」の授業において使用されるばかりではなく、昼休みや放課後も開放されている。また、生徒全員がWaseda IDを取得し、自宅からもインターネットにアクセスし、課題を作成・提出することができる。

　また、高校2年次からは早稲田大学の一部正規授業を履修でき、大学単位先取りを含む様々な取り組みを行っているほか、留学生の派遣・受入も積極的で、高校・中学では夏休みにオーストラリア等海外研修を実施している。

自主・自立の校風 自治会活動も盛ん

登校時間	中学	夏季	8：30	冬季	8：30
	高校		8：40		8：40

　「自主・自立」を重んじる高校では、制服（標準服）の着用は生徒の自主性に任せられている。私服で登校する生徒も多い。なお中学では、制服（黒の詰襟）の着用を義務づけている。

　クラブは中学と高校で分かれて活動

抜群の蔵書数を誇る図書室

している。中学のクラブは11。高校のクラブは文化部門25、体育部門28。それぞれのクラブが活発に活動をしている。

早稲田大学に ほぼ全員が進学

　所定の基準を満たす生徒は、早稲田大学へ推薦されるため、卒業生はほぼ全員が早大に進学する。2023年3月は、政治経済学部110名、法学部76名、文化構想学部27名、文学部14名、教育学部25名、商学部45名、基幹理工学部68名、創造理工学部35名、先進理工学部30名、社会科学部30名、国際教養学部10名進学している。

2024年度入試要項

中学部

試験日　2/1
試験科目　国・算・理・社＋面接

募集定員	受験者数	合格者数	競争率
120	380	129	2.9

高等学院

試験日　1/22（自己推薦）　2/11（一般）
試験科目　面接・書類（自己推薦）
　　　　　国・数・英＋小論文（一般）

2024年度	募集定員	受験者数	合格者数	競争率
自己推薦	約100	260	100	2.6
一般	260	1438	522	2.8

※一般は帰国生18名を含む

卒業生有名人　河野洋平（政治家）、出井伸之（元ソニー最高顧問）

進学に有利に

併設校あり

特殊学科＆芸術

資格系＆技能

施設が充実

スポーツが強い

クラブが活発

情操教育を重視

国際人を養成

校風な自由

和洋九段女子 中学校 高等学校

21世紀型教育推進校
グローバルクラスの設置、PBL型授業の導入で国際標準の教育を実践

SUPER INDEX P.73

制服 p.⑱

URL	https://www.wayokudan.ed.jp/		
Web上での合格発表	中学	○	高校	―

普通科（高校）
生徒数　260名（中学）　187名（高校）
〒102-0073
東京都千代田区九段北1-12-12
☎ 03-3262-4161
東西線・半蔵門線・都営新宿線九段下駅
徒歩3分
JR・有楽町線・南北線・都営大江戸線
飯田橋駅　徒歩8分

プロフィール
Think Globally Act Locally

　21世紀型教育推進校として、国際標準の教育を展開。考える力・英語・サイエンスリテラシー・ICT・コミュニケーション力に重点を置く。この校風は、今に始まったわけではない。1897（明治30）年、本校は、わが国で初めて洋装を教える学校として創立され、自立した女性を社会に送り出し続けた。100年後の女子教育を見据えていたといえる。そして、この先100年を見据えた女子教育を展開する。

環境
緑に囲まれた校舎 快適な学習環境

　最大の特徴は、全館が阪神大震災以降の建物で、耐震性に優れているということ。これに加え、警備会社の有人・機械での警備や、災害時の備蓄など安全で安心できる校舎であることを徹底している。また、教育面での機能としても、フューチャールーム、CALL教室、カフェテリア、温水プール、5つの実験室、ダンス室、テニスコート、和室など施設が充実。各自のタブレットを用いた授業も行っている。

　PBL型授業ではしっかりとした基礎知識が重要になるため、授業内での知識習得に加え、補習・講習も実施する。その学びが受身になっては意味がないので、自学自習の姿勢と知識の定着のためにスタディステーションを用意している。これは20時まで利用できる質問可能なブース型自習室で、クラブの後でも宿題・予習・復習を校内で完結させることが可能だ。

カリキュラム
グローバルクラスの設置 と PBL型授業の実施

　グローバル化・社会の変化に対応できる女性を育てるために、思考力・英語力・サイエンスリテラシー・ICT・コミュニケーション力の育成に重点を置く。これらを達成するために、PBL型のアクティブラーニングを徹底する。PBL型とは、トリガークエスチョン→情報収集→考えを整理→グループでの話し合い→選択→レポート→プレゼンを繰り返すもので、これにより、思考することを常態とし、解の無い問題に対しても合理的な選択をすることができるようになる。思考することの興奮・発表の達成感・解決することの歓喜を味わうことで、自己肯定感も高まる。高校では本科コース、グローバルコースに加えて2020年にサイエンスコースも設置された。

　また、中学校ではグローバルクラスを設置。英語の授業はレベル別に実施し、ある程度習得している生徒の授業については、オールイングリッシュで展開する。初めて英語を学ぶ生徒は、日本語を交えた授業から開始するが、段階を踏んでオールイングリッシュの授業に移行する。

学校生活
活発なクラブ活動と 多彩な学校行事

登校時間	中学	夏季	8：40	冬季	8：40
	高校	夏季	8：40	冬季	8：40

　行事・クラブ活動は中高一緒に行っている。先生も中高を兼ねており、学園全体に家庭的な雰囲気がある。和洋九段の一日は、始業前の朝学習に始まるが、協調の精神を養い、学術や体力の向上を図る放課後のクラブ活動にも積極的だ。全国レベルで活躍する箏曲部や水泳部等、文化学術部門19、体育部門10のクラブがある。

　10月に行われる文化祭の他、新入生歓迎会、北の丸公園散策、研修・修学旅行、球技大会、芸術鑑賞会、英語スピーチコンテスト、作文発表会、スキー教室（希望者）、百人一首大会、合唱コンクールなど様々な学校行事が学園生活を彩っている。

進路
グローバルな進路 に対応

　近年、学力伸長度ランキングで常に上位に位置し、希望する大学への進学率が高いが、グローバルコースの設置により、海外大学への進学も視野に入れたサポート体制を整える。これまでも、ボストン大学大学院を卒業しセーブザチルドレンジャパンで新興国の学校づくりに励んだり、フランスの国立医学研究所の研究員をしている者など、世界で活躍する卒業生が多くいる。また、女優・アナウンサー・弁護士・新幹線の運転士など、卒業生の活躍する領域が幅広い。自分の適性と社会の要請を鑑みて、自らの幸せと社会貢献を両立させることのできる女性を社会に多く送り出していく。

2024年度入試要項

中学

試験日	11/11（帰国生第1回）　12/22（帰国生第2回）　2/1AM（第1回）　2/1PM（第2回）　2/2AM（第3回）　2/2PM（第4回）　2/3PM（第5回）　2/5AM（第6回）　2/10AM（第7回）
試験科目	国・算・英から2科＋面接または英＋面接（帰国生第1回）　課題提出（事前）＋オンライン面接（帰国生第2回）　国・算か国・算・理・社か英＋英語スピーキングかPBL（第1回）　国・算か国・理か国社か英語インタビューかプレゼン（第2回）　国・算か国・算・理・社か英＋英語スピーキング（第3回）　国・算か英語スピーキング（第4回）　国・算か国・算・理・社（第5回）　到達度確認テスト〈国・算〉か英＋英語スピーキング（第6回）　到達度確認テスト〈国・算〉かプレゼン（第7回）

2024年度	募集定員	受験者数	合格者数	競争率
第1回/第2回	40/40	45/87	39/72	1.2/1.2
第3回/第4回	15/15	14/21	11/16	1.3/1.3
第5回/第6回	10/5	30/17	26/13	1.2/1.3
第7回	5	9	6	1.5

※定員は本科100名・グローバル30名
※帰国生の募集定員は特に定めず

高校

試験日	12/22（帰国生推薦・帰国生一般）　1/22（推薦）　2/13（一般）
試験科目	面接（推薦）　英語能力検定書類審査＋面接（一般）
募集人員	20名（グローバルコースのみ）

※帰国生の募集定員は若干名

卒業生有名人　小池栄子（女優）、出田奈々（アナウンサー）

●●●MEMO ●●●●●●●

●●●MEMO ●●●●●●●

神奈川
50音順ガイド

＊10タイプ・ジャンル別インデックス
は、各学校の大きな特徴を、それぞ
れ3つから4つ選んでいます。
『進学に有利』　　国公立大学、
有名私立大学に、多くの合格者を出
している学校。
『芸術&特殊学科』……音楽、美
術、演劇、体育などの学科やコース
をもつ学校。
『資格&技能系』……高校卒業後、
就職に役立つ資格や技能を身につけ
られ、専門技術を学べる学校。
『スポーツが強い』……全国大会、
インターハイなどに出場し、優秀な
成績をあげている学校。
『国際人を養成』……英語を重視
し、留学(長・短)、海外語学研修、ホーム
ステイなどのシステムをもつ学校。
＊各学校のガイドのくわしい見方は、
4ページの「ガイドページの見方」
をごらんください。

355

共学　幼 小 中 高 短 大 院

青山学院横浜英和 中学校 高等学校

普通科（高校）
生徒数　522名（中学）　643名（高校）
〒232-8580
神奈川県横浜市南区蒔田町124
☎ 045-731-2862（中学）
☎ 045-731-2861（高校）
横浜市営地下鉄蒔田駅　徒歩8分
京浜急行線弘明寺駅　徒歩18分

キリスト教精神に基づく一貫教育で
豊かな人格と確かな学力を育む
親身な指導で難関大進学も

SUPER INDEX P.82

制服 p.42

URL	https://www.yokohama-eiwa.ac.jp/chukou/
Web上での合格発表	○

進学に有利に
併設校あり
特殊学科・芸術&
技能系＆資格
充実が施設
スポーツが強い
クラブが活発
情操教育を重視
国際人を養成
自由な校風

プロフィール　聖書の教えを大切に "隣人と共に生きる"

1880年創立のミッションスクール。2016年4月より青山学院大学の系属校となり現校名に。2018年度より男女共学化。

「心を清め、人に仕えよ」を校訓に、建学の精神である聖書の教えを大切に受け継ぎながら、共に神に創造されたという原点に立って相互理解を強め、自立した生き方を学んでいく。

環境　緑まぶしい学び舎

周囲を樹木に囲まれた閑静な校地。パイプオルガンを備えた礼拝堂やブリテンホール、二つの体育館などがある。「スチューデントセンター・オリーブ」は、生徒会活動の拠点。生徒の主体的な活動を学校も応援している。

カリキュラム　選択講座で個々の進路に対応

中・高とも特に英語の授業時数が多く、習熟度別の授業を行っている。外国人教師による少人数の英会話の授業もある。一人ひとりの個性と進路選択に対応できるよう、選択科目講座も用意されている。

キリスト教教育として、中・高とも「聖書」の授業が必修であるほか、毎日の礼拝や、2泊3日の「修養会」での活動を通して、自分自身の生き方を考える機会を持つ。また、社会福祉施設を訪問する「1日修養会」では他者と共感することを学び、自己を見つめ直す機会としている。

学校生活　豊かな心と健やかな身体を育む

登校時間	中学	夏季	8：15	冬季	8：15
	高校		8：15		8：15

栄養豊かな完全給食を、60年以上も続けている。保健体育の授業やクラブ活動、体育祭などの行事を通して、積極的に健康の増進と体力の向上に努めている。

年間を通じてイースターやクリスマスなどの様々な礼拝が行われるほか、海外研修や、合唱コンクール、シオン祭（文化祭）などの行事が学院生活を彩る。

クラブは、サッカー・テニスなど体育系が11、演劇・英語・オーケストラ・YWCAなど文化系が18あり、それぞれ熱意を持って自主的に活動している。

生徒全員がChromebookとGoogleのアカウントをもち、授業や家庭学習に活用している。

将来の進路選択のために「国境なき医師団」「神奈川弁護士会」「JAL」「日本テレビ」など、社会現場の専門家による出前授業の「キャリア塾」を年間を通して行っている。

進路　生徒の主体的な進路選択を応援

個人面談や三者面談、夏期補講、学力試験などを実施し、生徒それぞれが自己の適性を把握し、進路決定できるように指導している。

青山学院大学への進学を希望する場合、進学条件を満たす生徒は推薦される。

近年の主な進学大学は、青山学院大、横浜市立大、東京都立大、慶應義塾大、早稲田大、上智大、国際基督教大、立教大、明治大、The Pennsylvania State Universityなど。

国際化　国際交流が盛ん

世界各国から多数の帰国生を受け入れている。また、オーストラリア・ニュージーランドに各2校、韓国・アメリカに各1校、合計6校の姉妹校・提携校がある。高1では全員参加で1週間のカナダ海外研修を行い、ブリティッシュコロンビア大学で特別講義を受ける。

また希望者にはオーストラリアやニュージーランドへの短期留学、夏休みにシアトルサマープログラム、春休みにカリフォルニア研修など異文化を理解する機会が多く設けられている。

そのほかカナダの公立高校への3ヵ月留学・単位認定の1年間留学がある。

2024年度入試要項

中学

試験日　2/1午前（帰国生・A日程）
　　　　2/2午後（B日程）　2/3午後（C日程）
試験科目　国・算・理・社（A日程）　国・算（B・C日程）　国・算＋面接（帰国生）

2024年度	募集定員	受験者数	合格者数	競争率
A日程	60	227	89	2.6
B日程	30	432	99	4.4
C日程	30	399	64	6.2

※帰国生の募集は10名程度

高校　募集せず

第一生命による「キャリア塾」

シアトルサマープログラム

　卒業生有名人　早島万紀子（パイプオルガン奏者）、太田光子（リコーダー奏者）、小野由子（東京女子医科大学名誉教授）

神奈川
男子　中高

浅野中学校・高等学校

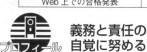

完全中高一貫のカリキュラムと
生徒本位の綿密な学習指導で
難関大に高い合格実績を持つ

普通科（高校）
生徒数　821名（中学）　814名（高校）
〒221-0012
神奈川県横浜市神奈川区子安台1-3-1
☎ 045-421-3281
京浜東北線新子安駅・京浜急行線京急新子安駅　徒歩8分

SUPER INDEX P.77

URL	https://www.asano.ed.jp/
Web上での合格発表	○

プロフィール　義務と責任の自覚に努める

1920（大正9）年、浅野綜合中学校を設置。1948（昭和23）年、学制改革により浅野中学校・高等学校となり、中高一貫体制を確立した。その後、進学実績を飛躍的に伸ばし、現在では神奈川県有数の男子進学校として高い評価を得ている。

「九転十起」「愛と和」の校訓のもと、「自主独立の精神、義務と責任の自覚、高い品位と豊かな情操」とを具えた、心身共に健康で、創造的な能力を持つ、逞しい人間の育成に努めている。

環境　緑豊かな環境と、充実した施設

京浜工業地帯・ベイブリッジを眼下に見渡す高台に、緑におおわれた褐色の近代的校舎が建ち並ぶ。約6万㎡の敷地のほぼ半分は通称「銅像山」と呼ばれ、創立100周年を迎え記念リングを作成した。

施設としては、全館冷暖房完備され、全教室にはプロジェクターが設置されている。普通教室のほかに、クラスを分割し少人数授業に対応した演習教室などを設置し、ハイレベルな教育を展開している。2014年6月に新図書館、11月に新体育館が完成。2016年9月にグラウンドを全面人工芝化。

カリキュラム　先取り授業など進度の速い内容

高校での募集は行わず、完全中高一貫カリキュラムを組んでいる。

中学では、国語・数学・英語に週5～6時間、理科・社会にも週4～5時間の授業を当てており、5教科をバランスよく、しかも密度の濃い内容で学習する。数学では、高校の学習内容を積極的に導入し、同じ内容を高校進級後に再度学習することで、その定着と内容理解の深化を図っている。英語では、ネイティブスピーカーによる授業に加え、自宅PCや個人端末でも英語学習ができるリピトークを導入して、音声面と表現力面を重視している。

高校では、1年次の数学で少人数授業を行う。2年次より文系、理系のコース制を採用し、2023年度より3年次では、文・理8クラス体制を採用した。理系のコース名は①東大理系②難関国公立理系③国公立理系で、文系は①東大文系②国公立文系③私立文系に分かれる。3年次にコースを決めるときには本人の希望を中心に、成績も加味して面談を行い、自身が納得したコースを選択している。同じ志望校の生徒が、競争ではなく希望で集まるので、クラスは励ましあう雰囲気となっている。

学校生活　豊かな学園生活に31の部活動

登校時間	中学	上半期	8:35	下半期	8:35
	高校	上半期	8:35	下半期	8:35

5月と9月に行われる打越祭（体育祭・文化祭）は、1年を通じて学園最大の行事で、生徒は授業とは別の一面を披露する。また、研修旅行では、6月に高2が九州など、11月に中3が奈良・京都を訪れる。そのほか、中学1・2年次の夏休みには林間学校、1月にはスキー教室も実施されている。また、7月に高1と高2、8月には中3～高

2の希望者を対象に海外研修を実施している。

中学ではほぼ全員が部活動に加入し、中・高が合同で又は別々に活動している。文化部には国際化学オリンピック金メダル受賞の化学部、全国大会出場の棋道部、ディベート部など14、運動部にはインターハイ出場のボクシング部のほか、野球、サッカー、バスケットボール、アーチェリー、アメリカンフットボールなど17の団体がある。

進路　超難関大合格者が着実に増加

卒業生は、全員が4年制大学への進学を目指す。現役合格率も70％超と高く、難関大学への合格者も増えるなど、合格実績が年々上昇している。

2022年度の主な合格実績は、東大43名、京都大7名、一橋大10名、東京工業大9名、早稲田大46名、慶應義塾大132名、国公立医学部23名、私立大医学部35名など。

2024年度入試要項

中学

試験日　2/3
試験科目　国・算・社・理

募集定員	受験者数	合格者数	競争率
270	1429	595	2.4

高校　募集せず

進学に有利に
併設校あり
芸術＆特殊学科
資格＆技能系
施設が充実
スポーツが強い
クラブ活動が活発
情操教育を重視
国際人を養成
自由な校風

卒業生有名人　堀威夫（元ホリプロ取締役ファウンダー）、岩崎正幸（ニッポン放送代表取締役社長）、竹内一郎（作家）

神奈川

共学 高

旭丘 高等学校

普通科　総合学科
生徒数　961名
〒250-0014
神奈川県小田原市城内1-13
☎ 0465-24-2227
東海道本線・小田急小田原線小田原駅
徒歩5分

SUPER INDEX P.79

現代社会の課題を見つめながら 自立した人間を育成 一人ひとりに合った進路を展開

URL　http://www.niina-gakuen.jp/

中央センター1・2号棟外観

プロフィール　総合学習や社会体験から 個々の進路を開く

前身は、1902(明治35)年に創立された裁縫・手芸伝習所。従来の家庭科の他に普通科を設置したのが1953(昭和28)年。1956年には商業科を併設し、現校名となる。1994年より家庭科の募集を停止し、1999年より男女共学化。2002年より、商業科にかわって総合学科を新設。

個性を大事にし、総合学習や社会体験学習を通して進路が開ける学校づくりを推進している。

環境　災害に強い 都市型学校

小田原城の緑に囲まれ、天守閣を背景にした静かな環境である。2001年に全面改築が完成した校舎は、一部が地域の防災センターにもなる丈夫で安全な建物で、地域の文化センターとしての機能も持っている。全教室にエアコンを完備し、400人収容の多目的ホールもある。また、校舎がある第1校地のほかに、小田原市久野・荻窪にある約5万9千平方メートルの第2校地には総合グラウンド(人工芝グラウンド・サッカーコート)、体育館、総合学習棟、セミナーハウスなどを開設。主として総合学科の「学び」の根拠地であり、第1校地からスクールバスで15分で、普通科は交替で1週間に最低1日はこの新しい校地で過ごせるよう、学習カリキュラムを組んでいる。

修学旅行で平和をテーマにした学習を実践

カリキュラム　現代社会で生きる 力を身につける

普通科は、2014年度より単位制となり、進学や就職に対応したカリキュラムを編成している。一人ひとりの生徒が、科学的に思考することの楽しさ、真理を探究することへの限りない興味、ものごとを検証し実証することのおもしろさなどを味わい、自主的に学習できるよう教師集団が援助し、指導していく。2015年度より、基礎学力の回復に重点を置き、応用・発展の学力を培う「クリエイティブクラス」を開設。

総合学科は、個性を持ったそれぞれの生徒が将来の進路を考え、情報ビジネス・福祉・健康・環境・異文化理解など、進路・職業と現代を生きる課題をテーマにした少人数制の総合選択科目から、学びたい科目を自分で選択して学ぶ。一人ひとりの生徒の自己発見・自己表現と進路を切り開く力(生きる見通し)の育成を目指す。大学や短大を目標に、進学対応のカリキュラムで学ぶ「大学進学クラス(学業進学・スポーツ進学)」と「進路探求クラス」、「国際クラス」を設置。

不登校生徒の再チャレンジをサポートする「ベーシッククラス」は、各学科30名以下の少人数編成。国語・数学・英語についてはつまずいたところからやり直すことのできるチームティーチングを取り入れ、「ことばと交わり」「からだ」「基礎の数学」など、コミュニケーション能力を育てる授業を重視している。カウンセラーの相談体制も充実。

学校生活　評価の高い「平和」 学習の修学旅行

| 登校時間 | 夏 | 9:00 | 冬 | 9:00 |

クラブは、バスケットボール、剣道、弓道、卓球など16の運動部と、交通研究や生物、吹奏楽、書道など15の文化部が活動している。また、野球部やサッカー部、ボウリング部(全国大会優勝)、相撲部(国体・全国大会)、陸上(全国大会・

関東大会)なども活躍している。学校行事は、クローバー祭と呼ばれる文化祭、体育祭をはじめ、修学旅行や社会見学など、生徒の好奇心や向上心を高めるイベントが目白押しだ。特に、長崎への修学旅行では、「平和」をテーマとした学習が実践されており、高い評価を得ている。また、第2校地では自然を生かした「里山創生」・「陶芸」・「食農教育」などを展開している。

進路　学校での一日一日が 未来を切り開く

進路指導にあたっては「大きな進路」(社会の発展の見通し)と「小さな進路」(個人の生き方の見通し)を結び付けた学習指導等、学校行事の中で進めていくのが特色である。

卒業生からは、「高校での経験は、確実に僕の中でいまだに僕を動かしている。自分が望めばいくらでも活動の場があると思う。勇気を持って行動を。」(和光大学人間関係学部)との声が寄せられている。

2024年度入試要項

試験日　1/22(推薦)　2/10(一般・ベーシック)
試験科目　作文＋面接(推薦・ベーシック)
　　　　　作文または国・数・英(一般)

2024年度	募集定員	受験者数	合格者数	競争率
普通科	120/120	19/318	19/318	1.0/1.0
総合学科	116/117	97/319	97/319	1.0/1.0

※人数はすべて推薦/一般
※合格者数にはスライド合格を含む
※ベーシッククラスの募集は、普通科30名・総合学科30名
※他に、20名の総合学科大学進学クラス・国際クラス特別奨学生入試(第1回1/22、第2回2/10)、若干名の一般2期入試(3/4)あり

麻布大学附属高等学校

S特進クラス・特進クラス・進学クラスによる習熟度別教育

SUPER INDEX P.85

制服 p.46

普通科
生徒数　946名
〒252-0206
神奈川県相模原市中央区淵野辺1-17-50
☎042-757-2403
横浜線矢部駅　徒歩4分
（共通正門まで・校舎まで学園内を4分）

URL	https://www.azabu-univ-high-school.jp
Web上での合格発表	○

夢を語り、夢を実現する

1890（明治23）年、東京麻布に、麻布獣医学園の母体である東京獣医講習所が発足。1961（昭和36）年、学園の創立70周年記念事業の一つとして、現在地に設立された。併設校として、麻布大学（獣医学部、生命・環境科学部）がある。「誠実・協調・博愛・奉仕」を校訓とし、「夢を語り、学問を追究・実践し、誠実なる校風の基、平和社会建設に貢献する」の教育理念の基で、未来をひらく強い精神力と健康な身体を持つ人材の育成を目指している。

駅至近ながらも落ち着いた環境

JR横浜線、矢部駅より徒歩4分で学園キャンパスに到達。大学と一体化したキャンパスは駅至近ながらも、閑静な住宅街の中にある。通学圏は相模原以外にも、横浜、八王子や多摩地区など幅広く、約70%の生徒が電車通学をしている。

施設としては、すべての教室に独立した調整機能がある空調がある。また、全ての教室に電子黒板が完備されており、日常的にICT教育が行われている。新入生は入学時にiPadを所持する。蔵書3万8千冊以上を誇る図書館、地上2階建て、1700名を収容できるアリーナ、砂入り人工芝を抱えるテニスコート、食堂、ファミリーマートと提携した自動販売機など、高校生活に最適な環境をそろえている。

進級時に入れ替わる3つのクラス

入学時に選択するS特進・特進・進学の3クラスは進級時に入れ替えられる。実力テストの結果と本人の希望を考慮し、適性にあったクラスに再編成される。このため、入学後も緊張感を持って学習の継続ができるシステムとなっている。S特進クラスは国公立大学ならびに最難関私大の合格を目標とし、1年次よりトップレベルの授業や演習を行う。特進クラスは難関私大、国公立および麻布大学への合格を目標に、応用・発展を重視した実力を養成する。進学クラスは丁寧な授業展開によって基礎学力の定着を図り、そこから難易度の高い学習内容へと結びつけて理解を深める。難関私大や麻布大学への進学を目指す。iPadを必携とし、授業で活用している。

学校行事や生徒会活動が多彩

登校時間	8：40

多彩な学校行事が組まれていて、5月の体育祭、9月の翔渕祭（文化祭）は特に盛り上がる。生徒で実行委員会を組織し、生徒自ら企画・立案・実行を手がける。その他、校外行事、球技大会、芸術鑑賞会、クラスマッチ等がある。また、2年次の修学旅行はディスカッション・フィールドワーク等、観光型の修学旅行とは異なる教育旅行を実施。

高校生活充実のため、部活動への参加も奨励しており、70%以上の加入率を誇る。授業や補習の時間と部活動の時間を完全に住み分けている。全国大会出場のサッカー部やワンダーフォーゲル部・陸上競技部をはじめとし、演劇部・吹奏楽部などは、実績が特に顕著である。全部で22クラブが活発に活動しており、放課後や休日も生徒の声が絶えない。

可能性を広げる指導で難関大合格者が倍増

「進路意識の向上」と「大学入試対策」の2つの柱として進路指導を進めている。「進路意識の向上」プログラムとしては、進路担当教員や予備校講師による各種説明会・講演会、様々な学問・職業を提示する進路適性検査、職業学習などを通じて進路意識の向上を図っている。「大学入試対策」プログラムとしては、全国学力模試で実力を測ると共に、河合塾「バンザイシステム」、ベネッセ「Compass」など大学合格判定ソフトを利用して様々な入試方式による合格判定を分析し、生徒の合格可能性を広げる指導を行っている。様々な取り組みの結果、難関大合格者数が年々増加している。近年の主な合格先は、東北大、横浜国立大、東京学芸大、電気通信大、千葉大、東京都立大、横浜市立大、防衛医科大学校、早稲田大、慶應義塾大、上智大、東京理科大など。

2024年度入試要項

試験日　1/22（推薦）　2/10（一般A・オープン第Ⅰ期）　2/11（一般オープン第Ⅱ期）
試験科目　面接（推薦）
　　　　　国・数・英＋適性（一般A）
　　　　　国・数・英＋面接（オープン）

2024年度	募集定員	受験者数	合格者数	競争率
推薦	55	7/27/76	7/27/76	1.0/1.0/1.0
一般	200	67/154/534	67/154/461	1.0/1.0/1.2

※人数はすべてS特進/特進/進学
※一般の定員はB方式（書類選考/作文（出願時））を含む

卒業生有名人　太田宏介（Jリーガー）、小林悠（Jリーガー）、坂井丞（飛込競技）

進学に有利

併設校あり

芸術・特殊学科

資格系＆技能系

施設が充実

スポーツが強い

クラブが活発

情操教育を重視

国際人を養成

校風自由な

共学　幼小中高

アレセイア湘南 中学校 高等学校

普通科（高校）
生徒数　124名（中学）　839名（高校）
〒253-0031
神奈川県茅ヶ崎市富士見町5-2
☎ 0467-87-7760（中学）
☎ 0467-87-0132（高校）
東海道線辻堂駅　バス8分
東海道線茅ヶ崎駅　バス10分

「世界平和に貢献できる人」を育てる 少人数・中高一貫の男女共学校 2022年度より、高校新2コース制

 SUPER INDEX P.79

制服 p.41

URL	中学	https://www.aletheia.ac.jp/jr/
	高校	https://www.aletheia.ac.jp/h/

アーチェリー部

左側の縦タブ：
進学に有利に／併設校あり／芸術＆特殊学科／資格＆技能系／施設が充実／スポーツが強い／クラブが活発／情操教育を重視／国際人を養成／自由な校風

プロフィール キリスト教に 基づく人間教育

1946年、私立平和女学校が開校。1949年、平和学園中学校、高等学校と改称。1999年からは中学校が、2000年からは高校が、現校名に改称。共学化。

「アレセイア」は、ギリシャ語で「真理」の意味。「真理はあなたたちを自由にする」を学校聖句として掲げ、創立以来一貫してキリスト教に基づく教育を行っている。

環境 快適な校舎で 豊かな学び

湘南海岸に近い閑静な住宅街の一角に、幼稚園から高校までの各施設が建ち並ぶ。

創立者の名前にちなんだ賀川村島記念講堂は窓のない十二角形の造りが特徴で、毎朝の礼拝をはじめ、パイプオルガンコンサート等も行われる。

明るいランチルーム、ユニークな憩いの広場など、豊かな環境のもと学んでいる。

憩いの広場

カリキュラム 生徒の特性を伸ばす カリキュラム

「小さな平和から大きな平和を」をコンセプトとするグローバル教育カリキュラムを実施。体験学習、ワークショップ、プレゼンテーションなどを繰り返し「言語力」「思考力」「たくましさ」そして「英語力」を伸ばす。

中学は30人以下の少人数編成クラスで学ぶ。特に英語はネイティブ教師によるグレード別授業が週3回行われている。放課後や土曜日には英語プラスや学習クリニックを行っている。

高校は2022年度に「特進コース」と「探求コース」を新設。受験突破力と探求的な学びでプレゼン力を伸ばし、一人ひとりの夢を実現する。

放課後や土曜日は、部活動はもちろん、GUセミナー（受験対応講座：特進コース必修）で学力を伸ばし、受験英語を超える英語を学ぶ国際英語塾（ネイティブ教師が担当）で留学も見据えた実践的な英語の学びを深めることができる。iPadの活用やICT教材を用いた自宅学習も充実。オンライン自習室など学習サポート体制が用意されている。

学校生活 ゆとりと活躍の場 がある学園生活

登校時間	中学	夏季	8:30	冬季	8:30
	高校		8:30		8:30

授業は5日制。毎朝礼拝があり自分を見つめて1日が始まる。

最も盛り上がる行事は平和祭（文化祭）と体育祭。実行委員を中心に生徒達がつくり上げる。高2で研修旅行や英国語学研修。オーストラリア語学研修は中2〜高3まで参加可能。また、キリスト教行事として、修養会や讃美歌コンクール等がある。クリスマスは小中高合同で行う大きな行事となっている。

部活動は硬式野球、バスケット、陸上、卓球、テニス、アーチェリー、演劇、軽音楽、ハンドベルなど合計22の部活などがある。特にバスケットボール部は、2021年度に高校女子がインターハイ出場、高校男子・中学男・女も県上位の実力がある。

制服は中高ともグレーのスーツスタイル。衣替えがなく、体感温度に合わせて着用できる。

進路 難関大学に多くの 生徒がチャレンジ

2023年は難関私立大学（早慶上智＋GMARCH）と国公立大学に36名の合格者が出るなど、進学実績も伸びている。GUセミナーに参加することで実力をつけ、難関大学に挑戦する生徒も増えてきている。

2024年度入試要項

中学

試験日　2/1（第1回、第1回ポテンシャル、グローバル、適性検査型）
　　　　2/2（第2回、第2回ポテンシャル）
　　　　2/5（第3回、特待生）

試験科目　国・算または国・算・理・社（第1回）
　　　　　国・算（第2・3回、特待生）　国・算＋面接（第1・2回ポテンシャル）　国・英か算・英＋面接（グローバル）
　　　　　適性検査（2/1午前・午後）

2024年度	募集定員	受験者数	合格者数	競争率
第1回 午前/午後	40	13/15	9/10	1.4/1.5
適性検査型 午前/午後		17/7	15/7	1.1/1.0
第1回 ポテ/グロ		18/1	13/1	1.4/1.0
第2回 午前/午後	30	3/10	2/7	1.5/1.4
第2回 ポテ		8	4	2.0
第3回 午前/午後	10	6/11	3/6	2.0/1.8
特待生		9	3	3.0

高校

試験日　1/22（推薦）　2/12（オープン）
試験科目　面接（推薦）　書類選考（一般）
　　　　　国・数・英＋面接（オープン）

2024年度	募集定員	受験者数	合格者数	競争率
推薦	70	4/106	4/106	1.0/1.0
一般	110	49/547	49/547	1.0/1.0
オープン	20	11/38	6/13	1.8/2.9

※人数はすべて特進/探求
※帰国生は各コース若干名

栄光学園 中学校 高等学校

カトリックの理念に基づく
中高一貫の指導
東大・難関私立への進学も多い

普通科（高校）
生徒数 551名（中学） 544名（高校）
〒247-0071
神奈川県鎌倉市玉縄4-1-1
☎ 0467-46-7711
東海道本線・根岸線・横須賀線大船駅
徒歩15分

SUPER INDEX P.79

URL	https://ekh.jp/
Web上での合格発表	○

学習への真摯な取組み

プロフィール キリスト教精神が 教育の信条

「より大いなる神の栄光のために」という言葉から、その名がついた栄光学園。1947年、戦後の混乱期に新しい教育の光を灯すことを願い、カトリックのイエズス会によって創立された。

キリスト教的価値観に基礎を置き、「真理を求め、たえず学び続ける人間」、「素直な心を持ち、人々に開かれた人間」、「確信したことを、勇気を持って実行する人間」、「己の小ささを知り、大いなる存在に対して畏敬の念を持つ人間」「多くを与えられた者として、その使命を果たすことができる人間」の育成を目指しており、現代社会、特に国際社会の一員としての自覚を促す教育を実践している。

環境 「みらいの学校」 恵まれた体育施設

約11万㎡の敷地に、野球・サッカー・陸上・バスケットボール・テニスなどの、各種スポーツのグラウンドを個別に設けている。また、本校舎（南北棟）の他に、聖堂・図書館・小講堂などを含む複合校舎と、第1・第2体育館、美術室・技術室・コンピュータ室などを含む西棟もある。

校外施設として、丹沢村檜に「山小屋」を持っている。

カリキュラム 学習・生活の両面を 重視した独自の教育

教育の第一の目的は人間形成にあり、そのためには、学習指導と生活指導のどちらも怠ることができないもの、という考えから、学園独自のカリキュラムで指導に当たっている。

学習面では、中高一貫教育の特色を生かし、基本的な学力や教養に加え、さらに高度な学問に耐えられる学力をつけることに重点を置く。中学では、主要3教科に力を入れ、時間数は多く、授業内容もハイレベルである。高校では、3年次に文系・理系に分かれ、興味・適性にふさわしい高度な学力を身につけさせる。

生活指導では、特に他人を思いやる心と、規律や責任ある態度を養うことを心がけ、そのために倫理の時間を設けて、より良い人間の形成に努めている。また、カトリック校のため、教育の根底に宗教は欠くことのできないものであるが、正規の科目としての宗教授業の設置や、礼拝の強要はない。自発的に学びたい生徒には、課外活動として聖書研究の機会が設けられている。

学校生活 規律正しい 学園生活

登校時間	中学	夏季	8：15	冬季	8：45
	高校		8：15		0：45

学園生活の1日は朝礼から始まる。そして、授業の始めと終わりには1分間の瞑目をする。さらに、2時間目が終わると、生徒は全員校庭に集まり、上半身裸になって体操をし、集中力とけじめを養い気分をリフレッシュする。

放課後のクラブ活動には、サッカー、体操など11の運動部と、生物研究、ブラスバンドなど8の文化部がある。

主な学校行事には、中1春のオリエンテーションキャンプや栄光祭、丹沢での山のキャンプ、体育祭、全校作文コンクール、歩く大会、地元の人たちとの触れ

合いが楽しい修学旅行などがある。また、ボランティア活動も盛んで、「愛の運動」として例年児童福祉施設の訪問、クリスマスの施設招待、病院奉仕キャンプなどを行っている。そのほか、フィリピンの高校生との交流を行うなど、海外の異文化に触れる機会も設けている。

進路 現役合格者の多い バツグンの合格実績

卒業生全員が4年制大学への進学を目指しており、超難関大の進学実績が高い。東大へは毎年、50名以上が合格している。また、現役合格者が多く、京大、東京工業大、一橋大などの国公立大や、早稲田大、慶應義塾大、上智大などの難関私立大へも多くの生徒が進学している。

ひとこと 先生からの メッセージ

本校の職員室には通路との間に壁がありません。そのため、生徒が気軽に入ってくることができます。昼休みや放課後はもちろんのこと、短い休み時間にも授業の質問や話をするために多くの生徒が出入りをしていて、教員と楽しい時間を過ごしています。

2024年度入試要項

中学

試験日 2/2
試験科目 国・算・理・社

募集定員	受験者数	合格者数	競争率
180	662	259	2.6

高校 募集せず

礼拝の行われる聖堂

卒業生有名人 隈研吾（建築家）、養老孟司（学者）、古川聡（宇宙飛行士）

女子 幼 高

英理女子学院
高等学校
iグローバル部
キャリア部
（旧 高木学園女子高等学校）

あなたらしく輝く生き方（キャリア）で、
社会に貢献できる女性に
なるための学校

普通科
iグローバル部
キャリア部（進学教養コース・
ビジネスデザインコース・情報デザ
インコース・ライフデザインコース）
生徒数 536名
〒222-0011
神奈川県横浜市港北区菊名7-6-43
☎ 045-431-8188
東急東横線・横浜線菊名駅西口
徒歩7分
横浜市営地下鉄新横浜駅 徒歩16分

SUPER
INDEX
P.81

URL	https://www.eiri.ed.jp
Web上での合格発表	○

プロフィール　あなたらしく輝く「生き方（キャリア）」で自立した女性へ

英理女子学院高等学校は、2019年4月より新たな学校としてスタート。本校の母体である高木学園は、「真に自立できる女性」を建学の精神として、1908年に高木君先生によって創立された。

iグローバル部では、「高い教養・知性」「グローバルコミュニケーション」「ICT＆理数リテラシー」の3つの力を自分の中で培い、世界に貢献する女性を目指す。

キャリア部では、4つのコースを設置。いずれのコースも4年制大学への進学を視野に学んでいく。また、女性としての生き方（キャリア）を考えて自立し、社会に貢献できるような力を養う。

環境　明るい色や家具・デザインで居心地の良い新校舎

広々としたオープンスペースや美しいトイレなど10代の女子高生が豊かな感性をはぐくみ、毎日学校に来るのがワクワクするような空間となっている。

明るく
美しい新校舎

カリキュラム　あなたの個性に合わせて選べる4つのコース

iグローバル部は、文系・理系のいずれの分野についても質の高い知識・教養を幅広く身につけ、世界に貢献できる人材の育成を目指す。英語の4技能やランゲージアーツを習得する様々なプログラムやメソッドを導入し、語学力・コミュニケーション力を身につける。また、世界を感じる多様な文化の学習や体験プログラムを充実させている。

キャリア部には4つのコースが設置されている。進学教養コースは、広く社会で活躍するキャリアが実現できるよう、難関大学に合格する学力を身につける。特に、グローバル社会で重要な英

語教育に力を入れており、読む・書く・聞く・話すの4技能を楽しく学びながら育成できる。ビジネスデザインコースでは、ビジネスの仕組みを理解しながら会計や、マーケティングコースなど、ビジネス社会で役立つスキルを養う。情報デザインコースではグラフィックやCG作品を制作したり、プログラミングなどについて学習していく。ライフデザインコースでは、衣食住など暮らしを創造することを学び、ファッションまたはフードのいずれかを専攻する。

学校生活　自信や積極性・自主性が養われる学校行事やクラブ活動

登校時間	夏	8：30	冬	8：30

英理女子学院には、スポーツ系、文化系あわせて25の部活がある。ライフル射撃部や華道部など高校生からスタートして全国大会に出場している部活もある。

学校行事では、文化祭、修学旅行や語学研修（希望者がオーストラリアやセブ島へ滞在）、体育祭など、楽しく・有意義なイベントが盛りだくさん。

制服　女性らしく洗練された人気の制服

冬服は、清楚なブレザーと、チェックのスカートのスタイル。創立者の高木君先生がデザインした制服のリボンの色を、ブレザーの縁取りにいかしている。リボンとネクタイは、自由にコーディネートが可能だ。

夏服は、冬と色違いのチェックスカートに、半袖のワイシャツを着用。2023年よりパンツとポロシャツを導入。

進路
女性の人生プランを考え、それが実現できる進路指導を行っている

女性としての生き方を考え、そのキャリアプランに基づいた進路を実現するために、3年を通じてきめ細かい進路指導を行っている。
iグローバル部：ブリティッシュコロンビア大、ビクトリア大、県立保健福祉大、佐賀大、会津大、早稲田大、明治大、青山学院大、中央大、立教大、法政大、獨協医科大、東邦大、津田塾大　他
キャリア部：法政大、青山学院大、日本大、多摩美術大、東京家政大、桜美林大、神奈川大、関東学院大　他

ひとこと　鯨類研究の第一人者を目指し全力投球した3年間

将来の夢は、鯨類研究の世界で名を馳せること。1年生の時から受験校を絞って勉強に励んだり、研究に係わるコンテストに挑戦したりしました。悩んだときは何度も担任の先生に面談していただき、自分を奮い立たせて乗り越えました。

後輩の皆さんに伝えたいのは、「夢の実現に向け、努力を惜しまないでほしい」ということ。英理にはその努力を支援する環境も整っています。安心して夢に向かってください。

2024年度入試要項

試験日 1/22（推薦）　2/10（一般オープン）
　　　3/1（3月入試）

試験科目　面接＋自己PR課題（推薦）
　　　　書類選考＋自己PR課題（一般併願）
　　　　国・数・英＋面接（一般オープン）
　　　　小論文＋面接（3月入試）

iグローバル部

2024年度	募集定員	受験者数	合格者数	競争率
推薦	30	9	9	1.0
一般/オープン	50	35/2	38/2	―/1.0

※他に、帰国生入試（11/19）あり
※一般オープン・3月入試の募集は併願に含む

キャリア部

2024年度	募集定員	受験者数	合格者数	競争率
進学教養	40/40	30/100/5	30/103/3	1.0/1.0/1.7
ビジネスデザイン	20/20	8/42/0	8/42/0	1.0/1.0/―
情報デザイン	40/40	29/100/1	29/100/1	1.0/1.0/1.0
ライフデザイン	40/40	24/76/1	24/76/1	1.0/1.0/1.0

※人数はすべて推薦/一般/オープン

　卒業生有名人　篠原欣子（テンプスタッフ㈱代表取締役会長）

共学(中学・高校普通科)　女子(高校・家庭科)　幼 小 中 高

大西学園 中学校 高等学校

中高一貫教育による ゆとりある授業で 個性を見つけおおらかに伸ばす

普通科　家庭科(高校)
生徒数　非公表(中学)　116名(高校)
〒211-0063
神奈川県川崎市中原区小杉町2-284
☎ 044-722-2332・9201
東急東横線・南武線武蔵小杉駅
徒歩4分
横須賀線武蔵小杉駅　徒歩12分

SUPER INDEX P.81

制服 p.43

| URL | http://www.ohnishigakuen.ac.jp/ |

歴史と伝統の中で 人間教育第一主義

プロフィール

1928年に、中原高等女学校として設立。1942年の財団法人大西学園設立後、中学、高校、幼稚園、小学校を設置し、総合学園となる。2004年には中学校が、2005年には高校普通科が共学となった。

「常に明るく朗らかで、和やかな雰囲気を醸すように努め、人の心を温めるような人」「よく読み、よく考えて落ち着いた深みのある人になるように努め、すべて誠心を込めて行い、人のために役立つ人」「身も心も健やかであるように努め、品格を高め礼儀正しく、人に好感を与えるような人」「道理と調和を重んじて、人類の平和と文化に貢献できる人」になることを目標とし、人間教育第一主義を貫いている。

クラブ合宿は 蓼科高原で

環境

駅から徒歩4分という交通の便のよい所に位置しながら、多摩川に近い閑静さを保つ本校は、学習の場にふさわしい絶好の環境を有する。

被服や調理などの各種実習室を完備するほか、最新機器を備え、和式作法室では、国際人として必要な作法もマスターできる。2016年、万一の危難時に備え、より強固な免震構造の地上6階建ての新校舎が完成。

普通科は英語重視 家庭科は実習重視

カリキュラム

中学では、少人数のメリットを最大限に生かし、各教師が一人ひとりの個性や成長過程をしっかり把握した上で、学力伸長を図っている。特に英語教育には力を入れており、英会話の授業を実施し、コミュニケーション能力の錬磨に力を注ぎ、物おじせずに積極的に話せる姿勢と自信を培っている。

高校では、進路に合わせて2つの学科に分かれる。**普通科(進学コース)**では進学の指導に重点を置き、外国人講師による英会話の授業など英語を重視したカリキュラムを編成すると共に、英語検定や漢字検定、数学検定受験などにも積極的に取り組んでいる。**家庭科(生活総合コース)**では、被服(洋裁・和裁)、食物(調理・栄養学)などの実習を通して、高度な技術を身につけ、家族と福祉、保育、食料の国際化、情報化社会など、社会全般に視野を広げる。

チェックがきいた かわいい制服

学校生活

登校時間	中学	夏季	8：25	冬季	8：25
	高校		8：25		8：25

部活動は、茶道部、華道部、ブラスバンド部、美術部、合唱部などの文化部が活躍するほか、体育部ではダンス部が活躍している。体育祭や文化祭、校外学習、修学旅行など、生徒が自主的に楽しめるような各種の行事が行われている。ブラスバンド部は、吹奏楽コンクールとマーチングコンテストで共に東関東大会出場。他各種イベントにも出演多数。

制服は、女子はチェックのスカートに、エンブレム入りの紺のブレザー、とかわいいデザイン。男子は上品なグレイッシュブラックのジャケットに、グレーを基調としたグレンチェックのスラックス。

きめ細い進路指導 進学希望者も増加

進路

ここ数年の傾向として、4年制大学・短期大学への進学志望者が増えている。本校では、一人ひとりが自分の夢に迷いなく向かっていけるように高校2年から進路面談を実施。志望大学に合格できる確かな学力をつけると共に、情報提供や学習プランの設定をサポートし、校内外模試、大学・短大のオープンキャンパスへの参加指導などをきめ細かく行っている。また、就職指導では、模擬面接やビデオ学習などの指導を行っている。

2024年度入試要項

中学

試験日　2/1午前(A日程)　2/2午前(B日程)
　　　　2/5午前(C日程)

試験科目　国・算+面接

2024年度	募集定員	受験者数	合格者数	競争率
A日程	30	非公開	非公開	—
B日程	10			

※C日程の募集は若干名

高校

試験日　1/22(推薦)　2/10(併願・一般)

試験科目　面接(推薦)
　　　　　国・数・英+面接(併願・一般)

2024年度	募集定員	受験者数	合格者数	競争率
普通科	30/50	8/154	8/153	1.0/1.0
家庭科	20/20	3/22	3/22	1.0/1.0

※人数はすべて推薦/併願・一般

進学に有利に

併設校あり

芸術&特殊学科

資格&技能系

施設が充実

スポーツが強い

クラブが活発

情操教育を重視

国際人を養成

自由な校風

共学 幼 高 専 専修

柏木学園 高等学校

柏木学園でキミが目指すのは
自分の目標を見つけて
実現させること

| URL | https://www.kashiwagi.ac.jp |

普通科アドバンスコース
スタンダードコース
情報コース
生徒数 1026名
〒242-0018
神奈川県大和市深見西4-4-22
☎046-260-9011
SUPER INDEX P.84
制服 p.45
小田急江ノ島線・相鉄線大和駅
徒歩15分またはバス

プロフィール NEXT STAGE GO FORWARD〜一歩前進〜

1946(昭和21)年、神奈川県のほぼ中央に位置する大和の大地に「柏木学園」が創設され、専門学校、高等専修学校、幼稚園と拡大、1997(平成9)年に柏木学園高等学校が誕生。

「教育目標」は、心豊かにたくましく生き、社会に貢献し得る人間の育成に努める。人間教育を基礎に、清新な校風づくりに努めると共に多様なカリキュラムを設定し、学力と個性を伸ばして、生徒一人ひとりの進路に展望が持てる教育を行う。

●ICT教育 ICT環境整備を段階的に進め、授業支援ツールとして全員にタブレットを配付している。自ら学習を進めるツールとして英検対策アプリなどを活用し、新学習指導要領が掲げる主体的な学びを実践している。生徒全員がiPadを活用し、自ら学び方を選んで学習に取り組むことができる。学習用端末(iPadLTEモデル)を導入しており、ご家庭にWi-Fiが整っていない場合でも自宅学習、復習ができる。通学時など、いつでもどこでも学習ができる環境を整えている。また、様々な視点で学習理解度を測ることができ、Webテストが可能な「スタディサプリ」「スタディサプリイングリッシュ」、学習状況をリアルタイムに把握できる授業支援アプリ「MetaMoji ClassRoom」などを整えている。

●海外研修 アドバンスコースでは体験型英語学習施設であるTGC(東京グローバルウェイ)にて丸一日英語漬けの生活を過ごす体験を実施している。また、2023年から希望者に海外研修としてオーストラリアのグローバル体験を8月に実施。

環境 神奈川の中心で落ち着いた環境

大和市の中心にありながら、緑豊かな自然環境と古い歴史的環境にも恵まれ、理想的な教育環境となっている。校舎は全館冷暖房完備で、3つのOA教室には最新の120台のコンピュータが設置されている。2013年には、冷暖房完備の総合体育館が完成し、体育、武道、部活動もより一層充実し、成果を上げている。また、図書室もリニューアルされると共に208席可動式の椅子収納可能なメモリアルホール(講堂)も完備し、ステージ、小体育館としての多様性を持つ施設が充実している。

カリキュラム 難関大学目指すアドバンスコース

●アドバンスコース 大学入試改革に照準を合わせた難関・中堅大学を目指すコース。1年次ではスタンダードコースに比べて国語・数学・英語を1単位多く設定している。2年次では、文系・理系を選択し、毎日8〜9時間授業、3年次は大学受験に特化した少人数制授業を展開している。

●スタンダードコース 幅広い進路へ対応ができるコース。1年次では英語と数学で習熟度授業を実施し、2年次に文系・理系を選択して自分の進路に向けた学習をしていく。また、放課後講習では基礎学力から発展・応用を図り、大学進学を目指した実力の養成を行う。

●情報コース 社会が求めているICTスキルの習得のみでなく、柏木学園の伝統である簿記等のスキルも併せて習得を目指すコース。

学校生活 のびのびとした楽しい学園生活

| 登校時間 | 夏 | 8：35 | 冬 | 8：35 |

4月の1年宿泊研修、2・3年ディズニーリゾート社会見学、6月の体育祭、8月の海外語学研修、9月の柏高祭、陸上競技会、11月の芸術鑑賞会、10月の漢字コンクールなど、中短期目標やメリハリを与える学校行事が多彩。
〔部活動〕 硬式野球、バスケットボール、バレーボール、バドミントン、柔道、剣道、ダンスなど13の運動部。短歌書道、吹奏楽、軽音楽など11の文化部。

進路 熱心な進学指導就職状況も期待大

1年次よりキャリアガイダンスや大学・専門学校を招いての説明会・模擬授業などを実施しており、AOや自己推薦入試の対策、願書の書き方や模擬面接などの指導も徹底している。

普通科では、近年の卒業生の進学率は86.1％(4年制大学48.9％、短大6.0％、専門学校30.6％)と年々アップしており、主な進学先は立教大、明治大、中央大、日本大、東洋大、國學院大、フェリス女学院大、駒澤大、亜細亜大、立正大、東海大、国士舘大、神奈川大、大妻女子大、相模女子大、関東学院大、日本体育大、文教大、横浜商科大、産業能率大、帝京大、玉川大、東京女子体育大、東京医療学院大、東京医療保健大、東京農業大、二松學舍大、桐蔭横浜大など、指定校推薦依頼校も首都圏のみで70大学を超える。

また、就職希望者は減少傾向にあるが、夏休みに就職試験対策講座を開講するなど、就職活動を強力にバックアップ。就職決定率100％を達成している。

2024年度入試要項

試験日 1/22(推薦) 2/10(一般) 2/11(オープン)
試験科目 面接(推薦) 国・数・英(一般)
国・数・英＋面接(オープン)
※一般のアドバンスコースは書類選考

2024年度	募集定員	受験者数	合格者数	競争率
推薦	30/70/20	21/108/10	21/108/10	1.0/1.0/1.0
一般	30/70/15	337/1182/71	337/1182/71	1.0/1.0/1.0
オープン	5	3/4/0	0/0/0	−/−/−

※人数はすべてアドバン/スタンダード/情報
※若干名の二次募集(3/2)あり

女子　中高

神奈川学園中学校高等学校

「判断する力」と「生きる力」を育てる新しいカリキュラムで一人ひとりの自主性を尊重

SUPER INDEX P.77

普通科（高校）
生徒数　545名（中学）　525名（高校）
〒221-0844
神奈川県横浜市神奈川区沢渡18
☎ 045-311-2961
京浜東北・根岸・横浜・横須賀線・東海道本線・相鉄・京急・東急東横線・市営地下鉄
横浜駅、東急東横線反町駅　各徒歩10分

URL	https://www.kanagawa-kgs.ac.jp/
Web上での合格発表	○

内面からの人間形成を目指す

プロフィール

1914（大正3）年、女性の自覚と真の自立を目指して創立された。中高6ヵ年一貫教育の女子校としては、数少ない宗教色を持たない学校のひとつで、宗教的にも思想的にも、自由な気風のスクール・カラーが特色だ。本学園の「人間教育」は、一人ひとりが持っている限りない能力と豊かな心を育てる教育であり、自らに自信を持って歩んでいける能力、自分を愛し他者を愛する豊かな心を育てることに力を注いでいる。

21世紀の夢をかなえる学び舎

環境

2014年100周年を迎え、ラーニングセンター、新プール棟も完成し今まで以上に充実した学習環境が整備された。また、中学生の過ごすS館は、21世紀教育プランを多彩に実践する舞台として、HR・実験・観察教室をはじめ、異文化理解と英会話のための国際教室、情報リテラシーを学ぶMMC教室など、魅力あふれる校舎である。2017年に創立100周年記念ホールも完成。

校舎全景

情操教育も必修科目に

カリキュラム

創立以来「判断する力」と「生きる力」を兼ね備えた女性の育成を目標とし、時代に即応した「21世紀教育プラン」を実施している。また、きめ細かな教育を行うため、中学では2人担任制をとって多面的な視点で指導できるように配慮。

中学では、特に英語に力を入れ、1年次から、外国人教師による英会話を含む週6時間の授業があるほか、国語や数学では、一部高校課程の先取り授業も実施している。また、感性と情操を育てる芸術教科にも力を注いでいる。

高校では、1年次より英語・数学・国語で習熟度別授業を開始。2年次から大幅な選択制と少人数授業で、一人ひとりの進路に対応していく。3年次には「受験講座」でさらにバックアップする。

中・高とも、6日制で授業内容の充実と定着を徹底する。

人間的なふれあいで人間教育を実践

学校生活

登校時間	中学	夏季	8：30	冬季	8：30
	高校		8：30		8：30

神奈川学園では三大行事と呼ばれる「球技大会」「文化祭」「音楽会」はもちろん、その他の行事もすべて生徒の手で計画を立て、運営している。中でも、文化祭は学園最大の行事で、1年間かけて研究してきたものを発表する場として、毎年盛大に開催されている。

また、「国際教育」の一環として、中3でホームステイを主とした海外研修を実施している。高1では沖縄、四万十川など5方面から選択する国内フィールドワークを実施。

クラブ活動は、文化部18、運動部11、同好会1があり、中でもバトントワリング部、箏曲部、コーラス部が優

新体操演技

秀な成績を収めている。

4年制大学への進学率が上昇中

進路

4年制大学への進学率は例年90％を超えており、2023年3月卒業生は94.7％。理系進学率が41％で、医学部、薬学部、看護学部など特に医療系への合格・進学が目立つ。医学部では東京女子医科大、薬学部では星薬科大、昭和、昭和薬科大、東京薬科大、看護学部では慶應義塾大、上智大、聖路加国際大、東京慈恵会医科大、日本赤十字看護大など多岐にわたる。その他医療系以外にも、理工学系、農獣医系統にも多数合格。卒業生全体での主な進学先は、早稲田大、慶應義塾大、上智大、青山学院大、立教大、明治大、中央大、学習院大、法政大など。

2024年度入試要項

中学

試験日　12/13（帰国子女）　2/1午前・午後（A日程）　2/2（B日程）　2/4（C日程）

試験科目　国・算＋英か作文＋面接（帰国子女）　国・算か国・算・理・社（A午前・C日程）　国・算（A午後）　国・算か国・算・英か国・算・理・社（B日程）

2024年度	募集定員	受験者数	合格者数	競争率
A日程 午前/午後	80/30	137/185	105/123	1.3/1.5
B日程	60	140	112	1.3
C日程	20	60	48	1.3

※帰国子女の募集は若干名

高校　募集せず

右側タブ：
進学に有利に
併設校あり
芸術＆特殊学科
資格＆技能系
施設が充実
スポーツが強い
クラブが活発
情操教育を重視
国際人を養成
自由な校風

神奈川

共学 中高大院

神奈川大学附属 中学校 高等学校

完全中高一貫教育でのびのびと
高みを目指して「生き方探し」をする

普通科（高校）
生徒数　704名（中学）　629名（高校）
〒226-0014
神奈川県横浜市緑区台村町800
☎ 045-934-6211

SUPER INDEX P.85

横浜線・横浜市営地下鉄グリーンライン
中山駅　徒歩15分
相鉄線鶴ヶ峰駅　バス20分

制服 p.⑯

URL	https://www.fhs.kanagawa-u.ac.jp/
Web上での合格発表	○

緑豊かな学習環境

進学に有利に
あり併設校
特殊学科＆芸術
技能系＆資格
充実施設が
がスポーツ強い
活発クラブが
重視情操教育を
養成国際人を
校風自由な

建学の精神「質実剛健・積極進取・中正堅実」

1985年に学校法人神奈川大学の附属中高等学校として開校した完全中高一貫の共学校。建学の精神、「質実剛健・積極進取・中正堅実」をすべての指導の礎としており、生徒自らが主体的に取り組む力を身につけ、自分の将来を描ける子どもたちを育てるため、「学び続ける生徒を育む学校」「進学結果が評価される学校」「先進的な教育に挑戦する学校」の3つの目標を掲げ取り組んでいる。STEAM(Science, Technology, Engineering, Art, Mathematics)教育に重点を置き、中学からDNA組換え実験やプログラミングを実施している。

自然観察林に囲まれた環境抜群のキャンパス

約17万㎡の広大なキャンパスは、その面積の半分が緑地で、校舎を取り囲む樹種に富んだ自然は授業にもしばしば利用されている。

キャンパス内には、4つの校舎、3つの体育館、人工芝サッカーグランド、人工芝陸上グランド、2つの野球場、50mプール、テニスコート、1200mのクロスカントリーコースがゆったりと配置され、全てナイター設備を完備。

理想的な教員構成ゆとりある教育

カリキュラムは、中高一貫教育の特色を十分に生かし、6年先を見通したものとなっており、中学3年次の授業では、高校の内容も取り入れた授業を展開している。ま

た、教員1人あたりの生徒数が少なく、特に中学では、1学年6学級（1学級35～38名）という環境のもと、個々の生徒の学力をしっかりと把握した教育が展開されている。

高校では、2年次よりほとんどの教科でそれぞれの進路に応じた科目の選択が、より幅広くできるようになっている。さらに学校設定科目で大学受験向けの演習型授業「特講」を開講し、問題演習を中心にした授業で学力の向上を目指し、あらゆる大学への進学に備えている。

すべての授業においてICTを導入し、生徒一人一台PC必携の授業を展開している。教材、授業動画、課題提出、e-Learning教材、連絡事項などすべてクラウド管理をしており、授業、家庭学習全体において活用し主体的な学びを展開している。

バラエティ豊かな学校行事

登校時間	中学	夏季	8:20	冬季	8:20
	高校		8:20		8:20

学校行事は体育大会、学校祭、合唱コンクールなどバラエティ豊か。特に校外学習は、毎年その学年に応じた場所に出かけ、様々なものを自分の目で見、耳で聞き、実際に体験する。中1で箱根校外学習、中2でスキー教室、中3では奈良・京都校外学習、高1で沖縄校外学習を行う。中1～中3全員がBreak through English Campに参加。中3～高2の希望者を対象に海外研修も実施。また中3・高1合同で探究学習を行いプレゼンや論文作成を行っている。

クラブ活動も盛んで、運動部では、全国大会出場のなぎなた部や水球部をはじめ、野球、サッカー、バスケットなど10部が汗を流している。学芸部では、演劇部、音楽部が全国大会に出場し、美術、理科など8部がある。

国公立、早慶上理、海外大学などに進学

神奈川大学への内部推薦の資格を持ちながら他大学受験をする進学校。1/4以上が国公立大学へ進学し、海外大学への進学者もいる。早慶をはじめ多くの指定校推薦がある。

発信力・表現力の育成

イギリス、アメリカを始めとした海外大学へ推薦できる海外協定大学推薦制度があり、併願しながら国内大学の受験も可能。

全教職員で学び続ける生徒を育む

ICTと語学力を基礎学力と位置づけ、幅広い知識と柔軟な思考力に基づく判断力、課題に創造的に取り組む力を育むため、授業だけでなく、放課後講習や勉強会（補習）、長期休業期間の補習・講習、放課後自習室学習支援プログラムなど、学校全体で一人ひとりの学びをサポートする。

在校生からのメッセージ

緑に囲まれた広い敷地と、のびのびと学ぶことができる環境に魅力を感じて入学しました。クラスも部活動もみんな仲良く、お互いに切磋琢磨しながら自分の学びたいこと、したいことをそれぞれが追い求めています。最近は、一人一台持っているPCを活用しながら、より良いプレゼンができるよう仲間と協力して頑張っています。（中3女子）

2024年度入試要項

中学

試験日　2/1午後（第1回）　2/2午前（第2回）
　　　　2/4午前（第3回）

試験科目　国・算（第1回）　国・算・理・社（第2・3回）

2024年度	募集定員	受験者数	合格者数	競争率
第1回	60	672	290	2.3
第2回	120	665	203	3.3
第3回	20	353	37	9.5

※他に、若干名の帰国生入試（12/22、算・英）あり

高校　募集せず

卒業生有名人　齋藤吉正（宝塚歌劇団演出家）、新井淳也（漫画家）、伊藤かりん（タレント元"乃木坂46"）

鎌倉学園 中学校 高等学校

普通科（高校）
生徒数　521名（中学）　871名（高校）
〒247-0062
神奈川県鎌倉市山ノ内110
☎ 0467-22-0994
横須賀線北鎌倉駅　徒歩13分

SUPER INDEX P.78

古都鎌倉の理想的な環境の中で中高一貫の充実した学習指導を展開

URL	https://www.kamagaku.ac.jp			
Web上での合格発表	中学	○	高校	○

プロフィール　宗教的環境の中友愛精神を育む

古都鎌倉の名刹建長寺に隣接した本学園は、1885（明治18）年に建長寺が宗派の子弟教育のために設立した「宗学林」が前身。1922（大正11）年に鎌倉中学校として、その門戸を広く開放したことから発足した。戦後の学制改革時に高校を併設。1975（昭和50）年に、校名を鎌倉学園中学校・高等学校と変更。

禅の教えを根底に、「礼義廉恥」を校訓としている。「礼」とは、節度を守ること。「義」とは、自分を実際以上に見せびらかさないこと。「廉」とは、自分の過ちを隠さないこと。「恥」とは、他人の悪事にひきずられないこと。教育目標は、父の厳と母の慈を根本とした、「知・徳・体」一体の教育を行うことで、理想的な生活態度を養いつつ、情操豊かな人間の育成に努めている。

環境　豊潤な自然と恵まれた教育環境

緑の多い歴史的環境にもすぐれた鎌倉の、建長寺に隣接した落ち着いた雰囲気と美しい自然の中で、生徒たちは勉学に励んでいる。

山の緑に囲まれたグラウンドに加えて、柔・剣道場、卓球場、屋上テニスコートなどを備えた体育館兼講堂もあり、第1グラウンドは人工芝化されている。2017年に校舎リニューアル工事も完了

海外研修

し、さらに学習環境は良くなっている。2022年より全生徒に端末導入し、必要に応じてオンライン授業も行っている。

カリキュラム　基礎学力の充実を目指すカリキュラム

生徒の学力と適性に応じた指導、基礎学力の充実に重点を置いた指導を心がけている。

中学では、英語・国語・数学を重視し、基礎学力の習得を徹底している。特に英語では、国際化に向けて「話せる英語」の習得を目指し、日本人教師と外国人教師による英会話プログラムを実施し、4技能のレベルアップを目指している。

また、中高一貫教育の利点を十分に生かし、国語・数学・英語で先取り授業も実施している。中3の前半で中学課程をすべて終了させ、後半からは高校の課程を学習。高2で高校課程を終了し、高3では受験に備えての演習を行っている。

高校では、1年次は共通履修で、2年次から文系コース・理数系コースに分かれ、それぞれの目的に合った科目が選べるようになっている。また、3年次より難関文系国公立私立コース・難関理系国公立私立コースも設置。

学校生活　多彩な年間行事

登校時間	中学	夏季	8：25	冬季	8：25
	高校		8：25		8：25

学校行事は多彩で、年数回の坐禅教室、学園祭、林間学校、研修旅行（中3・高2）、スキー教室、海外研修（中3・高1・2）などがある。

クラブは、考古学、放送、写真など15の文化部と、野球、テニス、陸上競技、アメリカンフットボール、ボクシング、ラグビーや山岳など16の運動部、さらに同好会が8あり、充実した施設

建長寺に隣接して建つ

を活用して積極的に活動している。

進路　国公立大や難関私立大へ

進学実績も良好で、4年制大学への進学者が多い。国公立大学では、地元神奈川の横浜国立大や横浜市立大をはじめ、京都大、一橋大、東京工業大、東京都立大などへ進学している。私立大学では、早稲田大、慶應義塾大、中央大などのほか、青山学院大、明治大、東京理科大、神奈川大など、毎年多数の生徒が難関大学へ進んでいる。

2024年度入試要項

中学

試験日　12/16（帰国生）　2/1（1次）
　　　　2/1午後（算数選抜）
　　　　2/2（2次）　2/4（3次）
試験科目　英語資格＋作文（帰国生）
　　　　　算（算数選抜）
　　　　　国・算 理 社（1〜3次）

2024年度	募集定員	受験者数	合格者数	競争率
1次	100	346	160	2.2
2次	40	290	64	4.5
3次	15	271	79	3.4
算数選抜	15	97	31	3.1

※帰国生の募集は若干名

高校

試験日　2/11（一般B方式）
試験科目　書類選考〈課題作文〉（一般A方式）
　　　　　国・数・英（一般B方式）

2024年度	募集定員	受験者数	合格者数	競争率
一般A	90	354	354	1.0
一般B	20	90	44	2.0

※他に、若干名の海外帰国生募集あり

卒業生有名人　堺正章（タレント）、桑田佳祐（ミュージシャン）、一色伸幸（脚本家）

鎌倉女学院 中学校 高等学校

一人ひとりの可能性を伸ばす
6年一貫教育で進学実績も上昇
21世紀を担う国際人育成を目指す

SUPER INDEX P.78

制服 p.40

普通科（高校）
生徒数　457名（中学）　468名（高校）
〒248-0014
神奈川県鎌倉市由比ガ浜2-10-4
☎ 0467-25-2100
横須賀線・江ノ島電鉄鎌倉駅　徒歩7分

URL	https://www.kamajo.ac.jp/
Web上での合格発表	○

天城山荘外観

プロフィール　2024年度で創立120周年

1904（明治37）年、有識者階級の女子の教育を目的に、湘南地区最初の女子教育機関として、私立鎌倉女学校が設立された。1913（大正2）年、私立鎌倉高等女学校と改称。1948（昭和23）年、学制改革に伴い現校名に改称し、高等学校・中学校を併設した。1993（平成5）年より、高校の募集を廃止し、完全一貫教育の体制になった。

開校以来、「真摯沈着」を校訓に、特色ある女子教育を実践し、心身ともに健康で、国際性豊かな人間の育成を目指す。

環境　自然と歴史史跡に恵まれたキャンパス

豊かな自然と歴史的・文化的な環境に恵まれた古都鎌倉の中心に位置する。鶴岡八幡宮や高徳院の大仏殿なども徒歩圏内で、古都鎌倉を学びのフィールドとしている。100周年を機に新築した校舎は冷暖房完備で、ICT環境の整備も進んでいる。生徒全員がChromebookを購入し、日常的に使用している。校舎内には、カウンセリングルームや本格的な茶室も備える。校外には、伊豆の天城湯ヶ島に学院所有の「天城山荘」があり、合宿に活用されている。

コミュニカティブな英語を採用

カリキュラム　英語教育を重視し4年制大を目指す

中・高を通じて、一人ひとりの能力を引き出し、社会で活躍する土台となる力を育成するため、主要5教科を重視したきめ細やかな教育を実践。

中学では、国語・数学・英語の授業時間を標準より大幅に増やし、基礎学力の充実を図る。また、3年次には国語や数学など、一部の教科で高校課程の先取り授業も実施している。

高校では、1年次には基礎学力を完成させ、将来の進路を決定し、2年次より文系・文理・理系の進路別3コースのカリキュラムとなる。各コースとも、多様な入試に対応する選択科目を充実させ、生徒の実態に応じて分割少人数授業や習熟度別学習を取り入れている。

また、4技能バランスの取れた英語教育には40年以上の実績があり、多様な海外研修の他、オンライン英会話やAI自動採点システムの導入など、時代に応じたグローバル化に対応した教育を行っている。

学校生活　協調性を育てる天城山荘研修合宿

登校時間	中学	夏季	8：15	冬季	8：15
	高校		8：15		8：15

7月の「天城山荘研修」（中1・中2）では、共同生活を通して、協調性を養い、豊かな人間性を育む。そのほか、5月の体育祭、9月の文化祭、10月の奈良・京都研修（中3）や11月の沖縄研修（高2）など、多彩な学校行事がある。

クラブ活動は文化部14、運動部9があり、特にマンドリンギター部とバトン部は関東大会に出場する実力派だ。茶道・華道・フルート・書道・バイオリンの「特修」をおき、多くの生徒がクラブと並行して活動している。幅広い分野の専門の講師による土曜講座も実施している。

海外交流にも積極的で、アメリカの

パーキオメン・バレー高校との交流プログラムは、派遣と受け入れを各年ごとに実施し、40年以上続いている。中学3年では、3ヶ月のニュージーランドターム留学の制度もある。その他、高1を対象としたカナダ英語研修やアジア研修など、多様なプログラムが用意されている。

進路　難関校を含め9割が4年制大学に

卒業生の9割以上が4年制大学に進学し、国公立大学や難関私立大学に多くの合格者を出している。近年の卒業生の主な合格先は、東京大、京都大、一橋大、お茶の水女子大、東京外語大、北海道大、千葉大、横浜国立大、慶應義塾大、早稲田大、上智大、東京理科大、明治大、立教大、青山学院大など。また、慶應義塾大、早稲田大、上智大、東京理科大、国際基督教大、立教大、明治大、青山学院大、横浜市立大など多くの指定校推薦枠があり、近年では指定校、公募制、総合型での合格者も多く出している。

2024年度入試要項

中学

試験日　11/25（帰国生）　2/2（1次）　2/3（2次）
試験科目　国・算・理・社（1・2次）
　　　　　作文・英語作文＋面接（11月帰国生）
　　　　　国・算・英＋面接（2月帰国生）

2024年度	募集定員	受験者数	合格者数	競争率
1次	120	276	236	1.2
2次	40	125	86	1.5

※帰国生の募集は11月は5名、2月は若干名

高校　募集せず

卒業生有名人　星野立子（俳人）、山田南平（漫画家）、岸田麗子（画家）

女子 幼 小 中 高 短 大 院

鎌倉女子大学 中等部 高等部

自己の感性や価値を高め続け 社会で活躍できる女性を育てる

普通科（高等部）
生徒数　170名（中等部）
　　　　374名（高等部）
〒247-8511
神奈川県鎌倉市岩瀬1420
☎ 0467-44-2113
JR・湘南モノレール大船駅　徒歩23分
バス10分「鎌倉女子大前」下車
京浜東北線・根岸線本郷台駅　徒歩15分

SUPER INDEX P.79

制服 p.㊶

URL	https://www.kamakura-u-j.ed.jp		
Web上での合格発表	中 学	○	高 校	○

プロフィール　学校が新しく生まれ変わる

　鎌倉女子大学中高等部は2020年に国際教養コースとプログレスコースという新しいコースを設置し、2021年には隣接する敷地の新しい校舎に移転し、教育内容と施設を一新した。

環境　2021年 新校舎に移転

　2021年に新校舎が完成。6万冊の蔵書を誇る図書館をはじめ、全面ガラス張りの職員室の前には芝生の中庭に面した相談ラウンジが作られ、休み時間や放課後に自由に相談ができるようになっている。2階にはラーニングコモンズと呼ばれる広々とした共同学習スペースを設け、グループディスカッションやプレゼンテーションをすることができる。既存のキャンパス内にある室内プールや1306名収容の松本講堂などの施設は引き続き使用し、新旧のキャンパスの様々な施設を複合的に利用することで幅広い教育活動を保障していく。

カリキュラム　2020年新しいコースを設置

　2020年4月から中等部・高等部ともに、「国際教養コース」と「プログレスコース」の2つのコースを設置し、新しい時代の多様な教育ニーズに幅広く対応する。国際教養コースは異文化理解の見識を備えた世界に通用する真の国際人を育成していくコース。国公立や難関私立大学、海外大学への受験を目標に、オンライン英会話プログラムなどを授業に取り入れ、英語4技能を伸ばし、グローバル社会のリーダーとして、高い学力を幅広く育成していく。プログレスコースは多様な進路を保障しながら、基礎的な知識や技能の定着を図っていくコース。部活動や課外活動を通して豊かな人間性を育み、5教科の基本的な学力を基盤にして、難関私立大学への進学や鎌倉女子大学への内部進学を目指していく。また生徒に1人1台iPadを導入し、授業等で学校向け教育ソフトを活用している。

学校生活　充実した部活や学校行事

登校時間	中学	夏季	8：25	冬季	8：25
	高校		8：25		8：25

　全国大会連続出場のマーチングバンド部やハープとフルートのアンサンブルが魅力のフェアリーコンソート部、至藝館とよばれる弓道場を備えた弓道部などが関東や全国大会で活躍。行事は体育祭は5月に、みどり祭（文化祭）は11月に行われる。その他にも60畳の和室で礼法を学ぶ立居振舞講座や20名以上のネイティブ講師から3日間集中で英語を学ぶ英語集中研修などがある。海外研修も充実させており、中等部3年生では、カナダのバンクーバーで英語プログラムを体験し、高等部2年生では、アメリカのロサンゼルスへの研修旅行でUCLAの見学やディズニーランドでの英語でのキャスト体験などを行う予定。希望者はオーストラリアの姉妹校で1週間または2か月間の語学研修に参加することができる。

進路　生徒の希望を活かした進路指導

　中等部では職業調べなどを通じ将来の夢を具体化する。高等部では生徒の適性と学力面の両面から指導しており、各種インターンシップや幼稚園・保育園での実習にも取り組む。
　内部選考で決まる併設大学への進学と、他大学進学双方に適応した進学指導を行っていく。定期試験後のフォローや補習、受験を意識した特別講習、夏期講習などを実施している。

マーチングバンド部

2024年度入試要項

中等部

試験日　2/1午前・午後　2/2午前・午後
　　　　2/3午前　2/4午前　2/5午前
試験科目　国・算または国・算・理・社または適性
　　　　　（国際教養コース）
　　　　　国・算（プログレスコース）
　　　　※国際教養コースの適性は2/1午前・午後、2/2午前のみ

2024年度	募集定員	受験者数	合格者数	競争率
国際1日午前/午後	80	56/55	51/54	1.1/1.0
国際2日午前/午後		33/3	26/2	1.3/1.5
国際3/4/5日		8/13/4	5/11/3	1.6/1.2/1.3
プロ1日午前/午後	40	9/7	6/5	1.5/1.4
プロ2日午前/午後		2/3	1/2	2.0/1.5
プロ3日		5	3	1.7

※他に、国際教養コース若干名の帰国生入試（12/15・2/5、自己PR作文＋面接）あり

高等部

試験日　1/22（推薦）　2/10（一般専願・オープンⅠ）　2/12（オープンⅡ）
試験科目　面接（推薦）　国・数・英（専願・オープン）
　　　　※一般併願は書類選考のみ

2024年度	募集定員	受験者数	合格者数	競争率
推薦	35/75	4/45	4/45	1.0/1.0
一般専願	25	14	14	1.0
一般併願	35/50	20/113	20/113	1.0/1.0
オープン	5/10	4/0	4/0	1.0/－

※人数はすべて国際教養／プログレス（一般専願はプログレスコースのみ）
※推薦の定員は内部進学者を含む
※国際教養コース5名の帰国生入試（12/15・2/10、作文＋面接）あり

有利に 進学
あり 併設校
特殊学科 芸術＆
技能系 資格＆
充実 施設が
が強い スポーツ
活発 クラブが
重視 情操教育を
養成 国際人を
校風 自由な

女子　幼小中高

カリタス女子 中学校 高等学校

普通科（高校）
生徒数　575名（中学）　507名（高校）
〒214-0012
神奈川県川崎市多摩区中野島4-6-1
☎ 044-911-4656

SUPER INDEX P.84

南武線中野島駅　徒歩10分
小田急線・南武線登戸駅
徒歩20分またはバス5分

生徒の自律をうながす校舎 完全中高一貫のカトリック校 国語・外国語重視の国際教育

制服 p.42

URL	https://www.caritas.ed.jp/
Web上での合格発表	○

クリスマス会

プロフィール　新しい時代の国際的な女性を育成

ケベック・カリタス修道女会を母体に、1960（昭和35）年創立。すべての教育活動の根底にキリストの愛を置くカトリック校である。カリタス（CARITAS）とは、ラテン語で「慈しみ・愛」を意味する。

キリスト教的人間愛に基づき、一人ひとりを大切にした教育を実践し、キリスト教的人間観・世界観を持った、国際的な日本女性の育成を目指す。明るく落ちついた校風の学校である。

環境　開放的な校舎で実現する理想的な環境

多摩川の河畔にあり、落ち着いた趣が感じられる。2006年完成の校舎は、カトリック学校の静かで穏やかな雰囲気を基本に、自律した学びの姿勢を養うための教室配置（教科センター方式）や、生徒がくつろげる生活空間としてのホームベース等を実現。情報化社会に対応した、IT教育設備も充実。中庭や屋上庭園は、豊かな交わりの場としても利用されている。

カリキュラム　中1から全員が英語と仏語を履修

日本人として自国の言語文化の理解を深めることが新時代に求められる国

学校の中心にある図書館

際的女性の条件との考えから、外国語教育に偏ることなく、国語教育にも力を注いでいる。即ち「理解する・考える・表現する」という国語の基本を重視し、総合的に学習する。また、基本学習の成果を見るため、校内学芸・小論文コンクールの指導など、作文教育にも重点を置いている。

外国語教育では、中学1年次から全員が英語・フランス語二つの外国語を少人数で学ぶ。英語は、中学1年次より外国人教師による英会話の授業を行い、生きた語学力を身につける。高校では表現力を養うことも重視し、原作読解の授業もある。一方、フランス語も、発音・会話を外国人教師が受け持ち、教科書は、フランスから取り寄せた教科書と、自主編集した教科書を併用している。また、毎年1月には日頃の学習の成果を発表する「外国語発表会」を実施するほか、カナダ研修では、英語とフランス語が共存するオタワでホームステイをしながら、同時にカリタスのルーツをたどる。

理数教育では、「関心をもつこと」「楽しく学ぶこと」を重視した教育を推進する。そのため、理科では、教室での実験、観察のほか、本校の立地を活かしたTamalogyをはじめとする様々な体験学習を用意。数学は中学1年次より全学年において少人数学習を行う。

高校では、1年次より文系型・理数型に分かれ、さらに2年より文系型が私立文系型・国公立文系型に分かれて、3コース制となる。文系型では1年次に、英語・フランス語のどちらかを第1外国語に選ぶ。

学校生活　宗教教育の一環で奉仕活動を体験

登校時間	中学	夏季	8：20	冬季	8：20
	高校		8：20		8：20

1日は朝の祈りから始まり、年間にクリスマス会、マリア祭などの宗教的な行事が

ある。また、キリスト教的人間愛を実践するサークルの「アンジェラスの会」は、全校生徒が協力会員になり、インド・バングラデシュの子供たちを支援する教育里親活動、チャリティーバザー、老人ホームの慰問、募金活動など、幅広いボランティア活動を展開しており、各方面から高い評価を受けている。文化系・体育系合わせて22のクラブがあり、秋の文化祭（マルグリット祭）は活気に溢れている。

進路　難関大学に多数合格

現役で約90%が進学。近年の進学先には東大、東京外語、一橋、京都、東北、横浜市立などの国公立大や、早稲田、慶應、上智などの難関私立大も多い。また、早稲田、慶應、上智、東京理科、中央、立教、青山学院、学習院など多数の難関校への指定校推薦枠もある。

2024年度入試要項

中学　12/16（帰国生）　2/1午前（第1回・帰国生）　2/1午後（第2回・帰国生）　2/2午後（第3回・英語資格・帰国生）　2/3午前（第4回・帰国生）

試験科目　国・算・理・社（第1・4回）　国・算（第2回）　国＋算か理（第3回）　国（英語資格）　算＋英かフランス語＋作文＋面接（帰国生12月）　国・算＋面接（帰国生2/1・3）　国＋算か理＋面接（帰国生2/2）　国＋面接（帰国生英語資格）

2024年度	募集定員	受験者数	合格者数	競争率
第1回/第2回	約30/約35	150/334	40/141	3.8/2.4
3/4回/英	約30/15/若干	224/141/21	82/25/11	2.7/5.6/1.9

※帰国生の募集は若干名

高校　募集せず

卒業生有名人　紺野美沙子（女優）、乃南アサ（作家）、窪美澄（作家）、堀田茜（モデル・タレント・女優）

共学 | 幼 小 中 高 大 院

関東学院中学校高等学校

キリスト教による人間教育
徹底した基礎学力の育成と
一人ひとりの個性を伸ばすクラブ活動

制服 p.39

SUPER INDEX P.75

普通科（高校）
生徒数　770名（中学）　754名（高校）
〒232-0002
神奈川県横浜市南区三春台4
☎ 045-231-1001
京浜急行線黄金町駅　徒歩5分
市営地下鉄ブルーライン阪東橋駅
徒歩8分

URL	https://www.kantogakuin.ed.jp
Web上での合格発表	○

プロフィール　人になれ 奉仕せよ

　横浜の小高い丘の上に立つ本校は、1884年創立の神学校を源流とする。1927年、財団法人関東学院を設立。1947年に新制中学校、翌年に新制高等学校を開校した。自分の持てる力を独り占めせず、他者と共感しあい、共に活動できる人間（＝servant leader）となることが目標。キリスト教による価値判断力と教科学習による事実判断力を兼ね備え、人生のあらゆる局面に自分自身の判断によって選択と集中の実行力を発揮する人間の育成を目指している。

環境　広いキャンパスに 充実した設備

　中学校校舎には県内随一の設備を誇る、物理・化学・生物・地学の専門実験室が合計5教室あり、実験室を舞台に、理論と実験を通して自然の本質を追究し、科学する心を育てる。中1・中2ではこの設備を利用し、週に1回は実験を行う授業実践を行っている。また、陶芸室も用意され、中1は美術の時間に必修で陶芸を行っている。イメージしたものを粘土をこねながら形にしていく作業は生徒たちにも好評。そのほか、毎日の礼拝で使われるグレセット礼拝堂やメービー礼拝堂、約470席ある広い食堂（コベルホール）もある。

カリキュラム　週6日制 カリキュラム

　土曜日にも通常授業を午前中に行う週6日制カリキュラムを実施。2018年度から2学期制（年間35週授業）を導入し、授業時間を増加させている。このカリキュラムは成績中位の生徒達が当たり前

中学校新館

にGMARCHレベル以上の大学に合格することを念頭に置いている。先取り学習はしているが、がむしゃらに進むわけではない。進路を意識する高2で再びそれまでの復習を必要とせず、自分の目標に向かって学力を伸ばしていける状態にすることを目指し、「必要なことを必要なときに必要なだけ学ぶ」効率的なカリキュラムによってじっくりと学力の定着を図っている。英語はICTを活用したアクティブな普段の授業に加えて、ベルリッツ®と提携し、週2時間ネイティブによる少人数での会話の授業を行っている。さらに高1ではマンツーマンのオンライン英会話を行うなど、4技能をバランス良く身につけられる英語教育を展開している。成績上位者を1クラスにした「ベストクラス」も設置。早い段階から応用問題や英語長文読解等に取り組んでいる。さらに高2以降は文系、理系各々1クラスを「難関大学受験クラス」として設けており、センター試験から大学入試がスタートという姿勢で、目標が一致した生徒同士が切磋琢磨しあい高い目標を実現させる。

　中学では学年ごとに1ヶ月の予定表を作り、漢字・数学・英語の小テストを定期的に行っている。その結果を見て、日頃から担当の教員による補習が行われている。宿題も1〜1時間30分程度のものが毎日出ているが、これは家庭で勉強をすることの習慣をつけさせ、自らが計画を立てて学習していく姿勢を身につけることが大切と考えるからである。

学校生活　楽しく過ごす 学院の1日

登校時間	中学	夏季	8：30	冬季	8：30
	高校		8：30		8：30

　1日は、讃美歌のメロディーから始まる。礼拝の行われる日には、生徒たちは聖書と讃美歌を手に持って礼拝堂へと集まる。クラブへの参加率も高く、マーチングバンド、オーケストラ、少林寺拳法、スキー、ラグビー、剣道などは各方面で活躍している。運動部は18、文化部は15ある。クラブ活動は様々な価値観を持った人と出会い、一緒に汗を流し、苦労を共にする、教室の中だけでは得られない「学び」を実践する場として位置づけている。勉強と部活動は「両立」ではなく「並列」。異なるそれぞれの時間帯を真剣に集中する習慣をつけることこそが、大学や社会で生かされる力となると指導している。

ハワイ島理科研修

進路　難関大を中心に 他大学へ進学

　生徒の進路志望に応じた他大学受験を進めている。指定校推薦も国際基督教・青山学院・明治学院など多数あるが、受験勉強を経て進学する生徒が大半である。併設の関東学院大学への進学は在学中の成績が一定の水準に達していれば、推薦入学制度が適用される。

トピックス　多彩な校外研修 プログラム

　6年間一貫のプログラムとして、毎年宿泊研修がある。「現場主義、地球的視点、人権と平和」というモットーで教室外での「学び」も重要と考えており、中学では日本の文化や歴史に触れる京都・奈良・大阪、広島・長崎、高校では世界と交流して視野を広げるようにと韓国・台湾などを訪ね、現地校と交流をする。このほか希望制で、カナダまたはオーストラリアターム留学、台湾短期交換ホームステイ、イートンサマースクール、イギリス研修もある。

2024年度入試要項

中学

試験日	11/23（帰国生）　2/1午前・午後（一期A・B）　2/3午前（一期C）　2/5午後（二期）
試験科目	国・算・理・社（一期A・C）　国・算（一期B・二期）　算・国または算・英（帰国生）

2024年度	募集定員	受験者数	合格者数	競争率
一期A/B	50/65	217/517	66/244	3.2/2.1
一期C/二期	65/20	346/285	100/33	3.5/8.6

※帰国生の募集は若干名

高校　募集停止中

進学に有利に

併設校あり

芸術＆特殊学科

資格系＆技能系

施設が充実

スポーツが強い

クラブ活発

情操教育を重視

国際人を養成

校風自由な

共学　幼小中高大院

関東学院六浦 中学校 高等学校

普通科（高校）
生徒数　570名（中学）　601名（高校）
〒236-8504
神奈川県横浜市金沢区六浦東1-50-1
☎ 045-781-2525
京浜急行線金沢八景駅・追浜駅
各徒歩約15分

SUPER INDEX P.75

制服 p.39

六浦から世界へ
地球市民として世界の平和に
貢献できる人を育てる

URL	https://www.kgm.ed.jp		
Web上での合格発表	中学	○	高校	○

左端の縦見出し：
有進学に利
併設校あり
特芸術&殊学科
資格&技能系
施設が充実
スポーツが強い
クラブが活発
情操教育を重視
国際人を養成
自由な校風

プロフィール　キリスト教に基づく人間教育を目指す

1884年設立の横浜バプテスト神学校にさかのぼり、1953年に現在の地、金沢八景に関東学院六浦中学校・高等学校として設立された。キリスト教の精神を建学の精神とし、校訓「人になれ　奉仕せよ」を掲げている。

建学の理念を堅持しつつ、子ども達が社会へ巣立っていく10年後、20年後の社会を見据えて新しい教育観に立ち、日々の教育活動を展開している。

環境　大学に隣接した静かなキャンパス

毎朝の礼拝でパイプオルガンの音色が響く礼拝堂、4つの理科実験室、人工芝のグラウンドなど施設が充実している。さらに、グループワークやプレゼンテーションなどの活動に適したSPACE LABOを新設。普通教室には電子黒板型プロジェクター、校内はwi-fi環境が整い、充実したICT環境で学びを深めることができる。

カリキュラム　一人ひとりの進路実現に向けた独自のプログラム

校訓「人になれ　奉仕せよ」を実践するための力を、6年間でしっかりと身につけていく。各教科の基礎学力はもちろんのこと、主体的に学ぶ力、物事を探究する力など、進路実現に向けた力をつけていく。

魅力のひとつが、外国人教員8名による実践的な英語教育。CLIL（内容と言語の統合型

景勝地を臨むキャンパス

学習）という学習法を取り入れ、社会科学や自然科学のテーマを扱いながらそれらを英語で学ぶ。英語の授業は外国人教員と日本人教員のティームティーチングが基本スタイルで、「生きた英語」に触れる機会が日常的にある。また、オリジナル授業「地球市民講座」では、地球規模の課題である「持続可能な社会」の実現に向けて、多文化理解と多文化共生について考える。調べ学習やプレゼンテーションなど、グループや個人での探究活動が中心。

さらに、大学が隣接しているメリットを生かし、大学との連携も行う。中学生対象の大学理科実験講座では、大学の先生から直接指導を受け、研究室などにも訪問する。また、生徒達は一人1台Chromebookを使い、ICTを活用したより深い学びをしている。

学校生活　多くの行事を通し体験から学ぶ

登校時間	中学	夏季	8：25	冬季	8：25
	高校	夏季	8：25	冬季	8：25

学校での一日は毎朝の礼拝から始まる。静かな礼拝の時間を通して、お互いを尊重する気持ちや他者を思いやる気持ちを育んでいく。心を育むだけでなく、実際に行動できる場として、様々なボランティア活動を行っている。様々な時期に行われる福祉施設への訪問や地域清掃、被災地の復興ボランティアなど、生徒達はボランティア活動へ参加できる機会が多い。

また、豊富な選択制研修があることも特徴の一つ。語学研修はもちろん、オーロラ観測を中心としたアラスカでの研修、教育ボランティアを体験するカンボジアでの研修の他、京都・奈良・北海道など国内での研修も充実。さらに、オーストラリア、マレーシア、ニュージーランドでの3か月のターム留学の他、1年間の留学も行っている。これらの選択制研修は、「主体的に学ぶこと」「たくさんの体験から学ぶこと」を大切にしている。

進路　一人ひとりの進路実現を目指す

「生徒一人ひとりが自分のやりたいことを見つけ、より高いレベルを目指し、その実現のためにサポートしていく」ことが進路指導の基本姿勢。6年間の様々な体験を通して、自分の可能性を探る。併設の関東学院大学へは卒業生の約15％が進学。近年、海外の大学を目指す生徒も増えており、オーストラリアや台湾などの大学へ進学している。ハワイのコミュニティカレッジとも提携を結び、卒業後に関東学院大学の3年次に編入学する制度もある。

2024年度入試要項

中学

試験日　12/9（帰国生Ⅰ期）　1/13（帰国生Ⅱ期）
2/1午前・午後（A-1・A-2日程）　2/2午前（B-1日程）　2/2午後（B-2日程・英語型）
2/3（自己アピール型）　2/4（C日程）

試験科目　国・算または国・算・理・社（A-1・B-1日程）　国・算（A-2・B-2・C日程）　英＋面接〈日本語・英語〉（英語型）　総合＋プレゼンテーション（自己アピール型）　国・算＋面接（帰国生）

2024年度	募集定員	受験者数	合格者数	競争率
A-1日程	50	65/62	34/28	1.9/2.2
A-2日程	25	94/62	52/23	1.8/2.7
B-1日程	20	54/46	28/21	1.9/2.2
B-2日程	10	50/39	27/14	1.9/2.8
C日程	5	38/33	22/7	1.7/3.3
自己アピール	10	9/6	4/3	2.3/2.0
英語	10	9/9	6/6	1.5/1.5

※人数はすべて男子/女子
※帰国生の募集は若干名

高校

試験日　1/23（推薦）　2/12（GLEオープン）
試験科目　面接（推薦・帰国生）
書類審査（一般）
英＋英語によるグループディスカッション＋面接（GLEオープン）

2024年度	募集定員	受験者数	合格者数	競争率
推薦/一般	10/30	11/60	11/60	1.0/1.0

※GLEオープンと帰国生の募集は若干名

　■卒業生有名人　小泉進次郎（国会議員）、小泉孝太郎（俳優）、竹中直人（俳優）

神奈川

女子　幼小中高大院

函嶺白百合学園　中学校　高等学校

かんれい

箱根の森の中の白亜の校舎
少人数制、中高一貫教育で
「白百合」の伝統を育む

普通科（高校）
生徒数　78名（中学）　105名（高校）
〒250-0408
神奈川県足柄下郡箱根町強羅1320
☎ 0460-87-6611
箱根登山鉄道強羅駅　徒歩3分

SUPER INDEX P.84

制服 p.42

URL	http://www.kanrei-shirayuri.ed.jp			
Web上での合格発表	中　学	○	高　校	—

オーストラリア研修旅行、現地校生徒と交流

プロフィール　東京の「白百合学園」から昭和24年独立

学校名と校章はキリスト教で白百合の花が聖母マリアの清らかさ、気高さを表すことに由来している。

「白百合学園」は、7つの学園と2つの大学から成る総合学園である。「従順、勤勉、愛徳」を校訓に、キリスト教の精神に基づいた、誠実で愛の心を持った人間の育成を目的としている。

創立は1944（昭和19）年で、東京の白百合高等女学校と附属小学校の箱根強羅疎開学園として開校され、その後、1946年に湘南白百合学園の分校となる。1949年に独立すると共に、現校名に改称し、小学校から高校までの一貫教育校となった。卒業生は3500名を超え、各方面で活躍している。

環境　箱根山の緑に映える白亜の学園

箱根の山の四季折々の美しさを車窓に見ながら、箱根登山鉄道を使っての通学は、毎日が遠足気分のようだ。

森の緑に隠れるようにして、白亜の校舎が建ち、そのコントラストの美しさに思わず目を引かれる。図書館、パソコン室、視聴覚室、体育館など、施設も充実している。また、長距離通学の生徒のために、勉学に適した雰囲気の「マリア寮」を開設。敷地内には温泉付き合宿所「パウロ館」があり、合宿等に活用している。

カリキュラム　英語授業を重視少人数教育も実施

中高一貫教育で、生徒の才能を最大限に引き出すことに主眼を置いている。特に、創立当初から重視しているのが英語教育で、主要教科の中でも週当たりの授業時間を最も多く設定している。各種の英語コンクールに参加する機会も多く、成績も優秀だ。英語力をつけるために、毎週火曜日をEnglish Dayとし、学校全体で日常会話に英語を使う。高2よりフランス語も選択できる。

基礎力の積み重ねに終礼時の5分間ドリル、進路に応じた進学補習等きめ細かく行っている。中・高ともに宗教の授業が必修で、情操教育にも熱心だ。

学校生活　学園精神が発揮される白百合会

登校時間	中学	夏季	8：40	冬季	8：40
	高校	夏季	8：40	冬季	8：40

学校生活は、毎朝の「祈り」で始まり、終礼の「祈り」で終わる。1日のスケジュールの中だけでなく、感謝の祭儀や修養会、クリスマス会など、年間を通じて宗教的行事が多く見られる。そのほか、白百合祭、クラスマッチ、修学旅行など、学校行事は盛りだくさんだ。

部活動は決して多くはないが、中1生から高3生まで縦のつながりができ、和気あいあいと活動している。

このほか、中・高生徒が所属する白百合会では、地域清掃や施設訪問などのボランティア活動を行っている。

進路　系列の大学に推薦枠がある

卒業生は、ほぼ全員が進学を希望している。系列の白百合女子大、仙台白百合女子大に特別推薦制度があるほか、多数の指定校推薦枠がある。現役合格率は90％前後で、慶應義塾大、国際基督教大、聖心女子大、上智大などに進学している。

2024年度入試要項

中学

試験日　1/6（帰国子女）　2/1午前・午後（第1・2回）　2/2（第3回）

試験科目　国・算＋面接（第1回）　国・算・英・思考力から1科（第2回）　国・算・自己表現から1科（第3回）　国・算・英から1科＋面接（帰国子女）

2024年度	募集定員	受験者数	合格者数	競争率
第1回/第2回	15/15	9/10	7/9	1.3/1.1
第3回	10	1	1	1.0

高校

試験日　1/6（帰国子女）　1/23（推薦）　2/10（一般）　3/7（2次）

試験科目　作文（事前に提出）＋面接（推薦）　国・数・英＋面接（一般・2次・帰国子女）

2024年度	募集定員	受験者数	合格者数	競争率
推薦/一般	20/30	2/9	2/9	1.0/1.0

※中・高とも、帰国子女の募集は若干名

和気あいあいとしたクラブ活動

恵まれた自然環境にある、美しい校舎

進学に有利

併設校あり

芸術＆特殊学科

資格＆技能系

施設が充実

スポーツが強い

クラブが活発

情操教育を重視

国際人を養成

自由な校風

女子 中高

北鎌倉女子学園 中学校・高等学校

古都鎌倉の閑静な佇まいの中で のびやかな自立した女性を育む

普通科　音楽科（高校）
生徒数　142名（中学）　366名（高校）
〒247-0062
神奈川県鎌倉市山ノ内913
☎ 0467-22-6900
横須賀線北鎌倉駅　徒歩7分

SUPER INDEX P.78

URL	https://www.kitakama.ac.jp			
Web上での合格発表	中学	○	高校	○

ボランティアで円覚寺 English Guide を行っています

プロフィール 高い品性を育む 学園生活

　東邦大学の創立者・額田豊博士によって、1940年に創設。「女性は先天的に優れた能力を持ち、様々な可能性が期待される」という、女性に対する深い信頼と期待が建学の精神となっている。以来79年、「豊かな知性と情感を具え、深い思考と的確な判断のもとに誠実に自らの人生を生き、やさしく他と調和しつつ社会に寄与する女性」の育成を目指し、知徳体の調和的発達のための教育を実践している。

環境 四季折々の花影を 小鳥やリスが走る苑内

　円覚寺、東慶寺をはじめ多くの史跡が残る北鎌倉の緑豊かな丘の上に、近代的な校舎が建つ。四季折々の花影を小鳥やリスが走る閑静な佇まいの中で、生徒たちはのびのびと過ごしている。

カリキュラム 生徒の進路に応じた 多彩なコース制

　中学では、高い品性と豊かな心を持った女性の育成に努め、習熟度別授業、少人数授業など様々な働きかけを行い、特に英語教育に重点を置いている。
　高校では、生徒の個性や進路志望に応じて、より徹底した学習指導を行う。普通科の先進コースでは、ICTを活用し、各教科の基礎学力の充実を図り、多角的な学習活動を行う。国公立・難関私立大進学を目指す特進コースでは、1年次は文理混成、2年次より特進文系・特進理系に分かれる。特別講義や勉強合宿などを含め、少人数制による集中講義を活用した授業体系を展開しており、現役進学率は92％となっている。
　中学・音楽コース、高校・音楽科では、各専攻別に専門の教師が指導し、優れた音楽技術と高い芸術性を育てる。徹底した進路指導で、進学率はほぼ100％である。

学校生活 ダンス、コーラスなど 各部が全国大会で活躍

登校時間	中学	夏季	8:25	冬季	8:25
	高校	夏季	8:25	冬季	8:25

　クラブ活動も盛んで、文化部12、運動部11のクラブが活動している。中でもダンス部は、ダンスの甲子園と呼ばれる全日本高校大学ダンスフェスティバルにおいて、6回全国優勝、4回準優勝している。バトン部は何度も関東大会出場を果たし、また、文化部ではコーラス部がこれまでに36回関東合唱コンクールに出場し、全日本合唱コンクールでは銀賞を受賞している。

進路 現役合格率90％以上 難関大へ多数進学

　現役合格率は毎年90％を超えている。コース制、選択制、特別講座、カリキュラムなどの充実した進路指導体制により、横浜国立、横浜市立、東京外語、早稲田、慶應、上智、明治、立教、青山学院をはじめ、難関大学へ多数の生徒が進学している。

卒業生のチューターが平日放課後自習室に教えにきてくれます

2024年度入試要項

中学

試験日　2/1午前・午後　2/2午前・午後　2/3午後　2/4午前・午後　2/5午前・午後
　　　　※音楽コースは2/1・2

試験科目　国・算（2/1午前・2/2午前）　4科総合（2/2午後）　国（2/4午前・2/5午前）　算（2/1午後・2/4午後）
　　　　英語プレゼン（2/3午後・2/5午後）
　　　　エッセイ（2/3午後・2/5午後）
　　　　プログラミング（2/3午後）
　　　　国・算＋実技（音楽）

2024年度	募集定員	受験者数	合格者数	競争率
2科①/②	95	28/7	23/3	1.2/2.3
4科総合		5	4	1.3
国語①/②		10/6	6/6	1.7/1.0
算数①/②		9/3	9/1	1.0/3.0
英プレゼン①/②		0/0	0/0	—/—
エッセイ①/②		1/1	1/0	1.0/—
プログラミング		1	1	1.0
音楽コース	25	10	10	1.0

※2科①・②の定員に帰国生含む

高校

試験日　12/8（帰国生）　2/10（一般、オープンA普通科、音楽科）
　　　　2/11（オープンB普通科）　3/5（2次）

試験科目　書類審査＋面接または英＋面接（帰国生）　書類選考（推薦）　国・数・英（一般、オープンは＋面接）　作文（2次）
　　　　※音楽科一般は国・英＋専門科目（聴音・視唱・楽典）＋実技。オープンは＋面接。

2024年度	募集定員	受験者数	合格者数	競争率
推薦	30/15	36/11	36/11	1.0/1.0
書類選考	20/10	39/12	39/12	1.0/1.0
一般	30/15	22/9	22/9	1.0/1.0
オープンA・B	20	3/10	3/10	1.0/1.0
音楽科推薦/一般	3/23	2/14	2/14	1.0/1.0

※定員は、先進コース/特進コース
※2次の募集は若干名、帰国生の募集は10名

左側縦書きタブ：
進学に有利に／併設校あり／芸術＆特殊学科／資格＆技能系／施設が充実／スポーツが強い／クラブが活発／情操教育を重視／国際人を養成／自由な校風

　卒業生有名人　浜田理恵（オペラ歌手）、東原亜希（タレント）、谷口令子（女子ラグビー選手）

神奈川

共学 高

鵠沼 高等学校
（くげぬま）

勉強と部活動との両立を目指す アットホームな学校

SUPER INDEX P.79

普通科
生徒数　791名
〒251-0031
神奈川県藤沢市鵠沼藤が谷4-9-10
☎ 0466-22-4783
東海道本線・小田急線藤沢駅　徒歩15分
江ノ島電鉄柳小路駅　徒歩1分

URL	https://kugenuma.ed.jp

「未来に向けて、全力で。」

「文武両道」「切磋琢磨」

2004年に男女共学となり鵠沼高等学校と校名を改め、「共に学び共に育む－明るく規律ある学園」の校風のもと、「知識・情操・意欲の調和した豊かな人格を備えた人間の育成を理想とする人間教育」を教育理念とし、生徒は学習に励むだけでなく、社会により良く貢献できる人物となるよう、文武両道を心がけながら日々切磋琢磨している。

湘南の陽光さす のびやかな校舎

藤沢駅（JR・小田急線）から江ノ電で3分の柳小路駅近くに位置し、周辺は住宅地に囲まれ静かな環境の中にあり、江の島までランニングをするクラブもある。校舎はすべて耐震設計。全教室、講堂、体育館ともに冷暖房完備。

進路に合わせて コースを選択

生徒の夢の実現に向け、確かな学力を育む3コース制。

英語コースは3月上旬に2週間、ホームステイをしながら、カリフォルニア大学リバーサイド校（UCR）で学ぶ語学研修（必修）があり、グローバル社会に役立つ英語表現の習得を目指す。

理数コースは理数系科目を中心とし

英語コース、語学研修終了証書を手に！

たカリキュラムで、1・2年次に行う国内研修旅行や毎学期行われる理系大学の先生による特別授業など鵠沼サイエンス・プログラムを受講し、様々な分野の専門的知識に触れる機会がある。

文理コースは1年次には全ての教科をバランス良く履修し、2年次からは各自の進路目標に応じて文系・理系に分かれ、進路に沿った科目を選択し各自の目標を実現させる。

土曜日には希望制の進学選択授業があり、大学進学に必要な授業を履修することができる。

また、毎月1回鵠沼サタデープログラムとして、大学講義体験や卒業生座談会などの進路イベントが行われる。進路面談など、きめ細やかな進路指導を行う。

未来に向けて、全力で。

登校時間	夏	8:40	冬	8:40

鵠沼高等学校三大行事として「合唱コンクール」「体育祭」「鵠輝祭（学校祭）」がある他、新入生歓迎会や球技大会、芸術鑑賞会など学校行事が多彩である。

部活動も活発で、運動部10部、文化部14部があり、多くの生徒が加入し、活発に活動している。

修学旅行として、2年生の10月下旬に九州に行き、平和学習と異文化理解を主なテーマとして学習する。現地の一般家庭にホームステイをする。また、希望者は夏休みにイングリッシュ・キャンプ（国内）の他、冬休みにイギリス、春休みにオーストラリアでの海外研修に参加することができる。

勉強と部活動との両立に励みながら、学校行事にもよく励み、多くの生徒がそれぞれの未来に向かって全力で取り組んでいる。

親身な進路指導で 難関大学に進学

卒業生は84.0%が大学・0.4%が短大・10.6%が専門学校に進学しており、着実に難関大学への進学実績を伸ばしている。近年の主な進学先は、横浜国立大、東京学芸大、茨城大、横浜市立大、都留文化大、東京理科大、上智大、明治大、青山学院大、立教大、中央大、法政大、関西学院大、同志社大、立命館大、東京薬科大、日本女子大、芝浦工業大、東京電機大、東京都市大、工学院大、成蹊大、成城大、明治学院大、國學院大、北里大、東京農業大、獨協大、中央大、日本大、東洋大、駒澤大、専修大、神奈川大、東海大、関東学院大など。

2024年度入試要項	

試験日　1/22（推薦）　2/11（オープン）
　　　　3/1（2次）

試験科目　面接（推薦）
　　　　　国・数・英（専願）
　　　　　書類選考（併願）
　　　　　国・数・英＋面接（オープン・2次）

※特別奨学金制度とチャレンジ制度受験は
　書類選考＋国・数・英

2024年度	募集定員	受験者数	合格者数	競争率
推　薦	90	4/2/34	4/2/34	1.0/1.0/1.0
専　願	145	62/68/567	62/68/567	1.0/1.0/1.0
併　願				
オープン	15	0/3/8	0/2/0	—/1.5/—

※2次の募集は若干名
※募集定員の内訳は、英語コース30名、理数
　コース30名、文理コース190名
※人数はすべて英語/理数/文理

進学に有利
併設校あり
芸術&特殊学科
資格系&技能系
施設が充実
スポーツが強い
クラブが活発
情操教育を重視
国際人を養成
自由な校風

神奈川

共学 幼 中 高

公文国際学園 中等部 高等部

個性と能力を伸ばす一貫教育
5人に1人が帰国生という環境
グローバル教育を重視し国際人を育成

普通科（高等部）
生徒数 522名（中等部）
　　　 458名（高等部）

〒244-0004
神奈川県横浜市戸塚区小雀町777番地
☎ 045-853-8200
東海道本線・横須賀線・京浜東北線大船駅
バス8分（スクールバスあり）

SUPER INDEX P.79

URL	https://www.kumon.ac.jp
Web上での合格発表	○

国際社会に対応する個性尊重の教育

プロフィール

公文式学習の創始者である公文公により設立されました。1993年に中等部を開校、1996年に高等部を開校。2008年に公文毅記念講堂および新校舎（グリーンゾーン）が完成。2012年にグラウンドをリニューアル（人工芝に）。

生徒一人ひとりの可能性を発見し、その能力を最大限に伸ばすことによって、新しい文化の創造に寄与し、国際社会で大いに活躍する人材の育成を目指している。

豊かな自然と充実した施設

環境

豊かな自然に囲まれた、約18,000坪の広大な敷地に、3つの校舎と男女寮を併設している。図書館には、33,000冊を超える蔵書や、CD・DVDが利用できる個人ブースを設けている。また、学年集会や公文式の放課後学習でも利用しているホール、PCルーム、メディアセンター、体育館の機能を備えた講堂、人工芝のグラウンド、屋内プール、武道場、3面のテニスコート、ビーチバレーコート、ハンドボールコートなどの文教施設が完備されている。

男女合わせて500名近くを収容できる男女寮には、中1・2生のための4人部屋、中3生以上のための個室があり、さらには学習室や音楽練習室など

キャンパス

充実した環境が整っている。また、医務室やカウンセリング室もあり、看護スタッフも常駐している。

公文式も取り入れ個別教育に重点

カリキュラム

2学年ごとを「基礎期」（中1・2【イエローゾーン】）、「充実期」（中3・高1【グリーンゾーン】）、「発展期」（高2・高3【ブルーゾーン】）と位置づけて、それぞれに校舎と教頭を配し、生徒の発達段階に応じ、細やかな指導を可能にする「3ゾーン制」を導入している。授業は全学年共通で、1コマ60分で行われている。授業は2週間で1セット（A週／B週）になっている。高2から文系・理系の選択を前提とした選択科目が増え、高3で文系・理系にはっきりと分かれる。また、必修授業と自由選択授業が用意され、興味・関心・進路によって自分で組み合わせることができる自由度の高いカリキュラムとなっている。また、公文式教材を使って週1回放課後に実施される公文式放課後教室（全学年対象）や、難関大学を目指す生徒のための放課後学習ゼミ（高2・高3対象）など、正規の授業を支える体制も充実している。

その他の教科外教育として、生徒自らが調べるテーマを決め、企画、立案をして行われる「日本文化体験」（中3）や、国内外の大学を訪れて英語で探求的な学びを深めることができる「LEE（Liberal Arts Education in English）」（高2）を行っている。さらに、国際教育にも力を入れており、海外の模擬国連への参加や、校内で模擬国連を実施している。年度末には、世界に目を向け、国際問題に関心を持つことに主眼を置いた「国際理解DAYS」という行事を開催している。

豊かな人間性を育む寮生活

学校生活

登校時間	中学	夏季	8：20	冬季	8：20
	高校		8：40		8：40

▲生徒によって企画される体育祭

▶様々な形で披露される表現祭

5月の体育祭や10月の表現祭（文化祭）などの学校行事は、生徒が主体となって運営されるものが多く、生徒たちは活気あふれる学校生活を楽しんでいる。部活動も盛んで、8割以上の生徒が部活動に所属している。

寮生活の中では、「自律と自立」の精神を学び、しっかりとした自学自習の習慣を身につけることができる。寮には専任のスタッフのほか、現役の大学生のスタッフもおり、寮生のサポートを行っている。中1の4ヵ月間、正規の寮生と共に寮生活を送ることができる「寮体験プログラム」を用意している。（2020～2023年度は中止）

東大など難関大に合格者多数

進路

2023年3月卒業生は、東大5名、大阪大2名、九州大1名、東工大3名など国公立39名、早稲田大40名、慶應義塾大38名、上智大38名、東京理科大22名合格。

2024年度入試要項

中等部

試験日　12/16（帰国生）　2/1（A入試）　2/3（B入試）
試験科目　適性＋英＋面接（帰国生）　国・算または国・数か国・英か数・英（A入試）　国・算・理・社（B入試）

2024年度	募集定員	受験者数	合格者数	競争率
A入試 国算	40	268	148	1.8
A入試 数/英/数英	70			
B入試	40	126	43	2.9
帰国生	10	46	19	2.4

高等部　募集せず

神奈川

共学　高専短大

クラーク記念国際高等学校〈横浜・厚木・横浜青葉〉

一人ひとりの「好き」と「得意」を伸ばす
「全日型通信」ならではの柔軟な学習体制で
学力を伸ばし進路実現へ！

SUPER INDEX P.77

| URL | https://www.clark.ed.jp |

普通科
生徒数　約770名(横浜)
〈横浜キャンパス〉　〒220-0021
神奈川県横浜市西区桜木町4-17-1
☎045-224-8501
根岸線・市営地下鉄桜木町駅　徒歩5分
みなとみらい線みなとみらい駅　徒歩8分
生徒数　約260名(厚木)
〈厚木キャンパス〉　〒243-0014
神奈川県厚木市旭町1-32-7
☎046-220-5539
小田急小田原線本厚木駅　徒歩5分
生徒数　約170名(横浜青葉)
〈横浜青葉キャンパス〉　〒225-0003
神奈川県横浜市青葉区新石川2-5-5
☎045-905-2571
東急田園都市線たまプラーザ駅　徒歩3分
〈CLARK SMART横浜〉　〒231-0063
神奈川県横浜市中区花咲町2-65-6
コウノビルMM21 8F
☎045-260-6507
JR線桜木町駅　徒歩1分

クラーク博士の志と理念を受継ぐ高等学校

「君よ、大志を抱け」の言葉で有名なクラーク博士の理想を受け継ぐ唯一の学校として1992年に開校。校長はプロスキーヤーの三浦雄一郎。80歳にして自身3度目のエベレスト登頂に成功するなど、「夢・挑戦・達成」を自ら体現している。

全国に広がるクラークの教育

北海道深川に本校を設置。全国、海外に63箇所の拠点を持ち1万人以上の生徒が在籍中。これまで6万人以上の卒業生を輩出。全国規模ならではの学習体制を整える一方、地域のニーズに対応したキャンパスごとの教育も行っている。
＜学習体制＞入学時に中学単元の確認を行う「基礎学力オールチェック」や理解度で授業を分ける「教科別・習熟度別授業」を実施。生徒が担任を選ぶパーソナルティーチャー制度も導入し、一人ひとりに合った学習体制を整備。
＜ICT教育＞全国でiPadを導入。schoolTaktを利用した双方向授業や、Evernoteでのeポートフォリオ制作などを実施。また、小学館・パナソニック・学研などと共同開発したWeb教材が充実。中学校の学び直しから、難関大学への進学対策まで、幅広い学習が可能。

独自の留学システムが充実

年間500人以上が参加するオーストラリア留学制度が充実。期間は3週間から27ヶ月が選べ、目的やレベルに合わせた留学が可能。現地にクラーク教員が常駐し、政府認定のホームステイ先が用意されている。さらに、ハイレベルな英語を学びたい生徒には、ハワイ提携校での語学留学も可能。また、系列の国際大学IPU New Zealandと連携した専門コースで、より深く英語を学ぶこともできる。

一人ひとりに合わせた多彩な学習システム

どのキャンパスでも、習熟度別の授業と選択式の専攻・ゼミなどがあり、一人ひとりの目標に合わせた学習を行うことができる。
＜横浜キャンパス＞通学型プログラムには、将来の夢や自分の好きなこと、得意なことを見つける専攻授業が選べる「総合進学コース」、また、「スポーツコース」女子ラグビー専攻や「インターナショナルコース」「プログラミングコース」「eスポーツコース」がある。

横浜キャンパス（グローバルサイエンス専攻）

＜厚木キャンパス＞総合進学コースを設置。一般教科に加えて、選択できるゼミ授業が豊富で、「思考力・判断力・表現力」を伸ばす取り組みを行っている。少人数で落ち着いた学習環境を確保。
＜横浜青葉キャンパス＞2023年度より共学化。総合進学コースを設置。全国のクラークで最も進学率が高く、国際教育も充実。キッチンスタジオも完備している。

厚木キャンパス（総合進学コース）

自立した校風キャンパス外でも活動

1・2年次には、それぞれ夏と冬に北海道体験学習を実施。また、生徒が主体となって生徒会や委員会が設置され、体育祭や文化祭、学校説明会などの行事が企画される。キャンパスによって独自の行事がある場合も。

学校生活が高い評価希望進路への確かな合格

生徒の多くは大学進学を希望。近年の進学先は、早慶上理などの難関大学のみならず、海外大学への進学者も増加している。国公立は、東京大、京都大、東北大、名古屋大、大阪大など多数。これまでの進路実績から獲得した指定校推薦は310校(2020年度)に上り、多くの生徒がコースや専攻での学びを活かした進学先を選択している。

2024年度入試要項（参考）

募集定員　150名(横浜キャンパス)
　　　　　　60名(厚木キャンパス)
　　　　　　40名(横浜青葉キャンパス)

試験日　11/11・12(推薦A)　12/16・17(推薦B)
　　　　1/27・28(推薦C・一般A)
　　　　2/23(一般B)　3/9(一般C)
　　　　※横浜キャンパス以外はお問い合わせください。

試験科目　＜推薦＞面接(保護者同伴)、作文、
　　　　　学力テスト(国・数・英から1科)
　　　　　＜一般＞面接(保護者同伴)、作文、
　　　　　学力テスト(国・数・英)

※他に、転・編入試あり

卒業生有名人　竹内智香（スノーボーダー）、福永春吾（プロ野球選手）、市原隼人（俳優）

進学に有利
併設校あり
芸術＆特殊学科
資格系＆技能系
施設が充実
スポーツが強い
クラブが活発
情操教育を重視
国際人を養成
自由な校風

慶應義塾 普通部

大学までの一貫教育
「独立自尊」の校風と伝統の中
新たな時代を拓く人物を養成

生徒数　711名
〒223-0062
神奈川県横浜市港北区
日吉本町1-45-1
☎ 045-562-1181
東急東横・目黒線・新横浜線・横浜市営
地下鉄グリーンライン日吉駅　徒歩5分

SUPER INDEX P.81

URL	https://www.kf.keio.ac.jp/
Web上での合格発表	○

プロフィール　伝統ある「独立自尊」の精神

慶應義塾は、1858（安政5）年に開かれた福澤諭吉の蘭学の私塾を母体としている。1868（慶應4）年、芝新銭座に移転すると同時に、時の年号にちなんで「慶應義塾」と命名された。三田に移転後の1873（明治6）年、慶應義塾開業願を東京府に提出、近代的な学校として再発足した。1898（明治31）年に幼稚舎、普通学科（翌年普通部と改称）、大学科という通算16年の一貫した教育体制が確立される。普通部は1951（昭和26）年、横浜市港北区の現在地に移転。この間に22年に行われた学制改革で、それまでの修業年限5年から3年の新制中学校となったが、伝統ある「普通部」の名称はそのまま受けついで現在に至っている。

福澤精神に則って、私学の特性と伝統を生かした独自の一貫教育を展開しており、自然科学から社会科学まで広い分野にまたがる「実学」を学び取り、社会でそれを生かすこと、「独立自尊」の気風を養うことを教育目的としている。

環境　広大な敷地にあらゆる施設が

普通部は、日吉の緑多い閑静な住宅街の一角に位置し、本館、4階建ての特別教室棟をはじめ、講堂兼体育館、小体育館（武道館）や弓道場を完備するほか、校舎の西側には200mトラックを

含む運動場、やや離れた所には専用テニスコート3面と野球場とラグビー場を兼ねた第2グラウンドもある。2015年、新校舎完成。また、日替わりランチや麺類・パン等を提供する2つの食堂もある。

カリキュラム　一貫教育で深い学識の修得

幼稚舎から大学までの一貫教育を行っており、義塾内の各上級学校へはほとんど全員が無試験で進学できる。そのためどの教科もまんべんなく学ぶと共に慶應義塾大学への進学を前提に広く深い学識の修得を目指している。授業は、基礎基本を重視しつつもいたずらに詰め込み主義に陥らぬようにしており、実験や作業、レポート、調査発表、グループワークなども多い。3学期制を採用しており、各学期には期末試験も行われるが、成績には平常の活動も大きく加味される。また少人数で行う授業も多く、きめ細やかな指導が心がけられている。

土曜日の3・4時限目には、3年生は教科の枠にとらわれないユニークな科目や、より専門性の高い科目などの選択授業もある。

学校生活　深い人間交際（じんかんこうさい）の場

登校時間	夏 9：00	冬 9：00

受験勉強に追われる、せわしない生活とは一線を画した中学生時代を送ることができる。普段の生活を、将来を通じて長く付き合いのできる仲間を見い出せる「人間交際（じんかんこうさい）」の場と考えており、部会（部）活動や様々な学校行事でもこのことが意識されている。

部会活動はほぼ全員が参加し、生徒の自主性を尊重しつつ、運動や研究を楽しんでいる。大学生や社会人の卒業生がコーチとして指導している部会も少なくない。運動系は21、文化系には14の部

会がある。

普通部を特色づける学校行事として、生徒の独創性あふれる作品や研究論文を展示する「労作展」と様々な分野の第一線で活躍する卒業生を講師に招いて行う「目路はるか教室」の2つを挙げることができる。この他に運動会、校内（球技）大会、林間学校・自然学校、音楽会や希望参加の海浜学校、スキー学校、キャンプ教室などがあり、友人同士、また生徒と教員の人間交際の場となっている。

近年、フィンランドやオーストラリアの学校との相互交流を進めており、生徒に大きな刺激を与えている。

進路　ほぼ全員が慶應義塾大へ進学

生徒のほとんどは慶應義塾内の高校を経て慶應義塾大学へ進学する。普通部3年の課程を履修した者の中から学力、人物等の面から適当と認められた者は、無試験で塾内の高校に進学することができる。高校から大学へも同様な方法で進学できる。この一貫教育によって、多くの生徒はのびやかに個性を伸ばし、しかも自らに厳しく、成長していく。ここで学んだ多くの卒業生の活躍には目を見張るものがある。

2024年度入試要項

試験日　2/1

試験科目　国・算・理・社＋体育実技＋面接

募集定員	受験者数	合格者数	競争率
約180	526	195	2.7

卒業生有名人　石坂浩二（俳優）、石原良純（俳優・気象予報士）、小林正忠（楽天創業メンバー）

男子　幼 小 中 高 大 院

慶應義塾 高等学校

小学校から大学までの一貫教育
ゆとりある学校生活の中
「独立自尊」の精神を養う

SUPER INDEX P.81

普通科
生徒数　2180名
〒223-8524
神奈川県横浜市港北区日吉4-1-2
☎ 045-566-1381
東急東横線・東急目黒線・横浜市営地下鉄
グリーンライン日吉駅　徒歩5分

URL	https://www.hs.keio.ac.jp/
Web上での合格発表	○

輝かしい伝統の中
独自の一貫教育を目指す

プロフィール

　慶應義塾高校は、慶應義塾の教育の一環として、1948(昭和23)年に設立された。当初は第一高校、第二高校とあったが、翌年に両校を統合して、現校名に改称し、校舎を横浜市日吉に移転し、現在の姿となった。

　創立以来、慶應義塾の輝かしい伝統の中に、常に新しい息吹と若さを吹き込み、独立自尊の気風に富み、自主性と品格を重んじる塾風を一層高揚しようと努力している学校である。

様々な施設を持つ
理想的な環境

環境

　渋谷・横浜から電車で約25分、緑多い約50万平方メートルに及ぶ広大な丘陵地に、白亜の校舎がある。国宝級の出土品が発掘された古墳と弥生式竪穴住居跡があるのも本校ならではである。

　校舎と二つの特別教室棟のほか、日吉会堂(講堂兼体育館)、柔道場、食堂、まむし谷体育館、体育系クラブ部室、日吉協育棟等10の建物によって構成されている。また、専用野球場、グラウンドなど様々な運動施設が整備されている。

受験にわずらわされない
ゆとりある学習内容

カリキュラム

中庭から見た校舎

　幼稚舎・横浜初等部から大学までの一貫教育を実践しているため、大学へは全員が無試験で進学できることが前提。

　福澤精神を基盤とし、慶應義塾の目的に沿って、一貫教育の一環としての、男子の高等普通教育を施し、独立自尊の気風を養うという教育方針に則り、カリキュラムを編成している。

　3期制を採っており、授業時間は50分、週31時間となっている。土曜日は授業を行わない。

　全員が第二外国語を学び、理科も4分野すべてが必修であるなど、幅広い教養を身につけることに重きをおきつつ、3年次には進路や興味に基づいてより深い専門的な学習ができるよう選択科目を用意している。「総合的な探究の時間」では3年次に、高校での学習の集大成となる「卒業研究」に取り組む。

充実したクラブ
ライフをエンジョイ

学校生活

登校時間	夏	8:20	冬	8:20

　大学受験のための勉強にわずらわされることがないため、落ち着いた学習生活を送ることができ、楽しいクラブ活動にも励むことができる。

　クラブは文化団体連盟と体育団体連盟に分かれ、文連では11月上旬に行われる学園祭(日吉祭)が大きな目標の一つ。併設校の慶應義塾女子高校と提携活動を行っているクラブもある。

　年間行事も多く、6月の球技大会、10月の陸上運動会、日吉祭などがある。毎年にぎわう「慶早戦」も楽しみなイベントの一つ。野球やラグビーなどの伝統ある一戦を応援にかこつけて楽しめるのも、一貫教育校ならではの特色の一つだ。

　中でもひときわ目をひく行事に、「選択旅行」がある。「選択旅行」は各々の興味・関心に対応したものを自分で選択し、有意義な体験をすることが目的で、北海道から沖縄まで全国各地、

充実したクラブ活動

さらには海外も含め約20コース用意されている。

ほぼ全員が
慶應義塾大へ進学

進路

　本校は、慶應義塾の一貫教育制度に基づいて、卒業すると原則として推薦により慶應義塾大学各学部に進学することができる。しかし、各学部の受け入れ人数が決まっているので、各自の希望学部への無条件進学ができるわけでなく、本人の希望を尊重しながら、適性及び在学中の成績などを勘案して、第一志望、第二志望等の学部へ推薦される。2023年3月卒業生は、文学部に15名、経済学部に210名、法学部に224名、商学部に93名、医学部に22名、理工学部に102名、総合政策学部に16名、環境情報学部に20名、薬学部に8名が進んでいる。

2024年度入試要項

試験日　1/23(推薦2次、1次合格者のみ)
　　　　2/10(1次)
　　　　2/13(2次、1次合格者のみ)

試験科目　国・数・英(1次)　　面接(2次)
　　　　※推薦1次は書類審査(1/22合格発表)、推薦2次は作文+面接

2024年度	募集定員	受験者数	合格者数	競争率
一般	約330	1111	424	2.6
帰国生		75	45	1.7
推薦	約40	94	40	2.4

進学に有利に

併設校あり

芸術&特殊学科

資格&技能系

施設が充実

スポーツが強い

クラブが活発

情操教育を重視

国際人を養成

自由な校風

神奈川

共学　幼 小 中 高 大 院

慶應義塾湘南藤沢 中等部 高等部

異文化交流と情報教育を重視
個性を伸ばす新しい教育を目指す
共学の中高一貫校

SUPER INDEX P.84

普通科（高等部）
生徒数　643名（中等部）
　　　　738名（高等部）
〒252-0816
神奈川県藤沢市遠藤5466
☎0466-49-3585・3586
小田急江ノ島線、相鉄鉄道いずみ野線、
横浜市営地下鉄湘南台駅　バス15分
東海道本線辻堂駅　バス21分

URL	https://www.sfc-js.keio.ac.jp/			
Web 上での合格発表	中　学	○	高　校	○

左側縦タブ：
有利に進学
併設校あり
特殊学科＆芸術系
技能系＆資格
施設が充実
スポーツが強い
クラブが活発
情操教育を重視
国際人を養成
自由な校風

プロフィール　未来を志向する新しい教育の場を創造

　1992（平成4）年に、慶應義塾で初めての共学・中高一貫校として創設された。慶應義塾の共通の理念である「独立自尊の精神」をもとに、日本社会の現状を踏まえた上で、未来を志向する新しい教育を実践しており、情操豊かで、創造力に富み、思いやりが深く、広い視野に立って物事を判断し、社会に貢献するために積極的に行動する、「社会的責任を自覚し、知性、感性、体力にバランスのとれた教養人」の育成を目標にしている。

環境　情報教育の最新設備が充実

　中・高等部とも、大学の総合政策学部・環境情報学部・看護医療学部と同じキャンパスにあり、大学からの知的刺激を受けられる絶好の環境だ。校内にLANを形成し、約250台のパソコンを設置、インターネット接続も可能となっており、設備も充実している。2018年7月に新校舎及び新体育館が竣工。

カリキュラム　個性を尊重した基本重視の教育

　生徒一人ひとりを大切にして、個性を尊重しながら、知育・徳育・体育の

コンピュータ利用の授業で"情報リテラシー"を目指す

すべてにわたって基本を重視し、基礎を確実に身につける中高一貫教育を実践している。高等部では、帰国生入試（約20名）と全国枠入試（若干名、首都圏以外の地域に在住する者が対象）のみで、一般入試は行っていない。

　語学教育では、日本文化を日本語で正しく表現し、英語を媒介にして異文化との意思の疎通ができるコミュニケーション能力を備えた生徒の育成を目標とする。国語教育では、6年間を通じて書く力と話す力を着実に培うことを目標にしている。英語教育では、LLを活用した授業や、少人数制のネイティブスピーカーの授業などによる効果的な学習が展開されている。視聴覚機器やコンピュータを授業に取り入れるなど、情報リテラシー（コンピュータによる読み・書き・計算）を身につける教育にも力を注いでいる。5年生（高2）より第二外国語としてドイツ語・フランス語・スペイン語・中国語・朝鮮語から1つを選んで受講する。他に文系（I類）・理系（II類）の科目を選択する。I類選択者のみ「論文実習」がある。

学校生活　様々な環境の生徒が集うキャンパス

登校時間	中学	夏季	8：40	冬季	8：40
	高校		8：40		8：40

　異なった環境・年齢間の交流を大切にしており、学校行事やクラブ活動も、中・高等部合同で行われるものが多い。また、アメリカのローレンスビル・スクール、オーストラリアのセント・マイケルズグラマースクール、イギリスのカウンティ・アッパー・スクール、タイのラグビースクール、この他にニュージーランド、カナダ、シンガポールや韓国など、8カ国、13の学校との短期交換留学プログラムが年間を通して行われている。

　制服は、式服のほか、男子は2種類のスラックス、女子は3種類のスカー

短期交換留学プログラム（イギリス）

トがある。学校が指定する日は式服を着用するが、普段の学校生活では、スラックス、スカートのみ指定のものを着用すれば、他は自由である。

進路　有利な推薦入学制度

　中等部の卒業生は、推薦により湘南藤沢高等部に、高等部の卒業生は、推薦により慶應義塾大学の各学部に進学することができる。

2024年度入試要項

中等部

試験日　2/2（1次）
　　　　2/4（2次、1次合格者のみ）
試験科目　国・算・理・社または国・算・英（1次）
　　　　　体育＋面接（2次）

2024年度	募集定員	受験者数	合格者数	競争率
1次	約70	419	199	2.1
2次		182	86	2.1
帰国1次	約30	109	69	1.6
帰国2次		68	40	1.7

※合格者数は補欠含まず

高等部　本文参照

神奈川

共学 高

向上 高等学校

自ら考え行動できる生徒の育成を
目指し、多彩な課外活動を設定
類型別指導で個性を伸ばす

SUPER INDEX P.83

普通科
生徒数　1405名
〒259-1185
神奈川県伊勢原市見附島411
☎ 0463-96-0411
小田急線愛甲石田駅　徒歩18分
東海道本線平塚駅よりスクールバス
30分

URL	https://www.kojo.ac.jp/
Web上での合格発表	○

アメリカの姉妹校との交換留学

知・徳・体の調和を図る教育
プロフィール

1910（明治43）年、「自学、自修、実践」を教育理念として掲げ、「実力の人を養成」することを目的に、前身の自修学校が設立された。1941（昭和16）年、旧制湘北中学校に改称。学制改革により1948年、新制高等学校となり、1965年、現校名に改称。1984年、現在地に移転した。2010年に創立100周年を迎えた伝統校である。

「明・浄・直」の誠の心を教育の基本に、心身共に調和のとれた生徒を育てると共に、国際・情報教育などの総合的な学習により、「生きる力」を身につけることにも力を注いでいる。

充実した教育施設と四季折々の自然環境
環境

鉄筋6階建ての校舎には、冷暖房完備の普通教室をはじめ、1階に情報科教室、作法室、2階にスタディセンター、図書室、3階に視聴覚教室、4階に理科の実験室A・B、5階に書道教室、家庭科教室、6階に音楽教室、美術教室など、15の特別教室がそろっている。また、3階建ての体育館には、アリーナ、格技場、卓球場、トレーニングルーム、吹奏楽室、放送室を完備するほか、245席のレストランまである。2017年10月にはAグラウンド全面人工芝化。2020年に新グラウンド完成。

充実した施設と環境

二期制の導入で充実した授業の実践
カリキュラム

S特進コースは、2024年度より新設される難関国公立・難関私立大学を目指すコース。AIを活用したサポート、勉強合宿、海外研修を行い、グローバル社会で活躍する人材の育成を図る。

特進コースは、国公立・難関私立大学合格を目指すコース。進学講座などを行い進路実現への実践力を養う。1・2年次の夏休みに勉強合宿も実施している。

選抜コースは、難関私立大学合格を目指すコース。年度末の進級時に、本人の希望と成績によって特進コースへの移行ができる。

文理コースでは、基礎・基本事項の学習に重点を置く。学習の仕方を指導し、効率的な学習法を身につける。

平日50分・6時間授業、土曜50分3時間授業で、主要教科を中心に充実した授業を実施している。また、全コースで1人1台のタブレットを用いた能動的で主体的な授業を展開している。

休日も学校を自由に利用
学校生活

登校時間	夏	8：25	冬	8：25

休日・祝日も自習室を開放している。通常授業に加え、映像授業や学習法まで様々な質問に対応できるチューターも常駐しており、学習環境が充実している。

また、周辺地域の清掃ボランティア、施設訪問など多くの各種ボランティア活動にも参加できる。

学校行事は、生徒会である「なおき会」が自主的に企画・運営し、スポーツ大会、全校野球応援、こゆるぎ祭（学園祭）など全生徒が積極的に参加している。また、修学旅行は「心の旅－ハワイ」としてリニューアル。SDGs先進の地、ハワイでの研修、平和学習と現地学生との交流を予定している。そのほか、米国コネティカット州への短期留学を実施し

ている。

文化部と運動部合わせて33のクラブが活発に活動している。硬式野球部・サッカー部・女子ソフトボール部・男子バレーボール部が強化クラブの指定を受け、全国への進出を目指している。

9割以上が進学 現役合格も多数
進路

卒業生の90％以上が進学、3％が就職する。主な合格先は、横浜国立、東京海洋、電気通信、東京都立、都留文科、神奈川県立保健福祉、慶應、上智、青山学院、学習院、明治、法政、中央、成蹊、成城、日本、東洋、立教、明治学院、専修、駒澤など。

2024年度入試要項

試験日　1/23（推薦）　3/2（2次）
試験科目　面接（推薦）
　　　　　書類選考（一般）
　　　　　国・数・英＋面接（2次）

2024年度	募集定員	受験者数	合格者数	競争率
S特進	10/10	3/163	3/163	1.0/1.0
特進	15/15	14/319	14/319	1.0/1.0
選抜	35/55	47/1013	47/1013	1.0/1.0
文理	60/80	113/623	113/623	1.0/1.0

※人数はすべて推薦/一般
※2次の募集は若干名

卒業生有名人　右松健太（日テレアナウンサー）、竹内彬（Jリーガー）、柴崎貴広（Jリーガー）

進学に有利

併設校あり

芸術＆特殊学科

資格＆技能系

施設が充実

スポーツが強い

クラブ活発

情操教育を重視

国際人を養成

自由な校風

共学　幼　高

光明学園相模原 高等学校

総合・体育科学・文理の3コース
生徒の適性に応じた指導で
進路決定と人格の向上を図る

普通科
生徒数　1270名
〒252-0336
神奈川県相模原市南区当麻856
☎ 042-778-3333
相模線原当麻駅　徒歩7分

SUPER INDEX P.85

制服 p.46

URL	https://www.komyo.ed.jp
Web上での合格発表	○

全国レベルの男子ソフトボール部

プロフィール　豊かな人間性を育む心の教育

1919（大正8）年、山崎弁栄聖者によって創立。教育の目的は、人格の完成であるとし、そこに至る道として、仏教の教えを生かしている。

「すべてに智慧と慈悲をもって一生懸命やる」を建学の精神に、個性尊重の教育を推進しており、「創造力」に富み、「個性」を伸ばし、「豊かな人間性」を持った生徒を育てるため、豊かな心、すなわち優しさ・思いやりのある心の教育を実践している。

環境　自然に恵まれた環境と教育施設

最上階のラウンジからは、丹沢の稜線が一望でき、相模川の流れを見下ろすこともできる。そんな自然環境の中に本校は位置する。教育施設は、開放感あふれる図書室をはじめ、PC教室や防音教室が充実している。また、スポーツに力を入れている学校だけに、第1・第2アリーナに合わせ、トレーニングルームや小体育室、公式戦も行われる専用野球場など体育施設も大変充実している。2017年4月にグラウンドが人工芝化。

カリキュラム　コースに分けた適性別教育指導

2017年総合グラウンド人工芝化

普通科の枠の中で、総合・体育科学・文理の3コース編成となってる。

総合コースは、ICT教材を活用し、基礎学力の向上に重点を置きながら、思考と伝える力を育てている。また学習に対する目標設定の仕方、個別面談を繰り返すことで、各自の個性に対応する進路指導を実施し、2年次の文系・理系別のクラス編成にも繋げている。

体育科学コースでは、将来スポーツ指導などを通じて社会に貢献できる人材の育成を目指し、スキーやダイビングなど、専門実技のライセンス取得を盛り込んだスポーツ実習が組み込まれている。また、栄養学やテーピング実習にも力を入れている。

文理コースは、大学進学志望者向けの少人数クラスで、2年次から文系・理系に分かれ、演習重視の実践的な授業で学力の大幅アップを図る。サテライト講座や土曜講座のほか、長期休暇中の進学補習（必修）など、サポート体制は万全である。

学校生活　全国大会優勝の和太鼓部

登校時間	夏	8：45	冬	8：45

文武両道を理想としており、運動部の活躍が目覚ましい。特に、空手道を筆頭に、新体操部・男女ソフトボール部・陸上部・柔道部・硬式テニス部などが全国大会・関東大会レベルの活躍を見せる。また、サッカー部・硬式野球部も強豪ひしめく県内で上位にくい込んでいる。

一方、文化部でも和太鼓部が目覚しい活躍を見せており、近年、全国大会で2度の優勝を誇る。

進路　年々増える進学希望者

文理コースの設置や、常時開放されている「進路相談室」「進学研究室」の充実により、今後の進学実績が期待される。専門学校を含めた現役進学率は88％を超える、主な進学先は、東海大、帝京大、神奈川大、日体大、明星大、桜美林大、東京工科大、杏林大、関東学院大、多摩大、相模女子大、東京工芸大、日本文化大など。（青山学院大学の指定校推薦枠あり）

国際化　特色に合わせた修学旅行

グローバル化を目指し、各コースの特色に合わせた修学旅行を設定。総合コースはホームステイ・ファームステイ等を折りこんだ修学旅行（オーストラリアなど）。体育科学コースはダイビングのライセンス取得を目的とした海洋実習（沖縄など）。文理コースは現地の語学学校を利用しての語学研修（カナダなど）を実施。希望制でニュージーランド短期語学研修も実施。

2024年度入試要項

試験日　1/22（推薦）　2/10（1次）
　　　　2/12（オープン）　3/4（2次）
試験科目　面接（推薦）　国・数・英（1次）
　　　　国・数・英＋面接（オープン・2次）
※体育科学コースは実技あり
※一般一次の総合・文理コース併願は書類選考

2024年度	募集定員	受験者数	合格者数	競争率
総合	155/150	127/1660	127/1654	1.0/1.0
体育科学	35/35	79/20	79/20	1.0/1.0
文理	30/25	10/313	10/313	1.0/1.0

※人数はすべて推薦/一般
※オープンの募集は総合コース5名・文理コース5名
※2次の募集は若干名

神奈川

女子　幼 小 中 高 短 大 院

相模女子大学 中学部 高等部

広大で自然に恵まれた敷地に
幼稚園から大学までを設置
ゆとりの生活でのびのび育てる

SUPER INDEX P.83

制服 p.(44)

普通科（高等部）
生徒数　235名（中学部）
　　　　1075名（高等部）
〒252-0383
神奈川県相模原市南区文京2-1-1
☎ 042-742-1442
小田急線相模大野駅北口　徒歩10分

URL	https://www.sagami-wu.ac.jp/chukou/			
Web上での合格発表	中 学	○	高 校	○

学園祭　吹奏楽部のパレード

プロフィール　個性を尊重し自立性を育成する

1900（明治33）年に日本で4番目に創立され、120周年を迎えた伝統ある女子校である。大学は、子ども教育学科・メディア情報学科・人間心理学科・管理栄養学科等4学部9学科がある。幼稚園から大学までを備えた総合学園として、一貫した女子教育を実践しており、「高潔善美」を建学の精神とし、「研鑽力」「発想力」「協働力」を教育目標とする。

環境　充実した教育施設・環境

中学部・高等部は、大学や小学部、幼稚部と共に、自然に恵まれた約5万3千坪の広大なキャンパスの中にある。

明るく広々とした教室には電子黒板やWi-FiなどICT環境が整っている。約400名を収容できるホール、約40,000冊蔵書の図書館、52畳の本格的な和室、トレーニングルームを備えた体育館、グラウンド、テニスコートなどが揃っている。

カリキュラム　高等部は4コース制を新設

中学部から国語では読書指導や漢字テスト、漢字検定を取り入れ、英語ではネイティブスピーカーとのティームティーチング授業と英語検定の資格取得も奨励している。授業後にはS-STime

中高等部本校舎

（Self-Study Time）を設け、集中して自学自習を行う環境を整えている。

高等部では、1年次より、国公立・難関私大現役合格を目指す特進コースと多彩な分野への進路を応援する進学コースに分かれる。2・3年次は、アカデミック（文系・理系）、グローバル、ライフサイエンス、リベラルアーツの4コースから選択し、進路系統に応じた探求的な学びを深めることができる。

学校生活　学園が一丸となる相生祭

登校時間	中学	夏季	8：30	冬季	8：30
	高校		8：30		8：30

中学部では、3年生の修学旅行、2年生の林間学校があるほか、体育祭や合唱コンクールもある。高等部でも、球技大会、ニュージーランド修学旅行など盛りだくさんだ。また、相生祭（文化祭）は、大学生から幼稚園児までが一緒に行う。

クラブは中学部に17、高等部に33ある。運動部ではバスケットボール、バトントワーリング、水泳、スキーの各部が全国大会に出場している。サッカー、体操、陸上競技、バドミントンの各部も優秀な成績を収めている。文化部には、東日本大会金賞の吹奏楽部、全国大会準グランプリの軽音楽部、全日本学生美術展で特選を獲得した美術部などがある。

進路　他大学進学が主流2割が併設校に

卒業生の約85％が大学・短大に現役進学している。相模女子大学・短大には推薦入学制度があり、在学中の成績により約20％（希望者のほぼ全員）の生徒が入学する。お茶の水女子大、神奈川県立保健福祉大、東京学芸大、横浜国立大、早稲田大、慶應義塾大、上智大、立教大、明治大、法政大、中央大、青山学院大、学習院大など、難関大合格者も増加している。中央大、法政大な

ど指定校も多数ある。

2024年度入試要項

中学部

試験日　12/16（帰国生）　2/1午前（第1回・適性検査型・プログラミング第1回）
2/1午後（第2回）　2/2午後（第3回）
2/5午前（第4回）　2/14午前（プログラミング第2回）

試験科目　国・算（第1・4回）　国・算または国・算・理・社（第2・3回）　適性（2/1午前）　プログラミング＋発表・ディスカッション＋基礎計算力テスト（プログラミング）　国・算か算・英＋作文＋面接（帰国生）

2024年度	募集定員	受験者数	合格者数	競争率
第1回/第2回	120	67/108	41/55	1.6/2.0
第3回/第4回		48/37	14/9	3.4/4.1
適性検査型		64	54	1.2
プログラ1回/2回		13/11	10/5	1.3/2.2

※帰国生の募集は若干名

高等部

試験日　1/22（推薦）　2/10（一般）　3/3（2次）

試験科目　面接（推薦）　国・数・英＋面接（一般）　国・数・英（2次）

2024年度	募集定員	受験者数	合格者数	競争率
特進	25/35	9/115	9/115	1.0/1.0
進学	100/100	120/390	120/386	1.0/1.0

※人数はすべて推薦/一般
※2次の募集は10名

卒業生有名人　やしろ優（お笑い芸人）

有利に　進学に

あり　併設校

特殊学科　芸術＆

技能系　資格＆

充実　施設が

が強い　スポーツ

活発　クラブが

重視　情操教育を

養成　国際人を

校風　自由な

サレジオ学院 中学校 高等学校

普通科（高校）
生徒数 548名（中学） 547名（高校）
〒224-0029
神奈川県横浜市都筑区南山田3-43-1
☎ 045-591-8222

SUPER INDEX P.82

横浜市営地下鉄グリーンライン北山田駅
徒歩5分

優れた人間教育を目指し 家庭的な雰囲気の中で 少人数制の綿密な指導を実施

URL	https://www.salesio-gakuin.ed.jp
Web上での合格発表	○

少人数制による一貫教育が基本の学校

プロフィール 優れた人間性を養う宗教教育

1960年、カトリック・サレジオ修道会によって、目黒サレジオ中学校として創立。1963年に高校が設立され、現在の校名に改称したのは1991年。1995年に現在地に移転し、1999年度より、高校の外部募集を停止した。

学力も知識も教養も、すべては優れた人間性の上に成り立つものという考えで、カトリック精神に基づいた人間教育、社会の福祉に貢献する人材の育成に努めている。そのため、中学ではカリキュラムに宗教の授業を取り入れ、新・旧約聖書を学び、高校ではそれが総合的な探究の時間に受け継がれている。

環境 充実した学習・運動施設

港北ニュータウンキャンパスは、塀を取り払った開放感あふれるスペースだ。採光を考えた総ガラス張りの正面入口を入ると、普通教室のほか、マルチメディア装置を完備したコンピュータルームやサレジオホール（食堂）、1148名収容のドン・ボスコシアターなどの近代施設が目を引く。体育施設として、12805㎡のグラウンド（人工芝）、バスケットコート2面を配した体育館、12面のテニスコートを完備する。

フィジー、カナダ、フィリピン、オーストラリアなどの海外研修を希望制で実施

カリキュラム 6年間一貫教育でムダのない内容

中高一貫教育のため、学習を重復させることなく先取り教育を実践しており、高校2年次までにほとんどのカリキュラムを終え、最後の1年は大学受験用の演習にあてている。生徒の可能性や才能を理解し、伸ばしていく方針で、高校では「進路別選択科目制」を導入するほか、生徒の希望を尊重して、クラス編成も文系・理系の進路別にし、少人数授業を実施している。そのほか、週3日の補習日も設置している。

また、外国人教師による会話の時間をはじめ、英語教育には特に力を入れている。中学3年卒業式終了後の春休みには、全員参加の6泊8日のイタリア研修旅行を行う。

学校生活 部活による生徒の結束を大切にする

登校時間	中学	夏季	8：35	冬季	8：35
	高校	夏季	8：35	冬季	8：35

「知育、徳育、体育がそろった教育」が教育理念で、体を動かし、芸術、研究に打ち込み、充実した生活を送るよう部活動を奨励しているが、活動は基本的に週3日で、学習とのけじめをつけるよう指導している。特に中学テニス部は、全国大会優勝の実績を持つ。

学校行事は、研修旅行、体育祭、スポーツ大会、林間学校、サレジオ祭、マラソン大会、スキー教室などのほか、感謝祭や慰霊祭、クリスマスの集い、ドン・ボスコの祝日といったカトリック校ならではの行事も多い。

進路 熱心な補習授業で難関校へ多数が進学

生徒のほとんどが、4年制大学への進学を希望している。進路指導は中学3年次から始まり、高校1年次秋の進路ガイダンスで、受験勉強への動機づけや、希望進路の決定を行う。また、長期休暇の講習のほか、2・3年次では夏の5日間の勉強合宿で実力をつける。

2023年度は、東大6、京都大3、一橋大8、東京工業大8、横浜国立大8、医学部医学科4をはじめとする国公立大に多数が現役合格したほか、早稲田大45、慶應義塾大50、上智大35、東京理科大53などの難関私立大へも多数が現役合格している。

トピックス サレジオ生の心の成長の糧

サレジオ会の創立者、ドン・ボスコの意志を継ぐサレジオ会員を中心とした先生たちのグループを「カテキスタ」と呼んでいる。カテキスタは宗教、倫理の授業や、クリスマスの集いなどの行事を指導する。カテキスタのいるコミュニケーションルームは、昼休みと放課後開放されており、必要に応じては、カウンセリングも行う。また、週3回朝のホームルームを利用してサレジオ会の神父や校長先生による訓話「朝のはなし」を放送している。

2024年度入試要項

中学

試験日 1/14（帰国生） 2/1（A試験） 2/4（B試験）
試験科目 国・算＋作文（帰国生）
国・算・理・社（A・B試験）

2024年度	募集定員	受験者数	合格者数	競争率
A試験/B試験	110/50	369/423	174/135	2.1/3.1
帰国生	若干	44	15	2.9

高校 募集せず

卒業生有名人 森内俊之（棋士 九段・十八世名人）、ノゾエ征爾（劇作家、演出家）

神奈川

共学　中等教育

自修館 中等教育学校

確かなゆとりと豊かなリズムで
展開する6か年完全一貫教育
EQ教育で「心の知性」を育成

生徒数　371名（前期）　314名（後期）
〒259-1185
神奈川県伊勢原市見附島411
☎0463-97-2100

SUPER INDEX P.83

制服 p.44

小田急小田原線愛甲石田駅　徒歩18分
小田急線愛甲石田駅、東海道本線平塚駅
から送迎スクールバスあり

URL	https://www.jishukan.ed.jp/
Web上での合格発表	○

探究発表でのプレゼンテーション

プロフィール　時代が求める人材を手造りによる教育で

1999年開校。自主・自律の精神に富み、自学・自修・実践できる生徒の育成を教育目標としており、グローバル社会に向けて新たな一歩を踏み出すことを支援する新しい教育を実行している。

環境　生き生きした毎日を支える最新鋭の施設

木のぬくもりがあふれ、あたたかみのある校舎で、特に図書館が特徴的である。軽食を販売しているカフェテリアや、昼休みに利用可能なレストランも完備している。

カリキュラム　「独自のリズム」で教育効果を引き出す

独自の「2・3・4システム」を採用し、生徒たちの成長のリズムを大切にしながら、ゆとりとメリハリのある6年一貫教育を行っている。6年間を大きく前期課程・後期課程の2つのステージに区分けし、さらに2年ごと・3段階の到達目標を設定。1年間は4つの学期に分けられ、各3ヶ月間が学期区分の基本となっている。また、中高の学習内容を精選し、4学期制の安定した学習サイクルの中、3年次で高校の内容に入る。考える・体験する授業を数多く実施しており、自ら学んでいく姿勢を育んでいく。

2020年度より新探究プログラム「C-AIR（シー・エア）」が始動した。1・2年次に探究の基礎スキルを習得すると、3・4年次に学術分野ごとのゼミに分かれ専門的な個人研究をする。その経験を生かし5年次には自由な発想とチームで社会に働きかけるような探究を目指す。6年次も選択授業として個人研究を継続できる。この6年間のプログラムを通じて「変化と共存を志向して、社会の課題を自ら引き受ける探究者」の育成を目指す。

また、「こころの知性」を高める教育として、「xEQ教育」を行っている。週1回の「SS（セルフサイエンス）」の授業の中で、EQ検査やロールプレイングなどを通じて自分の感情についての理解を深めていく。自分の感情を上手に表現し、相手の感情を読み取る方法を見つけていくことで「コミュニケーション能力」と共に、応用性に富んだ「問題解決能力」を培う。

学習指導の柱として語学教育にウェイトを置いており、漢字検定、英語検定、GTECは全員受検する。また、ネイティブの教員による英会話の授業があるほか、1〜3年生はレシテーションコンテスト（長文の暗唱）などを通じて英語に慣れ親しみ、英語を英語で考える力を養っていく。令和6年度から本格的にCLIL（内容言語統合型学習）を導入する。

始業前や放課後、長期休暇中には多種多様な補習・講座を行っており、生徒個々の学力や進路に細かく対応している。少人数制ならではの個別指導が充実している。

学校生活　これからの活躍が期待される部活動

登校時間	夏	8：25	冬	8：25

スポーツ系10、文化系8、同好会1あるクラブ活動は加入率約90％と、ま

異文化体験を帰国後も生かす

すます活発である。土曜日午後には「土曜セミナー」を開講し、校外でのセミナーや社会貢献など実用的な内容で、授業とは違う角度から教養を深めていくことができる。授業ではカバーできない実験や見学など、フィールドワーク的な講座を中心に行っている。

トピックス　先生がいつも身近にいるぬくもりのある交流を

各家庭と教師との連絡に、自修館オリジナルのPCシステム「JOIN」を導入。20期生（2018年度生）から、一人1台タブレットの導入を行い、日々の学習・その他の活動に活用。

2018年に図書館をリニューアルし、探究や教科授業で活用している。

2024年度入試要項

試験日　2/1午前　午後（A1・A2日程）
　　　　2/2午前・午後（B1・B2日程）
　　　　2/3午後（C日程）　2/5午前（D日程）

試験科目　国・算または国・算・理・社（A1・B1・D日程）　国・算（A2・B2・C日程）

※A1日程は探究入試（適性検査型）も可

2024年度	募集定員	受験者数	合格者数	競争率
A1/探究	45	97/102	46/65	2.1/1.6
A2日程	35	148	68	2.2
B1日程	10	72	32	2.3
B2日程	15	63	29	2.2
C日程	10	59	30	2.0
D日程	5	34	13	2.6

※C日程は若干名の帰国生入試（12/9・国算英から2科＋面接）を含む

進学に有利に

併設校あり

芸術＆特殊学科

資格＆技能系

施設が充実

スポーツが強い

クラブ活動が活発

情操教育を重視

国際人を養成

校風自由な

385

共学 高

秀英 高等学校

Change Chance Challenge
将来の進路を実現する学校

普通科（通信制課程）
生徒数　299名
〒245-0016
神奈川県横浜市泉区和泉町7865
☎ 045-806-2100
相鉄線いずみ野駅　徒歩8分

SUPER INDEX P.79

制服 p.42

| URL | http://www.shuei.ed.jp/ |

左側縦タブ：
進学に有利
併設校あり
芸術＆特殊学科
技能系＆資格
施設が充実
スポーツが強い
クラブ活発
情操教育を重視
国際人を養成
自由な校風

カリキュラム　２つの学習スタイル

秀英高等学校では従来の登校型授業に加え、レポートやスクーリングによる「通信教育」タイプの学習システムも選べる。

生徒一人ひとりのニーズに合わせ、学習方法を必要に応じて選択できる多様性に富んだ高校。令和6年度より男女共学化。

選べる登校日数

通信制高校ではあるが、登校に軸足を置き、充実したリアルな学校生活を送ることもできる。また、通信制を活かし、無理のない授業数で単位取得、そして進級・卒業をすることができる。3日間の登校を主軸とし2日間のセレクト授業を自由に選ぶことによって、週5～3日間の登校となる。あるいは、スクーリング（週1日程度の登校）を基本とした通信スタイルを主軸とすれば、週1～3日の登校日となる。週5日登校で学校生活の充実を目指すこともできるし、いわゆる通信教育で高卒資格のみを選ぶこともできる。

セレクト授業

週2日間、専門学校や大学と連携した体験授業を選択することができる。高校在学中から専門学校や大学などで習う専門的な授業を体験し、自己の適性をしっかりと見極め、本当に自分がやりたい事・自分に合っている事を探すことができる。専門学校や大学のみではなく一般企業や民間団体にも協力を頂き職業体験やワークショップなどのコンテンツを用意。また、セレクト授業は自分が受けたい講座のみを受講することができ、自分の時間や自分のペースを大切にすることができる。

オンラインサポート

生徒全員にタブレット端末を貸与し学習をサポート。これにより自宅にいながら授業を受講できる。どうしても登校できない日など、自分の体調やペースに合わせて上手に活用し学びを止めることなく学校生活を送れる。

ひとこと　受験生にひとこと

私はバドミントン部に所属しています。秀英高校のバドミントン部は、ほぼ週6で活動しているので、先輩・後輩の仲も良く、メリハリがしっかりしている部活です。定時制・通信制の高校の中では、トップクラスに強いので、ぜひ一度見に来てください。中学3年生のみなさんは、もうすぐ進路を決める時期だと思います。もしまだ迷っているのであれば、一度秀英高校の進路説明会を見に来てください。充実した学校生活を送りながら、進学率も高いというのが本校の強みでもあり、自慢できるところです。皆さんには後悔のないよう自分の進路先を選んでほしいなと思います。

《3年バドミントン部主将》

2024年度入試要項

試験日　1/22（推薦）　2/10（1次）
　　　　3/5・3/16（2次）
試験科目　面接（推薦・2次）
　　　　作文＋面接（1次）

2024年度	募集定員	受験者数	合格者数	競争率
推薦	100	75	75	1.0
1次	100	460	460	1.0

※2次の募集は若干名

神奈川

共学 高

湘南学院 高等学校

進まざるものは退く
～道徳的にも、學術的にも、
また體育的にも～

| URL | https://www.shonangakuin.ed.jp |

普通科
生徒数 1376名
〒239-0835
神奈川県横須賀市佐原2-2-20
☎ 046-833-3433
京浜急行線北久里浜駅 徒歩12分
スクールバスあり

SUPER
INDEX
P.76

制服
p.39

女子サッカー部 県大会優勝

プロフィール
個性あふれる青年の育成一筋

1932（昭和7）年に創立した女子高校。2000（平成12）年より男女共学となった。

生徒一人ひとりの想像力と創造力の開花を目指し、社会に貢献し、リーダーシップを発揮できる人材の育成を目標としている。そのため、しっかりとした学力や幅広い教養を身につけること、いろいろなことにチャレンジすること、また、それらを継続することに重きを置く教育活動を展開している。

環境
夢・新校舎

幅広いカリキュラム設定に合わせて施設も充実している。2013年春、4階建てのクラスルーム棟、特別棟、アリーナ棟（球技他）、サブアリーナ棟（武道他）から成る新校舎が完成。野球場、サッカー場（人工芝）、陸上競技場、ソフトボール場などを備えた総合グラウンド一体型、未来志向の快適な学習環境である。

SHONAN GAKUIN
2024 SCHOOL GUIDE
湘南学院高等学校

カリキュラム
2022年度より
コース改編

2022年度よりコースを改編した。理数探究が特色で、外部との連携もある横断的学習を行うサイエンス（特進理数）コース。難関大進学を目指すアドバンス（特進）コース。基礎学力を身につけ、中堅大学進学を目指すアビリティ（進学コース）大学進学から就職まで様々な進路に対応し、幅広い学びがあるリベラルアーツ（総合）コースの4コースを設置。（2年生よりコース変更可能。基準あり。）

学校生活
全国大会常連の
部活動

| 登校時間 | 夏 8：35 | 冬 8：35 |

本校では、学校は勉学の場であると共に、同世代の者の触れ合いの場でもあり、様々な経験が興味・関心の基礎となると考え、体験的な学習の場を多く設けている。特に社会福祉活動の実践は長く、芸術鑑賞やフィールドワークも授業に取り入れられている。また、環境・平和学習も総合的な学習の中で重点的に取り扱っている。

部活動の活躍も目覚ましく、運動部ではゴルフ、柔道が全国大会に出場。陸上競技、弓道、剣道、ソフトボール部も健闘している。文化部では書法研究、茶道、パソコン部などの活躍が目覚ましい。運動部22、文化部11。

制服は、青の3つボタンのブレザータイプで、右サイドのチェンジポケットと胸元のラベルピンが現代的センスを感じさせる。Yシャツは標準色の水色、白・クリーム色があり、自由に着こなせる。

進路
幅広く活躍している
卒業生

専門学校への進学も含め、進学率は約86％である。私立大学が中心で、近年は難関大学への合格者も出ている。主な進学先は、電気通信大、都留文科大、東京理科大、学習院大、明治大、青山学院大、中央大、法政大、明治学院大、國學院大、日本大、駒澤大、神奈川大、東海大など。また、看護系専門学校を希望する生徒も多い。

国際化
英語で暮らす
体験学習

夏休みには、希望者を対象に、オーストラリアへの海外教育研修を実施しており、約2週間のホームステイで生きた英語を学び、現地の人々との交流を図っている。また、アメリカへの冬季ホームステイ海外教育研修も実施している。

2024年度入試要項

試験日 1/22（推薦） 2/11（チャレンジ）
試験科目 面接（推薦）
　　　　 国・数・英（チャレンジ）

2024年度	募集定員	受験者数	合格者数	競争率
サイエンス	10/10	2/56	2/56	1.0/1.0
アドバンス	30/70	28/293	28/293	1.0/1.0
アビリティ	60/80	99/572	99/572	1.0/1.0
リベラルアーツ	100/85	107/1264	107/1264	1.0/1.0

※人数はすべて推薦/一般
※一般入試は、書類選考のみ
※チャレンジ入試はコースアップ希望の推薦・一般入試合格者
※他に、若干名の奨学生募集あり

進学に有利に
併設校あり
芸術学科 特殊学科
資格系 技能系
施設が充実
スポーツが強い
クラブ活動が活発
情操教育を重視
国際人を養成
校風自由

卒業生有名人　近賀ゆかり・矢野喬子（女子サッカー）、原英莉花（プロゴルファー）、やしろあずき（漫画家）

共学 幼小中高

湘南学園 中学校 高等学校

毎日のすべてを学びに
建学の精神と"湘南学園ESD"の追求

SUPER INDEX P.84

制服 p.45

普通科（高校）
生徒数 591名（中学） 553名（高校）
〒251-8505
神奈川県藤沢市鵠沼松が岡4-1-32
☎ 0466-23-6611
小田急江ノ島線鵠沼海岸駅、
江ノ島電鉄鵠沼駅 各徒歩8分

URL	https://www.shogak.ac.jp/highschool/
Web上での合格発表	◯

プロフィール 湘南学園ESDの推進

湘南学園は湘南の海や江ノ島も間近な、藤沢・鵠沼の地で、保護者と有識者が「自分たちの学校を創ろう」と誕生させた独自の私立学校で、2023年、創立90周年を迎えた。中高6ヶ年一貫教育を通して、「個性豊かに気品高く、社会の進歩に貢献できる、明朗有為な実力ある人間の育成」を建学の精神に掲げ、グローバル社会への広い視野と認識を育むため、独自のカリキュラムを編成している。

2013年にユネスコスクールに加盟した本校は、「持続可能な社会のつくり手」であると同時に、一人ひとりが自分らしく幸せに生きていける力や人間性を育むことを目指した「湘南学園ESD」を掲げ、教科教育はもちろん、独自の総合学習や多様なグローバルプログラムの実践と共に、日常のすべての出来事が「学び」であるという視点に立ち、それらの学びをつなげ、発展させていくことで、社会の中で主体者として考えて歩んでいく力を養う。

カリキュラム 湘南学園ESD(Education for Sustainable Development)

中高の学習内容を系統的に精選・整備した独自のカリキュラムのもと、完全一貫教育を行う。中学では基礎学力の定着に努め、全員が参加する夏期講習（英語・数学）は習熟度別で実施され、到達度に応じた学習で確実な理解を目指す。高2、高3では豊富な選択科目を設定し、それぞれの願う進路への学びを強化。高校対象の夏期講習は希望制で実施され、多彩な講座が開かれる。また、発達段階に合わせた総合学習は、自己から他者、身近な地域から世界へと段階的に視野が広がる設定となっている。高校ではSDGsにも着目し、地球規模の課題に目を向けられるだけの広い視野と豊かな認識を身につけ、人間らしく生きられる社会をつくる主体者として、自分はどう生きるのかを考える。

学校生活 協働を学ぶ自治活動

登校時間	中学	夏季	9：00	冬季	9：00
	高校	夏季	9：00	冬季	9：00

「体育祭」「学園祭」「合唱コンクール」の3大行事がすべて生徒たちにより運営され、より良いものを実現するために議論を尽くす生徒の姿は本学園の大きな魅力である。湘南学園ESDの主軸となる「総合学習」は6年間を通じて事前学習・体験・発信を繰り返しながら視野を世界へ広げ深めていく。中学3年次の研修旅行では異なる地域の"暮らし"との出会い触れ合いを求め、国境を越えて海外に視野を広げて展開。高校2年次では、生徒達が自身で方面別研修旅行を創りあげていく活動へと発展させていく。そのほか、多様な世界に触れる機会として、何度でも参加が可能な多彩なグローバルセミナーも充実している。クラブ活動は26クラブがあり、運動部には技術指導にあたる専門コーチ制度、文化部にはトレーナー制度がある。中高合同で活動しているクラブが多く、合宿なども含め、一貫校ならではの活動を展開。全国大会や関東大会に出場する部や私学大会でも上位入賞の成績をあげる部も多数ある。

中学3年研修旅行民泊の様子

進路 より深い学びへ

ロータリークラブやNPO等の外部機関、卒業生・保護者・地域の方々、他のユネスコスクール（海外も含む）等との広範で強固な協力関係を積極的に築くことで、「開かれた学び」の実現と共に、湘南学園の目指すESDのさらなる強化・発展を志向している。多様な価値観や生き方に触れることで、人生の選択を自分でしていく力を育む。

2024年度入試要項

中学

試験日 2/1午前（A日程）
2/1午後（湘南学園ESD）
2/2（B日程）
2/3（C日程）
2/5（D日程）

試験科目 記述・論述〈事前に動画の提出あり〉
（湘南学園ESD）
国・算または国・算・理・社（A・B日程）
国・算（C・D日程）

2024年度	募集定員	受験者数	合格者数	競争率
湘南ESD	15	35	15	2.3
A日程	30	105	42	2.5
B日程	35	169	65	2.6
C日程	35	100	44	2.3
D日程	15	60	15	4.0

高校 募集せず

卒業生有名人 平尾昌晃（歌手・作曲家）、尾高忠明（指揮者）、森稔（森ビル元代表取締役社長）

共学　高大院

湘南工科大学附属 高等学校

普通科
生徒数　1860名
〒251-8511
神奈川県藤沢市辻堂西海岸1-1-25
☎ 0466-34-4114
東海道本線辻堂駅　徒歩15分

自律した自由の精神を養い ともに学び合う人間教育を通じて 社会で躍動する多彩な個性を育む

SUPER INDEX P.79

制服 p.41

URL	https://www.sh.shonan-it.ac.jp
Web上での合格発表	○

プロフィール　健康で調和のとれた人材を育成

　江ノ島までゆるやかに弓なりに続く辻堂海岸のすぐそばに、1961年、相模工業高校として開校した。のちに大学を併設して、普通科を増設。1977年に共学となる。1990年、創立30周年を記念して、「相模工業大学附属」から新しく「湘南工科大学附属」に校名を変更。1998年より、普通科のみの募集となった。

　さわやかな緑と若い人々の活気にあふれる湘南で、「誠実・剛健・謙譲」をモットーに、知育・徳育・体育の三位一体教育の徹底を目指している。

　2023年度、進学特化コース創設。

環境　恵まれた環境とすぐれた設備

　湘南の清涼な自然に恵まれた地にあり、より良い教育効果を生む環境である。系列大学が同じ敷地内にあるため、知的刺激の機会にも恵まれている。

　全教室冷暖房完備の高校本館、実験実習棟やPC教室をはじめとする教育施設には、常に時代の先端の設備を取り入れ、その設備の整備・拡充に努めている。

　全国レベルで活躍している運動部が盛んに利用している人工芝グラウンド、テニスコート、屋内プールなど運動施設も充実している。

　2023年春、新図書館完成。

カリキュラム　5コース制で進路希望を叶える

　入学時より5つのコースに分かれる。2023年度新設の進学特化コースは、難関国公立・最難関私立大学の現役合格を目指す。文理融合型のカリキュラム、少人数クラス編成、課外学習活動の充実が特徴。アドバンスコースは、難関・中堅の私立大学の現役合格を目指す。授業は7校時まであり、高い学習意欲が求められるが、部活動への参加も可能。成績上位者クラス（セレクトクラス）を設置し、一般選抜で難関私大に合格する力を身につける。スタンダードコースは中堅私大の現役合格を目指す。授業は6校時までとなり、勉強、部活動、学校行事など学校生活全般の充実を目指す。2年進級時にはアドバンスコースへの転コースも可能。高大一貫7年間教育の技術コースは、併設の湘南工科大学を経て技術者として実社会に貢献できる人材を育成する。高等学校の3年間では5教科の学びを中心としながら、高大連携プログラムで一足先に専門教育に触れることが可能。体育コースは3年間運動部に所属し、部活動を中心に高校生活を過ごす。対象の部活動は、サッカー、バスケットボール、水泳、硬式テニス、野球、剣道、卓球、体操、陸上競技、ラグビー、ハンドボール。

学校生活　節度ある学生生活 全国レベルの運動部

登校時間	夏	8：30	冬	8：30

　生活の基本である「あいさつ」「時間を守ること」「他人への心づかい」などに重点を置いて指導している。

　部活動が盛んで、特にテニス、卓球、体操、水泳、陸上などは、関東大会はもとより全国大会においても好成績を収めるなど、そのレベルの高さでも知られている。

全国レベルを誇る部活動

進路　系列大に推薦入学 他大学進学も良好

　生徒のほとんどが大学進学を希望している。技術コースは湘南工科大学への内部進学（無試験）が前提。他のコースからも学内推薦での進学が可能。主な合格先は、早稲田大、慶應義塾大、東京理科大、学習院大、明治大、青山学院大、立教大、中央大、法政大、國學院大、芝浦工業大、成蹊大、成城大、明治学院大、日本大、東洋大、駒澤大、専修大、東海大など。

2024年度入試要項

試験日　1/22（推薦）　2/10（一般入試）
　　　　2/10または2/12（オープン）
　　　　3/5（2次）

試験科目　面接（推薦）
　　　　　国・数・英（一般進学特化・一般専願）
　　　　　国・数・英＋面接（オープン・2次）
　　　　※アドバンス、スタンダードの一般併願は書類選考または書類選考＋チャレンジ入試、技術コースの一般併願は書類選考

2024年度	募集定員	受験者数	合格者数	競争率
体育コース	80	98	98	1.0
技術コース	30/35/若干	73/112/7	73/112/5	1.0/1.0/1.4
進学特化	5/20	2/34/0	2/34/0	1.0/1.0/-
アドバンス	20/105/10	20/903/40	20/951/30	1.0/-/1.3
スタンダード	30/135/10	37/486/47	37/486/14	1.0/1.0/3.4

※合格者数にはスライド合格を含む
※体育コースの人数は推薦のみ。進学特化コースの人数は推薦/一般。それ以外のコースの人数はすべて推薦/一般/オープン。
※2次の募集は若干名

卒業生有名人　塩浦慎理（競泳選手）、小堀倭加（競泳選手）、奥寺康彦（横浜FC代表理事）、福田正博（サッカー解説者）

（右端縦書き）進学に有利／併設校あり／芸術&特殊学科／資格&技能系／施設が充実／スポーツが強い／クラブ活発／情操教育を重視／国際人を養成／自由な校風

女子　幼小中高大院

湘南白百合学園 中学校 高等学校

普通科（高校）
生徒数　521名（中学）　495名（高校）
〒251-0034
神奈川県藤沢市片瀬目白山4-1
☎ 0466-27-6211

SUPER INDEX P.79

湘南モノレール片瀬山駅　徒歩7分
江ノ島電鉄江ノ島駅　徒歩15分
東海道線・小田急線藤沢駅　バス

明るい湘南の地で のびやかに育つ女生徒 進学実績も上昇中

URL	https://www.chukou.shonan-shirayuri.ac.jp/
Web上での合格発表	○

人気の高い"白百合"のセーラー服

プロフィール　キリスト教のもとで 健やかな教育を

教育・社会福祉事業に献身しているフランスのシャルトル聖パウロ修道女会により、1936（昭和11）年、片瀬乃木幼稚園として発足した。1938年、前身である乃木高等女学校が開設。学制改革後に現在の中学・高校となった。

中高6ヶ年の一貫教育を通して、キリスト教の精神に根ざした価値観を養い、神と人の前に誠実に歩み、愛の心を持って社会に奉仕できる女性の育成を目指している。

環境　海風と森の香り いっぱいの学園

片瀬目白山の小高い丘の上に建ち、教室からは青い海と江ノ島が見え、遠くには富士山の姿も望める。校舎の周りには樹木が立ち並び、澄んだ空気と緑豊かな自然に囲まれた中で、生徒たちは明るく、活発で意欲に満ちた学園生活を送っている。

カリキュラム　英語力×国際教育＝ 社会に貢献する人

英語・国際教育に力を入れ、中1から少人数・中2から習熟度別で授業を行っている。オンライン英語学習教材（SEO）や英語劇・スピーチコンテスト、また中1 Tokyo Global Gateway、

75周年記念講堂

中2 British Hillsと段階的で体系的なプログラムを取り入れることで、多様な社会で必要とされる実践的な英語力を強化し、国際理解を深めながらグローバルな視野を広げる教育に力を注いでいる。希望者向けの夏期短期留学（中3〜高2）、中3ターム留学、高校生向けエンパワーメントプログラムなども充実しており、豊富な経験を通してコミュニケーション力を養い、自主性・発信力を高めることができる。さらにUPAA（海外協定大学推薦制度）に加盟し、海外大学進学の選択もより身近になった。

学校生活　奉仕の精神を 自然に身につけて

登校時間	中学	夏季	8：15	冬季	8：15
	高校		8：15		8：15

演劇・管弦楽・茶道など19の文化部と、バドミントン・ソフトボールなど5の運動部があり、充実した部活動が行われている。

学校行事には、「聖ポーロ祭」と呼ばれる文化祭や、学年ごとにテーマをあげて考える修養会、学期ごとにあるミサ、ラテン語でミサ曲を歌う音楽コンクール、クリスマス奉仕活動などがある。

聖書に示される価値観・人生観・世界観を指針とした、キリスト教（カトリック）の精神に基づいた教育を実践。終礼後に行う「清掃」活動は日々の生活に不可欠。黙々と取り組む姿には学園が第一に考えている奉仕の精神を生徒が自然に身につけていることがうかがえる。

県下でも人気の白百合学園共通のセーラー服は、濃紺のセーラーカラーに短いネクタイがポイントで、どちらにも白く映える3本線が入っている。

進路　難関大学への 進学者が多数

学力レベルの高い生徒が在校しているだけに、有名大学へ進学する生徒が多く、東大、東京外語大、お茶の水女子大、横浜国立大、東京医科歯科大、浜松医科大、横浜市立大、早稲田大、慶應義塾大、上智大、青山学院大、立教大などに合格している。また、卒業生のうち1割弱が系列の白百合女子大へ優先入学し、2割弱は推薦で他大学入学を果たしている。

トピックス　白百合の花は 学園の象徴

本学園の校名と校章は、その名が示す通り、白百合の花にちなんでいる。キリスト教の世界では、白百合は聖母マリアの清純さ、優しさ、りんとした強さを表す花であり、学園の象徴といえる。

2024年度入試要項

中学

試験日　2/1午後（1教科）
　　　　2/2午前（4教科・英語資格）
試験科目　国か算または併願（1教科）
　　　　　国・算・理・社（4教科）
　　　　　国・算（英語資格）

2024年度	募集定員	受験者数	合格者数	競争率
1科/4科/英	20/45/若干	485/192/26	158/94/14	3.1/2.0/1.9

※10名の帰国生入試（12/16、国・算・英＋スピーキングまたは国算）あり

高校

※帰国生のみ若干名募集。詳細は学校に直接お問い合わせ下さい。

進学に有利に／併設校あり／芸術＆特殊学科／資格＆技能系／施設が充実／スポーツが強い／クラブが活発／情操教育を重視／国際人を養成／自由な校風

卒業生有名人　林田理沙（NHKアナウンサー）、黒田夏子（芥川賞作家）

神奈川

男子 中 高

逗子開成中学校 高等学校

相模湾に臨む環境のもと
独特な指導方法で
豊かな人間性を育む

URL	https://www.zushi-kaisei.ac.jp
Web上での合格発表	○

普通科（高校）
生徒数　836名（中学）　806名（高校）
〒249-8510
神奈川県逗子市新宿2-5-1
☎046-871-2062
横須賀線逗子駅、京浜急行線逗子・葉山駅
各徒歩10分

SUPER
INDEX
P.78

プロフィール　歴史の重みある伝統校

　神奈川県下の男子私立中学校の中で、最も古い歴史を持つ。1903（明治36）年に東京の開成中学校の分校、第二開成中学校として開校し、1909年に逗子開成中学校として独立した。

　「新しい時代を開き、リーダーの務めを成す。」生徒たちがこのような人物に育つことを教育目標にしながら、本校も自ら、常に新しい教育を切り開いていくことを目指している。2003年には創立100周年を迎え、同年度より高校の募集を停止し、完全中高一貫校となった。

環境　恵まれた立地と優れた設備

　潮の香りが漂う逗子海岸に近い環境を生かして、海岸沿いに「海洋教育センター」を設置している。これにはヨット工作室・大浴場・宿泊室などがあり、海洋実習を通じて心身の鍛練を目指すユニークな施設だ。また、「徳間記念ホール」は、一般の劇場と同じ設備を整えた多目的ホールで、様々な映像教育に活用されている。そのほか、勉強合宿や講座などが行われる、宿泊・研修施設・自習室を備えた「セミナーハウス」や「研修センター」「メディア棟」などが校内にある。

徳間記念ホール

カリキュラム　独自の教育内容行き届いた指導

　前期・後期の2期制がとられ、通常の授業は月から金までの「授業5日制」で行われ、土曜は行事のほか、様々な体験学習や講座がある。

　中学から高校まで大学受験をふまえ、6カ年一貫して英・国・数の3教科は授業数を多く取り、理・社は6年間を通した効率の良いカリキュラムになっている。また、オリジナル教材やコンピュータを利用して独自の教科指導が行われている。授業は45分単位の7時間が基本。英・国・数は毎日授業があり、そのほかに演習授業なども行われる。

　コースは、高2で文系・理系に分かれ、高3では難関国公立文系・理系、国公立文系・理系、私立文系・理系の6コースに分かれる。

　生徒の学力に応じたきめ細かい授業を展開するために、中3から達成度別授業を導入。また選抜クラスを中3で2クラス、高1で2クラス、高2では文・理に各1クラス設けている。達成度別授業と選抜クラスのメンバーの入れ替えがあり、効率の良い授業展開を可能にしている。

学校生活　ユニークな情操教育活発なクラブ活動

登校時間	中学	夏季	8：15	冬季	8：15
	高校		8：15		8：15

　幅広い人間教育を目指しているだけに、様々な体験学習が行われている。中1から中3までの学年ごとのヨットの帆走実習や、中3の遠泳などの海洋教育は注目に値する。また、年に5本の映画上映会では、最新の話題作の上映といった全国で類を見ない**映像教育**も実施されている。そのほか土曜日には、「お泊まり保育」「水ロケット」「紙の再生利用」など100以上の**土曜講座**等の

逗子湾でのヨット授業

ユニークな活動も展開されている。

　クラブ活動では、日本最古の吹奏楽部や、インターハイ連続出場中のヨット部がある。水泳部・陸上部は関東大会や全国大会に出場。演劇部は過去、全国大会で最優秀賞を受賞。その他、和太鼓部、囲碁部、フィッシング部、奇術部など様々な部活も活躍している。

進路　様々な分野の大学へ

　卒業後はほぼ全員が大学へ進学している。主な進学先は、国公立大では東大、京都大、名古屋大、東京工業大、一橋大、北海道大、東北大、大阪大、横浜国立大、東京都立大など、私立大では早稲田大、慶應義塾大、上智大、国際基督教大、明治大、中央大、立教大、東京理科大、青山学院大などがあげられる。

2024年度入試要項

中学

試験日　12/26（帰国生）
　　　　2/1（1次）　2/3（2次）　2/5（3次）
試験科目　国・算・理・社（1〜3次）
　　　　　国・算か英・算（帰国生）

2024年度	募集定員	受験者数	合格者数	競争率
1次	150	439	215	2.0
2次	50	391	82	4.8
3次	50	428	101	4.2
帰国生	若干	56	28	2.0

高校　募集せず

神奈川

男子 中 高

聖光学院 中学校 高等学校

完全一貫教育の高度な授業を展開
全員進学を目指す有数の進学校
キリスト教の宗教教育を実践

SUPER INDEX P.78

普通科(高校)
生徒数 704名(中学) 686名(高校)
〒231-0837
神奈川県横浜市中区滝之上100番地
☎045-621-2051
根岸線山手駅 徒歩8分

URL	http://www.seiko.ac.jp/
Web上での合格発表	○

演奏会もできる講堂

プロフィール

キリスト教的精神に基づく教育理念

フランスで創立されたカトリック・キリスト教育修士会を母体とし、1958年に聖光学院中学校、1961年に聖光学院高等学校が設置された。

キリスト教の教えである愛と奉仕の精神を尊重し、中高一貫教育のもとに将来社会に貢献できる健全で有為な人材の育成を目指す。また、「紳士たれ」をモットーに、学習面ばかりでなく、礼儀を重んじ、強い意志と弱者をいたわる優しい心を持たせる教育を目指している。

環境

文化を創る100年建築

横浜山手地区の高台にあり、根岸森林公園に近接し、文教地区としてすばらしい教育環境にある。

約5万㎡の敷地には、最新の電子黒板を備えた教室、広々とした体育館やグラウンド、落ち着いて勉強に取り組める自習スペース、蔵書が豊富な図書室、美味しいメニューのそろったカフェテリア、充実した実験教室など生徒が勉強・芸術・スポーツに打ち込めるよう充実した設備とICT環境が整っている。

また、同修士会の創設者の名前を冠した「ラムネホール」(講堂)は、フルオーケストラの演奏会にも対応し、演劇・映画設備も整う県内有数の施設となり、卒業式・聖光祭(文化祭)などの学校行事や聖光音楽祭

難関大を目指し授業は高度になる

など多岐にわたって活用されている。斑尾高原には校外キャンプ場もある。

カリキュラム

学習進度が速く先取り授業も実施

中高一貫教育の利点を生かして、6カ年を2年単位の3期に分類し、中学1〜2年次は基礎学力の養成、中学3〜高校1年次は学習習慣の確立、高校2〜3年次は自主的な学習姿勢の充実を目指し、各教科とも授業計画の中に、中学と高校の連携を盛り込んでいる。

中学では主要3教科を重視し、授業時間数を標準より増やしたカリキュラムを編成している。学習の進度も速く、数学・英語は中学2年次までに中学課程を修了し、3年次には高校課程の先取り授業を実施する。特に英語では、授業時間数が十分割り振られ、外国人教師による少人数編成の英会話の授業もある。また、3年間、週1時間の「宗教」を必修としている。

高校では、2年次より文系・理系の習熟度別クラス編成を実施し、効率の良い授業を展開している。

また、年間を通じて「聖光塾」という学年を限定しない自由参加の講座があり、実験・天体観測・伝統芸能・趣味・芸術などの体験を通して、生徒の知的好奇心を刺激し、学習意欲を高めることに努めている。そのほか、中学2年次の土曜日には外部から専門の講師を招いて「選択芸術講座」を開講しており、音楽・芸術・演劇を直接体験し、人間性を涵養している。2017年度より文科省「スーパーサイエンスハイスクール」に指定された。

学校のカリキュラムをこなすことで、塾や予備校に通う必要がなく希望の大学に進学できる学力を身につけることが充分可能である。

学校生活

課外活動を通じて人格の形成を

登校時間	中学	夏季	8:20	冬季	8:20
	高校		8:20		8:20

学校行事としては、生徒が主体となって運営する、4月末の聖光祭と9月末の体育祭が代表的で、いずれも高校2年を中心に全校が一丸となって盛り上がる。他にも夏季キャンプやスキー教室など、学年ごとに宿泊行事がある。中学3年の希望者には夏休みと春休みに、ホームステイによる海外研修も行っている。

クラブは交通研究、吹奏楽など文化部が12、サッカー、野球など運動部が13あり、中・高合同で活動している部が多い。部活動以外の「公認団体」の活動も盛んである。

進路

有数の進学校超難関大に多数合格

卒業生全員が4年制大学を目指す、首都圏有数の進学校である。2023年は、東大78名、一橋大4名、東京工業大6名、京都大6名をはじめ国公立大に142名、慶應義塾大125名、早稲田大175名など私立大に630名が合格した。うち医学部合格は国公私立合計で65名。海外大は7名。

2024年度入試要項

中学

試験日 1/13(帰国生) 2/2(第1回)
　　　　2/4(第2回)

試験科目 国・算または英・算(帰国生)
　　　　　国・算・理・社(第1・2回)

2024年度	募集定員	受験者数	合格者数	競争率
第1回	175	665	211	3.2
第2回	50	635	122	5.2
帰国生	若干	134	28	4.8

高校 募集せず

卒業生有名人 小田和正(シンガーソングライター)、大西卓哉(宇宙飛行士)

神奈川

 女子 幼 高 専

清心女子高等学校

自分で選べる登校スタイルと特色あるセレクト科目で一人ひとりの自己実現を目指す

制服 p.㊸

URL	https://www.seisin.ed.jp/

普通科
生徒数 370名
〒222-0024
神奈川県横浜市港北区篠原台町36-37
☎ 045-421-8864
SUPER INDEX P.81
東急東横線白楽駅 徒歩7分
横浜市営地下鉄ブルーライン岸根公園駅 徒歩15分

多彩な学校行事のひとつ、体育祭での1コマ

プロフィール 伸びやかな校風 伝統のしつけ教育

1949(昭和24)年創立の財団法人横浜大谷学園(現、学校法人)により、1968年に設立された通信制課程の高等学校。「清潔・愛情・誠意・感謝・努力」の校訓は、学園創立以来、今も脈々と受け継がれ、伝統的に女性としてのしつけ教育に重点を置いている。高校生らしく、また女性らしく清潔で豊かな愛情を持って他人を思いやり、何事にも誠意ある態度で接する、さらに、自らの努力を怠ることなく、誰にでも感謝する心を忘れない、信頼される人間となることを大きな目標としている。

環境 横浜の中心に近い絶好のロケーション

ベイブリッジに象徴される港町・横浜の中心にほど近い、静かな住宅地に立地し、遠く秀麗な富士の姿も望むことができる、申し分のない教育環境である。また、交通の便も良いので、広く横浜市外からも通学ができる。教室はもちろん、すべて冷暖房完備だ。

カリキュラム 個性尊重の教育 オンラインサポートの充実

週1日〜5日「自分で選べる登校スタイル」

新しい清心女子高校のカリキュラムは、自分のスタイルに合わせた高校生活を過ごすことができる。必修科目を月・水・金に学ぶ「3日型」と、土曜日に学ぶ「1日型」を基本としている。火・木は自由選択(セレクト)の日として設定している。どの登校スタイルでも、所定の単位を修得することで3年間で卒業することができる。

5つの特色あるセレクト

火・木に開講されるセレクト科目は、保育、フード・ファッション、アート、進学、教養のカテゴリーから、自分の興味・関心に合わせて自由に選択することができる。専門学校の先生から直接授業を受けられる講座もあり、生徒の進路やキャリア形成につながっていく。

どんなときでも学びを止めないICTを活用した授業

各教室にWi-Fi環境が整っており、大型モニターを設置。また、令和3年度入学生から1人1台のiPadを貸与し、授業で積極的に活用している。

また、欠席した場合など、いつでも、オンラインでの授業参加を希望する生徒が受講できる環境を整えており、自宅で先生のサポートを受けながら学習を進めることもできる。

オンライン授業

学校生活 多彩で活発なクラブ活動

登校時間	夏	8:50	冬	8:50

特別教育活動の一環として福祉教育活動を積極的に展開。他人を思いやる優しい心を育てることを目的に、リサイクル・清掃活動・募金活動など活動の輪を広げている。

また自由と規律を大切にする女性を育成するため、生徒の自主的な活動を尊重しており、学級・風紀・美化の各委員会および生徒会役員が、様々な学校行事(スポーツ大会、体育祭、文化祭など)の運営に積極的に参加している。クラブ活動は、施設・設備をフルに生かし、目覚ましい成績を上げている。運動部では、ソフトテニス部、バレーボール部が県定通大会で常に上位の成績を収めている。一方、文化部では、美術部、軽音楽部、吹奏楽部、茶道部などが、地道で着実な活動を展開している。

進路 きめ細かな進路指導 併設の専門学校へも

最近は、大学や短大に進学する生徒が増加傾向にあり、専門学校で自己適性に合った専門技術を習得してから社会に出たいと考える生徒も増えている。主な進学先は、神奈川大、大妻女子大、横浜商科大、横浜美術大、洗足学園音大、相模女子大、女子美術大、立正大、和光大、小田原短大、横浜女子短大、フェリシアこども短大、湘北短大など。また、併設の横浜高等教育専門学校(養護教諭、小学校教諭、幼稚園教諭、保育士を養成)への進学には、全員に入学金が免除される。一方、就職率も好転し始め、社会で"即戦力"となるような人材教育が実を結んでいる。

2024年度入試要項

試験日　1/22(推薦)　2/10(一般1次)
　　　　3/5・15(一般2次)

試験科目　面接

2024年度	募集定員	受験者数	合格者数	競争率
推薦/1次	125/125	―	―	―

※一般2次の募集は若干名

女子｜幼｜小｜中｜高

聖セシリア女子中学校・高等学校

一人ひとりを大切にする教育環境
卒業生満足度100％の学校生活
家庭的で温かな校風

SUPER INDEX P.84

制服 p.45

URL	https://www.cecilia.ac.jp/
Web上での合格発表	○

普通科（高校）
生徒数 320名（中学）　280名（高校）
〒242-0006
神奈川県大和市南林間3-10-1
☎ 046-274-7405
小田急江ノ島線南林間駅　徒歩5分
東急田園都市線中央林間駅　徒歩10分

プロフィール　豊かな愛と知性を備えた女性を育む

カトリックの愛と奉仕の精神に基づいて、恵まれた自然の中で高い教養と豊かな人格を持つ女性の育成を教育理念として、1929（昭和4）年に大和学園女学校が設立された。その後、小学校、幼稚園、中学校を併設し、1948年に大和学園女子中学校・高等学校と改称。幼稚園から高校までを備えた総合学園になった。1980年、現校名に改称。

環境　自然を感じられる明るい雰囲気

高校の校舎前には、数十本の松が立ち並び、正門から校舎へとつながる道の両側には多くの木々が植えられ、自然との調和が図られている。

温水プール、総合グラウンドのほか、カフェテリア、図書閲覧室、自習室、PC室、和室などを備えたテレサ館を完備。

カリキュラム　独自の選択科目で多様性に応える

1クラス30名前後、1学年3～4クラスという少人数制により、きめ細やかな個別指導を実践している。言語を学習の基礎と考え、国語・英語を重視すると共に、思考の論理性を高める数学も重点的に学習する。

中学では、高校での学習内容に対応できる基礎学力を徹底して身につけるために、授業の中で演習時間を十分に確保し、

放課後にバレエレッスンが受けられる

理解度を高めている。また、学校設定科目の一つに、イングリッシュエクスプレスという授業を中1・中2で行っている。これは「英語で自分を表現する」ことを目標に、英語の歌を歌い、英語の台詞を覚え、ダンスも加えて、英語でのミュージカル発表を行う。

高校では、1年次は共通履修。2年次よりコース別選択制を採用し、自己の進路や興味に従って、重点的に学習できるよう配慮している。また、古典・数学・英語では、習熟度別授業も実施。独自性のある選択科目もそろえている。3年次には、女性史・平和学習・自然科学史・環境科学・外国事情などの「教養選択科目」もある。自由選択科目では、理解を深めるため演習スタイルをとっている。

学校生活　多くの福祉活動で愛と奉仕を実践

登校時間	中学	夏季	8：50	冬季	8：50
	高校	夏季	8：50	冬季	8：50

ボランティアのサークルとして「テレサ会」が年間を通じて福祉活動に努め、全校でも「クリスマス奉仕の日」の活動に取り組んでいる。そのほか、海外の子供に奨学金を贈る里親運動も実施。

クラブ活動は、中学生はほぼ100％が参加し、高3まで90％以上が継続している。吹奏楽をはじめ、ギター・マンドリン・ハンドベル、美術など芸術系が活躍。また、放課後に（公財）井上バレエ団ダンサー指導による本格的なクラシックバレエ部があるのが特徴である。

夏休みには、中3と高1・2の希望者を対象に、海外語学研修を実施。語学研修が主体の20日間で、毎年40名程度の生徒が参加し、国際交流を深めている。

進路　深く将来を考えるキャリア・プログラム

中1から高3まで、キャリアプログラムを約80時間、計画的に実施している。
卒業生の約95％が大学・短大に進学。

海外語学研修

専門学校を含め、ほぼ全員が進学する。主な進学先は、東北大、横浜国立大、東京学芸大、東京都立大、横浜市立大、東京芸術大、聖マリアンナ医科大、慶應義塾大、早稲田大、上智大、明治大、東京理科大、立教大、青山学院大、中央大、法政大など。また、青山学院大、聖心女子大、駒澤大、日本大、法政大、東洋大、立命館大、清泉女子大、白百合女子大、聖心女子大、明治学院大など2023年度は128校600名以上の指定校推薦枠があった。

2024年度入試要項

中学

試験日　12/10（帰国生）　2/1午前（A方式1次）　2/1午後（B方式スカラシップ）　2/2午前（B方式英語）　2/2午後（A方式2次）　2/3午前（B方式英語表現）　2/3午後（A方式3次）

試験科目　国・算・英から2科＋面接（帰国生）　国・算または国・算・理・社（A方式1・2次）　国・算（A方式3次）　国か算（B方式スカラシップ）　英（B方式英語）　英語面接＋身体表現（B方式英語表現）

2024年度	募集定員	受験者数	合格者数	競争率
A方式1次/2次	30/25	102/115	34/47	3.0/2.4
A方式3次	25	95	54	1.8
B方式ス/英/表	10/10/5	47/33/9	22/25/7	2.1/1.3/1.3

高校

試験日　12/10（帰国生オープン）　2/10（一般オープン）

試験科目　英＋面接（帰国生オープン）　国・数・英（一般オープン）

※推薦・一般の専願・併願は作文＋書類審査

2024年度	募集定員	受験者数	合格者数	競争率
推薦	15	23	23	1.0
書類/一般	15	31/12	31/7	1.0/1.7

※中・高とも、帰国生の募集は若干名

神奈川

女子 小中高大

清泉女学院中学校・高等学校

普通科（高校）
生徒数　559名（中学）　508名（高校）
〒247-0074
神奈川県鎌倉市城廻200
☎0467-46-3171

SUPER INDEX P.79
東海道本線・横須賀線・根岸線・湘南モノレール大船駅　バス5分

授業を65分に拡大
思考力・理解力を高める教育で
生徒の「生きる力」を養う

制服 p.⑪

URL	https://www.seisen-h.ed.jp
Web上での合格発表	

プロフィール　神の み前に 清く 正しく 愛ふかく

1934年スペインから来日した聖心侍女修道会を母体に、1947年に中学校、翌年に高等学校が横須賀に誕生した。1963年現在の鎌倉市玉縄城跡に移転した。

キリスト教精神に基づく教育を展開。グローバルな視野を持ち、愛と正義に基づく平和な社会の実現に寄与する人材の育成を目指している。

環境　湘南の緑豊かで明るい学習環境

北条早雲が築城した玉縄城跡に建ち、校内で理科の野外実習が行える豊かな自然に囲まれている。校門正面には県内屈指の音響設備の整った1200人収容の大講堂が建つ。6万冊余を有する図書館は二層構造で、勉強のスタイルと蔵書の内容で使用する階を選べる。運動施設は体育館のほかに、テニスコート5面、2面のグラウンド等（プールはない）。日本教育工学協会により「学校情報化優良校」認定（2018〜）。

カリキュラム　つながりを重視した65分の授業

一学年4クラス編成だが、中1は定員を変えず5クラス編成。付属の小学校からの進学は3分の1ほど。クラス分けも同じ比率になっている。

英語は中1の始めから、スタンダードクラス、英検3級対象クラス、帰国生・グローバル入試合格者対象クラスに分かれる。国語は中1から古典学習を導入。社会は中2で日本史と並行して世界史を実施。数学は中1の2学期から習熟度別クラス。理科は実験観察を大切にし、中1〜高1には県内各地で一日野外実習がある。倫理の授業は全学年で必修。中学

湘南の広々とした高台にあるキャンパス

生には年1回の宿泊プログラムを用意。6年間かけて自己肯定感と隣人を大切にする心を育成する。

65分の授業を活かし、ICT機器を使った情報の共有や発表の機会を積極的に取り入れている。土曜日は総合的な学習・探究の時間に充てている。全学年対象に放課後支援プログラムを導入し週6・長期休暇も含めて学習をサポートする。

中学生には3年間をかけて社会に主体的に関わり貢献できる力を育む「My Story Project」を実施。課題の発見⇒情報収集⇒整理分析⇒まとめ・表現というプロセスを重視。自らの考えを形にすることを学ぶ。その経験を踏まえ、高校生は各種講演や大学出張授業を受講しながら、自らの知的好奇心の幅を広げる。

文理選択は高2から。必修科目以外に選択できる授業が豊富なのが特徴。習熟度別、少人数制の選択授業や難関大受験用の特別な補習も実施する。

留学は希望者。中3・高1で3か月の短期留学、高1で10日間の語学研修がある。行先はいずれもニュージーランド。また中3で姉妹校の清泉インターナショナルスクールで1週間留学の機会がある。ベトナムの姉妹校での奉仕活動の経験を含めたスタディーツアー、ボストンカレッジでのリーダーシップ研修は高校生対象。

他にも、校内外の模擬国連、模擬裁判、ビブリオバトル・ディベート選手権といった活動に希望者が積極的に参加できるよう支援している。

学校生活　多彩な行事と校外活動

登校時間	中学	夏季	8：30	冬季	8：30
	高校		8：30		8：30

様々な経験が豊かな人間を育てるという理念のもと行事も大切にしている。清泉祭・合唱祭・体育祭は大いに盛り上がる。また、管弦楽部の伴奏により全校で「ハレルヤコーラス」を合唱するクリスマスミサを含め年3回のミサが行われる。校外行事では、上述の倫理や理科のプログラム以外にも高1テーブルマナー講座、スキー実習、高2修学旅行など多様。障がいや高齢者福祉についての教育活動を行い、老人ホームでの奉仕や福祉委員会の協力など、様々な活動に積極的に参加している。

クラブ活動は週2回で90％以上の生徒が参加。2023年全日本合唱コンクール全国大会で中高とも金賞・文部科学大臣賞、NHK全国学校音楽コンクー

ル全国大会高校の部銅賞の音楽部をはじめ文化部が14、運動部が9つある。

進路　清泉女子大への推薦も

主な進学先は、東大、一橋大、筑波大、国際教養大、東京外語大、東京芸術大、信州大、お茶の水女子大、東京海洋大、東京農工大、横浜市立大、早稲田大、慶應義塾大、上智大、立教大、青山学院大など。音楽・美術系、医療系、看護福祉系、理系大進学者も多く、進学先は多岐にわたる。上智大をはじめ、難関大学の指定校推薦枠も多数あるほか、上智大学カトリック高等学校特別入学試験で毎年学年の1割以上が合格している。また、品川区にある清泉女子大学の合格を12月中に優先的に確保したまま他大学を受験でき、その結果次第で清泉女子大の進学を辞退可能な「姉妹校高大接続入試」がある。

2024年度入試要項

中学

試験日　12/9（帰国生1期）　1/6（帰国生2期）
　　　　2/1午前・午後（1期・2期）　2/2午後（3期）　2/4午後（AP・SP）

試験科目　算＋作文＋面接または英＋作文＋英語面接（帰国生）　国・算・理・社（1期）　国・算（2期）　国・算・理・社または国・算・英またはグローバル（英＋英語面接）（3期）　思考力・表現力・総合力（AP）　算（SP）

2024年度	募集定員	受験者数	合格者数	競争率
1期	40	124	55	2.3
2期	20	148	69	2.1
3期 4科/3科	25	188/9	93/4	2.0/2.3
3期 グローバル	若干	3	3	10
SP/AP	10/10	43/55	10/14	4.3/3.9

※帰国生の募集は15名程度

高校　募集せず

卒業生有名人　堂本暁子（元千葉県知事）、田中優子（前 法政大学総長）、柴田陽子（ブランドプロデューサー）

（右端の見出し）
進学に有利に
併設校あり
芸術＆特殊学科
資格系＆技能系
施設が充実
スポーツが強い
クラブが活発
情操教育を重視
国際人を養成
自由な校風

共学 小中高

聖ヨゼフ学園中学校・高等学校

一人ひとりが真摯に見つめあい 皆でともに歩む道のり

SUPER INDEX P.77

普通科(高校)
生徒数 183名(中学) 153名(高校)
〒230-0016
神奈川県横浜市鶴見区東寺尾北台11-1
☎ 045-581-8808
京浜東北線鶴見駅、
東急東横線綱島駅・菊名駅
JR新横浜駅 各バス

制服 p.39

URL	http://www.st-joseph.ac.jp/			
Web上での合格発表	中　学	○	高　校	○

2024年度で共学5年目。仲よく学園生活を送る

プロフィール 徳育を重視し情操を深める

カトリック修道会のひとつ、アトンメントのフランシスコ会が、活動の一環として1953年に「鶴見聖ヨゼフ小学校」を設立。1956年「聖ヨゼフ学園小学校」と改称し、翌年に中学校を、1960年には高校を開校した。また、設立時に白百合学園の経営母体である修道女会の支援を受けており、白百合学園との関係が深い。

神への祈りで一日が始まる本学園の教育方針は、キリスト教精神による正しい自己受容を育て、清く温かい心と正しく強い意志を持ち、主体的に人々の幸福のために働く人をつくる、というもので、人を思いやり、正しく善悪の判断ができる人を育てることを目標としている。

2020年度の中学より男女共学校。国際バカロレア教育(IB)の中等教育プログラム(MYP)候補校となり、認定を目指す。

環境 校内には神聖なムードが漂う

校舎内は、2階から4階まで吹き抜けになっていて、側面にある巨大なアトリウムモザイク壁画が目を引く。全教室冷暖房完備で、視聴覚ホール、茶室、ステンドグラスが美しい聖堂や勝野講堂などがある。別棟には、3層5階建ての体育館、コンピュータルームなどがある。2010年、図書館や多目的教室

800人収容の勝野講堂

がある小原館も完成。

カリキュラム 英語教育を重視し国際人を育てる

家庭的な温かい雰囲気の中で、生徒一人ひとりに十分目の行き届く指導が行われている。中でも英語教育に力を注ぎ、「自分の意見を持ち、それを英語で表現できる生徒」を育てることを目指している。ネイティブ教員による英会話の指導はもちろん、通常の授業では、ペアで意見交換を行う「small talk」を毎回実施。過去には、ネイティブ教員と英語で歓談しながら食事をとるEnglish Lunchや英語朝礼など、実生活の中で英語を"生きた言葉"にするための様々な取り組みを行ってきた。また、中2ではBritish Hillsでの研修、希望者を対象に、中3・高1の夏にはイギリス語学文化研修、高1・高2の冬には3ヶ月のニュージーランドターム留学プログラムがある。

高校では、「アドバンスト・イングリッシュコース」と「総合進学コース」、さらに2023年度には「インクアリー・ベースト・ラーニングコース」が新設され、個々の能力をさらに伸ばす。

学校生活 全員が活躍する部活動と学校行事

登校時間	中学	夏季	8：15	冬季	8：15
	高校		8：15		8：15

クラブは文化部と運動部を合わせて15。バドミントン部や軽音楽部が人気。また、放課後には華道・茶道・箏曲教室などの課外活動もある。

学校行事では、6学年6色の学年対抗で競う5月の体育祭と9月の学園祭が二大行事。得意・不得意に関係なく誰もが一人何役もこなす。中3の奈良・京都、高2の長崎の修学旅行は自主研修も含まれ、事前事後学習に取り組む。

進路 キリスト教系大学中心も個性豊か

姉妹校推薦のある白百合女子大をはじめ、上智大、聖心女子大、清泉女子大など、カトリック系の大学を中心に多数の指定校推薦枠を持つ。例年、約30～40%の生徒がキリスト教系の大学に進学する。4年制大学への進学率は毎年80%以上を超え、2023年度は早慶上理、およびGMARCHに計13名(卒業生39名)が合格した。また、過去には東京理科大、芝浦工業大、東邦大といった理系難関校へ着実に進学しているほか、芸術系、薬・医・歯学系、家政大学への進学、立命館アジア太平洋大や関西外語大など首都圏以外の進学もあり、その志望先はバラエティに富んでいる。

2024年度入試要項

中学

試験日 2/1午前・午後(第1回、総合・グループワーク型) 2/2午前(第2回) 2/3午前(第3回)

試験科目 国・算または国・算・理・社＋面接(第1回) 国・算＋面接(第2・3回) 総合問題＋グループワーク(総合・グループワーク型)

2024年度	募集定員	受験者数	合格者数	競争率
第1回/第2回	15/10	26/19	16/10	1.6/1.9
第3回/総合型	10/10	15/16	7/11	2.1/1.5

※他に、5名の帰国生入試(12/1・1/6、算＋面接あり)

高校

試験日 1/22(推薦) 2/12(一般オープン・併願)

試験科目 面接(推薦) 書類選考(一般) 国・数・英＋面接(一般オープン・併願)

2024年度	募集定員	受験者数	合格者数	競争率
推薦/一般	20/15	12/24	12/24	1.0/1.0
一般オープン	5	2	2	1.0

※一般オープン・併願は帰国生を含む

左端縦タブ: 進学に有利 / 併設校あり / 芸術＆特殊学科 / 資格＆技能系 / 施設が充実 / スポーツが強い / クラブが活発 / 情操教育を重視 / 国際人を養成 / 自由な校風

神奈川

女子 幼 中 高

聖和学院中学校高等学校

「聖和発　未来に向かって共創力」
生徒一人ひとりが
未来の主役になる学校生活

URL	https://www.seiwagakuin.ed.jp			
Web上での合格発表	中学	○	高校	—

SUPER INDEX P.78

制服 p.40

普通科　英語科（高校）
生徒数　41名（中学）　79名（高校）
〒249-0001
神奈川県逗子市久木2-2-1
☎ 046-871-2670
横須賀線逗子駅　徒歩8分
京浜急行線逗子・葉山駅　徒歩10分

【制服】従来のセーラー服に加え、新たに加わったポロシャツ・キュロットスカートも生徒達に好評

プロフィール

「22歳の夢」の実現

　校訓は「温順・勤勉・愛」。1942年湘南女学塾として開校。1987年県内唯一の英語科を設置。1988年県内で初めてNZ語学研修を実施。2018年ICT教育環境の再整備。2020年Seiwa WGL Project開始。ICTを活用し、グローバルな分野で活躍する女性リーダーの育成を目指し、生徒が自ら学びあうリアルスタディを実践している。

トピックス

逗子聖和発未来共創力

　聖和学院4Cモデル（コミュニケーション、コンセンサス、コラボレーション、コ・クリエイション）で、多様性とグローバルな感性をもって活躍する人材の育成を目指している。2023年度より中学校において「アドバンストイングリッシュコース」「リベラルアーツコース」がスタートし、より一人ひとりの目標のターゲットを定めた学習を促進。

カリキュラム

自己肯定感が生まれる学びの空間

　仲間と一緒に楽しみながら様々な経験を積むことで、新しい自分を発見し将来への力と自信を培う。
【1．プレゼンテーション】どうすれば

【プログラミング】ネイティブ教員とプログラミング学習を行う

自分の意見に説得力を持たせられるか——チームで協力して、「よりよいもの」を創り上げる楽しさを学ぶ。
【2．プログラミング】Raspberry Pi400を用いてプログラミング教育をネイティブスピーカー教員の指導のもとで行う、グローバルIT教育を展開。
【3．探究活動】今、実社会にある問題を解決するために——「教科書」と「外の世界」がつながる感動に触れることができる探究活動。
【4．ビブリオバトル】ビブリオバトルはゲーム感覚の書評合戦。「この本の魅力を伝えたい」と思うことで、読書の楽しみとともに、読解力・思考力・表現力を磨く。
【5．マナー講座】国際線の乗務員養成機関から講師を招き、グローバル社会で求められるマナーを実践的に学ぶ。

学校生活

多彩な学校行事部活動も活発

登校時間	中学	夏季	8：30	冬季	8：30
	高校	夏季	8：30	冬季	8：30

　全校ビブリオバトル、プレゼンテーションコンテスト、クリスマス音楽会等、学年の壁をこえて「全員での成長」を実感できる行事がある。クラブ活動も活発で、ESS、幼児生活研究部、放送部など文化部が13、バレーボール部、硬式テニス部など運動部が7ある。

進路

きめ細やかな指導で難関大に合格

　2023年には卒業生数に対する現役合格者数の割合が、国公立早慶上智で27.3％、さらにGMARCHと関関同立を加えると86.4％に到達。近年の主な進学先は東京外語大、横浜市立大、早稲田大、上智大、立命館大、青山学院大、立教大、北里大、日本女子大、東京都市大など。

2024年度入試要項

中学

試験日　2/1午前・午後（第1回・特待①）　2/2午前・午後（第2回・特待②）　2/3午前（第3回）　2/4午前（特待③）　2/5午前（特別①）　2/6午前（特別②）

試験科目　国・算か国・算・理・社か英語〈作文＋イングリッシュスピーチか筆記〉（第1回、特待①～③）　国・算か英語プログラミングかビブリオバトルかプレゼンテーション（第2回）　国・算か英プログラミング（第3回）　国・算か英プログラミングかビブリオかプレゼン（特別①・②）

※他に、帰国生入試（12/7・1/11、英＋面接）あり

2024年度	募集定員	受験者数	合格者数	競争率
第1回/特待①	15/10	7/7	5/6	1.4/1.2
第2回/第3回	10/5	5/8	3/6	1.7/1.3
特待②/③	10/10	10/5	9/4	1.1/1.3
特別①/②	若干/若干	3/3	1/2	3.0/1.5

高校

試験日　11/20・1/22（帰国生）
　　　　1/22（推薦）　2/10（第1回）
　　　　2/11（オープン）　2/29（第2回）

試験科目　英＋面接（帰国生）　面接（推薦）
　　　　　国・数・英＋面接（一般・オープン）

2024年度	募集定員	受験者数	合格者数	競争率
推薦	10/10	0/2	0/2	—/1.0
第1回	30/30	5/7	5/7	1.0/1.0
オープン	5/5	1/2	1/1	1.0/2.0

※人数はすべて英語科/普通科。第1回の定員に書類選考方式を含む。帰国生・第2回の募集は若干名

進学に有利に

併設校あり

芸術&特殊学科

資格&技能系

施設が充実

スポーツが強い

クラブ活動が活発

情操教育を重視

国際人を養成

自由な校風

神奈川

女子 幼 小 中 高 短 大 院

洗足学園 中学校

社会で真に活躍できる
女性を育てるため
進化のNEXT STAGEへ

普通科
生徒数　766名（中学）　712名（高校）
〒213-8580
神奈川県川崎市高津区久本2-3-1
☎ 044-856-2985
東急田園都市線・大井町線溝の口駅、
南武線武蔵溝ノ口駅　各徒歩8分

SUPER INDEX P.82

制服 p.40

URL	https://www.senzoku-gakuen.ed.jp
Web上での合格発表	○

プロフィール

徹底した一貫教育で個性と感性をのばす

1926（大正15）年に開校された洗足高等女学校が、学制改革により1947（昭和22）年、洗足学園女子中学校となる。翌年、洗足学園女子高等学校、洗足学園幼稚園を設立。その後、小学校・短大・大学を相次いで設立し、幼稚園から大学までを擁する一貫教育体制が整った。

早くから国際化時代に対応した英語教育に重点を置き、国際感覚の養成に努めると共に、音楽教育を中心とした情操教育にも力を注いでいる。

環境

広く美しいキャンパスで快適な学校生活

船をイメージした美しい校舎。自然光にあふれ、機能的かつ柔らかいイメージとなっている。350席あるカフェテリアは生徒の憩いの場所になっている。908人収容の大講堂、352人収容の小講堂は全体授業にも使われる。教室棟は5階建て。各教室にはLANが整備され、机はノートパソコンが置ける大型のもの。全教室にはホワイトボードとプロジェクターがある。

カリキュラム

4つの視点を重視した教育

2019年度より授業6日制で65分授業、

愛称「クイーンエリザベスⅡ」の校舎

3期制を採用している。また、「高い学力」「豊かな感性」「コミュニケーション能力」「広い視野」の4つの視点を重視した教育を展開、その実現と自律による高い能力伸長を達成するため、6年間を3期・3段階に分けた教育計画を組み上げている。カリキュラムも上記視点に基づき一貫教育のメリットを十分に生かした編成になっている。中でも英語には特に力を入れており、中1から高1まで1週間に1コマ以上のELLの授業がある。また、豊かな英語力の基礎となる読解力を、楽しみながら自分のペースでつけることを目指して英語の授業を行っている。高校では理系・文系を越えて様々なジャンルの英文を読み、自分の意見を構築していくことで、人間的な成長を目指して英語の授業を行っている。放課後には「アーリーバーズ」「スピーチコミュニケーション」「TOEFL」などの講座も用意されている。

学校生活

活発な部活と行事 積極的な国際交流

登校時間	夏	8:20	冬	8:20

クラブ活動が活発で、スキー、スカッシュなど14の運動部と、吹奏楽、弦楽合奏など13の文化部、パソコン、文芸などの同好会がある。

学園行事も盛んで、体育祭や文化祭をはじめ、芸術鑑賞会、スキー教室などのほか、夏休みにはアメリカ・イギリス・ニュージーランド・マルタ島での語学研修（希望者）もある。この他にも国際交流の一環として、アメリカ西海岸の有名校と長・短期留学制度を結んでおり、毎年大きな成果を上げている。

進路

高いレベルで実現への可能性を拓く

全員が進学希望。自分の将来の夢やビジョンをしっかり考えた進路選択をさせることを重要視し、その夢の実現に手を貸すことが進路指導の目的である。

2023年3月の卒業生の主な合格先は東大、京都大、一橋大、東京工業大、北海道大、東北大、筑波大、千葉大、東京農工大、東京外語大、横浜国立大、横浜市立大、早稲田大、慶應義塾大、上智大、明治大、青山学院大、立教大、中央大、法政大、東京理科大、国際基督教大など。

2024年度入試要項

中学

試験日　1/13（帰国生）　2/1（第1回）
　　　　2/2（第2回）　2/5（第3回）

試験科目　英＋面接〈英語〉（帰国生A方式）
　　　　　国・算・英＋面接〈英語〉（帰国生B方式）　国・算・理・社（第1〜3回）

2024年度	募集定員	受験者数	合格者数	競争率
第1回	80	246	83	3.0
第2回	100	505	163	3.1
第3回	40	361	73	4.9
A/B帰国生	40	91/103	42/44	2.2/2.3

卒業生有名人　平原綾香（ミュージシャン）、原田早穂（シンクロナイズドスイミング銀・銅メダリスト）

神奈川

女子 小中高

捜真女学校 中学部／高等学部

普通科（高等学部）
生徒数 412名（中学部）
477名（高等学部）
〒221-8720
神奈川県横浜市神奈川区中丸8
☎ 045-491-3686
東急東横線反町駅、
横浜市営地下鉄三ツ沢下町駅　各徒歩15分

SUPER INDEX P.81

制服 p.43

中高一貫した英語教育 聖書のメッセージを 授業や校外活動で体験

URL	http://soshin.ac.jp/jogakko/			
・Web上での合格発表	中学	○	高校	○

食堂と自習室のある7号館

プロフィール
真実の心をもって真理を追究する

1886年、米国バプテスト派宣教師により、横浜・山手に「英和女学校」として創立。その6年後に、校名を「捜真女学校」と改称。1910年現在地に移転。
校名が示す通り、「真理を捜し求める」ことを建学精神とし、「隣人愛とやさしさ」「最善の自己を追究するたくましさ」を備え、社会に仕える人を育てている。

環境
花と緑に飾られた美しい校舎

校内は整然としており、中庭の芝生、花壇、樹木の多い庭園など、生徒がくつろげる環境だ。学校生活の中心となるチャペルにはパイプオルガンが設置され、毎日礼拝が行われる。生徒たちの生活を支えてくれるカフェテリア、中1から利用でき、チューターが質問に答えてくれる自習室、室内温水プールもある。静かな図書館の蔵書は約4万冊。

カリキュラム
ことばにフォーカスした教育

4技能を重視した英語教育、多くの実験を行う理科教育、プロの講師陣による芸術教育など「本物に触れ、本物の力を身につける」授業を展開し、ことばによる思考力・表現力を養う「ことばにフォーカスした教育」を全学年にわたって進めている。中学生の英語はラウンドシステムを利用した学習。国語表現では日本語の

全科目でことばにフォーカスした授業を展開

「聞く・話す」を意識して敬語や文法について学び、理科は実験とその後のレポート作成を通して物事を論理的にとらえる習慣を身につける。また、毎朝の礼拝、聖書の授業では人生を支えることばが育っている。高1までは全員が必修科目を履修、高2からは進路に合わせて約50科目から選択して履修することが可能。

学校生活
「ともに」を体感

登校時間	中学	夏季	8：05	冬季	8：05
	高校		8：05		8：05

クラブは文化部が17団体、ソフトボール部などの運動部が13団体となっている。YWCAやインターアクトクラブのように奉仕活動を行う団体もある。ピアノ、声楽、美術、書道、茶道、パイプオルガンの課外講座が開かれ、これらの活動では、「ともに」活動し、「ともに」成長する喜びを味わい、「本物」に触れて学ぶことができる。キリスト教行事を大切にしており、キリスト教史跡巡り、クリスマス礼拝、イースター礼拝、また御殿場にある学校の宿泊施設「自然教室」では、寝食を共にすることで深くしっかりした人間関係を作っている。

進路
ミッション系大学への進学率が高い

4年制大学に卒業生の約95％が進学し、そのほとんどが現役進学者である。大学の推薦枠が多数あり、ミッション系大学への進学実績が高い。また、国公立・有名私立大への進学率も確実に伸びている。2023年3月卒業生の主な合格大学は、横浜市立大、東京芸術大、東京工業大、慶應義塾大、上智大、青山学院大、学習院大、立教大、法政大、中央大、明治大、聖路加国際大など。

国際化
語学研修や交換留学制度

国際性を養うため、独自の留学制度として高1以上の有志による姉妹校へのオーストラリア夏期短期研修、中1から応募できるアメリカ春期短期研修、高1・高2対象

のオーストラリア学期研修、高1以上参加のカンボジア研修旅行も行っている。また、AFS、YFU、ロータリークラブなどの留学制度を利用して、アメリカやヨーロッパを中心に世界各地で学んでいる。

ひとこと
在校生からのメッセージ

私たち中高生は、何を信じればよいのか、この社会で変わらないものとはいったい何か、問い続けます。そういう私たちを捜真女学校は愛を持った先生たちがしっかりと受け止めてくれます。温かい家庭のような学校、最高の先生たちに囲まれ、仲間と笑い合い、真剣に真理を捜す、そんな私たちの輪に加わりませんか。

2024年度入試要項

中学部

試験日　12/9（帰国生1）　2/1午前・午後（スカラシップA1・帰国生2、スカラシップA2）　2/2午前・午後（スカラシップA3、B）　2/3午前・午後（対話学力、C）

試験科目　国・算または国・算・理・社＋面接（スカラシップA1・A3）　国・算＋面接（スカラシップA2・B・C・帰国生）　口頭試問〈国・社＋算・理〉（対話学力）

2024年度	募集定員	受験者数	合格者数	競争率
A1/A2	50/40	106/163	81/128	1.2/1.3
A3/B	20/20	50/31	26/21	1.9/1.5
C/対話学力	10/5	20/5	1/1	20.0/5.0

※帰国生の募集は若干名

高等学部

試験日　1/22（推薦）

試験科目　面接（推薦）　書類選考（一般）

2024年度	募集定員	受験者数	合格者数	競争率
推薦/一般	10/15	6/26	6/26	1.0/1.0

卒業生有名人　角田光代（作家）、三雲孝江（フリーアナウンサー）、阿木燿子（作詞家）

進学に有利

併設校あり

特殊学科 芸術＆

資格＆ 技能系

施設が充実

スポーツが強い

クラブ活動が活発

情操教育を重視

国際人を養成

自由な校風

399

神奈川

共学　中　高

相洋中学校高等学校

多様なコース分けで
学力が着実に向上
多くのクラブが全国的に活躍

URL	https://www.soyo.ac.jp

普通科（高校）
生徒数　139名（中学）　1475名（高校）
〒250-0045
神奈川県小田原市城山4-13-33
☎ 0465-23-0214（中学）
☎ 0465-22-0211（高校）

SUPER INDEX P.79

東海道線・小田急線・箱根登山線・大雄山線小田原駅　徒歩15分

制服 p.41

和太鼓部の演奏

プロフィール　真心に満ちあふれる青年を育成

1938（昭和13）年、小田原夜間中学として創立。学制改革により、1948年、相洋中学・高校となる。2023年に商業科を募集停止にした。「質実剛健・勤勉努力」を校訓とし、知・徳・体の調和のとれた人格形成を目指している。

環境　風光明媚な環境 各施設も充実

各種実験実習室をはじめ、体育館、柔・剣道場、相撲場、テニスコート、約300席の食堂、部室棟、合宿に利用できる研修会館のほか、小田原市郊外には公式戦のできる野球場もある。さらに、電子黒板のある教室、大型スクリーンを設置した多目的ホール、一人1台のパソコンを備えたマルチメディアセンターなどを持つ未来形校舎「インテリジェントセンター21」もあり、施設も充実。また、タブレットを活用した授業や家庭課題も充実している。

カリキュラム　進路に応じた専門的授業

高校では、それぞれの進路に応じたコース制と選択制授業を採用している。それぞれの希望の実現を目標として、国公立大学及び難関私立大学受験を目指す特進コース（選抜クラス・特進ク

"未来形学び舎"のエントランスホール

ラス）、中堅から上位の私立大学への進学を目指す文理コース（理科クラス・文科クラス）のほか、主に文系私立大学進学を望んでいる生徒のための進学コースに分かれる。

中学からの一貫コースでは、6年間の特別プログラムで、高校2年次までに中・高の全課程をほぼ修了させ、3年次は受験に直結した演習授業となる。

学校生活　カナダへ海外研修

登校時間	中学	夏季	8:40	冬季	8:40
	高校		8:40		8:40

陸上、ソフトテニス、柔道、空手道、和太鼓など、多くのクラブが全国大会に出場し、活躍している。伝統を誇る山岳部の富士登山は全国的に有名。社会福祉部も献血運動により、厚生労働大臣から表彰されている。学校行事も、相洋祭や遠足など多彩だ。また、カナダでの語学研修を7月に18日間に渡って実施している。

進路　着実に増える難関校合格者

大学受験講座（共通テスト対策講座・スタディサプリ）をはじめとするきめ細かな進学指導により、ここ数年、現役合格率も上昇している。東京学芸大、東京工業大、横浜国立大、電気通信大、東京都立大、慶應義塾大、早稲田大、明治大、青山学院大、中央大などの難関大学合格者も着実に増えている。また、充実した進路指導室において、随時、生徒の進路に関する相談に応じている。

2024年度入試要項

中学

試験日　1/6（帰国子女）　2/1午前・午後（第1回A・B）　2/2午前・午後（第2回A・B）　2/4午前（第3回）

試験科目　国・算または国・算・理・社＋面接（第1回A・2回A・3回）
　　　　　国・算＋面接（第1回B・2回B・帰国子女）

2024年度	募集定員	受験者数	合格者数	競争率
第1回A/B	30/20	50/40	29/26	1.7/1.5
第2回A/B	20/10	31/20	24/17	1.3/1.2
第3回	10	24	18	1.3

※帰国子女の募集は若干名

高校

試験日　1/22（推薦）　2/10（一般）　3/4（チャレンジ・2次）

試験科目　作文（推薦）
　　　　　国・数・英または書類審査（一般）
　　　　　国・数・英（チャレンジ・2次）

2024年度	募集定員	受験者数	合格者数	競争率
特進コース選抜	5/20/5	0/65/—	0/65/—	—/1.0/—
特進コース特進	25/55/5	8/352/—	8/352/—	—/1.0/—
文理コース理科	30/60/5	25/263/—	25/263/—	—/1.0/—
文理コース文科	60/120/5	53/525/—	53/525/—	—/1.0/—
進学コース	60/125/5	31/780/—	31/780/—	—/1.0/—

※人数は推薦/一般/チャレンジ・2次

卒業生有名人　松坂桃李（俳優）、舘鼻則孝（アーティスト）、田中聡（プロサッカー選手）

神奈川

共学 幼 高

橘学苑 高等学校

国際感覚を身につけつつ、
一人ひとりの資質を伸ばす
－グローバルな時代に活躍できる感性教育－

制服 p.39

URL	https://www.tachibana.ac.jp
Web上での合格発表	○

■ 普通科
生徒数　998名
〒230-0073
神奈川県横浜市鶴見区獅子ヶ谷
1-10-35
☎ 045-581-0063
SUPER INDEX P.77
京浜東北線鶴見駅　バス10分
東急東横線綱島駅、横浜線新横浜駅、
横須賀線新川崎駅　各バス20分
南武線尻手駅　バス15分

デザイン美術コース

自主性・創造性を育成する教育
プロフィール

1942（昭和17）年創立。「正しき者は強くあれ」という創立者土光登美先生の意志は、自主的・自律的・創造的な人間の育成という教育目標として、現在も受け継がれている。

2024年度より中学校募集停止。

独自の理念をささえる設備
環境

校地は鶴見の高台に位置し、閑静な住宅街の一角にある。校舎は自然の光、自然の水、自然の風を取り込んだエコスクール。

自慢の設備は多目的ホールを備えた音楽専用施設の音楽堂と、陶芸の窯を備えた美術専用の創作館。いずれも自然の素材を生かした建築で、自己を解放し表現する場である。テニスコート4面がとれる屋内型運動施設「SAKURA DOME」や人工芝グラウンドもある。2014年度に体育館もリニューアル。

2コース3クラス制
カリキュラム

2つのコースがあり、文理コース（特別進学クラスと総合進学クラス）は2年次に文系・理系に分かれ、志望に合った科目を重点的に学ぶ。

2号館

特別進学クラスは、国公立大学、難関私立大学への進学を目標に、主要5教科を重視したカリキュラムのクラス。高い進学目標に向かって頑張るクラスメイトの姿から刺激を受け、学習意欲を自然に高めることができる。

総合進学クラスは、部活動や学校行事を頑張りながら自分のやりたいことや得意なことを見つけ出し、希望進路の実現を目指すクラス。全ての生徒が明るい未来へ前進できるように、教員が一丸となってサポートする。

デザイン美術コースは絵画・造形・デザインの能力を深め、美大への進学を目指す。

高校2年次に、文理コースは探究の時間を通して決定した国、デザイン美術コースはイタリアへの海外研修旅行を実施。

2024年度より週5日制。

活発な自治活動・行事
学校生活

登校時間	夏 8：30	冬 8：30

生徒会・委員会・クラブも活発。体育祭・文化祭は生徒がすべて企画・運営している。

多様な進路　自分に合った進路
進路

大学・短大への進学者は83.1％。12.4％が専門学校へ。就職・進学準備・その他が4.5％。

生徒一人ひとりの進路実現に向け、さまざまな受験方法に対応した各講習や外部講師による講座、美大入試に特化した講習など実践的な講座を設置している。

高校1年次より大学見学会、大学出張講座など大学について学ぶ機会を多く設けている。また、適性診断や進路講演会を通じ、大学で何を学びたいか、将来はどのように社会に貢献したいか

など、自分の進むべき道を模索し、目標を具体化させていく。

2024年度入試要項

試験日　1/22（推薦）　2/10（一般専願・併願）
　　　　2/12（オープン）

試験科目　面接（推薦）
　　　　　国・数・英（一般専願・併願）
　　　　　国・数・英＋面接（オープン）
※デザイン美術コースは実技あり

2024年度	募集定員	受験者数	合格者数	競争率
特別進学	10/10	2/73/11	2/40/7	1.0/1.8/1.6
総合進学	75/75	72/643/24	72/643/18	1.0/1.0/1.3
デザイン美術	15/15	22/57/8	22/57/3	1.0/1.0/2.7

※人数はすべて推薦/専願＋併願・オープン

卒業生有名人　村上知子（芸人"森三中"）、黒木優太（プロ野球選手）

進学に有利に

併設校あり

芸術&特殊学科

資格&技能系

施設が充実

スポーツが強い

クラブが活発

情操教育を重視

国際人を養成

自由な校風

立花学園 高等学校

恵まれた環境の中、のびのび学習 個性伸長のきめ細かな指導で 目指した夢をがっちりつかむ

SUPER INDEX P.83

制服 p.44

普通科
生徒数　1342名
〒258-0003
神奈川県足柄上郡松田町松田惣領307-2
☎0465-83-1081
小田急小田原線新松田駅・御殿場線松田駅　徒歩7分

URL	https://tachibana-g.ac.jp/
Web上での合格発表	○

大雄山登拝

進学に有利に
併設校あり
芸術&特殊学科
資格系&技能系
施設が充実
スポーツが強い
クラブ活発が
情操教育を重視
国際人を養成
校風自由な

プロフィール　豊かな人格の形成 個人能力の伸長

1928（昭和3）年の創立以来、「誠実・実践・奉仕」を校訓に掲げ、90年の歴史を刻んでいる。

将来に生かす知識や学力を身につけ、目標に合った進路を目指すことができるように、生徒一人ひとりの未知なる可能性を拓く「個人能力の伸長」と、人のため、社会のために、役立つ人間を育成する「豊かな人格の形成」をテーマに、人間としての基礎を築いていける教育の場であるよう努めている。

環境　快適な学校生活を サポートする充実施設

すがすがしい自然に囲まれた環境のもと、最寄り駅からは徒歩7分と近く、さらに小田原・川崎方面から乗り換えがなく、神奈川県のほぼ全域から通学できる便の良さが自慢だ。

生徒により良い環境とは何かを考え、勉強・スポーツ・文化活動に集中できるよう設備の向上が図られている。7階建ての校舎は全室冷暖房完備で、快適な環境のもと、授業が受けられる。さらに、人工芝のテニスコートと野球・サッカー場、雨天練習場を含む「総合グラウンド」もあり、学園生活をより良いものにしている。

多彩な行事でみんな盛り上がる――体育祭

カリキュラム　進路に合わせた 学習を目指して

多様な進路に対応するため、1年次より3つのコースを設置している。

特進コースは、国公立・難関私立大学の現役合格を目指すためのコースで、あらゆる入試形態に合わせた総合的な学習指導を行っている。進学コースは、大学・短大などを目指すためのコースである。総進コースは、就職から大学進学まで幅広く進路を考えるコースである。特進は2年次から、進学と総進は3年次から文系・理系に分かれる。

さらに、進学や就職に有利な資格となる漢字検定や英語検定の取得にも積極的に取り組み、模擬テストや補習などを活用して、多様化した進路に対応できるようにしている。

学校生活　多彩な行事で 楽しい学校生活

登校時間	夏	8：30	冬	8：30

年間を通じて、数多くの行事が目白押しだ。行事が近づくと静かな校内の雰囲気が、準備に燃える生徒達の活気に満ちたにぎやかな雰囲気へと変わり、特に文化祭や体育祭などでは、生き生きとした表情で、楽しく真剣に取り組む姿が見られる。また、修学旅行は沖縄で、グローバルな視野を広げる、発見と思い出の旅となっている。そのほか、徒歩で挑戦する大雄山登拝などがある。

部活動は、学校生活を何倍にも楽しくしてくれるもの。運動部には野球、バスケットボール、バドミントン、ソフトテニス、サッカー、柔道、剣道など、文化部には吹奏楽、軽音楽、美術、演劇、鉄道研究、釣りなどがあり、インターハイ出場や、数多くの賞を受賞した部があるなど、意欲的に活動している。

進路　親身な指導で 希望の進路を実現

＋αゼミナールを設置し、放課後や長期休業中など、年間を通して効率的な受験指導を行い、進学に向けた体制を強化している。現役合格を目標に、放課後や夏期・冬期補習が徹底的に行われており、ここ最近の主な進学先は、東京都立、早稲田、上智、東京理科、国際基督教、明治、青山学院、立教、中央、法政、國學院、明治学院、成蹊、成城など。

また、就職に関しては、日頃の生活における基本的なルールを身につけ、社会で立派に通用する人物を育成するという姿勢が採用側に高く評価されており、安定した採用実績となっている。主な就職先は、国立小田原郵便局、公務員（消防士）、小澤病院、綜合警備保障、箱根観光（小田急）、YKKAP、横河電子など。

2024年度入試要項

試験日　1/22（推薦）　2/10（1次）　3/5（2次）
試験科目　面接（推薦）　国・数・英（1次）
　　　　　国・数・英＋面接（2次）
　　　　　※1次併願は筆記試験・書類選考のどちらかを選択

2024年度	募集定員	受験者数	合格者数	競争率
特進コース	20/60	13/169	13/169	1.0/1.0
進学コース	100/140	113/759	113/759	1.0/1.0
総進コース	60/100	76/455	76/455	1.0/1.0

※人数はすべて推薦/1次
※2次の募集は若干名

　卒業生有名人　柳沢慎吾（タレント）、ダレノガレ明美（タレント）、日暮矢麻人（プロ野球選手）

中央大学附属横浜中学校高等学校

芯のある人を育む

普通科（高校）
生徒数　575名（中学）　970名（高校）
〒224-8515
神奈川県横浜市都筑区牛久保東1-14-1
☎ 045-592-0801
横浜市営地下鉄センター北駅　徒歩7分

SUPER
INDEX
P.82

制服
p.42

URL	https://www.yokohama-js.chuo-u.ac.jp			
Web上での合格発表	中　学	○	高　校	○（一般）

プロフィール　伝統を礎に新たな学校つくりへ

1908（明治41）年、女性の社会進出と自立支援を目的に設立された横浜女子商業補習学校が前身。1925（大正14）年設立の姉妹校・横浜女子商業学校と併存する時期を経て、1935（昭和10）年に後者に一体化され、1948年の学制改革の際に横浜女子商業学園中学校・高等学校と改称された。1992（平成4）年、「普通科」を併設。1994年には、学校名を所在地にちなんだ横浜山手女子中学校・高等学校に改称。2008年に創立100周年を迎えた。新たな歴史を歩むべく、中央大学附属校への取り組みを開始。翌年に中央大学の系属法人となる。2010年に完全附属校化。2012年中学校共学化。2013年4月、現校名に改称。2014年より高等学校でも共学化を実施。

環境　最新の設備　充実した教育環境

中大横浜の新しいキャンパスは、環境との共生をテーマに、積極的な緑化により緑豊かな周辺環境との調和を図っている。内部の素材には自然木を選定し、木のぬくもりや自然な色合いが感じられる。また、防犯カメラの設置、敷地内のバリアフリー化など安全面にも配慮している。

カリキュラム　中央大学附属の強み

中央大学への内部推薦制度で進学することが可能。また、一定の条件の下に、中央大学への内部推薦権を留保したまま他の大学を併願受験できる制度が導入される。
【中学】中学校課程では、普段の授業で基礎学力を身につけた上で、校外研修での日本文化の学びや、海外研修による国際理解教育を行い、行事や部・同好会活動で企画力やコミュニケーション力を養う。これらの取り組みを循環させることで、人間力の土台を築く。
【高校】高校1年では、5教科の基礎を固めた後、2年からは文系、理系に分かれてさらに専門的に学んでいく。3年では、国立文系・国立理系・私立文系・私立理系の4コースに分かれ、第一志望の合格を目指す。
全生徒が大学入試に対応できる学力を身につけ、可能性を広げて多様な進路を切り拓けるようにする。

学校生活　多彩な触れ合いが自由な心を育む

登校時間	中学	夏季	8：30	冬季	8：30
	高校		8：30		8：30

体育祭、学園祭、合唱コンクール（中学）、海外研修など学校行事も多彩。クラブは文化系が18、運動系が16があり、明るく活発に活動している。

進路　中央大学への進学を中心に徹底した進路指導

大学進学後の学部学科を的確に選択できるよう、生徒一人ひとりに合わせた進学指導を行っている。また、中央大学から各学部の職員や学生を招き、大学で学ぶ内容についての講義を実施しているほか、法職についたOBを招いてお話を聞く「法職講座」や大学で

の授業を受講する「文学部講座」に参加するなど、大学で学ぶモチベーションを高めている。

主な合格実績は、中央大、東京大、東京工業大、東京外語大、一橋大、横浜国立大、横浜市立大、電気通信大、慶應義塾大、上智大、青山学院大、明治大、早稲田大、北里大など。

2024年度入試要項

中学

試験日　2/1午前（第1回）　2/2午後（第2回）
試験科目　国・算・理・社

2024年度	募集定員	受験者数	合格者数	競争率
第1回	80	389	158	2.5
第2回	80	776	271	2.9

高校

試験日　1/22（推薦）
　　　　2/12（一般B方式）
試験科目　面接・書類審査（推薦）
　　　　　書類審査（一般A方式）
　　　　　国・数・英（一般B方式）

2024年度	募集定員	受験者数	合格者数	競争率
推薦	30	39	39	1.0
一般A	30	382	382	1.0
一般B	40	343	94	3.6

進学に有利あり
併設校
芸術＆特殊学科
資格＆技能系
施設が充実
スポーツが強い
クラブが活発
情操教育を重視
国際人を養成
自由な校風

共学　中高短大院

鶴見大学附属 中学校 高等学校

学びの心で世界を変える。

普通科（高校）
生徒数　343名（中学）　690名（高校）
〒230-0063
神奈川県横浜市鶴見区鶴見2-2-1
☎ 045-581-6325

SUPER INDEX P.75

京浜急行線花月総持寺駅　徒歩10分
京浜東北線・鶴見線鶴見駅　徒歩15分

制服 p.㊴

URL	https://www.tsurumi-fuzoku.ed.jp/			
Web上での合格発表	中学	○	高校	―

教科教室

プロフィール

仏教・禅の精神に基づいた教育

　1924（大正13）年創立の光華女学校と、翌年設立の鶴見高等女学校が、1947（昭和22）年、学制改革により合併し、鶴見女子中学校・高等学校となる。これを母体に、鶴見大学短期大学部、鶴見大学文学部・歯学部を開設した。2008年度より「自立の精神と心豊かな知性を育み国際社会に貢献できる人間を育てる」という教育ビジョンのもとで、大学附属の共学校として新たにスタート。2009年には生徒自らが各教科の専用教室に移動しながら、自ら学ぶ力を育む"教科エリア＋ホームベース型校舎"も完成した。2024年には創立100周年を迎える。

環境

広々とした教育環境

　丘の上に広がるキャンパスには、県下でも有数の広さを誇る体育館、音響・照明などの設備を整えた多目的機能を持つ講堂、大きなスクリーンを備えた視聴覚ホールなど、充実した施設がそろう。

カリキュラム

希望進路に合わせたクラス・コース編成

　中学には難関進学クラスと進学クラスの2つの習熟度クラスを設置し、生徒の希望進路と学習状況に応じ、より充実した教育環境を整備している。
　高校の特進コースは、国公立・難関私立大学への進学を目指し、総合進学コースは4年制大学を中心に短大・専門学校など、幅広い希望進路に対応、いずれのコースも2年次より進路に合わせた多彩な授業選択を行う。2024年度より高校2年次からの歯学部コースを新設する。

学校生活

部活動と海外語学研修

登校時間	中学	夏季	8：30	冬季	8：30
	高校	夏季	8：30	冬季	8：30

　学業と並んで情操教育にも力を入れており、校外活動、部活動、体育祭などにも積極的だ。
　部活動は、体育系・文化系約30の部があり、約8割の生徒が参加している。体育系では、高校硬式野球部、サッカー部、バドミントン部やソフトボール部が上位入賞を目指している。文化系では、自然科学部、書道部、写真部が活躍している。また、変わったところでは、洋舞部、JRC国際ボランティア部が独自の活動をしている。
　グローバル教育の一環として、中1・中2でイングリッシュキャンプ、中3でオーストラリア語学研修、さらに希望者対象の海外語学研修（イギリス、アメリカ、オーストラリア、台湾）を実施する。

進路

自分自身をしっかり見つめた進路

　例年、卒業生の約80％が大学に現役で進学しており、各コースが特性に応じた進路傾向を持つ。
　主な合格大学：東京工業大、電気通信大、東京外語大、千葉大、筑波大、東京学芸大、東京海洋大、横浜国立大、岡山大、茨城大、宇都宮大、東京都立大、横浜市立大、静岡県立大、神奈川県立

教科エリア＋ホームベース型校舎

保健福祉大、早稲田大、慶應義塾大、上智大、東京理科大、立教大、学習院大、明治大、青山学院大、中央大、法政大、成蹊大、成城大、明治学院大、獨協大、武蔵大、立命館大、関西大、芝浦工業大、星薬科大、北里大、東京農業大、東京都市大、麻布大、日本大、東洋大、駒澤大、専修大、國學院大、玉川大、神奈川大、東海大、桜美林大、関東学院大、津田塾大、東京女子大、清泉女子大、昭和女子大、昭和大、東邦大、多摩美術大、鶴見大など。

2024年度入試要項

中学

試験日　2/1午前（進学1次・適性）　2/1午後（難関進学1次）　2/2午前（進学2次）　2/2午後（難関進学2次）　2/4午前（難関進学3次）

試験科目　国・算か国・算・理・社（進学1・2次・難関進学1・2次）　算か国・算か国・算・理・社か国・算・英（難関進学3次）　算＋適性（2/1適性）

2024年度	募集定員	受験者数	合格者数	競争率
進学 1次/2次	40/15	84/52	72/41	1.2/1.3
難関 1次/2次	30/15	143/80	104/45	1.4/1.8
難関3次/適性	10/30	55/129	30/125	1.8/1.0

高校

試験日　1/22（推薦）　2/10（一般A）　2/18（一般B）

試験科目　面接（推薦）　国・数・英（一般併願・オープン）

2024年度	募集定員	受験者数	合格者数	競争率
推薦	20	32	32	1.0
一般 A/B	30/10	128/19	116/12	1.1/1.6
書類選考	40	425	425	1.0

　卒業生有名人　小山内美江子（脚本家）、堀江三都子（歌手・声優）

進学に有利に
併設校あり
特殊学科芸術＆
技能系資格＆
施設が充実
スポーツが強い
クラブが活発
情操教育を重視
国際人を養成
自由な校風

共学　幼　小　中等　高　大　院

桐蔭学園 中等教育学校

包括的な6年間の継続的指導で、
「学びに向かう力」から「知識・技能」
までを総合的に伸ばす

制服 p.44

生徒数　1599名
〒225-8502
神奈川県横浜市青葉区鉄町1614
☎ 045-971-1411
東急田園都市線市が尾駅・青葉台駅・あざみ野駅
各バス10〜15分
小田急線柿生駅　バス15分

SUPER INDEX P.83

URL	https://toin.ac.jp/ses/
Web上での合格発表	○

完全6年一貫教育で生徒の成長を見守る

プロフィール

1964（昭和39）年に学校法人桐蔭学園設立とともに高等学校（男子校）を開設。その2年後に中学校（男子校）を開設。1981年に中学・高校に女子部を開設し、男女別学制での教育を実施。2001年に中等教育学校（男子校）を開設。2019年度より中学校は募集を停止し、中等教育学校に一本化、男女共学となった。

充実した施設が質の高い学びを提供

環境

横浜市北部の緑に囲まれた桐蔭学園。シンフォニーホール（1700人収容）を中心に校舎が機能的に配置され、生徒は施設を有効に活用できる。各校舎には図書室・体育館・保健室・食堂など、生徒の学習・生活を支える施設が整っている。また教室にはプロジェクターとスクリーンが配備され、質の高い先進の授業を展開。学習のための設備はもちろん、体育施設、文化施設も充実している。

桐蔭ならではの先進かつ伝統の教育

カリキュラム

学園創立50周年を機に大幅な教育改革を推進。
授業をベースに、アクティブラーニ

近代的校舎、設備を誇っている

ング型授業・探究・キャリア教育を3本柱とする「新しい進学校のカタチ」で、変化の激しい社会を主体的に生き抜く力を育む。アクティブラーニング型授業は、「個→協働→個」の標準的な流れが「バランスの良い」学力を育成する。探究は科目名を"未来への扉"と称し、自ら学び続ける力を養成。キャリア教育では、成長し続ける力を育てる。

また長年実施している習熟度別授業も継続。英語・数学は、定期考査の結果をもとに授業クラスのメンバーを入れ替え、各生徒はその時々の学力にあったクラスで授業を受ける。

様々な行事を通して互いに磨き合う

学校生活

登校時間	夏	8：25	冬	8：25

入学直後の新入生歓迎会や部活動紹介に始まり、遠足・運動会・鷺鷺祭（学園祭）や学園内のシンフォニーホールでの舞台芸術鑑賞・ウインターキャンプなどの行事を通して、主体性やリーダーシップ、協力力などの力を身につける。

また、社会のグローバル化への対応として、アメリカやニュージーランドの提携校への研修、長期・短期の留学制度や国内での語学研修（希望制）、3年次に行われる全員参加の海外語学研修なども用意されている。

学習サポートとしては、アフタースクールの一環としての補習や特別講習、校内夏期講習など、大学進学に向けてのフォロー体制を整えている。

学校での学習を中心に志望大学・学部へ

進路

難関校はもちろん、全国各地の大学に進学している。2023年度の現役合格実績は次のとおり。

国公立大は東大5、一橋大3、東工大3、筑波大1、横浜国大5、東京都立大1、防衛医大3など、私立大は早

大27、慶大30、上智大26、東京理科大32など。

学習塾などに頼らず、学校での学習を柱に大学進学ができる指導態勢を整えている。

在校生からのひとこと

ひとこと

桐蔭学園の授業には、プレゼンテーションの場面が多くあります。情報収集の力、課題設定の力はもちろん、他者にわかりやすく伝えるためのスキルや、傾聴力も身につきます。また、今世界で起きている問題に向き合える機会があるのも素晴らしいことだと感じています。

2024年度入試要項

試験日　1/10（帰国生）　2/1（第1回午前・午後）
　　　　2/2（第2回午後）　2/5（第3回）

試験科目　国・算・理・社または探究型〈総合思考力＋算数基礎〉（第1回午前）　国・算（第1回午後）　国・算またはグローバル〈国＋算数基礎〉（第2回午後）　国・算または国・算・理・社（第3回）　国・算または英・算（帰国生）

2024年度	募集定員	受験者数	合格者数	競争率
第1回午前	30/30	116/68	37/34	3.1/2.0
探究型		30/20	8/9	3.8/2.2
第1回午後	35/35	361/196	144/90	2.5/2.2
第2回	30/30	262/115	64/45	4.0/2.6
グローバル		42/34	21/20	2.0/1.7
第3回	10/10	162/86	13/15	1.2/5.7
帰国生	10/10	35/18	15/13	2.3/1.4

※人数はすべて男子/女子

進学に有利

併設校あり

特殊学科芸術＆

技能系資格＆

施設が充実

スポーツが強い

クラブが活発

情操教育を重視

国際人を養成

校風自由な

卒業生有名人　西川典孝（アナウンサー）

共学　幼 小 中等 高 大 院

桐蔭学園 高等学校

これからの社会を主体的に生き抜くための資質・能力を"新しい進学校"が育む

普通科
生徒数　2603名
〒225-8502
神奈川県横浜市青葉区鉄町1614
☎ 045-971-1411

SUPER INDEX P.83

東急田園都市線市が尾駅・青葉台駅・あざみ野駅
各バス10〜15分
小田急線柿生駅　バス15分

制服 p.44

URL	https://toin.ac.jp/high/
Web上での合格発表	○（一般）

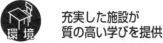

時代の変化に応じた教育改革を推進

1964（昭和39）年に学校法人桐蔭学園設立とともに高等学校（男子校）を開設。1971年に理数科を開設。1981年に女子部を開設し、男女別学制での教育を実施。2018年、理数科・普通科、男女別学制を普通科3コース（プログレス・アドバンス・スタンダード）の男女共学に変更。

充実した施設が質の高い学びを提供

横浜市北部の緑に囲まれた桐蔭学園。シンフォニーホール（1700人収容）を中心に校舎が機能的に配置され、生徒は施設を有効に活用できる。各校舎には図書室・体育館・保健室・食堂など、生徒の学習・生活を支える施設が整っている。また教室にはプロジェクターとスクリーンが配備され、質の高い先進の授業を展開。学習のための設備はもちろん、体育施設、文化施設も充実している。

桐蔭ならではの先進かつ伝統の教育

学園創立50周年を機に大幅な教育改革を推進。

授業をベースに、アクティブラーニング型授業・探究・キャリア教育を3

近代的校舎、設備を誇っている

本柱とする「新しい進学校のカタチ」で、変化の激しい社会を主体的に生き抜く力を育む。アクティブラーニング型授業は、「個→協働→個」の標準的な流れが「バランスの良い」学力を育成する。探究は科目名を"未来への扉"と称し、自ら学び続ける力を養成。キャリア教育では、成長し続ける力を育てる。

また長年実施している習熟度別授業も継続。英語・数学は、定期考査の結果をもとに授業クラスのメンバーを入れ替え、各生徒はその時々の学力にあったクラスで授業を受ける。

多彩な行事が可能性を引き出す

登校時間	夏	8：25	冬	8：25

入学直後の新入生歓迎会や部活動紹介に始まり、遠足・鳳舞祭（体育祭）・鵬翔祭（学園祭）・学園内のシンフォニーホールでの舞台芸術鑑賞・修学旅行や、企業・大学・OBなどの協力を得て実施するジョブシャドウイング・研究室シャドウイング・卒業生ガイダンス・高大連携企画など、行事は多彩。

また、社会のグローバル化への対応として、アメリカやニュージーランドの提携校への研修、長期・短期の留学制度など（希望制）も用意されている。

学習サポートとしては、放課後の学習相談会・特別講習や校内夏期講習など、大学進学に向けてのフォロー体制を整えている。

自身が学びたいことを学べる大学へ　多様かつ幅広く進学

一般入試はもちろん、総合型選抜や学校推薦型選抜などを経て、8割を超える生徒が現役で進学している。2023年度の現役合格実績は次のとおり。

国公立大は東大2、一橋大4、東工大6、筑波大5、横浜国大12、東京都立大17、東京学芸大8、防衛大1など、

私立大は早大52、慶大42、上智大40、東京理科大47など。

在校生からのひとこと

授業内で意見を交換することで、理解がより一層深まっていると感じます。新たな考え方や違う角度からの知見を得ると「そういう意見もあるのか！」と驚きがたくさんありました。意見を伝えるためには、説明できるほどの理解が必要です。だからこそ、考えをまとめ、わかりやすく伝える力が身についたと感じます。

2024年度入試要項

試験日　1/22（推薦）　2/11（一般A）
試験科目　面接（推薦）
　　　　　国・数・英（一般A）
　　　　　※一般B方式は書類選考（課題作文を提出）

2024年度	募集定員	受験者数	合格者数	競争率
プログレス推薦	30	18	18	1.0
アドバンス推薦	80	152	152	1.0
スタンダード推薦	90	137	137	1.0
プログレスA方式	30	874	101	—
アドバンスA方式	40		41	—
スタンダードA方式	20		22	—
プログレスB方式	130	1306	1306	1.0
アドバンスB方式	160	1771	1771	1.0
スタンダードB方式	80	398	398	1.0

左側タブ：
進学に有利に｜併設校あり｜芸術＆特殊学科｜資格系＆技能系｜施設が充実｜スポーツが強い｜クラブ活発が｜情操教育を重視｜国際人を養成｜自由な校風

　卒業生有名人　やくみつる（漫画家）、高橋由伸（元プロ野球選手・監督）、中村仁美（アナウンサー）、野田洋次郎（ミュージシャン）

神奈川

共学 中 高 大 院

東海大学付属相模 高等学校中等部
高 等 学 校

普通科（高校）
生徒数 415名（中等部） 1654名（高校）
〒252-0395
神奈川県相模原市南区相南3-33-1
☎ 042-742-1251

SUPER INDEX P.83

「現代文明論」を核に
ゆとりのある教育を展開
学習とクラブ活動を両立

制服 p.44

小田急小田原線小田急相模原駅
徒歩8分

URL	https://www.sagami.tokai.ed.jp/			
Web上での合格発表	中学	○	高校	○

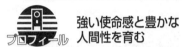

プロフィール

強い使命感と豊かな人間性を育む

　東海大学は創立者松前重義が開設した「望星学塾」を原点として、全国に多くの付属の高校、中学校、小学校、幼稚園を持つ。高校は1963年に、中学は1980年に創立。「若き日に汝の思想を培え、若き日に汝の体軀を養え、若き日に汝の智能を磨け、若き日に汝の希望を星につなげ」を建学の精神に、明日の歴史を担う強い使命感と豊かな人間性を持った人材を育てることを目指す。

学ぶ側の立場で考慮された環境
環境

　教室はすべて冷暖房・プロジェクター・WiFi完備で、快適な学習環境が整えられている。また、全面人工芝のグラウンド、バレーボールコートが4面とれる体育館、総合グラウンド、ソフトテニスコート、野球場・雨天練習場、洋弓場など、スポーツ施設も充実している。2018年度、食堂をリニューアル。

教科書だけでは学べない教育を
カリキュラム

　東海大学の付属校である特徴を充分に活かし、大学受験のわずらわしさにとらわれないことにより、生徒の個性を大切にし、特定の教科（文・理系）に

団結力で勝利を勝ち取る体育祭

偏ることのない学習カリキュラムのもとで基礎学力の定着と充実を図る。また、外国人講師による英会話や、ICTを活用した学習、英語資格試験の受験など積極的に行われている。必修の「高校現代文明論」は、すべての学習の基礎に位置付けられ、環境・生命・人権・倫理など幅広い視野に立った物事の見方や考え方を身につけ、学ぶことの根底をなす思想を培うことを目的としている。

学校生活

文武両道教育の成果はクラブ活動にも

登校時間	中学	夏季	8：25	冬季	8：25
	高校		8：30		8：30

　クラブ活動が盛んで、生徒会の下に30以上のクラブ・同好会がある。特に2021年春の全国高校野球選手権大会優勝の野球部をはじめ、柔道、ソフトテニス、洋弓、陸上等の各部も全国制覇の実績を持つ。文化部でも、吹奏楽、美術、将棋などが数々の賞を取っている。そのほか、バレー、ラグビー、サッカー、バスケット、登山（クライミング含む）、軽音楽、英会話などがあり、同好会も、華道、箏曲と実に多彩だ。それぞれ夏休みの合宿や自由研究などに打ち込み、活発に活動している。

　学校行事には、錬成旅行、修学旅行をはじめ、球技大会、学園オリンピック（芸術〈造形・音楽〉・英語・数学・理科・国語・知的財産・ディベート・スポーツ）、建学祭、体育祭、芸術鑑賞などがある。

進路

進学は併設大学への優先入学が主体

　付属中学から高校へは、進学率ほぼ100％。高校から東海大学へは例年約80％が進学する。ハワイ東海インターナショナルカレッジ（HTIC）などへも内部推薦入学しており、大半が内部進

学園オリンピック「ディベート部門」

学である。内部推薦は、高校3年間の成績、学園統一の学力試験などの総合評価で決定する。

国際化

国際的に飛躍する卒業生たち

　東海大学は、海外との学術交流が盛んなことで知られている。高校のハワイ・ニュージーランド中期留学などで培った国際的な視野と行動力をもとに大学へ進んだ卒業生は、社会に出てジャーナリスト、プロスポーツ、官庁、商社、宇宙開発関連の企業など、様々な分野で活躍している。

2024年度入試要項

中等部

試験日　2/1（A試験）　2/3（B試験）
　　　　2/4（C試験）

試験科目　国・算または国・算・理・社＋面接（A試験）　国・算か国・理・社か算・理・社＋面接（B試験）
国・算＋面接（C試験）

2024年度	募集定員	受験者数	合格者数	競争率
A試験 2科/4科	90	109/67	93/54	1.2/1.2
B試験 2科/3科	20	42/13	22/10	1.9/1.3
C試験	10	31	13	2.4

高校

試験日　1/22（推薦）　2/10（一般）

試験科目　面接（推薦）国・数・英＋面接（一般）

2024年度	募集定員	受験者数	合格者数	競争率
推薦	200	181	181	1.0
一般	240	294	276	1.1

右側インデックス（縦書き）:
進学に有利に
併設校あり
特殊学科＆芸術学科
資格系＆技能系
施設が充実
スポーツが強い
クラブ活動・が活発
情操教育を重視
国際人を養成
自由な校風

卒業生有名人　原辰徳（読売巨人軍監督）、井上尚登（作家）、髙藤直寿（柔道家・東京オリンピック金メダリスト）

神奈川

別学 幼小中高

桐光学園 中 学 校 高等学校

きめ細かな学習指導で
着実に実績を伸ばす進学校
海外体験で国際感覚を養成

制服 p.(43)

普通科（高校）
生徒数　1203名（中学）　1751名（高校）
〒215-8555
神奈川県川崎市麻生区栗木3-12-1
☎ 044-987-0519
小田急多摩線栗平駅　徒歩12分
京王線若葉台駅、小田急多摩川線黒川駅
スクールバス

SUPER INDEX P.83

URL	http://www.toko.ed.jp		
Web上での合格発表	中学	○	高校	○

土曜講習での昆虫観察

プロフィール
バイタリティあふれる学園。完全別学制

　1978年、桐光学園高等学校を創立。1982年に、中学校が開校した。1991年、女子部を開設し、現在の男子部・女子部の別学体制となった。

環境
広大なキャンパス充実の施設

　約80,255㎡の敷地の周囲は自然が豊かで、駅から学校までの道も緑に囲まれている。小鳥の声を聞きながらの授業も、ここでは日常の光景である。

　男子部・女子部それぞれが専用の体育館を持ち、屋外には、全天候型の2面のテニスコート、ハンドボールコート、屋内プール、野球場、クラブハウス、また、アリーナ、図書館、食堂、柔道場、剣道場を合わせ持った複合施設もある。2018年度、最新設備を備えた屋内プールと新グラウンド、人工芝のサッカー場が完成した。

カリキュラム
中高一貫教育と補習で受験に備える

　中高一貫教育2期制・週6日制で月～金までは6時限授業で、土曜日は3時限まで授業、4時限目はユニーク講習、大学訪問授業を実施。また、中学3年になる段階で特進コースを設置し、ハイレベルな授業を展開。英語で

スキースクール（中1・中2）

は外国人講師による英会話授業も実施している。

　高校では1年次にAコースとSAコース（特進クラス）を設置し、2年次より各自の進学目標に応じて、国公立文系(文Ⅰ)、私立文系(文Ⅱ)、国公立理系(理Ⅰ)、私立理系(理Ⅱ)の4コースに分かれる。文Ⅰ、理Ⅰコースには、最難関国公立を目指す「選抜クラス」としてαクラスを設置し、生徒一人ひとりの学力を可能な限り伸ばすことに主眼を置き、少数精鋭のハイレベルな授業を行う。また、1年より「進学ガイダンス」を実施し、職業選択や人生設計も含めた指導を展開している。

　日々の補習授業をはじめ、夏期講習なども充実しており、一人ひとりに合わせた熱心な指導を行っている。

学校生活
県内トップレベルの部活動

登校時間	中学	夏季	8：20	冬季	8：20
	高校		8：30		8：30

　中3から高2までの希望者を対象とするカナダホームステイも毎年実施。ニュージーランドターム留学なども語学力を高めると共に、視野を広げ、実体験に基づいた国際感覚を養うチャンスとして人気が高い。そのほか、中学では夏に長野などへのサマーキャンプ、中1と中2はスキースクールも実施している。クラブ活動も活発で、インターハイや関東大会の常連運動部も多く、また競技かるた部が全国大会に出場するなど、文化部の活躍も目覚ましい。

進路
難関大学進学者が確実に増加中

　東大、京都大、東京工業大、横浜国立大、筑波大などの難関大学進学者が、毎年確実に増えている。また、国公立私立の医学部医学科の合格者も目立っ

ている。芸術系の大学に進学する生徒も多い。早稲田大、上智大、東京理科大、明治大、青山学院大、中央大、立教大などの指定校推薦枠もある。

　毎年600を超える放課後講習を実施しており、また国公立2次試験対策として、教員による添削講習を開講し、きめ細やかな指導を行っている。

2024年度入試要項

中学

試験日　1/5(帰国生)　2/1(第1回)
　　　　2/2(第2回)　2/3(第3回A・B)
試験科目　国・算・英から2科＋面接(帰国生)
　　　　　国・算・理・社(第1～3回A)　国・算
　　　　　＋面接(第3回B/英語資格・T&M)

2024年度	募集定員	受験者数	合格者数	競争率
帰国生	若干/若干	46/18	26/11	1.8/1.6
第1回	80/50	174/89	84/54	2.1/1.6
第2回	80/50	233/128	94/75	2.5/1.7
第3回A	60/30	198/67	87/40	2.3/1.7
第3回B		36/11	13/10	2.8/1.1

※人数はすべて男子部/女子部

高校

試験日　1/5(帰国生)　1/22(推薦)
　　　　2/10(第1回)　2/12(第2回)
試験科目　英＋面接(帰国生)
　　　　　作文＋面接(推薦)
　　　　　国・数・英(一般)

2024年度	募集定員	受験者数	合格者数	競争率
帰国生	若干/若干	20/14	11/8	1.8/1.8
推薦	40/若干	79/18	79/18	1.0/1.0
第1回	60/20	227/132	177/112	1.3/1.2
第2回	40/20	91/43	66/36	1.4/1.2

※人数はすべて男子部/女子部(SAコースのみ)

■卒業生有名人　中村俊輔(元日本代表、プロサッカー選手)、松井裕樹(プロ野球選手)

進学に有利に / 併設校あり / 芸術&特殊学科 / 資格&技能系 / 施設が充実 / スポーツが強い / クラブが活発 / 情操教育を重視 / 国際人を養成 / 自由な校風

藤嶺学園藤沢 中 学 校／高等学校

「知」「徳」「体」理想的なバランスによる規律ある進学校

普通科（高校）
生徒数　276名（中学）　528名（高校）
〒251-0001
神奈川県藤沢市西富1-7-1
☎ 0466-23-3150

SUPER INDEX P.79

東海道本線藤沢駅・小田急線藤沢本町駅
各徒歩15分

制服 p.⑪

URL	https://www.tohrei-fujisawa.ed.jp/			
Web上での合格発表	中学	○	高校	○

プロフィール　チャレンジ精神を持った生徒を育成

　1915（大正4）年、一遍上人の教えを教育の根幹に私立藤嶺中学校が創立される。1948（昭和23）年の学制改革により藤沢高等学校・藤沢中学校となる。中学は一度閉鎖するが、2001（平成13）年、藤嶺学園藤沢中学校として再開された。

　仏教の基本的な立場を表す「勇猛精進」と「質実剛健」を建学の精神とし、何事にもチャレンジしていく心を持った生徒の育成を目指している。

カリキュラム　段階型カリキュラムで問題意識を喚起する

　中学では、全教科にわたり、基礎力・基本的内容を確実に身につけ、自ら考え学ぶ姿勢を育成する。中高6ヵ年を基礎期（中1・2）、発展期（中3・高1）、深化期（高2・3）と区切り、無理・無駄のないカリキュラムを実現。補習授業、体験授業を積極的に取り入れ「問題解決能力」を伸ばす。また、茶道と剣道を必修とし、日本文化を学ぶことで豊かな人間性を養う。

　高校では、入学当初から着実に物事に取り組める姿勢が身につくよう授業の密度を高め、学年の枠を越えて自分のレベルに応じた講座を自由に受講できる「特別補講」、そして自主的な学習への取り組みを身につけることを主眼

キャンパスの周囲には緑が多い

とする「勉強合宿」を合わせるといった効率的学習システムを導入し、確実に生徒の可能性を最大限に伸ばす環境がある。

　そして3年次になると文系・理系に分かれ、受験科目の単位数を増やし、演習の時間も設け、志望する進路に合わせた学習形態を強化することにより、難関大学への現役合格を目指している。

学校生活　高校生全員参加坐禅の精神修養も

登校時間	中学	夏季	8：30	冬季	8：30
	高校		8：30		8：30

　入学後の4月には、中学で一泊オリエンテーションがあり、クラスメイトとの親睦を図る。球技大会、藤嶺祭、体育祭、伝統の弁論大会など様々な行事が行われている。

　また、国際化する社会に対応できる人材育成の一環として、海外語学研修旅行を実施。中国、西オーストラリア、ニュージーランドの現地校での生徒交流を行っている。

　クラブ活動では、全国大会優勝の実績を持つバレーボール部や、甲子園出場・県大会優勝などで強豪として知られる野球部など、運動部・文化部合わせて中学で26部、高校で29部が活動している。

進路　難関大合格者が増加

　近年の大学合格実績は、東京、北海道、東北、大阪、名古屋、千葉、九州、横浜国立、東京都立、横浜市立、早稲田、慶應、上智、東京理科、学習院、明治、青山学院、立教、中央、法政など。

　また、高2で「大学見学会」が行われており、生徒がキャンパスを見学したり、大学の情報を入手したりできる。

茶会の風景

2024年度入試要項

中学

試験日　2/1午前・午後
　　　　2/2午後　2/3午後　2/5午前

試験科目　国・算または国・算・理・社（2/1午前）　国・算（2/1午後）
　　　　　2科目選択型〈国・算か国・社か国・理か算・社か算・理〉（2/2・2/3・2/5）

2024年度	募集定員	受験者数	合格者数	競争率
1日午前 2科/4科	60	8/21	85	1.5
1日午後		101		
2日午後	25	68	53	1.3
3日午前	10	31	21	1.5
5日午前	10	18	10	1.8

※若干名の帰国生入試（12/16、国・算＋面接）あり

高校

試験日　1/22（推薦）　2/10（Ⅰ期一般A）
　　　　2/11（Ⅰ期一般B）
　　　　3/2（Ⅱ期一般）

試験科目　作文＋面接（推薦）
　　　　　書類選考（Ⅰ期一般A書類選考方式）
　　　　　国・数・英＋面接（一般Ⅰ期一般A筆記試験方式・Ⅰ期B・Ⅱ期）

2024年度	募集定員	受験者数	合格者数	競争率
推薦	15	41	41	1.0
Ⅰ期A 書類/筆記	80	71/68	71/68	1.0/1.0
Ⅰ期B	10	8	6	1.3

※Ⅱ期の募集は若干名

卒業生有名人　諏訪魔（プロレスラー）、ニシダ（お笑い芸人）、矢澤宏太（プロ野球選手 日本ハム）

女子　幼 小 中 高 大 院

日本女子大学附属 中学校 高等学校

普通科（高校）
生徒数　742名（中学）　1117名（高校）
〒214-8565
神奈川県川崎市多摩区西生田1-1-1
☎ 044-952-6705（入試事務室）
小田急線読売ランド前駅　徒歩10分

SUPER INDEX P.83

活発な自治活動 規律と自主性を重視する 女性教育の総合学園

URL	中学	https://www.jwu.ac.jp/jhsc/index.html
	高校	https://www.jwu.ac.jp/hsc/index.html
Web上での合格発表	中学 ○	高校 ○

必修授業のバイオリン演奏

 進学に有利に
 併設校あり
 芸術＆特殊学科
 資格系＆技能系
 施設が充実
 スポーツが強い
 クラブが活発
情操教育を重視
国際人を養成
自由な校風

プロフィール　創立120年の歴史を誇る附属校

1901（明治34）年、日本女子大学校附属高等女学校として発足した。設立当初からヒューマニズムの理想を掲げ、豊かな人間教育を施している。

「信念徹底」「自発創生」「共同奉仕」の三綱領を、幼稚園から大学に至るまで全学園に一貫した教育の目標とし、伸び伸びとした明るい雰囲気の中、生徒と教員が一体になり、理想を目指して精一杯励んでいる。

環境　広大な敷地内に充実した施設

校舎は、緑豊かな多摩丘陵の一角に位置し、敷地は約3万㎡にも及んでいる。

実験や実習などを重視しているため広い敷地を活かし数多くの施設が充実している。理科室は中・高で13室ある他、体育館（バスケットコート4面分・空調完備）、芸術棟（音楽室・美術室など6室）、家庭棟（被服室・調理室）がある。講堂は大ホール（定員1800人）、小ホール2室（定員各400人）、屋内プール、PC演習室を備えている。その他、200mのトラックと芝生のフィールドを備えたグラウンド、テニスコート（オムニ・クレイ計6面）、食堂（400名収容）、カウンセラーが常時対応する相談室などがある。

広大な敷地に建つ校舎

カリキュラム　建学の精神を生かす選択講座制

中学・高校では、情操教育を重視すると共に、"自ら学ぶ姿勢を育てる"学習指導に努めている。

中学では、ほとんどの教科でクラスの分割やティームティーチングにより、きめ細かく内容の濃い授業を行っている。また、音楽の授業では、バランスのとれた豊かな人間性を養う情操教育の一環として、生徒全員にバイオリン演奏を必修科目としている。

高校では、文系理系などのコース分けをせず全ての科目・分野を履修するバランスのとれたカリキュラムとなっている。一方で2、3年次に選択科目が設置されており、児童文学、表現法、時事問題などの学究的な講座や、フランス語、ドイツ語、中国語、ディスカッション、声楽、美術などの多彩な講座の中から選択することができる。また、教科外で自由に参加できる特別講座も充実している。

学校生活　生徒の自主性がうかがえる活動

登校時間	中学	夏季	8：50	冬季	8：50
	高校		8：50		8：50

伝統的に自治活動が重視されており、生徒は生徒会の自治組織に全員が所属している。自分たちの意志と責任で学校生活を送るために、自治会の規約は、毎年自ら見直しをしている。

学校行事では、「自治と自由」をモットーに生徒が企画・運営し、文化祭や運動会、音楽会などの行事が盛大に行われている。

自治活動の中で、話し合いを重ねることで、集団での調整能力が身につき、社会性や協調性、行動力が養われる。また、中高6年間で、誰もがリーダーになる機会があり、リーダーシップが自然と育まれている。

進路　女子校で高い割合の理系進学者

併設大学（家政学部・文学部・理学部・人間社会学部・国際文化学部）への進学を希望した場合は原則として推薦され、例年75〜80％ほどの生徒が進学している。

芸術・医歯薬学・法学など8学部の他大学受験の場合は、日本女子大学との併願制度を利用することができる。

本校を指定校とする他大学からの推薦枠が多いことも特徴である。理系の学部へ進む者が女子校として多いのも特徴であり、全体の約40％が理科系、約5％が医歯薬系の学部に進学している。

2024年度入試要項

中学

試験日　2/1（第1回）　2/3（第2回）
試験科目　国・算・理・社＋面接

2024年度	募集定員	受験者数	合格者数	競争率
第1回	約110	199	126	1.6
第2回	約40	118	53	2.2

※他に、若干名の帰国生入試（2/1・国算＋面接）あり

高校

試験日　1/22（推薦）　2/10（一般）
試験科目　面接（推薦）
　　　　　国・数・英＋面接（一般）

2024年度	募集定員	受験者数	合格者数	競争率
推薦	約65	67	67	1.0
一般	約65	137	78	1.8

※一般の人数は、帰国生を含む

　卒業生有名人　平岩弓枝（小説家）、大石静（脚本家）、小室淑恵（実業家）

神奈川
共学　中高専短大院

日本大学 中学校 高等学校

体験型教育を重視し、最先端の
ICTで効率良く学習
多彩なプログラムで希望進路を実現 制服 p.43

普通科（高校）
生徒数　627名（中学）　1537名（高校）
〒223-8566
神奈川県横浜市港北区箕輪町2-9-1
☎045-560-2600
東急東横線・東急目黒線・日比谷線・
横浜市営地下鉄グリーンライン日吉駅
スクールバスあり徒歩12分

SUPER INDEX P.81

URL	https://www.yokohama.hs.nihon-u.ac.jp		
Web上での合格発表	中学	○	高校	○

最先端を行く 教育活動を展開

1930年創設、日本大学の教育理念「自主創造」のもと、校訓「情熱と真心」、教育目標「自覚と責任」を掲げ、教育活動を展開している。付属校として内部推薦制度の優位性と、国公立や最難関私大も目指せる「進学ハイブリッド校」として、一人ひとりの進路目標の達成を目指す。そして生涯にわたって豊かで幸せな人生を歩むための人生の基盤を育む。

機能的で安心できる 学習環境

全教室に電子黒板が導入され、1人1台のタブレットPCと連動して、効率的かつ効果的な授業を行っている。高機能な理科実験室、50,000冊を超える蔵書の図書館、人工芝のグラウンドなど、充実した環境の中で学校生活を送ることができる。

体験型を重視した、希望進路を 叶えるカリキュラム

中1・2年は、「グローバルリーダーズコース（GL）」と「アカデミックフロンティアコース（AF）」の2コース制で、体験型を重視した教育を行う。中学3年は、高校での2コース1クラスのプレコース制を導入。早い段階から大学

受験への高い意識と目標を持たせる。高校は「特別進学コース」、「総合進学コース」、「総合進学コーススーパーグローバルクラス」の2コース1クラス制。「特別進学コース」は、高校1・2年次は放課後に週2～3回、大手予備校講師による大学受験講座を開講。また、「スーパーグローバルクラス」は週2回スーパーグローバル特別講座を開講。1年次は、オンライン・スピーキング・トレーニング等を、2年次はサイエンス授業（英語で「数学」「理科」を学ぶ）、中国語・中国文化講座等を実施。放課後には、学内予備校のNゼミ、ネイティブ教員と自由に話せるイングリッシュラウンジ、チューターが常駐する自習室のスタディールームなど、それぞれの希望に応じたプログラムに参加することが可能。また、スタディサプリやスタディサプリENGLISHを導入し効率よく学習を行い、学力の向上に繋げている。

多彩な校外活動・海外研修 プログラム

登校時間	中学	夏季	8：10	冬季	8：10
	高校		8：20		8：20

中1で林間学校（学年共通）、ブリティッシュヒルズ研修（GL）、中2でシンガポール・マレーシア研修（GL）、山口・広島研修（AF）を行う。山口・広島研修では民泊を体験する。中3スーパーグローバルプレクラスは2週間のニュージーランド研修、特進・総進プレコースは5日間の台湾研修を実施する。高校スーパーグローバルクラスは高1でハワイ海外研修、高2でニュージーランド海外研修を実施する。特進・総進コース以外の生徒は、高2のオーストラリア修学旅行で、ファームステイやシドニー研修などを体験する。部活動は、約38の中から、自分に合ったものを選択でき全国で活躍する部も多数。

進学校と付属校が融合 現役進学率9割以上

医・歯・薬・獣医などを含む17学部86学科を擁する日本大学への進学だけでなく、国公立や早慶上理、GMARCHへの進学実績も向上。生徒一人ひとりの夢の実現に向け、それぞれの希望や適性に応じたサポートを行っている。

2024年度入試要項

中学

試験日　12/9午前（帰国生）　2/1午前・午後
　　　　（A-1日程・適性検査型、A-2日程）
　　　　2/2午後（B日程）　2/5午前（C日程）
試験科目　国・算・理・社（A-1・C日程）
　　　　　国・算または英・算（A-2日程、帰国生）
　　　　　国・算（B日程）　適性（2/1午前）

2024年度	募集定員	受験者数	合格者数	競争率
A-1日程	90	35/135	17/40	2.1/3.4
適性検査型		57/142	22/58	2.6/2.4
A-2日程	50	124/309	56/112	2.2/2.8
B日程	40	68/247	15/50	4.5/4.9
C日程	20	47/180	12/40	3.9/1.3

※人数はすべてGL/AF

高校

試験日　12/9（帰国生）　1/22（推薦）　2/10
　　　　（一般A日程）　2/12（一般B日程）
試験科目　面接（推薦）
　　　　　国・数・英（一般・帰国生）

2024年度	募集定員	受験者数	合格者数	競争率
推薦	100	149	143	1.0
一般A/B	160	513/113	425/64	1.2/1.8

※中・高とも、帰国生の募集は若干名

進学に有利
併設校あり
芸術系学科&特殊学科
資格系&技能系
施設が充実
スポーツが強い
クラブが活発
情操教育を重視
国際人を養成
自由な校風

411

共学　小中高専短大院

日本大学藤沢 中学校・高等学校

普通科（高校）
生徒数　363名（中学）　1773名（高校）
〒252-0885
神奈川県藤沢市亀井野1866
☎0466-81-0125（中学）
☎0466-81-0123（高校）
小田急江ノ島線六会日大前駅　徒歩8分

SUPER INDEX P.84

制服 p.45

「特別進学クラス」の設置で より高い進学希望に応える 最新設備の明るく快適な校舎

URL	https://www.fujisawa.hs.nihon-u.ac.jp
Web上での合格発表	中学　○　　高校　○

【環境】先端をゆく諸設備で充実した教育環境

　2001年完成の本館は地上5階建て、全館冷暖房が完備されている。演奏ステージや個別レッスン室を備えた音楽室、自然採光式の美術室、蔵書数8万冊を備えた図書室もある。2012年完成の中学棟には、700名収容の大教室や食堂・オープンテラスを備えている。

　また、全面人工芝のグランドには400mのトラックや1200名収容のスタンドがあり、その他に武道館、部室棟、予備教室棟などがある。

【カリキュラム】他大学進学も可能な実力を養成

　中学では、英語・数学で習熟度別授業を実施するなど、高校の「特別進学クラス」に相当する学力をつけることを目標にきめ細かく指導する。

　高校では、1年次は選択科目の芸術を除き、全員が共通科目を履修。2年次からは文系、理系コースに分かれて履修するが、ほぼ全員が大学進学希望のため、受験科目の履修時間が多いだけでなく、コースに合った受験科目が受講できるようになっている。さらに、1年次から日本大学難関学部・学科、難関私大および国公立を希望する生徒対象に「特別進学クラス」を設けている。

　また、全学年の希望者を対象とした「放課後講座」、「夏季講習」、外部模試を含む各種の「実力テスト」や「英語検

定試験」の奨励指導など、実力向上を目標に様々な取り組みをしている。

【学校生活】活発な部活動と海外語学研修

登校時間	中学	夏季	8：30	冬季	8：30
	高校		8：30		8：30

　部活動は、現在18（中学15）の文化部と19（中学11）の運動部が積極的に活動。特に運動部は野球、サッカー、水泳、ソフトテニス、ウエイトリフティングなど活躍は目覚ましい。また、文化部では、吹奏楽部、演劇部、放送部の活動も顕著で、華道部や茶道部は女子の活躍が目立っている。

　学校行事は年間を通じて数多く予定されているが、文化的行事には校外学習、日藤祭（文化祭）と芸術鑑賞会、カナダ修学旅行（高2）、合唱コンクール（中学・高1）等がある。体育行事には水泳・球技大会、体育祭、マラソン大会などがある。また、夏休みには海外語学研修（中3・高1・高2）が行われている。

【進路】95％の現役進学率

　日本大学への推薦制度は、全付属高校に対して行うテストの成績のものや、主に3年間の学業成績のものがある。日本大学への進学率は50％、他大学への進学率は42％となっている。進学先は、東京大、北海道大、東京学芸大、筑波大、千葉大、横浜国立大、東京都立大、横浜市立大などの国公立や早慶上理、G-MARCHなどの私大となっている。

【ひとこと】在校生から受験生にひとこと

　私は、興味ある部活動や充実した設備、学びたいと思える環境がある点から、この学校を選びました。偏差値から見てという面もありますが、自分が楽しんで勉強や部活などに取り組める学校が一番だと思っています。

　受験生のみなさん、努力した経験は必ず

自分の力になります。どのような形、どのような状況であっても、最後まで自分を信じて、そして時には自分を褒めながら進んでほしいです。まだ見ぬ未来へと向かう皆さんを心から応援しています！

（日大藤沢　総合進学クラス　1年生）

【トピックス】広報部（入試係）からのメッセージ

　大学キャンパスを含む広大な敷地には、活発な学びを促進する設備と心身を鍛え磨く施設群が揃っています。生徒一人ひとりが輝く環境の実現を目指しています。ぜひ、本校に来て、雰囲気を感じてください。私たちの自慢の生徒たちの学校生活や課外活動の姿を見てほしいです。

　受験勉強はつらく、長い成長期間です。最後まであきらめずに志望校を目指して頑張ってください。広報部一同、応援しています。

2024年度入試要項

中学

試験日　2/1午前（第1回）　2/2午後（第2回）
　　　　2/4午前（第3回）

試験科目　国・算・理・社（第1・3回）
　　　　　国・算（第2回）

2024年度	募集定員	受験者数	合格者数	競争率
第1回	20/20	76/77	53/54	1.4/1.4
第2回	若干	117/54	49/20	2.4/2.7
第3回	10/10	77/37	12/10	6.4/3.7

※人数はすべて男子/女子

高校

試験日　1/22（推薦）　2/10（一般）

試験科目　面接（推薦）　国・数・英（一般）

2024年度	募集定員	受験者数	合格者数	競争率
推薦/一般	160/200	151/750	157/737	1.0/1.0

　卒業生有名人　山本昌（野球解説者）、古川琴音（女優）、小松成美（作家）

（左サイドバー）
有利に進学
併設校あり
特殊学科　芸術&
資格&技能系
施設が充実
スポーツが強い
クラブが活発
情操教育を重視
国際人を養成
自由な校風

白鵬女子 高等学校

人格の養成を重視し クラブ活動や国際教育にも 力を注ぐ総合高校

普通科
生徒数　1068名
〒230-0074
神奈川県横浜市鶴見区北寺尾4-10-13
☎045-581-6721
京浜東北線鶴見駅、東急東横線綱島駅、
横浜線・横浜市営地下鉄新横浜駅　各バス

SUPER INDEX P.77

URL	https://www.hakuhojoshi-h.ed.jp
Web上での合格発表	○

マナーを身につけた誠実な女性を育成

1936(昭和11)年に京浜女子商業学校として創立され、1988年に現校名に改称した。

本校は「知に優れ」「徳高く」「健やかに」を日々の目標として、正しい判断力を養い、基礎能力を高めることを建学の精神とし、教師と生徒、生徒同士の信頼関係がしっかりと築かれた指導のもとに、知性と教養を備えた社会性豊かな女性の育成を目指す。

閑静な住宅街にある広々としたキャンパス

横浜の緑と住宅街に囲まれた、絶好の教育環境にある。ICT教育に対応できるよう、全館Wi-Fiが完備されている。全教室冷暖房完備、最新のiMacがあるメディアルームや、テラスを備えたカフェテリアもある。2023年3月、第1体育館を耐震リニューアル工事し、"白鵬アリーナ"として完成。

希望進路に応じたコース制を採用

2022年度より9コース制となり、将来の夢に向けてさらに充実した学びへ進化。

進学アドバンスコースは、上位志望大学への進学を目指すコース。基礎学力に加え、思考力・表現力を伸ばす授業と生徒一人ひとりに寄り添う進路指導で、志望大学合格を実現する。

進学スタンダードコースは、自分の学習習慣を確立して大学進学を目指すコース。基礎学力の定着を図り、日々の学習の積み重ねを通して、中堅大学への進学を目指す。

グローバルアドバンスコースは、英語をツールとして使いこなし、世界のどこにおいても活躍できる人になることを目指す人のためのコース。英語4技能の習得に加え、グローバルな視点を養い、国内上位大学や海外大学への進学を目指す。

グローバルスタンダードコースは、自国・他国理解を深め、国際教養を養うコース。語学研修や授業を通し、英語力を磨きながら、国際感覚を高め、多文化共生の意識を養う。進路は国内中堅大学を目指す。

メディアアート表現コースは、デザイン・音響・映像を学び、クリエーターやメディア関係の仕事を目指す人のためのコース。最新のiMacによる実習や、一人1台MacBookを所有し、常に創作活動ができる環境を整えている。宝塚大学と教育連携を結び、芸術やコンテンツ制作における交流が今後期待されている。

スポーツコースは、体育の専門知識や技能を養うコース。充実した体育授業、部活動の中で自らの専門競技の向上を目指す。理学療法やスポーツに関する職業についての基礎的知識も身につけ、必要な資格取得にも力を入れる。

保育コースは、保育実習など専門的な知識・技能を学ぶコース。専門職としての資質を養うため、ピアノ・リトミックや造形、保育実習など実技科目を多く取り入れている。東京純心大学と教育連携を結び、大学での特別講義の受講が可能。

フードコーディネートコースは、食や栄養の知識を幅広く身につけるコース。調理実習のほか、日本の食文化についても学ぶ。東京農業大学の教授による栄養・食事学の授業も行い、食に関する資格取得も可能。

総合コースでは、多彩な選択科目を設け、将来の進路につなげていく。専門学校からも講師をお招きし、生徒のニーズに応じたより実践的な体験をする中で、自分の目標を見つけ、将来への進路へつなげていく。

人気の制服とハイレベルの部活動

登校時間	夏	8：35	冬	8：35

制服は濃紺のジャケットとチェックのスカートが清楚で落ち着きあるデザイン。夏服はグレーベースのチェックスカートに、動きやすくてかわいいニットベスト。ブラウスの色やタイとリボンタイの選び方で自分のお気に入りスタイルが見つかるはず。

クラブ活動も活発で、特に運動部は全国区

クラスがそろう。陸上部は2022年全国高校駅伝に15度目の出場、テニス部は2021年インターハイ・ダブルスで優勝。バスケットボール部は2020年ウィンターカップに出場、水泳部(競泳・水球・AS)もインターハイ・全国大会出場、特に競泳は平泳ぎ100Mで優勝。体操競技部は2017年インターハイで団体総合2位に輝いている。その他、バレー・柔道・サッカー・ダンス・弓道・吹奏楽・軽音楽などがある。

国公立難関私大、海外大進学率が上昇中

1年次からガイダンスや動向調査を実施。主な進学先は、筑波、横浜市立、慶應、早稲田、上智、立教、法政、学習院、青山学院、日本、東洋、駒澤、専修、順天堂、成城、東京造形、日本体育、明治学院、獨協など。また、マンチェスター大(イギリス)など海外大学への進学者も年々増えている。コースによっては専門学校への進学者も多い。

2024年度入試要項

試験日　1/22(推薦)　2/11(オープン)
試験科目　面接(推薦)
　　　　　書類選考(一般)
　　　　　国・数・英＋面接(オープン)

2024年度	募集定員	受験者数	合格者数	競争率
進学アドバンス	20/20	20/33	20/33	1.0/1.0
進学スタンダード	20/20	20/53	20/53	1.0/1.0
グローバルアドバンス	20/20	20/31	20/31	1.0/1.0
グローバルスタンダード	20/20	20/36	20/36	1.0/1.0
メディアアート	30/30	30/81	30/81	1.0/1.0
スポーツ	30/30	30/39	30/39	1.0/1.0
保育	15/15	15/31	15/31	1.0/1.0
フード	15/15	15/36	15/36	1.0/1.0
総合	30/30	30/193	30/193	1.0/1.0

※人数はすべて推薦/一般
※オープンの募集は若干名

卒業生有名人　高城れに(アイドル・女優)、神田うの(タレント)、福島晃子(プロゴルファー)

共学　幼　高

平塚学園 高等学校

国公立・難関私大現役合格者が増加

SUPER INDEX P.79

制服 p.41

普通科
生徒数　1300名
〒254-0805
神奈川県平塚市高浜台31-19
☎ 0463-22-0137
東海道本線平塚駅　徒歩15分

URL	https://www.hiragaku.ac.jp/hs/
Web上での合格発表	○

プロフィール　役に立つ日本人を育成する

1942（昭和17）年に平塚女子商業学校として創立。1963年に普通科を設置するにあたり、現校名に改称された。

建学の精神は「真に役に立つ日本人の育成」。そのための生徒信条として「礼節・責任・勤勉」を根幹とした徳育を重視している。

環境　OA教室等も備えた多目的ホール棟

湘南海岸公園に隣接した閑静な住宅地に位置し、文教地区として大変恵まれた環境にある。教室棟のほか新館には充実した音響設備と大型スクリーンをもつ視聴覚教室、最新の機材をそろえたコンピュータ室、購買部がある。また、隣接する管理棟には天文台、茶室、作法室もある。大磯には湘南研修センターがあり、野球場、400mトラックと天然芝のサッカー場、テニスコートが完備されている。

カリキュラム　特進選抜コースや特進・進学コースを設置

特進選抜・特進・進学コースの3つがあり、大学進学に特化したカリキュラムを組む。コースを決めて受験はするが、入学前に行われるクラス分けテストを参考に一部コース変更がある。また、2年進級時にも本人の成績と希望によりコース変更が可能である。また各コースとも文系、理系に分かれ目標の大学へ向かっての学習体制に移行する。

特進選抜コース（各学年2クラス）の目標は国公立・最難関私立大学合格である。1年次より受験対策の補習授業を組み、基礎力の充実を図る。補習授業は毎日朝7時40分からと放課後に行われ、授業と同一の教員が基本的に3年間担当する。

特進コース（各学年2クラス）は、難関私大の合格を目標にしている。特進選抜クラスと同様に補習授業がある。2年次からは受験科目に特化したカリキュラムになる。

進学コースは、学校推薦型選抜や総合型選抜など、様々な入試形態にも柔軟に対応しながら大学進学を目指すコースである。補習授業がないので自分のペースで勉強ができ、部活に集中できる。また、2年次からは特進コースと同様に受験科目に特化した授業になる。

どのコースもクラス担任が面談を行い、進学面、生活面できめ細かなアドバイス、サポートがなされる。

学校生活　活気にあふれる魅力的な課外活動

登校時間	夏	8:45	冬	8:45

32あるクラブの活動はいずれも盛んである。運動部では甲子園出場経験もあり、2021年の代替大会ベスト8の野球部をはじめ、部員数100名を超え、神奈川K1リーグに昇格したサッカー部、全国大会出場の陸上競技部、JCDA全日本チアダンス選手権決勝大会出場のチアダンス部などが活躍している。文化部では数多くの賞に輝いている写真部、CPにより天体を追尾できる望遠鏡を有する天文部、毎年全員が検定合格をしている情報処理部などがある。

また、2年次にはオーストラリアへの研修旅行を実施するほか、文化祭、体育祭、球技大会、スキー教室、奉仕活動の「まちぐるみ大清掃（平塚市主催）」をはじめ、テーブルマナー講習会、暑中見舞い指導・年賀状指導などが行われる。

進路　堅実な大学合格実績

2023年3月卒業生の進路は、4年制大学80%、短大3%、専門学校9%、その他8%となっている。現役での国公立大の合格実績は宇都宮大（1）、東京海洋大（1）、東京

2022年度 JCDA，USA 全国大会出場

芸大（1）、信州大（1）、静岡大（1）、九州大（1）、鹿屋体育大（1）、横浜市立大（1）、京都府立大（1）、私立大は、神奈川大（84）、日本大（52）、法政大（32）、明治学院大（26）、専修大（25）、青山学院大（24）、明治大（21）、立教大（14）、中央大（12）、成城大（8）、学習院大（5）、東京理科大（5）、上智大（4）、成蹊大（4）、早稲田大（3）、慶應義塾大（1）、他519名の合格者を出している。

ひとこと　在校生からのメッセージ

私が在籍するクラスは補習授業があります。クラスが大学進学を目指して一丸となり、授業の中で自分を高めています。先生方は知的な刺激をたくさん与えてくれ、私は授業を通して大きく成長できたと思います。また、補習と部活の両立もできます。私はインターアクトクラブに所属し、SDGsに関するプレゼンテーションを行ったり、社会問題解決を話し合う会議へ参加しています。私は部活を通して目標に向かって努力する力を身につけることができました。平学にはいい人が多いので、周囲の友人たちのあたたかさに支えられ、いい影響を受けて生活できます。そこが平学の魅力だと思います。

2024年度入試要項

試験日　1/22（推薦）　2/10（一般）
　　　　3/2（2次）

試験科目　面接〈口頭試問含む〉（推薦・2次）
　　　　　国・数・英（特進選抜一般）
　　　　　※特進・進学コースの一般は書類選考

2024年度	募集定員	受験者数	合格者数	競争率
特進選抜	35/35	5/146	5/146	1.0/1.0
特進	35/35	20/340	20/340	1.0/1.0
進学	180/180	114/537	114/537	1.0/1.0

※人数はすべて推薦/一般
※2次の募集は若干名

進学指導も徹底し実績も高い

　卒業生有名人　山田悠介（小説家）、高田孝一（プロ野球選手）、川北ゆめき（映画監督、脚本家）

神奈川

女子　中高大院

フェリス女学院 中学校 高等学校

重厚なキリスト教主義の伝統と誇りある日本で最初の女学校

普通科（高校）
生徒数　548名（中学）　531名（高校）
〒231-8660
神奈川県横浜市中区山手町178
☎ 045-641-0242

SUPER INDEX P.77

根岸線石川町駅　徒歩7分
みなとみらい線元町・中華街駅
徒歩10分

URL	https://www.ferris.ed.jp/
Web上での合格発表	○

フィールドワーク

プロフィール　学問を尊重しまことの自由を求める

神奈川県下はもとより、広くその名を知られている本学院は、1870（明治3）年に創設された、日本で最初の女子教育の学校である。以来、独自の校風を形成しながら、キリスト教信仰に基づく数々のしっかりとした個性を育て、日本古来のよき伝統を身につけながらも、国際性を持った、優れた人材を送り出している。

校訓の"For Others"は、「めいめい自分のことだけでなく、他人のことにも注意を払いなさい」という新約聖書の中の1節から取っている。また、スクールカラーは白・黄（オレンジ）・赤で、それぞれ「信仰・希望・愛」を表している。

環境　図書館や理科特別教室も最新の設備

2000年より新築工事が行われ、新1号館には、全校生徒および教職員が一堂に会することのできる新カイパー記念講堂（礼拝堂）をはじめとし、ホームルーム、最新設備の化学・生物・物理などの特別教室などが設けられた。さらに2014年には新体育館が完成し、2015年には1学年4クラスを収容する大教室、視聴覚室、面談室（4室）を備えた進路資料室などがある新2号館の建て替え工事が完了した。また、3号館には、蔵書総数

図書館

約9万5千点の図書館があり、コンピュータによる資料検索・館外貸出ができるほか、緑に囲まれた静かな学習室・閲覧室、市街を一望できる明るい試食室のある調理室、被服室、美術室、デッサン室、コンピュータ教室、LL教室、小礼拝堂などもある。歴史を継承しながらも、21世紀の教育に対応した諸施設・設備が整い、「山手の丘のフェリス」にふさわしい校舎となっている。

カリキュラム　独自の教育で個性と能力を引き出す

中・高6年間の一貫教育の観点から、特色のある教育課程を編成しており、6年間を通して、一人ひとりの個性と能力、健康な心身の発達を促し、それぞれにとって最も適切な進路を見出す手助けになる教育を心がけている。

中学では、自主的な学習姿勢を育てると共に、基礎学力の充実を目指し、生徒の理解度に応じた、より進んだ授業内容に努めている。高校では、より深い学習展開を目指し、生徒一人ひとりの関心や興味を伸ばすために選択科目を設けるなど、効率の良い学習を展開しており、特に3年次では、進路に応じて選べる選択制度を大幅に取り入れている。

学期は2学期制をとり、日曜日の教会出席を奨励して、土曜日を休校日とする週5日制になっている。

学校生活　校外での行事は毎年行われる

登校時間	中学	夏季	8：20	冬季	8：20
	高校		8：20		8：20

体育大会をはじめ、英語教育に力を入れている本学院ならではのイングリッシュパフォーマンスデー、合唱コンクール、そしてフェリス祭と学校行事が盛んである。もちろん、キリスト教の学校らしく、クリスマス礼拝などの

宗教行事もある。校外活動として、中1で1日、中2・高1で2泊3日の修養会を実施し、中3では信州への2泊3日のフィールドワークや、三浦での野外理科研修、高1では広島の社会科研修旅行がそれぞれ行われる。

クラブ活動は、19の文化部と7の運動部、7の同好会、ほかにYWCA、聖歌隊、ハンドベル・クワイアがあり、それぞれが人格の形成と自治精神を養うことを目的に活動している。

進路　名門女子校ならではの高い難関大学合格率

ほぼ全員が大学進学を希望し、毎年80％前後の生徒が、現役で国公立大や難関私立大をはじめとする4年制大学に進学する。主な進学先は、東京大、京都大、北海道大、東京工業大、一橋大、お茶の水女子大、慶應義塾大、早稲田大、上智大、津田塾大、ICU、青山学院大、東京女子大など。併設のフェリス女学院大へは推薦入学制度があり、大学の実施する試験（面接のみ）を受けて入学できる。また、慶應、早稲田、学習院、北里大など66大学の指定校推薦がある。

2024年度入試要項

中学

試験日　2/1

試験科目　国・算・理・社＋人物考査（筆記）

募集定員	受験者数	合格者数	競争率
180	415	205	2.0

高校　募集せず

進学に有利
併設校あり
芸術＆特殊学科
資格＆技能系
施設が充実
スポーツが強い
クラブが活発
情操教育を重視
国際人を養成
自由な校風

415

男子　高

藤沢翔陵高等学校

しょうりょう

輝かしい伝統は県下有数
"信と勇と"の精神は
あらゆる分野で成果をあげる

URL	https://shoryo.ed.jp

普通科（文理融合探究コース・
得意分野探究コース）
商業科
生徒数　686名
〒251-0871
神奈川県藤沢市善行7-1-3
☎ 0466-81-3456・3457
小田急江ノ島線善行駅　徒歩1分

SUPER
INDEX
P.84

制服
p.45

スポーツが強いのも伝統の一つ

責任感の強い心豊かな人間に

1931（昭和6）年、藤沢商業学校設立。1948年、新制度により藤沢商業高等学校となる。私立男子高校としては、神奈川県下でも歴史ある学校。

1998年度より藤沢翔陵高等学校へと校名変更を行い、2013年度より完全学校週6日制を実施。「信と勇と」の校訓をバックボーンとして、「潜在学力の最大限の開発・基本的生活習慣の育成・自主性と責任感の養成」を教育目標としている。

富士山と江ノ島を望む好環境

バスケットコートが3面とれる大きな体育館、300人が利用できるカフェテリア、蔵書20,000冊を誇る図書室、総合グラウンドなど、施設も充実。第1PC教室や第2PC教室をはじめ校内には多数のコンピュータがある。最新のネットワーク環境で勉強や部活動はもちろんのこと進学情報の検索もできる。

個性伸長に伴った選択カリキュラム

文理融合探究コースでは、学問の体系にとらわれることなく、大学や研究機関と協働し、地球規模の問題を探る。1年次では探究とはなにか？という探究学習の土台となることを学習する。2年次では、世界的規模の課題を見つけてテーマとしている。その中で様々な視点や多様な角度からの分析をし、今までになかった発想を行い、探究活動を行っていく。3年次では自分の探究テーマに対して論文を作成し、プレゼンテーションを行っていく。3年間での探究活動を通じて学校推薦型・総合型選抜入試への対応、海外留学などの様々な自己実現を目標としている。

得意分野探究コースでは、各生徒が探究テーマを決め、自分の興味のあることを深く学ぶことを目的としている。また3年間での探究活動を通じて学校推薦型・総合型選抜入試への対応、専門学校や就職などの様々な自己実現を目標としている。1年次では探究とはなにか？という探究学習の土台となることを学習する。2年次では「人文社会学専攻」「自然科学専攻」と分かれ、それぞれの分野から興味のあることへアプローチを行う。3年次では自分の探究テーマに対して論文を作成し、プレゼンテーションを行っていく。

県下でも定評のある商業科では、1年次はビジネスの基礎を学び、2年次より会計・情報・総合の3コースに分かれる。簿記・情報処理など各種資格の取得を目指し、進学・就職希望それぞれにきめ細かな対応をしている。

学力をつけるための夏期講習・放課後講習、進路説明会・相談会なども充実している。

全国的に有名なバレー部、陸上部

登校時間	夏	8：30	冬	8：30

運動部は16部あり、多くの部が全国大会・関東大会に出場している。通算34回全国大会出場の陸上、通算11回の全国制覇のバレーボール、その他バドミントン、少林寺拳法、山岳、サッカー、硬式テニスなど。中でも野球部は、元プロ野球選手の卒業生を監督に迎え甲子園出場を目指している。文化部は14部あり、簿記・計算研究（全商主催の全国大会に23年連続出場）、書道（国際高校生選抜書展・秀作賞、全国競書大会・優秀団体賞）をはじめ、写真、器楽、英語、地歴・交通研究など。

年間行事では、生徒の責任と自主性により開催される翔陵祭（文化祭）をはじめ、スポーツ大会、全校バレーボール大会などのほか、希望者には夏にオーストラリアへのホームステイも実施している。また、多様化する生徒の不安や悩みに応えるため、専門のカウンセラーがいる。

個々の希望や適性に応じて全面的サポート

2023年3月卒業生のうち4年制大学56.0％、短期大学1.0％、専門学校28.6％、就職9.9％、進学準備等4.5％。特進コースの講習体制が定着し、難関大学に合格者を輩出している。

主な合格大学：中央、青山学院、慶應、立教、早稲田、国際基督教、駒澤、専修、神奈川、東海、東洋、拓殖、多摩など。

主な就職先（過去3年間の実績より）：いすゞ自動車、パスコ、ギオン、湘南ユニテック、トッパンフォームズオペレーション、JR東日本、山崎製パン、豊島屋、日本郵便、神奈川県警、警視庁など。

2024年度入試要項				

試験日　1/22（推薦）　2/10（一般第1回）
　　　　2/11（オープン）　3/5（一般第2回）
試験科目　面接（推薦）
　　　　　国・数・英＋面接（一般、オープン）

2024年度	募集定員	受験者数	合格者数	競争率
得意分野探究	60/110/5			
文理融合探究	5/20/5	139/432/29	139/432/29	1.0/1.0/1.0
商業科	25/45			

※人数は推薦/一般第1回/オープン（得意分野探究・文理融合探究）
※他に書類選考入試（文理融合探究コース5名）あり
※一般第2回の募集は若干名

卒業生有名人　岡見勇信（総合格闘家）、飯田哲矢（元プロ野球選手）、小柴静（元プロバスケットボール選手）

左側縦書きタブ：
進学に有利　併設校あり　特殊学科＆芸術　資格・技能系＆　施設が充実　スポーツが強い　クラブが活発　情操教育を重視　国際人を養成　自由な校風

男子　中高

武相中学校 高等学校

自分に自信を つける時間と空間 それが男子校

URL	http://buso.ac.jp		
Web上での合格発表	中　学	○	高　校	○

普通科（高校）
生徒数　46名（中学）　757名（高校）
〒222-0023
神奈川県横浜市港北区仲手原2-34-1
☎ 045-401-9042
東急東横線妙蓮寺駅
横浜市営地下鉄岸根公園駅　各徒歩10分

SUPER INDEX P.81

制服 p.43

希望者対象に、毎日放課後行われる補習

武相は男子育成の スペシャリスト

1942（昭和17）年創立。名は"武"蔵と"相"模を一望できる丘に立つ学舎に由来。創設者の石野瑛は歴史学者で、「道義昂揚・個性伸張・実行徹底」の3つを建学の精神とする。

学年の正副主任含め、学年全体で生徒の指導にあたる。生徒の良い面を複数の教員の視点で見出せるのが利点で、生徒・保護者にとってはいろいろな質問や相談の窓口が広がった。

姿勢正しく胸を張り、失敗を恐れず一歩を踏み出そう、と生徒を励ます。

アクセスのよさ が自慢

東急東横線「妙蓮寺駅」徒歩10分、市営地下鉄「岸根公園駅」徒歩10分。JR横浜線「新横浜駅」徒歩18分と、どこからも通学が便利。みなとみらいや富士山が見える閑静で緑豊かな環境。

トレーニング機器や室内ランニングコースを完備した体育館、3つの理科教室、食堂、ナイター設備の整うグラウンド、電動開閉式プールなどが充実。

生徒の個性を コース制で伸ばす

〈中学入学生〉　規律ある集団生活の中から、自分の個性と役割を認識し、心身共に大きく成長する男子校。英語は基礎学力向上の徹底と、オンライン英会話で、耳から英語に親しむ。体育は「集団行動」を教材の柱に取り入れ、率先垂範を身につける安全教育を実施している。5科目の授業内テストで基礎力定着を図り、各種検定試験も級ごとに対策を実施。総合学習は学年縦断型でチームを作り、国際理解（環境・平和・人権）をテーマに調べ学習をし、学園祭などでプレゼンテーションを行う。高校からは高校募集の3コースに分かれる。

〈高校・体育コース〉　1～3年それぞれ週に5・8・11時間、体育と理論の授業があり、多種目を経験できる上、体力面でも「筋力」「持久力」「調整力」をバランスよく育成。アスリートや指導者を目指す人を応援する。

〈高校・総合コース〉　文系・理系を広くバランスよく、総合的に3年間学ぶ。学業に取り組む姿勢を基礎から丁寧に見直し、着実に力をつけるコース。進路は、大学・専門学校・就職など総合的にサポートが可能。放課後は、クラブ活動の他、自由選択制の補習を受講することができる。

〈高校・進学コース〉　目標の大学を明確にして、2年次から文系・理系に分かれる。放課後は総合コースと同様、クラブ活動の他、自由選択制の補習を受講できる。文武両道を実践し、全国大会に出場している生徒もいる。

〈高校・進学コース（特進クラス）〉進学コース内に編成され、国公立や早慶上理GMARCH等難関大を目指す。

行事・クラブで 友情を深める

登校時間	中学	夏季	8：35	冬季	8：35
	高校		8：35		8：35

体育祭と学園祭が盛り上がる2大行事。体育祭は中高合同で競い合い、集団行動も披露する熱い一日。学園祭は文化部や各学年の発表の場であるアカデミックなゾーンと、クラス中心の模擬店やイベントが賑やかなゾーンが楽しめる。

クラブは運動系18、文化系9。中学バレーボール部、オリエンテーリング部が全国大会出場、陸上競技部がインターハイ出場、ボクシング部が国体出場と、実績を残している。

きめ細かい セミナーが充実

①学び、②大学、③入試形態、④職業…以上4つの探究を通し、高1から体系的な進路指導を実施。例えば「キャリア講座」「学科探究セミナー」「研究室訪問」「進路フェスタ」「大学に来校していただいての説明相談会」「入試のしくみセミナー」「面接指導セミナー」「職業探究セミナー」「職場インターンシップ」…など。他にも多数実施。

2024年度入試要項

中学

試験日　2/1午前（第1回）　2/2午後（第2回）
　　　　2/8午前（第3回）

試験科目　国・算または国か算＋面接（第1回）　国・算または国か算（第2回）　国・算または算（第3回）

2024年度	募集定員	受験者数	合格者数	競争率
第1回	20	20	18	1.1
第2回	20	9	8	1.1
第3回	20	8	5	1.6

※第1・2回は特待生募集あり

高校

試験日　1/22（推薦）　2/10（一般2月A）
　　　　2/11（一般2月B）　3/5（一般3月）

試験科目　面接（推薦）　国・数・英（一般）

2024年度	募集定員	受験者数	合格者数	競争率
進学	40/55/20/5	42/248/100/－	42/202/100/－	1.0/1.2/1.0/－
総合	80/75/20/5	58/261/146/－	58/237/145/－	1.0/1.1/1.0/－
体育	20/15/20/5	18/41/28/－	18/41/28/－	1.0/1.0/1.0/－

※進学は特進クラスを含む。人数は推薦/一般2月/書類選考/3月。合格者数はスライド含まず。

卒業生有名人　出川哲朗（タレント）、塩見泰隆（プロ野球選手）、渡部おにぎり（お笑い芸人"金の国"）、泉谷駿介（陸上選手）

進学に有利に

併設校あり

芸術＆特殊学科

資格＆技能系

施設が充実

スポーツが強い

クラブ活発が

情操教育を重視

国際人を養成

自由な校風

共学　高　大　院

法政大学国際 高等学校

一人ひとりの個性を尊重
21世紀のグローバルシチズンを
育てる付属校

SUPER
INDEX
P.75

普通科
生徒数　937名
〒230-0078
神奈川県横浜市鶴見区岸谷1-13-1
☎ 045-571-4482
京急線生麦駅　徒歩5分

| URL | https://kokusai-high.ws.hosei.ac.jp/ |

グローバルリーダー
の育成

「自由と進歩」の学風を誇る法政大学の付属校として、1949年に創立。

2018年に21世紀の地球市民（グローバルシチズン）を育てる付属校として法政大学国際高等学校と校名を変更し、男女共学化。生徒の自主性を尊重し制服はない。

アクセスの良い
好立地

横浜駅から京急線で約14分、最寄駅の生麦からは徒歩5分とアクセスが良い。横浜の街を見渡す丘の上に建ち、明るく自由な雰囲気が魅力で、体育館、理科室、コンピュータ室などの施設が整っている。図書室・特別教室などを備えた創立50周年記念校舎もある。

オリジナル科目
「国際理解」

IB（国際バカロレア）コースとグローバル探究コースの2つのコースを設置。IBコースでは、世界中の大学への出願入学資格を得られる国際バカロレア・ディプロマプログラムを2年次から英語と日本語により実施。世界標準の探究学習を通して、海外大学への進学も目指す。グローバル探究コースでは、1年次は必履修科目を中心に学習し基礎を固める。英数国では一部少人数授業を実施。2・3年

創立50周年記念校舎

次は自分の興味・関心・進路に合わせて自由に授業を選択することができる。幅広く多様な選択科目の中でも特徴的なのが、1つのテーマを1年間かけて追究して学ぶ独自の講座「地球市民」。調査・実習・論文作成を通して思考力やプレゼン能力を高める。海外や国内で研究旅行を行う講座もある。英語力を伸ばす授業も豊富に用意しており、定期的に英語資格試験も実施している。その他、法政大学の教員による「高大連携授業」や第2外国語（中国語・ドイツ語・フランス語・韓国語・スペイン語・イタリア語）などもある。全館にWi-Fiの環境が整っており、タブレットを活用した授業を行っている。

生徒が主役
自由にいきいきと

| 登校時間 | 夏 | 8：55 | 冬 | 8：55 |

生徒の自主性を重んじる学校だけあって、生徒会活動も活発である。体育祭やオレンジ祭（文化祭）、そのほか数々の行事も、教員は様々な形で援助するが、あくまで主役は生徒で、一人ひとりの力を合わせて、積極的に取り組んでいる。クラブ活動は、20以上のクラブがある。

校外活動としては、校外フィールドワークや研究旅行や海外研修がある。この研究旅行は、選択科目の「地球市民」ごとに研究テーマに従って計画され、施設を見学したり、実習や実地訓練を行う有意義な旅行となっている。校外フィールドワークも盛んで、裁判傍聴やボランティアなども行っている。台湾・カナダ・スウェーデンへの研修プログラムがあり、希望者が参加している。

法政大学への推薦資格を保持
したまま、他大学受験が可能

法政大学の付属校として、一定の学力基準を満たした者は、原則として全

員が法政大学に推薦される制度を持っている。その他の大学に関しては、国公立・私立、学部学科を問わず、法政大学へ推薦される資格を保持しながら受験できる「併願受験制度」がある。他大学進学先（2022年度）は、横浜市立大、横浜国立大、慶應義塾大、国際基督教大、東京理科大、上智大、早稲田大、青山学院大、立教大、明治大、中央大など。

様々な高大連携

毎週、法政大学の先生方が本校に来校し講義を行う「高大連携授業」がある。2021・22年度は「新型コロナウイルス」を統一テーマに分子生物学、数理統計学、政治学、経済学、経営学、言語学、歴史学、社会学、文学、情報科学、建築学など多様な視点からリレー講義が展開された。3年次には大学キャンパスで大学生と同じ講義を半年間受ける「特別聴講制度」がある。

2024年度入試要項

試験日　12/4（帰国生・海外生Ⅰ期）　1/26（IB自己推薦）　2/3（帰国生・海外生Ⅱ期）　2/12（学科試験）　2/20（思考力）

試験科目　日本語作文＋英語作文＋数処理能力基礎＋面接（帰国生・海外生）　小論文＋数学能力適性検査（IB帰国生）　国・数・英（学科試験）　論述（思考力）　小論文＋英語小論文＋数学能力適性検査＋英語面接（IB自己推薦）

2024年度	募集定員	受験者数	合格者数	競争率
書類選考	210	220	220	1.0
学科試験	50	432	147	2.9
思考力	10	57	15	3.8
IB 帰国/自己	20	13/19	8/10	1.6/1.9
帰国生 Ⅰ期/Ⅱ期	10	41/16	20/8	2.1/2.0

※書類選考・学科試験・思考力入試はグローバル探究コース。書類選考についての詳細は、学校に直接お問い合わせ下さい

　卒業生有名人　鈴木奈穂子（NHKアナウンサー）、望海風斗（元宝塚歌劇団）

神奈川

共学　中高大院

法政大学第二 中学校 高等学校

多くの研究・実習によって
個性を伸ばし
目的を持って大学へ進学

普通科（高校）
生徒数　686名（中学）　1885名（高校）
〒211-0031
神奈川県川崎市中原区木月大町6-1
☎ 044-711-4321

SUPER INDEX P.81

東急東横線・目黒線武蔵小杉駅　徒歩10分
JR南武線・横須賀線武蔵小杉駅　徒歩15分

URL	https://www.hosei2.ed.jp/			
Web上での合格発表	中　学	○	高　校	○

伝統ある法政大学の付属中高

130年の歴史を持つ法政大学の付属高校として、1966年に創立。1986年に中学校を併設した。「自由と進歩」をテーマとする法政大学の伝統的な学風を持ち続ける学校で、国際化していく社会を見据え、現代社会において活躍できる、人間性豊かな個性ある人材育成を目標としている。

2016年度より、中高同時共学化をスタートし、2018年度に完全共学化を迎えた。

読書や調査研究のための施設が充実

広大な敷地に、ゆとりある空間を大切にした校舎が建つ。読書や調査研究に利用される学習室を兼ねた図書館、最新機器をそろえたPC教室、自然科学室などを完備。3つの体育館に加え、トレーニングセンターなどを備えた体育館もあり、県下の学校の中でも屈指の施設。ほかにも野球場や陸上競技場など広々とした施設が広がっている。

付属校ならではの10年一貫教育

調査や研究を土台とした論文やレポートなど、中高一貫して個人のオリジナリティを大事にした授業が進められ

ている。そのほか、視聴覚機器を利用した実験や実習も多く、付属校ならではの豊かな学習が展開されている。

中学では特に英語を重視しており、1クラス20人以下の外国人分割授業や週1回行われる定着テストのほか、英検の受験にも取り組んでいる。

高校では週6日制34単位の新カリキュラム・新指導体制を確立。1・2年次は共通クラスで全生徒が全教科を等しく学び、将来必要な基礎教養を確実に身につける。3年次には進路希望に応じて文系クラス・理系クラスにクラス分けをし、多様化する進路要求にきめ細かく対応するカリキュラムとなっている。共通教科によって基礎学力を向上させると共に、選択教科によって得意分野を深め、進路の具体化に結びつける。

個性豊かで多彩なクラブ活動

登校時間	中学	夏季	8：30	冬季	8：30
	高1		8：40		8：40
	高2		8：45		8：45
	高3		8：50		8：50

生徒会活動が活発で、特に2大行事である体育祭と二高祭・二中文化祭は、外部から多数の見学者を迎え、生徒の自主的な活動によって毎年大成功を収めている。その他の主な行事には、校外授業（中1）や林間学校（中2）、六大学野球応援、スポーツ大会、研修旅行（中3）、修学旅行（高2）がある。

クラブも、個性豊かな学風なだけに、多くのクラブが勢ぞろい。文化クラブには、各種大会で活躍する放送や吹奏楽をはじめ、物理、生物、文芸日本古典研究、合唱などがある。体育クラブでは、アメリカンフットボールやサッカー、水泳、ハンドボール、フェンシング、重量挙、自転車競技、スキー競技、体操、陸上、チアリーディングなどが、全国大会や関東大会で好成績をあげている。

約9割が推薦で法政大学へ進学

中学からは、ほぼ全員が併設の第二高校へ進学している。高校の卒業生もほぼ全員が大学進学を希望し、約9割が法政大学に推薦で進学している。高1から高3までの学内成績と英語外部試験、3付属統一の「基礎的思考力確認テスト」で一定基準を満たしていれば法政大学への被推薦権が得られる。

2024年度入試要項

中学

試験日　1/7（帰国生）　2/2（第1回）
　　　　2/4（第2回）

試験科目　国・算＋面接（帰国生）
　　　　　国・算・理・社（一般）

2024年度	募集定員	受験者数	合格者数	競争率
第1回	70/70	480/309	106/102	4.5/2.0
第2回	35/35	367/236	53/67	6.9/3.5
帰国生	若干	23/23	14/12	1.6/1.9

高校

試験日　2/11（学科試験）

試験科目　国・数・英

※帰国生と既卒生は面接あり

2023年度	募集定員	受験者数	合格者数	競争率
書類選考	150/150	160/154	160/154	1.0/1.0
学科試験	50/50	565/352	135/130	4.2/2.7

※中・高とも、人数はすべて男子/女子
※書類選考の詳細および帰国生については、学校に直接お問い合わせ下さい

■卒業生有名人　秦基博（ミュージシャン）、岩合光昭（動物写真家）、上川あや（世田谷区議会議員）

進学に有利に
併設校あり
芸術＆特殊学科
資格＆技能系
施設が充実
スポーツが強い
クラブ活発
情操教育を重視
国際人を養成
自由な校風

三浦学苑 高等学校

個性と自主性を持った国際人の育成を目指します
各部活動が全国レベル！

SUPER INDEX P.79

普通科　工業技術科
生徒数　1290名
〒238-0031
神奈川県横須賀市衣笠栄町3-80
☎ 046-852-0284
横須賀線衣笠駅　徒歩5分
京浜急行線汐入駅、横須賀中央駅
各バス

URL	https://www.miura.ed.jp
Web上での合格発表	○

90年の伝統を持つ地域に根差した学校

横須賀市を中心とする地域住民の要請を受け、1929年に設立。普通科と工業技術科があり、神奈川県内で唯一工業技術科を有している私立高校である。普通科は特進コース・進学コース・総合コース・IBコースがあり、工業技術科はものづくりコース・デザインコースがある。「個性と自主性を持った国際人の育成」を教育目標に掲げ、未来ある子どもたちのために誠実に全人教育を行い、あらゆる社会で活躍できる人材を育成し、よりよい社会を築くことに貢献していくことを目標としている。

カフェテリアが5月にオープン

本館を含めた5棟の校舎は全館冷暖房完備。普通教室のほか、コンピュータ室、視聴覚室、茶道室、図書室などの特別教室を備えている。工業技術科の各種実習室完備の工業実習棟もある。さらに、温水プール・トレーニングルームを備えた体育館や、剣道場と柔道場を整えた格技室、卓球場、総合グラウンド（人工芝）など体育施設も充実している。学外ではテニスコート、野球場（人工芝）がある佐原グラウンドやサッカー場（人工芝）の佐島なぎさの丘グラウンドがある。

2023年5月には、カフェテリアが完

自習環境の整った図書室

成し、昼休みには、日替わりメニューが提供されている。

普通科でも各種資格の取得に配慮

普通科には、難関大学を目指すと共に、その後の将来を力強く歩める人材を育成する特進コース、文武両道のスタイルの中で中堅から難関大学への現役合格を目指す進学コース、一人ひとりの個性や可能性を最大限に広げ、それぞれが選ぶ未来像の完成を追求する総合コースがある。さらに国際バカロレア資格の取得を目指すIBコースがあり、探究学習をメインとした質の高いチャレンジに満ちた国際教育に取り組んでいる。

工業技術科は、ものづくりコースとデザインコースの2つのコースを設置。ものづくりコースでは、「ものづくりの基礎」から学び、2年次以降は「動くモノ」の製作をテーマに段階を追って学習して「ものづくりに生かせる技術」の習得を目指す。デザインコースでは、「工業デザイン」の観点からデザインをする上で必要な創造力や計画性、表現などの基礎を学び、材料の選択や加工技術、企画から提案方法についても習得を目指す。

芸術教育やスポーツ活動に積極的

登校時間	夏	8：30	冬	8：30

スポーツ大会、球技大会、遠足、文化祭、校外研修など、学校行事が豊富である。2年次の修学旅行は、特進コースはセブ島、それ以外のコースは国内・国外の2方向選択制で、自分が選ぶ楽しみながら学ぶ旅という修学旅行の新しいカタチだ。

部活動も積極的に奨励しており、19ある体育部の中では、全国大会出場のサッカー部、卓球部、女子バレーボール部、柔道部、軟式野球部、駅伝競走部、ソフトテニス部、水泳部、弓道部がある。

地域の人と協力して平作川を清掃

15ある文化部では、吹奏楽部が25年連続で東関東大会に出場するなど活躍している。

進路決定率98％の実績

特進コースや進学コース、IBコースを中心に岡山大、東京海洋大、東京学芸大、神奈川県立保健福祉大、慶應義塾大、上智大、東京理科大、学習院大、明治大、青山学院大、中央大、法政大など結果を出している。また、就職率は10年連続100％で地元企業を中心に成果を出している。

「初心を創る」「自律」をスローガンに様々な取り組みをしている。大学・専門の入試担当者に来ていただき話を聞くことができる「校内進路相談会」、教授などに来ていただき模擬講義を受けることができる「進路を考える日」など、3年間を通して段階的に進路イベントを実施している。

2024年度入試要項	
試験日	1/22（推薦）　2/10（一般チャレンジ）
試験科目	面接（推薦）
	国・数・英（一般チャレンジ）
	※一般の併願は書類選考。IBコースの試験科目は小論文＋面接（推薦のみ）・英語面接＋英（一般のみ）

2024年度	募集定員	受験者数	合格者数	競争率
IBコース	5/5	0/5	0/5	—/1.0
特進コース	10/10	5/25	5/25	1.0/1.0
進学コース	83/83	99/274	99/274	1.0/1.0
総合コース	78/78	182/401	182/398	1.0/1.0
ものづくりコース	21/21	28/91	28/86	1.0/1.1
デザインコース	21/21	18/22	18/22	1.0/1.0

※人数はすべて推薦/一般

進学に有利に
併設校あり
芸術&特殊学科
資格系&技能系
施設が充実
スポーツが強い
クラブ活動が活発
情操教育を重視
国際人を養成
自由な校風

神奈川

女子 幼 中 高

聖園女学院 中学校 高等学校
（みその）

個性を大事に育てる
豊かな自然に囲まれた
カトリックの女子校

SUPER INDEX P.84

制服 p.㊺

普通科（高校）
生徒数 199名（中学） 188名（高校）
〒251-0873
神奈川県藤沢市みその台1-4
☎0466-81-3333
小田急江ノ島線藤沢本町駅 徒歩10分
善行駅 徒歩15分

URL	https://www.misono.jp/
Web上での合格発表	○

ネイティブの教員による英語の少人数授業

カトリックの女子校
プロフィール

1946年、カトリック女子修道会「聖心の布教姉妹会」によって旧制高等女学校として設立。カトリック学校としてキリスト教世界観に基づき、生徒が人間としての生き方を学び、一人ひとりが自分の使命を自覚して成長することを目標としている。また「踏み出す人に」を教育目標に、人を愛する信念を貫き、勇気を持って社会で貢献するよう、生徒を励まし見守っている。

静かな森に囲まれ さわやかな学校生活
環境

5万冊の蔵書を誇る図書館、マリアホール（体育館、パソコン教室、ラウンジなど充実した文化・体育施設）、木のぬくもりに満ちた美しいチャペル、テニスコートなどの施設がある。

中高一貫を最大限に活用した教育
カリキュラム

中高一貫教育により、6年間を見通した系統的かつ一人ひとりのニーズに応えるカリキュラムが組まれている。国際的な視野を広げ豊かな人間形成を目指して、中学3年生でのニュージーランド中期留学や高校1年生でのカナダ海外研修や、ニュージーランド1年留学など国際教育にも力を入れている。

また、キリスト教を基盤とした、一人ひとりを大切にする教育が、宗教の授業やミサなどの宗教行事をはじめ、各学年に応じた校内外の様々な研修を通して行われている。

中学では才能の土台づくりとして、国際交流

キリスト教精神に基づいた教育

の基盤である英語、豊かな表現の源である国語、科学的思考の礎となる数学に時間をかけている。高校では1年次に世界・日史・物理・化学・生物を必修にして教養を広げ、2年次以降は、生徒たちが自らの進路に応じて、選択科目を組み合わせていく。また、放課後学習支援として、女子大学生の学習メンターによる自習支援や、受験指導の専門家と提携した大学受験支援を実施。長期休業中は100以上の講座から、生徒自身で時間割を組み、自習や講習で理解を深めていく。その成果は、定期試験や模試、検定などに現れている。これらは、大学入試共通テストをはじめとする新大学入試にもつながる取り組みで、進学面でも重要である。現在は教科横断型の取り組みや、企業や大学と協力した総合型の取り組みで、次世代に必要な思考・判断・表現の力を学校全体で引き出している。

聖園精神が生きるクラブ活動
学校生活

登校時間	中学	夏季	8：25	冬季	8：25
	高校		8：25		8：25

文化部8部運動部9部に加え、カトリック校ならではの活動として聖歌隊やハンドベルクワイアがある。「人を大切にし、自分も生きる喜びを感じる人間の育成」を教育方針とする本校ならではといえるのが教科外活動での赤い羽根共同募金、聖園子供の家ボランティアなどである。さらに生徒会が中心となり、あしなが学生募金の街頭募金への参加、クリスマス献金活動を継続している。

12月には全校生徒で、キリストの降誕をお祝いするクリスマス行事がある。2024年度新中学1年生・高校1年生より制服第一装をモデルチェンジ。着心地の良さ・取り扱いやすさを重視した素材で、伝統の中に新しい風を感じるニューモデルを採用した。

難関大学進学 特に理系・医療系が増加！！
進路

近年は理系への進学が3分の1を超え、中でも医療系の合格実績はこの3年間で20%に迫る。2023年3月卒業生の主な進学先は、東京、横浜国立、県立保健福祉、慶應、上智、明治、青山学院、立教、中央、学習院、明

治学院、津田塾、日本女子、北里、聖路加国際、南山など。

卒業生から受験生にひとこと
ひとこと

「自分のしたことは全部自分に返ってくる」という言葉を贈りたいです。一生懸命努力したことは、すぐには報われなくても、人生を長い目で見れば必ずどこかで自分の宝になります。自分にとって一生懸命になれるものには全部、楽しんで取り組んで欲しいです！（循環器内科／呼吸器内科看護師）

2024年度入試要項

中学

試験日　12/2（帰国生）2/1午前（1次）2/1午後（2次・特待適性）2/2午前（3次）2/2午後（得意1科・英語チャレンジ）2/3午前（得意2科）2/4午後（国算ハーフ）

試験科目　国・算または国・算・理・社（1・3次）国・算（2次）国か算（得意1科）国・算か国・理か国・社か身・埋か算・社（得意2科）国・算（国算ハーフ）適性（特待適性）英語によるグループ活動（英語チャレンジ）計算力確認試験＋作文か英作文＋スピーキング＋面接（帰国生）

2024年度	募集定員	受験者数	合格者数	競争率
1/2/3次	30/25/25	76/71/31	49/58/25	1.6/1.2/1.2
1科/2科ハ	15/10/5	29/14/12	17/9/7	1.7/1.0/1.7
適性/英語	10/定めず	22/3	18/3	1.2/1.0

高校

試験日　1/22（推薦）2/10（一般）

試験科目　作文＋面接

2024年度	募集定員	受験者数	合格者数	競争率
推薦/一般	15/15	15/10	15/10	1.0/1.0

卒業生有名人　岡戸良子（国際会議通訳者）、渡辺万希子（劇団四季）、青木エマ（二期会オペラ歌手）

緑ヶ丘女子 中学校 高等学校

一人ひとりの目標に向けた
手厚い指導と面倒見のよさ
「なりたい自分」を全力でサポート！！

SUPER
INDEX
P.76

制服
p.39

普通科（高校）
生徒数 26名（中学） 253名（高校）
〒238-0018
神奈川県横須賀市緑が丘39
☎ 046-822-1651
京浜急行線京急汐入駅　徒歩7分
京浜急行線横須賀中央駅　徒歩15分
横須賀線横須賀駅　徒歩15分

URL	https://www.midorigaoka.ed.jp/		
Web上での合格発表	中学	○	高校	—

プロフィール　キリスト教主義の気品ある教育

　横須賀の港を見下ろす高台にある本校は、創立者トムソン氏の理念「キリスト教の愛の教育」に基づき、人間性豊かな品位ある女性の育成に努めている。

　「至誠一貫」「温雅礼節」を建学の精神として、自らを律し、周囲を思いやる心を育てている。また、「なりたい自分に全力でサポート」を方針として、生徒一人ひとりの自己実現をサポートするしくみを整えている。

環境　恵まれた自然環境で快適な学習

　恵まれた環境の中で快適に学習できるよう、体育館を含めた全教室に冷暖房を完備。木製書架と机で落ち着いた雰囲気の図書室をはじめ視聴覚室やコンピュータ室などの特別教室も整備され、落ち着いて勉学に取り組むことができる。

カリキュラム　個性を生かした柔軟な教育

　中学では少人数を活かして一人ひとりに目の届く丁寧な教科指導が行われると共に、これからの時代に求められる力の一つとしてコミュニケーション力に視点を置いた取り組みを行ってい

木の机・椅子で落ち着きある図書室

る。例えば、総合学習でSDGsをテーマにプレゼンテーションを行ったり、オンライン英会話の導入やネイティブ教員の常駐などで実践的な英語力の向上に取り組むなどしている。

　高校からの入学生は3コースに分かれる。2022年度よりスタートした**特進・看護医療コース**は大学進学を目指し、2年次から文系、理系、看護・医療系に分かれ受験に備える。特に受験で必須科目となる英語には「オンライン英会話」も加えるなど実践的な力を身につけられる。**総合・進学コース**は基礎学習に重点を置き、進学にも就職にも幅広く対応できるカリキュラムとなっている。**幼児教育コース**は保育系の大学進学を目指すカリキュラムを組んだコースである。

学校生活　心も鍛える活発なクラブ活動

登校時間	中学	夏季	8：30	冬季	8：30
	高校		8：30		8：30

　体育部・文化部・技芸部合わせて24のクラブがある。中でも新体操部は1968年の創部以来、全国高校総体出場という記録を持っており、新体操のために本校を受験する者も少なくない。また、チアリーディング部、ダンス部などは「よこすか開国祭」等地域のイベントにも参加し、活躍している。

　生徒会の各専門委員会の活動も活発で、例えば福祉委員会は、身障者施設や寝たきり老人宅の訪問など、その活動は実に積極的で、幅広い活動が対外的にも高く評価され、表彰も受けた。

進路　綿密で万全な進路指導

　高校では1年次よりキャリア教育プログラムや進路適性検査、模擬試験を行うなど、一人ひとりが自分の目標に取り組めるよう指導。進路指導室や図

書室、ホームクラスにも進路関係図書が置かれ、いつでも気軽に調べることができる。進学希望者の進学率は100％。進路に向け、教師陣が生徒を本気で応援している。新しく導入された1人1台のタブレットPCの活用が進み普段の学習だけでなく、学校での活動や振り返り、進路学習に利用されている。

2024年度入試要項

中学

試験日　2/1午前・午後（第1回）
　　　　2/2（第2回）　2/4（第3回）
試験科目　国・算

2024年度	募集定員	受験者数	合格者数	競争率
1回 午前/午後	5/5	2/1	2/1	1.0/1.0
2回/3回	5/5	2/6	2/6	1.0/1.0

※他に、帰国子女入試（12/8）あり

高校

試験日　1/22（推薦）　2/10（一般）
　　　　2/11（オープン）
試験科目　面接（推薦）
　　　　　国・数・英（一般・オープン）
　　　　　※一般専願は面接あり

2024年度	募集定員	受験者数	合格者数	競争率
特進・看護	20/15/5	19/5/2	19/5/2	1.0/1.0/1.0
総合・進学	50/50/15	64/30/12	64/30/12	1.0/1.0/1.0
幼児教育	40/35/5	8/8/1	8/8/1	1.0/1.0/1.0

※人数はすべて書類選考/推薦/一般
※オープンは各コース若干名

　卒業生有名人　渡辺真知子（歌手）

森村学園 中等部 高等部

100年の伝統を守りつつ さらなる飛躍を目指して

SUPER INDEX P.82

制服 p.40

普通科（高等部）
生徒数　601名（中等部）
　　　　505名（高等部）

〒226-0026
神奈川県横浜市緑区長津田町2695
☎ 045-984-2505
東急田園都市線つくし野駅　徒歩5分
横浜線長津田駅　徒歩13分

URL	https://www.morimura.ac.jp/jsh/
Web上での合格発表	○

デジタルシチズンシップの育成を進めるICT教育

プロフィール 新たなる100年に向かって

　森村学園は、日米貿易の先駆者で、ノリタケカンパニーリミテドやTOTO、日本ガイシなどの「森村グループ」の創業者である森村市左衛門によって、1910（明治43）年に東京高輪で創立した学園。建学の精神「独立自営」は、100年以上も前にその社会の変化を見据えていた。校訓「正直・親切・勤勉」は、「人徳を備え、自らの力で人生を切り拓き、世界の力、社会の力になる人の育成」の行動指針となっている。

環境 静かな環境に恵まれた立地

　周囲を深い木立に囲まれた好環境の中で、落ち着いた学園生活を送ることができる。
　6万冊を蔵書する図書館、5つの理科室、パソコン室、自習室、相談室など様々な目的に応じる施設を完備。座席数が約300ほどあるカフェテリアもある。体育館は二重構造で、1階が中等部用、2階が高等部用。グラウンドやテニスコート（10面）などの施設もある。

カリキュラム 「イノベーションマインド」で人生を切り拓ける人へ

　これまで推進してきた「未来志向型教育」をさらに発展させ、予測困難な社会をたくましく生きていくための「イノベーションマインド」を育むための

教育を行っている。導入から11年目を迎える「言語技術」は、世界標準の母語教育で、その特徴は、言語を用いる様々な手法を生徒の参加と作文によって指導する点である。「外国語（英語）教育」では、中1・中2では、「コミュニカティブアプローチ」、中3・高1では、「ロジカルアプローチ」、高2・高3では、「クリティカル・アナリティカルアプローチ」が指導の柱になっている。2020年度の中1から「ルート別授業」が始まった。入学前の英語学習歴に配慮し、海外製テキストを用いて「オールイングリッシュ」で学ぶルートと、ニュートレジャーを用いて基礎から学習するルートを選択できる。ICT教育において、生徒1人に1台2in1PCを授業に取り入れ、Microsoft（Teams）をハブとした連絡事項を一元化し、授業動画の閲覧や課題等の配布回収、データ共有、PBL型授業、プレゼンテーション、オンライン面談等において活用している。

学校生活 家庭的な雰囲気の中ゆとりある生活

登校時間	夏	8：30	冬	8：30
下校時間	夏	18：00	冬	18：00

　生徒がのびのびとできる自由な校風で、家庭的な雰囲気のある学園。部活動や委員会活動への生徒の積極的な参加を奨励しており、運動部にはテニス、バスケット、サッカー、剣道、ゴルフ、新体操、空手道、野球、陸上、バドミントン、バレーボールなど、文化部では管弦楽、ESS、料理、演劇、美術、華道、茶道、科学、囲碁将棋などがある。また、体育祭や文化祭、球技大会（高）、合唱コンクール（中）など生徒が主体的に取り組む行事として開催されている。2023年度以降の宿泊行事は検討中。

進路 「進路指導」と「進学指導」の両輪で夢の実現をサポート

　「進路指導」で、創立者の志を学び、職

業調べや自由研究などを通して未来像を思い描く。社会や世界を見つめて将来の方向性が定まったら、6年間の精選された授業・補習・勉強合宿などの「進学指導」でその夢を叶えていく。難関国公立・私立大学受験に対応した授業を行っている。

国際化 ～DDPと多言語・多文化講座がスタート～

　2020年度、DDP（Dual Diploma Program）と、「多言語・多文化講座」がスタート。前者は、本校の高等部の授業に加え、オンラインでアメリカの高校の授業を受講し単位を取得することで、卒業時に日米ふたつの卒業証書を手にできるプログラムである。後者は、放課後、希望者を対象としたプログラムで、これまでにフランス語・ロシア語・スペイン語・ポルトガル語・アラビア語・中国語・プログラミング言語・日本語日本文化などの講座を開講した。

2024年度入試要項

中等部

試験日　12/17（帰国生）　2/1（第1回）
　　　　2/2（第2回）　2/4（第3回）
試験科目　国・算または国・算＋英語資格検定試験のスコア（帰国生）
　　　　　国・算または国・算・理・社（第1～3回）

2024年度	募集定員	受験者数	合格者数	競争率
第1回	40	159	60	2.7
第2回	30	185	55	3.4
第3回	20	198	27	7.3

※帰国生の募集は若干名

高等部　募集せず

世界に共通する議論の基盤を鍛錬する「言語技術」

卒業生有名人　一青窈（歌手）

共学　中高

山手学院中学校高等学校

新しい教育を実践
交換留学制度のある
グローバルな学院

SUPER INDEX P.78

制服 p.40

URL	https://www.yamate-gakuin.ac.jp/		
Web上での合格発表	中学	○	高校	○

普通科（高校）
生徒数　602名（中学）　1443名（高校）
〒247-0013
神奈川県横浜市栄区上郷町460
☎ 045-891-2111
根岸線・京浜東北線港南台駅
徒歩12分
東海道線大船駅　バス7分

左側縦タブ（上から下へ）：
進学に有利／併設校あり／芸術＆特殊学科／資格＆技能系／施設が充実／スポーツが強い／クラブが活発／情操教育を重視／国際人を養成／自由な校風

プロフィール　国際性を重視し世界を視野に捉える

中学校が1966年、高校が1969年に開校、と比較的新しい学校だ。そのため常に、固定観念にしばられない、新しい教育体制を展開している。

建学の精神は「世界を舞台に活躍でき、世界に信頼される人間の育成」で、この実現のために、国際交流やクラブ活動、土曜講座など、体力、精神力、創造性の育成にも力を注いでいる。

環境　環境に恵まれた高台のキャンパス

横浜・港南台の丘陵に位置し、緑が多く、抜群の環境である。6万㎡の敷地には、特別教室棟やグラウンドをはじめ、体育館、プール、テニスコート、コンピュータ教室、視聴覚教室、学生食堂などの設備が充実している。また、池や噴水などの憩いの場もある。

カリキュラム　特別進学コースなど多彩なコースを設置

"自ら学ぶ姿勢を育てる"ことを目標に、6年間を2年ごとに区切り、前期・中期・後期と位置づけた進学カリキュラムを編成。中学では、特に英語教育を重視しており、週5時間の授業のほか、「英語」とは別に週2時間の外国人講師による「English」の授業も

行っている。中3より選抜クラスを2クラス設置し、文理不分離のカリキュラムで勉強する。

高校からの入学生は、2年次からはそれぞれの進路目標により、文系・理系のコース別カリキュラムとなり、選択演習講座が増える。3年次では、週の半分以上は選択講座が占め、進学を踏まえた科目を集中的に選択できる。また、入学時から難関国公立などへの進学を希望している生徒のために、1年次より特別進学コースを設置。2クラス編成で文理不分離のカリキュラムで勉強する。

学校生活　クラブ活動を積極的に支援

登校時間	中学	夏季	8：30	冬季	8：30
	高校		8：40		8：40

スポーツを通して、強靭な気力や体力を身につけ、創造の喜びを体験することを重視しており、クラブ活動を積極的に支援している。中・高ともに、文化系クラブが17、スポーツ系クラブが18ある。

進路　難関大進学者多数現役合格率も高い

合格実績が年々上昇し、難関国公立・私立大に多数が進学しており、特に理数コースでは、医・歯・薬・理・工といった理系学部への現役合格者が多い。また、指定校推薦の大学も多い。

国際化　大きな財産になるグローバルな交流

広く世界に視野を向けた国際人の育成を教育の柱にしており、北米研修プログラムや交換留学生制度、オーストラリアホームステイ、ニュージーランド留学制度、シンガポールイマージョンプログラムなど、積極的に国際交流

を行っている。北米研修プログラムは、ホームステイをし、地元の学校に通うもので、語学の習得はもちろん、異国の文化を肌で感じることができる。

2024年度入試要項

中学

試験日　2/1午前・午後（A日程・特待選抜）
　　　　2/3午前（B日程）　2/6午前（後期）

試験科目　国・算または国・算・理・社（A・B日程・後期）　国・算（特待選抜）

2024年度	募集定員	受験者数	合格者数	競争率
A日程	80	302	119	2.5
特待選抜	60	572	336	1.7
B日程	40	260	127	2.0
後期	20	288	46	6.3

高校

試験日　2/10（A日程）　2/12（B日程）

試験科目　国・数・英（A・B日程）

2024年度	募集定員	受験者数	合格者数	競争率
A日程 併願/オープン	80/40	1511/85	1511/40	1.0/2.1
B日程 併願/オープン	30/20	109/53	109/21	1.0/2.5

　■卒業生有名人　土居愛実（セーリング選手"ロンドン五輪代表"）、高原豪久（ユニ・チャーム代表取締役社長）、鈴木雄一（元空手世界チャンピオン）

神奈川

共学 小中高

横須賀学院 中 学 校 高等学校

普通科（高校）
生徒数　358名（中学）　1577名（高校）
〒238-8511
神奈川県横須賀市稲岡町82
☎ 046-822-3218

SUPER INDEX P.76

京浜急行線横須賀中央駅　徒歩10分
横須賀線横須賀駅　徒歩18分・バス5分
下車徒歩5分

「敬神・愛人」
キリスト教精神に基づく人間教育

制服 p.39

URL	https://www.yokosukagakuin.ac.jp			
Web上での合格発表	中学	○	高校	○

男女ともに関東選抜大会に出場した空手道部

キリスト教に出会い自分を知る

1950年に創立されたキリスト教学校である。『敬神・愛人』の建学の精神の下、中高一貫では「共に生きる」、高校では「Talent & Mission～タラントン（賜物）を用いて、ミッション（使命）を担う」を教育目標に、人格形成・学力向上を目指している。

広大な敷地に充実の設備

環境

4万㎡の広大な敷地に、冷暖房・Wi-Fi環境を完備した校舎、4階建ての体育館、そして新たにパイプオルガンを設置した1100名収容のチャペル棟などがあり、ミッションスクールらしい、明るく開放的な雰囲気に包まれている。

パイプオルガンが設置されたチャペル棟

独自のカリキュラムで可能性を引き出す

カリキュラム

中高ともに、全教室にプロジェクター式電子黒板が設置された。中学・高校全生徒がタブレットを学習に活用し、オンライン英会話をはじめ、ICTの教育活用に積極的に取り組んでいる。

高校は「S選抜コース」と「A進学コース」の2コース制。特に「S選抜コース」は難関大学への合格を目指すカリキュラムを採用。さらに高3次には、国公立大学を目指すSS選抜コースを設置する。授業に加えて、長期休暇中の講習・学習合宿などの様々な機会を通して学力の向上を図る。本校を卒業した現役大学生によるチューター制度もあり、学習指導に加えて、進路選択、大学生活などについて気軽に相談することができる。

礼拝で心を落ち着けてから1日がスタート

学校生活

登校時間	中学	夏季	8：20	冬季	8：20
	高校		8：25		8：25

中高ともに、毎朝礼拝があるのが大きな特徴。聖書の教えや、先生が語る夢や感動、体験談などを通して、自らを振り返って考える貴重な時間である。

クラブ活動は、中学校ではバスケットボールや陸上競技が目覚ましい成果をあげている。ハンドベルクワイアのようなキリスト教学校ならではの活動も盛んである。高校では全国大会常連の女子柔道をはじめ、陸上競技、空手道、硬式テニス、男子ソフトボール、理科学部などが成果をあげる。吹奏楽部は2年連続で東関東大会に出場。チアダンス部は2022年度、初めて全国大会に出場した。

国際交流プログラムも充実。オーストラリア国際交流だけでなく、NZターム留学、セブ島研修など選択肢が増えている。

国公立・難関私大を目指す「S選抜コース」

進路

年4回の個人面談、定期的な進路ガイダンス、頻繁に実施される大学連携講座などを通して、自らの進路を明確化している。S選抜コースはもちろんのこと、A進学コースも高い進路目標に向けて学習に励む雰囲気が醸成されている。両コースとも、ICT設備等を活用しながら、より密度の高い授業を展開している。

2023年春の大学入試では、一橋大、東京農工大、横浜国立大をはじめ、国公立大に28名が合格。早慶上理ICUに30名、GMARCHには175名が合格した。主な合格大学は以下の通り。

一橋大1、横浜国立大2、東京学芸大1、東京農工大1、北海道教育大1、室蘭工業大1、北見工業大1、新潟大1、茨城大2、大阪教育大1、長崎県1、大分大1、横浜市立大6、神奈川県立保健福祉大6、川崎市立看護大1、都留文科大1、早稲田大11、慶應義塾大5、上智大3、東京理科大10、国際基督教大1、明治大46、青山学院大42、立教大26、中央大12、法政大34、学習院大15、成蹊大15、成城大11、明治学院大22、日本大57、専修大52、東洋大34、駒澤大21、獨協大6、獨協医科大1、聖マリアンナ医科大1、東京医科大1、神奈川歯科大3、國學院大23、武蔵大2、関西学院大2、同志社大2、立命館大1、立命館アジア太平

洋大1、北里大17、東京都市大22、芝浦工業大4、東京女子大2、日本女子大5、津田塾大1、白百合女子大1、聖心女子大1、東洋英和女学院大10、フェリス女学院大13、大妻女子大10、共立女子大7、昭和女子大17、昭和薬科大5、東京薬科大4、明治薬科大1、神奈川大88、玉川大21、東海大57、亜細亜大1、帝京大10、国士舘大2、拓殖大1、東京経済大3、武蔵野美術大1、東京農業大23、東京電機大13、千葉工業大4、桜美林大3、横浜薬科大29、関東学院大92、立正大18、産業能率大3、など。

2024年度入試要項

中学

試験日　12/16（帰国生）　2/1午前・午後（適性検査型、1次A・B）　2/2午後（2次、英語資格利用）　2/3午後（3次）

試験科目　国・算または国・算・理・社（1次A）　国・算（1次B・2・3次）　適性（2/1午前）　国・算＋面接（英語資格利用）　国・算か算＋面接（帰国生）

2024年度	募集定員	受験者数	合格者数	競争率
1次A	25	83	30	2.8
1次B	25	103	39	2.6
2次	20	101	32	3.2
3次	20	90	41	2.2
適性検査型	20	49	21	2.3

※英語資格利用入試と帰国生の募集は若干名

高校

試験日　1/22（推薦）　2/10（一般A進学・S選抜・オープンⅠ）　2/12（オープンⅡ）

試験科目　作文（出願時提出）＋面接（推薦）国・数・英（一般A進学・S選抜・オープン）

※一般A進学・S選抜コースは書類選考方式あり

2024年度	募集定員	受験者数	合格者数	競争率
推薦	80	41/46	41/46	1.0/1.0
A進学	120	277/381	277/381	1.0/1.0
S選抜	90	386/438	386/438	1.0/1.0
オープン	10	105/27	68/14	1.5/1.9

※人数はすべて男子/女子

■ 卒業生有名人　徳永二男（ヴァイオリニスト）、寺泉憲（俳優）、杉山清貴（ミュージシャン）

425

進学に有利

併設校あり

芸術&特殊学科

資格&技能系

施設が充実

スポーツが強い

クラブ活動が活発

情操教育を重視

国際人を養成

自由な校風

男子（中学）　共学（高校）

横浜 中学校 高等学校

現役で志望大学合格を経て、グローバル人財へ

SUPER INDEX P.75

普通科（高校）
生徒数　66名（中高一貫）　733名（高校）
〒236-0053
神奈川県横浜市金沢区能見台通
47-1（中学）/ 46-1（高校）
☎ 045-781-3395（中学）/ 3396（高校）
京浜急行線能見台駅　徒歩2分

URL	https://www.yokohama-jsh.ac.jp/
Web上での合格発表	○

左側縦帯：
有利に進学に / あり併設校 / 特殊学科 芸術&/ 技能系 資格&/ 充実が施設 / が強い スポーツ / 活発が クラブ / 重視情操教育を / 養成人を国際 / 自由な校風

プロフィール　海外大学との提携でグローバル化

1942年に中学、1948年に高校を創立。一時、中学校を休校にしたが、1985年に再開し、中・高6年間の一貫教育がスタートした。2020年度より高校は共学化。2025年度入試より中学の募集を一時停止、それにあわせ、「思いやりあふれる青少年の育成」と「社会で活躍できるグローバル人財の育成」に力を注ぐ。

環境　施設の充実で文武両道を目指す

広いキャンパスには、大型スクリーンを設置した小講堂や、2つのコンピュータ教室を完備するほか、明るい閲覧コーナーを備えた図書室や、広々とした学生食堂もある。また、2棟の体育館や人工芝のグラウンドなど、施設が充実している。2023年、新校舎（4号館）完成。

カリキュラム　少人数の利点を活かしたきめ細かい指導

中学では英・数・国の主要教科を重視。2019年度からは学習ツールにe-ラーニング「すらら」を導入。放課後を中心に学習時間の充実を図る。英・数では「ベーシック講座」として、遅れ気味の生徒のケアーも行う。中3からは英・数・国のグレードクラスを編成する。高2からは文系・理系に分かれ、国公立大学受験も視野に入れて対応する。

高校段階では2019年度からe-ラーニング「駿台サテネット21」を導入。これにより、生徒の自由な時間に自分の学習が行えるようになる。学習サポーターを配置し、学習状況のアドバイスなどを行う。

また、ネイティブ教員と日本人教員のTTによる英語の授業も、英検取得などを条件に選択できる。

高校からの入学者は1年次からプレミア・アドバンス・アクティブの3コースに分かれ、それぞれの目標に向けた学習に取り組む。中学からの内進生は、高校段階でアドバンスコースに合流。

学校生活　文化面・スポーツ面共に充実した課外活動

登校時間	中学	夏季	8：30	冬季	8：30
	高校		8：30		8：30

クラブ活動は、甲子園で優勝した硬式野球部をはじめ、バドミントン部やアーチェリー部、剣道部、陸上競技部、アメフト部も全国大会の常連と、スポーツ分野では特に名が知られている。最近では将棋部の活躍が目覚ましく、運動部同様、全国大会での入賞を果たしている。

行事では、体育祭をはじめ、文化芸術教室、校外学習、映画教室など、文化的・体育的行事をバランスよく行っている。夏休みには、高2生のニュージーランドへの海外研修、短期留学制度もある。

進路指導　国公立・難関大学合格者アップ

中学段階から、こまめに面談を行い、将来の進路等についても早い段階から考えさせている。ライフデザイン教育などを通じて大学や仕事について学び、進路を考える一助としている。高校段階では様々なガイダンスや面談を通じて具体的な指導を重ね、学内で模擬試験を受検し、自分の学力を正しく把握しながら適切な

横校祭

進路を決定していく。

2024年度入試要項

中学　2025年度入試より募集一時停止

高校

試験日　1/22（推薦）　2/10（一般）
　　　　2/12（オープン）

試験科目　面接（推薦）
　　　　　書類選考（一般A方式）
　　　　　国・数・英（一般B方式）
　　　　　英・国か英・数＋面接（オープン）

2024年度	募集定員	受験者数	合格者数	競争率
推薦	200	301	301	1.0
書類選考	360	1949	1948	1.0
一般		929	929	1.0
オープン	50	167	132	1.2

※定員の内訳は、プレミアムコース100名、アドバンスコース350名、アクティブコース160名

　卒業生有名人　角谷浩一（政治ジャーナリスト）、筒香嘉智（野球選手）、北川悠仁（ミュージシャン"ゆず"）、上地雄輔（タレント）

横浜学園 高等学校

社会の一員として、誇りと責任を
自覚した人間の育成を目指す
未来への夢を叶えるコース制

普通科
生徒数　1004名
〒235-0021
神奈川県横浜市磯子区岡村2-4-1
☎ 045-751-6941
根岸線根岸駅　バス15分
横浜市営地下鉄弘明寺駅　バス10分

SUPER INDEX P.78

制服 p.⑩

URL	https://www.yokogaku.ed.jp

アートコースの授業

心豊かな教育を目指す伝統校

1899（明治32）年、女子に向けて大きく教育の門戸を開いた横浜女学校が設立。1947（昭和22）年、横浜学園高等学校に改称する。2001年度より、共学校となる。「慎み深く、真心をもって事にあたれ」などの建学の精神を受け継ぎ、華美をいましめ、心豊かな教育を目指している。

富士を遠景に落ち着いた緑の環境

富士山を望む丘陵地域にあり、緑豊かな恵まれた環境を楽しみながら登校する生徒も多い。屋外プール、テニスコート、アーチェリー場などのほか、購売部が併設された多目的スペース「フレカンテ・ププリエ」があり憩いの場となっている。また約50畳の広さを持つ作法室もあり、施設が充実。

進路別コース制

クリエイティブコースは2019年度に新設されたコース。GMARCHレベルの大学に一般選抜入試で合格することを目標に、高度な学力を身につけるため、様々な模擬試験や補講を通じて、生徒自身が客観的に自己の学力を把握できるような場を提供し、自分に適した志望校を決定

外国人講師の授業

できるように支援する。また、もう一つの特徴として大学合格を最終目標とするのではなく、日々の学習で学んだことをもとに自分の意見や考えをまとめたり、英語で表現・発信したりすることを通じて、将来、グローバル社会で活躍できるような思考力や判断力、表現力を身につけることを目指す。アドバンスコースは、1年次に固めた基礎をもとに、2年次以降は基礎から応用まで段階的に学習していく。一般選抜入試・学校推薦型選抜入試・総合型選抜入試を問わず、大学入試に十分対応できる力を養うとともに、将来に備えて資格や技術を身につけるための専門学校への進学も視野に入れるような、自己の適性をしっかりと把握できる場を提供する。自ら学びに向かう主体性を養い、自分に適した志望校を決定できるよう手厚く支援を行う。アカデミーコースは、1年次で固めた基礎を確実に強化しながら、2年次以降もさらに基礎の充実を図る。中国語・韓国語や校内の自然を利用した環境学習など、楽しみながら学ぶ中で「わかる」「楽しい」を実感していく。専門学校進学や就職試験を念頭に置きながら、基礎学力の充実と人間性の向上を促す場を提供し、日々の学びと社会とのつながりに気づく力を身につけることを目指す。アートコースは、本校に隣接する「横浜丘の上美術館」と連携しながら「芸術」に関する自己の感性を高め、より専門的な技能の向上に力を入れている。デッサン・油彩はもちろん、デジタルデザインも学び、美術系の大学・専門学校への進学を実現できるように支援する。また、在学中には各種コンクールへの出展に向け、確かな技術と豊かな感性を磨くことを目指す。

優秀な成績の運動部に注目

登校時間	夏	8：30	冬	8：30

学園生活は明るく伸び伸びとしており、修学旅行、球技大会、学園祭、体育祭、芸術鑑賞教室、生徒総会などの行事がある。修学旅行は2年の10月に実施。

クラブ活動は、特に運動系が盛ん。中でもアーチェリー部や陸上競技部が好成績を残している。その他にも、サッカー部、野球部、美術部、書道部、漫画研究部が活躍している。

また、生徒会を中心として定期的に学校周辺の清掃活動をするなど、ボランティア活動にも熱心に取り組んでいる。

進学、就職ともに熱心に指導

進学・就職ともに、日頃の生活態度や学習意欲を重視して、きめ細かな指導を実施している。8割以上の生徒が大学・短大・専門学校などへ進学しており、主な進学先は、青山学院大、日本大、専修大、桜美林大、神奈川大、神奈川工科大、帝京大、東海大、国士舘大、東京造形大、横浜美術大、和泉短期大、鎌倉女子短大など。

2024年度入試要項

試験日　1/22（推薦）　2/10（一般）　3/4（2次）
試験科目　作文＋面接（推薦クリエイティブコース）　面接（推薦アカデミーコース）
　　　　　書類選考または国・数か国・英（一般）
　　　　　国・数か国・英＋面接（2次）

2024年度	募集定員	受験者数	合格者数	競争率
推薦	15/100	1/74	1/74	1.0/1.0
一般	15/190	35/1105	35/1105	1.0/1.0

※人数はすべてクリエイティブコース/アカデミーコース
※2次の募集は若干名

卒業生有名人　神取忍（女子プロレスラー）、山崎ハコ（歌手）

横浜共立学園 中学校 高等学校

普通科（高校）
生徒数　557名（中学）　527名（高校）
〒231-8662
神奈川県横浜市中区山手町212
☎ 045-641-3785
根岸線・京浜東北線石川町駅
徒歩10分

SUPER INDEX P.78

大学進学率の高い 153年の歴史を誇る キリスト教主義学校

| URL | http://www.kjg.ed.jp/ |
| Web上での合格発表 | ○ |

一人一人に寄り添う、きめこまやかな指導

プロフィール　国際的視野を持つ伝統校

1871（明治4）年、アメリカン・ミッション・ホームとして創立した。建学の精神は、新約聖書ルカによる福音書の中の「心を尽くし、精神を尽くし、力を尽くし、思いを尽くして、あなたの神である主を愛しなさい、また、隣人を自分のように愛しなさい」という一節で、この教えをもとに、神を畏れ、人々を愛し、国際的視野を持って他者に仕え、共に生きる女性の育成に努めている。

環境　恵まれた環境に充実した施設

異国情緒漂う横浜山手の丘にある学園は、眼下に横浜港を臨み、横浜市内を一望できる、恵まれた環境にある。

施設の中心には、横浜市指定有形文化財第1号の木造3階建ての本校舎、その東側には中学の教室等のある東校舎、南側には高校の教室や礼拝堂（1200席）のある南校舎、そして西側には多目的ホール等のある西校舎がある。さらに約3000㎡の体育館、運動会が実施できる人工芝のグラウンド、テニスコート2面の球技コートがある。

2021年に創立150周年を迎えた学園は、その記念事業として、校舎やグラウンド等の施設を拡充し、一層の充実を図っている。

歴史を感じさせる木造の本校舎

カリキュラム　中高一貫の徹底した教育

中高一貫教育校（併設型）であるため、高校での募集は行っていない。

国際的感覚を身につけさせるため、英語教育に力を入れており、アメリカ人の教師による少人数の英会話授業もある。また、全教科ともに指導に熱心な教師陣を持ち、常に工夫した教授法を考え、大きな成果を上げている。

そのほか、茶道、華道の課外授業もある。

中学では、基礎学力の充実・向上を目指す。また、学習の進み方が速く、3年次には一部高校の授業内容に入る。

高校では、2年次から選択科目を多く設定し、きめ細かな学習指導を行う。

キリスト教教育を推進するため、授業は5日制とし、日曜日の教会への出席を奨励するほか、週1回「聖書」の授業もある。

学校生活　明るい雰囲気のさまざまな行事

| 登校時間 | 中学 | 夏季 | 8：20 | 冬季 | 8：20 |
| | 高校 | 夏季 | 8：20 | 冬季 | 8：20 |

キリスト教主義の学校らしく、クリスマスにはハレルヤコーラスやページェント（キリストの降誕劇）、礼拝などが行われる。宗教行事以外には、文化祭、運動競技大会、球技大会などがあるほか、さらに、中1・高1・高3では修養会を行い、中2・中3・高2には

クリスマスページェント

修学旅行もある。

クラブは、英語部、音楽部などの文化系15、硬式テニス部、ダンス部などの体育系8、自然愛好会などの同好会8、宗教指導部所属のグループ3が活動している。

進路　抜群の現役進学率で思い思いの進路へ

卒業後は、ほとんどの生徒が大学に進学する。2023年3月卒業生の進路状況は、4年制大学への現役進学率が9割ほどで、進学先も難関校や有名校が多い。

進学先は、東京大、東京工業大、一橋大、東京外語大、横浜国立大、筑波大、名古屋大などの国公立をはじめ、私立では早稲田大、慶應義塾大、立教大、明治大、青山学院大、上智大、国際基督教大、東京理科大など。推薦入学制度を利用して進学する生徒もいる。

2024年度入試要項

中学

試験日　2/1（A方式）　2/3（B方式）
試験科目　国・算・理・社（A方式）
　　　　　国・算（B方式）

2024年度	募集定員	受験者数	合格者数	競争率
A方式	150	224	167	1.3
B方式	30	177	90	2.0

高校　募集せず

共学 高 大

横浜商科大学 高等学校

夢実現のための充実したサポート
優れた教育環境と施設

SUPER INDEX P.79

制服 P.42

普通科　商業科
生徒数　1121名
〒241-0005
神奈川県横浜市旭区白根7-1-1
☎ 045-951-2246
相鉄線西谷駅・鶴ヶ峰駅
各徒歩17分
横浜駅・鴨居駅・西谷駅・鶴ヶ峰駅
各バス

URL	http://www.shodai-h.ed.jp
Web上での合格発表	○

社会性と信頼性に優れた人格の育成

1941(昭和16)年開校。「安んじて事を託さるる人となれ」を校訓に、基本的な生活習慣を身につけた、信頼される人物の育成を目標に、学習環境を整え、健全な心身と豊かな情操を育んでいる。

情報・視聴覚教育のメインステージ完成

横浜市郊外の閑静な高台に、6万㎡を超える緑豊かなキャンパスが広がる。校舎は全館耐震設計を施され、冷暖房・エレベーター・シャワートイレを完備している。また、生徒の憩いの場として学生ホール、食堂、売店などがある。校舎内の数ヶ所に設置されたプラズマディスプレイでは情報配信も行っており、快適な学校生活を送るための施設・設備が充実している。

運動施設としては、全天候型の総合グラウンド、球技グラウンド、体育館、武道館、弓道場、テニスコート、トレーニングルームなど、授業以外にも本格的に使用できる運動施設が充実している。特に2011年に完成した体育館は、冷暖房はもちろん、昇降式のステージ、雨天ランニングコースなどを備えている。2015年、新しい図書館・実習棟が完成。2021年より、無線LAN環境で大型スクリーンを使った授業を実施。

校地中央より実習棟を望む

特性を伸ばし実力をつける教育

普通科は、特進コース(G-MARCHレベル以上の大学を目指す)、進学コース(大学・短大・専門学校など様々な進路に対応可能)の2コース制。進学コースは2年次より文系または理系・スポーツ選抜のいずれかのクラスを選択する。特進コースの1・2年生全員と2年次から特進コースを希望する1年生を対象とする講習が放課後や長期休暇中に実施されている。

商業科は国際観光コースと会計情報コースの2コース制で、1年次は共通の科目を学び、2年次からコースごとの特色のある科目を学ぶ。普通科・商業科とも成績不振者に対して放課後や長期休暇中の補習や個別指導などを積極的に実施して、学力向上を図っている。

全国レベルの実力クラブが目白押し

登校時間	夏 8:30	冬 8:30

クラブは、文化部が13、運動部が17ある。運動部の活躍は目覚ましく、甲子園出場経験の野球部をはじめ、バスケットボール部、剣道部、弓道部、フェンシング部、ゴルフ部などが全国大会に出場している。また、文化部でも吹奏楽部、書道部、美術部、珠算部などが各種コンクールの入賞経験を持つ。

特色ある行事として、1年生で校外宿泊オリエンテーション、2・3年生ではクラスごとの校内宿泊研修を実施している。宿泊体験を通してクラスの親睦を図るほか、校訓に適う学生像を考え、校外学習(修学旅行)や進路に関して担任や教科担当者と相談し、準備を行う大切な機会となっている。

サッカー部

卒業生の約7割が大学・短大へ進学

指定校推薦のある大学は120大学で650名以上、その他に横浜商科大学へは特別推薦で進学できる。2023年度の合格実績は、埼玉大、東京学芸大、早稲田大、慶應義塾大、青山学院大、神奈川大、國學院大、駒澤大、専修大、東海大、東京電機大、東京都市大、東京農業大、東洋大、日本大、日本体育大、武蔵大、明治大、明治学院大、法政大など。

就職する生徒は6%程だが、100%の就職実績を誇り、製造・販売を中心に、卒業生は多方面で活躍している。

2024年度入試要項

試験日　1/22(推薦)　2/10(一般)
　　　　3/2(2次)

試験科目　面接(推薦)
　　　　　国・数・英＋面接(一般)
　　　　　国・英か数・英＋面接(2次)

2024年度	募集定員	受験者数	合格者数	競争率
普通科特進推薦	10			
普通科進学推薦	140			
商業科推薦	40	非公開	非公開	―
普通科特進一般	10/15/5			
普通科進学一般	60/140/10			
商業科一般	40/100/10			

※一般の人数は書類選考/学科試験/オープン
※2次の募集は若干名

| 進学に有利 | 併設校あり | 芸術&特殊学科 | 資格&技能系 | 施設が充実 | スポーツが強い | クラブが活発 | 情操教育を重視 | 国際人を養成 | 自由な校風 |

女子 幼 中 高

横浜女学院 中学校 高等学校

変わりゆく時代を生きる「ちから」をつける

普通科（高校）
生徒数 450名（中学）　426名（高校）
〒231-8661
神奈川県横浜市中区山手町203
☎ 045-641-3284
根岸線石川町駅　徒歩7分

SUPER INDEX P.78

URL	https://www.yjg.y-gakuin.ed.jp/			
Web上での合格発表	中学	○	高校	○

職員室は生徒達の通路に設置。いつでもお互いが顔を見ることができ、壁のない関係性を築く

プロフィール キリスト教精神に基づく人間教育

1947（昭和22）年に、横浜千歳女子商業学校と神奈川女子商業学校を合併し、横浜学院女子中学校・高等学校を設立。1999（平成11）年より横浜女学院と校名変更した。

真実の生き方を求める「キリスト教教育」、知性と感性を深める「学習指導」、信頼と友情を築く「共生教育」を通して、「生きる力」「生きる喜び」を学ぶ、「愛と誠」の人間教育を行っている。

環境 横浜を一望できる山手の恵まれた環境

山手の丘に位置し閑静な雰囲気である。本館と新館の校舎には、中・高の普通教室や、スタジオ付放送室、チューター在中の自習室、学習センター、作法室、被服室などの特別教室、メディアセンターを完備。メディアセンターは2020年に図書室を改装して、本を読みたくなる環境、多くの本と出会える環境を整えた。多目的ホールと特別教室を有する南棟は礼拝時にも使用される。校外施設として、横浜山手にテニスコート・クラブハウスもある。

カリキュラム 2022年度より65分授業

2022年度より知識を"真の学力"とするために月曜日から金曜日までは5時限、

英語のCLILの授業での一コマ、エネルギー問題について海外の専門家の方と英語で情報共有

土曜日は3時限の週6日制を導入。また、国際教養クラスとアカデミークラスの「学び」の深化拡大のために65分授業を導入。「国際教養クラス」では、ツールとしての英語をコミュニケーション手段とし、世界の多様性を理解し、自分の意志を伝え、使命を成し遂げる力を身につける。そのため、第二外国語を必修とし、中国語・スペイン語・ドイツ語・韓国語の中から一つ選択できるほか、"英語を"学ぶのではなく、"英語で"学ぶための手法「CLIL（内容言語統合型学習）」を導入し、国際社会に対応した資質をさらに育成。「アカデミークラス」では、中1・中2で自ら学ぶ習慣を身につけるために「勉強クラブ」を実施し、学習スタイルの確立を図る。オリジナル教材などを効果的に取り入れ、一人ひとりに合った学習により学力の可能性を引き出す。

学校生活 中学3年生全員が海外セミナーを体験

登校時間	中学	夏季	8：15	冬季	8：15
	高校		8：15		8：15

中3では、国際教養クラスは26日間、アカデミークラスは12日間の全員参加のニュージーランド海外セミナーがあり、"エネルギーについて""多文化共生""生物多様性"などのテーマで姉妹校での協働学習を実施し、異文化に触れ、国際的視野を養う。高2では希望者を対象にアメリカ海外セミナーやヨーロッパ海外セミナーを実施し、現地校との交流などのプログラムを用意している。また、高校の国際教養クラスでは、アメリカ語学研修や提携大学との共同授業をOn-Lineで行うこともできる。

どの行事にも一生懸命に取り組む雰囲気があり、体育祭、なでしこ祭（文化祭）では、100名を超える生徒実行委員を中心に自らの役割を自覚し、主体的に運営をしている。

進路 「やりたいこと」を見つける

"何を学ぶのか"を大切にして自分が希望する大学へ進学している。学びプロジェクトや探究Dayなどを通じて、目的を持った進路選択ができるようにサポートしている。主な進学先は、東京工業大、東京外語大、筑波技術大、信州大、お茶の水女子大、横浜市立大、慶應義塾大、早稲田大、東京理科大、上智大、立教大、国際基督教大、青山学院大、中央大、明治大、法政大、成城大、成蹊大、日本女子大、東京女子大、明治学院大、北里大など。

2024年度入試要項

中学

試験日　11/27（帰国生A）　12/4（帰国生B）　2/1午前（A入試）　2/1午後（B入試・特別奨学入試Ⅰ）　2/2午前（C入試）　2/2午後（D入試）　2/3午後（E入試・特別奨学入試Ⅱ）　2/21（帰国生C）

試験科目　国・算・理・社か国・英か算・英（A～E入試）　国・算か国・英か算・英＋作文＋面接（帰国生）

※アカデミーと特別奨学入試は国・算も可

2024年度	募集定員	受験者数	合格者数	競争率
A-1/A-2	5/40	40/63	8/41	5.0/1.5
B-1/B-2	10/27	150/210	34/159	4.4/1.3
C-1/C-2	5/30	61/88	22/75	2.8/1.2
D-1/D-2	5/25	74/111	27/70	2.7/1.6
E-1/E-2	5/22	93/130	62/102	1.5/1.3
特別Ⅰ/Ⅱ	3/3	221/152	4/10	55.3/15.2

※人数はすべて国際教養/アカデミー
※帰国生の募集は若干名

高校　若干名の帰国生のみ募集
（Ⅰ・Ⅱ型：書類選考　Ⅲ型：12/13）

左側縦タブ：
進学に有利に／併設校あり／芸術＆特殊学科／資格系＆技能系／施設が充実／スポーツが強い／クラブが活発／情操教育を重視／国際人を養成／自由な校風

　卒業生有名人　増田ユリア（教育ジャーナリスト）、野村真実（女優）

神奈川

共学 幼中高大

横浜翠陵_{すいりょう}中学校 高等学校

SUPER INDEX P.85

Think & Challenge !

普通科(高校)
生徒数 163名(中学) 689名(高校)
〒226-0015
神奈川県横浜市緑区三保町1
☎ 045-921-0301
横浜線十日市場駅　徒歩20分または
バス7分
東急田園都市線青葉台駅　バス15分
相鉄線三ツ境駅　バス20分

制服 p.46

URL	https://www.suiryo.ed.jp			
Web上での合格発表	中学	○	高校	○

自分の生き方を考え、「なりたい自分」を見つける

プロフィール　考えることのできる人を育成

1986年に横浜国際女学院翠陵高等学校として開校。1999年には中学校も開校した。2011年に「Think & Challenge !」をモットーに掲げ、男女共学化した。2016年春、中学に「グローバルチャレンジクラス」(中高一貫クラス)を設置。自分らしい生き方について考え、自分の人生を自らの手で切り拓いていくたくましさを身につけ、広い世界で求められる人材を志し、果敢に挑む人を育成する。

環境　緑豊かな明るいキャンパス

緑に恵まれた広いキャンパスに、総合グラウンド、テニスコート、野球専用グラウンドなどが配置され、近代的なデザインの校舎には、メディアルーム、学習室、礼法室をはじめ、ギャラリー、学生食堂など様々な設備が整っている。中高とも全教室に電子黒板とプロジェクターを設置し、中学生はBYODを使用した授業を展開している。

カリキュラム　充実した進学指導と国際理解教育

2期制により早い段階から大学進学を見据えた効率的な指導を実践。中学からの入学者は英語力・人間力を中心に、グローバルリーダーを育成する。中学の英語、数学の授業は20名程度の少人数で展開。さらに理解度に応じた習熟度別授業を実施するこ

困難を乗り越え、最後まで挑戦し続ける

とで、きめ細かな指導を行っている。中学3ヶ年を通じてグローバルプロジェクト(問題解決学習・プレゼンテーションに特化した教育)を行う。高校からは、志望に合わせて国公立・私立に分かれてそれぞれの入試に対応した授業を準備。

高校からの入学者は、特進、国際、文理の3コース制でそれぞれの目標に向けてきめ細かく指導している。特進コースは5教科8科目に対応した国公立大学・難関私立大学受験対応のカリキュラムを編成している。3年間を通じて主要教科を必修とし、3年次は入試問題演習を中心に実践力を養っている。1・2年次の夏季休業中には、学習に向かう姿勢を確立するために勉強合宿を行う。国際コースは世界を舞台に社会に貢献できる教養と知識を身につける。2年次におけるイギリスグローバル研修やニュージーランドへの中期留学は、語学力をさらに向上させるプログラムとして成果を上げている。文系選択では第二外国語(スペイン語・中国語)が履修できる。文理コースはそれぞれの進路に対応した授業選択ができる。志望大学・学部に合わせた科目を集中して学ぶことができ、時間的にも内容的にも濃い内容を学習することができる。特進・文理コースでは夏季休業中に、希望選抜制で、カナダでの海外教育研修プログラムも用意している。一人一家庭のホームステイや現地の文化とアクティブに関わることで英語力の向上を目指している。

学校生活　活発な国際交流 生徒の自主性を重視

登校時間	中学	夏季	8:30	冬季	8:30
	高校		8:30		8:30

学校行事は、翠陵祭や体育祭、中学合唱コンクール、球技大会、トレッキングデーなど多彩。これらの学校行事は、生徒が主体的に企画・運営に携わり、自主性の伸長を図る。そのほか国際交流の一環として、中国・メキシコ・アメリカ・オーストラリアに海外姉妹校・友好校・交流校を持ち、交換留学など積極的に交流を行っている。また、文化部12、運動部

11から成る部活動も盛ん。

進路　細やかな進路指導で目標達成

ほぼ全員が進学を希望しており、併設の横浜創英大学への優先入学制度をはじめ、多数の指定校推薦もある。主な進学先は、東京学芸大、東京都立大、電気通信大、東京理科大、学習院大、明治大、青山学院大、立教大、法政大など。

2024年度入試要項

中学

試験日　2/1午前(第1回・適性検査型・英語資格型・帰国生)　2/1午後(第2回)
　　　　2/2午前(第3回・英語資格型・帰国生)
　　　　2/3午後(第4回)　2/5午前(第5回)

試験科目　国・算または国・算・英＋面接(帰国生)　国・算または国・算・理・社(第1〜3・5回)　国か算(第4回・英語資格型)　適性検査Ⅰ・Ⅱ(2/1午前)

2024年度	募集定員	受験者数	合格者数	競争率
第1回/適性/英	30	22/9/2	17/8/2	1.3/1.1/1.0
第2回	30	66	48	1.4
第3回/英語型	10	28/3	13/3	2.2/1.0
第4回	10	61	39	1.6
第5回	10	25	13	1.9

※帰国生は一般入試枠に含む

高校

試験日　1/22(推薦)　2/10(一般)
　　　　2/12(オープン)

試験科目　面接(推薦)
　　　　　国・数・英＋面接(一般・オープン)

2024年度	募集定員	受験者数	合格者数	競争率
推薦	15/15/30	3/1/7	3/1/7	1.0/1.0/1.0
一般	15/15/25	51/34/338	51/34/338	1.0/1.0/1.0
オープン	5	1/1/19	1/1/13	1.0/1.0/1.5

※人数はすべて特進/国際/文理

進学に有利に

併設校あり

特殊学科 芸術&

技能系 資格&

充実施設が

スポーツが強い

活発 クラブが

重視 情操教育を

養成 国際人を

校風 自由な

431

共学 | 高

横浜清風 高等学校

Go to the Next Stage with us
青春は学びと部活でできている

普通科
生徒数　1359名
〒240-0023
神奈川県横浜市保土ヶ谷区岩井町447
☎ 045-731-4361

SUPER INDEX P.78

横須賀線保土ヶ谷駅　徒歩8分
京浜急行線井土ヶ谷駅　徒歩15分
相模鉄道線天王町駅　徒歩20分

制服 p.40

URL	https://www.y-seifu.ac.jp
Web上での合格発表	○

プロフィール 「智慧」と「慈悲」の教えで個性を育て、伸ばす

弘法大師の開いた日本で最初の私立学校「綜藝種智院」の教育理想を継承し、仏教の教えに基づく「智慧」と「慈悲」の精神の涵養により、誠実で明るく健康な生徒の育成を目指す。

校風として、「明るくさわやかで活気に満ちた学校」「健康で知性に満ちた品格ある学校」「希望に満ちた調和のある学校」の3項目を掲げている。2023年、創立100周年を迎えた。

環境 抜群の教育環境

横浜のほぼ中心地、保土ヶ谷区の丘陵地に位置し、東にMM21、西に丹沢連山、霊峰富士を望むことができる。

2013年の創立90周年記念行事として新校舎を建設。採光を考慮した明るい教室や各階に3箇所の生徒ラウンジ、オープンテラスを併設した食堂、その他多目的ホールや特別教室を配置した本館棟と、3階建ての広さを持つARENA棟からなる。どちらも近代的な最先端の設備が整っている。

カリキュラム 進路に対応する充実のコース制

特進コースは国公立・難関私立大学への現役合格を目標としている。2年次からは、国公立文系・理系、私立文系・理系の4つの受験系統に分かれて授業を選択。特に英

校舎「本館」

語の授業数が充実している。高い学力を身につけるため、早朝0限補習、7限授業、土曜進学講座、長期休暇中の補講や学習強化週間を実施している。

総合進学コースは大学進学を中心に多方面への進路実現を目標としている。受験時の希望などにより、コースの中に設けられている選抜進学クラス(より進学に特化した授業を展開)、グローバルクラス(社会、大学のグローバル化に対応)に入ることができる。2年次からは文系・理系に分かれて授業を選択できると共に、選抜進学クラス、さらには特進コースに移動することも可能。

学校生活 部活動・学校行事と積極的に参加

本校は学習と部活動の両立を目指し、部活動は、体育系17、文化系13、同好会7あり、多くの生徒が参加し、それぞれ活発に活動している。

陸上競技部は2018～2023全国大会出場(通算17回)、2014～2023関東大会出場(通算19回)、ソフトボール部(女子)は2023東日本大会ベスト16(通算11回出場)、男子バスケットボール部は2023年関東大会出場(通算8回出場)、バトントワーリング部は2023年全国大会出場、関東大会出場(通算7回出場)、女子バスケットボール部は2019年関東大会出場(通算7回)、ソフトテニス部は2019年関東大会出場(通算5回)、バレーボール部(女子)は2023年関東私学選手権大会出場(連続25回)、アイススケート部は2021～2023全国大会出場、吹奏楽部は2018・2020～2022年全国コンクール入賞(連続5回)、写真部は2018・2019年関東大会入選。

進路 清風メソッド

進路ガイダンス・進路相談会で、進路についての基礎知識を得て、将来の可能性を探り自己実現のための指導と実践をしている。具体的には、学力アップのために毎日の自主学習時間をタブレット端末にて記録。日々の学習計画や目標を振り返り、それをもとに担任の確認やアドバイスを受け

進路講演会風景

る。模擬試験・定期試験に向けた年間計画による自学自習や事後フォローなど、実力アップ、そして希望進路実現のために生徒一人ひとりをサポートしている。

2023年3月卒業生の大学合格状況は、横浜国立大、長崎大、富山県立大、早稲田大、学習院大、明治大、青山学院大、立教大、中央大、法政大、日本大、東洋大、駒澤大、専修大、成蹊大、成城大、明治学院大、國學院大、武蔵大、東京薬科大、日本女子大、東京女子大、芝浦工業大、東京農業大、東京都市大、桜美林大、神奈川大、東海大など。

国際化 国際社会で活躍できる人を目指して

グローバルクラス設置　グローバルクラスは「グローバル人財育成プログラム」に特化したクラス。英語を使う環境を豊富に提供し、「使える英語」の習得を目標とする。その豊かな語学力を利用しスーパーグローバル大学(SGU)や海外大学への進学を目指す。
グローバル人財育成プログラム　「使える英語習得」「豊富な国際経験」「日本文化学習」「考える力育成」を学びの柱として国内外問わず活躍できる人財を育成している。
海外研修(希望制)　オーストラリア短期留学(16日間)、セブ島英語合宿(8日間)
交流国　オーストラリア、中国、タイ、フィリピン、フィンランド、台湾

2024年度入試要項

試験日　1/22(推薦)　2/10(一般)　3/4(2次)
試験科目　面接(推薦)
　　　　　国・数・英＋面接(一般・2次)

2024年度	募集定員	受験者数	合格者数	競争率
推薦	25/140	14/87	14/87	1.0/1.0
一般	35/140	201/968	201/967	1.0/1.0

※人数は特進コース/総合進学コース
※一般は書類選考入試あり、一般にオープン(各コース3名)含む。2次募集は各コース若干名

有利に進学に | あり併設校 | 特殊学科 & 芸術 | 技能系 & 資格 & | 充実 施設が | が強い スポーツ | 活発 クラブが | 情操教育を重視 | 養成 国際人を | 自由な校風

共学　幼中高大

横浜創英中学校高等学校

普通科（高校）
生徒数　343名（中学）　1211名（高校）
〒221-0004
神奈川県横浜市神奈川区西大口28番地
☎ 045-421-3121
横浜線大口駅　徒歩8分
京浜急行線子安駅　徒歩12分
東急東横線妙蓮寺駅　徒歩17分

SUPER INDEX P.84

制服 p.㊻

「考えて行動のできる人」を育成 やる気にさせる カリキュラムが自慢

URL		https://www.soei.ed.jp/	
Web上での合格発表	中　学	○	高　校	○

プロフィール　考えて行動のできる人を育成

「考えて行動のできる人」の育成を建学精神に本校は1940（昭和15）年に創立された。2002（平成14）年に共学となり、翌年度より、「中高一貫」の中学も誕生。教育目標である「自律・対話・創造」を柱に、「自己実現を目指し、自己肯定感を実感できる自立した人間」「周囲と共に生き、進んで社会に参加・貢献できる人間」の育成を目指している。

環境　恵まれた学園環境

住宅街の緑あふれる閑静な丘の上にあるキャンパス。敷地内には、2層式の大型体育館、生徒食堂、3万冊余りの蔵書数を誇る快適な図書館などが配置されている。また、「生徒一人ひとりの心を大切に」という考えから、臨床心理士によるカウンセリングルームも設置。さらに全教室に冷暖房を完備し、快適な教育環境で学習ができる。新校舎も完成しグラウンドは人工芝化、屋上には太陽光発電システムを設置して環境にも配慮している。

カリキュラム　進学に重点を置いた新カリキュラムの実践

中学では、中高6年間をベースに効果的、計画的なカリキュラムを用意。

21世紀に対応した本館

校長によるリーダー養成講座や本校独自の「創学」によって様々な力を育成している。国際教育も充実しており、外国人教師による英会話授業、海外語学研修も行われる。また、「対話・創造型講座」や「コラボレーションウィーク」を通して自ら課題を発見し、試行錯誤しながら課題解決を行い、新しい価値を生み出す力を育成する。さらに、大学との接続講座を充実させ、視野を広げるとともに課題解決力を養う。

高校は、特進・文理の2コース制で、高いステージで生徒一人ひとりの夢を実現させていく。

特進コースは国公立大・難関私立大を目指し、5（6）教科7科目の共通テストに対応するため、1年次より独自のカリキュラムを取り入れ受験に対応した実践的能力を養成。文理コースは、主に難関・中堅私大を目指すコースで、1年次では基礎学力を養成し、2年次からは文系・理系に分かれ、生徒一人ひとりの進路に対応した科目を効率的に学習していく。

学校生活　体育系・文化系とも活発なクラブ活動

登校時間	中学	夏季	8：25	冬季	8：25
	高校		8：25		8：25

高校の部活動は、文化・体育合わせて30部があり、特にバトン部、女子ハンドボール部、男子ソフトテニス部、サッカー部の活躍は目覚ましく、インターハイや全国大会に出場。また吹奏楽部はコンクールで常に上位入賞を決めている。中学では、サッカー、バレーボール、バトン部の活動が盛んで、バトン部は全国大会にも出場。

進路　個別指導を徹底した進路指導

ほとんどの生徒が進学を希望してお

定期演奏会（みなとみらいホール）

り担任との個人面談、三者面談、校内進路説明会、夏期特別講座、模擬試験などを行い、進路の実現に向けて努力できるよう指導している。また、系列の大学へは優先入学ができる。

2024年度入試要項

中学

試験日　1/28午前（帰国生）　2/1午前・午後（第1・2回）　2/2午前（第3回）　2/3午前（コンピテンシー）　2/6午前（第4回）

試験科目　国・算か国・算・理・社（第1・3回）　国・算（第2・4回）　プレゼンテーションかグループワーク（コンピテンシー）　プレゼンテーション＋口頭試問（帰国生）

2024年度	募集定員	受験者数	合格者数	競争率
第1回/第2回	50/30	147/321	35/37	4.2/8.7
第3回/第4回	30/10	172/185	26/10	6.6/18.5
コンピテンシー	20	84	19	4.4

※帰国生の募集は若干名

高校

試験日　1/22（推薦）　1/28（帰国生）　2/11（オープン）

試験科目　課題作文（推薦）　国・数・英（オープン）　プレゼンテーション＋口頭試問（帰国生）

2024年度	募集定員	受験者数	合格者数	競争率
特進	35/35	32/95	32/4	1.0/23.8
文理	80/80	85/137	85/55	1.0/2.5

※人数はすべて推薦/オープン
※帰国生の募集は若干名

卒業生有名人　長谷川アーリア・ジャスール、水沼宏太、金井貢史（プロサッカー選手）

神奈川

共学 高

横浜創学館 高等学校

創造性豊かな人間を
育てるために
学科構成を一新

普通科
生徒数　1393名
〒236-0037
神奈川県横浜市金沢区六浦東1-43-1
☎ 045-781-0631
京浜急行線追浜駅・金沢八景駅
各徒歩15分

SUPER INDEX P.76

制服 p.39

URL	https://so-gakukan.ed.jp
Web上での合格発表	○

全国大会優勝経験を持つ空手道部

左側タブ：
有利に 進学に
あり 併設校
芸術&特殊学科
資格&技能系
施設が充実
スポーツが強い
クラブが活発
情操教育を重視
国際人を養成
自由な校風

プロフィール 「偏差値5アップ」を掲げ学習指導

1958（昭和33）年に横浜商工高等学校として創立、2003（平成15）年から校名を横浜創学館高等学校と改めた。入学時からの偏差値5アップを掲げ、文武両道と共に目標を達成するための教育がなされている。校歌は小田和正氏作詞作曲の「遥かな想い」を定めている。

環境 施設・設備も新しくなり更に充実

金沢八景駅からの通学路はヨットハーバー脇、海を眺めながらの登下校は気持ちがよい。校内は室内温水プールや350席の食堂、コンビニエンスストア、200以上のコンピュータが全校LANによって管理されているなど充実。その他の施設として1万㎡を超える釜利谷総合グランドなどがある。

カリキュラム 多彩なコースで目標達成をサポート

個性の伸長と共に、大学受験に対応する学力の充実を目指し、以下の重点目標に基づきカリキュラムを編成している。
①生きる力となる学力の向上
②生徒の個性・ニーズに対応した選択系列
③進路保障ときめ細かいキャリアガイ

水温が一定に保たれた屋内温水プール

ダンス

○特別進学：週34時間、週4回の7時間授業を実施。国公立・難関私立大学の進学を目指す。英文特講、数学特講など入試を意識した授業を展開する科目を設置。また、1年次から予備校との提携講座を必修にしている。2年次で「文系」「理系」に分かれ一般受験対応の授業を展開。

○文理選抜：難関中堅私大進学を目指し、学習と部活動の両立「文武（文部）両道」を図る。基礎学力向上のため、週3～4の朝学習を課している。2年次には「文系」「理系」に分かれ、受験対応の授業となる。

○総合進学：個性を活かす多彩な系列で、「一般」「国際英語」「スポーツ」の3コース制。「一般」は2年次に「文系（情報経済系）」・「理系（環境科学系）」に分かれ、実技を伴いながら受験対応の授業を展開していく。「国際英語」は英語に特化した学習プログラム。英会話はもちろん英文法、リーディングなど基礎から学習し、語学系への進学を目指す。「スポーツ」は1年次から特化したカリキュラム編成で、運動部に所属することが条件。実技面だけでなく、スポーツ総論、保健特論など理論学習にも多くの時間を割き、体育系への進学を目指す。

学校生活 高レベルで活発なクラブ活動

登校時間	夏	8：30	冬	8：30

クラブ活動は、運動部が17、文化部が17ある。特にハンドボール部は、インターハイ3回優勝、国体2回優勝を成し遂げ、2度も日本スポーツ賞を受賞した。さらに、空手道部（全国優勝）、自転車競技部（インターハイ）、硬式野球部・ハンドボール部（関東大会）が各大会に出場し、優勝・入賞等をしている。チアダンス部は全国大会で優勝し、金沢区民栄誉賞を受賞した。文化部で

は、書道部や吹奏楽部が上位大会で活躍中。

スポーツ祭、夕照祭、芸術鑑賞・文化講演会など、行事も多彩。また土曜講座を開講し、外部から先生を招き、様々な講座を開講している。

進路 進学、就職と多様な進路

進路の内訳は、大学・短大69％、専門学校18％、就職6％。過去3年間の主な進学先は、防衛医科、北里（医）、東京芸術、青森、岩手、東京農工、神奈川県立保健福祉、早稲田、東京理科、青山学院、立教、法政、中央、明治学院、駒澤、東海、神奈川、関東学院など。

2024年度入試要項

試験日　1/22（推薦）
　　　　2/10（一般チャレンジ試験）
試験科目　面接（推薦）
　　　　　国・数・英（一般チャレンジ試験）

2024年度	募集定員	受験者数	合格者数	競争率
特別進学推薦	20	6	6	1.0
特別進学書類	20	36	36	1.0
文理選抜推薦	90	65	65	1.0
文理選抜一般/書類	90	15/295	15/295	1.0
総合進学推薦	60	129	129	1.0
総合進学一般/書類	60	74/606	72/604	1.0/1.0

※一般は書類選考入試

　卒業生有名人　秋山翔吾（プロ野球選手）、望月惇志（プロ野球選手）、藤田優一（FMヨコハマDJ）

神奈川

共学　幼 中 高

横浜隼人 中学校 高等学校

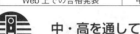

大学受験に向けて、徹底指導
充実した進路指導システムで
進学実績が年々アップ

SUPER INDEX P.79

普通科　国際語科（高校）
生徒数　247名（中学）　1729名（高校）
〒246-0026
神奈川県横浜市瀬谷区阿久和南1-3-1
☎ 045-364-5101
相鉄線希望ヶ丘駅　バス8分または徒歩18分
東海道本線戸塚駅　バス
登校時、中学専用スクールバス（希望ヶ丘駅・弥生台駅・緑園都市駅・南万騎が原駅ルート）あり

U R L	https://www.hayato.ed.jp/			
Web上での合格発表	中　学	○	高　校	○

中・高を通して 定評ある人間教育

プロフィール

1977（昭和52）年に隼人高等学校、1979年に隼人中学校が開設。1985年に中学、1987年に高校が共学となり、1993年に現校名に改称した。

校訓「必要で信頼される人となる」に基づき、人間性豊かで、日本の社会だけでなく、広く世界のために献身的に働く人間の育成に努めている。

設備の整った 校舎が自慢

環境

閑静な高台に位置した快適な環境で、ゆとりのある校地には、広大な総合グラウンドや野球場などがある。全生徒がタブレットを持ち、充実したICT環境で時代を先取りした教育を実施している。

進学を目的とした 徹底カリキュラム

カリキュラム

中学では、中高一貫教育を視野に入れ、ゆとりをもって基礎学力が身につく学習を展開すると同時に、英・数で習熟度別授業を1年次より実施している。また、国際社会に貢献できる人間の育成のため、英語教育には特に力を入れており、1年次には校内語学研修、2年次にはブリティッシュヒルズでの国内語学研修、3年次にはカナダ語学

スポーツフェスティバル

研修と積極的に英語を活用することを重視している。全教科にアクティブラーニング型授業を導入し、知識の定着と同時に応用力や活用力を磨いている。

高校には、普通科と国際語科がある。普通科は、特別選抜コース、特進コース、進学コースに分かれており、それぞれ学力に合った授業を展開している。学力差の大きい英・数・国については、特別選抜・特進コースは1年次から、進学コースは2年次から習熟度別授業を行う。また、2年次からは文系と理系に再編成し、進路に合わせて多様な対応を行っている。国際語科は、授業の中にGlobal Understandingを取り入れ世界に視野を広げ、英語の活用能力を鍛えている。1年次の終わりに実施される海外語学研修には全員が参加するほか、毎年数名が、選抜試験を経て、2年次から3年次の1年間、カナダの提携校に留学したり、3ヶ月間の短期留学に毎年30人以上の生徒が参加している。留学中の取得単位が認められているので、帰国後は同学年・クラスに戻ることができる。

中・高ともに、親切な個別指導が行われるほか、夏期講習や英検受験のための特別補習も実施されている。

自主性、創造性を 育てるクラブ活動

学校生活

登校時間	中　学	夏季	8：20	冬季	8：20
	高　1		8：20		8：20
	高2・3		8：30		8：30

学校行事は、隼輝祭、修学旅行、宿泊研修、キャンプ、校内英語スピーチコンテスト、スポーツフェスティバル、合唱祭など多彩である。クラブ活動も盛んで、高校の硬式野球部、女子バレー部、軟式野球部、卓球部、美術部、吹奏楽部、和太鼓部、中学の軟式野球部・卓球部などは各種大会でも活躍している。

オンライン英会話

個を尊重した 進路指導

進路

ほぼ全員が進学を希望している。各学年での模擬試験の実施、面談等を通して、将来の希望に即した指導を行っている。合格実績も飛躍的に伸び、現役合格率は約85％である。2023年度入試では、国公立大38名、早慶上理26名、GMARCH141名、日東駒専160名など数多く合格している。

2024年度入試要項

中学

試験日　2/1午前（第1回・公立中高一貫）
　　　　2/2午前（第2回）
　　　　2/2午後（自己アピール）
　　　　2/6午前（第3回）

試験科目　国・算（第1～3回）
　　　　適性Ⅰ・Ⅱ（公立中高一貫）
　　　　基礎計算＋作文＋面接（自己アピール）

2024年度	募集定員	受験者数	合格者数	競争率
第1回/第2回	40/20	101/54	63/34	1.6/1.6
第3回/アピ	10/20	36/33	17/23	2.1/1.4
公立中高	30	116	109	1.1

高校

試験日　1/22（推薦）　2/10（一般1次・オープン）
　　　　3/2（一般2次）

試験科目　面接（推薦）　国・数・英（一般1次・オープン・2次・普通）　国・英（一般1次・オープン・2次・国際語）

2024年度	募集定員	受験者数	合格者数	競争率
普通	60/125/10	52/1304/44	52/1304/23	1.0/1.0/2.3
国際語	20/45/3	52/140/7	52/140/5	1.0/1.0/1.4

※人数はすべて推薦/一般1次/オープン
※一般2次の募集は若干名

卒業生有名人　　宗佑磨（プロ野球選手）

進学に有利

あり 併設校

芸術＆特殊学科

資格＆技能系

施設が充実

スポーツが強い

クラブ活発が

情操教育を重視

国際人を養成

自由な校風

神奈川
共学 中 高

横浜富士見丘学園 中学校・高等学校

たくましく、しなやかに。自ら未来を創造する人材を育成

普通科（高校）
生徒数　118名（中学）　289名（高校）
〒241-8502
神奈川県横浜市旭区中沢1-24-1
☎ 045-367-4380
相鉄線二俣川駅　徒歩15分

SUPER INDEX P.79

制服 p.42

URL	https://www.fujimigaoka.ed.jp			
Web上での合格発表	中　学	○	高　校	―

左側サイドバー：
進学に有利
併設校あり
芸術＆特殊学科
資格系＆技能系
施設が充実
スポーツが強い
クラブが活発
情操教育を重視
国際人を養成
自由な校風

プロフィール 創立100周年を迎え 新たな歴史を刻む

2019年4月より共学化。創立100周年を迎え、さらなる教育改革を進めている。「敬愛」「誠実」「自主」の校訓のもと、コミュニケーションのツールとして使うための「活きた英語力」、知識の活用を可能にし、難関大学への進学を実現する「確かな学力」、社会生活で必要とされる課題解決力や協働力、プレゼンテーション力などの「ジェネリックスキルの育成」、AI社会、ICT社会を生き抜くために必要な発想力や論理的思考力を育む「理数教育」を教育の4つの柱に主体的・自立的に未来を幸せに生きる力を育む。

環境 木の香りが漂う 赤レンガの校舎

校舎は、港横浜をイメージした赤レンガ造りの外観に木の温もりを感じる内装で、落ち着いた雰囲気の心安らぐ学習空間。図書館棟にはITラウンジや教員との交流ラウンジも併設。1000人収容の大講堂と、校舎から切り離された心静まる礼法室、バスケットボールコートが2面とれる広い体育館、人工芝で覆われた広大なグラウンドと、充実した教育施設を整えている。

カリキュラム グローバルな学力の育成― 大学入試改革を踏まえて

週6日制、2学期制。中学までは、男女の特徴を生かしたクラス編成と、少人数クラスによりきめ細かい指導で学習効果を図る。特に学力間差が生じやすい英語・数学は十分な授業時間数を確保し、学習の深さに重点をおきながら無理のない先取り学習

日本人の心を学ぶ「礼法」の授業

を行い、基礎学力の徹底と応用力・実践力を養成する。

高校は男女混合の特進クラスと女子進学クラスに分かれる独自のクラス編成。両クラスとも1年次に必修で週1時間のオンライン英会話を実施。英語・英会話、数学を中心に、特進クラスは必修の7時間目特別講習、長期休暇中の講習や放課後学習支援〈TERAKOYA〉を実施し、希望進路実現を後押し。生徒が主体的・協働的に学習する調査学習とプレゼン発表を繰り返し行うことで、ジェネリック・スキルを育む。特に高1で実施する企業連携型探求学習のクエストエデュケーションでは、全国大会に8年連続出場。

学校生活 笑顔で過ごす 学園生活

登校時間	夏	8：30	冬	8：30

豊かな情操教育の中、生徒会の活動も活発で、学校行事は全校生徒が積極的に参加し、自主的に運営している。

また、クラブ、同好会の活動も活発で、対外試合や発表会などで優秀な成績を収めている。部を越えて海岸清掃や福祉施設の訪問、ボランティア活動なども行っている。

進路 特進クラスのGMARCH以上の 大学合格44%

主な進学先は、東京外語大、電気通信大、東京都立大、神奈川県立保健福祉大、長崎大、静岡大、上智大、東京理科大、明治大、青山学院大、立教大など。

国際化 セブ島英語研修、中3の オーストラリア研修や短期留学

2月にセブ島で2週間の英語マンツーマン研修（希望制）を実施。1年生から参加可能で、英語学習の意義や楽しさを自然に知る機会となっており、リピート参加者も多い。中3の1月にはオーストラリア研修を実施し、英語をツールにホームステイや現地大学生と交流。また、中3・高1・2年の希望者を対象に自立をテーマとしたオーストラリアターム留学も実施。その他、様々な国からの留学生と交流するプログラムのグローバルアイなど、国際化の中で生きる日本人としての自覚を持ち、コミュニケーション手段としての英語力を身につけると同時に、生徒自身が小さな国際貢献を考え、実行する多彩なプログラムがある。

2024年度入試要項

中学

試験日　2/1午前・午後（第1・2回）
　　　　2/2午前・午後（第3・4回）
　　　　2/3午前・午後（第5回・表現力）
　　　　2/5午前（第6回）

試験科目　国・算または国・算・理・社または英・国か英・算または英・国か英・算＋理・社（第1・5回）　国・算または英・国か英・算（第2回）　国・算または国・算・理・社（第3・6回）　国・算（第4回）　国語＋面接（表現力）

2024年度	募集定員	受験者数	合格者数	競争率
第1回	30	25	18	1.4
第2回	30	46	25	1.8
第3回	10	17	9	1.9
第4回	10	18	12	1.5
第5回	10	18	12	1.5
表現力	5	6	6	1.0
第6回	5	3	1	3.0

高校

試験日　1/22（推薦）　2/10（一般）　2/11（オープン）
試験科目　作文＋面接（推薦）　国・数・英（一般・オープン）

2024年度	募集定員	受験者数	合格者数	競争率
女子進学	20/15	12/48	12/48	1.0/1.0
男女特進	40/40	8/45	8/45	1.0/1.0

※人数はすべて推薦/一般
※オープンの募集は5名

神奈川

女子 小 中 高

横浜雙葉中学校
高等学校

ふたば

自分も他者も大切に
世界をつなぐ人を育て
未来へ向かう伝統校

URL　https://www.yokohamafutaba.ed.jp

普通科（高校）
生徒数　549名（中学）　534名（高校）
〒231-8653
神奈川県横浜市中区山手町88
☎045-641-1004
みなとみらい線元町・中華街駅　徒歩6分
根岸線・京浜東北線石川町駅　徒歩13分

SUPER
INDEX
P.82

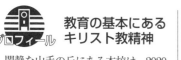

運動会で行われるダンス

プロフィール　教育の基本にある キリスト教精神

　閑静な山手の丘にある本校は、2020年に創立120周年を迎えた伝統ある女子校だ。学園の基礎は、1872年、最初の来日修道女マザー・マチルドによって築かれた。カトリックの「幼きイエス会」を設立母体とし、キリスト教精神に基づく建学の精神は、現在も確実に受け継がれている。

　校訓は、「徳においては純真に　義務においては堅実に」。純真な心、働き奉仕する心など、愛の精神の実践を目指す。自分を積極的に表現しながら人と人との関わりを大切にし、未来を生きるための高い知性と豊かな感性を育み、新しい時代を生きる力を伸ばすことを目指している。

環境　異国情緒あふれ 緑豊かな環境

　みなとみらい線の元町・中華街駅からは、エスカレーターを利用し丘の上まで上ることができる。異国情緒あふれ緑豊かな外国人墓地に沿って、富士山を望みながら山手通りを進むと、程なく到着する。

　正門の奥へテニスコートの脇を行くと西校舎の正面玄関がある。採光たっぷりの明るい校舎には、図書館、ITワークショップルームなどが入り、生徒たちのお気に入りの空間だ。

登校風景

カリキュラム　少人数クラスによる 徹底した一貫教育

　中学・高校6年間をトータルにとらえたカリキュラムを設定。中学1・2年では学力や人格形成の基礎となる豊かな土壌を育て、中学3年・高校1年は学問や社会の現実に多く触れることで自分の可能性への気づきを促す。そして高校2・3年で可能性を大きく伸ばしながら、より深く自己を研鑽・努力するよう導いている。

　1クラス約45人の4クラス編成を実施（中1は5クラス編成）。高校2年次からは進路別のゆるやかな選択制が導入され、目標や進路に沿った学習ができる。特に語学教育には力を入れており、中学では英語を少人数クラスで指導し、週6時間のうち1時間は外国人教師による英会話の授業である。中3から英語と数学で習熟度別授業が実施されている。中学では、全学年で英語や数学で指名制の補習が行われるほか、中3からは希望制の発展的補習も始まる。高校では、補習はすべて希望制となり、細やかな対応をしている。中1から高2までの総合学習では、自然・人・世界との関わりについて学ぶ。

学校生活　生徒たちの個性が 生きる学校行事

登校時間	中学	夏季	8：15	冬季	8：15
	高校		8：15		8：15

　クラブ活動には、器楽、吹奏楽、演劇などの文化系が21、テニス、ダンス、ハイキングなどの運動系が5つある。

　学校行事では、学校全体が盛り上がるクラス対抗の球技大会や運動会、学園祭のほか、ミサやクリスマス行事などには全校生徒が参加する。また、中学合唱コンサート、クラブ合宿、夏期補習なども行われる。宿泊行事としては紅葉の季節に中学3年生が奈良・京都、高校2年生が長崎を訪れる。

進路　進学率が高く 指定校推薦も多数

　卒業後はほぼ全員が大学に進学する。伝統校らしく、多くの大学の推薦入学指定校にもなっている。

　有名私立大学への進学者が多く、国公立大学への志望者も増加傾向にある。理系への進学者は、例年、ほぼ40％で、医学科などの医療系のほか、工学系などへの進学者も増えている。主な進学先は、国公立では、東大、京都大、東京工業大、一橋大、東京外語大、筑波大、お茶の水女子大、横浜市立大など、私立では、慶應義塾大、早稲田大、上智大、明治大、立教大、東京理科大、青山学院大など。

中庭から校舎を臨む

2024年度入試要項

中学

試験日　12/9（12月帰国生）　2/1（1期）　2/2（2期）
試験科目　算＋CEFR検定＋面接または
　　　　　算＋作文＋面接（12月帰国生）
　　　　　国・算・理・社（1期・2期）

2024年度	募集定員	受験者数	合格者数	競争率
1期	60	178	75	2.4
2期	30	179	72	2.5
帰国生検定/作文	若干	23	15	1.5

卒業生有名人　稲葉賀惠（服飾デザイナー）、伊藤緋紗子（エッセイスト）、三浦しをん（作家）

進学に 有利に

併設校 あり

特殊学科 芸術＆

資格系 技能系＆

充実 施設が

スポーツ が強い

クラブが 活発 活発

情操教育 重視

国際人を 養成

校風 自由な

437

千葉

50音順ガイド

＊10タイプ・ジャンル別インデックスは、各学校の大きな特徴を、それぞれ3つから4つ選んでいます。

『**進学に有利**』‥‥‥‥国公立大学、有名私立大学に、多くの合格者を出している学校。

『**芸術＆特殊学科**』‥‥‥‥音楽、美術、演劇、体育などの学科やコースをもつ学校。

『**資格＆技能系**』‥‥‥‥高校卒業後、就職に役立つ資格や技能を身につけられ、専門技術を学べる学校。

『**スポーツが強い**』‥‥‥‥全国大会、インターハイなどに出場し、優秀な成績をあげている学校。

『**国際人を養成**』‥‥‥‥英語を重視し、留学（長・短）、海外語学研修、ホームステイなどのシステムをもつ学校。

＊各学校のガイドのくわしい見方は、4ページの「ガイドページの見方」をごらんください。

SUPER INDEX P.101

制服 p.50

千葉

女子　中高専短大

愛国学園大学附属四街道 高等学校

校訓「親切正直」な心を磨き、
進んで社会に貢献できる
女性の育成を目指す

| URL | https://aikokuy.com |

普通科
生徒数　105名
〒284-0005
千葉県四街道市四街道1532-16
☎ 043-421-3533
総武本線・成田線四街道駅　徒歩7分
京成線勝田台駅・志津駅・臼井駅
各バス20分

豪華な「一の宮臨海寮」

プロフィール　心身ともに健全な女性を育てる

道徳教育を基盤として、「親切・正直」をモットーに、健全な精神と身体とを備えた女性の育成を目指す。学園創設者の考えに基づいて、豊かな情操と知識・技術を持つ社会人、美しい心情と強い奉仕の心を持つ家庭人の育成に努めている。特に学習面では、進路希望の実現に向け、基礎学力の定着・向上に力を入れているのが特徴だ。

環境　一宮と軽井沢の充実した校外施設

豊かな緑に包まれた閑静な地域に、約3万㎡の広いキャンパスがある。敷地内にも緑が多く、正門から校舎へと続く並木道が美しい。校舎内全域にWi-Fiを完備し、タブレット型端末を利用した授業の充実を図っている。体育館には冷暖房が完備され、2022年度には校舎改修が行われ、教育環境は整っている。

校外施設も充実しており、一宮に臨海寮、軽井沢に高原寮がある。特に、「一の宮臨海寮」は、各々100名収容の広々とした2つの研修室、シャワー完備の大浴場、最新施設の整った食堂を備え、外観もホテル並みのすばらしさである。いずれの施設も夏休みの研修などに利用されている。

3年8月実施アメリカ研修旅行

カリキュラム　コース選択制導入

1年次より基礎学力アップを重視したカリキュラムを組んでいる。国語では進路実現に向けた小論文・作文指導、英語・数学は習熟度別授業を実施し、個々の能力に応じた丁寧な指導のひとつとして、週2回放課後15分間の「チャレンジアップ講座」、偶数土曜日補習「Saturday Study講座」を行っている。2年次より保育コースと総合コースの選択制を導入した授業を展開。保育コースでは、家庭科の授業だけでなく他教科でも保育につながる学校設定科目を展開し、保育技術検定の取得を目指した取り組みも行う。総合コースでは、多様な選択科目を開講し、各種検定講座や個々に応じた受験対策を行う。

また、校内にWi-Fiを設置し、iPad等端末を購入していただき、ICTを活用した教育の充実を図る。

学校生活　行事を通じて、友情を深める

| 登校時間 | 夏 | 8:30 | 冬 | 8:30 |

年間通じて、数多くの学校行事がある。1年次は臨海生活、2年次は高原生活を学園保有の寮で行い寝食を共にし、友情を深める。また、2年次においては5月に松尾芭蕉の「奥の細道」を巡る東北旅行、3月に関西北陸修学旅行で見聞を深める。その他、伝統の創立記念祭、撫子祭（文化祭）、合唱コンクール、球技大会、マラソン大会、テーブルマナー講習会などがある。3年次においては、参加希望生徒対象のアメリカ西海岸への研修旅行がある。7月下旬から約3週間の日程で、ワシントン州シアトル近郊にホームステイをしながら語学研修を行うほか、ディズニーランド見学、シーワールドなど、楽しいプログラムも用意されている。その他の行事には、校外施設での高原生活・臨海生活、芸術鑑賞会、創立記念祭、マラソン大会、百人一首大会、テー

ブルマナー講習会などがある。

進路　様々な分野への進路先へ

約7割近くの生徒が進学し、進学率がここ最近上昇している。進学先は、個々の実力に合わせた様々な分野へ進み、併設の愛国学園大学人間文化学部、愛国学園短期大学家政科（生活デザイン専攻・食物栄養専攻 栄養士資格授与）、愛国学園保育専門学校（保育士・幼稚園教諭資格授与）へは優先入学制度もある。その他の主な進学先は、日本大、淑徳大、東京成徳大、明海大、千葉経済大、千葉工業大、東京音楽大、和洋女子大、聖徳大、千葉商科大など。

国際化　多彩な語学研修で国際的視野を広げる

アメリカ研修旅行の他にも、カナダスキーツアーなどを実施。これらの研修を通して、多くの生徒が異文化を体験し、国際理解を深めている。

2024年度入試要項

試験日	1/17（前期推薦単願・一般前期）
	1/18（前期推薦併願）
	2/15（一般後期）
試験科目	作文＋面接（前期推薦単願総合）
	国・数・英＋面接（前期推薦単願学力・一般前期・一般後期）
	作文＋実技＋面接（前期推薦単願部活動）
	国・数・英（前期推薦併願）

2024年度	募集定員	受験者数	合格者数	競争率
前期/後期	160/若干	135/3	135/3	1.0/1.0

共学 幼 高 大 院

我孫子二階堂 高等学校

普通科（単位制）
生徒数 390名
〒270-1163
千葉県我孫子市久寺家479-1
☎ 04-7182-0101
常磐線・千代田線我孫子駅
スクールバス7分または徒歩20分

SUPER
INDEX
P.97

高校生活のキーワード。それは…「ランクUP!自分を高めよう!!」

URL	https://www.abini.ed.jp
Web上での合格発表	○

県大会では常連の野球部

プロフィール

明るい環境の中で豊かな人間育成

1967年、日本女子体育大学の系列校として設立された。2002年度入学生より男女共学となり、全日制課程の単位制高等学校となる。

生徒の個性を尊重し、各自の能力の伸展を図るため、単位制を取り入れることで、一人ひとりの進路実現、豊かな人間の育成を目標とした教育に力を入れている。

環境

学習室の改修完了運動施設が充実

我孫子駅から学校までは大型バス3台が登下校時に無料で運行している。

学校周辺は緑に囲まれた自然の地で、近くには、桜の布施弁天などの名勝も多い。体育館の空調も完備し、様々な教育施設の整備、工夫、改善がなされている。

校舎は、本館（4階建）、東館（3階建）、新東館（3階建）、図書館棟（2階建）、特別教室棟（2階建）に分かれており、新東館にはコンピュータ室、食堂、特別教室棟には美術室をはじめ、被服・調理の各教室など学習状況に応じた施設が整っている。放課後7時まで誰でも利用できる「学習室」では自習教室として主体的に勉強する生徒で賑わっている。

また、サッカーや野球が可能なグラウンドの他に、第1体育館（冷暖房完

備）、第2体育館（冷暖房完備）など、スポーツ施設も充実している。

カリキュラム

進学コースと総合コース

1年次より進学コース・総合コースを設けて、各自の目標を明確にし、各々の進路実現に向けて確実に力をつけるようにしていく。進学コースは、進路目標を明確にしたカリキュラム編成で"2ランク上"の進学を可能にする。またすべての生徒がタブレット型PCを持ち、ICTによる教育も盛んに行っている。特に進学希望者に対しては、確実に実力を伸ばすことを目的に、夏休みなどの長期休業中に進学特別講座を実施する。総合コースでは、2年次より様々な進路希望に添った選択科目が用意されており、それぞれが進路実現を目指すと共に資格取得にも力を入れている。

学校生活

盛んなクラブ活動、ボランティア活動

登校時間	夏	8：30	冬	8：30

学校行事など、教科学習以外の教育活動も重視しており、クラブ活動や、ボランティアなどの校外活動も活発に行われている。

部活動は、運動系10、文化系9とバラエティに富んだ様々な部が活動をしている。特に近年は、柔道部が4年連続で関東大会に出場するなど優秀な成績を残している。また野球部、バスケットボール部、長距離部、サッカー部、ダンス部、ソフトテニス部も熱心な指導者のもと活発に活動を行っている。文化部では毎年県コンクールで入賞している吹奏楽部や、高大展で大賞、大東文化大全国展にて学長賞を受賞したなど書道部の活躍が目覚ましい。

また、学業や部活動において活躍が見込まれる者には、選考により奨学金が給付される「特待生制度」や、経済的

に就学が困難な生徒のために「二階堂学園奨学金制度」など学費に関するサポートも充実している。

進路

系列校への推薦入学制度あり

約9割の生徒が、4年制大学、短大、専修・専門学校などへ進学している。系列校の日本女子体育大学へは推薦入学制度もある。

主な進学先は、学習院大、日本大、亜細亜大、杏林大、国士舘大、産業能率大、大東文化大、文教大、帝京大、麗澤大、東洋大、聖心女子大、跡見学園女子大、大妻女子大、江戸川大、川村学園女子大、聖徳大、千葉商科大、中央学院大、東海大、東京情報大、玉川大、日本女子体育大、流通経済大、千葉工業大、国際武道大、城西国際大、文化学園大、開智国際大、拓殖大、淑徳大、聖徳大学短大、帝京短大など。

2024年度入試要項

試験日 1/17（単願A・C、併願B理科型推薦）
　　　 1/18（併願B社会型推薦）
　　　 2/15（後期）

試験科目 国・数・英＋面接（単願A推薦・後期）
　　　　 国・数・英・理＋面接（併願B推薦〈理科型〉）
　　　　 国・数・英・社＋面接（併願B推薦〈社会型〉）
　　　　 面接（単願C推薦）

2024年度	募集定員	受験者数	合格者数	競争率
前期	50/100	267/730	267/730	1.0/1.0
後期	10/40	1/166	1/152	1.0/1.1

※人数はすべて進学コース/総合コース

進学に有利

併設校あり

芸術＆特殊学科

資格＆技能系

施設が充実

スポーツが強い

クラブ活動が活発

情操教育を重視

国際人を養成

校風自由な

共学 幼 中 高

市川 中学校 高等学校

進学実績抜群の名門進学校
SSH（スーパーサイエンスハイスクール）指定校
ユネスコスクール加盟校

SUPER
INDEX
P.100

■ 普通科（高校）
生徒数 982名（中学） 1264名（高校）
〒272-0816
千葉県市川市本北方2-38-1
☎ 047-339-2681
総武線・都営新宿線本八幡駅、
総武線西船橋駅 各バス
武蔵野線市川大野駅 バス・自転車
京成線鬼越駅 徒歩20分
下校時スクールバスあり

URL	https://www.ichigaku.ac.jp/			
Web上での合格発表	中学	○	高校	○

縦書きメニュー（左端）:
進学に有利
併設校あり
芸術＆特殊学科
資格＆技能系
施設が充実
スポーツが強い
クラブが活発
情操教育を重視
国際人を養成
自由な校風

個性の尊重と自主自立を目指す
プロフィール

　1937（昭和12）年千葉県市川中学校が開校。1947年新制市川中学校、翌年高等学校が設置された。

　「独自無双の人間観」「よく見れば精神」「第三教育」の３つが教育方針で、これを柱に教育が行われている。「独自無双の人間観」とは、人間とはかけがえのない個性と人生を持つものだという価値観。「よく見れば精神」とは、生徒の無限の可能性や個性を発見、見守り手助けしていくこと。「第三教育」は家庭・社会・学校からの教育を基に、自分で自分を教育することである。永年、中高一貫教育を続け抜群の進学実績を誇る進学校だが、学園を「人間教育」の場と考え「一人の人間の大切さ」「個性の発揮」「他者への思いやり」を大切にしている。また、2009年度より文科省のスーパーサイエンスハイスクール(SSH)の指定校となっている（3期目）。

自然との調和を大切にした最新設備の校舎
環境

　2003年に「イン・ザ・フォレスト（森の中の学び舎）」をコンセプトに、太陽エネルギーの利用を積極的に推し進め今後100年間利用できるものを目指した校舎へ移転。教育方針のひとつを冠した「第三教育センター」や、全館に「校内LAN」を張り巡らすなど、21世紀に対応した校舎である。さらに2007年に680席の「國枝記念国際ホール」、2015年春、総合グラウンドも完成。

自主性を尊重した多彩なゼミナール
カリキュラム

　中高においてもリベラルアーツ教育をさらに進めることを目指している。文理にとらわれず広く教養を身につけながら思考力、判断力、表現力を身につけることである。市川サイエンスとして課題研究を中心にプレゼン力を養う（英語でのプレゼン）、市川アカデメイアとして、古典のテキストを使い自由な対話によるセミナー型授業、リベラルアーツゼミとして、主体的に学ぶゼミ形式の少人数授業を柱としてリベラルアーツ教育の一環をなしている。また、土曜日の午後は土曜講座を実施している。

学び合う仲間と活発な課外活動
学校生活

登校時間	中学	夏季	8：10	冬季	8：10
	高校		8：20		8：20

　各種行事や43あるクラブ活動は盛んで、１つの目標に向けて仲間と協力することで大きく成長する。課外活動も盛んで、国際研修や国内研修、各種コンテストに積極的に参加し、幅広く体験している。その体験を発表する機会として「Ichikawa Academic Day」を開催している。学び合う仲間がいるのが本校の特長である。

100%の大学進学率難関大に多数が合格
進路

　生徒の約100％が大学に進学。実績も優秀で、毎年、難関国公立・私立大に多くの合格者を出している。

　2023年3月の現役大学合格者数は、東京大9、京都大7、一橋大6、東京工業大13、北海道大5、東北大10、千葉大25、筑波大13、東京外語大5、慶應義塾大86、早稲田大112、東京理科

國枝記念国際ホールで行う中学合唱祭

大165、上智大74、明治大136など。また、慶應、早稲田、東京理科、明治など多数の指定校推薦枠もある。

充実した国際感覚を養うプログラム
国際化

　コロナ禍におけるプログラムとして、①WWL（コンソーシアム構築推進事業参加）、②Double Helix 他校と合同で、芸術・言語・医療・歴史分野において第一線で活躍する英国の講師とオンラインで結ぶ③高大連携として、「Global Issue探求講座」を受講し、国際社会における地球規模での課題を構想的に理解して、英語で研究発表するなどがある。

2024年度入試要項

中学

試験日　12/3（12月帰国生）
　　　　1/20（第1回・帰国生）　2/4（第2回）
試験科目　国・算・英Ⅰ・Ⅱ（12月帰国生）
　　　　　国・算・理・社（第1・2回・帰国生）

2024年度	募集定員	受験者数	合格者数	競争率
第1回 男子/女子	180/100	1675/862	745/288	2.2/3.0
第2回	40	302/215	35/17	8.6/12.6

※第1回の定員は帰国生入試含む

高校

試験日　1/17（単願推薦・一般・帰国生）
試験科目　国・数・英・理・社（単願推薦・一般）
　　　　　国・数・英（帰国生）

2024年度	募集定員	受験者数	合格者数	競争率
単願推薦	30	53/28	22/11	2.4/2.5
一般	90	679/404	418/225	1.6/1.8
帰国生		30/36	14/26	2.1/1.4

※人数はすべて男子/女子

　■卒業生有名人　高橋英樹（俳優）、佐戸井けん太（俳優）、吉野樹（ハンドボール日本代表）

千葉

共学　幼　高　短　大

市原中央高等学校

大学入試に向けて徹底した
学習指導を行う進学校
グローバルリーダーコースを含む多彩なコース 制服 p.51

普通科
生徒数　670名
〒290-0215
千葉県市原市土宇1481-1
☎ 0436-36-7131

SUPER
INDEX
P.102

内房線五井駅　スクールバス25分
外房線茂原駅、大原駅など12路線運行
無料スクールバス(千葉みなと線のみ高
速料金負担)

URL	https://www.kimigaku-ich.ed.jp/
Web上での合格発表	○

真心教育と英才教育を柱に

プロフィール

　1983年、真心教育・英才教育を行うという理想のもとに創立し、1997年に設置した英語コースは2020年にグローバルリーダーコースへと変わった。校訓「真心」を最高目標にした人間形成と、個々の特性を見出し、その伸長を図る英才教育・大学進学教育の達成を教育方針にしている。併設校に、清和大学と、清和大学短期大学部がある。

スクールバスで安全な登下校

環境

　全教室の空調化や、コンピュータ室の整備ほか、グローバルリーダーコース専用の講義室、チャレンジコース記念館などがある。2022年にオープンしたキャリアセンターには学問研究・大学研究・職業研究を行うための各種資料がそろっており、キャリア教育を支える施設となっている。
　登下校時にはJR五井駅、鎌取駅、茂原駅、木更津駅などから全12路線でスクールバスを運行している。

進路別のコース制と充実した補講

カリキュラム

　本校には3つのコースがある。『ハイレベルチャレンジコースＩ類』は、最難関大学合格目標を設定し、速い進度

で授業を進め、繰り返しの学びで、思考力、判断力、表現力などを総合的に高めている。『ハイレベルチャレンジコースＩＩ類』は、難関大学・有名私立大学進学を念頭に、教科書レベルの修得を徹底し、その上で、応用力、達成力を養うことに主眼を置いている。ハイレベルチャレンジコースＩ類・ＩＩ類とも1日7時間×45分(週35時間)の時間割を実現することで、国語・数学・英語の3教科で、1年次で標準より1時間多い授業時数を確保している。『グローバルリーダーコース』はSDGsをテーマに外国人講師と日本人講師による次世代型キャリア教育をはじめ、Global Leader Course独自科目「UNESCO (ユネスコ)」とGLC Global Leadership Programに基づいた、国際社会に対応した「生きた英語力」を身につけるための国公立大学受験にも対応したカリキュラムが特徴である。

様々な行事と部活動

学校生活

登校時間	夏	8：30	冬	8：30

　多くの来校者を集める文化祭や体育祭をはじめ、修学旅行(関西方面)などの学校行事があり、充実したキャンパスライフをサポートする。また、放送委員会、野球部、サッカー部、テニス部、バスケットボール部、吹奏楽部なども盛んで、生徒が主体となって活発に活動している。

トピックス

　本校では、各教室に電子黒板を配置し、授業や行事等に活用している。2022年度入学生から、Microsoft Surface Go3を導入し、より効果的な学習のツールとしている。

年々、難関校への合格率がアップ

進路

　ほぼ全員が進学を希望し、熱心な進学指導により、進学実績も着実な伸びを見せ、現在では高い水準に達している。卒業生の主な進学先は、千葉大、一橋大、筑波大、早稲田大、上智大、東京理科大、学習院大、明治大、青山学院大、立教大、中央大、法政大など。

2024年度入試要項

試験日　1/19(前期1)　1/20(前期2、ハイレベルチャレンジコースＩ類・ＩＩ類のみ)　2/2(前期3)

試験科目　国・数・英(ハイレベルチャレンジＩ・ＩＩ)
　　　　　国・英＋英語会話(グローバルリーダー)
　　　　　※ハイレベルチャレンジコースＩ・ＩＩ類の前期3は面接あり
　　　　　※グローバルリーダーコースの英はリスニングを含む

2024年度	募集定員	受験者数	合格者数	競争率
前期選抜1/2	260	917/238	914/237	1.0/1.0
前期3	20	20	13	1.5

※ハイレベルチャレンジコースＩ類60名、ＩＩ類200名、グローバルリーダーコース20名

進学に有利
併設校あり
芸術&特殊学科
資格系&技能
施設が充実
スポーツが強い
クラブ活動が活発
情操教育を重視
国際人を養成
自由な校風

千葉

共学（普通科特進コース、英語科） 女子（普通科普通コース） 保 幼 高 短 大

植草学園大学附属 高等学校

英語教育・高大連携教育に重点を置き、海外交流にも積極的
スポーツも強い

SUPER INDEX P.101

制服 p.48

普通科　英語科
生徒数　564名
〒260-8601
千葉県千葉市中央区弁天2-8-9
☎ 043-252-3551
総武線・千葉都市モノレール千葉駅、京成線京成千葉駅　徒歩5分

URL	https://u-u-a.uekusa.ac.jp
Web上での合格発表	○

英語科サマーキャンプ

 プロフィール　大学・短大とも連携した福祉教育

1904（明治37）年、千葉和洋裁縫女学校を設立し、1948（昭和23）年に、植草文化服装学院と改称。1979年に、本校が開校された。

創設以来、豊かな教養と知性、道徳的実践力を兼ね備えた人間の育成を目指している。また、国際社会を支える人材育成のための英語教育と、植草学園大学・同短大の開設に伴い、高大連携教育にも力を入れている。2013年度から特進コースと英語科は共学となった。

環境　全教室にPC完備インターネット接続

千葉駅より徒歩5分という交通至便の好立地。閑静な好環境にも恵まれた校舎には、華道、茶道などが行える和室も完備。アクティブラーニング室のような最新の設備も取りそろえられている。2012年度に全棟の耐震工事が完了している。

 カリキュラム　使える英語を身につける

2018年度より全員にタブレットを持たせている。タブレットの機能をうまく利用しながら、毎授業での成果確認（振り返り）をしっかりと行って授業での学び残しを極力少なくすることを目指している。

修学旅行

普通科には、普通・特進の2コースがあり、普通コース（女子のみ）は2年次からさらにレギュラークラス・タイアップクラスに分かれる。レギュラークラスでは様々な進路希望に応えるため選択科目を充実させている。タイアップクラスでは植草学園大学との連携により、教育・医療・保育に関する特別授業を行い、広く将来について考える機会を設定している。特進コース（共学）では難関大学受験を目指し、ハイレベルな授業を展開している。2年次からは文系・理系を選択して、目標に合った授業が受けられる。

国際社会に対応した英語科（共学）では、実践的な英語の運用能力を高めることを目標にしている。生徒のほとんどが進学を希望し、大学受験や英語検定において実績をあげている。

 学校生活　全国大会出場のクラブも

登校時間	夏 8：25	冬 8：25

制服は、イタリアの「ベネトン」ブランド。女子のブレザーはグレー4つボタン。スカートは赤と緑2タイプのチェック柄、さらにシャツの色は3色から選択。スラックスも選択できる。2024年度から男子も女子と同じブレザー。

クラブは、運動系9、文化系16がある。スポーツが盛んで、特にソフトテニス、なぎなた、バトントワリングの各部は全国大会に進むなど、高い実績を誇る。また、バレーボールなども県大会や関東大会に出場している。

主な行事には、麗峰祭（文化祭）、体育大会、英語スキットなどがある。その他に芸術鑑賞会があり、歌舞伎、文楽など

で日本の伝統芸能に触れることになる。

 進路　卒業後の進路は様々

卒業生のうち、80％以上が大学・短大に進み、専門学校を含めると約90％の生徒が進学している。主な進学先は、千葉、宇都宮、千葉県立、上智、立教、青山学院、法政、明治など。また、植草学園大、植草学園短大への優先入学制度もある。

国際化　修学旅行は海外へ海外留学制度も

2年次に、グアムへの修学旅行があり、現地の高校も訪問する。また、海外留学制度も整っており、長期留学のほか、夏休みを利用してのホームステイ、語学研修もある。

2024年度入試要項

試験日　1/17（前期A）　1/26（前期B）
　　　　3/6（2次）

試験科目　国・数・英＋面接
　　　　　※英語科は英語面接含む

2024年度	募集定員	受験者数	合格者数	競争率
普通	200	541/13	535/9	1.0/1.4
特進	40	127/7	96/4	1.3/1.8
英語	40	105/1	83/1	1.3/1.0

※人数はすべて前期A/前期B
※2次の募集は若干名

　卒業生有名人　佐藤瑞夏（サッカー選手"ジェフ千葉レディース"）

進学に有利

併設校あり

芸術＆特殊学科

資格系＆技能系

施設が充実

スポーツが強い

クラブ活発

情操教育を重視

国際人を養成

校風が自由な

千葉

共学　高

桜林 高等学校

少林寺拳法の理念を取り入れ
社会に貢献し得る人材を育成
充実したキャリア教育の全日制

普通科
生徒数　459名
〒264-0029
千葉県千葉市若葉区桜木北1-17-32
☎ 043-233-8081
総武本線都賀駅　徒歩18分
千葉都市モノレール桜木駅　徒歩5分

SUPER INDEX P.101

制服 p.50

URL	https://www.orin.ed.jp
Web上での合格発表	○

令和5年度インターハイで優勝した少林寺拳法部

プロフィール　自己確立・自他共楽 礼儀を重んじる教育

「少林寺拳法の理念を取り入れた教育により自己確立・自他共楽を図り、日本国及び国際社会に貢献し得る人材の育成」を建学の精神とし、「自己確立・自他共楽」を校訓に掲げる。基礎学力の修得、豊かな人間性の確立、健全な心身の育成を教育目標としている。

学力向上と合わせて礼儀を身につけさせ、生徒の多様な進路希望に対応すべく、本校独自のカリキュラムで、特色ある教育を展開していく。

環境　充実した設備の 御殿グラウンド

千葉都市モノレール桜木駅から徒歩5分という便利な桜木校舎には、2017年4月に特別教室と武道場からなる新棟（4号館）が竣工した。そのほかに緑豊かな環境に広大な敷地の御殿グラウンドがある。千葉マリンスタジアムとほぼ同じサイズの野球場をはじめ、サッカーグラウンド、テニスコート、ジョギングコースのほか、多目的に使える特別教室やシャワー室などを完備した御殿校舎などがあり、スポーツに全力で打ち込みたい人には絶好の環境だ。

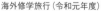
海外修学旅行（令和元年度）

カリキュラム　進路に合わせた 2コース制を導入

入学時より、特進コース、総合コースの2つのコースに分かれて学習する。2年次からのコース変更は可能。

特進コースは、中堅私立大学から難関大学合格に照準を合わせたカリキュラムとなっている。自由選択科目などの組み合わせにより、さらに上位の大学を目指すことも可能。

総合コースは、各自の興味・適性や卒業後の進路希望に合わせて履修科目を選択できるコース。大学や専門学校への進学をはじめ、就職を希望する生徒にも対応したカリキュラムが編成されている。公務員（警察官・消防士）志望の生徒は、地域社会に貢献する人材育成を目的とした「公務員養成プログラム」を1年次より受講できる。

また、少林寺拳法が体育（武道）に導入されており、正義感や協調性を養うと共に礼儀を学び、調和のとれた健康で明るい心身の育成が図られている。

学校生活　シンガポール修学旅行で 国際感覚を磨く

登校時間	夏	8：25	冬	8：25

高校生活をいろどる学校行事も多彩だ。桜林ピック（体育祭）をはじめ芸術鑑賞会や文化祭のほか、2年次の11月にはシンガポール修学旅行をとおして国際感覚を磨く。

また、充実した施設を活かして部活動も活発。硬式野球部やサッカー部をはじめとする7つの運動部やパソコン部、ボランティア部、和太鼓部、吹奏楽部といった6つの文化部がある。中でも少林寺拳法部は国際大会、インターハイでの入賞多数。書道部も国際高校選抜書展や高校総合文化祭など数々の展覧会に出品しており、多大な成果を上げている。

進路　進路実現のための サポートシステム

キャリアガイダンスを「将来の人生設計」を含めた総合的な学習ととらえ、幅広いジャンルのプログラムを計画的に行っている。

卒業生の主な進学先は、千葉大、江戸川大、関東国際大、京都芸術大、敬愛大、駒澤大、淑徳大、城西大、女子美術大、拓殖大、千葉科学大、千葉工業大、東京福祉大、日本体育大、日本大、文京学院大、立正大、和洋女子大、千葉経済大、千葉商科大、帝京平成大、東京情報大、東京有明医療大、明海大、千葉医療センター附属千葉看護学校、国際理工情報デザイン専門学校、千葉県自動車大学校、日本電子専門学校など。主な就職先は、日本通運、ALSOK常駐警備、ANAスカイビルサービスなど。

なお、駒澤大、淑徳大、千葉商科大など多数の指定校推薦枠がある。

2024年度入試要項

試験日　1/17（A日程）　1/25（B日程）

試験科目　国・数・英＋面接

2024年度	募集定員	受験者数	合格者数	競争率
A日程	140	559	559	1.0
B日程	20	31	22	1.4

進学に有利に

併設校あり

芸術＆特殊学科

資格＆技能系

施設が充実

スポーツが強い

クラブが活発

情操教育を重視

国際人を養成

自由な校風

鴨川令徳 高等学校

1.充実した少人数教育 2.地域の国際化に適応した人材育成 3.地域の医療を支える人材育成 4.学び直しの機会提供

SUPER INDEX P.102

制服 p.⑤1

普通科
生徒数 102名（全日制）
〒296-0001
千葉県鴨川市横渚815
☎ 04-7092-0267
外房線安房鴨川駅　徒歩5分
スクールバスあり

URL	https://reitoku.ed.jp/
Web上での合格発表	○

SUPER INDEX P.102

左側縦タブ：
進学に有利に／併設校あり／芸術&特殊学科／資格系&技能系／施設が充実／スポーツが強い／クラブが活発／情操教育を重視／国際人を養成／自由な校風

社会に役立つ人間を育てる（プロフィール）

1929（昭和4）年に創立した長狭実践女学校を母体とする。2007年に普通科の文理開成高等学校となる。

2013年からは、生徒のために学校を守り抜いた保護者、卒業生、教職員が新しい歴史を作るべく、生徒たちと共に一心同体となって、新しい学校作りに取り組んでいる。

2020（令和2）年4月1日、創立90周年を記念し、法人名を学校法人文理開成学園から学校法人令徳学園に、学校名を文理開成高等学校から鴨川令徳高等学校に変更。

「生徒が自ら学び、考え合う、最高の環境を提供する」ことをクレド（教育理念）に掲げ、「自ら考え、自ら行動し、自らの人生を切り拓く人間の育成」を目指す。医学部、難関大学、看護系大学を目指す生徒に対応できるカリキュラムを有し、多様な価値観を持った生徒を受け入れることができる。生徒には、「失敗しながら学ぶことが許される学校」を提供したいと考えている。そのための教員の行動指針として、「生徒の力を引き出す」こと、「一人ひとりの生徒が持つ可能性を信じ、それを広げることに力を注ぐ」こと、「目標を立て、実現に邁進すること」を掲げている。

授業風景

最新の情報処理システムを導入（環境）

夏は海水浴場としてにぎわう、外房・前原海岸のほとりに位置する。学園の窓からはサーファーの姿が見られ、潮騒が心地よく耳に届く、まさしく波打ち際にある。また、学園の背後には房総丘陵の小高い山々もせまり、豊かな緑にも恵まれている。

校舎は、コンクリートの外壁を用い、中央に吹き抜けを設けたモダンな建物である。理科実験室、音楽室、美術室、作法室などの特別教室や、図書館、体育館、剣道場などを完備している。

遠隔地から入学した生徒のための男子寮（2棟）と女子寮（新設）を完備。

充実した学習形態（カリキュラム）

「特別進学コース」は東大をはじめとする国公立、早慶、GMARCHへの進学を目指す。これからの大学入試は、今まで以上に表現力や思考力、判断力が重視される。特別進学コースを対象としたアクティブ・ラーニングを取り入れた授業も充実しており、積極的にワークショップに参加している。また、短期～長期の留学を希望する生徒に対する丁寧なサポートも行われている。（2年次から）

「総合進学コース」は大学進学をはじめ、専門学校や就職を希望する生徒に対し、基礎学力の定着を図ることを重視している。入学後すぐに基礎学力テストを実施し、中学までの学習事項の定着度を確認する。結果に不安のある生徒に対しては、中学レベルはもとより小学校レベルまで立ち返って基礎学習を繰り返し、自信を持てるまで根気強く指導を行う。

「看護系進学プログラム」（2年次から）は看護系大学や専門学校進学を目標に、受験や進学後に必要とされる基礎学力を

全教室オーシャンビュー

確実に身につける。提携する病院や大学、専門学校で行われる講演会や公開講座に参加したり、希望者は介護職員初任者研修を受講することもできる。

自主性を重んじたのびのびとした校風（学校生活）

登校時間	夏	8：40	冬	8：40

学校行事、部活動ともに生徒が自ら考え、作り上げていくことを重視している。たとえば体育祭は目の前に広がる砂浜を活用したプログラムである。

2020年度より、AKB48グループの衣装を担当した会社がプロデュースの新しい制服となった。

進路決定率ほぼ100％（進路）

大学・短大・専門学校への進学率は約80％、就職は8年連続で希望者全員が目標を達成している。

進学実績は、青山学院大、上智大、北里大、明治大、関西学院大、千葉工業大、中央大、東京工芸大、東京福祉大、日本大、武蔵野大、目白大、立命館大など。

2024年度入試要項

試験日　1/17（前期）　3/7（後期）
試験科目　国・数・英＋面接

2024年度	募集定員	受験者数	合格者数	競争率
前期	90	18	18	1.0
後期	20	1	1	1.0

※他に、通信制の募集あり。詳細は学校に直接お問い合わせ下さい

　卒業生有名人　たかなししずえ（漫画家）、小川直久（プロサーファー）

千葉

共学 幼 高 短 大

木更津総合 高等学校

充実のコース制・総合選択制導入で
進路に適した学習を展開
約44の多彩なクラブ

SUPER INDEX P.102

制服 p.51

普通科
生徒数 約1900名
〒292-8511
千葉県木更津市東太田3-4-1
☎ 0438-30-5511
内房線木更津駅 スクールバス10分
（鎌取線、茂原線、鴨川線、小糸線、亀山・
久留里線あり）

URL	https://www.kimigaku.ed.jp/
Web上での合格発表	○

オーストラリアでの研修

プロフィール 真心教育で人柄・体力・知識を養う

学校法人君津学園が、1951年、清和女子短期大学附属高等学校の前身となる、「真心教育」を標榜する木更津高等家政女学校を設立。1963年には「1に人柄、2に体力、3に知識」を教育方針とする木更津中央高等学校を開設した。2003年より、清和女子短期大学附属高等学校と木更津中央高等学校の二校が発展的に統合し、新たに木更津総合高等学校として開校。両校の伝統を引き継ぎ、さらに21世紀の時代のニーズに対応した、生徒一人ひとりの個性と進路に適した学習を展開する。

環境 充実の体育施設 OA時代にも対応

総合体育館兼講堂の至真殿は、1階には各々240畳ある柔道場や剣道場、卓球場、2階にはバレー・バスケット等の各コートがある。他に体育館2棟、人工芝グラウンド、陸上競技場、テニスコート5面も完備。全長200mの校舎内には3つのコンピュータ室や介護実習室・自習室なども備えている。

カリキュラム コース制・総合選択制 目的に合わせた学習に対応

特別進学コース・進学コース以外2年次より、それぞれのコースに分かれ

総合体育館「至真殿」

て専門科目を学ぶ。特別進学コースは充実したカリキュラムで難関大学合格を目指す。進学コースは中堅国公立、私立大学への現役合格を目指す。総合コースは、進学・就職どちらの進路にも応じたサポート体制を取り、得意分野を活かしたカリキュラムを選べる。スポーツコースでは、実技だけでなくスポーツ理論も学び、体育系大学への進学を目指す。情報ビジネスコースでは、IT・高度情報化社会で役立つ専門的な知識と技術を学ぶ。各種検定試験もサポート。語学コースでは、英会話・外国事情・読解・文法・作文などを学ぶほか、外国人講師による授業、語学研修としてホームステイもある。医療・看護コースでは、医療や看護、福祉系の大学・短大・専門学校へ進学し、将来、地元の病院や福祉施設で活躍できる人材を育成する。保育・幼児教育コースでは、系列の清和大学短期大学部との一貫教育で、専門科目、保育実習を実践。生活科学コースでは、被服・食物・調理など生活文化を、実技を通して学ぶ。美術コースでは、美大進学に向けての実技対策や学力を養成する。また、総合選択制により、自分の選んだ専門科目を中心に、他のコースの専門科目や自由選択科目(講座)も選んで学べる。自分の関心や適性に合わせ、じっくりと進路について考えることができる。

学校生活 数々の栄光を持つ運動部の活躍

登校時間	夏	8：45	冬	8：45

部活動がたいへん活発で、柔道部、ソフトテニス部、卓球部、陸上部は全国大会出場。関東大会には優勝したソフトテニス部をはじめ7のクラブが出場。運動部16、文化部17、同好会11、全部で44の多彩なクラブが活躍している。

また、学校行事も、強歩大会など多彩である。中でも特筆すべきは、夏に行わ

れるオーストラリアでの英語研修とホームステイで、生徒たちは思う存分海外生活を楽しんでいる（例年の場合）。

進路 特進コースの設置で進学増加傾向に

多彩なコース制により、進学率も上昇中。主な進学先は、系列の清和大をはじめ、茨城大、千葉県立保健医療大、早稲田大、明治大、青山学院大、法政大、東京農業大など。

就職先は、各種公務員、日本製鉄、住友重機械工業、東京地下鉄、東日本旅客鉄道、古河電気工業など多方面にわたる。

2024年度入試要項

試験日　1/17（前期1）　1/18（前期2）
　　　　2/2（前期3）

試験科目　国・数・英（前期1・2）
　　　　　国・数・英＋面接（前期3）
　　　　　※美術コースは実技試験あり

2024年度	募集定員	受験者数	合格者数	競争率
前期1/2	600	1849/353	1814/327	1.0/1.1
前期3	40	77	59	1.3

※特別進学コース25名、進学コース60名、
　総合コース540名、美術コース15名

有利に 進学に

併設校 あり

芸術& 特殊学科

資格& 技能系

施設が 充実

スポーツ が強い

クラブが 活発

情操教育を 重視

国際人を 養成

校風 自由な

暁星国際 中学校 高等学校
ぎょうせい

寄宿舎制（寮）・通学制男女共学
帰国子女の受け入れも積極的

普通科（高校）
生徒数　198名（中学）　305名（高校）
〒292-8565
千葉県木更津市矢那1083
☎ 0438-52-3291
JR木更津駅・姉ヶ崎駅・川崎駅・横浜駅
通学バス

SUPER
INDEX
P.102

URL	http://www.gis.ac.jp

高校2年男子は2人部屋の「聖トマス寮」生活

プロフィール　美しい人になろう

　東京九段にある暁星の兄弟校として開校。開校以来、一貫して学寮制を採用し、寮生活を通して人をつくると同時に、一方で帰国子女や留学生を積極的に受け入れてきた。現在、中学62%、高校25%の生徒が通学生で、JR木更津駅・横浜駅・新浦安駅・川崎駅・姉崎駅から学校までスクールバスが運行されている。

　大学合格実績では、早慶上智といった私学を中心に難関大学や中堅の私立医学部にまずまずの合格者を出しており、「勉強中心の良い学校」と言われている。

カリキュラム　本格的な4コースがそろっているのは、暁国だけ

特進・進学コース
　難関国公立大・私立大、医歯薬獣医学部を目指すコース。週40時間授業と各補習で徹底指導を行うほか、英検・数検・漢検の資格取得を目指す。

インターナショナルコース
　海外の大学や難関私立大への現役合格、英検1級合格を見据えて基礎からしっかりした学力を定着していく。

ヨハネ研究の森コース
　学ぶ喜びの発見、個人別学習カリキュラムが充実。自らの進路デザインを自ら形成していく学習空間を用意している。

アストラインターナショナルコース（高校のみ）
　サッカー及び野球、語学、人間教育をスローガンに世界で活躍する人材の育成を目指す。英語は週12時間、そのうち6時間をネイティブから。2014年度から女子の募集を開始。

学校生活　寮生活がつくる規則正しい生活習慣

登校時間	中学	夏季	7：30	冬季	7：30
	高校		7：30		7：30

　生徒の半数強が寮生活を送っている。中学生は2〜3人部屋、高校1・2年生は2人部屋（高1女子は4人部屋）、高校3年生では個室になる。月に1度、5〜7日間まとめて休める中間休暇も設けている。クラブ活動も活発で、中でもテニス部は関東大会に出場、サッカー部は全国大会準優勝し、活躍している。高校女子サッカー部はインターハイ出場を果たした。

進路　難関大学の現役合格者が増加

　2023年3月の合格実績は、私立医学部1名、早稲田大5名、上智大5名、明治大5名、東京理科大2名、立教大2名、青山学院大6名、法政大7名、関西学院大2名。

トピックス　学ぶことを楽しめる学校

　（株）ピーチ・ジョン社長、野口美佳さんが子育てについて語られた記事。

　「試験のための勉強でなく、学ぶことを楽しめる、そんな学校はないものか。息子たちと一緒に探し当てたのは、千葉県の暁星国際学園だ。望んでいたカリキュラムがあり、先生とも考えが一致した。これなら子どもを託せると、思い切って兄弟そろって寮生活をさせた。

　それから三年。漫画しか読まなかった二人なのに、長男は「数学者か哲学者になるんだ」と、いきいき学問し、次男はせっせと小説を書いている。会うたびに知識が増え、世界情勢、精神論、文学論と幅広く会話は続く。今では私の勉強を助けてもらっている。」

2024年度入試要項

中学
試験日　12/1（推薦）　1/20（Ⅰ期A・A2）
　　　　1/23（Ⅰ期B）　2/17（Ⅱ期）
試験科目　国または英＋算〈日本語または英語表記〉＋面接（推薦、Ⅰ期A、Ⅱ期）　算（Ⅰ期A2）　国・算・理・社・英から1科か2科か4科選択＋面接（Ⅰ期B）

2024年度	募集定員	受験者数	合格者数	競争率
推薦	35	17	17	1.0
一般Ⅰ期A/A2	30/20	11/8	11/8	1.0/1.0
一般Ⅰ期B/Ⅱ期	20/若干	8/—	8/—	1.0/1.0

高校
試験日　1/17（前期）　2/16（後期）
試験科目　作文＋面接（前期評定条件型Ⅰ）　基礎学力〈国・数・英〉＋面接（前期評定条件型Ⅱ）　英＋基礎学力〈国・数・英・理・社から1科〉＋標準学力〈国・数・英・理・社から1科〉＋面接（前期学力検査型）　国・数・英＋面接（後期）

2024年度	募集定員	受験者数	合格者数	競争率
前期	30	57	56	1.0
後期	30	—	—	—

※インターナショナルコースは、全日程において作文・面接ともに英語
※中・高とも、他にヨハネ研究の森コースのAO入試あり。詳細は学校に直接お問い合わせ下さい

千葉

共学　高専　短大

クラーク記念国際 高等学校 〈千葉・柏キャンパス〉

一人ひとりの「好き」と「得意」を伸ばす
「全日型通信」ならではの柔軟な学習体制で
学力を伸ばし進路実現へ！

SUPER INDEX P.101

| URL | https://www.clark.ed.jp |

普通科
生徒数　約330名（千葉）
〈千葉キャンパス〉　〒260-0044
千葉県千葉市中央区松波1-1-1
☎ 043-290-6133
総武線・外房線・京成線・
千葉都市モノレール千葉駅　徒歩5分
京成千葉線新千葉駅　徒歩7分
生徒数　約200名（柏）
〈柏キャンパス〉　〒277-0852
千葉県柏市旭町2-2-3
☎ 04-7146-1455
JR「柏駅」南口より徒歩3分
〈CLARK SMART千葉〉　〒260-0045
千葉県千葉市中央区弁天1-2-1
☎ 0120-833-350
JR線千葉駅　西口より徒歩1分

プロフィール　クラーク博士の志と理念を受継ぐ高等学校

　「君よ、大志を抱け」の言葉で有名なクラーク博士の理想を受け継ぐ唯一の学校として1992年に開校。校長はプロスキーヤーの三浦雄一郎。80歳にして自身3度目のエベレスト登頂に成功するなど、「夢・挑戦・達成」を自ら体現している。

環境　全国に広がるクラークの教育

　北海道深川に本校を設置。全国、海外に63箇所の拠点を持ち1万人以上の生徒が在籍中。これまで6万人以上の卒業生を輩出。全国規模ならではの学習体制を整える一方、地域のニーズに対応したキャンパスごとの教育も行っている。
＜学習体制＞入学時に中学単元の確認を行う「基礎学力オールチェック」や理解度で授業を分ける「教科別・習熟度別授業」を実施。生徒が担任を選ぶパーソナルティーチャー制度も導入し、一人ひとりに合った学習体制を整備。
＜ICT教育＞全国でiPadを導入。schoolTaktを利用した双方向授業や、Evernoteでのeポートフォリオ制作などを実施。また、小学館・パナソニック・学研などと共同開発したWeb教材が充実。中学校の学び直しから、難関大学への進学対策まで、幅広い学習が可能。

国際化　独自の留学システムが充実

　年間500人以上が参加するオーストラリア留学制度が充実。期間は3週間から27ヶ月が選べ、目的やレベルに合わせた留学が可能。現地にクラーク教員が常駐し、政府認定のホームステイ先が用意されている。さらに、ハイレベルな英語を学びたい生徒には、ハワイ提携校での語学留学も可能。また、系列の国際大学IPU New Zealandと連携した専門コースで、より深く英語を学ぶこともできる。

カリキュラム　一人ひとりに合わせた多彩な学習システム

　どちらのキャンパスでも、習熟度別の授業と選択式の専攻・ゼミなどがあり、一人ひとりの目標に合わせた学習を行うことができる。
＜千葉キャンパス＞全日型の「総合進学専攻」「インターナショナル専攻」「eスポーツ専攻」「女子サッカー専攻」と個別最適型の学習を行う「スマートスタディコース」。

千葉キャンパス（インターナショナル専攻）

＜柏キャンパス＞「総合進学コース」（総合進学専攻・プログラミング専攻）と、在宅学習中心で高校卒業資格の取得を目指す「単位修得コース」、自分のペースで学習できる「スマートスタディコース」を設置。

柏キャンパス（総合進学コース）

一人一台iPadを導入し、ICT教育を推進

学校生活　自立した校風　キャンパス外でも活動

　1・2年次には、それぞれ夏と冬に北海道体験学習を実施。また、生徒が主体となって生徒会や実行委員が設置され、体育祭や文化祭、学校説明会などの行事が企画される。キャンパスによって独自の行事がある場合も。

進路　学校生活が高い評価　希望進路への確かな合格

　生徒の多くは大学進学を希望。近年の進学先は、早慶上理などの難関大学のみならず、海外大学への進学者も増加している。国公立は、東京大、京都大、東北大、名古屋大、大阪大など多数。これまでの進路実績から獲得した指定校推薦は310校（2020年度）に上り、多くの生徒が一人や専攻での学びを活かした進学先を選択している。

2024年度入試要項（参考）

募集定員　75名・オンライン＋通学型25名（千葉キャンパス）　60名（柏キャンパス）

試験日　10/28（推薦A）　11/25（推薦B）
　　　　12/23（推薦C）　1/27（推薦D・一般A）
　　　　2/24（一般B）　3/16（一般C）
　　　　※千葉キャンパス以外はお問い合わせください。

試験科目　＜推薦＞面接（保護者同伴）、作文、学力テスト（国・数・英から1科）　＜一般＞面接（保護者同伴）、作文、学力テスト（国・数・英）

※他に、転・編入試あり

■ 卒業生有名人　竹内智香（スノーボーダー）、福永春吾（プロ野球選手）、市原隼人（俳優）

進学に有利

併設校あり

芸術＆特殊学科

技能系＆資格

施設が充実

スポーツが強い

クラブが活発

情操教育重視

国際人を養成

自由な校風

敬愛学園 高等学校

生徒の個性や適性に合った学習で実力アップ 進学率も上昇中

SUPER INDEX P.101

普通科
生徒数　1238名
〒263-0024
千葉県千葉市稲毛区穴川1-5-21
☎ 043-251-6361
総武線西千葉駅・稲毛駅、
千葉都市モノレール穴川駅、
京成線みどり台駅　各徒歩15〜20分

URL	http://www.hs-keiai.ac.jp
Web上での合格発表	○

プロフィール　師弟一体の学校づくり

「敬天愛人」の精神に基づいて、個人の尊厳を重んじ、真理と平和を希求する人間の育成を目指し、活力と情熱のある学校とするべく教師と生徒が一体となった生徒指導を行っている。

1926（大正15）年設立の関東中学校から、1953（昭和28）年、千葉関東商業高等学校に。1957年に工業科を開設し、校名を千葉工商高等学校とする。1974年には普通科を開設。1995年、現校名に改称。

環境　学習力をパワーupさせる充実した設備

総武線西千葉駅・稲毛駅から徒歩で15分ほどの所に位置する。敷地内には、広々とした人工芝のグラウンド、体育館、敬愛アリーナ、特別教室棟などがある。また、全教室にプロジェクターを配置している。

カリキュラム　国公立大学・難関私立大の進学を目指す

特別進学コース

2022年度より特別進学コースの中に選抜クラスを設置する。少人数で徹底した平常授業や個別指導の演習授業だけでなく、放課後の補習や夏期・冬期の長期休暇にも受験補習を実施してい

LL教室での英語リスニング指導

る。また、受験科目についての課外特別補習を通じてトップレベルの受験学力の獲得を目指す。

進学コース

生徒の個性や適性に応じた多様な学習を行っている。放課後補習や長期休暇の補習は特別進学コースと同様に準備され、生徒の進路実現を目指すための場所を提供している。2年進級時には、定期考査と模試の結果を考慮し、特別進学コースとの入れ替えが行われる。

学校生活　運動・文化部ともクラブ活動は活発

登校時間	夏	8：30	冬	8：30

クラブは運動部17、文化部9、同好会8がある。女子バレーボール部、自転車競技部は全国の常連。関東大会へは男女バドミントン部、男女ソフトテニス部、空手道部が常連となっている。また文化部では弁論部が多くの大会で活躍している。

年間行事も、校外学習、敬学祭（文化祭）、体育祭、修学旅行（2022年は広島・関西方面）、球技大会、芸術鑑賞会がある。

アメリカンフットボール部

進路　進学率も年々高まる

2023年卒業生は、4年制大学292名、短期大学15名、専門学校47名、就職3名

2023年度の主な合格大学は、

【国公立大学】
千葉大4名、広島大2名、筑波大1名、茨城大1名、信州大1名、宮崎大1名、東京海洋大1名、千葉県立保健医療大1名

【私立大学】
早稲田大7名、慶應義塾大3名、上智大1名、東京理科大10名、青山学院大4名、立教大4名、学習院大4名、明治大9名、中央大7名、法政大18名、日本大44名

【系列校推薦入学制度】
敬愛大学（経済学部、国際学部、教育学部）、千葉敬愛短期大学

国際化　ニュージーランド語学研修

異文化に接し、国際感覚を養うため、2年次の夏休みに、ニュージーランドで3週間のホームステイを実施しており、毎年多くの生徒が参加し、現地の学生との交流などを行っている。

そのほか、外国文化と専門課程を英語で学習する、1年間の海外留学制度もある。

2024年度入試要項

試験日　1/17（A・B推薦）　1/18（第1回一般）
　　　　1/29（第2回一般）

試験科目　国・数・英

2024年度	募集定員	受験者数	合格者数	競争率
A推薦	160/160	27/156	27/156	1.0/1.0
B推薦		444	444	1.0
第1回一般		260	47/61	2.4
第2回一般		73	4/8	6.1

※人数はすべて特別進学/進学

　卒業生有名人　五十嵐亮太（元メジャーリーグ）

共学　幼 高 短 大

敬愛大学八日市場 高等学校
（ようかいちば）

普通科

生徒数　270名（全日制）　101名（通信制）

〒289-2143

千葉県匝瑳市八日市場口390

☎ 0479-72-1588（全日制）

☎ 0479-79-6600（通信制）

総武本線八日市場駅　徒歩10分

SUPER INDEX P.101

「敬天愛人」を建学の精神に
調和のとれた人間育成を図る
進学教育に力を注ぐ

URL	https://keiai8.ed.jp
Web上での合格発表	

豊かな人間教育を目指す敬愛教育
（プロフィール）

九十九里平野のほぼ中ほどの匝瑳（そうさ）市（旧八日市場市）にあり、JR八日市場駅から歩いて約10分、勇壮な祭りを今に伝える寺社や文化財的な価値の高い建物など、歴史ある街並みを抜けると本校がある。1921（大正10）年に創立。創立者長戸路政司（ながとろまさし）は、西郷隆盛（号は南洲）の敬天愛人の思想に深く感銘を受けて、「敬天愛人」を建学の精神とした。「天を敬い、人を愛す」には、天（宇宙）から与えられた命を生きる私たち一人ひとりの人間のかけがえの無さが込められている。令和3年に創立100周年を迎え、生徒一人ひとりの尊厳を心から敬愛し、生徒の持つ可能性を最大限に引き出せるよう、教職員一丸となり教育に取り組んでいる。

適性・進路別に3コースで学習指導
（カリキュラム）

2年次より、特進・進学・情報のコース別授業を行っている。

特進コースは、国公立大受験・難関私立大の一般受験に対応したコースで、2年次より文系・理系に分かれ、選択授業や演習などに重点を置いたカリキュラムが編成されている。放課後講座や土曜講座、夏期講習を実施。

進学コースは、大学・短大の一般受験や推薦、系列大学・短大の推薦受験に対応したコース。演習授業、論文・面接指導など、充実した指導でより学力向上を目指す。

情報コースは、主に就職希望者、専門学校進学希望者に対応するコース。情報処理に加え、ビジネス情報・文書デザインなどのより実践的な授業を展開し、検定資格取得を目標に授業を展開する。

和気あいあいのクラブ
（学校生活）

登校時間	夏	8：20	冬	8：20

高校生としての基本的生活習慣の確立を目指し、カウンセリングを含め、きめ細かな指導を行っている。

クラブは、体育系が8、文化系が13ある。体育系では男子バレーボール部は関東大会にも出場している。文化系では、生徒がそれぞれの興味に応じた様々な活動に取り組んでいる。特に自然科学部は、日本自然観察路研究会のメンバーの指導で活躍するユニークなクラブで学校周辺の貴重な自然を観察調査研究し、良好な自然の生育環境が保たれている場所に生育するトウキョウサンショウウオの生態調査研究で注目されている。

きめ細やかな進路指導徹底した個別指導で進路決定へ
（進路）

卒業生の進路は約7割が進学で、残る3割が就職となっており、第1志望の学校の合格や企業の内定を得ている。

系列校の敬愛大学と千葉敬愛短期大学には学内選考による優先入学制度がある。数名ずつ国公立大学や都内の私立大学へ合格者を出している。進学先は、4年制大学では、千葉県立保健医療、茨城、高知、山口、東京都立、宇都宮、都留文科、早稲田、国士舘、駒澤、大東文化、東洋、獨協、日本など。短期大学では、植草学園、大妻女子、昭和学院などに進学している。

また、主な就職先は佐川急便、九十九里ホーム、太陽社、朋和産業などで、サービス業から製造業まで幅広く斡旋を行っている。

コンピュータ実習室

卒業率98%の通信制課程
（トピックス）

自分のペースで学べる通信制、一人ひとりの個性やニーズを尊重することができる通信制として、それぞれの生徒が自分スタイルを貫きながら学んでおり、ほぼ全員が3年間で卒業している。

【本校通信制の特色】

○選べる3つのコース

①週2コース：レポート指導以外に同じ内容で実施している土日いずれかの授業（面接指導）に年間14回出席するコース（授業の他に学校行事等も有り）

②週2＋サポートコース：週2コースに平日3日のサポート授業（有料）を加えたコース

③集中コース：年2回（各4泊5日）の宿泊スクーリングで卒業を目指すコース

○全日制への転籍が可能
　全日制に併置された学校だからこそ可能な全日制への転籍（試験有り）

○すべてに100%を目指す職員集団
　保護者満足度100%、卒業率99%、笑顔100%

2024年度入試要項

試験日　1/17（前期Ⅰ一般）　1/18（前期Ⅰ推薦）
　　　　1/29（前期Ⅱ一般）　2/15（後期一般）

試験科目　面接（前期推薦）
　　　　　国・数・英（前期・後期一般）
　　　　　※一般単願志願者は面接あり

2024年度	募集定員	受験者数	合格者数	競争率
前期Ⅰ	60/100	595	592	1.0
前期Ⅱ	10/10	18	18	1.0
後期	10/10	3	2	1.5

※人数はすべて特進/進学・情報

コース別の授業

卒業生有名人　髙木智子（画家）

（右端タブ）
進学に有利
併設校あり
芸術＆特殊学科
資格＆技能系
施設が充実
スポーツが強い
クラブ活動が活発
情操教育を重視
国際人を養成
校風が自由な

千葉

共学　幼小中高専短大院

光英VERITAS（ヴェリタス）中学校・高等学校

「答えを求める学び」から「問いを持つ学び」への変革

普通科（高校）
生徒数　132名（中学）　403名（高校）
〒270-2223
千葉県松戸市秋山600
☎ 047-392-8111

SUPER INDEX P.97

常磐線・新京成線松戸駅、総武線市川駅、
京成線市川真間駅　各バス20分
北総線秋山駅・北国分駅　各徒歩10分

制服 p.49

URL	https://www.veritas.ed.jp/
Web上での合格発表	中学 ○　高校 ○

緑に囲まれた東京ドーム約2個分の広いキャンパス

プロフィール　2021年 新しい共学・進学校始動

1933（昭和8）年、川並香順氏が設立した、聖徳家政学院・新井宿幼稚園を母体とする。1983年に、中学校と高等学校を開設、2021年共学化とともに校名を「光英VERITAS（ヴェリタス）中学校・高等学校」に改称。ラテン語のVERITAS「真理」を校名に取り入れ、独自性を発揮し、協力し合うことでともに成長する人間の育成を目指す。

環境　タブレットPCを1人1台使用

緑豊かな広々とした敷地内に、校舎棟、体育室を中心に、様々な施設が配置されている。全館にWi-Fiが完備され新しい学習方法を取り入れた授業にタブレットPC（Apple iPad）を活用。5階建ての体育室には、温水プールをはじめ、3つの体育室などがある。また、大学構内にある川並記念講堂では演奏会が開かれるほか、校外施設として、長野県北蓼科高原にセミナーハウスもある。

カリキュラム　「問いを持つ学び」への変革

光英VERITASでは、「探究プロジェクト学習（ヴェリタストルネードラーニング）」をカリキュラムの中心におき、「答えを求める学び」から「問いを持つ学び」への変革を行う。教科学習

の2大コンテンツとして理数サイエンス教育、英語グローバル教育を展開し、難関大学の入試突破はもちろんのこと、大学入学後にも十分対応できる真の学力の習得を目指す。コースは、中高一貫生は4年生（高1）、高校からの入学生は5年生（高2）から「Global Language Artsコース（文系）」と「Medical Scienceコース（理系）」に分かれ、目標進路を実現する。学習サポート面も充実しており、放課後の「ヴェリタス・アフタースクール」では、専門の学生チューターが常駐する自習室で19:00まで学習できる。

また、中・高を通して、週1時間の小笠原流礼法の授業があり、全員が礼法許状を取得する。

学校生活　部活動・学校行事

登校時間	中学	夏季	8:15	冬季	8:15
	高校		8:15		8:15

部活動は、運動部が15、文化部が19と多彩で、書道部は複数の全国書道展で全国最優秀団体賞、吹奏楽部は東日本大会金賞、バトン部・マーチングバンド部は関東大会出場と実力派がそろっている。学校行事は、文化祭、年2回のスポーツ大会のほか、鴨川宿泊研修（3泊4日）など充実。修学旅行は、オーストラリア（中学）、イギリス（高校）で国際感覚を身につける。

進路　高い現役進学率

進路探究では、大学で何を学び、将来どのように活かしたいのかを見つけ、自分の行くべき大学を目指す。2023年度大学入試では、東京大学はじめ難関大学に多数合格。また、現役進学率90%、4年制大学進学率86%と、それぞれの志望進路を実現できた。

2024年度入試要項

中学

試験日　12/1午前（第一志望・帰国生）
　　　　1/20午前（第1回）
　　　　1/20午後（VERITAS探究・理数特待）
　　　　1/22午前（特待選抜）
　　　　1/24午前（第2回・VERITAS英語）
　　　　2/4午前（第3回）

試験科目　国・算または国・算・理・社＋面接
　　　　　（第一志望・帰国生）　国・算または
　　　　　国・算・理・社（第1・2回、特待選抜）
　　　　　SDGsの調査・まとめ・発表・質疑
　　　　　（VERITAS探究）
　　　　　算・理（VERITAS理数特待）
　　　　　国・算・英（VERITAS英語）
　　　　　国・算（第3回）

2024年度	募集定員	受験者数	合格者数	競争率
第一志望	35	78	40	2.0
第1回	35	374	246	1.5
特待	20	111	31	3.6
第2回/第3回	25/若干	128/34	79/17	1.6/2.0
VERITAS理数	10	68	21	3.2
VERITAS英語	10	5	3	1.7
VERITAS探究	若干	25	8	3.1

※帰国生の募集は若干名

高校

試験日　1/17または18

試験科目　国・数・英（推薦）
　　　　　国・数・英＋面接（一般）
　　　　　国・数・英・理・社＋面接（特待選抜）

2024年度	募集定員	受験者数	合格者数	競争率
特待選抜	40	365	51	7.2
前期推薦/一般	100	266/69	266/29	1.0/2.4

卒業生有名人　木村彩子（プロゴルファー）、大河内奈々子（女優）

女子 小 中 高

国府台女子学院 中学部 高等部
（こうのだい）

国際社会に向けて 英語教育を重視 現役合格率も抜群

普通科（高等部）
生徒数　603名（中学部）
　　　　961名（高等部）
〒272-8567
千葉県市川市菅野3-24-1
☎ 047-322-7770（中学部）
☎ 047-326-8100（高等部）
京成本線市川真間駅　徒歩5分
総武線市川駅　徒歩12分

SUPER INDEX P.99

URL	https://www.konodai-gs.ac.jp/		
Web上での合格発表	中学	○	高校	○

プロフィール

国際社会で活躍できる女性に

仏教精神に基づき、「敬虔・勤労・高雅」を3大目標とし、国際社会でも活躍できる女性の育成に努めている。そのため、古くから英語教育を重視し、留学生交換などの国際交流も盛んである。また、茶道などの日本文化に触れ、思いやりや感謝の気持ちを育てていくといった情操教育も、本学院の教育理念のひとつとなっている。

環境

創立100周年に向けて記念事業始動

2012年に完成した総合校舎では図書館、自習室、カフェテリアなど共有施設で生徒が学校生活を快適に過ごしている。各教室には電子黒板を設置するなどICT環境を整備。

2026年に創立100周を迎えるにあたり「国府台女子学院創立100周年記念事業」が始動。メインとなるイベントとして、2026年4月には建築家の中川エリカ氏の設計による「創立百周年記念館」が竣工の予定。多様なレクチャーに対応する高天井の教室や多機能の階段教室、実習や部活動にも利用できる多目的教室などからなり、次の100年を見据えてさらなる学習環境の充実に努める。

「創立百周年記念館」完成イメージ

カリキュラム

志望別の2科5コース制

6年一貫教育を原則とし、中学部で

は、国・数・英・理・社をバランスよく配したカリキュラムが組まれている。

また、中3からは選抜クラス及び英語・数学の習熟度別授業を実施している。

高等部では、2年次から（美術・デザインコースは1年次から）志望進路に合わせ、**選抜理系、選抜文系、進学文系選択、進学理系選択、美術・デザイン**、の5コースに分かれる。各コースとも選択科目が多く、各自の進路にきめ細かく対応している。また、入試のキー・ポイントである英語には、特に力を入れている。美術・デザインコースは、普通科のカリキュラムを基本として美術とデザインを学ぶ、各学年15人程度の少人数コース。創造する喜びを大切にしながら自分の感性を開花させ、ほとんどの生徒が美大に進学。授業ではデッサンや立体構成など様々な課題で総合的な実力を養成し、また美術館の展覧会見学などを通して幅広い教養を身につける。

学校生活

中・高一緒のクラブ活動

登校時間	中学	夏季	8：20	冬季	8：20
	高校	夏季	8：20	冬季	8：20

クラブは、文化系クラブが28、体育系クラブが10あり、ほとんどが中学部・高等部一緒に活動している。中1から高3までの幅広い人間関係の中で研究や練習に励み、その成果は毎年秋に行われる「学院祭」などで披露される。

進路

優れた現役合格率有名大学へも多数

現役合格を目標にした適切な進学指導により、現役進学率は95.1％と優れた実績を誇っている。
【令和5年3月卒業生の主な合格状況】
主な進学先は東京大、東京農工大、筑波大、千葉大、三重大、長岡科学技術大、千葉県立保健医療大、都留文科大、愛知県立芸術大、防衛医科大学校、国立看護大学校、早稲田大、慶應義塾大、上智大、東京理科大、明治大、青山学

院大、立教大、中央大、法政大、学習院大、津田塾大、東京女子大、日本女子大、東邦大、星薬科大、東京医大、東京女子医大　など

日本の文化と伝統を学ぶ課外活動

国際化

語学研修で異文化体験

高等部では夏休みに希望者対象に12日間のイギリス語学研修が実施される。小グループでの集中レッスンや、現地家庭でのホームステイを通して、全員が生きた英語に触れる。さらに中学部でも夏休みに希望者を対象にオーストラリアでの2週間のホームステイを予定するなど、積極的に異文化体験をさせ、本当の意味での国際人の育成を目指している。

2024年度入試要項

中学部

試験日　12/1（推薦）　1/21（第1回）
　　　　2/5（第2回）
試験科目　国・算・理・社

2024年度	募集定員	受験者数	合格者数	競争率
推薦	約50	163	76	2.1
第1回	約95	1017	570	1.8
第2回	約15	88	40	2.2

高等部

試験日　1/17
試験科目　国・数・英
※美術・デザインコースは実技あり

2024年度	募集定員	受験者数	合格者数	競争率
単願推薦	約50	48	48	1.0
併願推薦	約70	185	185	1.0

■ 卒業生有名人　白石小百合（テレビ東京アナウンサー）、小菅信子（山梨学院大学教授）

進学に有利に
併設校あり
芸術＆特殊学科
資格＆技能系
施設が充実
スポーツが強い
クラブが活発
情操教育を重視
国際人を養成
校風が自由な

共学 幼小中高短大院

三育学院 中等教育学校

キリスト教主義の全寮制中等教育学校
静かな自然の中で
「心」と「頭」と「体」を鍛える

SUPER INDEX P.99

生徒数 　一名
〈中野キャンパス（学習棟）〉　〒298-0271
千葉県夷隅郡大多喜町中野589
☎ 0470-83-0830
いすみ鉄道上総中野駅
〈久我原キャンパス（生活棟）〉
〒298-0297
千葉県夷隅郡大多喜町久我原1500
いすみ鉄道大多喜駅、三育学院大学久我
原駅　徒歩30分
☎ 0470-84-0111

URL	https://saniku.ac.jp/academy/

エンジェルスベルクワイア

進学に有利
併設校あり
特殊芸術学科＆
技能系資格＆
充実施設が
スポーツが強い
クラブ活発が
情操教育を重視
国際人を養成
校風自由な

プロフィール 調和のとれた全人教育を実践

1969年、男女共学のキリスト教主義セブンスデー・アドベンチスト教団の全寮制の中学校として開校した。"三育"とは、徳育（人格教育）・知育・体育を表し、調和のとれた全人教育を実践している。全国各地・世界各国に、三育教育の系列校がある。

2020年度より三育学院中学校と改称し千葉キャンパスに移転。

2023年4月、中等教育学校（6年制一貫教育）に生まれ変わった。

環境 聖書の教えを学ぶ規律ある寮生活

寮生活のねらいは、朝6時起床で始まる規則正しいスケジュールと集団生活の中で、自律心、思いやり、協力、時間管理など、好ましい特性を磨くことができるようになることである。四季折々の花が咲く静かな自然のもと、クリスチャンである教職員と共に、日々聖書を学び、祈り、規律ある団体生活を通して、生徒たちは、生きることの意味を真剣に考え、神と人々に進んで奉仕する喜びを学んでいる。

カリキュラム 少人数クラスで基礎学力を徹底

各教科の日々の学びを大切にして、

北浦の緑の丘にそびえるチャペル

基礎学力を確実に身につけることを目標に、豊かな心を育むため、特定の教科や受験科目に偏らないバランスある教育を展開している。系列の「広島三育学院高校」との一貫教育システムのもと、各学年少数教育を実践し、数学と英語の時間数を多くとり、毎年、英語検定に多数の合格者を出すなど成果を上げている。

また、夜間自習の時間があるのも全寮制ならではで、毎晩7時15分～9時、生徒は、舎監の指導のもとで自習を行っている。そのほか、各教科の担当教師が行う寮または教室での補習授業なども実施されている。

普通中等教育のほか、カリキュラムの中に「聖書」や「労作」「食農」の時間が組み込まれているのも大きな特色である。週3時間の聖書の授業では、真の生き方について考え、学ぶ機会を持つことで、聖書の教えを土台とした人生観・価値観を見出していく。また、「勤労体験学習」として位置づけられている労作の時間は週3時間で、アート部・散髪部・食堂部・営繕・キャンパス整備などの部門に分かれ、教師と共に汗を流し、生きる力や人を支える大切さを学んでいる。

学校生活 奉仕や音楽など課外活動も充実

登校時間	夏	7：50	冬	7：50

宗教の大切さを体験的に理解するため、毎朝・毎夕、各寮ごとに行われる礼拝や、毎週土曜日のチャペルでの礼拝をはじめとする宗教活動を、教師と生徒が一緒に行っている。また、多くの生徒が聖歌隊や吹奏楽、ハンドベルなどの音楽活動に参加し、「賛美の心」と「奉仕の心」を育んでいる。

学校行事では、ソフトボール大会、体育祭（運動会）、バレーボール大会が、父母も応援に駆けつけ毎年大いに盛り上がる。また、クリスマス会は、生徒

会の主催で行われる楽しい行事だ。3年次の修学旅行は海外研修で、現在はニュージーランドの系列校を中心としたホームステイプログラムを取り入れている。課外活動では、クラブ活動のほか、聖歌隊やハンドベルなどの音楽活動が活発である。2019年には北海道でのハンドベルコンサートも行った。そのほか校内では、ピアノやバイオリンなどの個人レッスンも受けられる。

進路 系列校へ多数が進学留学する生徒も

系列の広島三育学院高校との一貫教育を実施しているため、卒業生の約80％が同校へ進学する。そのほか約20％は出身地の公立・私立の高校に進み、海外の系列高校へ留学する生徒もいる。

2024年度入試要項

試験日	12/3（推薦Ⅰ期）　12/17（推薦Ⅱ期）
	1/14（推薦Ⅲ期）　1/28（一般第1回）
	2/11（一般第2回）
試験科目	作文＋面接（推薦・一般第2回）
	国・算（一般第1回）
募集定員	35名

※他に、若干名の転入生募集あり

　卒業生有名人　藤森祐輔（ミュージシャン "Baby Boo"）、千原曜（弁護士）、橋本笙子（ADRA Japan 事業部長）

志学館 中等部 高等部

『中高一貫教育』『規律正しい進学校』
現役合格を目標にした
きめ細かな進学指導を実践している

普通科（高等部）
生徒数 285名（中等部） 999名（高等部）
〒292-8568
千葉県木更津市真舟3-29-1
☎0438-37-3131
☎0438-37-3450（入試対策室）
内房線木更津駅 スクールバス10分
特別路線バス（市原、ちはら台、鴨川、長狭、君津、亀山・久留里、鎌取、館山）

SUPER INDEX P.102

URL	https://www.shigakukan.ed.jp/			
Web上での合格発表	中学	○	高校	○

"現役合格"を目標に きめ細かな進学指導

カリキュラム

中等部では、生徒一人ひとりが「わかる喜び」、「学ぶ楽しさ」を知るための基礎基本を徹底し、創意工夫を重視した、教育課程を編成している。英語・数学の習熟度別クラス、夏期講習などにより、授業時数確保と学力向上を目指している。

高等部では、習熟度別クラス編成。生徒一人ひとりの学習進度・理解度に応じたきめ細かな教科指導により、基礎から応用まで確実な学力向上を実現できる教育課程を編成している。2年次から文系・理系別クラス編成をし、志望大学に最も有利な履修ができるよう、多様な選択科目を設置し、早期から大学受験に備えることができる。年間を通じて何日か土曜日に学校行事などを実施している。進学重視の課外学習には、5教科進学講習、外部講師による小論文対策講座、夏期講習、校外合宿ゼミなど多彩な特別講座が受講可能。

短時間に集中し 活躍する部活動

学校生活

放課後の特別活動や課外講座、部活動等を短時間に、集中して実施し成果を上げている。中等部のクラブ活動には軟式野球部、女子バレー部、少林寺拳法部、吹奏楽部等、文化系8部、体育系7部ある。高等部の部活動は文化系10部、体育系14部があり、吹奏楽部、硬式野球部、女子

充実した施設を持つ恵まれた学習環境

バレー部、少林寺拳法部、囲碁部などは、関東大会や全国大会に出場の実績がある。

医歯薬系を中心に 現役大学合格率約85％

進路

全校生徒が大学進学を希望しており、4年制大学合格が約85％の進学実績がある。千葉大をはじめ難関国公立大学や早稲田、慶應など難関私立大の合格者も安定して増加している。

夏季短期留学等 国際理解教育

国際化

夏季24日間で行われる「ブライトン短期留学」「フィリピン・セブ島語学研修［高等部］」や、春季休暇中に「British Hills」（福島）で、イングリッシュ・スプリングキャンプ（留学疑似体験）［中等部］を実施している。

ICTの積極的な 利用と取り組み

トピックス

国のGIGAスクール構想により、「生徒1人1台端末」が推奨され、またオンライン授業の必要性も高まる中、本校でも1人1台のタブレット（iPad）を導入している。タブレットはデジタル教科書の利用や調べ学習など授業で活用できるほか、部活動や家庭学習でも活用が可能。またICT教育コンテンツとして、生徒、保護者も活用する統合型校務支援システム「BLEND」を導入している。欠席連絡、授業出席管理、保護者アンケート、学習記録、成績表・通知票など、様々なコンテンツを活用している。

卒業生から受験生 にひとこと①

ひとこと

高校入学時は、数学に苦手意識があったのですが、数学科の先生の親切丁寧な指導によって払拭することができまし

文化祭で一番人気の吹奏楽部

た。またその先生は共通テストで結果が出なかった時に叱咤激励してくれたり、顧問の先生は時に友人のように接してくれたり、部活動以外のことでも相談に乗ってくれました。頼れる先生方には感謝の気持ちでいっぱいです。

卒業生から受験生 にひとこと②

ひとこと

高等部在学時代の一番の思い出は部活動です。少林寺拳法部に在籍していたのですが、全国大会に出場し本気で優勝を目指すという経験はとても貴重でした。

志学館は、勉強、部活動、行事において自分が頑張りたいと思ったことが頑張れる環境があったので、前向きな気持ちでチャレンジできたのだと思います。大きく成長できた有意義な高校生活でした。

2024年度入試要項

中等部

試験日　12/1（推薦）　1/20（一般A）
　　　　1/27（一般B）　2/10（一般C）
試験科目　国・算＋面接（推薦・一般A・C）
　　　　　国・算・理・社＋面接（一般B）

2024年度	募集定員	受験者数	合格者数	競争率
推薦	60	82	77	1.1
一般A/B/C	60	9/5/−	6/3/−	1.5/1.7/−

高等部

試験日　1/19（前期推薦第Ⅰ回）
　　　　1/20（前期推薦第Ⅱ回）
　　　　1/21（前期一般第Ⅲ回）
試験科目　国・数・英

2024年度	募集定員	受験者数	合格者数	競争率
Ⅰ/Ⅱ/Ⅲ回	180	765/431/85	712/391/63	1.1/1.1/1.3

卒業生有名人 丸山忠久（将棋棋士）、澤﨑俊和（元プロ野球選手）、竹松舞（ハープ奏者・医師）

進学に有利に
併設校あり
芸術＆特殊学科
資格＆技能系
施設が充実
スポーツが強い
クラブが活発
情操教育を重視
国際人を養成
自由な校風

千葉

共学　中高大院

芝浦工業大学柏 中学校 高等学校

理科系大学の付属校だが
難関大学へ高い進学実績
夢と理想を実現する中高一貫教育

SUPER INDEX P.96

普通科（高校）
生徒数　588名（中学）　861名（高校）
〒277-0033
千葉県柏市増尾700
☎ 04-7174-3100
東武野田線新柏駅　スクールバス5分
常磐線・東武野田線柏駅　スクールバス15分

URL		https://www.ka.shibaura-it.ac.jp/
Web上での合格発表	中学 ○	高校 ○

クラブ活動も盛ん

プロフィール

「創造性の開発」と「個性の発揮」

1927（昭和2）年、東京帝国大学工学士であった有元史郎氏が東京高等工商学校を創設。戦後の学制改革により1949（昭和24）年、芝浦工業大学となった。この歴史を踏まえ、高校は1980（昭和55）年に設置。1990年、男子校から共学へと移行し、1999年からは6年間の一貫教育を目指して中学校も開設された。2018年度よりスーパーサイエンスハイスクールに再指定された。

環境

充実したマルチメディア設備

校地は緑に囲まれた好環境で、冷暖房完備の教室をはじめ、情報教室、大画面のプロジェクターが設置されたグリーンホール、カフェテリアなど、施設・設備も充実している。体育施設として、ソーラーハウスプール、体育館、クラブハウス、屋内クラブ室、小体育館、弓道場、人工芝グラウンドなどを完備し、2015年5月には第3グラウンドが完成、2017年度には人工芝グラウンドにLED照明を完備。

カリキュラム

少人数の演習や授業きめ細かな指導

中学では、「自ら学ぶ」を重視し、基礎学力の徹底を図ると同時に、情報・環境・国際理解教育にも力を入れている。教科の特性、時間割構成を生かした授業を展開するほか、スタディサプリや補習など

パソコンは生徒一人に1台

による授業のアフターケアも万全。

高校では、東大進学に特化したグローバル・サイエンスクラスと国公立大・難関私大を目指すジェネラルラーニングクラスの2コース制。1・2年次は主要教科の単位数を充実させ、国・数・英を中心に基礎学力を養成する。ジェネラルラーニングクラスは、2年次から文系・理系コースに分かれ、英数では1クラスを2分割し、習熟度、進路別にきめ細かい授業を展開している。3年次にはさらに、演習と選択科目を増やし、各自が進路に合わせたカリキュラムを選択できるように工夫されており、充実した進学指導が行われている。グローバル・サイエンスクラスは、研究を中心とした理数の他、アウトプットを意識した英語教育や論文指導を行い、2年次からグローバルコース（文系）とサイエンスコース（理系）に分かれ、3年次では芝浦工大連携プログラムを実施し、週1日大学の講義を受ける。

また、既成の教科を統合、応用し、思考力を錬成する「総合学習」では、「自分史作成」と、中高生によるweb教材作成コンクールへの参加により、情報・コンピュータ・環境・芸術などについて幅広く考える力を身につける。そのほか、1年次の現代社会の授業では「ディベート」を行い、論理的な思考力を養っている。

学校生活

多くの生徒がクラブに所属

登校時間	中学	夏季	8：15	冬季	8：15
	高校	夏季	8：45	冬季	8：45

クラブは、サッカー、ラグビー、陸上、野球、ソフトテニス、剣道、弓道、卓球、水泳などの運動部が14、英語、吹奏楽、美術、コンピュータ、科学などの文化部が14あり、充実した施設の中、元気に活動している。

進路

高い現役合格率難関校にも強い

ほぼ全員が4年制大学への進学を志望し、きめ細やかな進路指導や講習・

補習により、現役合格率が高い。芝浦工業大学へは卒業生の約10%が推薦で進学するが、その生徒を含めて毎年、国公・私立大学に80%近い現役合格者を出している。また、早稲田大、慶應義塾大、東京理科大、明治大、青山学院大、立教大、学習院大などに指定校推薦枠がある。2023年3月の現役の合格実績は、東京大1、千葉大14、筑波大13、九州大1、東京工業大4、一橋大2、東京医科歯科大1、国公立大学計72名合格。早慶上理GMARCHの合格率も高い。

2024年度入試要項

中学

試験日　1/23（第1回）　1/27（第2回）　2/4（課題作文）
試験科目　国・算・理・社（第1・2回）
　　　　　課題作文＋面接（課題作文）
　　　　　※帰国生は面接あり
　　　　　※英語入試出願者は英語リスニングテストあり

2024年度	募集定員	受験者数	合格者数	競争率
第1回	約110	692/303	296/101	2.3/3.0
第2回	約55	328/129	84/26	3.9/5.0
課題作文	約15	56/30	15/11	3.7/2.7

※人数はすべて男子/女子

高校

試験日　1/18（第1回）　1/19（第2回）
試験科目　国・数・英または国・数・英・理・社

2024年度	募集定員	受験者数	合格者数	競争率
グローバル	約120	518/654	90	―
ジェネラル		431/567	288	―

※人数は第1回/第2回
※中・高とも、定員は帰国生若干名を含む
※第一志望・帰国生は面接あり

進学に有利に
併設校あり
芸術＆特殊学科
資格＆技能系
施設が充実
スポーツが強い
クラブが活発
情操教育を重視
国際人を養成
自由な校風

　■卒業生有名人　小宮山悟（元プロ野球選手）、木戸章之（元アイスダンス）

千葉

共学 中 高

渋谷教育学園幕張中学校高等学校

「自調自考」の精神で
いかに生きるか、自らに問う
県内トップの進学校

普通科（高校）
生徒数　900名（中学）　1068名（高校）
〒261-0014
千葉県千葉市美浜区若葉1-3
☎ 043-271-1221

SUPER INDEX P.101

京葉線海浜幕張駅　徒歩10分
京成千葉線京成幕張駅　徒歩14分
総武線幕張駅　徒歩16分

制服 p.52

URL	https://www.shibumaku.jp			
Web上での合格発表	中　学	○	高　校	○

個性を引き出す独自の教育

プロフィール

　自分で調べ考えることを意味する「自調自考」を建学の精神としている。1983（昭和58）年に高校、1986年には中学校を開校し、中学・高校の一貫教育体制がスタートした。現在では、県内トップの進学校としての地位を確立している。

　コース別の授業や少人数制を取り入れて個性を引き出すと共に、帰国生の受け入れや海外との交流も積極的に行っている。しっかりと基本をおさえながらも、新しい試みをどんどん取り入れていく、エネルギーみなぎる活動的な教育が魅力の学校だ。

県内屈指の充実した施設

環境

　恵まれた自然環境に加え、最新の設備も充実している。全教室空調完備で、50台のコンピュータを備えたマルチメディア教室やコンピュータ室をはじめ、授業の内容を充実したものにするために、様々な特別教室があり、天文台やプラネタリウムも設置されている。さらに、物化生地合わせて6つの実験室を持つ理科棟もある。

　そのほか、第1・第2体育館やナイター設備のある全天候型人工芝グラウンド、トレーニングルームも備えた室内温水プール棟など、体育施設も充実している。

幕張の文教エリアにあるキャンパス

バランスのとれたきめ細かな教育

カリキュラム

　中・高6年間を2年ずつ3ブロックに分け、発達段階に応じた独自の一貫教育を推進している。中1・2では基礎学力の充実期間として、基本的な物事を理解する力を、中3・高1では発展期間として、理解したことを実行する力を養うことに重点を置いている。そして、最後の2年間では、生徒がそれぞれの適性や進路を見極め、自己の可能性を最大限に発揮できるよう、大幅な選択教科制や文系・理系別のコース制を採用し、大学進学を目指す。

　また、学習の羅針盤として、"Syllabus（シラバス）"と呼ばれる「学習科目の内容と解説」を配布し、生徒は、この「解説」を手の届くところに置いて、今、何を学習しているのかを確かめ、学習効果を高めるよう活用している。そのほか、授業の充実度を高めるため、各種の補習も実施している。

　さらに、英語を重視し、実際に役立つ英語力を養えるよう、外国人教師による丁寧な指導が行われている。また、国際教育の一貫として、中国語・スペイン語・フランス語・ドイツ語・ハングルの学習もできる（希望制）。

楽しさいっぱいの学校行事

学校生活

登校時間	中学	夏季	8：25	冬季	8：25
	高校	夏季	8：25	冬季	8：25

　文化祭、スポーツフェスティバル、宿泊研修など、生徒主体の魅力あふれる行事が多数用意されている。中3では、ニュージーランドで約2週間のホームステイという大きな目玉行事もある。また、高1でも、アメリカやイギリスでのホームステイ（希望者）が実施され、英語力の向上はもちろん、文化の比較などを通して国際理解を深め、同時に日本の特質に気づく機会となっ

帰国生の受け入れにも積極的

ている。部活動・同好会の種類も多く、いずれも活発な活動を展開している。

一流大学合格は目的ではなく結果

進路

　本校では、大学合格だけを目標にした受験本位の詰め込み教育は行っていない。一流大学への合格は目的ではなく結果で、高い合格率は生徒一人ひとりを大切にする教育の結果となっている。東大、一橋大、筑波大、千葉大などの国公立大に合格。また有名私立大には70校以上の指定校推薦枠がある。

2024年度入試要項

中学

試験日　1/20（帰国生）　1/22（一次）　2/2（二次）
試験科目　国・算・理・社（一次・二次）
　　　　　英＋面接（英語・日本語）（帰国生）

2024年度	募集定員	受験者数	合格者数	競争率
帰国生	約20	71/77	16/18	4.4/4.3
一次	約215	1377/592	508/157	2.7/3.8
二次	約45	349/172	53/15	6.6/11.5

高校

試験日　1/19（学力）　1/20（帰国生・特別活動）
試験科目　国・数・理・社（学力）　英＋面接（英語・日本語）（帰国生）　作文＋実技＋面接（特別活動）

2024年度	募集定員	受験者数	合格者数	競争率
学力		490/181	152/51	3.2/3.5
帰国生	295	17/23	6/13	2.8/1.8
特別活動		9/14	3/5	3.0/2.8

※定員は中学校からの内部進学者を含む
※中・高とも、人数はすべて男子/女子

卒業生有名人　小川哲（作家）、田中マルクス闘莉王（サッカー選手）、田中圭（俳優）、水卜麻美（日本テレビアナウンサー）

進学に有利
併設校あり
芸術＆特殊学科
資格＆技能系
施設が充実
スポーツが強い
クラブ活動が活発
情操教育を重視
国際人を養成
自由な校風

共学　中　高　大　院

秀明大学学校教師学部附属　秀明八千代中学校・高等学校

普通科（高校）
生徒数　90名（中学）　1228名（高校）
〒276-0007
千葉県八千代市桑橋803
☎047-450-7001
東葉高速鉄道八千代緑が丘駅
スクールバス5分
他に、津田沼、千葉ニュータウン中央、柏、八千代台、勝田台、八千代中央、木下、小林、印西牧の原、印旛日本医大、新鎌ヶ谷、千葉の各駅よりスクールバスあり

SUPER INDEX P.100

制服 p.48

独自の教育システムで人間性豊かな国際人を育成　21世紀を生き抜く英語教育

URL	https://www.shumeiyachiyo.ed.jp
Web上での合格発表	○

実践的な英語教育を推進

プロフィール　世界で活躍するエリートに

埼玉県川越市にある秀明学園の確かな実績を踏まえ、1981年に秀明八千代中学校、1984年に同高校が開校。中学は2015年4月、高校は2018年4月より現校名に改称。

「知・技・心」のバランスのとれた、21世紀の日本を担う真の国際人の育成を目指し、生徒一人ひとりの資質を伸ばす全人教育を柱に、英語教育に特に力を入れている。

環境　緑豊かで静かなのびやかな環境

文教学園都市として発展している八千代市桑橋のキャンパスは、スクールバスがあり、通学も便利だ。

緑に囲まれた敷地の中に、全室冷暖房完備の校舎や体育館、スポーツセンター、プールなどが配置されている。また、中高ともに、「完全給食」を実施しているのも大きな特色である。

カリキュラム　到達度別学習と選択コース別授業

英語をはじめとする主要教科は、中・高とも到達度別のグループに分けて授業を実施しており、生徒の学力向上に応じて編成替えをし、無理なく、効果的に学力の伸長を図っている。

次代を担う真のリーダーを育てる

高校では希望する大学に進学できる実力を養成するために1年次より4つの選択コースを設けている。**特別進学コース**は国公立及び私立難関大学への現役合格を目指し、特別カリキュラムの授業を行う。**文理進学コース**は2年次から文系と理系クラスに分かれ、各自の志望校への合格を目指す。**総合進学コース**は文系大学への合格を目指し、受験科目に的をしぼった特別カリキュラムで授業を行う。**国際英語コース**は外国語系の大学進学を目指し、英語の強化を図るコース。

また、放課後の補習や土曜講習、夏期・冬期講習をはじめ、問題演習や各種模擬試験など、進学指導体制も万全である。

学校生活　多彩な学校行事で充実した学園生活

登校時間	中学	夏季	8:40	冬季	8:40
	高校	夏季	8:40	冬季	8:40

「心の学習」を通して善・悪の判断を学ぶと共に、感謝・思いやり・いたわりの心などを身につけていく。クラブはテニス・空手道・女子硬式野球など運動部15、吹奏楽、クッキング・クラブなど文化部18が活動。修学旅行、強歩大会、演劇鑑賞会、スピーチコンテストなど年間行事も多い。

進路　秀明大学へ優先的に進学

秀明大学には内部進学制度により進学できる。高大連携により内部進学を決めた生徒は大学の講義を高校在学中から受講でき、大学入学後の単位として認定される。その他、首都圏の難関大学にも毎年多数の合格者を出している。

国際化　イギリスの大学と教育提携

英語を母国語としない生徒に英語を指導する資格を持つ6名の専任イギリス人教師による英会話の学習により、実践的な英語力や国際感覚の習得を目指す。また、イギリスへの短期留学制度として、英国立ケント大学のひとつのカレッジとして設立された系列のチェーサー・カレッジ・カンタベリー大学で、中学2年次（全員参加）に2週間、高校1年次（国際英語コースは全員参加、他のコースは希望制）に3週間、本場の生きた英語を学んでいる。

2024年度入試要項

中学

試験日　12/1（専願）　1/20（一般A）
　　　　1/28（一般B）　2/6（一般C）
試験科目　適性（国・算・英から2科）＋面接
　　　　　（専願）　国・算＋面接（一般）

2024年度	募集定員	受験者数	合格者数	競争率
専願	60	45	35	1.3
一般A/B/C		20/14/4	13/11/3	1.5/1.3/1.3

高校

試験日　1/17（前期推薦・単願）　1/17または18
　　　　（前期推薦・併願）　2/15（後期一般）
試験科目　国・数・英＋面接（推薦・一般）

2024年度	募集定員	受験者数	合格者数	競争率
特別進学	50	6/92/2	6/85/2	1.0/1.1/1.0
国際英語	60	21/95/2	21/94/2	1.0/1.0/1.0
文理進学	100	98/756/16	95/731/11	1.0/1.0/1.5
総合進学	100	58/675/16	57/658/12	1.0/1.0/1.3

※人数はすべて推薦単/推薦併/後期

千葉

共学 中高

翔凛 中学校 高等学校

国際化時代に個性を活かす
新しいタイプの進学校
帰国子女も受け入れている

URL　https://www.shorin-global.ed.jp/

国際科（高校）
生徒数　195名（中学）　634名（高校）
〒299-1172
千葉県君津市三直1348-1
☎ 0439-55-1200
内房線君津駅　スクールバス15分（スクールバス7ルートあり）

SUPER INDEX P.102

制服 p.51

国際舞台で活躍できる人間を育成

プロフィール

これからの時代で要求される国際感覚を身につけ、国際舞台で活躍できる優れた日本人を育成するために、1992年に千葉国際中学校・高等学校として開校。「普通科」でなく「国際科」であるのも、21世紀の国際化社会を見つめてのことだ。教育目標は、「国際理解・豊かな人間性・創造的主体性・目的意識の形成」の4項目で、外国留学も含め、大学受験に向けて、効果的な授業を展開している。2015年度より現校名に改称。

眺望のよい学園に近代的な新校舎

環境

開発の進む国際的研究都市の南方に位置し、眺望のよい丘の上にある。近代的な校舎には、LL教室、CAI教室や、富士山も望むことができる円形のカフェテリア、多目的ホールなどがあり、豪華な雰囲気である。中学も高校と同じ校舎で、同じ施設を使用している。また、学内に男女別棟の学生寮（定員各80名）も設置しているので、全国・国外から生徒が集まっている。

英語の授業が中心 国際理解を深める

カリキュラム

中高一貫教育のゆとりを活かして、

少人数クラス編成でのきめ細かい教育を展開している。特に外国語教育に力を入れている。英語は中学・高校とも公立の2倍以上の授業時間を配し、専任外国人による指導で生きた英語の能力を高める。

高校では、ビジョナリー特進・選抜・進学の3コースを設け、習熟度別授業・選択制少人数授業で、効果的に学力を向上させ、個々の潜在能力を引き出す。特に特進コースでは、国公立・超難関私立大学への現役合格を目指し、少数精鋭の、選り抜きの教師によるハイレベルな教育が展開されている。

さらに、高校では第二外国語で韓国語・中国語が学べ、「情報科学」「国際理解」の授業、英検対策なども行っている。

学園行事にも国際的なものを

学校生活

登校時間	中学	夏季	8：40	冬季	8：40
	高校		8：40		8：40

全人的成長を願って、芸術、スポーツ、ボランティア活動を奨励している。

部活動・同好会は17部あり、サッカー・野球・バスケットなど様々な部活が活躍中である。チアダンス部は世界1位。

学園行事では、姉妹校でのホームステイ、グローバル理解講演会、英語合宿、海外修学旅行など、国際感覚にあふれた行事が行われている。

英語力を活かした大学進学を目指す

進路

徹底した個別指導で90％以上の現役合格率。英語系だけでなく理系の進学も多い。主な進学大学は、京都、一橋、東京外語、筑波、千葉、早稲田、慶應、上智、明治、立教、東京理科、神田外語など。海外の大学へ進学する者もいる。

海外の姉妹校との交流も盛ん

国際化

ニュージーランドのパラパラウム・カレッジ、フランスのオンブローザ外国語学校と姉妹校・提携関係を結んでおり、毎年相互のホームステイをはじめ、様々な交流活動を展開。さらに、カナダ・フランス・中国の学校との交流も進めている。

2024年度入試要項

中学

試験日　12/1（推薦）　1/21（一般）　2/3（特別）

試験科目　国・算＋面接（推薦・一般）　国・算＋面接または算＋英語面接（特別）

2024年度	募集定員	受験者数	合格者数	競争率
推薦	40	38	38	1.0
一般/特別	20	13/2	13/2	1.0/1.0

高校

試験日　1/17（入試①）　1/18（入試②）　2/3（入試③）

試験科目　国・数・英＋面接

2023年度	募集定員	受験者数	合格者数	競争率
①・②/③	200	233/58/15	300	1.0

卒業生有名人　カイオ・ルーカス・フェルナンデス、ウェリントン・ダニエル・ブエノ（サッカー選手）、相内誠（プロ野球選手）

459

進学に有利

併設校あり

特殊学科 芸術＆

資格＆技能系

施設が充実

スポーツが強い

クラブが活発

情操教育を重視

国際人を養成

自由な校風

共学　幼 小 中 高 短

昭和学院 中学校 高等学校

恵まれた教育環境で
個性豊かな中高一貫教育
自立を促す生きた学び

URL	http://www.showa-gkn.ed.jp/js/			
Web上での合格発表	中学	○	高校	○

普通科（高校）
生徒数 368名（中学）　978名（高校）
〒272-0823
千葉県市川市東菅野2-17-1
☎047-323-4171〜5

SUPER INDEX P.101

総武線・都営新宿線本八幡駅、
京成本線京成八幡駅　各徒歩15分
武蔵野線・北総線東松戸駅　バス15分

制服 p.49

中学から、外国人教師による英語学習を展開

プロフィール　豊かな心と自主性を育む総合学園

SGアカデミー「未来講座・読書教育」をすすめ、知・徳・体のバランスのとれた全人教育を目指す。本校が求める生徒像は次の3つ――①自ら考え、自ら学び、自ら行動できる生徒　②高い志を持ち、学習やスポーツ、文化活動に励む「文武両道」を目指す生徒　③自らを律することができ、人を思いやることのできる人間性豊かな生徒――自信を抱き、自らの理想を実現するために自ら歩み始める生徒を育む。

カリキュラム　個性に応じた中高一貫指導

個々の可能性をさらに展開できる環境を設けるためにコース制を導入し、生徒一人ひとりの夢の実現を目指したカリキュラムを編成。中1・中2では「インターナショナルアカデミー（IA）」「アドバンストアカデミー（AA）」「ジェネラルアカデミー（GA）」「サイエンスアカデミー（SA）」の4つのコースを設置し、中3進級時には「トップグレードアカデミー（TA）」を加えた5コースに再編成する。中学では基礎学力の充実を図るとともに、アクティブ・ラーニング型の授業を展開し、主体的・対話的な学びから新たな学力を育成していく。また、各コースとも探究の時間を設け、自学自習を進めながら学びを深めさせる。高校では、希望進

2010年完成 新キャンパス

路の達成に向けた学習に専念し、放課後の補習、長期休業中の講習会など支援体制も整う。また、英検・数検・漢検にも積極的で、中学で上級の取得を目指す。

学校生活　 高いレベルの文武両立を目指す

登校時間	中学	夏季	8：20	冬季	8：20
	高校		8：20		8：20

中高ともにスポーツをはじめとする部活動が盛んなことで千葉県内外に知られている。女子バスケットボール、ソフトテニス、水泳部など高いレベルで活躍している部活が多く、2022年度のインターハイで新体操・女子ハンドボール部が優勝している。また、中学の3年間で本学院教育（進路指導も含む）の基礎力を育み、高校の3年間で公立中学校からの入学生と切磋琢磨し、ともに刺激し合いながらそれぞれの夢（進路希望、自己実現）に向かって着実な学びを進めている。

学校行事も多彩で、校外教育をはじめ、文化祭、スポーツ大会、合唱コンクール、ビブリオバトルなどがある。

進路　 進学者増加傾向に合わせた進路指導

併設の昭和学院短大（共学）をはじめ、短大へは約4％、4年制大学へは約77％、専門・各種学校に約9％が進学している。年々4年制大学への志望者が増加しており、一橋大、筑波大、千葉大、早稲田大、慶應義塾大、東京理科大、学習院大、明治大、立教大、中央大、法政大、青山学院大、津田塾大、東京女子大、日本女子大などに進学している。

ひとこと　 在校生から受験生へ

綺麗な校舎や充実した設備など、学習環境の整った昭和学院では、日々、生徒たちが高い意欲を持って勉強やス

ポーツに取り組んでいます。IAコースの私は、英語漬けの毎日を心から楽しんでおり、今は英検2級取得に向けて頑張っています。（中2）

2024年度入試要項

中学

試験日　12/1（第1志望2科、マイプレゼン①、帰国生①）　1/20（算数1科、国語1科、マイプレゼン②、帰国生②）　1/22（適性検査型）　1/24（アドバンストチャレンジ、帰国生③）

試験科目　国・算・英から2科（第1志望2科・帰国生①）　自己表現文＋プレゼンテーション＋質疑応答（マイプレゼン①・②）　算（算数1科）　国（国語1科）国・算・英から2科または＋理・社（アドバンスト・帰国生③）　適性（適性検査型）　プレゼンテーション＋質疑応答（帰国生②）
※帰国生①③は面接あり

2024年度	募集定員	受験者数	合格者数	競争率
第1志望2科/プレ①	52	151/29	49/21	3.1/1.4
算数1科		326	122	2.7
プレ②/国語	72	19/239	8/74	2.4/3.2
適性/アド		187/281	48/35	3.9/8.0
帰国生①②③	20	17/3/7	16/3/3	1.1/1.0/2.3

高校

試験日　1/17（前期A推薦・B推薦Ⅰ・一般Ⅰ）　1/18（前期B推薦Ⅱ・一般Ⅱ・帰国生）

試験科目　国・数・英（A・B推薦、一般）数・英か数か英＋面接（帰国生）
※IAコースは英語面接あり、TAコースは国・数・英・理・社

募集定員	受験者数	合格者数	競争率
176	699	567	1.2

千葉

共学 幼 小 中 高 短

昭和学院秀英 中学校 高等学校

独自の中高一貫教育で
抜群の進学実績
体育・文化施設も万全

普通科(高校)
生徒数　520名(中学)　783名(高校)
〒261-0014
千葉県千葉市美浜区若葉1-2
☎ 043-272-2481

総武線幕張駅、京成線京成幕張駅
各徒歩15分
京葉線海浜幕張駅　徒歩10分

制服 p.49

URL	https://www.showa-shuei.ed.jp/		
Web上での合格発表	中学	○	高校	○

ホームステイでのイベントも充実

プロフィール
生徒の自己実現を支える教育

総合教育機関として発展してきた昭和学院によって、1983年高等学校が創立、中学校は1985年に併設された。校訓に「明朗謙虚・勤勉向上」を掲げ、独自の中高一貫カリキュラムで高い実績を上げている。「質の高い授業」「きめ細やかな進路指導」「豊かな心の育成」の3つの実践目標をもとに、自己実現に向かう姿勢を育み、高い進路目標の実現と、将来を支える人材となる人間性の育成を目指している。

環境
全ての教室には電子黒板

千葉市の文教地区として発展している幕張にあり、静かで申し分のない環境の中、生徒たちは健康的な学園生活を送っている。4つの理科実験室や映像・音響設備の整った階段教室が入る6階建ての校舎、貸出や返却などすべてコンピュータで管理している独立した2階建て図書館、そして全ての教室には電子黒板が設置されている。また、全面人工芝のグラウンド、2つの体育館、武道館、全天候型テニスコート(オムニコート)、天井開閉式プールなど、体育施設も充実している。

カリキュラム
基礎学力を固め、高2でコース分け

中高一貫教育のため、6年間の独自のカリキュラムによって教育の連携を図っ

内装も豪華な図書館

ている。中学では5科に充分な時間をかけ、少人数で実施する外国人教師の英会話授業や、実験授業に力を入れている理科など、基礎学力の徹底を図っている。中3では数学と理科は高校の内容に入り、国語でも本格的な古典の授業に入るなど、先取り学習も行われている。また、進路や学園生活など、親身なカウンセリングも実施している。

高校では、多様な生徒の希望に対応して、2年次に多くの選択科目をつくり、文系・理系の2つのコースを設けて指導している。そのため高3では余裕をもって進路実現に向けて取り組むことができる。中学から高校まで各教科で授業を補う補習や、発展的内容にチャレンジする講習を行っていて、特に長期休暇中は多くの講習を行い、大学受験に向けて指導している。

学校生活
充実した各種学校行事

行事は、生徒たちが自ら企画・運営する体育祭や雄飛祭(文化祭)などのほか、著名人を招いての文化講習会、卒業生や大学関係者を招いての進路講演会などを実施している。情操教育としては全校生徒対象の芸術鑑賞教室だけでなく、中3で歌舞伎、高2で能楽の鑑賞教室がそれぞれ国立劇場で実施されている。また、社会の関心を深める取り組みとして、中学では企業から与えられた課題に挑戦する探究活動や、SDGsに関する探究学習を実践し、高校では千葉大学や東京大学が実施するプログラムにも参加する。

部・同好会活動は、中学で29団体、高校で37団体あり、充実した施設設備のもと、それぞれ精力的に活動している。

進路
4年制大学へ優秀な進学実績

中学から秀英高校へはほぼ100%の卒業生が進学する。東京、東京工業、東北、一橋をはじめとする難関国公立大や国公立の医学部、早稲田、慶應、上智、東京

理科などの難関私立大などに、卒業生の約8割が現役で合格している。

国際化
多彩な語学研修プログラム

国際化社会に対応するため、中1では海外の日常シーンに英語で挑戦する東京グローバルゲートウェイでの「体験型英語研修」、中2では福島のブリティッシュヒルズにおける「2泊3日の国内留学」で英語漬けの生活、中3の夏季休暇中は希望者に対し、アメリカでのホームステイ語学研修で生きた英語を学習する。高1・高2ではマレーシアやイギリスの大学での語学研修、さらに神田外語大学で外国人講師から授業を受ける年間カリキュラムも実施。また留学生を囲んで、グループディスカッションをするプログラムも中1から高1まで行っている。

2024年度入試要項

中学

試験日　1/20(午後特別)　1/22(第1回)
　　　　2/3(第2回)

試験科目　国・算・理・社(第1・2回)
　　　　　国・算(午後特別)

2024年度	募集定員	受験者数	合格者数	競争率
午後特別	30	669	153	4.4
第1回	110	1213	384	3.2
第2回	20	235	30	7.8

高校

試験日　1/18(一般)

試験科目　国・数・英・理・社

2024年度	募集定員	受験者数	合格者数	競争率
一般	80	1219	729	1.7

※帰国生入試(国・数・英・英)を含む

SUPER INDEX P.101

進学に有利に
併設校あり
特殊学科 芸術&
技能系 資格&
施設が充実
スポーツが強い
クラブが活発
情操教育を重視
国際人を養成
自由な校風

卒業生有名人　木村一基(棋士)、JIRO(特殊メイクアーティスト)、岩野芳樹(NHKアナウンサー)

461

共学　中高

西武台千葉中学校高等学校

中高一貫教育が可能にした
効果的な独自のカリキュラム
コース別指導で進学率上昇

普通科（高校）
生徒数　127名（中学）　1002名（高校）
〒270-0235
千葉県野田市尾崎2241-2
☎04-7127-1111
SUPER INDEX P.96
東武野田線川間駅　徒歩20分
スクールバス（境・関宿、坂東方面）あり

URL	https://www.seibudai-chiba.jp			
Web上での合格発表	中　学	○	高　校	○

緑豊かな広々とした学校

知徳体に優れたネオリーダー育成
プロフィール

1986（昭和61）年、武陽学園高等学校として開校。その後西武台千葉高等学校と校名を変更し、男子校から共学となる。1992年には西武台中学校も開校。2012年、西武台千葉中学校と校名変更。校訓は「若き日に豊かに知性を磨き、美しく心情を養い、逞しく身体を鍛えよ」。「学力の向上」「生活指導の厳正」「部活動の振興」を教育目標の柱に、世の中の役に立てる生徒を育てている。

閑静な住宅街に緑豊かな校地
環境

学校周辺は、豊かな自然に囲まれた環境である。校内施設も充実しており、第1・2体育館、図書室をはじめ、自習室、情報処理室、進路指導室、多目的ホール、生徒会館、武道場、合宿施設などがある。2011年、第2グラウンド（テニスコート5面）完成。

6年間を通した効果的な学習システム
カリキュラム

中学は、長期的な視野での学習システムが特徴的。総合コースとして一括募集、英語、数学で習熟度別授業を行い、基礎学力の定着を図る。中3で特選、進学の2コースに分かれ、さらに高校からは自分のレベルに合ったコース選択が可。特に英語は公立校の2倍の授業時間数を取り、外国人教師による生きた英語を学べるのも魅力だ。

高校は、特別選抜コースは国公立や最難関私立大学合格を目指すコースであり、月曜日に7限必修講座が実施される。進学コースは大学、短大の他、専門学校、公務員、就職希望者にも対応。希望者は7限講習を受講可。両コースとも2年生から文系理系にコースが分かれ、様々な選択科目の中から自分の進路に応じた科目を選択することができる。また、中学校においてスポーツで優れた実績を残した生徒については、スポーツ推薦制度が設けられ、有利に受験することができる。

進学研究会、校内予備校、オンライン予備校などバックアップ体制も充実している。

国際感覚を養う海外留学の実施
学校生活

登校時間	中学	夏季	8：35	冬季	8：35
	高校	夏季	8：35	冬季	8：35

部活動も活発で、運動部18、文化部12があり、関東大会・全国大会レベルの部も多数ある。

中高合同の輝陽祭（文化祭）、体育祭など、学校行事も多彩である。

英語能力の向上と、国際感覚豊かな人間の育成のため、高校の夏休みにはオーストラリアでホームステイ（希望者）も実施しており、現地の高校や語学学校のサマースクールに参加し、有意義な2週間または3ヶ月が過ごせる。また、中学でも、イングリッシュブートキャンプ（国内語学研修）や海外語学研修（カナダ）などを実施している。

コース別指導で進学率がアップ
進路

生徒一人ひとりの成績をコンピュータで管理し、早い時期から進路指導を始めており、4年制大学進学者は70%

と進学率も急上昇中。主な進学大学は、千葉、岐阜、東京都立、茨城、慶應、早稲田、上智、明治、青山学院、東京理科、立教、法政、日本、東洋、駒澤、専修など。

2024年度入試要項

中学

試験日　12/3（第一志望、帰国子女・外国人）
　　　　1/27（1科目特待）　1/20（第1回）
　　　　2/4（第2回）

試験科目　国・算または国・算＋英・理・社から1科＋面接（第一志望）　算か英（1科目特待）　国・算または国・算＋英・理・社から1科（第1・2回）

2024年度	募集定員	受験者数	合格者数	競争率
第一志望	50	39	36	1.1
1科目特待	10	18	1	18.0
第1回	30	17	16	1.1
第2回	10	2	1	2.0

※帰国子女・外国人の募集は5名以内

高校

試験日　1/17（併願推薦Ⅰ）　1/18（併願推薦Ⅱ、単願推薦、帰国子女・外国人）

試験科目　国・数・英
※帰国子女・外国人の併願推薦Ⅱは国・数・英＋面接、単願推薦は作文＋面接

2024年度	募集定員	受験者数	合格者数	競争率
特別選抜	100	19/154/27	15/145/24	1.3/1.1/1.1
進学	176	130/488/43	128/487/42	1.0/1.0/1.0

※人数はすべて単願/併願Ⅰ/併願Ⅱ
※帰国子女・外国人の募集は10名以内
※内部進学者含む

 有利に 進学校
 併設校 あり
 芸術系 特殊学科 &
 資格系 技能系 &
 施設が 充実
 スポーツ が強い
 クラブが 活発

情操教育を重視

国際人を養成

自由な校風

　■卒業生有名人■　ビビる大木（タレント）、塚本洋（中日ドラゴンズ・コーチ）

専修大学松戸 中学校 高等学校

千葉
共学 幼中高大院

普通科（高校）
生徒数 492名（中学） 1286名（高校）
〒271-8585
千葉県松戸市上本郷2-3621
☎047-362-9102（中学）・9101（高校）
常磐線・千代田線北松戸駅 徒歩10分
新京成線松戸新田駅 徒歩15分

SUPER INDEX P.97

進学校でありながら
奉仕活動やスポーツも盛ん
現役合格を目指す類型制システムで実力アップ

U R L	https://www.senshu-u-matsudo.ed.jp/			
Web上での合格発表	中学	○	高校	○

地元に密着した親しみやすい校風

プロフィール

1959（昭和34）年、地域社会の強い要望により、故川島正次郎専修大学総長を中心に、付属高校が開校された。2000年、高校の建学精神「報恩奉仕・質実剛健・誠実力行」を基本に、一貫教育を行う中学校も開校。社会に貢献できる知性豊かな人材の育成を目指している。

好環境の中で充実した施設

環境

緑が多い静かな住宅街に位置する。校舎は全館冷暖房完備で、2つの体育館、相撲場、さらに図書館、自習室、グループ学習室、カフェテリアが設置された「川島記念館」、特別教室棟、英語教育専用校舎アンビションホールなど充実。2009年、人工芝グラウンドとテニスコートも完成。

英語教育に定評「使える英語」を習得

カリキュラム

中学からの入学生には、中・高6年間を基礎・充実・発展期の3段階に分け、段階的にステップアップできるカリキュラムを組んでいる（X類型）。個々に対応できるよう中2年次より習熟度別授業（英語・数学）を採用。中3年次より、I類（選抜クラス）・II類にクラスを再編し、向学心を刺激すると共に生徒一人ひとりのレベルにしっかり対応した教育を強化する。また放課後講座や学習合宿、長期休暇中には特別講座を実施。英語教育にも力を入れ、週2時間外国人教員との英会話の授業を実施している。

高校では類型制システムを採用。E類型は難関国公立大を目標とするコース。授業の進度や補助教材などを配慮し、各種講座と効果的に組み合わせる。A類型は上位国公立大や私立大を目標とするコース。両コースとも2年次より文系・理系、3年次より国公立・私立に分かれる（A類型は専大コースあり）。指定校推薦対象者のS類型は、運動系部活動で全国大会と目標大学現役合格を目指すスポーツ推薦のコース。授業以外にも放課後や長期休業中に多くの講座を開き、適切な進路指導を行っている。また特別活動では、奉仕活動にも力を入れている。

英語教育専用校舎 アンビションホール

千葉県下でも有数の運動部の充実校

学校生活

登校時間	中学	夏	8：00	冬	8：00
	高校	EX	8：00	AS	8：30

中学では、運動部はサッカー、テニスなど12、文化部ではESS、合唱など12が活動、吹奏楽など一部の部は高校と合同で活動している。高校では、運動部18、文化部14、同好・愛好会5があり、全国大会出場の野球、陸上、相撲、ラグビーなどが、すばらしい実績をあげている。

併設大学への優先入学制度あり

進路

専修大学への推薦入学制度があり、2023年3月卒業生のうち51名が進学している。近年は、他大学へ進学する生徒が大幅に増え、約9割が他の大学を受験している。国公立では東京大、東北大、北海道大、千葉大、筑波大、埼玉大など、私立では早稲田大、慶應義塾大、上智大、東京理科大などである。

アメリカで生きた英語を

修学旅行・語学研修はアメリカへ

国際化

国際感覚を養うため、中3年次に全員がアメリカへの修学旅行を、高校ではアメリカやニュージーランドへの夏期グローバル研修（希望制）や冬期はマレーシアでの研修も実施している。

2024年度入試要項

中学

試験日 1/20（第1回） 1/26（第2回・帰国生） 2/3（第3回）

試験科目 国・算・理・社（帰国生は面接あり）

2024年度	募集定員	受験者数	合格者数	競争率
第1回	100	1413	616	2.3
第2回	30	604	130	4.6
第3回	20	173	41	4.2

※第2回に帰国生若干名含む

高校

試験日 1/17または1/18（E類型・A類型〈一般・第一志望・帰国生〉） 1/18（S類型）

試験科目 国・数・英・理・社または国・数・英（E類型・A類型一般） 国・数・英＋面接（A類型第一志望・S類型） 国・数・英（帰国生）

2024年度	募集定員	受験者数	合格者数	競争率
E類型 17日/18日	72	378/296	337	−/−
A類型 17日/18日	150	1212/1083	641	−/−
S類型	34	37	37	1.0

卒業生有名人 上沢直之（プロ野球選手）、戸邉直人（陸上選手）、仲村トオル（俳優）

有利に 進学

併設校 あり

特殊学科 芸術＆

技能系 資格＆

充実 施設が

が強い スポーツ

活発 クラブ

重視 情操教育を

養成 国際人を

校風 自由な

共学　高短大院

拓殖大学紅陵 高等学校

普通科
生徒数　1204名
〒292-8568
千葉県木更津市桜井1403
☎ 0438-37-2511
内房線木更津駅　スクールバス8分
スクールバス9路線あり

SUPER INDEX P.102

文武両道の人間育成を目指し
適性・進路に応じたコース別指導
スポーツ校としての知名度は抜群

URL	https://www.koryo.ed.jp/
Web上での合格発表	○

体育祭（集団演技）

プロフィール　学習とスポーツで生徒の個性を伸長

拓殖大学の系列校として、1978年に開校。拓殖大学が一時期紅陵大学と称していたことに因み、学校開設にあたり木更津紅陵という校名でスタート。1980年、現在の拓殖大学紅陵高等学校に変更した。

「人生開拓」の建学の精神のもと、「愛国・信義・礼節・友愛・尚学」を校訓とし、自主・独立の精神を持ち、21世紀の国際社会で活躍できる文武両道の人材育成に努めている。

環境　丘の上の、ランドマーク

はるか遠くに丹沢山渓や富士山が望め、眼下に東京湾が見渡せる、緑豊かで清閑な高台に位置する。2002年に完成した11階建ての本館は、2階から7階までが普通教室、9階にコンピュータ室・LL教室・インターネット常時接続のパソコンを設置した図書館、10階に作法室、11階に300席収容、100インチの大型テレビがある多目的ホールなど各施設が充実しており、特別教室棟（5階建）の1階にはカフェテリアもある。体育館は3階建。1階は総合武道場とトレーニングルーム、シャワー室、2階はバスケットコート（2面）、3階は観覧席を備えている。

カナダ短期語学留学

カリキュラム　2コースで進路別に指導

個性や能力を最大限に引き出し、レベルや目的に応じて指導するため、2コースの進路別授業を実施している。

進学トライコースは、国公立・上位・中堅大学と系列の拓殖大学への進学希望者が対象で、より難易度の高い大学への現役合格を目指す。大学合格への基礎学力の徹底した指導、選択科目制を実施し、学習の習慣化や定着化を図っている。希望者は通常授業時間内で代々木ゼミナールの授業（英・数・国を週1ずつ）をテキスト代のみで受講できる。代々木ゼミナール受講クラスでは、さらに能力別クラス編成をして、成績上位者を集めた特別進学クラスを設置。また、夏冬の宿泊学習、放課後の個別指導を受けることも可能。アクティブチャレンジコースは、大学・専門学校・就職のいずれにも対応できる基礎力重視のカリキュラムを組み、簿記などの商業科目や情報処理科目など実践的な授業も取り入れ、資格取得をサポート。幅広い進路選択を可能にする。

学校生活　全国レベルの運動部が多数

登校時間	夏	8：40	冬	8：40

文化部15、運動部21があり、運動部の半数が全国大会の出場経験を持つ。特に相撲部、空手道部、ボクシング部は、全国制覇という輝かしい実績を残している。そのほか、夏の甲子園で準優勝した硬式野球部をはじめ、剣道部、軟式野球部、ソフトテニス部、バスケットボール部、ゴルフ部、自転車競技部、書道部などが全国大会に出場している。

体育祭や文化祭、カルチャー講座、校外ボランティア活動など、年間を通じて学校行事も多彩である。そのほか、夏休みにカナダ短期語学留学も行っている。

進路　難関大学へ実績向上　約100％の就職

国公立・難関私立大学への進学者が増加。千葉大、茨城大、千葉県立保健医療大、早稲田大、明治大、立教大、法政大、青山学院大、学習院大、津田塾大、日本女子大、東京女子大、立命館大、東京理科大、成城大、明治学院大、國學院大、日本大、東洋大、駒澤大、専修大、埼玉医科大などに進学している。また、系列の拓殖大学へは優先入学制度があり、例年50名程度が進学可能。専門学校へは約3割が進学している。

就職者は全体の3割で、君津市農協、日本製鉄、JFEスチール、千葉京成ホテル、トヨタカローラ千葉、日鉄テクノロジー、東都観光バス、東レ・ダウコーニング、AGC、三井造船、千葉日産、東日本旅客鉄道など多業種にわたって活躍している。また千葉県警察、木更津市消防、警視庁、海上保安庁、自衛官などの公務員へも進むなど、高い就職率を誇る。

2024年度入試要項

試験日　1/17（前期第Ⅰ回）
　　　　1/18（前期第Ⅱ回）
　　　　1/19（前期第Ⅲ回）

試験科目　国・数・英（前期第Ⅰ・Ⅱ回）
　　　　　国・数・英＋面接（前期第Ⅲ回）

2024年度	募集定員	受験者数	合格者数	競争率
第Ⅰ回		260/543	261/532	－/1.0
第Ⅱ回	360	42/90	42/77	1.0/1.2
第Ⅲ回		2/26	2/7	1.0/3.7

※人数は進学/アクティブ
※合格者数にはスライド合格を含む

卒業生有名人　むぎわらしんたろう（漫画家）、竹原ピストル（ミュージシャン）、成田美寿々（プロゴルファー）

千葉

共学 高

千葉英和 高等学校

県内に少ないキリスト教主義校
難関校を目指す特進コース
国際教育の英語科

SUPER INDEX P.99

普通科　英語科
生徒数　1246名
〒276-0028
千葉県八千代市村上709-1
☎ 047-484-5141
京成本線勝田台駅・東葉高速鉄道東葉勝田台駅　バス約10分「千葉英和高校前」下車

制服 p.㊼

URL	https://www.ceh.ed.jp/
Web上での合格発表	○

キリスト教に基づく愛の教育

「キリスト教精神に基づく人間の育成」を建学の精神に掲げ、1946（昭和21）年に創立された男女共学のキリスト教主義学校である。1985年に英語科、1988年には普通科特進コースを設置した。

英語教育ではネイティブ教師の授業を重視しコミュニケーション能力の育成を行う。それをもとに英検など各種検定の受験を奨励し、成果を上げている。国際感覚を身につけるため、海外語学研修にも積極的だ。宗教教育も活発で、週1回1時間の礼拝・聖書の学習は必修であり、クリスマス礼拝等宗教行事も盛んである。

環境　学内は、明るくモダンなイメージ

学内は個性的で、明るい雰囲気である。施設には、本校のシンボルであるチャペルをはじめ、図書館、大小2つの体育館、コンピュータ室、セミナーハウス（合宿所）、グループワーク実習棟などがある。校舎内は、趣向をこらしたインテリアやモダンなデザインが特徴的で、全室に冷暖房空調設備を整え、窓も採光を十分に考慮した上で配置されるなど、生徒の感受性と想像力を高めてくれる環境だ。また、グラウンドは第1・第2に分かれており、計4万6163㎡の広さを持つ。

本校のシンボル　チャペル

進路希望達成の為の進路別教育課程

普通科では1年次から、特進選抜コースと特進文理コース、総進文理コースに分かれて、1日7時間授業を行う。2年次からは完全に文系・理系に特化した授業が展開される。また、個人の進路や適性に応じた豊富な選択科目を開講するなど、大学進学に照準を合わせた学習を展開しており、特に特進選抜コースは、国公立大学現役合格を目指し、2年次では週3日の9時間授業、夏期および冬期休暇中には特別補講が実施されている。

英語科は、英語の実践力を鍛え、国際化時代に対応するコミュニケーション能力の育成に主眼を置いている。英文法や英会話、TOEFL/TOEIC講座など英語の授業も充実している。また、ドイツ語、フランス語、スペイン語、中国語など第2外国語の学習も行っている。

1人1台のパソコン（Chromebook）を持ち、授業や家庭学習で活用している。コロナによる自宅学習においても学校で授業を受ける生徒と同じ授業が受けられるハイブリッド授業を実施している。

多彩な行事で充実した学校生活

登校時間	夏 8：40	冬 8：40

学校行事も多彩で、6月の文化祭、10月のスポーツ大会、12月の英和のクリスマスなど、学習面ばかりでなく、スポーツや文化面においてもバランスのよい学校生活が送れるよう配慮されている。このほか「普通科イングリッシュコンテスト」を実施し英語運用能力の充実を目標としている。

インターハイ出場のアーチェリーやバスケットボール、野球、サッカー、テニス、ダンスなど12の体育系クラブ、全国大会に出場した軽音楽やメカトロ倶楽部（プログラミング）など17の文化系クラブのほか、オルガン奏楽、ハンドベルなど4つのチャペルアクテ

活躍するアーチェリー部

ィビティーがある。

進学率が年々上昇中

進学希望者が90％以上で年々増加している。早稲田、東京理科、青山学院、明治、立教、法政など私立大や、千葉、茨城、信州など国公立大にも合格者を出し、留学の割合も増えている。

充実した国際交流プログラム

修学旅行は、普通科は2年次の11月にグアムへ行き、英語科は2年次の2月にオーストラリアの姉妹校でホームステイを行う。また、希望者を募って夏休みはオレゴン州で、秋休みは地中海マルタ島で、春休みはオーストラリアのゴールドコーストでそれぞれ約2週間の海外研修を行い、語学研修・交流・ホームステイなどを通して生の英語に接し、視野を広げる体験学習を行っている。

2024年度入試要項

試験日　1/17または18
試験科目　国・数・英か国・英・社か数・英・理＋面接（普通科）　国・英＋イングリッシュリスニングテスト＋面接（英語科）

2024年度	募集定員	受験者数	合格者数	競争率
特進選抜	40	5/92	5/90	1.0/1.0
特進文理	160	97/543	96/527	1.0/1.0
総進文理	120	157/466	151/405	1.0/1.2
英語科	40	23/67	21/56	1.1/1.2

※人数はすべて第一志望/併願

卒業生有名人　名良橋晃（元プロサッカー選手）、藤岡麻菜美（実業団バスケットボール選手）、小川龍也（プロ野球選手）、田中智美（マラソンオリンピック選手）、新浜レオン（歌手）

千葉学芸 高等学校

実力を備えた人材の育成が目標
洗練された教育環境で、新しい
自分づくりに参加しませんか

| URL | https://www.cgh.ed.jp/ |

普通科
生徒数 525名
〒283-0005
千葉県東金市田間1999
☎ 0475-52-1161
東金線東金駅 バス10分

SUPER INDEX P.103

校舎

プロフィール
最先端の情報教育指導体制を確立

1887（明治20）年に裁縫技芸塾として創立。1903年に東金裁縫女学校、1958（昭和33）年に東金女子高等学校と改称。2000（平成12）年から大幅な教育改革を行い、現校名に改称、男女共学校になった。建学の精神「創造」のもと、知識・技術・感性・体力・精神力等全方面の実力を伸ばす教育を展開する。

環境
恵まれた環境と豪華な教育施設

全教室にエアコン、無線LAN、インターネット・マルティメディア端末を完備し、GIGAスクール構想の実現に先駆け、全校生徒一人ひとりにタブレットPCを貸与。また、普通教室すべてに65インチの超大型ディスプレイを設置（従来の黒板と共用できる電子黒板として活用）。体育研修設備も整っており、野球場を備えた総合グラウンド、2つの体育館、シャワールームやトレーニングルームを備えた3階建武道館のほか、全天候型仕様テニスコート、クラブハウス、100人収容可能なセミナーハウスを完備している。

カリキュラム
進路に合わせたコース制度を導入

1日3時間制の90分授業、学校5日

制を導入し、土曜日を自主学習日として、部活動や特別教育活動に当てる。

1年次から特別進学コースを開設。2年次からは5コースに分かれる。進学コースでは、大学受験対策講座などの特別講座を組み、国公立・難関私立大学への進学を目指す。情報コースでは、コンピュータや情報ビジネスの専門知識と技術を身につけ、各種検定の取得を目的とする。福祉コースでは、福祉の基礎科目を学び、介護職員初任者研修の資格も取得可能。芸能コースでは、音楽やステージ、音響や映像の分野での活躍を目指す。公務員コースでは、高校卒業後の一般職公務員・公益団体職員を目指すほか、大学進学後の総合職就職を目指す。情報化教育にも力を入れており、コンピュータを活用して色彩感覚、表現力、創造力を磨くほか、インターネットの教育利用を推進している。また、大学進学希望者には、週3回の課外講座、課外授業も実施。

学校生活
自由な校風のもと多彩な学校行事

| 登校時間 | 夏 | 9：00 | 冬 | 9：00 |

自由な校風のもと、学校行事も充実しており、アメリカへの生徒海外研修、校内球技大会や体育祭、富士登山、夏期研修、学園祭、スキー教室、合唱コンクール、ボランティア活動など多彩だ。

委員会には、図書、編集、放送、福祉の4つ、部活動には、運動系は野球部、サッカー部、ダンス部など14部、文化系が9部、同好会が2ある。特に、野球部の活躍は目覚ましく、ゴルフ部、自転車競技部、弓道部、吹奏楽部は全国大会出場の実績を持つ。コンピュータ部ではeスポーツを立ち上げ、積極的に活動している。

制服は、コシノヒロコ・オリジナルデザインで、トラッド調コーディネイトが楽しめる。

進路
広範囲な分野への安定した就職

主な大学合格実績に、青山学院大、中央大、法政大、立教大、明治大、日本大、駒澤大がある。近年は、看護や医療系への進学希望者が多く、全体の進学率も70％と年々向上している。就職は、公務員や日本郵便をはじめ、専門技術職、事務、販売、福祉サービスと多彩。

国際化
国際交流で世界を体験

2年次に修学旅行でシンガポールを訪問。希望者は生徒海外研修でアメリカ（オーランド、ワシントンD.C.他）を訪れる。NASAで元宇宙飛行士と交流。

トピックス
他に負けない何かを持つ人を優先入学

推薦入試では、体育的・文化的・芸術的特性を重視して優先的に入学させている。面接や調査書等も評価。

2024年度入試要項

試験日　1/17（前期）　2/15（後期）
試験科目　学力検査〈国・数・英〉＋作文＋面接（前期・後期）
※推薦専願は学力検査を免除

2024年度	募集定員	受験者数	合格者数	競争率
前期 推薦/一般特進	200/25	294/8	292/6	1.0/1.3
後期 一般/特進	40/15	5/0	3/0	1.7/—

卒業生有名人　池田勇太（プロゴルファー）、伊藤勇樹（バイクレーサー）、有薗直輝（プロ野球選手）

千葉

共学 幼 高 短 大

千葉敬愛 高等学校

2022年　2つのコース制がスタート
進学率も上昇中
スポーツの実績は抜群

SUPER INDEX P.101

制服 p.50

普通科
生徒数　1436名
〒284-0005
千葉県四街道市四街道1522
☎ 043-422-0131
総武本線四街道駅　徒歩7分
京成線臼井駅・志津駅　バス25分

URL	http://www.keiai.ed.jp
Web上での合格発表	

SUPER INDEX P.101

プロフィール　個性に応じたきめ細かな指導

1925（大正14）年創立した。「敬天愛人」を建学の精神に、自主性に優れた人間の育成を目指している。敬愛大学の系列校としても実績を上げてきており、進学率も上昇中だ。

独自の学習体制のもと、各科目とも基礎学力をつけることを重視している。多様化する進路希望に対応して、英語・数学では、少人数クラス制による習熟度別学習も行われている。また、英語教育に特に力を入れており、海外研修や外国人教師による授業など、国際人の育成にも積極的だ。進路についても、生徒の個性に応じたきめ細かな指導で、万全の体制を備えている。盛んなクラブ活動も特色のひとつである。

環境　充実したスポーツ施設

最寄り駅の総武本線四街道駅からは徒歩7分ほど、静かな住宅街の中にある。2006年に5階建て校舎が完成。各教科実験・実習室、ITコミュニティルーム、図書館などが整備されているほか、グラウンド、2つの体育館、道場・合宿所を備えたクラブ棟、専用サッカー場、テニスコートなどスポーツ施設も充実している。2017年度よりサッカーグラウンドが人工芝となり、日々の練習はもとより各種大会でも活用されている。2020年、全教室に電子黒板を導入し各授業で活用している。

カリキュラム　2コース制がスタート

オーストラリア姉妹校訪問

①特別進学クラスと総合進学クラス

2022年4月から新たに2つのコース制がスタート。

特別進学コース：国公立大学、難関私立大学の現役合格を目標に掲げ、将来は国際社会に貢献できるリーダーとなる人材の育成を目指す。先取り学習で進度と深度にこだわって、基礎学力を早期に定着させ実力を伸ばす。1年次より週3の7限授業や、授業内演習を多く取り入れ、希望進路を実現させる。

総合進学コース：4年制大学を中心とする個々の目標に即した進路実現を目指す。部活動をはじめ様々な課外活動との文武両道が可能。課外補習や土曜講座を受講し勉強を第一に考えた高校生活を送ることも可能。

②習熟度授業

英語、数学で実力に応じて、授業内容を精選して展開。弱点克服のための復習や、得意分野の実力養成などを目標としている。

③国際理解教育

海外修学旅行（全生徒対象）：オーストラリア・ファームステイ3泊5日。英語を話す体験を重視している。

海外研修（希望者）：アメリカ語学研修・オーストラリア姉妹校訪問。

④ICT教育推進

2020年夏に全教室に電子黒板を配備し、授業で活用中である。それに伴い黒板からホワイトボードに変更された。画像を投影したり、動画を流したりするなど、学習効果を高めるために積極的に活用している。英語科では「ELST」というスピーチングアプリを導入している。

学校生活　運動系・文化系とも全国で活躍

登校時間	夏	8：30	冬	8：30

運動系部活動15、文化系部活動・同好会17が活動している。学校全体で約8割の生徒が部活動に加入し部活動と勉強の両立を目指している。2022年度はソフトボール部、ダンス部、マーチングバンド部が全国大会に出場してい

サッカー部とダンス部

る。また水泳部、バトン部、陸上競技部は関東大会に、その他の部活動も県大会に出場している。文化部では写真部や書道部なども意欲的に作品を製作し、出品している。例年の文化祭ではマーチングバンド部やダンス部が発表を行い、毎年多くの観客が集まる目玉となっている。行事では1学期に球技大会、校外学習、夏休みに夏期補習や勉強合宿、語学研修（アメリカ）、2学期に文化祭や体育祭・修学旅行（オーストラリア、ファームステイ）、3学期は姉妹校訪問（オーストラリア）などがある。

進路　90％を超える合格率

2023年3月の卒業生は497名で約90％以上が進学をした。中でも4年制大学への現役進学率は80％であった。国公立大学では新潟大医学部、千葉大、東京海洋大、横浜国立大、千葉県立保健医療大などに合格している。私立大学では早稲田大、上智大やGMARCHなどの首都圏大学をはじめ、同志社大、立命館大など関西方面の大学へも合格している。また、指定校推薦枠も多岐にわたり、東京理科大、明治大、青山学院大、立教大、法政大など、大学100校以上、短大30校以上と様々な学部学科から推薦枠をいただいている。この制度を利用して大学進学をする生徒も多い。

自分の進路を見つけその進路へ進むために、1年次から進路ガイダンスや卒業生による進路講習会、放課後課外補習などを積極的に行い、それぞれの生徒に適したサポートができるよう様々な取り組みをしている。

2024年度入試要項

試験日　1/17（第1回）　1/18（第2回）
試験科目　国・数・英
※単願は面接あり

2024年度	募集定員	受験者数	合格者数	競争率
第1回	406	339	279	1.2
第2回		575	505	1.1

■ 卒業生有名人　小堀佑介（プロボクサー 元世界チャンピオン）

467

有利に進

併設校あり

特殊学科 芸術＆

技能系 資格＆

施設が充実

スポーツが強い

クラブ活動が活発

情操教育を重視

国際人を養成

校風自由な

千葉

共学　高短大院

千葉経済大学附属 高等学校

普通科　商業科　情報処理科
生徒数　1819名
〒263-8585
千葉県千葉市稲毛区轟町4-3-30
☎ 043-251-7221

総武線西千葉駅　徒歩13分
千葉都市モノレール作草部駅　徒歩5分
ちばシティバスJR西千葉より千葉経済大学下車すぐ

生徒の適性を伸ばす3学科
コース別の適切なカリキュラムで
進学・就職指導の充実を図る

SUPER INDEX P.101

制服 p.49

URL	https://www.cku-h.ed.jp/
Web上での合格発表	○

ブリティッシュヒルズ英語研修

カリキュラム 入学時より3コースの普通科

普通科では、進路別のカリキュラムを編成し、大学進学に向けて実力を養成する。出願時に特進・文理一般・文Ⅱ（スポーツ推薦）の3コースを選択し、1年次では主要教科の充実を図っている。特進コースでは、英語において授業時間を増やすなど力を入れるほか、外国人教師による授業も充実。文理一般コースでは、2年次にて大幅な選択科目を導入し、進路に応じて学習することができる。さらに、放課後・夏休みには「進学講座」を実施し、外部模擬試験と合わせて実力養成を目指す。

商業科では、社会性豊かで様々な技術を身につけた人材を育成する。簿記、ビジネス基礎、情報処理をはじめとする専門科目で、資格取得を目指す。3年生で履修する「課題研究」は、それまで学んだ専門知識を生かし、模擬株式会社を設立して起業の実際を学ぶ。

情報処理科では、現在の情報化社会に対応できる知識や技術を習得する。これからますます重要視されるプログラミングや情報技術に関して学び、国家試験をはじめとする情報関連の多数の資格取得を目指す。情報処理能力の向上に努め、それを活かし今後の進路に役立てる。

学校生活 運動部が県大会等で活躍

登校時間　夏　8:25　冬　8:25

運動部17、文化部22の部活動と7つの同好会があり、各団体とも活発な活動が見られる。また、各団体とも活動を通じての人間形成を図れるように努めている。運動部は2008年春の甲子園ベスト4の野球部、2021年インターハイで全国優勝したソフトボール部、2022年ウィンターカップベスト8の女子バスケットボール部をはじめ、卓球部、柔道部、自転車競技部、ボクシング部、空手部、サッカー部等の活躍が目覚ましい。文化部では2019年全国高等学校珠算・電卓競技大会で詠上暗算と読上算の2種目で優勝を果たした珠算部をはじめ、バトントワラーズ部や将棋部等が全校大会に出場している。

学校行事は5月の校外レクリエーション、6月の陸上競技会、9月の文化祭（経高祭）、11月の修学旅行、12月下旬のブリティッシュヒルズ英語研修などを行っている。

進路 千葉経済大・短大部に特別推薦制度

併設の千葉経済大学と同短期大学部には附属高推薦制度があり、3年間の学業成績によって選考されるほか、千葉、筑波、千葉県立保健医療、学習院、早稲田、法政、明治、中央、立教、日本、東洋、駒澤、専修などの国公立大や有名私立大進学者も輩出している。また、就職希望者は、本校で修得した知識や技術を生かし、公務員、金融、建設、販売、サービスなどの各分野で活躍している。

ひとこと 在校生からのメッセージ

＜普通科＞

文理一般コースは3年生で理系か文系かを選択します。そのため本当に自分が学びたいことを深く学習することができます。また本校は部活動が活発です。部活動と勉強の両立は難しいと思いましたが、仲間と高め合いながら頑張ることができています。

皆さんも本校で充実した3年間を送りませんか。

＜商業科＞

商業科は中学校ではなかった新しい科目を学びます。難しいと不安に感じるかもしれませんが資格取得に向けて頑張ることはとても楽しいです。さらに培った知識は校内のテストはもちろんですが、大学受験や就職活動にも大変役立ちます。

ぜひあなたも、本校の商業科で新たな自分を見つけてみませんか。

＜情報処理科＞

情報処理科では1年生から専門分野を学ぶので様々な資格取得に挑戦できます。そのための施設も充実していて、日常的にPCに触れることでスキル向上が図れます。さらに先生方からはいつも手厚いサポートをいただけます。

3年間楽しく学びながら多くの資格を取得できて本当に良かったと思います。

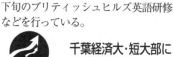

設備の整った「コンピュータ室（7室280台）」

2024年度入試要項

試験日　1/17（前期）　2/15（後期）
試験科目　作文＋面接（前期）
　　　　　国・英・数＋面接（後期）

2024年度	募集定員	受験者数	合格者数	競争率
普通科	300/20	1324/82	1324/25	1.0/3.3
商業科	110/10	255/32	255/12	1.0/2.7
情報処理科	110/10	339/35	339/12	1.0/2.9

※人数はすべて前期/後期

<!-- 左端縦書きタブ -->
進学に有利
併設校あり
芸術&特殊学科
資格&技能系
施設が充実
スポーツが強い
クラブが活発
情操教育を重視
国際人を養成
自由な校風

卒業生有名人　佐川八重子（桜ゴルフ社長）、丸佳浩（プロ野球選手）、山里亮太（芸人"南海キャンディーズ"）

千葉

共学　高

千葉県安房西 高等学校
あわにし

普通科
生徒数　290名
〒294-0045
千葉県館山市北条2311-3
☎ 0470-22-0545
内房線館山駅西口　徒歩2分

創立118年を迎えた伝統校
実社会で役立つ教育を実践
基礎学力と実学の習得を重視

SUPER INDEX P.102

制服 p.51

URL　https://www.anh.ed.jp

質実な校風を守り 個性を大切にする
プロフィール

　1905(明治38)年、実直な家庭婦人の育成を目指して創立した、安房女子裁縫伝習所を前身とする。1973(昭和48)年、普通科を設置し、1981年家政科を廃止し、普通科のみの男女共学校になり、校名を現校名に改称した。2007年度より進学クラスを設置して、進学、就職ともに十分な実績を残している。

　創立以来、「質素倹約」を旨とし、決して華美に走らない「質実」な校風を守っている。この精神は様々な学校生活に反映され、本校の特徴的な教育の柱になっている。また、小規模校ならではのきめ細やかな指導により、生徒の学力や個性を大切に育てている。

最高の立地条件 と充実の設備
環境

　JR館山駅西口より徒歩2分、本校の目の前には、波の穏やかな館山湾の北条海岸が開けていて、豊かな自然と家庭的な雰囲気にあふれた、理想的な教育環境下に立地している。

　2013年度、大規模改修が竣工し、全館の耐震化、冷暖房化が完了。2018年度、柔道場が新設。2019年度、体育館が耐震化され、施設設備がさらに充実したものになった。

40台設置されたパソコン教室

習熟度別授業 各種検定取得も
カリキュラム

　日常の学習活動では習熟度別授業を行うなど、何よりも基礎学力の充実に努め、英語検定、漢字検定、数学検定、家庭技術検定、パソコン検定など各種検定の取得にも力を入れている。さらに、大学などの進学希望の高まりに応じて毎日の補習、夏休みの特別講座など、十分な指導を行っている。全学年に「進学クラス」を設置し、大学進学者がさらに増えることが期待される。

　また、近年は特に、生徒が快適に学習するのに必要な施設の整備にも力を入れており、生徒達の学習室としても使える図書室、最新の設備の整った視聴覚室、先進の運用環境を持つパソコン室を用意するなど、伝統を重んじつつ新しい学校づくりを推進している。

　土曜日の有効活用のため、希望者対象に、大学入学共通テスト対策や趣味、ボランティア、資格取得などの土曜講座を開設している。

地域に密着した 奉仕活動も盛ん
学校生活

| 登校時間 | 夏 | 8:25 | 冬 | 9:05 |

　文化祭は、日頃のクラブ活動や学習の成果を発表する学園最大のイベントで、生徒一同が積極的に参加する(進路学習等を考慮して1学期に実施)。この他にも、体育祭、2年次の3月に沖縄を訪れる修学旅行などの学校行事があり、生徒の自主性を重んじ、和やかな雰囲気で実施されている。自然に恵まれた環境に感謝して「海岸清掃」を行うなど、地域に密着した個性的な活動もあり、長年の奉仕活動に対して運輸大臣より表彰されたこともある。また、本校では、部活動を積極的に奨励している。運動・文化委員会所属の14部があり、バレーボール、バスケットボール、吹奏楽、JRCなどのクラブ

館山駅より本校舎をのぞむ

が活発な活動をしている。

進学も就職も 充実の進路指導
進路

　進学希望者には徹底した個人指導を行っており、毎年、約50%の生徒が4年制大学・短大・各種学校へ進学している。最近の主な進学先は、東京外語大、筑波大、千葉大、千葉県立保健医療大、早稲田大、青山学院大、日本女子大、東洋大、駒澤大、玉川大など。また、就職希望者は、首都圏を中心に各種の一部上場企業からの求人が多く、恵まれた状況にある。日本製鉄、日野自動車、日本郵政、はとバス、吉川工業、山九、東京メトロ、安房農協など、卒業生は様々な企業に就職している。

2024年度入試要項

試験日　1/17(単願推薦・単願特待・単願)
　　　　1/17・18(併願・併願特待)
試験科目　国・数・英＋面接

2024年度	募集定員	受験者数	合格者数	競争率
単願推薦	60	76	76	1.0
単併特待	100	286	277	1.0

※他に、若干名の二次(3/7、国・数・英＋面接)あり

進学に有利に

併設校あり

芸術&特殊学科

資格系&技能系

施設が充実

スポーツが強い

クラブ活動が活発

情操教育を重視

国際人を養成

自由な校風

469

千葉

共学　高大院

千葉商科大学付属 高等学校

普通科　商業科
生徒数　1117名
〒272-0835
千葉県市川市中国分2-10-1
☎ 047-373-2111

SUPER INDEX P.100

総武線市川駅、常磐線松戸駅　バス
北総線矢切駅　徒歩20分
京成線国府台駅　徒歩20分・バス

実践教育を基本にした全人教育
卒業生の8割以上が4年制大学へ
全国大会出場経験があるクラブも

制服 p.49

URL	https://www.hs.cuc.ac.jp/
Web上での合格発表	○

弓道場もある充実の体育施設

プロフィール　勉学と体技の両立を図る

　1928（昭和3）年に創立した巣鴨高等商業学校を前身とする千葉商科大学が、1951年、千葉商科大学付属第一商業高等学校を開校した。1965年、現在地に移転。1974年、千葉商科大学付属高等学校と改称。1977年に、普通科を設置した。

　「勤勉・友愛・礼法・勤労」を生徒目標とし、勉学に偏重することなく、体技充実との両立を図る。なお、2008年度から、商業科で女子の募集を始め、全科で共学になった。

環境　実習授業の施設・設備が充実

　書道室、美術室、音楽室、図書室、多目的メディア室、理科実験室、コンピュータ室、家庭科実習室など、実践学習をバックアップする施設が特に充実しているほか、体育館、球技場、テニスコート、柔道場、弓道場などの体育施設、食堂、冷暖房設備なども完備している。

カリキュラム　特進選抜クラスの充実した授業

　普通科・商業科ともに、大学進学に重点を置くが、生徒の進路や適性に応じ、柔軟な進路開発を行っている。そのほか、商業科では商品開発も行っている。

付属校ならではのゆとりある学園生活

　普通科は4年制大学への進学を目指す特進選抜クラスと総合進学クラスがあり、特進選抜クラスと総合進学クラスでは英語・数学において学期ごとに編成する習熟度別授業を実施。個別指導を徹底し、実践力の強化を図っている。2年次より特進選抜クラスは文系・理系に、総合進学クラスは3年次から本格的に文系・理系を選択する。

　土曜講座や放課後の学習サポートにも力を入れ、生徒一人ひとりの目標達成に向けたサポート体制も充実している。

　商業科では、実務能力の習得を目標に、商業科目を重視したカリキュラムを組み、1～3年次を通じて全科目を共通履修する。大学受験にも配慮して、一般教科の授業時間も多く、英語では習熟度別授業も行っている。2年次より簿記会計型、ITビジネス型、ビジネス型に分かれ、より専門的なカリキュラムになる。夏期や放課後に簿記検定合格に向けた講習を開くなど、様々な資格取得のサポートをしている。

学校生活　全国大会出場経験のあるクラブが13

登校時間	夏	8：30	冬	8：30

　年間を通じて、多彩な学校行事を用意している。6月の体育祭、9月の球技祭など、自己鍛錬を目的としたものに力を入れているのが特徴である。そのほか、芸術鑑賞会や、10月には2年生の修学旅行、9月には柏葉祭（文化祭）もある。

　クラブ活動も活発で、全国大会出場経験のあるクラブが、野球部の甲子園出場をはじめ13部もある。特に水泳部、ソフトテニス部、バレーボール部、硬式野球部、卓球部、弓道部が強い。

進路　卒業生の3割が千葉商科大学へ

　千葉商科大学へは、在学中の成績および入学試験の成績により優先的に入学でき、普通科だけでなく商業科からも多くの生徒が入学している。また、

　現役生の4年制大学進学率は80%以上。主な他大学の進学先は、筑波大、埼玉大、島根大、茨城大、会津大、東京理科大、青山学院大、中央大、法政大、明治大、國學院大、明治学院大、成城大、武蔵大、獨協大、駒澤大、専修大、東洋大、日本大、亜細亜大、国士舘大、大東文化大、帝京大、東海大、芝浦工業大、東京電機大、東京農業大などである。

ひとこと　在校生からのひとこと

　自分自身を大きく成長させることのできる環境に惹かれて入学しました。放課後は、自習スペースとして開かれている場所がたくさんあり、中でも図書館の円卓は友人と協力しながら問題を解けるところが魅力的です。また、その日の授業をいつでも思い出せるタブレット学習によって予習・復習を効率よく行うことができます。
（普通科特進選抜クラス1年）

2024年度入試要項

試験日　1/18（前期第1回）　1/19（前期第2回）
　　　　2/15（後期）

試験科目　国・数・英

※前期一般・後期一般は面接あり

2024年度	募集定員	受験者数	合格者数	競争率
特進選抜	205	191/3	172/2	1.1/1.5
総合進学		674/23	593/3	1.1/7.7
商業科	70	120/9	70/1	1.7/9.0

※人数はすべて前期/後期

卒業生有名人　持田早智（競泳選手）、寺村美穂（競泳選手）、森下一喜（ガンホー代表取締役社長CEO）

千葉

女子　幼　高　専

千葉聖心 高等学校

「聖心・努力・奉仕」の心を持った生徒の育成
魅力ある女性を育てる人間教育
楽しく学べるわかる授業

SUPER INDEX P.101

制服 p.50

普通科
生徒数　452名
〒260-0006
千葉県千葉市中央区道場北1-17-6
☎ 043-225-4151
総武本線東千葉駅　徒歩10分
総武線千葉駅、京成千葉線京成千葉駅
各徒歩20分またはバス

URL	http://www.chibaseishin-h.ed.jp/
Web上での合格発表	○

プロフィール　「心の美人」「変わりたい、頑張る生徒」を応援

1947（昭和22）年創立の千葉洋裁学院に始まり、1976年千葉女子専門学校と改称。1979年に現在の千葉聖心高等学校を開設。女子教育72年の伝統を受け継ぎ「聖心・努力・奉仕」の校訓のもと、学校名である「聖心」という、清らかな心で他者を思いやる心を育み、「心の美人」という生徒像を目指している。聖心高校に入って、「頑張ればこんなにできるんだ」という実感が積み重なり、大きな自信につながってほしいと願い、「変わりたい生徒・頑張る生徒」を応援する学校である。

環境　高校生活を快適に過ごせる施設

東千葉駅から徒歩10分、千葉駅からも20分と、通学にも便利な住宅街にあり、静かな落ち着いた環境にある。併設の千葉女子専門学校の移転に伴い校舎を全面改装し、女子らしく清潔感のある外観となっている。また全館冷暖房、温水洗浄機能付きのトイレ等の完備をはじめ、ジュース・軽食の自動販売機を備えて、晴れた日には気持ちのいいテラス席で昼食がとれるカフェテリアがあり、生徒は快適な学校生活を送っている。

情操を育むため、華道・茶道のための作法室、家庭科の実習室・調理室、防音完備の音楽室、大画面投影ビデオ設置の視聴覚室、一人1台のPC室、フィットネス・アスレチック室を備えた

カフェテリアでの昼食風景

体育館、夜間照明完備の全天候型テニスコート等、施設は充実しており、放課後など多くの生徒に活用されている。

カリキュラム　目標に合わせたコース選択

コース別クラスがあり、2年次からはそれぞれの進路に向けたカリキュラムで学ぶ。

○こども保育コース

保育士や幼稚園教諭を目指す。高専連携教育が行われ、卒業後は併設の千葉女子専門学校への優先入学制度・入学金減免制度があり、卒業時には幼稚園免許と保育士を同時に取得することができる。

○進学コース

大学・短大や医療・看護系の専門学校への進学を目指す。平日放課後の進学学習会や長期休業中（夏季・冬季）の集中講座、英検・漢検の全員受験など学力アップを図る。

○総合コース

多種多様な進路希望に対応する幅広い選択科目が用意されており、就職・進学どちらの希望進路にも備える。

学校生活　「清楚・感動・躍動」楽しく充実した学校生活

登校時間	夏	8：30	冬	8：30

制服は、濃紺のブレザーにチェックのスカート、えんじ色のリボンで、希望購入品としてグレーのネクタイや紺のニットベスト、セーターがある。また、2023年度よりスラックスとポロシャツ（紺・ピンク）を導入する。

主な年間行事には、りんどう祭（文化祭）、体育祭、球技大会、芸術鑑賞教室などがある。また、3年次には、女性としてのマナーを身につけるため、テーブルマナー講習も実施するほか、校外学習（1・2・3年）、沖縄への修学旅行（2年）なども生徒たちに喜ばれている。

体育系クラブは、3年連続でインターハイ出場しているソフトテニス部、

ソフトテニス部

毎年県大会に出場しベスト8を目指しているバドミントン部をはじめ、ダンス・バスケット・剣道・フットサル・カーレット・硬式テニスがある。また、文化系では、県コンクールとマーチングで金賞を受賞した吹奏楽部や軽音楽部、クッキング、茶華道など9の部活動がある。

進路　全体の8割以上が大学、専門学校へ

生徒の個性に合わせた進路指導を行っており、卒業生の進路も様々である。年々進学希望者が増加しており、短大への進学者も多いが、4年制大学や、医療・看護系、ビジネス系など各分野の専門学校への進学も増えている。系列校の千葉女子専門学校保育科には、優先入学制度もある。

最近の主な進学先は、順天堂大、千葉県立保健医療大、神田外語大、聖徳大、二松學舍大、大妻女子大、フェリス女学院大、日本大、城西国際大、亀田医療大、敬愛大、淑徳大、和洋女子大、千葉商科大、日本女子体育大、千葉明徳短大、千葉女子専門学校など。また、就職先は、福祉関係企業をはじめ、デパート、メーカーなど幅広く、地元を中心に活躍している。

2024年度入試要項

試験日　1/17（専願・一能・自己推薦）
　　　　1/18（併願推薦）　3/7（二次）
試験科目　作文＋面接（専願・併願・一能・自己推薦）　基礎〈国・数・英〉＋面接（二次）

募集定員	受験者数	合格者数	競争率
200	273	273	1.0

有利に 進学

併設校 あり

芸術&特殊学科

資格&技能系

施設が充実

スポーツが強い

クラブ活発

情操教育を重視

国際人を養成

自由な校風

千葉日本大学第一 中学校 高等学校

共学　小中高専短大院

普通科（高校）
生徒数　698名（中学）　1102名（高校）
〒274-0063
千葉県船橋市習志野台8-34-1
☎ 047-466-5155
東葉高速鉄道船橋日大前駅西口　徒歩12分　総武線津田沼駅　直通バス20分

SUPER INDEX P.100

制服 p.48

広い敷地に充実した施設
きめ細かい指導と
キャリア教育を重視

URL	http://www.chibanichi.ed.jp			
Web上での合格発表	中学	○	高校	○

左側縦書き見出し：
進学に有利
併設校あり
特殊学科＆芸術
資格系＆技能系
施設が充実
スポーツが強い
クラブが活発
情操教育を重視
国際人を養成
自由な校風

プロフィール　日大付属校の第1号

新しい時代に対応した中高一貫教育で、優れた実績を上げている日本大学の付属校。「真・健・和」の精神を基本に、一人ひとりの可能性を開発し、健全で、世界に役立つ日本人の育成を目指している。日大の付属校としては最も古い日本大学中学校を前身にしているため、名称を第一とし、現在の高校は1968年、中学は1970年に開校。1998年より女子生徒の受け入れを始め、2003年度より男女共学化が完成した。

環境　静かな環境に広大なキャンパス

習志野台の約8万㎡という広大な校地で、生徒たちは日々、勉強にクラブ活動に生徒会活動にと、思いきり取り組んでいる。2018年、新校舎完成。芸術棟や450人収容の多目的ホール、CAI実習室、7万冊の蔵書がある図書室など各種設備も充実している。第1グラウンドはミスト付全面人工芝。また、ランチルームには4種類の日替わりメニューのほか、パン・おにぎり・飲み物などを販売している。

カリキュラム　個々の進路に合わせた多様なコース

本校では中高6年間一貫教育の特色を生かし、その効果を最大限に発揮できるよう、中学・高校で重複する内容を整理・統合し、内容の深い合理的な学習指導を実践している。

中学では1・2年で基礎学力をつけさせることを目標に、主要教科の時間数を増やし、中3・高1で無理のない先取り授業を行っている。

高1は内進生、高入生の別クラスで、それぞれに1クラス特進クラスがある。2年次から文系・理系に分かれ、それぞれに特進クラスを編成。生徒一人ひとりの個性や将来の志望に合わせた、多様なコース、科目を設定した選択幅の広い独自のカリキュラムを実現している。さらに放課後の補講、春期・夏期の講習、2日間に渡って行われる日本大学説明会などきめ細かい指導にも努めている。

また、授業のほかに芸術・音楽鑑賞会を開講するなど、高い文化に触れる機会も多く設けている。

学校生活　エネルギー全開の文化祭

登校時間	中学	夏季	8：20	冬季	8：20
	高校		8：40		8：40

11月に開催される文化祭は、毎年大にぎわいとなる。校舎内では、文化系クラブだけでなく、体育系クラブも模擬店などに積極的に参加し、賑やかに祭りを盛り上げる。また、修学旅行は、中学で京都・奈良（3年次）、高校で沖縄（2年次）を訪れるほか、スキー教室、岩手県の農家にお世話になりながら農作業を手伝う自然体験学習（中3希望者）などもある。

広い校地と恵まれた施設を利用し、クラブ活動も活発。吹奏楽部・アメフト部・ゴルフ部が全国大会出場。硬式テニス部・サッカー部・ラグビー部・バドミントン部・野球部が県大会上位進出。その他多くの部活動が県大会出場を果たしている。

進路　6割弱が日本大学に進学

日本大学進学を目標としているが、他大学への進学者も多く、4年制大学の現役進学率は89％。日大への推薦は、高校3年間の成績、日大全付属高校「基礎学力到達度テスト」の結果などで決まる。また、国公立大をはじめ、早稲田、慶應、上智、東京理科などの有名私立大への合格実績も上昇している。

2024年度入試要項

中学

試験日　12/1（自己推薦）　1/21（第1期）　1/26（第2期）
試験科目　国・算・理・社（自己推薦・第1期）　国・算（第2期）

2024年度	募集定員	受験者数	合格者数	競争率
自己推薦	70	216	84	2.6
第1期	150	739	238	3.1
第2期	20	288	92	3.1

高校

試験日　1/17（推薦・第一志望・一般）
試験科目　国・数・英（リスニングあり）

2024年度	募集定員	受験者数	合格者数	競争率
単願/併願	120	56/258	56/257	1.0/1.0
第一/一般		74/188	12/38	6.2/4.9

※特進40名・進学80名

　卒業生有名人　尾崎直道（プロゴルファー）、葭葉ルミ（プロゴルファー）、金原亭馬治（落語家）、長冨浩志（元プロ野球選手）

千葉萌陽（ほうよう）高等学校

生まれ変わる122年の歴史
21世紀への新しい旅立ち
多彩な行事に全校で盛り上がる女子学園

普通科
生徒数　85名
〒287-0003
千葉県香取市佐原イ3371
☎0478-52-2959
成田線佐原駅　徒歩10分

SUPER INDEX P.99

制服 p.50

| URL | http://www.chibahoyo.ed.jp/ |

プロフィール　日本女性としての美徳を備える

1901（明治34）年に佐原淑徳裁縫女学校として創立。1948（昭和23）年の新学制により、佐原淑徳高等学校となった。1984年には、長い歴史に支えられた家政科の教育に加え、時代や地域の要請により普通科も設置した。2001年4月、新世紀への第一歩と、いっそうの飛躍を込めて、千葉萌陽高等学校に改称した。

「至誠・勤勉・聡明」の校訓のもと、日本女性としての美徳を備え、かつ現代社会に適応できる高度な教養と、家庭に関する生活技術を身につけた人材を育成することを目的としている。また、成績本位ではなく、礼法の実践や奉仕の精神を養うことにも力を入れている。

環境　全室冷暖房完備の近代的な校舎

4階建ての校舎は、全室冷暖房完備で、快適な学習環境が整っている。各階普通教室の前にはコモンスペースを設け、緑豊かなロビーと作法室、茶庭など、ゆとりある空間となっている。コンピュータ室には一人1台の使用を考え、100台以上のコンピュータを用意するほか、視聴覚室にも、1学年全員が映画鑑賞ができる設備を整えている。また、音楽室は、小さなホール式

これからのIT教育に備えるコンピュータ室

の階段教室になっており、音響にも十分な配慮がなされている。グラウンドには、広い武道場もある。さらに、バリアフリーへ向けて、エレベーターや車椅子用トイレなどをそろえている。

カリキュラム　基礎学力の向上と情報教育に重点

少人数による選択科目と、習熟度別の授業を実施し、文型大学進学をバックアップ。

教科・生活の両面から基本的なものの理解と実践を図り、基礎学力の向上目指して、国語・数学の時間数を1年次に多く設定している。情報授業に力を入れており、3年間で5時間が必修で、選択を含めると7年間学習することができる。そのため、日本語ワープロ検定・情報処理検定・文書デザイン検定・プレゼンテーション作成検定・パソコンスピード検定試験等で1級まで取得する生徒も少なくない。また、作法の時間もあり女子力を高め、自らを育む実りある高校生活できるよう丁寧に指導している。

進路　少人数制だからできる、きめ細やかな指導で一人一人の夢を支援

大学・短大・専門学校・就職、3つの進路をそれぞれに対応した個別指導。豊富な指定校枠で、高校生活を充実させながら大学進学を目指せるので、大変有利。就職支援も充実、複数の会社見学を斡旋し、納得の就職活動で内定を導いている。進学・就職どちらにも対応した指導で、満足のできる進路を応援していく。

また、ワンランク上の進学を目指した進学対策講座を無料で開講。個別対応で、それぞれにあった進度で実力を伸ばすことができる。公務員希望者には、専門学校の協力により、教材を無料配布・対策講座も設定している。

学校生活　明日へのステップ　ハイセンスな制服

| 登校時間 | 夏 | 8：30 | 冬 | 8：30 |

部活動が活発で、活動時間が確保できるように学校側も日課時間の工夫をしている。ダンス、お菓子とパン作り、シンセサイザーオーケストラなどユニークなクラブもある。

制服は、生徒が着たい、学校が着せたい服をコンセプトに、生徒たちにアンケートを繰り返し、アイディアを取り入れ、このスタイルに落ち着いた。女子高生らしい優雅さと実質的な着やすさを追求し、冬服、合服、夏服が機能的にデザイン的に結びつくように工夫されている。ベスト、ニット、夏スカート、冬スカートとの組み合わせで「私らしく」を演出できる。

2024年度入試要項

試験日　1/17（前期）

試験科目　国・数・英

募集定員	受験者数	合格者数	競争率
80	66	66	1.0

進学に有利
併設校あり
芸術＆特殊学科
資格＆技能系
施設が充実
スポーツが強い
クラブが活発
情操教育を重視
国際人を養成
自由な校風

千葉

共学 幼 中 高 短

千葉明徳中学校 高等学校

「中高一貫」「特別進学」「進学」「アスリート」
4つのコースで"進学"と"人育て"を実践
各自の能力を最大限に伸ばします

SUPER INDEX P.102

制服 p.52

URL	https://www.chibameitoku.ac.jp			
Web上での合格発表	中 学	○	高 校	○

普通科（高校）
生徒数　226名（中学）　1076名（高校）
〒260-8685
千葉県千葉市中央区南生実町1412
☎ 043-265-1612
京成千原線学園前駅　徒歩1分
内房線・京葉線蘇我駅　バス15分
外房線鎌取駅　バス10分

プロフィール　良識ある健全な人間の育成

　1925（大正14）年、千葉淑徳高等女学校設立。1947（昭和22）年、千葉明徳高等学校と改称。1963年に男子部を新設し、1974年から男女共学となった。2011年、中学校開設。2013年より完全学校6日制。「明徳を明らかにせん」とする校是に基づき、学芸、スポーツ、集団生活を通じて良識ある健全な人間の育成に努めている学校だ。

環境　交通の便に恵まれた広大な敷地

　校舎はすべて冷暖房完備。昼休みには食堂となる約300席の生徒ホール、生徒ロビー、運動場脇のポケットパークや中庭など、憩いのスペースも豊富だ。体育館、天然芝の野球場、人工芝フィールドのサッカー・ラグビー場、全天候型走路の陸上トラック、テニスコート等、スポーツ施設も充実。また、全生徒が一人1台のiPadを持ち、授業をはじめあらゆる学校生活に活用する本格的なICT教育を実践している。

カリキュラム　大学進学に特化した4コース制

◆**中高一貫コース**　6年間別カリキュラム。グローバル教育とプレゼンテーション教育を重視している。（高校からの入学生は下記の3コース）

◆**特別進学コース**　6日制・週36時間のカリキュラムで、国公立及び早慶上理レベルへの現役合格を目指す。豊富

校舎に隣接したグラウンド

な授業に加え、朝7時から最終下校時刻まで休日も含めて利用できる自習室や、長期休業中の特別セミナーなど、予備校に通うことなく難関大学現役合格を目指す環境が整っている。他にも問題意識とプレゼンテーション能力を高める本格的総合学習など、社会のリーダーとしての人間形成にも力を入れている。

◆**進学コース**　GMARCHレベルを目標とした「ハイレベル進学（HS）クラス」と、日東駒専レベルを目標とした「進学（S）クラス」のクラス編成。一般受験に対応した6日制・週34時間のカリキュラムの中で、各自の到達度に合わせて目標大学を明確にした学習指導を行う。主要教科の確認テストを中心とした毎日の朝学習や長期休業中の特別セミナーなどにより、学習習慣の定着と授業への意識を高めていく。部活動との両立に配慮した本コースは、高校生活そのものを充実させながら進路目標実現を図る「文武両道」コースとして、本校の中心となるコースである。

◆**アスリート進学コース**　全員が運動系部活動に所属し、部活動の中心的役割を担いながら、生涯教育・社会体育など専門分野におけるリーダーとしての資質を育む。本コースにおいても4年制大学進学を目標とし、進学コースと同じカリキュラムで現役合格を目指す。

学校生活　種類の豊富な部活動

　運動系18、文化系20の部活動・同好会が、全国大会常連のチアリーディング部を筆頭に熱心に活動している。また、全コースで行う海外修学旅行や希望者によるセブ島英語合宿、姉妹校交換留学、ネイティブによる校内集中ゼミなどグローバルプログラムも充実。

進路　卒業生の約8割が大学・短大へ進学

　2023年卒業生の主な進学先は、千

天体ドーム

葉大、信州大、都留文科大、早稲田大、東京理科大、東京女子医科大、青山学院大、立教大、中央大、法政大、学習院大など。

2024年度入試要項

中学

試験日　12/1午前・午後（第1志望・ルーブリック評価型）　1/20（適性検査型・一般1）　1/21（一般2）　1/25（一般3）　1/28（一般4）　2/4（一般5）

試験科目　国・算＋面接（第1志望・一般5）　国・算または国・算・理・社＋面接（一般1〜4）　適性検査型（本校）　県立・市立共通一次型〈適性Ⅰ・Ⅱ〉＋面接　県立二次型〈適性ⅢA・ⅢB〉＋面接　市立二次型〈適性ⅢC〉＋面接（市川）〈適性Ⅰ・Ⅱ・Ⅲ〉　プレゼンテーション及び質疑応答＋グループディスカッション（ルーブリック評価型）

2024年度	募集定員	受験者数	合格者数	競争率
第一志望	30	26	24	1.1
一般1/2	20/15	41/34	30/24	1.4/1.4
一般3/4/5	10/5/若干	65/25/5	20/18/2	3.3/1.4/2.5
適性/ループ	20/5	281/10	260/10	1.1/1.0

高校

試験日　1/17または18（前期B・C）　1/18（前期A）　1/28（前期D）

試験科目　国・数・英（前期A・B）　国・数・英＋面接（前期C・D）

2024年度	募集定員	受験者数	合格者数	競争率
前期A/B	270	269/1232	251/1182	1.1/1.0
前期C 専願/併願		27/280	15/156	1.8/1.8
前期D 専願/併願		16/77	10/36	1.6/2.1

※定員は、特別進学70名、進学130名、アスリート進学70名

卒業生有名人　K-鈴木（プロ野球選手）、安田彩乃（プロゴルファー）、荻原虎太郎（東京2020パラリンピック出場 競泳）

千葉
共学 高

千葉黎明（れいめい）高等学校

進学を重視する地域密着・貢献型の伝統校

SUPER INDEX P.101

■ 普通科特進コース（Ⅰ・Ⅱ）・
普通科進学コース（選抜進学・総合進学）
生産ビジネス科
生徒数　831名
〒289-1115
千葉県八街市八街ほ625
☎ 043-443-3221
総武本線八街駅　徒歩10分

URL	http://www.reimei.ac.jp/
Web上での合格発表	○

プロフィール　文武両道、師弟同行が建学の精神

　本校の歴史は、1923（大正12）年設立の八街農林学園に始まる。1977（昭和52）年、八街学園高等学校と改称し、普通科を設置。1989年より、男女共学に移行。1995年、千葉黎明高等学校と学校名を変更した。

　教科学習だけでなく、部活動や学校行事、奉仕活動などを大切にして心身の成長を図る「文武両道」、熱意あふれる先生との「師弟同行」を建学の精神としている。

　2023年、学校創立100周年を迎えた。

環境　緑豊かなキャンパスで充実度アップ

　緑に囲まれた広大なキャンパスには、鉄筋3階建ての校舎をはじめ、特別教室棟、園芸実習棟、体育館、柔剣道場、空手道場、テニスコートが3面とれる多目的グラウンド、野球・ソフトボールのグラウンドの他に総天然芝化の総合グラウンド、ゴルフ練習場、部活動の充実を目指して2階建て合宿所も設けている。また、生産ビジネス科のために、園芸施設を主にした各実習施設を完備するほか、コンピュータ室、図書室、作法室、進路指導室、ドリームステージ、パストラルホールなども設置している。

　2020年1月には、新たな教育空間として、開放的なガフスパネルを多用した新校舎RLM棟が施工した。

充実した学校生活が送れるキャンパス

カリキュラム　進路に応じた学習各種検定にも挑戦

　2020年高大接続改革に対応し、新しい学力観の育成に向けてICT活用の充実や、アクティブラーニングの実践など多様な取り組みを導入。
【黎明ラーニングメソッド】
　アカデミック・ウィークデー：45分授業・全コースで週3回の7時間目までの授業を設定（特進コースは8時間）・希望者に放課後の各種特別講座（無料）を設置
　アクティブ・サタデー：体育祭・学園祭・芸術鑑賞会などの学校行事を土曜日に実施・第1、3土曜日は登校日（半日）
　普通科特進コース（Ⅰ・Ⅱ類）：国公立、難関私立大の一般入試に合格する学力を身につけられるよう、8時間授業（水曜5時間・金曜7時間）プラス特別授業（各種学習講座・勉強合宿・学習支援クラウドサービス"classi"など）で徹底した学習指導を行う。2・3年次においては理系と文系に分けて、より専門的な指導を行う。
　普通科進学コース：大学進学希望者に応える「選抜進学」とすべての進路希望に対応する「総合進学」に分かれ、1年次は基礎学力の定着と学力向上に取り組み、2年次以降は進路希望と習熟度に応じたきめ細かな指導を行う。
　生産ビジネス科：伝統の農業教育に加え、商業や情報処理など幅広い専門教育を行う。さらに多様な資格取得を奨励し、就職にも有利な実務能力の習得に力を注ぐ。

学校生活　多くの学校行事で充実した学園生活

登校時間	夏	8：35	冬	8：35

　「文武両道」という建学の精神からもわかるように、本校では全面的に部活動を奨励している。どの部活動も活発で、体育会18、文化部11、同好会・愛好会が活動しているが、中でも体育会ではアーチェリー部、陸上競技部、ソフトテニス部、ゴルフ部、野球部、文化部では吹奏楽部、工学部、美術部などの活躍が目覚ましく、

総合体育大会男子団体優勝のアーチェリー部

全国大会や関東大会でも優秀な成績を収めている。

　年間行事には、体育祭、学園祭、芸術鑑賞会、修学旅行などがある。また、経験豊かなスクールカウンセラーが常駐し、様々な相談にのっている。

進路　各分野で個性を生かす

　最近の主な合格実績は、東北大、東京学芸大、千葉大、弘前大、都留文科大、防衛大学校、千葉県立保健医療大、早稲田大、慶應義塾大、上智大、明治大、立教大、中央大、法政大、東京理科大、学習院大、日本大、北里大、順天堂大、成蹊大、東洋大、駒澤大、専修大、國學院大、玉川大、獨協大、東邦大など。大学・短大の指定校推薦も多数ある。

　就職希望者もそれぞれの個性を生かせる職場に進んでいる。就職先は、独立行政法人、地方公務員、電鉄会社、自動車メーカー、食品会社、運送会社、スーパー、ホテルなど幅広い。

2024年度入試要項

試験日　1/17または18（前期Ⅰ）
　　　　2/2（前期Ⅱ）
試験科目　国・数・英＋作文
　　　　※学力試験入試は面接あり。

2024年度	募集定員	受験者数	合格者数	競争率
普通特進	46	210/6	207/6	1.0/1.0
普通進学	190	755/13	720/8	1.0/1.6
生産ビジネス	40	39/5	32/2	1.2/2.5

※スライド合格含む
※人数はすべて前期Ⅰ/前期Ⅱ

進学に有利に　あり併設校　特殊学科芸術＆　技能系資格＆　充実施設が　が強いスポーツ　活発クラブが　重視情操教育を　養成国際人を　校風自由な

475

共学　高大院

中央学院 高等学校

多様なニーズに対応する
コース別クラス編成を実施
現役合格率も高い

URL	https://www.chuogakuin-h.ed.jp/
Web上での合格発表	○

普通科
生徒数　947名
〒270-1131
千葉県我孫子市都部765
☎ 04-7188-1101
成田線湖北駅　バス5分
常磐線天王台駅　バス7分

SUPER INDEX P.99

制服 p.50

外国人教師による楽しい英会話

プロフィール　知・徳・体の調和のとれた人間に

1900(明治33)年創立の日本橋簡易商業夜学校を前身とする学校法人中央学院の傘下として、1970(昭和45)年に設立。「誠実で健康、素直で明朗、豊かな人間性と情操」の3つを基本方針に、知・徳・体の調和のとれた人間の育成を目指している。

国際化・情報化社会に対応するため、英語に重点を置き、パソコン教育を導入するほか、視聴覚機器も積極的に使い、効率的な学習を進めている。また、心身を鍛錬し、礼儀作法を身につけるため、校技として男子に剣道、女子に弓道を必修としている。

環境　全館・全教室にプロジェクターを完備

周囲を緑に囲まれた4万5000㎡の広大な敷地には、1号館(管理棟)、2号館、3号館、5号館(体育館)、6号館、食堂、弓道場、研修館と、広々としたグラウンドがある。また、2016年3月に武道館がリニューアルし、2025年には、法人125周年記念事業の一環として新食堂棟が竣工予定。全館・全教室プロジェクター完備で、スクリーンとタブレットを用いた授業を展開している。「館山セミナーハウス(中央学院大学所有)」もあり、合宿や部活動などに利用している。

6号館

カリキュラム　進路に応じた3つの選択コース制

教育課程は1年次にS特進コース(SXクラス)、進学コース、スポーツコースの3コースで出発する。また、2年進級時にはS特進コース(SSクラス)の選択も可能である。ただし1年次は基礎的なカリキュラムで各コース共通の科目が中心となる。全コース完全週6日制。

S特進コースは標準の学習時間以上の確保を主眼として国公立・難関私立大学合格を目標としている。2年次からSSクラス(難関私立大学受験対応カリキュラム)も組まれ、進学補習などが徹底的に組まれる。

進学コースでは、中央学院大学をはじめ多彩な進路に対応したゆとりのあるカリキュラムを採用。併設大学との一貫教育プログラムを導入している。

スポーツコースは1年次から編成され、専門的知識と技能修得を目指す。サッカー・野球・バドミントン・陸上競技(長距離)・剣道のいずれかに専念する者を対象にし、幅広い人格形成に努めている。

学校生活　組合せも工夫できる個性的な制服

制服は紺とグレーを基調とし、ベストやセーター、3色のシャツ、ポロシャツ、女子はチェック柄のスカートなどオプションもそろっており、季節ごとに楽しめる。部活動は、運動部・文化部合わせて27あり、特に、野球部・バドミントン部・剣道部・陸上競技部(長距離)・サッカー部・バレーボール部・体操部(女子)・書道部の活躍は全国的にも注目されている。学校生活を彩る行事は、秋の体育祭や学院祭、校技大会などのほか、進学コースでは、海外修学旅行も実施(現在は国内、今後は検討中)。

進路　未来を見据えた的確な進路指導

進学を前提としたきめ細かな進路指導により、中央学院大への付属校推薦も含めて95%以上が進学を果たしている。大学・短大の進学率は常に75%以上を維持している。近年の合格実績は、茨城大、新潟大、釧路公立大、長岡科学技術大、信州大、高崎経済大、都留文科大、上智大、青山学院大、中央大、法政大、学習院大、立教大、明治大、関西大、駒澤大、東洋大、専修大、日本大、獨協大、明治学院大、成蹊大、文教大、國學院大、東邦大、玉川大、武蔵大、帝京大など多数。

国際化　英語学習を充実

英語の4技能のレベルアップのため、英語検定をはじめタブレットを活用したオンラインスピーキングトレーニング、さらに校外の語学研修(希望制)を実施し、トータルな英語力を培っていく。

2024年度入試要項

試験日　1/17(前期A・C・S特進)　1/18(前期BI)
　　　　1/19(前期BⅡ・一般)
　　　　2/15(後期)

試験科目　基礎学力テスト〈国・数・英〉+作文〈出願時〉+面接(前期A・C)
　　　　　国・数・英(前期B・一般・後期)
　　　　　国・数・英+面接(前期S特進)

2024年度	募集定員	受験者数	合格者数	競争率
前期	320	1320	1296	1.0
後期	3	6	2	3.0

　卒業生有名人　古城茂幸(元プロ野球選手)、押本健彦(元プロ野球選手)、児玉駿斗(プロサッカー選手)、山路慎一(レーシングドライバー)

東海大学付属市原望洋 高等学校

共学　幼 小 中 高 短 大 院

東海大学の付属校
大学までの7年一貫教育をねらう
新コース設置で学力アップ

SUPER INDEX P.102

制服 p.51

普通科
生徒数 915名
〒290-0011
千葉県市原市能満1531
☎ 0436-74-4721

内房線五井駅　スクールバス(無料)15分
JR茂原駅、JR鎌取駅、JR東金駅(大網駅経由)、JR久留里駅、小湊線里見駅、各駅発の6路線あり

URL	https://www.boyo.tokai.ed.jp/
Web上での合格発表	○

クラブ活動には生徒の約85%が参加している

環境　恵まれた環境に広大な校地

恵まれた自然環境の中に、約11万㎡の広大な校地がある。松前記念講堂には、計826席の講堂、視聴覚室と350席の食堂がある。1号館には100席の図書室があり、2号館には4つの理科室、和室2部屋とコンピュータ実習室2室(100台)がある。自由に使える教室のコンピュータとメディアラウンジがあり、レポート作成に活用されている。全館冷暖房完備。2016年に教室棟、2017年には体育館のリニューアルを実施。充実した教育環境の整備を推進し、より良い学習活動を展開。

運動施設も充実しており、4階建ての体育館は3階がバレーボールコート4面、バスケットボールコート2面、2階はトレーニングジム、1階は柔道場と剣道場となっている。屋外にはサッカー場と陸上競技のトラック、硬式野球場、全天候型テニスコート4面、ソフトボール場などがある。

カリキュラム　バランスのとれたカリキュラム編成

「高等学校教育は、自己を知り、自己の開発が図られるものでなくてはならない」という考えのもと、建学の精神を具現化した「高校現代文明論」の授業を中心に、文理系に偏らないカリキュラムを編成し、バランスのとれた授業を展開している

4層構造の総合体育館

いる。付属校としての特色を生かし、東海大学との「7年一貫教育」を柱に、同大学教授陣による講座を開いたり、各分野の教授陣と研究・研修を重ねた独自のプログラムで教科指導にあたるなど、学力向上に努めるほか、3年次の夏休みや2学期以降は週に3日、補習授業も実施。また、「総合進学コース」のほか「スーパー特進コース」を設け、学力アップを図る。全コース週6日制。

学校生活　充実した施設での活発な部活動

登校時間　夏 8:30　冬 8:30

生徒の約85%が入部し、学習との両立に努めながら活発に活動している。運動系は13の部があり、硬式野球は2014年全国高等学校野球選手権大会に出場、陸上は2006年インターハイで男子総合優勝、射撃は全国大会連続出場。文化系は、15の部があり、日本化学会で連続して各賞を受賞している科学をはじめ、ディベート甲子園に県代表として出場したディベート、東関東コンクールで銀賞受賞の吹奏楽、NHK杯全国放送コンテストに県代表として出場した放送などがある。また、優れた能力の発掘を目指す学園オリンピック(国・数・理・英・芸術・ディベート・知的財産・スポーツ)を実施。夏休みには嬬恋高原の研修所に各付属高校の代表が合宿し、実力を伸ばしている。

進路の確定した付属高校3年生がハワイインターナショナルカレッジ(HTIC)に留学できるプログラムや、ヨーロッパ研修旅行(希望者)を実施している。

進路　ほとんどの生徒が東海大学系列校へ

生徒のほぼ全員が進学を希望し、卒業生の80%以上が、優先入学制度のある東海大学をはじめ、系列の大学・短期大学に入学している。

進路指導では、3年間を通した定期試験や、東海大学付属高校の生徒全員が受験する学園基礎学力試験、さらに各種検査などを実施するほか、東海大学の校舎施設見学会、東海大学教授陣による学部学科説明・面接指導など、きめ細かい指導が行われている。

トピックス　未来へのサポート ～望洋高校が変わります～

本校では、2024年度より総合進学コースの土曜日が変わる。土曜日の授業3コマを火・水・金の7限目に移動し現行教育課程を維持しつつ、特別教育活動として「土曜講座」を設置する。ここでは、進路選択や将来設計の一助となる講座を用意し、生徒は卒業までに6講座を選択し学習する。また、土曜講座に練習講座を設け、指定部活動5団体については活動の機会を増やす。もちろんスーパー特進コースでも深い理解力を養うコースとして、理数教育や語学教育を充実させ学力と実践力を磨く。「学習と部活動の両立」「文武両道」を図り、日々の教育を推進する。

2024年度入試要項

試験日　1/17または18 (総合進学併願推薦・一般、スーパー特進) 1/19(総合進学単願推薦)

試験科目　作文＋面接(総合進学単願推薦)
国・数・英＋面接(総合進学併願推薦・一般、スーパー特進)

2024年度	募集定員	受験者数	合格者数	競争率
総合進学	290	503/11	503/10	1.0/1.1
スーパー特進	30	100/0	87/0	1.1/—

※人数はすべて推薦/一般

卒業生有名人　金久保優人(プロ野球選手)

有利に進学

併設校あり

特殊学科 芸術＆

技能系 資格＆

施設が充実

スポーツが強い

クラブ活発が

情操教育を重視

国際人を養成

自由な校風

共学　幼　小　中　高　短　大　院

東海大学付属浦安
高等学校中等部
高 等 学 校

普通科（高校）
生徒数 449名（中等部）　1306名（高校）
〒279-8558
千葉県浦安市東野3-11-1
☎ 047-351-2371

京葉線新浦安駅、東西線浦安駅
各バス10分
京葉線舞浜駅　徒歩18分またはバス10分

社会で通用する国際感覚と
人間性豊かな人材を育成するための
シティズンシップ教育を推進

制服
p.52

URL	https://www.urayasu.tokai.ed.jp/			
Web上での合格発表	中学	○	高校	○

ICT教育の充実（iPadを活用した授業）

SUPER INDEX P.101

プロフィール

大学の先にある人としての在り方生き方の探求

1955年、東海大学付属高等学校として設立された。1975年に浦安に移転し、同時に現校名に改称。1988年に共学の中学校を開設し、1991年には高校も共学となった。

　若き日に汝の思想を培え
　若き日に汝の体躯を養え
　若き日に汝の智能を磨け
　若き日に汝の希望を星につなげ

という、東海大学および付属校の創立者である松前重義博士が掲げた建学の精神のもと、総合教育を通して、生徒の個性を伸長し、人生の基盤を作り、社会に貢献できる人材の育成を目指している。

環境

広大な敷地の中に充実の各施設

校地面積5万㎡の広大な敷地の中に、中等部・高校の校舎や各施設がゆとりをもって配置されている。

電子黒板機能付きプロジェクター、人工芝の全天候型グラウンド、野球場、雨天野球練習場、武道館、テニスコートなど体育施設も充実している。特に、松前記念総合体育館は、地下1階地上5階建ての施設で、地下には温水プール、地上には2フロアのアリーナ、ホール、トレーニングルーム、シャワー室などの設備も整っている。

土曜講座

カリキュラム

魅力あるカリキュラム「浦安人生学」を実施

学校週6日制の中で土曜日は、「土曜講座」を設定し、幅広い教養と課題発見解決能力を高めている。「総合的な学習の時間」では「思いやり」「キャリア教育」「課題学習」を軸に、ボランティア活動から奉仕・社会貢献へ、職業研究から大学研究へと中・高・大10年間の一貫教育を軸に据えた教育を展開する。さらに、習熟度別少人数授業やティーム・ティーチング、外国人講師による英会話など、多彩なカリキュラムを実施している。

高校では習熟度別クラスがあり、より高いレベルで学習することができる。

中等部では、「浦安人生学」を中心に、「大学の先にある人としての在り方生き方の探究」を重視した教育を推進している。また、グローバル&サイエンスへの取り組みも重視し、中等部では学年進行による英語教育を充実させている。1・2年次は国内の英語研修施設を利用したコミュニケーション体験、3年次ではホームステイによるニュージーランド英語研修を実施している。サイエンスクラスでは、体験・探究活動・地域貢献を展開し、理系大学・学部への進路選択に寄与している。

学校生活

全国レベルの運動部学校行事も重視

登校時間	中学	夏季	8：35	冬季	8：35
	高校		8：35		8：35

学習とスポーツの両立を目指しており、部活動も盛んである。柔道・剣道が全国大会に出場し、中等部野球は毎年全国大会出場を果たすなど活躍が目覚ましい。

進路

付属校ならではの進路指導

東海大学付属高校の卒業生は、東海大学への推薦入学が認められており、約80％の生徒が東海大学に進学している。他大学も含め、現役進学率は97％。

進路指導でユニークなのが、高1での湘南の大学校舎の見学会や進路適性検査、高2での大学教授による学部学科説明会。また、高3では大学教授による個別相談会が実施されるほか、東海大学への体験留学や、ハワイ東海インターナショナルカレッジへの中期留学なども行われている。

2024年度入試要項

中等部

試験日　12/1（推薦）　1/20（A試験）
　　　　1/24（B試験）

試験科目　国・算・理・社＋面接（推薦）
　　　　　国・算・理・社（A試験）
　　　　　国・算または国・算・理・社（B試験）

2024年度	募集定員	受験者数	合格者数	競争率
推薦	70	164	111	1.5
A試験	30	557	251	2.2
B試験 2科/4科	20	126/197	49/77	2.6/2.6

高校

試験日　1/17（前期推薦・一般1日目）
　　　　1/18（前期一般2日目）
　　　　2/15（後期一般）

試験科目　作文＋面接（前期単願推薦A）
　　　　　国・数・英＋面接（推薦B・C・一般）

2024年度	募集定員	受験者数	合格者数	競争率
前期 推薦/一般	250	436/171	436/77	1.0/2.2
後期	若干	20	11	1.8

　卒業生有名人　馬場昭典（チャコット㈱社長）、西野真弘（プロ野球選手）、ウルフアロン（柔道選手）

東京学館 高等学校

進学に対応したコース別授業ときめ細やかな進路指導で生徒一人ひとりの目標を実現

SUPER INDEX P.100

普通科
生徒数　1228名
〒285-0902
千葉県印旛郡酒々井町伊篠21
☎ 043-496-3881
☎ 0120-8739-18(入試広報部)
京成線宗吾参道駅　徒歩12分
スクールバス　JR酒々井駅・四街道方面・千葉ニュータウン方面より

URL	https://www.tokyogakkan.ed.jp
Web上での合格発表	

設備が充実して利用しやすい進路室

プロフィール 才能を掘り起こし豊かに伸ばす教育

学校法人「鎌形学園」1979(昭和54)年に開校した男子校、1995年に男女共学に、2002年より体育科を、普通科スポーツコース(共学)に変更した。2012年度よりS特進コース・特進コース・総合進学コース(文理専攻・スポーツ専攻)に変更。「自主・自学」を教育理念とし、「自己開発」「判断と責任」「相互扶助」を教育目標としている。

環境 豊かな環境の下スポーツ施設充実

緑濃い森に囲まれた本校は、澄んだ空気と騒音のない静かな環境に恵まれている。平成2010年10月に2万平米の全面人工芝多目的グラウンド、2021年4月には野球場が完成し、日々の授業・放課後の部活動に使用している。また、2棟の体育館、夜間照明設備のある野球専用グラウンド・本格的なトレーニングルーム等、特にスポーツ施設が充実している。全教室と体育館に冷暖房完備。スクールバスも運行され通学にも便利である。

カリキュラム 進路希望に応じた4つの選択肢

■S特進コース
上位国公立大学・早慶上理合格を目標とするコース。上位国公立大学とは、東大・一橋大・東工大・筑波大・千葉大などであり、近年合格が増えている。1・2年次では7

広大な人工芝グラウンド

限授業を実施し各教科とも考え抜かれた独自のカリキュラム編成のもと、きめ細やかな指導を行い、より着実に学力を伸ばす。

■特進コース
難関私立大学の現役合格を目標とするコース。カリキュラムは受験に必要とされる基礎力を早期に固め、3年次の受験期には、応用力・実践力の充実が図れるよう編成され、常に向上心を持って毎日の学習に取り組めるよう指導する。

■総合進学コース「文理専攻」
総合的な学力を身につけることにより、早期に進路目標を確定し、その実績に向けて向上していくことを目標とする。6限授業を実施し、放課後は部活動に課外授業にと自分の希望に合わせた計画を立てて頑張ることができる。進路ガイダンスや講演会を数多く実施し、常に自己の将来像を意識することにより、レベルアップを図る。

■総合進学コース「スポーツ専攻」
個々のスポーツ能力と技術を高めると同時に、確かな理論を体得させ、将来は有能なアスリートや優秀な指導者として大成することを目標とする。入学時には「スポーツ専攻設置部活動」の中から希望する部を選び、3年間活動することにより高度な技術を体得する。近年は進学希望者が増え、カリキュラム編成もそのことに対応している。

学校生活 活発な学校行事とクラブ活動

登校時間	夏	8:30	冬	8:30

春のスポーツ大会、バスでの大学・専門学校見学ツアー、学館祭(文化の部・体育の部)、シンガポールへの修学旅行、芸術鑑賞会など充実した行事が続く。

部活動は運動系14部、文化系11部、同好会6部。陸上競技部・軽音楽部・書道部等は全国大会へ。サッカー部・野球部・写真部・美術部等は関東大会で活躍している。

進路 綿密な進路指導で現役合格者急上昇

在校生の9割が進学を希望している。進路に関する意識を早期に高めて行くために、1年次には「将来の夢宣言書」、2年次には「第一志望校宣言書」を1年間で目標を決め実行させている。また、進路指導室にはコンピュータが15台設置され、自由に希望する大学の情報を検索することができる。

本校では、3年生の受験指導(志願理由書から小論文、プレゼンなど)を3年生の担任以外全ての教員が1対1で行い、生徒も自信をもって受験にのぞんでいるため、合格率が高い。

■課外授業
毎日放課後多くの講座が開講しており、全コースの生徒が日々の授業の補習から大学受験対策まで、自分の学力と進路目標に合わせて受講している。1年次は国・数・英、2年次以降は文系・理系での選択が可能。自習スペースとして、図書室の個別ブースも人気。進路指導室では、平日夜7時まで、利用可能。夏・冬の長期休業中も、課外授業を実施している。

2024年度入試要項

試験日　1/19(第1回前期)　2/1(第2回前期)
　　　　3/7(2次)

試験科目　国・数・英＋面接
※スポーツ専攻は実技あり

2024年度	募集定員	受験者数	合格者数	競争率
S特進コース	30	49/1	27/0	1.8/—
特進コース	70	550/8	525/2	1.0/4.0
総進文理	250	1153/36	1067/6	1.1/6.0
総進スポ		96/2	95/1	1.0/2.0

※人数はすべて第1回/第2回
※第1回前期の募集は330名、第2回は20名、2次は若干名

進学に有利
併設校あり
芸術&特殊学科
資格&技能系
施設が充実
スポーツが強い
クラブ活発
情操教育を重視
国際人を養成
自由な校風

卒業生有名人　相川亮二(プロ野球コーチ)、工藤阿須加(俳優)、菅谷哲也(俳優)

千葉
共学　高

東京学館浦安 高等学校

適性と進路に合わせて
自主的に学べるコース制
「自主自学」がモットー

URL	http://www.gakkan-urayasu.ed.jp
Web上での合格発表	○

普通科
生徒数　1347名
〒279-0023
千葉県浦安市高洲1-23-1
☎ 047-353-8821
京葉線新浦安駅　徒歩13分または
バス5分
東西線浦安駅　スクールバス10分

SUPER INDEX P.101
制服 p.52

行事でもう一人の自分を発見

自主的に学ぶ積極的な生徒を育む

プロフィール

1979(昭和54)年、学校法人鎌形学園東京学館高等学校を設立した。1981年に東京学館浦安高等学校を開校。

「自主自学」の校訓に基づき、自主的・積極的な生徒の育成を理想としている。また、「自己の開発・判断と責任・相互扶助」という三大綱領を実行目標とし、広く社会に奉仕できる人材の育成を目指している。

恵まれた環境で学習、運動に全力投球

環境

全館冷暖房完備の充実した学習環境で、近代的な校舎や体育館をはじめ、本格的なマシンを備えたトレーニングルーム、全面人工芝・ナイターLED照明完備グラウンドなど、施設も充実している。

コース別カリキュラムと文理別授業選択制

カリキュラム

大学進学を軸に、生徒の能力・適性・進路に合わせたコース別カリキュラムを導入している。

特別進学コース選抜は最難関大学進学を目指すコースで、5科重視の大学受験に有利なカリキュラムを設定。

特別進学コースは国公立・難関私大進学を目指し、受験に即応した応用型の授業を導入。

総合進学コースは大学・短大などへの進学を中心に、幅広い進路に対応したコース。

国際教養コースは国際社会に貢献できる人材の育成を目指し、英語はもちろん第2外国語（フランス語・中国語）など魅力ある特別授業が豊富。オーストラリア修学旅行、海外への3カ月留学などもある。

スポーツ進学コースでは、スポーツ全般に関するより専門的な技能・知識を習得し、県大会優勝・全国大会出場を目指す。

東京湾に近い広々としたキャンパス

学校生活

健やかな心と体を養う部活動

登校時間	夏 8:30	冬 8:30

課外活動に力を入れている本校では、部活動も盛んだ。体育系にはテニス、卓球などがあり、各部とも県内トップクラスで全国大会にも出場し、輝かしい実績と伝統を誇っている。また、文化系には書道、演劇などがあり、特に美術部、吹奏楽部は様々な賞を受賞している。

学校行事には、文化祭、体育祭、芸術鑑賞会、校外学習、語学研修などがある。

国際交流も盛んで、アメリカ、オーストラリア、カナダなど世界各国からの留学生も受け入れている。

沖縄修学旅行

オーストラリア修学旅行

進路

自分らしい進路の選択を

早い時点からの進路指導・学習指導により、大学・短大への現役進学率が毎年上昇し、進学校としての実績を着実に固めている。主な進学先は、京都大、一橋大、千葉大、筑波大、東京学芸大、東京芸術大、新潟大、岩手大、早稲田大、慶應義塾大、上智大、中央大、明治大、立教大、法政大、青山学院大、学習院大、東京理科大、明治学院大、日本大など。

2024年度入試要項

試験日　1/17（前期第1期）
　　　　1/18（前期第2期）
　　　　2/1（前期第3期）

試験科目　国・数・英

※前期第1・2期の総合進学コースは個人面接型あり

2024年度	募集定員	受験者数	合格者数	競争率
特進選抜	25/5	163/14	53/9	3.1/1.6
特別進学	60/10	564/16	207/7	2.7/2.3
総合進学	250/10	1349/65	1338/31	1.0/2.1
国際教養	30/5	264/7	125/3	2.1/2.3
スポーツ	35/-	35/-	35/-	1.0/-

※人数はすべて前期（第1・2期/第3期）
※合格者数には、特待生・スライド合格を含む

進学に有利
併設校あり
芸術・特殊学科
資格系&技能系
施設が充実
スポーツが強い
クラブが活発
情操教育を重視
国際人を養成
自由な校風

480　卒業生有名人　石井一久（楽天イーグルス監督兼GM）、佐藤天彦（将棋棋士）、横尾要、小田孔明（プロゴルファー）

千葉
共学　高

東京学館船橋 高等学校

普通科　情報ビジネス科
食物調理科　美術工芸科
生徒数　873名
〒274-0053 千葉県船橋市豊富町577
☎ 047-457-4611

SUPER
INDEX
P.101

総武線東船橋駅、新京成線三咲駅
新京成線・東武野田線新鎌ヶ谷駅
京成線勝田台駅、北総線小室駅、
我孫子駅など10ヵ所から通学専用バス

難関大学目指す普通科設置
特色ある4学科で個性を伸長
進学実績も着実に上昇中

制服
p.48

URL	http://gakkan-f.jp/
Web上での合格発表	○

美術工芸科

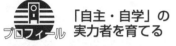

プロフィール　「自主・自学」の実力者を育てる

新しい時代が求める技術高校を目指し、商業・情報処理・食物調理・工芸・服飾デザインの5学科構成で、1986年に開校。1998年、商業科と情報処理科を統合、情報処理科として再編し、4学科構成となった。2003年に工芸科を美術工芸科へ、2018年には情報処理科を情報ビジネス科へと名称を変更し、2006年度からは難関大学進学に向けた普通科を新設。2011年度より普通科の定員を80名から120名に増員した。

「自主・自学」の建学の精神のもと、明るく、礼儀正しい、実践力のある人間教育にも力を入れている。

環境　全国有数のコンピュータ施設

船橋市民の憩いの場である「県民の森」や「ふなばしアンデルセン公園」にも近く、まだ緑が残る好環境である。全館冷暖房完備の施設の中では、各専門学科の実習室が充実しており、多彩で、プロ顔負けの設備が自慢だ。中でもコンピュータシステムは、全国有数の規模と内容を誇る。3つのグラウンドや、トレーニング室を備えた体育館など、体育施設も充実している。

情報ビジネス科

カリキュラム　実習授業を重視し資格取得を目指す

技術はもちろん、幅広い教養を身につけるため、共通科目では、基礎的な学習から受験を目標としたカリキュラム編成になっている。また、2017年度よりスタディサプリを導入し、より自分の目的や適性に応じて、効率よく学習することができる。

普通科では、難関大学進学に対応できる学力を身につけるため、到達度別少人数制の授業や進学補習を実施。2年生進級時には文系・理系のコース分けを行う。

情報ビジネス科では、パソコンを使った授業が多いのが特色。ビジネスコースは簿記・会計分野をベースに流通や運営管理に関することを学習する。情報処理コースは情報処理技術者としての基礎知識や各種アプリケーションの操作を学ぶ。

食物調理科では、調理実習を通して調理技術の基本を習得する。テーブルマナー講習などの校外学習や、外部から特別講師を招いての特別実習など多面的な教育を実施し、卒業時には、調理師の資格が取得できる。

美術工芸科では、あらゆる創作の基本となるデッサンをはじめ、金工・木工・陶芸といった伝統的な工芸、コンピュータによるデザインや3DCG・映像表現、絵画、彫刻などの創作活動を展開し、美術系大学への進学をはじめ、様々な分野へ多くの生徒を送り出している。

学校生活　バラエティ豊かな各クラブが活躍中

登校時間	夏	8：25	冬	8：25

クラブ活動が活発で、26の部や同好会が活動している。体育系には、陸上、テニス、バレーボールが全国大会に出場している。バラエティに富んだ文化系では、吹奏楽、陶芸、美術、珠算などの

活躍が目立つ。学校行事は、白堊祭体育の部・文化の部、芸術鑑賞会、修学旅行などのほか、夏休みにはカナダでの語学研修もある（隔年）。

進路　個性を生かし多彩な進路を選択

これまでの実績を生かし、詳しい進学・就職情報を入力したコンピュータを活用しながら、多彩な進路希望に応じてきめ細かな指導を行っている。本校の特色を反映し、大学・短大・専門学校への進学、就職、と卒業生の進路は多岐に渡り、その分野もバラエティに富んでいる。

【過去5年間の進学先】
信州大・東京芸術大・上智大・学習院大・中央大・立教大・法政大・青山学院大・國學院大・駒澤大・専修大・拓殖大・玉川大・千葉工業大・帝京大・東海大・東京家政大・東洋大・獨協大・二松學舍大・日本大・文教大・多摩美術大・東京造形大・武蔵野美術大　他

2024年度入試要項

試験日　1/17（第1回）　2/2（第2回）
　　　　3/7（2次）

試験科目　国・数・英（推薦）
　　　　　国・数・英＋面接（一般）

2024年度	募集定員	受験者数	合格者数	競争率
普通科	108/12	684/—	676/—	1.0/—
情報ビジネス科	108/12	385/—	377/—	1.0/—
食物調理科	40/—	37/—	36/—	1.0/—
美術工芸科	36/4	100/—	97/—	1.0/—

※人数はすべて第1回/第2回
※2次の募集は若干名

進学に有利
併設校あり
芸術＆特殊学科
資格＆技能系
施設が充実
スポーツが強い
クラブ活動が活発
情操教育を重視
国際人を養成
校風自由な

■卒業生有名人　内藤和也（バレーボール選手）、今村駿（バレーボール選手）、土井宏昭（ハンマー投げ選手）

481

共学　中高専大院

東邦大学付属東邦 中学校 高等学校

有名大学合格者の多い
トップクラスの進学校
特に理系学部への進学に実績

制服
p.47

普通科(高校)
生徒数　933名(中学)　933名(高校)
〒275-8511
千葉県習志野市泉町2-1-37
☎ 047-472-8191
京成本線京成大久保駅　徒歩10分
総武線津田沼駅　バス15分

SUPER INDEX P.99

URL	https://www.tohojh.toho-u.ac.jp
Web上での合格発表	○

理科の実験には新しい発見と驚きが

進学に有利
併設校あり
芸術&特殊学科
資格&技能系
施設が充実
スポーツが強い
クラブ活発
情操教育を重視
国際人を養成
校風自由な

プロフィール

「自然・生命・人間」の東邦教育

「自然・生命・人間」の尊重を建学の精神とする東邦大学の付属校で、向上心に燃え、自主的学習に励み、個性の開発に努める若者の育成を目指している。医・薬・理工など理系学部への進学に実績がありながら、有名大学の文系学部へも毎年多数の生徒を送り込む、県内でもトップクラスの進学校だ。

1952(昭和27)年に高等学校、1961年に中学校を開校。以来、中高一貫教育を行い、多様な学習活動で成果を上げており、理系総合大の付属校だけに、中・高とも特に数・理に重点を置いている。また、学習・部活動・行事・大学受験すべてを、生徒にとっての自己研鑽、自己実現の場ととらえ、特に進路に関しては熱心な対応で取り組んでいる。

環境

設備の整った快適な環境

中学・高校は同じキャンパスにあり、付近には系列の東邦大薬学部・理学部など、学校も多く、静かで文教的な雰囲気のある好環境である。

敷地内には、約2万6000㎡の広大な人工芝グラウンド、第1・第2体育館(室内温水プール、柔道・剣道場等)、弓道場、テニスコートをはじめ、特別教室棟には、CALL教室、コンピュータ教室、蔵書約8万冊の図書館、多目

セミナー館

的ホールなどを完備。その他、中高合わせて9つの理科実験室、カフェテリア・IT教室群等を含むセミナー館がある。全教室にWi-Fiが完備され、ICT環境も整っている。

カリキュラム

基礎教養重視「リベラルアーツ型」

中学では、基礎学力を徹底して充実させつつ、高校の分野へも入る。特に英・数・理は公立の標準時数と比べるとかなり多く、厚みのある演習や実験が可能。

高校では、1年次は全員共通のカリキュラムでバランスよく学習し、2年次には進路に応じて、文系・理系に分かれ、さらに科目選択の仕方によって国公・私立それぞれの大学受験に対応できるようになっている。その他、実験の多い理科の授業や、大学の施設と講師による「学問体験講座」、大学入試向けの「特別課外講座」など、多様で高度なカリキュラムが特徴である。

学校生活

学習と両立させて楽しむ部活動

登校時間	中学	夏季	8:25	冬季	8:25
	高校		8:25		8:25

クラブは、中学に体育系13、文化系12、高校には体育系15、文化系12があり、進学校ながら、活動も盛んである。サッカー、ラグビー、硬式野球、ハンドボールなど、広いグラウンドで日々練習を重ね、対外試合も積極的に行っている。水泳部は25m7コースの温水プールで練習を重ね、全国大会にも出場実績がある。また、中学ではオーケストラ部が、毎年開かれる定期演奏会でレベルの高い演奏を披露している。その他、美術陶芸、地形模型、高校の弱電、考古学などの個性的なクラブもあり、それぞれ独自の活動を続けている。

学校行事も盛んで、体育祭、文化祭

などは、生徒が実行委員会を組織して実施しているほか、校外学習(中学)、SPORTS DAY、修学旅行と多彩だ。

進路

医学部に強く、また文系大への進学者も増加

毎年40〜50人が医学部に進学する。また、全合格者のうち、理系大の合格者が7割を占めるが、文系難関大への進学者の増加にも顕著なものがある。

2023年の現役(浪人含)合格者数は、東京2(5)、北海道4(6)、東北1(1)、筑波6(7)、千葉13(18)、東京工業8(11)、早稲田39(53)、慶應33(43)、上智32(42)、東京理科90(131)などに合格した。東邦大には、医学部20(22)名、薬学部13(14)名、理学部4(6)名が合格した。

2024年度入試要項

中学

試験日　12/1(推薦・帰国生)
　　　　1/21(前期)　2/3(後期)
試験科目　国・算・理・社(推薦・前期・後期)
　　　　　国・算・英(帰国生)

2024年度	募集定員	受験者数	合格者数	競争率
推薦	40	598	40	15.0
帰国生	若干	80	40	2.0
前期	240	2143	972	2.2
後期	20	345	20	17.3

高校　募集せず

　卒業生有名人　金井宣茂(宇宙飛行士・医師)

共学　高

東葉 高等学校

普通科
生徒数　1129名
〒274-0822
千葉県船橋市飯山満町2-665-1
☎ 047-463-2111

SUPER INDEX P.100

東葉高速線飯山満駅　徒歩8分
新京成線前原駅　徒歩15分

特進クラス導入5年目・躍進する東葉
安心・安全・快適な学校生活を!

制服 p.48

URL	https://toyohs.ed.jp
Web上での合格発表	○

有形文化財として歴史と風格を偲ばせる正門

生徒を大切にし個性を伸ばす教育
プロフィール

1925（大正14）年、前身の船橋実科高等女学校が設立。創立70周年の1996（平成8）年から現校舎に移転し、学校法人船橋学園東葉高等学校となる。学ぶことの主体が生徒自らにあることを深く自覚させて「自分を自分で教育する」態度を養う。

文化的で豊かな学習環境
環境

エンデバーホール

校舎は、全館冷暖房・エレベーター4基・体育館にも冷暖房完備。自然の光を採り入れた吹き抜けの明るいホールを中心に、インテリジェントスクールを目指した情報機器を随所に導入している。作法室に室内庭園を持つ茶室「光淋亭」等、充実した施設・設備がそろっている。広々とした「生徒ホール」は、生徒同士のコミュニケーションの場として放課後まで利用されている。

「環境は人を造る」、このことばの通り、生徒は落ち着いた学校生活を送ることができている。

進路に合わせて選べるクラス
カリキュラム

東葉高校の教育課程とクラスは、「進路希望の実現」という大きな目標の上に編成されている。それぞれの学力と希望に合った教育を行うことで、生徒自身の持っている力を最大限に引き出す。

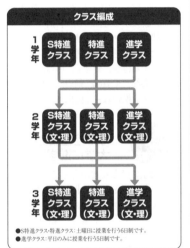

クラス編成

1学年	S特進クラス	特進クラス	進学クラス
2学年	S特進クラス（文・理）	特進クラス（文・理）	進学クラス（文・理）
3学年	S特進クラス（文・理）	特進クラス（文・理）	進学クラス（文・理）

●S特進クラス・特進クラス：土曜日に授業を行う6日制です。
●進学クラス：平日のみに授業を行う5日制です。

朝の読書が新しい伝統に
学校生活

登校時間	夏 8：25	冬 8：25

本校は1988年、全国に先がけて「朝の10分間読書」を始めた。これは、本校の特色である、自主的に学習する"第三教育"を具現化したものである。

学校行事は共学化してから活気を増し、5月の球技大会、10月の体育祭ではクラス一丸となっている。また、2年次の修学旅行（沖縄）や秋の文化祭は生徒の最大の関心事である。また、校長自ら発案する企画があり、例えば「この指止～まれ」は地元の行事や生徒が興味を引くイベントに校長が引率したり、年に一度は皆で笑って感動しようと「よしもとお笑いライブ」も行われている。

クラブは、文化部が10、運動部が9、同好会が3ある。また、2005年に男女共学化となってから、各運動部も力をつけてきており、

県大会への出場機会が増えてきた。ダンスドリルはUSA全国大会に10年連続出場。また、リズムダンス選手権全国大会では3年連続して優勝した。

個々の能力を生かし多方面で活躍
進路

進路指導としては、「東葉塾」と名付けた校内予備校により、学校の課外補習のみでも大学進学に貢献している。また、年間に複数の模擬試験を実施・分析することで適切な進路指導の他、小論文や面接の指導、進路講話など、行き届いた教育が展開されている。

大学進学は、全体の約70%で、希望者は年々増加している。主な合格先（過去3年間）は、山形大・秋田大・埼玉大・慶應義塾大・早稲田大・ICU・東京理科大・明治大・中央大・法政大・学習院大・青山学院大・成蹊大・成城大・明治学院大・獨協大・國學院大・日本大・東洋大・駒澤大・専修大・東京農業大・千葉工業大など。その他、短大・専門へも進学。

2024年度入試要項

試験日　1/18（前期）　2/15（後期）

試験科目　国・数・英（前期）　英（後期）
※一般単願は面接あり

2024年度	募集定員	受験者数	合格者数	競争率
前期特進	196	1207	774	1.6
前期進学	80			
後期	10	45	10	4.5

※前期特進の定員はS特進36名を含む

進学に有利

併設校あり

特殊学科芸術＆

資格系技能＆

施設が充実

スポーツが強い

クラブが活発

情操教育を重視

国際人を養成

校風自由な

千葉

共学 幼 小 中 高

成田 高等学校付属中学校 高等学校

SUPER INDEX P.99

文武両道のもと
大学進学に向けて徹底支援
充実の環境から多彩な人間が育つ

制服 p.50

URL		https://www.narita.ac.jp	
Web上での合格発表	中学	○	高校	○

■ 普通科（高校）
生徒数　381名（中学）　961名（高校）
〒286-0023
千葉県成田市成田27
☎ 0476-22-2131
成田線成田駅、京成本線京成成田駅
各徒歩15分、JRバス関東・千葉交通「松原」徒歩5分、成田スカイアクセス線
成田湯川駅より自転車約20分

左側縦タブ：
進学に有利
併設校あり
芸術＆特殊学科
資格＆技能系
施設が充実
スポーツが強い
クラブ活発
情操教育を重視
国際人を養成
自由な校風

プロフィール　現代の諸問題に主体的に取り組む生徒を育成

　成田山新勝寺の宗教的使命の達成と、地方文化の向上のために創設されたという理念に基づき、文武両道に励むことを通じ、社会に貢献する人材の育成に努めている。本校の育てたい生徒として「己を知り、自ら思考・行動・発信するとともに、他者を受け入れ理解して、ともに高めあえる生徒」と定め、日頃の授業だけでなく総合的な探究の時間や文化祭など様々な場で生徒の持つ力を発揮できるよう取り組んでいる。

カリキュラム　高2から進路別の文系・理系コースを設置

　高校2年生まで毎週土曜日にも授業を実施し、中・高6カ年の一貫教育を実践するため、独自のカリキュラムを編成している。
　中学では、基礎学力を築く重要な時期と考え、特に主要3教科を重視している。授業時間を増やして、2年次までに中学課程を修了し、3年次には高校課程の先取り授業を行う。
　高校では、大学進学を目指したクラス編成を基本に、徹底した学力の充実を図っており、2年次で進路別に、文系と理系のコースに分かれる。内進生と高入生は別のクラス編成だが、高入生も大学受験を意識して1年次から効果的に先取り学習を行っている。

学校生活　全国大会で活躍する運動部

登校時間	中学	夏季	8：35	冬季	8：35
	高校		8：35		8：35

新1号館（全館Wi-Fi完備）

　文化祭（葉牡丹祭）など、主な学校行事は中・高合同で実施されている。体育祭は中・高別で実施。中学ではそのほか、林間学校や、スキー教室などもある。また、修学旅行は、中学が奈良・京都、高校は海外へ行く。
　充実した学校施設・設備を活用し、クラブ活動も大変盛んである。学術・文化クラブ17（中学11）、運動クラブ15（中学13）、同好会3（中学1）があり、陸上競技部、競技かるた部、社会科研究部、クイズ研究会、ダンスドリル部、水泳部が全国大会、放送部が全国放送コンテストに出場するほか、野球部、弓道部、山岳部、音楽部、柔道部、剣道部、自然科学部等全国規模の大会や関東大会等で活躍している。

進路　ほぼ全生徒が大学に進学

　卒業生のほとんどが大学に進学する。2023年度の進路状況は、北海道大、東北大、筑波大、お茶の水女子大、埼玉大、茨城大、千葉大、金沢大、千葉県立保健医療大、東京都立大などの国公立大をはじめ、私立大学では慶應義塾大、早稲田大、上智大、東京理科大、明治大、中央大、立教大、青山学院大、法政大、学習院大など。指定校推薦枠は、早稲田大、東京理科大、立教大、明治大など約500名ある。近年は自らの課題研究を生かし、総合型選抜入試にチャレンジする生徒も目立つ。

トピックス　PBLを通して自分の生き方を考える

　中学校の「総合的な学習の時間」高校での「総合的な探究の時間」を中心に生徒一人ひとりが社会における課題を見つけ、考え、解決に向けて研究する機会を設けている。
　特に中学では地域学習・職業学習、高校では現在の世界で起きている多くの問題に対してそれぞれフィールドワークやグループワークなどを通して調査・研究・発表を行う。社会は大きく変化しており、日頃身のまわりで起きているあらゆる事柄が繋がっているといっても過言ではない。好奇心

弓道部

を持ち、幅広く探究することで高校でも早い時期から学問への入口を知り、自分自身が将来どのように生きるか考える機会として捉えてほしい。学ぶ意味を再認識するPBLが生徒自身の人生を育てていると言っても過言ではない。共に頑張ろう。

ひとこと　受験生の皆さんへ

　受験を控えた中学3年生の皆さん！志望校は決まりましたか。ちょうど中学3年生のこの時期の私は、将来の夢もなく、第一志望校を決め悩んでいました。今、これを読んでくれているあなたが、以前の私と同じ状況で志望校に悩んでいるのなら、ぜひ、成田高校を見に来てください！成田高校は、正直校則が厳しいですが、それ以上に高い進学実績と部活動実績があり、それに準ずる充実した教育があります。夢がある人もそうでない人も、自分自身の将来のために高校選びをしてください！

2024年度入試要項

中学

試験日　12/1（第1志望）　1/25（一般）

試験科目　国・算・理・社

2024年度	募集定員	受験者数	合格者数	競争率
第一志望	35	120	45	2.7
一般	60	199	96	2.1

高校

試験日　1/17

試験科目　国・数・英

2024年度	募集定員	受験者数	合格者数	競争率
特進α	150	627	189	1.7
進学			191	
特技生	50	59	59	1.0

■ 卒業生有名人　室伏広治（スポーツ庁長官・陸上ハンマー投げ）、増田明美（スポーツライター・解説者）、髙橋清孝（第92代警視総監・第20代内閣危機管理監）

千葉

共学　中高大院

二松学舎大学附属柏 中学校／高等学校

伝統ある二松学舎の系列校
知力、情操、スポーツの
バランスのとれた全人教育を推進

普通科（高校）
生徒数　251名（中学）　1073名（高校）
〒277-0902
千葉県柏市大井2590
☎ 04-7191-5242
常磐線・千代田線柏駅　スクールバス15分
我孫子駅・新柏駅・北総線　スクールバス

SUPER INDEX P.97

制服 p.49

URL	http://nishogakusha-kashiwa.ed.jp/			
Web上での合格発表	中学	○	高校	○

環境　大学に隣接した森に囲まれた校地

柏駅前からと、駅から徒歩8分の所にある二松学舎の専用駐車場、北総線・我孫子駅・新柏駅・新鎌ヶ谷駅から無料のスクールバスが出ている。

大学の柏校舎に隣接したキャンパスは、眼下に手賀沼を見下ろし、はるかに筑波山を望む高台にあり、豊かな森に囲まれている。施設は普通教室のほか、会議室や理科室、美術室、進路指導室、保健室などが整っている。2011年に体育館、2018年に学生食堂、2019年にラーニングコモンズ（図書室）がリニューアル、教育環境もより充実したものとなっている。

カリキュラム　コース選択制を導入「論語」授業も特設

中学では、「グローバル探究コース」と「総合探究コース」の2コースに分かれる。中高6年間を基礎期・成長期・発展期の3ブロックに分け、週6日制・きめ細かい指導で基礎から学力を身につける。

高校では、中学校の基礎に立って、より高い学力、研究心、自発性を養えるよう各教科の特色を生かした指導を行っている。また、基礎学力の充実を目的として全学年一斉の漢字テスト、英単語テスト（毎週実施）、外国人教員によるLL教室を利用しての英会話の授業、各教科でのコンピュータの活用などが挙げられる。

ラーニングコモンズ

高1より最難関国公立・私立大を目指すスーパー特進コース、難関国公立・私立大を目指す特進コース、各々の目的に応じた大学進学を目指す進学コースに分かれ、それぞれ高2から文系・理系のコース別授業を行い、能力・適性・進路に合わせた教育を展開している。生徒一人ひとりに合わせたきめ細かい指導を行っており、全員が持つタブレットでスタディサプリの受講を推奨している。そのほか建学の精神に基づき、東洋道徳の基盤である「論語」を、中・高とも、毎週1時間、3年間を通して学習させ、豊かな人間性を養っている。

学校生活　クラブ活動でも大会出場が続出

登校時間	中学	夏季	8:15	冬季	8:15
	高校		8:40		8:40

部活動は、文化系・体育系とも大変活発で、約70％の生徒が参加している。体育系は野球、バレーボール、ハンドボールなど14、文化系は吹奏楽、書道、演劇など12が活動している。

学校行事も多彩で、5月の体育祭、9月の松陵祭（文化祭）、11月の修学旅行などがある。

進路　現役合格率95％併設大への優先入学も

生徒個人の希望進路を切り拓くため、各大学、短大、専門学校の担当者を招いた進路相談会を行っている。併設の二松學舍大学を希望する生徒は在学中の成績等により優先的に入学できる。そのほかの主な進学先は、筑波大、千葉大、茨城大、東京都立大、慶應義塾大、早稲田大、上智大、東京理科大、GMARCHなど。

ひとこと　在校生から受験生にひとこと

高校 制服

私はソフトテニス部に所属しています。本校のソフトテニス部は、先輩後輩の仲が良く、楽しく活動しています。中学3年生のみなさんはもうすぐ高校受験ですね。進学したい高校は決まりましたか。もしまだ決まっていなければ、二松柏に一度見に来てください。自然豊かでみんな伸び伸びと充実して勉学にはげんでいます。設備が整っていて、快適に学校生活をおくれます。受験頑張ってください。
（二松学舎柏高校 スーパー特進コース2年）

2024年度入試要項

中学

試験日　12/1（第一志望）　1/20午前・午後（総合探究第1回・グローバル/特待第1回）　1/22（グローバル特待第2回）　1/24（総合探究第2回）　2/5（全コース）

試験科目　作文・算・英より2科＋自己アピール＋面接（第一志望）　国・算または国・算・理・社（総合探究）　国・算または国・算・理・社または国・算・英（グローバル特待）　国・算（全コース）
※グローバル特待第2回は、思考力検査型も可

2024年度	募集定員	受験者数	合格者数	競争率
第一志望グロ/総合	5/25	49	42	1.2
総合探究第1回/第2回	25/10	165/31	125/19	1.3/16
グロ特待第1回/第2回	20/15	104/54	63/21	1.7/2.6
全コース	若干	18	7	2.6

高校

試験日　1/17（前期Ⅰ）　1/19（前期Ⅱ）　2/15（後期）

試験科目　国・数・英＋面接

2024年度	募集定員	受験者数	合格者数	競争率
スーパー特進	70	318	318	1.0
特別進学	75	648	648	1.0
進学	65	52	52	1.0

※人数はすべて前期Ⅰ推薦
※後期の募集は5名

進学に有利

併設校あり

特殊学科＆芸術系

技能系＆資格

施設が充実

スポーツが強い

クラブ活発が

情操教育重視

国際人を養成

自由な校風

卒業生有名人　村田沙耶香（芥川賞作家）、飯塚智広（NTT東日本野球部元監督）、狩俣公介（日本画家）

485

共学　幼中高専短大院

日本体育大学柏 高等学校

アカデミック（学習支援）センター設置
タブレット端末を学習に活用
3コース制で、進路目標を実現

制服
p.49

SUPER
INDEX
P.97

普通科
生徒数　1255名
〒277-0008
千葉県柏市戸張944
☎04-7167-1301
常磐線・千代田線・東武アーバンパーク
ライン柏駅
徒歩23分またはバス10分

URL	https://www.k-nittai.ed.jp/
Web上での合格発表	○

部活と勉強の両立が可能

プロフィール　礼儀正しくスポーツの盛んな進学校

1960（昭和35）年、日本体育会により柏日体高等学校として開校された男女共学の全日制普通科高校。2016年4月より日本体育大学柏高等学校に校名変更。

日本体育大学の姉妹校であるが、体育科の学校ではなく、勉強とスポーツを両立させるという方針のもと、基礎力・応用力の向上を図り、生徒一人ひとりの自己実現を図る一方、"信頼され選ばれる学校" "躾が厳格で礼儀正しい学校" "スポーツの盛んな進学校"を使命とし、生徒・保護者の信頼に応えている。

環境　緑に囲まれた閑静な学習環境

柏市の中心から東南約2kmに位置し、約86,600㎡の広大な校地を有する。豊かな緑と清らかな空気に包まれた勉学に最適な環境である。

敷地内には、トラック・ラグビー場が併設されたメイングラウンド、野球場、最先端の人工芝が敷設されたサッカー場、ハンドボールコート、テニスコート（人工芝）やこれらの施設を周回するランニングコースの他、体育館、トレーニングルーム棟がある。また、普通教室棟は無線LANが完備。電子黒板や大型ディスプレイなどのICT教育環境が整い、どこでもタブレット端末を使用できる。新I号館にはレストラン、コンビニ、生徒ホール、和室など、II号館には進学塾と提携したNKアカデミックセンター、メディアセンター、特別教室、多目的武道場などがある。

ICT環境の整った新I号館

カリキュラム　新カリキュラムで個人の進路に適応

新学習指導要領の施行にあたり、カリキュラムを大幅リニューアル。3つのコースそれぞれに特徴のある探究的な学びが用意されている。勉強にもスポーツにも全力で取り組める環境が整っている。

①アカデミックフロンティアコース（旧アドバンストコース）　ゼミ活動（GLOCALゼミ）や学年を越えた自治活動（TEAMS）を通じて、アントレプレナーシップ（創造力、起業家精神）を養う。国公立大学に対応したカリキュラムで難関大学合格をサポートする。

②アドバンストラーニングコース（旧進学コース）　起業家教育プログラムやプログラミング学習など現代社会を生き抜くために必要な力を身につけるプログラム（エンパワーメントプログラム）が用意されている。多様な進路に対応できる柔軟なカリキュラムも魅力の一つ。

③アスリートコース　海洋実習やスキー実習などの実習科目を多く取り入れるとともにコンディショニングやスポーツサイエンス（アスリートプログラム）の授業を通じてスポーツに理論と実践の両面からアプローチし、スポーツのスペシャリストを育成する。

学校生活　文武両道の基活発なクラブ活動

登校時間	夏	8：30	冬	8：30

多くの生徒が文武両道を目指しており、8割以上の生徒がクラブ活動に参加している。運動部19、文化部11が活動している。運動部の多くのが関東・全国大会へ出場しているほか、文化部もコンクールや大会で入賞するなど活躍している。

学校行事も多く、1年次の校外宿泊研修をはじめ、手賀沼ウォーク・芸術鑑賞・体育祭・柏葉祭（文化祭）など、潤いのある高校生活が体験できる。

進路　他大学への進学増加進学率も増加傾向

毎年ほぼ90%以上の生徒が、首都圏内の大学・短大・専門学校を志望し、進学をしている。近年は、大学進学率が高まり、日本体育大学のほか、国公立大、難関私大への進学者が増えている。主な進学先は、筑波大・茨城大・室蘭工業大・埼玉県立大・早稲田大・慶應義塾大・上智大・東京理科大・明治大・青山学院大・法政大・学習院大など多数。

国際化　海外修学旅行で異文化体験

国際理解を深めることを目的に、2年次に全員が参加する海外修学旅行を実施している。現在、アカデミックフロンティアコースはシンガポールで語学研修、アドバンストラーニングコースは台湾を訪れ、学校交流・農村滞在や現地学生との班別自主研修などを行い、異文化理解を深めている。また、アスリートコースは実技実習の一環として沖縄でスキューバダイビングのライセンス取得を実施している。

また、海外の大学と同様の授業を校内で受講できる国内留学プログラムも実施している。

2024年度入試要項

試験日　1/17（単願推薦）　1/17または18（アカデミックフロンティア併願推薦）
1/18（アドバンストラーニング・アスリート併願推薦、一般併願）

試験科目　国・数・英（単願・併願推薦・一般）
※一般併願は面接あり

2024年度	募集定員	受験者数	合格者数	競争率
単願/併願/一般	360	239/935/57	239/935/4	1.0/1.0/14.3

　卒業生有名人　植草歩（空手道日本代表）、豊昇龍（力士）、DJ KOO（ミュージシャン）

千葉

共学 高 専 短 大 院

日本大学習志野 高等学校

県下有数の進学校
理工学部の併設高校としての高大連携教育の実践
国公立・有名私立大学への進学を視野においたカリキュラム 制服 p.48

SUPER INDEX P.99

普通科
生徒数　1182名
〒274-8504
千葉県船橋市習志野台7-24-24
☎ 047-469-5555
東葉高速鉄道船橋日大前駅　徒歩5分
新京成線北習志野駅　徒歩20分または
バス「日大習志野高校」下車徒歩3分

URL	https://www.nnhs.cst.nihon-u.ac.jp
Web上での合格発表	○

日習祭（文化祭）

創造力と実行力を育む教育
プロフィール

　日本大学の目的および使命に基づき、「自主創造の精神の育成」「高い理想と真剣な学習態度の育成」「知育・徳育・体育の調和的育成」を目標に掲げている。また、県下有数の進学校でありながら、男女共学で和やかな雰囲気に包まれているのも特色で、生徒同士、生徒と教師との心の触れ合いを重視し、各種行事や部活動にも力を入れている。

「夢のような3年間」
ひとこと

　濃く速く短く、たくさん笑い、思い出に溢れる日習での3年間は、私の宝物です。学校生活や部活動を通し、「全力投球」ということを身を持って学びました。それは日習の整った学習環境や先生方の手厚いご指導があり、意識の高い仲間達がいたからでした。効率的な学習やコロナ禍でもスムーズなオンライン授業を可能にするICT教育。ただ答えを教えるのではなく、自分で考える力を養ってくださる先生方。常に高い目標を持ち、競い合える仲間。日習のこの素晴らしい環境のおかげで、充実した3年間になったと思います。その中で分岐点もたくさんありましたが、日習で培った糧が私を支えてくれたので、自分の進む道を見つけることができました。みなさんも日習で、一度きりの高校生活を全力で楽しんで下さい。

筑波大学社会・国際学部合格 Tさん

2年次から文系2コース・理系3コース
カリキュラム

　大学進学に向けてきめ細かなカリキュラムが組ま

校舎外観

れている。1年次は基礎学力の向上に重点を置く。2年次からは、生徒の希望と能力・適性に応じて文系・理系に分かれ、文系では2（GA、NP）コース、理系では3（CST、GA、NP）コースが設けられている。3年次では、それぞれのコースで徹底した進学指導が行われる。また夏休みは夏期講座が実施され、学力の強化を図った万全の受験体制を備えている。

　系列の日本大学への進学制度がある。そのほか早稲田大、上智大、東京理科大、立教大、中央大、明治大などに指定校推薦枠もある。

活気あふれる多彩な行事
学校生活

登校時間	夏	8：30	冬	8：30

　学校行事は豊富だ。新入生全員が同時に高校生活をスタートする本校では、1学期に1年生を対象とした校外研修が行われる。これは、クラスの友達や先生方と時間を共にすることにより、1日でも早く学校生活のリズムをつかむとともに、親睦を深めることを目的として実施される。

　6月中旬には、2日間にわたる日習祭が盛大に行われる。展示、演劇、演奏会などの催し物のほか、喫茶店などの模擬店も出店され、学内は内外大勢の人で賑わい、熱気に包まれる。企画運営は、生徒たちによる実行委員会が行い、創意工夫に満ちた手作りのイベントとなっている。そのほか、体育祭などのスポーツ行事も盛んである。

　英語力のさらなる向上を目指し、一人でも多くの生徒に異文化と生きた英語に触れさせるため、シンガポール・マレーシアへの修学旅行を実施。教室で学んだ英語を現地で実際に話す機会を持つことは毎日の勉強の大きな励みになるに違いない。また、希望者を対象に、7月中旬から約2週間の日程で実施されるオーストラリア（ブリスベン）語学研修がある。これは、現地の家庭にホームステイをしながら現地の学校に通い、語学研修を行うものである。英語の授業だけでなく、エクスカーションなども取り入れ、充実したプログラムとなっている。

きめ細かな指導で現役合格率も高い
進路

　日大習志野の進学先の特徴として、国公立・早慶上智理科GMARCHと日本大学のいずれかに進学決定する生徒の割合が高いことが挙げられる。理工系学部のみならず医歯薬獣医看護な

ど医療系学部現役合格者も多数輩出している。2023年度入試結果においては、東北大現役合格1名をはじめとして、東工大1名、筑波大5名、千葉大14名など現浪あわせて35名が国公立大学に合格を果たしている。さらに、私立大学の合格数も延べ1,173であり、日大付属でありながら他大学への進学率の方が高く、さらなる飛躍を目指し、学校全体で取り組んでいる。

「遊びも学びも真剣に」
ひとこと

　日習は勉強に特化した高校であるというイメージを持っている人が多いと思います。しかし、この学校の魅力はそれだけではありません。私が日習に入学して最初に驚いたのは、1年を通じてたくさんのイベントがあり、そのどれもが楽しくて充実しているという点です。校外学習で絶叫マシーンに乗ったり、芸術鑑賞会でサーカスや宝塚の歌劇を見たり、3月に行われる予餞会では有名なお笑い芸人の方が目の前で漫才を披露してくれました。遊ぶ時はしっかり遊んで、勉強する時はしっかりと勉強する、というのが大学受験合格への一番の近道だと思います。そして、それができる環境が日習には揃っています。部活も学校行事も楽しんで、そしてもちろん勉強もする。そんな充実した高校生活を送ってみませんか。

早稲田大学法学部進学 Oさん

2024年度入試要項

試験日　1/17（第一志望）
　　　　1/17または18（一般）
試験科目　国・数・英＋面接（第一志望）
　　　　　国・数・英（一般）

2024年度	募集定員	受験者数	合格者数	競争率
第一志望	180	228	190	1.2
一般 17日/18日	190	1327/1085	1161	2.1

※スポーツ推薦（剣道部のみ）の募集は若干名。面接あり

卒業生有名人　金子隆博（音楽クリエーター）、中川緑（アナウンサー）、増山麗奈（画家・映画監督）

有利に進学に

併設校あり

特殊学科 芸術&

技能系 資格&

施設が充実

スポーツが強い

クラブが活発

情操教育 重視

国際人 養成

自由な 校風

共学 幼 小 中 高

日出学園 中学校・高等学校

校訓の「誠・明・和」がモットー
個性伸長ときめ細やかな
少人数教育が自慢の共学校

SUPER INDEX P.99

制服 p.47

URL	http://high.hinode.ed.jp			
Web上での合格発表	中学	○	高校	○

普通科（高校）
生徒数　384名（中学）　513名（高校）
〒272-0824
千葉県市川市菅野3-23-1
☎ 047-324-0071
京成本線菅野駅　徒歩5分
総武線市川駅　徒歩15分またはバス5分
常磐線松戸駅　バス20分

TOEIC・TOEFL 全員受験

一人ひとりの個性を伸ばす（プロフィール）

個性伸長の教育を目指し、特に持久力や忍耐力を鍛えることを重視している。小規模で生徒数も少ないため、一人ひとりに目を行き届かせた丹念な教育指導が特色である。学習面では基礎学力の充実に重点を置き、1クラス20名ほどの少人数制授業も実施している。授業、学級・学年・各部活動・生徒会などの活動や、様々な合宿などにより、視野を広め、ものごとを公正に判断し、社会に貢献できる人材の育成を目指している。

2013年4月より学校週6日制を実施し、土曜日も授業を行っている。カリキュラムも変更し、各教科指導のさらなる充実を図っている。

緑豊かな環境で快適な学園生活（環境）

最寄り駅から徒歩で5分ほどと通学の便もよく、周辺には保護育成された老松が林立し、緑に恵まれた環境である。最先端技術を備えた視聴覚教室など施設も充実している。

また、学園の校外施設として軽井沢に山荘があり、学習合宿や部活合宿に利用されている。大自然と澄んだ空気に包まれた環境の中での集中学習は、大きな成果を収めており、学園生活の一つの節目ともなっている。

三代目キャラクター 日和（ひよ）かっぱ

習熟度別の少人数制授業（カリキュラム）

中学では、国語・数学・英語を中心に、基礎学力をつけることを目標としている。特に英語と数学では習熟度別の少人数制授業を採用し、きめ細かい指導を行っている。

高校の「進学コース」では、1年次は全員が共通科目を履修し、基本を身につける。2年次に理系・文系の2コースに分かれ、3年次にはさらにコース別に自分の進路に合わせ、ブロック単位で授業を選択する。また、3年間を通して、英・数の授業は、4学級5～6展開の習熟度別クラス編成をとっている。2017年度より週39時間カリキュラムの「特進コース」を設置。2年次までに主要科目の大学入試出題範囲をほぼ終了し、3年次では演習問題中心に進める。

講習、補習も充実しており、中学3年次、高校1・2年次に、軽井沢山荘で5泊6日の学習合宿を実施するほか、高校を対象とした夏期・冬期講習では、1週間の集中授業も行っている。

好きなことだから楽しい…クラブ活動（学校生活）

登校時間	中学	夏季	8：25	冬季	8：25
	高校		8：25		8：25

クラブは運動・文化部合わせて21ある。中でも2022年度に囲碁部の部員が全国優勝、2002年度に高校軟式野球部が全国大会準優勝、2022年度に中高両方のバトントワーリング部が全国大会に出場するなど優れた実績を残しており、その活躍ぶりは新聞でも紹介されたほど。

学校行事も多彩である。入学直後に軽井沢山荘で行うオリエンテーション合宿は特に楽しい行事。また、中学2年の臨海学校では、伝統として、卒業生が古式泳法を教える。そのほか体育祭、日出祭、修学旅行、スピーチコンテストもある。

自分自身を見つめ興味と特性を生かす（進路）

生徒のほとんどが大学進学を考えている現状で、各自の興味と特性を自ら発見させる進路指導を展開。適性検査や進路講演などにより、自己分析を基とする進路計画を考えさせると共に、全国模試に参加させ、各自の勉強方法や希望大学への合格可能性の診断に役立てている。また、毎年発行される「進路の手引き」は、卒業生の状況を知る資料として活用されている。

主な進学先は、東京大（推薦・一般）、千葉大、筑波大、東京学芸大、電気通信大、北海道大、早稲田大、上智大、慶應義塾大、東京理科大、学習院大、明治大、青山学院大、立教大、中央大、法政大、成城大、成蹊大、明治学院大など。

2024年度入試要項

中学

試験日　12/1（推薦）　1/20（一般Ⅰ期）
　　　　1/23（一般Ⅱ期）
試験科目　国・算＋作文＋面接（推薦）
　　　　国・算または国・算・理・社＋面接（一般Ⅰ・Ⅱ期）

2024年度	募集定員	受験者数	合格者数	競争率
推薦	50	68	47	1.4
Ⅰ期	30	166	104	1.6
Ⅱ期	20	94	23	4.1

高校

試験日　1/18（推薦・一般）
試験科目　国・数・英（推薦）
　　　　国・数・英＋面接（一般）

2024年度	募集定員	受験者数	合格者数	競争率
推薦/一般	20/20	192/28	192/12	1.0/2.3

千葉

女子 幼 高

不二女子 高等学校

一人ひとりを大切に…
教養と情操の育成を目指す
総合的な人間教育を重視

| URL | https://www.fujijyoshi.ed.jp |

普通科
生徒数　452名
〒272-0021
千葉県市川市八幡4-5-7
☎ 047-333-6345

SUPER
INDEX
P.100

総武線・都営新宿線本八幡駅　徒歩5分
京成電鉄京成八幡駅　徒歩2分

プロフィール　教養と情操を身につける

1946年創立の不二洋裁学院を前身として、より充実した女子教育のために1978年に開校した。

将来の社会の一員として、また女性として必要な教養と情操を身につけることを目標としており、保育実習や調理実習などの家庭科学習に力を入れるほか、芸術教育も盛んである。また、生徒数が少ないため、生徒一人ひとりに目を行き届かせ、個性を尊重した教育にも心を配っている。進路についても、大学、専門学校、就職希望のいずれの場合も、生徒の立場に立ってそれぞれの個性に合わせた適切な指導を行っている。

環境　快適な学習環境

校舎は、教室棟（5階建て）、特別教室棟（2階建て、家庭科・理科・芸術・コンピュータ室）、体育館となっている。全教室・体育館に冷暖房が完備され、廊下には談話スペースが設けられているなど、快適な環境のもとで学校生活を楽しむことができる。

快適な校舎

カリキュラム　付属幼稚園での保育実習

国語教育を重視し、数学や英語でも個別指導を行い、基礎学力の徹底を目指している。その他の科目も平均的に学べるよう、無理のない配分になっている。女子校ならではの実習として、家庭科の授業の一環で、2年次の2学期と3年次の1・2学期には、併設の大町不二幼稚園での保育実習が行われ、子どもに接することによって現場の生の雰囲気を味わうことができる。そのほか、調理実習も行われており、より密度の濃い学習内容となっている。

3年次には小論文や面接指導をはじめ、三者面談、個別相談、卒業生・採用担当者を招いての進路ガイダンスも実施している。

学校生活　感動的な文化祭　多彩な行事を大切に

| 登校時間 | 夏 | 8：25 | 冬 | 8：25 |

クラブは運動系が6部、文化系が7部活動しており、県大会出場のバレーボール部、バスケットボール部、バドミントン部、陸上部、テニス部の他、ダンス部は地域のイベントに参加して活躍している。吹奏楽部や合唱部などの音楽系クラブも活発で、日々練習に励んでいる。

学校行事には、新入生歓迎会、球技大会、文化祭、体育祭、合唱祭、予餞会などがあり、「全員参加、すべて手作り」をモットーに、各々の行事を大切にしている。特に6月の文化祭は、教師と生徒が力を合わせてオリジナリティあふれる作品を作り上げる、感動的なイベントだ。各学年が趣向を凝らした企画に取り組み、舞台発表を行う。

また、制服はブレザー（紺）で、スカートがグレーとチェックの2種類あり、どちらを着用してもよい。また、2019年度からスラックス（希望者）も制

部活動も活発

服に加えている。

進路　様々な進路　進学率が増加

進学率は約76％。主な進学先は、大妻女子大、敬愛大、淑徳大、城西国際大、千葉商科大、帝京科学大、東洋学園大、文京学院大、和洋女子大、昭和学院短大、東京経営短大、各種専門学校となっている。

そのほか、就職する者は約14％で、デパート、スーパー、化粧品メーカー、電機メーカー、ホテルなど、幅広い分野に進んでいる。

2024年度入試要項				

試験日　1/17（推薦）　1/20（一般）
試験科目　作文＋面接（推薦）
国・数・英（一般）

2024年度	募集定員	受験者数	合格者数	競争率
推薦	60	80	80	1.0
一般	60	156	142	1.1

進学に有利
併設校あり
芸術＆特殊学科
資格＆技能系
施設が充実
スポーツが強い
クラブが活発
情操教育を重視
国際人を養成
自由な校風

千葉
共学 高

明聖 高等学校

千葉県初の私立通信制高校。開校以来、『不登校生徒へのサポート』や、『基礎学力向上のサポート』を中心とした教育を実践!

SUPER INDEX P.102

普通科（通信制・単位制）
生徒数　1600名
〒260-0014
千葉県千葉市中央区本千葉町10-23
☎ 043-225-5622
JR本千葉駅　徒歩5分
JR千葉駅　徒歩15分
京成線千葉中央駅　徒歩5分・
都市モノレール線県庁前駅　徒歩5分
〈中野キャンパス〉〒166-0003
東京都杉並区高円寺南5-15-3
☎ 03-5340-7210

| URL | https://www.meisei-hs.ac.jp |

プロフィール　千葉県初の私立通信制高校！

「不登校生徒へのサポート」や「基礎学力向上のサポート」を中心とした教育を実践。卒業生も6,020名を超え、例年高い卒業率と進路決定率を維持している。

カリキュラム　充実のサポート体制！

＜全日コース＞
■週5日登校。中学の復習からスタートする。多彩な研修・行事で様々な成功体験ができ、充実した生活が送れる。

＜充実の不登校生徒へのサポート体制＞
①教員全員がカウンセラーの資格を所持。
②無理のない登校日数や放課後指導で登校を支援。3年間かけて毎日通える「心」と「体」をゆっくりと育んでいく。
③集団が苦手でも大丈夫。「少人数教室」にてサポートする。

＜全日ITコース＞
■高校で学ぶ科目にプラスして、ゲームプログラミングやCG・映像編集技術などが学べる。

＜通信コース＞
■年間約20日（月2回、金曜日）登校。個別学習相談やメールで質問もでき、PCで学べるDVD教材もある。

＜中野キャンパス 全日デザインコース＞
■アナログとデジタル両面からデザイン、アートの表現方法や基礎知識、基本操作が学べるコース。

＜中野キャンパス 全日ITコース＞
■高校で学ぶ科目にプラスして、ゲームプログラミングやCG・映像編集技術などが学べる。

＜中野キャンパス 全日総合コース＞
■本校と同様の教育内容で、さらに少人数体制で指導する。

＜WEBコース＞
■WEB配信型の動画授業と年間4日程度の登校。
＜学習コンテンツ＞
「サイバー学習国」
　自分自身のアバターを作り、バーチャルスクールで学ぶ「日本初の通信教育システム」。

学校生活　楽しい行事や部活動！

| 登校時間 | 夏 | 9：30 | 冬 | 9：30 |

＜全日コースの行事・研修＞
　入学式、オリエンテーション研修、進路ガイダンス、海外研修、キャンプ研修、球技大会、合唱祭、学園祭、体育祭、各種検定試験、北海道研修、卒業式　等

〈部活動〉

硬式野球、サーフィン、サッカー、硬式テニス、バスケ、卓球、ラグビー、新体操、吹奏楽、パソコン、アニメイラスト、軽音楽、写真、eスポーツ　等

進路　個性に合わせた進路指導！

＜近年の進路実績＞
【4年制大学】
立教、中央、國學院、こども教育宝仙、ものつくり、杏林、横浜商科、横浜美術、嘉悦、学習院女子、亀田医療、京都芸術、駒沢女子、恵泉女学園、敬愛、江戸川、高千穂、国際武道、成蹊、同志社女子、蜀協、成城、日本女子、法政、日本、大妻女子、大正、東京農業、神田外国語、国士舘、駒澤、多摩美術、東京工科、亜細亜、玉川、東洋、桜美林、共立女子、文京学院、中央学院、東京電機　等
【短期大学】
宮古海上技術短大（国立）、立教女学院短大、女子栄養短大、日本歯科大学東京歯科短大　等
【専門学校】
上野法科ビジネス、大原簿記公務員（千葉校）、大原簿記公務員医療情報ビジネス（津田沼校）、大原簿記法律（柏校）、神田外語学院、アミューズメントメディア総合学院（東京）、国際理工情報デザイン、千葉情報経理、東京電子、専門学校東京クールジャパン、東京マルチメディア、日本工学院、千葉県自動車大学校、中央工学院、中央自動車大学校、トヨタ東京自動車大学校、篠原保育医療情報、東京医薬、東京医療秘書福祉、日本医学柔整鍼灸、日本大学歯学部附属歯科技工　等
【就職】
公務員、医療、飲食業、運輸業、卸売業、製造業、建設業、福祉、サービス　等

2024年度入試要項		

募集定員　全日コース/全日ITコース/通信コース200名　WEBコース　100名

試験日　1/17（前期選抜試験）　2/15、2/28、3/14、3/27（後期選抜試験）

試験科目　面接

※中野キャンパスについては、生徒募集要項よりご確認ください

千葉

共学(普通科) 女子(家政科) 幼 高

茂原北陵高等学校

125年の歴史を持ち
詰め込み教育を排した
個人の能力を伸ばす教育を実践

SUPER
INDEX
P.102

普通科　家政科
生徒数　492名
〒299-4122
千葉県茂原市吉井上128
☎0475-34-3211
外房線本納駅　徒歩20分またはバス5分
スクールバス(有料)
千葉市おゆみ野・市原市ちはら台ルート、市原市五井・辰巳台ルート

URL	https://chousei-gakuen.ed.jp/hokuryo/
Web上での合格発表	○

プロフィール　詰め込み教育から伸ばす教育へ

　1899(明治32)年創立の長生裁縫女学校を母体とする。1964(昭和39)年に千葉県長生女子高等学校と改称。翌年、普通科を設置し、共学になる。1994(平成6)年に現校名に改称した。

　男女共学の普通科と、女子のみの家政科がある。両科とも、詰め込み教育を排し、校訓「誠実・創造・協調」をもとに、「一人ひとりの個性・能力を最大限に引き出し、伸ばす教育」を考え、やればできるというゆとりある心構えで、楽しく明るい学園づくりをしており、「個性豊かで誠実な人間」、「勤労を尊び、責任と協調性のある人間」、「創造的で正しい判断力のある人間」の育成を教育目標としている。

環境　すばらしい教育環境

　生徒たちが発する元気な声がこだまする、緑いっぱいのすばらしい環境にある。施設面でも人工芝グランド・トレーニングルーム・コンピュータールーム・食堂・展望図書館・自習室や全教室75インチ液晶モニター完備など学習環境の整備、拡充に努めている。2024年125周年を迎え、第2体育館を増築。

ダンス部

カリキュラム　一人ひとりの才能を開発育成する

　普通科では、主要5教科を中心に、一人ひとりの能力を最大限に引き出す教育を行っている。学力向上と資格取得に取り組み、様々な進路に対応した総合コースのほか、大学進学に力を入れており、特別進学コースを設置。文系・理系にわたる特別なカリキュラムが組まれている。

　家政科では、独自の家庭科教育を通じて、専門技術を身につけ、職業人としても、家庭人としても自立した女性を育てあげる。また加えて、一般教養科目も重視した3年間のカリキュラムにより、現代に生きる女性の教養と知性を磨くことも目標としている。中でも被服製作では、マンツーマン方式による綿密な指導を行っている。

　また、漢字能力検定をはじめいろいろな資格取得にも力を入れている。

学校生活　多彩な行事で充実した学園生活

登校時間	夏	8:35	冬	8:35

　年間行事が多彩で、昭和の森への徒歩遠足、球技大会、サマーキャンプ、帆丘祭(学園祭)、体育祭、沖縄修学旅行、マラソン大会など様々な催しがある。

　クラブ活動は、全国大会出場のダンス部、剣道、サッカー、柔道、野球、吹奏楽、クッキング、茶道、射撃などの部・サークルがあり、全校生徒が加入し、恵まれた環境のもと放課後熱心に活動し、学校生活に華を添えている。

進路　年々、上級学校へ進学増加の傾向

　進路指導もきめ細かく、生徒一人ひとりの能力や適性などを全職員がつかみ、適切なアドバイスをしている。

　大学、短大、専修学校への進学が全

自然に囲まれたキャンパス

体の約7割で、残りの生徒の多くが就職している。

トピックス　優秀賞・優良賞・学食も充実

　本校独自の表賞制度がある。これは、年間5回ある定期試験ごとに表賞されるもの。

　人物・成績共に優秀な者、部活動などで特に優秀で他の生徒の模範となる者に対しては、選考の上各学年6名・全校で18名もの生徒が表賞される。また、学食が充実しており、1食ワンコイン(500円)ランチが人気で、ほぼ毎日行列ができる状況である。一番の人気メニューは「唐揚げランチ」となっている。

2024年度入試要項

試験日　1/17(単願推薦普通[総合]・家政、推薦普通[特進]、一般)
　　　　1/18(併願推薦普通[総合]・家政)

試験科目　基礎力〈国・数・英〉＋面接(推薦普通[総合]・家政)　国・数・英＋面接(推薦普通[特進]、一般)
　　　　　※特別進学コースの併願推薦は面接なし

2024年度	募集定員	受験者数	合格者数	競争率
総合	135	130/449	130/447	1.0/1.0
特別進学	25	8/150	8/150	1.0/1.0
家政	40	17/22	17/22	1.0/1.0

※人数はすべて単願/併願

卒業生有名人　川嶋勝重(ボクシング元世界チャンピオン)

進学に有利に

併設校あり

芸能系＆特殊学科

資格＆技能系

施設が充実

スポーツが強い

クラブが活発

情操教育を重視

国際人を養成

校風自由な

千葉

共学 中 高

八千代松陰中学校 高等学校

恵まれた教育環境・施設で
学力と個性を伸ばす
心豊かな人間教育

制服 p.47

普通科（高校）
生徒数　687名（中学）　2077名（高校）
〒276-0028
千葉県八千代市村上727
☎ 047-482-1234
京成線・東葉高速鉄道勝田台駅、JR千葉駅、四街道駅、北総鉄道沿線、東葉高速鉄道八千代中央駅よりスクールバス

SUPER INDEX P.99

URL	https://www.yachiyoshoin.ac.jp			
Web上での合格発表	中学	○	高校	○

左側縦タブ：
進学に有利
併設校あり
特殊学科＆芸術
資格＆技能系
施設が充実
スポーツが強い
クラブが活発
情報教育を重視
国際人を養成
自由な校風

健康で心豊かな生徒を育てる

プロフィール

「さわやかな印象」「はつらつとした行動」「ひたむきな姿勢」の3つをモットーに、健康で、心豊かな生徒の育成を目指している。高校は1978（昭和53）年、中学は1982年創立の比較的新しい学校だが、パソコン学習をいち早く導入するなど、時代に即した教育体制で実績を上げている。また、海外5ヶ国にある姉妹校との交換留学など、国際交流も盛んだ。勉強だけでなく、人間形成のため、生徒会・クラブ活動を大いに奨励しているのも特色である。

より快適な理想の教育環境を完成

環境

2007年に完成した校舎はすべて冷暖房完備。メディアセンターなど、快適な学習環境が整っている。また、競技別の7つのグラウンド（そのうち2面は人工芝）、テニスコート15面（そのうち8面は人工芝）、2つの体育館など、スポーツ施設も充実。このほか、山口記念館には500名収容のホール、120席の自習室などがあり、多目的に利用できる。

主要5科目は習熟度別クラス編成

カリキュラム

2024年度から中学に「IGS（6ヵ年

特進）コース」を新設。高校IGSコースの生徒によるチューター制を導入し、放課後には特別講座を開講するなど、独自の教材とICTをフル活用した高度な学習環境を提供する。「レッスンルームコース」では、主要5科目で習熟度別クラス（レッスンルーム）編成を実施しており、得意科目を伸ばし、苦手科目を克服するため、きめ細かな指導が行われている。3学期からクラス分けし、高校の授業を先取りし、基礎学力を充実させ応用力を伸ばす。高校進学時にIGS・AEM・進学コースに分かれる。中学では放課後や長期休暇中を利用して、補習とは別に松陰セミナー（希望制）を行っている。開講講座はユニークで、知的好奇心を持って自らの学びの場を広げるものとして、人気を博している。高校では2年次より、生徒一人ひとりの進路・学力・適性に応じた多彩な選択科目が設置され、国公立・私立など各自の志望校・学部に合った科目が選択履修できる。大学進学に備え、放課後・長期休暇中の補習や衛星放送講座なども積極的に行われている。

IGS（特進）コースは、国際的な視野を持たせる中で難関大学合格を目指す特進クラス。徹底した学習指導を行い、学期末や長期休暇には特別講座や勉強合宿を実施し、進路決定に役立てている。2年次には海外語学研修（希望制）を実施。

AEM（特進）コースは英語・数学を中心にハイレベルな授業を展開し、2年次までに主要な受験科目の履修を終了して最難関大学を目指す。

全国レベルのクラブ活動

学校生活

登校時間	中学	夏季	8：20	冬季	8：20
	高校		8：30		8：30

松陰祭（文化祭・体育祭）など学校行事も多彩で、著名なアーティストを招

いてのSHOINスペシャルステージも生徒会主催で年数回開催されている。クラブ活動も盛んで、中学男子バスケットボール部は2021年度全国大会優勝。高校男子バスケットボール部はインターハイベスト8。他にもレスリング部、陸上競技部、新体操部など多くのクラブが全国大会出場の実績を誇り、演劇部や囲碁将棋部、合唱部、吹奏楽部、漫画部などの文化系の活動も活発。

難関大学への合格者が増加

進路

中学から高校へは原則として全員が進学できる。難関校への合格率も高く、東大、千葉大、筑波大などの国公立大をはじめ、早稲田大、慶應義塾大、上智大などの有名私立大にも合格者を出している。

2024年度入試要項

中学

試験日　12/1（IGS特待・自己推薦）
　　　　12/2（学科推薦）
　　　　1/20、1/21、2/5（一般）
試験科目　国・算・理・社（IGS特待推薦・1/20）
　　　　　基礎学力〈国・算〉＋面接（自己推薦）
　　　　　国・算＋面接（学科推薦）
　　　　　国・算または国・算・理・社（1/21）
　　　　　国・算（2/5）

2024年度	募集定員	受験者数	合格者数	競争率
IGS特待	10	34	10	3.4
レッスン推薦自己学科	95	180/189	75/58	2.4/3.3
20日IGS	20	140	54	2.6
レッスン20日/21日	85	76/70	32/34	2.4/2.1
レッスン5日	若干	31	5	6.2

高校

試験日　1/18（前期第1回）　1/20（前期第2回）
試験科目　国・数・英

2024年度	募集定員	受験者数	合格者数	競争率
前期第1回	約440	1144	1087	1.1
前期第2回		1044	954	1.1

※進学コース約340名、IGSコース約70名、AEMコース約30名

校舎全景

　卒業生有名人　斉藤慎二（芸人）、飯田貴之（青山学院大学駅伝部主将）、長岡秀樹（プロ野球選手）

千葉

共学 高短大

横芝敬愛 高等学校

生徒の個性を伸ばし
進路目標に対応したコース設定
就職100％、進学も現役合格100％

SUPER
INDEX
P.101

制服
p.50

普通科
生徒数　222名
〒289-1733
千葉県山武郡横芝光町栗山4508
☎ 0479-82-1239
総武本線横芝駅　徒歩25分
スクールバス（無料）あり

URL	http://www.yokokei.jp
Web上での合格発表	○

緑美しい閑静な学び舎

プロフィール
建学の精神のもと
文武両道を

　1921（大正10）年、前身である八日市場女学校が設立。1948（昭和23）年、学制改革により千葉県敬愛高等学校と改称した。その後、機械科男子部と普通科男子部を増設。1971年、男子部を横芝町に移転。1975年に独立校となり、現校名に改称した。2001年より機械科を廃止し、男女共学となる。

　創立以来、「敬天愛人」を建学の精神として、文武両道を目指している。

環境
自動車部専用の
ダートコース

　東方に九十九里から太平洋を臨む高台に、約6万㎡の広いキャンパスを持つ。緑美しい松林に囲まれた閑静な学び舎は、学習環境として申し分ない。冷暖房を完備した教室、自動車部がオートバイ走行に使用するダートコース、最新機器を備えた実習室など設備も充実している。

カリキュラム
「学び直し」に
重点をおく

　一人ひとりの個性を伸ばし、進路目標に対応したコースを制定。1年から3年まで学校設定科目「マルチベーシック」（学び直し）を実施し、主要教科の基礎学力の向上を目指す。また、

シエスタ（15分間のお昼寝）

全校生徒が日本語検定を受検し、3級取得を目指す。特別進学コースでは、国公立大学や難関私立大学への進学を目指している。また、毎日の早朝補習、土曜日・夏休みなどの課外講座、進学講座、勉強合宿などを行っており、進学へのサポート体制も整っている。2年次より、文系・理系科目の選択が可能。

　普通コースは、文系大学や専門学校への進学希望者、就職希望者を対象に進路の目標に向かって学習する。推薦入試の面接と作文指導など、こまめに対応している。

学校生活
成績優秀な部活動
海外への語学研修も

登校時間	夏 8:40	冬 8:40

　部活動を奨励しており、体育系では、全国大会出場の少林寺拳法部、インターハイ出場の陸上競技部をはじめ、硬式野球、剣道、弓道の各部が関東大会に出場。その他の部も県大会の常連である。また、吹奏楽部、美術部、コンピュータ部など文化系の各部も、文化祭を中心として活発に活動している。

　行事は校外学習、稔祭（文化祭）、体育祭、マラソン大会、関西修学旅行などがある。また、夏季にはニュージーランドへのホームステイ（希望者）も行っている。

進路
進学指導も熱心
併設大学には推薦枠も

　進路指導は、生徒の希望に応じて的確に行い、成果を上げている。

　併設の敬愛大学、千葉敬愛短期大学には推薦入学枠があり、在学中の成績と小論文、面接により選考される。その他の主な進学先は、駒澤大、東京農業大、国士舘大、国際武道大、日本大、桜美林大、千葉科学大、城西国際大など。また、就職は製造・販売業界を中

心に多彩な分野に渡っている。

2024年度入試要項

試験日　1/17（前期一般）
　　　　1/18（前期推薦）
　　　　2/15（後期）　3/8（2次）

試験科目　面接（前期推薦）
　　　　　国・数・英（前期・後期一般）
　　　　　国・数・英＋面接（2次）

2024年度	募集定員	受験者数	合格者数	競争率
前期 推薦/一般	190	42/141	42/138	1.0/1.0
後期	10	2	2	1.0

※合格者数はスライド合格を含む
※2次の募集は若干名

卒業生有名人　大塚晶文（プロ野球選手）

進学に有利

併設校あり

特殊学科 芸術＆

技能系 資格＆

施設が充実

スポーツが強い

クラブが活発

重視 情操教育を

養成 国際人を

校風 自由な

493

千葉

共学 中高大院

流通経済大学付属柏中学校高等学校

独自のメソッドと万全の支援体制
82,818 ㎡の広大なキャンパスと最新施設・設備
豊かな教養と確かな品性を育てる教育力

普通科（高校）
生徒数　一名（中学）　1157名（高校）
〒277-0872
千葉県柏市十余二1-20
☎ 04-7131-5611
東武野田線江戸川台駅　スクールバス8分
（路線バス10分）
つくばエクスプレス柏の葉キャンパス駅
スクールバス8分（路線バス10分）

SUPER INDEX P.96

制服 p.51

URL	https://www.ryukei.ed.jp/			
Web上での合格発表	中学	○	高校	○

流経大柏 3 大応援（野球・ラグビー・サッカー）

進学に有利
併設校あり
芸術&特殊学科
技能系&資格
施設が充実
スポーツが強い
活発クラブが
情操教育を重視
国際人を養成
自由な校風

プロフィール
コース別教育で個性を開花させる

1985年創立。生徒、保護者の視点に立った様々なプログラムや充実した施設が用意され、総合進学・スポーツ進学・特別進学のコース別教育で、一人ひとりの個性を開花させ、国際社会に適応する教養人の育成を目指している。2023年4月、流通経済大学付属柏中学校開校。

環境
マルチメディアなど効率的な学習設備

校舎は全教室に冷暖房を完備。図書・メディアセンター、マルチメディア教室や視聴覚教室など学習環境が充実している。人工芝のラグビー場とサッカー場、野球専用グラウンド、体育館、おしゃれなカフェテリア、自習室などの教育施設も完備。

カリキュラム
独自の6日制の中できめ細かな進路指導

2023年開校の中学校は、「グローバルコミュニケーション教育」「ICT共創教育」「流経リーダーシップ教育」を3本柱とした未来創造教育を展開する。6年一貫教育の利点を生かした先取り学習を実施。英語の習得に重点を置き、ネイティブとの意見交換や自分の考えを主張できる人材を育成する。

高校は、進路に合わせた柔軟な学習コースを用意。独自の6日制の導入により、土曜日の講座に幅広い選択肢を持たせ、学習、研究、クラブ活動など各コースにおける多様なニーズに対応している。

総合進学コースは、多様な学部への進学に対応できる幅広いカリキュラムが魅力。土曜選択では1年次から第2外国語（ドイツ語・フランス語・中国語）の授業や英会話講座、センター試験対策講座が設けられるなど、外国語教育には特に力を入れており、また受験に対応した選択科目も文系理系問わず幅広く配置されて

いる。スポーツ進学コースはスポーツを通してさらに飛躍したいと考える生徒のための大学進学コースで、スポーツに加え学力の伸長にも努める。特別進学コースは医・歯・獣医・薬学部を含めた国公立大学・最難関私立大学への進学を目標とし、1年次は国語・英語・数学の3教科に重点を置いた徹底的な基礎固めを行い、1・2年次は毎日7時限の授業や毎朝15分の5教科テスト、土曜日の有名予備校講師による特別受験講座、長期休暇中の進学講習や勉強合宿などで実戦力を磨いている。

学校生活
制服でも個性発揮スポーツは本格的

登校時間	夏	8：40	冬	8：40

冬服は、男女ともエンブレム入りの濃紺のブレザーに、男子はスラックス3本、女子はスカート3枚の中から自由にコーディネイトできる。夏服は、ボタンダウンシャツやポロシャツが加わり、セーターやベストなども選べる。

文化系・運動系合わせて32ものクラブがある。全国大会優勝のサッカー部や全国大会常連のラグビー部・チアリーディング部をはじめ、文化部でも放送部の全国大会出場や書道部の文部科学大臣賞受賞など、多くのクラブが高いレベルで活躍している。

進路
3コース設置後約8割が4年制大学へ

流通経済大学へは、希望者の大半の生徒

が推薦入学でき、卒業生の約30％近くが進学している。また、東京、東北、お茶の水女子、大阪、筑波、千葉、東京農工、早稲田、慶應、立教、明治、中央、法政などの他大学への進学者も多く、卒業生の8割以上の生徒が4年制大学に進学している。

国際化
第2外国語を先取り国際的視野を養う

英検は生徒全員が受検することになっており、また毎月行われる英語テストで実力養成を図っている。その他、第2外国語の先取り学習や、外国人による英会話の講座、海外語学研修、英語スピーチコンテストなど、語学教育に力を入れ、国際人の育成を目指している。

2024年度入試要項

中学

試験日 12/1午前（第一志望）　1/22午前（第1回）
　　　　1/26午前・午後（第2・3回）　2/4午前（第4回）

試験科目 国・算＋作文（第一志望）　国・算・理・社（第1・2回）　国・算（第3・4回）

2024年度	募集定員	受験者数	合格者数	競争率
第一志望	50	142	69	2.1
第1回/第2回	60/15	202/71	114/38	1.8/1.9
第3回/第4回	15/若干	82/21	46/5	1.8/4.2

高校

試験日 1/17・18（前期）　2/15（後期）

試験科目 国・数・英（総合進学・特別進学）
　　　　基礎学力〈国・数・英〉（スポーツ進学）

2024年度	募集定員	受験者数	合格者数	競争率
前期	341	1157	1061	1.1
後期	若干	26	7	3.7

※前期には推薦入試もあり

リベラルでスマートな流経生

卒業生有名人　ワーナー・ディアンズ（ラグビー選手）、大谷秀和（Jリーガー）、大前元紀（Jリーガー）、菊田竜大（お笑い芸人"ハナゴ"）

千葉

共学　幼中高大院

麗澤中学校高等学校
れいたく

緑多き広大なキャンパスで
知徳一体の全人教育を実践

普通科（高校）
生徒数　481名（中学）　714名（高校）
〒277-8686
千葉県柏市光ケ丘2-1-1
☎ 04-7173-3700
常磐線（千代田線直通）南柏駅
バス5分

SUPER INDEX P.97

URL	https://www.hs.reitaku.jp			
Web上での合格発表	中　学	○	高　校	○

抜きん出た英語力・国際力を養成

プロフィール

知徳一体教育により学力と人間性を向上

　1935（昭和10）年創立の道徳科学専攻塾が前身。1948年に高等部を開校、1951年に麗澤高等学校と改称した。2002年度より麗澤中学校を開校。「モラロジー（道徳科学）」に基づく知徳一体の教育を実践し、「感謝の心、思いやりの心、自立の心」を育み、高い品性と優れた見識を備えた国際人を育成している。また、高校では約10％の生徒が寮生活をしている。2022年度より高校に通信制を開校。

環境

広大な敷地に充実した施設

　41万㎡の緑豊かな閑静な敷地内には、大学、中学・高校、幼稚園、関連団体である公益財団法人モラロジー道徳教育財団などが点在する。
　ゴルフコース、2つの体育館、武道館、テニスコート、弓道場、ラグビー場、2つのグラウンドなど、充実したスポーツ施設が整っている。情報教育に力を注いでおり、入学時に全員タブレットPCを購入し、活用する。また、メディアセンターには、約3.5万冊の図書と学習スペースがあり、生徒の学習に活用している。昼食は、校舎のすぐ前にある食堂「けやき」で中学生も高校生も全員給食。メニューは日替わりで栄養バランスもボリュームも十分

校舎

　の温かい食事ができる。

カリキュラム

進路・適性に応じたコース別指導

　中学は「アドバンスト叡智コース（目標：東京大学をはじめとする最難関国立・国立医学部）」と「エッセンシャル叡智コース（目標：難関公私立大学）」の2コース。5つの「L」（Language, Logical Thinking, Liberal Arts, Literacy, Leadership）を鍛え、グローバル・リーダーとしての資質を育成する。英語に関しては、「言語技術」との教科連携により、豊かな表現力を備えた実践的な英語力を習得できる。
　高校からの入学生は、1年次は叡智スーパー特進、叡智特選の2コース、2年次より中学（エッセンシャル）からの生徒と合流し、叡智TKコース（難関国立大）、叡智SKコース（難関私立大・国公立大）の2つに分かれ「行きたい大学」への進路実現を図る。専任ネイティブ教員の副担任制によるグローバルな校内環境を身近に整えている。

学校生活

恵まれた環境で行われる部活動

登校時間	中学	夏季	8：15	冬季	8：15
	高校		8：15		8：15

　クラブは、日本文化、演劇、吹奏楽、SDGsなどの文化系と、空手道、剣道、野球、ゴルフ、テニス、バスケットなどの運動系がある。ゴルフ、空手道、SDGsは全国大会に出場している。

進路

男女ともに4年制大学進学傾向へ

　ほぼ全員が進学を希望し、2022年度は216名中180名が現役で4年制大学に進学。主な進学先は、東京工業、北海道、東北、お茶の水女子、筑波、千葉、茨城、宇都宮、埼玉、信州、

広島、早稲田、慶應、上智、東京理科、明治、青山学院、立教、中央、法政、学習院など。併設の麗澤大学への内部推薦がある。

国際化

国際的日本人の育成を目指して

　国際教育の一環として、夏期休暇を利用した海外研修（オーストラリア、イギリス、カナダ、シンガポールなど）、冬期休暇のタイスタディツアー、海外研修（カナダ、US、フィンランドなど）を実施。中学では全員がイギリスへ研修に行く。

2024年度入試要項

中学

試験日　1/21午前（第1回）　1/25午前（第2回）
　　　　1/28午後（第3回）　2/1午後（第4回）
試験科目　国・算・理・社（AE）　国・算・理・社か国・算・英（第1・2回EE）
　　　　　国・算（第3・4回）

2024年度	募集定員	受験者数	合格者数	競争率
第1回 AE/EE	30/30	331/410	83/122	4.0/3.4
第2回 AE/EE	25/30	230/248	93/62	2.5/4.0
第3回 AE/EE	15/15	149/201	27/40	5.5/5.0
第4回 AE/EE	5/若干	50/77	8/9	6.3/8.6

※AE：アドバンスト叡智コース
　EE：エッセンシャル叡智コース

高校

試験日　1/17（第1回）　1/19（第2回）
試験科目　国・数・英・理・社＋面接（叡智S特進）
　　　　　国・数・英＋面接（叡智特選）

2024年度	募集定員	受験者数	合格者数	競争率
S特進 1回/2回	30	92/104	58/64	1.6/1.6
特選 1回/2回	70	137/151	92/88	1.5/1.7

右側帯：
進学に有利
併設校あり
芸術＆特殊学科
資格＆技能系
施設が充実
スポーツが強い
クラブが活発
情操教育を重視
国際人を養成
自由な校風

━━ **卒業生有名人**　国枝慎吾（元プロ車イステニスプレイヤー）、吉田優利（プロゴルファー）、西郷真央（プロゴルファー）

495

千葉

女子 中高大院

和洋国府台女子 中学校 高等学校

「凛」として活躍できる女性へ
女子教育と主体的学習を実践
未来に通用するアカデミックスキルを養成

SUPER INDEX P.99

制服 p.47

普通科（高校）
生徒数 315名（中学）　572名（高校）
〒272-8533
千葉県市川市国府台2-3-1
☎ 047-371-1120
京成線国府台駅　徒歩9分
北総線矢切駅、総武線市川駅、
常磐線松戸駅　各バス

URL	https://www.wayokonodai.ed.jp		
Web上での合格発表	中学	○（一般）	高校 ○

教育理念
プロフィール「凛として生きる」

1897（明治30）年、東京九段に和洋裁縫女学院として創立。女子教育と主体的学習を2本の柱として、心と知をバランスよく育成する教育カリキュラムを設置。様々な日本文化に触れる授業を通して美意識を養うと共に、確かな学力を培い、変化する社会の中で凛として活躍できる女性を育成する。

中学校から大学院まで
環境の総合キャンパス

江戸川に沿う市川市国府台に位置。緑樹に囲まれた文教地域で、教育に適した環境である。全教室に電子黒板、Wi-Fi環境を整備しており、生徒も一人1台chromebookを所持。数多くの実験・実習室のほか、温水プール、2つのアリーナ、図書室、CAL教室などの施設も充実しており、授業や探究活動の幅を広げている。大学との連携プログラムも実施しており、大学の教員に直接教わる機会も用意されている。

一人ひとりの志望に
カリキュラム適した教育プログラム

中学では、併設高校へ95%が進学するため、すべての教科において基礎力をつけるカリキュラムが組まれており、中でも言語技術や生きた英語の習得に力を入れている。また、STEAM教育

として理科や芸術等の学びも充実しており、理科は3年間で100項目の実験・観察を実施。

高校は、特進、進学、和洋の3コースを設置。特進コース（30名）では、国公立・難関私立大進学を目指し、特別カリキュラムを設定。進学コース（60名）では、基本から着実に学習を積み上げ、志望校進学を目指す。生徒の進路の多様化に対応して、選択科目も充実している。特進・進学コースとも、2年次に文系・理系に分かれる。和洋コース（50名）は和洋女子大学への進学を前提とした7年制コース。大学と協力した探究科目を実施。2年次から大学の講義が履修でき、大学入学後には単位として認定される。高校時の単位認定により大学生活に生まれた時間で、海外留学やインターンシップなどの活動が可能になる。

全国大会出場
学校生活のクラブも

登校時間	中学	夏季	8：30	冬季	8：30
	高校		8：30		8：30

クラブは、体育系が中学8・高校12、文化系が中学14・高校16（同好会1）ある。中高とも卓球部と水泳部は毎年のように全国大会へ出場している。ダンス部は全日本高校・大学ダンスフェスティバル（神戸）入選。高校書道部は全国大会千葉県代表として出場。

学校行事には、体育大会、マラソン大会、歌舞伎鑑賞、学園祭などがある。

90%以上が現役で
進路四年制大学に進学

系列の和洋女子大への進学者は例年25%程度である。外部大学へは65%、外部短期大学へは5%ほどが進学している。令和5年度入試では、筑波大、東京農工大、上智大、東京理科大、明治大、法政大、星薬科大、芝浦工業大、日本女子大等に進学者を出している。

自然の中の
トピックス校外学校

毎年7月に会津で中1と中2は林間学校を実施し、中1は地理的な学び、中2は日本史を学ぶコースを訪れる。

また、高2の希望者を対象に、オーストラリアでの語学研修（夏休み18日間）も実施しており、ホームステイなどを通して国際理解を深めているほか、ヨーロッパ文化研修（春休み8日間）も行っている。そのほか、オーストラリアへ2ヶ月間・カナダへ1年間の留学制度もある。

2024年度入試要項

中学

試験日　12/1（推薦）　1/20（第1回）
　　　　1/24（第2回）

試験科目　基礎〈国・算か国・算・英〉＋面接または探究型テスト（推薦）
　　　　　国・算か国・算・理・社か国・算・英（第1回）
　　　　　国・算か国・算・理・社（第2回）

2024年度	募集定員	受験者数	合格者数	競争率
推薦	45	84	68	1.2
第1回	45	677	522	1.3
第2回	20	185	139	1.3

高校

試験日　1/17（単願推薦）
　　　　1/17または18（併願推薦・一般）

試験科目　国・数・英＋面接

2024年度	募集定員	受験者数	合格者数	競争率
特進/進学	30/60	43/163	32/156	1.3/1.0
和洋	50	37	34	1.1

左側縦書きタブ：
進学に有利／併設校あり／芸術＆特殊学科／資格＆技能系／施設が充実／スポーツが強い／クラブが活発／情操教育を重視／国際人を養成／自由な校風

■卒業生有名人　秦由加子（パラトライアスロン選手・パラリンピック2大会入賞）

埼玉

50音順ガイド

10タイプ
ジャンル別インデックス

＊10タイプ・ジャンル別インデックスは、各学校の大きな特徴を、それぞれ3つから4つ選んでいます。

『**進学に有利**』……国公立大学、有名私立大学に、多くの合格者を出している学校。

『**芸術＆特殊学科**』……音楽、美術、演劇、体育などの学科やコースをもつ学校。

『**資格＆技能系**』……高校卒業後、就職に役立つ資格や技能を身につけられ、専門技術を学べる学校。

『**スポーツが強い**』……全国大会、インターハイなどに出場し、優秀な成績をあげている学校。

『**国際人を養成**』……英語を重視し、留学（長・短）、海外語学研修、ホームステイなどのシステムをもつ学校。

＊各学校のガイドのくわしい見方は、4ページの「ガイドページの見方」をごらんください。

共学　小中高

青山学院大学系属 浦和ルーテル学院 中学校 高等学校

小中高の12年一貫教育でキリスト教主義に基づく人格形成を目指す

普通科（高校）
生徒数　179名（中学）　182名（高校）
〒336-0974
埼玉県さいたま市緑区大崎3642
☎048-711-8221

SUPER INDEX P.76

京浜東北線北浦和駅　スクールバス20分　武蔵野線東川口駅　スクールバス15分

URL		https://www.uls.ed.jp/		
Web上での合格発表	中学	○	高校	○

「山の上学校」全景

プロフィール　キリスト教を土台に12年間一貫教育

1953年、ルーテル教団により、聖望学園小学校が設立。その後、1963年に中学校、1970年に高等学校が設置され、小学校から高校までの12年間の一貫した教育体制ができあがった。2019年4月より、青山学院大学系属校となった。キリスト教主義を土台とした、「神と人とを愛する人間、神と人とに愛される人間」の育成を建学の精神としている。

環境　校内・校外ともに充実した施設

2015年1月、美園新校舎に全面移転。交通が便利な都市型キャンパスで、約3万㎡の敷地に教室棟、スポーツ棟、教会棟が建ち、周囲は緑豊かな自然に恵まれ、教育活動に絶好の環境にある。また、福島県岩瀬郡に広大な自然教育園を持つ「山の上学校」もある。

カリキュラム　12年間一貫教育で国際人を育てる

小学校から高校までの一貫教育制度をとっているため、学年はそれぞれ1年から6年（小学校）、7年から9年（中学校）、10年から12年（高校）と呼ばれている。教育の理想は、日常の教育の中で個性と能力を伸ばし、一貫した外国語教育を徹底することによって、国際人としての素養を育てること、優秀な知識と健康を持つことによって、社会の指導者となり得る人間を育成すること。そのため、小学校から高校までの指導要領を研究開発、整理統合、体系化して、独自性にあふれた指導を展開しており、中でも英語教育には、特に力を入れている。

高校では3年次より、文系・理系の志望別に少人数の講座を開設して、受験に対応。さらに、夏期講習や放課後にも、受験対応の講座が開かれている。

アメリカでの語学研修

学校生活　宗教行事が学院生活の基盤

登校時間	中学	夏季	8:30	冬季	8:30
	高校	夏季	8:30	冬季	8:30

学院生活の1日は、礼拝によって始まり、礼拝によって終わる。また、聖日（日曜日）は教会への奉仕作業の日であるため、創立当初より授業は週5日制を取り入れている。様々な年間の行事もマルチン・ルターの宗教改革を記念した宗教改革記念礼拝やクリスマス礼拝など宗教にのっとったものが多い。そのほか、体育祭、「山の上学校」で行われるサマースクールとウインタースクール、スクールフェア、書き初め大会など、楽しい行事がたくさんある。

クラブ活動もサッカーや野球、水泳、テニス、体操、バレエ、音楽、演劇、社会科研究、自然科学研究など、体育系・文化系合わせて18の部が、放課後や土曜日を利用して活動している。

進路　有名私立大学のほか海外への留学も

主な進学先は、東北大、埼玉県立大、早稲田大、慶應義塾大、東京理科大、明治大、立教大、青山学院大、ICUなどで、指定校推薦の枠もある。また、アメリカの大学などに海外留学する生徒もいる。

国際化　交換留学制度など活発な海外交流

ルーテル系の学校は、世界各地に散在しており、それらの学校との間に交換留学制度がある。生徒は1年間、その地域の家庭に迎えられ、家族の一員として生活し、その国の風土や歴史、国民性を吸収しながら学校生活を楽しむことができ、人格形成にも大きな成果を上げている。もちろん本校でも、外国からの留学生を受け入れている。

中・高とも夏休みを利用したアメリカ研修もあり、アメリカ西海岸のルーテル系大学で3〜4週間、ホームステイや学寮に宿泊しながら、語学研修や特別メニューの講義を受け、国際的感覚と高い教養を身につけることができる。また、アメリカCUIへの推薦（奨学金貸与）制度もあり、留学の道も開かれている。

2024年度入試要項

中学

試験日　1/10（第1回）　1/13（第2回）

試験科目　国・算・理・社＋面接

※英検3級以上取得者対象の英検利用型（国・算・理・社＋英検取得級換算点＋面接）もあり

2024年度	募集定員	受験者数	合格者数	競争率
第1回 4科/英検	20/10	370	177	2.1
第2回 4科/英検	7/3	147	18	8.2

高校

試験日　1/27（一般単願）

試験科目　国・数・英＋面接

募集定員	受験者数	合格者数	競争率
25	19	15	1.3

　卒業生有名人　池田誠剛（サッカー選手）

埼玉

女子　保　高　専　短

秋草学園 高等学校

女子教育70年の伝統
校章の桔梗の花のごとく
愛され、信頼される女性を育む

普通科
生徒数　610名
〒350-1312
埼玉県狭山市堀兼2404
☎04-2958-4111
西武新宿線新所沢駅　路線バス20分
西武新宿線狭山市駅　スクールバス20分
川越線・東武東上線川越駅
　スクールバス40分
武蔵野線東所沢駅　スクールバス30分
東武東上線ふじみ野駅　スクールバス45分
西武池袋線稲荷山公園駅　スクールバス40分

SUPER INDEX P.91

制服 p.55

URL	https://www.akikusa.ac.jp/hs/
Web上での合格発表	○

プロフィール　生徒の「やってみたい」を「やってみる」へ

生徒一人ひとりを大切にし、「やってみたい」を「やってみる」にする学校を目指している。「礼節・勤勉・協調」の3つの精神に加え、豊かな人間性や社会性、多様な価値観の尊重、社会に貢献ができる生徒を育てる教育に力を入れている。

環境　チャレンジできる環境づくり

英語教育は雰囲気も大切。海外の学校のような雰囲気のあるイングリッシュルームやユニバーサルラウンジは、英語の学習にも最適。また、桔梗ホール（多目的ホール）や防音個室のピアノ室、メディア図書館等の設備を備える秋草記念館、茶道や華道、ゆかたの着付けや礼法マナーを学ぶ茶室「芳勝庵」など、日本の伝統文化を学び、心を育む施設が充実している。

カリキュラム　特色のある4つのコース制

全コース50分授業×6時間を実施。
特選コース（Sクラス・Aクラス）
国公立・難関私立大学合格を目指し、1年次から受験を見据えた授業を行って

いる。週6日制、予備校授業やトップレベルを目指すための秋草独自の教育システム「チャレンジプログラム」を実施し、万全のフォロー体制で受験生を支援する。
選抜コース
有名私立大学合格を目指し、基礎となる学力を着実に身につける。医療・薬学・看護系の進路にも対応し、放課後の講座等では特別プログラムも受講できる。また、学習のほかにも、放課後や土日は部活動に打ち込める環境を整え、部活動を通じて社会性や協調性を育むことができる。
AGコース
本校の名前に由来するこのコースは、基礎力を高めながら大学進学を目指すスタンダードなコース。1年次から英検や漢検などの各種検定を取得し、自分の可能性を切り拓いていく。
幼保コース
幼児教育・保育系大学合格を目指すコース。ピアノやリトミック、パネルシアターなどの幼保系の科目が充実し、他校にはない大学の学びを先取りすることで、教育のスペシャリストを目指す。

学校生活　充実した文化部行事も女子校らしく

登校時間	夏	8：30	冬	8：30

6月に行われる体育大会や、桔梗祭

（文化祭）などは、盛大に盛り上がるビッグイベント。そのほかにも、針供養やひな祭など女子校ならではのイベントが盛りだくさん。

部活動は、運動部12部、文化部15部がある。その中でも、ダンス部や卓球部、吹奏楽部、陸上部などインターハイや関東大会で活躍する部活が多くある。

進路　看護医療系大学への進学が急増中

卒業生の9割以上が希望の進路実現を果たしている。4年制大学では、筑波大や埼玉大など国公立大学への合格をはじめとし、早稲田大や明治大など難関私立大学にも多数合格している。特選クラスでは在学中にほとんどの生徒が偏差値を10～15ポイント上げている。近年では国立看護大学校など看護医療系への進学が増加している。また、併設の秋草学園短期大学へは、在学中の成績による優先入学制度がある。

2024年度入試要項

試験日　1/22（第一回）　1/23（第二回）
　　　　3/5（第三回）

試験科目　国・数・英

※学力奨学生（単願）と部活動奨学生は面接あり

2024年度	募集定員	受験者数	合格者数	競争率
特選S/特選A	20/20	46/27	46/27	1.0/1.0
選抜	60	233	233	1.0
AG	100	413	412	1.0
幼保	60	103	103	1.0

※人数は第一回第二回の合算
※各合格者数にはスライド合格者を含む

進学に有利

併設校あり

特殊学科　芸術＆

技能系　資格＆

施設が充実

スポーツが強い

クラブ活発が

情操教育を重視

国際人を養成

校風な自由

卒業生有名人　RINA（ジャズピアニスト・作曲家）　栗島朱里（女子サッカー選手・なでしこジャパン）

女子　幼 中 高

浦和明の星女子 中 学 校 高等学校

ハイレベルな語学教育で 県内トップの女子進学校

普通科(高校)
生徒数　521名(中学)　496名(高校)
〒336-0926
埼玉県さいたま市緑区東浦和6-4-19
☎ 048-873-1160
武蔵野線東浦和駅　徒歩8分

SUPER
INDEX
P.90

URL	https://www.urawa-akenohoshi.ed.jp
Web上での合格発表	○

多彩な行事のひとつに「クリスマスの集い」がある

プロフィール

カトリック精神で 全人教育を実践

1937年設立の、青森技芸学院を前身とする。学園創立30周年に当たる1967年、さいたま市(旧浦和市)に浦和明の星女子高等学校を開校。2003年に中学校を開校した。青森県には姉妹校の、青森明の星高校がある。

聖母被昇天修道会(本部・カナダ)を教育の母体とし、Be Your Best and Truest Selfをモットーとしている。また、校訓の「正・浄・和」には、生徒一人ひとりが、正しく、浄く、和やかに生きるように、との期待が込められている。カトリック学校であり、校名の「明の星」は、聖母マリアにちなんでいる。

環境

充実した施設 心和むキャンパス

2006年完成の第2体育館をはじめ、図書館、ジュビリホール、静かな雰囲気のチャペル、冷暖房完備の教室など、多彩な設備が整っている。2015年7月にクラスのホームルーム教室が入った棟が竣工し、2017年7月に中央玄関のある管理棟が竣工。2018年度にはカフェテリア棟も竣工。

カリキュラム

充実の語学教育で 国際的な教養を

個人が尊重され、自ら主体的に参加する授業

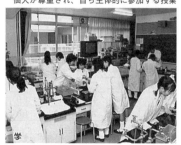

ほぼすべての生徒が大学進学希望者だが、教育課程はカトリック精神に基づく人格の育成を第一目的としており、能力別や進路別のクラス編成は行っていない。高校1年次までに学力の充実を図り、2・3年次に自分の進路に応じた選択科目を履修することにより、ほぼ全分野への進学が可能となっている。

大学受験のための補習授業は、高校2・3年において、長期休暇中を利用して、希望者を対象に行われている。また、受験指導は、模擬試験や添削による指導、担任教師及び進路指導部による個別進路相談・入試の情報提供など、マンツーマンに近い親身なアドバイスが中心となっている。

また、中1から英会話の授業を行うなど、語学教育にも力を入れている。

学校生活

生き方を考える 静かな時間

登校時間	中学	夏季	8：25	冬季	8：25
	高校	夏季	8：25	冬季	8：25

ミッション系ならではの行事に、修養会がある。神父より講話を受け、その後、グループ別のわかち合いが行われ、自分の意見を述べたり、友人と本音で語り合える貴重な時間だ。そのほか、新入生のオリエンテーション合宿をはじめ、文化祭やクリスマスの集いなど、学校行事は多彩である。

クラブは、グリー(合唱)やアンサンブルなど19の文化部と、サッカーなど12の運動部があり、生徒たちは活気ある部活動を通して、自らを鍛え、磨いていくと共に、学年を越えた人間同士の交わりを深めている。

進路

83%の現役進学率 難関大学へ多数

現役進学率は83%で、浪人を含めるとほぼ100%の進学率だ。大部分が4年制大学進学である。

主な進学先は、千葉大、一橋大、東京農工大、東京医科歯科大、東京工業大、東大などの国公立大学や、早稲田大、立教大、上智大、東京理科大、明治大、慶應義塾大などの難関私立大学である。昭和大、秋田大、聖マリアンナ大、順天堂大、金沢歯科大、東京女子医科大など、医学部への進学者も増加している。また、慶應義塾大、早稲田大、上智大、立教大、東京女子大、青山学院大などには指定校推薦枠もある。

カナダへ短期留学

学校主催の留学として、高校1年次(希望者)にカナダ・ブリティッシュ・コロンビア州のヴィクトリアの「夏期休暇中の短期留学」が実施されており、英語の特訓を受ける貴重な機会となっている。

2024年度入試要項

中学

試験日　1/14(第1回)　2/4(第2回)
試験科目　国・算・理・社

2024年度	募集定員	受験者数	合格者数	競争率
第1回	120	1935	1058	1.8
第2回	40	284	44	6.5

高校　募集せず

埼玉

共学 幼 高 専

浦和学院 高等学校

3つの類型制カリキュラムに
10コース編成
生徒の特性に応じた進路指導

SUPER
INDEX
P.90

制服
p.(53)

普通科
生徒数　2217名
〒336-0975
埼玉県さいたま市緑区代山172
☎048-878-2101
武蔵野線・埼玉高速鉄道東川口駅
スクールバス20分
JR・東武野田線・ニューシャトル
大宮駅　バス30分

URL	https://www.uragaku.ac.jp
Web上での合格発表	○

10年後の未来で活躍する人材の育成

建学の精神「吾道一貫」に導かれた「克己・仁愛・共生」を基に、1978（昭和53）年に開校。新しい時代のニーズに適合し、社会で生かされる学力と国際感覚を育成する。

部活動の奨励で充実の体育施設

校内にはゴルフ練習場、2つの体育館、雨天体操場などがあり、体育施設が充実。インターネットを利用した教育にも力を入れており、パソコン教室も整備されている。また、5階建ての図書館棟「浦学リテラシータワー」がある。

3つの類型別指導でそれぞれの目標を達成

生徒の能力と特性に応じた指導を教育の基本とし、3つの類型制カリキュラムで11コース編成としている。

国際類型 – 授業時間数週32〜36時間 + 放課後サポート
・国際バカロレアコース – 大学進学に活用できるIBプログラムにより、国内外への大学進学を目指す。
・グローバルコース – 留学を必修として、確かな英語運用能力と異文化

図書館には自習室も整っている

理解力を育成し、難関大学への進学を目指す。

特進類型 – 授業時間数週36時間 + 8限目進学講座 + 特別プログラム

進学類型 – 授業時間数週30〜32時間 + 放課後学習支援システム + 部活動

合計43のクラブが活発に活動中

登校時間	夏	8：45	冬	8：45

運動部では、全国優勝の経験を持つ野球、ハンドボール、テニスをはじめ、サッカー、ゴルフ、アメリカンフットボール、パワーリフティングなど24部が活発に活動している。19ある文化部には、全国大会常連の吹奏楽、漫画研究のほか、和太鼓などユニークなものもある。文化祭（白翔祭）や体育祭をはじめ、芸術鑑賞会、浦和学院美術展など、学校行事も多彩である。

伸びる現役進学実績

在籍者のほとんどが進学希望者であり、大学進学者が増加傾向にある。

過去3年間で、東北、筑波、お茶の水女子、東京外語、東京学芸、埼玉、早稲田、明治、東京理科、立教、中央、法政、学習院、青山学院、上智などの国公立・難関私立大への合格者が増加しており、大学、短大への現役進学率は89.8％と県内トップクラスの実績を誇っている。

異文化理解教育と国際教育

異文化理解のために1年次で2泊3日の語学研修、2年次で海外修学旅行（オーストラリア）、夏や冬の長期休業期間を利用して校外研修を実

センバツ大会初優勝した硬式野球部

施している（過去にはアメリカ合衆国・カリフォルニア州とフィリピン・セブ島にて2週間の研修を実施）。

また、国際類型では、長期留学を主としたグローバルコースの他に、国際バカロレアコースを設置し、国際バカロレア機構が提供する国際標準の教育プログラムを実施する。

2024年度入試要項

試験日　1/22（単願推薦）　1/22または23または24（併願推薦）　1/30（一般）

試験科目　国・数・英　英＋デッサン（アートコース）

※単願推薦は面接あり（国際バカロレア・グローバルコースは英語面接）

2024年度	募集定員	受験者数	合格者数	競争率
単願推薦	480	560	563	1.1
併願推薦	320	2782	2747	1.0
一般		91	60	1.5

※募集定員の内訳は、国際類型30名、特進類型110名、進学類型660名
※他に、若干名の部活動推薦あり

進学に有利に

併設校あり

芸術＆特殊学科

資格＆技能系

施設が充実

スポーツが強い

クラブが活発

情操教育を重視

国際人を養成

自由な校風

埼玉

共学 中高大

浦和実業学園 中学校・高等学校

普通科と商業科を設置し多彩な
コース編成で希望別に進路指導
中高一貫部の進学実績も充実

SUPER INDEX P.76

制服 p.56

普通科　商業科（高校）
生徒数　201名（中学）　2486名（高校）
〒336-0025
埼玉県さいたま市南区文蔵3-9-1
☎048-861-6131
京浜東北線・武蔵野線南浦和駅西口下車
徒歩14分

URL	https://www.urajitsu.ed.jp			
Web上での合格発表	中学	○	高校	○

プロフィール　個性豊かで思いやりのある人間に

　1946年設立の九里總一郎私塾を前身として、1949年浦和実業専門学院を設立。1963年に高等学校となり、2003年に併設校として浦和大学を開校し、2005年に中学校を開校した。健康な身体と豊かな教養を備えた、勤労と責任を重んじる国家社会の有為な形成者の育成を教育のテーマに、「実学に勤め徳を養う」を校訓としている。

環境　充実の教育環境

　全号館がバリアフリーになっており、武道館・コミュニケーションルームを完備。そのうち、4号館は中高一貫部の校舎となっている。全教室ホワイトボード・プロジェクター・冷暖房完備。体育館×3・理科実験室×4・PC室×5・書道室×2・音楽室×2・人工芝のグラウンドなど充実の教育環境が整備されている。

カリキュラム　適性・進路によるコース別編成

　中学では、週6日制により十分確保された授業時間をもとに独自の「シラバス」を作成し、系統的・効率的な授業を展開。また、毎日のHR、実技科目の授業ではネイティブの先生を配し、「イマージョン教育」を実施。放課後や夏休みなどの長期休業期間の「フォローアップ学習」など、すべての生徒にきめ細かな教育を実践している。
　高校では、普通科5コース、商業科2コースがあり、1年次はオリエンテーションキャンプ、2年次はハワイ短期留学が行われる。普通科では2年から文理別のカリキュラムを受講。特進選抜・特進コースを

電子黒板を利用したアクティブラーニング

まとめて特進部と呼称していて、国公立大学・難関私立大学への進学を目指す。放課後や夏休みなどの長期休業期間の補習も充実し、応用力の養成に励む。選抜α・選抜・進学コースは、一般入試や指定校を含む推薦入試等で主要私立大学や中堅私立大学への進学を目指す。カリキュラムや定期考査の内容は共通で、2・3年進級時には成績などを考慮してコースの入れ替えがあり、特進部への入れ替えも応相談で可能。商業科では2年次からプログレスコースとキャリアアップコースに分かれる。進学希望者が多いという現状を踏まえ、大学進学が可能なカリキュラムとなっている。簿記・情報処理等の検定級取得にも力を入れており、放課後の進学補習はどちらのコースからも受講できる。近年の就職希望者の就職率は100%の実績。私立大学・短期大学への進学を目指す。簿記を中心に実践的な商業科目も学ぶため、商・経済・経営学部への進学にはとても有利。キャリアアップコースでは、簿記の単位がプログレスコースとほぼ同じだが、「情報処理」関係の科目をより多く配当しているため、商・経済・経営系の学部に加えて情報系学部への進学にも有利。指定校を含む学校推薦型入試や総合型入試での受験が100%である。

学校生活　大会制覇の実力強豪ぞろいの運動部

登校時間	中学	夏季	8:15	冬季	8:15
	高校		8:30		8:30

　部活動が大活発で、男女ハンドボール部は全国高校総体で2度ずつ優勝。その他、硬式野球・駅伝・空手道・チアダンス・軟式野球部などが活躍している。学校行事は、文化祭・体育祭の他に、弁論大会・技能選手権大会など、ユニークなものが多い。

進路　生徒の自己実現を応援

　普通科のほぼ全員（商業科は70%以上）が上級学校への進学を希望。大学進学は普通科の80%以上が毎年現役で合格している。商業科では、毎年就職希望者の内定率は100%。きめ細かな職業教育で習得した知識・技能を活かし多彩な職種に就職している。

トピックス　ICTと新制服

　ICTを目的としてiPadが一人ずつに与えられ

ハワイ短期留学

る。生活面では遅刻欠席連絡、備忘録などのメモ機能、保護者への通知などの活用。学習面では宿題配信、グーグルクラスルーム、LIBLY（数学テキスト）、英単語帳アプリなど、様々な機能を活用。このiPadは卒業後、個人のものとして使用できる。制服が男子は長年の詰襟を廃止してスタイリッシュなブレザーへ、女子は浦和実業学園のカラーである臙脂をベースにしたチェックのスカートへ一新。女子の希望者は、ネクタイやスラックスを購入可能。さらに、スポーツメーカーとコラボした機能性に優れた体操着を導入。

2024年度入試要項

中学

試験日　1/10（第1回特待）　1/11（第1回適性検査型）　1/12（第2回特待）　1/17（英語）
　　　　1/19（第2回適性検査型）　1/25（第3回）

試験科目　国・算・理・社（第1・2回午前・3回）
　　　　　国・算（第1回午後）　国・算・英（第2回午後）　適性（適性検査型）
　　　　　英＋英語面接（英語）

2024年度	募集定員	受験者数	合格者数	競争率
第1回午前/午後	15/15	454/448	312/289	1.5/1.6
第2回午前/午後	10/10	207/91	132/56	1.6/1.6
第3回/英語	5/5	96/27	58/15	1.7/68
適性1回/2回	10/10	478/539	363/411	1.3/1.3

高校

試験日　1/22（単願・第1回併願）　1/23（第2回併願）
　　　　1/24（第3回併願）

試験科目　基礎学力〈国・数・英〉（単願）
　　　　　国・数・英（併願）

2024年度	募集定員	受験者数	合格者数	競争率
特進選抜	40	6/149/5	6/149/4	1.0/1.0/1.3
特進	80	26/178/3	26/178/1	1.0/1.0/3.0
選抜α選抜	200	168/1231/13	168/1230/6	1.0/1.0/2.2
進学	120	131/786/112	131/780/12	1.0/1.0/9.3
商業科	240	220/956/86	220/952/5	1.0/1.0/17.2

※人数はすべて単願/併願推薦/併願一般。スライド合格者を含む

共学 高

浦和麗明高等学校

Adapt to change.
100年生き抜く力を。

■ 普通科
生徒数 1147名
〒330-0054
埼玉県さいたま市浦和区東岸町10-36
☎ 048-885-8625

SUPER INDEX P.76

京浜東北線・高崎線・宇都宮線浦和駅
徒歩8分
京浜東北線・武蔵野線南浦和駅
徒歩10分

制服 p.56

URL	https://www.eimei-urawareimei.ac.jp/reimei/
Web上での合格発表	○

プロフィール　変化に適応する力を養おう！

本校では大学入試改革や社会の変化に適応するために様々な取り組みを行っている。①「高大連携プログラム」といった現在社会で活躍する方々をお招きして講義していただくことをもとに将来を主体的に考え、他者と協力して答えを出していく能力を養う。②「総合的な探究の時間」では一年次「化学」を通して課題→仮説→検証→発信という探究サイクルによって基本的な「探究する力」を養う。二年次は校内インターンシップに取り組み、社会課題の解決に貢献する商品の企画・アイディアを各自が出し合い、より良いものを作り上げ、プレゼンテーションに向けて具現化していく能力を養う。三年次はこれまで培った知識や探究学習を通じて英語でのディスカッションにチャレンジしていく。③希望者を対象に自らの英語力を自分の力で伸ばせるように放課後に「Reimei English Gym」を開設した。現在の英語力の測定→カウンセリング→オンライン英会話・英文多読など一斉授業では難しい個別対応で本校英語教員が英語力向上のためのサポートを行う。④「異文化を肌で感じ、世界の人々と相互理解を深める経験を持つことにより、国際社会における日本の役割を考え、柔軟な思考と広い視野を持つ人材になる」ことを目的とした「海外研修」に希望者は参加することができる。夏はアジア圏、春はヨーロッパ圏での研修を予定している。

カリキュラム　将来を見据えた多彩なカリキュラム

○特選コース［Ⅰ類、Ⅱ類、Ⅲ類］
Ⅰ類は難関国公立大、早稲田大、慶應義塾大、Ⅱ類は中堅国公立大、上智大、東京理科大、Ⅲ類はGMARCHレベルを目指す生徒を対象にしたコース。特選コースでは長期休暇を利用することで豊富な授業時間を確保し、先取り学習を行い3年生の5月までに3年間の学習内容を終え、その後の授業時間を大学入試に向けての問題演習や過去問対策に充てる。特に難関国公立大志望者にはZ会の通信添削を利用した記述問題対策の講習を9月以降に実施する。自分では期限通りの提出が難しい教材だが本校教員がペースメイクしながらサポートする。また、土曜講習では一年次は模擬試験の過去問で構成された問題集を利用し、大学入試において重要な模擬試験の対策を年間通して行う。二年次からは国公立大学志望者は文系クラスが数学、理系クラスは国語が必修となり、その講座に私立大学志望者も参加できるシステムになっている。
本校では豊富に確保された授業時間を利用し、クラブ活動をしっかりと行いながら大学進学に向けた学習を効率よく進めていく取り組みが用意されている。

学校生活　文武両道、盛んな部活動と多彩な学校行事

登校時間	夏	8:30	冬	8:30

硬式テニス部では「インターハイ」において男女シングルスで優勝、男子ダブルス、女子ダブルスともに準優勝をおさめた実績がある。チアダンス部が9年連続「バトントワーリング全国大会」に出場。文化部ではエコ活動研究会やWebデザイン部が発足した。SDGsの17の目標を達成するためにフードドライブ活動など、社会に働きかける活動を積極的に行っている。運動部ではフットサル同好会が発足した。

ひとこと　在校生による浦和麗明のココが自慢！

・充実した英語学習　毎朝の英単語テスト、「DMM英会話」を使った会話練習、入試問題を用いた長文読解練習など、変化する社会を生き抜くツールとしての英語力向上を目指せます！
・制服がかわいい！　EASTBOYの制服です。他校の人からも「かわいい」と評判です。

トピックス　文武両道が実践できるシステム

全学年・全コース6限で授業が終了するため、類型に関係なく、全員一斉にクラブ活動を開始できる。類型によるクラブ制限はない。また、長期休暇中は、1・2年は4時間（2年国公立志望者は5時間）、3年は6時間の講習がある。全員必修のため「部活と講習どちらに参加しよう」と迷うことはない。

進路　大学合格実績も続々と

国公立大学、難関私立大学への進学実績が着実に伸びている。合格実績は北海道1、筑波2、千葉1、埼玉1、群馬1、早稲田1、慶應1、上智1、東京理科5など多数。

2024年度入試要項

試験日　1/22（推薦単願・推薦併願1回目）
　　　　1/23（推薦併願2回目）
　　　　2/7（一般単願・併願）

試験科目　国・数・英＋面接
　　　　※併願は面接なし

2024年度	募集定員	受験者数	合格者数	競争率
特選Ⅰ類		34/152/46	34/152/46	1.0/1.0/1.0
特選Ⅱ類	320	48/182/81	48/182/81	1.0/1.0/1.0
特選Ⅲ類		101/240/117	98/231/108	1.0/1.0/1.1

※人数はすべて1月22日単願/22日併願/23日併願

埼玉

共学 高

叡明 高等学校

自立心と隠れた才能を開発し、
個性を尊ぶゆとりの教育

普通科
生徒数　1886名
〒343-0828
埼玉県越谷市越谷レイクタウン7-2-1
☎ 048-990-2211
武蔵野線越谷レイクタウン駅　徒歩7分

SUPER
INDEX
P.90

制服
p.53

URL	https://www.eimei-urawareimei.ac.jp
Web上での合格発表	○

社会に役立つ有能な人間を育成

プロフィール

「みんなから愛される人間」「社会に役立つ人間」「勤労を尊び前進する人間」を教育目標に掲げている。生徒一人ひとりの人間性をあらゆる角度から見つめ、バランスのとれた人間を育み、夢を確かな形にしていきたいと考えている。

2015年4月より、武蔵野線「越谷レイクタウン駅」徒歩7分の好立地に新校舎を建設し移転。校名も叡明高校に変更し、男女共学となり新しく生まれ変わった。

「静」と「動」を体感できる新校舎

環境

2015年4月、越谷レイクタウン駅から徒歩7分の地に、広大なキャンパスが誕生。グラウンドは野球場1面、サッカー場1面、テニスコート（オムニコート）4面を有する広さ。体育館（アリーナ）はバスケットコート3面が取れ、500名収容可能な多目的ホールも併設。教室棟は総4階建でガラス張りの教室がストレートに並ぶ120mの校舎で、中庭にはオープンカフェのような明るい雰囲気のランチルーム（学生食堂）もある。

2015年度より共学化

カリキュラム

①普通科特進選抜コース：国公立大学希望者は2年次から自由選択を履修し、5教科7～8科目受験に対応。国公立大学、早慶など超難関大学を目指す。

普通科特別進学コース：長期休暇講習などの進学指導で、国公立大学、上智、東京理科、GMARCHなど難関大学を目指す。

普通科進学コース：3教科に絞って学習する。公立の約2倍の授業時間を確保して、成成獨國・日東駒専レベル、有名私立大学を目指す。

②総合探究
第11回ESD大賞「高等学校賞」を受賞。SDGsを通して自分と自分の暮らす地域社会について考える活動や、各教科において「双方向『対話』型授業」の実践を推進している。

③ICT教育
生徒は1人1台タブレットを所有し、課題の提出や総合的探究における調査活動・プレゼンテーションに活用。社会状況に応じて学びを止めない環境作りに努めている。

④英語教育
スタディサプリEnglishやオンライン英会話の活用、TGG（体験型英語学習施設）での学習に力を入れている。

個性が触れ合うキャンパスライフ

学校生活

登校時間	夏	8：40	冬	8：40

クラブ活動が活発で、バドミントン部は、近年好成績を収めている。また、自転車競技部など個性的な部もある。

叡明祭、体育祭など、友情を育み心身を鍛える行事も多い。

指定校推薦枠120校就職率は100%

進路

ここ数年、大学進学希望者が増えており、合格率も上昇傾向にある。指定校推薦枠は約120大学約600名。近年、千葉大、東京学芸大、東京都立大、横浜国立大などの国立大学への合格者も輩出している。また、主な進学先は、上智大、早稲田大、東京理科大、GMARCH、獨協大、日本大、東洋大、帝京大、東京電機大など。また、この不況下にもかかわらず、就職率は100%となっている。

2024年度入試要項

試験日　1/22（推薦単願・併願1回目）
　　　　1/23（推薦併願2回目）

試験科目　国・数・英

2024年度	募集定員	受験者数	合格者数	競争率
特進選抜Ⅰ	80	17/141	15/133	1.1/1.1
特進選抜Ⅱ	80	10/124	12/116	−/1.1
特別進学	180	119/607	115/589	1.0/1.0
進学	260	286/746	268/690	1.1/1.1

※人数はすべて単願/併願1・2回目
※合格者数はスライド合格を含む

　卒業生有名人　遠藤大由（バドミントン選手）、井出有治（元F1レーサー）、手島雄介（2輪レーサー）

進学に有利

併設校あり

芸術＆特殊学科

資格系＆技能系

施設が充実

スポーツが強い

クラブが活発

情操教育を重視

国際人を養成

自由な校風

女子　中　高　短　大　院

大妻嵐山 中 学 校／高等学校

大妻伝統の女子教育
ゆとりの教育で基礎学力を充実
国公立・難関私大へのコース設置

SUPER INDEX P.93

制服 p.54

普通科（高校）
生徒数　172名（中学）　368名（高校）
〒355-0221
埼玉県比企郡嵐山町菅谷558
☎ 0493-62-2281
東武東上線武蔵嵐山駅　徒歩13分
深谷、熊谷、北上尾、飯能、森林公園、
北本、桶川の各駅よりスクールバスあり

| URL | https://www.otsuma-ranzan.ed.jp | | | |
| Web上での合格発表 | 中学 | ○ | 高校 | ○ |

緑豊かな中にある校舎

プロフィール 学芸を修めて 人類のために

　1967（昭和42）年、嵐山女子高等学校として創立。1971年に大妻女子大学の傘下に入り、1995年、大妻嵐山高等学校に改称。2003年度からは新たに中学校を開校した。「学芸を修めて人類のために」を建学の精神とし、聡明な女性の育成を目指し、中高一貫教育によるさらなる女子教育の充実を図る。

環境 四季折々の自然が 感性を磨き知性を育む

　埼玉県のほぼ中央部に位置し、国蝶オオムラサキの森、蝶の里公園、県立歴史資料博物館、国立女性教育会館など、歴史、文化、自然の調和のとれた教育環境にある。キャンパス内にはソメイヨシノやケヤキの大木など種々の樹木が配され、四季折々の落ち着いた雰囲気を漂わせている。安全性を最優先にした耐震構造の校舎をはじめ、図書室と進路指導室を統合したラーニングコモンズと第1・第2理科室は数年前に改築し、充実した設備を備えている。

カリキュラム 基本学習を重視 選択制の採用

　中学では確かな学力向上を図るために、中高の履修内容の重複を整理し、基礎・応用・進路への対応と発展的に学べる中高一貫教育を行う。中学での学習の取りこぼしがないよう、習熟度別クラスにおいての学習、深堀り学習を展開する。
　高校では2024年度より特別進学コースと総合進学コースと大妻進学コースの3コースに再編

する。特別進学コースは少数精鋭でクラス編成し、大学入試を見据えたスピード感のある授業で難関国公立（お茶の水女子大学・筑波大学）、最難関私立大学（早慶上理）への現役合格を目指し、国内外において多種多様な人と共同し、リーダーとして活躍できる人材を育てる。総合進学コースでは、部活動との両立を目標に国公立、難関私立大学への現役合格を目指し、各分野でリーダーとして活躍できる人材を育てる。大妻進学コースは、大妻女子大学への進学を希望している人向けのコースで、大学での学びを先取りした「大妻ゼミ」の受講や多様なカリキュラムで幅広い教養を学び、豊かな心と感性を磨き、自立した女性を育てる。

　また、大妻女子大学への推薦入学を確保しながら、他大学への受験に挑戦できる特別推薦制度も持つ。

　学校6日制、進学補講、学習合宿など工夫を凝らしたプログラムを展開している。このほか、国際理解教育として、海外研修、英会話教育、オンライン英会話、情操教育として論語の素読、礼法指導なども設けられている。

学校生活 ゆとりある学園生活 様々な部活や行事

| 登校時間 | 中学 | 夏季 | 8：40 | 冬季 | 8：40 |
| | 高校 | 夏季 | 8：40 | 冬季 | 8：40 |

　学校行事は、体育祭（5月）、イギリス研修（7月）、文化祭（9月）、修学旅行（中学9月・高校12月）、球技大会（12月）と多彩。
　部活動は、美術部、書道部、吹奏楽部など8の文化部とバレーボール部、バスケットボール部、ダンス部、ソフトテニス部、ハンドボール部など9の運動部、食物同好会、文芸同好会など4の同好会がある。
　制服は、中学はセーラー服、高校はスーツスタイル、ブレザースタイルを選ぶことができる。リボンやセーターに学院のスクールカラーである古代紫を使ったシックな装いとなっている。また、2022年度より高校の制服にスラックスを導入した。

進路 附属校だからこそ できる進路指導

　大妻進学コースの高校3年生は、約90%以上が大

妻女子大学へ進学する。大妻女子大学の推薦枠は、短大含めて約90名分ある。総合進学、特別進学コースは、総合型入試や一般入試で早慶上理・GMARCHを目標とした他大学へ進学。一般入試に挑む生徒は、大妻女子大学の合格を内定させてから、一般入試に挑むことができる「特別推薦制度」の活用が可能。英検の指導も校内で力を入れて取り組んでおり、英検準1級等を取得して最難関大学進学に活用している。

　他大学への主な進学先は、群馬大、慶應義塾大、学習院大、法政大、明治大、立教大など。

2024年度入試要項

中学

試験日　12/2（帰国生）　1/10午前・午後（まなび力エキスパート、第1回一般）　1/11午前・午後（大妻特待、適性検査型）
　　　　1/23（第2回一般）

試験科目　国・算・英から2科（まなび力エキスパート）
　　　　国・算か国・算・理・社（第1回・2回一般）　国・算・理・社（大妻特待）　適性（適性検査型）
　　　　総合〈国・算〉＋面接〈英語・日本語〉（帰国生）

2024年度	募集定員	受験者数	合格者数	競争率
まなびエキス	30	61	58	1.1
1回/2回/適性	30	371/32/32	267/31/26	1.4/1.0/1.2
大妻特待	20	96	54	1.8

※帰国生の募集は若干名

高校

試験日　12/2（帰国生）　1/22（第1回）
　　　　1/23（第2回）

試験科目　総合〈国・数〉＋面接〈英語・日本語、他〉（帰国生）　国・数・英（第1・2回）

| 2024年度 | 募集定員 | 受験者数 | 合格者数 | 競争率 |
| 第1回/第2回 | 180 | 124/16 | 118/16 | 1.1/1.0 |

※定員は特別進学コース20名、総合進学コース80名・大妻進学コース80名

卒業生有名人　吉川英梨（作家）

進学に有利
併設校あり
特殊学科 芸術＆
技能系 資格＆
施設が充実
スポーツが強い
クラブ活発が
情操教育を重視
国際人を養成
自由な校風

埼玉

共学　中　高

大宮開成中学校 高等学校

全ては豊かな人間形成のために
現役合格を実現する精選授業
国際感覚・語学力を磨く海外研修

普通科（高校）
生徒数　464名（中学）　1631名（高校）
〒330-8567
埼玉県さいたま市大宮区堀の内町1-615
☎048-641-7161
京浜東北線・埼京線大宮駅　バス7分
または徒歩25分

SUPER INDEX P.76

URL		https://www.omiyakasei.jp	
Web上での合格発表	中学	○	高校	○

3年後の夢を確かな形に

プロフィール　21世紀を担う 調和のとれた人間教育

1942（昭和17）年、前身である大宮洋裁学校を創設。1959年、学校法人開成学園・大宮開成高等学校を開校。2005年度には大宮開成中学校を開校した。

「愛・知・和」を校訓とし、広い視野と高い教養を身につけた知性あふれる人間を育成している。

環境　豊かな環境と 充実した施設

交通の便がよく、大宮公園や氷川神社など緑豊かな環境である。全館冷暖房完備の校舎、学生ホールや清心館、音楽専用ホールのほか、2つの体育館、2面のグラウンド、テニスコート、アーチェリー場など、体育施設も充実している。

カリキュラム　能力を最大限に 伸ばすコース制

中高一貫部のカリキュラムは5教科7科目に完全対応し、6年間を3ステージに分け到達目標を明確化。英数特科コースを習熟度別クラス（Tクラス・Sクラス）に分け、きめ細かな指導を実践し、最難関国公立・私大への現役合格を目指す。

高校部は令和3年度から普通科3コース編成。いずれも難関国公私立大合格を目指す。

若い英知の集う校舎

特進選抜先進コース、特進選抜Ⅰ類コース、特進選抜Ⅱ類コース、すべてのコースで7時間授業（木曜日は6時間）、難関大学現役合格に向け、一人ひとりを徹底的に鍛える内容となっている。朝自習や放課後小テスト（高1は英単語・古文単語・数学の小テスト、高2・3は英文法の応用問題や日本史・世界史・理科の問題演習）で基礎定着を図るなど手厚いフォローが自慢。生徒一人ひとりの進路実現を徹底的にサポートするべく、大学見学会などの進路行事を設定し、二者面談・三者面談を多く行い、きめ細やかな指導を行っている。

また、すべてのコースで"文武二道"を奨励しており、学習と部活動を両立し、体育祭や文化祭、合唱コンクールなどの学校行事を通じて協調性や社会性、問題発見・解決能力など、社会で必要とされる人間力を育成している。

進路　国公立大・私立難関大 への合格率上昇

ほぼ100％が4年制大学へ進学。主な進学先は、東大、一橋大、東京工業大、東北大、東京外語大、お茶の水女子大、筑波大、埼玉大、千葉大、早稲田大、慶應義塾大、明治大、中央大など。

学校生活　全国レベルの実績 クラブ活動も活発

登校時間	中学	夏季	8：10	冬季	8：10
	高校		8：30		8：30

6月の体育祭、7月の交流合宿、10月の文化祭など、学校行事も多彩。

クラブ活動も活発で、全国レベルのアーチェリー部をはじめ、吹奏楽部は東日本大会にも進出するなど多くの部活が活躍している。

国際理解と語学力向上を目指して、ニュージーランドやオーストラリアでのホームステイや語学研修、希望制の海外語学研修やターム留学（3ヵ月）のプログラムが用意されている。

2024年度入試要項

中学

試験日　1/10（第1回）　1/12（特待生選抜）
　　　　1/14（第2回）

試験科目　国・算・理・社

2024年度	募集定員	受験者数	合格者数	競争率
第1回	80	2295	1195	1.9
第2回	20	882	435	2.0
特待生選抜	50	886	283	3.1

高校

試験日　1/22（単願・第1回併願）
　　　　1/23（第2回併願）

試験科目　国・数・英

2024年度	募集定員	受験者数	合格者数	競争率
単願	120	23/34/98	23/34/67	1.0/1.0/1.5
第1回併願	20	17/14/37	17/14/31	1.0/1.0/1.2
第2回併願	240	376/326/616	374/321/482	1.0/1.0/1.3

※人数はすべて先進/Ⅰ類/Ⅱ類
※他に、若干名の帰国子女募集（1/22、国・数・英＋面接）あり

埼玉

共学　小中高大

開智中学校高等学校

国際社会に貢献する心豊かな創造型・発信型リーダー・スペシャリストを育てる

SUPER INDEX P.96

制服 p.57

普通科（高校）
生徒数　957名（中学）　1760名（高校）
〒339-0004
埼玉県さいたま市岩槻区徳力186
☎ 048-795-0777（中高一貫部）
☎ 048-793-1370（高等部）
東武アーバンパークライン東岩槻駅
北口　徒歩15分

URL	https://www.kaichigakuen.ed.jp				
Web上での合格発表		中学	○	高校	○

プロフィール　真の国際人を育てる21世紀の進学教育

創造性豊かな学力を養成するため、1997年に中学を設立。1999年に埼玉第一高校が開智高校として生まれ変わった。徹底した知識学習を中心に、21世紀の国際社会やこれからの難関大学入試でも求められる問題発見能力や、創造的に考え表現できる力など「目に見えない学力」を育て、知を活かす「智」の力をも兼ね備えたハイレベルな人間の育成に努めている。

環境　文教地区に建つ近代的な校舎・施設

さいたま市岩槻区の緑豊かな文教地区に位置する。校舎はすべて冷暖房完備で、5階まで吹き抜けになっている開放的な中高一貫部棟や高等部専用校舎、体育館が3つ、大小グラウンドが5つある。その他にも温水プール、すべてのホームルーム教室に設置のプロジェクターなど、充実した設備が整っている。

カリキュラム　徹底した知識学習と柔軟な教育システム

中高一貫部では、開校以来培ってきた「探究」の「調査・観察→疑問→仮説→検証」という思考サイクルを用いた「探究型の学び」を実践し、創造的な学力を育んでいる。各自が深める「探究テーマ」の活動と学年行事の「フィールドワーク」を段階的に実施し、汎用性の高い思考力や課題解決能力を

中1のフィールドワーク「磯の探究」

養う。その総仕上げとして5年生（高校2年生）では英国の大学でのプレゼンテーション・ディスカッションを全員が行う。

中高一貫部は、目指す大学が決まっている人向けの「先端ITコース」、医師、薬剤師、獣医師などを目指す人向けの「先端MDコース」、世界で活躍する仕事や新しい社会を創る仕事をしたい人向けの「先端GBコース」、将来の夢をこれから決めたい人向けの「先端FDコース」の4つのコースから入学時に自分で選ぶ。授業の内容や進度は共通で、ホームルームの活動やキャリア教育の内容などにコースごとの特徴が表れている。入学時に選んだコースは3年生への進級時に再選択を行う。また、5年生（高校2年生）からは文理、国公立、私立など志望校ごとの授業展開となり、長期休暇中の特別講習、放課後の特別講座などを実施し徹底した大学受験対策を行う。

高校からの入学生は、一貫部とは合流せず、1年次は入試の結果でTコース・S1コース・S2コースに分かれるが、同じ教科書を使用し進度も同じである。2年次からは理系・文系に分かれ1年次の成績を踏まえてクラス編成され、1年次と同様に授業が行われる。3年次には本人の意志を尊重し、大学進学に向けたクラス編成となる。

学校生活　豊かな体験を通して人間性を高める

登校時間	中学	夏季	8：10	冬季	8：10
	高校		8：25		8：25

生徒一人ひとりが主体的に参加できる行事が用意されている。中高一貫部では探究テーマ発表会などが行われる。高校では Spring Seminar、Summer Seminar、Contemporary Issuesで探究型の学習を体験する。

進路　進学実績も急上昇さらなる飛躍へ

2023年3月卒業生は、一貫部、高等

学び合い学習

部あわせて、国公立大学に123名、早稲田大学・慶應義塾大学に147名合格した。特に高等部では4人に1人が国公立大学に現役合格している。

また、医学部医学科に51名が合格している。志望大学への現役合格にこだわり、放課後特別講習、夜9時まで使用可能な自習室など学校一体となったサポート体制により、安定した進学実績を支えている。

2024年度入試要項

中学

試験日　11/23（帰国生）　1/10午前（第1回）
　　　　1/11午前（特待A）
　　　　1/12午前・午後（特待B・算数特待）
　　　　1/15午前（第2回）
　　　　2/4午前（日本橋併願）

試験科目　国・算・理・社（第1・2回、特待A・B）
　　　　算（算数特待）　国・算か国・算・理
　　　　・社（日本橋併願）　国・算・英＋口頭試問・面接〈英語・日本語〉（帰国生）

2024年度	募集定員	受験者数	合格者数	競争率
第1回/第2回	110/40	2384/888	1456/311	1.6/2.9
特待A/特待B	30/85	651/975	192/606	3.4/1.6
算数特待/日本橋	10/5	542/173	257/41	2.1/4.2

※帰国生の募集は若干名

高校

試験日　1/22（第1回）　1/23（第2回）
　　　　1/24（第3回）

試験科目　国・数・英

2024年度	募集定員	受験者数	合格者数	競争率
単願/併願	220	184/1150	178/1133	1.0/1.0

※定員は、Tコース50名・S1コース100名・S2コース70名

卒業生有名人　永岡歩（アナウンサー）、古谷実（漫画家）、佐藤謙介（サッカー選手）

進学に有利に
併設校あり
特殊学科&芸術
資格&技能系
施設が充実
スポーツが強い
クラブが活発
情操教育を重視
国際人を養成
自由な校風

埼玉

共学　中等

開智所沢中等教育学校

この6年間の学びが君の30年後を輝かす

生徒数　一名
〒359-0027
埼玉県所沢市大字松郷169
☎ 03-6661-1551（～令和6年3月/準備室）
JR武蔵野線東所沢駅　徒歩12分

SUPER INDEX P.90

URL	https://tokorozawa.kaichigakuen.ed.jp/secondary/
	Web上での合格発表

進学に有利に
併設校あり
芸術&特殊学科
資格&技能系
施設が充実
スポーツが強い
クラブが活発
情操教育を重視
国際人を養成
校風自由な

プロフィール　AIと共生する開智の新設校が開校！

令和6年4月、埼玉県所沢市に開校。兄弟校に追いつき、追い越せを合言葉に、専門分野で活躍できるリーダー・スペシャリスト教育と、未来志向のAI・ICT教育に重点を置く。道徳の授業で行う哲学対話や委員会活動などを通して、他者への思いやりや奉仕の精神、社会貢献の重要性を学ぶ。人間とAIが互いに苦手な分野を補い合いながら共生していく新しい時代に必要なマインドやスキルを、学校生活を通して育んでいく。

環境　新しい校舎で新しい学びを

ICT機器や、情報通信機能を高めた校舎で、プログラミング学習をはじめ、すべての授業でパソコン等を使い、家庭でも学習アプリを基に学習できる環境を用意。

カリキュラム　未来を見据えた先端的な授業

1年（中1）から4年（高1）では、生徒の学力、学習歴、教科の適性等によって、「特待コース（3クラス）」と「レギュラーコース（5クラス）」を編成。5・6年（高2・3）の2年間は、大学の志望学部に合わせて編成したコースに分かれて、それぞれに対応する力を身につけることを目指す。

未来を見据えた最先端の授業を実践

するために、1クラスの人数は小規模な30人。生徒が自ら考え、友達と考え合い、ディスカッションし、「なぜ」を追求し、様々な疑問や課題を解決していく探究的な授業に取り組む。さらに生徒自らが実験、観察、調査を基に学ぶ体験型探究授業など、最先端の学びを推進し、探究力、創造力、発信力、コミュニケーション力を伸ばしていく。

学校生活　1期生として歴史をスタート！

登校時間	夏	8：35	冬	8：35

開校と同時に入学する生徒のモットーは「新しい学校を自分たちで創る」。学校が用意するものをただこなすのではなく、生徒が主体となって様々なものをゼロから創り上げていく。たとえば、より良い学校生活をするためにはどのような組織が必要か、学校行事は何のために行うのか、どのような内容で行うのか、準備計画をどうするのか、予算をどのように立てるかなど、教師のアドバイスを基に生徒が創り上げる。

当然1期生ならではの苦労も予想されるが、それを乗り越えたときに得られる達成感は、何ものにも代え難い宝物になるだろう。

進路　日本や世界トップレベルの大学へ

長期休みには講習や体験型探究行事

を行う。毎年行う宿泊学習は、ひとりで勉強する力だけでなく、皆で教え合う学びを通して、勉強の仕方やチーム開智所沢の集団の学習力を高める。5・6年の2年間は、大学受験対策をより徹底し、授業と放課後の探究型大学進学対策講座と入試直前対策学習で合格力を大きく伸ばす。

トピックス　開校準備室からのメッセージ

総勢12名の開校準備室の教員には「必ずこれまでに教員を経験している」という共通点があります。その中には開智学園の伝統をよく知る教員、他の私立学校や公立学校に勤務をしていた教員、さらには社会人向けの英語教育の経験がある教員などもいます。そんな教員たちにもうひとつ共通していること、それはどの教員も情熱的で新しいことに対するチャレンジ精神が旺盛だという点。1期生のみんなと0（ゼロ）から一緒に新しい学校を創り上げていくことを、全員が楽しみに待っています。

2024年度入試要項

試験日　11/23（帰国生）
　　　　1/10午前（第1回）　1/11午前（特待A）
　　　　1/12午前（特待B）・午後（算数特待）
　　　　1/15午前（第2回）　2/4午前（日本橋併願）

試験科目　国・算・理・社（第1・2回、特待A・B）
　　　　　算（算数特待）
　　　　　国・算または国・算・理・社（日本橋併願）
　　　　　国・算・英＋口頭試問＋面接（帰国生）

2024年度	募集定員	受験者数	合格者数	競争率
1回/2回	100/45	2154/904	1628/653	1.3/1.4
特待A/B	30/45	618/970	208/739	3.0/1.3
算数/併願	15/5	557/168	351/35	1.6/4.8

埼玉

共学 小中高大

開智未来 中学校 高等学校

開智学園の教育開発校
「探究」「世界水準」「ICT」国際社会で
活躍する創造型発信型リーダーを育てる

制服 p.54

SUPER INDEX P.93

普通科（高校）
生徒数　261名（中学）　466名（高校）
〒349-1212
埼玉県加須市麦倉1238
☎0280-61-2033
宇都宮線・東武日光線栗橋駅
スクールバス　18分
高崎線鴻巣駅、宇都宮線古河駅、
東武伊勢崎線加須駅・羽生駅・館林駅、
東武日光線南栗橋駅、スクールバス拠点駅

URL	https://www.kaichimirai.ed.jp			
Web上での合格発表		中学	○	高校	○

プロフィール
3I'Sで国際社会のリーダーを育てる

　2011年4月、開智中学・高等学校の教育開発校として開校、13年目を迎えた。開智学園では「国際社会に貢献する心ゆたかな創造発信型リーダーの育成」が共通理念。その実現にあたり本校では3I'S（探究活動・英語発信力・つなげる知能としてのICT）を教育の柱とし、「知性と人間をともに育てる」様々な取り組みを実践している。特にICT分野では、2017年度より1人1台のタブレットを導入、先進的な活用を進めている。

カリキュラム
人のために学ぶ「志」を育て学びのスキルを鍛える

　中学・高校ともに習熟度別（「T未来クラス」「未来クラス」「開智クラス」）にクラス編成を行い、高校2年次までクラスの入れ替えを行っている。高校3年次は東大などの旧帝大や早慶、医学部医学科など最難関大学を目指す「難関理系・文系」、難関国公立大学を目指す「国立理系・文系」、難関私立大学を目指す「私立理系・文系」の6コース制で志望大学を目指す。
　中学・高校では哲学の授業を通じて、メモ力・学びあい・6つの授業姿勢（ねらい,メモ・反応・発表・質問・ふりかえり）といった学びのスキルを身につける。哲学は開智未来の教育の支柱と

学び合い

なるよう、各教科の学習や行事など様々な教育活動と連動し学びを統合化する。人のために学ぶ「志」を育て、学びのスキルを鍛え、人間の生き方や価値、社会の課題等を幅広く扱う。

学校生活
探究 フィールドワーク

登校時間	中学	夏季	8：40	冬季	8：40
	高校		8：40		8：40

　いろいろな体験的な学習を通して楽しく学び、探究力や科学的な考え方を身につける学校行事があるのも特色のひとつ。里山フィールドワーク（中1）、ブリティッシュヒルズフィールドワーク（中2）、探究フィールドワーク（中3）、才能発見プログラム（高1）、海外探究フィールドワーク（高2）を実施している。

海外探究フィールドワーク

進路

才能発見・能力アップ

　始業前はアカデメイア（大教室）での独習、学び合いスペースの活用、放課後は部活動後の学習など、生徒は自主的に学んでいる。中学では、長期休業中に集中授業や特別講習を行い、高1・2では大学入試を意識した夏期・冬期・春期講習、高3では長期の夏期講習と冬期講習、直前講習を実施する。また、平日の0時間、7～8時間目にレベルや志望大学別の進学講習を行うなど、大学受験対策は万全である。

2024年度入試要項

中学

試験日　1/10午前・午後（探究1・第1回）
　　　　1/11午前・午後（探究2・T未来）
　　　　1/12午後（算数1科）
　　　　1/14午前（第2回）
　　　　1/15（開智併願型）

試験科目　国・算（第1回）　国・算・社・理（開智併願型）　国・算・理（T未来）算（算数1科）　国・算・社・理か国・算か国・算・英（第2回）　基礎〈計算・読解〉・探究（探究1は科学・探究2は社会または英語）

2024年度	募集定員	受験者数	合格者数	競争率
開智併願	5/5/—	686	80/445	1.3
T未来	20	118	58	2.0
探究1	10/5/10	64	24/16/12	1.2
第1回	10/5/5	257	75/110/29	1.2
探究2	5/5/10	80	29/20/16	1.2
算数1科	5/5/—	67	26/0/—	1.0
第2回	5/5/5	85	37/22/15	1.1

※人数はT未来/未来/開智

高校

試験日　1/22（第1回）　1/23（第2回）
　　　　1/25（第3回）

試験科目　国・数・英＋面接（単願）
　　　　　国・数・英（併願）

2024年度	募集定員	受験者数	合格者数	競争率
第1回	約55/約25	64/04	50/91	1.1/1.0
第2回		30/46	30/44	1.0/1.0
第3回	約5/約5	20/11	18/10	1.1/1.1

※人数はすべて単願/併願
※募集定員は、T未来クラス30名・S未来クラス30名・開智クラス30名

進学に有利あり
併設校
芸術&特殊学科
資格&技能系
施設が充実
スポーツが強い
クラブ活動が活発
情操教育を重視
国際人を養成
自由な校風

SUPER INDEX P.95

埼玉

共学 中 高 大

春日部共栄 中学校 高等学校

普通科（高校）
生徒数 352名（中学）　1562名（高校）
〒344-0037
埼玉県春日部市上大増新田213
☎ 048-737-7611
東武スカイツリーライン春日部駅　スクールバス10分　東武アーバンパークライン豊春駅　徒歩20分

「第一志望は譲らない」という方針が国公立、私立大とも高い現役合格率を実現　生徒たちが夢を持てる学校として着実に成果を上げている

URL		https://www.k-kyoei.ed.jp		
Web上での合格発表	中学	○	高校	○

ボストン・グローバル人材育成プログラム

有利に進学に

プロフィール　知・徳・体の調和した国際性豊かな生徒育成

　1933（昭和8）年、共栄学園の前身である本田裁縫女塾が東京都葛飾区に創立。1980年、現在地に、男女共学の春日部共栄高等学校として設立。2003年度より中学校を開校した。

　知育、徳育、体育の調和がとれ、さらに、国際性豊かで柔軟性のある生徒を育成するのが方針だ。才能を開花させるため、特待生制度を整えている。

環境　充実した教育環境で世界に飛び立つ生徒をサポート

　広々としたグラウンド、ゆとりある空間の校舎、最新の設備。夢と向学心にしっかり応える教育環境が生徒たちの限りない才能を大きく伸ばしている。文武両道の新拠点である「至誠館」はアリーナ・柔道場・講義室などを兼備し、自動収納式の座席が設備され講堂としての利用も可能。また春日部駅西口改札まで徒歩1分の「学習センター」も開設。

カリキュラム　国立大・難関私大合格を叶えられるカリキュラム

　中学では、全員国立大学合格、海外名門大学への留学を目標に、主要3教科の先取り授業や少数精鋭授業を実施。

　高校では、医学部進学希望者の増加を踏まえて、1年次より選抜コース（2年次より選抜文系・選抜理系）を

至誠館

開設。さらに希望の大学に応じて、特進コースE系、特進コースS系（2年次より特進文系・特進理系）が設置され、目標に合ったコースを選択できる。各コースとも、2年次終了までに大学入学共通テストの出題範囲の学習をほぼ完了させ、3年次には入試対策用特別カリキュラムや入試問題の演習を中心とした授業となる。

　さらに、高校2・3年生を対象に東京大学現役合格を目指して毎日行われる「錬成会」、本校卒業の現役大学生・大学院生による「卒業生特別講習」をはじめとする独自の取り組みや、夏期・冬期・春期休暇の特別講習、勉強合宿などがある。

学校生活　文武両道を実践する活発なクラブ活動

登校時間	中学	夏季	8:40	冬季	8:40
	高校	夏季	8:40	冬季	8:40

　クラブは、13の文化部と17の運動部がある。特に運動部が活発で、甲子園準優勝に輝いた野球部や、女子が春の高校バレー3位、男子が2005年のインターハイで準優勝したバレー部、のべ8名のオリンピック選手を輩出し、男子が2004・2005年連続して、女子が2007年とそれぞれ全国総合優勝した水泳部、いずれも全国屈指の実力を持つ。また、文化部でも吹奏楽部が全日本吹奏楽コンクールに9年連続17回出場し、内5回金賞の栄誉に輝いた。

　生徒の視野を世界に広げるグローバルプログラムとして全員参加の修学旅行（高2）や語学・文化交流プログラム、ボストン・グローバル人材育成プログラム（高1・2）、オーストラリア海外研修（高2の夏休み／希望者）、KICプログラムなど、生きた英語を学び国際感覚を磨いている。

進路　国公立・私立大とも抜群の現役合格率

　2023年度は、京都大、北海道大、東北大、東京工業大、お茶の水女子大、筑波大、千葉大、埼玉大など、国公立大学に87名が合格。在籍の5人に1人が国公立大学合格を果たした。ほか、早稲田大、慶應義塾大、上智大、東京理科大など難関私立大学に多数合格。

2024年度入試要項

中学

試験日　1/10午前・午後（第1回）
　　　　1/11午前・午後（第2回）
　　　　1/13午後（第3回）　1/15午前（第4回）

試験科目　国・算・理・社（第1・2回午前）　国・算または国・算・理・社（第1・2回午後）　国・算または算（第3回）　国・算（第4回）

2024年度	募集定員	受験者数	合格者数	競争率
第1回午前／午後	160	287/401	153/220	1.9/1.8
第2回午前／午後		153/265	85/84	1.8/3.2
第3回		184	99	1.9
第4回		187	103	1.8

※募集定員の内訳は、プログレッシブ政経コース80名、IT医学サイエンスコース80名

高校

試験日　1/22（第1回）　1/24（第2回）
　　　　2/1（第3回）

試験科目　国・数・英＋面接（第1回単願）　国・数・英（第1回併願・2・3回）

2024年度	募集定員	受験者数	合格者数	競争率
第1回単願	160	315	289	1.1
第1回併願	110	1069	987	1.1
第2回	100	589	531	1.1
第3回	50	194	177	1.1

※募集定員の内訳は、選抜コース80名、特進コースE系180名、特進コースS系160名

併設校あり／芸術・特殊学科／技能系＆資格／施設が充実／スポーツが強い／クラブ活発／情操教育を重視／国際人を養成／自由な校風

　卒業生有名人　星奈津美（オリンピック2大会連続銅メダル）、越谷オサム（作家）、美水かがみ（漫画家）

川越東 高等学校

恵まれた自然環境と近代的施設
文武両道の精神で心身を鍛える
明朗で質実剛健な校風

SUPER
INDEX
P.93

■ 普通科
生徒数　1345名
〒350-0011
埼玉県川越市久下戸6060
☎ 049-235-4811
埼京線・川越線大宮駅、南古谷駅、
西武新宿線本川越駅、
東武東上線上福岡駅　各スクールバス
（無料）

URL　　https://www.kawagoehigashi.ed.jp

活発なクラブ活動

大学並の図書館と日本一の体育館

　緑に囲まれた8万5700㎡の広大な敷地内には、近代的で充実した施設が整っている。また、大学・高校を通じて日本一の広さを持つ体育館は、直線100mの競走路に、バスケットコートが6面もとれる。そのほか、夜間照明を備えた3つのグラウンドでは、400mトラックをはじめ、野球、サッカー、ラグビー、硬式・ソフトテニス、ソフトボール等が余裕を持ってできる。特に最新の人工芝が敷設された第一グラウンドは暑さ対策のミストまで出る。180のパーティション付き自習机を持つ図書館は、78,000冊の蔵書数を誇る。

理数・普通コース成績で入れ替えあり

　私立学校の特性を活かしたカリキュラム編成のもと、優秀で経験豊富な教師の指導により、生徒一人ひとりの個性と能力の向上を目指している。

　難関国立理・工・医学部を目指す**理数Ⅰ類（理系）**コースと、難関国立法・経・文学部を目指す**理数Ⅱ類（文系）**コースは、1年次は共通のカリキュラムで、2年次から独自のカリキュラムを編成している。Ⅰ類では数学・理科が週12～15時間を占め、Ⅱ類はほぼ同じ時間を国語・地理歴史・公民の授業に当てるなど、国公立大学の志望学部ごとの

暑さ対策のミストも出る第一グラウンド

綿密な進学指導を行っている。また、両コースともに英語を重視し、週6～7時間を設定している。国公立大学や難関私立大学の系統別進学を目指す**普通**コースでは、2年次から理系と文系に分かれ、学力別、教科別の重点指導が行われる。2・3年進級時には、学業成績によってコースの入れ替えも行われる。

自主性を高めるクラブ友情と協力も大切

登校時間	夏	8：35	冬	8：35

　クラブ活動は、自主性を高め、友情を育み、協調性を学ぶ場として、積極的に参加を勧めている。文化部は、吹奏楽、合唱から、映画や囲碁将棋など幅広いジャンルで16部ある。運動部は、サッカー、野球など18部で、いずれのクラブも、充実した施設で活発に活動しており、関東大会や全国大会へ出場を果たしている。

　学校行事も多彩で、5月の体育祭をはじめ、9月には翔鷺祭（文化祭）、10月は球技大会、2月にはスキー実習や修学旅行が実施されている。プロを招いての芸術鑑賞もあり、内容は落語、能、音楽、観劇と幅広い。

全員が大学へ進学現役合格率も高い

　ほとんどの生徒が4年制大学に進学し、国公立大学への進学者も増えてきている。2023年3月卒業生の主な進学先は、東京、東京工業、一橋、東京外語、北海道、東北、名古屋、筑波、早稲田、慶應、上智、青山学院、中央、立教、学習院大など。

卒業生の声

　野球と勉強の文武両道を目指して、

　川越東高校に進んだ私ですが、最初の校内テストで300番台と、いきなり壁にぶつかりました。川越東のレベルの高さを知るとともに、自分のリアルな立ち位置を痛感したのは、今振り返ればよい経験でした。甲子園を目指して野球に打ち込むのは当然ですが、大学に進学する以上、勉強がおろそかになってしまうのは自分の選択肢を狭めてしまいます。そうならないように、隙間時間を見つけ、コツコツ地道に努力を続けました。残念ながら肩の故障もあり、エースになる夢は断念したのですが、先生の「勉強なら東大だって狙えるぞ！」という激励が、うまく気持ちを切り替えさせてくれました。野球部での生活も3年の最後の大会まできっちりやり遂げることができました。川越東で手に入れた確かな自信は今後の人生の大きな糧となってくれることでしょう。

所沢市立向陽中学校出身
東京大学　理科Ⅱ類　西山　和希

2024年度入試要項

試験日　1/22（単願・併願Ⅰ）　1/24（特待生）
　　　　1/25（併願Ⅱ）
試験科目　国・数・英＋面接
　　　　　※特待生入試は面接なし

2024年度	募集定員	受験者数	合格者数	競争率
単願	400	201	200	1.0
特待生		452	233	1.9
併願Ⅰ/Ⅱ		927/246	919/235	1.0/1.0

※定員は理数コース80名、普通コース320名

進学に有利に
併設校あり
芸能系・特殊学科
資格系・技能＆
施設が充実
スポーツが強い
クラブ活発が
情操教育を重視
国際人を養成
自由な校風

卒業生有名人　高梨雄平（読売ジャイアンツ投手）、石井裕也（映画監督）、伊藤賢治（作曲家）

共学 高専短大

クラーク記念国際 高等学校
〈さいたま・所沢キャンパス〉

一人ひとりの「好き」と「得意」を伸ばす
「全日型通信」ならではの柔軟な学習体制で
学力を伸ばし進路実現へ！

SUPER
INDEX
P.76

URL	https://www.clark.ed.jp

普通科

生徒数　約500名（さいたま）
〈さいたまキャンパス〉　〒330-0803
埼玉県さいたま市大宮区高鼻町2-69-5
☎048-657-9160
京浜東北線・埼京線・東武野田線大宮駅
徒歩12分
生徒数　約160名（所沢）
〈所沢キャンパス〉　〒359-0038
埼玉県所沢市北秋津788-3
☎04-2991-5515
西武新宿線・池袋線「所沢駅」東口より
徒歩7分
〈CLARK SMARTさいたま〉　〒330-0803
埼玉県さいたま市大宮区高鼻町1-20-1
大宮中央ビルディング4F
☎048-650-7355
JR線大宮駅　東口より徒歩10分

一人一台iPadを導入し、ICT教育を推進

プロフィール
クラーク博士の志と理念を受継ぐ高等学校

「君よ、大志を抱け」の言葉で有名なクラーク博士の理想を受け継ぐ唯一の学校として1992年に開校。校長はプロスキーヤーの三浦雄一郎。80歳にして自身3度目のエベレスト登頂に成功するなど、「夢・挑戦・達成」を自ら体現している。

環境
全国に広がるクラークの教育

北海道深川に本校を設置。全国、海外に63箇所の拠点を持ち1万人以上の生徒が在籍中。これまで6万人以上の卒業生を輩出。全国規模ならではの学習体制を整える一方、地域のニーズに対応したキャンパスごとの教育も行っている。
＜学習体制＞入学時に中学単元の確認を行う「基礎学力オールチェック」や理解度で授業を分ける「教科別・習熟度別授業」を実施。生徒が担任を選ぶパーソナルティーチャー制度も導入し、一人ひとりに合った学習体制を整備。
＜ICT教育＞全国でiPadを導入。schoolTaktを利用した双方向授業や、Evernoteでのeポートフォリオ制作などを実施。また、小学館・パナソニック・学研などと共同開発したWeb教材が充実。中学校の学び直しから、難関大学への進学対策まで、幅広い学習が可能。

国際化
独自の留学システムが充実

年間500人以上が参加するオーストラリア留学制度が充実。期間は3週間から27ヶ月が選べ、目的やレベルに合わせた留学が可能。現地にクラーク教員が常駐し、政府認定のホームステイ先が用意されている。さらに、ハイレベルな英語を学びたい生徒には、ハワイ提携校での語学留学も可能。また、系列の国際大学IPU New Zealandと連携した専門コースで、より深く英語を学ぶこともできる。

カリキュラム
一人ひとりに合わせた多彩な学習システム

習熟度別の授業と選択式の専攻・ゼミなどがあり、一人ひとりの目標に合わせた学習を行うことができる。
＜さいたまキャンパス＞6つの専攻をもつ「総合進学コース」と、在宅学習中心で高校卒業資格の取得を目指す「単位修得コース」、個別最適型の学習を行う「スマートスタディコース」を設置。総合進学コースでは、「総合進学専攻」「インターナショナル専攻」「サイエンスデザイン専攻」「情報コミュニケーション専攻」「心理コミュニケーション専攻」から自分の好きな専攻を選べる。

さいたまキャンパス（インターナショナル専攻）

＜所沢キャンパス＞毎日学校に通い大学進学を目指す「総合進学コース」と、専門学校と連携し美大進学を目指す「美術デザインコース」の他、「プログラミング専攻」、少人数で学校生活を送る「オンリーワンクラス」、自分のペースで学習できる「スマートスタディコース」、在宅学習中心の「単位取得コース」から選べる。小規模キャンパスならではの環境でしっかり

所沢キャンパス（総合進学コース）

勉強に集中できる。

学校生活
自立した校風キャンパス外でも活動

登校時間	夏	9:00	冬	9:00

1・2年次には、それぞれ夏と冬に北海道体験学習を実施。また、生徒が主体となって生徒会や委員会が設置され、体育祭や文化祭、学校説明会などの行事が企画される。キャンパスによって独自の行事がある場合も。

進路
学校生活が高い評価希望進路への確かな合格

生徒の多くは大学進学を希望。近年の進学先は、早慶上理などの難関大学のみならず、海外大学への進学者も増加している。国公立は、東京大、京都大、東北大、名古屋大、大阪大など多数。これまでの進路実績から獲得した指定校推薦は310校（2020年度）に上り、多くの生徒がコースや専攻での学びを活かした進学先を選択している。

2024年度入試要項（参考）

募集定員	90名（さいたまキャンパス） 30名（所沢キャンパス）
試験日	10/28（第1回推薦）　11/25（第2回推薦） 12/16（第3回推薦）　1/27（第4回推薦・第1回一般）　2/17（第2回一般）　3/9（第3回一般） ※さいたまキャンパス以外はお問い合わせください。
試験科目	＜推薦＞面接（保護者同伴）、作文、基礎学力テスト（国・数・英から1科）　＜一般＞面接（保護者同伴）、作文、学力テスト（国・数・英）

※他に、転・編入試あり

　卒業生有名人　竹内智香（スノーボーダー）、福永春吾（プロ野球選手）、市原隼人（俳優）

埼玉

男子 幼 小 中 高 大 院

慶應義塾志木 高等学校

県下随一の超難関進学校はほとんどが慶應大に推薦入学校外授業もユニーク

普通科
生徒数　729名
〒353-0004
埼玉県志木市本町4-14-1
☎048-471-1361
東武東上線志木駅　徒歩7分

SUPER
INDEX
P.92

URL	https://www.shiki.keio.ac.jp
Web上での合格発表	○

伝統に基づく独立自尊の校風

プロフィール

　1948（昭和23）年に開設された慶應義塾農業高等学校を前身に、1957年、普通高等学校へ転換した。福澤諭吉の建学の精神に基づき、慶應義塾大学進学を前提にした、独自の教育が特徴の高校である。具体的な教育目標として、「塾生としての誇りを持たせること」「基礎的な学問の習得」「個性と能力を伸ばす教育」「健康を積極的に増進させること」の4つを掲げている。

武蔵野の面影が残るキャンパスは緑豊か

環境

　広大なキャンパスは、美しい森や竹林、柿畑など自然がいっぱいで、今なお武蔵野の風趣をとどめる。校舎に隣接する松林や雑木林は、昼休みの散歩にも最適。自然の美しさ、都会を離れた閑静さ、澄んだ空気などは、勉学に励む者にとって最高の環境といえる。屋外温水プールや体育館、6面あるテニスコート、柔剣道場、弓道場と体育施設が特に充実。さらに80人が収容できる合宿所「去来舎」、「有朋舎」「陽光舎」と名付けられたクラブの部室棟もある。「去来舎」という名称は、福澤諭吉のことば“戯れ去り戯れ来る、自ずから真あり”に由来し、また、「有朋舎」「陽光舎」は、生徒からの公募で決められた名前である。蔵書約5万冊の図

大学進学に適した学力の充実と向上

書館や、天体観測室、視聴覚教室など、学習施設も整っている。

自学自習を習慣に全員慶應義塾大へ

カリキュラム

　慶應義塾大への進学を前提とした、特色あるカリキュラムを編成している。「個性と能力を伸ばす」少数教育を実践しており、特に3年次はほとんどの科目が選択制で、生徒は教師のガイダンスを参考にして5科目10単位を履修し、将来の志望に応じた学習活動を通じ、大学における専門教育の準備をすることができる。

　また、2年次には24講座から選択履修する「総合的な探究の時間」があり、言語学習の楽しさを知ると同時に、諸外国・諸民族の歴史や文化、政治、風土などを学ぶ。希望者を対象に学年を越えて放課後、「語学課外講座」も開講。アジア、アフリカ、中東地域を中心に、アラビア語、イタリア語、古典ギリシャ語、古典ラテン語、スペイン語、中国語、ロシア語、フランス語など、24言語を自由に選択できる。

　学期は1学期制だが、指導上の関係で定期試験は年に3回あり、定期試験のあと、成績や生活指導に関する保護者会が開かれている。

個性を伸ばし、自立心を養う多彩な学校行事

学校生活

登校時間	夏	8：30	冬	8：30

　課外教育のひとつである「志木演説会」は、本校ならではの伝統行事だ。福澤諭吉の三田演説会にならったもので、年2回行われており、開講数は今日までで130回を超えている。

　また、1年次には三浦方面、2年次には信州方面、3年次には東北方面への研修・見学旅行を行う予定である。ほかにも各教科主催で、歌舞伎や美術の鑑賞、博物館見学などがあり、学校

分類整理され、目録も完備した利用しやすい図書館

行事は非常に多彩だ。独立自尊の精神に基づいて、クラスマッチや2日間にわたる一大イベント「収穫祭」などは、生徒たちの手で運営される。もちろんクラブ活動も活発で、現在18の運動部、11の文化部が活動している。

慶應義塾大ひとすじ学部で進路を選択

進路

　ほとんど全員が、推薦で慶應義塾大学に入学する。いずれの学部に進学するかは、大学教員による学部説明会を開いて進学指導すると共に、各自の志望と適性、在校時の成績などを考慮した上で、推薦学部が決定される。2023年3月卒業生237名の進学学部の内訳は、文学部13名、経済学部80名、法学部74名、商学部20名、医学部7名、薬学部0名、理工学部33名、総合政策学部2名、環境情報学部5名、看護医療学部0名、その他3名。

2024年度入試要項

試験日　1/23（自己推薦2次）
　　　　2/7（一般1次・帰国生1次）
　　　　2/11（一般2次・帰国生2次）
　　　　※自己推薦1次は書類選考のみ
　　　　※2次はすべて1次合格者のみ
試験科目　国・数・英（一般・帰国生1次）
　　　　　面接（2次）

2024年度	募集定員	受験者数	合格者数	競争率
自己推薦	約40	122	47	2.6
一般	約190	1080	349	3.1
帰国生		61	24	2.5

卒業生有名人　逢沢一郎（衆議院議員）、萩田光雄（作曲家）、大山エンリコイサム（芸術家）

進学に有利

併設校あり

特殊学科＆芸能系＆

技能系＆資格

施設が充実

スポーツが強い

クラブ活動が活発

重視教育を情操

国際人に養成

校風な自由

共学　高　短

国際学院 高等学校

進め自分だけの未来へ！

普通科　総合学科
生徒数　702名
〒362-0806
埼玉県北足立郡伊奈町小室10474
☎ 048-721-5931

SUPER INDEX P.95

高崎線上尾駅　スクールバス10分
宇都宮線蓮田駅　スクールバス15分
ニューシャトル志久駅　徒歩12分

制服 p.(56)

URL	https://jsh.kgef.ac.jp
Web上での合格発表	○

左側帯: 有進学に利/併設校あり/特殊学科&芸術/技能系&資格/施設が充実/スポーツが強い/クラブが活発/情操教育を重視/国際人を養成/自由な校風

日本文化の研修を目的とした敦照殿

プロフィール

個性を尊重し豊かな人間力を育む

　建学の精神である「誠実・研鑽・慈愛・信頼・和睦」を柱に、人格形成と学習力育成を重点目標としている。埼玉県内の高等学校で、初めてユネスコスクールに加盟し、以来ESD（持続発展教育）に取り組んでいる。2018年、国連グローバルコンパクト10の原則への支持を表明し、SDGsが対象としている社会課題の解決を目指している。

　2024年度より中学は募集停止。

カリキュラム

5コース編成

　特徴的な学びとして、社会との関わり方や正しい職業観に基づいた将来設計などを学習する「人生と社会」「産業社会と人間」といった授業がある。それらを経て、自己の興味・関心を基に課題設定し、問題解決能力を養う「卒業研究」を履修。最終的には、卒業研究発表会に向けた指導を行う。

　国公立大・難関私大への現役合格に向けたアドバンスコースは、高度な授業と充実のサポート体制で確かな学力を身につける。各種講習は全員必修。国公立大・難関私大を目指すセレクトコースは、早朝・放課後学習を活用し、着実な学力アップを図る。中堅私大への現役合格に向けた選抜進学コースは、2年次より文理、ビジネス・情報系などの選択が可能で、専門学校進学

や就職など、多様な進路にも対応。中堅私大を目指す進学コースも、2年次より文理、ビジネス・情報系などの選択が可能で、中学の学び直し、基礎学力の定着を徹底して行う。調理技術や専門知識を身につける食物調理コースは、卒業と同時に調理師免許（国家資格）を取得できる。国内外のシェフを招いた調理講習会などで実践力を養う。

食べた人を笑顔にできる料理を

学校生活

海外研修をはじめ多種多彩な学校行事

登校時間　夏 8：30　冬 8：30

　五峯祭（文化祭）や体育祭、芸術鑑賞会や海外研修旅行など、様々な行事に彩られた3年間を過ごすことができる。またユネスコスクールとしての強みである国際ネットワークを活用し、海外校受け入れ事業なども積極的に行っている。その他、部活動も20を超える団体が精力的に活動中。中でも強化指定部の1つである「射撃部」は、全国優勝を何度も達成している強豪校でもある。

進路

一人ひとりの夢実現のためにフルサポート

　併設校の国際学院埼玉短期大学への優先入学制度があるほか、指定校推薦枠がある。AO入試、公募推薦、指定校推薦、一般入試などで、年々大学合格実績が増加している。主な進路先は、東京外語大、東京農工大、埼玉大、群馬大、早稲田大、慶應義塾大、東京理科大、学習院大、明

治大、青山学院大、立教大、中央大、法政大、津田塾大、芝浦工業大、北里大、國學院大、獨協大、群馬県立女子大　ほか。

ひとこと

在校生から受験生にひとこと

　私は、高校卒業と同時に「調理師免許」（国家資格）を取得でき、いち早く業界を目指せる「食物調理コース」入学を決意しました。調理の勉強と高校の勉強の両立は大変ですが、先生や仲間をはじめ、たくさんの支えがあるので頑張ることができています。国際学院は、自然に囲まれた広大なキャンパスにたくさんの笑顔があふれている学校です。学校訪問は必ず新しい発見があるので、気になる学校へは必ず足を運んでください。悔いのない学校選びを応援しています。

バロック調の本館

2024年度入試要項

試験日　1/22（単願推薦）　1/22または23（併願推薦）　2/3（一般）

試験科目　国・数・英（単願・併願推薦）
　　　　　国・数・英＋面接（一般）

2024年度	募集定員	受験者数	合格者数	競争率
推薦 単願/併願	240	144/1134	141/1104	1.0/1.0
一般 単願/併願		9/37	7/26	1.3/1.4

埼玉

共学　小中高大院

埼玉栄 中学校 高等学校

ゆとりある6年間一貫教育
進路に応じたコース制
進学もスポーツも両立できる

普通科　保健体育科（高校）
生徒数　436名（中学）　2762名（高校）
〒331-0078
埼玉県さいたま市西区西大宮3-11-1
☎048-621-2121（中学）
☎048-624-6488（高校）
川越線西大宮駅　徒歩4分
高崎線宮原駅　バス8分西区役所下車

SUPER INDEX P.93

制服 p.55

URL	https://www.saitamasakae-h.ed.jp/		
Web上での合格発表	中　学 ○	高　校 ○	

日本最大スケールのキャンパス

プロフィール

文武技芸四道の第一人者を育てる

数々の栄光に輝く高校に加え、2000年より、進学体制を整えた中高一貫教育を行う中学校が開校した。建学の精神「人間是宝」を具現化する集大成として、国際舞台やオリンピック出場での活躍を視野に据えた「進学日本一」「スポーツ日本一」「文化活動日本一」を目指している。

環境

日本最大級の包容力あふれるキャンパス

ロの字型の設計で明るく、緑に包まれた日本最大の規模を誇るキャンパスには、400人を収容できる大教室、5つの多目的室、3つの情報室、大学進学に特化した進学指導センター、コンビニエンスストア等、充実した施設が整っている。700席を超える食堂では、朝・昼・夜の三食を提供。2022年冬にテニスコートをリニューアル。

カリキュラム

個性を伸ばすゆとりある教育

中高一貫部では6年間を基礎力養成期、応用力確立期、総合力完成期の3つのステップに分けた教育システムにより、ゆとりある6年間一貫教育を目指しており、中3年次に高校の学習内容に入り、独自のカリキュラムを編成している。授業は通常授業と演習授業（0・7時限）の2本立てで、進路、進度に応じた授業を展開する。「医学クラス」では、幅広い視野とコミュニケーションを兼ね備えた医師の育成に重点を置く。「難関大クラス」では、東大など最難関大学進学を目指す。「進学クラス」では、早期に学習習慣を確立し基礎学力を身につけ、国公立大からGMARCHまで、様々な進路に対応するためのカリキュラムを用意。

高校の普通科では、1年次よりα・S・特進の3コースに分かれ、効果的な指導を行う。α、Sは2年次から文系・理系の2コース、特進は文系・理系・アートクラス（芸術系大学進学）の3コースに分かれ、進路実現に向けた充実したカリキュラムを組んでいる。保健体育科では、スポーツに関する深い知識と高度な運動機能を養う。

自分だけの時間割を作成できる7～10時限の放課後選択授業と、進路決定をサポートする進路指導センターで、それぞれの生徒が持つ個性や能力を磨く。

学校生活

数々の栄光に輝くクラブ活動

登校時間	中学	夏季	8：35	冬季	8：35
	高校		8：45		8：45

「埼玉栄」の名を全国に轟かせたのが数々のクラブ活動。陸上競技、体操、バドミントン、吹奏楽、マーチングバンドなど、日本一に輝いたクラブは運動部・文化部共に数え切れないほどである。

学校行事も充実しており、体育祭、文化祭、体験型英語学習（普通科高2）、アメリカ修学旅行（高2）など多彩だ。希望者は夏季休業中に海外語学研修に参加もできる（高1・2）。

進路

年々伸びる進学実績

通常授業と演習授業の2本立てで進路実現をサポート。2023年の合格実績は、大阪大、千葉大、横浜国立大、東京外語大、埼玉大、埼玉県立大、早稲田大、上智大、東京理科大、青山学院大、中央大、法政大、明治大、立教大、同志社大、立命館大など。

2024年度入試要項

中学

試験日　1/10午前・午後（第1・2回）
　　　　1/11午前・午後（第3・4回）
　　　　1/13午前（第5回）
試験科目　国・算・理・社（第1・3・5回）
　　　　　国・算（第2・4回）

2024年度	募集定員	受験者数	合格者数	競争率
第1回進学	50	1884	250	1.4
第1回医学・難関大			684/419	
第2回医学・難関大	10	1498	596/358	1.6
第3回進学	30	674	128	1.5
第3回医学・難関大			180/131	
第4回医学・難関大	10	496	172/149	1.5
第5回進学	20	384	74	1.4
第5回医学・難関大			111/88	

※他に、若干名の帰国生入試（1/13、算＋作文＋面接）あり

高校

試験日　1/22（単願・併願Ⅰ）
　　　　1/23（併願Ⅱ）　1/25（併願Ⅲ）
試験科目　国・数・英
　　　　　※保健体育科は実技あり

2024年度	募集定員	受験者数	合格者数	競争率
α 単願	160	47	41	1.0
α 併願		206/108/60	203/105/54	1.0/1.0/1.1
S 単願	200	116	113	1.0
S 併願		385/126/71	382/103/59	1.0/1.2/1.2
特進 単願	200	201	186	1.1
特進 併願		360/126/61	338/76/33	1.1/1.7/1.8
保健体育 単願	160	230	222	1.0
保健体育 併願		34/16/15	28/7/4	1.2/2.3/3.8

※普通科は、上位コースからのスライド合格者を含む
※他に、若干名の帰国生入試（1/22、国・数・英＋面接）あり

卒業生有名人　貴景勝（力士）、瀬戸大也（競泳選手）、ロイ（モデル）、岩井明愛（ゴルファー）、岩井千怜（ゴルファー）

埼玉
共学 中 高 専

埼玉平成中学校高等学校

「為すことによって学ぶ」
1人ひとりの進路実現を
強力にサポートする3コース制

SUPER INDEX P.93

制服 p.56

URL	https://www.saitamaheisei.ed.jp		
Web上での合格発表	中学	○	高校 ○

■ 普通科（高校）
生徒数　37名（中学）　712名（高校）
〒350-0435
埼玉県入間郡毛呂山町下川原375（中学）
☎ 049-294-8080（中学）
〒350-0434
埼玉県入間郡毛呂山町市場333-1（高校）
☎ 049-295-1212（高校）
東武越生線川角駅　徒歩5〜7分
スクールバスあり

SUPER INDEX P.93

未来につながる3年間

トピックス

埼玉平成高校はすべてのコースで「文武両道」をモットーにしています。全国大会や関東大会へ毎年出場するクラブが多数あり、部活動が大変盛んです。また、1人1人の高い進路希望をバックアップする各種補講や模試、英検・漢検・数検など各種検定対策も万全です。埼玉平成で、かけがえのない高校3年間をより充実したものにし、自分の夢に向かう大きな一歩を踏み出しましょう。（入試広報部）

ゴルフの練習場もある充実した施設

環境

武蔵野の面影を残す、木々の四季の移ろいが印象的な豊かな自然環境である。東武越生線の北側に位置する高校には、教室棟、OA棟、体育館などのほか、「プリムローズホール」と称する学食や泉水庭園を持つ茶室、生徒の憩いの場であるサロン棟が建ち並ぶ。ドームの屋根を持つヨーロッパ調の中学校舎には、コンピュータルームなどの特別教室や体育館、学習室などがある。中・高ともに運動施設も充実しており、陸上グラウンド、サッカー場（人工芝）、野球場、テニスコート（10面）、弓道場などのほか、ゴルフ練習場もある。さらに屋内には、剣道場、卓球場、トレーニングルームなども完備している。

充実のコース制と中高一貫教育

カリキュラム

中学からの入学生は、海外語学研修旅行をはじめ多くの学校行事を体験します。英語は豊富な授業数で4技能を、埼大と連携するSTEM教育で、科学的思考力・論理力を磨きます。

高入生は、各々の個性・能力を生かすコース制。S特進コースは医歯薬系・難関理工系、国公立・難関私立大学を目指す。特進コースはGMARCH等の有名私立大学を目指す。進学コースは指定校推薦やAO、一般入試で有名私立大学を目指す。進学コース・スーパーサッカーも設置。

今、しっかりとした思考力・判断力・表現力を身につけ、主体的に粘り強く仲間と協働して立ち向かっていく力が求められている。教育活動全般を通して、日本語や英語による「表現力」に注力し、各教科で協働学習やグループ学習の実践およびプレゼンテーション活動を行ない、表現力の醸成をし、これからのAI時代に求められる人間力を高める。

国際教育を重視し海外修学旅行を実施

学校生活

登校時間	中学	夏季	8：30	冬季	8：30
	高校		8：35		8：35

クラブは、運動部・文化部合わせて30以上あり、活発に活動している。女子ソフトテニス部やゴルフ部は団体全国優勝をそれぞれ果たしている。他にも、男子ソフトテニス部・硬式テニス部・陸上部・軽音楽部なども全国大会に出場している。近年では、ゴルフ部とサッカー部からプロ選手が3名誕生した。また、国際教育の一環として、中3及び高2で海外への修学旅行を実施（渡航先は社会情勢を考慮し決定）。

さらなる進学実績向上に期待

進路

主な進学先は、東北、東京都立、東京外語、横浜国立、筑波、千葉、電気通信、東京学芸、茨城、埼玉、長崎、群馬、山形、滋賀、信州、高崎経済、東京海洋、防衛大学校、慶應、早稲田、上智、明治、立教、中央、法政、青山学院、学習院、東京理科、同志社、立命館、関西学院、東京経済、明治学院、近畿、麻布、北里、明治薬科、東京薬科など。

2024年度入試要項

中学

試験日　1/10午前、1/13午前〈2科・4科〉
　　　　1/12午後〈STEM〉
　　　　1/12午前、1/20午前、2/6午前〈1科〉
試験科目　国・算または国・算・理・社〈2科・4科〉
　　　　　国・算・英から1科〈1科〉
　　　　　基礎的なプログラミング（STEM）
　　　　　※専願は面接あり

2024年度	募集定員	受験者数	合格者数	競争率
第1回/1科	40/5	136/7	125/6	1.1/1.2
第2回/1科	15/5	16/0	14/0	1.1/−
第3回/STEM	若干/10	2/0	2/0	1.0/−

高校

試験日　1/22（推薦Ⅰ）　1/23（推薦Ⅱ）
　　　　2/4（一般Ⅰ）　3/3（一般Ⅱ）
試験科目　国・数・英（推薦Ⅰ・Ⅱ・一般Ⅰ）
　　　　　国・数・英＋面接（推一般Ⅱ）

2024年度	募集定員	受験者数	合格者数	競争率
単願A1	350	154	154	1.0
併願B1		857	852	1.0
併願B2		99	94	1.1
一般Ⅰ		18	16	1.1

※定員は内部進学を含む

　■卒業生有名人■　佐久間朱莉（プロゴルファー）、佐々木旭（プロサッカー）、長峰祐斗（プロサッカー）

（左欄・縦書き）
有利に進学
併設校あり
芸術＆特殊学科
資格系＆技能系
施設が充実
スポーツが強い
クラブが活発
情操教育を重視
国際人を養成
自由な校風

埼玉

共学 | 小 中 高 大 院

栄北 高等学校

「高い志が君を変える 未来を変える」
どこまでも夢を追い求めよう

SUPER INDEX P.95

制服 p.57

| URL | http://www.sakaekita.ed.jp/ |

普通科
生徒数 1261名
〒362-0806
埼玉県北足立郡伊奈町小室1123
☎ 048-723-7711
埼玉新都市交通(ニューシャトル)丸山駅
徒歩3分
高崎線上尾駅・宇都宮線蓮田駅 各バス

常に創造する心と知性を育てる

プロフィール

2000年4月開校。建学の精神「人間是宝」、校訓「今日学べ」の具現化を教育使命とし、教師は一丸となって教育に取り組んでいる。すべての若者は、無限の可能性を持っており、生徒一人ひとりの可能性を開発し夢を大きく育てていく。2015年度より自動車科の募集を停止。

緑豊かな環境の広大なキャンパス

環境

大宮駅からニューシャトルでわずか15分の丸山駅近くに位置している。付近には、上尾運動公園などがあり、自然に恵まれた環境である。

校内には、普通教室をはじめ、ITルーム、記念館ホール、図書館などが整う。そのほか、体育館やテニスコート、天然芝のベースボールスタジアムなどのスポーツ施設や、食堂などが学生生活をバックアップする。

能力と個性に応じ2科を編成

カリキュラム

普通科では、特類選抜・特類S・特類Aの3類型に分かれ、難関国公立や難関私立大・中堅私立大まで、志望大学に全員が現役合格することを目標に「通常授業」と「演習授業」の二本立

てで生徒の力を大きく伸ばす。通常授業では、完全理解を基本に基礎学力の充実を図り、演習授業では代ゼミの現役講師による演習や本校教員による演習などによって実力を養成、2年次よりそれぞれ文系・理系コースに分かれ、さらに習熟度別・進路別の少人数編成により、生徒と教師が一つになって、一人ひとりの夢を現実のものへと近づけていく。

修学旅行はオーストラリア

学校生活

| 登校時間 | 夏 | 8：40 | 冬 | 8：40 |

クラブは、体育系・文化系合わせて26ある。特にエア・ライフル部は、団体及び個人、男女共に全国大会優勝、自転車部は全国優勝(個人)、空手道部、ダンス部も全国大会出場。

行事も、東京ディズニーリゾートへの遠足、文化祭、体育祭、10月のオーストラリア修学旅行(2年)と、学校生活を彩るものばかり。

各科に応じた進路目標を設定

進路

2023年度大学合格実績(第21期生)
国公立大学：合計36名
東京大1名、北海道大1名、新潟大1名、千葉大1名、東京農工大1名、東京学芸大2名、埼玉大3名 他
早稲田大7名、東京理科大31名、慶應義塾大2名、上智大1名
GMARCH170名 日東駒専21名
大学現役合格率97.4%(卒業生380名)

独自のシステムで真の国際人を育成

国際化

世界がボーダレスになり、グローバル化が急速に進み、ますます重要視される英語力。こうした時代の要求に応え、本場の英語と立派な国際人としての教養を身につけるため、フィリピンセブ島への「短期語学研修制度」や、海外の大学生と本校にて交流する「グローバルスタディズプログラム」を設けている。

2024年度入試要項

試験日 1/22(第1回) 1/23(第2回)
試験科目 国・数・英

2023年度	募集定員	受験者数	合格者数	競争率
特類選抜	100	373/63	373/63	1.0/1.0
特類S	100	418/38	418/38	1.0/1.0
特類A	120	212/23	206/25	1.0/—

※人数は第1回/第2回。スライド合格者を含む

進学に有利
併設校あり
特殊学科 芸術＆
資格系＆技能系
施設が充実
スポーツが強い
クラブ活動が活発
情操教育を重視
国際人を養成
校風自由な

栄東中学校・高等学校

アクティブ・ラーニングで未来を翔ける!! 可能性を広げる豊かな教育環境

普通科(高校)
生徒数 902名(中学) 1461名(高校)
〒337-0054
埼玉県さいたま市見沼区砂町2-77
☎048-667-7700(中学)/651-4050(高校)
☎048-666-9200(中学アドミッションセンター)
☎048-666-9288(高校アドミッションセンター)
JR東大宮駅 徒歩8分

SUPER INDEX P.93
制服 p.55

URL	https://www.sakaehigashi.ed.jp		
Web上での合格発表	中学 ○	高校 ○	

環境 文武両道で心と身体を豊かに

学習施設はもちろん、活発な部活動に応える各種施設が充実。体育館は床面積が5000㎡、1階には柔道場・剣道場・小体育館、2階にはバスケットコート2面のアリーナ、そして3階には650席のギャラリーが備えられている。講堂は700人以上収容可能な観客席のあるホールとなっている。2階建ての図書館は、1階が閲覧室、2階が自習室として、日々生徒の学習活動に利用されている。そのほかにもアーチェリー場、室内温水プール、硬式テニスコート、日本庭園に囲まれた茶室など31ある各部に対応している。

ハード面ばかりでなく、ソフト面の環境も充実。専任教員が生徒一人ひとりの学習・生活面をきめ細やかにサポート・指導している。

カリキュラム 知る・探る・究める アクティブ・ラーニング

中高ともにアクティブ・ラーニング(以下AL)を柱に特色あるカリキュラムを展開している。ALとは能動的・活動的な学習のことで、教師が生徒に知識を伝達する講義形式ではなく、課題研究やディスカッション、プレゼンテーションなど、生徒の能動的な活動を取り入れた授業の総称。

中学には「東大クラス」と「難関大

アメリカAL異文化コミュニケーション

クラス」を設置。東大クラスは、将来に向けて高い目標を掲げることで、幅広く、奥深い学習を行う。難関大クラスもカリキュラムと授業進度は東大クラスと同じである。具体的な取り組みとしては、各教科をはじめ、20年後の履歴書、キャリア教育や授業の中での校内AL。それをステップアップさせ現地調査・研究を目的とした、宿泊を伴う河口湖、京都、オーストラリアへのALと展開していく。様々な教育活動を通して、自立的な学習態度や社会が求める「前に踏み出す力」「考え抜く力」「チームで働く力」を育む。

高校には「東・医」、「α(アルファ)」という2つのクラスが設定され、ALを展開し、部活動に励みながら社会に貢献するために必要な力を身につけることを目標としている。両クラスとも3年間という限られた時間の中で目標を達成するために、2年次から文系・理系および習熟度別に授業クラスが編成される。将来の志望と自らの興味・適性に合わせ、科目を選択できるようになっている。3年次には志望する大学の入試形態に合わせた授業クラスが編成される。最大限の効果が得られるよう、個々の志望に応じた入試対策演習を重ね、第一志望校合格をより確実なものにする。

学校生活 国際社会で活躍できる人材を育成

登校時間	中学	夏季	8:35	冬季	8:35
	高校	夏季	8:35	冬季	8:35

海外ALは中3でオーストラリア、高2でアメリカを訪れる。その他、希望者は短期研修に参加している。

進路 国公立への道を拓く!!

東大をはじめとする最難関大学に多数の合格者を出し、難関大学への現役合格率は首都圏でもトップレベルとなっている。2023年度は東大13名など国

クイズ研究部クイズ全国大会準優勝!! グアム、ニューヨークへ

公立大215名、早稲田143名、慶應77名、上智29名合格。また医歯薬獣系も好調で、217名が合格した。

2024年度入試要項

中学

試験日 1/10または11(A日程)
1/12(東大特待I) 1/16(B日程)
1/18(東大II)
1/11または16(帰国生)

試験科目 国・算・理・社(一般)
国・算＋面接または算・英＋英語
面接(帰国生)

※東大特待Iは算数1教科型も可

2024年度	募集定員	受験者数	合格者数	競争率
A日程10日 難関大/東大	100/40	5522	1625/1966	1.5
A日程11日 難関大/東大		2325	525/696	1.9
東大特待I 4科/算数	30	1151/141	598/34	1.9/4.1
B日程 東大II	40/30	2008/621	870/309	2.3/2.0

※帰国生の募集は若干名

高校

試験日 1/22(第1回) 1/23(第2回)
1/25(特待生選抜)

試験科目 国・数・英(第1・2回)
国・数・英または国・数・理・社(特待生選抜)

※単願は面接あり

2024年度	募集定員	受験者数	合格者数	競争率
第1回 単願/併願		30/1313	19/1217	1.6/1.1
第2回	400	638	565	1.1
特待生 3科/5科		286/339	137/160	2.1/2.1

※定員は内部進学者を含む
※帰国生の募集は若干名(各日程)

卒業生有名人 工藤慎太郎(歌手)、工藤沙織(モデル・タレント)、柳澤明希(東京2020大会アーティスティックスイミング日本代表)

埼玉

共学 幼 中 高

狭山ヶ丘 高等学校付属中学校 高等学校

~生まれつきの能力差なんかない~
充実の学校生活と県内屈指の進学実績
面倒見の良い教育がその原動力

SUPER INDEX P.91

制服 p.53

普通科（高校）
生徒数　161名（中学）991名（高校）
〒358-0011
埼玉県入間市下藤沢981
☎ 04-2962-3844
西武池袋線武蔵藤沢駅　徒歩13分
西武新宿線入曽駅・狭山市駅、JR八高線
箱根ヶ崎駅、東武東上線・JR川越線川越
駅より　スクールバス（無料）

URL	https://www.sayamagaoka-h.ed.jp/		
Web上での合格発表	中学	○	高校	○

ベルーナ

プロフィール 才能を開花させる「自己観察教育」

創立は1960（昭和35）年。「黙想・茶道・対話」という3つの柱を教育の中心に据え、日本や社会を牽引する立派な人間を育てる学校だ。ゼミと呼ばれる多種多彩な補習や講習を展開し、それらは全て学校が運行するスクールバスと同様に無料である。2013年には付属中学校が開校し、併設校にはさやまが丘幼稚園（日高市）がある。

環境 全館冷暖房完備充実した施設

狭山茶の名産地、入間市に位置し、校舎はすべて冷暖房完備。また、夜7時まで自学自習のために開放している自習室、夜9時（中学は7時）まで自習できる特別自習室、2階建ての武道場「攻々館」、弓道場・テニスコート・野球場・サッカー競技場・多目的グラウンドを擁する広大な「総合グラウンド」など様々な施設が整っている。400人収容の講堂や、視聴覚室、理科実験室などの施設も充実。2014年には新体育館が完成、翌年には7階建ての新校舎（300人収容生徒ホール・理科実験室3室・音楽室・図書室・自習室などを含む）も完成し、県内随一の充実した学習環境を誇る。

カリキュラム 高等学校は4つの類系を設置

2013年度新設の中学は、難関国立大学現役合格を実現する6年間一貫教育。中1・中2の基礎力充実期では、補習やきめ細やかな個人指導を行い、主要5教科の確実な理解と応

夜9時まで使用できる自習室

校舎風景

用力を養う。学校生活が学習のみにならないよう、中学では農作業（自分の区画で野菜等を栽培）や軽登山、校外学習・理科実習等を行う。
高等学校は4つの類系。

Ⅰ類（難関国立進学コース）　東京大学をはじめとした最難関国立大学への現役合格を可能にするカリキュラムを設定。進度の早い先取り学習や徹底した問題実践演習を取り入れながら、少数精鋭のクラス編成で学習する。

Ⅱ類（特別進学コース）　難関国公立大学や早慶上理等の難関私立大学への現役合格を可能にするカリキュラムを設定。授業内での教科書の早期学習や多くの問題実践演習に重点を置く。

Ⅲ類（総合進学コース）　多彩な活動を展開しやすい無理のないカリキュラムを設定。着実に学習することを可能にすることで、上位の大学への現役合格を目指す。

Ⅳ類（スポーツ・文化進学コース）　当該スポーツ・文化活動を3年間継続して行う意思のあるサッカー部・野球部・女子バレーボール部・吹奏楽部等の強化クラブ所属の生徒で主に構成され、高い能力を培うだけでなく、私立文系大学への現役合格を目指す。（事前に部顧問との相談が必要）

※Ⅰ～Ⅲ類では入学後、年度ごとに再編成を行う。数字の大きくなる類への変更は、希望のみで可能。Ⅰ・Ⅱ類での次年度継続、さらに数字の小さくなる類への変更は、希望だけでなく所定の学力要件を満たす必要あり。

学校生活 クラブ活動に数多くの実績

登校時間	夏	8：25	冬	8：25

中学ではバスケットボール部やバドミントン部、科学部、家庭科部等が人気がある。

高校ではサッカー・女子バレーボール・野球・陸上・吹奏楽の各部を強化クラブに指定している。野球部は2020年夏季埼玉県高等学校野球大会で優勝し、女子バレーボール部は関東大会に連続出場（8年連続10回）、吹奏楽部も西関東大会に出場している。

学校行事には、体育祭、狭丘祭、中3の修学旅行、高1のスキー教室、高2の修学旅行のほか、ホームステイも体験できる海外語学研修ホームステイ（中・高希望者、カナダや英国）もある。

進路 急速に伸びる進学実績

2023年は、東京大・東北大・東京外語大等国公立44名、早稲田・慶應・上智・東京理科が29名、GMARCHが102名の合格であった。大学への合格は目的ではなく結果ではあるが、全卒業生の難関大学現役合格を目指し、その実現に向け、自学自習の徹底を期している。

2024年度入試要項

中学

試験日　1/10（第1回）　1/12（第2回）
　　　　1/16（第3回）　2/6（第4回）

試験科目　国・算または国・算・理・社または算

2024年度	募集定員	受験者数	合格者数	競争率
第1回/第2回	40/25	87/60	71/45	1.2/1.3
第3回/第4回	15/若干	32/4	22/3	1.5/1.3

高校

試験日　1/22か23か24（推薦）　2/5（一般）

試験科目　国・数・英＋面接

2024年度	募集定員	受験者数	合格者数	競争率
Ⅰ類	80	4/91/0	6/118/0	−/−/−
Ⅱ類	120	15/252/3	15/261/6	1.0/−/−
Ⅲ類	120	69/270/15	61/233/12	1.1/1.2/1.3
Ⅳ類	80	49	49	1.0

※定員は内部進学者80名含む
※人数は単願推薦/併願推薦/一般。スライド合格含む

卒業生有名人　浜谷健司（芸人）

進学に有利に
併設校あり
芸術＆特殊学科
資格＆技能系
施設が充実
スポーツが強い
クラブ活発が
情操教育を重視
国際人を養成
自由な校風

519

共学　中高

自由の森学園 中学校 高等学校

点数による序列化を排除した
ユニークな教育方針で
中高一貫教育を実践

| URL | https://www.jiyunomori.ac.jp |

普通科（高校）
生徒数　251名（中学）　622名（高校）
〒357-8550
埼玉県飯能市小岩井613
☎042-972-3131
西武池袋線飯能駅、八高線・西武秩父線
東飯能駅　各スクールバス15分
八高線高麗川駅　スクールバス25分
青梅線小作駅　スクールバス30分

SUPER
INDEX
P.92

プロフィール
点数序列をやめて「観」の教育を展開

一人ひとりの内なる可能性を尊重し、その能力を最大限に発展、成長させることを教育の理念として、1985年に開校。教育精神に則り、テストの点数や成績という一元的な見方による序列化は一切行っていない。深い知性、高い表現、等身大の体験をもとに、人生観や世界観など（もののみかた）の形成を助ける教育を展開し、自立する力を育成する。

環境
人間性を育む豊かな自然環境

入間川沿いの恵まれた自然環境の中にある広大なキャンパスには、遠隔地の生徒のための寮（寮生約150名）も完備するほか、最新の設備を持つ多目的ホールや、選択講座にも使われる木工室など、ユニークなカリキュラムを実践するための施設も充実している。

カリキュラム
「自由」に考える空間がここにある

いわゆる受験用の知識詰め込み教育は行われていない。各教科は、内容が思い切って整理され、本当に大切な知識を互いに結びつけて総合的に学べるよう、独特の工夫が凝らされている。
そのひとつが「選択講座」で、教科

恵まれた自然環境を生かしたキャンパス

の枠を越えた「学び」の必然性を体感できる多彩な講座が設けられており、「創造と情報」、「サンバ」、「ベンチをつくる」、「韓国講座」など、自然や社会へ学びのグランドを拡大して豊かな感性を培う。
また、恵まれた自然環境を生かして、農作物を作るといった体験教育も実践するほか、芸術的な創造や表現から得られる感動を大切にする教育方針から、音楽や体育、美術の授業にも力が入れられている。

学校生活
様々な行事は自己発見の場

体育祭、学園祭、音楽祭、学習発表会や体験学習といった様々な行事は、集団で取り組む素晴らしさを知り、自分を表現する場となっている。
クラブ活動は、"勝負"や"根性"よりも、自発性や創造性を大切にしている。カバディ、民俗舞踊、人力飛行機部など、ユニークなクラブも多い。
制服はなく、服装も自由である。

進路
それぞれが選択する生き方としての進路

卒業生の約9割が進学（専修・専門学校、浪人生含む）し、4年制大学への進学率は全体の25%ほどである。受験用のカリキュラムは組まれていないが、進学希望者は、それぞれの志望に応じた「自由選択講座」で実力をつけている。また、立教大、和光大、日本大、大東文化大、京都精華大には指定校推薦枠もある。

トピックス
帰国子女も受け入れ開かれた教育を実践

帰国子女の受け入れも積極的に行っており、それぞれの貴重な異文化の体験を生かし、その特性を伸ばして行け

感覚や感受性をも育てる場

るような教育方法をとっている。
また、開かれた教育の実践として、毎年秋に実施される「公開教育研究会」では、本学園における教育活動の実態を全国の親・教師・研究者等に公開し、議論を交わす場としているほか、各界で様々な生き方をしている人を招いた講演会もある。

2024年度入試要項

中学

試験日　1/13（A・B入試）　1/22（C入試①）
　　　　2/3（C入試②）　2/23（C入試③）
試験科目　基礎〈国・算〉＋面接＋授業入試〈理・社・体・音・美より1科〉（A・B入試）
　　　　基礎〈国・算〉＋面接（C入試）

2024年度	募集定員	受験者数	合格者数	競争率
A入試		81	66	1.2
B入試	78	67	23	2.9
C入試①/②		10/38	2/5	5.0/7.6

高校

試験日　1/22（A1単願・A2単願・併願推薦①・一般①）　1/23（B・C単願）　2/3（併願推薦②・一般②）　2/23（一般③）
試験科目　国・数・英より2科＋面接（A1・A2・B単願、併願推薦）　授業入試〈理か社＋美術か体育か音楽〉＋面接（C単願）　国・数・英＋面接（一般）

募集定員	受験者数	合格者数	競争率
140	192	159	1.2

※募集定員の内訳は、A1・A2単願合わせて40名、B単願35名、C単願35名、併願推薦15名、一般15名

　卒業生有名人　星野源（ミュージシャン・俳優）、石原安野（物理学者）

共学　中高大

秀明中学校・高等学校

中学校は「全寮制」
高等学校は「寮制」「通学制」を
選択

SUPER
INDEX
P.93

制服
p.53

普通科（高校）
生徒数　180名（中学）　198名（高校）
〒350-1175
埼玉県川越市笠幡4792
☎049-232-3311（入試室直通）
川越線笠幡駅　徒歩5分

URL		https://shumei.ac.jp		
Web上での合格発表	中学	○	高校	○

プロフィール　調和のとれた全人英才教育を実践

「全寮制」と「中高一貫」「全人英才教育」を三大特色に掲げ、1978（昭和53）年に秀明中学校、その翌年に秀明高等学校が開校した。独自の理念に基づき、知力・体力・精神力を兼ね備えた、調和のとれた全人教育を展開している。

環境　広大なキャンパスに充実した施設群

約6万3000㎡の広大なキャンパス内には、冷暖房完備の3つの寄宿舎のほか、スポーツセンター（温水プール、柔道場、剣道場）とメディアセンター（図書館、コンピュータルーム）など、充実した施設群がある。キャンパスの中心には、ひときわ目を引くシンボルタワー「秀明の塔」がそびえる。

カリキュラム　コース別の徹底指導で大学受験に有利

中1・2から徹底して基礎・基本を身につけさせ、中3・高1では計画学習・自主学習を進め、高2から文系・理系に、高3ではさらに国立・私立に分けて受験科目に合わせた選択授業を取り入れ、難関大学進学を目指す。また、進路目標ごとにコースを設け、中学ではスーパーイングリッシュコース、医進・特進コース、総合進学コース、高校では難関国公立大学進学コース、医学部進学コース、総合進学コー

ス毎の到達度別のクラス編成や、全生徒対象の夏期講習・冬期講習などを行い、きめ細かく面倒を見る学習指導を徹底している。

5教科の学習単元ごとに「級」を設定し、学力がどこまで到達しているかを判定する秀明検定テストを実施。学習成果をたたえて、生徒の意欲を引き出すために「秀明博士」の制度を設け、毎学期、各学年、各教科の成績優秀者に授与する。また、成績の伸長が著しい生徒には躍進賞や努力賞を贈っている。

寮生は、月〜木曜日の毎夕食後に夜9時まで夜間学習がある。予習や復習のほか、少人数制で徹底した問題演習を行う基礎講座や発展講座、高校では大学受験講座も開かれる。

学校生活　中身の濃い学校行事

登校時間	中学	夏季	7：50	冬季	7：50
	高校	夏季	7：50	冬季	7：50

学校行事には、校外学習、体育大会、文化発表会（知泉祭）、強歩大会がある。また、漢字検定・英語検定をはじめ、中学・高校のイギリス研修と、教育に重点を置いた行事も多く見られる。

クラブ活動も活発で、運動部は12、文化部は7あり、早朝のランニングから放課後のトレーニングまで、寮制のメリットを最大限に生かし積極的に活動しており、中でも野球部は、全国高校野球で春・夏2回の甲子園出場を果たし、健闘した。

進路　医歯系大進学率は全国トップクラス

卒業生の数は多くはないが、毎年輝かしい進学実績を上げている。特に、医歯系大学への合格率は全国でもトップクラスで、国公立大学を含め、医学部や難関大学に多数が合格。主な進学先は、東大、北海道大、東北大、名古屋大、東京工業大、筑波大、千葉大、早稲田大、慶應義塾大、上智大など。

トピックス　自由を尊重する寮システム

寮室は感染症予防のため現在全員個室で、受験勉強にも専念できる。放課後は自由時間。月曜日の朝と金曜日の午後は週末に帰宅する生徒のために登下校の時間にゆとりを持たせている。寮は冷暖房完備、安心・安全のための最新セキュリティ・システムを導入。人生経験豊富な寮スタッフが生徒の指導やサポートにあたる。

2024年度入試要項

中学

試験日　12/3（専願）　1/16（一般第Ⅰ期）
　　　　2/10（一般第Ⅱ期）

試験科目　国・算・英＋面接（スーパーイングリッシュ）
　　　　　国・算・英から2科＋面接（医進・特進、総合進学）

2024年度	募集定員	受験者数	合格者数	競争率
スーパーイングリッシュ	20	5/2/0	5/2/0	1.0/1.0/−
医進・特進	60	20/17/1	16/15/1	1.3/1.1/1.0
総合進学		50/15/4	43/12/4	1.2/1.3/1.0

※人数はすべて専願/一般第Ⅰ期/第Ⅱ期
※10名の奨学生募集（12/3）あり

高校

試験日　1/22（単願）　1/22または23（併願）
　　　　2/10（一般）

試験科目　国・数・英（医学部進学コースは
　　　　　数・英・理も可）＋面接
　　　　　※総合進学コースの単願は国・英か
　　　　　数・英＋面接

2024年度	募集定員	受験者数	合格者数	競争率
難関国公立	40	8/1/0	8/1/0	1.0/1.0/−
医学部		6/3/2	6/2/2	1.0/1.5/1.0
総合進学		9/4/0	9/2/0	1.0/2.0/−

※人数はすべて単願/併願/一般
※8名の奨学生募集（1/22）あり
※人数はすべて単願/併願

右端タブ：
進学に有利に
併設校あり
特殊学科＆芸術
資格＆技能系
施設が充実
スポーツが強い
クラブが活発
情操教育を重視
国際人を養成
自由な校風

埼玉

共学　中高大

秀明英光 高等学校

「優れた人物の育成」「充実した大学進学指導」「イギリスでの英語研修」「充実したコンピュータ教育」

普通科
生徒数　908名
〒362-0058
埼玉県上尾市上野1012
☎048-781-8821

SUPER
INDEX
P.93

埼京線指扇駅　スクールバス10分
高崎線上尾駅　スクールバス20分

URL	https://www.shumei-eiko.ac.jp
Web上での合格発表	○

SUPER INDEX P.93

独自のチームティーチング・システム

プロフィール

国際人養成を目指し生きた英語教育を

埼玉県川越市にある秀明学園を母体として、1981年4月に開校。1989年より現在の校名に改称。

特別進学コース（男女）を設置し、国公立・難関私立大への現役合格を目指している。

校訓「知・技・心」をもとに、生徒一人ひとりの資質を伸ばす全人教育を実践している。また、真の国際人養成を目指して独特な英語教育システムを開発しており、生徒が自由に英語を使いこなせるよう指導すると共に、自国の言語・文化に誇りを持ち、理解を深められるよう、国語力の強化にも努めている。

環境

武蔵野の自然の中に整備された学習環境

文教学園都市として発展する埼玉県上尾市の郊外に位置する。広大なキャンパス内には、5階建て校舎2棟をはじめ、2007年に完成した第三校舎には、1階に図書室・美術室、2階にコンピュータ室、eスポーツルームなどがあり、これまでの施設が一新されている。さらに2008年には、最新設備の温水プールや公式戦の行える広さの柔道場・剣道場を備えた5階建てのスポーツセンターが完成。体育館には冷暖房が完備されており、生徒たちが快適な環境で運動ができるよう配慮されている。これまでの大食堂と合わせ、生徒たちが心身ともに充実した学校生活が送れるよう整備された学習環境となっている。このほかに「心の学習」の時間を設け、善と悪の区別や感謝、思いやり、いたわりの心などについて、先人の言葉や新聞記事を題材に教員と生徒が一緒に学んでいる。

カリキュラム

独自のカリキュラムで資質を伸ばす学習指導

普通科3コース制で、それぞれコースごとに進路に合わせたカリキュラムを編成し、2年次からは進路別選択教科制を実施している。実践的英語教育に特に力を入れ、授業時間数は標準より6～10時間多く、「聞く・話す・読む・書く」の4技能に重点を置いた指導をしている。多数の英国人教師が生徒を指導し、英国人教員による授業や日本人教師と2人1組になって教えるチームティーチングの授業は、本校独自のスタイルで行われる。**特別進学コース**は、国公立大、難関私立大への現役合格を目指すため、入学当初から到達目標を明確にした学習指導と、1年次からの大学入試演習で実戦力を育成する。**国際英語コース**は、将来英語を生かした職業につき、国際社会での活躍を希望する生徒のために、少数精鋭のクラス編成で、レベルの高い授業を行う。**総合進学コース**は、学習到達別のクラス編成によって学力の伸長を図り、2年次からは文系・理系に分かれて志望大学への現役合格を目指す。さらに、各週の土曜日に行われる特別指導、放課後補習、夏期・冬期講習のほか、週・月単位のテストを実施するなど、きめ細かな学習指導で全員のレベルアップを目指す。

学校生活

全国レベルで活躍する部も

登校時間	夏	8:30	冬	8:30

部活動は、運動部が15、文化部が12あり、夜間照明が完備された運動場、武道館、温水プール、テニスコート、eスポーツルームなどの充実した施設を利用して、それぞれ活発な活動が行われている。

制服は、男女ともブレザーで、機能性に富み、上品で知的なデザイン。

進路

確かな進路指導で生徒の目標を実現

毎年95％近くの生徒が進学を希望し、2023年3月卒業生の進路状況は、4年制大学57.0％、短大3.3％、専門学校31.6％となっており、系列の秀明大学へも例年進学している。

国際化

イギリスで英語と異文化を学ぶ

1年の希望者を対象に3週間のイギリス英語研修を実施。本校の付属英語研修施設での寮生活で英会話の特別授業を受けるほか、ホームステイやロンドン観光も含まれており国際的な視野を広げる。

2024年度入試要項

試験日　1/22（単願）
　　　　1/23または24（併願）

試験科目　国・数・英から1科＋面接（単願）
　　　　　国・数・英から2科（併願）

※単願…国際英語コースは必ず英語での試験
※併願…国際英語コースは2教科のうち1教科は英語での試験

2024年度	募集定員	受験者数	合格者数	競争率
単願	200	314	313	1.0
併願	200	1744	1737	1.0

※定員は特別進学コース60名、国際英語コース60名、総合進学コース280名

進学に有利

併設校あり

芸術＆特殊学科

資格＆技能系

施設が充実

スポーツが強い

クラブが活発

情操教育を重視

国際人を養成

自由な校風

淑徳与野 中学校 高等学校

女子 幼 中 高 短 大 院

SUPER INDEX P.76

類型別に分かれたカリキュラム
生徒の夢をかなえる3つの約束
1.心の教育 2.国際教育 3.現役合格

普通科（高校）
生徒数　375名（中学）　1055名（高校）
〒338-0001
埼玉県さいたま市中央区上落合5-19-18
☎ 048-840-1035
埼京線北与野駅　徒歩7分
京浜東北線・宇都宮線・高崎線
さいたま新都心駅　徒歩7分

URL	https://www.shukutoku.yono.saitama.jp/		
Web上での合格発表	中学	○	高校	○

プロフィール
仏教の精神をもって教育に当たる

　1892（明治25）年に開校した淑徳女学校を前身とする。1946（昭和21）年、淑徳高等女学校与野分校として設立され、1948年に現在の校名に改称。2005年、淑徳与野中学校を開校した。大乗仏教精神に基づき、「清純・礼節・敬虔」を校訓としている。

環境
交通至便な都市型キャンパス

　さいたま新都心駅・北与野駅から徒歩7分という好立地。新高校校舎が2015年4月に完成。既存の中学校舎と調和した、優美な曲線と緑の多い外観を備えた地上7階・地下1階のスマートスクール。これまでスクールバスを利用していた高校へのアクセスは飛躍的に向上し、中高一貫校として一層連携を深めた学習環境が整った。

カリキュラム
進学希望に添った類型制教育システム

　中学では、高校の内容を先取りした独自の6年一貫カリキュラムを組んでいる。高校では、類型別にカリキュラムが編成されており、生徒の進路希望や学力、適性を考慮して、効果的な学習環境を整えている。
　高校では、類型制教育システムにより、進路の希望を実現させていく。T類は、難関国立の文系・理系学部、国

オーストラリア短期語学研修

公立大学医学部を目指す。1年次から授業と土曜講座でハイレベルなトレーニングを積み上げていく。SS類は、国公立・難関私立大学の理系学部を目指す。2年次からは5科型受験、3科型受験のどちらにも対応できるカリキュラムで学ぶ。SA類は、国公立・難関私立大学の文系学部を目指す。R類は、学校推薦型選抜や総合型選抜で大学進学を目指す。2年進級時にSS類、SA類への変更も可能。MS類も学校推薦型選抜や総合型選抜で文系学部および看護・栄養系の大学を目指す。

学校生活
生徒に人気の土曜講座

登校時間	中学	夏季	8：30	冬季	8：30
	高校		8：30		8：30

　日常のカリキュラムを超えたユニークな「土曜講座」は年間14回実施。中学1年生は台湾海外研修に備えて「中国語」が必修。1年生のもう一コマと他学年は、「スポーツ・舞踊系講座」（ヨーガ、太極拳、ダンスなど）、「趣味・工芸系講座」（茶道、箏曲、手芸など）、「国際教育系講座」（英語ライティング、スペイン語入門など）の3つのジャンル14講座から選択する。高校生は類型によっては補習授業も実施されている。また、著名な文化人を招いた「淑徳文化講座」や「大学授業体験講座」等、教養を深める講座も多彩。さらに、進学に備えた放課後講座、土曜講座、夏季・冬季進学講座も多数開講している。

進路
現役進学率は県内トップクラス

　類型制教育システムにより、進学実績が年々向上している。ほとんど全員が4年制大学進学を希望し、2021年度現役進学率は96.6％。県内でもトップクラスの実績だ。東大、大阪大、東京外語大などの国立大や、早稲田大、慶應義塾大、上智大などの難関私立大への合格者が多い。また、医・歯・薬系

人気の「土曜講座」は自分の好きなものが選べる

大学への進学者も増加している。

国際化
アメリカ修学旅行や7ヶ国での語学研修

　高校では、イギリス短期語学研修が毎年実施されるほか、2年次にはアメリカ修学旅行もある。中学でも2年次に台湾海外研修を実施している。在学中の留学希望者にも、様々な指導・援助を行っている。8カ国の高校と姉妹校提携をしており、韓国、タイ、オーストラリア、ニュージーランド、カナダでも語学研修を行っている。

2024年度入試要項

中学
試験日　1/11（医進特別）　1/13（第2回）
　　　　2/4（第2回）
試験科目　算・理（医進特別）
　　　　　国・算・理・社（第1・2回）

2024年度	募集定員	受験者数	合格者数	競争率
医進特別	25	508	208	2.4
第1回	15/95	1560	920/54	―
第2回	若干/25	―	―	―

※人数はすべて医進コース／特進コース

高校
試験日　1/23（第1回）　2/4（第2回）
試験科目　国・数・英
　　　　　思考力テスト＋英＋面接（MS類）
　　　　　※第1回単願は面接あり

2024年度	募集定員	受験者数	合格者数	競争率
T類	40	278/4	219/1	1.3/4.0
SS類	40	58/7	46/4	1.3/1.8
SA類	40	116/7	97/2	1.2/3.5
R類	40	69/3	65/1	1.1/3.0
MS類	40	32/―	32/―	1.0/―

※人数は第1回/第2回
※他コースからのスライド合格者を含む

卒業生有名人　菅野美穂（女優）、井田寛子（気象予報士）、千種ゆり子（気象予報士）

進学に有利
併設校あり
芸術＆特殊学科
資格＆技能系
施設充実
スポーツが強い
クラブ活発が
情操教育重視
国際人養成
自由な校風

男子 中高大院

城西 川越中学校
大学付属川越高等学校

バランスのとれた人間の育成と
きめ細かな中高一貫教育の実践
ハイレベルな進学指導体制が充実

SUPER INDEX P.93

制服 p.55

普通科（高校）
生徒数　261名（中学）　645名（高校）
〒350-0822
埼玉県川越市山田東町1042
☎ 049-224-5665
埼京線（川越線）・東武東上線川越駅、西武新宿線本川越駅、高崎線桶川駅、東武東上線坂戸駅　各スクールバス

URL		https://www.k-josai.ed.jp
Web上での合格発表	中学 ○	高校 ○

生徒と教員の距離の近さも特徴

有進 利学 にに

併設 あり 校

芸術 特 & 殊 特 学 殊 科

技能 資格 系 & &

施設 充実 がが

スポーツ が 強い

活発 クラブ が

情操 教育 を 重視

国際人 を 養成

自由 な 校風

プロフィール
背骨は、欅（ケヤキ）。
血は、「報恩感謝」。

1972年に城西大学付属川越高等学校を開校。1992年に城西川越中学校を開校し、6年一貫教育で、豊かな人間形成と難関大学への現役合格を目指している。

欅（ケヤキ）は本校のシンボルで、その葉は、校章にも取り入れられている。国家の柱となるような、大樹に育って欲しいという願いがこもっている。

「報恩感謝」は創立者、新藤富五郎の定めた校是である。画一的な教育を避け、個人の特性を見つけ、精神的に豊かな人間の育成を目指した。その流れをくむ現在の教育方針は、「心豊かな人間の育成」と「個性・学力の伸長」。

環境
豊かな環境に
近代的な施設・設備

武蔵野の緑とのどかな田園風景の中に、食堂、トレーニングルームなど、充実した施設・設備が整い、全教室に冷暖房を完備。図書館は夏・冬期休暇中にも開館しており、まじめに一生懸命に勉強する雰囲気が漂っている。

カリキュラム
現役合格を目指し
徹底したカリキュラム

中学では、中高一貫のカリキュラムのもと、主要教科の授業時間を多く配当しており、2年次では、各教科とも中学の学習内容の完成を目指し、3年次には主要5教科で、高校課程の先取り学習を実施する。特

環境に恵まれた川越の地で学校生活がスタート！

選クラスでは、特別プログラムとして、週3日の7時間授業（オンライン）、中学3年次にオーストラリアへのターム留学を盛り込んでいる。総合一貫クラスは、基礎学力の充実を図りながら、グループワークなどで、プレゼンテーション能力、コミュニケーション能力の強化を図っている。また、14日間の海外研修を実施している。

高校は、「中高一貫生」の内進コース、高入生の特別選抜・特進・進学の4コースの生徒が、お互いに切磋琢磨して活気あふれる雰囲気だ。内進コースでは、難関大学への現役合格を目指すハイレベルな進学指導を展開する。特別選抜コースでは、週3回の7時間授業などの特別カリキュラムで最難関大学への現役合格を目指す。特進コースでは、難関国立大学と難関私立大学の受験に充分対応できる学力養成を目標に、全方位型のカリキュラムになっている。進学コースでは、基礎学力の向上を重視し、標準単位を上回る授業時間を確保。個々の生徒に対応したきめ細かな指導を行い、難関私立大学への現役合格を目指す。

各コースとも、1年次では全教科にわたり、基礎から応用へと学力を伸ばし、2年次から理系・文系別の効率的な授業を展開する。3年次ではさらに、受験科目中心のコース選択制（14コース）を導入し、大学受験に的を絞った指導を徹底する。放課後には、希望者を対象に課外講習を実施するほか、夏・冬期休暇中にも講習会を開講するなど、課外授業は非常に充実している。

学校生活
クラブ活動
ボランティア活動を推奨

登校時間	中学	夏季	8：50	冬季	8：50
	高校		8：50		8：50

勉強だけでなく、クラブ活動も活発。テニス、バスケット、サッカー、野球、ラグビー、ハンドボール、陸上競技、軟式野球、吹奏楽、生物、美術、鉄道研究会など。年間30日以上の公演を行う和太鼓『欅』は、全国大会の常連だ。また、体育祭・文化祭・海外研修など、学校行事も多彩。

進路
適切な進路指導で
難関大学に合格

難関大学への合格者が多く、現役進学率、合格率はともに高い。主な進学先は、東京、京都、東北、北海道、筑波、横浜国立、埼玉、早稲田、慶應、青山学院、中央、明治、法政、立教など。また、早稲田、中央、明治など多くの大学に推薦入学枠もある。

2024年度入試要項

中学
試験日　1/10（一貫第1回・帰国生・特選第1回）
　　　　1/11（特選第2回・一貫第2回）
　　　　1/20（一貫第3回）　2/5（一貫第4回）
試験科目　国・算または国・算・理・社（一貫第1・3回・特選第2回）　国・算（一貫第2・4回・特選第1回）　国・算＋面接（帰国生）

2024年度	募集定員	受験者数	合格者数	競争率
特別選抜 1回/2回	約25	147/107	48/65	3.1/1.6
総合一貫 1回/2回	約60	176/83	134/71	1.3/1.2
総合一貫 3回/4回		15/4	7/2	2.1/2.0

※帰国生の募集は若干名

高校
試験日　1/22（帰国生）　1/22または23（単願・併願①）　2/5（併願②）
試験科目　国・数・英＋面接（併願①面接なし）

2024年度	募集定員	受験者数	合格者数	競争率
単願 22日/23日	約245	112/39	110/37	1.0/1.1
併願① 22日/23日		198/115	194/114	1.0/1.0
併願②		7	7	1.0

※定員は内部進学生を含む。内訳は特選コース約40名、特進コース約105名、進学コース約40名
※帰国生の募集は若干名

埼玉

共学 高 大 院

正智深谷 高等学校

現代社会から求められるスキルを身につける
系統コースの再編で21世紀型教育をさらに推進
ゆるぎない人間形成力と新たな創造力

SUPER INDEX P.95

制服 p.57

URL	https://shochi.jp/
Web上での合格発表	○

普通科
生徒数　1137名
〒366-0801
埼玉県深谷市上野台369
☎ 048-571-6032（入試広報室）
高崎線深谷駅　徒歩4分
熊谷・妻沼・寄居・森林公園よりスクールバスあり（無料）

仏教精神に基づく情操教育と国際教育

プロフィール

1952（昭和27）年創立の祥苑編物技芸学院を母体に、1957年に桜ヶ丘女子高等学校が開校。1975年、桜ヶ丘高等学校に改称し共学化、翌年に埼玉工業大学深谷高等学校と改称。2000年には智香寺学園と合併し、2003年に正智深谷高等学校に改称した。「選択・専修」の校訓のもと、建学の精神である仏教精神に基づく、情操豊かな教育を行っている。

豊かな自然の中の最新設備を誇る学校

環境

JR高崎線深谷駅より、徒歩4分という便利な場所にありながら、緑豊かでたいへん静かな環境である。

学校施設の充実にも力を入れており、図書室や視聴覚室、パソコン室、情操教育のための茶道室や華道教室などを完備。体育施設としては、温水シャワー・トレーニング室を併設した冷暖房完備の体育館のほか、野球専用グラウンド、専用人工芝サッカー場、ラグビー専用グラウンド、全天候型テニスコートもある。

個性と夢を育てる

カリキュラム

1年次より2つの類系に分かれる

新館（5号館）

類系選択制を導入。難関国公立大学や国公立医学部医学科を目指す特別進学系Sコース、国公立大学や難関私立大学を目指すHコース、中堅私立大学への現役合格を目指す総合進学系コース・Pコースがある。特別進学系と総合進学系では、年次が進む際に、自分の志望に合わせて、さらに細かい系へと分かれていく。また、きめ細かい進路指導、親身に共に考える生活指導、家庭との円滑なコミュニケーションの3つの教育方針のもとに、勉強に部活に学校行事に積極的に参加し、充実した高校生活を送り"なりたい自分"を見つけることをサポート。さらに、2期制・6日制とし、スタディサプリ、放課後・春・夏・冬期進学講習、0.8時限講習などを実施している。

活発な運動クラブ充実の土曜講座

学校生活

登校時間	夏	8：40	冬	8：40

本校のトップアスリートクラブ（硬式野球・ラグビー・サッカー・男女バスケットボール・男女バレーボール・男女卓球の9種目）は、どのクラブも全国レベルである。2023年度も、男子バスケットボール部、男子バレーボール部、女子卓球部がインターハイに出場するなど、全国大会の常連となっている。トップアスリートクラブ以外にも、全国大会や関東大会に出場している部活は多数ある。軟式野球部、弓道部、山岳部、将棋部が全国大会出場を経験しており、部活動は大変盛ん。運動系の部活が18、吹奏楽部をはじめとする文化系の部活動が13あり、多彩な部活動の中から選択できるようになっている。

学校行事には、情操教育の一環として茶道・華道を行っている。さらに通常授業に加え特進コースで実施されているリスニングテストや海外とオンラインでつないでの英会話、また、普段

の授業ではできない土曜講座を導入し、生徒が将来必要とされる力を身につけられるよう取り組みが行われている。

埼玉工業大学に優先入学

進路

すべての類系から埼玉工業大学への特別推薦入学が可能。さらに併願制度も導入され、埼玉工業大学に合格して他の大学への挑戦もできる。2023年3月卒業生の主な進学先は、横浜国立大、埼玉大、群馬大、新潟大、埼玉県立大、慶應義塾大、明治大、立教大、青山学院大、法政大など。4年制大学現役進学率は78.3％、過去5カ年の国公立大学合格者は100名を超える。

2024年度入試要項

試験日　1/22（単願・併願第1回）　1/23（併願第2回）　2/10（併願第3回）

試験科目　国・数・英＋面接（単願）
　　　　　国・数・英（併願）

2024年度	募集定員	受験者数	合格者数	競争率
単願	360	264	256	1.0
併願1回		824	791	1.0
併願2回		72	68	1.1
併願3回		8	7	1.1

※募集定員はSコース30名、Hコース90名、Iコース120名、Pコース120名

進学に有利に

併設校あり

特殊学科＆芸術

資格＆技能系

施設が充実

スポーツが強い

クラブ活動が活発

情操教育を重視

国際人に養成

自由な校風

卒業生有名人　高坂希太郎（アニメ映画監督）、田﨑俊雄（アテネ五輪・卓球）、内田航平（プロサッカー選手）、ヴァルアサエリ愛（ラグビー日本代表選手）

埼玉

共学　中　高

昌平中学校・高等学校

SUPER INDEX P.96

手をかけ鍛えて送り出す！IB国際バカロレア（MYP・PP）認定校

普通科（高校）
生徒数　331名（中学）　1534名（高校）
〒345-0044
埼玉県北葛飾郡杉戸町下野851
☎ 0480-34-3381
東武日光線杉戸高野台駅　徒歩15分
または直通バス5分
宇都宮線・東武伊勢崎線久喜駅
自転車15分または直通バス10分
東武伊勢崎線和戸駅　自転車8分

URL	https://www.shohei.sugito.saitama.jp		
Web上での合格発表	中学	○	高校	○

インターナショナル・アリーナ

プロフィール　一人一人の進路目標に対応する学習システム

福田学園（福岡県）により時代の要請と地域の期待に応える青年育成のため、1979（昭和54）年4月、東部地区に最初の私立高校として創設。2007年4月、学校法人昌平学園昌平高等学校となる。2010年4月、中学校を開校。

環境　学習と部活動に最適な設備

緑に囲まれた広いキャンパス、全館冷暖房完備の校舎が4つ、食堂、情報処理室、全人工芝の400mグラウンドなどがある。

カリキュラム　きめ細かなコース制充実した学習システム

中学では6年間一貫教育の先取り学習のメリットを存分に生かし、主要5教科の授業時間数は公立の約1.5倍。特に、英語力と国際感覚を養うグローバル教育に力を入れている。2015年度入試より最難関国公立大学を目指す「Tクラス」を新設。また、IBのMYP（中等教育プログラム）を導入し、2017年3月には埼玉県内初のMYP認定校となった。

高校ではコース制を採用。特別進学コースでは、国公立大学受験に対応するカリキュラムを導入。全週6日制で7限授業。ほか週3回の8限目に行う平日講習や個別指導も充実している。2013年度からコース内に「特進アスリートクラス」を

新校舎、新体育館、人工芝グラウンド完成

設置し、文武両道を実現する。2年次からは文・理系とも再編成し、進路に合わせた指導をする。選抜進学コース選抜クラスはG-MARCHや中堅大学を目指す。選抜アスリートクラスは学校指定の部活動で全国制覇を目指しながら大学合格を目指す。2年次には進路に対応したコースに再編成し、"得意を伸ばし、個性を磨く"。2019年度にはIB（国際バカロレア）コースを新設。その他、授業をフォローアップする特別講習、放課後の講習、長期休業中の進学講習、特別進学コースでは学習合宿も行う。英検は生徒全員受験を実施し、TOEIC、TOEIC Bridge、GTECにも挑戦している。

学校生活　3年間の多彩な学園生活

| 登校時間 | 中学 | 夏季 | 8：40 | 冬季 | 8：40 |
| | 高校 | 夏季 | 8：40 | 冬季 | 8：40 |

運動部の実績や文化部の生き生きした活動はもう一つの昌平を表している。インターハイ出場の男子バスケットボール部、男子サッカー部、陸上部、ソフトテニス部、パソコン部などがある。また、昌平祭（文化祭・体育祭）、英語スピーチコンテストなど学校行事も充実。

進路　生徒の自己実現のために徹底サポート

進路指導は、進路ガイダンス、高大連携授業、進路講演会など、3年間を見通した計画を立て、各学年、科目ごとに効果的に行っている（HP参照）。ホームルームでは、担任による丁寧な個別指導を実施。また、模擬試験結果のデータ分析会を開いている。

国際化　見て触れて実感国際化教育

オーストラリアに姉妹校があり、短期交換留学制度がある。学校行事として高2で海外修学旅行があるほか、希望者対象の海外研修旅行（オーストラリア）もある。また、校内には国際感覚が養える「イ

ンターナショナル・アリーナ」があり、ネイティブの教員6名が常駐している。

2024年度入試要項

中学

試験日　12/22（帰国子女）　1/10午前・午後（第1回一般・グローバル・Tクラス）　1/11午前・午後（第2回一般・グローバル・Tクラス）　1/12（第3回一般）　1/13（第3回Tクラス）　2/5（第4回一般）

試験科目　英＋作文＋面接または国・算＋面接（帰国子女）　国・算か国・算・理・社（一般）　国・算・理・社（第1・3回Tクラス）　算（第2回Tクラス）　国・算・英（グローバル）

2024年度	募集定員	受験者数	合格者数	競争率
帰国子女		4	3	1.3
第1回一般/T		163/154	132/123	1.2/1.3
第2回一般/T	130	92/45	66/5	2.0/9.0
グローバル第1回/第2回		24/12	20/7	1.2/1.7
第3回/第4回		47/16	32/2	1.5/8.0
T第3回		66	36	1.8

※帰国子女枠5名を含む

高校

試験日　1/22（単願推薦）　1/22または23（併願推薦）　1/31（一般）

試験科目　国・数・英＋作文＋面接（IB）
国・数・英・理・社（特別進学推薦）
国・数・英（選抜進学推薦、一般）
※単願は面接あり

2024年度	募集定員	受験者数	合格者数	競争率
IB	15	16/2	16/2	1.0/1.0
特別進学	190	642/9	592/4	1.1/2.3
選抜進学	185	274/3	257/3	1.1/1.0

※人数は推薦/一般。スライド合格制度あり。
若干名の帰国子女入試（12/22）あり

進学に有利

併設校あり

芸術＆特殊学科

技資格系＆能

施設が充実

スポーツが強い

クラブが活発

情操教育を重視

国際人を養成

自由な校風

526　卒業生有名人　三遊亭春馬（落語家）

埼玉
男子 中 高

城北埼玉中学校高等学校

受験指導の「本科コース」
体験・探求の「フロンティアコース」

普通科（高校）
生徒数 353名（中学） 594名（高校）
〒350-0014
埼玉県川越市古市場585-1
☎ 049-235-3222
埼京線南古谷駅、東武東上線ふじみ野駅、
西武新宿線本川越駅 各スクールバス

SUPER
INDEX
P.93

制服
p.55

URL	https://www.johokusaitama.ac.jp			
Web上での合格発表	中学	○	高校	○

全国大会出場の実績を持つ剣道部

プロフィール 「大学進学指導」と「人間形成」を柱に

1980（昭和55）年に城北中・高校と建学の精神と教育理念を同じくする男子進学校として開校。2002年に中学校を開校。「着実・勤勉・自主」を校訓として、「人間形成」と「大学進学指導」を2本の柱とした独自の教育を展開。

環境 恵まれた自然環境

緑豊かな自然環境に恵まれた本校の充実した校内外の施設設備は、生徒にとって勉学に励む上での格好のステージといえる。県内トップの進学校であり、遠隔地からの生徒も多い。

カリキュラム 適性や個性を伸ばす独自のカリキュラム

中高一貫教育では、6ヶ年を2年ずつの3つのブロックに分けている。中1・2年次の「基礎力習得期」では「JSノート」を活用し、基礎学力の習得と学習習慣の定着を図る。中3・高1年次の「実力養成期」では学習への探究心を深め、自己の適性や志望への意識を促す。高校2・3年次の「理解と完成期」では第1志望大学の合格を目指し、受験に必要な科目に絞った学習を行う。なお、中学1年から高校2年まで、成績上位者による選抜クラスを設置する。

高校では、「本科コース」と「フロンティアコース」を設置する。本科コースでは2年次に文理分けを行い、3年次で

ネイティブによる英会話授業

は文系I型・文系II型・理系I型・理系II型から志望に合わせたコースを選択する。一貫生とは3年次に混合される。フロンティアコースでは文理融合型で体験学習を取り入れた教育を展開し、発信力を養成する。一貫生も高校進学時にこのコースを選択することができ、1年次からクラスは混合となる。両コースとも授業以外に補習・講習・受験講座を開設し、塾・予備校等に頼らずに必要な学力を身につけられるプログラムが用意されている。

開校以来、教育の特色の一つとして毎授業前に「静座」が行われている。心を整え、物事に対する集中力を高める伝統的な指導法である。

学校生活 限られた時間内で充実のクラブ活動

登校時間	中学	夏季	8：40	冬季	8：40
	高校		8：40		8：40

「生徒に良いものを直に体験させたい」との趣旨で、毎年1回一流のアーティストを招いて芸術鑑賞会を開いている。高校の体育会系クラブでは少林寺拳法部が世界大会銅メダル受賞をはじめ、剣道・陸上・自転車競技部などが好成績をあげている。文化系クラブでは模型部が国際ジオラマグランプリでグランプリ受賞。鉄道研究部は全国高等学校鉄道模型コンテストで5年連続入賞を果たしている。

進路 指定校推薦大学を数多く持つ

卒業生の100％が進学する。2023年春（卒業生225名）は、国公立へ20名が合格した。また、各大学からの指定校推薦も約50の大学より指定を受けている。主な進学先は、茨城、東京農工、埼玉などの国公立大をはじめ、私立大では、早稲田、慶應、東京理科、上智、明治、立教、中央、法政、青山学院、

学習院など。また、医学部医学科にも多数合格している。

国際化 オーストラリア語学研修

中3〜高2の希望者を対象に、8月下旬13日間の語学研修を実施。

2024年度入試要項

中学

試験日 1/10午前（第1回） 1/10午後（特待）
　　　1/11（第2回） 1/12（第3回）
　　　1/18（第4回） 2/4（第5回）
試験科目 算・理か算・英（特待） 国・算・理・社（第1回） 国・算または国・算・理・社（第2・3回） 国・算（第4・5回）

2024年度	募集定員	受験者数	合格者数	競争率
第1回	60	327	280	1.2
第2回	20	255	223	1.1
第3回	40	127	112	1.1
第4回/第5回	若干	40/6	35/5	1.1/1.2
特待	40	341	285	1.2

高校

試験日 1/22（単願・併願I）
　　　1/23（併願II）
試験科目 国・数・英（単願・併願I）
　　　国・数・英か国・数・英・理・社（併願II）

2024年度	募集定員	受験者数	合格者数	競争率
本科単願	200	18	18	1.0
本科併願I/II		67/123	65/120	1.0/1.0
フロンティア単併I/II	40	6/3/6	6/3/5	1.0/1.0/1.7

※定員・受験者数は内部進学者含む

卒業生有名人　八代英輝（国際弁護士）、須藤靖貴（作家）

共学　小中高専大

西武学園文理 中学校 高等学校

普通科　理数科（高校）
生徒数　295名（中学）　871名（高校）
〒350-1336
埼玉県狭山市柏原新田311-1
☎ 04-2954-4080

SUPER INDEX P.91

西武新宿線新狭山駅、西武池袋線稲荷山公園駅、JR線・東武東上線川越駅、JR線・西武池袋線東飯能駅、東武東上線鶴ヶ島駅　各スクールバス

制服 p.55

西武新宿線狭山市駅、新狭山駅　バス

Be the change！
自分の手で、未来は変わる。

URL	https://www.bunri-s.ed.jp/	
Web上での合格発表	中学　○	高校　○

自身の世界を見つけ、可能性を広げる学校

「情報技術を活用して、グローバルな視点から新しい世界を創造できる人」「自ら課題を発見し、多様な仲間と協働しながら解決できる人」「ホスピタリティ精神をもって多様な人間と尊重し合いながら、日本の魅力を発信できる人」を育てたい生徒像として掲げ、特色であるグローバル教育や進学教育に加え、学習者中心型教育にも力を入れる。21世紀に相応しい、生涯にわたって役に立つ力を身につけさせる学校へと進化する。

自然豊かで広大なキャンパス

入間川に面した豊かな自然の中にあり、日差しをたっぷり取り込む明るい教室や、各種実験室、8面のグラウンド、3棟の体育館を有する。さらに、2024年度にはフルサイズの人工芝のグラウンドも着工し、さらに快適な教育環境を整えている。

進路実現を目指した多彩なプログラム

「進学教育」、「グローバル教育」、「人間教育」を中核に据えた教育メソッドを実践。自ら課題を設定し、合意形成が行える能力を育成。中学・高校共に附属校からの内進生と混成クラスで学ぶ。新たな出会いの中で、異なる考えや文

理数科の授業風景

化を持つ人々と相互理解を深める経験を積み重ねる。数学・英語を中心とした習熟度別授業を実施し、生徒一人ひとりのレベルに合わせた授業を展開する。その他にもCA（Creative Activity）やBI（Bunri Inquiry）など、中高それぞれで独自の探究プログラムに力を注ぎ、主体的・協働的に学習する手法を身につける。

多彩な行事やクラブで人間関係を学ぶ

登校時間	中学	夏季	8：30	冬季	8：30
	高校		8：40		8：40

体育祭や文化祭、スキー教室、海外研修旅行、芸術鑑賞、文化教養セミナーなど、中高ともに様々な行事を実施。現在中学では22、高校では33のクラブが活動しており、ライフル射撃部やスキー部などの他校にはない特色あるクラブも有している。

綿密な指導計画と主体的な学習で進路を実現

授業での学習と連携しながら学力の増強を図る各種ゼミナールや成績などの個別データ分析により、生徒一人ひとりに合わせた適切な進路指導を実践。2023年度は東京大、東北大、筑波大、東京外語大など国公立大学に38名、早慶上理48名、GMARCHに138名が合格。

グローバル社会に求められる人材を育成

コロナ禍で中止・延期になっていた各種プログラムが、リニューアルしつつ順次再開している。2023年度の研修旅行（必修）は、中学ではオーストラリアへのファームステイ、高校では普通科はイタリア・沖縄から選択、理数科はシンガポール。その他、中2対象のセブ島語学研修や、中3と高1、2対象のターム留学（3か月）、年間留学制度などの希望制プログラムも充実しており、毎年多くの生徒が参加し

イタリア研修旅行

ている。

生徒主導で学校を変えよう！

2023年度から生徒主導の様々なプロジェクトが進行している。スマホ校則改正や、制服リニューアル、Podcast配信など、これからの学校の在り方を生徒中心に見直している。

2024年度入試要項

中学

試験日　1/10午前（第1回）　1/10午後（特待1）　1/12午前（第2回）　1/13午前（特待2・適性検査型・英語4技能）　1/23午前（第3回）

試験科目　国・算または国・算・理・社（第1・2回）　国・算（第3回）　国・算・理・社（特待1・2）　適性Ⅰ・Ⅱ（適性検査型）　英語Ⅰ・Ⅱ・Ⅲ（英語4技能）

2024年度	募集人数	出願者数	合格者数	競争率
第1回/特待	35/20	777/295	740/171	1.1/1.7
第2回/特待	20/13	216/96	181/60	1.2/1.6
適性/第3回	20/10	523/65	413/56	1.3/1.2
英語4技能	7	19	18	1.1

高校

試験日　1/22（第1回）　1/23（第2回）　1/24（第3回）

試験科目　国・数・英　理・数・英（第3回理数科）　※スペシャルアビリティクラスと海外帰国生は面接あり

2024年度	学則定員	出願者数	合格者数	競争率
普通科	300	777/269/221	775/267/221	1.0/1.0/1.0
理数科	80	25/15/32	25/14/32	1.0/1.1/1.0

※人数はすべて第1回/第2回/第3回

卒業生有名人　大利久美（ロンドン五輪出場・競歩）、梅田陽子（アナウンサー）、ACID MAN（ミュージシャン）

埼玉

共学 中 高

西武台新座 中学校

地球サイズのたくましい 人間力を育成

SUPER INDEX
P.92

生徒数　144名
〒352-8508
埼玉県新座市中野2-9-1
☎ 048-424-5781
東武東上線柳瀬川駅、武蔵野線新座駅
西武線所沢駅　各スクールバス
東武東上線志木駅　バス

URL	https://www.seibudai.ed.jp/junior/
Web上での合格発表	○

グローバル社会で活躍する「たくましい人間力」を育む

2012年開校。一人ひとりがそれぞれの夢を実現するためのチカラを身につけ、社会で通用する幅広い人格の形成を目指す。

「学力教育」「英語教育」「人間教育」が融合した「総合力活用教育」のうえに、「たくましい人間力」の基礎を育む。

希望の実現に適した設備と環境

第1・2校舎に普通教室・実習教室。武陽記念館にはBUYOUホール。武道場・トレーニングルームのある第1体育館・こぶし館（第2体育館）。カフェテリア・部室・図書室・個別学習室（スタディポッド）を備えた生徒会館。

第3校舎には、普通教室・多目的ホール・SACLA（スタジオ型教室）・サイエンスラボ。

「先取り教育」で余裕を持った入試対策が可能

中1より最難関国公立大学・最難関私立大学医歯薬学部の現役合格を目指す「特進選抜クラス」と難関国公立大学・難関私立大学の現役合格を目指す「特進クラス」に分かれ、主要3科目は公立中学の約2倍の授業時間数を確保し、基礎学力の定着を図り、Sタイム（朝の20分授業）→授業→家庭学習という毎日の学習サイクルを通して自立学習を身につける。中3より高校の学習内容を先取りし"わかる授業"と放課後

講習・補習などで理解できるまで徹底的にサポートする。高1進学時に学習状況や進路希望を踏まえ、コース変更を行うことが可能。高2より文系・理系に分かれ、高3は受験対策が中心となる。高校から入学する最上位コース「特進Sコース」の生徒と切磋琢磨しながら希望進路の実現を目指す。

中3の英検取得目標は、3級100%、準2級20%、2級10%。通常授業での英検の問題演習や、面接トレーニング、課外授業での目標級ごとの講座の実施など、英検取得のためのサポートが充実している。また、ALL Englishの授業を、中学では週に1回、高校では週に2回実施している。ネイティブスピーカーに対等に受け入れられる英語の習得を目指す。

また、ICT教育も盛んであり、1人1台のiPadを各教科の学習に活用している。校内には無線LANが完備されているので校内のどの場所ででも直感的かつ論理的な学習が可能となっている。スタジオ型教室SACLAでは、グループ学習やディスカッションなど多彩な授業に対応している。授業・学習支援プラットフォームClassiを導入しているため、WEBテストや学習動画などの利用が可能。学習記録データの蓄積もできる。生徒の自学自習を支えている。

一人ひとりの物語をつむぐ

登校時間	夏	8：20	冬	8：20

宿泊研修、体育祭、文化祭、マラソン強歩大会と寒稽古など学校行事も多彩。オーストラリア人間力研修（中3）やイングリッシュ・グローバルキャンプ（中2）などを実施。

部活動は、サッカー部、新体操部、ラグビー部、陸上部、男子硬式テニス部、女子硬式テニス部、女子バスケットボール部、バトン部、ディベート部、吹

奏楽部、合唱部、電子部。体力や技術の向上だけではなく、自ら考えて行動できるようになるための学びを得ることができる。

手厚い進路指導で志望校合格を後押し

主な進学先は、東京工業大、東京外語大、東京海洋大、東京学芸大、筑波大、茨城大、高知大、早稲田大、上智大、GMARCHなど。手厚い進路指導で、一人ひとりの志望校合格を後押しする。定期的に面談を行うことで、生徒一人ひとりに個別最適化した学びへと導く。また、三者面談プレゼンテーションを実施。担任と保護者に対して学習目標や課題、夢などをプレゼンする。決意を語ることで責任感が生じ、主体的・計画的に学校生活を送れるようになる。

指導プログラムも「Sタイム（朝の20分授業）」「放課後補習」「勉強合宿（中2・3）」「春期・夏期・冬期講習」など豊富である。

2024年度入試要項

試験日　1/10午前・午後（第1回特待）
　　　　1/11午前・午後（第2回特待）
　　　　1/14午前・午後（適性検査型・第1回チャレンジ）
　　　　1/25午前（第2回チャレンジ）

試験科目　国・算または国・算・理・社
　　　　※適性検査型は適性Ⅰ・Ⅱ

2024年度	募集定員	受験者数	合格者数	競争率
第1回/特待	20/10	176/125	100/46	1.8/2.7
第2回/特待	10/10	90/63	65/19	1.4/3.3
チャレンジ第1回/2回	10/10	56/39	42/30	1.3/1.3
適性検査型	10	48	40	1.2

※他に、若干名の帰国生入試（12/10午前・午後、作文（事前提出）＋面接）あり

進学に有利

併設校あり

芸術＆特殊学科

資格系＆技能系

施設充実

スポーツが強い

クラブが活発

情操教育を重視

国際人を養成

校風自由な

共学　中高

西武台 高等学校

未来を見据えた教育で、自己実現をサポート

普通科
生徒数　1498名
〒352-8508
埼玉県新座市中野2-9-1
☎ 048-481-1701
東武東上線柳瀬川駅、武蔵野線新座駅
西武線所沢駅　各スクールバス
東武東上線志木駅　バス

SUPER
INDEX
P.92

URL	https://www.seibudai.ed.jp/
Web上での合格発表	○

学びの中で健康な心と身体を育む

1981年開校。一人ひとりがそれぞれの夢を実現するためのチカラを身につけ、社会で通用する幅広い人格の形成を目指す。

希望の実現に適した設備と環境

第1・2校舎に普通教室・実習教室。武陽記念館にはBUYOUホール。武道場・トレーニングルームのある第1体育館・こぶし館（第2体育館）。カフェテリア・部室・図書室・個別学習室（スタディポッド）を備えた生徒会館。

第3校舎には、普通教室・多目的ホール・SACLA（スタジオ型教室）・サイエンスラボ。

5コース制

生徒一人ひとりのニーズに応えられるように4コース制を2015年度より導入。2023年度よりSTEAMコース新設。

■特進Sコース　国公立大学・難関私立大学に現役で合格することを目標とし、学力の向上にこだわった勉強主体のコース。共通テストをはじめとする、あらゆる入試科目に対応できるようにカリキュラムの編成を行っている。

■選抜Iコース　授業のみでG-MARCHランクの私立大学へ現役で合格すること

を目標としたコース。文武両道を掲げ、放課後はクラブ活動との両立を図ることができる。また、課外講座なども設定されており、充実した高校生活を送ることができる。

■選抜IIコース　日東駒専ランクの私立大学を第一志望とし、現役で合格することを目標としたコース。「授業で分かる」をモットーに、学力の向上を図る。放課後は、クラブ活動や補習などを自主的に選択することで、活気のある日々を送ることができる。

■進学コース　夢の実現に向け、志望する大学・学部へ現役合格をすることを目標としたコース。多岐に渡る進路選択へ対応することができるカリキュラム編成となっており、幅広いニーズに応えることができる。

■STEAMコース　2023年度より新設。主体的に、課題を発見・解決し、想像できる人物の育成を目指す。「INPUT」「OUTPUT」をバランスよく学べるカリキュラム。授業は、生徒が能動的に取り組めるようなつくりになっている。週に2時間（3年次は4時間）のSTEAM特別教育で「本物に触れる」体験ができる。また、多岐にわたる連携企業とのプログラムを実施。単発の出前授業や、中長期的に探究活動の一部の支援を受ける。※STEAM教育とは、科学、技術、工業、芸術・教養、数学の5つの分野を横断的に学ぶ探究的な学習のこと。文系理系の枠を超えて、実社会の問題を創造的に解決する学習で、「生きる力」を養う。

校内のWi-Fi環境の整備や一人1台のiPad、電子黒板の導入がなされている。ICT機器を活用したアクティブラーニング型の授業やeラーニングなどの取り組みが始まっている。授業・学習支援プラットフォーム「Classi」やインターネット学習教材「すらら」を導入しており、生徒の自学自習を支援している。

一人ひとりの物語をつむぐ

登校時間	夏	8：30	冬	8：30

宿泊研修、体育祭、文化祭、マラソン強歩大会と寒稽古など学校行事も多彩。

21の運動部、12の文化部、1つの同好会。特に、サッカー・陸上・野球・柔道・バトン部は全国レベル。

現役で合格する力をつける

2023年度の大学合格実績は、筑波大、東京海洋大、東京外語大、早稲田大、上智大、東京理科大、GMARCH他多数。コースごとに、志望する進路における入試科目に対応したカリキュラムを実施している。

2024年度入試要項

試験日　1/22（単願）　1/23（併願I）
　　　　1/24（併願II）　2/3（一般）

試験科目　国・数・英＋面接

2024年度	募集定員	受験者数	合格者数	競争率
単願/併願	480	241/1458	240/1436	1.0/1.0
一般		75	34	2.2

※募集定員は、特進S 80名、STEAM 30名、選抜I 120名、選抜II 210名、進学40名で、いずれも推薦と一般の合計数

　卒業生有名人　川村陽介（俳優）、河合竜二・片岡洋介（プロサッカー選手）

共学 中 高

聖望学園 中学校 高等学校

キリスト教の教えを活かした
人間教育と進学教育を一体化
心ある頭脳を育む県下有数の伝統校

SUPER INDEX P.90

■ 普通科（高校）
生徒数 129名（中学）　887名（高校）
〒357-0006
埼玉県飯能市中山292
☎ 042-973-1500
八高線東飯能駅　徒歩13分
西武池袋線飯能駅　徒歩15分
東武東上線鶴ヶ島駅・若葉駅・坂戸駅
青梅線河辺駅・小作駅、西武新宿線狭
山市駅　各専用スクールバス

URL	http://www.seibou.ac.jp		
Web上での合格発表	中学	○	高校	○

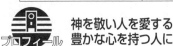
プロフィール
神を敬い人を愛する
豊かな心を持つ人に

1951（昭和26）年、アメリカのルーテル教会の教義に基づくキリスト教主義の学校として発足。キリスト教主義教育を通して、神を敬い人を愛し、正義を重んじ信仰にたつ人間の形成を目的とし、「生きた外国語の能力を持ち、国際感覚にあふれた世界人」「考える力、創造する力に満ちた指導性のある人物」「スポーツを愛好し、健康で良識と行動力を備えた社会人」「勤労に誇りを持ち、自然に親しみ、すべてのことに感謝し、着実な人生を歩む人物」「毎日の生活を大切にして聡明さと協調性とを持って明るく生きる家庭人」の5つを教育目標としている。

環境
落ち着いた
学習環境が魅力

校内には、礼拝堂や特別教室棟、冷暖房完備の体育館、研修所などがあるほか、校外施設として、下川崎と双柳に広大なグラウンドもある。

カリキュラム
個々の能力に合った
コース・クラス編成

中学からの6カ年一貫教育では、総合学力を育成し、大学受験に対応する。高2より文系・理系クラスに分け、進路を意識した専門化教育を行う。中1から

2023年度からの新制服

iPadを持たせ映像教材を活用したICT教育、グローバル教育を実践する。少人数制のきめ細やかな教育が特色で、朝自習や放課後講習、夏・冬期講習などを行い、個々の実力養成に努めている。

高校では、4コース制を2コース制（特進・進学）・4クラス編成に変更し、進学体制を強化。1年次にそれぞれのコースに選抜クラスを設け、学力に応じた指導を行う。1年次の学習の成果で2年次以降、3コース（特進選抜Sコース、特進Eコース、進学Iコース）に分け、より細分化したクラス編成で、きめ細かい適切な指導でそれぞれの目標大学合格を勝ち取る。月曜日から金曜日までに7時間授業が2日、隔週土曜日を授業日とする。放課後ゼミでは多彩な進学講座や教養講座を多数用意している。iPadを使用したWeb教材学習、夜8時まで開放の自習室を活用し、徹底した受験環境を整える。iPadと電子黒板を活用したICT授業は好評である。

学校生活
オーストラリア、ニュー
ジーランドでの国際交流

登校時間	中学	夏季	8：30	冬季	8：30
	高校		8：30		8：30

国際教育に力を入れており、ニュージーランドの短期留学、カナダ・オーストラリアのサマースクールを実施している。また、3カ月のニュージーランドターム留学も好評である。この他にも、中山祭（文化祭）、体育祭、研修旅行、クリスマス特別礼拝、冬季野外研修などの楽しい行事が盛りだくさんだ。

クラブは30以上あり、活発に活動している。特に、野球部は第104回全国高校野球選手権大会（甲子園）に出場した。さらに陸上部のインターハイ出場をはじめ、美術部は全日本学生美術展佳作、山岳部、ダンス部、将棋部、写真部、書道部も全国大会に出場し活躍した。2015年に人工芝グラウンドに変

Web教材

電子黒板を使った
iPad授業の様子

え活動しているサッカー部は、2016年度初のインターハイ出場を決め、次の全国大会目指して練習に励んでいる。

進路
毎年安定した
合格実績

2023年は、名古屋大、東京都立大、埼玉大、埼玉県立大、国際基督大、上智大、東京理科大、海上保安大学校に合格。四年制大学進学率80％と非常に高い。

2024年度入試要項

中学

試験日　1/10（第1回）　1/11（第2回）
　　　　1/12午後（第3回）　1/18（第4回）
　　　　2/3（第5回）

試験科目　国・算または国・算・理・社（第1・3～5回）　適性（第2回）　英＋英語面接またはプレゼンテーション（第4回）

2024年度	募集定員	受験者数	合格者数	競争率
第1回/第2回	35/5	136/416	135/410	1.0/1.0
第3回	20	59	56	1.1
第4回英語/プレ	15	7/7	5/7	1.4/1.0
第4回/第5回	5/若干	17/1	15/1	1.1/1.0

高校

試験日　1/22か23か26（推薦第1～3回）
　　　　2/3（一般）

試験科目　国・数・英

2024年度	募集定員	受験者数	合格者数	競争率
推薦1回		536	534	1.0
推薦2回/3回	300	97/53	96/51	1.0/1.0
一般		9	9	1.0

※募集定員の内訳は、特進コース120名、進学コース180名
※中・高ともスライド合格制度あり

■ 卒業生有名人　秋沢淳子（TBSアナウンサー）、杉山勝彦（作曲家）、鳥谷敬（元プロ野球選手）

有利に進学に
併設校あり
芸術＆特殊学科
資格系&技能
施設が充実
スポーツが強い
クラブ活発が
重視情報教育を
国際人を養成
校風自由な

埼玉

共学 幼中高短大院

東京成徳大学深谷 中学校 高等学校

大学・短大を擁する総合学園
3つのコースで
特性豊かなカリキュラムを実施

普通科（高校）
生徒数　37名（中学）　846名（高校）
〒366-0810
埼玉県深谷市宿根559
☎ 048-571-1303
高崎線深谷駅　スクールバス7分
または徒歩25分
八高線寄居駅・小川駅・児玉駅、秩父鉄
道行田市駅、東武東上線森林公園駅
各スクールバス

SUPER
INDEX
P.95

URL	中学	https://tsfj.jp/		
	高校	https://tsfh.jp/		
Web上での合格発表		中学	○	高校	○

プロフィール

新時代に対応した可能性ある選択

　1963（昭和38）年、東京成徳学園深谷高校として発足。1979年に東京成徳短期大学附属深谷高校となり、1997年より現校名に改称した。併設校に東京成徳大学・短期大学、姉妹校に同大学高校・中学校・幼稚園がある。1995年商業家庭科の募集を停止した翌年、特別進学コースで男子生徒の募集を開始。2002年度から進学コースも男子生徒の募集を始めた。2013年4月、中学校を開校。これまで以上に多様な進路別コース設定で、生徒一人ひとりの夢の実現に情熱を燃やしている。

環境

様々な特別教室4階建ての体育館も

　各教室には冷暖房を完備。背面透過式100インチスクリーン装備の視聴覚教室、最新鋭のパソコンを設置した情報処理室、ピアノ教室、礼法室など、進路別コース制をとっている学校ならではの施設が充実している。English Labや中学専用校舎も新設。

カリキュラム

明確な進路目標に対応する3コース

　中学（中高一貫コース）では、完全習得主義・多角的学習主義・実力重視主義の3つを学習指導のポリシーとして

いる。基礎期（中1・2）、充実期（中3・高1）、応用期（高2・3）に分け、多くの演習や予備校講師による特別講習、夏・冬・春期講習などの受験に直結したプログラムを設けて難関大学合格を目指す。特に英語は段階的に明確な目標を掲げた指導（英検やTOEIC）で実践的な英語力を育成する。中3の希望者を対象に、3ヶ月間のニュージーランド学期留学を実施。

　高校は3コース制。**特進Sコース**は、難関国公立・私立大学合格が目標。週6日制で週3日7時間授業、少人数制授業を実施。長期休業中には勉強合宿や講習も行い、学力上昇を図る。習熟度別授業で苦手科目を克服。**進学選抜コース**は、有名私立大学合格が目標。週6日制、週3日7時間授業（1・2年次）。土曜日は「部活動」か「講習」か選択することができる。**進学コース**は、勉強と部活動の両立を前提に、総合型選抜や学校推薦型選抜で大学進学を目指す。1年次より小論文対策も実施。**保育系**は、保育系の学科への進学を目指す。卒業後は付属の大学子ども学部、短大幼児教育科への進学も可能。

学校生活

制服も部活も充実度満点

| 登校時間 | 夏 | 8：35 | 冬 | 8：35 |

　制服には、知的なかわいさが持ち味のブランド、OLIVE de OLIVEを採用。部活動も充実し、27の団体が意欲的に活動している。中でもダンス部はドリルダンス日本大会に出場し日本一に5回輝いた。チアダンス部も全国大会に出場している。また、パワーリフティング部は世界大会に出場した。学校行事も多彩で、創作ダンス発表会、オーストラリアへの修学旅行やホームステイ等がある。

進路

有利で安心な併設大学・短大進学

　総合学園の長所を活かし、併設の大学・短期大学へは有利な学内推薦で進学できる。また、他大学・他短大への進学者も増加。主な進学先には、埼玉、群馬、早稲田、國學院、明治、東京理科、青山学院、法政、立教、成蹊、武蔵、獨協、日本、東洋などがある。

　就職希望者は年々減少傾向にあるが、不況の中、県内外の優良企業への就職を決めている。

2024年度入試要項

中学

試験日　1/10（第1回）　1/11（第2回）
　　　　1/13（第3回）　1/20（第4回）

試験科目　国・算または国・算・理・社（第1・2回）
　　　　　国・算（第3・4回）

　　　　　※第1・2回は、英語Ⅰ型（英＋リスニング＋国・算）または英語Ⅱ型（英＋リスニング）、第3・4回は英語Ⅱ型も可

2024年度	募集定員	受験者数	合格者数	競争率
第1回／第2回	70	20/13	18/13	1.1/1.0
第3回／第4回		15/12	10/11	1.5/1.1

高校

試験日　1/22（単願推薦・併願①）
　　　　1/23（併願②）　2/2（2月単願・併願）
　　　　3/2（3月単願）

試験科目　国・数・英

　　　　　※単願は面接あり

2024年度	募集定員	受験者数	合格者数	競争率
単願推薦		220	219	1.0
併願①	280	813	795	1.0
併願②		20	14	1.4
2月2日		5	2	2.5

※定員は特進Sコース40名、進学選抜コース80名、進学コース160名
※スライド合格あり

進学に有利に／併設校あり／芸術＆特殊学科／資格系＆技能系／施設が充実／スポーツが強い／クラブ活発／情操教育を重視／国際人を養成／自由な校風

共学 中高大院

東京農業大学第三高等学校附属中学校
高 等 学 校

農大三中・三高は進化しつづけます
Ⅰコース(進学重視)・Ⅱコース(文武両道)
Ⅲコース(スポーツ科学)・中高一貫コース

制服 p.54

普通科(高校)
生徒数　186名(中学)　1324名(高校)
〒355-0005
埼玉県東松山市大字松山1400-1
☎ 0493-24-4611

SUPER INDEX P.93

東武東上線東松山駅、
高崎線熊谷駅・吹上駅・鴻巣駅・上尾駅、
秩父鉄道行田市駅、西武新宿線本川越駅
より
スクールバスあり

URL	https://www.nodai-3-h.ed.jp			
Web上での合格発表	中 学	○	高 校	○

創設者榎本武揚は明治の英傑

プロフィール

　1891(明治24)年に創立した東京農業大学の第三番目の普通科高校として、1985(昭和60)年に開校。2009年に附属中学校が開校した。「不屈・探究・信頼」を校訓に掲げ、建学の精神「いかなる逆境も克服する不撓不屈の精神」「旺盛な科学的探究心と強烈な実証精神」「均衡のとれた国際感覚と民主的な対人感覚」に則り、人間尊重の理念のもとに一人ひとりの個性を伸ばし、健全な精神と実行力に富む国際人の育成を目指している。

名所旧跡にも近い静かな環境

環境

　校内には、武揚会館(生徒食堂・合宿所・部室・トレーニングルーム等)やリアスクリーン方式の視聴覚室、格技場も備えた第二体育館などのほか、パソコン室などがある。また、美術館や文具などを販売する購買部もある。

コース制による効率的な学力伸長

カリキュラム

　中学では、実学教育をベースに学力・進路選択力・人間力を育てることを目標に、基礎力充実期(中1・2)・応用発展期(中3～高2)・進路実現期(高3)に分け、数学の習熟度別授業や学力の定着を確認するサポートテストを実施。

　高校では、特色ある3つのコースで進

進学講習などで学力を確実に定着

路指導の徹底、学力の向上とクラブ活動のさらなる飛躍を目指す。すべてのコースが6時間授業。放課後は部活動、講習などを自分自身で選択でき、今後の大学受験の変化に対応する。

・Ⅰコース(進学重視)　独自のシラバスによる授業展開を行い、主要3教科は先取り授業を実施。5教科7科目に対応したカリキュラムで最難関国立大・首都圏国公立大、最難関私立大への現役合格を目指す。理数探究、グローバル課程を設置。

・Ⅱコース(文武両道)　学習と部活動を両立し、難関大学・東京農大への現役合格を目指す。2年次より文理別クラス編成、3年次は多様な進路に対応する幅広い選択制授業を設置し、効率よく学習に取り組んでいく。

・Ⅲコース(スポーツ科学)　クラブ活動で全国大会、関東大会、県上位の成果を上げ、大学進学を目指す。強化クラブが対象で現在8クラブ(陸上部、野球部、サッカー部、男子バスケットボール部、剣道部、男子ハンドボール部、男子バレーボール部、テニス部)。

　以上3つのコースは、入学試験時に生徒自らが選択するもので、学校側が学力別に分けているわけではない。課外講習(朝・放課後)、夏期・冬期・春期講習、学内塾EdOMなど、充実した学習指導体制のもと、どのコースからも大学進学ができる。また、東京農業大学および東京情報大学の系列大学へ優先入学制度もあり、毎年進学している。

活発な生徒会、クラブ活動

学校生活

登校時間	中学	夏季	8：35	冬季	8：35
	高校		8：35		8：35

　クラブ活動も活発で、全国大会出場経験のある部活動も多数ある。特に運動部は、野球、陸上競技、男子バスケットボール、剣道、サッカー、男子ハンドボール、男子バレーボール、テニスの強化クラブをはじめ、弓道部やチアリーダ

運動部も多方面で活躍し成果を上げている

一部も全国レベルで活躍している。また文化部の文芸百人一首部、吹奏楽部も全国大会に出場している。学校行事も多彩で、海外修学旅行、芸術鑑賞会、校内スピーチコンテストなどがある。

他大学への合格実績も上昇

進路

　併設の東京農業大学と、東京情報大学へは「優先入学制度」がある。また、他大学を受験する生徒も多く、東大、北海道、東京医科歯科、東京外語、群馬(医)、横浜国立などの国公立大や、早稲田、慶應、上智、立教、明治、青山学院などの私立大に進学している。

2024年度入試要項

中学

試験日　12/17(帰国子女)　1/10午前・午後(第1回特待・第2回特待)　1/11(第3回)　1/27(第4回)

試験科目　総合問題〈国・算〉＋面接(帰国子女)　国・算または国・算・理・社(第1・3回)　総合理科またはことば力または世界と日本(第2回)　国・算(第4回)

2024年度	募集定員	受験者数	合格者数	競争率
第1回/第2回	35/15	106/88	99/61	1.1/1.4
第3回/第4回	15/5	46/18	44/17	1.0/1.1

高校

試験日　1/22(推薦Ⅰ)　1/23(推薦Ⅱ)　1/31(一般)

試験科目　国・数・英(推薦)　総合問題〈国・数・英・理・社〉(一般)　※帰国子女入試含む(面接あり)

2024年度	募集定員	受験者数	合格者数	競争率
推薦Ⅰ Ⅰ/Ⅱ/Ⅲ	約400	166/511/71	166/510/71	1.0/1.0/1.0
推薦Ⅱ Ⅰ/Ⅱ		47/146	46/143	1.0/1.0
一般	若干	7	5	1.4

※定員は内部進学含む

卒業生有名人　吉田祐也(陸上競技選手)、三浦紗津紀(サッカー選手)

右端縦タブ：
進学に有利に／併設校あり／芸術&特殊学科／資格&技能系／施設が充実／スポーツが強い／クラブが活発／情操教育を重視／国際人を養成／自由な校風

埼玉

共学　中　高　短　大　院

東邦音楽大学附属東邦第二 高等学校

徹底した個人・実技指導と
大学院までの一貫教育が可能
情操豊かな音楽人を育成

| URL | https://www.toho-music.ac.jp/highschool2/ |

音楽科
生徒数　111名
〒350-0015
埼玉県川越市今泉84
☎ 049-235-2401
埼京線・川越線南古谷駅　スクールバス3
分または徒歩10分
東武東上線上福岡駅　スクールバス

SUPER INDEX P.93

左側の縦タブ：
有利に 進学に
あり 併設校
芸術＆特殊学科
資格＆技能系
充実 施設が
が強い スポーツ
活発 クラブが
重視 情操教育を
養成 国際人を
校風 自由な

 大学院までの一貫した音楽教育 プロフィール

1938（昭和13）年開設の東邦音楽大学を前身とする三室戸学園が、1963年埼玉県川越市に東邦第二高等学校を開校。1969年に音楽科に移行する。開校以来、校舎を大学と共有していたが、2000年に専用の校舎が川越キャンパス内に完成すると共に、校名を東邦音楽大学附属東邦第二高等学校と変更。さらに2003年度から男女共学となった。

中学・高校・短大・大学、さらに大学院という一貫教育を学園の理念とし、生徒一人ひとりの能力、個性、音楽才能を正しく理解し認め合うことを重視し、切磋琢磨の精神で、音楽芸術の研鑽と豊かな人間性を育むことを教育方針としている。

姉妹校に附属東邦高等学校、併設校に附属東邦中学校、東邦音楽大学、東邦音楽短期大学、東邦音楽大学大学院、特別機関として東邦音楽学校、東邦音楽大学総合芸術研究所、東邦ウィーンアカデミーを持つ総合音楽学園である。

 充実した最新設備 環境

豊かな緑に恵まれた約33,000㎡の広大な敷地には、東邦音楽大学と附属東邦第二高校、およびグラウンドがある。校舎は全館冷暖房完備で、レッスン室、

定期演奏会

理科室、家庭科室など近代的な設計がなされており、音楽芸術を学ぶには最適な環境である。2002年に図書館棟、事務本部棟、コンピュータ室、2005年には管弦打練習棟が完成した。このほか、文京キャンパスから移転した、アンティークな外観の「記念校舎」がある。また、2004年には本格的な音楽ホールである「東邦音楽大学グランツザール」が完成し、演奏会が行われている。2008年には、展望レストランを含む16号館が完成した。

校外施設として、自然環境に恵まれた静岡県伊豆に、「大仁学寮」と野外演奏場もある。

 大学教授による徹底した個人指導 カリキュラム

少数精鋭主義による、徹底した個人指導を行っており、東邦音楽大学・短大の教授陣がマンツーマンであたる専攻科の指導をはじめ、教師・講師40名以上で万全な教育体制を整えている。

入学時に声楽、器楽（ピアノ、ヴァイオリン、ヴィオラ、チェロ、コントラバス、フルート、オーボエ、クラリネット、サクソフォン、ファゴット、ホルン、トランペット、トロンボーン、ユーフォニアム、テューバ、打楽器、作曲〈2018年度より新設〉）の中から、主専攻を1科選択し、各専攻ごとに丁寧な個人指導を行い、大学・短大へ進学するための基礎を養う。音楽専門教科としては、音楽理論、演奏法、音楽史、ソルフェージュ、合唱、声楽、器楽の授業を設置し、中でもソルフェージュは、習熟度別クラス編成により、効果的な授業を展開する。

また、「豊かな音楽性とバランスのとれた人間性を育む」という理想実現のため、外国人講師による英会話の授業を行うなど、一般教科にも配慮したカリキュラムを組んでいる。3年次よりドイツ語の授業もある。

音楽芸術を学ぶ環境がそろう校舎

 感動と緊張が同居した演奏会 学校生活

| 登校時間 | 夏 | 8：30 | 冬 | 8：30 |

毎年定期演奏会を開催し、日頃の練習の成果を披露する。これは附属中学・高校・大学・短大の合同演奏会で、みんなで音楽を作り上げる楽しさ、人前で演奏することの喜びや緊張などを経験する場となっている。そのほか、合唱コンクール、卒業演奏会、各学年ごとのクラスコンサートなどもグランツザールで行われる。

 附属大・短大に推薦制度あり 進路

卒業生の多くが併設の東邦音楽大学・短大に進学する。生徒には一般教科、専門教科の成績により推薦資格が与えられる。

2023年度入試要項

募集定員　40名
試験日　1/23（推薦）　2/14（第1回）
　　　　3/15（第2回）
試験科目（推薦）専門実技〈声楽専門は副専攻ピアノも〉＋作文＋面接
　　　　（一般）ソルフェージュ〈聴音または新曲視唱・コールユーブンゲン〉＋専門実技〈声楽専門は副専攻ピアノも〉＋作文＋面接

共学　中高専大院

獨協埼玉 中学校 高等学校

進学重視型カリキュラムの導入で 多様な進路実現をサポート 充実した理想的教育環境

SUPER INDEX P.95

制服 p.57

普通科（高校）
生徒数　511名（中学）　986名（高校）
〒343-0037
埼玉県越谷市恩間新田寺前316
☎048-977-5441
東武スカイツリーラインせんげん台駅
バス7分

URL	https://www.dokkyo-saitama.ed.jp/			
Web上での合格発表	中学	○	高校	○

語学教育が充実

環境 緑豊かな 理想的教育環境

　約8万㎡の広大な敷地に、近代的な施設を備えた校舎が建っている。ロッカールームを完備した普通教室、視聴覚室やLL教室などがある2階建ての特別教室棟、6万冊以上の蔵書がある図書館棟、パソコン42台完備のコンピュータ室などのほか、中学校舎には、自習室や多目的ホールなどがある。また、第2体育館はバスケットコート2面のメインアリーナ、トレーニング室、講義室を備えている。生徒が所有するchromebookは、Wi-Fi環境の整う校内で、どこでも使用が可能となっている。

カリキュラム 個性・進路に応じた 多様な自由選択制

　6ヵ年一貫教育の私学ならではの視点から、中学を、自分の目で見て確認する「知的土台」づくりの3年間、高校を、基礎固めから進路を目指した充実を図る3年間と位置づけている。
　中学では、語学教育を重視し外国人と日本人教師による授業を行い、5ラウンドシステムによる授業展開を行っている。2年次には、国内での疑似留学体験を実施し、学外の施設を利用し、教員、スタッフすべて外国人という環境の中、「英語で過ごす3日間」を全員で体験する。
　高校では1年次は、基礎学力に重点

体育祭

を置いたカリキュラム編成。2年次に文・理に分かれ、3年次には、生徒の個性と自主性に対応した5コース制をとり、進学重視型のカリキュラムになっている。適性や進路により生ずる多様な要求を満たすため、選択教科、学習内容、配当時間等を配慮し、希望実現に向けて一定限度内で自由に科目選択をすることが可能だ。したがって、国公立・私立すべての大学受験に対応できる。

学校生活 感動が友情を育てる 蛙鳴祭と体育祭

登校時間	中学	夏季	8：20	冬季	8：20
	高1		8：20		8：20
	高2		8：25		8：25
	高3		8：30		8：30

　全校をあげて取り組む蛙鳴祭（学校祭）や体育祭、球技大会など、年間を通して行われる多彩な学校行事は、生徒会が中心になって運営している。そのほか、毎年夏休みを利用して、希望者を対象にアメリカなどで語学研修・ホームステイも実施している。
　クラブ活動は学校生活をより充実させる貴重な時間となっており、現在高校では同好会も含め26のクラブがある。

進路 生徒の約2割が 併設大学に進学

　ほぼ全員が進学希望で、その約2割が併設大学に進学。獨協大学、獨協医科大学への推薦入学は、校内成績や出席状況などの条件を満たした上で推薦され、大学の推薦入学試験を受けた後、入学が許可される。また、大学の推薦入試を受験しながら、他大も受験することができる併願推薦の制度もある。国公立大学やGMARCH、成成明学獨國武など。

ひとこと 入試対策部からの メッセージ

　本校の行事・委員会活動等は生徒主体で運営されています。公式Twitterでは、中学・高校のそれぞれの「広報係」の生徒たちが生徒目線で学校の様子を週1回の更新頻度でツイートしています。授業の様子、部活動・同好会の活動状況、行事の実施状況など、校内の様子を生徒主体で発信していますので、本校に興味・関心のある方はぜひフォローをお願いいたします。

2024年度入試要項

中学
試験日　1/11（第1回）　1/12（第2回）　1/17（第3回）
試験科目　国・算・理・社
　　　　　※帰国子女は国 算＋面接（英語・日本語）

2024年度	募集定員	受験者数	合格者数	競争率
第1回	50/50	613/479	420/351	1.5/1.4
第2回	20/20	166/126	86/80	1.9/1.6
第3回	10/10	111/65	70/28	1.6/2.3

※人数はすべて男子/女子
※第1回は武蔵浦和会場での試験あり

高校
試験日　1/22（単願・第1回併願）　1/23（第2回併願）
試験科目　国・数・英＋面接（単願）　国・数・英（併願）

2024年度	募集定員	受験者数	合格者数	競争率
単願	160	119	112	1.1
併願 第1回・第2回		431	401	1.1

※人数はすべて男子/女子

右端タブ（上から）:
進学に有利に / 併設校あり / 芸術&特殊学科 / 資格&技能系 / 施設が充実 / スポーツが強い / クラブが活発 / 情操教育を重視 / 国際人を養成 / 自由な校風

共学　高　専　大

花咲徳栄 高等学校
（はなさきとくはる）

進学コース別カリキュラムの普通科
食育実践科では調理師免許取得
13万㎡の広大な校地が自慢

SUPER INDEX P.96

制服 p.54

普通科　食育実践科
生徒数　1709名
〒347-8502
埼玉県加須市花崎519
☎ 0480-65-7181
東武伊勢崎線花崎駅　徒歩10分

| URL | https://www.hanasakitokuharu-h.info/ |
| Web上での合格発表 | ○ |

左側縦帯：
進学に有利に
併設校あり
芸術&特殊学科
資格系&技能系
施設が充実
スポーツが強い
クラブが活発
情操教育を重視
国際人を養成
自由な校風

第99回全国高校野球全国優勝の野球部

花咲徳栄

プロフィール　個々の可能性を100%開花させる

1982年開校。生徒の将来を考え、内在する可能性を開発するため、独自の教育システムや最新の教育機器を整え、先生と生徒が共に学び生活し、「人間是宝」とする建学の精神と、校訓「今日学べ」を実践している。

環境　緑豊かな瞑想の森と佐藤栄記念会館

施設は、スケール、充実度ともに群を抜いている。普通教室棟のほか、ゼミナール教室棟、コンピュータ教室などが集まる管理・特別教室棟には、最上階にプラネタリウムもある。食育実践科棟には、食育実践科の一般教室や調理実習室のほか、屋上に200ミリ屈折式の天体望遠鏡を設置し、本格的な天体観測もできる。

また、野球・サッカー・アメフト・ラグビーなどが同時にできるグラウンドをはじめ、剣道場や空手道場など、1階から5階まで全館が専用のトレーニング施設になった武道館には、合宿ができる修道場も完備。夜間照明付きでオールウェザーのテニスコート、日本水泳連盟公認の全国でもトップクラスの屋内温水プール、400Mトラックとサッカー場を兼ね備えた第三種陸上競技場(佐藤照子メモリアルスタジアム)もある。さらに、「佐藤栄記念会館」や弓道場のある「瞑想の森」など、施設も充実している。

カリキュラム　コース別の普通科とユニークな食育実践科

生徒一人ひとりの進路希望に応えるため、普通科にアルファコースとアドバンスコースを設置。アルファコースは、医歯薬理系大への現役合格に目標を置いた理数選抜クラス、最難関国公立・私立大進学を目標とする特別選抜クラス、難関国公立・私立大学を目指す文理選抜クラスに分かれ、いずれも演習授業やゼミ学習、サテネット講座などの個別学習が行える進学サポートシステムを導入し、徹底した進学指導を行う。また、アドバンスコースは部活動に打ち込みながら、ゼミ学習を積極的に活用して基礎から実践までの学力を養い、国公立大学・有名私立大学への進学に対応しうる学力を身につける選抜進学クラス、特別進学クラスに加え、幅広い進路に対応できる専門的な知識を養う総合進学クラスがある。総合進学クラスには、2年次より情報・芸術(音楽・美術)・保健体育の専門教科を選択し学習する。

食育実践科は、調理師養成施設として指定を受けているため、卒業と同時に調理師免許を取得できる。

学校生活　活躍目覚ましい部活

| 登校時間 | 夏 | 8:30 | 冬 | 8:30 |

東京ドーム3個分の広大なキャンパスに、運動部29、文化部15の部活動が日本一を目指して努力に花を咲かせている。過去12回の甲子園出場を果たし、2017年夏の選手権大会では全国優勝を成し遂げ、埼玉に初の優勝旗を持ち帰った硬式野球部をはじめ、全国大会で多くの部活動が活躍している。

進路　きめ細かな指導で大学合格者数増加

志望大学への全員現役合格を目指し、きめ細かな指導が実施されており、大学合格者数も年々増加している。2023年大学合格実績は、埼玉、宇都宮、群馬、山形、秋田、琉球、埼玉県立、高崎経済、都留文科、早稲田、東京理科、明治、青山学院、立教、中央、法政、学習院、同志社、立命館、関西学院、成蹊、成城、國學院、獨協、武蔵、芝浦工業、日本、東洋、駒澤、専修など。

ひとこと　在校生から受験生にひとこと

多様な視点で課題を解決し、自分の将来像をしっかりと持つことができます。

兄もこの学校の卒業生です。理系に特化した専門のクラスで学びたいと考え入学しました。一つの科目でも複数の先生方で対応していただき、多様な視点を身につけることができます。放課後は自習に励む仲間と課題解決に取り組み、部活動ではバドミントン部の仲間からも刺激を受けています。目標は国公立大学の教育学部への進学で教員志望です。
(アルファコース理数選抜クラス3年)

2024年度入試要項

試験日　1/22(第1回単願・併願)
　　　　1/23(第2回併願)
　　　　1/29(第3回単願・併願)

試験科目　国・数・英

2023年度	募集定員	受験者数	合格者数	競争率
第1回		2240/87	2178/77	1.0/1.1
第2回	440/80	275/12	256/2	1.1/6.0
第3回		53/0	32/0	1.7/―

※人数は普通科/食育実践科の順
※普通科の募集定員の内訳は、アルファコース140名、アドバンスコース300名

　卒業生有名人　若月健矢(プロ野球選手)、楠本泰史(プロ野球選手)、愛斗(プロ野球選手)

埼玉

共学 高

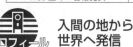

東野高等学校
ひがし の

面倒見宣言
生徒一人ひとりに向き合い伸ばす東野

SUPER INDEX P.91

制服 p.53

普通科
生徒数　1050名
〒358-8558
埼玉県入間市二本木112-1
☎ 04-2934-5292
西武池袋線入間市駅・小手指駅、西武新宿線狭山市駅、八高線箱根ヶ崎駅・東飯能駅、青梅線小作駅、埼京線・東武東上線川越駅、多摩都市モノレール上北台駅、JR・西武拝島線拝島駅　各スクールバス

URL	https://eishin.ac
Web上での合格発表	○

入間の地から世界へ発信
プロフィール

本学園は教育家、丸山鋭雄先生（1888〜1974）の「人間教育と個性の尊重」という教育理念を基に1925年創立。1985年、学園は都下武蔵野市から現在の入間市に移転。

建学の精神として１.知識は第一の宝、２.品行は最高の美、３.忍耐は無上の力を掲げ、2025年度に学園創立100周年、東野高等学校は開校40周年を迎える。2019年度よりインターナショナルⅠクラスが誕生し、知的好奇心を満足させ、将来の活躍の場を世界へと広げていく新しい風が吹く。

グリーン・エコ・スクール
環境

「茶畑に切り妻の新風かおる」と、朝日新聞が本学園を紹介した。さらに記事は「…随所に和風を取り入れたデザインもさることながら、片廊下型校舎という学校建築の常識をくつがえして斬新だった…」と新しい学習環境の学校であることを報じている。

広大なキャンパスには、２階建ての教室群や講堂、体育館、食堂、運動施設等が散在し、人工芝グラウンドも完備。また大きな池や雑木林もあり自然に恵まれている。人類の勝手気ままな効率第一主義ではなく、自然との共生の実現を目指す環境だ。

ホームルームはすべて二階建て

３つのクラスでそれぞれの未来へ
カリキュラム

教育内容の一層の充実発展を目指し、「大学進学」に重点を置いたカリキュラムを編成。特進コース「インターナショナルⅠクラス」「スーパーＳクラス」、進学コース「アドバンスＡクラス」の３クラス制で、生徒一人ひとりの個性や特性を生かしながら細かくサポートする。「インターナショナルⅠクラス」では、４技能を伸ばすオリジナルテキストを用い、社会へ巣立ったあとも国際的に活躍できる力を育成する。「スーパーＳクラス」では、講習や勉強合宿など多彩な学力アッププログラムでチーム力を高め、国公立や難関私立大学への現役合格を目指し、「アドバンスＡクラス」では、基礎力の定着に力を注ぎ、一人ひとりに合った学習方法や機会を提供し、確かな学力を養い中堅私立大学への合格を目指す。

"つながる東野"
学校生活

登校時間	夏	8：45	冬	8：45

生徒一人ひとりの個性を尊重した少人数クラス制を取り入れており、クラスメイトともすぐに打ち解け、また先生方にも質問や相談がしやすく学校全体にアットホーム感が漂う。課外活動に積極的に参加することで交流の場が広がり、スクールバス内や食堂などでも先輩後輩とのつながりが築ける。

進学希望者は95%
進路

卒業生の78％近くが四年制大学・短期大学へ進学し、15％ほどが専門学校に進学する。１年次より、大学のオープンキャンパスへ参加したり、模擬試験を受験したり、将来像をイメージするキャリアガイダンスを実施したりしながら、進路への意識付けを行う。また、２年次には文系・理系の各カリキュラムに沿って学習に励みつつ、志望大学を決定していき

第一志望宣言をする。３年次になると志望大学のレベルへと学力アップを計るための学習指導、生徒一人ひとりに合わせた手厚い進路指導を行っていく。特進コースは一般受験での現役合格を目指し、進学コースは３年生の在籍者数を大きく上回る４年制大学の指定校推薦枠を利用したり、様々な受験形態を検討しながら第一志望校への合格を叶える。

多文化体験の修学旅行&海外語学研修
トピックス

２年生ではカナダへの修学旅行を実施。そのまま１か月から３か月間、ホームステイを延長して語学学校に通いながら、英語力を磨き、現地の学生との交流を楽しむ「中期留学」もある。また、夏休みには、フィリピンセブ島やオーストラリアでの海外語学研修を実施し、ホームステイ先で英語漬けの生活を送ることもできる。

さらには、留学における学費・ホームステイ代の全額を本校が負担するニュージーランド長期海外留学派遣制度もあり、選考された生徒は英語力だけでなく、自主性を高め、グローバル社会で活躍する人材に成長する。

2024年度入試要項

試験日　1/22（前期推薦単願・一般単願）
　　　　1/23か24（前期推薦併願・一般併願）
　　　　2/3（後期）

試験科目　国・数・英

※一般単願は面接あり

2024年度	募集定員	受験者数	合格者数	競争率
特進Ⅰ	35	10/16/5	10/16/5	1.0/1.0/1.0
特進S	105	16/88/18	16/88/18	1.0/1.0/1.0
進学A	210	136/679/208	136/679/208	1.0/1.0/1.0

※人数はすべて1月22日/23日/24日

進学に有利に
併設校あり
芸術&特殊学科
資格&技能系
施設が充実
スポーツが強い
クラブが活発
情操教育を重視
国際人を養成
自由な校風

埼玉

共学 中 高

武南 中学校
高等学校

「自主」「自立」「自学」「協同」の建学の
精神に満ちた21世紀に活躍できる
未来を創造する人材の育成

SUPER INDEX P.76

普通科（高校）
生徒数 143名（中学） 1446名（高校）
〒335-0002
埼玉県蕨市塚越5-10-21
☎ 048-441-6948
京浜東北線西川口駅 徒歩10分

URL	https://www.bunan.ed.jp		
Web上での合格発表	中学	○	高校 ○

健全で個性豊かな人格の育成を目指す

1963（昭和38）年に創立。翌年に共学となり、現在に至る。2013年4月、中学校を開校。「世界に通用する高い学力・知性を養い確固たる人間性の育成」を目標に、生徒の個性を大切に育み、能力を伸ばすことを目指している。高校では学業・スポーツともに特待生制度を設け、意欲的な学生を積極的に奨励するなど、文武両立を目指す健全な学風に人気があり、特に全国優勝の実績を持つサッカー部は県外にも広く知られている。

都心から約30分の立地最新鋭の設備

新宿駅からJRで約25分、最寄り駅（西川口）からは歩いて10分という立地のよさが魅力である。

主だった設備には、PC教室、音響に配慮した音楽室、約3万5千冊の書籍が並ぶ明るい図書室等、最新鋭設備が整っている。中学では全教室に電子黒板を設置、全館に無線LANを配備し、全生徒がiPadを保持している。

高校は特進・選抜・進学の3コース

中学（中高一貫）では、週6日制、7限授業（ノーチャイム制50分）を実施し、中3より高校課程の学習に入る。朝学習や放課後の補習など、フォローアップ指導も徹底している。さらに、

学業・スポーツの特待生制度もある学校だ

平日講習、長期休暇中に学習合宿や特別講習などを行い、実力増強に努めている。

高校はコース制。特進コースは、2年次より理系・文系に分かれ、東大・一橋大・東京工業大などへの合格を目指し、週4日7時間授業など、密度の濃い授業を展開している。

選抜コース・進学コースは、多様化する大学入試（私立大学・国立大学2次試験）に対応し、各自の進路希望を実現させるため、全人教育を目指したカリキュラムを実施している。授業時間は週34時間あり、講習や面談を利用したきめ細かな進路指導に特徴がある。1・2年次に基礎を固め、2年次から希望により文系・理系に分かれ、より深い学習を行う。また、選抜クラスを編成し徹底指導を展開していく。

進路指導部は、学習方法のアドバイスや進路指導を行い、学習や進路に関する悩みなどの相談にのってくれる。

実力派ぞろいの運動部、女子も健闘

登校時間	中学	夏季	8：20	冬季	8：20
	高校		8：30		8：30

文武両立を実践し、同好会や愛好会も含めて部活動が活発で、クラブ数は運動系23・文化系22となっている。ダンス部は全国大会、サッカー部・水泳部・陸上部・柔道部はインターハイ・全国大会・関東大会の常連であり、剣道部・野球部・吹奏楽部は県大会で活躍している。

学校行事も充実。スプリングセミナー（学習合宿）は入学して最初の行事である。高1で歌舞伎鑑賞教室、高2でオペラ鑑賞など芸術鑑賞も実施している。高校の修学旅行はオーストラリア（特進コースは沖縄）を訪れ、中高一貫部では中2でアジア研修、高1でボストン研修を行うなど、現地での生活体験を通して国際感覚を養う。また、地域社会への貢献にも力を注ぎ、生徒会やJRCなどのボランティア活動は積極

サッカー部は、圧倒的な実力を誇っている
的である。

現役進学率は89%国公立大へも進学

ほぼ全員が進学希望で、2023年3月の主な進学先は、東北大、筑波大、東京医科歯科大、千葉大、東京学芸大、埼玉大、お茶の水女子大など。過去3年間合格者数…国公立大は70名。早慶上理36名、GMARCH214名。

2024年度入試要項

中学

試験日 1/10午前・午後（第1回） 1/12（第2回）
　　　　1/20（第3回） 1/27（第4回）
　　　　2/4（第5回）

試験科目 国・算または国・算・理・社または適性（第1回午前・2回） 国・算または国・算・理・社（第1回午後・3回）国・算＋面接（第4・5回）

2024年度	募集定員	受験者数	合格者数	競争率
第1回午前/午後		467/335	357/245	1.3/1.4
第2回/第3回	80	92/74	71/59	1.3/1.3
第4回/第5回		14/6	6/1	2.3/6.0

高校

試験日 1/22（単願） 1/23（併願1）
　　　　1/25（併願2） 2/11（選抜・進学併願3）

試験科目 国・数・英

※選抜・進学の併願3は面接あり

2024年度		募集定員	受験者数	合格者数	競争率
特進	単願	40	15	14	1.1
	併願1/2		95/87	72/67	1.3/1.3
選抜/進学	単願	180	43/174	16/162	2.7/1.1
	併願1		445/400	249/347	1.8/1.2
	併願2	180	152/104	89/73	1.7/1.4
	併願3		8/16	3/4	2.7/4.0

卒業生有名人 池田太（なでしこジャパン監督）、山崎一彦（日本陸上連盟）、設楽義信（日本水泳連盟）

進学に有利
併設校あり
芸術＆特殊学科
資格＆技能系
施設が充実
スポーツが強い
クラブが活発
情操教育を重視
国際人を養成
自由な校風

共学 幼 小 中 高

星野学園中学校
高等学校（共学部）

中高一貫教育を実施
星野だけの独創的教育環境で
難関大学にも挑戦

SUPER INDEX P.92

普通科（高校）
生徒数　521名（中学）　1200名（高校）
〒350-0824　埼玉県川越市石原町2-71-11
☎ 049-223-2888（中学）
☎ 049-222-4489（高校）
東武東上線川越駅、西武新宿線本川越駅
各スクールバス
高崎線宮原駅・熊谷駅、西武池袋線入間市
駅　スクールバス

URL	https://www.hoshino.ac.jp		
Web上での合格発表	中　学	○	高　校	○

文化祭

プロフィール

個性を発揮し、自分で自分を育てる

1897（明治30）年、知性と品位のある自立した近代女性を育成する女子の殿堂として創設した星野塾を母体とし、2000年、共学の星野学園中学校が開校し、2003年度から中学からの一貫生誕生に伴い、星野高校と校名を変更。高校からの募集は共学部と女子部で、別学となる。

環境

勉強に打ち込める環境 最新鋭の設備

総合グラウンドが2つ、体育館が2つ、屋内プールがあるほか、最大1,500名を収容でき、音響や照明の設備を備えたホールもある。ホールでは著名なアーティストを招いての芸術鑑賞を行う。また、自習スペースが充実しており、防音・エアコン完備の小規模スペースや、グループで学習できる広めのスペース、生徒ホールなど、用途や気分によって使い分けることができる。

ICT環境も充実。全生徒が3年間を通して自分専用のタブレット端末（校内無線Wi-Fiネットワークに常時接続）を利用。授業やHR、自宅での利用を通し、各教科の教材や日々の学習記録、総合的な探究活動の作品の保存などに活用している。臨時休校などの際にも速やかにリモート学習に移行するなど、"学びを止めない環境"が整っている。また、全ての普通教室に電子黒板機能とスピーカーを備えたプロジェクタが設置されており、デジタル教材やプレゼンテーションソフトなどの表示に利用している。

ハーモニーホール　大ホール

カリキュラム

効果的な一貫教育と選べるコース制

中学では中高一貫教育を活かし、習熟度別授業や、高校課程の基礎を学ぶ体制など、より大きな成果が得られる総合的カリキュラムとなっている。英語は毎日授業を行いネイティブの教師から生きた英語を学ぶことができる。また最先端のマルチメディア教室を使い高度なコンピュータ学習も行われている。

高校は、3コース制。いずれのコースも2年次に文系クラスと理系クラスに分かれる。S類特進選抜コースは、最難関の国公立大や私立大、医学部への進学を目指し、ハイレベルな授業やテストに取り組む。α選抜コースは、国公立大や難関私立大への進学を目指し、基礎力を確かなものにするとともに発展的な内容を取り入れた授業を展開。βコースは、4年制大学への進学を目指し、基礎を重視した丁寧な指導を行う。

生徒の習熟度に合わせた授業が展開されているほか、土曜日の午後などにも、特別講座が実施され、夏・冬などの長期休業中にも講習を行っている。小論文や英作文の添削指導、面接や口頭試問に向けた対面指導も充実。3年の3学期まで受験をフルサポートする環境が整っている。

学校生活

全入制のクラブ活動 スポーツも盛ん

登校時間	中学	夏季	8：30	冬季	8：30
	高校		8：30		8：30

中高とも、生徒はクラブのいずれかに必ず所属するため、部活ぬきに学校生活は語れない。運動部はインターハイ出場の経験を持つツワモノぞろい。新体操部など、華やかな部も魅力的だ。文化部では、箏曲、百人一首、放送、書道、文芸、新聞、音楽、吹奏楽など、多くのクラブが全国高校総合文化祭において優秀な成績を収めている。

修学旅行はオーストラリア（中3）やイギリス・フランス（高2）で、さらに高校では夏休みを利用して、カナダ・バンクーバーでのホームステイも実施している。

進路

97%以上が大学に現役合格

生徒のほぼ全員が進学希望で、現役合格率も97%以上と非常に高い。過去3年間は東京、一橋、名古屋、大阪、筑波、千葉、横浜国立、お茶の水女子、東京学芸、東京農工、電気通信、東京都立、早稲田、慶應、上智、東京理科などに多数合格している。医歯薬系の大学の進学実績も年々上昇中。詳細は、学校HP参照。

2024年度入試要項

中学

試験日　1/10午前・午後（進学・理数選抜第1回）
　　　　1/11午前・午後（理数選抜・進学第2回）
　　　　1/14（総合選抜）

試験科目　国・算・理（理数第1回）　国・算・理・社（理数第2回）　国・算（進学）　国・算または国・算・英または国・算・理・社（総合選抜）

2024年度	募集定員	受験者数	合格者数	競争率
理数1回		484	158	3.1
理数2回		360	133	2.0
総合	160	162	96	1.7
進学1回		388	281	1.4
進学2回		267	134	2.0

※定員は内部進学60名含む

高校

試験日　1/22（単願）　1/25または26（併願）
試験科目　国・数・英＋面接

2024年度	募集定員	受験者数	合格者数	競争率
単願	250	211	211	1.0
併願	120	613/54	609/52	1.0/1.0

※単願は内部進学学生、併願の合格者にはスライド合格者を含む

進学に有利

併設校あり

芸術&特殊学科

資格&技能系

施設が充実

スポーツが強い

クラブ活発が

情操教育重視

国際人を養成

自由な校風

卒業生有名人　原千華（新体操選手・北京オリンピック代表）等

星野高等学校（女子部）

自主自立の建学の精神のもと
知性と品性を備える凛とした女性を育成
125年を超える伝統校

SUPER INDEX P.92

普通科
生徒数　700名
〒350-0064　埼玉県川越市末広町3-9-1
☎ 049-222-4488

高崎線宮原駅・熊谷駅、宇都宮線東大宮駅、
西武池袋線入間市駅　スクールバス
東武東上線川越市駅　徒歩12分
西武新宿線本川越駅　徒歩14分

URL	https://www.hoshino.ac.jp
Web上での合格発表	○

文化祭

プロフィール
個性を発揮し、自分で自分を育てる

1897（明治30）年、知性と品位のある自立した近代女性を育成する女子の殿堂として創設した星野塾を母体とし、1964（昭和39）年に星野女子高校に改称。2000年、共学の星野学園中学校が開校し、2003年度から中学からの一貫生誕生に伴い、星野高校と校名を変更。高校からの募集は共学部と女子部で、別学となる。

環境
勉強に打ち込める環境最新鋭の設備

春には桜を望み、自然のぬくもりが感じられる生徒ホール「SAKURA」、モダンなカフェの雰囲気漂う多目的ルーム「MOCHA」、白を基調に清潔感にあふれる小講義室「HIKA・Li」、可能な限りガラス張りを取り入れた大講義室「MO・Li」、モダンなレンガづくりの図書館など、伝統と先進が調和した教育環境が整っている。

ICT環境も充実。全生徒が3年間を通して自分専用のタブレット端末（校内無線Wi-Fiネットワークに常時接続）を利用。授業やHR、自宅での利用を通し、各教科の教材や日々の学習記録、総合的な探究活動の作品の保存などに活用している。臨時休校などの際にも速やかにリモート学習に移行するなど、"学びを止めない環境"が整ってい

る。また、全ての普通教室に電子黒板機能とスピーカーを備えたプロジェクタが設置されており、デジタル教材やプレゼンテーションソフトなどの表示に利用している。

カリキュラム
効果的な一貫教育と選べるコース制

3コース制。Ⅲ類特進選抜コースは、2年次より文系・理系クラスに分かれ、最難関の国公立大や私立大、医学部への進学を目指し、ハイレベルな授業やテストに取り組む。**文理特進コース**は、2年次より文系・理系クラスに分かれ、国公立大や難関私立大への進学を目指す。**文理選抜コース**は、2年次より文系・理系クラスに分かれ、4年制大学への進学を目指す。夏・冬・春の長期休業中には講習を実施。また、放課後や土曜午後に実施される受験対策の講習では、小論文の添削指導、面接や口頭試問の対面指導など、生徒と教員が「1対1」で学習する機会も充実。きめ細かい指導で入試まで全教員が最大限サポートする。

学校生活
全入制のクラブ活動スポーツも盛ん

登校時間	夏	8：30	冬	8：30

40を超える多彩な部活動があり、音楽部、百人一首部、箏曲部、女子バスケットボール部といった末広キャンパスで活動するクラブはもちろん、その他の運動部や吹奏楽部などの石原キャンパスで活動するクラブへの入部も可能。

修学旅行はイギリス・フランス（高2）で、さらに希望者は夏休みを利用して、カナダ・バンクーバーでのホームステイも実施している。

ハーモニーホール　大ホール

進路
97％以上が大学に現役合格

生徒のほぼ全員が進学希望で、現役合格率も97％以上と非常に高い。過去3年間は東京、一橋、名古屋、大阪、筑波、千葉、横浜国立、お茶の水女子、東京学芸、東京農工、電気通信、東京都立、早稲田、慶應、上智、東京理科などに多数合格している。医歯薬系の大学の進学実績も年々上昇中。詳細は、学校HP参照。

2024年度入試要項

試験日　1/22（単願）　1/25または26（併願）
試験科目　国・数・英＋面接

2024年度	募集定員	受験者数	合格者数	競争率
単願	120	89	86	1.0
併願	160	322/36	322/35	1.0/1.0

※スライド合格者を含む

　卒業生有名人　宇津木妙子（元ソフトボール日本代表監督）等

埼玉

共学 幼 中 高

細田学園 中学校 高等学校

伝統ある雰囲気の中で
グローバルな新しい教育
時代を先駆けるキミに—

SUPER INDEX P.92

制服 p.54

URL	https://www.hosodagakuen.jp/		
Web上での合格発表	中学	○	高校	○

普通科（高校）
生徒数　101名（中学）　1279名（高校）
〒353-0004
埼玉県志木市本町2-7-1
☎ 048-471-3255
東武東上線・有楽町線志木駅　徒歩15分

シンガポールにてマーライオンを背景に記念写真

プロフィール
校舎建て替えで 新キャンパスへ

　1921（大正10）年、細田裁縫女学校開校。1999年に男女共学化し、現校名に改称。2016年度より食物科の募集停止。2019年4月、細田学園中学校が開校。「愛と奉仕」を建学の精神に、高い人間性を養うとともに、絶対的な学力を習得することで、未来というフィールドを切り開く力を養成する。最新の設備を取り揃えた快適な教育環境と安全・安心を兼ね備えた校舎が2015年に完成（1期工事完了）。
▶通学割合…埼玉87％　東京10％　その他3％

カリキュラム
実力を伸ばす 進路別カリキュラム

　普通科には5コースを設置。特進Hコースは最難関国公立大学、特進コースは難関国公立、早慶等の最難関私大へ、選抜Gコース・選抜Lコースは国公立・GMARCH等の難関大学へ、進学αコースは有名私立大学への現役合格が目標。大学毎の受験傾向を分析したプロジェクトチームによる高度で効率的な授業を展開。無駄のない学習によって確実に成果を上げている。また、文科省指定の独自科目FDCは、他校にない独自科目である。
　中学では、dots（原体験）教育を通して、「未来創造力」、「国際力・英語力」、「人間力」の3つの力を培っていく。ま

新校舎

た、留学制度が充実している。

学校生活

夢の実現

登校時間	夏　8：20	冬　8：20

　運動部の活躍がめざましく、春高バレー・インターハイ出場のバレー部のほか、硬式野球部やサッカー部も活躍している。文化部ではサイエンス部、数理部、パソコン部など、18の部活が活発に活動している。行事はイベント盛りだくさんの白梅祭、体育祭をはじめ、新入生歓迎会、歌舞伎鑑賞会など多彩。

進路

きめ細やかな指導 で進学者増加

　進路については、最新のデータをもとにきめ細かな個別指導を行っており、卒業生（普通科）のほぼ100％が進学を目指している。
【指定校推薦】東京理科大、立教大、獨協大、成城大、武蔵大、東京医療保健大、東京電機大、女子栄養大、日本大、東洋大、国士舘大、城西大、大妻女子大、立正大、亜細亜大など。

国際化

シンガポール・マレーシア ハワイへ

　高校2年の10月に4泊5日の日程でシンガポール・マレーシアもしくはハワイから選択し国際体験学習を実施、同世代の生徒と交流することで、異文化を肌で感じ、相互理解を深める貴重な体験の場となっている。

トピックス

学校からの メッセージ

　次世代の世界、日本を担う人材を育成します。そのためには、「絶対的な学力」と「未来を描く力」が必要であると考えます。緻密な分析と入念な計画から進捗確認を徹底し、確実な学力向上を実現しています。また、本校独自の教科FD、白梅祭、部活動などで、人間性を高め、考える力を養成していきます。
　夢を実現できる環境がココにあります。意欲あふれる生徒を歓迎します。

2024年度入試要項

中学

試験日　12/1（第1回帰国生）　1/5（第2回帰国生）　1/10午前・午後（第1回一般・dots、第1回特待）　1/12（第2回一般・第2回特待）　2/4（第3回一般）

試験科目　英〈エッセイライティング〉＋面接〈英語・日本語〉または英〈筆記〉・国か算＋面接（帰国生）　国・算・理・社（一般第1・3回、特待生第2回）国・算・理・社または国・算・英（一般第2回）　国・算・理・社または国・算（特待生第1回）　適性または適性＋グループワーク＋面接（dots）

2024年度	募集定員	受験者数	合格者数	競争率
一般 第1回/第2回	40/20	158/73	120/39	1.3/1.9
一般 第3回	5	7	3	2.3
dots	20	151	130	1.2
特待生 第1回/第2回	15/15	80/10	9/2	9.9/9.5

※帰国生の募集は若干名

高校

試験日　1/22（指定校推薦、第1回）
　　　　1/23（第2回、奨学生）

試験科目　面接（指定校推薦）
　　　　　国・数・英（第1・2回、奨学生）

2024年度	募集定員	受験者数	合格者数	競争率
第1回	410	734	725	1.0
第2回		203	199	1.0
奨学生		61	24	2.5

※人数はすべて単願/併願
※定員は、特進H60名、特進90名、選抜G40名、選抜L120名、進学α100名
※合格者数にはコース変更、スライド転科合格者を含む

進学に有利 併設校あり

芸術＆特殊学科

資格系＆技能系

施設が充実

スポーツが強い

クラブ活動が活発

情操教育重視

国際人を養成

自由な校風

541

埼玉

共学　中　高

本庄第一 中学校 高等学校

進路適合のカリキュラム
可能性の追究をフォロー
未来を応援する伝統校

■ 普通科（高校）
生徒数　130名（中学）　1033名（高校）
〒367-0002
埼玉県本庄市仁手1789
☎ 0495-24-1331

SUPER INDEX P.95

高崎線本庄駅、神川、児玉、深谷、熊谷、上里、秩父・影森、小鹿野・皆野・長瀞方面、寄居・美里、妻沼、藤岡、玉村・伊勢崎、太田・尾島方面など　各スクールバス

URL	https://www.hon1.ed.jp/hs/　http://www.hon1.ed.jp/jhs/		
Web上での合格発表	中学	○	高校	○

プロフィール

「響生」が キーワード

影響を受け、影響を与え、柔軟さと豊かさを育むために、「響生」を学園理念としている。「補習体制」の充実により、生徒一人ひとりに自信と感動を与える教育を行っている。

2016年4月、中学校開校。

環境

緑の利根川河畔 校舎は眺望抜群

利根川のほとりにそびえる8階建ての特別教室棟には、8階に図書室が設置されており、上毛三山を眺望できる。また、冷暖房も完備。そのほか、全教室Wi-Fiを完備や、第1・2体育館、野球専用の第2グラウンドなど、施設の充実度は高い。

カリキュラム

類型コース制で 勉強と部活動を両立

本校は類型改変を行い、2019年度から新教育システムでスタート。

入学時にはS類型・AI類型・AII類型の3つの類型を設置。2、3年次からは卒業後の進路目標に標準を合わせたカリキュラムで編成された4つの型のクラスが設置され、進路目標・適性・学力などにより継級するクラスを選択することができる。

【1年次の3類型】

S類型

自らのやる気を引き出し、もう一つ上の目標にチャレンジ。S類型担当者が教科の垣根を超えた3年間の指導方針や、生徒一人ひとりの変化を見逃さない指導を行い、放課後は希望補習や個別指導を通して理解をさらに深め学力アップにつなげる。

AI類型（アドバンス・スタンダード）

勉強に部活動に、それぞれが目標を持ち互いに刺激し合う類型。定期試験でのクラス順位や、模試での偏差値、

資格取得など、さまざまな目標に対し、そのプロセスを大切にした指導を行う。放課後は部活動や希望補習や個別指導により、一人ひとりに合った時間を過ごす。

AII類型

バランスよく学び、夢や可能性に向かって存分にチャレンジ。自分の可能性や得意分野を生かした進路を決めたい人に最適な類型。バランスよく身に着くカリキュラム編成や校内外における様々な文化や発見に触れる行事を用意している。放課後は部活動や生徒会活動、個別指導への参加など、一人ひとりにあった時間を過ごす。

【本庄第一中学校】

3ヶ年完結型中学校で、高校の学習内容の先取りは行わず、内部進学にこだわらずに公立トップ・難関私立高校への受験を目指す。放課後は部活動に個別指導に習い事にと、生徒のスタイルに合わせた時間を過ごす。

学校生活

学校生活を彩る 海外研修

登校時間	夏	8：25	冬	8：25

学校全体の行事としてスプリングキャンプ（4月）、スポーツ大会（5月）、文化祭（9月）、修学旅行（2年・11月）、スキー実習（1月）などを予定。

課外活動の一環である部活動においても運動部・文化部ともに盛んであり、毎年多くの部活動が全国大会や関東大会へ出場。

【強化指定部活】

陸上競技、剣道、サッカー、ソフトテニス、バレーボール、陸上、バスケットボール（男子）、野球（男子）、ソフトボール（女子）、ダンス、チアリーディング、書道、美術、吹奏楽

国際感覚を育て、グローバルな視野を持って活躍できる人材育成のために留学制度を充実させている。希望者は、審査を経て海外での長期留学・学期留学・短期語学研修が可能。

進路

進路の強い味方は 吸収した知識技能

1年次から各学年にてキャリアガイダンスや進路ガイダンスを実施。生徒との面談を通して進路希望を把握し、教科指導はもちろん小論文対策・面接対策などの受験対策も担任を中心に複数の教員できめ細かく進路指導が行われる。

近年の大学合格実績（現役のみ）

埼玉大、群馬大、早稲田大、慶應義塾大、東京理科大、明治大、青山学院大、立教大、中央大、法政大、学習院大など

トピックス

得意を伸ばす

英語の授業では「聞く・話す・読む・書く」の4技能をバランスよく行い、生徒のレベルに応じて日々の会話から民間の検定試験対策・大学受験対策など多岐にわたって展開。

これからの時代を担っていく生徒にとって情報を正しく効率よく収集できる力を養えるよう独自のICT教育を推進している。GoogleのクラウドシステムG-suite及び校務支援システム「BLEND」によって構築された学習環境を利用し、主体的・対話的な深い学びの実現を図る。

2024年度入試要項

中学

試験日　1/10（単願）　1/11（第1回一般）
　　　　1/28（第2回一般）

試験科目　総合〈国・算〉＋面接（単願）
　　　　国・算または国・算・理・社（第1回一般）　国・算（第2回一般）

2024年度	募集定員	受験者数	合格者数	競争率
単願	70	22	22	1.0
第1回一般		11	10	1.1
第2回一般		6	5	1.2

高校

試験日　1/22（単願推薦1、併願推薦1）
　　　　1/24（併願推薦2）　2/10（単願推薦2、併願推薦3）　3/2（単願推薦3）

試験科目　国・数・英（単願推薦3は総合）

※単願推薦は面接あり

2024年度	募集定員	受験者数	合格者数	競争率
単願推薦1/2/3	430	270/1/1	299/0/1	−/−/1.0
併願推薦1		413	404	1.0
併願推薦2/3		41/7	39/0	1.1

※合格者数は転科調整後の人数

542　■ 卒業生有名人　池田浩美・山郷のぞみ（女子サッカー選手・元日本代表）、栗田陽介（パラリンピック出場選手）

埼玉

共学 幼 中 高

本庄東 高等学校附属中学校 高等学校

高い価値観と十分な学力を
身につけた、これからの社会で
活躍できる人材の育成を目指す

普通科（高校）
生徒数 272名（中学） 1330名（高校）
〒367-0025
埼玉県本庄市西五十子大塚318（中学）
〒367-0022
埼玉県本庄市日の出1-4-5（高校）
☎ 0495-27-6711（中学）
☎ 0495-22-6351（高校）

SUPER INDEX P.95

制服 p.57

高崎線本庄駅 徒歩15分
寄居・江南・森林公園、妻沼・南河原、児玉・藤岡、伊勢崎 スクールバス

URL	https://www.honjo-higashi.ed.jp			
Web上での合格発表	中学	○	高校	○

「素直な心」を学び国際社会での活躍を

1947年、女子の洋裁学校として創立。1964年に現校名に改称し、1984年、普通科を設置した。2006年4月、附属中学校が開校。

「人間の尊さを教え、社会に期待される素地を創り、人生に望みと喜びを与える」という建学の精神に基づき、広い視野と教養を持った国際人の育成と、より高い人格形成を図っている。

落ち着きのある明るい校舎

高校は、中庭を中心とした落ち着いた校舎となっており、学習に最適な環境である。校舎内には視聴覚室、LL教室の他、和室なども設置。2つの体育館の他、トレーニングルームやプール棟、卓球場などを完備し、クラブ活動をサポートする。また、北軽井沢と本庄駅近くに研修寮を有している。

中学校は、明るい校舎と多目的に利用可能な体育館等を備え、充実した学校生活を演出する。

目標実現に向けた3つのコース

高校は、多様化する進路目標に対応した3つのコース制。

特進選抜コースでは、最難関国立大

中学京都・奈良校外研修

学進学を実現するため、週2日間7時間授業を行う。また、普通授業日の放課後に行う補習授業に加え、タブレット等で利用できる学習教材「スタディサプリ」を導入。学期末や長期休暇に行われる特別補習などにより、ハイレベルな大学入試に対応できる力を養成。

特進コースでは、特進選抜コースと同じカリキュラムで難関国公立大学・最難関私立大学進学を実現していく。

進学コースでは、国公立大学やGMARCH・東京理科などの難関私立大学から中堅私立大学まで幅広く、多彩な進学目標を実現する。どのコースも2年進級時より進路希望に応じた授業選択となる。

また、附属中学校では、中高一貫教育により学力の早期養成を実現し、東大や京大など最難関国立大学や医歯薬学系大学への合格を目指す。高校進級後は特進一貫コースとなる。

盛んなクラブ活動充実した学校生活

登校時間	中学	夏季	8:35	冬季	8:35
	高校		8:35		8:35

全部で47のクラブ・同好会が常時活発な活動を行っている。運動部では、多数の部が県大会、女子陸上部、水泳部がインターハイに出場している。また、文化部では、書道部をはじめ、多くの部が数多くの賞を受賞し、日頃の活動が高く評価されている。同時に学習との両立を図り、文武両道を実践している。

学校行事も多彩で、体育祭、きりぐるま祭（学園祭）、球技大会など、生徒が自主的に活動する行事が多い。

高い現役合格率熱心な進路指導

主な進学先は、東京、京都、北海道、東北、一橋、東京工業、名古屋、大阪、筑波、埼玉、

早稲田、慶應、上智、明治、青山学院、立教など。2022年度大学入試の現役合格率は94.1%であった。大学現役合格のための小テスト、補習授業などの徹底したシステムを確立し、きめ細かい指導を行っている。

国際交流による視野の広がりを

中3の12月にオーストラリア、高2の10月にカナダ修学旅行を実施。また令和5年度は大学留学プログラムインシンガポール研修（希望制）を8月に実施し、9月には姉妹校A.Bパターソンカレッジの生徒が来校した。

2024年度入試要項

中学

試験日 1/10（第1回） 1/17（第2回）
試験科目 国・算または国・算・理・社

2024年度	募集定員	受験者数	合格者数	競争率
第1回	80	75	70	1.1
第2回	40	62	55	1.1

※帰国生は面接あり

高校

試験日 1/22（自己推薦・単願）
　　　　1/22・1/23・2/5（自己推薦・併願）
試験科目 国・数・英＋面接（自己推薦・単願）
　　　　国・数・英（自己推薦・併願）

2024年度	募集定員	受験者数	合格者数	競争率
特進選抜 自己推薦・単願	15	42	25	1.7
特進選抜 自己推薦・併願	15	448/94/5	288/64/4	1.6/1.2/1.3
特進 自己推薦・単願	110	81	76	1.1
特進 自己推薦・併願	70	401/48/8	347/48/5	1.2/1.0/1.6
進学 自己推薦・単願	80	97	95	1.0
進学 自己推薦・併願	30	115/10/1	112/10/0	1.0/1.0/−

進学に有利

併設校あり

特殊学科 芸術＆

資格＆技能系

施設が充実

スポーツが強い

クラブ活動が活発

情操教育重視

国際人を養成

自由な校風

| 共学（S特進・選抜Ⅰ・選抜Ⅱ） | 男子（アスリート選抜） | 高 |

武蔵越生 高等学校

むさしおごせ

創立72年 難関大学の現役合格率が大幅UP! 独自の取り組み「志教育」で学力と実践力を養う

SUPER INDEX P.93

制服 p.56

| URL | https://www.musashiogose-h.ed.jp |
| Web上での合格発表 | ○ |

■ 普通科
生徒数　1133名
〒350-0417
埼玉県入間郡越生町上野東1-3-10
☎ 049-292-3245
東武越生線武州唐沢駅　徒歩2分
西武池袋線稲荷山公園駅・飯能駅、西武新宿線狭山市駅、八高線東飯能駅・高麗川駅、高崎線熊谷駅、東武東上線小川町駅　各スクールバス

国際感覚を磨く「ホームステイ」

左側タブ：
進学に有利に／併設校あり／芸術＆特殊学科／資格＆技能系／施設が充実／スポーツが強い／クラブが活発／情操教育を重視／国際人を養成／自由な校風

プロフィール　心豊かで実践力ある人間の育成

1952（昭和27）年、越生木工技能者養成所として創立。1960年に、建築科・木材工芸科を置く越生工業高等学校として再スタートし、1965年、普通科を設置した。「行うことによって学ぶ」という建学の精神をもとに、これからの国際社会のよき形成者・リーダーとして心豊かで実践力のある人間を育成している。1993年度から女子生徒の募集を開始し、現校名に改称。

環境　勉強にクラブ活動に充実度満点の施設

校舎は3棟あり、最新機器をそろえたコンピュータールームが自慢で、視聴覚ホール、マルチパーパスルーム、図書館、卓球場などを完備している。また、トレーニングルームを併設した200名が宿泊できる合宿所「あすなろ館」やMO記念体育館、校外施設として野球場・サッカー場を完備した「軽井沢研修センター」もある。また、新たに人工芝のグラウンドも完成した。更に新武道棟も完成し、充実した環境ができあがった。

カリキュラム　夢の実現へ向け能力と適性を育てる

「志教育」とは、キャリアプログラムを中心にスタディプログラム、モラルプログラムなどを体系的に組み込んだ教育シ

軽井沢研修センターと総合グラウンド

ステムであり、武蔵越生では生徒に主体的に5年後、10年後を見据えた進路を確立させることを目的としている。

2017年度より新コース制を導入し、さらなる飛躍を目指す。スーパー特進（S特進）・選抜Ⅰ・選抜Ⅱ・アスリート選抜の4コースで編成される新コース制である。

S特進は国公立大学、難関私立大学に現役合格するコース。英語教育に特化しICT教育・校内予備校を導入する。0限の導入による1日7時間授業を実施。主要教科は習熟度別授業を実施し、放課後や各長期休暇中に教科ごとの講座を開講。2年次より文理別の授業を展開。3年次には難関私大直前講座を行う。

選抜Ⅰは難関私立大学・中堅大学以上に確実に現役合格するコース。E・S・Cプログラムを行うなど英語教育に重きを置く。高大連携・最先端企業一日体験プログラムで専門知識を養う。放課後や各長期休暇中には教科ごとに講座を開講する。

選抜Ⅱは多種多様な入試に対応し、有名私立大学に確実に現役合格するコース。学習とクラブ活動の両立を目標とし、基礎学力を徹底的に磨く。軽井沢で行うワークキャンプでは自ら研修地を企画し学びに行く自主性を養う。

アスリート選抜は文武両道を目指し、トップアスリートを目指すコース。野球・サッカー・柔道・ソフトテニスの4部活・男子生徒のみで編成。高大連携プログラムでより高いレベルを経験し、スポーツ科学系講習を実施することでアスリートとして生きる地力をつける。

入学金や授業料が全額・一部免除される成績奨学生制度（S特進）やスポーツ、吹奏楽奨学生制度も充実。

学校生活　冬はオーストラリアでファームステイ

| 登校時間 | 夏 | 8：45 | 冬 | 8：45 |

軽井沢HR合宿（1年）、けやき祭（文化祭）、体育祭、芸術鑑賞会、ウォークラリーなどの行事のほか、国際人養成のため、

希望者を対象とした海外短期留学・ホームステイやオーストラリアへの修学旅行や国内語学研修も実施している。

部活動も盛んで、運動部17、文化部14がある。特に運動部の成績がすばらしく、ソフトテニスは33回、柔道は15回、陸上は10回インターハイに出場し、特に、陸上は全国高等学校駅伝に2度出場、柔道は個人戦3位入賞、ソフトテニスは準優勝を果たした。サッカー、バドミントン、バスケット、弓道も、関東大会に出場を果たしている。文化部では、吹奏楽が西関東大会と東日本大会で金賞を受賞し、和太鼓部は全国大会に8度出場するなど活躍している。

進路　適切な進路指導で伸びる進学実績

年3回の進路の日（大学教授の授業説明会、相談会）を設けるなど、早い時期からの進学指導体制が整っているため、大学への進学実績も上昇中で、主な進学先は、お茶の水女子大、横浜国立大、埼玉大、慶應義塾大、上智大、中央大、法政大、明治大、早稲田大など。

2024年度入試要項

試験日　1/22（推薦単願）　1/22または23（推薦併願）　2/2（一般Ⅰ）　3/7（一般Ⅱ）

試験科目　国・数・英（単願は面接あり）

2023年度	募集定員	受験者数	合格者数	競争率
推薦単願	380	272	271	1.0
併願22日		590	584	1.0
併願23日		106	101	1.0
一般		18	15	1.2

※定員は、S特進60名・選抜Ⅰ120名・選抜Ⅱ160名・アスリート40名

※人数はすべてS特進/選抜Ⅰ/選抜Ⅱ/アスリート

　卒業生有名人　設楽悠太（陸上競技選手）、設楽啓太（陸上競技選手）、森直樹（プロサッカー選手）

埼玉

共学 幼 高 大

武蔵野音楽大学附属 高等学校〈音楽科〉

音楽科
生徒数　47名
〒358-8521
埼玉県入間市中神728
☎ 04-2932-3063
西武池袋線仏子駅
南口よりキャンパス入口まで徒歩5分

SUPER
INDEX
P.91

制服
p.53

音楽専門教育を重視し
武蔵野音楽大学に直結
生活指導に配慮

| URL | https://www.musashino-music.ac.jp/highschool/ |

プロフィール　音楽芸術の研鑽と人間形成

1973（昭和48）年4月開校。武蔵野音楽大学を設置する学校法人武蔵野音楽学園が音楽の早期教育・一貫教育を実現させるため、音楽科の高校として同大学の入間キャンパス内に併設した。

建学の精神である「〈和〉のこころ」を基礎に、教育方針として「音楽芸術の研鑽」と「人間形成」を掲げている。さらに、これらの実現のために、礼儀（Propriety）、清潔（Purity）、時間厳守（Punctuality）の3つを「3P主義」と呼び、これを日々の生活で実践している。

環境　施設が充実した豊かな音楽環境

武蔵野音楽学園の入間キャンパスは、美しい緑の自然に恵まれた狭山丘陵地にあり、43万㎡にも及ぶ広大な敷地を有する。

教室、合唱・合奏室、練習室が占める校舎群のほか、パイプオルガンのあるコンサートホール（バッハザール）、図書室、体育館、グラウンド、テニスコートなどの諸施設を完備している。

新女子学生寮「フリューゲル」が竣工。（江古田キャンパス徒歩3分以内）。

大学との一貫教育に最適のキャンパス

カリキュラム　音楽専門教育に高いウエイト

音楽の授業にウエイトが置かれるが、専門教科に偏らず、一般教科とのバランスのとれた授業展開により、豊富な知識と教養を身につけるようにしている。

各学年ともに、音楽の専門教科が12単位以上あり、音楽理論、音楽史、演奏研究、アンサンブル（選択）、ソルフェージュなどの共通科目と専攻科目を、それぞれ週1～3時間学ぶ。専攻科目は、鍵盤楽器専攻（ピアノ・オルガン）、声楽専攻、管楽器専攻（フルート、オーボエ、クラリネット、ファゴット、サクソフォーン、トランペット、ホルン、トロンボーン、ユーフォニアム、テューバ）、弦楽器専攻（ヴァイオリン、ヴィオラ、チェロ、コントラバス、ハープ）、打楽器専攻（マリンバ、打楽器）、作曲専攻（令和3年度より）に分かれ、それぞれ専任の指導者による個人授業が実施される。また、各専攻の実技や感性・創造性を向上させるため、高校の専任教師はもちろん、武蔵野音楽大学の教授も教師・講師として指導にあたっている。

そのほか、大学主催の外国人教授・著名な音楽家による演奏会・公開講座、また武蔵野音大生の研究発表会等の聴講も可能。

学校生活　学校行事は全員参加

| 登校時間 | 夏 | 8：50 | 冬 | 8：50 |

責任感や社会性を養うため、学校行事には積極的に参加させており、スポーツ大会、修学旅行、校外学習、芸術鑑賞等がある。また、演奏活動として「在校生によるコンサート」、ミューズフェスティヴァル（文化祭）、校内コンサート、年度末の「ドリームコンサート」等様々実施している。

専攻実技のレッスンは個人指導で個性を伸ばす

進路　武蔵野音大から世界へ羽ばたく

卒業生のほとんどが武蔵野音楽大学に進学し、卒業後は演奏活動や、教育活動、音楽関係や一般の企業など多方面で活躍している。

2023年度、武蔵野音楽大学への進学にあたり、附属高等学校の特典として内部推薦制度を導入。3年生1学期までの学習成績、出席状況など総合的に判断して学校長が推薦し、大学側の決定を経て入学が認められる。

武蔵野音楽大学でオーケストラと共演

2024年度入試要項

試験日　1/22（推薦）　2/10（一般A）
　　　　3/16（一般B）

試験科目　面接＋実技（音楽選択課題・専攻別科目）＋国・英
　　　　　※推薦は国・英免除。ピアノ、オルガン専攻は副専攻ピアノ以外。

募集定員　60名
※推薦枠30名

進学に有利に

併設校あり

芸術＆特殊学科

資格＆技能系

施設が充実

スポーツが強い

クラブが活発

情操教育を重視

国際人を養成

校風自由な

埼玉

共学 高 短

山村学園 高等学校

きめ細かい進路別指導で
国立、難関大学進学者増
国際交流を30年継続の実績

普通科
生徒数　1513名
〒350-1113
埼玉県川越市田町16-2
☎ 049-225-3565
東武東上線・有楽町線・副都心線
川越市駅　徒歩5分
西武新宿線本川越駅　徒歩8分
高崎線上尾駅、桶川駅　スクールバス

SUPER INDEX P.92

URL	https://www.yamuragakuen.ed.jp
Web上での合格発表	○

プロフィール　創立100周年！

1922（大正11）開設の山村裁縫手芸伝習所が母体。2008年、現校名に改称し、「質実・英知・愛敬」を校訓として男女共学制をスタート。2022年に創立100周年を迎えるにあたり、制服を刷新するとともに、現在の2コース4クラス制から3コース制へと改編し、これまで培った本校の教育をより充実させて生徒一人ひとりが希望する進路を実現させる。また全生徒へ貸与するタブレット（iPad）と全教室に設置したプロジェクターによって、主体的な学びの場も提供していく。新しく生まれ変わる山村学園で充実した高校生活を送ろう。

環境　快適な学習環境

徒歩8分以内に2駅あるアクセスの良い環境でありながら、中庭を囲むように普通教室や特別教室が機能的に配置され、学習活動に十分な施設がコンパクトに整っている。1クラス40名未満で編成され、生徒一人ひとりに行き届いた教育が行われている。自習室も常時2か所が開放されており、朝や放課後に誰でも利用することができる。食堂はすべての座席がアクリル板で仕切られており、安心して友達と食事をとることができる。

2つのグラウンドと2つの体育館では、放課後になると部活動に励む生徒たちの声が元気に響いている。

カリキュラム　進路希望別の3コース制

特別選抜SAコースは難関国公立大学への現役合格を目標とし、1年次から3年次まで週3日7時間授業を実施し、標準単位よりも多い授業時間を確保することで、授業内での学力強化に努める。

特別進学ELコースは難関私立大学への現役合格を目指して1年次に週3日7時間授業、2年次以降は文系理系に特化したカリキュラムのもと、各科目の授業時間数を増やすことで受験に向けての実力を付けていく。

総合進学GLコースは一般選抜に対応できる実力を養成しつつ、学校推薦型や総合型選抜にも対応した多様な進路希望に応える。また予備校講師によるSGゼミ（校内予備校）などのサポートも万全である。

学校生活　活発な部活動と語学教育の充実

登校時間	夏 8：30	冬 8：30

18の運動部、14の文化部・同好会があり、なかでも硬式テニス部、女子バスケットボール部、ダンス部、バトン部は常に全国大会や関東大会レベルでの活躍が目立つ。剣道部や硬式野球部も県大会でめざましい成績を収めている。そのほかラクロス部や少林寺拳法部など珍しい部活動も。

国際交流にも力を入れており、ニュージーランドの姉妹校との交流は35年目を迎える。夏休みに実施する2週間の短期研修では、ホームステイをしながら高校の授業を受けたり、ニュージーランドの文化や自然に触れる。

2年次に実施する海外研修旅行では特別選抜SAコースと特別進学ELコースがシンガポール・マレーシアへ、総合進学GLコースが台湾を訪問し、現地の学生たちと交流する。

特別進学ELコースには海外大学や国際系大学への進学を希望する生徒向けのプログラムを準備している。

進路　現役合格率96%の実績

1年次から綿密な進路指導を行うことで、高い現役合格率を誇っている。難関国公立大学から有名私立大学、短期大学、専門学校、就職まで生徒の希望に合わせた進路の実現を目指しており、進学先は多岐にわたる。

2024年度入試要項

試験日　1/22（単願）　1/22・23・24（併願）

試験科目　国・数・英（単願・併願）

2024年度	募集定員	受験者数	合格者数	競争率
SAコース	40	9/135	9/134	1.0/1.0
ELコース	160	48/522	48/521	1.0/1.0
GLコース	240	179/759	179/743	1.0/1.0

※人数はすべて単願/併願
※他に学業特待生、部活動奨学生、硬式野球部奨学生入試あり

卒業生有名人　増岡加奈子、渡辺まりい（女子バスケット選手）

共学 高短

山村国際高等学校

Speak to the world,
Communicate with the world!

普通科
生徒数　809名
〒350-0214
埼玉県坂戸市千代田1-2-23
☎ 049-281-0221
東武東上線坂戸駅　徒歩10分
若葉駅　徒歩12分
西武池袋線飯能駅　スクールバス50分
JR高崎線吹上駅　スクールバス70分
JR高崎線上尾駅　スクールバス70分

SUPER INDEX P.93

制服 p.54

URL	https://www.yamamurakokusai.ed.jp/
Web上での合格発表	○

山村国際から世界へ羽ばたく

1922（大正11）年の裁縫手芸伝習所「山村塾」を起源とし、1951（昭和26）年：山村女子高等学校、1959（昭和34）年：山村第二女子高等学校、1991（平成3）年：山村国際女子高等学校と校名変更の変遷をたどりながらも女子教育の伝統校として多数の卒業生を輩出してきた。そして1999（平成11）年男女共学への移行に伴い校名を山村国際高等学校と改称し、更なる飛躍を目指しChallenge（積極性）、Cosmos（広い視野）、Communication（語学力）の3Cの教育目標を達成するため自国の理解を出発点に世界のことについての理解を深め、グローバルな視野、豊かな感性を備えた国際人の育成を目指し日々の教育が展開されている。

冷暖房完備
透明ドームの廊下

校門をくぐるとすぐに各国の旗がはためき、いわゆる国際色を漂わせている光景が目に入る。そんなモダンさが受けてか、何度かテレビの舞台に使われたりもしている。全館冷暖房完備の快適な環境下で授業が行われ、一人1台のコンピューター室、お菓子作りで賑わう調理実習室など特別教室も完備している。また校舎と校舎を結ぶ廊下は、宇宙ドームを思わせるモダンな作

A館とサンクンガーデン

りで透明な日差しが優しく降り注ぐ。2010年、校外にナイター施設完備の戸宮グラウンドも完成。

多様なコースで可能性を発見

1年次		2〜3年次
特進選抜コース 特別進学コース 進学コース	⇒	特進選抜コース 特別進学コース 進学コース ライフデザインコース （食物・保育専攻）

1年次は、特別進学コースA・特別進学コースB・進学コースの3コース。2年次からは4コースに分かれる。**特進選抜コース**は、国公立大学・難関私立大学現役合格を目指すコース。**特別進学コース**は、中堅私立大学現役合格を目指すコース。共に、放課後の特別講座（特進選抜は必修）以外の時間は、部活の活動も可能。**進学コース**は、大学・短大・専門学校等の進路に幅広く対応する。**ライフデザインコース（食物専攻、保育専攻）**は、進学型専門コースでライフデザイン系の大学、短大、専門学校への進学を目指すコースで、女子栄養大、山村学園短大と連携し夢に向かってのサポートをする。

国際教育に対する取り組み
英語教育と行事も特色の一つ

登校時間	夏	8：30	冬	8：30

英語の授業は、日本人と外国人の教員が行う。聞く・話す・読む・書くをバランスよく育てて、受験にも対応できるようにしている。希望者には、週5日放課後、外国人専任教員たちによる英会話教室が開催される。また、TOEIC、英検などを目標にしたサポート体制も整備されている。

1年次の10月にはイングリッシュキャンプを5日間実施。2年次のニュージーランドへの修学旅行は、ファームステイが中心で、そこまでで得た英語

力を試すチャンスの場となる。行事としては、夏休みの海外短期語学研修（希望者対象）がある。12月には英語スピーチコンテストが本校の伝統行事として毎年開催されている。10月には、ブリティッシュヒルズでの英語漬けの生活体験のチャンスもある（希望者対象）。その他にも、国際的感覚を育てる場は多い。

現役合格目標の
サポート体制完備

一人ひとりの進路希望を実現させるため、放課後や長期休暇に各種セミナーや講座を開講している。年々、国公立大や難関私立大学への進学率が高まる中、2023年3月卒業生は、国公立大学14名、G-MARCH7名、日東駒専27名、大東亜帝国35名など私立大216校に現役合格している。また、併設の山村学園短期大学へは優先推薦制度があり、多数の生徒が入学している。

2024年度入試要項

試験日　1/22（第1回）　1/23（第2回）
　　　　1/31（第3回）
試験科目　国・数・英
※学業・スポーツ奨学生と帰国生は面接あり

2024年度	募集定員	受験者数	合格者数	競争率
第1回		771	753	1.0
第2回	280	137	128	1.1
第3回		13	10	1.0

※学業奨学生推薦は第1回(1/22)のみ。英語重視推薦（第1・3回）希望者は英作文と英語面接あり。入試の詳細は、学校に直接お問い合わせ下さい

進学に有利に

併設校あり

芸術・特殊学科

資格技能系&

施設が充実

スポーツが強い

クラブ活発

情操教育を重視

国際人を養成

自由な校風

男子　小中高大院

立教新座 中学校 高等学校

普通科（高校）
生徒数　633名（中学）　981名（高校）
〒352-8523
埼玉県新座市北野1-2-25
☎ 048-471-2323
東武東上線志木駅　徒歩15分・バス
武蔵野線新座駅　徒歩25分・バス

SUPER INDEX P.92

県内外で人気の難関校 8割が立教大へ推薦入学する キリスト教系の学校

URL	https://niiza.rikkyo.ac.jp/		
Web上での合格発表	中　学	○	高　校	○

全天候型フィールドでの運動会

キリスト教に基づく人間形成 プロフィール

1874（明治7）年、米国聖公会の宣教師ウィリアムズ主教が「立教学校」を創設したのが立教学院の始まりである。

キャンパスにあるチャペル「聖パウロ礼拝堂」では、日々の礼拝のほか様々な活動が行われている。

質の高い学校生活を実現する最高の環境 環境

豊かな緑に包まれた10万㎡に及ぶ広大な敷地には、様々な特別教室を擁する校舎や体育館、400mトラックを備えた全天候型フィールド、50m×10コースの屋内温水プールをはじめ、器械体操場や剣道場、柔道場、人工芝のサッカーグラウンドなどの多彩な運動施設が点在している。また蔵書17万5千冊を誇る図書館があり、DVDなどの視聴覚資料も用意されている。

豊富な選択科目 外国語教育にも重点 カリキュラム

中学では、基礎学力養成を目的としたバランスのよいカリキュラム編成のもと、語学教育を特に重視し、全学年を通してネイティブスピーカーによる授業を行うなど、グローバルな視野を育成する。

高校では、分野別選択（理社）や英語の指向別選択などが取り入れられ、特に3年次にはドイツ・スペイン・フランス・イタリア・アラビア語など9つの外国語講座をはじめ、多種多彩な90

チャペルと本館校舎

講座の自由選択科目が設けられるなど、テーマを選んで学ぶという姿勢を重視している。2年次より他大学進学クラスを設置し、他大学受験にも対応。

校外研修旅行は中学では「日本の自然と文化に触れる」をテーマとした5コースの中から希望のコースに参加。高校は平和学習をテーマに、九州、沖縄、中国・四国の3コースがある。

多彩な行事・クラブ活動 充実の国際交流プログラム 学校生活

| 登校時間 | 中学 | 夏季 | 8：30 | 冬季 | 8：30 |
| | 高校 | 夏季 | 8：30 | 冬季 | 8：30 |

生徒の自治組織である生徒会（中学）、学友会（高校）活動も活発で、中学には文化部10部・体育部15部、高校には文化部18部・体育部22部とクラブ数も多い。広大なキャンパスに各クラブ専用の活動場所が確保され、それぞれ熱心な活動を行っている。

国際交流プログラムは中学3年生対象のアメリカサマーキャンプ、高校生対象の英国サマースクール、3ヶ国3校からの留学生受け入れなどが長年行われている。また、中学生は立教英国学院（イギリス）に、高校生はアメリカで1年間、イギリスで4ヶ月間、現地の生徒と共に学ぶ派遣留学制度や、大学付属校であるメリットを生かし、高校3年生の2月からの1ヶ月のギャップイヤー留学がある（海外研修旅行は希望者のみ）。ほかにも、教科が企画する海外研修があり、理科（フィンランドでのオーロラ観測）、宗教科（ポーランド）で研修を予定している。

充実した立教大推薦制度 進路

高校3年間の成績と卒業研究論文等を総合して推薦要件を満たした生徒は、立教大学への推薦入学が認められる。他の大学を受験する場合、この推薦制度は辞退しなければならない。

2023年3月卒業生の立教大学進学部の学部内訳は、文学部26名、異文化コミュニケーション学部12名、経済学部60名、経営学部36名、理学部9名、社会学部42名、法学部42名、観光学部13名、現代心理学部8名、スポーツウェルネス学部3名となっている。他大学では、東京大、東京工業大、一橋大、横浜国立大、東京都立大、慶應義塾大、早稲田大、上智大、東京慈恵医科大、東京理科大などに合格している。そのほか、慶應義塾大、国際基督教大、東京理科大、早稲田大、北里大、埼玉医科大など約40校に指定校推薦枠もある。

学校からのメッセージ ひとこと

立教新座は、生徒自身の「やってみたい」気持ちに応え、育てる自由な校風が特長です。多様な仲間たちと、広大なキャンパス、充実した環境の中で、自身の興味・関心がどこにあるかを見つけて伸ばし、世界の人々と共に生きる力を備えたグローバルリーダーへと育ってほしいと願っています。

2024年度入試要項

中学

試験日　1/25（帰国生・一般第1回）
　　　　2/3（一般第2回）

試験科目　国・算＋面接（帰国生）
　　　　　国・算・理・社（一般）

2024年度	募集定員	受験者数	合格者数	競争率
第1回/第2回	約100/約40	1680/213	742/41	2.3/5.2

※帰国生の募集は若干名

高校

試験日　1/22（推薦）　2/1（一般）

試験科目　面接（推薦）　国・数・英（一般）

2024年度	募集定員	受験者数	合格者数	競争率
推薦/一般	約20/約60	38/1571	23/679	1.7/2.3

　卒業生有名人　細野晴臣（ミュージシャン）、杉本博司（写真家・現代美術家）

埼玉

共学 高 大 院

早稲田大学本庄 高等学院

推薦入学で全員が早大へ
帰国生の受け入れにも積極的

SUPER INDEX P.95

普通科
生徒数 987名
〒367-0032
埼玉県本庄市栗崎239-3
☎ 0495-21-2400
高崎線本庄駅　通学バス13分
八高線・東武東上線寄居駅　通学バス30分
上越・長野新幹線本庄早稲田駅　徒歩13分

URL	https://www.waseda.jp/school/honjo
Web上での合格発表	○

人間としての幅を広げる、部活動も盛ん

進取の気性に富む 未来の早大生を育成
プロフィール

　1982（昭和57）年に、早稲田大学創立100周年を記念して開校された附属校である。卒業後は全員が早大へ進学するため、大学と合わせて一貫した教育課程を持ち、受験のための指導ではなく、「自ら学び、自ら問う」姿勢と、総合的な理解力・個性的な判断力を持った、未来の早大生の育成を第一の目標としている。

　2007年4月より男女共学となり、2012年4月には新校舎が完成した。

大学のような雰囲気 森に囲まれた校舎群
環境

　"都の西北"ではないが、緑の森に囲まれた環境である。

　施設としては、校舎内にインターネット接続のPC室、CALL教室、食堂、ゼミ教室などを整備。高校ながら卒業論文が義務づけられているだけあって、図書室は早大図書館とオンラインで結ばれており、蔵書数約10万冊という本の中から資料を探せる。そのほか、帰国生や他府県からの生徒のために、2012年に早苗寮（男子寮）、2018年4月に梓寮（女子寮）を新設。2020年2月には、新体育館を新設。

緑豊かな自然環境

幅広い学問研究 3年次には卒論も
カリキュラム

　早大進学を前提に、いわゆる受験勉強ではない、幅広い学問研究を指導している。その成果の集大成として、3年次に卒論提出を求めており、卒論の内容は大学進学時の学部・学科を決定する重要な資料となっている。

　授業は全体にゆとりをもって行われており、授業時間も午前9時10分から午後3時40分までとし、2時限目と3時限目の区切りには20分間の"コーヒーブレイク"もある。また、水曜と土曜は4時限（13時10分）で終了する。大学の講座を先取りしたような専門的な内容の授業もあり、レベルは高い。

国際色豊かな校風 修学旅行は台湾へ
学校生活

登校時間	夏 9：10	冬 9：10

　帰国生の受け入れに積極的な本校は、国際色が豊かで、毎年約40名の帰国生が入学し、一般生と同じように学びながら、異文化交流を行っている。また、3年次の修学旅行では、10月に4泊5日の日程で、希望によりグループに分かれ、台湾・韓国などの交流校を訪れ、交流を図っている。

　部活動は、生徒会の自治のもとに個人が自発的に加入することになっているが、多くの生徒が積極的に参加し、活動の幅を広げている。

成績も考慮して学部 を決定し早大へ進学
進路

　早稲田大学へは、卒業すれば全員が進学できる。進学学部・学科の決定には、本人の希望と共に3年間の学業成績が重視され、さらに、本人の適性や卒論の内容を学部・学科決定の重要な資料とし、生徒に未知の分野にも挑戦するような意欲を期待して進路指導が

行われる。国公立大学の上位校などへの志望者もいるが、他大学受験の場合は早稲田大学への推薦を辞退することになっている。2023年3月卒業生は、政経学部73名、法学部35名、3つの理工学部79名など、303名の卒業生が早稲田大学の各学部へ進学した。また、2021年度卒業生から、日本医科大学へ最大2名進学することができるようになった。この推薦制度は、本学院独自の試験と日本医科大学独自の試験と2段階で選考を行う。

国内外交流 について
トピックス

　国内外交流として、毎年、海外での国際サイエンスキャンプや科学コンテスト、海外姉妹校との研究発表会などへの参加の機会の提供を積極的に進めている。

2024年度入試要項

試験日　1/23（α選抜・Ⅰ選抜）
　　　　2/9（一般、帰国生）
試験科目　面接（α選抜、1次は書類選考）
　　　　基礎学力〈国・数〉＋面接（Ⅰ選抜、1次は書類選考）
　　　　国・数・英（一般、帰国生）

2024年度	募集定員	受験者数	合格者数	競争率
α選抜 男子/女子	約45/約30	104/166	47/33	2.2/5.0
Ⅰ選抜	約20	72	20	3.6
一般生 男子/女子	約100/約70	1723/760	475/220	3.6/3.5
帰国生 男子/女子	約15/約10	125/61	40/20	3.1/3.1

卒業生有名人 　市來玲奈（アナウンサー）、安岡優（ミュージシャン）、山中竹春（横浜市長）

有利に 進
併設校 あり
芸術＆ 特殊学科
資格＆ 技能系
施設が 充実
スポーツ が強い
クラブ 活発
情操教育を 重視
国際人 養成
自由な 校風

茨城

50音順ガイド

＊10タイプ・ジャンル別インデックスは、各学校の大きな特徴を、それぞれ3つから1つ選んでいます。

『進学に有利』……国公立大学、有名私立大学に、多くの合格者を出している学校。

『芸術&特殊学科』……音楽、美術、演劇、体育などの学科やコースをもつ学校。

『資格&技能系』……高校卒業後、就職に役立つ資格や技能を身につけられ、専門技術を学べる学校。

『スポーツが強い』……全国大会、インターハイなどに出場し、優秀な成績をあげている学校。

『国際人を養成』……英語を重視し、留学（長・短）、海外語学研修、ホームステイなどのシステムをもつ学校。

＊各学校のガイドのくわしい見方は、4ページの「ガイドページの見方」をごらんください。

女子 | 高専短大

愛国学園大学附属龍ヶ崎高等学校

普通科
生徒数　85名
〒301-0041
茨城県龍ヶ崎市若柴町2747
☎ 0297-66-0757
常磐線龍ヶ崎市駅　スクールバス5分
または徒歩25分
[龍ヶ崎市駅までの所要時間]
・柏駅より約20分
・土浦駅より約20分

SUPER INDEX P.97

愛龍高のモットー
「いつでも 誰でも 主人公」

愛龍生のモットー
「なりたい自分探し
なりたい自分になる決意」

制服 p.61

URL　https://www.aikoku-ryugasaki.ed.jp/

松尾芭蕉の像を囲んでハイ！ポーズ

進学に有利に | 併設校あり | 芸術&特殊学科 | 資格&技能系 | 施設が充実 | スポーツが強い | クラブが活発 | 情操教育を重視 | 国際人を養成 | 自由な校風

プロフィール　いつでも 誰でも 主人公

なでしこの花を校章のモチーフにした本校は、女子教育において59年の歴史と伝統を持ち、生徒一人ひとりが「いつでも　誰でも　主人公」である学校。生徒の個性や特性を最大限生かしながら、自信を持って、何事にも意欲的に挑戦できるよう全面的に支援している。

なりたい自分を見つけ、「なりたい自分になれる力」を身につけられる学校で、自分の伸びしろを最大限に広げ、その能力や適性を生かした進路選択ができるように積極的なキャリア教育を推進している。

環境　200本を超える桜が咲き誇る緑の学園

筑波研究学園都市の入口、水戸街道に沿って、緑を見下ろす高台に立つ、美しい桜の木に囲まれた校舎は、自然に恵まれ、緑の学園の趣を持つ。パソコン・礼法・音楽・調理などの特別室をはじめ、講堂兼体育館、弓道場、芝生のグラウンド、ソフトボール・テニス等の各専用コートなど、施設も充実している。

200本を超える桜の木々に囲まれた本校は、「親切・正直」の校訓のもと、59年の歴史と伝統に基づいて豊かな知識と技術を身につけ、美しい情操と他

茶道部による野点（本校主催のさくらまつり）

者を思いやる奉仕心を持った賢くしとやかな女性の育成に努めている。

カリキュラム　コース制で新しい未来へ

2019年度からは教育課程を一新するとともに、「なりたい自分探し」から「なりたい自分になる決意」を持って、進路選択ができるコース制を導入している。

```
1年次              共通履修
2・3年次    保育福祉      進学教養
            コース       コース
```

◉保育福祉コース
◆保育士・幼稚園教諭・介護福祉士などの進路希望に対応できるよう学習内容を充実させた教育を実施。
◆基礎学力の養成から幼児教育や介護福祉に携わるための基礎知識をはじめ、実習等を通して、その技術等の習得を目指す教育を実施。
◉進学教養コース
◆大学進学をはじめ、看護師、栄養士などを目指す進路希望に対応できるよう学習内容を充実させた教育を実施。
◆基礎学力の養成から大学入試における応用力の養成まで、学習内容を充実させた教育を実施。

学校生活　思い出いっぱい修学旅行と研修旅行

| 登 校 時 間 | 夏 | 8：30 | 冬 | 8：30 |

年間を通して、研修を兼ねた旅行が多いのが特色の一つである。本校では古典講読の教材として「奥の細道」の全文を学習することになっており、これにちなんで実際に自分の目で芭蕉の足跡を確かめようという企画を、修学旅行で行っている。2年次に東北方面へ、3年次には関西・北陸方面へ行き、奥

の細道の芭蕉の足跡を見学し、より理解を深めている。また、3年次の夏に希望者参加で行うアメリカ海外研修は、ロサンゼルス及びサンディエゴ近郊の住宅地でのホームステイをメインとし、英語研修やディズニーランド見学など、有意義な研修旅行である。

クラブは、運動部、文化部とも熱心に活動しており、茶道、華道部など、女性らしい校風に即した活動も盛んである。

進路　優先入学で愛国学園大学・短大へ

令和4年度は、26.7％が大学・短大へ、50％が専門学校へ進学している。併設校である「愛国学園大学」「愛国学園短期大学」「愛国学園保育専門学校」への進学を希望する者には、優先入学制度がある。就職した生徒は23.3％である。

2024年度入試要項

試験日　1/9（推薦）　1/16（一般）
試験科目　面接（推薦）
　　　　　国・数または国・英＋面接（一般単願）
　　　　　国・数・英（一般併願）
　　　　　※特待推薦Cは実技試験を実施する場合あり

2024年度	募集定員	受験者数	合格者数	競争率
推薦	120	8	8	1.0
一般		110	98	1.1

茨城

共学　中高

茨城中学校高等学校

県下有数の進学校
中高6カ年一貫教育開始により
独自のカリキュラムを編成

普通科（高校）
生徒数　432名（中学）　751名（高校）
〒310-0065
茨城県水戸市八幡町16-1
☎ 029-221-4936
常磐線水戸駅　バス15分

SUPER INDEX P.98

制服 p.60

URL	https://www.ibaraki-jsh.ed.jp/			
Web上での合格発表	中学	○	高校	○

一貫教育と共学化によりさらなる発展を

1927年、財団法人茨城中学校が設立。1948年、学制改革により茨城高等学校と改称し、茨城中学校を併設した。1995年、中学校が男女共学となり、中高6カ年一貫教育制度を導入。1998年度からは、高校も共学に移行した。

建学の精神は「報恩感謝」。社会報恩のため、質実剛健で社会奉仕の念の強い人物を育成することを目指している。

生徒の力を最大限に引き出す学校施設

2011年度春に全教室冷暖房完備の新校舎が完成。蔵書約6万5千冊の図書館は、水戸藩藩校「弘道館」から引き継いだ漢書も有する。その他、自習室、パソコンルーム、物理・化学・生物・地学それぞれの分野別の実験室などがある。2つの体育館、3つのグラウンド、テニスコート、トレーニングルームなど体育施設も充実しており、第1体育館には屋内温水プール（25m 6コース）もある。また、講演会などが行われる300人収容の大ホールや合宿のできる宿泊施設も備えている。

効率的で柔軟性に富む指導システムを導入

中高一貫のカリキュラムを編成。中

オンライン英会話プログラム

学1・2年次は、高校教育の準備期間とし、基礎を徹底的に身につけるため、特に主要3教科に重点を置く。中3から高校の教科内容に入り、高1までの2年間で必修科目全般を学ぶ。高校2年次には、文系・理系に分かれる。選択科目の設置や、習熟度別・少人数授業により、大学現役合格に的を絞って実戦力を養成する。

高校からの入学者には、別カリキュラムを編成している。1年次では英・数に重点を置き、基礎力の充実を図る。2年次では、進路に応じて理科・社会で選択科目を設定し、文系・理系に分かれる。3年次には、コース別に分かれる。さらに、授業内容を十分理解できるよう、習熟度別授業や演習中心の指導を行い、中高一貫生と多くの授業で合流し、切磋琢磨する中で大学現役合格を目指す。

また、2020年4月より高校カリキュラムにおいて「国際教養コース」を新設した。高校2年次に約6ヶ月間の海外留学を課している。あらかじめ留学を前提にカリキュラムが組まれているため、3年間で卒業できる。また、医療系を考えている生徒を対象に、希望制の「医学コース」を設置し土曜放課後等を利用して様々な医療体験授業を実施している（中3から高3まで対象）。

文武両道を目指し部活動にも積極的

登校時間	中学	夏季	8：30	冬季	8：30
	高校		8：30		8：30

研修旅行や文化祭、クラスマッチ（球技大会）、マラソン大会など、より一層友情を深め、結束を強めるイベントを多数用意している。

部活動も積極的に奨励しており、中学では11の運動部と10の文化部、高校では13の運動部と13の文化部が活動している。特に硬式テニス部、水泳部、吹奏楽部、囲碁将棋部は、全国・関東

やはり、学校生活には部活動も欠かせない

大会出場の実績を持つ。

万全の受験指導で現役合格者を多数輩出

県下有数の進学校である本校では、習熟度別授業や夏休みの課外授業、オンライン英会話プログラムを実施するなど、受験対策は万全である。例年、大学に現役合格する者が多く、合格率は70%を超える。主な進学先は、東京大、京都大、一橋大、東京工業大、北海道大、東北大、筑波大、早稲田大、慶應義塾大、上智大、東京理科大など。

2024年度入試要項

中学

試験日　12/2（第1回A方式）
　　　　12/3（第1回B方式）　1/28（第2回）

試験科目　国・算・理・社（第1・2回A方式）
　　　　　適性Ⅰ・Ⅱ＋面接（第1回B方式）
　　　　　適性Ⅰ・Ⅱ（第2回B方式）
　　　　　国・算＋面接（帰国生）

2024年度	募集定員	受験者数	合格者数	競争率
第1回 A方式/B方式	約110/約20	229/142	189/105	1.2/1.4
第2回 A方式/B方式	約30	31/12	15/7	2.1/1.7

高校

試験日　1/9（推薦）　1/16（一般）

試験科目　国・数・英＋面接（推薦）
　　　　　国・数・英・理・社（一般）

2024年度	募集定員	受験者数	合格者数	競争率
推薦	約80	37	31	1.2
一般		402	323	1.2

茨城

共学　幼中高大院

茨城キリスト教学園 中学校 高等学校

普通科（高校）
生徒数　249名（中学）　850名（高校）
〒319-1295
茨城県日立市大みか町6-11-1
☎ 0294-52-3215
常磐線大甕駅　徒歩1分

SUPER INDEX P.98

キリスト教による全人教育
英語教育・国際交流に積極的
徹底した指導で現役合格者多数

| URL | https://www.icc.ac.jp/ich/ |

充実した3種類の交換留学制度

左側縦ラベル：
有利に 進学に
あり 併設校
特殊学科 芸術＆
技能系 資格＆
充実 施設が
が強い スポーツ
活発 クラブが
重視 情操教育を
養成 国際人を
校風 自由な

キリスト教に基づく総合学園

プロフィール

1948（昭和23）年に創立した、シオン学園高等部を前身とする。翌年、現在の校名に改称。その後、中学校・大学・大学院を設置し、現在の形が整った。創立者であるヴァーデル・H・ローヤー氏の「真の愛と平和の精神を育みたい」という意志は、半世紀を過ぎた今も、学園の理念として受け継がれている。

2004年度より中学校が男女共学化・中高一貫化した。キリスト教に基づき、心豊かで、実力のある、自立した国際人を育成する。

自然に恵まれた最良の教育環境

環境

前方に太平洋、後方には阿武隈連山を臨む、豊かな自然環境に囲まれている。広大なキャンパスには、中学から大学院までの学び舎が建ち並び、共通の施設として、学園講堂、学園食堂、記念館などがあるほか、広々とした運動場、体育館、野球場、テニスコート、格技場などの体育施設も充実している。

伝統の英語教育コース制で徹底指導

カリキュラム

中・高とも週6日制（第2土曜日は休業）。

中高一貫部では6年間を3つに区

実践的な語学学習に力を入れる

分。1年次が基礎段階「基礎学力・探究心養成課程」。2～4年次が充実段階「実力・思考力養成課程」。5・6年次が発展段階「応用力・実践力養成課程」。6年間を見通した総合的なカリキュラム編成により、学習内容の中断や重複などの無駄を省き、精選された内容を体系的に学習できる。2年次より国公立医歯薬系・難関大学を目指す特進SAクラスと特進Aクラスに分かれ、5年次よりさらに文系・理系コースに分かれる。放課後の基礎力養成ゼミ、夏・冬期講習など、きめ細かな指導を行っている。

高入部では生徒の能力を伸ばし、進学指導を徹底するため、2つのクラスを設置している。週5日7時間授業を行い、難関国公立大・SGU・海外大学への進学を目標とする特進SGクラスと、それぞれの進路目標に合わせたカリキュラムで国公立大や私立大進学を目標とするSGクラスがある。

英語教育をさらに充実させるために開設した国際教育館では、コンピュータを導入した教育指導が行われている。コンピュータは全て、常時インターネットに接続している。英検のための学習ソフトも工夫され、利用しやすくなっている。

海外で視野を広げる国際的行事が充実

学校生活

| 登校時間 | 中学 | 夏季 | 8：25 | 冬季 | 8：25 |
| | 高校 | | 8：35 | | 8：35 |

中学では8の運動部と11の文化部、高校では12の運動部、17の文化部が活発に活動している。

学校行事は、バイブルオリエンテーションやクリスマス礼拝などのキリスト教行事はもちろんのこと、オーストラリアやアメリカへの姉妹校短期留学、海外語学研修、夏休みホームステイなど、国際理解を深める行事が多いのが特徴。

国公立大・私立大へ多数が現役合格

進路

徹底したきめ細かな進路指導により、例年、高い進学実績を上げている。主な進学先は、秋田大、山形大、福島大、埼玉大、筑波大、茨城大、茨城県立医療大、防衛大学校などの国公立大をはじめ、私立大では、国際基督教大、東京理科大、明治大、立教大、青山学院大など。外国の大学へ進学する者もいる。また、併設大への内部指定校推薦制度や、キリスト教学校教育同盟加盟大学への推薦制度もある。

2024年度入試要項

中学

試験日　11/25（帰国子女・単願・一般A）　12/9（一般B・適性検査型）　1/20（一般C）

試験科目　国・算＋面接（単願・帰国子女）
国・算・理・社（一般A）　国・算（一般B・C）　適性＋面接（適性検査型）

2024年度	募集定員	受験者数	入学者数	競争率
単願	約50	86	54	1.6
一般A	約10			
一般B/適性	約20	237	16	14.8
一般C	若干	5	4	1.3

高校

試験日　1/9（帰国子女・推薦）　1/16（一般）

試験科目　国・数・英＋面接（帰国子女・推薦）
国・数・英・理・社（一般）

2024年度	募集定員	受験者数	合格者数	競争率
推薦	200	104	104	1.0
一般		709	679	1.0

※中・高とも、帰国子女の募集は若干名

554　卒業生有名人　檜山沙耶（気象キャスター）、中島ゆたか（女優）、鈴木誉志男（サザコーヒー社長）、TOSHI-LOW（ミュージシャン）

岩瀬日本大学 高等学校

イワニチで学ぶ。
一人ひとりを大切に 心身ともに
強い人間を育成 高い合格率を誇る

URL	https://www.tng.ac.jp/iwase/

普通科
生徒数　563名
〒309-1453
茨城県桜川市友部1739
☎ 0296-75-6467（入試広報室）

SUPER INDEX P.99
水戸線羽黒駅　徒歩10分
八千代方面、石下・千代川方面、益子方面、真岡方面　各スクールバスあり

プロフィール　わかる授業を展開

　2002年4月岩瀬日本大学高等学校開設。日本大学の建学の精神に基づき、自主創造の気風を養い、校是「至誠・調和・自立」のもとに、生徒一人ひとりの秘めたる能力や個性を最大限に生かせるよう、きめ細やかな学習指導や少人数学級の実現をはじめとする数々の学習環境づくりに取り組んでいる。

環境　充実した施設に最新の設備を導入

　正門をくぐると、アイボリーホワイトの校舎と緑の芝生が目に飛び込んでくる。その中央には東屋があり、太陽と樹々をイメージした舗道が続く。2020年にはGIGAスクール構想で、校内ネットワークを再構築した。教室はもちろん、生徒ホールから体育館まで校内のどこからでも繋がる通信環境を実現。1人1台のPC端末で、LMSとしてGoogle Workspace for EducationとC-Learningを利用して主体的・協働的な学びを実現している。

カリキュラム　人づくりの学び舎を目標に人と人がふれ合う教育

　1年次には、日大進学コース、特別進学コースの2コースを設置している。日大進学コースは日大付属推薦による日本大学各学部への進学を目的とし、付属校の利点を最大限に活用し希望者全員合格を目指している。特別進学コースは少人数クラス編成や放課後の質問・自主学習を通して国公立・難関私立大学への現役合格を目指す。

　夏休み中のサマースクールや、大手予備校のeラーニングシステムを利用した大学入試対策や、習熟度別授業や年間を通じて放課後の課外授業を無料で行うなど、あらゆる角度から大学進学のための指導を実施している。また、夜8時まで質問に応じる自主学習の時間も設定している。

学校生活　部活動にも熱中　充実した高校生活

登校時間	夏	8:40	冬	8:40

　何かとイベントの多い高校生活の中でも、6月の桜瑛祭（文化祭）と10月の体育祭は、思い出深いものとなるはずだ。また、海外への修学旅行においても、異文化と接することによって生徒たちは多くの思い出をつくることができる。そのほか、希望者を対象としたハワイ英語研修は生きた英語に触れ、国際感覚を身につける機会となっている。

　部活動に熱中して、充実した3年間を過ごす生徒も多い。クラブ数は、運動部12、文化部11。中でも卓球、ソフトテニス、剣道などの活躍が目を引く。

進路　併設大のみならず他大学にも強い

　併設の日本大学へは、付属高校としての推薦入学制度があり、3年間の学内成績と学校生活の状況、そして日本大学付属高校で一斉に行われる基礎学力到達度テストの成績が基準となる。過去5年間では、804名が日本大学に進学している。また、他大学にも挑戦し、筑波大、茨城大、宇都宮大、群馬大、青山学院大、中央大、高崎経済大、文教大、順天堂大などに合格している。

ひとこと　在校生から受験生にひとこと

　中学3年生の皆さんはもうすぐ受験を迎えますね。志望校は決まっていますか。私は、勉強と運動を両立し、かつ大学進学を目指すため、岩日を選びました。岩日の強みは、運動部が強く、大学進学率も高いことです。また、それだけでなく、皆明るくフレンドリーなため、充実した学校生活を送っています。最後に、中学3年生の皆さん、後悔のない高校選択をしてください。応援しています。
（日大進学コース　1年）

明るい雰囲気の、広々とした図書室

全国レベルの実力を持つ剣道部

2024年度入試要項

試験日　1/9（推薦）　1/20（一般前期）
試験科目　国・数・英（推薦・マークシート方式）
　　　　　国・数・英・理・社（一般前期・記述式）

2024年度	募集定員	受験者数	合格者数	競争率
推薦	200	74	72	1.0
一般		947	906	1.0

※合格者数はスライド合格を含む
※若干名の後期試験あり

進学に有利

併設校あり

特殊学科　芸術＆

資格系　技能＆

充実　施設が

スポーツが強い

クラブが活発

情操教育を重視

国際人を養成

自由な校風

茨城

共学 小中高専大院

江戸川学園取手中学校 高等学校

独自のコース制（医科・東大・難関大）
「規律ある進学校」として
「生徒の夢」を学校の目標に

SUPER INDEX P.97

普通科　医科(高校)
生徒数　925名(中学)　1265名(高校)
〒302-0025
茨城県取手市西1-37-1
☎ 0297-74-8771
常磐線取手駅　バス10分または徒歩25分
つくばエクスプレス守谷駅 バス20分

URL	http://www.e-t.ed.jp/			
Web上での合格発表	中　学	○	高　校	○

クラブ活動に励みながら受験を目指す

プロフィール
2017年度に創立40周年

1978(昭和53)年、「誠実・謙虚・努力を旨とした国際人の育成」を教育目標に、男女共学の高校が開校した。開校時から「規律ある進学校」を明示している。中学時代及び高校時代は、長い人生の中で最も大切な時、自分の夢を実現するには、この時期をいかに過ごすかで大きく違ってくる。本校は、大きな志をもって努力する生徒達を応援している。

環境
文教圏の中心をなす学校に期待

利根川に面した豊かな自然環境の中、約4万4千㎡の広々としたキャンパスがある。4階建てのオーディトリアム(大講堂)は、51mのシンボルタワーを持ち、1300席の大ホールや、中高各200席あるスタディルーム、パソコン常備のインターネットホールなど、マルチメディア完備の文化の発信基地としての役割を担っており、文化講演会やコンサートなどが行われている。また、2001年にコミュニティーホール2001(多目的ホール)、2008年には自然科学棟(4階建て、4階は図書館)が完成。施設の充実ぶりは目を見張るものがある。2020年3月には、創立40周年記念アリーナ(Sakura Arena)が完成。

「オーディトリアム」

カリキュラム
医科と難関大45分100分授業で充実

高校には、医科・東大・難関大コースを設置している。難関大コースは2年次より理系・文系のクラスに分かれ、3年次では内進生と合流し、志望大学別のクラス編成となる。東京大学への現役合格を目指す東大コースもある。医科コースは医師を目指す生徒のためのコースで、全国各地から生徒が受験する、全国でも数少ない課程である。毎月1回、医学関係で活躍されている方を招いて講演も行われている。

中学には、「東大ジュニアコース」・「医科ジュニアコース」・「難関大ジュニアコース」を設置。

中・高ともに45分、100分の特色ある授業を展開する。放課後は部活動、課外授業などを行っている。また、土曜日は隔週授業となる。

学校生活
生徒が主役の自由で楽しい校風

登校時間	中学	夏季	8:30	冬季	8:30
	高校		8:30		8:30

学校行事の多くは、生徒が自主的に運営しており、特に体育祭や紫峰祭(文化祭)は大いに楽しめる行事だ。

クラブは、運動部18、文化部9、同好会が15あり、放課後や土曜日を中心に、充実した施設で活動を行っている。

進路
2023年度は医学部国公立18名私立80名合格

東京大学に4名が合格。国公立医学部には筑波大学医学群医学類5名を含む18名が合格している。国公立大の合格数は94名。早稲田、慶應、上智、東京理科の合格数は201名である。

トピックス
世界へ向けて情報を発信

独自のサーバー機を設置し、インターネットにより積極的に本校の情報を発信している。随所にリアルビデオが導入され、臨場感あふれる内容となっている。ホームページにて「受験生へ応援メッセージ」を動画配信している。

2024年度入試要項

中学

試験日　12/16(適性型)　1/17(第1回)
　　　　1/25(第2回・適性型)　2/5(第3回)

試験科目　国・算・理・社・英または国・算・英(第1〜3回)
　　　　　適性・英＋質問シート(適性型)

2024年度	募集定員	受験者数	合格者数	競争率
適性型/第1回	40/180	425/721	110/403	3.9/1.8
第2回/第3回	70/30	408/178	180/29	23/61

※定員は東大80名・医科80名・難関大160名
※人数はすべて東大/医科/難関大

高校

1/15(第1回アドミッション・特待単願・一般)
1/20(第2回特待単願・一般)

試験科目　国・数・英・理・社または国・数・英(第1・2回)
　　　　　※第1回アドミッション方式は面接あり

2024年度	募集定員	受験者数	合格者数	競争率
医科	20	100/55/37	100/15/13	1.0/3.7/2.8
東大	20	−/175/67	−/132/22	−/5.5/3.0
難関大／難関大特色	100	−/437/163	−/174/49	−/2.5/3.3

※人数はすべてアドミッション(全コース計)/一般第1回/第2回
※スライド含む

茨城

共学 小 中等教育 大

開智望 中等教育学校

国際標準のバカロレアの教育を取り入れ、
創造力、思考力、発信力を育てる

SUPER
INDEX
P.103

生徒数　240名
〒300-2435
茨城県つくばみらい市筒戸字諏訪3400
☎ 0297-38-8220
関東鉄道常総線新守谷駅　徒歩1分

URL	https://nozomi.kaichigakuen.ed.jp
Web上での合格発表	○

平和で豊かな世界の実現に貢献するリーダーを育成

プロフィール

2020年開校。6年間をかけて系統的に新しい学びを深めることができる中高一貫校。豊かな世界の実現のために貢献する、創造力・発信力・コミュニケーション力を持ったリーダーを育成する。国内外のトップレベルの大学へ対応した進学指導を行う。

新しい校舎、充実の施設

環境

6万平米の敷地と、6千坪の校舎の広さを誇る。最寄り駅の新守谷駅から徒歩1分の立地で、登下校も安心。ICT教室や視聴覚ホールのほか、2つの広い体育館、人工芝の第1グラウンドとテニスコート、自然砂の第2グラウンドなど体育施設も充実している。

一人1台情報端末を保有、全学習教室にWi-Fi環境・プロジェクタ完備、全生徒にGoogleアカウントを付与してG Suiteを利用するなど、ICT環境も充実している。

国内外の難関大学への進学に対応

カリキュラム

トップレベルの日本の教育に、国際標準のバカロレア教育を取り入れた授業を展開。探究型の学びを通して探究力、創造力、発信力、コミュニケーション力を伸ばす。

1クラス24名程度の少人数クラス編成。英語・数学は学習歴・習熟度別グループ授業を実施。6年間を3つに区切る。Stage 1（中1・2）では、中3までの内容を学習。Stage 2（中3・高1）では高1・2までの内容を学習。Stage 3（高2・3）では、希望進路ごとに「Global Liberal Arts≒文理系コース」、「Global Medical & Science≒医理系コース」、「IB・DPコース」の3つのコースに分かれ、高3の内容と大学進学学習を実施。世界や日本の難関大学へ対応した進学指導を徹底して行う。放課後特別講座や入試直前講習も豊富に設定されている。大学受験学習のすべてを、学校の授業・講座と、校内での補習や自習で完結できるようになっている。

生徒主体で作り上げる学校生活

学校生活

6月のNOZOMI Music Festivalや、10月の体育祭、11月の芸術鑑賞会、1月のProject発表会、2月の望駅伝、望祭（文化祭）など学校行事も多彩。生徒会が先頭に、実行委員会が軸となって活動をリードする。行事終了後の振り返りも次年度に活かすための大切なプロセスだ。

クラブ活動も生徒が主体となって運営。活動を通して他者との協働や課題解決について学ぶ。生徒一人ひとりが得意を伸ばし、将来貢献・活躍できるフィールドが広がる。

フィールドワーク（実社会とつながる学びを実践する宿泊学習行事）も学年ごとに行っている。フィールドワーク実行委員会を先頭に、生徒たちが主体となって探究テーマや行き先の検討から振り返りまでをデザインする。

在校生からのメッセージ

ひとこと

生徒の自主性や主体性が尊重される開智望中等教育学校では、行事も生徒が中心となって企画・運営を行い、活気にあふれています。また、校舎は新しく設備

も充実しているので、快適な学校生活を送ることができます。上品で機能性に優れた制服も気に入っています。個性豊かな先生方、生徒が集まるこの学校で、一緒に楽しい毎日を送りませんか。

学校からのメッセージ

トピックス

本校は先進的な教育を展開し、世界に羽ばたく人材を養成するため、2020年に開校しました。日本の教育に国際バカロレアを取り入れ、探究型の学び・国際社会に通用する英語学習・最新ICT機器の活用・フィールドワーク・哲学対話やワークショップ型の授業で創造力・思考力発信力を育てます。教師の助言のもと、生徒主体で学校を創り上げています。

2024年度入試要項

試験日　11/23（帰国生）　12/9（専願型）　12/16（適性検査型）　1/15（開智併願）　1/17（一般）　2/4（日本橋併願）

試験科目　国・算＋面接（専願型）　適性Ⅰ・Ⅱ＋面接（適性検査型）　国・算・理・社（開智併願）　国・算か国・算・理・社（一般・日本橋併願）　英エッセイライティング＋国・算＋口頭試問＋面接〈英語・日本語〉（帰国生）

2024年度	募集定員	受験者数	合格者数	競争率
専願型	15	12	10	1.2
適性検査	15	49	42	1.2
開智併願	10	642	482	1.3
一般	10	27	23	1.2
日本橋併願	若干	86	42	2.0
帰国生	若干	55	52	1.1

有利に進学に

併設校あり

特殊学科 芸術＆

技能系 資格＆

施設が充実

スポーツが強い

活発 クラブが

情操教育を重視

国際人を養成

自由な校風

茨城

共学　高

鹿島学園 高等学校

勉強や部活動など、
生徒一人ひとりの個性を伸ばす

SUPER INDEX P.99

制服 p.61

| URL | https://kgh.ed.jp |

普通科
生徒数　735名
〒314-0042
茨城県鹿嶋市田野辺141-9
☎ 0299-83-3211
☎ 0299-83-3215（入試広報部直通）
鹿島線鹿島神宮駅、
鹿島臨海鉄道荒野台駅ほか
各スクールバス（7ルート）

羽ばたけ！21世紀の大空へ…

1989年創立の新進気鋭の進学校。「文武両道」を掲げ高校生活の中で、豊かな人格と健全な身体を育み、夢を持って将来に羽ばたくことができる人材を育てる。

自然豊かな教育環境設備を誇る学生寮

キャンパスは、自然に囲まれた最高の教育環境である。全教室に空調設備はもちろんのこと新たに電子黒板を導入し、ICTを利用した授業展開を実施している。校内には人工芝グランドを利用して体育の授業や学校行事など生徒一人ひとり楽しんで学校生活を行える環境が備わっている。また、学生寮は全室冷暖房完備、栄養士のもと栄養バランスの摂れた食事の提供、学習室、ウェイトトレーニングルームなどの設備を誇る。

3つのコースで、生徒それぞれの夢を叶える

グローバルコースは世界、アジア、日本で活躍するグローバルリーダーの育成を目指している。少人数のクラス編成と、3名のネイティブスピーカーの先生との授業を通して、コミュニケーション能力と4技能をバランスよく

2年次に実施されるアメリカへの修学旅行

学習していく。1年次の東南アジアへの海外研修、2年次のアメリカへの語学研修も充実している。

進学コースは習熟度別クラス編成による、生徒一人ひとりに合わせたきめ細かい授業を行っている。基礎的な学力の定着を目指す「授業」、応用的な実力を伸ばす「放課後ゼミ」、夏期や冬期の長期休業中に開講される「講習」を通して、きめ細かい指導を実現している。

芸術コースは3年間を通して素描技術の基礎を学ぶ「基礎デッサン」、PCを活用した作画を学ぶ「デザイン」、そして、1年をかけて自分のイメージを表現する「総合研究」など、充実したカリキュラムで表現する力を身につけていく。

多彩な学校行事クラブ活動も活発

| 登校時間 | 夏 | 8：40 | 冬 | 8：40 |

部活動は、運動部が13、文化部が5あり、特に野球部、サッカー部（男女）、レスリング部（男女）、ソフトテニス部（男女）、陸上競技部（男女）は全国出場し強化部にしている。また、2022年度女子ソフトボール部は県大会優勝、女子バレーボール部はインターハイ予選準優勝などさらなる活躍が期待される。

学校行事も多彩で、4月の新入生宿泊研修、6月の緑風祭、10月の体育祭（隔年）、3月の海外修学旅行（2年）などがある。

適性・能力に応じた進路指導

生徒一人ひとりの適性に応じたきめ細かな進路指導や夏期・冬期講習、放課後ゼミを行うことにより、進学校としての実績を毎年確実に伸ばしている。主な進学先は、筑波、東京学芸、茨城、静岡、鹿屋体育、会津、早稲田、

男子サッカー部

慶應、東京理科、立教、明治、青山学院、学習院、中央、法政、明治学院、成蹊、成城、立命館、関西学院、順天堂、テイラーズ、東京農業、日本、東洋、駒澤、専修など

グローバルな視野を育てる国際教育

国際教育に力を入れている本校では、海外への修学旅行を実施しており、ホームステイをメインとし、現地の高校との交流や、文化的施設の見学などを通して、国際的な視野を広げることができる。また、留学生を積極的に受け入れ、学校内でも国際交流ができる環境作りを進めている。

2024年度入試要項

試験日　1/9（推薦）　1/20（一般）　2/17（帰国生）
試験科目　課題作文＋面接（推薦）
　　　　　国・数・英＋面接（一般・帰国生単願）
　　　　　国・数・英・理・社（一般・帰国生併願）
　　　　　※一般併願グローバルコースと帰国生は面接あり

2024年度	募集定員	受験者数	入学者数	競争率
進学	70/120	208/755	208/642	1.0/1.2
芸術	10/20	2/20	2/17	1.0/1.2
グローバル	10/10	7/11	7/9	1.0/1.2

※人数はすべて推薦/一般
※帰国生の募集は若干名

■卒業生有名人■　土居聖真（サッカー選手）、鈴木優磨（サッカー選手）、上田綺世（サッカー選手）

茨城
共学 高

霞ヶ浦 高等学校

充実した体育施設と
運動部の強さが群を抜く
新コース体制で進学率上昇中

制服 p.60

URL　https://www.kasumi.ed.jp

普通科
生徒数 1171名
〒300-0301
茨城県稲敷郡阿見町青宿50
☎029-887-0013・4755
常磐線土浦駅 バス13分
専用スクールバス 稲敷・美浦ルート、
守谷ルート、つくばルート、龍ケ崎・牛
久ルートあり

SUPER INDEX P.97

オリンピック選手を輩出したレスリング部

生徒一人ひとりを生かす教育を
プロフィール

　1946（昭和21）年に私立霞浦農科大学（現茨城大学農学部）併設霞浦農業学校として創設。1955年、農業科を廃止して普通科のみの高校となった。2004年度から男女共学となる。
　2023年度、中学校募集停止。
　至誠・自由・責任・勤勉・敬愛を校訓とし、自主性・独立性を育てる教育を目指す。生徒と教職員の絆を大切にし、優れた教育の場を目標に、魅力ある学校作りを実践している。

私立初の防音校舎 全館冷暖房完備
環境

　全国に先駆けて防音校舎を造ったり、県内の高校では最大規模の2階建て武道館をはじめ、鉄筋3階建ての総合体育館や2階建ての屋内運動場、プール、テニスコートが4面,硬式野球場のある第2グラウンドなどがある。2017年度、大室グラウンドに人工芝サッカーコート2面が完成。
　LL教室や視聴覚室、コンピュータ室など、最新の設備を利用した授業が進められている。また、5万1千冊の蔵書数を誇る県内高校随一の図書室など、学習施設も充実している。2021年、屋内運動場2Fに音楽ホールが完成。

最新の設備で生きた英語演習

新コース制スタート 霞ヶ浦高校は新時代へ
カリキュラム

　2015年4月より、3コースで目標に向かう進化したプログラムがスタート。
〈特進選抜コース〉 特進コースより希望・成績・意欲などを考慮して選抜された生徒で編成し、首都圏難関国立大学・私立大学入試で求められる総合的な学力を養成する。
〈特進コース〉 中堅以上の私立大学進学を目指しながら、クラブ活動との両立を高いレベルで実現する。生徒のニーズに合わせて多様な入試スタイルを選択できる。
〈総合進学コース〉 文系私立大学・短大・専門学校・就職等多様化する生徒の進路ニーズに対応し、基礎学力の確かな定着を図りながら目標達成に努める。

トップレベルのクラブ活動
学校生活

登校時間	中学	夏季	8：20	冬季	8：20
	高校		8：40		8：40

　クラブ活動は運動系・文化系合わせて33ほどあり、各クラブの戦歴をあげたら枚挙にいとまがない。レスリング、バレーボール、陸上、テニス、水泳、ヨット、ソフトテニス部が高校総体に出場。特に、県知事より体育功労賞を受賞したヨット部とレスリング部の活躍がきわだっており、ヨット部は国際大会出場を果たし、レスリング部は全国大会23回優勝の実績を持つ。両部とも卒業生をオリンピックに送り出しているほか、甲子園出場で有名になった硬式野球部や、ハンドボール部、硬式テニス部、水泳部をはじめ、多くの部がインターハイに出場している。2017年度より、サッカー部が超重点部活動に格上げされ、人工芝のサッカーコート2面も完備されている。吹奏楽部の練習は、2021年に完成した音楽ホールで行われている。

大学進学率が上昇 就職状況は県下一
進路

　卒業生は、約8割が大学、専門学校や産業技術学院などに進学。主な進学先は、筑波大、茨城大、埼玉大など国私立大に多数合格。また、就職に関しても本校は、土浦職業安定所から「就職モデル校」に指定され、県より職業指導奨励金を受けた唯一の高校であるため、県の内外を問わず求人が多く、就職実績には定評がある。

2024年度入試要項

試験日　1/9（単願推薦）　1/21（一般・併願推薦型）
試験科目　国・数・英＋面接（単願推薦）
　　　　　国・数・英・理・社（一般・併願推薦型）

2024年度	募集定員	受験者数	合格者数	競争率
推薦	480	206	206	1.0
一般・併願推薦		1797	1634	1.1

※内部進学者含む。併願推薦型入試は千葉県受験生対象。

卒業生有名人　樋口黎（レスリングメダリスト）、遠藤淳志（プロ野球選手）、鈴木寛人（プロ野球選手）

559

進学に有利に

併設校あり

芸術&特殊学科

資格&技能系

施設が充実

スポーツが強い

クラブ活動が活発

情操教育を重視

国際人を養成

自由な校風

共学 中 高

常総学院 中学校 高等学校

生徒の能力を最大限に引き出す
3つのコースで自己実現
中高一貫コースで全人的教育

SUPER INDEX P.97

普通科（高校）
生徒数 296名（中学） 1643名（高校）
〒300-0849
茨城県土浦市中村西根1010番地
☎ 029-842-0708（中学）
☎ 029-842-8771（高校）
常磐線土浦駅 スクールバス
常磐線荒川沖駅 スクールバス15分
つくばエクスプレスつくば駅 スクールバス15分

URL	中学	https://www.joso.ac.jp/junior
	高校	https://www.joso.ac.jp/high
Web上での合格発表	中学 ○	高校 ―

プロフィール 社会貢献を果たすリーダーの育成を目指して

常総学院では、社会に貢献するリーダーの育成を教育目標とし、真のエリートを育てるために、育てたい能力JOSOCoreSkillと育てたい資質JOSO未来Skillを掲げている。建学以来の伝統を礎に、一方で時代の変化にも対応できる能力の育成を行う。魅力的な特色のあるコースを用意し、皆さんの思い描く夢を具現化していく。

環境 学習施設、体育施設いずれ劣らぬ充実ぶり

校地は約9万4千平方メートルの広さ。中学校・高校校舎、体育館、グラウンド（サッカー場、ラグビー場）などがある。図書館は蔵書3万冊を所有し、夜7時45分まで利用可能。ラウンジは、生徒たちの歓談の場として利用され、放課後は勉強を教え合う姿が見られる。昼食は完全給食。

カリキュラム 生徒に合った学習環境と探究活動

中学（中高一貫）ではADクラスとSTクラスを編成し、学力に応じてきめ細やかな学習指導を実施（学習範囲は両クラス同一）。また、ADクラス内に少人数のスーパーADを設け、主要教科は別教室でよりハイレベルな授業を展開。英語教育では、外国人教師による英会話を少人数で毎日行い、通常授業と合わせて週9時間実施。課外活動では、3つの探究フィールド別

放課後実施の特別講座

に興味関心に応じたキャリア教育を実施。

高校では、生徒の目的に合わせた特進選抜コースと進学選抜コースの2つのコースがある。特進選抜コースは難関国公立大学入試に対応したカリキュラムと指名制希望制の特別講座を実施。東京大学ならびに医学部医学科を中心とする超難関大学合格に向けて、入学試験での成績最上位者30名を選抜した「エクセレントクラス」を令和2年度より新設。進学選抜コースは難関私立大学や国公立大学への合格を目指すプログレスと、生徒個々が専門性を持ち、有名大学への進学を目指すフロンティアに分かれていて、受験時に選択することができる。

学校生活 甲子園優勝の野球部など部活動が盛ん

| 登校時間 | 中学 | 夏季 8:50 | 冬季 8:50 |
| | 高校 | 8:50 | 8:50 |

中学、高校ともに多彩な行事が1年間を彩る。中学では探究フィールド別に施設見学やプレゼン発表など多彩な探究活動を実施。中学は1年次に1泊2日のTOKYO GLOBAL GATEWAYへの国内留学、2年次に広島・京都国内研修旅行、3年次はニュージーランドで海外研修を実施。高校は1年次に林間学校、2年次に台湾修学旅行を行う。

中学は11のプロジェクト活動があり、火・木の放課後に活動。高校は、運動系23、文化系14が活動中。運動系は全国大会、関東大会で好成績を挙げる強豪ぞろい。インターハイには水泳部が36回連続、野球部は春・夏合わせて26回甲子園出場を果たしている。文化系では吹奏楽部が全国大会に23回出場中14回金賞を受賞している。

進路 地元国立大を中心に高い進学実績

卒業生の91.0%が現役で4年制大学に進学を決めている。地元の筑波・茨城のほか、東大・京大などの最難関国公立大、慶應・早稲田・上智・青山・立教などの難関私立大への合格も多い。

数多くの大会で活躍する高い実績

ひとこと 在校生から受験生へのひとこと

常総学院には、生徒が自ら考え、お互いの意見を主張しあえる授業がたくさんあります。探究学習や放課後の特別講座、進路講演会など、自分の興味や目標に向かって深く追求できる環境も整っています。また、学校行事の規模が大きく大変盛り上がるので、生徒達が行事にかける思いが非常に強く、やりがいを感じることができます。ぜひ、私たちと一緒に最高の高校生活を送りましょう。

2024年度入試要項

中学

試験日 12/2（適性検査型） 12/9（推薦・専願）
1/8（一般第1回） 1/25（一般第2回）
試験科目 適性Ⅰ・Ⅱ＋面接（適性検査型）
国・算＋面接（推薦・専願） 国・算・理・社（一般第1回） 国・算または国・算・理・社（一般第2回）

2024年度	募集定員	受験者数	合格者数	競争率
適性検査型	10/30	663/165	330/116	2.0/1.4
推薦 専願	15/55	26/16	6/14	4.3/1.1
一般第1回	10/30	124/42	78/23	1.6/1.8
一般第2回	若干/10	22/8	9/2	2.4/4.0

※人数はすべてADクラス/STクラス
※スライド合格は含まず

高校

試験日 1/9（推薦） 1/16（一般・併願型推薦）
試験科目 国・数・英＋面接（推薦）
国・数・英・理・社（一般・併願型推薦）

2023年度	募集定員	受験者数	合格者数	競争率
推薦	290	190	188	1.0
一般・併願推薦	310	3132	2824	1.1

※併願型推薦入試は千葉県受験者

左側縦書き項目：進学に有利に／併設校あり／芸術&特殊学科／資格&技能系／施設が充実／スポーツが強い／クラブ活発／情操教育を重視／国際人を養成／自由な校風

卒業生有名人 神代修（トランペット奏者）、仁志敏久（DeNA二軍監督）、兎澤朋美（パラリンピック・世界陸上走幅跳3位）

茨城

共学 高

水城（すいじょう）高等学校

勉強も遊びも一生懸命
明るい校風、きめ細かな進学指導
活力ある進学校

SUPER INDEX P.98

普通科
生徒数　1662名
〒310-0804
茨城県水戸市白梅2-1-45
☎ 029-247-6509
常磐線水戸駅　徒歩7分

| URL | https://suijo.ac.jp |

充実のICT環境

人間性と学力の伸長　いま注目の進学校
プロフィール

1964(昭和39)年、「洗心以て自己の確立を期す」という建学の精神のもとに、県都水戸市に男子校として創立された。水戸駅から近いという「地の利」、教師と生徒が切磋琢磨する師弟同行を実践できる「人の和」を特色とし、「洗心教育」を柱とした人間性の向上と学力の伸長に重点を置いた指導が行われている。

1989年から教職員一丸となって「平成の改革」と呼ばれる学校改革に着手し、男女共学化や制服の変更を行うと共に、奨学金制度を導入している。50周年プロジェクトにより、新校舎が完成し、県内でも注目されている高校である。

駅から徒歩7分　おしゃれな新校舎
環境

常磐線水戸駅から歩いて7分という、交通アクセスのよい地にあるため、生徒は県内のほぼ全域から集まってくる。校舎は全館冷暖房完備。2007年には全面人工芝のグランド、2010年には砂入り人工芝の多目的コートも完成した。普通教室をはじめ、読書室、芸術室、セミナーホール、視聴覚室などがあり、採光に配慮した快適で充実した設備は、学習意欲を高める自分探しのフィールドとして期待される。50周年プロジェクト「SUIJO 50」により、2014年に新図書館・講堂など新たな施設が加わった。

1年の林間学校(福島県磐梯高原にて)

進学指導に期待集中　現役合格を目指す
カリキュラム

入学生徒のレベルアップに対応すべく、4コースを設置し、進学指導体制をさらに強化している。2017年度より主体的学びの実現、さらに大学入試変革に対応するため、タブレット端末を持つことを必須としている。

SZコースは東大・京大・国公立医学部・早慶上理などを目指し、習熟度別クラス編成でプレミアム授業がある。SUコースは難関国公立・難関私立大学を目指し、現役合格できるように学習プログラムを組んでいる。SSコースは有名国公立・有名私立大学、SAコースは国公立・私立大学を目指し、スポーツ推薦制度もあり、それぞれ習熟度別クラス編成を行う。

また、1年次では、主要教科の英語・数学には特に力を入れて授業を行い、基礎学力の充実を図る。2年次より、文系・理系に分かれて独自のカリキュラムで指導している。3年次の前期までに主要教科の全課程を終了し、後期よりセンター試験及び国公立二次・私立大学入試問題の演習を行う。放課後は、受験指導のベテラン教師陣のゼミにより入試対策を図る。

習熟度別に編成して進める独自のゼミ学習は、レベルに応じ少人数制を採用している。教師手作りの独自のテキストを使用し、興味を持って実力をつけるアットホームなゼミで、質疑応答も活発に行われ、生徒が積極的に参加している。また、英検2次対策も無料講座で設定しており、生徒たちにも大変好評である。

盛んな部活動　充実の学校行事
学校生活

| 登校時間 | 夏 | 8:35 | 冬 | 8:35 |

生徒のニーズに合わせ、実に様々な部と同好会があり、その数は文化部17、運動部は19ある。特にインターハイ・全国選抜大会で優勝している空手道部の活躍は全国的に有名だ。また、陸上部は全国高校駅伝で活躍、2010年夏・翌年春には硬式野球部が甲子園に初出場した。

国際化時代に活躍できる人材の育成を目的として、2年次の修学旅行では、ハワイを訪れ有意義な6日間を過ごす。

国公立大現役合格者数　県内トップの進学校
進路

進学指導の充実により、年々華々しい進学実績を上げている。2023年3月卒業生は、国公立大161名、早慶上理27名、GMARCH90名、現役合格率94％という見事な成績だ。パワーあふれる教師陣の指導体制と、生徒たちの頑張りがもたらした結果である。

2023年3月卒業生の主な合格実績は、国公立大学では、京都大1名、筑波大9、茨城大39、東北大、大阪大、千葉大、お茶の水女子大、東京学芸大など。私立大学でも、早稲田大、慶應義塾大など多くの難関大学に合格者を出している。

2024年度入試要項

試験日　1/9(推薦)　1/21(一般)
　　　　1/31(一般再)
試験科目　国・数・英(推薦・一般)
　　　　　国・数・英・理・社(一般再)

2024年度	募集定員	受験者数	合格者数	競争率
推薦		188	183	1.0
一般	640	3038	2836	1.1
一般再		978	938	1.0

卒業生有名人　片山晋呉(プロゴルファー)、横田真一(プロゴルファー)、星野陸也(プロゴルファー)、石崎ひゅーい(シンガーソングライター)

有利に進学
併設校あり
芸術＆特殊学科
資格＆技能系
施設が充実
スポーツが強い
クラブが活発
情操教育を重視
国際人を養成
校風自由な

青丘学院つくば 中学校 高等学校

普通科（高校）
生徒数　12名（中学）　28名（高校）
〒315-0116
茨城県石岡市柿岡字寺田1604
☎0299-56-3266
常磐線石岡駅　バス25分

SUPER INDEX P.98

日本語・英語・韓国語のトリリンガル教育、
週39時間授業、夜の課外授業
留学生とのコミュニケーション、夢実現の教育

制服 p.61

URL	https://cheonggu.ed.jp

プロフィール
2014年開校　世界で活躍する国際人育成

2014年（平成26年）4月、青丘学院つくば中学校・高等学校が開校。

世界のグローバル化が急速に進む流れの中で、21世紀をリードする人材、いわゆるグローバル人材・国際人の育成、そして生徒の夢実現を目指し、トリリンガル教育、週39時間授業、毎週土曜日の確認テストや夜の補習を通して、画期的な教育改革を目指している。

環境
トリリンガル教育 原則全寮制

授業は当然日本語で行われるが、日常生活での会話は、英語・韓国語を使い、3カ国語が自由に使える生徒の育成を目指している。英語検定・韓国語検定・日本語検定にも力を入れ、英検では準1級が1名、2級が5名、準2級が7名、韓国語検定では6級（日本とは反対で6級が1番上級）の取得者がいる。その他の級も多数の者が取得している。

夜の補習等があるので、原則全寮制。ご家庭の協力があり、送迎が可能であれば通学生も受け入れている。韓国からの留学生たちの寮生活を通して、仲間との絆を深め、将来世界を舞台に活躍する仲間たちとのネットワーキングの基礎も作られる。

このように、勉強一辺倒ではなく、人間教育にも重点を置いた教育ができる環境にある。これは、他校では決して類のない本校独自の教育である。

カリキュラム
主要3教科に重点を置いた指導内容 特色あるカリキュラム

一人ひとりのより高い次元の夢実現に向け、6年間を見据えたカリキュラムを編成している。"基礎力養成期"・"応用力育成期"・"発展力完成期"とし、学習の効率化に努めている。

中学では、学習習慣の確立から進路目標の設定・決定まで計画的に取り組ませている。

高校では、国公立大・難関私大を目標とする「理系進学コース」と文系を中心とする「一般コース」に分かれ、1年次よりコース選択を行っている。

学校の学習において"授業は命"と言われるが、その授業の量と質を高めることを目指し、週39時間授業。平日7時間＋土曜日4時間の授業を行う。毎週土曜日の授業では、英・数・国についてその週に学習した内容を完全習得することを目指し、確認テストを実施している。そして、不十分な箇所については夜補習等を通して、確かな学力定着を図っている。

また、進路実現に向け、個に応じた授業時間の設定や、英語においては"受験英語"＋"使える英語"の学習に努めている。数学では、効率よく短期間で学習できるシステムを採用している。

修学旅行は、中学生は北海道、高校生は韓国（予定）への様々な体験学習を実施している。

トピックス
志を高める キャリア教育

留学生たちと複数の言語を用いて物事を考え、コミュニケーションを図る日常の体験を通して、視野を広げ、あらゆる可能性を引き出し、ワンランク上の自分自身を目指す指導を展開している。英語、日本語、韓国語でのプレゼンテーションを週1回行い、各自の考えを持たせるようにしている。

また、各分野の第一線で活躍されている方々のお話を拝聴したり、優れた作品や技術等を鑑賞・見学したりして、今後の進路や人生の指針となるような教育も実践している。

学校生活
生き生き部活動 充実した寮生活

仲間たちと一つの目標に向かって汗を流す経験は、かけがえのない大きな財産となる。学習の後、楽しみながら、学校生活をエンジョイ。短い時間を有効的に使い、運動部（バドミントン部・テニス部等）や文化部（演劇部・音楽部等）が精力的に活動している。体育館や校舎内から毎日溌剌とした声が響いている。そして、生徒たちが伸びのびと勉学や部活動に打ち込めるよう様々な施設が用意されている。

また、学校に隣接する形で学生寮がある。遠方からでも安心して勉強に励めるよう、あらゆる面からサポートしている。

進路
将来を見据えた 進路指導

開校5年目に国立筑波大学医学群、6年目に横浜国立大学に合格し、2021年は国立群馬大学・東邦・杏林・帝京・聖マリアンナ大学の各医学部に合格した。2022年も、筑波大、東京農工大、と国立大に合格者を出すことができた。また難関大学だけでなく、海外の大学にも合格するなど着実に実績が上がっている。「個」に合った受験指導ができることが本校のメリットである。

2024年度入試要項

中学
試験日　1/9（推薦）　1/20（一般第1回）
　　　　2/3（一般第2回）
試験科目　国・算＋面接

2024年度	募集定員	受験者数	合格者数	競争率
推薦/一般	100	1/1/1	1/1/1	1.0/1.0/1.0

高校
試験日　1/9（推薦）　1/20（一般第1回）
　　　　2/3（一般第2回）
試験科目　国・数・英＋面接

2024年度	募集定員	受験者数	合格者数	競争率
推薦/一般	100	5/4/1	5/4/1	1.0/1.0/1.0

茨城

共学　中高

清真学園 中学校 高等学校

～人生の武器をつくる～

普通科（高校）
生徒数　440名（中学）　483名（高校）
〒314-0031
茨城県鹿嶋市宮中伏見4448-5
☎0299-83-1811
鹿島線鹿島神宮駅　徒歩14分
大洗駅（鉄道）、玉造駅（バス）、銚子市役所、千葉県旭市内、稲敷市等を発地とする計7路線のスクールバスを運行

SUPER INDEX P.99

制服 p.61

URL	http://www.seishin-web.jp/		
Web上での合格発表	中学	○	高校	—

プロフィール
豊かな人間性を育む徹底した全人教育

　1978（昭和53）年に開校。校名の"清真"にふさわしい、徳性豊かで知性・創造性に富み、広い視野を持った、心身ともに健康な人間の育成を目指す。中高一貫・少人数教育のメリットを充分に活かした教育を実践し、教師と生徒が一体となって、全人教育の徹底に努めている。建学の精神は、「波荒き鹿島砂丘に人間性の勝利を目指し、常に心清く、豊かな知性をもって真理を追求する」。

環境
緑豊かな学習環境設備も充実度満点

　周囲にカシマサッカースタジアムや鹿島神宮、遠くには太平洋を臨むすばらしい環境にある。敷地面積は14万㎡で、東京ドームの約3倍。校舎は、講堂棟・高校棟・中学棟・美術棟・理科棟の5つの教室棟と、2つの体育館と剣道場の3つの体育施設に分かれ、さらにプールや弓道場も備えている。講堂棟には、講堂、図書館、食堂、英語教室など、美術棟には、美術・技術の各実習室のほか、屋上の天文ドームには天体望遠鏡もある。理科棟には、温室や養殖池などの他に、気象観測装置がある。また、普通教室・特別教室の全てに冷暖房設備が設置されており、一年を通じて快適な環境で学習に取り組むことができる。

カリキュラム
一貫教育＋授業の充実
SSH（文科省指定）も4期目（2022年度～2026年度）に突入
中高一貫のゆとりあるカリキュラムのも

緑豊かな四季折々の草花が溢れるキャンパス

と、教科活動を充実させることで、体力と情操、集中力を身につけ、教師と生徒との信頼関係を築くことにより、いつでもどこでも、誰にでも教えを受けられる環境づくりを目指している。

　国語では、「聞く・話す・読む・書く」の言語技能を身につけることが目標で、理解・表現の両面から、論理的思考力の向上と豊かな感性の涵養に努める。数学では、論述力・記述力を重視し、授業時間を多く取り、グレード制による少人数・習熟度別授業を実施するほか、中3では、高校課程の先取り授業も行う。英語では、グレード制による、少人数の習熟度に合った丁寧な指導が特徴で、高3には集中的な入試演習も行い、現役合格を目指す。

　本校は1年を前期・後期に分けた2学期制を採用しており、1週あたりの授業については2016年度より週6日制を採用している。土曜日は3校時まで通常授業を行い、4校時は学年の枠にとらわれない内容の授業を選択必修として開講している。各教科大学入試対策講座はもちろんのこと、英語では各級別の英検対策の講座、数学では数検対策講座や数学オリンピック対策講座、さらにはフランス語講座や中国語講座、三味線長唄講座など生徒だけではなく保護者にも開放された講座や、保護者のみに開設されているリコーダー講座など多種多様な講座が開講されている。また、夏休みや冬休みなどの長期休業中には講習が開講される。特に夏休みは休業当初の1週間と最後の1週間、それぞれ前期講習、後期講習があり、冬休みにも講習が行われる。学年によっては春休みや連休などに学習合宿を行う場合もある。朝は教員のオリジナル教材をメインとした『morning study』、定期考査1週間前には部活動を休止し、各教科が希望者を募り補講を実施している。

学校生活
多彩な行事と部活で充実の学校生活

登校時間	中学	夏季	8：35	冬季	8：35
	高校		8：35		8：35

　体育祭や創陵祭（文化祭）をはじめ、修学旅行、宿泊学習など、1年を通じて、多彩な行事が用意されている。クラブは、高校全国大会ベスト8および東日本大会優勝、中学校東日本大会に出場という成果を示したラグビー部、全国大会優勝の弓道部や、全国を股に演奏活動を行っている音楽部（オーケストラ）をはじめとして、県下に名を轟かせているクラブも少なくない。

進路
きめ細かい指導で現役合格率87.3%

　生徒の志望に応じたきめ細かい進学指導を行っている。進研オンラインシステム、大学入試センターオンラインシステム、入試分析・大学案内用VTR装置など、最新の設備と情報・資料を用意し、万全の態勢を整えている。主な大学合格者数は国公立大学64名（現役生59名、卒業生166名）、東京大学1名（現役）、筑波大学5名（医学部医学類2名）などだが、慶應・早稲田・東京理科・青山学院・中央・明治・法政・学習院・国際基督教大学など数多くの有名大学から指定校推薦入試の枠もある。

2024年度入試要項

中学
試験日　12/10（前期）　1/20（後期）
試験科目　国・算・理・社（前期）
　　　　　国（作文）・算＋発想力テスト（後期）

2024年度	募集定員	受験者数	合格者数	競争率
前期/後期	150/10	227/33	167/11	1.4/3.0

高校
試験日　1/9（特別奨学生推薦）　1/17（一般）
試験科目　国・数・英（特別奨学生推薦・一般）

2024年度	募集定員	受験者数	合格者数	競争率
推薦/一般	40	59/96	44/76	1.3/1.3

卒業生有名人　額賀澪（小説家）、栗原徹（元ラグビー日本代表）、中村智樹（東北大教授）

進学に有利に／併設校あり／特殊学科＆芸術学科／技能系＆資格／施設が充実／スポーツが強い／クラブ活発／情操教育を重視／国際人を養成／校風自由な

茨城

女子｜幼小中高専短大院

聖徳大学附属取手聖徳女子 高等学校

自分らしい感性を磨き、
未来を切り拓く力を育む
「取手聖徳女子」の女子教育

SUPER INDEX P.97

制服 p.61

普通科　音楽科
生徒数　177名
〒300-1544
茨城県取手市山王1000
☎ 0297-83-8111
常磐線取手駅　スクールバス12分
常磐線藤代駅　スクールバス12分
茨城県内でスクールバス
3路線運行

URL	https://www.torideseitoku.ed.jp/
Web上での合格発表	○

左の欄（縦）

進学に有利に｜併設校あり｜芸術・特殊学科＆｜資格＆技能系｜施設が充実｜スポーツが強い｜クラブ活発が｜情操教育を重視｜国際人を養成｜校風自由な

プロフィール　新しい、女子校のカタチ

取手聖徳女子は、生徒一人ひとりの「挑戦」を最大限にサポート。授業や学校生活の中で、様々な成長のチャンスを提供し、生徒が数多くの経験をしながら「学びたい分野」を見つけ、「将来の目標」を定めていけるよう導く。生徒会が主体となって規則を策定し、スマートフォンの校内使用もOK。Wi-Fi環境も整備され、自宅から持ち込んだPCやタブレットも活用していつでもどこでもオンラインコミュニケーションが可能。授業だけではなく、学校生活全般でMicrosoftのteamsを活用して学びを広げる。

環境　緑豊かなキャンパスで思う存分、学ぶ

茨城県取手市内にある取手聖徳女子のキャンパス。緑豊かな敷地には、環境に配慮した最新の施設・設備が配されている。校内には音楽科特別教室・PC教室・書道室を完備。その他にも日本庭園が美しい礼法室、ソーラーシステムを備えた室内温水プールなど、本格的な施設が実践授業をサポートする。

カリキュラム　もっと楽しく、もっと自由に。取手SEITOKUスタイル

普通科には吹奏楽コースがあり、吹奏楽の専門科目を履修しながらコンテストに挑戦。音楽科は一人ひとりの「音楽が好き」という気持ちを大切に育み、音楽に囲まれた教育環境を活かして、才能を大きく開花させている。「授業」には探究活動に

職員室や図書館にも学び合いのスペースが充実

取り組む時間が数多く設けられており、「教わる」のではなく、自分自身が主役となって「学んでいく」機会がたくさんある。生徒が感じた「なぜ？」をテーマに掲げ、自分たちで調べ、考え、まとめ発信する。2022年度より「取手聖徳プロジェクト」が始まり、探究活動を体系化させ、卒業後の進学先ではもちろん、生涯にわたって自ら考え学び続けることができる生徒を育てる。

学校生活　ともに高め合い、ともに輝く

登校時間	夏	8：20	冬	8：20

部活動は運動部7団体、文化部12団体が活動しており、9割を超える高い入部率を誇る。普通科吹奏楽コースを中心とした吹奏楽部は、2022年度茨城県吹奏楽コンクール県大会において金賞を受賞し、東関東大会出場を果たした。音楽科は音楽活動に集中できる教育環境を活かし、全国レベルのコンクールにも出場している。その他、2022年度の全国大会には、水泳部・書道部・かるた部・箏曲部・吹奏楽部と多くの団体が出場を果たしている。

進路　学びたいことを見つけ、それを学べる進路へ

取手聖徳女子の生徒は、探究の力を存分に発揮して受験に臨み、志望大学へ入学している。総合型・学校推薦型選抜の合格者数や内部進学者が多いのはその「証」。自分らしく伸び伸びと過ごしてきた高校生活が評価され、「理想の進路」を勝ち取っている。

◎現役進学率98.1%　◎4年制大学現役進学率75.0%　◎総合型・学校推薦型選抜入試進学率94.2%　◎内部進学率32.7%

<他大学の主な進学先>
立命館大、芝浦工業大、跡見学園女子大、茨城キリスト教大、桜美林大、大妻女子大、京都芸術大、共立女子大、国立音楽大、駒沢女子大、実践女子大、昭和音楽大、城西国際大、清泉女子大、聖心女子大、つくば国際大、帝京科学大、帝京平成大、東京音楽大、東京農業大、東洋大、東洋学園大、日本医療科学大、日本赤十字看護大、日本大、文化学園大、立教大、立正大

礼法授業「贈答の作法」（礼法室にて）

ひとこと　在校生よりメッセージ

普通科吹奏楽コースでは大好きな吹奏楽に打ち込みながら、教科の勉強もしっかり学ぶことができます。先生の指導のおかげで、中学生のころより豊かな音色で奏でられるようになりました。これからも表現力を高めていき、音楽でたくさんの人を笑顔にしたいです。
（普通科　2年）

音楽を基礎から学んで演奏技術を高めたいと思い、取手聖徳女子に進学しました。レッスンはもちろん、専門科目も充実していて、前より深く音楽を理解できるようになりました。日本クラシック音楽コンクールの全国大会に出場したのは最高の思い出です。
（音楽科3年：トロンボーン専攻）

2024年度入試要項

試験日　1/9（推薦）　1/15（帰国子女）
　　　　1/15または18（一般・併願推薦型）

試験科目　国・数・英から1科＋面接（普通科推薦）
　　　　　実技＋面接（音楽科推薦）
　　　　　国・数・英（普通科一般・併願推薦型）
　　　　　国・数・英＋実技（音楽科一般・併願推薦型）
　　　　　国・数＋面接または英＋作文＋面接（帰国子女）

※普通科の推薦は陸上推薦（書類選考＋面接）、吹奏楽推薦（楽器演奏＋面接）あり

2024年度	募集定員	受験者数	合格者数	競争率
普通科	60	40/107/85	40/86/66	1.0/1.2/1.3
音楽科	10	6/7/6	6/6/4	1.0/1.2/1.5

※人数はすべて推薦/一般Ⅰ/Ⅱ
※併願推薦型は県外受験生対象

女子 保幼高短

大成女子 高等学校

普通科　家政科
看護科
生徒数　665名
〒310-0063
茨城県水戸市五軒町3-2-61
☎ 029-221-4888
常磐線水戸駅　バス7分

SUPER INDEX P.98

女性のライフスタイルを考えた
キャリアデザインプログラム
5年一貫の看護科を設置

| URL | https://www.taisei.ac.jp/ |

ハワイ修学旅行

県内の私立学校で最も長い歴史

プロフィール

1909（明治42）年、大成裁縫女学校として創立。1948（昭和23）年、新学制により大成女子高等学校となる。そして県内で最も長い歴史を持つ私立学校として、2019年に創立110周年を迎えた。

普通科・家政科・看護科（5年一貫教育）の3学科を擁し、「誠実・協和・勤勉」の校訓のもと、社会に役立つ女性を育成するという伝統を受け継ぎながら、時代に即した新しい知恵を授けている。

快適な高校生活を力強くバックアップ

環境

水戸市の中心街に位置し、駅からのアクセスも非常によい。近くには全国に向けて文化・芸術を発信している水戸芸術館や、市民の憩いの場として親しまれている偕楽園・県立歴史館などがある。

校舎は全館冷暖房とWi-Fi完備。1人1台配布されるiPadがPBLを強力に支えている。在宅看護を想定した最新の看護実習室も備えている。

志望や適性に応じた3学科を設置

カリキュラム

スーパー・イングリッシュ・ランゲージ・ハイスクール指定の実績を活かし、語学や国際理解教育に力を入れる。英語の授業ではコミュニケーション論

近隣小学校とのコラボレーション

などのオリジナルの授業を駆使し、楽しみながら英語プレゼンテーション能力を身につけることができる。

普通科では、2年次より「キャリア特別進学コース」と「キャリア進学コース」に分かれ、多彩な選択授業を核に、上級学校合格を目指す。課外授業やeラーニングなど、部活動と勉強の両立を実現する環境も整っている。

家政科では、1年次は被服製作と調理の基礎的な技術を習得し、2年次より「フードデザインコース」と「ファッションデザインコース」に分かれ、スペシャリストを目指して自分らしさと個性を磨く。

看護科は、看護科3年と専攻科看護科2年の「5年一貫看護師養成課程」で、修了と同時に「看護師国家試験」の受験資格が取得できる。病院や福祉施設などでの実習を通し、看護師としての資質を養成する。

生徒が主役の行事活発な部活動

学校生活

| 登校時間 | 夏 | 8：40 | 冬 | 8：40 |

8の運動部と11の文化部があり、活動が盛んである。全国準優勝2回のバレーボール部や、インターハイ常連の卓球部、吹奏楽部などの活躍が目立つ。また、和装コンテスト全国大会3位のC.H.E.（Challenge Home Economics）部など家政系の部活動もある。毎年9月実施の「撫子祭」では近隣の子どもたちを招待している。吹奏楽部と小学生との合奏など、地域の方との触れ合いを大切にした企画が展開される。

2年の秋に実施される修学旅行では、海外と国内の選択制となり、様々な研修プログラムを実施する。

他にも「スポーツフェスティバル」や、女子教育の特長を生かした「着付け教室」「ひな祭り」など、イベントが盛りだくさんだ。

女子に特化したキャリア教育

進路

普通科では、学校設定科目「キャリアデザインⅠ・Ⅱ」で、女性のライフスタイルを考えたプログラムを通し、生き方を選び実現する力を身につける。1年次のインターンシップで職業適性を確認し、2・3年次は「保育・幼児教育」「看護・医療」「地域デザイン」「ホスピタリティ」「アート表現」の5分野から1つを選び、社会と関わりながら学習する。

家政科・看護科は、専門科目の授業や校内外での実習で、高いスキルを身につける。きめ細かなサポートのもと、それらのスキルを自身のキャリアの充実につなげる。主な進学先は、筑波大、茨城大、茨城県立医療大、東京学芸大、千葉大、埼玉大、山形大、早稲田大、青山学院大、中央大、日本女子大、東京家政大など。そのほか系列校の茨城女子短期大学へは、優先的に進学できる。

2024年度入試要項			
試験日	1/9（推薦）　1/16（一般）		
試験科目	基礎学力〈国・数・英〉＋面接（推薦）面接（特技推薦）国・数・英・理・社（一般）		

2024年度	募集定員	受験者数	合格者数	競争率
推薦	160/40/40	62/30/23	62/30/23	1.0/1.0/1.0
一般		337/104/57	331/99/46	1.0/1.1/1.2

※人数は普通科/家政科/看護科。複数学科同時受験を含む

進学に有利に

併設校あり

特殊学科　芸術＆

資格＆技能系

施設が充実

スポーツが強い

クラブ活動が活発

情操教育を重視

国際人を養成

校風が自由な

共学　保幼小高短大

つくば国際大学高等学校

一人ひとりの個性を生かす教育
併設大・短大への優先入学も

普通科
生徒数　499名
〒300-0051
茨城県土浦市真鍋1-3-5
☎029-821-0670
常磐線土浦駅　徒歩15分またはバス
スクールバスあり（3路線）

SUPER INDEX P.97

制服 p.61

URL	https://www.tiuh.ed.jp/
Web上での合格発表	○

柔道部

プロフィール 「夢探し・夢育て」を全力でサポート

1946（昭和21）年開校の茨城県土浦第一高等女学校を前身とする。1952年に土浦第一女子高等学校、1994年にはつくば国際大学を開学。1997年には、1966（昭和41）年開学の土浦短期大学をつくば国際短期大学と改称した。これに伴い、1998年より、土浦第一女子高等学校を「つくば国際大学高等学校土浦校舎」と改称し、新たに千代田校舎も開校した。2003年度より男女共学となった。

2020年度から、生徒一人ひとりが未来に向かって、さらに前進（アドバンス）できる学校「アドバンススクール」に移行した。社会の役に立つ人材の育成に努めるとともに、地域に信頼され愛される学校づくりを進めている。

環境 有意義に過ごすための充実した施設・設備

多彩な施設・設備が自慢で、40台のパソコンを導入し一人1台を実現したコンピュータ室、大型プロジェクターを設置した視聴覚室、調理室や被服実習室などを完備している。また、校外には硬式野球部、サッカー部、ラグビー部専用のグラウンドやテニスコートがある。

カリキュラム キャリア教育をさらに充実

キャリア教育をさらに充実するために、2年生から2コース・5エリア制を選択。コースについては、自分のキャリア実現に向けた学習ができるよう次の2コースがある。

「キャリア特別進学コース」…難関大学への進学を目指す。

「キャリア探究進学コース」…大学・短大・専門学校への進学や就職を目指す。

エリアについては、基礎学力の定着を重視しつつ、興味・関心や進路希望に応じた学習ができるよう次の5つのエリアがある。

「メディカルエリア」…医療、看護、保健系の進学を目指す。

「生活デザインエリア」…保育、福祉、服飾、食物系の進学を目指す。

「カレッジエリア」…文系や理系の大学への進学を目指す。

「地域デザインエリア」…地域との関わり、地域の創造に関わる職業を目指す。

「エキスパートエリア」…情報処理、美容、自動車整備などの資格取得や検定試験合格を目指す。

どちらのコースからでも好きなエリアを選ぶことができる。

学校生活 多彩な学校行事

登校時間	夏	8：30	冬	8：30

学校生活の一大イベントである文化祭（好文祭）や、クラスマッチ、芸術鑑賞会などの行事が用意されるほか、国際理解を深めるため修学旅行では台湾に行き、地元の高校との交流を通して異文化理解に努めている。また、「全校クリーンアップ大作戦」や「菜の花満開プロジェクト」を通して地域に貢献している。

クラブ活動も活発で、2022年度はバドミントン部が関東大会に出場し、硬式野球部は春季関東大会茨城県大会でベスト8に進出した。2023年度は柔道部とバドミントン部が関東大会に出場した。

進路 併設大学・短大へは優先入学制度も

主な進学先は、つくば国際大、つくば国際短期大をはじめ、茨城大、東京学芸大、東京理科大、東洋大、専修大、東海大、日本大、横浜薬科大、国士舘大、大妻女子大、麗澤大など。

また、専門・各種学校へは、東京医科大学霞ヶ浦看護専門学校、協同病院看護専門学校、筑波学園看護専門学校、茨城県立土浦産業技術専門学院などのほか、住友林業クレスト、日清食品、新日鐵住金、キャノン、日立建機、日野自動車、リスカ、久月総本舗、トヨタカローラ、警視庁、茨城県警察、公務員（消防署）、陸上自衛隊などへ就職している。

2024年度入試要項

試験日　1/9（推薦）　1/20（一般）

試験科目　作文＋面接（推薦）
　　　　　国・数・英（一般）
　　　　　※学業特別奨学生推薦は国・数・英＋面接
　　　　　※一般の単願は面接あり

2024年度	募集定員	受験者数	合格者数	競争率
推薦	240	34	34	1.0
一般 単願/併願		1537	1521	1.0

進学に有利

併設校あり

芸術&特殊学科

資格&技能系

施設が充実

スポーツが強い

クラブが活発

情操教育を重視

国際人を養成

自由な校風

共学 | 幼 小 高 短 大

つくば国際大学東風（はるかぜ）高等学校

普通科
生徒数 220名
〒315-0057
茨城県かすみがうら市上土田690-1
☎ 0299-59-7516
常磐線神立駅・石岡駅 各バス15分
スクールバスあり

SUPER INDEX P.98

一人ひとりの生き抜く力を育てます。

URL	http://www.harukaze.ed.jp
Web上での合格発表	○

プロフィール　医療・看護進学コースの新設

2014年度から特別進学、進学に加えて、医療・看護進学コースを設置。将来、大学で医療・看護の勉強をし、国家試験に合格した後に看護師、保健師、臨床検査技師、放射線技師、理学療法士、管理栄養士などの専門職に就きたいと考えている人のためのコース。独自のカリキュラムに基づいて、生徒一人ひとりに特化した指導を親身に行い、基礎学力と応用学力の強化を図る。さらに、つくば国際大学医療保健学部（理学療法学科、看護学科、保健栄養学科、診療放射線学科、臨床検査学科、医療技術学科）と連携して医療・看護進学コースの新たな可能性を探っていく。特別進学コースは国公立や私立難関大学を目指し、進学コースは一人ひとりの生徒の基礎的な学力の向上を図る。両コースは個々の生徒の習熟度を考慮し、進学先に不可欠な学力を高める指導を行う。一方、社会でたくましく生き抜くための力となる基本的な生活習慣の確立も重視し、週1回「はるかぜ道徳」の授業を全学年で行っている。学力と道徳心は人格形成の根幹となるからだ。本校は進学ばかりでなく、心の成長も大切にしている。

環境　緑豊かな環境

JR常磐線神立駅が最寄駅。駅から路線バスで15分。自転車を利用する生徒も多い。スクールバスの路線は5コースあり、全生徒の45％が利用している。学校の周囲は緑に恵まれ、静かで勉学に適した環境だ。

約5万6千㎡に及ぶ広大なキャンパスは、管理棟、教室棟、体育館の他、夜間照明も完備したグラウンドとテニスコートがある。また、教育設備も充実しており、パソコン室、視聴覚室、LL教室、進路指導室の機器はすべてインターネットが使用できる。全館冷暖房完備で、年間を通して快適な学校生活を送ることができる。

カリキュラム　なりたい自分を目指し3コースから選択

少人数クラス・習熟度別授業・コース制

大学進学のための基礎学力を養う3つのコース制による個別の指導体制

特別進学コース

国公立大学や難関私立大学の現役合格を目指す。2年次から、文系・理系に分かれ、大学受験を意識した授業や放課後と土曜日に課外授業が展開され、充実した指導体制が整えられている。

進学コース

大学進学から就職にいたるまで、個々の進路ニーズに対応できるカリキュラムが備えられている。一般入試だけでなく、推薦・総合型選抜入試でも、生徒の得意な分野へ進める指導が用意されている。

医療・看護進学コース

看護師、保健師、理学療法士、作業療法士、診療放射線技師、臨床検査技師、臨床工学技士、管理栄養士などを志す生徒を育成する。病院実習も取り入れられ、2年次から専門的な科目に取り組んでいく。

学校生活　学校生活を支えるはるかぜ独自の教育

登校時間	夏	8：45	冬	8：45

「強固な意志を持ち、社会に役立つ人材であれ」との創設者の願いを戴き、人間味あふれる情操豊かな人間の育成に努める。また、恵まれた自然環境の中、本校独自の「はるかぜ道徳」を通じて、人間としてのあり方・生き方の教育も行われている。さらに、生徒会活動では生徒

間の交流に重きを置いた、生徒の自治組織「はるかぜクラブ」のもと、生徒一人ひとりに役割を与え、活躍できる場を提供することにより、生徒たちは、自分の居場所を確保し、充実した学校生活を送っている。

進路　一人ひとりが希望の進路を達成

●主な進学先

茨城大、学習院大、医療創生大、国際医療福祉大、国士舘大、駒澤大、順天堂大、東洋大、東海大、麗澤大、亜細亜大、帝京平成大、帝京科学大、常盤大、桜美林大、白鷗大、神奈川大

●主な指定校

東京農業大、医療創生大、亀田医療大、東京平成大、東京工科大、和洋女子大、東京家政大、東京医療保健大、上武大、茨城キリスト大、亜細亜大、神奈川大、国士舘大、大東文化大

2024年度入試要項

試験日　1/9（推薦）　1/18（一般単願・併願）

試験科目　面接（推薦）
　　　　　英または数＋作文（一般単願）
　　　　　国・数・英（一般併願）
※学業特別奨学生希望者は国・数・英

2024年度	募集定員	受験者数	合格者数	競争率
推薦	200	26	26	1.0
一般単願/併願		67/540	65/516	1.0/1.0

※定員は、特別進学コース・進学コース170名、医療・看護進学コース30名

有利に進学
併設校あり
特殊学科＆芸術
技能系＆資格
施設が充実
スポーツが強い
クラブが活発
情操教育を重視
国際人を養成
校風自由

つくば秀英 高等学校

個性あふれる自由人を目指し
無限の可能性を開花させる
21世紀を担う国際人を育成

SUPER
INDEX
P.97

制服
p.45

URL　https://www.tsukubashuei.com

普通科
生徒数　901名
〒300-2655
茨城県つくば市島名151
☎029-847-1611
つくばエクスプレス万博記念公園駅
スクールバス5分
常磐線牛久駅　スクールバス20分
10路線あり

イギリス（ロンドン）への修学旅行

プロフィール
生徒の個性を伸ばす 自由なスクールカラー

1995（平成7）年4月に開校。生徒の自主性と個性を最大限に伸ばす教育を実践している。教師と生徒との信頼関係を重視し、生徒の視野に立った指導を行うと共に、21世紀を担うリーダーにふさわしい、国際感覚と独創的な発想を持った国際人の育成に努めており、生徒たちは、自由な校風と明るいフロンティア精神に満ちた学校生活を送っている。2000年2月にさだまさし氏作詞・作曲の校歌「風光る」が完成した。

環境
全館にWi-Fiや冷暖房完備 快適な学習環境

関東平野の北部に位置し、豊かな自然に囲まれたつくば市は、世界の頭脳を集める研究学園都市として知られる。本校ではその特性を生かして、健康的で知的水準の高い国際人の育成に努めており、全館にWi-Fiや冷暖房を完備するなど、最適な教育環境づくりを推進している。

カリキュラム
選択制で 理想の学習環境追求

特進Sコースは難関国公立・難関私立大を目指し、通常7時間目が終了した後、45分間の特設授業と特別講座を行っている。1年次より高大連携模擬授業によるテーマ学習を行

い、3年次には個別テーマ学習や特別進学講座を設けている。

進学Tコースは、多様化する大学入試にも柔軟に対応できる学力を身につけ、国公立大学・有名私立大学への現役合格を目指す。1年次から国公立・難関私大を目指すT選抜クラスを設置。

学校生活
自由な雰囲気の 明るい学校生活

登校時間	夏	8：35	冬	8：35

自由な校風で、生徒それぞれの自覚により、集団生活の中でルールやマナーを身につけることを目指している。

制服は、2019年度（25期生）よりリニューアル。秀英オリジナルタータンをあしらった制服は、秀英伝統のブリティッシュグリーンを受け継ぎながら、より洗練された印象に。クラブ活動では、特技選抜部〈硬式野球、柔道、陸上競技、男女バスケットボール〉、その他、吹奏楽、美術、書道など文化部も充実。26団体が日々活動している。

バランスの取れた人格形成のため、芸術鑑賞会や学習合宿、スポーツ大会、秀輝祭（文化祭）など、多彩な行事も用意されている。さらに、周辺の国際レベルの研究施設を見学したり、国際学会と交流を持つ研究者から話を聞くなど、貴重な体験もできる。また、国際教育として、2年次の12月にはイギリス修学旅行を実施し、世界遺産や美術館を見学。ロンドン市内の班別研修では生きた英会話を体験。世界を肌で感じ、国際感覚を養う。

進路
きめ細やかな指導で 志望校合格を目指す

2022年3月卒業の大学進学率は、79.7％。主な進学先は、4年制大学では、筑波、東京農工などの国公立大や、

慶應、明治、中央、法政などの難関私立大、短期大学では、青山学院女子、実践女子などがあげられる。また指定校推薦で、東京理科大など有名大学140校に760余名が進学可能である。

1年次には職業適性検査、職業人講話、大学見学、2年次には学部学科説明会、3年次には進学説明会など多彩な進路行事が、進路ノート（DR）を活用しながら行われる。また年間を通し、きめ細やかな個別面談も実施している。

トピックス
つくば秀英の 「わくわく」

「英語の秀英」ICAプログラムで英語4技能習得など英語教育に力を入れるほか、2021年度入学生より1人1台iPadを導入。ICTを活用し、一人ひとりにより効率的で効果的な教育を実践。探究プロジェクトでは、自分の興味関心を探究し、多くのプレゼンを重ねることで探究スパイラルを生み出し、"語れる自分"を確立。進路実現へとつなげる。

2024年度入試要項

試験日　1/9（推薦）　1/17（一般）
試験科目　課題作文＋面接（推薦）
　　　　　国・数・英・理・社（一般）
　　　　　※S推薦の面接は英語応対含む
　　　　　※一般英語にはリスニング含む

2024年度	募集定員	受験者数	合格者数	競争率
推薦	320	－	－	－
一般		－	－	－

■卒業生有名人　大山悠輔（プロ野球選手）、山田大樹（プロ野球選手）、小島元基（プロバスケットボール選手）

共学　中等　高　短　大　院

土浦日本大学 中等教育学校

ゆっくり着実に、自分らしく
無限大の６年間
世界に通用するリーダーの育成

SUPER INDEX P.97

制服 p.60

URL	https://www.tng.ac.jp/sec-sch/
Web上での合格発表	○

普通科
生徒数　369名（前期）　333名（後期）
〒300-0826
茨城県土浦市小松ヶ丘町4-46
☎ 029-835-3907（情報入試直通）
常磐線土浦駅　徒歩25分またはバス10分
桜川、下妻、江戸崎、利根、守谷、岩井、つくば、
水戸よりスクールバスあり

プロフィール　新しい進学校

2003年4月、新しいコンセプトで、国際基準の実践力を目指す中学である土浦日本大学中学校が開校。さらに2007年4月、茨城県初の中等教育学校として、新たに生まれ変わった。

環境　安全で機能的 心地よい空間

高校受験の負荷がないゆとりある環境のもとで、将来を見据えた「卓越性」、「読み解く力」、「相互依存」を涵養するのが本校の6年一貫教育である。6年間を3つのタームに分け、最初の2タームでは、将来、国際社会で"日本"を発信できる人材の育成を目指す。イギリスをはじめ国内外での研修を通じて、一人ひとりが自主的にテーマを設定し、事前のリサーチ学習や、生徒全員に貸与したタブレットPCなどの最新のツールを駆使したプレゼンテーションなどの事後学習を行うことで、自ら問題を設定し解決する力を養う。最後のタームでは、国公立大、難関私大、海外大学、そして親大学である日本大学への進学に合わせてきめ細かな指導を展開、希望を実現させている。

授業カリキュラムは、学力の土台作りを重視して週6日34時間実施。語学では世界の様々な国から集まった10名の外国人教師と、経験豊富な12名の日本人教師により、社会に出てから有益となる英語を身につける指導をしている。

海外研修

「あさ学習」や「よる学習」、授業後の課外授業も充実しており、学びを深めたり習熟度アップのために役立っている。個を尊重した少人数教育がそれを可能にしている。また、本校のゆとりある6年一貫教育で、スポーツデイや合唱コンクールなど様々なイベントで青春を謳歌することができる。

生徒たちは無限の可能性を秘めている。その可能性を引き出し、新たなことに果敢にチャレンジする学生を育成するのが本校の一貫教育である。

カリキュラム　可能性を最大限に引き出す6年一貫教育

6年間を3つに区切り、最初の2年間は「ファウンデーションターム」として、学習の具体的な方法論である「スタディスキル」を身につけ、すべての勉強の基礎を習得。次の2年はそれらの基礎をベースに学ぶ「アカデミックターム」。生徒の積極的な自学習を促すと共に、すべての教科を偏りなく学習する。最後の2年は大学への橋渡しを行う「ブリッジングターム」。志望進路別の少人数クラス対応で、各々の進路実現に向けた演習授業を展開していく。

2019年度より第3学年に「理系インタークラス」を設置し、医歯薬獣医学部・最難関理系大学進学に特化したカリキュラムのもと、日本大学のみならず、国公立、難関私立、海外大学の進路実現を目指す。

学校生活　世界が広がる 国内・海外研修

登校時間	夏	8：40	冬	8：40

7月の蓼科（1年）、英国バンバリー研修（2年、28日間の寮生活）、英国ケンブリッジ研修（4年、16日間の語学研修）、11月の広島（3年）、京都・奈良（1年）など、世界が広がる国内研修や海外研修を実施している。

また、陸上・サッカー・弓道・合気道など13のスポーツ系、文芸・ロボットエンジニアリング・鉄道研究など12の文化

少人数によるオーラルコミュニケーションの授業

系のクラブ活動や、ボランティアをはじめとする特別活動も充実している。

進路　文系にも理系にも 強い進学校

2023年3月卒業生の現役合格実績は、北海道大、九州大、一橋大、筑波大、千葉大などの国公立省庁大14名、早稲田・慶應・上智・東京理科、GMARCH、日本大多数。また、医・歯・薬学部や海外大学にも合格者複数名を輩出。

付属の利点を大いに活かし、生徒一人ひとりに合った進路指導を行っている。また、日本大学への推薦進学者を除いた一般受験者の9割近くの生徒が国公立・難関私大に合格している。

2024年度入試要項

試験日　10/7（ICAP）　11/25（CSAT）
　　　　12/2（ICL）　12/9（ISAT）
　　　　1/6（KBT）
　　　　1/23（KBT特待・帰国・国際生）

試験科目　課題パフォーマンス＋面接（ICAP）
　　　　CSAT I・II（CSAT）　総合問題＋
　　　　面接（ICL総合）　英＋面接（ICL英
　　　　語）　ISAT I・II（ISAT）　国・算・
　　　　理・社（KBT・KBT特待）　英＋面接
　　　　または国・算＋面接（帰国・国際生）

2024年度	募集定員	受験者数	合格者数	競争率
ICAP	10	54	26	2.1
CSAT	5	348	250	1.4
ICL 総合/英語	60/10	77	58	1.3
ISAT	20	279	208	1.3
KBT/特待・帰国	30/5	200/57	141/33	1.4/1.7

進学に有利
併設校あり
特殊学科・芸術&技能系
資格&技能系
施設が充実
スポーツが強い
クラブが活発
情操教育重視
国際人養成
校風な自由

共学 中等教育 高 短 大 院

土浦日本大学 高等学校

将来の希望選択に応える
3コース5クラス制
帰国国際生入試の実施

SUPER INDEX P.98

制服 p.60

URL　https://www.tng.ac.jp/tsuchiura/

普通科
生徒数　1959名
〒300-0826
茨城県土浦市小松ヶ丘町4-46
☎ 029-822-3382
☎ 029-823-4439（情報入試室）
常磐線土浦駅　徒歩25分またはバス10分
桜川、下妻、江戸崎、利根、守谷、岩井、つくば、つくばみらい、水戸方面よりスクールバスあり

快適な学習環境を提供・wifi、冷暖房

環境
特色ある施設が充実

総合学習情報センター内には総合図書館（蔵書数8万冊以上）、生物、物理・化学実験室、多目的学習室・生徒ラウンジ・音楽室がある。本館は、吹き抜けのメディアプラザを中心に回廊型に教室が配置されている。校舎、総合体育館には全館冷暖房完備で快適な学習環境を提供。ランニングロード等を併せ持つ全国屈指の総合体育館は同時間に10コマの授業展開が可能。学校の近くには右籾桜グラウンド、帰国寮「桜心館」、ナイター施設を整えた野球場等を完備した「かすみがうら桜グランド」がある。

カリキュラム
目標別のコース制で希望進路を実現

3コース5クラス制を導入している。

国公立・難関私立大学を目指す特別進学コース（スーパーハイクラス・特進クラス）では、ハイレベルな授業とテスト、課外授業で高い学力を養成。独自の探究活動でプレゼンテーション能力、レポート作成能力を高め、推薦入試にも対応している。日本大学・難関私立大学を目指す総合進学コース（進学クラス・スポーツクラス）では、日本大学内部進学を目標としたカリキュラム編成で、生徒の希望と適性に応じた進学をバックアップ。2年次より「医歯薬系クラス」も設置している。難関私立大学と海外の大学への進学を目指すグローバル・スタディコースでは、少人数授業でネイティブと日本人教師によるチームティーチングを実施するほか、短期（1年生オーストラリア）・

中期（2年生カナダ）の留学（必修）、1年間のオーストラリア長期留学（希望者）もある。

学校生活
全国屈指のクラブ多数
海外修学旅行

登校時間	夏	8：40	冬	8：40

23ある運動部の多くが、インターハイなどの全国大会の出場経験があり、オリンピック選手を輩出している。硬式野球、バスケットボール、バレーボール、剣道、柔道、陸上、レスリングなど、いずれも伝統と実績を誇る。文化部は13あり、囲碁・将棋部や音楽部は全国大会で活躍している。他にも吹奏楽、科学、茶道など多岐にわたって活動している。

蓼科でのサマースクール、海外修学旅行やハワイ英語研修など、一人ひとりの可能性を広げる多彩な行事も用意されている。

進路
日大への推薦入学
難関他大学へも多数

推薦入学制度を利用し、日大への進学が多いが、他大学への進学率も高く、2023年3月卒業生の主な進学先は、東京大、北海道大、東北大、お茶の水女子大、筑波大、茨城大、千葉大、茨城県立医療大、早稲田大、慶應義塾大、上智大、東京理科大、明治大、青山学院大、国際基督教大、中央大、法政大、中央（チュンアン）大、Queen Mary University of Londonなど多数。

ひとこと
在国生からのメッセージ

中学生の頃進路を考えた際、生物に関する学びができる大学に進学したいと考え、生物資源科学部のある日本大学付属校の本校に入学を決めました。通学はスクールバスでの登下校で快適です。総合進学コースは、放課後の課外授業が希望制のため、私は選択はせず部活動に力を入れています。おかげで高校から始めた弓道に専念できています。勉強も部活動もどちらも頑張りたい私にとっては、最適な環境で高校生活を過ごせています。
（総合進学コース　進学クラス　男子）

中学校の先生に学習環境が整った本校を勧められたことをきっかけに説明会へ参加

し高校選択をしました。最難関の国公立大学を目指すコースのため、勉強ばかりのイメージもありましたが、クラスの雰囲気が良く、行事と学習のメリハリがついています。日頃は放課後の課外授業で、苦手な分野を補ったり発展問題に取り組んだりして学力の向上に努めています。友達同士でわからない問題を話し合えるところや先生方が本当に丁寧で親身になってくださるので、第一志望を目指して毎日頑張れています。
（特別進学コース　スーパーハイクラス　女子）

元々英語に強い興味があり、本校のGSクラスの卒業生である友人に話をよく聞いていたことから、入学を志望しました。「アクティブ・イングリッシュ」という独自の授業では、1クラスを3つに分け約10名の生徒に先生2名がプレゼンテーションやディベートに必要な能力の養成をサポートしてくださいます。帰国子女の同級生がたくさんいることもあり、日常的に英語に触れる機会が多くあります。2回の留学（オーストラリアとカナダ）を経て、より実践的な英語力が身についたと実感しています。将来は英語に関わる仕事で国際的に活躍したいです。
（グローバル・スタディコース　GSクラス　女子）

2024年度入試要項

試験日　1/9（単願推薦）
　　　　1/15（併願推薦型A日程）
　　　　1/20（併願推薦型B日程・一般）
試験科目　国・数・英＋面接（単願推薦・一般単願）　国・数・英・理・社（併願推薦型・一般併願）

2024年度	募集定員	受験者数	合格者数	競争率
単願推薦	630	313	313	1.0
併願推薦・一般		2178	1974	1.1

※帰国国際生入試（1/20、国・数・英＋面接）、海外帰国生入試の詳細については、学校に直接お問い合わせ下さい

人気の総合図書館 床暖房で冬も快適

　卒業生有名人　富山英明（ロス五輪レスリング金メダル）、塚田真希（アテネ五輪柔道金メダル）、福見友子（ロンドン五輪柔道5位）

進学に有利に

併設校あり

芸術&特殊学科

資格&技能系

施設が充実

スポーツが強い

クラブが活発

情操教育を重視

国際人を養成

自由な校風

茨城

共学 中高大院

東洋大学附属牛久 中学校 高等学校

きめ細かな進学指導で
他大学受験も多い
進学実績が近年上昇中

SUPER INDEX P.97

普通科（高校）
生徒数　223名（中学）　1793名（高校）
〒300-1211
茨城県牛久市柏田町1360-2
☎029-872-0350
常磐線牛久駅　スクールバス8分または徒歩25分
スクールバス（守谷、江戸崎・河内、つくば、新治・つくば、つくばみらい、阿見・美浦、千葉ニュータウン、龍ヶ崎、牛久駅　計9ルート）あり

URL	https://www.toyo.ac.jp/site/ushiku-enter/		
Web上での合格発表	中学	○	高校 —

環境　活躍の場を広げる充実の施設

2016年完成の校舎は、自然の光を取り入れるべく配慮した明るい校舎で、各フロアに自習室・小休憩スペース（通称ポケット）を配置。全生徒にChromebookを導入しており、ICTを活用した課題探究型授業も展開されている。700名収容可能な講堂の他にも、3つの中ホール、大演習室などの施設が整い、約5万冊の蔵書のある図書館の他、バスケットコート2面の取れる体育館、400mタータントラック完備の人工芝グラウンド、野球場、弓道場、武道場、テニスコート（7面人工芝）といったスポーツ施設も充実。全館Wi-fi完備。食堂も併設されている。

カリキュラム　急がずあせらず入試対策も計画的に

高校は、生徒の進路・能力・適性に応じた教育ができるようにカリキュラムを編成しており、国公立・難関私立大学を目指す**特別進学コース**、国内外の大学への進学を目指す**グローバルコース**、主に東洋大学への附属推薦を中心に多様な進路に対応する**進学コース**、基礎学力の充実と関東大会・全国大会などでの活躍を目指す**スポーツサイエンスコース**の4コース。英語教育に力を入れており、年に3回、全校で英検を受験している。**特別進学コース**では、夏休み期間を利用した受験対策講習の実施や全国模試試験への積極的な参加など、生徒の熱意に応えるサポート体制を整えている。文理選択は2年への進級時に行う。グローバル教育と生徒たちの視野を広げるために、2年次に全員がオーストラリアでのホームステイ研修に参加する。平日は50分7限授業。**グローバルコース**では、日本人としての教養や英語運用力、国際理解力などの育成に加え、中国語の基礎力習得を目指す。

校舎全景

入学直後にはフィリピンの語学学校でのマンツーマンレッスン、2年次にはオーストラリアでのホームステイ研修を実施。文系のみのコース。**進学コース**は、生徒の在籍が最も多いコース。毎年、進学コースの70%ほどが東洋大学へ進学している。1年次は全クラス共通で将来の進路に必要な基礎科目に重点を置いた教科指導をしている。2年次より文系・理系に分かれる。グローバルコース・進学コース・スポーツサイエンスコースは平日50分6限授業。
中学校/中高一貫コースは、6年間を見通した授業カリキュラムを設計。体験活動や生徒の知的好奇心と学習意欲を引き出す実践教育を実施。特に文化祭での「英語落語」は、日本文化とグローバル教育の融合の形として教育の核になっている。中3時には高校内容の履修に入るため、高校進学時は中高一貫コースに所属する。中2ではフィリピンの語学学校でのマンツーマンレッスン、中3ではオーストラリアでのホームステイ研修を実施。高校1年で京都での研修。高校2年でシンガポールでの研修を実施する。高校2年での課題探究発表を行うため、中1より「グローバル探究」という科目を設置し、探究教育を体系的に実践している。高校2年次に文系・理系に分かれる。

学校生活　「凛」とした新制服 夏服は紺ポロに

登校時間	夏 8:35	冬 8:35

制服は「コムサ・スクールレーベル」。ジャケットは男女ともに東洋大学のスクールカラーである"鉄紺"を使用している。男子のスラックスはグレー地にブルーのストライプ。女子のスカートはピンクがあしらわれている。
クラブは、運動部がテニス、陸上競技、弓道など19、文化部は英語、演劇、歴史など12、同好会が5ある。また、国際交流の一環として、オーストラリアやフィリピン、台湾などの高校生の受け入れや、本校への短期留学を定期的に行っている。

進路　90.4%が大学進学 東洋大への推薦も

将来の進路をしっかり考えることができるよう、高校2～3年次に「キャリア教育」を実施している。
毎年90%が大学・短大に進学している。東洋大学への附属推薦については、在学中の学業成績や人物評価などを総合的に判断し本校より推薦する。さらに東洋大学との連携を深めるため「キャンパス見学会」や「学部学科説明会」が実施されている。主な進学先は筑波大、

制服

茨城大、早稲田大、東京理科大、明治大など。

ひとこと　大切なことを見つけよう！

東洋大牛久は「生きるチカラを培う!!」をテーマにオリジナルの教育展開をしています。グローバル人材育成教育では茨城県で唯一「SGHネットワーク校」に認定されました。グローバル探究の授業では語学習得だけでなく、フィールドワークやプレゼンテーションを行い、世界で活躍する人材を育成しています。ICT教育については、単に機材を使えるようになるだけでなく、機器をツールとして使いこなし何を創り出せるかをテーマにしています。

2024年度入試要項

中学
試験日　11/19午前・午後（適性検査型・英語特別）
　　　　12/2午前（専願）1/5午前（一般第1回）
　　　　1/21午前（一般第2回）2/7午前（総合型）
試験科目　国・算・理・社＋面接（専願・一般）英（面接含む）＋課題作文（英語特別）適性＋面接（適性検査型）総合問題（国・算・理・社）＋面接（総合型）

2024年度	募集定員	受験者数	合格者数	競争率
専願	30	39	36	1.1
適性/英語	30	115/12	91/12	1.3/1.0
一般/総合		75/1	69/1	1.1/1.0

高校
試験日　1/9（単願推薦）1/15（併願推薦・一般）
試験科目　国・数・英＋面接（単願推薦）
　　　　　国・数・英（併願推薦）
　　　　　国・数・英・理・社（一般、併願推薦奨学生チャレンジ）

2024年度	募集定員	受験者数	合格者数	競争率
推薦 一般/スポ	210/35	244	244	1.0
一般/併推	290	846/486	825/486	1.0/1.0

※定員は内部進学者含む
※併願推薦は千葉県中学校在籍者対象

■卒業生有名人　野口啓代（フリークライマー）、瀧澤周平（プロサッカー選手）、青木祐樹（プロラグビー選手）

571

（縦タブ）進学に有利、併設校あり、芸術&特殊学科、技能系&資格&、施設が充実、スポーツが強い、クラブが活発、情操教育を重視、国際人を養成、自由な校風

共学　幼　中等教育　高　短　大　院

常磐大学 高等学校
（ときわ）

普通科
生徒数　1167名
〒310-0036
茨城県水戸市新荘3-2-28
☎ 029-224-1707
常磐線水戸駅　バス10分

SUPER
INDEX
P.98

制服
p.60

個性を伸ばすコース制
人間教育と実力の養成を目指す
併設大学との連携を活かす

URL	http://www.tokiwa.ac.jp/~tokikou
Web上での合格発表	○

テーマごとに行われるゼミ

プロフィール

学園の基本理念は自立・創造・真摯

　1922（大正11）年、女性の地位向上のための女子教育普及を目指し、諸澤みよ先生により水戸常磐女学校が創立された。1948（昭和23）年、常磐女子高校に改称。2000年より共学に移行し、名称も常磐大学高校となり、新たなスタートを切った。

　育てたい3つの資質・能力「ときわ力」、ともにいきる力・切り拓く力・ワクワクする力の3つの校訓と「考え、挑み続ける」を目指す生徒像に掲げ、「自立・創造・真摯」を学園の基本理念とする。

環境

快適な環境で有意義な学校生活

　本館は、地上4階、一部5階建で、全長100mとスケールの大きな校舎になっている。最上階には、25m5コースの屋内温水プールがある。また、3階建ての体育館、最新の音響設備を導入した県下随一の規模を誇る644名収容の「70周年記念講堂」などすばらしい施設ばかり。2014年4月に完成した2号館は、生徒たちが自ら学び、主体的に判断し行動できる力が育つような学習環境が整っている。そのほかスポーツ施設として、陸上競技場や多目的グラウンド、ソフトボール場、雨天練習場などを完備した小吹グラウンドなどがある。

様々な工夫がこらされた2号館

カリキュラム

進路に合わせたコースで万全の学習システム

　日々の授業はもちろんのこと、各種学校行事や部活動等、あらゆる機会を探究の場として位置づけ、探究学習（活動）を軸とした教育活動が展開される。これにより課題解決能力（思考力・判断力・表現力等）を養成し、生涯にわたって学び続ける力を育む。また、自らの学びを通して、主体的に進路を選択する能力を育成する。

　特進選抜コースでは、より高度な課題解決能力を養い、個人課題研究に堪えうるまでの能力の引き上げを図る。

　特進コースでは、諸問題に対する課題解決の手法の基礎を身につけることを目標とする。様々な事象に対して、「なぜ？どうして？」という視点を持つことを意識し、これを習慣づけ、普段の授業における学びにおいても、その学ぶ意義を見出せるようにする。生徒の理解度に合わせてクラス編成をし、授業展開を図る。

　通常の授業のほかに、テーマ別に開講され、自分の希望に合わせて受講する0限ゼミや長期休業中のゼミが行われている。また、希望者が参加する海外研修により、多様な価値観を身につける10日間、3ヵ月間のカナダ語学、6ヵ月間、1年間のカナダ、アメリカ、ニュージーランド留学プログラムがあり、国際教育が充実している。

学校生活

勉強以外にも積極的な生徒たち

登校時間	夏	8：30	冬	8：30

　学校行事は多彩で、一流の音楽や演劇を楽しむ芸術鑑賞会、全生徒が一つになって作り上げるときわ祭のほか、修学旅行、クラスマッチなどがある。部活動も盛んで、勉学との両立もしながら、どの部も練習熱心で向上心が旺盛である。

　制服は、胸にエンブレムの付いたジャケットに、男子はネクタイ、女子はリボンがポイント。女子のジャケットはヘチマカラーで、裾にチェック地を用いたボ

ックススカートとの組み合わせは、全体的に丸いカーブのデザインとなっている。夏服はセーラー服、さわやかな印象で、チェックのリボンとスカートはさりげないけどオシャレ。スカートとスラックスが選択可能。

進路

大学・短大合格者が年々増加中

　充実したカリキュラムときめ細かな進路指導の結果、卒業生の主な進路は、筑波大、茨城大、横浜国立大、福島大、早稲田大、立教大、明治大、中央大、法政大、学習院大など。また、併設の常磐大学・常磐短大には優先入学制度がある。

トピックス

併設の大学・短大へ多数が進学

　併設の常磐大学には、人間科学部・総合政策学部・看護学部・大学院があり、常磐短大と共に充実した学習環境が用意されている。語学学習のための最先端の設備を満載した国際交流語学学習センターやミュージアムシアターなど、個性的な教育・研究施設が勢ぞろい。これらの施設を高校生が使用できる点も魅力である。

2024年度入試要項

試験日　1/9（推薦）　1/15（一般）
試験科目　基礎〔国・数・英〕（推薦）
　　　　　国・数・英・理・社（一般）

2024年度	募集定員	受験者数	合格者数	競争率
推薦	400	227	225	1.0
一般		1297	1186	1.1

　卒業生有名人　渡辺梨加（モデル）

茨城

共学 幼 小 中 高 短

水戸葵陵（きりょう）高等学校

画期的な教育システムと最高の学習環境で進学校に仲間入り

普通科
生徒数　785名
〒310-0851
茨城県水戸市千波町中山2369-3
☎ 029-243-7718
☎ 029-243-7750（募集室直通）
常磐線水戸駅　バス15分

SUPER INDEX P.98

制服 p.61

U R L	https://www.kiryo.ac.jp
Web上での合格発表	○

プロフィール　文武不岐を目指す新鋭進学校

1985年に建学の精神に「国を愛し、人を愛し、平和を愛して社会に貢献できる有為な人材を育成する」を掲げ、創立される。教育方針「文武不岐」、校訓「質実剛健」のもとに、心の豊かさ、精神力の逞しさを併せ持つ人格教育と、前途有為な人材教育を見据えた、特色ある教育に努めている。これまで巣立っていった卒業生は、今や一万名を超え、30名の卒業生が現役医師として医療の第一線に立つなど、多くの卒業生が、経済界・産業界等多岐に渡る分野において活躍している。

環境　ルネッサンス風の校舎

2000年完成の3階建て校舎は、ルネッサンス調の外観もさることながら、中身の充実したハイテク施設として注目を集めている。コンピュータ40台を新しく導入し、英語科授業をサポートする視聴覚室、スタディルーム・個別デスク・音声英語学習装置のある図書室など、特徴ある様々な施設が整う。さらに、全館冷暖房完備はもちろん、全ての教室でWiFiに接続でき、各自のChromebookを活用できるなど快適な設備が整っている。

カリキュラム　現役合格を目標に万全の進学指導

医歯薬コース：「生涯をかける夢を見つけ、医療現場で活躍する未来を創造しよう」
医学部、歯学部、薬学部、看護学部など医療系

ルネッサンス調の新校舎

の学部を目指すコース。現職の医療従事者や大学の先生方からの地域医療の課題などの話を伺いながら、「医歯薬講座」での活動・体験を通じて様々な医療職を知り医療従事者になることの意味を深く考えられる。「命の学習会」では、臓器移植のドナーのご家族やレシピエントの方のお話を通し、医療の在り方について議論する。現代では、異なる職種のメディカルスタッフが協働して治療に当たる「チーム医療」が常識となっており、自分の目指す職業だけでなく他の専門分野の知識を持つ機会が数多く持てることは、このコースの大きな特長である。

特進コース：「探究活動等を通し新たな問いを発見する力、他者と協働する力、成果を表現する力を養おう」
国公立大学や難関私立大学を現役合格を目指すコース。1年次では、文系理系選択講演会、2年次では、国公立大学見学を行うことで、自らが希望する将来につながる道を明確にイメージする。さらに、3年次には大学への志望理由書講座などにも参加することで、生徒自身が望む進路を実現する。

進学Vコース：3つのVを合言葉に、人生をデザインするコース。
Vision：将来のビジョンを自らの意思で構築
Variety：バラエティに富んだカリキュラムで目標達成の道筋を探す
Victory：進路にむけた具体的な行動を取り最善の進路を勝ち取る
12講座から選択できる本校オリジナル授業「Vサブジェクト」を通して進路選択の一助とし、勉強の楽しさを実感させる。

個人指導を重視し、講義・問題演習・実験・観察などを織り混ぜながら、より高い学力の定着に努めている。また、7時間授業や早朝・放課後・休業中のゼミナール（課外授業）、小論文指導、大手予備校の模擬試験などにより、高度な応用力・実践力を養っている。

学校生活　多彩な行事と部活動思い出の1ページを

登校時間	夏	8：35	冬	8：35

13の運動部と14の文化部があり、剣道部のインターハイ全国優勝、関東大会優勝をはじめ、インターハイ出場の柔道部や、サッカー部、野球部、駅伝部、バスケット部や、文化部では、美術、文芸、華道などが活発に活動している。特に書道部が、全日本高校書道コンクールで最高賞を受賞。2022年に、eスポーツ、ダンス、軽音楽、フィッシングが加わり、さらに学校が盛り上がっている。

学校行事も多彩で、クラスマッチ、オーストリア・チェコ修学旅行、文化祭などのほか、語学研修として希望者参加のカナダホームステイもあり、国際感覚やグローバルな視野を養うことができる。制服はスクールカラーの紺を基調とした伝統的なブレザースタイル。レジメンタルストライプのネクタイやリボンが映えるキリリと爽やかな制服だ。

進路　医学部医学科合格者数のべ92名の実績！

充実した特別編成授業や、少人数制課外授業など、大学現役合格に的を絞ったきめ細やかな進学指導が着実に実を結んでいる。2023年度入試では、医学部医学科に3名、昭和大・東京薬科大、酪農学園大（獣医）などの医療系学部に67名合格。国公立大学では、筑波大、茨城大、国際教養大、千葉大、群馬大、金沢大、横浜市立大、茨城県立医療大、岩手大、福島大、静岡大、前橋工科大などに合格。私立大学では、早稲田大、上智大、明治大、中央大、法政大、同志社大、立命館大など難関大学に多数合格。

2024年度入試要項

試験日　1/9（推薦）　1/19（一般）
　　　　1/30（チャレンジ）

試験科目　国・数・英〈記述〉＋面接（推薦）
　　　　　国・数・英・理・社〈記述〉（一般・チャレンジ）

2024年度	募集定員	受験者数	合格者数	競争率
推薦	280	139	138	1.0
一般/チャレ		1329/115	1274/102	1.0/1.1

※中高一貫連携校からの進学者を含む

進学に有利
併設校あり
特殊学科＆芸術
技能系＆資格
施設が充実
スポーツが強い
クラブが活発
情操教育を重視
国際人を養成
自由な校風

茨城

共学 幼 小 中 高 短

水戸啓明 高等学校

私の夢　無限大！
個性ある進学校！

普通科　商業科
生徒数　681名
〒310-0851
茨城県水戸市千波町464-10
☎ 029-241-1573
📠 029-243-9680（生徒募集部直通）
常磐線水戸駅　バス10分

SUPER
INDEX
P.98

制服
p.60

| URL | https://www.mito-keimei.ed.jp/ |

9度の全国大会出場を誇るサッカー部

プロフィール

伝統と創造を礎とする個性ある進学校

1959（昭和34）年、前身の「水戸第一商業高等学校」が創立。1969（昭和44）年、「水戸短期大学附属高等学校」に改称。2012年、「水戸啓明高等学校」に変更。「人間・自然・平和な日本を愛する心豊かな人材の育成」という建学の精神のもと、知的冒険心を持つ人間性豊かなエリートを育成する。

各行事にも積極的に取り組み、学習指導のほかホームルーム指導等、生徒にきめ細かい指導を実践している。

環境

学園ライフを彩る先端設備が多数

水戸市の市街地のやや南、千波湖を見下ろす緑に囲まれた高台に位置する。周辺には水戸芸術館、茨城県近代美術館、日本三大庭園のひとつ偕楽園などがあり、特に偕楽園や千波湖は、特別活動などに絶好の場となっている。

主な校内施設は、日本庭園の中の生徒に人気のコミュニティブース、運動場を取り囲むようにして建てられた4つの校舎・会館、テニスコート、体育館などがある。理想的な学習環境を追求し、本校では進歩し続ける学習システムをいち早く取り入れたHIGH－TECH「進学館」。第2校舎には、マルチメディアルームや自習室を完備した図書館などの特別施設が揃っている。

少人数制の特進Gコース

また、卓球場・レスリング場・トレーニングルーム・剣道場・作法室・柔道場・音楽室・美術室などがあり、文化・芸術・スポーツをバックアップする「創立30周年記念会館」や栄養士による栄養バランスの良いメニューを提供している「給食センター」などがある。校内全館・全室冷暖房を完備し、県内初の全天候型グラウンドも備えている。

カリキュラム

君の夢をかなえる4コース

本校では、普通科に少人数難関大学を目指す「特進Gコース」、課題探究学習を取り入れながら大学進学を目指す「特進フロンティアコース」、文武両道を目指す「特進文理コース」、商業科に資格の取得により大学進学も可能な「人間経済コース」と特色ある4コースで、一人ひとりの可能性を追究している。特に体験学習も積極的に取り入れ、生徒に細かい指導を実践している。

各コースとも2学期制を導入。主要教科の授業時数は公立高校の約1.5倍を誇り、早朝・放課後に加え、長期休業中のゼミナールにより確実に学力をアップさせている。さらに全コースで実施する「探究活動」は、自分で決めたテーマに主体的に取り組むほか、講演・セミナー、関係機関への見学や参加などの体験型学習なども取り入れながら基礎から応用までの学力の育成を図る。

学校生活

多彩な部活動で有意義な学園生活

| 登校時間 | 夏 | 8：30 | 冬 | 8：30 |

クラブは、過去9度全国大会に出場したサッカー部、2度の甲子園出場を果たした硬式野球部、全国大会に通算28回出場の柔道部をはじめ、アイスホッケー部、ゴルフ部など20の運動部と、eスポーツを実施しているCREATE

LAb、華道部など8の文化部、そのほか同好会があり、各部の練習場や専用の部屋がある「創立30周年記念会館」や、校内グラウンド、さらにクラブハウスを持つ茨城町のグラウンドが、生徒たちの心身練磨の場となっている。

学校行事には、修学旅行、オーストラリアでの海外研修、仙湖祭（文化祭）、クラスマッチ、宿泊学習、全日ホームルーム、芸術鑑賞会などがある。

進路

オン・タイムで見る最新大学進学情報

2023年3月の大学合格者は、筑波大、茨城大、高崎経済大などの国公立大学をはじめ、早稲田大、青山学院大、法政大などの有名私立大学に多数の合格者を輩出している。

2024年度入試要項

試験日　1/9（推薦）　1/18（一般前期）
　　　　1/31（一般後期）
試験科目　国・数・英〈記述〉（推薦）
　　　　　国・数・英・理・社〈記述〉（一般）
　　　　　※一般の英語はリスニングあり

2024年度	募集定員	受験者数	合格者数	競争率
特進G	260	120/1043/54	118/1018/50	1.0/1.0/1.1
フロンティア（サイエンス）				
フロンティア（グローバル）				
特進文理				
人間経済	40	11/482/25	10/456/23	1.1/1.1/1.1

※定員は中高一貫連携校からの進学者を含む
※人数はすべて推薦／一般前期／後期

卒業生有名人　会沢翼（プロ野球選手）、黒沢かずこ（タレント"森三中"）、本間幸司（プロサッカー選手）

茨城

女子　高

水戸女子 高等学校

潤いのある美しい心と
明るく意欲のある女性を育てる
個性を大切にした密度の高い教育

普通科　商業科
生徒数　232名
〒310-0041
茨城県水戸市上水戸1-2-1
☎ 029-224-4124
常磐線水戸駅　バス15分
常磐線赤塚駅　バス20分

SUPER INDEX P.98

| URL | https://www.mitojoshi.ed.jp |

プロフィール　豊かな情操と調和の とれた人格を育成

1931（昭和6）年、女子の実業教育を目的として茨城女学校を創立。その後、時代の変遷に伴い、茨城商業女学校、水戸女子商業学校、水戸女子商業高等学校と幾度かの校名変更を経る。1976年に普通科を設置し、現在の校名となった。

創立以来、心を大切にした教育と実社会で役立つ知識・技術を重視した教育を実践しており、「愛敬を重んじ、和合を尊び、明朗人に接し、勤勉事に当たれ」の校訓のもと、潤いのある美しい心と人生に対する明るい意欲を合わせ持った女性の育成を目指している。

環境　落ち着いた雰囲気 充実した設備を誇る

周辺に数多くの学校が散在し、市の中心地にも近く交通の便にも恵まれている。校門を通り抜けると、生徒達の憩いの場でもある中庭も造られている。

創立80周年を迎えた2012年に新校舎が完成。学校の中心には学年の枠を超えた交流・活動の拠点として位置づけた3層吹き抜けのコミュニティーストリートを設け、それに沿って各教室を配置。ガラス張りの校舎は光を多く採り込み開放的な雰囲気となっている。

校舎

カリキュラム　希望進路に合わせた 4コース制を導入

普通科では、選抜進学・教養進学・福祉実践の3コース、商業科では、会計情報の1コースを設置。選抜進学コースは、少人数制授業や市内予備校と連携を図りながら国公立・有名私大合格を目指す。教養進学コースは、常識的な学力の定着を図り、様々な進路に対応。福祉実践コースは介護職員初任者研修課程を全員が修了。福祉・保育関係の進路に強みを持つ。会計情報コースは、特に会計分野と情報処理分野でより専門的な学習をし、上級検定資格取得を目指す。

4コースとも、特色のあるカリキュラムを用意している。

学校生活　特別教育活動で 幅広い教養を

| 登校時間 | 夏 8：30 | 冬 8：30 |

豊かな情操と調和のとれた人格形成を目指し、多彩な行事を用意している。土曜日に行事を集中させ、学校生活にメリハリをつけているのが特徴。主な行事として、遠足、文化祭、テーブルマナー講習会、女子力アップ講座、進路ガイダンス等を行っている。

また、宿泊研修を実施することにより協調性や自主性を養うことができ、修学旅行では様々な文化に触れることにより新たな知識を身につけることができる。

部活動は全員加入が原則になっている。インターハイにも出場した運動部、数多くのステージをこなしている吹奏楽部など多種多様な文化部。それぞれが活発な活動を展開している。

2021年度より、清楚さと上品なイメージを意識した制服にモデルチェンジ。

吹奏楽部

進路　進学・就職ともに 徹底した指導

生徒一人ひとりのニーズに応えた進路指導を展開している。面接指導は全職員で分担するなど、型にはまった進路指導では引き出せない生徒の力を最大限に引き出し、希望進路実現に向けた指導を行っている。進学では茨城大学など各種上級学校への進学をサポートしている。就職では卒業生が即戦力として社会で活躍しているため、県内外の企業からの信頼も厚く、高い内定率を維持している。

2024年度入試要項

試験日　1/9（推薦）　1/17（一般・すらら）

試験科目　作文＋面接（推薦）
　　　　　国・数・英（一般）　課題の取組み
　　　　　＋すららテスト〈国・数・英〉（すらら入試）

2024年度	募集定員	受験者数	合格者数	競争率
普通科	100	32/218	32/211	1.0/1.0
商業科	20			

※人数は推薦/一般＋すらら

卒業生有名人　寺門仁美（声優）、日吉ミミ（歌手）

進学に有利

併設校あり

芸術＆特殊学科

資格系＆技能系

施設が充実

スポーツが強い

クラブが活発

情操教育を重視

国際人を養成

自由な校風

緑丘学園 水戸英宏 中学校

知の創造力を伸ばし、国際社会において貢献できる人材の育成
幼小中一貫連携型進学教育

生徒数　118名
〒310-0913
茨城県水戸市見川町2582-15
☎ 029-243-0840
常磐線水戸駅　バス15分

SUPER INDEX P.98

URL	https://www.mito-eiko.ed.jp

プロフィール　一人ひとりを大切に質の高い教育を実践

時代が直面する課題に取り組み、新しい時代を切り拓く気概と使命感を持った未来のリーダー達を育成するため、「知の創造者たれ」を教育理念に掲げ、2004年4月に開校。2012年4月には水戸英宏小学校が開校し、施設・設備ともにこれまで以上に充実した教育環境の中で、小・中学校の教職員・児童生徒の交流を通して、生徒一人ひとりの夢を育み、その夢を実現するステージとして、質の高い教育活動を発展させていく。

環境　恵まれた自然環境 快適な新校舎

水と緑で潤う千波湖と水戸市内を見下ろす高台に、冷暖房を完備した校舎が建っている。緑豊かな自然に恵まれた環境である。

カリキュラム　多くの授業時間で真のゆとり教育実現

「EIKOコース」は高校入試対策に特化したカリキュラムを展開。主要5教科は公立中学校と比べて多くの授業時間を配当し、中学校3年間での学習内容を3年次1学期までに学習する。その後の1年間は総復習と応用問題演習に充てることで、理解度や知識の定着度を上げ、難関高校合格に向けた応用力育成を図る。Society 5.0時代を切り拓くDX人材の育成を目指し、2024年度より「eスポーツDXコース」を新設した。

快適な校舎

学習システムの特徴は、一人ひとりの能力を最大限に伸ばすための「到達度教育(ウィークリー、学期末、学年末総合テスト)」と、各種検定対策・高校入試対策などの充実した「ゼミナール(課外)」、自学自習・個別指導を行う「EIKOタイム」などの実施があげられる。

学校生活　「知・徳・体」三位一体の教育

登校時間	夏	8:30	冬	8:30

文化祭、芸術鑑賞会または講演会、海外修学旅行(2019年度はハワイ)、マラソン記録会、スポーツフェスティバルなど様々な学校行事を通して、生徒一人ひとりの能力、可能性を伸ばす。

生活面では、日常生活の規律を重視し、言葉づかいや礼儀を正しくしつけ、社会人としての品位とマナーを身につけた人格形成を目指す。さらに、学校と保護者の緊密な協力を基礎に、生徒一人ひとりの健康状態・心理状態を把握。安心して充実した学校生活が送れるよう、「いじめ・暴力ゼロ宣言」を掲げ、きめ細かな指導をしている。

進路　中高一貫教育と外部受験制度

進学プロセスは3つある。

1つ目は「全国の難関進学校」への外部受験であり、希望の生徒には、その期待に応えるべく、中学3年次に徹底した進学ゼミを実施する。

2つ目は「県内トップレベルの公立高校」および「国立高専」に進学し、生徒それぞれの進路希望を叶える。

3つ目は中高一貫連携型教育で「水戸啓明高等学校」か「水戸葵陵高等学校」に進学し、難関大学合格を目指す。

主な合格実績は以下の通り。

〔県内〕水戸第一高等学校、土浦第一高等学校、竹園高等学校、緑岡高等学校、水戸第二高等学校、茨城工業高等専門学校　ほか

〔県外〕開成高等学校、東京学芸大学附属高等学校、お茶の水女子大学附属高等学校、筑波大学附属高等学校、慶應義塾高等学校、慶應義塾志木高等学校、慶應義塾女子高等学校、慶應義塾ニューヨーク学院、早稲田大学高等学院、国際基督教大学高等学校、青山学院高等部、豊島岡女子学園高等学校、桐朋高等学校、明治大学付属明治高等学校、城北高等学校、中央大学附属高等学校、中央大学杉並高等学校、明治学院高等学校、巣鴨高等学校、渋谷教育学園幕張高等学校、市川高等学校、桐蔭学園高等学校、西武学園文理高等学校、開智高等学校、國學院大學栃木高等学校、立命館慶祥高等学校、東京都立西高等学校、東京都立日比谷高等学校、福島県立磐城高等学校　ほか

ひとこと　卒業生から受験生にひとこと

水戸英宏中学校は学習環境が整っているため、弱点克服の時間だけでなく、受験校の過去問を解く時間も十分に持つことができました。そのため、志望校に合格することができました。私は将来、水戸英宏中学校の経験を糧に医者となり、多くの人に幸せを届けたいと思います。
(水戸第一高等学校、慶應義塾女子高等学校　合格　KA)

2024年度入試要項

試験日　11/18(第1回専願A・一般A)
　　　　11/26(第2回推薦B・専願B・一般B)
　　　　1/27(第3回専願C・一般C)

試験科目　国・算+面接(推薦)
　　　　　適性+面接(第1回)
　　　　　国・算・理・社(第2回)
　　　　　算+作文(第3回)

2024年度	募集定員	受験者数	合格者数	競争率
専願一般A				
推薦B				
専願一般B	80	非公開	非公開	―
専願一般C				
専願一般D				

茨城

共学 中 高

茗溪学園 中学校 高等学校

筑波大などの同窓会を母体とした 中高一貫の全人教育 次代を担う人材を育成

SUPER INDEX P.97

制服 p.61

URL	https://www.meikei.ac.jp/				
Web上での合格発表		中学	○	高校	○

普通科(高校)
生徒数 701名(中学) 831名(高校)
〒305-8502
茨城県つくば市稲荷前1-1
☎ 029-851-6611
常磐線ひたち野うしく駅・荒川沖駅・土浦駅 つくばエクスプレス研究学園駅・つくば駅
各スクールバスまたはバス

同窓会が創立した 注目の研究実験校
プロフィール

本学園の母体である「茗溪会」は、明治の初めに「御茶の水の谷」を意味する茗溪にあった東京高等師範学校、東京文理科大学、東京教育大学、および筑波大学の同窓会で、130年の歴史がある。本学園は1979(昭和54)年、創立100周年事業として筑波の地に設立され、今日の中高教育のあり方を探る研究実験校として、中高一貫の全人教育を実践し、「生命尊重の精神を育て、自分で考え行動できる人材の育成」を教育目標としている。

類を見ない教育環境 周囲は筑波学園都市
環境

何より、日本の頭脳が集中した筑波にある点が魅力だ。筑波研究学園都市の最南端に位置し、東に赤塚公園、北に気象研究所、西に環境研究所がある。校内外には松や檜など樹木も多く、教育環境は抜群である。

3棟ある教育棟には、38の普通教室と19の特別教室を配置し、コンピュータ室2室や視聴覚室、1400名収容の食堂や図書館、剣・柔道場、第一・第二体育館などを完備している。ラグビーを校技(男子)としているだけに、ラグビーグラウンドは特にすばらしい。そのほか敷地内には、548名を収容できる学寮も整っている。

"花園"で優勝経験もあるラグビー部

合理的な授業で 基礎学力を充実
 カリキュラム

中学では、基礎学力の充実を中心に、調和のとれた心身の成長発育を目指し、主要教科の類別指導など、学力の一層の助長と不得意科目の克服を図る。中高一貫教育の利点を生かし、英語と数学では高校の先取り授業も実施。2015年度より「グローバルコース」を開設。また、2021年度より「アカデミアクラス(AC)」がスタート。

高校では、2017年度より国際バカロレア・ディプロマプログラム認定校となり「IBDPコース」がスタート。2年次から選択科目を設け、生徒自身が進路に応じて時間割を編成する。また、「個人課題研究」の時間を設置し、将来の仕事と結びつけたテーマで調査・研究を行い、各自の志望進路の実現のために必要な専門的学力を養う。3年次にはさらに、授業時間の半数を選択科目とし、夏休みの受験補習と合わせ、綿密な指導を展開する。

全員が寮生活を体験 準全寮制教育を実施
 学校生活

登校時間	中学	夏季	8:35	冬季	8:35
	高校		8:35		8:35

課外活動を重視し、中学1・2年のキャンプ、3年の研修旅行、高校1年の農業巡検、2年の海外研修旅行(オーストラリア)などを実施している。また、クラブ活動では、ラグビー、テニス、バドミントン、器械体操、柔道、野球が全国大会出場を果たすなど、運動部はいずれも活発。また、文化部でも、美術、吹奏楽、書道、科学部無線工学班などの活躍が著しい。

学園生活の核をなすのが寮生活。専任のハウスマスターが学寮に住み、生徒の面倒をみる全人教育を行う。通学生も隔年で年1週間の寮生活を送る「短期入寮」も実施。読書会や教養講座などを行っている。

進路は様々 海外に出る生徒も
 進路

主な進学先は、東大、東京工業大、筑波大、東京芸術大、早稲田大、慶應

5泊7日の海外研修旅行

義塾大、上智大、東京理科大など。また、海外の大学に進学する生徒もいる。

5人に1人が帰国子女 混合クラスを編成
 国際化

帰国子女の受け入れにも積極的で、在校生の5人に1人を占める。一般生徒との混合クラスにすることで、優れた語学力と積極的な行動力を生かす、あるいは日本への適応力を早めるなど、双方の生徒がよい影響を与え合っている。

2024年度入試要項

中学

試験日 11/18(国際生特別) 12/16(第1回) 1/7(第2回) 1/20(第3回)

試験科目 国・算＋面接(第1回推薦AC・MG、国際生B方式AC・MG) 国・算・理・社(第2回一般AC・MG) 総合学力(第3回一般AC・MG) 国・算＋英語エッセイ＋面接(国際生A方式AC) 英語エッセイ＋日本語エッセイ＋面接(国際生A方式MG)

※各回とも寮生・国際生は面接あり

2024年度	募集定員	受験者数	合格者数	競争率
第1回 AC/MG	30/65	156/95	37/49	4.2/1.9
第2回 AC/MG	35/55	278/159	78/57	3.6/2.8
第3回 AC/MG	5/10	101/82	11/14	9.2/5.9
国際生特別 AC/MG	25	63/26	10/6	6.3/4.3

高校

試験日 11/18(国際生特別・IB生特別) 1/9(推薦) 1/20(一般・IB)

試験科目 面接(推薦) 英＋エッセイ＋面接か国・数・英＋面接(一般・国際生特別) 数・英＋エッセイ＋面接か国・数・英＋面接(IB・IB生特別)

※国際生特別選抜C方式はエッセイ＋面接

2024年度	募集定員	受験者数	合格者数	競争率
推薦	15	21	—	—
一般/IB	25	30/3	25/3	1.2/1.0

※国際生特別・IB生特別(オンライン)の募集は若干名

卒業生有名人 星出彰彦(宇宙飛行士)、岩崎夏海(作家)、蛯原哲(アナウンサー)

進学に有利に/併設校あり/芸術＆特殊学科/資格＆技能系/施設が充実/スポーツが強い/クラブ活発/情操教育を重視/国際人を養成/自由な校風

共学 高

明秀学園日立 高等学校

普通科
生徒数　878名
〒317-0064
茨城県日立市神峰町3-2-26
☎0294-21-6328
常磐線日立駅　徒歩15分
直行バス15分

SUPER INDEX P.99

2023年3月、国公立大学49名合格
特進ST・特進S・特進A
普通科4コースで進路を実現

| URL | http://www.meishu.ac.jp |

本校校舎

県下の"明秀"なる人材の育成を目指す
プロフィール

1925(大正14)年に助川裁縫女学院として開校。1948(昭和23)年の学制改革により、日立女子高等学校に移行した。創立以来の先進的女子教育の伝統を踏まえ、1996年度より男女共学制を導入。2001年度より校名を「明秀学園日立高等学校」と変更した。2003年度から通信制課程が開始された。2008年度より特進STコース新設。

『明るく、清く、凛々しく』という建学の精神を基調として、"明秀──さとくひいでる""千秋──名を千年の後に留めるに足る"人物の育成を目指す。

勉強・部活動に集中できる充実した設備
環境

勉強・スポーツ両面における施設・設備の整備充実に努めている。2015年に校舎をリニューアル。全ホームルーム教室にエアコン、Wi-Fi完備。特進ST・Sコースには電子黒板、特進Aコースにはディスプレイを導入。LAN環境も整っており、インターネットを利用した学習にも対応できる。その他、多用途ホールやAVルーム等も充実した学習環境である。

また野球場やサッカー場等の各種グラウンドには照明が設置され、夜間でも安全に活動できる。サッカー場は人工芝を完備。冷暖房完備の体育館が2022年に完成予定。合宿施設や寮(男女各々)も備えている。男子寮「明高館」は2017年に増築。現在180名定員である。

コース制を活かした進路指導 特色あるカリキュラム
カリキュラム

特進STコース・Sコース・Aコース・GSコースの4コース。特進ST・特進Sコースでは、国公立・難関私大合格に向けたカリキュラムや首都圏予備校講師によるプレミアム課外など、ハイレベルな教科指導で東京大学、筑波大学、慶應義塾大学をはじめとする国公立・難関私立大学を目指す。2023年から特進STコースの2年次に科学を融合的に学び探究・研究を行うGSコースを設置した。特進Aコースでは効果的な学習指導と適切な進路指導により、茨城大学、特別提携の二松学舎大学など国公立・私立大学から就職まで、多様な進路を実現。

躍進する部活動 広がる国際
学校生活

| 登校時間 | 夏 | 8:30 | 冬 | 8:30 |

部活動では、特に運動部の活躍が目覚ましく、硬式野球、ソフトテニス、卓球、バスケットボール、サッカー、ソフトボール、陸上競技、バレーボールなどの各部活動はいずれも高いレベルの実力を持つ。2014年度より女子ゴルフ部も創設。文化部の活動も活発で、吹奏楽は県コンクールで金賞を受賞したほか、美術、書道も活発に活動しており、各同好会が日々練習に励んでいる。

1年次の学習合宿、2年次の修学旅行をはじめ、体育祭、文化祭、芸術鑑賞会など、年間を通じて多彩な行事も盛りだくさんだ。

着実な進学実績
進路

進路希望に合わせた選択授業や課外授業を実施し、進学実績を上げている。2023年3月には国公立大学合格49名を輩出。近年の主な進学先は、北海道大、千葉大、筑波大、茨城大、福島大、茨城県立医療大、防衛大学校、二松学舎大、早稲田大、上智大、東京理科大、青山学院大、立教大、明治大、中央大、法政大など。また、特別提携の二松学舎大学には、特別校指定推薦枠が設けられている。

2024年度入試要項

試験日　1/9(推薦)　1/17(一般)
　　　　2/1(一般追試)

試験科目　国・数・英＋面接(推薦)
　　　　　国・数・英・理・社(一般・一般追試)

2024年度	募集定員	受験者数	合格者数	競争率
推薦/奨学	360	172	171	1.0
一般		1449	1240	1.2

卒業生有名人　高嶋修也(プロサッカー選手)、細川成也(プロ野球選手)、小滝水音(プロゴルファー)

栃木

50音順ガイド

10タイプ
ジャンル別インデックス

難関大学受験に有利な進学校 ・・・・・・・・・・・・・・・・・・・・・・・・・・・・・

併設校・大学がある学校 ・・・・・・・・・・・・・・・・・・・・・・・・・・・・・

芸術あるいはユニークな学科・コースがある学校 ・・・・・・・・・・・・・・・・・・・・・・・・・・・・・

資格や技能が身につく学校 ・・・・・・・・・・・・・・・・・・・・・・・・・・・・・

充実した設備をもつ学校 ・・・・・・・・・・・・・・・・・・・・・・・・・・・・・

スポーツが強い学校 ・・・・・・・・・・・・・・・・・・・・・・・・・・・・・

クラブ活動がさかんな学校 ・・・・・・・・・・・・・・・・・・・・・・・・・・・・・

礼儀やしつけ、社会道徳など情操教育を重視している学校 ・・・・・・・・・・・・・・・・・・・・・・・・・・・・・

国際性を重視・英語や国際交流が活発な学校 ・・・・・・・・・・・・・・・・・・・・・・・・・・・・・

自由な校風の学校

＊10タイプ・ジャンル別インデックスは、各学校の大きな特徴を、それぞれ3つから4つ選んでいます。

『進学に有利』……国公立大学、有名私立大学に、多くの合格者を出している学校。

『芸術＆特殊学科』……音楽、美術、演劇、体育などの学科やコースをもつ学校。

『資格＆技能系』……高校卒業後、就職に役立つ資格や技能を身につけられ、専門技術を学べる学校。

『スポーツが強い』……全国大会、インターハイなどに出場し、優秀な成績をあげている学校。

『国際人を養成』……英語を重視し、留学（長・短）、海外語学研修、ホームステイなどのシステムをもつ学校。

＊各学校のガイドのくわしい見方は、4ページの「ガイドページの見方」をごらんください。

共学 　幼 高 短 大 院

足利大学附属 高等学校

難関大・併設大進学を目指す普通科
時代の先端を担う人材を育成する
工業科・自動車科・情報処理科

SUPER INDEX P.96

制服 p.58

普通科
工業科(機械科・電気科・建築科)
自動車科
情報処理科
生徒数　950名
〒326-0397
栃木県足利市福富町2142
☎ 0284-71-1285
東武伊勢崎線東武和泉駅　徒歩5分
両毛線足利駅　無料スクールバス10分

URL　https://www.ashitech-h.ed.jp

進学に有利な
併設校あり
芸術&特殊学科
資格系&技能系
施設が充実
スポーツが強い
クラブが活発
情操教育を重視
国際人を養成
自由な校風

プロフィール

人間尊重と「和」の精神が根底

1961(昭和36)年創立。1967年の足利工業大学設立に伴い、翌年に足利工業大学附属高校に改称し、全学科が共学となる。2018年4月より現校名に変更。人間尊重と「和」の精神を掲げ、広い教養と高潔な品性、個性と創造性を身につけ、誠実で社会に貢献できる青年の育成を教育方針としている。

環境

先進のメカが完備 7階建の校舎

工業大学の附属高校だけあって、工業分野の設備が充実しており、機械科の実習教育設備をはじめ、自動車科・電気科の実習工場、建築科のCAD製図室、情報処理科のコンピュータ室がある。また300台以上のコンピュータを完備。全館冷暖房完備の快適空間で学習環境が充実している。

カリキュラム

全学科男女共学化 徹底した個別指導

向学心旺盛な本校のシンボルである普通科は、特進・フロンティアの2コースに分かれる。両コースとも、2年次より文・理系コースを選択し、少数精鋭教育、ハイレベルな学習指導で希望の大学進学を目指す。また、学習クラブ「學部」では顧問教師が明確な教育方針

に基づいてきめ細かく指導している。

専門学科(情報処理科を除く)では、生徒の適性を見極めるため、「工業科一括募集」を採用し、1年次は専門分野に対応できる幅広い知識・技能の修得に努め、2年次より各学科に分かれる(自動車科は単独募集)。**機械科**では、各種機械の設計・製図等に必要な基礎的知識および技術を学び、小規模ボイラー取扱技能講習、アーク、ガス溶接取扱者の講習修了証、危険物取扱者などの資格の取得もできる。**電気科**では、コンピュータや通信機器に欠かせない電気技術者を育成する。第2種電気工事士・工事担任者試験等の資格なども取得できる。**建築科**では、デザイナーや技能士を養成する。CADを使って、建築に関する専門科目を学習し、栃木県建築技術検定試験・建築大工技能士等の資格取得を目指す。**自動車科**では、自動車整備技術を学習し、在学中に3級自動車整備士の受験資格が得られる。国交省認定の1種養成施設となっている。**情報処理科**では、2年次より会計ビジネスコースと情報システムコースに分かれて簿記・会計・パソコン・文書処理など、実社会で通用する即戦力を養う。

学校生活

充実のスクールライフ 力が入る部活動

| 登校時間 | 夏 | 9：00 | 冬 | 9：00 |

1泊2日の修養会、瀬南祭(学校祭)、行き先を選べる修学旅行、アメリカ・韓国との姉妹校交流など、スクールライフは楽しさいっぱいだ。

部活動にも積極的で、特に運動部の成績は全国レベルである。レスリング部、バレーボール部、弓道部、テニス部、スキー部は全国大会の常連だ。また、文化部も、吹奏楽部や放送部が全国大会へ出場、インターアクトクラブが毎年フィリピン奉仕活動参加など多彩である。

進路

足利大学へ 内部進学も

生徒の進路は、大学・短大・専門学校への進学や、就職と様々である。2022年3月卒業生は、足利大学への内部進学のほか、国・公立大や難関私立大への進学にも力を入れている。また、足利短大こども学科への内部推薦制度もある。就職は、在学中に取得した資格を生かし、近隣企業へ多数進んでいる。学校幹旋就職内定率は高水準を誇っている。

2024年度入試要項

試験日　1/6(第1回学業特待単願)
　　　　1/13(第2回学業特待併願)
　　　　2/23(第3回学業特待併願)

試験科目　国・数・英+面接(第1・3回)
　　　　　国・数・英・理・社(第2回)

2024年度	募集定員	受験者数	合格者数	競争率
第1回		189	182	1.0
第2回	620	986	905	1.1
第3回		―	―	―

※定員の内訳は、普通科160名、工業科320名、自動車科100名、情報処理科40名

　卒業生有名人　清水アキラ(タレント)、山本博(タレント"ロバート")

栃木

女子 幼 高 短 大 院

足利短期大学附属 高等学校

「和」の精神を大切にした教育で
時代に即した人材を育成
国際交流にも積極的に取り組む

普通科
生徒数 323名
〒326-0808
栃木県足利市本城3-2120
☎0284-21-7344
東武伊勢崎線足利市駅、JR足利駅、佐
野市田沼方面　無料スクールバス

SUPER
INDEX
P.96

制服
p.58

URL	https://www.ashikaga-jc-h.ed.jp
Web上での合格発表	○

留学制度も充実、異文化に触れるチャンス

98年の歴史と伝統が育む「和の精神」

本校の歴史は、1925（大正14）年より始まる。足利市内の仏教寺院で組織する足利仏教和合会により「足利実践女学校」として設立され、その後「月見ヶ丘高等女学校」と名称変更。1979（昭和54）年の足利短期大学開校に伴い、その附属高校として現在に至る。

聖徳太子の「和をもって貴しとなす」という言葉を建学の精神とし、人の「和」を大切にする精神を育て、女性としての美しさを養うことに努めている。さらに、「人間教育」の実現を目指し、情操教育も重視している。

豊かな自然環境の中でのびのびと生活

旧校名にもあるように、本校は白く輝く渡良瀬川、広大な関東平野をはるかに見渡せる木々の緑が美しい高台「月見ヶ丘」に位置しており、季節ごとの花や木々が、一年を通じて様々な表情を見せてくれる。豊かな自然環境の中で、生徒たちはのびのびと充実した学校生活を送っている。校舎の中でもひときわ目を引くのが、キャンパスを見守るようにそびえる時計台で、本校のシンボル的存在である。また、足利大学看護学部が併設され、高校・短大・大学の集まる充実した環境ともなっている。

豊かな自然に囲まれた高台のキャンパス

個性を伸ばせる3つのコース

生徒の個性と適性を尊重する本校では、3つのコースを設け、多様な夢にアプローチできる教育形態を整えた。

アドバンス進学コース　4年制大学への進学を目指して勉強に取り組むコース。1年次の学業成績によって希望者から選抜する。

こども教育進学コース　普通科としての授業のほかに、将来幼児教育系への進学者に限らず様々な場面で役立つ勉強ができる。

ヒューマンケア進学コース　普通科としての授業のほかに、施設見学などで福祉の考え方、職業としての役割を身につける勉強ができる。

普通科として一括募集し、2年次より3つのコースから選抜する。

多彩な学校行事 幅広く活躍する運動部

登校時間	夏	8:55	冬	8:55

学校行事の中でも、花まつり、参禅修養会、魂まつりなどの宗教行事は本校ならではで、情操教育を大切にする校風がうかがえる。そのほか、修学旅行、体育祭、学校祭、合唱コンクール、クラスマッチ、音楽鑑賞会などがある。（コロナ禍で実施を見送った行事あり）

部活動も、小規模ながら活発に活動している。全国高校総体出場の実績を持つ柔道、弓道、バレーボール、バトントワリング、テニス、茶道、華道、軽音楽、吹奏楽、インターアクト、聖歌隊が多彩な活動を展開している。柔道、バトントワリングは関東大会、全国大会に出場している。

進学率が上昇 併設校への優先入学も

大学や短大へ進学する生徒が年々増加しており、生徒の志望達成のため、進路指導の充実に力を入れている。また、併設の足利大・足利短大へは優先入学制度がある。

語学研修から留学まで国際交流に積極的

国際的視野を持つ人材育成のため、国際交流を積極的に行っている。夏休みのオーストラリア語学研修では、2週間のホームステイを実施。国際感覚の育成を図っている。また、アメリカの姉妹校との約3週間の交換留学もあり、どちらも大きな成果をもたらしている。（コロナ禍により休止中）

2024年度入試要項

試験日　1/5（学特推薦・一般単願）
　　　　1/13（学特併願）　2/3（一般併願）
試験科目　面接（学特推薦）
　　　　　国・数・英＋面接（一般単願）
　　　　　国・数・英・理・社（学特併願）
　　　　　国・数・英（一般併願）

2024年度	募集定員	受験者数	合格者数	競争率
学特推薦	160	54	54	1.0
一般単願		12	12	1.0
学特併願		265	259	1.0
一般併願		24	20	1.2

進学に有利
併設校あり
特殊学科＆芸術
資格系＆技能
施設が充実
スポーツが強い
クラブ活発
情操教育を重視
国際人を養成
自由な校風

卒業生有名人　東路寿美（日本舞踊家）、大和田悠翠（芸術家）、池田洋子（芸術家）

栃木

共学（中学、高校普通科・情報商業科・調理科・音楽科）　女子（高校生活教養科）　中 高 短 大

宇都宮短期大学附属 中学校／高等学校

完全中高一貫教育のもとで 特性・進路に応じたコース別指導 国際教育も重視

SUPER INDEX P.94

普通科　生活教養科
情報商業科　調理科
音楽科（高校）
生徒数　157名（中学）　2494名（高校）
〒320-8585
栃木県宇都宮市睦町1-35
☎028-634-4161
東武宇都宮線東武宇都宮駅　徒歩15分
JR宇都宮線宇都宮駅　バス10分
JR日光線鶴田駅、鹿沼駅　バス

URL	https://www.utanf-jh.ed.jp/		
Web上での合格発表	中学	○	高校	○

盛んな国際交流

左端縦メニュー：
進学に有利／併設校あり／芸術＆特殊学科／資格＆技能系／施設が充実／スポーツが強い／クラブが活発／情操教育を重視／国際人を養成／自由な校風

プロフィール　積極的な社会性と豊かな人間性を育む

1900（明治33）年、新時代を担う人間教育の実践を掲げて創立された。"一人は一校を代表する"をモットーに、全人教育で社会に役立つ立派な人材を育成する。1999年には創立100周年を記念して宇都宮共和大学を開学した。

環境　各科対応の施設が充実 音楽専用の大ホールも

全教室に冷暖房を完備するなど、快適な学習環境を整えている。また、各科に対応した設備も充実しており、コンピュータ室や調理室、音響技術の粋を集めて造られた音楽専用ホール「須賀栄子記念講堂大ホール」や教育会館などがある。

カリキュラム　個性を伸ばす 中高一貫教育システム

中高6か年一貫教育を実施し、カリキュラムも独自のものだ。中学では、主要3教科に力を入れ、3年次には高校課程の先取り授業を実施し、難関大学合格を目指す。

高校には、進路別の5学科を設置している。普通科は、中高一貫コース、東大・京大・国公立大医学部を目指す特別選抜コース、国公立・難関私立大進学を目指す特進コース、国公立・中堅私立大合格を目標に2年次から文系・理系に分かれ、様々な入試に対応する進学コース、多様化する専門分野への進学を意識し、特色あるカリキュラムを持つ応用文理コース（2年次より人文社会、リベラルアーツ、理工一般、福祉・看護・医療、服飾・フードデザイン、情報経済、スポーツマネジメント、グローバル・カルチャー）に分かれている。

生活教養科では、1年次に家庭生活の基礎技術をマスターし、2年次からフード・製菓、ファッション、保育・ホスピタリティの専門分野に分かれる。またイタリア・フランス海外研修旅行などを通し、感性を磨くと共に幅広い教養と確かな専門性を身につける。

情報商業科では、IT機器を活用して社会で活躍できるスペシャリストを目指し、数多くの資格取得にチャレンジする。

調理科では、料理の高度な専門技術を学ぶ。校外宿泊実習や職場実習、フランス・イタリア・京都研修旅行なども行い、卒業時には、調理師の国家資格を無試験で取得できる。

音楽科では、ピアノ、声楽、弦楽器、管楽器、打楽器、教育音楽、電子オルガン、邦楽、ミュージカルの専攻に分かれる。プロとして必要な基礎的技能を少人数クラスによるきめ細かな指導で身につける。

学校生活　活発なクラブ活動と 多彩な学校行事

登校時間	中学	夏季	8：10	冬季	8：10
	高校	夏季	8：10	冬季	8：10

クラブは、運動部が20、文化部が20。また、スポーツ大会、学内演奏会など、学校行事も多彩で、海外交流も盛んに行われている。

進路　進学・就職ともに 綿密な指導

各コースにより進路は様々で、生徒の希望に合わせた綿密な指導を行っている。主な進学大学は、系列校をはじめ、東京芸術、東北、東京学芸、早稲田、慶應、上智など。海外に留学する者や、公務員になる者も多い。就職先は、銀行、ホテル、百貨店、有名料理店など多岐に渡る。

教育会館

2024年度入試要項

中学

試験日　11/23（第1回）　12/23（第2回）
試験科目　国・算＋適性検査＋作文または
　　　　　国・算・理・社（第1回）
　　　　　国・算＋適性検査（第2回）

2024年度	募集定員	受験者数	合格者数	競争率
第1回	80	100	91	1.1
第2回		37	32	1.2

高校

試験日　1/4または5（第1回）　1/31（第2回）
試験科目　国・数・英・社・理
※音楽科は実技と面接あり

2024年度	募集定員	受験者数	合格者数	競争率
特別選抜コース	30	400/63	292/60	1.4/1.1
特進コース	90	1274/102	1011/91	1.3/1.1
進学コース	160	950/67	779/57	1.2/1.2
応用文理コース	230	798/37	713/36	1.1/1.0
生活教養科	120	244/5	212/4	1.2/1.3
情報商業科	120	326/16	283/14	1.2/1.1
調理科	80	163/6	136/5	1.2/1.2
音楽科	40	33/2	32/1	1.0/2.0

※人数はすべて第1回/第2回

582　■卒業生有名人　中丸三千繪（声楽家）、沼尾みゆき（ミュージカル歌手）、菅野祐悟（作曲家）

栃木

女子 高 短 大 院

宇都宮文星女子 高等学校

未来を　つくる、
いきる　ちから。

秀英特進科　普通科
総合ビジネス科
生徒数　558名
〒320-0048
栃木県宇都宮市北一の沢町24-35
☎ 028-621-8156

SUPER
INDEX
P.94

制服
p.58

JR宇都宮線宇都宮駅・東武宇都宮線東武
宇都宮駅　スクールバスあり

URL	http://www.bunsei-gh.ed.jp
Web上での合格発表	○

プロフィール

三敬の教えを校訓に次世代のリーダーたる女性を育成

　1929（昭和4）年、宇都宮女子実業学校を創設。宇都宮女子商業高等学校として独立。1996（平成8）年4月より現校名に改称。建学の精神である三敬精神「自己を敬え・他人を敬え・仕事を敬え」を校訓とし、次世代のリーダーたる女性の育成に努めている。

環境

少人数制の細やかな指導とICT実践活用を目指す

　在校生558名に対し25学級。単純計算で1クラス当たり22.3名の少人数制である。また電子黒板を使った授業、classi、Chromebook、English Central、Google for Educationの活用などICT教育の充実に力を入れている。2021年度入学生より全員Chromebookを所有する。また全館でWi-Fiが利用できる環境が整っている。冷暖房完備、可動式座席を有する体育館を含め3つの体育館を所有する。

カリキュラム

学問・芸術・資格取得への夢をつかむ

　秀英特進科・秀英特進コースは少人数編成によるきめ細かな指導と7校時までの授業で国公立大学、難関私立大学への現役合格を目指す。英語留学コースはオーストラリアに1年間留学し、1校に1人ずつの環境でホームステイを実施。
　普通科には3つのコースを設置。選抜進学コースは国公立大学、有名私立大学に一般入試で合格できる学力の養成を目標とするコース。美術デザインコースは3年間毎日7校時までの授業により、普通科の学力と実技の力を身につけ芸術系大学

への進学を目指す。また、まんが甲子園において最優秀賞を獲得（2連覇）、デザイン選手権準優勝

など全国レベルの大会において実績を挙げている。

　文理探究コースは1年次「総合的な探究の時間」を通じて課題を発見し、課題解決力や表現力の育成を行う。2年次より生徒のキャリア形成に応じた5つの系を設置し、希望で選択可能。文理進学系は選抜進学コースと同じカリキュラムにより一般入試で合格できる学力を養成。教養進学系は主要5教科の基礎学力の定着に重点を置く。幼児教育系は将来保育士や幼稚園教諭を目指す人。食物栄養系は食品・調理系の上級学校進学、栄養の知識を活かした家政系の上級学校進学を目指す。社会福祉系は社会福祉士などの国家資格を視野に入れた学びを展開し、社会福祉系の上級学校進学を目指す。総合ビジネス科には2つのコースを設置。ICTコースはプログラミングなどの専門科目を学び、多くの上級資格を取得し、進路実現を目指す。会計・流通コースは1年次、簿記などの商業の基礎科目を全員学ぶ。2年次より会計系・流通系2つの系を希望で選択可能。会計系は簿記会計能力などの専門的な知識を習得し、会計分野における将来のスペシャリストを目指す。流通系は地元企業とのコラボ商品開発などを通じ、企業経営の基本原則などの知識を身につけ、流通・マーケティング分野における将来のスペシャリストを目指す。

学校生活

夢を描くステージ夢を追うスピリット

登校時間	夏	8：30	冬	8：30

　11の運動部と16の文化部が活発に活動している。運動部は毎年ほぼ全てのクラブが関東大会に出場。インターハイにも4クラブが出場（2019年度）。文化部でも全国総文祭や全国大会に出場しているクラブがある。
　学力＋α・・・勉強だけの3年間で終わらない
　2年次にはパリ、沖縄の修学旅行、オーストラリア語学研修（ホームステイ）を希望で選択

可能。また、花壇コンクール、合唱コンクール、ダンスコンクールが学年ごとに行われる。

・国際ロータリー主催模擬国連にて上位
　1、2、3位独占。テーマ「欧州難民危機」
・全国中学高校選抜ゴルフマッチプレー選
　手権大会第8位

進路

コース制を活かした進学実績

　東京外語大、東京芸術大、東京都立大、埼玉大、群馬大、信州大、宇都宮大、山形大、秋田県立大、群馬県立女子大、名寄市立大、慶應義塾大、上智大、同志社大、立教大、法政大、関西大、中央大、青山学院大、学習院大、東京女子大、明治学院大、成城大、日本女子大、獨協大、女子栄養大、神田外語大、武蔵野美術大、多摩美術大、東京造形大、女子美術大、日本大芸術学部、自治医科大、獨協医科大、国際医療福祉大、文星芸術大など

2024年度入試要項

試験日　1/7（第1回一般3科、スポーツ・文化
　　　　特待生、推薦）　1/8（第1回一般5科）
　　　　2/1（第2回一般5科）

試験科目　作文＋面接（推薦）　国・数・英・理・社（第
　　　　1・2回一般5科）　国・数・英（第1回一般3科）
　　　　国・数・英＋面接（スポーツ・文化特待生）
　　　　※美術デザインコースは実技あり
　　　　※一般3科と第2回の単願は面接あり

2024年度	募集定員	受験者数	合格者数	競争率
秀英特進	40	95	75	1.3
英語留学	30	14	9	1.6
選抜進学	30	122	92	1.3
美術デザイン	30	63	51	1.2
文理探究	150	407	357	1.1
ICT	20	38	33	1.2
会計・流通	90	103	102	1.0

卒業生有名人　高口里純（漫画家）、篠崎愛（女子プロゴルファー）、成田恵理（サッカー選手）

進学に有利

併設校あり

芸術&特殊学科

技能系&資格

施設が充実

スポーツが強い

クラブ活発

情操教育重視

国際人を養成

校風自由な

583

共学　中高大

幸福の科学学園 中学校 高等学校

普通科（高校）
生徒数　187名（中学）　239名（高校）
〒329-3434
栃木県那須郡那須町梁瀬487-1
☎ 0287-75-7777
JR那須塩原駅から車で約30分

SUPER INDEX P.94

制服 p.58

「高貴なる義務」を果たす 「徳ある英才」を養成する 全寮制の共学校

| URL | http://www.happy-science.ac.jp | | |
| Web上での合格発表 | 中学 | ○ | 高校 | ○ |

プロフィール

徳ある英才の創造

　2010年4月に開校した、宗教的教育をベースとした、全寮制の共学校。自由闊達な校風のもと、「高度な知育」と「徳育」を融合させながら、社会に貢献する未来型リーダーの養成を目指す。

環境

最高の教育を支える 充実した設備

　那須の自然に囲まれ充実した施設を整えたキャンパスは、多彩な個性や可能性が育つ、学びと学校生活のメインステージ。寮生活を通して学習生活の正しい習慣を身につける。

カリキュラム

万全の学習システムと きめ細かな個別指導

　英数重視型で授業を展開、「わかる」まで教え、「できる」まで演習し、「点をとれる」まで繰り返し演習をしながら、先取り学習を進めている。数学と英語は中1から習熟度別授業を展開。実力テストや模擬試験から、一人ひとりの強みと弱みを分析して、定着度を把握。さらに巻き戻し学習も行い、生徒一人残らず授業を理解・定着させることを目指す。全寮制のメリットを生かし、夕食後の夜の時間に英・数中心の補習を実施して、苦手項目をなくし

基礎力を強化する。高2から文系・理系に分かれ、夏・冬に5教科の特別講習を行う。高3では志望校別対策講習を行い、第一志望大学合格に向けた学力強化を図る。また、東大・医学部をはじめとする難関大学を目指す生徒のための特別講習も実施。

　中1から高3まで「探究創造」と「宗教」の科目を設定。「探究創造」は深い教養と問題解決・価値創造能力を兼ね備えた「新時代のリーダー」を養成するための学科。「宗教」では、心のコントロールの仕方、人間関係の悩み解決、成功の法則など、人生で役立つ学びを習得する。

学校生活

自立心と友情を はぐくむ全寮制

| 登校時間 | 中学 | 夏季 | 8：00 | 冬季 | 8：00 |
| | 高校 | 夏季 | 8：00 | 冬季 | 8：00 |

　「全寮制」のメリットは、生徒達の"精神的成長"にあり、親元を離れて集団生活を送ることで、力強い自立心と友情が養われる。また寮は「大きな家族」であり、信じ合える仲間づくりの場。日々人格を磨き合うことで、未来のリーダーに求められる高度な精神性を身につける。

　また、文武両道を実現し、感性や芸術性を磨くためにも、放課後は部活動への参加を奨励している。6月の体育祭、9月の文化祭、合唱コンクール（中学12月）など学校行事も充実。中3、高1の海外研修（オーストラリア等）に全員が参加する。週末にはハイキングなど様々な寮行事も行われる。服装は基本的に自由だが、式典では全員が制服を着用する。

　部活動も盛んで、チアダンス部は3回世界大会優勝、テニス部も3回インターハイに出場、野球部や吹奏楽部も大会で結果を出している。

進路

生徒全員の第一志望校 合格を目指して

　将来を真剣に考える様々な機会を与え、国際社会で活躍できる有用な人材を育成する。難関国公立大学や医学部進学をはじめ、全生徒の第一志望合格に向けたプログラムを充実させ、大学入試だけにとどまらない進路指導を行う。

　最近の卒業生の主な合格大学は、Happy Science University、東京大、筑波大、東京工業大、早稲田大、慶應義塾大、上智大、東京理科大、明治大、青山学院大、立教大、中央大、法政大、学習院大など。

2024年度入試要項

中学
試験日　1/14
試験科目　国・算または国・算・理・社＋面接（必要者のみ）

募集定員	受験者数	合格者数	競争率
70	非公表	非公表	―

高校
試験日　2/2
試験科目　国・数・英＋面接（必要者のみ）

募集定員	受験者数	合格者数	競争率
30	非公表	非公表	―

栃木

共学 | 幼 中 高 短 大 院

國學院大學栃木 中学校 高等学校

6か年中高一貫教育と活発なクラブ活動で文武両道を誇る共学校

普通科（高校）
生徒数　148名（中学）　1353名（高校）
〒328-8588
栃木県栃木市平井町608
☎ 0282-22-5511（代表）
☎ 0282-25-5020（入試広報室）
両毛線・東武日光線栃木駅　直通バス8分

SUPER INDEX P.94

URL	https://kokugakuintochigi.jp/			
Web上での合格発表	中学	○	高校	○

プロフィール　調和のとれた人間形成を

「頭の力」、「心の力」、「体の力」をバランスよく鍛え、調和のとれた人間形成を目指す、國學院大學の付属校である。校訓「たくましく　直く　明るく　さわやかに」のもとに、日々の学校生活が営まれ、学業に部活動に、大きな成果を挙げている。

環境　春は3000本の桜そして圧巻の設備

屋上に天文台がある特別教育館、蔵書数30万冊以上の図書館、2層4階建ての第2体育館、博物館相当施設の参考館、下校時の自学自習の場として大いに活用されている駅前の学園教育センター、野球場、全面人工芝のラグビー場、座席が移動する四十周年記念館など充実した設備を有している。

カリキュラム　進路志望に合わせたカリキュラム

少数精鋭の中高一貫コースでは、次世代リーダー育成にむけて、キャリア教育、英語教育、理数教育の3点を重視したカリキュラムを編成・実践している。国・数・英・理において先取り授業を実施し、3年次より高校の領域に入る。高校2年次より理系・文系を選択し、高校課程をほぼ終了。3年次

より徹底した大学入試対策を行い、上位成績者への個別指導を含め、きめ細かく指導している。

高校は、学力向上、キャリア教育、国際理解、感動体験の4つを柱とした教育を行う。中高一貫コースのほか、少人数制で東大・京大・医学部・早慶を目指す**特別選抜Sコース**、国公立大・難関私立大学を目指す**特別選抜コース**、國學院大學・有名私立大を目指す**選抜コース**、國學院大學・有名私立大への進学を目指す**文理コース**がある。早朝・放課後の課外授業やサマースクールなど、多彩な学力向上プログラムは、どのコースにおいても実施されており、一人ひとりをしっかりサポートする密着型学習指導が展開されている。

学校生活　全国大会へも出場実力クラブが多数

登校時間	中学	夏季	8：50	冬季	8：50
	高校		8：50		8：50

部活動が活発で、特に高校運動部では、野球、男・女ラグビー、女子バレーボール、男・女柔道、男子ハンドボール、なぎなたなどが全国大会に出場、文化部は囲碁、書道が全国大会に出場。

学校行事も、国学院祭（文化祭・体育祭）、探究学習発表会、全校マラソン大会と多彩だ。国際交流も盛んで、アメリカ・ドイツ・韓国・ベトナム・カンボジアでの国際研修も行う。中学でもオーストラリア語学研修を中心に自然体験学習、校外学習、イングリッシュスピーチコンテストなど盛りだくさん。

進路　推薦と優先入試で進学率は抜群

2022年度は国公立大に59名、医学部医学科に2名合格。國學院大學への優先入試（推薦）は95名合格。さらに、國

學院大學栃木短期大学への優先入学制度があるほか、多数の大学の推薦指定校にもなっている。主な合格校は、国公立では筑波、お茶の水女子、千葉、防衛医、埼玉、新潟、群馬、茨城、高崎経済など。私立では慶應、早稲田、東京理科、G-MARCH、自治医科（医）、同志社、立命館など（中高一貫含む）。

2024年度入試要項

中学

試験日　11/26（第1回）　12/9（第2回）　1/20（第3回）
試験科目　基礎〈国・算〉+面接（第1〜3回自己推薦）　国・算または国・算・理・社+面接（第1〜3回一般）　基礎〈国・算〉+英+面接（第2回英語）　適性+作文+面接（第2回適性検査）

2024年度	募集定員	受験者数	合格者数	競争率
第1回		76	56	1.4
第2回	80	41	22	1.9
第3回		8	6	1.3

高校

試験日　1/6（第1回）　1/7（第2回）　1/27（第3回）
試験科目　面接（推薦）
　　　　　国・数・英または国・数・理・社（一般）
　　　　　国・数・英+面接（体育技能）
　　　　　※単願は面接あり

2024年度	募集定員	受験者数	合格者数	競争率
第1回		947		
第2回	600	350	非公開	―
第3回		86		

※定員の内訳は、特別選抜S30名、特別選抜150名、選抜150名、文理270名

卒業生有名人　田村優（ラグビー選手）、石川恋（女優・タレント）、渡辺俊介（元プロ野球選手）

585

共学　幼 小 中 高 短 大 院

作新学院 中等部・高等学校

トップ英進部　英進部
総合進学部
情報科学部（高校）
生徒数　454名（中等部）3615名（高校）
〒320-8525
栃木県宇都宮市一の沢1-1-41
☎028-647-4571（中等部）
☎028-648-1811（高校）

SUPER INDEX P.94

宇都宮線宇都宮駅　バス15分
東武宇都宮線東武宇都宮駅　バス10分
スクールバスあり（3コース）

栃木県内私学No.1の大学合格実績。一人ひとりをしっかりサポートする指導で皆さんの希望を実現します。

制服 p.58

| URL | https://www.sakushin.ac.jp/ |

プロフィール
個性尊重教育で心豊かな人間を育成

　1885（明治18）年、下野英学校として創立。以来、創立138年の長い歴史と伝統の中で培われてきた、「一校一家」の校風のもと、「文」「武」「社会貢献」を学びの柱として、グローバルな視野と新たな未来を自ら切り拓く行動を備えた人材を輩出し続けている。

　2015年度よりトップ英進部を新設し、従来の英進部・総合進学部・情報科学部との4部体制となる。2011年度より5年間文部科学省からのスーパーサイエンススクールに指定され、先進的理数教育を行ってきたが、現在も独自の後継事業SSA（サクシンサイエンスアカデミー）を展開中。

カリキュラム
進路に応じた多彩なコース設定

　中等部では、高校（トップ英進部・英進部）との連携教育により、国公立・著名私立大への合格を目指す。独自の教育課程と少数精鋭のクラス編成で、着実に学力を向上させ、各自の個性を伸ばす。

　高校では、多岐にわたる多彩なコースを設定し、各自の進路希望と適性・能力を充分に考慮した指導を展開する。

　トップ英進部は、1年次入試成績によってSⅠクラス、SⅡクラスに分かれ東大・京大・国立大医学部など最難関大学への合格を目標とし、アクティブ・ラー

授業風景

ニングなどを多く取り入れることによって、高い教養をベースとした思考力の深化を目指す。英進部は、英進選抜クラス・英進クラスに分かれ、少人数制・習熟度別の授業指導と個別指導を徹底し、国公立・難関私立大学合格を目指す。放課後には希望者対象の課外授業や個別指導、学習室の開放が行われるなど学ぶ意欲へのバックアップ体制が整っている。各クラスとも2年次より文系・理系に分かれ、それぞれの進路に適したカリキュラムによる授業が行われている。総合進学部は、特別進学クラス・大学進学クラスの2つに分かれ、部活動で活躍する生徒だけでなく、国公立大学や有名私立大学合格を目指す。特に豊富な指定校推薦枠を利用した大学進学が魅力である。情報科学部は、商業システム科、電気・電子システム科、美術デザイン科、ライフデザイン科、自動車整備士養成科、普通科総合選択コースが設置され、より高度な専門教育が行われ様々な資格を取得できるため、大学・専門学校・就職と幅広い進路選択が可能。

学校生活
伝統ある部活動は栄光の記録が多数

登校時間	中学	夏季	8：25	冬季	8：25
	高校		8：20		8：20

　文・武・社会貢献の各分野に力を注ぐ本校では、部活動も活発で、伝統ある多くの部が、輝かしい成績を収めている。野球・水泳・ボクシング・自転車競技・弓道といった運動部だけでなく、吹奏楽・演劇・書道・写真等の文化部も全国レベルで活躍している。また社会貢献活動として災害被災地復興支援の募金活動や各種国際社会貢献活動を積極的に行っている。

進路
個性を伸ばして様々な進路へ

　多彩なコース設定により、様々な進路希望を実現している。これまでトップ英進部・

部活動

英進部からは、東大をはじめとする難関国公立大・GMARCHクラスの私立大の合格者を多数輩出している。総合進学部も国公立大学や私立大学に多数合格者を出している。情報科学部は万全の就職指導を行っているが、美大をはじめとした大学・専門学校進学も増えている。4部の主な進学先は、東京、京都、東京外語、お茶の水女子、東京農工、一橋、千葉、東北、九州、神戸、筑波、東京学芸、埼玉、横浜国立、慶應、早稲田、上智、東京理科、立教、青山学院、明治、中央、法政など。また、就職においても県内トップクラスの求人数を誇っており、日産自動車、久光製薬、花王、カルビー、キヤノン、TKC、足利銀行、栃木銀行など著名企業に多数就職している。警察、自衛隊など公務員に進む者も多い。

2024年度入試要項

中等部

試験日　11/18（第1回）　12/10（第2回）
試験科目　国・算・理・社＋面接（第1回）
　　　　　　国・算＋面接（第2回）

2024年度	募集定員	受験者数	合格者数	競争率
第1回/第2回	160/20	268/171	非公開	―

高校

試験日　1/6（第1回総合進学部・情報科学部）　1/7（第1回トップ英進部・英進部）　1/29（第2回全部）

試験科目　国・数・英・理・社（第1回）　国・数・英（第2回）
※単願は面接あり（トップ英進部・英進部を除く）

2024年度	募集定員	受験者数	合格者数	競争率
トップ英進	65/15	2097/250	2082/239	1.0/1.0
英進	190/30			
総合進学	450/60	2141/81	2095/70	1.0/1.2
情報科学	580/100	1952/108	1796/59	1.1/1.8

※人数はすべて第1回/第2回

　卒業生有名人　江川卓（野球解説者）、斉藤和義（ミュージシャン）、今井達也（プロ野球選手）、小川琴奈（ソプラニスト）、湯川尚樹（俳優）

栃木

共学　高

佐野清澄 (きよすみ) 高等学校

個性を伸ばし
清く澄んだ心を育てる
新しい世紀の「心の教育」を実践

 制服 p.59

URL	https://www.sanokiyosumi-h.ed.jp/

普通科　生活デザイン科
生徒数　370名
〒327-0843
栃木県佐野市堀米町840
☎ 0283-23-0841

 SUPER INDEX P.95

東武佐野線堀米駅　徒歩12分
両毛線佐野駅　徒歩25分
無料スクールバスあり（3ルート）

プロフィール　建学の理想と情熱は100年の時を越えて

1922（大正11）年創立の佐野裁縫女学校を前身とする。その後、佐野高等家政女学校、佐野弥生高等学校と改称を重ね、弥生女学院高等学校となる。2000（平成12）年より、現校名に改称すると共に、共学制となった。

本校の考え方は、すべての中心となる基本が「家庭」にあるという「家族中心主義」。そして2学科では、それぞれ独立した一つの「家」と見立てて「二つの家」というユニークな制度で運営している。

「一人ひとりが輝いて生きてほしい」という創設者の理想と情熱は100年の時を越えて、今も佐野清澄高校に生き続けている。

環境　花と緑に包まれた環境に充実した施設が整う

やよいヶ丘の自然林を中心に広がるキャンパスは、四季折々の花と緑に包まれた穏やかな環境にある。本校のシンボル「花冠の塔」の頂上にある"カリヨンの鐘"が、日に3度、澄んだ響きと共に時を告げる。男女共学制に伴い、校舎、各種教室、教育機器のさらなる充実を図り、次代の要求に応えられるキャンパスとして整備された。

カリキュラム　情操教育重視の2学科を設置

個性を生かしたカリキュラムを編成している。普通科・生活デザイン科の2学科があり、生活デザイン科は2年次からライフ・プロデュースコースとスイーツ・プロデュースコースと食物調理コースの3コースに分かれる。また、「礼法」では茶道や華道を学び、男子は体育の授業に空手道を取り入れている。

普通科では、基礎から応用までそれぞれの進路に合わせたカリキュラムが用意されている。2年では目標進路別の指導、3年では100％進路決定を目指し、専任教員たちが生徒一人ひとりに向き合っている。わかりやすく、ていねいな授業の進め方で学習効果を上げており、大学・専門学校など上級学校への進学や、就職にも対応している。

生活デザイン科ライフ・プロデュースコースでは、今後の生活に役立つ「家庭科」の専門的な知識や技術についての実践的な教育を行っている。保育・福祉・介護の専門家を目指して進学する生徒が多いのも特長である。

生活デザイン科スイーツ・プロデュースコースは、2015年度より新設されたコースである。将来、製菓系専門学校等への進学に必要な一般科目の学習だけでなく、就職するために必要な知識も学ぶことができる。

生活デザイン科食物調理コースでは、食に対する心得や衛生管理を学び、集団調理実習、専門調理実習を通してプロの板前やコックになるための調理の基本を一から身につける。一番の魅力は卒業と同時に無試験で調理師の免許が取得できることである。

学校生活　四季折々の多彩な年間行事

登校時間	夏	9：00	冬	9：00

年間を通じて行われる行事は多種多様で、5月には本校の体育行事である"五月選"、東京ディズニーリゾートへの遠足（1年）、修学旅行（3年）、6月には校内弁論会、10月には伝統の"花野祭"が行われる。

部活動も意欲的に展開されている。生け花や茶道などの伝統を引き継ぐクラブをはじめ、空手道、バドミントン、エンターテイメント、合唱、美術などのクラブがある。

進路　個性に応じた多様な進路

大学進学から就職にいたるまで、本人の希望、個性に応じた進路指導を展開している。また、4年制大学への進学希望者の割合は年々増加傾向にあり、放課後や長期休業期間を利用しての補講も行っている。

2024年度入試要項

試験日　1/7（第1回・部活動特待）　1/27（第2回・部活動特待）　2/10（第3回）

試験科目　国・数・英（第1〜3回）　総合問題〈国・数・英〉＋面接（部活動特待）＋実技（自己推薦での受験者のみ〈空手道または男子バスケットボール〉）

2024年度	募集定員	受験者数	合格者数	競争率
普通	70	367/66/25	340/63/23	1.1/1.0/1.1
生活デザイン	90	210/32/6	201/31/6	1.0/1.0/1.0

※人数はすべて第1回/第2回/第3回
※生活デザイン科のコース選択は、2年次から。
（食物調理コースの募集は40名）

進学に有利に

併設校あり

芸術＆特殊学科

資格＆技能系

施設が充実

スポーツが強い

クラブが活発

情操教育を重視

国際人を養成

自由な校風

587

共学　幼　中等教育　高　短　大　院

佐野日本大学 中等教育学校

「一人ひとりを大切にする教育」
を理念に、希望する進路を
実現します

生徒数　377名
〒327-0192
栃木県佐野市石塚町2555
☎ 0283-25-0111
両毛線・東武佐野線佐野駅
スクールバス　15分

SUPER INDEX P.94

制服 p.59

| URL | https://ss.sano-nichidai.jp |
| Web上での合格発表 | ○ |

顕桜祭（文化祭）

プロフィール　中高一貫教育から 将来の大学進学まで

「自主創造・文武両道・師弟同行」を教育の柱にした日本大学の付属校である。高校は1964（昭和39）年、中学は1988年に開校した。中学は2010年中等教育学校として新たにスタートした。

環境　天体ドームもある 施設充実の学園

教育効果を高めるため、CAI教室、個別学習室、茶道・華道・作法などを指導する和室「桜萩庵」、天体ドーム、スタジアム30（野球場・雨天練習場・総合グラウンド）、プラザ40（講堂兼総合体育館・温水プール）などを完備している。2020年8月には人工芝サッカー場が完成した。

カリキュラム　できるをかさねる 6年間

6年間の一貫教育を、2年ずつ3つのステージに分けて行う。入学当初から大学入試を意識した授業を展開する。本校は、日本大学を目指す付属校としての側面と、国公立大学・難関私立大学等、他の大学を目指す進学校としての側面があり、それぞれ「日本大学付属高校等基礎学力到達度テスト」、「大学入学共通テスト」を具体的な突破目標として、入学当初から様々な指

導を行う。英語科では全学年、ケンブリッジ大学出版のテキストを採用し、ケンブリッジ英検も実施。また、1年生から少人数授業を行っている。発達段階に合った様々な体験学習・学校行事が配置されている。様々な工夫を凝らし、6年間、生徒の知的好奇心を刺激する教育活動を行っている。

常に夢に向かって学べる環境がある、それが新しい佐野日大だ。

学校生活　心と体を鍛える クラブや行事

| 登校時間 | 夏　8：45 | 冬　8：45 |

クラブは、運動部7、文化部7、同好会2がある。

主な学校行事は、新入生宿泊研修、顕桜祭、芸術鑑賞会、研修旅行など。夏には、約2週間の研修を通して英会話能力と国際感覚を養う、イギリスでの語学研修も実施される。視野を広げるグローバル教育を重視した研修行事が多いのが特徴である。

進路　現役合格率99.7% 日大進学約57.7%

東京大学、京都大学などに合格実績がある。医歯薬系大学・学部へも多数合格。また、日本大学進学を希望する生徒には、適性や能力に応じて、在学中の学業成績、基礎学力到達度テストおよび面接などの総合判定による各学部推薦制度が適用される。2023年大学合格状況は、北海道大・秋田大・群馬大等、国公立大学・大学校へ24名、日本大の各学部へ付属推薦制度と一般入試を合わせて202名、上智大・東京理科大・MARCH等の難関私立大学へ41名、歯学部・薬学部・獣医学部・看護学部へ26名合格。

充実した施設を誇る校舎

トピックス　人づくりの佐野日大

佐野日本大学中等教育学校では「生徒一人ひとりを大切にする教育」、「希望進路の実現を目指す教育」を実践。全ての生徒が生き生きと輝く中等教育6年間を送れる学校づくりを目指している。校訓の「自主創造」の精神のもと、自立できる強さ、深い教養、そして優しさと感謝の心を併せ持つ「人づくり教育」に力を注いでいる。また、グローバル教育にも力を入れており、アメリカ、イギリス、中国、ハンガリー、オーストラリア、マレーシアの姉妹校・提携校と交流プログラムを実施し、その他にも様々な留学プログラムを行っている。

2024年度入試要項

試験日　11/25午前・午後（第1回一般・推薦）
　　　　12/10（第2回一般・英語アドバンス・自己アピール）　12/17（首都圏）
　　　　1/21（第3回一般）

試験科目　作文＋面接（推薦）　国・算または国・算・理・社＋面接（第1・2回一般）
　　　　　国・算＋面接（第3回一般）
　　　　　国・英か算・英＋面接（英語アドバンス）
　　　　　国か算＋作文＋面接（自己アピール）
　　　　　国・算または国・算・理・社（首都圏）

2024年度	募集定員	受験者数	合格者数	競争率
11月25日	140	126	117	1.1
12月10日		30	22	1.4
12月17日		80	68	1.2
1月21日		9	8	1.1

　卒業生有名人　駒見直音（テレビ朝日アナウンサー）、五十幡亮太（プロ野球選手）、八津弘幸（脚本家）

栃木

共学 幼 中等教育 高 短 大 院

佐野日本大学高等学校

「一人ひとりを大切にする教育」を理念に、希望する進路を実現します

普通科
生徒数 1251名
〒327-0192
栃木県佐野市石塚町2555
☎0283-25-0111
両毛線・東武佐野線佐野駅
スクールバス 15分

SUPER INDEX P.94

制服 p.59

URL	https://high.sano-nichidai.jp
Web上での合格発表	○

顕桜祭（体育祭）

プロフィール 中高一貫教育から将来の大学進学まで

「自主創造・文武両道・師弟同行」を教育の柱にした日本大学の付属校である。高校は1964（昭和39）年、中学は1988年に開校した。中学は2010年中等教育学校として新たにスタートした。

環境 天体ドームもある施設充実の学園

教育効果を高めるため、CAI教室、個別学習室、茶道・華道・作法などを指導する和室「桜萩庵」、天体ドーム、スタジアム30（野球場・雨天練習場・総合グラウンド）、プラザ40（講堂兼総合体育館・温水プール）などを完備している。2020年8月には人工芝サッカー場が完成した。

カリキュラム 最短距離で夢に近づく

生徒一人ひとりの希望進路を実現するために、基礎基本を徹底し、自学自習の習慣化を図る。質の高い授業や課外授業などを通して、大学入試に対応する幅広い知識・確かな学力の養成、学ぶ意欲の向上に努める。第1・3・5土曜日に通常授業を実施している。放課後にも各種講座が設定されているため、学習時間がしっかりと確保できる。また、英語4技能向上のための取り組みとして、一人1テーマの探究活動の内容を英語で発表する「英語プレゼンコンテ

充実した施設を誇る校舎

スト」や、朝のSHR後の10分間を利用して行う「E-skip」や、年1回実施の英検全員受験、オンライン英会話、ALTによる英会話講座・ディベート講座などを行っている。

3コース+αクラスで、それぞれの希望進路に合った効果的な学習が可能。**特別進学コースαクラス**（東大・京大・国公立大医学部への現役合格を目指す。3年間学業奨学生）をはじめ、**特別進学コース**（難関国公立・難関私立大学・日本大学難関学部）、**スーパー進学コース**（国公立・難関私立大学・日本大学難関学部）、**N進学コース**日本大学・有名私立大学）に分かれる。また、入学後も希望と成績によりコースのランクアップが可能で、常に夢に向かって学べる環境がある、それが新しい佐野日大だ。

学校生活 心と体を鍛えるクラブや行事

登校時間	夏	8:50	冬	8:50

クラブは、運動部18、文化部20、同好会3がある。

主な学校行事は、新入生宿泊研修、顕桜祭、芸術鑑賞会、研修旅行など。顕桜祭は、文化祭と体育祭のことであり、本校最大のイベントの一つだ。文化祭は、各クラスと文化部ごとに1テーマで参加をする。アイスやベーグルなどの模擬店、巨大迷路や理科実験体験などの作品展示など個性的。その他、演劇やダンスパフォーマンス、文化部による発表や有志によるライブなど多彩。体育祭は、各チームがお揃いのTシャツを身にまとい、学年の垣根を超えた団結力が問われる。応援合戦や部活対抗リレーなど盛り上がる競技が多く実施される。夏には、約2週間の研修を通して英会話能力と国際感覚を養う、イギリスでの語学研修も実施される。

進路 現役合格率98.3% 希望者の日大合格率90.7%

東京大学、京都大学などに合格実績がある。医歯薬系大学・学部へも多数合格。また、日本大学進学を希望する生徒には、適

性や能力に応じて、在学中の学業成績、基礎学力到達度テストおよび面接などの総合判定による各学部推薦制度が適用される。2023年大学合格状況は、日本大学へ364名が合格したほか、東京大、東京工業大を含めた国公立大学へ35名、早稲田、慶應、上智などの難関私立大学にも198名が合格した。現役合格率は98.3%にもなる。

トピックス 人づくりの佐野日大

佐野日本大学高等学校では「生徒一人ひとりを大切にする教育」、「希望進路の実現を目指す教育」を実践。全ての生徒が生き生きと輝く高校3年間を送れる学校づくりを目指している。校訓の「自主創造」の精神のもと、自立できる強さ、深い教養、そして優しさと感謝の心を併せ持つ「人づくり教育」に力を注いでいる。また、グローバル教育にも力を入れており、アメリカ、イギリス、中国、ハンガリーの姉妹校・提携校と交流プログラムを実施し、その他にも様々な留学プログラムを行っている。

2024年度入試要項

試験日　1/6（推薦・第1回一般）
　　　　1/21（第2回一般・推薦ランクアップ）
　　　　1/28（第3回一般）

試験科目　国・数・英または国・数・英・理・社

2024年度	募集定員	受験者数	合格者数	競争率
単願推薦		286	286	1.0
併願推薦	510	1040	1040	1.0
ランク/一般		134/302	128/216	1.0/1.4

※指定校推薦は書類選考（含作文）
※SN推薦は国・英または数・英＋エントリーシート
※募集数の内訳は、特進α30名、特進120名、スーパー進学160名、N進学200名

進学に有利に

併設校あり

芸術&特殊学科

資格&技能系

施設が充実

スポーツが強い

クラブ活動が活発

情報教育を重視

国際人を養成

自由な校風

卒業生有名人 駒見直音（テレビ朝日アナウンサー）、五十幡亮太（プロ野球選手）、八津弘幸（脚本家）、鈴木太志（音楽家）

共学(普通科・総合ビジネス科) 女子(総合生活科) 高

青藍泰斗 高等学校
せい らん たい と

3学科で個性を伸ばす
情報処理設備も充実
授業を超えた心のカリキュラム

SUPER INDEX P.95

普通科 総合生活科
総合ビジネス科
生徒数 586名
〒327-0501
栃木県佐野市葛生東2-8-3
☎ 0283-86-2511
東武佐野線葛生駅 徒歩10分
スクールバス(5コース)

| URL | http://www.seirantaito.ed.jp |

総合生活科では茶華道の授業もある

プロフィール

創立110周年を迎え
教育改革を推進

1908(明治41)年、葛生学館として創立。2003年度に商業科・商業家庭科を、総合ビジネス科・総合生活科へと名称変更。2005年度には校名を変更し、葛生高等学校から青藍泰斗高等学校となった。最新設備の情報教育と、一人ひとりの個性を尊重する人間教育に重きを置いている。

環境

部活動やクラスで
宿泊できる「耕心館」

校門をくぐると、左右に80周年記念校舎と庭園があり、その庭園を囲むように校舎が建ち並ぶ。庭園は100周年を記念して拡張整備工事を行い完成。心の教育に役立てるために作られた耕心館には、部活動やクラス全員が宿泊できる施設と進路相談施設が備わっている。そのほかにも90周年記念館、情報処理館、学生食堂、また、体育館等の施設として創立百周年記念会堂が完成し、多彩な施設が整う。さらに広々とした多目的運動場、ナイター設備も整えた野球場、室内練習場、テニスコートなど、体育施設も充実している。

カリキュラム

未来の夢に近づく
3学科

普通科(共学)は、1年次に基礎学力の定着を図り、進路実現のための土台作りをする。2年次には進路実現に向けて学習を深めると共に補講や放課後の個別指導などによる学力向上を目指す。3年次には自分の目標とする進路を主体的に選択し実現できるよう指導する。「進学コース」と「一般教養コース」を設けている。

総合ビジネス科(共学)では、設備を充実させ、即戦力として社会で通用する人材の育成を目指す。2年次は情報処理や簿記など、様々な資格取得を目標としたカリキュラムとなっている。3年次には専門知識を一層深めるために、情報・商業の選択授業を設けている。「情報コース」と「商業一般コース」を設けている。

総合生活科(女子)は、1年次に一般教科の学習に加え、衣食分野の基礎を学び土台を築く。2年次には保育や福祉などの専門知識を学ぶほか、茶道や華道など日本古来の伝統文化を学ぶ授業もある。3年次は実習を多く取り入れ、家庭分野のスペシャリストを目標に、実践的な力を身につける。「健康科学コース」と「生活文化コース」を設けている。

3学科とも、進路ガイダンスや模擬面接、インターンシップ(就労体験)など、進学・就職あらゆる進路実現のために様々なキャリア教育を行っている。

学校生活

耕心活動
四季折々の学校行事

| 登校時間 | 夏 | 8:40 | 冬 | 8:40 |

学校行事も1年間を通して、多彩に用意されている。沖縄への修学旅行、体育祭、野球応援、百撩祭、テーブルマナー講習会、送別予餞会など、盛りだくさんだ。また、21の部活動が活発に活動している。中でも、夏の甲子園大会出場経験の野球部、全国大会出場の卓球部、陸上競技部、ウエイトリフティング部、東関東マーチングコンテスト出場の吹奏楽部などがすばらしい成績を収めている。制服は100周年記念モデルにコムサデモードを採用。

進路

就職率の高さは
伝統校ならでは

全体の約50%が大学・短大・専門学校へ進む。専門学校は、医療・福祉系、工業・技術系、デザイン・芸術系、栄養・調理系、理容・美容系と多分野にわたるが、在学中に学んだ各分野の知識・技能を生かし、ビジネス系の学校へ進む生徒が多い。

就職を希望する生徒は全体の約50%で、長年にわたる実績と、在学中に専門分野を学べることから、就職率は極めて高い。就職先は、公務員、自衛隊、製造業、百貨店、病院、介護施設など多岐にわたる。

一人1台のパソコンを設置した情報処理教室

2024年度入試要項

試験日　1/6(第1回単願・スポーツ文化特待・一般併願)
　　　　1/7(第1回学特)
　　　　2/2(第2回)

試験科目　国・数・英
　　　　※第1回学業特待生併願は国・数・英・理・社
　　　　※スポーツ文化特待生は実技・面接あり

2024年度	募集定員	受験者数	合格者数	競争率
普通科	160	—	—	—
総合ビジネス科	120	—	—	—
総合生活科	120	—	—	—

　■卒業生有名人■　石川翔(プロ野球選手)、益子京佑(プロ野球選手)、中山誠吾(プロ野球選手)

共学　中高大院

白鷗大学足利中 学 校高等学校

校訓 PLUS ULTRA（プルス ウルトラ）－さらに向こうへ－
個性を伸ばし、国際的視野を持つ人を育てる

SUPER INDEX P.94

制服 p.59

普通科（高校）
生徒数　147名（中学）　1300名（高校）
〒326-0054
栃木県足利市伊勢南町4-3（中学）
栃木県足利市伊勢南町3-2（高校）
☎0284-42-1131（中学）/41-0890（高校）
両毛線足利駅　徒歩4分（中学）/1分（高校）
東武線足利市駅
徒歩12分（中学）/10分（高校）

URL		https://hakuoh-h.jp/		
Web上での合格発表	中学	○	高校	○

自立精神を涵養し責任と義務を会得

プロフィール

　1915（大正4）年に創立された足利裁縫女学校を母体とする。その後足利学園となり、1986年には大学が創設され、1994年に中学・高校とも現校名に変更。

様々な設備を整えた充実した教育環境

環境

　中学・高校ともに冷暖房を完備しており、生徒たちは快適な教育環境の中で日々の学習を行っている。また、令和6年4月より、富田キャンパスは明るく快適なデザインと次世代教育を担う設備を整えた新校舎を建設し、本校舎のあるメインキャンパスと一体化し、生徒一人ひとりの進路に応える3つのコースで募集をする。さらに新校舎には、書籍＋情報＋学習スペース＝ラーニングコモンズを建物中央に配置する。また、佐野・栃木、結城、古河の3コースでスクールバスを運行し、有料化を予定している。

英才教育の中学進学に特化した高校

カリキュラム

　中学では、主要5教科の時間数を多くし、平日は1日7時間、土曜日も3時間授業を実施。英語・数学は全学年習熟度別授業を行い、理解に応じたきめ細かい授業を展開。1～3年次までネイティブによる英語コミュニケーション授業を行い、2年次にはホームステイ中心の海外研修旅行を実施。

　高校は、東京大学、京都大学などの難関国立10大学および国公私立大学医学部医学科への合格を目指す特別進学コースSクラスと、様々な入試を突破できる学力を養い高いレベルでの指導体制の実現を図る特別進学コース、国公立大学および首都圏私立大、白鷗大学への現役合格を目指す進学コース、課外活動の実績や本人の特性に応じた上級大学への進学を目指す総合進学コースがあり、文武両道を実現し大学進学を目指す。

併設大へはもちろん他大学進学にも実績

進路

　中学は、卒業時に自由に進路選択ができる。外部の有名高校への進学実績も高い。白鷗大学足利高校へは中学での成績、行動をもとに適性を判断し、いずれかのコースへ進学できる。高校の進路は、北海道・東北・千葉・金沢・大阪など難関国立大のほか、早稲田・慶應・上智・東京理科・明治・立教・青山など難関私立大に多数の合格者を出している。白鷗大学への優先入学者を含め、多くの生徒が入学している。

家庭的雰囲気の中部活動も活発

学校生活

登校時間	中学	夏季	8：35	冬季	8：35
	高校	夏季	8：35	冬季	8：35

※富田校舎の登校時間は8：40

　中学では、企画・運営が生徒主体で行われる行事が多い。異学年交流により、家庭的な雰囲気が作られている。高校では、部活動特待生入試が行われていることもあり、運動部と文化部、同好会が、活発な活動を行っている。

卒業生からのメッセージ

ひとこと

　高校に入学してからの3年間、先生方の熱心なご指導と恵まれた環境の中、勉強に集中できたことは私にとって大きな財産となりました。高校1年

生の時から担任の先生が進路相談をしてくださり、早期に志望校を決めることができ、進学コースで上位の成績を収めることを目標に勉強をしました。テスト期間には自習室で友人と夜遅くまで学習をし、競い合い、励まし合いながら勉強に取り組んだことで今日の自分があると思っています。
（進学コース卒業生）

2024年度入試要項

中学

試験日　11/18（第1回）　1/27（第2回）
試験科目　国・算＋面接

2024年度	募集定員	受験者数	合格者数	競争率
第1回/第2回	60	54/10	44/6	1.2/1.7

高校

試験日　1/5（学業特待生、一般Ⅰ、特別進学コース単願）
　　　　1/6（単願、部活動特待生）
　　　　1/28（ランクアップ、一般Ⅱ）
試験科目　国・数・英・理・社（学業特待生）
　　　　　国・英・理・社＋面接（特別進学コース単願）
　　　　　国・数・英＋面接（単願）
　　　　　国・数・英（ランクアップ、一般Ⅰ・Ⅱ）
　　　　　国・数・英＋実技＋面接（部活動特待生）

2024年度	募集定員	受験者数	合格者数	競争率
単願推薦		101	88	1.1
部活動特待		135	135	1.0
特別進学	665	18	17	1.1
学業特待生		1324	1210	1.1
ランクアップ		569	204	2.8
一般Ⅰ/Ⅱ		1214/198	1047/112	1.2/1.8

※定員は、特別進学105、進学280、総合進学280

栃木

共学(中高一貫コース、英進科) 男子(普通科、総合ビジネス科) 中 高 短 大 院

文星芸術大学附属 中学校／高等学校

英進科　普通科
総合ビジネス科
生徒数　58名(中学)　962名(高校)
〒320-0865
栃木県宇都宮市睦町1-4
☎028-636-8000(中学)
☎028-636-8585(高校)
東武宇都宮線東武宇都宮駅　徒歩20分
宇都宮線宇都宮駅　バス15分

進路に合わせた多彩なコース
少人数編成で実力をつける
君たちのやる気と熱い指導で実力倍増

制服 p.59

SUPER INDEX P.94

URL	中学	http://www.bunsei-art.ac.jp/jh/
	高校	https://www.bunsei.ed.jp
Web上での合格発表	中学 ○	高校 ○

プロフィール 三敬精神の体得実践を目指す人間教育

1911(明治44)年創設の宇都宮実用英語簿記学校を源流とする。2003年文星芸術大学附属高校と名称を変更。2005年中学校が新設され中高一貫教育が始まった。創立時より掲げられている三敬精神「自己を敬え、他人を敬え、仕事を敬え」を校訓とし、知(学識)・徳(人徳)・体(健康)の調和のとれた人間の育成を図っている。

環境 幅広い教育を推進充実した施設

広々とした校地に、中高一貫棟、本館、1・2号館、図書館などの校舎が建ち並ぶ。用途に応じて使い分けられている6つのパソコン教室のほか、絵画室、デザイン教室など美術系の施設も充実している。また、自動車整備実習棟、大体育館、柔剣道場と卓球場を備えた玄武館、寮設備のある泉心館、硬式野球場、食堂・大小会議室・宿泊施設などが完備された総合研修センターなどがある。

カリキュラム 特色あるコースごとに充実したカリキュラム

○英進科
最難関大学合格を目指すⅠ類と国公立難関私立大学合格を目指すⅡ類に分かれる。放課後に自主学習時間を設け、授業内容の定着と発展学習を図る。3年次より国立文系・理系、私立文系に分かれる。

○普通科
(進学コース)大学進学を一般入試だけで目指すのではなく、個性や特長を生かした推薦入試やAO入試にも対応できるような指導も行う。
(総合コース)大学進学や公務員を目指す「文理クラス」と様々な資格取得を通して生きる力を育む「キャリアクラス」に分かれて学習する。「キャリ

アクラス」では2年次から、自動車整備・ゲーム/CG・スポーツ・調理から2つを選択。2年間で6単位履修ができ、社会に出てから役立つ知識や技術の習得を目指す。
(美術デザインコース)絵画やデザインなどの制作体験を通して美的センスを養うと共に、美術系大学や併設の「文星芸術大学」への進学を目指す。

○総合ビジネス科
1年次は「学び直し」に重点を置き、基礎基本の定着を図り、2年次より進路希望に応じた選択科目を履修する。また、1年次より課題研究を通して実務について学び、ビジネスマナーを身につける。
中学では、毎日7時間授業や数学・英語で習熟度別授業を取り入れるなど、豊富な授業時数を生かし確かな学力を育てている。

学校生活 クラブ活動も全力主義

登校時間	中学・英進科	夏季	8:15	冬季	8:15
	普通科・総合ビジネス科	夏季	8:35	冬季	8:35

クラブは、文化部14・運動部16があり、充実した施設のもと、活発な活動を展開している。また、主な行事には、体育大会、学校祭(雄飛祭)、修学旅行などがある。

進路 個性を伸ばして様々な進路へ

主な大学合格実績は、東京、京都、東京工業、大阪、東北、北海道、九州、神戸、横浜国立、帯広畜産(畜産・獣医)筑波、千葉、金沢、東京学芸、東京農工、電気通信、新潟、埼玉、宇都宮、早稲田、慶應、上智、獨協医科(医・医)・東京理科、青山学院、明治、帝京、白鷗など。
毎年、多数の求人があり、キャノン、クボタ、SUBARU、栃木トヨタ、日産自動車、日本郵便、吉野工業所、日立ジョンソンコントロールズ空調、ヨックモッククレアなどへ就職している。

警察官、消防士、自衛官になるものも多数。

トピックス 男女共学で本格的な中高一貫教育

2011年度から男女共学(中学・高校英進科)となり、本格的な中高一貫教育に取り組む。中1から高3まで同じ校舎で学び、中学校と高校の教師が一つになって教育を進めることにより、授業内容の定着を図ると共に、6年間の成長をしっかりサポートする。

2024年度入試要項

中学
試験日　11/25(第1回)　12/16(第2回)
試験科目　国・算・理・社＋面接または適性(作文含む)＋面接

2024年度	募集定員	受験者数	合格者数	競争率
第1回/第2回	50	100/36	69/26	1.4/1.4

高校
試験日　1/7または8(第1回)　2/1(第2回)
試験科目　作文＋面接(推薦)
　　　　　国・数・英(1/7)
　　　　　国・数・英・理・社(1/8・2/1)
※普通科・総合ビジネス科の一般の単願とスポーツ・文化特待生は面接あり
※美術デザインコースのスポーツ・文化特待生は実技(推薦は作品提出)あり

2024年度	募集定員	受験者数	合格者数	競争率
推薦 普通/総合	一般含	15/22	15/22	1.0/1.0
英進科 Ⅰ類	20	295/67	75/9	—/—
英進科 Ⅱ類	40		178/50	
普通科 進学	60	164/10	83/5	2.0/2.0
普通科 総合	200	588/22	494/14	1.2/1.6
普通科 美術デザイン	20	22/1	15/1	1.5/1.0
総合ビジネス科	180	351/36	299/18	1.2/2.0

※人数はすべて第1回/第2回

学習風景

進学に有利に / 併設校あり / 芸術&特殊学科 / 資格&技能系 / 施設が充実 / スポーツが強い / クラブが活発 / 情操教育を重視 / 国際人を養成 / 自由な校風

卒業生有名人　片岡治大(プロ野球コーチ)、黒崎久志(プロサッカーコーチ)、真中満(野球解説者)

栃木

共学 中 高

星の杜 中学校 高等学校

チェンジメーカーの育成
『超』探究宣言
全世界留学・全世界探究

| URL | https://hoshinomori.ed.jp/ |

普通科（高校）
生徒数　187名
〒321-3233
栃木県宇都宮市上籠谷町3776
☎ 028-667-0700
JR宇都宮線「宇都宮」駅よりバス25分
東武宇都宮線「東武宇都宮」駅よりバス40分
LRT「清陵高校前」停留場より無料シャトルバス運行
スクールバス運行（真岡コースのみ）

SUPER INDEX P.93

制服 p.58

プロフィール　チェンジメーカーの育成

2023年4月開校。『新たな価値を創造し、社会に貢献するチェンジメーカーの育成』をスクールミッションとして掲げ、これからの社会で本当に必要とされる"非認知スキル"を育てる新しい教育に挑戦している。

カリキュラム　「星の杜メソッド」の実践

知識・理解をベースとして、応用・分析的な思考を重視し、批判的・独創的な視点を獲得する〈星の杜タキソノミー〉、対話力・言語能力の向上、情報効率性と知的生産性の向上を目的とした授業を実践する「認知×非認知×デジタル」を軸とした〈星の杜メソッド〉を展開。卒業までの3年間で、学力や偏差値にとらわれず現代社会や将来に必要不可欠な「開発力＆創造性」、「共感力＆協調性」、「課題発見・解決力」、「レジリエンス」、「メタ認知」を身につけていく。その他にも星の杜の探究学習は〈『超』探究〉と称して、問題解決力や論理的思考力・実践力を養う〈探究総合〉や、テクノロジーを駆使して課題解決の方法を学ぶ〈デジタルデザイン〉、様々な学問領域の学びから豊かな人生を送ることのできる総合力のある人を育成する〈リベラルアーツ〉、iU（情報経営イノベーション専門職大学）の教授による〈イノベーション〉、これらの探究の授業を計週3時間行っている。

高校2年次には、高い英語コミュニケーション力を身につけ、グローバルシチズンを育成する『グローバルラーニングコース』、情報収集・分析力・問題発見・解決力などのスキルを伸ばし、自ら問題解決のために行動できるチェンジメーカーを育成する『ディープラーニングコース』のどちらかを選択する

学校生活　一人ひとりの輝きを大切にする自由な学校生活

| 登校時間 | 夏 | 8：30 | 冬 | 8：30 |

「校則なし、制服なし、定期テストなし」により、生徒の自主性や自律心を育む。「学習カウンセラー」が放課後の自習室に常駐、帰宅後もAI学習を取り入れ「個別最適化学習」に対応する。さらに、年間を通じて様々な分野の社会人から進学・就職に関するヒントを学ぶ「社会人講話」も設けられ、キャリアに対する視野も広げられる。

部活動は、2年連続でインターハイに出場をしているテニス部や、全国総文祭への出場経験も多数の筝曲部、元Jリーガーが顧問のシーズンスポーツ制を取り入れた新しいスタイルの部活「スポーツデザインクラブ」などがある。また、生徒は自ら仲間を集めてサークルを立ち上げることも可能。学校内では20以上のサークル・部活があり、多様な活動に取り組めるように掛け持ちもできる。

進路　多岐にわたる希望進路の実現

一般入試に対応する力はもちろん、学校推薦型選抜や総合型選抜に力を入れて取り組む。指定校推薦枠は300を超え、海外大学を併願校にできる〈海外大学指定校推薦制度〉があり、オーストラリアのメルボルン大や、イギリスのリーズ大など世界34の大学と提携を結んでいる。

国際化　地球が学びのフィールドに

「グローバルラーニングコース」では半年から1年間、アメリカ・カナダ・オーストラリア・ニュージーランドに留学生として滞在する。中長期留学と、4〜12週間、行先と期間を自由に選択して、語学学校に通いながら集中的に英語力を高める全世界留学、「ディープラーニングコース」では海外や日本国内からテーマによって行先を選択する全世界探究がある。

Fashion Shoots

トピックス　学校外との連携

❶ハイスクールコンソーシアムを立ち上げ：各校の生徒同士が授業や学校行事を通じて学びあえる機会を創出、教員同士も情報交換やスキルアップを目的とした研修を開催していく。

❷上智大学との高大連携協定：上智大学の高大連携を締結。講義や上智大学生との協働のプロジェクトなど、新たな学びを展開していく。

2024年度入試要項

中学

| 試験日 | 11/19（総合型・一般・一般＋総合型・帰国生） |
| 試験科目 | 作文＋面接（帰国生）　国・算＋面接（一般）　グループワークまたは英語面接またはプレゼンテーション（総合型） |

※一般＋総合型試験もあり

2024年度 総/一般/帰	募集定員	受験者数	合格者数	競争率
	60	8/38/−	6/33/−	1.3/1.2/−

高校

| 試験日 | 1/5（第1回・一般・推薦・帰国生）　1/6（総合型）　1/30（第2回一般） |
| 試験科目 | 作文＋面接（帰国生・推薦）　国・数・英・理・社（第1回一般）　国・数・英（第2回一般）　グループワークまたは英語面接またはプレゼンテーション（総合型） |

2024年度	募集定員	受験者数	合格者数	競争率
第1回 総/一般/推/帰	150	−	−	−
第2回		−	−	−

※一般入試では、5教科（国・数・英・理・社）または3教科（国・数・英）の得点率が高い方の結果で判定

卒業生有名人　八反安未果（歌手）

有利に 進学に

併設校 あり

特殊学科 芸術＆

資格系 技能＆

施設が 充実

スポーツ が強い

クラブ 活発が

情操教育を 重視

国際人を 養成

校風 自由な

群馬
50音順ガイド

進学に有利

併設校あり

芸術＆特殊学科

資格＆技能系

施設が充実

スポーツが強い

クラブが活発

情操教育を重視

国際人を養成

自由な校風

＊10タイプ・ジャンル別インデックス
は、各学校の大きな特徴を、それぞ
れ3つから4つ選んでいます。
『進学に有利』……国公立大学、
有名私立大学に、多くの合格者を出
している学校。
『芸術＆特殊学科』……音楽、美
術、演劇、体育などの学科やコース
をもつ学校。
『資格＆技能系』……高校卒業後、
就職に役立つ資格や技能を身につけ
られ、専門技術を学べる学校。
『スポーツが強い』……全国大会、
インターハイなどに出場し、優秀な
成績をあげている学校。
『国際人を養成』……英語を重視
し、留学（長・短）、海外語学研修、ホーム
ステイなどのシステムをもつ学校。
＊各学校のガイドのくわしい見方は、
4ページの「ガイドページの見方」
をごらんください。

群馬

共学　高　短　大　院

関東学園大学附属 高等学校

一人ひとりに合わせた科目選択で
きめ細やかな進路指導を行う
心豊かな人間性を育む "心の教育"

SUPER INDEX P.96

普通科
生徒数　632名
〒374-8555
群馬県館林市大谷町625
☎ 0276-74-1213
東武小泉線成島駅　徒歩10分
スクールバス（館林、太田、板倉ルート）あり

| URL | https://www.kanto-gakuen.ac.jp/high/ |

全国優勝者を擁する水泳部

進学に有利
併設校あり
芸術＆特殊学科
資格系＆技能系
施設が充実
スポーツが強い
クラブが活発
情操教育を重視
国際人を養成
自由な校風

プロフィール 「思いやりと信頼」の心の教育

1946（昭和21）年、故松平濱子先生により、本校の前身である関東女子専門学校が現在地に創立された。1950年、学制改革により関東短期大学に移行し、1958年、関東学園高等学校（普通科・商業科）を併設。1976年の関東学園大学開学に伴い、1982年、現校名になった。

「敬和」「温順」「質実」の校訓のもと、「思いやりと信頼」を基本的な教育方針としている。

環境 体育施設・OA機器の充実度は抜群

豊かな自然に囲まれ、一年を通して四季折々の木々や咲き誇る花々を楽しむことができる。

広大な校地を有し、特に体育施設の充実が目立つ。校内に、2棟の体育館、弓道場、北グラウンドは野球・陸上、東・南グラウンドは男女サッカー・ラグビーが使用。また、茂林寺駅横に「分福総合グラウンド」があり、ラグビー・陸上が使用。

2017年には、冷暖房を完備したトレーニングルームが完成した。

また、光ファイバーを用い、大学、短大を含めた学園規模のネットワークを構築し、4つのコンピュータ室、2つのマルチメディア教室に約120台のパソコンを設置している。

和太鼓部

カリキュラム 選択科目制による個々に適した学習

大学進学に必要な基礎力を身につけると共に、それぞれの夢や進路に合わせた応用力を養えるカリキュラム。選択科目制で、より効果的に、充実して学べる。英語や数学などの主要科目については、習熟度別クラスを展開。きめ細かな授業で個々に対応する。1年次から特進コースと進学コースに分かれ、2年次より進学コースは文系・理系・総合系に分かれて、多数の選択科目からそれぞれの進路に即した科目を選択する。国公立・難関私立大を目指す特進コースでは、2年次から共通テスト対策、3年次からは徹底した演習を行い、希望進路を実現する。また、長期休業中は各学年とも補習・課外授業を実施している。

学校生活 体育イベントの多い年間行事

| 登 校 時 間 | 夏 | 8：45 | 冬 | 8：45 |

年間行事は、スポーツのイベントが多いのが特徴で、陸上大会、球技大会、マラソン大会など多彩。また、本校では部活動を積極的に奨励しており、各部とも活発に活動している。スポーツは硬式野球、ラグビー、陸上競技、サッカー、弓道など13部、文化会系も吹奏楽、和太鼓、演劇、茶華道など10部がある。

また、スポーツに親しむ生徒や学生たちが、安全で安心してプレイできるスポーツ環境を目指し、外部顧問を招聘するなどして、部活動の活性化を推進している。現在、女子バスケット部、弓道部、吹奏楽部などにおいて、現役選手や指導経験豊富なコーチが参加し、トレーニングメニュー作りおよび技術指導を行っている。今後さらに強化支援する部を増やすと共に、各部にトレーナーを参加させるなどして、

スポーツ選手の健全な育成を図る予定だ。

進路 併設大に進学 他大学合格者も多い

卒業生は、併設の関東学園大をはじめ、群馬大、山形大、釧路公立大、埼玉県立大、茨城大、宇都宮大、前橋工科大、明治大、北里大、國學院大、立教大、中央大、津田塾大、日本大、獨協大、東洋大、駒澤大などに進学している。

2024年度入試要項

試験日　1/6（特別推薦・部活動推薦・第1回一般推薦）
　　　　1/7（第1回併願）
　　　　1/20（第2回一般推薦・第2回併願）

試験科目　面接（特別推薦）
　　　　作文＋面接（部活動推薦・第1回・2回一般推薦）
　　　　国・数・英・理・社（第1回併願）
　　　　国・数・英＋面接（第2回併願）

2024年度	募集定員	受験者数	合格者数	競争率
一般推薦 1回/2回	240	107/3	107/3	1.0/1.0
併願 1回/2回		671/138	666/133	1.0/1.0

卒業生有名人　岡島豪郎（プロ野球選手）、大出瑞月（プロゴルファー）

共学 幼 小 中 高 短 大

共愛学園 中学校 高等学校

普通科　英語科（高校）
生徒数　289名（中学）　1053名（高校）
〒379-2185
群馬県前橋市小屋原町1115-3
☎ 027-267-1000
両毛線駒形駅北口　徒歩10分
スクールバスあり

SUPER INDEX P.94

キリスト教に基づく人格教育と伝統の英語教育・国際理解教育個性尊重の指導で進学実績良好

URL	中学	https://js.kyoai.ac.jp
	高校	https://hs.kyoai.ac.jp
Web上での合格発表	中学	○	高校	○

プロフィール　135年の歴史を持つキリスト教主義教育

1888（明治21）年、地域のキリスト教会有志により前橋英和女学校の名称で創設。後に上毛共愛女学校、共愛女学校と改称し、1951（昭和26）年に現校名となった。さらに1979年には、創立以来の英語教育の伝統を現代に生かすため、従来の普通科に加えて英語科を北関東で初めて設置。1999年には共愛学園前橋国際大学（男女共学）を開学し、2001年より中・高ともに男女共学となった。

「神を敬い、人を愛し、互いに仕え合う」という"共愛精神"を原点とし、知育・徳育・体育のバランスのとれた円満な人格の完成を目指す人格教育を実践している。また、国際社会に奉仕できる人間を養成するため、英語教育・国際理解教育を重視している。

環境　赤城山を望む美しい新キャンパス

中・高ともに、1998年に新しいキャンパスに全面移転し、豊かな自然に囲まれ学習に最適な環境の校地は、新装されたJR両毛線駒形駅より徒歩5分と通学にも便利だ。全館冷暖房完備で最新の設備が整った各施設のほか、学生寮もあり、生徒それぞれの夢の実現を応援する教育環境が整っている。

ハイレベルな英語教育で学習の楽しさを知る

カリキュラム　普通科・英語科とも特進・進学コース

中学では、少人数による充実した授業。基礎教科の時間を増やし、特に英語は1年次よりネイティブ教師による授業を導入するほか、3年次にはハワイへの修学旅行、希望者参加のオーストラリア夏季短期留学の実施などにより国際理解を深めている。

高校では個性を最大限に活かすため英語科・普通科の2課程にそれぞれ特進・進学の2コースを設置している。英語科特進コースは、少人数クラス編成で生きた英語力を獲得し、国際感覚・世界的視野を持ち、難関有名国公立私立大学受験に直結した授業を行う。英語科進学コースは、永年の実績に培われたノウハウを活かして英語の力を十分に伸ばすと共に、国際的な分野でも活躍できるような生徒を育てる。普通科特進コースは、主要5教科をまんべんなく学習し難関国公立私立大学現役合格を目指す生徒のためのコース。普通科進学コースは進級時の選択により理系から文系まで自分の個性を伸ばし、幅広い進路選択ができるように配慮したコースである。

学校生活　四季折々の宗教行事部活、留学制度も充実

| 登校時間 | 中学 | 夏季 | 8：30 | 冬季 | 8：30 |
| | 高校 | 夏季 | 8：30 | 冬季 | 8：30 |

毎朝の礼拝や聖書の授業のほか、イースター（復活祭）、修養会、感謝祭、クリスマスなど、キリスト教教育の特色ある行事も多数ある。また、様々な留学制度を利用して、毎年多くの生徒が留学している。

クラブは、高校では全国大会出場の水泳・陸上・テニス・弓道・剣道部等の体育系クラブ15と、同じく全国大会出場の放送、弁論、美術や吹奏楽部等の文化系クラブ22がある。

水泳部

吹奏楽部

進路　きめ細かな進学指導で有名大学・短大へ

卒業生の主な進学先は、東北大、筑波大、東京外語大、群馬大、千葉大、お茶の水女子大、宇都宮大、信州大、新潟大、群馬県立県民健康科学大、群馬県立女子大、慶應、上智、明治、フェリス、ICU、立教、青山学院、中央、明治学院、東京女子、東京理科、東海、成城、獨協、法政、東洋、日本、武蔵、駒澤、同志社など。

2024年度入試要項

中学

試験日　12/9（推薦・第1回）　2/3（第2回）
試験科目　算＋作文＋面接（推薦）
　　　　　国・算＋面接（第1・2回）

2024年度	募集定員	受験者数	合格者数	競争率
推薦/一般	100	63/40	63/20	1.0/2.0

高校

試験日　1/7（推薦Ⅰ）　1/8（学特）
　　　　1/27（推薦Ⅱ・一般）　3/11（推薦Ⅲ）
試験科目　作文＋面接（推薦）　国・数・英・理・社（学特・一般）　国・数・英＋面接（帰国生学特・一般）

※英検推薦入試は面接（日本語・英語）のみ
※学特の英検2級以上合格者又はTOEIC480点以上の者は加点あり。一般全コースは面接あり

2024年度	募集定員	受験者数	合格者数	競争率
学特	230/130	808	773	1.0
推薦Ⅰ		161	161	1.0
推薦Ⅱ		1	1	1.0
一般		16	14	1.1

※人数はすべて普通科/英語科
※スライド合格含む

有利に 進学に

あり 併設校

特殊学科 芸術＆

技能系 資格＆

充実 施設が

が強い スポーツ

活発 クラブが

重視 情操教育を

養成 国際人を

校風 自由な

共学（進学スポーツコースは男子）　幼 中 高 短 大

桐生大学附属中学校 第一高等学校

個を尊重した、質の高い教育 地域に根ざした総合学園

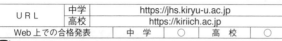

URL	中学	https://jhs.kiryu-u.ac.jp
	高校	https://kiriich.ac.jp
Web上での合格発表	中　学	○	高　校	○

SUPER INDEX P.94

制服 p.59

普通科　調理科（高校）
生徒数　96名（中学）　1476名（高校）
〒376-0043
群馬県桐生市小曽根町9-17（中学）/1-5（高校）
☎ 0277-48-8600（中学）
☎ 0277-22-8131（高校）
両毛線桐生駅　徒歩5分（中学）/10分（高校）
上毛電気鉄道西桐生駅　徒歩1分（中学）/10分（高校）
東武桐生線新桐生駅　スクールバス

カリキュラム

高校は2科 12コース

【中学】「特別進学コース」と「進学スポーツコース（サッカー・軟式野球）」を設置。英語・日本語の語学力を中学の段階で強化。記述力・表現力・コミュニケーション能力を身につける。そのために英語暗唱コンテスト、英語スピーチコンテスト、英単語テストを実施。英検は準2級取得を努力目標としている。中3の3学期に希望者を対象として3カ月間のニュージーランド中期留学プログラムを導入。グローバル化に対応できる人材の育成を目指す。

【高校】普通科は、国公立・難関私立大現役合格を目指す**特別進学コース**（西桐生キャンパス）、特定競技（硬式野球・サッカー・陸上・バスケットボール・ラグビー・柔道）を極め、大学進学に向けて学力向上にも力を入れる**進学スポーツコース**（国立・難関私立大を目指すSクラスあり）、2年次より7コース（進学・情報ビジネス・ものつくり・デザイン美術・ファッション・福祉・こども）に分かれて学ぶ**総合コース**、多種多様な菓子作りを学び、製菓衛生師全員合格を目指してサポートする**製菓衛生師コース**があり、調理科は卒業時に調理師免許を取得。食品衛生責任者など各種検定にも積極的にチャレンジする。

学校生活

21世紀型の 先進教育

【中学】本校は21世紀型の先進教育を目指しており、「考える力」「国際対応力」「対話力」の3つの力を身につけるために、留学生とのディスカッションや答えのない課題に取り組むクエストエデュケーションプログラム、さらには"いつでも、どこでも、誰とでも"をコンセプトにしたICT教育の充実など新しい取り組みを導入している。

【高校】強化指定クラブ（硬式野球・サッカー・陸上競技・バスケットボール・ラグビー・柔道）のほか、6の運動部と12の文化部、特別部の応援団があり、活発に活動している。

進路

生徒の可能性を広げ 希望の進路実現を支援

【中学】体験型進路学習プログラム「K-JET」を採用。また、放課後や土曜日、長期休業中を利用して、講座制授業を実施している。

【高校】2023年度の主な合格大学：群馬大、東京都立大、信州大、弘前大、群馬県立女子大、高崎経済大、桐生大、上智大、立教大、同志社大、学習院大、明治学院大、日本大、東洋大、専修大、北里大、拓殖大、大東文化大、東海大、亜細亜大、帝京大、国士舘大など多数。

ひとこと

先生方の手厚いサポートと、 勉強に集中できる充実した環境

特別進学コースは、勉強に熱心に取り組みたい人におすすめのコースです。朝と夕方には講座というものがあり、小テストや文法などの勉強をしています。西桐生キャンパスの職員室はガラス張りで開放的な作りになっているので入りやすく、わからないことがあればいつでも先生に質問することができます。このコースの先生方は、私たちがやりたいことを尊重しながらも、正しく進めるように的確にアドバイスやサポートをしてくれます。またフレンドリーでユーモアがあり、先生と生徒の距離が近いことも魅力だと思います。同じ目標を持つ仲間と日々切磋琢磨しながら、それぞれの夢に向かっ

て充実した学校生活を送っています。（特別進学コース3年生　高梨しほりさん）

2024年度入試要項

中学

試験日　10/7（スポーツ）
　　　　11/4（推薦1期・一般1期）
　　　　12/16（推薦2期・一般2期）
　　　　2/3（一般3期）

試験科目　実技＋面接（スポーツ）　作文＋面接（推薦1・2期）　国・算または算・英＋面接（一般1・2期）　面接（一般3期）
　　　　※進学スポーツコースは実技（サッカー・軟式野球）あり

募集定員	受験者数	合格者数	競争率
30	非公開	非公開	―

高校　1/8（特待・推薦）　1/27（一般）
　　　　3/16（2次）

試験科目　国・数・英・理・社（特待）
　　　　国・数・英＋面接（推薦）
　　　　総合基礎力＋面接（一般）
　　　　作文＋面接（2次）

2024年度	募集定員	受験者数	合格者数	競争率
特待	500	1971	1856	1.1
推薦		175	160	1.1
一般		269	257	1.0

※定員は、特別進学コース40名・進学スポーツコース120名・総合コース250名・文化教養コース20名・製菓衛生師コース30名・調理科40名

※文化教養コース入試の詳細は学校にお問い合わせ下さい

　■卒業生有名人　松井雅人（プロ野球選手）、鈴木武蔵（プロサッカー選手）、若月大和（プロサッカー選手）

有進利に
併設校あり
芸術&特殊学科
資格&技能系
施設が充実
スポーツが強い
クラブが活発
情操教育を重視
国際人を養成
自由な校風

群馬

共学 幼 中 高

樹徳 中学校 高等学校

少人数・習熟度別授業の「中高一貫校」と
きめ細かく親身な進路指導の「本校」
共に一人ひとりの進路希望を叶えます

SUPER INDEX P.94

| URL | https://www.jutoku.ed.jp/ |

普通科（高校）
生徒数　106名（中学）　869名（高校）
〒376-0022
群馬県桐生市稲荷町4-12（中学）
〒376-0023
群馬県桐生市錦町1-1-20（高校）
☎0277-45-2257（中学）/2258（高校）
両毛線桐生駅　徒歩5分
上毛電鉄西桐生駅　徒歩7分
東武桐生線新桐生駅　スクールバス10分

2018年春5月に再興・開館した「共生図書館」内部

み仏の教えを守り109年

1914（大正3）年、宗教家の野口周善師により裁縫女学校として開校された。1960（昭和35）年に本県初の男子部を設置すると、多岐にわたる成果が顕著化しはじめ、2001年には中高一貫教育の樹徳中学校を開設、2003年からは普通科のみのコース制を実施している。

現在、スーパーサイエンスコース、特別大学進学コース、大学進学コース、キャリア探究コースを設置し、「創立109年の伝統を誇る学校」として、「共生（ともい）き」「自主独立」「人間力の養成」を目標に、「誰かの何かのお役に立てる」青少年の育成を目指している。

家庭的な職員室と恵まれた教育環境

JR桐生駅から徒歩5分、桐生市のほぼ中央、緑豊かな文教地区に位置している。校舎の中心には職員室があり、休み時間は多くの生徒であふれる。またカウンセラー室には専門のカウンセラーが常駐し、生徒の悩みに応えている。また、2018年、学園で学ぶ生徒たちの知識探究の場、憩いの場となるよう「共生図書館」を再興した。

生徒の能力を引き出すコース制

ICT活用の授業

中学では、6年間一貫教育のメリットを活かし、基礎を徹底して学んだ上で応用力をつけるよう、無理のない効果的な先取り教育を行っている。1クラス30人という少人数制で、個人の能力に応じた習熟度別授業を展開。未到達生徒に対し、個別の補習時間も設定している。中学を修了すると高校の中高一貫コースに進み、4～6年生として継続的で高度な学習を行う。近年、プレゼンテーション能力が向上、「科学の甲子園」全国大会出場や、全国弁論大会審査委員長賞にも輝く。

高校は全コース男女共学の普通科。キャリア探究（Jクラス）は、基礎学力の向上を重視して大学現役合格を目指すと共に、医療・看護系への進路を可能にする。また、2年次よりキャリアデザイン系列によりコースの選択制となる。進学探究（Sクラス）は、文武両道を目指すと共に、整った進学体制で進路実現を図る。同じくKクラスは、特別カリキュラムで難関国立大学への現役合格を目標とする。スーパーサイエンスコース（SSクラス）は、少人数制クラスで、最難関大学および医・歯・薬学部への現役合格を目指す。

県内外で活躍する運動部

| 登校時間 | 中学 | 夏季 | 8：30 | 冬季 | 8：30 |
| | 高校 | | 8：30 | | 8：30 |

本校の運動部は、毎年、関東大会、全国大会に進出しており、卓球、相撲、陸上競技、少林寺拳法などが好成績を収めている。野球部は2022年30年振り3回目の甲子園出場を果たした。文化部では、特に吹奏楽部や理科部、将棋部が活発である。インターアクトクラブの長期にわたるボランティア活動も注目されている。

学校行事では、様々な体験が人間としての幅を広げると考え、学術・芸術・スポーツ・農業・福祉など多くの分野で多彩な行事を用意している。

高い進学実績が示す確かな学習指導

きめ細かな学習指導が実を結び、多くの生徒が難関大学に合格を果たしている。これまでに合格者が出た大学は、東大・京大・名古屋大・北海道大・東北大・東京医科歯科大・筑波大・千葉大・東京学芸大・横浜国大・新潟大・埼玉大・群馬大・宇都宮大・茨城大・防衛医科大学校・防衛大学校・慶應義塾大・早稲田大・国際基督教大・上智大・東京理科大・立教大・明治大・法政大・中央大・学習院大・同志社大・立命館大・青山学院大・関西学院大・順天堂大（医・医）・自治医科大・獨協医科大・埼玉医科大など。

2024年度入試要項

中学

試験日　11/11（第1期）　12/16（第2期）
　　　　2/3（第3期）

試験科目　国・算＋面接
　　　　※帰国子女は国・英を選択可

2024年度	募集定員	受験者数	合格者数	競争率
第1/2/3期	35/10/10	—	—	—

高校

試験日　1/6（推薦・学業奨学生）

試験科目　国・数・英＋面接（推薦）
　　　　国・数・英・理・社（学業奨学生）

2024年度	募集定員	受験者数	合格者数	競争率
推薦/学奨	380	169/2031	167/2008	1.0/1.0

卒業生有名人　中村俊介（俳優）、岡田慎吾（バスケットボール選手）、谷田部洸太郎（ラグビー選手）、森山真伍（陸上長距離選手）

進学に有利
併設校あり
特殊学科＆芸術
資格＆技能系
施設が充実
スポーツが強い
クラブ活発
情操教育重視
国際人養成
自由な校風

599

群馬

共学 幼 高 大 院

高崎健康福祉大学高崎 高等学校

生徒の目標に合わせた4コース制
難関大から系列大などへの多彩な進路
高い実績を誇る運動部

SUPER INDEX P.95

普通科
生徒数 1417名
〒370-0033
群馬県高崎市中大類町531
☎ 027-352-3460
高崎線・信越本線高崎駅
上越・両毛線前橋駅 各スクールバス

URL	https://www.tuhw-h.ed.jp/
Web上での合格発表	○

知・徳・体の全人教育を実践

1936(昭和11)年開校の須藤和洋裁女学院を前身とする。1966年、群馬女子短期大学が開校され、1968年、その附属高校として本校が設置された。2001年、高崎健康福祉大学高崎高等学校と改称。

知育・徳育・体育の全人教育を実践しており、多様化する社会で活躍できる、高い知性と豊かな教養を持つ人材の育成に努めている。

コースに対応した充実の施設

緑豊かなキャンパスには、図書室・P.C.室・特別教室棟をはじめ、学習室を備えた須藤いま子記念館など、校内全室冷暖房完備で生徒の学習を支えている。体育施設として、全天候型テニスコートや陸上競技トラック、武道館などがあるほか、遠方からの生徒のための「藤寮」も設置されている。2007年にナイター設備も完備された野球場、2009年に合宿所も新設、2012年に耐震・防音性に優れ、太陽光発電システムを備えた4階建ての新校舎、2014年に新サッカー場も完成。

目標に応じた4コース制

新校舎

入学時より4コース制に分かれる。特進コース・大進コースは7時間授業を実施し、隔週土曜も授業を行い、応用力を身につける。長期休業中の集中講座や学習合宿も行う。**特進コース**は少数精鋭のクラスで最難関大学進学を目指す。**大進コース**は個々の適性に合ったクラス編成や充実したカリキュラムで、国公立・難関私立・系列大学を目指す。**進学コース**は基礎力を養成し、中堅私立大学や系列大学進学を目指す。**アスリートコース**は、指定の強化クラブ(男子:硬式野球、サッカー、ソフトテニス、陸上競技/女子:ソフトテニス、ソフトボール、剣道、バレーボール、陸上競技、サッカー)に所属し、文武共に高い実績をあげることを目標とする。

全国レベルの運動部学校行事も多彩

登校時間	夏	8:50	冬	8:50

大学進学を目指しながら、充実した部活動も目標にするアスリートコースがあることからもわかるように、運動部の活躍が素晴らしい。全国レベルの部が多く、ソフトテニス・体操競技・陸上・カヌーは日本一の名誉に輝いている。また、硬式野球・ソフトボール・剣道は全国大会で優秀な成績を収めており、その他、弓道・空手道・バレーボールも全国大会出場の実績を持つ。硬式野球部は2018年春季関東高校野球県予選で優勝し、県代表として関東大会に出場した(4年連続6度目)。一方、文化部の活動も活発で、関東大会出場経験を持つ吹奏楽部をはじめ、書道部は県の最優秀団体賞を受賞している。また、JRCが中心となり、学校全体で長年継続しているボランティア活動も多方面から表彰されている。

学校行事も充実しており、修学旅行をはじめ、文化祭、スポーツフェスタ、芸術鑑賞など多岐に渡る。

多方面への大学合格実績
(2023年3月卒業生)

<国公立大学26名合格>
金沢大、東京学芸大、富山大、長崎大、群馬県立女子大、群馬県立県民健康科学大、群馬大、前橋工科大、高崎経済大 他

<私立大学394名合格>
明治大、中央大、法政大、立教大、國學院大、成蹊大、同志社大、龍谷大、日本大、東洋大、専修大、獨協大、東海大、亜細亜大 他

※高崎健康福祉大学
— 大学院 — 健康福祉学研究科
　　　　　(博士前期・後期課程)
— 健康福祉学部
　├ 医療情報学科
　├ 社会福祉学科
　└ 健康栄養学科
— 保健医療学部
　├ 看護学科
　└ 理学療法学科
— 薬学部 ——— 薬学科
— 人間発達学部 — 子ども教育学科
— 農学部 — 生物生産学科

2024年度入試要項

試験日　1/7(推薦)　1/8(学特Ⅰ)
　　　　1/20(学特Ⅱ、一般)
　　　　※アスリートコースは推薦のみ
試験科目　国・数・英(学特Ⅰ)
　　　　　国・数・英・理・社(学特Ⅱ)
　　　　　国・数・英+面接(推薦、一般)

2024年度	募集定員	受験者数	合格者数	競争率
推薦 アス/特大進	460	129/237	128/225	1.0/1.1
学特Ⅰ		1042	901	1.2
学特Ⅱ		671	612	1.1
一般		4	2	2.0

進学に有利

併設校あり

芸術&特殊学科

資格&技能系

施設が充実

スポーツが強い

クラブが活発

情操教育を重視

国際人を養成

校風が自由な

群馬

共学 幼 高 短 大 院

高崎商科大学附属 高等学校

充実した最新設備と
きめ細かな進学指導で
進学率もアップ

| URL | https://www.tuc-hs.ed.jp/ |

普通科　総合ビジネス科
生徒数　1383名
〒370-0803
群馬県高崎市大橋町237-1
☎ 027-322-2827

SUPER INDEX P.95

制服 p.60

信越本線北高崎駅　徒歩5分
上越線・両毛線高崎問屋町駅　自転車10分
上越線・両毛線高崎駅　バス

明るい校風の中で 個々の自主性を育む

プロフィール

　1906（明治39）年、佐藤裁縫女学校として創立。2002年から男女共学。明るい校風の中で個々の自主性を育み、自己責任の重要性、自分の力で進む道を見つける教育を進めている。

最新施設・設備で 実践的な学習

環境

　緑と花を多く配した敷地内は、明るい雰囲気で、ロビーなどの語らいの場もある。全教室と特別教室には冷暖房を完備。また、最新のテクノロジーがそろった設備も自慢で、マルチメディア室、インターネット国際交流室、IT教育ルームをはじめ、全教室に50インチモニターテレビを設置し、授業等で活用。2020年度より入学生全員にタブレットを貸与、全館WiFi環境を整え、ICT教育に力を入れる。

希望に応える 2学科7コース

カリキュラム

　2022年から始まった新教育課程に対応するために生徒の学びに関するあらゆる記録や変容を蓄積し、より良い指導を行っている（google classroom及びClassiの活用）。
　普通科では、一人ひとりの進学目標に合わせて特別進学選抜コース、特別進学コース、特別進学国際コース、進

活発なクラブ活動

学コースの4つのコースを設けている。特別進学選抜コースでは難関国公立大・難関私立大合格を目指し、特別進学コースでは国公立大・上位私立大の合格を目指す。演習を中心に応用力を伸ばすカリキュラムを編成し、第1・第3土曜日には各種講座制補習を行うなど学力向上を図っている。特別進学国際コース（2年次より選択）は、国際体験や海外留学に重点を置き、大学進学を目指す。2年の8月から10カ月海外に留学し、帰国後3年の6月から復学でき、国際社会に通用する生きた英語を身につけられる。進学コースでは、大学、短大、専門学校等幅広い進学に対応したコースになっていて、2年次から文系・理系に分かれ、クラブ活動と学習を両立させながら志望校への進学を目指す。
　総合ビジネス科では、1年次は商業科目と情報科目を共通に学習し、2年次からは、様々な商業情報関連資格を取得し、幅広い実務能力を身につけ、実社会における実践力を目指す総合ビジネスコースと簿記・会計に特化したカリキュラムで、会計のスペシャリストを目指す会計コースに分かれる。

クラブ活躍は 全国レベル

学校生活

| 登校時間 | 夏 | 8：40 | 冬 | 8：40 |

　運動部・文化部ともに、クラブ活動が盛んで、特に空手道部は、群馬県の大会では総合優勝32連覇という快挙を成し遂げている。また、アーチェリー部、フェンシング部、バドミントン部、硬式テニス部は県高校総体で優勝を果たしている。その他、バレーボール部、ペップアーツ部、バトントワリング部、放送部、文芸部、演劇部などが活躍している。
　学校行事は日帰り旅行や芸術鑑賞、修学旅行、海外研修（希望者）など多彩。制服は中野裕通デザインによる機能

的でカジュアルなデザインで、女子はパンツスタイルのオプションがある。

万全の体制で 受験生をバックアップ

進路

　ほとんどの生徒が大学・短大・専門学校への進学を希望しており、各自の希望に対応したきめ細かい指導を行っている。進学対策として、講座制の補習をはじめ、夏休みの合宿講座を実施し、その結果、進学を果たす生徒も増加している。主な進学先は、大阪大、東北大、九州大、筑波大、群馬大、高崎経済大、秋田県立大、群馬県立女子大、早稲田大、慶應義塾大、青山学院大、法政大、中央大、高崎商科大など。学内推薦で、併設の高崎商科大学へ進む生徒も多い。また、就職希望者への対応も行っており、本校の充実したコンピュータ教育には定評がある。

2024年度入試要項

試験日　1/7（推薦・推薦特待生）
　　　　1/8（奨学生Ⅰ期）
　　　　1/27（奨学生Ⅱ期・トライ・一般）
試験科目　基礎学力〈国・数・英〉＋面接（推薦）
　　　　作文＋面接（推薦特待）
　　　　国・数・英・理・社（奨学生Ⅰ・Ⅱ期・トライ入試）
　　　　国・数・英＋面接（一般）

2024年度	募集定員	受験者数	合格者数	競争率
推薦/特待		344	332	1.0
奨学生Ⅰ期	500			
奨学生Ⅱ期		2073	1682	1.2
トライ				
一般		9	0	―

※募集数は普通科380名・総合ビジネス科120名

共学　中高大院

東京農業大学第二 中等部 高等学校

恵まれた自然環境と整備された学習環境
大学併設校の利点も生かし
他大学進学でも実績

SUPER
INDEX
P.95

制服
p.58

普通科（高校）
生徒数　95名（中等部）　1702名（高校）
〒370-0864
群馬県高崎市石原町3430
☎ 027-323-1483
高崎線・信越線高崎駅　バス15分

URL	https://www.nodai-2-h.ed.jp/	
Web上での合格発表	中学 ○	高校 ○

グローバルスタディズプログラムで国際化

進学に有利に
併設校あり
特殊学科&芸術
資格&技能系
施設が充実
スポーツが強い
クラブが活発
情操教育を重視
国際人を養成
自由な校風

プロフィール　調和のとれた人材育成　評判高い名門校

1891（明治24）年創立の東京農業大学の伝統を受け、2番目の併設高校として1962（昭和37）年に創設。2023年4月、中等部を開校。何事にも主体的に取り組める人材の育成を教育方針に掲げ、「主体的学習の推奨」「生活指導の徹底」「特別活動の振興」を教育目標としている。

難関大学への進学をはじめ、クラブ活動においても輝かしい実績を上げるなど、県内私学の名門校として高い評価を得ている。

環境　緑・風・山、自然を肌で感じとれる快適な学舎

校舎は高崎の市街を一望できる丘陵に建つ。赤城山・榛名山などの名峰を望める風光明媚な地に、自然の恵み豊かなキャンパスがある。全教室冷暖房完備の校舎、600人収容の「武揚ホール」、200人同時に食事がとれるカフェテリアなど施設も充実している。大型液晶モニターや電子黒板機能搭載プロジェクターを各教室に設置し、効果的な説明の工夫により快適な学びの場となっている。

カリキュラム　コース制で学力アップ　充実した総合学習

グローバルコース[海外留学]　在学中

緑豊かなキャンパス

に1年間の海外留学を経験し、海外への進学や国内の大学入試を視野に入れたスキルを習得するコース。

Ⅰコース[進学選抜]　最難関大学への進学を目指す、学習に主軸を据えたコース。

Ⅱコース[発展・標準]　国公立大学や有名私立大学への進学を目指し希望するスクールライフを自分で選択するコース。

Ⅲコース[クラブ選抜]　強化指定クラブに在籍することを条件とし、文武両道を極めて大学進学を目指すコース。

中高一貫コース（仮称）を新たに設置し、（事実上の）『6年間の一貫教育』を実施予定。中等部への入学生は、高校入学時に本コースへの編入を前提とするが、中3時に編入試験を実施する予定。高入生から「一貫コース」に入学することはできない。

コース制を補完する独自の取り組みとして、各コースごとに連携のとれた学習指導と個別面談および進路指導を行っている。また海外の大学生との交流、外国人留学生との異文化交流行事、社会人講演会、キャリア教育など、多彩なプログラムが実施される。

学校生活　笑顔のスクールライフ　活発なクラブ活動

登校時間	夏	8:40	冬	8:40

制服は、コシノヒロコデザイン。リニューアルを重ねて清潔感と機能性を併せ持ち、明るいスクールライフを後押ししている。

学校行事も多彩で、毎年開催される「二高祭」や「体育祭・芸術祭」などが充実した学園生活を演出する。研修旅行は、アメリカ、シンガポール・マレーシア、沖縄から行き先を選び異文化体験を実現。

全国レベルのクラブも多数あり、陸上競技部、ラグビー部、吹奏楽部、競技かるた部などがしばしば全国大会に進出している。競技かるた部や応援団などの芸術・文化系クラブの活動も活発だ。

進路　大学併設の利点　他大学にも実績も上昇

卒業生のほぼ全員が進学希望。併設の東京農業大学と東京情報大学へは、「優先入学制度」がある。

他大学進学でも実績を上げており、現役生の進路決定率は約97％となっている。2022年度は国公立大に103名、難関私立大に62名の合格者を出した。

〈現役生の主な合格実績校〉

国公立…東北大、名古屋大、筑波大、東京学芸大、金沢大、岡山大、群馬大など

私立…慶應義塾大、上智大、学習院大、東京理科大、明治大、青山学院大、立教大、中央大、法政大、立命館大、関西学院大など

海外…（台湾）国立台湾大、（オーストラリア）グリフィス大、クイーンズランド工科大など

2024年度入試要項

中学

試験日　12/10（第1回）　1/14（第2回）　2/11（第3回）
試験科目　国・算（第1・3回）　適性＋算（第2回）

2024年度	募集定員	受験者数	合格者数	競争率
第1回	70	150	66	2.3
第2回/第3回		77/44	28/—	2.8/—

高校

試験日　1/6（推薦・学業特待）　1/28（一般）
試験科目　国・数・英＋面接（推薦）
　　　　　国・数・英・理・社（一般・学業特待）

2024年度	募集定員	受験者数	合格者数	競争率
推薦	520	385	380	1.0
学特/一般		1474/24	1380/15	1.1/1.6

※募集数の内訳は、グローバルコース20名、Ⅰコース120名、Ⅱコース発展160名、標準100名、Ⅲコース120名

　■卒業生有名人■　周東佑京（ソフトバンクホークス・プロ野球選手）、栁田大輝（陸上選手）、西山和弥（陸上選手）

群馬

共学 高

常磐 高等学校
とわ　きわ

一人ひとりの夢をしっかり支えたい
2017年春、大学進学に重点を置いた
"新"教育体制の成果現る

SUPER
INDEX
P.96

| URL | https://www.tkw.ac.jp |

普通科
生徒数　732名
〒373-0817
群馬県太田市飯塚町141-1
☎ 0276-45-4372
東武伊勢崎線太田駅　徒歩15分
自転車6分　スクールバスあり

つよく優しく、そして真面目に
プロフィール

1914（大正3）年設立。「質実・勤勉」を校訓に、「つよく優しく、そして真面目に努力する生徒を育てる」ことを教育目標とし、歴史と伝統を育んできた。また生徒の夢を実現するため4つのコースできめ細かく指導し、最後まで面倒を見る。そして海外修学旅行、海外語学研修、留学生との交流等を通じ、国際理解教育を推進し、平和な国家と社会の形成に貢献できる人材を育成している。

自然に囲まれた閑静な環境
環境

キャンパスは、豊かな自然に囲まれた閑静な場所に位置し、学習に最適な環境である。グラウンドやテニスコート、3階建ての体育館「修育館」（柔・剣道場、アリーナ、トレーニングルーム、ダンススタジオ）などの体育施設はもちろん、パソコン室、調理室、作法室などの特別教室も充実しており、全教室に冷暖房が完備されている。そのほか、天体観測室まである。

生徒の進路に対応した多彩なコース
カリキュラム

特別進学・進学・体育・総合の4コース制となっている。

カナダへの修学旅行（11月）

特別進学コースは、さらに特進選抜系と特進系に分かれ、難易度の高い大学への現役合格を目指す。少人数での授業を基本とし、英・数・国は習熟度別に2分割。2年次からの文理別選択授業では5人以下の授業も開講されている。勉強合宿、春期・夏期・冬期講座を実施し、有名予備校講師の授業も受講することができる。

進学コースは、進学選抜系と進学系に分かれ、特別進学コースに準じた授業を行う。部活動との両立も可能である。

体育コースは、トップアスリートを目指す仲間が集まり、大学進学をはじめ、プロスポーツチームへの入団、地元企業への就職を目指すコース。部活動は必修。

総合コースは、文理教養系とビジネス情報系および食物服飾系に分かれ、社会に通用するスペシャリスト育成を目指すと共に、進学、就職希望者への対応を行う。

心身鍛える部活動世界大会でも活躍
学校生活

| 登 校 時 間 | 夏 | 8：40 | 冬 | 8：40 |

朝読書（特別進学コースは朝学習）を導入している。

クラブは、陸上競技、バスケットボール、柔道、剣道、バレエ、サッカーなど17の運動部と、天文や吹奏楽などの16の文化部がそれぞれ活発に活動している。多くの運動部が全国大会に出場している。特に陸上競技部は全国高校女子駅伝に5年連続、22回出場。2015年は準優勝し9回の入賞を誇る。バレエ部はローザンヌ国際バレエコンクールスカラシップ賞、全国舞踊コンクール1位の生徒を輩出し、2011年度の卒業生は宝塚音楽学校へも合格した。

学校行事では、2年に一度、体育祭と文化祭を実施している。また、修学旅行は、特別進学コースはカナダ、進

活発なクラブ活動

学コース・体育コース・総合コースはハワイ修学旅行を実施。

充実した学習指導と進路指導で目標達成
進路

進学・就職ともに、丁寧な進路指導を随時実施し、難関国立・私立大学への合格者を輩出。
＜2023年度大学合格実績＞
東京医科歯科大、筑波大、群馬大、信州大、明治大、青山学院大、群馬県立女子大、前橋工科大、中央大、法政大、明治学院大、長岡造形大、東京女子大、津田塾大、日本女子大、東京女子医科大、日本大、東洋大、専修大、順天堂大、関西大、立命館大、関西学院大、近畿大　ほか。

2024年度入試要項

試験日　1/6（学業特待）　1/13（推薦）
　　　　1/27（一般）
試験科目　国・数・英・理・社（学業特待）
　　　　　国・数・英（推薦・一般）
※単願は面接あり

2024年度	募集定員	受験者数	合格者数	競争率
学業特待	300	1111	623	1.8
推薦		143	139	1.0
一般		267	217	1.2

進学に有利

併設校あり

芸術&特殊学科

資格&技能系

施設が充実

スポーツが強い

クラブ活動が活発

情操教育を重視

国際人を養成

自由な校風

群馬

共学 中高 短

新島学園 中学校 高等学校

キリスト教精神に基づいた
自由で敬虔な人格形成を目指す
中高一貫のバランスのよい教育

SUPER INDEX P.95

制服 p60

URL　https://niijima-gakuen.jp/

普通科（高校）
生徒数　534名（中学）　696名（高校）
〒379-0116
群馬県安中市安中3702
☎ 027-381-0240
信越線安中駅　徒歩15分
専用通学バスあり

プロフィール　自由で秩序ある明るい校風

同志社大学の設立に生涯を捧げた、郷土の偉人・新島襄を記念し、1947年、男子校として新島中学校が設立。その後、新島学園中学・高校となり、1968年に男女共学制が導入された。

キリスト教に基づく人格教育により、自由で敬虔な人格、国際的教養、民主的社会人としての良識を持ち、神と人とに奉仕する人物の養成に努めている。

環境　緑豊かな環境 1日は朝の礼拝から

学習だけでなく、学校生活全体の充実を目指す本学園には、様々な施設が十分に整えられている。1004人収容の礼拝堂をはじめ、冷暖房完備の普通教室や学生会館、メディアルーム、図書室、体育施設として、体育館、トレーニングジム、グラウンド、テニスコートなどを完備。屋上には天文台もある。

カリキュラム　ゆとりの一貫教育 充実のカリキュラム

6年間を見通した授業計画により、中学段階で基礎学力の充実、高校段階で大学受験に対応できる学力を養成している。中学では上位者対策や下位者対策など各種の補習できめ細やかな指導を、高校では習熟度別授業や選択授業で大学入試対策を実施。特に英語で

屋上には天文台も

は高校1年次までに大学受験に対応できる学力を養成。また、海外留学プログラムなど、国際交流にも力を入れている。

学校生活　クラブと行事で感受性を養う

登校時間	中学	夏季	8:40	冬季	8:40
	高校		8:40		8:40

自由でのびのびとした雰囲気は、活発なクラブ活動や学校行事にも反映されている。14の運動部では、男子ソフトボール部がインターハイ6回優勝、サッカー部が全国3位の実績を持ち、スキー部や陸上競技部なども全国大会に出場を果たしている。16ある文化部では、写真部が毎年全国コンクールに出展、演劇部も全国大会優秀賞を受賞するなど活躍している。また、聖歌隊も、学校行事や奉仕活動などで活躍している。

学校行事も多彩で、学園クリスマスやクラシックコンサートなどを実施するほか、学園祭、修学旅行、芸術鑑賞会、校内マラソン大会などがあり、生徒一人ひとりが知的刺激を受け、感受性豊かな人間に成長することを目指している。

進路　現役進学率90%以上 充実した進路環境

ほとんどの生徒が進学を希望している。学習室の設置等、教師の指導はいうまでもなく、上級生による下級生への学習支援など学習内容が充実。中学からの進路ガイダンス・卒業生による職業紹介など、きめ細かい進路指導を実施している。2022年度現役生の主な進学先は筑波大、群馬県立県民健康科学大、名古屋市立大、高崎経済大、早稲田大、上智大、東京理科大、立教大、青山学院大、中央大、法政大、国際基督教大、国際基督教大、同志社大（指定校枠36名）、同志社女子大（指定校枠20名）、その他多数。

おごそかに行われる学園クリスマス

国際化　真の国際人を育てる「グローバル教育」の実施

開校以来、英語教育に力を入れており、長期留学や交換留学、長期休みを利用したオーストラリアやカナダ、アメリカへの短期留学など様々な機会を設定。ネイティブ・バイリンガル教師との対話で生きた英語を習得する「国際教室」の実施、国内短期研修プログラム「エンパワーメントプログラム」の実施など貴重な体験を提供。実践的な英語力の習得はもちろん、文化面での国際理解を深め、「世界を友とする」国際的視野を持った人間形成を行っている。

2024年度入試要項

中学

試験日　12/2（総合型選抜）　1/13（第1回）
　　　　2/10（第2回）

試験科目　面接（総合型選抜）
　　　　　国・算＋面接（第1・2回）

2024年度	募集定員	受験者数	合格者数	競争率
総合型選抜		127	79	1.6
第1回	170	67	47	1.4
第2回		23	16	1.4

高校

試験日　1/12（推薦・奨学生）

試験科目　面接（推薦）
　　　　　国・数・英＋面接（奨学生〈学業〉）

2024年度	募集定員	受験者数	合格者数	競争率
推薦/奨学生	200	51/106	51/83	1.0/1.3

※定員は併設型中学校からの進学者を含む

卒業生有名人　布袋寅泰（ミュージシャン）、生方ななえ（モデル・女優）、小島伸幸（元Jリーガー・日本代表）

群馬

共学（普通科）　幼 高 専 短 大

前橋育英 高等学校

個性を伸ばす英才教育で
自分を生かす道が広がる
県下随一のスポーツ科学コースを設置 _{制服 p.59}

SUPER
INDEX
P.95

普通科
生徒数　1678名
〒371-0832
群馬県前橋市朝日が丘町13
☎ 027-251-7087
両毛線前橋駅、上毛電鉄中央前橋駅
バス
両毛線新前橋駅　徒歩20分
スクールバスあり（前橋駅・新前橋駅・
中央前橋駅・高崎駅）

URL	https://www.maebashiikuei-h.ed.jp
Web上での合格発表	○

人間味のある人物の育成に努める

プロフィール

　1963昭和38年、男子普通科高校として開校。1983年、英語科を新設すると共に、組織を男子部（普通科・体育科）、女子部（保育科・英語科）とする。1994年度より女子普通科の募集を開始。1999年度より英語科の募集を停止し、男子部、女子部を廃止。現在普通科はすべてのクラスが共学となっている。また、2009年度より体育科を改組、普通科・スポーツ科学コースとし、2022年度より保育科を改組、普通科・保育コースとした。

充実した環境とトップクラスの設備

環境

　前橋市郊外、利根川河畔の閑静な地にある本校は、約２万坪の広大な校地に様々な学習・スポーツ施設を配している。夜間照明のある野球場、公式試合のできるサッカー場（男女サッカー部専用の人工芝）を持つグラウンドをはじめ、武道館、体育館、弓道場、運動部などの寮もある。さらに、管理棟「純心館」には500人収容の視聴覚室、別棟には個人用のピアノ練習室など、特色ある施設が充実しているほか、情報処理室、第二体育館、セミナーハウス、トレーニング室、同窓会ホールなども完備している。また、創立50周年を記念し、第一体育館がリニューアルした。

保育コースの幼稚園実習

目標と適性に合ったコース・科の設置

カリキュラム

　大学進学を目指し、１年次より徹底指導を行い、普通科を特別進学コース・総合進学コース・スポーツ科学コース・保育コースの４つのコースに分け、さらに特別進学コースを選抜クラス・特進クラスに分けることで志望先の早期決定を図る。それぞれの目標に合わせたカリキュラムを設定することで、個性を伸ばし、職業観の育成を目指す。正規の授業以外にも、小テストや校内補習、土曜特別講義などを実施し、合理的な受験学習を行う。

　スポーツ科学コースは、専門技術のさらなるパワーアップと５教科中心の基礎学力定着を目指すとともに、部活動を通して、集団生活に必要な責任感や協調性、友愛などの精神を培っていく。

　保育コースでは、芸術や保育に関する科目が多く組み込まれ、実習や演習を取り入れた実践的な授業により、幼児教育者になるための基礎を修得する。併設の育英短期大学（保育学科）との５か年一貫教育も推進しており、在学中に一定の成績を収めた生徒には、同短大への進学の道が開けている。また、幼稚園での実習は、姉妹法人中村学園の認定こども園で行われている。

強化指定クラブは県下トップの実績

学校生活

登校時間	夏	8：45	冬	8：45

　スポーツ科学コースには男女それぞれに指定クラブがあり、サッカー（男女）・バスケットボール（男子）・硬式野球（男子）・陸上（男女）・柔道（男女）・ソフトボール（女子）・剣道（男子）などが各大会で華々しい実績を上げている。部活動で習得した技能を生かして、大学・社会人・プロの各界で活躍している先輩も多く、日本代表選手やオリンピックの出場者も輩出している。

スポーツ界で活躍するOBを輩出

　学校行事は、文化祭や体育祭、遠足（１年）、修学旅行（２年）、スキー教室（１年）のほか、スポーツ科学コースでは育英メディカル専門学校との連携講義を実施するなど、多彩なイベントが行われる。

伝統の進学校併設短大への道も

進路

　進学校としての伝統の上に立つ普通科では、毎年、国公立・有名私立をはじめとする各大学への合格者を多数輩出しており、主な進学先は、東北、秋田、筑波、群馬、千葉、東京学芸、法政、中央、日本、東洋、駒澤、専修、大東文化、亜細亜、帝京、国士舘、武蔵、東京電機、東京経済、城西、東京国際、埼玉医科、獨協など。スポーツ科学コースからは、体育系大学などへ進学するほか、Jリーガーになる者もいる。また、保育コースの半数以上は併設の育英短大へ進学し、短大卒業後は、幼稚園・保育園・福祉施設などへ就職している。2018年には、系列校の育英大学が開学した。

2024年度入試要項

試験日　1/7（学特Ⅰ期）　1/9（推薦）
　　　　1/27（学特Ⅱ期・一般）

試験科目　国・数・英（学特Ⅰ・Ⅱ期単願）
　　　　　国・数・英・理・社（学特Ⅰ・Ⅱ期併願）
　　　　　国・数・英＋面接（推薦・一般）

2024年度	募集定員	受験者数	合格者数	競争率
推薦	510	275	275	1.0
一般		52	27	1.9
学特Ⅰ期単願/併願		78/1448	69/1312	1.1/1.1
学特Ⅱ期単願/併願		19/415	13/376	1.5/1.1

進学に有利

併設校あり

芸術＆特殊学科

資格＆技能系

施設が充実

スポーツが強い

クラブが活発

情操教育を重視

国際人を養成

自由な校風

卒業生有名人　細貝萌（プロサッカー選手）、高橋光成（プロ野球選手）、武藤俊憲（プロゴルファー）

共学 幼 高

明和県央 高等学校

進んで新しいことに取り組む
「進取」という精神を全ての教育
活動をとおして育みます

| URL | https://www.meiwakenoh.ed.jp/ |

SUPER
INDEX
P.95

普通科
生徒数 723名
〒370-3511
群馬県高崎市金古町28
☎ 027-373-5773
JR高崎駅・北高崎駅・新前橋駅・前橋駅・
中央前橋駅・渋川駅よりスクールバス

給食

左端の縦タブ:
進学に有利に / 併設校あり / 芸術&特殊学科 / 資格&技能系 / 施設が充実 / スポーツが強い / クラブが活発 / 情操教育を重視 / 国際人を養成 / 自由な校風

プロフィール
"次代"と"人生"を「拓く力」を共に育む

1983年に開校し、創立40年を迎えた普通科高校で、2022年度入学生からは4つのコース(特別進学・N進学・進学・競技スポーツ)にコース再編を行い、生徒の希望進路実現に向けた指導を充実させている。また、日本大学文理学部との教育連携締結により、様々な交流事業をとおして生徒の進路意識を高めている。

環境
「ゆとり」を重視した生徒主体の環境づくり

豊かな自然に囲まれ、辺りは緑に満ちあふれている。学校内にも緑が多く、日本の伝統美を示す落ち着いた日本庭園と、旧国分寺の印象をもとに設計された黙想と自律の「誠心館」が目を引く。生徒を主体にした環境を作るため、様々な配慮がなされており、施設では、充実した環境と設備を整えた特進棟や体育施設はもちろんのこと、心のゆとりを考えた施設の充実が特に目立つ。生徒たちの語らいの場である全面ガラス張りの談話ロビー、上毛の山々を見渡すことができるコモンホール(400名収容の多目的ホール)、全校給食のための清潔感あふれるランチルームなど、どの施設も採光を考えたつくりで、明るい雰囲気に包まれている。隣接地に第二運動場を整備した。

一人一台端末を利用した授業

カリキュラム
少人数学級編成のもときめ細かな指導

少人数教育を実施し、生徒一人ひとりに幅広くきめ細かな指導が行えるよう4コースを編成している。
特別進学コース(国公立大学・難関私立大学進学)
N進学コース(日本大学進学)
進学コース(国公立大学・有名私立大学進学)
競技スポーツコース(関東大会・全国大会制覇)

生徒は、一人一台の端末を所有し、学校の授業はもちろん家庭での効率的な学習に活用している。また、放課後や長期休業中の学習会をとおして、自主的に学力向上に励んでいる。1・2年次に英検、漢検、リテラス検定を全員が受検する機会を設け、資格取得へのサポートを行っている。

学校生活
全校給食制を導入 季節に即した年間行事

| 登校時間 | 夏 | 9:00 | 冬 | 9:00 |

"健康な身体は正しい食事から"という考えのもと、全校給食制を導入している。年間行事は、球技大会、文化祭、体育祭、予餞会、スキー教室(1年)、台湾への修学旅行(2年)、海外研修などが実施されている。

また、部活動が盛んで、29部活動が日々活動している。運動部では、ラグビー、男子バレーボール、剣道、野球、射撃、水泳部などが関東大会または全国大会で活躍している。文化部では、吹奏楽、写真、文芸部などが様々なコンテストで入賞している。

進路
大学・専門学校・就職など多様な進路

2023年度の主な合格実績は、北見工業大、釧路公立大、秋田県立大、高崎経済大、群馬県立女子大、日本大、芝浦工業大、獨協大、神田外語大、東洋大、駒澤大、東京電機大、工学院大、東海大、亜細亜大、大東文化大、国士舘大、実践女子大、共立女子大、跡見学園女子大、駒澤女子大、十文字学園女子大、文教大、立正大、日本体育大など。

また、就職先は、官公庁、民間企業など多岐にわたる。

ひとこと
在校生から受験生へ

明和県央高校は大学との交流が盛んなのが特徴です。例えば私が在籍しているN進学コースでは、総合的な探究の時間に、「月で社会生活を営む方法」をテーマに、日本大学文理学部の研究室と意見交換をしながら探究を進めています。大学のゼミナールを疑似体験できていい刺激となっています。
(N進学コース 1年)

2024年度入試要項

試験日 1/6(奨学生A日程)
1/7(推薦) 1/20(奨学生B日程)
試験科目 適性〈国・数・英〉＋個人面接(推薦)
国・数・英・理・社(奨学生A日程)
国・数・英(奨学生B日程)

募集定員	受験者数	合格者数	競争率
280	151/1075/161	148/855/95	1.0/1.3/1.7

※人数はすべて推薦/奨学生A/奨学生B

卒業生有名人 三浦弘行(棋士)、竹澤正祥(ラグビー選手)、小池一宏(ラグビー選手)

50音別総索引

ALL INDEX

（中＝中学校、中等＝中等教育学校、高＝高等学校、高専＝高等専門学校）

ALL INDEX

ALL INDEX

ALL INDEX

ALL INDEX

ALL INDEX

ALL INDEX

公立中高一貫校「適性検査対策」問題集シリーズ

総合編 / 作文問題編 / 資料問題編 / 数と図形編 / 生活と科学編 / 実力確認テスト編

私立中・高スクールガイド

ザ THE 私立

私立中学&高校の学校生活がわかる!

東京学参の
高校別入試過去問題シリーズ

*出版校は一部変更することがあります。一覧にない学校はお問い合わせください。

東京ラインナップ

あ 愛国高校(A59)
　　青山学院高等部(A16)★
　　桜美林高校(A37)
　　お茶の水女子大附属高校(A04)
か 開成高校(A05)★
　　共立女子第二高校(A40)★
　　慶應義塾女子高校(A13)
　　啓明学園高校(A68)★
　　国学院高校(A30)
　　国学院大久我山高校(A31)
　　国際基督教大高校(A06)
　　小平錦城高校(A61)★
　　駒澤大高校(A32)
さ 芝浦工業大附属高校(A35)
　　修徳高校(A52)
　　城北高校(A21)
　　専修大附属高校(A28)
　　創価高校(A66)★
た 拓殖大第一高校(A53)
　　立川女子高校(A41)
　　玉川学園高等部(A56)
　　中央大高校(A19)
　　中央大杉並高校(A18)★
　　中央大附属高校(A17)
　　筑波大附属高校(A01)
　　筑波大附属駒場高校(A02)
　　帝京大高校(A60)
　　東海大菅生高校(A42)
　　東京学芸大附属高校(A03)
　　東京農業大第一高校(A39)
　　桐朋高校(A15)
　　都立青山高校(A73)★
　　都立国立高校(A76)★
　　都立国際高校(A80)★
　　都立国分寺高校(A78)★
　　都立新宿高校(A77)★
　　都立墨田川高校(A81)★
　　都立立川高校(A75)★
　　都立戸山高校(A72)★
　　都立西高校(A71)★
　　都立八王子東高校(A74)★
　　都立日比谷高校(A70)★
な 日本大櫻丘高校(A25)
　　日本大第一高校(A50)
　　日本大第三高校(A48)
　　日本大第二高校(A27)
　　日本大鶴ヶ丘高校(A26)
　　日本大豊山高校(A23)
は 八王子学園八王子高校(A64)
　　法政大高校(A29)
ま 明治学院高校(A38)
　　明治学院東村山高校(A49)
　　明治大付属中野高校(A33)
　　明治大付属八王子高校(A67)
　　明治大付属明治高校(A34)★
　　明法高校(A63)
わ 早稲田実業学校高等部(A09)
　　早稲田大高等学院(A07)

神奈川ラインナップ

あ 麻布大附属高校(B04)
　　アレセイア湘南高校(B24)
か 慶應義塾高校(A11)
　　神奈川県公立高校特色検査(B00)
さ 相洋高校(B18)
た 立花学園高校(B23)
　　桐蔭学園高校(B01)

東海大付属相模高校(B03)★
桐光学園高校(B11)
な 日本大高校(B06)
　　日本大藤沢高校(B07)
は 平塚学園高校(B22)
　　藤沢翔陵高校(B08)
　　法政大国際高校(B17)
　　法政大第二高校(B02)★
や 山手学院高校(B09)
　　横須賀学院高校(B20)
　　横浜商科大高校(B05)
　　横浜市立横浜サイエンスフロンティア高校(B70)
　　横浜翠陵高校(B14)
　　横浜清風高校(B10)
　　横浜創英高校(B21)
　　横浜隼人高校(B16)
　　横浜富士見丘学園高校(B25)

千葉ラインナップ

あ 愛国学園大附属四街道高校(C26)
　　我孫子二階堂高校(C17)
　　市川高校(C01)★
か 敬愛学園高校(C15)
さ 芝浦工業大柏高校(C09)
　　渋谷教育学園幕張高校(C16)★
　　翔凜高校(C34)
　　昭和学院秀英高校(C23)
　　専修大松戸高校(C02)
た 千葉英和高校(C18)
　　千葉敬愛高校(C05)
　　千葉経済大附属高校(C27)
　　千葉日本大第一高校(C06)★
　　千葉明徳高校(C20)
　　千葉黎明高校(C24)
　　東海大付属浦安高校(C03)
　　東京学館高校(C14)
　　東京学館浦安高校(C31)
な 日本体育大柏高校(C30)
　　日本大習志野高校(C07)
は 日出学園高校(C08)
や 八千代松陰高校(C12)
ら 流通経済大付属柏高校(C19)★

埼玉ラインナップ

あ 浦和学院高校(D21)
　　大妻嵐山高校(D04)★
か 開智高校(D08)
　　開智未来高校(D13)★
　　春日部共栄高校(D07)
　　川越東高校(D12)
　　慶應義塾志木高校(A12)
　　埼玉栄高校(D09)
さ 栄東高校(D14)
　　狭山ヶ丘高校(D24)
　　昌平高校(D23)
　　西武学園文理高校(D10)
　　西武台高校(D06)

た 東京農業大第三高校(D18)
は 武南高校(D05)
　　本庄東高校(D20)
や 山村国際高校(D19)
ら 立教新座高校(A14)
わ 早稲田大本庄高等学院(A10)

北関東・甲信越ラインナップ

あ 愛国学園大附属龍ヶ崎高校(E07)
　　宇都宮短大附属高校(E24)
か 鹿島学園高校(E08)
　　霞ヶ浦高校(E03)
　　共愛学園高校(E31)
　　甲陵高校(E43)
　　国立高等専門学校(A00)
さ 作新学院高校
　　（トップ英進・英進部）(E21)
　　（情報科学・総合進学部）(E22)
　　常総学院高校(E04)
た 中越高校(R03)＊
　　土浦日本大高校(E01)
　　東洋大附属牛久高校(E02)
な 新潟青陵高校(R02)
　　新潟明訓高校(R04)
　　日本文理高校(R01)
は 白鷗大足利高校(E25)
ま 前橋育英高校(E32)
や 山梨学院高校(E41)

中京圏ラインナップ

あ 愛知高校(F02)
　　愛知啓成高校(F09)
　　愛知工業大名電高校(F06)
　　愛知みずほ大瑞穂高校(F25)
　　暁高校（3年制）(F50)
　　鶯谷高校(F60)
　　栄徳高校(F29)
　　桜花学園高校(F14)
　　岡崎城西高校(F34)
か 岐阜聖徳学園高校(F62)
　　岐阜東高校(F61)
　　享栄高校(F18)
さ 桜丘高校(F36)
　　至学館高校(F19)
　　椙山女学園高校(F10)
　　鈴鹿高校(F53)
　　星城高校(F27)★
　　誠信高校(F33)
　　清林館高校(F16)★
た 大成高校(F28)
　　大同大大同高校(F30)
　　高田高校(F51)
　　滝高校(F03)★
　　中京高校(F63)
　　中京大附属中京高校(F11)★

中部大春日丘高校(F26)★
中部大第一高校(F32)
津田学園高校(F54)
東海高校(F04)★
東海学園高校(F20)
東邦高校(F12)
同朋高校(F22)
豊田大谷高校(F35)
な 名古屋高校(F13)
　　名古屋大谷高校(F23)
　　名古屋経済大市邨高校(F08)
　　名古屋経済大高蔵高校(F05)
　　名古屋女子大高校(F24)
　　名古屋たちばな高校(F21)
　　日本福祉大付属高校(F17)
　　人間環境大附属岡崎高校(F37)
は 光ヶ丘女子高校(F38)
　　誉高校(F31)
ま 三重高校(F52)
　　名城大附属高校(F15)

宮城ラインナップ

さ 尚絅学院高校(G02)
　　聖ウルスラ学院英智高校(G01)★
　　聖和学園高校(G05)
　　仙台育英学園高校(G04)
　　仙台城南高校(G06)
　　仙台白百合学園高校(G12)
た 東北学院高校(G03)★
　　東北学院榴ヶ岡高校(G08)
　　東北高校(G11)
　　東北生活文化大高校(G10)
　　常盤木学園高校(G07)
は 古川学園高校(G13)
ま 宮城学院高校(G09)★

北海道ラインナップ

さ 札幌光星高校(H06)
　　札幌静修高校(H09)
　　札幌第一高校(H01)
　　札幌北斗高校(H04)
　　札幌龍谷学園高校(H08)
は 北海高校(H03)
　　北海学園札幌高校(H07)
　　北海道科学大高校(H05)
ら 立命館慶祥高校(H02)

★はリスニング音声データのダウンロード付き。

高校入試特訓問題集シリーズ

● 英語長文難関攻略33選（改訂版）
● 英語長文テーマ別難関攻略30選
● 英文法難関攻略20選
● 英語難関徹底攻略33選
● 古文完全攻略63選（改訂版）
● 国語融合問題完全攻略30選
● 国語長文難関徹底攻略30選
● 国語知識問題完全攻略13選
● 数学の図形と関数・グラフの融合問題完全攻略272選
● 数学難関徹底攻略700選
● 数学の難問80選
● 数学　思考力―規則性とデータの分析と活用―

都道府県別公立高校入試過去問シリーズ

● 全国47都道府県別に出版
● 最近数年間の検査問題収録
● リスニングテスト音声対応

公立高校入試対策問題集シリーズ

● 目標得点別・公立入試の数学（基礎編）
● 実戦問題演習・公立入試の数学（実力錬成編）
● 実戦問題演習・公立入試の英語（基礎編・実力錬成編）
● 形式別演習・公立入試の国語
● 実戦問題演習・公立入試の理科
● 実戦問題演習・公立入試の社会

2404A

●この本の内容についてのお問い合わせは，

03 - 3794 - 3002

（東京学参）

までお願いいたします。

2025 年度版

首都圏私立中学・高校受験ガイド　THE 私立

ISBN978-4-8141-3304-8

2024年7月12日　第1版

発行所：東京学参株式会社

東京都目黒区東山２－６－４　〒153－0043

編集室　ＴＥＬ．03（3794）3002
　　　　ＦＡＸ．03（3794）3062
営業部　ＴＥＬ．03（3794）3154
　　　　ＦＡＸ．03（3794）3164
　　　　ＵＲＬ．https://www.gakusan.co.jp/
　　　　E-mail　shoten@gakusan.co.jp
印刷所　株式会社シナノ

Printed in Japan ⓒ　東京学参　2024